SCHÄFFER
POESCHEL

Heinz-Josef Hockmann / Friedrich Thießen (Hrsg.)

Investment Banking

2., überarbeitete Auflage

2007
Schäffer-Poeschel Verlag Stuttgart

Bibliografische Information der Deutschen Nationalbibliothek
Die Deutsche Nationalbibliothek verzeichnet diese Publikation in der
Deutschen Nationalbibliografie; detaillierte bibliografische Daten
sind im Internet über http://dnb.d-nb.de abrufbar.

Gedruckt auf chlorfrei gebleichtem, säurefreiem und alterungsbeständigem Papier

ISBN 978-3-7910-2590-2

Dieses Werk einschließlich aller seiner Teile ist urheberrechtlich geschützt. Jede Verwertung außerhalb der engen Grenzen des Urheberrechtsgesetzes ist ohne Zustimmung des Verlages unzulässig und strafbar. Das gilt insbesondere für Vervielfältigungen, Übersetzungen, Mikroverfilmungen und die Einspeicherung und Verarbeitung in elektronischen Systemen.

© Schäffer-Poeschel Verlag für Wirtschaft · Steuern · Recht GmbH
www.schaeffer-poeschel.de
info@schaeffer-poeschel.de

Einbandgestaltung: Willy Löffelhardt
Satz: Dörr + Schiller GmbH, Stuttgart
Druck und Bindung: Ebner & Spiegel GmbH, Ulm

Printed in Germany
Juni/2007

Schäffer-Poeschel Verlag Stuttgart
Ein Tochterunternehmen der Verlagsgruppe Handelsblatt

Zum Geleit

Investment Banking ist ein vielschichtiger Begriff und beinhaltet alle wertpapierbezogenen Elemente des nationalen und internationalen Finanzgeschäftes. Das Investment Banking gewann im Zuge der Securitization, Deregulierung, Globalisierung und Informationsvernetzung seit Ende des 20. Jahrhunderts an Bedeutung.

Das vorliegende Lehrbuch wurde von Wissenschaft und Praxis gemeinsam konzipiert. Der besondere Akzent des Buches liegt in der Verknüpfung von theoretischen Aspekten mit der praktischen Organisation des Geschäftes. Das Buch wendet sich an wissenschaftlich Studierende der Finanz- und Bankwirtschaft und an Lernende aus der Praxis, welche die Einbettung ihrer jeweiligen Tätigkeiten in den Gesamtkontext kennen lernen wollen.

Das Buch ist in drei Teile gegliedert. Im Grundlagenteil werden neben der Geschichte des Investment Banking vor allem die relevanten finanzwirtschaftlichen Theorien behandelt. Darüber hinaus werden in diesem Teil die Grundzüge der Preisbildung ausgewählter Produkte erläutert. Im zweiten Teil des Buches steht das Geschäft des Investment Banking im Vordergrund. Die Idee, was muss man tun, um Produkte zu verkaufen, ist die Frage, die sich wie ein roter Faden durch alle Kapitel zieht. Aspekte der Geschäftspolitik und die IT im Investment Banking bilden die Schwerpunkte im dritten Teil zur Zentralen Geschäftssteuerung.

Nach dem Börsenchrash von 2000 war die Euphorie am Aktienmarkt und bei vielen dealorientierten Aktivitäten kurze Zeit verflogen. Das Investment Banking verlor einen Teil seines früheren Nimbus. Tatsächlich aber gewannen in diesen Jahren die typischen Investment-Banking-Produkte weiter an Einfluss. Die Produktpalette hat sich noch ausgeweitet und ist größer als jemals zuvor in der Geschichte. In den großen Finanzhäusern der Welt kann ein Zusammenwachsen vormals getrennter Commercial- und Investment-Banking-Aktivitäten beobachtet werden. Investment Banking entwickelt sich zu einem elementaren Bestandteil des Bankgeschäftes, über das jeder Bescheid wissen muss. Dazu will das vorliegende Buch einen Beitrag leisten.

Frankfurt, im Februar 2007

Dr. Martin Kohlhaussen

Vorwort

Investment Banking ist zu einem schillernden Begriff im Bankgeschäft geworden und aus der täglichen Arbeit nicht mehr wegzudenken. So wie es die unterschiedlichsten Vorstellungen zum Wesen des Investment Banking gibt, existieren viele Spielarten der eigentlichen Aktivitäten, die unter diesem Begriff subsummiert werden. Obwohl bereits umfangreiche Literatur zu einzelnen Bereichen des Investment Banking vorliegt, existieren nur wenige Gesamtdarstellungen mit Lehrbuchcharakter. Wir möchten mit dem vorliegenden Buch diese Lücke schließen.

Das Autorenteam stellt mit dem Werk ein Lehrbuch vor, das die reale Welt des Investment Banking in den Vordergrund rückt. Es ist fokussiert auf die praktischen Abläufe sowie diejenigen Faktoren und Voraussetzungen, die ihnen zugrunde liegen. Das Lehrbuch stellt die typischen Vorgehensweisen und Methoden zusammen, welche die Tätigkeit des Investmentbankers charakterisieren. Mit anderen Worten handelt es sich um die Toolbox, aus der sich der Investmentbanker bedient.

Von anderen Lehrbüchern weicht dieses Lehrbuch insbesondere dadurch ab, dass eine größere Zahl von Autoren aus Theorie und Praxis zu den weit gefächerten Themen des Investment Banking aus ihrer jeweils spezialisierten Sicht beigetragen haben. Dennoch handelt es sich nicht um eine lose, unzusammenhängende Folge von Beiträgen wie in einem Sammelwerk. Vielmehr musste eine Synthese aus möglichst großer Authentizität und Individualität in den spezialisierten Teildisziplinen und dem Zusammenhalt des Gesamtwerkes gebildet werden. Wir haben diesen Schritt gewagt, um möglichst nahe an die Realität des Investment Banking heranzukommen.

Das Buch ist primär nach den *Geschäftsarten* im Investment Banking gegliedert. Methodische Fragestellungen, Produkte, theoretische, mathematische und rechtliche Grundlagen werden jeweils dort behandelt, wo sie für eine Geschäftsart wichtig sind. Um größere Überschneidungen und Mehrfachdarstellungen zu vermeiden, wurden einige grundsätzliche Überlegungen »vor die Klammer« gezogen und zusammenhängend behandelt.

Die Geschäftsarten sind nach ihrem dominierenden Charakter in *Beratungs-, Finanzierungs-, Handels-* und *Verkaufsmandate* gegliedert. Diese Überlegung basiert auf der besonderen Rolle der Investmentbanken in der Finanzintermediation. Es ist das herausragende Merkmal der Investmentbanken gewesen, nicht direkt, d.h. unter Rückgriff auf die eigene Bilanz, zu finanzieren, sondern vor allem zwischen den Kapitalgebern und den Kapitalsuchenden zu vermitteln. Diese Vermittlung kann verschiedene Formen annehmen: Sie tritt auf als Strukturberatung bei Transaktionen und komplexen Finanzierungen, als Beratung bei der Vermögensanlage (Assetmanagement) sowie als Beratung und Verkauf von Produkten am Primär- und Sekundärmarkt (Emissionsgeschäft und Handel). In jüngster Zeit zeigt sich mehr und mehr, dass es vielfältige Synergien zu klassischen Bank- und Finanzierungsleistungen gibt. Die vormals »reine« Investmentbank entwickelt sich zu einer kombinierten Beratungs- und Finanzierungsbank, wobei sie sich dem Modell der Universalbank immer weiter annähert. Da sich auch die Einlage- und Kreditbanken durch den Erwerb oder den Ausbau von Investment-Banking-Aktivitäten verbreitern, verwischen teilweise die Grenzen zwischen den Banktypen.

Dieses Buch fragt nur ausnahmsweise nach den Hintergründen und Ursachen für bestimmte Entwicklungen. Im Vordergrund steht nicht das theoretische Optimum, das nur unter Berücksichtigung einer Vielzahl von Prämissen erreichbar ist. Im Vordergrund steht die realitätsnahe Betrachtung von realen Geschäftsprozessen, deren Vereinbarkeit z.B. mit den Erkenntnissen der Kapitalmarkttheorie eine andere Betrachtung verlangt. Das Buch ist insoweit eine aktuelle Bestandsaufnahme dessen, was in der Realität vorgefunden wird. Es knüpft damit vorsichtig an die Tradition der älteren Lehrbücher zur Bankbetriebslehre an, die dem eigentlichen Bankgeschäft als Geschäft gewidmet waren.

Dem Autorenteam ist bewusst, dass das Werk unvollkommen bleiben muss. Die Komplexität des Investment Banking erlaubt es nicht, alle Geschäftsarten und alle Facetten mit der gleichen Tiefe zu behandeln. So wünscht sich der eine Leser eine intensivere mathematische Durchdringung der Probleme, ein anderer legt Wert auf die rechtlichen Grundlagen, der dritte erwartet eine stärkere theoretische Fundierung, der vierte Leser will verständlicherweise mehr über den Einsatz der IT wissen und der fünfte erhofft sich mehr Informationen über Usancen und Gewohnheiten an den hier nicht behandelten Segmenten der Wertpapiermärkte. Schließlich sind wir uns bewusst, dass wir auch nicht alle Geschäftsarten des Investment Banking abdecken konnten.

All diese Wünsche sind berechtigt, konnten aber in der vorliegenden Fassung nicht berücksichtigt werden. Da das Investment Banking ein dynamisches und lebendiges Geschäft ist, werden wir uns bemühen, diesen Veränderungen gemeinsam mit dem Füllen von Lücken in weiteren Fassungen dieses Lehrbuchs gerecht zu werden.

Bei einem solchen komplexen Werk ist einer Vielzahl von Beteiligten Dank auszusprechen. Neben dem Autorenteam, das bereits genannt wurde, ist insbesondere dem Verlag mit Frank Katzenmayer als verantwortlichem Redakteur und Adelheid Fleischer für die didaktische Aufbereitung des Textes zu danken.

Dr. Heinz-Josef Hockmann
Prof. Dr. Friedrich Thießen

Frankfurt, im Februar 2007

Inhaltsübersicht

Zum Geleit		V
Vorwort		VII
Investment Banking – Das Team		XXVII
Autorenverzeichnis		XXIX

I	**Einordnung des Investment Banking**	1
1	Grundbegriffe des Investment Banking	3
2	Finanzintermediation	8
3	Disintermediation	15
4	Theorie der Finanzintermediäre	18
5	Geschichte des Investment Banking	28
6	Markteffizienz	41
7	Investment Banking und die Stabilität des Finanzsystems	61

II	**Grundlagen**	69
8	Portfoliotheorie	71
9	Capital-Asset-Pricing-Model (CAPM)	111
10	Verhaltenswissenschaftliche Ansätze der Kapitalmarkttheorie, Behavioral Finance	132
11	Mathematische Grundlagen des Investment Banking	154
12	Wertpapiere im Investment Banking	189

III	**Beratungs- und Finanzierungsgeschäfte**	201
13	Das M & A-Geschäft	203
14	Private Equity	241
15	Structured Finance	263
16	Akquisitionsfinanzierung	270
17	Projektfinanzierung	290
18	Der syndizierte Kredit	310
19	ABS-Transaktionen	329

IV	**Brokergeschäfte**	353
20	Emissionsgeschäft mit Aktien	355
21	Aftermarket-Aktivitäten von Investmentbanken	415
22	Fixed-Income-Geschäft	426
23	Indexzertifikate	450
24	Alternative Investments: Hedgefonds	479
25	Rohstoffe	495
26	Handel und Sales	507

V	**Assetmanagement**	551
27	Grundlagen des Assetmanagements	553
28	Der Assetmanagement-Prozess	566
29	Value/Growth-Portfoliomanagement	589
30	Balanced Portfoliomanagement	597
31	Global Portfoliomanagement	610
32	Portfoliomanagement mit Altersvorsorgeprodukten	618
33	Messung und Präsentation der Performance	638
34	Research – Grundlagen	672
35	Research – Methodik	695
VI	**Support und Geschäftssteuerung**	717
36	IT-Support: Grundlagen	719
37	IT-Support: Front- und Backoffice-Systeme	734
38	Strategisches Risikomanagement von Investmentbanken	747
39	Risikoadjustierte Performancemessung – Konzept und Praxis der Risiko-Ertragssteuerung	767
40	Investor-Relations	776

Stichwortverzeichnis 793

Inhaltsverzeichnis

Zum Geleit	V
Vorwort	VII
Investment Banking – Das Team	XXVII
Autorenverzeichnis	XXIX

I	**Einordnung des Investment Banking**	1
1	Grundbegriffe des Investment Banking	3
1.1	Einordnung des Investment Banking	3
1.2	Begriffe	5
2	Finanzintermediation	8
2.1	Intermediäre und Intermediationsleistungen	8
2.2	Vermittlungsleistungen	10
2.3	Transformationsleistungen	11
3	Disintermediation	15
3.1	Arten der Disintermediation	15
3.2	Ursachen der Disintermediation	16
4	Theorie der Finanzintermediäre	18
4.1	Einführung	18
4.2	Technisch-organisatorische Transaktionskosten	20
4.3	Asymmetrische Information	22
4.3.1	Signalling	23
4.3.2	Delegated-Monitoring	24
4.3.3	Reputationsaufbau	25
4.4	Zusammenfassung	26
5	Geschichte des Investment Banking	28
5.1	Ursprünge	28
5.2	Investmentbanken im Europa des frühen 19. Jahrhunderts	30
5.3	Anfänge in den USA Mitte des 19. Jahrhunderts	32
5.4	Entwicklungen nach dem 2. Weltkrieg	35
5.5	Die jüngsten Entwicklungen: Gramm-Leach-Bliley-Act von 1999	38
5.6	Ausblick	39
6	Markteffizienz	41
6.1	Grundlagen	41
6.2	Allokationseffizienz	42
6.3	Weitere Kriterien der Markteffizienz	43
6.3.1	Operative Effizienz	43
6.3.2	Informationseffizienz	43
6.3.3	Bewertungseffizienz	53
6.3.4	Marktliquidität	54

7	Investment Banking und die Stabilität des Finanzsystems	61
7.1	Einführung	61
7.2	Universal- versus Spezialbankensysteme	62
7.2.1	Begriffe	62
7.2.2	Kriterien und Argumente zur Messung der Leistungsfähigkeit	63
7.3	Markt- versus bankorientierte Systeme	65
7.3.1	Begriffe	65
7.3.2	Kriterien und Argumente	66
II	**Grundlagen**	**69**
8	Portfoliotheorie	71
8.1	Überblick	71
8.2	Gestaltungsmöglichkeiten von Portfolios	71
8.3	Diversifikation nach Markowitz	72
8.3.1	Zahlungsstrom eines Wertpapiers mit sicheren Zahlungen	72
8.3.2	Zahlungsströme mit unsicheren Zahlungen	72
8.3.3	Risiko und Ertrag einer Gruppe von Wertpapieren	74
8.3.4	Korrelation von Renditen im Portfolio	78
8.4	Naive Diversifikation	84
8.5	Probleme und Weiterentwicklungen	85
8.5.1	Beschaffung, Umfang, Verarbeitung und Unsicherheit der Daten	86
8.5.1.1	Abgrenzung Assetuniversum und Parameterbestimmung	86
8.5.1.2	Weitere Restriktionen	87
8.5.1.3	Robustheit	87
8.5.2	Portfoliooptimierung bei langem Anlagehorizont	89
8.5.3	Einbeziehung höherer Momente der Renditeverteilung	90
8.5.4	Verletzung des Dominanzprinzips und Downsiderisk-Optimierung	91
8.6	Portfolios aus sicheren und riskanten Finanztiteln	93
8.6.1	Vorüberlegungen	93
8.6.2	Die sichere Verzinsung	93
8.6.3	Die Kapitalmarktlinie	95
8.7	Portfoliooptimierung mit dem Black-Litterman-Modell	98
8.7.1	Problematik der Anwendbarkeit von Markowitz und dem CAPM in der Praxis	98
8.7.2	Der Aufbau des Modells	99
8.7.3	Modelldarstellung	101
8.7.4	Anwendungsbeispiel	105
9	Capital-Asset-Pricing-Model (CAPM)	111
9.1	Überblick	111
9.2	Ziele und Absichten	111
9.3	Praxisrelevanz des Modells	112
9.4	Modelldarstellung	112
9.5	Preisbestimmung riskanter Cashflows mit dem CAPM	116

9.6	Das CAPM und Steuern	123
9.7	Allgemeine Überprüfbarkeit des CAPM	123
9.8	Mehrfaktormodelle: Die Arbitrage-Pricing-Theory (APT)	124
10	Verhaltenswissenschaftliche Ansätze der Kapitalmarkttheorie, Behavioral Finance	132
10.1	Überblick	132
10.2	Behavioral Finance	133
10.2.1	Geschichte	134
10.2.2	Normale und anomale Kursverläufe	137
10.2.3	Verhaltensanomalien	138
10.3	Prospekttheorie	142
10.3.1	Mentale Kontenbildung	142
10.3.2	Referenzpunktorientierung	143
10.3.3	Bewertungsfunktion der Prospekttheorie	143
10.3.4	Der Umgang mit Wahrscheinlichkeiten: Wahrscheinlichkeitsgewichtefunktion	149
10.3.5	Grenzen der Prospekttheorie	150
11	Mathematische Grundlagen des Investment Banking	154
11.1	Überblick	154
11.2	Arten der Verzinsung	154
11.2.1	Lineare und geometrische Verzinsung	155
11.2.2	Unterjährige und stetige Verzinsung	156
11.3	Barwerte und Renditen bei flachen Zinsstrukturen	157
11.3.1	Barwert eines Zahlungsstroms	157
11.3.2	Barwerte und Renditen konkreter Produkte	159
11.4	Die Zinsstrukturkurve	161
11.4.1	Spot-Rates und Forward-Rates	162
11.4.2	Ermittlung von Spot-Rates (Konstruktion der Zerozinskurve)	163
11.5	Risikokennzahlen	165
11.5.1	Approximation der Barwertfunktion	165
11.5.2	Risikokennzahlen zur Beschreibung der Barwertänderung bei flacher Zinsstruktur	166
11.5.3	Risikokennzahlen bei nicht-flacher Zinsstrukturkurve	168
11.6	Kennzahlen von Portfolios	169
11.6.1	Risikokennzahlen eines Portfolios bei flacher Zinsstruktur	169
11.6.2	Risikokennzahlen eines Portfolios bei nicht-flacher Zinsstruktur	170
11.6.3	Rendite eines Portfolios	171
11.7	Finanzinnovationen	171
11.7.1	Swaps	171
11.7.2	Pricing von Zinsswaps und ausgewählten Spezialswaps	172
11.7.3	Risikokennzahlen von Swaps	173
11.7.4	Forward Rate Agreements (FRA)	174
11.8	Bewertung von Optionen	174

11.8.1	Aktienoptionen	174
11.8.2	Devisenoptionen	180
11.8.3	Zinsoptionen	182
11.8.4	Modellannahmen vs. tatsächliche Gegebenheiten (Aktien-/Devisenoptionen)	185
11.8.5	Ermittlung von Volatilitäten	187
12	Wertpapiere im Investment Banking	189
12.1	Einführung	189
12.2	Residualbestimmte Wertpapiere (Aktien)	190
12.3	Fixed-Income-Wertpapiere (Anleihen)	192
12.4	Genussscheine	194
12.5	Speziell besicherte Wertpapiere (Asset-Backed-Securities)	195
12.6	Zertifikate	195
12.7	Optionsscheine	196
12.8	Investmentanteilsscheine	197
12.9	Real-Estate-Investment-Trust-Anteile	198
III	**Beratungs- und Finanzierungsgeschäfte**	**201**
13	Das M&A-Geschäft	203
13.1	Begriffsbestimmung	203
13.2	Ursprung der Nachfrage nach M&A-Transaktionen	204
13.3	Arten des Unternehmenserwerbs	206
13.4	Freundliche und feindliche Unternehmenskäufe	207
13.5	M&A-Dienstleistungen aus Sicht des Investment Banking	208
13.5.1	Kaufmandat	209
13.5.2	Verkaufsmandat	211
13.6	M&A mit börsennotierten Unternehmen	214
13.6.1	Herausforderung börsennotierte Unternehmen	214
13.6.1.1	Öffentlichkeitswirkung	214
13.6.1.2	Aktionärsstruktur	214
13.6.1.3	Börsenkurs des Zielunternehmens als Unsicherheitsfaktor	215
13.6.1.4	Börsenkurs der Erwerberaktien als Unsicherheitsfaktor	215
13.6.1.5	Rechtliche Besonderheiten	216
13.6.2	Feindliche Übernahmen und Abwehrstrategien	222
13.7	Unternehmensbewertung	225
13.7.1	Bewertungsanlässe	225
13.7.2	Einordnung der Unternehmensbewertung in den M&A-Prozess	225
13.7.3	Überblick über ausgewählte Bewertungsmethoden	226
13.7.4	Schlussbemerkung	239
14	Private Equity	241
14.1	Begriffsbestimmungen	241
14.2	Varianten der Beteiligungsfinanzierung	243
14.3	Anbietergruppen von Beteiligungskapital	245

14.4	Investoren in Beteiligungskapital	246
14.5	Organisatorische Aspekte	247
14.5.1	Trennung von Fonds und Management	247
14.5.2	Tochtergesellschaften	247
14.6	Die Rolle der Banken im Kapitalbeteiligungsgeschäft	248
14.7	Besteuerung von Veräußerungsgewinnen	248
14.8	Die Arbeitsweise von Kapitalbeteiligungsgesellschaften	251
14.8.1	Recruiting	251
14.8.2	Akquisition von Investoren/Fund Raising	252
14.8.3	Akquisition von Projekten/Deal-Flow	253
14.8.4	Projektprüfung/Due Diligence	254
14.8.5	Geschäftskonzept/Business-Plan	257
14.8.6	Beteiligungsverhandlung: Anreizstrukturen	259
14.8.7	Beteiligungsbetreuung: Value Added	260
14.8.8	Beteiligungsveräußerung/Exit	261
15	Structured Finance	263
15.1	Überblick und Einführung	263
15.2	Fallstudie: Filmfinanzierung mittels geschlossenem Fonds	265
15.2.1	Probleme der Finanzierung von Filmen	265
15.2.2	Lösungen für die Filmfinanzierung	265
16	Akquisitionsfinanzierung	270
16.1	Grundlagen	270
16.1.1	Das Problem der Akquisitionsfinanzierung	270
16.1.2	Anlässe für Akquisitionsfinanzierungen	270
16.1.3	Erwerber von Unternehmen und ihre Ziele	272
16.2	Ziele und Interessen der Kapitalgeber	272
16.2.1	Ziele des Eigenkapitalgebers	272
16.2.2	Ziele des Fremdkapitalgebers	274
16.3	Finanzierungsinstrumente	275
16.4	Vertragsgestaltung	277
16.4.1	Kreditvertrag	277
16.4.2	Covenants	278
16.4.3	Sicherheitenvertrag	280
16.4.4	Konsortialvertrag	281
16.4.5	Intercreditor-Agreement	281
16.4.6	Kaufvertrag	281
16.5	Analysen durch den Fremdkapitalgeber	282
16.5.1	Analyse vor Transaktionsabschluss	282
16.5.2	Analysen nach Transaktionsabschluss (Monitoring)	285
17	Projektfinanzierung	290
17.1	Abgrenzung	290
17.2	Interesse und Aufgaben der Investmentbank	291
17.3	Anwendungsbereiche der Projektfinanzierung	292

17.4	Projektstruktur: allgemeine Darstellung	293
17.4.1	Beteiligte	293
17.4.2	Aktives und passives Konfliktmanagement	296
17.4.3	Informationsquellen	297
17.5	Risikomanagement	298
17.6	Mandatstypen für Investmentbanken	302
17.6.1	Beratungsmandate	302
17.6.2	Arrangierungsmandate	306
17.6.3	Bestandsmanagementmandate	307
17.7	Erfolgskritische Faktoren	308
18	Der syndizierte Kredit	310
18.1	Einführung	310
18.1.1	Abgrenzung und Überblick	310
18.1.2	Geschichte und aktuelle Entwicklung des internationalen syndizierten Kreditmarktes	311
18.1.3	Kreditgeber, Kreditnehmer und Verwendungszwecke	312
18.2	Banken und ihre Aufgaben als Finanzierungsmittler	314
18.2.1	Die Beteiligten	314
18.2.2	Das Platzierungsrisiko	315
18.2.3	Syndizierung und Interessenlage der Banken	316
18.2.4	Primärmarkt und Sekundärmarkt	316
18.3	Phasen eines syndizierten Krediten	317
18.3.1	Geldfluss und Rolle der Agenten	317
18.3.2	Syndizierungsstrategien	318
18.3.3	Der »Toolkasten«: die Kreditarten	320
18.3.4	Das Pricing	320
18.3.5	Sicherheiten	322
18.3.6	Dokumentation	322
18.4	Erfolgskritische Faktoren und Controlling	327
19	ABS-Transaktionen	329
19.1	Einführung	329
19.1.1	Abgrenzung und Alternativen	329
19.1.2	Geschichte	330
19.1.3	Varianten der ABS-Finanzierung	330
19.1.4	Ziele und Motive	331
19.1.5	ABS und Banken	332
19.2	Ablauf einer Transaktion	333
19.3	Konstruktionsweisen von ABS	334
19.4	Eigenschaften der Zweckgesellschaft	334
19.5	Geeignete Assets	335
19.6	Preisberechnung der eingebrachten Vermögenswerte	336
19.7	Refinanzierung der Ankaufsgesellschaft	337
19.7.1	Zweckgesellschaft ist Emittent der ABS	337
19.7.2	Eine Zweckgesellschaft kauft Assets, eine andere emittiert ABS	338

19.7.3	Häufigkeit des Forderungsankaufs	339
19.8	Wertpapierarten	339
19.9	Tranchenbildung	340
19.9.1	Grundmechanismus	340
19.9.2	Preisbildung der Tranchen	341
19.9.3	Risikostruktur und Prinzipal-Agenten-Konflikte	344
19.10	Besicherung (Credit-Enhancement)	346
19.11	Ratingagenturen	347
19.12	Reporting und Controlling	350

IV Brokergeschäfte ... 353

20	Emissionsgeschäft mit Aktien	355
20.1	Einleitung	355
20.1.1	Grundbegriffe	355
20.1.2	Historische Entwicklung des Eigenkapitalmarktes in Deutschland	356
20.2	Initial-Public-Offering (IPO)	359
20.2.1	Die Leistung der Banken im Emissionsgeschäft bei IPOs	359
20.2.2	Konsortialbildung	360
20.2.3	Entgeltstruktur im Emissionsgeschäft	362
20.2.4	Motive für einen Börsengang aus Sicht des Emittenten	364
20.2.5	Prozess und Ablauf eines IPO	365
20.2.5.1	Vorbereitung und Strukturierung	365
20.2.5.2	Durchführung	366
20.2.5.3	Maßnahmen nach dem Going Public	376
20.2.6	Internetemission	377
20.3	Kapitalerhöhung	378
20.3.1	Kapitalerhöhungsarten	378
20.3.2	Das Bezugsrecht	379
20.3.3	Typische Emissionsverfahren	382
20.4	Equity-Linked-Products	384
20.4.1	Convertible Bonds	384
20.4.2	Optionsanleihe	390
20.4.3	Genussscheine	392
20.4.4	Aktienrückkauf	396
20.5	Unternehmensbewertung und Preisfindung	398
20.5.1	Überblick	398
20.5.2	Bewertung mittels Multiplikator-Methoden	400
20.5.2.1	Idee der Multiplikatormethode	400
20.5.2.2	Identifizierung der Peer-Group	400
20.5.2.3	Multiplikatoren	402
20.5.3	Discounted-Cashflow-Methode	403
21	Aftermarket-Aktivitäten von Investmentbanken	415
21.1	Einführung	415

21.2	Die Aftermarket-Aktivitäten der Investmentbanken	416
21.2.1	Ziele der Investmentbanken	416
21.2.2	Instrumente der Aftermarket-Aktivitäten	417
21.2.3	Aufbau eigener Positionen	417
21.2.4	Short-Selling/Short-Coverage	418
21.2.5	Sanktionierung von Flippern	420
21.3	Sekundärmarkt am Ende von Lock-up-Perioden	422
22	Fixed-Income-Geschäft	426
22.1	Begriffsbestimmung	426
22.2	Allgemeine Markttrends	427
22.3	Rating	430
22.4	Die Toolbox: Debt-Capital-Products und ihre Charakteristika	433
22.5	Die Dienstleistungen der Banken im Fixed-Income-Geschäft	436
22.5.1	Rating-Advisory	437
22.5.2	Emittentenbeurteilung	437
22.6	Konstruktion von Rentenindizes	438
22.6.1	Einführung	438
22.6.2	Indexkonzepte am Rentenmarkt	439
22.6.3	Determinanten der Wertentwicklung von Indizes	440
22.6.4	Broad-Market- und Composite-Indizes	441
22.6.5	Reale und synthetische Indizes	443
23	Indexzertifikate	450
23.1	Abgrenzung	450
23.2	Historische Entwicklung	451
23.3	Basiswerte und Indexberechnung	451
23.3.1	Aktienindizes nach Ertragsbestandteilen	452
23.3.2	Aktienindizes nach der Marktbreite	454
23.3.3	Aktienindizes nach der regionalen Ausrichtung	454
23.3.4	Neue Indizes	456
23.3.5	Korrekturen	456
23.4	Emittentenverdienste mit Indexzertifikaten	460
23.5	Zertifikatstypen: Systematisierung	461
23.6	Standard-Zertifikat	464
23.7	Exotische Indexzertifikate	466
23.8	Zertifikate auf Rohstoffe	468
23.9	Preisermittlung und Wechselkurse	470
23.10	Emission, Handel und Market-Making	472
23.10.1	Hedging des Emittenten	472
23.10.2	Primärmarkt für Indexzertifikate	473
23.10.3	Sekundärmarkt für Indexzertifikate	474
23.11	Abgrenzung zu anderen Indexprodukten	474
23.11.1	Indexfonds	474
23.11.2	Indexaktie (Exchange Traded Funds)	475

24	Alternative Investments: Hedgefonds	479
24.1	Einführung	479
24.2	Definition	479
24.3	Hedgefonds	481
24.3.1	Geschichte	481
24.3.2	Charakteristika von Hedgefonds	481
24.3.3	Quellen von Überrenditen: Added-Value	483
24.3.4	Investment-Strategien und -Stile von Hedgefonds	485
24.3.5	Organisationsprinzipien von Hedgefonds	491
25	Rohstoffe	495
25.1	Einführung	495
25.2	Akteure an den internationalen Rohstoffmärkten	495
25.3	Die Rohstoffkategorien	496
25.4	Risiko- und Ertragseigenschaften von Commodities	497
25.5	Möglichkeiten der Partizipation	499
25.6	Preisbildung an den Rohstoffterminmärkten	502
25.7	Ertragsbestandteile von Rohstoff-Futures-Indizes	503
25.8	Produktangebot der Investmentbanken	504
26	Handel und Sales	507
26.1	Überblick	507
26.2	Devisenhandel	508
26.2.1	Devisen-Handelsabteilung im Überblick	508
26.2.2	Der Devisenmarkt	508
26.2.3	Marktteilnehmer	509
26.2.4	Geschäfte	512
26.2.4.1	Kassageschäfte	512
26.2.4.2	Termingeschäfte	518
26.2.5	Positionen und Strategien	522
26.2.5.1	Kurzfristige taktische Positionen	522
26.2.5.2	Längerfristige strategische Positionen	522
26.2.6	Das Optionsgeschäft im Devisenhandel	524
26.3	Devisensales	531
26.3.1	Informationsmanagement	532
26.3.2	Neukundengewinnung	534
26.3.3	Ausbau der Handelsbeziehungen	537
26.4	Der Aktienhandel	539
26.4.1	Handelsplattformen	539
26.4.2	Struktur des Aktienhandels in der Bank	544
26.5	Anleihehandel und Anleihesales	546
26.5.1	Handels- und Informationsplattformen	546
26.5.2	Organisatorische Gliederung des Anleihehandels	547

V	**Assetmanagement**	551
27	Grundlagen des Assetmanagements	553
27.1	Grundbegriffe	553
27.1.1	Abgrenzung Assetmanagement	553
27.1.2	Zielsetzung	554
27.1.3	Präferenzen	554
27.1.4	Assetklassen	555
27.1.5	Assetallocation	556
27.1.6	Investmentstil	556
27.1.7	Formen der Vermögensverwaltung	557
27.1.8	Dienstleistungen im Assetmanagement	558
27.2	Anbieter von Assetmanagement-Leistungen	559
27.2.1	Vollintegrierte Anbieter	559
27.2.2	Spezialisierte Anbieter	560
27.3	Nachfrager von Assetmanagement-Leistungen	562
27.3.1	Institutionelle Investoren	562
27.3.2	Private Nachfrager	563
27.4	Akquisition von Assetmanagement-Mandaten	564
28	Der Assetmanagement-Prozess	566
28.1	Einleitung	566
28.2	Entscheidungsfindung	567
28.3	Style Investment	569
28.3.1	Einführung	569
28.3.2	Rückblick: die Entwicklung der Style-Investment-Philosophie	572
28.3.3	Marktsegmentbezogene Investmentstile	574
28.3.4	Managementbezogene Investmentstile	577
28.4	Schlussbetrachtungen	580
29	Value/Growth-Portfoliomanagement	589
29.1	Value-Strategie	589
29.2	Growth-Strategie	591
29.3	Hybrid/Core-Strategie	591
29.4	Ablauf/Organisation	591
29.5	Kombinierte Strategien	594
30	Balanced Portfoliomanagement	597
30.1	Überblick	597
30.2	Ziele und Absichten	597
30.2.1	Strategische Assetallocation	597
30.2.2	Taktische Assetallocation	598
30.2.3	Erfolgsmessung	598
30.3	Ablauf/Organisation	598
30.3.1	Rahmenbedingungen	598
30.3.2	Spannungsfeld von Sicherheit und Rendite	599

30.3.3	Konkretisierung in einem Risiko-/Ertragsprofil	599
30.3.4	Die Auswahlentscheidung	600
30.4	Balanced Mandate im externen Vermögensmanagement	604
30.4.1	Strategische Assetallocation	604
30.4.2	Taktische Assetallocation	605
30.5	Controlling	608
31	Global Portfoliomanagement	610
31.1	Überblick	610
31.2	Argumente für internationale Portfolios	610
31.3	Ablauf und Organisation	612
31.3.1	Definition des Anlageuniversums	612
31.3.2	Beurteilung der relativen Attraktivität der Anlageklassen	612
31.3.3	Die Ableitung der Benchmark	613
31.3.4	Konkretisierung der Fondsstruktur	613
31.4	Instrumente und Methoden	614
31.4.1	Zum Top-down-Modell	615
31.4.2	Zum quantitativen Selektionsmodell	615
31.5	Erfolgskritische Faktoren	616
31.6	Controlling	617
32	Portfoliomanagement mit Altersvorsorgeprodukten	618
32.1	Die private Altersvorsorge – Überblick	618
32.1.1	Umlageverfahren	620
32.1.2	Kapitalstockverfahren	621
32.2	Das Asset-Liability-Problem	622
32.2.1	Ziele des Asset-Liability-Managements	622
32.2.2	Risikodefinition im ALM	623
32.2.3	Risikokennziffern	626
32.2.4	Ablauf des Asset-Liability-Managements	626
32.2.4.1	Überblick	626
32.2.4.2	Akquisitionsphase	627
32.2.4.3	Pensionsplandefinition und Liability-Szenarien	628
32.2.5	Asset-Szenarien, Strategische Assetallocation, Benchmark-Definition	630
32.2.6	Altersvorsorge mittels Sparplan	633
33	Messung und Präsentation der Performance	638
33.1	Einführung	638
33.1.1	Begriffe und Ziele	638
33.1.2	Probleme der Performancemessung	639
33.1.3	Objekte der Performancemessung	640
33.1.4	Interessenten der Performancemessung	640
33.2	Instrumente und Methoden	644
33.2.1	Renditeberechnung	644
33.2.2	Bestimmung der Benchmark	647

33.2.3	Risikobereinigte Performancemessung	648
33.2.3.1	Geeignete Risikomaße	648
33.2.3.2	Das Jensen-Maß (Jensen-Alpha)	650
33.2.3.3	Das Sharpe-Maß (Sharpe-Ratio)	651
33.2.3.4	Das Treynor-Maß (Treynor-Ratio)	653
33.2.4	Risikobereinigung mit Verlustrisikomaßen	656
33.2.5	Tracking Error	658
33.2.6	Information-Ratio	659
33.3	Performanceattribution	660
33.3.1	Selectivity	660
33.3.2	Timing	660
33.3.3	Berechnung des Selectivity- und Timing-Erfolgsbeitrages	661
33.4	Performance Presentation Standards	664
33.4.1	Historie	665
33.4.2	Wesentliche Prinzipien der Standards	665
33.4.3	Compliance-Erklärung	667
33.5	Erfolgskritische Faktoren	667
33.5.1	Datenversorgung	667
33.5.2	Software	668
33.6	Controlling	668
34	Research – Grundlagen	672
34.1	Einleitung	672
34.1.1	Ziele und Aufgaben	672
34.1.2	Einsatzgebiete und Zielgruppen	673
34.1.3	Klassifikation von Research-Varianten	673
34.2	Organisation des Research	675
34.3	Analyst, Analystenvereinigung, Verhaltenskodizes	676
34.4	Buy-Side-Research	679
34.5	Sell-Side-Research	681
34.5.1	Abnehmer des Sell-Side-Research	681
34.5.2	Wesentliche Aufgaben	682
34.5.3	Abgrenzung zum Buy-Side-Research	682
34.6	Produktkategorien	685
34.6.1	Quant-Produkte	685
34.6.2	Produkte auf Basis der Fundamentalanalyse	686
34.7	Produktverbreitung	686
34.7.1	Entgelt und Kosten	686
34.7.2	Rechtliche Aspekte der Produktverbreitung	687
34.7.3	Produktqualität	687
34.8	Erfolgskritische Faktoren	688
34.8.1	Grundvoraussetzungen	688
34.8.2	Qualitätsindikatoren im Sell-Side-Research	689
34.8.3	Qualitätsindikatoren im Buy-Side-Research	691

35	Research – Methodik	695
35.1	Überblick	695
35.2	Die Methoden und ihre Systematisierung	696
35.3	Methodeneinsatz	697
35.4	Methodenarten und typische Fragestellungen	698
35.4.1	Selection: Bewertung von Einzelobjekten	698
35.4.1.1	Barwertansatz	698
35.4.1.2	Kennzahlenanalyse	699
35.4.1.3	Qualitative Analyse	702
35.4.2	Timing: Trenderkennung und Einstiegszeitpunkte	702
35.4.2.1	Indikatorenanalyse	702
35.4.2.2	Chartanalyse	704
35.4.2.3	Intermarketanalyse	704
35.4.3	Markets: Bewertung von Märkten	708
35.4.3.1	Prognosemodelle	708
35.4.3.2	Indikatorensysteme	709
35.4.3.3	Bewertungsanalysen	711
35.4.3.4	Sonstige	711
35.4.4	Assetallocation: Entscheidung über Anlagemedien	712
35.4.4.1	Bewertungsmodell	712
35.4.4.2	Konjunkturzyklusmodell	713
35.4.4.3	Technisches Modell	713
35.5	Erfolgskritische Faktoren und Controlling	714
VI	**Support und Geschäftssteuerung**	**717**
36	IT-Support	719
36.1	Einführung	719
36.2	IT-bezogene Buchführungsvorschriften	721
36.2.1	Grundsätze ordnungsmäßiger DV-gestützter Buchführungssysteme (GoBS)	723
36.2.2	Mindestanforderungen an das Betreiben von Handelsgeschäften aus IT-Sicht	726
36.3	Stammdatenverwaltung	731
36.3.1	Begriffe	731
36.3.2	Ziele des Stammdatenmanagements	731
36.3.3	Beschaffung von Stammdaten	731
37	Front- und Backoffice-Systeme	734
37.1	Frontoffice-Systeme	734
37.1.1	Einleitung	734
37.1.2	Funktionen von Frontoffice-Systemen	735
37.1.3	Risiken aus Fehlfunktionen von Frontoffice-Systemen	736
37.2	Backoffice-Systeme	737
37.2.1	Risikocontrolling und Risikomanagement	737
37.2.1.1	Grundlagen	737

37.2.1.2	IT-technische Umsetzung	738
37.2.1.3	Was ist ein Exposure?	740
37.2.1.4	Netting im Risikomanagement	742
37.2.2	Marktgerechtigkeitsprüfung (Market-Conformity-Check)	744
38	Strategisches Risikomanagement von Investmentbanken	747
38.1	Das Grundproblem im Investment Banking	747
38.2	Risikoparameter im Investment Banking	749
38.2.1	Handels- und Marktpreisrisiken	750
38.2.2	Ausfallrisiko	751
38.2.3	Gegenparteirisiko	751
38.2.4	Liquiditätsrisiko/Bilanzstrukturrisiko (Asset-Liability Risk)	752
38.2.5	Operatives Risiko	753
38.2.6	Strategisches Geschäftsrisiko	754
38.3	Hedgingstrategien	755
38.4	Value-at-Risk-Systeme	755
38.4.1	Definition	755
38.4.2	Berechnung des Value-at-Risk	756
38.4.3	Überprüfung der Güte der gewählten Methode und Stresstest-Verfahren	760
38.4.4	Limitsysteme	762
39	Risikoadjustierte Performancemessung – Konzept und Praxis der Risiko-Ertragssteuerung	767
39.1	Überblick	767
39.2	Traditionelle Risiko- und Ertragssteuerung	767
39.2.1	Return on Equity als klassisches Rentabilitätsmaß	768
39.2.2	Vor- und Nachteile des traditionellen Verfahrens	769
39.3	Risiko- und Ertragssteuerung mit RAROC	769
40	Investor-Relations	776
40.1	Abgrenzung	776
40.2	Begriff	776
40.3	Ziele der Investor-Relations-Aktivitäten	777
40.4	Zielgruppen	778
40.4.1	Analysten	778
40.4.2	Institutionelle Investoren	779
40.4.3	Private Investoren	779
40.5	Instrumente	780
40.5.1	Zielgruppenanalyse	781
40.5.2	Pflichtveröffentlichungen	781
40.5.3	Freiwillige Maßnahmen	783
40.6	Organisation	784
40.7	Erfolgskritische Faktoren	786
40.8	Controlling	786
40.9	Investorenaktivismus	788

40.9.1	Begriffsklärung	788
40.9.2	Ziele und Vorgehensweisen	788
40.9.3	Ansatzpunkte für Investorenaktivismus	789

Stichwortverzeichnis 793

Investment Banking – Das Team

Clive Assender
Alexander Aulibauer
Michael Becker
Christoph Beeck
Thomas Bock
Paul Burik
Andre Carls
Rolf Crux
Thomas Effler
Roland Füss
Gunther Hahn
Sandra Heller
Martin Hellmich
Joachim Heppe
Claus Hilpold
Heinz Hockmann
Ulrich Hoeck
Dieter Kaiser
Anette Klages
Mathias Knoblich
Kristina Laubrecht
Bernd Luderer
Jens Marczinzik
Uta Martin
Martin Menn

Ralf Mielke
Andreas Neuber
Markus Neukirch
Simone Nuxoll
Ines Piossek
Gerrit Raupach
Klaus Reimer
Christiane Rennert
Klaus Ripper
Christian Rodde
Mareile Runge
Ernst-August Schnieder
Hans Schniewind
Armin Schuler
Oliver Schwarzhaupt
Jörn Spillmann
Oliver Stönner-Venkatarama
Friedrich Thießen
Thomas Timmermann
Volker Weber
Jan Weidner
Carsten Wittrock
Sven Zeller
Ulrike Zimelka

Autorenverzeichnis

Clive Assender
ist als Senior Partner tätig bei Swissrisk AG (www.swissrisk.com) zuständig für Engineered Solutions und die Weiterentwicklung von EAI und Middleware Architekturen.

Dr. Alexander G. Aulibauer
war bei zeb/rolfes.schierenbeck.associates als Unternehmensberater im Bereich Marktpreisrisiken/Treasury-Management für Projekte in verschiedenen europäischen Banken tätig. Heute ist Herr Aulibauer beim Deutschen Sparkassen- und Giroverband für Refinanzierungsstrategie und Liquiditätsmanagement zuständig.

Michael Becker
managed internationale Aktien- und Balanced Mandate bei der Commerz Asset Managers GmbH.

Christoph Beeck
ist Vorstandsreferent der comdirect bank AG.

Thomas Bock
ist als Abteilungsdirektor Special Industries/Project Finance und als Experte für strukturierte Finanzierungen für Projekte im Bereich Energie, Ver- und Entsorgung tätig.

Paul Burik, PhD,
war Chief Investment Officer einer globalen Asset Management-Einheit sowie Berater von US-Pensionsfonds. Risikomanagement für das Federal Reserve Board und die Chicago Mercantile Exchange. Heute ist Burik Managing Director im Bereich Asset Management der Commerzbank.

Dr. Andre Carls
ist Vorstandsvorsitzender der comdirect bank AG.

Thomas Effler
ist im Bereich Research bei der Commerzbank AG Leiter der Small & Midcap-Gruppe.

Dr. Roland Füss
ist wissenschaftlicher Mitarbeiter am Lehrstuhl für Empirische Wirtschaftsforschung und Ökonometrie an der Universität Freiburg.

Gunther Hahn
ist als Portfoliomanager bei der WWK Versicherung in München tätig.

Sandra Heller
ist im Bereich Debt Capital Markets Origination der Commerzbank AG in dem Team tätig, das für Origination syndizierter Kredite mit dem Schwerpunkt deutsche Unternehmen zuständig ist.

Dr. Martin Hellmich
ist bei der Landesbank Baden Württemberg im Bereich Capital Markets Trading als Senior Analyst für Credit Spreads Products beschäftigt. Tätigkeitsschwerpunkte auf den Gebieten der Strukturierung und Analyse von Collateralized Debt Obligations und anderen strukturierten Kreditderivaten, Weiterentwicklung und Einsatz von quantitativen Tools zum Management von Kreditrisiken sowie Entwicklung und Implementierung von Debt to Equity Hedge Strategien.

Joachim Heppe
ist bei der Commerzbank AG im Bereich Debt Capital Markets tätig.

Claus Hilpold
ist Director Business Development bei der Harcourt Investment Consulting AG in Zürich. Er unterrichtet an der Finanzakademie der European Business School und ist ferner Chartered Financial Analyst Charterholder des CFA-Instituts.

Dr. Heinz J. Hockmann
ist Chief Executive Officer der Fortis Investments für Deutschland, Österreich und Osteuropa. Fortis Investments ist die Asset Management Tochter des internationalen Finanzdienstleisters Fortis.

Ulrich Hoeck
ist Leiter Debt Capital Markets bei der Commerzbank AG.

Dieter Kaiser
ist bei der Benchmark Alternative Strategies GmbH in Frankfurt, einer Dach-Hedgefonds-Management-Gesellschaft für das Institutional Research verantwortlich.

Anette Klages
ist im Bereich Unternehmenskommunikation der cominvest Asset Management GmbH, dem Investmentmanager der Commerzbank AG, für externe Kommunikation zuständig.

Kristina Laubrecht
ist Head of Loan Origination im Bereich Debt Capital Markets Origination der Commerzbank AG mit Schwerpunkt deutsche Unternehmen.

Prof. Dr. Bernd Luderer
ist Inhaber der Professur für Wirtschaftsmathematik an der Technischen Universität Chemnitz. Seine Forschungsschwerpunkte liegen in den Bereichen Finanzmathematik, Optimierung und Operations Research.

Jens Marczinzik
ist bei der Commerzbank AG als Prokurist im Zentralen Stab Risikocontrolling verantwortlich für den Bereich »Economic Capital Allocation«.

Uta Martin
ist Mitarbeiterin an der Professur für Finanzwirtschaft und Bankbetriebslehre der Technischen Universität Chemnitz.

Martin Menn
war bei der Commerzbank AG als Abteilungsdirektor in der Investment Banking IT verantwortlich für die Implementierung und den Betrieb vom Back Office IT Systemen. Heute arbeitet er als Projektleiter für den Bereich Financial Accounting.

Ralf Mielke
ist als Portfolio Manager im Bereich Equity Index Products bei der Commerz Asset Managers GmbH tätig.

Andreas Neuber
ist als Mitglied des Vorstandes der Commerzbank Asset Management Italien, Rom, zuständig für den Aufbau der italienischen Bankgruppe und deren landesweites Vertriebsnetzes für Asset Management Produkte.

Markus Neukirch
ist Leiter des Bereiches Investment Banking/Asset Management IT innerhalb der Zentralen Organisation IT Applications der Commerzbank AG.

Simone Nuxoll
ist bei der Commerzbank AG als Spezialistin für Investor Relations mit dem Schwerpunkt Investorenkontakte tätig.

Ines Piossek
ist im Bereich Debt Capital Markets – Asset Securitisation der Commerzbank AG mit der Origination & Strukturierung verschiedener Arten von Verbriefungstransaktionen betraut.

Gerrit Raupach
Ist Bereichsleiter der Abteilung Corporate Finance bei der Landesbank Hessen-Thüringen Girozentrale.

Dr. Klaus Reimer
arbeitet im Bereich Research und ist Leiter der Quantitative Research Germany-Gruppe bei der Commerzbank AG.

Christiane Rennert
ist bei der Commerzbank AG als Spezialistin für Risk Standards & Regulatory Issues im Zentralen Stab Risikocontrolling zuständig.

Dr. Klaus Ripper
leitet die Abteilungen Dachfondsmanagement, Finanzproduktentwicklung und Marketing bei der Postbank Financial Service. Er ist Verfasser mehrerer Artikel und Bücher zu Kapitalmarktthemen und Gastdozent der Universität Leipzig.

Christian Rodde
ist im Bereich Leveraged Finance der Commerzbank AG als stellvertretender Leiter des Teams in Frankfurt Spezialist für Finanzierungsstrukturen bei Unternehmensübernahmen durch Finanzinvestoren (Leveraged Buyouts).

Mareile Runge
ist im Bereich Produktentwicklung/-koordination der Commerzbank AG als Projektmanagerin für Recht & Steuern insbesondere mit der Prüfung von rechtlichen Rahmenbedingungen bei der Auflage von Investmentfonds beschäftigt.

Dr. Ernst-August Schnieder
war bei der Commerzbank AG Abteilungsdirektor Commerzbank Securities. Jetzt ist er Senior Counsel bei der SynCap Management GmbH in Frankfurt.

Dr. Hans Schniewind
war lange Zeit im Bereich Corporate Finance der Dresdner Bank in Frankfurt und Asien tätig. Zuletzt wirkte er als Leiter der Niederlassung Shanghai. Schniewind ist Präsident der Industrie- und Handelskammer in Shanghai.

Dr. Armin Schuler
ist Geschäftsführer der CBG Commerz Beteiligungsgesellschaft mbH Frankfurt.

Oliver Schwarzhaupt
ist Mit-Leiter der Gruppe Risk Standards & Regulatory Issues im Zentralen Stab Risikocontrolling der Commerzbank AG.

Dr. Jörn Spillmann
ist bei der cominvest Asset Management GmbH im Bereich Multi Asset Management zuständig für Asset Allocation und Investment Stragegy.

Dr. Oliver Stönner-Venkatarama
ist bei der cominvest, dem Assetmanagement der Commerzbank AG, im Bereich Multi Asset Management Investmentstratege für Emerging Market Assets.

Prof. Dr. Friedrich Thießen
ist Inhaber der Professur für Finanzwirtschaft und Bankbetriebslehre an der Technischen Universität Chemnitz. Seine Forschungsschwerpunkte liegen auf den Gebieten Investment Banking, Altersvorsorge und Virtuelle Banken.

Thomas Timmermann
ist Global Head of Retail Distribution/Head of Equity Derivatives FFT bei der Commerzbank AG.

Volker Weber

ist wissenschaftlicher Mitarbeiter an der Professur für Finanzwirtschaft und Bankbetriebslehre der Technischen Universität Chemnitz.

Jan P. Weidner

ist Partner bei Drueker & Co, Frankfurt, einem unabhängigen M & A und Corporate Finance Berater.

Dr. Carsten Wittrock

ist Partner bei zeb/rolfes.schierenbeck.associates gmbH, Frankfurt, und dort für die Beratung von Kapitalanlagegesellschaften, Banken und Versicherungen im Bereich Asset Management verantwortlich.

Sven Zeller

ist Partner bei der Clifford Chance und berät internationale Banken, Finanzdienstleister und Investmentgesellschaften.

Ulrike Zimelka

ist bei der Commerzbank Asset Managers GmbH im Business Management für Qualitätskontrolle, Ablaufprozesse sowie Aus- und Weiterbildung verantwortlich.

I   Einordnung des Investment Banking

1 Grundbegriffe des Investment Banking*

> **LERNZIELE**
> - Die Begriffe Investment Banking, Kapitalmarkt, Wertpapiermarkt, Kapital, Realkapital, Investor, Emittent, Kreditnehmer u. v. a. sind keine Fremdworte mehr für Sie.
> - Sie kennen die wichtigsten Gemeinsamkeiten und Unterschiede von Investment Banking und Einlage- und Kreditgeschäft.

1.1 Einordnung des Investment Banking

Aufgabe des folgenden Abschnitts ist es, Grundbegriffe des Investment Banking zu klären und wichtige Zusammenhänge darzustellen. Zunächst wird der Begriff des Investment Banking abgegrenzt.

> **DEFINITION**
> Investment Banking ist die Gesamtheit aller Leistungen, die der Übertragung monetärer Dispositionsmöglichkeiten dienen, soweit diese mittels Wertpapiertransaktionen erbracht werden

Grundsätzlich können monetäre Dispositionsmöglichkeiten, also die Verfügbarkeit über Geld (ausführlicher siehe unten), auf folgenden Wegen übertragen werden:
- *Geschenk:* Rückgabe und Verzinsung sind nicht erforderlich.
- *Darlehen und Eigenkapital:* Hier werden Rückgabe und Verzinsung erwartet.

Darlehen und Eigenkapital können sein:
- *Verbrieft:* Träger von Rechten ist ein Wertpapier.
- *Unverbrieft:* Ansprüche ergeben sich aus einem Vertrag, in dem nicht vorgesehen ist, dass ein Wertpapier Träger von Rechten sein soll.

Leistungen rund um die verbriefte Form der Darlehens- und Eigenkapitalgewährung sind das *Investment Banking*. Der unverbrieften Form widmet sich dagegen das *Einlage- und Kreditgeschäft*.

---

* Autoren: Alexander G. Aulibauer, Friedrich Thießen

4 Einordnung des Investment Banking

> **Wertpapier versus Kredit**
>
> Investment Banking sind Dienstleistungen rund um das Wertpapier. Wertpapiere sind im Gegensatz zum Kredit handelbar. Die Handelbarkeit reduziert Transaktionskosten. Für Wertpapiere entwickeln sich Märkte. Durch Innovationen der Investmentbanker werden die Märkte immer perfekter. Transaktionskosten sinken. Schließlich ist es nur noch das Wertpapier selbst, das die weitere Verminderung der Transaktionskosten behindert. Also verzichtet man auf das Wertpapier und handelt nur noch Rechte. Wodurch unterscheidet sich dann aber noch das Wertpapiergeschäft vom Kreditgeschäft?

Die verbriefte und die unverbriefte Form unterscheiden sich in vielen Punkten wenig, weshalb Investment Banking und das Einlage-/Kreditgeschäft viele Gemeinsamkeiten aufweisen. Denken Sie an die Prüfung der Rückzahlungswahrscheinlichkeit, die Sicherheitenbestellung oder Tilgungsformen. Der wichtigste Unterschied besteht in dem unterschiedlichen Grad, in dem verbriefte und unverbriefte Darlehen handelbar sind. Die Handelbarkeit führt zur Entwicklung von Märkten. Die Märkte wiederum eröffnen dem Umgang mit monetären Dispositionsmöglichkeiten vorteilhafte Optionen. Hier einige Beispiele.

Märkte schaffen Transparenz
- Der veröffentlichte Preis gehandelter Wertpapiere verringert Wertunsicherheiten und erspart aufwändige eigene Bewertungsprozesse.
- Der veröffentlichte Preis von Wertpapieren ermöglicht es, die *Preisfairnis* anderer Wertpapiere zu beurteilen, selbst wenn sie aus ganz anderen Marktsegmenten stammen. Dadurch werden auch exotische Produkte attraktiv.
- Differenz- und Ausgleichsarbitrage wird möglich und führt zu wirklichen Knappheitspreisen. *Differenzarbitrage* bezeichnet die Möglichkeit risikoloser Gewinne durch den gleichzeitigen Kauf eines Assets zu günstigen Kondition und dessen Verkauf zu höheren Preisen an verschiedenen Marktsegmenten (Geschäft und Gegengeschäft). *Ausgleichsarbitrage* bezeichnet die Möglichkeit risikoloser (Opportunitäts-)Gewinne durch den Kauf (Verkauf) eines unter(über-)bewerteten Assets zu günstigeren Konditionen als an einem anderen Markt ohne simultanes Gegengeschäft.
- Die verfügbare Preishistorie ist die Basis preiswerter Risikostrategien und verbilligt das Portfoliomanagement.

Märkte verringern Transaktionskosten
- Nachfrager und Anbieter kennen einen Ort, an dem sie einen Kontraktpartner finden werden.
- Nachfrager und Anbieter müssen nur geringe Kosten aufwenden, um ein Geschäft zu kontrahieren.
- Die geringen Transaktionskosten ermöglichen attraktive Diversifikationsstrategien und Spekulationsstrategien.
- Die Verbilligung der Produkte schafft zusätzliche Nachfrage und regt Sparen wie Investieren an.

Verdrängung durch das Einlage- und Kreditgeschäft

Damit sind einige der positiven Wirkungen von Märkten genannt. Wer im harten Geschäft des Investment Banking erfolgreich sein will, der muss die Möglichkeiten, die ihm die Märkte bieten, voll ausschöpfen, um im Wettbewerb bestehen zu können – er muss für seine Kunden das größtmögliche Maß an Leistung »aus den Wertpapiermärkten herausholen«. Der Investmentbanker muss beachten, dass dem Wertpapiergeschäft ständig die Verdrängung durch das Einlage- und Kreditgeschäft droht, das teilweise schwer zu schlagende Vorzüge aufweist – z. B. all die Vorteile individuell gestalteter bilateraler Verträge.

Gesetzmäßigkeiten der Wertpapiermärkte

Was ein Investmentbanker aus den Wertpapiermärkten »herausholen« kann, das ist ganz wesentlich durch die Gesetzmäßigkeiten der Wertpapiermärkte bedingt. Der einzelne Investmentbanker kann noch so geschickt und virtuos versuchen, das Marktgeschehen zu seinem Vorteil zu nutzen, an den Gesetzmäßigkeiten kommt er nicht vorbei. Das musste auch Michael Milken, der Erfinder des »Junk-Bond-Marktes«, erfahren, der mit einer genialen Strategie, die ihn als intimen Kenner der Gesetze eines Marktes auswies, Millionen verdiente und hinterher im Gefängnis landete, weil er zuerst die ökonomischen, dann die legalen Möglichkeiten dieses Marktes überschritten hatte.

1.2 Begriffe

Grundbegriffe

- *Kapitalmarkt:* Koordinationsstelle monetärer Dispositionsmöglichkeiten.
- *Wertpapiermarkt:* Teil des Kapitalmarktes, an dem die Vermittlung von Kapital in verbriefter Form koordiniert wird.
- *Kapital:* Monetäre Dispositionsmöglichkeiten; Wirtschaftsgüter, die bei Fälligkeit Anspruch auf Bargeld oder Sichtguthaben gewähren.
- *Realkapital:* Güter und Leistungen, die nicht monetäre Dispositionsmöglichkeiten darstellen.
- *Wertpapier:* Urkunde, die ein privates Vermögensrecht zum Inhalt hat, das ohne Urkunde nicht geltend gemacht werden kann.
- *Investor:* Anbieter von Kapital (in verbriefter oder unverbriefter Form).
- *Emittent:* Nachfrager von Kapital in verbriefter Form am Primärmarkt.
- *Kreditnehmer:* Nachfrager von Kapital in nicht verbriefter Form am Primärmarkt.

Wertpapiermarkt. Dies ist der Teil des Kapitalmarktes, an dem die Kapitalvermittlung in verbriefter Form koordiniert wird. Der Wertpapiermarkt ist also ein Teil des übergeordneten Kapitalmarktes.

Kapitalmarkt. Der Kapitalmarkt bildet nach Rudolph (1999, S. 1107) die »Nahtstelle« zwischen Nachfragern und Anbietern von Kapital. Er ist der Oberbegriff für alle Märkte, auf denen im Wege der Außenfinanzierung monetäre Dispositionsmöglichkeiten zwischen Kapitalanbietern und Kapitalnachfragern im weitesten

Sinne koordiniert werden. Oftmals werden Kreditfinanzierungen sowie kurz- bis mittelfristige (1 bis 4 Jahre Laufzeit) Finanzierungen aus dem Begriff ausgeschlossen. Nicht zum Kapitalmarkt und nicht zum Investment Banking gehört die Beschaffung monetärer Dispositionsmöglichkeiten via Innenfinanzierung.

Monetäre Dispositionsmöglichkeiten. Darunter versteht man Wirtschaftsgüter, die in Geldgrößen denominiert sind, die also bei Fälligkeit Anspruch auf Bargeld oder Sichtguthaben gewähren. *Kapital* sind monetäre Dispositionsmöglichkeiten. Im Unterschied zu Kapital gewährt *Realkapital* keinen Anspruch auf Bargeld und Sichtguthaben. Beispiele dafür sind Immobilien, Maschinen, Waren oder Vorprodukte.

Anbieter. Anbieter von Kapital am Wertpapiermarkt werden *Investoren* genannt.

Nachfrager. Für die Gruppe der Nachfrager nach Kapital hat sich keine einheitliche Bezeichnung eingebürgert. Auf den *Primärmärkten* haben sich je nach benutztem Finanzinstrument die Bezeichnungen *Emittent* (Nachfrage von Kapital in verbriefter Form) oder *Kreditnehmer* (Nachfrage von Kapital in unverbriefter Form) durchgesetzt. Auf dem *Sekundärmarkt* wären Verkäufer von Wertpapieren rein formal gesehen die »Nachfrager« nach Kapital. Es gibt jedoch keine einheitliche Bezeichnung. Sie werden meist einfach als *Verkäufer* oder auch nach dem Motiv des Verkaufs als *Trader* (Handelsmotiv Spekulation) oder *Liquidity-Trader* und *Insurance-Trader* (Handelsmotiv nicht-spekulative Gründe) bezeichnet.

Einteilung des Kapitalmarktes in Teilmärkte

Der Kapitalmarkt wird vielfach in Teilmärkte unterteilt. Hier werden einige häufig genannte Varianten vorgestellt. Solche Einteilungen können aufgrund der permanenten Weiterentwicklung der Märkte nicht auf Dauer Bestand haben. Einteilungen verlieren ihren Wert, wenn sich zu viele Marktkomponenten nicht mehr eindeutig einem Teilmarkt zuordnen lassen oder wenn hinter einer Unterteilung kein ökonomisches Problem mehr liegt.

Kriterium	Bezeichnung der Teilmärkte	Ausprägung des Kriteriums	Abgrenzungsprobleme
Fristigkeit	Geldmarkt	Kurzfristig (bis 1 Jahr)	Trennzeitpunkt willkürlich und ökonomisch zunehmend ohne Bedeutung
	Kreditmarkt	Mittelfristig (1–4 Jahre)	
	Kapitalmarkt	Längerfristig (ab 4 Jahren)	
Verbriefung	Kreditmarkt	Unverbrieft	Zuordnungsfragen; z. B. stückeloser Rechtehandel oder GmbH-Anteile
	Kapitalmarkt	Verbrieft	
Ort des Handels	Nationaler Markt Euromarkt Xenomarkt Offshoremarkt	Ort des Handels relativ zu den Domizilen oder – beim Kriterium Euromarkt – den Heimatwährungen der Vertragspartner	Durch internationale Marktliberalisierungen und -vereinheitlichungen zunehmend ohne Bedeutung

Grundbegriffe des Investment Banking

Kriterium	Bezeichnung der Teilmärkte	Ausprägung des Kriteriums	Abgrenzungsprobleme
Wertpapierherkunft	Primärmarkt (Emissionsmarkt)	Eine Wertpapiergattung wird erstmals in den Markt eingeführt.	Keine
	Sekundärmarkt (Zirkulationsmarkt)	Wertpapiere einer bereits eingeführten Gattung werden weiterverkauft.	
Börsengebundenheit	Organisierter Markt	Handel erfolgt an Börsen	Zuordnung; z. B. elektronische Handelssysteme
	OTC-Markt (Over The Counter-Markt)	Handel erfolgt außerhalb von Börsen	
Rechtsstellung der Investoren	Eigenkapitalmarkt	Eigentümer	Zuordnung von Zwitterprodukten
	Fremdkapitalmarkt	Gläubiger	

Abb. 1.1: Teilmärkte des Kapitalmarktes

Aufgaben zur Lernkontrolle
1. Definieren Sie den Begriff des Investment Banking.
2. Zeigen Sie Gemeinsamkeiten und Unterschiede des Investment Banking zum Einlagen- und Kreditgeschäft auf.
3. Grenzen Sie die Begriffe Kapital, Kapitalmarkt, Wertpapier, Wertpapiermarkt, Emittent und Investor voneinander ab.
4. Nennen Sie die positiven Wirkungen von Wertpapiermärkten.

Literatur

Kidwell, D. S. et al. (2006): Financial Institutions, Markets, and Money, 9. Aufl., Hoboken, NJ.

Rudolph, B. (1999): Kapitalmarkt: Grundlagen, in: Enzyklopädisches Lexikon des Geld-, Bank- und Börsenwesens, Frankfurt.

Wessel, R. H. (1961): Principals of Financial Analysis, New York.

2 Finanzintermediation*

> **LERNZIELE**
> - Sie können die Begriffe Finanzintermediär und Intermediationsleistung erläutern und das Wesen von Vermittlungs- sowie Transformationsleistungen in einem Satz darlegen.
> - Sie können Maßnahmen vorschlagen, mit denen Broker ihre Vermittlungsleistungen ausweiten können.
> - Sie können drei Arten von Transformationsleistungen und vier Phänomene, die bei ihrer Entstehung eine Rolle spielen, erläutern.
> - Sie können für konkrete Finanzintermediäre, z. B. eine Hypothekenbank, erläutern, welche Transformationsleistungen sie erbringen.

2.1 Intermediäre und Intermediationsleistungen

Stellen Sie sich folgende Frage: Wenn der Kapitalmarkt die Koordinationsstelle zwischen Angebot und Nachfrage nach Kapital ist, *wer* koordiniert dann eigentlich ganz konkret? Es gibt zwei Möglichkeiten: Anbieter und Nachfrager organisieren diese Koordination selbst, oder sie bedienen sich der Hilfe spezialisierter Dienstleister. Diese Dienstleister werden *Finanzdienstleister* oder synonym *Finanzintermediäre* genannt.

- *Finanzintermediär:* Dienstleister, der im weitesten Sinne Angebot und Nachfrage am Kapitalmarkt koordiniert
- *Finanzdienstleistung:* Leistung der Finanzintermediäre; i.e. Vermittlungsleistung und/oder Transformationsleistung
- *Vermittlungsleistung:* Finanzdienstleistung, die darin besteht, hinsichtlich jedes Kriteriums übereinstimmendes Angebot und Nachfrage nach Kapital zu koordinieren
- *Transformationsleistung:* Asymmetrische Vermittlungsleistung: Anbieter und Nachfrager erhalten unterschiedliche Leistungen
- *Produkt:* Objekt einer Finanzdienstleistung. Bündel von verschiedenen Leistungen, die insgesamt angeboten und nachgefragt werden.
- *Broker:* Finanzintermediär, der ausschließlich Vermittlungsleistungen erbringt.
- *N.N.:* Für Finanzintermediäre, die ausschließlich Transformationsleistungen erbringen, gibt es keine Bezeichnung.

> **DEFINITION**
> Ein **Finanzintermediär** ist ein Dienstleister, der im weitesten Sinne Angebot und Nachfrage am Kapitalmarkt koordiniert.

---

* Autoren: Alexander G. Aulibauer, Friedrich Thießen

Finanzdienstleister erfüllen drei wesentliche Funktionen (Rudolph (1999), S. 1108 f.):
- *Treffpunktfunktion:* Zusammenführen von Anbietern und Nachfragern.
- *Marktausgleichsfunktion:* Koordination divergierender Wünsche von Anbietern und Nachfragern durch Harmonisieren der individuellen Investitions- und Finanzierungspläne.
- *Allokationsfunktion:* Lenkung des Kapitalangebotes in die rentabelsten Verwendungen.

Investmentbanken sind Finanzintermediäre, die die genannten Funktionen mittels Wertpapiertransaktionen erfüllen.

Investment Banking als Produktverkauf oder Dienstleistung?

Obwohl Finanzintermediäre Dienstleistungen erbringen, wird im allgemeinen Sprachgebrauch neuerdings statt von »Leistungen«, die »erbracht« werden, von »Produkten« gesprochen, die »gekauft« und »verkauft« werden unabhängig davon, ob es sich um einen Kauf im rechtlichen Sinne oder um z. B. eine Abtretung, eine Auskunftserteilung, eine Verwahrung, eine Vermittlung etc. handelt. Der Investmentbanker ist insofern eine »schillernde« Persönlichkeit: Er folgt mit seinen Geschäften den Märkten und bietet einmal eine reine Beratung, dann wieder eine Vermittlungsleistung an oder tritt sogar als Kapitalgeber selbst in Verträge mit ein.

Arten von Intermediationsleistungen

Wie sehen nun die Leistungen der Finanzintermediäre konkret aus? Intermediäre können zwei Arten von Leistungen erbringen:
- Vermittlungsleistungen
- Transformationsleistungen

Die Zweiteilung hat folgenden Grund: wenn Finanzintermediäre ihrer Koordinationsaufgabe nachgehen, dann stoßen sie auf zwei Gruppen von Anbietern und Nachfragern nach Kapital:

Übereinstimmende Wünsche. Die Wünsche von Kapitalgeber und -nehmer stimmen hinsichtlich aller denkbaren Kriterien direkt spiegelbildlich überein.

> **BEISPIEL** A sei ein Kapitalsucher, der für 4 Jahre 10 Mio. Euro benötigt und bereit ist, 5 % Zins zu bezahlen. B sei ein Investor, der bereit ist, an Kapitalsucher wie A für 4 Jahre 10 Mio. Euro zu 5 % abzugeben.

Abweichende Wünsche. Die Wünsche von Kapitalgeber und -nehmer weichen bei einem oder mehreren Kriterien voneinander ab.

> **BEISPIEL** A benötige Kapital für die Durchführung einer Investition für mindestens 6 Jahre. B möchte Kapital für maximal 2 Jahre und auf keinen Fall an A ausleihen.

2.2 Vermittlungsleistungen

Für Fälle, in denen die Wünsche von Anbieter und Nachfrager nach Kapital in allen Aspekten übereinstimmen, kann der Intermediär seine Koordinationsaufgabe dadurch erfüllen, dass er Anbieter und Nachfrager »zusammenbringt«. Diese Leistung wird *Vermittlungsleistung* oder *Brokerage* genannt.

Wie muss man sich das »Zusammenbringen« vorstellen? Im einfachsten Fall teilt der Intermediär dem Anbieter Name und Adresse des Nachfragers mit, wie dies die Makler im Devisenhandel getan haben. Oder der Intermediär betreibt ein elektronisches Handelssystem, mit dem sich Anbieter und Nachfrager per Tastatur und Bildschirm »treffen« können.

> **DEFINITION**
> Eine Vermittlungsleistung ist eine Finanzdienstleistung, die darin besteht, Angebot und Nachfrage ohne qualitative Veränderungen zusammenzubringen.

> **DEFINITION**
> Ein Broker ist ein Finanzintermediär, der Vermittlungsleistungen erbringt.

Brokerage ist die Tätigkeit der Broker, also die Erbringung von Vermittlungsleistungen. Brokerage schließt nicht aus, dass der Broker – *vor* der Vermittlung – die Wünsche der Nachfrager und Anbieter durch geeignet Maßnahmen verändert. Solche sind:

Bedarfsweckung. Der Broker kann z. B. durch geschickte Werbung und Informationstätigkeit Nachfrage nach bestimmten Wertpapieren erzeugen, die vorher nicht marktwirksam war (z. B. indem er Informationen über den Risikograd oder die Chancen von Produkten liefert). Der Broker kann versuchen, neue Produkte und Strategien zu erfinden, die für Kapitalnachfrager und -anbieter geeigneter sind als herkömmliche, um neue Nachfrage nach Vermittlungsleistungen zu erzeugen. Beispielhaft sei genannt, wenn der Broker ein Analysetool zum Portfoliomanagement anbietet, um den Kunden die Verwaltung von Aktien attraktiver zu machen mit dem Ziel, den Verkauf von Aktien zu fördern.

Bedarfsumleitung. Der Broker kann versuchen, die Kunden von einem Produkt bzw. Marktsegment, für das der Broker keine Gegenseite findet, auf ein anderes zu locken, für das es eine Gegenseite gibt (z. B. zwei spiegelbildliche Geldmarktgeschäfte statt eines Devisentermingeschäftes, wenn der Devisenmarkt ausgetrocknet ist.)

Der Wertschöpfungsbeitrag des Brokers liegt darin, die Vermittlung effizienter (s. u. Markteffizienz) durchzuführen als es die Marktteilnehmer ohne ihn könnten, und durch Bedarfsweckung und -umlenkung, das Vermittlungsvolumen wohlfahrtssteigernd zu erhöhen. Natürlich können auch andere Marktteilnehmer Bedarfsweckung und -umlenkung betreiben. Aber für kaum jemanden ist es so sinnvoll wie für den Broker, da er den geschaffenen Bedarf mit seiner Vermittlungsleistung unmittelbar befriedigen kann und entsprechend daran verdient.

Prime Broker

Neuerdings wird – oft im Zusammenhang mit Private Equity Fonds oder Hedge Fonds – der Begriff »Prime Broker« verwendet. Als Prime Broker bezeichnet man einen Dienstleister, der für eine Vermögensmasse (z. B. Investmentfonds) (i) Kauf- und Verkaufsaufträge ausführt, (ii) Kreditlinien bereitstellt und (iii) Wertpapiere ausleiht. Mit den ausgeliehenen Wertpapieren spekuliert der Fonds auf nachgebende Preise (Leerverkauf). Die Kredite benötigt er, um den Leverageeffekt auszunutzen und die Rendite auf das Kapital der Fondszeichner zu erhöhen. Als Sicherheit für die Kredite fungieren dem Prime Broker die Assets des Fonds. Der Prime Broker betreibt keine Transformationsleistungen. Er überwacht das Risiko des Fonds und verkauft die Assets in dem Moment, in dem der Wert der Assets nicht mehr über dem Wert des ausstehenden Kreditbetrages liegt.

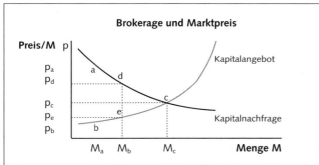

Angenommen, Marktteilnehmer mit übereinstimmenden Wünschen (also Anbieter von und Nachfrager nach Kapital) haben Kosten von ab, zu denen sie eine Transaktion ohne den Broker durchführen könnten: Sie realisieren das Marktvolumen M_a. Ein Broker ohne eigene Transaktionskosten könnte den Preis P_c vorschlagen; dann wäre das Vermittlungsvolumen maximiert (M_c). Bei eigenen Transaktionskosten von de muss er dem Nachfrager den Preis P_d und dem Anbieter P_e nennen, um seine Kosten zu decken. Damit kann das Marktvolumen M_b realisiert werden.
Auf Märkten mit Wettbewerb der Broker untereinander pendelt sich die Marktmenge dort ein, wo die Geld-Brief-Spanne gerade die Kosten des Grenzbrokers deckt – bei M_b.

2.3 Transformationsleistungen

Wie sieht es mit dem zweiten der oben genannten zwei Fälle, den Transformationsleistungen aus?

DEFINITION
Eine Transformationsleistung ist eine asymmetrische Vermittlungsleistung.

Was ist hier Asymmetrie? Asymmetrie bezieht sich darauf, dass die monetären Dispositionsmöglichkeiten, die zwischen Kapitalgeber und Kapitalnehmer vermittelt werden, aus Sicht des jeweiligen Betrachters unterschiedliche Eigenschaften haben.

Vorteile der Asymmetrie

Solche asymmetrischen Vermittlungsleistungen erweitern das Vermittlungsvolumen ungemein, da nun nicht mehr nur bei deckungsgleichen Wünschen vermittelt werden kann, sondern auch bei voneinander abweichenden. Je heterogener die Wünsche der Marktteilnehmer sind, desto eher können Finanzdienstleistungen überhaupt nur mittels Transformation abgesetzt werden.

Asymmetrische Vermittlungsleistungen haben die größte Bedeutung erlangt bei Losgrößen, Fristen und Risiken.

Beispiele aus dem Kreditbereich sind:
- Losgrößentransformation: Ein Einlagekreditinstitut sammelt Einlagen nicht nur von einem, sondern von vielen Kapitalgebern. Es kann dann aus den vielen kleinen Einlagen einen Großkredit an ein Unternehmen ausreichen.
- Risikotransformation: Die Bank gibt Kredit an mehrere riskante Unternehmen, deren Cashflows negativ korreliert sind und kann dadurch Sparern sichere Einlagen anbieten.
- Fristentransformation: Die Bank sorgt – z. B. durch geschickte Werbung – dafür, dass im Zeitablauf immer wieder Sparer bei ihr Geld einlegen. Sie kann dann kurzfristig terminiertes Geld von Sparern entgegennehmen und es langfristig an Unternehmen ausleihen, denn wenn die ersten Sparer ihr Geld zurückhaben wollen, werden andere Sparer kommen, die neues Geld einlegen.

Beispiele aus dem Wertpapierbereich sind:
- Losgrößentransformation: Eine Investmentbank beschafft einem Telefonunternehmen Eigenkapital und Fremdkapital in Milliardenhöhe, indem es Aktien und Teilschuldverschreibungen in kleinen Stückelungen an Investoren verkauft.
- Risikotransformation: Die Investmentbank verkauft riskante Aktien eines risikoreichen Emittenten. Erwerber sind risikoscheue Investoren, die die Investmentbank dadurch gewinnt, dass sie ihnen ein passendes Hedgeprodukt, z. B. eine andere Aktie mit einem negativ korrelierten Zahlungsstrom dazuverkauft.
- Fristentransformation: Eine Investmentbank sorgt dafür, dass sie immer wieder Kontakt zu handelswilligen Wertpapierkäufern bekommt. Dadurch kann sie einem Unternehmen, das langfristig Kapital braucht, klarmachen, dass es kein Risiko darstellt, revolvierend kurzfristige Commercial Paper zu emittieren. Genauso könnte sie auch Sparer überzeugen, dass es kein Risiko darstellt, in langfristige Anleihen zu investieren, da diese am Sekundärmarkt, den die Investmentbank organisiert, jederzeit veräußert werden können.

Risiken der asymmetrischen Vermittlungsleistungen

Die Asymmetrie der Vermittlung wirft nun aber folgende Frage auf: Wie kann man zwei Parteien, von denen die eine ja Geld gibt und die andere genau dieses Geld nimmt, asymmetrische Versprechungen machen? Also, der einen z. B. sagen, ihr Geldüberlassungsvertrag habe 4 Jahre Laufzeit und der anderen, die Laufzeit ihres Vertrages betrüge 1 Jahr? Kann so etwas gut gehen? Oder endet es unweigerlich im Konkurs des Vermittlers, wenn der Geldgeber nach einem Jahr sein Geld zurückhaben will, der Geldnehmer aber auf seine 4 Jahre pocht, es nicht herausgibt, und beide den Vermittler verklagen?

Die Lösung liegt in vier Phänomenen begründet, mit deren Hilfe asymmetrische Versprechungen möglich sind. Diese Phänomene entdeckt und den Umgang mit ihnen optimiert zu haben, ist eine große Leistung der Finanzmärkte. Die Phänomene heißen Substitution, Prolongation, Diversifikation und Mobilisation.

Substitution. Ersetzung eines Kapitalgebers (oder eines Kapitalnehmers) durch einen anderen.

> BEISPIEL
> Ein Wertpapierbesitzer A verkauft Wertpapiere, die Emittent C emittiert hatte, weil er konsumieren will. Genau zu dem Zeitpunkt möchte ein Sparer B Geld zurücklegen und kauft die angebotenen Stücke. A wird also durch B als Kapitalgeber von C substituiert.

Prolongation. Verlängerung einer Kapitalüberlassungsdauer, anstatt das Kapital bei Fälligkeit zurückzufordern.

> BEISPIEL
> Ein Sparer lässt ein täglich fälliges Festgeld immer wieder prolongieren. Ein Investor nutzt eine Kündigungsmöglichkeit des von ihm gekauften Wertpapiers nicht aus, sondern behält es im Portefeuille. Ein Sparer lässt seine Spareinlagen stehen, obwohl er sie jederzeit abheben könnte.

Diversifikation. Risikominderung durch Geldanlage in nicht vollständig positiv ertragskorrelierte Projekte. Das Gesamtportefeuille hat also weniger Risiko als das einzelne Projekt im Durchschnitt.

> BEISPIEL
> Ein Investor erwirbt statt einer einzelnen Aktie einen Investmentfonds, um das Risiko nicht erwarteter Kursverluste zu verringern. Sein Produkt – der Fonds – unterscheidet sich also von den Produkten – i.e. den einzelnen Wertpapieren –, die die Kapitalsucher emittiert haben.

Mobilisation. Techniken, mit denen unterschiedliche Losgrößen auf Kapitalbedarfs- und -angebotsseite ausgeglichen werden können.

> BEISPIEL
> Teilschuldverschreibung, Aktie, Bankeinlage.
> Der Begriff Mobilisation weist auf den historischen Umstand hin, dass mit Hilfe von Aktie, Teilschuldverschreibung und Bankeinlage im 19. Jahrhundert das verfügbare Kapital vieler kleiner Sparer für den Kapitalmarkt erschlossen, also mobilisiert werden konnte.

Die Kapitalmärkte haben in den letzten Jahrzehnten (und Jahrhunderten!) viele Erfindungen gemacht, die dazu dienen, unter Ausnutzung der vier Phänomene Kapitalgebern und Kapitalnehmern asymmetrische Versprechungen machen zu können.

> BEISPIEL
> Privates Bauen erfordert Kapital in Größenordnungen, die die Kraft des Bauherrn, aber auch die einzelner kleiner Sparer übersteigt; für große Kapitalsammelstellen sind die Größenordnungen dagegen noch um Klassen zu gering. Die Dauer des Kapitalbedarfs für

20, 30 und mehr Jahre ist für die meisten Anleger viel zu lang, das Risiko, einem individuellen Bauherrn Geld zu leihen, viel zu groß. Folge: Asymmetrien auf mehreren Ebenen. Lösung: Erfindung der »*Bank für Grundkreditinvestments*«. Diese Investmentbank ist auf dem Primär- und Sekundärmarkt tätig. Sie betreibt Fonds, die in Immobilienkredite investieren (Risikotransformation durch Diversifikation), welche die Bank durchaus auch selbst vergibt. Sie emittiert Fondsanteilsscheine und Schuldverschreibungen in diversen Stückelungen (Losgrößentransformation) und verschiedenen Laufzeiten (Fristentransformation) unabhängig von der Größe und der Laufzeit der einzelnen Kredite und organisiert einen Sekundärmarkt in diesen Titeln (damit wird das Risiko der Fristentransformation beherrschbar).

Aufgaben zur Lernkontrolle

1. Was versteht man unter Finanzintermediären und welche wesentlichen »Markt«-Funktionen erfüllen sie?
2. Welche zwei Arten von Intermediationsleistungen werden durch Finanzintermediäre erbracht und worin unterscheiden sich diese?
3. Definieren Sie den Begriff des Brokers und nennen Sie drei seiner Möglichkeiten zur Geschäftsausweitung.
4. Nennen Sie drei von Finanzintermediären erbrachte Transformationsleistungen und erläutern Sie die hierfür genutzten Phänomene.

Literatur

Hartmann-Wendels, T./Pfingsten, A./Weber, M. (2006): Bankbetriebslehre, 4. Aufl., Berlin u. a.

Rudolph, B. (1999): Kapitalmarkt: Grundlagen, in: Enzyklopädisches Lexikon des Geld-, Bank- und Börsenwesens, Frankfurt/M.

Schmalenbach, E. (1951): Kapital, Kredit und Zins, Köln und Opladen.

3 Disintermediation*

> **LERNZIELE**
> - Sie können das Phänomen der Disintermediation anhand von Beispielen beschreiben. Dabei fällt ihnen je ein Beispiel für Disintermediation I und II ein.
> - Sie können technologische Entwicklungen und das Größenwachstum von Nichtbanken ursächlich mit der Disintermediation verbinden.

Sie wissen jetzt, was Intermediäre sind und was sie machen. Stellen Sie sich nun aber einmal vor, es gebe einen Intermediär und keiner nutze ihn! Oder anders formuliert: Finanzintermediäre bieten ihre Dienste an. Aber die Marktteilnehmer wickeln ihre Geschäfte lieber ohne sie direkt miteinander ab. Dieses Phänomen gibt es. Und es ist häufiger als man denkt.

In den letzten Jahren beobachtete man an einigen Finanzmarktsegmenten, wie Leistungen, die vorher bei Intermediären nachgefragt wurden, plötzlich vom Kapitalgeber und -nehmer ohne Intermediär selbst erbracht wurden. Diesen Prozess der Ausschaltung von Intermediären nennt man *Disintermediation*.

> **DEFINITION**
> Disintermediation ist die Verdrängung von Intermediären aus dem Prozess der Koordination von Angebot und Nachfrage auf dem Kapitalmarkt.

3.1 Arten der Disintermediation

Man unterscheidet zwei Varianten (Paul (1999), S. 393):

Disintermediation I
Diese Form betrifft die Verdrängung der Einlage- und Kreditbank. Beispiele sind:
- *Zahlungsverkehr:* Großunternehmen betreiben innerhalb des eigenen Konzerns Bankgeschäfte wie z. B. Kreditvergabe, Liquiditätspooling und -ausgleich, Devisenhandel. Dieses Phänomen bezeichnet man als *In-House-Banking*.
- *Einlagengeschäft:* Privatpersonen kündigen ihre Bankeinlagen und legen ihr Vermögen in Wertpapieren an.
- *Kreditgeschäft:* Industrieunternehmen verzichten auf Bankkredite und emittieren stattdessen Commercial Paper, Corporate Bonds oder Schuldscheindarle-

---
* Autoren: Alexander G. Aulibauer, Friedrich Thießen

hen, die sie selbst oder mit Hilfe von Brokern an Versicherer, Pensionsfonds und Privatpersonen verkaufen.

Besonders die Umschichtung von Aktiva und Einlagen in Wertpapiere ist ein weit verbreitetes Phänomen, das sogar einen eigenen Namen erhalten hat: *Securitization*. Die Securitization ist aber auch ein gutes Beispiel dafür, dass Disintermediation nicht unbedingt zu einer Verdrängung jeglicher Intermediationstätigkeit führen muss. Denn es haben sich eine Fülle neuer Dienstleister aufgetan, die Leistungen rund um die Wertpapiere anbieten, angefangen von Ratingagenturen, Analysten, Betreiber von Wertpapierhandelssystemen u.v.m. Dies sind Intermediäre des Wertpapiergeschäftes.

Disintermediation II
Die Verdrängung von Intermediären des Wertpapiergeschäftes bezeichnet man als Disintermediation II. Beispiele sind:
- *Emissionsgeschäft:* Emissionswillige Unternehmen besorgen sich unter Ausschaltung von Brokern selbst Kapital entweder über das Internet oder direkt bei großen Vermögensmassen (*Direktplatzierung*).
- *Assetmanagement:* Versicherer oder große Pensionsfonds verwalten ihr Vermögen selbst, statt es durch externe Vermögensverwalter managen zu lassen.

Auch die Disintermediation II muss nicht eine endgültige Verdrängung jeglicher Intermediäre beinhalten. So wird beobachtet, dass Kernleistungen selbst erbracht, für Rand- und Spezialdienstleistungen aber Intermediäre in Anspruch genommen werden.

BEISPIEL

Disintermediation II: Im Zusammenhang mit der Emission und dem Management von Wertpapieren entstehen eine Vielzahl ganz neuer Intermediärstypen. Bei Internetemissionen z. B. ist ein Organisator erforderlich. Für das Risikomanagement entwickeln Softwarehäuser EDV-Programme. Das Wertpapierclearing ist – genau wie der geldliche Zahlungsverkehr – nicht ohne Intermediär zu bewältigen. Genauso erreichen Sekundärmärkte offensichtlich ohne Intermediär keine ausreichende Leistungsfähigkeit; es werden Börsenhandelssysteme gebraucht, die von Intermediären entwickelt und von anderen betrieben werden. Market-Maker sind Intermediäre, die sich auf die Preisbildung spezialisiert haben. Rechtsberatung bei IPOs erfolgt zumeist über spezialisierte und unabhängige Rechtsanwälte.

3.2 Ursachen der Disintermediation

Welche Ursachen hat die Disintermediation? Zum Phänomenen der Disintermediation kann es dann kommen, wenn sich die relativen Kosten der Finanzintermediation verändern. Zwei wichtige Triebfedern der letzten Jahren waren:
- *Technologien:* Die Entwicklung neuer Technologien hat die Abhängigkeit von klassischen Intermediären und ihren Leistungen verringert.

- *Großvermögen:* Das Entstehen immer größerer Vermögensmassen außerhalb der klassischen Banken hat die relative Leistungsfähigkeit der Vermögensmanager außerhalb von Banken verbessert.

> **BEISPIEL**
>
> **Disintermediation II und Ursachen**
> *Vermittlungsleistung:* Über das Internet bekommen Kapitalgeber und -nehmer kostengünstigen Zugang zueinander – ein klassischer Vermittler kann kostenmäßig nicht mithalten. Vermögensmassen sind so groß geworden, dass sie nicht auf »fertige« Bankprodukte angewiesen sind, sondern mit eigenen Mitarbeitern Anlagemöglichkeiten entwickeln können. Große Anleger handeln unter Ausschaltung der traditionellen Retail-Broker mittels eigener Direct-Dealing-Offices direkt mit Market-Makern.
> *Risikotransformation:* In großen Portfolios kann Risikoverminderung durch Diversifikation ohne Kostennachteile selbst erbracht werden.
> *Fristentransformation:* Bei funktionsfähigen Sekundärmärkten (insbesondere liquide und faire Preise) ist die Fristentransformationsleistungen der Wertpapiermärkte nicht schlechter als die der Einlage- und Kreditbank.
> *Losgrößentransformation:* Aktie und Teilschuldverschreibung sind effizient einsetzbare Instrumente. Der Weg über Bankeinlagen ist entbehrlich.

Aufgaben zur Lernkontrolle
1. Erläutern Sie anhand von Beispielen den Begriff und die zwei Arten der Disintermediation.
2. Welche Ursachen für das Auftreten von Disintermediation kennen Sie?

Literatur
Engels, W. (1993): Wozu braucht man noch Banken, in: bank und markt, 22. Jg. Nr. 4, S. 17–21.

Paul, S. (1999): Disintermediation, in: Enzyklopädisches Lexikon des Geld-, Bank- und Börsenwesens, Frankfurt.

Richtsfeld, J. (1994): In-House-Banking, Wiesbaden.

4 Theorie der Finanzintermediäre*

> **LERNZIELE**
> - Sie können mit Economies of Scale und Economies of Scope begründen, warum Finanzintermediäre an den Kapitalmärkten existieren.
> - Sie können die zwei Formen asymmetrischer Information erläutern.
> - Sie können Signalling erklären und aufzeigen, welche Rolle Signalling an den Wertpapiermärkten spielt.
> - Sie können das Konzept des Delegated-Monitoring erklären und darlegen, ob Wertpapierdienstleister als Delegated-Monitor agieren können.
> - Sie können erläutern, warum die Reputation ein geeignetes Instrument für die Wertpapiermärkte ist, das Problem der asymmetrischen Information zu lösen.
> - Zeigen Sie zwei Wege auf, wie man zum Ersterwerb von Reputation gelangt.

4.1 Einführung

Gegenstand der letzten Kapitel war die Tätigkeit von Intermediären. Die Untersuchungsmethode war deskriptiv. Nun soll die Tätigkeit von Intermediären auf einer abstrakteren, grundsätzlicheren Ebene behandelt werden. Die Untersuchungsmethode ist analytisch. Die folgenden Erkenntnisse basieren auf wissenschaftlichen Modellen, die die Realität stark vereinfacht wiedergeben. Die Erkenntnisse gelten streng genommen nur in den entsprechenden Modellwelten. Sie haben trotzdem eine enorme Praxisrelevanz.

> **Existieren Finanzintermediäre?**
>
> *Modellwelt: Vollkommener Markt*
> Ausprägung: Keine Transaktionskosten → Intermediäre existieren nicht
>
> *Modellwelt: Technisch-organisatorische Transaktionskosten*
> Ausprägung 1: Economies of Scale (Fixkostendegression, Lernkurveneffekte)
> Ausprägung 2: Economies of Scope (Fixkostendegression, Cross-Selling; Spillover-Effekte)
> Ausprägung 3: Interne Kosten nach Coase/Williamson
>   → Intermediäre existieren, deren Größe abhängig ist von den Kosten aus den Ausprägungen 1, 2 und 3 relativ zu denen anderer Wirtschaftssubjekte

---

* Autoren: Alexander G. Aulibauer, Friedrich Thießen

> *Modellwelt: Asymmetrische Informationen*
> Ausprägung 1: Vor Vertragsabschluss → Intermediäre nicht nachgewiesen
> Ausprägung 2: Nach Vertragsabschluss → Intermediäre erklärbar

Nach den Annahmen lassen sich drei Modellwelten unterscheiden:
- Modellwelt I: Vollkommener Markt
- Modellwelt II: Unvollkommener Markt mit technisch-organisatorischen Transaktionskosten
- Modellwelt III: Unvollkommener Markt mit asymmetrischer Information

Modellwelt I: Vollkommener Markt
Auf einem vollkommenen Markt existieren
- keine Transaktionskosten,
- jeder Marktteilnehmer hat gleiches Wissen und gleiche Fähigkeiten,
- alle gewünschten Finanzkontrakte sind erwerbbar.

Auf einem vollkommenen Markt ist kein Platz für Intermediäre. Alle Leistungen können ohne Nachteil von den Kapitalgebern und -nehmern selbst erbracht werden. Dies gilt für Vermittlungsleistungen genauso wie für Transformationsleistungen:
- *Vermittlungsleistungen:* Vermittler sind entbehrlich, weil sie weder Kosten einsparen helfen noch Leistungen erbringen, die andere nicht selbst erbringen könnten.
- *Losgrößentransformation:* Kapital wird mittels Aktienemissionen und Teilschuldverschreibungen auf dem Wege der Direktplatzierung ohne Broker aufgenommen.
- *Fristentransformation:* Sekundärmärkte sind bei vollkommener Information und fehlenden Transaktionskosten auch ohne Intermediäre immer liquide (Voraussetzung für Fristentransformation).
- *Risikotransformation:* Portfolios lassen sich ohne Kosten beliebig strukturieren und in Bezug auf Risiken optimieren (Hinreichende Bedingung für Risikotransformation).

Konsequenz: Alle Intermediationsleistungen können auch ohne Intermediäre direkt erbracht werden. Intermediäre können auf vollkommenen Märkten nicht existieren.

> **Was ist ein vollkommener Markt?**
>
> Die auf W. S. Jevons (1871) zurückgehende Bezeichnung galt in ihrer ursprünglichen Verwendung für Märkte, auf denen sachlich gleichartige, *homogene Güter* gehandelt werden, ohne dass auf Seiten der Nachfrager bestimmte persönliche, zeitliche oder räumliche Präferenzen bestehen. Erst später kamen informationstheoretische Überlegungen wie die Forderung nach *vollständiger Markttransparenz* hinzu, die jedoch nicht mehr eine ontologische Eigenschaft des Marktes, sondern seiner Wahrnehmung durch die Marktteilnehmer ist. Ein Markt, der die Transparenzforderung nicht erfüllt, kann möglicherweise temporär unvollkommen sein, was sich durch die Informationsfunktion der Preise schnell wieder ändert.
>
> | Bedingung: Markttransparenz / Homogenitätsbedingung | vollständig | unvollständig |
> |---|---|---|
> | **erfüllt** | Vollkommener Markt | temporär unvollkommener Markt |
> | **nicht erfüllt** | unvollkommener Markt | unvollkommener Markt |
>
> Abb. 4.1: Vollkommener Markt, Bedingungen
>
> Finanzmärkte sind Märkte für Geld. Geld ist ein homogenes Gut. Insofern ist die Homogenitätsbedingung scheinbar beispiellos gut erfüllt. Jedoch unterscheiden sich an realen Finanzmärkten die verbrieften Ansprüche auf künftige Zahlungen hinsichtlich ihrer zeitlichen und risikotechnischen Dimensionen beträchtlich. Aufgrund der ständigen dynamischen Entwicklung der Finanzmärkte (neue Produkte, neue Informationen über Unternehmen und Marktverfassungen etc.) kann man davon ausgehen, dass auch die Markttransparenz für die meisten Marktteilnehmer permanent unvollständig ist.

Das Gegenstück zum vollkommenen Markt ist der unvollkommene Markt, der sich durch die Existenz von Transaktionskosten auszeichnet. Es spielen zwei Arten von Transaktionskosten eine Rolle:
- Technisch-organisatorische Transaktionskosten und
- Transaktionskosten bedingt durch Asymmetrische Informationen.

4.2 Technisch-organisatorische Transaktionskosten

Technisch-organisatorische Transaktionskosten werden oft als »Transaktionskosten im engeren Sinne« bezeichnet. Sie umfassen nach Picot (1991) die Aufwendungen für die
- Anbahnung,
- Vereinbarung,
- Abwicklung,

- Kontrolle und
- Anpassung

von Kapitalüberlassungsverträgen. Existieren solche Kosten, dann sind Finanzintermediäre sinnvoll, wenn sie gegenüber nichtspezialisierten Marktteilnehmern »einfach besser«, d. h. eine bestimmte Leistung mit geringeren Kosten produzieren können. Zwei Quellen für solche Kostenvorteile sind die sog. Economies of Scale und Economies of Scope.

Economies of Scale. Kostenersparnisse, die durch Mehrfacherbringung einer Dienstleistungsart erreicht werden können. Die Mehrfacherbringung macht sich in sinkenden Stückkosten bemerkbar. Ursachen können in Kostendegressionen begründet sein, die auf i) Fixkosten oder ii) Lernkurveneffekte zurückgehen. Beispielhaft für Stückkostendegression seien Wertpapierhandel mit elektronischen Systemen und Wertpapierverwaltung genannt. Lernkurveneffekte gibt es z. B. im Originating, im Handel und im Sales, vor allem auch bei der Risikobeurteilung im Rating und bei der Vergabe von Venture Capital.

Economies of Scope. Kostenvorteile, die durch das Anbieten mehrerer Geschäftsarten erzielbar sind. Kostenvorteile werden durch i) Fixkostendegressionseffekte (z. B. bei Rechenzentren), ii) Cross-Selling-Möglichkeiten und iii) Spill-over-Effekte (Beispiel: das Underwriting nutzt Wissen der Kreditabteilung hinsichtlich Bonität eines Emittenten, der zugleich bereits Kreditnehmer ist) erreicht.

Organisationskosten. Economies of Scale und -Scope können nur selten von Einzelpersonen realisiert werden, sondern entfalten meist erst dann ihre Wirkung, wenn sich Finanzintermediäre als größere Einheiten mit vielen Mitarbeitern organisieren. Wenn aber die Betriebsgröße steigt, machen sich die internen Abstimmungsprobleme als Kostenfaktoren bemerkbar. Ein Finanzintermediär kann sich nur dann behaupten, wenn seine internen Abstimmungskosten die Economies of Scale und -Scope nicht übersteigen. Den Erkenntnissen von Coase und Williamson zufolge kann die Betriebsgröße eines Intermediärs so lange zunehmen, bis die Kosten des Interagierens der beteiligten Personen (Zusammenführen, Abstimmung und Kontrolle) im Unternehmen die Kosten übersteigen, die entstünden, wenn die Personen für jede einzelne Arbeitsleistung neue Verträge am Markt aushandelten.

Hinweis: Ohne Coase/Williamson könnte nichts über Betriebsgrößen von Finanzintermediären ausgesagt werden, denn die Überlegungen, die hinter den Economies of Scale und -Scope stehen (insbes. Fixkostendegression, Lernkurveneffekte), schließen jeden Gedanken an die Koordinationskosten innerhalb von Unternehmen aus.

Zusammenfassend zeigt sich, dass technisch-organisatorische Transaktionskosten ein wichtiges Element sind, das Art und Umfang von Finanzintermediären erklärt. Empirische Untersuchungen deuten darauf hin, dass die größten Intermediäre jedoch Größenordnungen überschritten haben, die sich noch mit technisch-organisatorischen Transaktionskosten erklären lassen. Es muss weitere Faktoren geben.

4.3 Asymmetrische Information

Arten von Informationsproblemen

Von asymmetrischer Information spricht man, wenn Käufer und Verkäufer bzw. Kapitalnehmer und Kapitalgeber ungleiche Wissensstände aufweisen. Es werden zwei Formen ungleicher Wissensstände unterschieden:

Vor Vertragsabschluss (Folge: Adverse Selection). Die Vertragspartner sind sich unsicher über die Qualität eines Produktes oder die Ehrlichkeit und Verlässlichkeit der jeweiligen Gegenpartei, was insbesondere für den Kapitalgeber ein Risiko darstellt, denn er muss auf die Rückzahlung des Kapitals hoffen. Die Asymmetrie liegt in Folgendem: Ein Vertragspartner weiß zwar von sich selbst ganz genau, wie ehrlich und verlässlich er ist, aber für den anderen Vertragspartner ist dies nur ungenau abschätzbar. Insofern spricht man vom Problem der »Hidden Information«.

Nach Vertragsabschluss (Folge: Moral Hazard). Nach Abschluss eines Vertrages kann es unsicher sein, ob sich die Gegenpartei an die Vertragsabmachungen halten wird. Wieder ist der Gläubiger dem größeren Risiko ausgesetzt. Wieder liegt die Asymmetrie darin, dass der Schuldner weiß, welche Maßnahmen er treffen wird, während der Gläubiger nur vermuten kann. Man spricht vom Problem der »Hidden Action«, wenn eine Kontrolle des Verhaltens des Geschäftspartners unmöglich ist.

Moral Hazard und Adverse Selection stellen Formen der Unsicherheit dar. Während man sich aber bei »normaler« Unsicherheit, also gleiches Unwissen bei beiden Partnern, mit den üblichen Entscheidungsverfahren (z. B. Erwartungswert-Varianz-Kriterium) gut helfen kann, werden bei asymmetrischer Informationsverteilung mehr Probleme aufgeworfen. Denn jede Partei muss damit rechnen, dass sich die andere Partei immer ein wenig schlechter verhalten könnte als gedacht, wenn es zu deren Vorteil ist. Die erste Partei muss dieses Verhalten einkalkulieren und im Preis oder in strengen Vertragsklauseln antizipieren. Das kann zu noch schlechterem Verhalten der ersten Partei beitragen. Eine Abwärtsspirale kann sich entwickeln, die bis zum völligen Zusammenbruch von Märkten führen kann. So ist z. B. der Junk-Bond-Markt zusammengebrochen, nachdem immer mehr Firmen ihn benutzten, die eine schlechtere Qualität hatten, als es dem anvisierten und kalkulierten Marktstandard entsprach.

Techniken zur Lösung von Problemen asymmetrischer Information

Es stellt sich zu Beginn die Frage, ob die Lösung von Problemen asymmetrischer Information etwas mit der Existenz der Finanzintermediäre zu tun hat? (vgl. Paul (1999), S. 655 ff.). Mit anderen Worten: kann man über die Lösung des Problems asymmetrischer Information die Existenz von Finanzintermediären begründen?

Es wird im Folgenden gezeigt, welche Lösungen es gibt und welche Rolle Finanzintermediäre dabei spielen:
- Signalling,
- Delegated Monitoring und
- Reputation.

4.3.1 Signalling

Das Signalling ist eine Technik zur Lösung asymmetrischer Informationsprobleme vor Vertragsabschluss. Darunter versteht man Folgendes: wenn es schon nicht möglich oder zu teuer ist, von sich aus ex ante verlässlich das Verhalten des Partners zu bestimmen – er könnte sich ja später immer etwas schlechter verhalten –, vielleicht kann es möglich sein, dass er selbst Informationen über sein zukünftiges Verhalten preisgibt. Solche selbst abgegebenen Informationen werden »Signale« genannt.

Signale wird jemand immer dann abgeben, wenn es zu seinem Vorteil ist. Aber wie soll der Informationsempfänger wahre und gelogene Signale unterscheiden? Gesucht werden also Signale, die eindeutig zwischen Beidem trennen. Was kann das sein? Denken Sie z. B. an Folgendes: Beteiligt sich das Management am Unternehmen, dann würde es sich selbst schaden, wenn es plante, die Kapitalgeber zu schädigen. Die Strafe für falsche Absichten wäre Verlust eigenen Geldes. Dies will offensichtlich jeder vermeiden.

Allgemeiner formuliert: Ein gutes Signal muss mit Kosten für den Signalisierenden verbunden sein (*Signalkosten*), die genau dann wirksam werden, wenn er gelogen hat. Kürzen wir die Diskussion ab: Wirklich perfekte Signale wurden bisher nicht entdeckt. Vor allem aber: Im Signalling wurde kein eindeutiger Raum für Intermediäre gefunden. Sobald die Beteiligten verstanden haben, was ein gutes Signal ist, kann jede Wertpapieremission auch ohne Intermediär entsprechend ausgestaltet werden.

Asymmetrische Information und Signalling

1. Signale eines Emittenten
- Gewinnabhängige Managemententlohnung (Anreiz signalisiert hohe Leistungsbereitschaft des Managements)
- Eigenkapitalbeteiligung des Managements (Signalisiert hohe Leistungsbereitschaft)
- Kapitalstruktur (Hoher Eigenkapitalanteil signalisiert Zutrauen der Eigentümer, kein eindeutiges Signal, Stichwort: Leverage-Effekt)
- Anteil des Vermögens, das ein Eigentümer in eine Aktie steckt (Hoher Anteil signalisiert Zutrauen. Die Signalkosten sind hier die fehlende Diversifizierung)
- Fristigkeit der Finanzierung (Kurze Fristigkeit signalisiert Zutrauen des Kapitalnehmers)
- Verwendung des Gewinns und Ausschüttungspolitik (Gewinneinbehalt signalisiert Zutrauen der Kapitalgeber)
- Vertragskonditionen (Beispiel: außerordentliche Tilgungsrechte für Kreditgeber zusammen mit stark steigender Zinsbelastung, falls keine Tilgung erfolgt, signalisiert Zutrauen der Eigentümer)

2. Signale eines Kreditnehmers
Die Bank legt dem Kreditnehmer zwei Kreditverträge zur Auswahl vor: A mit hohem Zins und geringer Bonitätsprüfung; B mit intensiver Bonitätsprüfung und Zins entsprechend der Resultate. Gute Schuldner werden B wählen.

3. Signale eines Analysten
Eingehen eigener Beteiligungen immer dann, wenn Analyseurteil lautet »unterbewertet/Kaufempfehlung«.

4.3.2 Delegated-Monitoring

Die Lösung des Problems der asymmetrischen Information *nach Vertragsabschluss* ist das *Delegated-Monitoring* von D. W. Diamond. Worum handelt es sich dabei? Wie oben angedeutet, geht es bei den Problemen nach Vertragsabschluss um Hidden Action, d. h. um Aktionen des Kapitalnehmers gegen Wortlaut und Intention von Verträgen. Nehmen wir an, diese Aktionen seien beobachtbar, wenn man nur intensiv genug vorgeht (sie schlagen sich in der Bilanz nieder, die man analysieren kann; sie müssen dem Aufsichtsrat zur Entscheidung vorgelegt werden, in den man eine Person entsenden kann; oder sie berühren Lieferanten und Abnehmer, die man befragen kann u.s.w.). Probleme sind:
- die Kosten des Beobachtens (*Monitoring-Cost*) und
- das *Free-Rider*-Verhalten derjenigen, die sich an diejenigen dranhängen, die die Beobachtungskosten aufwenden.

Die Idee des Delegated-Monitorings ist es nun, einen Intermediär einzuschalten, der die Beobachtung des Emittenten vornimmt; so braucht nicht jeder einzelne Gläubiger tätig zu werden. Die Monitoring-Kosten fallen nur ein einziges Mal an. Aber nun taucht das Problem an anderer Stelle wieder auf: Können die Gläubiger dem beobachtenden Intermediär trauen? Müsste er nicht seinerseits jetzt überwacht werden (*Monitoring the Monitor*)? Diamond begründet, dass dies nicht nötig ist, wenn der Intermediär eine Bank ist, die auf ihrer Aktivseite in eine Vielzahl von Krediten oder Wertpapieren investiert hat. Über den Diversifikationseffekt verringert sich das Ausfallrisiko. Bei ausreichend großer Diversifikation sind der erwartete Ausfall und die Varianz gut berechenbar. Damit kann das Eigenkapital festgelegt werden, aus dem die Bank den Ausfall jederzeit selbst tragen kann. Da Eigenkapital zuerst haftet, wird die Bank im eigenen Interesse das Monitoring intensiv betreiben. Die Einleger brauchen die Bank nicht zu kontrollieren – höchstens ob sie noch ordentlich diversifiziert ist; damit ist das Kostenproblem (es werden nur ein einziges Mal Monitoring-Kosten aufgewandt) sowie das Free-Rider-Problem gelöst.

Zur Erklärung von Intermediären im Investment Banking ist das »Delegated-Monitoring« von D. W. Diamond nicht geeignet. Die Intermediäre des Investment Bankings (Broker, Ratingagenturen, Market-Maker etc.) treten nicht mit eigener Haftung zwischen Gläubiger und Schuldner, sondern vermitteln ohne Obligo; dadurch sind ihre Monitoring-Leistungen, wenn sie überhaupt welche anböten, zunächst nicht glaubwürdig. Das Monitoring müssen die Käufer von Wertpapieren selbst betreiben. Dabei stellt sich aber das Free-Rider-Problem, das an Wertpapiermärkten nicht lösbar ist: jeder Erwerber einer Teilschuldverschreibung kann vom Monitoring, das ein anderer betreibt, profitieren. Man braucht also andere Erklärungen. Solche Erklärungen liegen in der Verringerung der Informationsasymmetrien im Zeitablauf (siehe Reputationsaufbau).

4.3.3 Reputationsaufbau

Idee hier ist – es werden mehrperiodige Beziehungen unterstellt –, dass unmoralisches, eigennütziges, vertragsbrechendes Verhalten im Zeitablauf bekannt wird. Seinen Partner betrügen kann man nur einmal.

> **DEFINITION**
> Reputation ist der auf Erfahrung vergangener Perioden basierende Ruf, sich vertragsgetreu zu verhalten, auch dann, wenn Spielräume existieren, die vertragsabweichendes Verhalten ermöglichen.

Was nützt dieser Ruf? Wer sich vertragstreu verhält, erspart dem Vertragspartner Monitoring-Kosten. Diese Kostenersparnis kann der Vertragspartner ganz oder teilweise zurückgeben, z. B. indem er als Gläubiger weniger hohe Zinsen verlangt. Der Schuldner hat dann einen geldlichen Vorteil von seinem guten Ruf.

Der Gesamtwert eines guten Rufes ist der Barwert aller zukünftigen geldlichen Vorteile daraus. Und dieser Barwert ist der Schlüssel zur Lösung des Problems: Wenn ein bisher unbescholtener, gut beleumundeter Schuldner einen Vertragsbruch beginge, dann wäre sein Ruf ruiniert und er verspielte die zukünftigen geldlichen Vorteile. Ein einziger Vertragsbruch kostet also u. U. den gesamten Barwert. Damit ist für einen reputierten Marktteilnehmer der Vertragsbruch »teuer«, und er kann damit glaubhaft signalisieren, dass ein Vertragsbruch unwahrscheinlich ist. Mit dem Instrument Reputation wird sogar noch mehr Effizienz erreicht als beim Delegated Monitoring von Diamond: Mit Reputation braucht niemand, nicht einmal eine Bank, Monitoring-Kosten aufzuwenden; es reicht, wenn man gelegentlich nachkontrolliert, ob Verträge eingehalten werden, was bei Kapitalgesellschaften durch die Jahresabschlussprüfung ohnehin geschieht. Wenn niemand Kosten aufwenden muss, ist das Free-Rider-Problem auch gelöst.

Reputationswert im Investment Banking und im Commercial Banking
Reputation ist im Investment Banking nützlicher als im Commercial Banking (i.e. im Einlage- und Kreditgeschäft): eine gute Reputation im Commercial Banking führt zu guten Kreditkonditionen bei »seiner« Bank. Ein Wechsel der Bank ist problematisch: man müsste erst wieder neu Reputation aufbauen (*Lock-in-Effekt* der Reputationsvorteile), genau wie man bei einer neuen Krankenversicherung erst wieder eine Karenzzeit einhalten muss, in der die Versicherung keine hohen Rechnungen bezahlt. Dadurch erhält die Bank die Gelegenheit, die Reputationsvorteile nicht unbedingt an den Kunden weitergeben zu müssen. Z. B. erspart sich die Bank bei bekannten Kunden die Kosten der Kreditwürdigkeitsprüfung, teilt dem Kunden das aber nicht mit und reduziert die Konditionen nicht. An den Wertpapiermärkten dagegen mit ihrem harten Wettbewerb macht sich jeder Reputationsgewinn in höheren Emissionserlösen für den Schuldner auch wirklich bezahlt. Eine empirische Studie in den USA hat gezeigt, dass der Spread bei Bankkrediten von Unternehmen, die nicht gleichzeitig am Wertpapiermarkt präsent waren, um 33 Basispunkte über dem von Unternehmen mit Wertpapiermarktpräsenz lag.

Reputation und Sicherheiten

Wenn das Problem asymmetrischer Information über Reputation statt über Kontrolle gelöst wird, spielen die Sicherheiten keine große Rolle: ein Schuldner, der im Ruf steht, Verträge einzuhalten, macht die Einforderung von Sicherheiten unnötig. Tatsächlich beobachten wir, dass die meisten Wertpapieremissionen mit wenig oder gar keinen Sicherheiten ausgestattet sind. Für den Schuldner ergeben sich angenehme Nebeneffekte: er spart Kosten und kann die Sicherheiten, die er hat, Banken für billige Bankkredite anbieten.

Ersterwerb von Reputation

Aus Reputation kann man nur dann Vorteile ziehen, wenn sie im Markt auch bekannt ist. Wie aber kann man seine guten Eigenschaften im Markt bekannt machen? Sehr schwierig ist es für junge Unternehmen und für kleine Unternehmen, die vom Kapitalmarkt und der Presse kaum zur Kenntnis genommen werden.

- *Ratingagenturen:* Ein gangbarer Weg führt über Ratingagenturen, die mit ihrem eigenen Renommee dem unbekannten Newcomer zur Mitgliedschaft in einer Klasse von (bekannten) Unternehmen verhelfen.
- *Hausbank:* Ein anderer Weg führt über eine Hausbank, die ein Screening des Unternehmens vornimmt. Es muss also zuerst eine Bankverbindung aufgebaut werden. Mit dem Renommee einer Hausbank kann dann an den Wertpapiermarkt herangetreten werden, der es gern sieht, wenn eine renommierte Bank bereits ins Obligo gegangen ist.

4.4 Zusammenfassung

Reputation ist im Investment Banking ein attraktives Instrument, die Probleme asymmetrischer Informationen in den Griff zu bekommen. Nachdem Signalling und Delegated Monitoring auf Wertpapiermärkten problematisch sind, ist Reputation sogar das einzige brauchbare Instrument. Die Probleme, die kleine unbekannte Emittenten an den Wertpapiermärkten haben, sind ein beredtes Zeugnis von der Wichtigkeit der Reputation.

Aufgaben zur Lernkontrolle

1. Stellen Sie mögliche Mengen- und Verbundeffekte dar, die für die Erbringung von Investment Banking-Dienstleistungen durch Finanzintermediäre sprechen.
2. Erläutern Sie die zwei Formen asymmetrischer Information, und nennen Sie Lösungsmöglichkeiten für diese Probleme.
3. Definieren Sie den Begriff des Signalling. Welche möglichen positiven Signale eines Emittenten kennen Sie?
4. Erklären Sie, warum die Ausübung des Delegated Monitoring durch die Investmentbanken nicht zu den gewünschten Ergebnissen führen kann.
5. Wie erlangen Kapitalnachfrager Reputation und worin besteht deren Wert?

Literatur

Gerke, W./Pfeufer, G. (1995): Finanzintermediation in: Gerke, W./Steiner, M., Handwörterbuch des Bank- und Finanzwesens, 2. Aufl., Stuttgart, Spalte 727–735.

Hartmann-Wendels, T./Pfingsten, A./Weber, M. (2006): Bankbetriebslehre, 4. Aufl., Berlin u. a.

Paul, S. (1999): Finanzintermediation – Theoretische Fundierung, in: Enzyklopädisches Lexikon des Geld-, Bank- und Börsenwesens, Frankfurt.

5 Geschichte des Investment Banking*

> **LERNZIELE**
> - Sie können die Entwicklung der ersten organisierten Kapitalmärkte erläutern.
> - Sie können Syndikate erklären und ihre Entstehung begründen.
> - Sie können die Entwicklung der Ausprägung des amerikanischen Investment Banking-Geschäftes nachzeichnen.
> - Sie können Hintergründe zur Funktionstrennung zwischen Commercial Banks und Investmentbanken und zur exzessiven Regulierung der amerikanischen Finanzbranche in den 30er-Jahren des 20. Jahrhunderts nennen.
> - Sie können Stufen der Deregulierung bis zum Gramm-Leach-Bliley Act nennen und Hintergründe erläutern.

5.1 Ursprünge

Es wäre vermessen, die Ursprünge des Investment Banking mit den Anfängen des Bankwesens gleichzusetzen, obwohl viele Funktionen, die heute unter dem Begriff »Investment Banking« subsummiert werden, insbes. Assetmanagement und Emission von Schuldtiteln, bereits früh von Organisationen mit Bankcharakter erfüllt wurden.

Direkte Vorläufer
Direkte Vorläufer des modernen Investment Bankings kann man vielleicht im europäischen späten Mittelalter und der frühen Neuzeit lokalisieren. Die Templer gewährten Kredite an Kreuzritter u. a. indem sie Schuldscheine aufkauften. Spezialisierte Finanzdienstleister, die vor allem in den oberitalienischen Stadtstaaten domizilierten, waren im Schuldscheinhandel tätig oder nahmen sie ins eigene Portefeuille, um sie bei Fälligkeit zu präsentieren.

Eine breite Palette von Finanzgeschäften wurde von den Kaufmannshäusern in Europa erbracht. Die bekanntesten sind die Medici in Florenz und die Fugger in Augsburg, beide im ausgehenden 15. Jahrhundert. Der Umfang ihrer bankähnlichen Aktivitäten umfasste die mit dem eigentlichen Handelsgeschäft verbundenen Warenkredite einschließlich der damit im Zusammenhang stehenden Zahlungsverkehrsfunktionen und der Ausstellung von Wechseln. Die Übernahme der Garantiefunktion ermöglichte schließlich den Einsatz von Papiergeld.

Mitte des 15. Jahrhunderts fanden tägliche *Börsenversammlungen* in der Londoner Lombard Street statt. Es folgten Antwerpen (1460), Lyon (1462) und Toulouse (1469). Auf deutschem Boden sind derartige Versammlungen um das Jahr 1500 in

---
* Autoren: Heinz J. Hockmann, Andreas Neuber

Augsburg und Nürnberg erstmalig erwähnt, es folgten Köln (1553), Hamburg (1558) und Frankfurt (1585). All diesen Aktivitäten fehlte jedoch als Charakteristika die Standardisierung der gehandelten Instrumente und der rechtlich verbindliche organisatorische Rahmen.

Organisierte Kapitalmärkte
Nach der Entwicklung und Etablierung der ersten organisierten Bankfunktionen sowie börsenähnlicher Versammlungen entstanden rund 100 Jahre später die ersten in diesem Sinne tatsächlich *organisierten Kapitalmärkte*. Als Reflex des stark wachsenden Seehandels zeigte sich die Notwendigkeit, die damit im Zusammenhang stehende Finanzierung mit entsprechenden Instrumenten zu standardisieren. Der erste organisierte Handel mit derartigen standardisierten Finanzinstrumenten wird in Amsterdam auf das Jahr 1602 datiert. Das schließt nicht aus, dass einzelne Handelplätze ihren Ursprung noch weiter zurückdatieren, so z. B. die Frankfurter Wertpapierbörse auf den 9. September 1585. Dabei handelte es sich allerdings noch um Zusammenkünfte von Kaufleuten zum Zwecke des Münzvergleichs, nicht aber zum organisierten Handel mit standardisierten Finanzinstrumenten. (Siehe zur Entwicklung der Frankfurter Wertpapierbörse: Baehring, B. (1985), insbes. S. 41 ff.) Im Jahre 1611 kam es dann zur Gründung der Amsterdamer Börse, die kurz nach ihrer Gründung bereits neben dem Kassahandel auch den Terminhandel aufnahm.

In der Folgezeit haben spekulative Überhitzungen die Entwicklung des Börsengeschehens erheblich geprägt. Die erste bekannte Überhitzung des Terminhandels gipfelte 1634–1637 in der Tulpenzwiebelspekulation. Die nächste bedeutende Krise – neben kleineren spekulativen Überhitzungen – entwickelte sich aus der Spekulation mit Exklusivrechten für den Seehandel mit Südamerika zwischen 1711 und 1720, die sogenannte Southsea Bubble. Mitentscheidend für derartige krisenhafte Entwicklungen war die Existenz von Informationsvorsprüngen in Verbindung mit steigender Publizität von Informationen, während die Auslöser für die Krisen überwiegend die Terminmärkte darstellten, da dort mit geringem Kapitaleinsatz auf Kursveränderungen spekuliert werden konnte. (Vgl. zur Southsea Bubble und den folgenden Krisen: Kiehling, H. (1991), S. 17 ff.)

Aufgrund dieser schillernden Spekulationen wurden handfeste *Regulierungen* der Börsen erarbeitet, um zukünftige Spekulationen und krisenhafte Entwicklungen bereits im Keim zu ersticken. Zu erwähnen ist hier das Verbot von Insidergeschäften Ende des 17. Jahrhunderts, das auch heute noch aktuell ist.

Im Rahmen der Weiterentwicklung der Börsen haben sich *Teilmärkte* gebildet, so z. B. bis 1780 in England ein sehr entwickelter Markt für öffentliche Geldmarktpapiere (Bills) und einer für Anleihen (Securities).

Loan-Contractors und Syndikate
Es existierte daneben zu dieser Zeit bereits eine echte Anlegerklasse, wobei Zeichnungen für öffentliche Kredite grundsätzlich einer begrenzten Zahl wohlhabender Individuen und einflussreicher Politiker offen standen. Innerhalb einer Dekade wandelte sich die Struktur dergestalt, dass sogenannte »*Loan-Contractors*« als Zwischenhändler auftraten, die die Zeichnungen in voller Höhe übernahmen, um sie

danach mit einem Gewinn weiterzuverkaufen. Die Frage, ob Loan-Contracting ein echtes Geschäft war, hat sich um die Jahrhundertwende durch den Erfolg dieses Geschäftes von alleine beantwortet. Die Frage lautete: ... whether »the loan contractor was an independent link in a chain or a mere representative of subscribers; or, in other words, whether loan contracting was a business enterprise.« (Redlich, F. (1951), S. 307.)

Selbst die bisher direkt als Anleger auftretenden vermögenden Privatanleger wurden von dieser neuen Gruppe von Finanzintermediären (Middlemen) vom Markt für Neuemissionen verdrängt. Unter denjenigen, die mit einem großen Pool an verfügbarem Kapital die Emissionen übernahmen, waren auch heute noch bekannte Namen wie James Morgan, Walter Boyd, Barings u. a.

Eine weitere interessante Entwicklung dieser Zeit bestand darin, dass die Contractors oft derart zusammenarbeiteten, dass sie geheime Listen oder Anfänge von Syndikaten zusammenstellten, um die Risiken aus der Zeichnung zu teilen. Die Bildung derartiger Listen war nicht neu; neu war allein die Form ihrer Zusammensetzung. So kam es nicht zu einer Bündelung von Endanlegern, sondern zunächst zur Auflistung der Contractors und deren Sub-Contractors, bevor diese wiederum den Anleger bedienten. Die Contractors verhandelten die Details der Kredite; die Mitglieder der ersten Syndikate mussten die Verantwortung für die zeitgerechte Bereitstellung der gezeichneten Beträge übernehmen. Schließlich wurde die Verantwortung der Syndikate bis zur Frage der Stabilisierung der Sekundärmärkte ausgedehnt. Der Beginn des Investment Banking kann auch dadurch charakterisiert werden, dass es bei der Nachfrage nach Krediten keinen Wettbewerb mehr gibt zwischen Direktanlegern und Spekulanten auf der einen Seite und den Loan-Contractors auf der anderen Seite. »Investment Banking exists when ultimate investors abandon to professional middlemen the original market for new subscriptions.« (Redlich, F. (1951), S. 326.)

5.2 Investmentbanken im Europa des frühen 19. Jahrhunderts

Entwicklung von Instrumenten und Techniken
Die englische Geschäftspraxis dieser Zeit wich etwas von der auf dem Kontinent ab. Viele Familien, die damals das englische Finanzwesen dominierten – die Barings, Warburgs, Rothschilds –, hatten kontinentaleuropäische Vorfahren. Obwohl gewisse Formen der grenzüberschreitenden Zusammenarbeit existierten, waren die gegenseitigen Einflüsse zwischen England und dem Kontinent dennoch gering.

Auf dem Kontinent wurde zu dieser Zeit der Bedarf an öffentlichen Mitteln primär ebenfalls von den vermögenden Privatanlegern gedeckt. Die Arbeitsweise der ersten Finanzintermediäre wich dabei ein wenig von der in England ab. Bekannte Häuser, die quasi als Investmentbanken agierten, waren die Gebrüder Bethmann in Frankfurt und Hope and Company in Amsterdam.

Kontinent versus Großbritannien

Der wesentliche Unterschied zwischen der englischen und der kontinentalen Vorgehensweise bestand darin, dass die Häuser auf dem Kontinent die Neuemission zunächst vollständig übernahmen (ohne bereits über Käufer für die Papiere zu verfügen) und danach mittels verschiedener Marketinginstrumente diese Papiere so schnell wie möglich weiterverkauften. Der Finanzintermediär – oder das dahinter stehende Syndikat – bekam eine Kommission für die Übernahme der gesamten Emission und damit für die Übernahme des Risikos.

Festlegung von Wettbewerbspositionen

Als Folge dieser Praxis wurde der Einfluss der Endanleger geringer. Die Handvoll der bedeutendsten Investment-Häuser dominierten den Fluss des Langfristkapitals in öffentliche Emissionen.

Außerhalb des Oligopols der großen Investmentbanken gab es heftigen Wettbewerb unter kleineren Marktteilnehmern, die in die großen Syndikate aufgenommen zu werden wünschten. In der Folge kam es auch zum intensiven Wettbewerb an der Spitze der Syndikate unter den großen Investmentbanken, die durch neue Marktteilnehmer und insbesondere durch immer neue Allianzen herausgefordert wurden. Barings und Rothschild standen beispielsweise im heftigen Wettbewerb um französische Staatstitel. Die Rothschilds haben einmal vermutlich einen Preiseinbruch bei diesen Papieren provoziert, um die stark exponierten Barings zur Aufhebung von Verträgen zu zwingen und um schließlich diese ganz aus dem ertragreichen Marktsegment zu vertreiben.

Die Bildung von echten Syndikaten erfolgte um 1820. Da die Gewinne aus dem Kauf und anschließenden Verkauf von Emissionen so attraktiv waren, kam es darauf an, Disziplin innerhalb der Syndikate sicherzustellen. Die Objekte der Syndikate, d.h. die Finanzinstrumente, waren allerdings noch nicht so vielschichtig, es handelte sich allein um die Beteiligung an Krediten. Diese waren standardisiert und variierten allein nach Laufzeit, Zinssatz und Risiko. Kreditnehmer waren Staaten oder nachgeordnete Einheiten mit prognostizierbarem und wiederkehrendem Kapitalbedarf. Der Wettbewerb auf der Kreditnehmerseite war weniger ausgeprägt, da diese sich nicht zu Gruppen zusammenschlossen und aufgrund der notwendigen Diskretion auf vertraulichem und schnellen Zugang zum Kapitalmarkt angewiesen waren.

Der Wettbewerb innerhalb der Syndikate verschob sich vom Preis zu anderen Faktoren:

- Service,
- Breiter geographischer Zugang zu Kapital,
- Zuverlässigkeit und Diskretion,
- Fähigkeit, das Kapital bereit zu stellen und
- Stabilisierung der Preise an den Sekundärmärkten.

Wie auch heute kam als weitere Achillesferse eine zunehmende Kapitalknappheit hinzu. Die großen Investmentbanken gingen dazu über, im Falle von Kapitalbedarf Wertpapiere im Eigenbestand zu veräußern oder diese Papiere zu beleihen. Diese neue Form der Kapitalbeschaffung machte sie aber verletzlich und abhängig von Spekulanten. Erst später war es das Haus Rothschild, das Techniken zur Stabilisierung der Sekundärmärkte entwickelte, indem Käufe und Verkäufe an den verschiedenen europäischen Börsen beeinflusst wurden.

5.3 Anfänge in den USA Mitte des 19. Jahrhunderts

Die USA hinkten im Hinblick auf die Entwicklung von Investmentbanken ungefähr zwei Dekaden hinter Europa hinterher. Bis zum amerikanischen Bürgerkrieg wurden Finanzdienstleistungen von verschiedenen Gruppen erbracht: Auktionatoren und Spekulanten, Broker jeglicher Natur, Kaufleute wie John Jacob Astor sowie kommerzielle Banken wie Nicholas Biddle's United States Bank of Pennsylvania. Um 1840 entschieden mehrere dieser Dienstleister, sich in Privatbanken umzuwandeln, die sich auf den Wertpapierhandel spezialisierten. Die heute noch bekannte Investmentbank Alex. Brown and Sons hat sich beispielsweise aus einem Handelshaus und Schifffahrtsunternehmen heraus entwickelt.

Europäische Finanzhäuser entdecken den Markt

Der Bürgerkrieg, Eisenbahnbau und eine Vielzahl von Großprojekten riefen europäische Häuser auf den Plan, die mit ihrer Expertise den großen Kapitalbedarf decken wollten. Zu den ersten Europäern auf dem amerikanischen Markt gehörten Barings, Rothschilds und Speyers. In der nächsten Phase kamen weitere deutsch-jüdische Emigranten mit einem geschäftlichen, nicht jedoch in jedem Fall mit einem finanziellen Familienhintergrund hinzu. Zu den bekanntesten zählen die Seligmans, Lehmans, Abraham Kahn, Solomon Loeb und Marcus Goldman. Ihr Vorteil war der Zugang zu europäischem Kapital zwecks Finanzierung der genannten Großprojekte. In der Folge kam es zu einer Vielzahl von europäisch-amerikanischen Joint Ventures, in dem sich amerikanische Privatbanken und europäische Investment-Häuser zusammentaten.

Die europäischen Häuser zeichneten sich vor dem amerikanischen Bürgerkrieg dadurch aus, dass sie
- den Know-how-Transfer in Bezug auf Finanzdienstleistungen in die USA vollzogen,
- die Refinanzierung von Bürgerkriegsanleihen sicher gestellt haben.

Amerikanischer Markt verselbstständigt sich

Ihr Einfluss auf die zukünftige Entwicklung des Kapitalmarktes und der Bankenstruktur in den USA sollte allerdings nicht überschätzt werden. Die inländischen Bedingungen und Strukturen für das Underwriting-Geschäft wurden in der Folge bedeutsamer als die europäischen Erfahrungen.
In dieser Zeit übernahmen die USA eine Vorreiterrolle im Investment Banking. Dies ist primär zurückzuführen auf die Verselbstständigung des Kapitalmarktes, der damit zum Treiber bei der Entwicklung neuer Finanzinstrumente und Emissionsformen wurde.

Funktionen der Investmentbanken

Die Investment-Häuser übernahmen in Amerika zu diesem Zeitpunkt folgende vier Hauptfunktionen:
- *Origination*, d.h. die Festlegung von Art, Volumen und Konditionen der Wertpapiere, die übernommen werden.
- *Übernahme* (Underwriting), d.h. regresslose Übernahme (Kauf) der Wertpapiere vom Emittenten zwecks Distribution oder Weiterverkauf.
- *Sales und Distribution:* Platzierung der Wertpapiere bei Händlern oder Endanlegern.
- *Banking:* Finanzierung der Endanleger, um Sales und Distribution zu erleichtern.

Herausbildung verschiedener Typen von Investmentbanken

Nach dem amerikanischen Bürgerkrieg kam es zu einem Wandel, der sich in einer Trennung von großen und kleinen Investmentbanken ausdrückte.
- Die großen Investmentbanken demonstrierten ihre Stärke im Zusammenführen von Gruppen (institutioneller) Anleger, in ihrer Fähigkeit zum Absorbieren von mit der Emission verbundenen Risiken und der Möglichkeit zur Bezahlung talentierter Mitarbeiter.
- Die kleineren Häuser hatten einen klaren Fokus auf die Distribution mit einer Stärke im regionalen, nicht jedoch im landesweiten Vertrieb.

Die großen Firmen versuchten nicht, in jeder Nische im Wettbewerb mit den kleineren Häusern zu stehen. Die kleinen Investmentbanken konzentrierten sich zudem auf lokale oder regionale Emissionen.

Macht und Einfluss

In diese Zeit fallen auch bedeutsame personelle Verknüpfungen zwischen den Anlegern und den Emittenten der Wertpapiere. Im Jahre 1913 stellte die sog. Pujo-Kommission fest, dass die Angestellten von 5 bedeutenden New Yorker Banken insgesamt 341 Direktorenposten bei Kundenunternehmen besetzten. Die Partner von Morgan hielten allein 78 Direktorenposten. Diese enge Zusammenarbeit zwischen Kunde und Investmentbank stärkte den Zusammenhalt der Syndikate.

Zur Festigung des Zusammenhalts gaben sich die Syndikate Regeln, die üblicherweise nicht schriftlich fixiert wurden. Sie legten die Rolle des Syndikatsleiters, des Managing Houses, und die Aufgaben der übrigen Syndikatsmitglieder fest. Aufgrund des engen Zusammenhalts der Syndikate, des Club-Charakters und der von außen nicht durchschaubaren Regeln kam in den folgenden Jahren zunehmend Misstrauen gegenüber der Macht der Syndikate auf. Ängste gegenüber einem wettbewerbsfeindlichen »Money Trust« zeigten sich als Folge vereinzelter Inkompetenzen und Betrügereien. Nach dem großen Crash von 1929 verflüchtigte sich schließlich das öffentliche Vertrauen in dieses System vollständig.

Externe Regulierung: Funktionstrennung zwischen Einlage-, Kredit- und Investmentbanken

Die bis dahin geltende Selbstregulierung der Branche war nicht länger gut genug. Der Ruf nach externer Regulierung wurde lauter, um die Arbeit der Branche zu überwachen. In einem derartigen Klima gingen Zweifel an der Redlichkeit der Banker Hand in Hand mit Anschuldigungen über exzessive Konzentration von Macht und die Kontrolle der Industrie durch die Banken.

In den 30er-Jahren wurde die Branche von der langen Phase des Misstrauens und fragwürdigen Verhaltens eingeholt. Nach Jahren des Funktionierens ohne strenge externe Regulierung wurde die Bankbranche innerhalb einer Dekade zu einer der am stärksten extern regulierten Branchen in den USA. Die wesentlichen Gesetzesmaßnahmen dieser Jahre waren:

- The Banking Act of 1933 (Glass-Steagall-Act)
- Securities Act of 1933 (Truth-in-Securities-Law)
- Securities Exchange Act von 1934
- Investment Company Act von 1940
- Investment Advisers Act von 1940

Hinzu kam die Schaffung der Securities and Exchange Commission (SEC) als externe Aufsichtsbehörde mit weitreichenden Kompetenzen sowie die Einrichtung einer Einlagensicherungsorganisation.

Glass-Steagall-Act

Insbesondere der Glass-Steagall-Act erlangte für das Investment Banking erhebliche Bedeutung und beeinflusste bis zu seiner faktischen Aufhebung durch den Gramm-Leach-Bliley Act 1999 die Struktur des amerikanischen Bankwesens. Dieses Gesetz führte zur Trennung von Einlage-/Kreditinstituten (Commercial Banks) und Investmentbanken. Der Glass-Steagall-Act verfolgte dabei drei Ziele:

- Entmutigung der Spekulation
- Verhütung von Interessenkonflikten
- Unterstützung der Bankstabilität

Spekulation. Folgende Argumente lagen zugrunde: Wenn Banken mit Brokern verbunden wären, würden sie Geld an die Kunden der Broker verleihen. Diese Kunden würden wiederum dieses Geld in Wertpapieren und nicht in produktiven Investments anlegen.

Interessenkonflikte. Die Interessenkonfliktsüberlegung drehte sich um die Angst, dass kommerzielle Banken, die Wertpapiere von Unternehmen übernommen hätten, unvorsichtige Kredite an diese Unternehmen zur Stützung und damit zur Sicherung ihrer eigenen Interessen geben würden.

Bankstabilität. Der wichtigste Aspekt war allerdings die Frage der Bankstabilität. Verfechter des Glass-Steagall-Acts befürchteten, dass eine Bank gefährdet werden könnte, wenn sie Verluste aus bei ihr gehaltenen Wertpapieren erlitt und wenn fehlendes öffentliches Vertrauen ihre Wertpapiertochter ins Straucheln brachte.

Die Folgen des Glass-Steagall-Acts

Als Ergebnis der Glass-Steagall-Gesetzgebung mussten sich die etablierten Banken entscheiden, ob sie ihr Einlagengeschäft oder die Underwriting-Aktivitäten aufgeben wollten. Commercial Banks mussten ihre Wertpapiertochtergesellschaften verkaufen oder die Aktivitäten ihrer Bonddepartments reduzieren. Einige Banken verschwanden ganz, kleinere Häuser entwickelten sich in ihren Nischen zu größeren Anbietern. Morgan entschied sich beispielsweise für die Beibehaltung des Einlage- und Kreditgeschäftes, allerdings verließen einige Partner die Bank und gründeten die Investmentbank Morgan Stanley.

Trotz der organisatorischen Veränderungen offerierten die Investmentbanken praktisch die gleichen Dienstleistungen wie in der Vergangenheit. Der bedeutsamste Einfluss von Glass-Steagall war, dass Investmentbank-Aktivitäten aus Einlage- und Kreditbanken herausgelöst wurden. Auf diese Weise wurde eine große Gruppe potenzieller Wettbewerber, die vorher zu den größten Konkurrenten der Investmentbanken gehörten, vom Investment Banking ferngehalten: die Commercial-Banks. Wettbewerb bestand weiterhin, allerdings nur innerhalb der Gruppe der Investmentbanken, die jetzt gegenüber außenstehenden Wettbewerbern geschützt waren. Die Syndikate der Investmentbanken funktionierten wie vor der neuen Gesetzgebung. Im Endergebnis hat Glass-Steagall einen Schutzzaun um existierende Investmentbanken gelegt, den Markteintritt erschwert und in der Folge eine stärkere Konzentration gefördert.

5.4 Entwicklungen nach dem 2. Weltkrieg

Die Entwicklung des Investment Banking nach dem 2. Weltkrieg kann grob in drei Phasen eingeteilt werden.

Phase der Stabilität bis in die 60er-Jahre

Die erste Phase, die bis in die erste Hälfte der 60er-Jahre anhielt, war charakterisiert durch die ungewöhnliche Stabilität der hierarchischen Strukturen. Zwei Faktoren erklären diese Stabilität.
Marktabschottung. Zunächst hat der Glass-Steagall-Act kommerzielle Banken als Wettbewerber im Underwriting-Business ferngehalten.
Geringes Wachstum. Zweitens blieb in dieser Zeit das Volumen an Underwriting und anderem Corporate-Finance-Geschäft relativ stabil mit geringen Wachstumsraten.

Trotz der großen Profitabilität dieses Geschäftes war es deshalb nicht attraktiv genug für kleinere Häuser, die großen Investmentbanken herauszufordern.

Die Positionierung im Syndikat war ein Symbol für die Stärke einer Investmentbank, und sie bestimmte gleichzeitig den Zugang zu zukünftigem ertragreichen Geschäft.
Tombstones. Die Stärke und Positionierung einer Investmentbank war ersichtlich in den Tombstones, den Anzeigen über neues Geschäft, die in der Finanzpresse er-

schienen. In den Tombstones wurden die Investmentbanken in verschiedene Gruppen (Brackets) eingeteilt.

Brackets. Die großen Häuser, die üblicherweise die Emission führten, gehörten zum »Major Bracket« oder auch zum »Major Out-of-Order«, falls ihnen dieser Status nur ausnahmsweise zukam. Dann kam eine Vielzahl verschiedener »Submajors« mit abnehmender Bedeutung.

	Bulge Bracket	Major Bracket	Submajor Bracket	Spezialisierte Häuser		
				Boutique	Wirehouse	Research Firms
Breite der Geschäftsaktivitäten	Volles Spektrum	Nicht alle Tätigkeiten	Fokussierung	M & A Corporate u. Structured Finance	Broker-Tätigkeit	Beschaffung, Auswertung von Informationen
Geographische Präsenz	Global	Global oder national	National oder regional	National oder regional	Regional	Global oder national
Gesamtgröße	Groß	Groß bis mittel	Mittel bis klein	Klein	Mittel	Mittel bis klein
Reputation	Ausgezeichnet	Sehr gut	Gut	Ausgezeichnet bis gut	Von untergeordneter Bedeutung	Sehr gut
Kundengruppe	Volles Spektrum	Volles Spektrum	Fokussierung	Industrieunternehmen	Retail-Kunden	Spezialisiert auf individuelle Zielgruppe

Abb. 5.1: Grundtypen von Investmentbanken nach kombinierten Differenzierungsmerkmalen
Quelle: Achleitner (1999), S. 15

Der Aufstieg in der Syndikatshierarchie hing vom professionellen und sozialen Standing der Partner, der Kapitalbasis, der Vertriebskraft und ähnlichen Faktoren ab.

Veränderungen ab Mitte der 60er-Jahre
Die zweite Phase der Entwicklung nach dem 2. Weltkrieg begann Mitte der 60er-Jahre. Eine lang andauernde wirtschaftliche Expansionsphase – verbunden mit drastisch ansteigendem Underwritingvolumen und wachsendem Sekundärhandel – schuf Bedingungen, unter denen weniger bedeutende Firmen in der Pyramide die Möglichkeit erhielten, die großen Investmentbanken herauszufordern. Nach außen hin blieb das wettbewerbliche Kräftespiel unverändert. Von innen her betrachtet, hatte sich indessen etwas Dramatisches verändert. Die Syndikatsdisziplin, die das friktionslose Rollenverständnis der verschiedenen Teilnehmer garantiert hatte, wurde aufgekündigt.

Obwohl das Underwriting nur zu ca. 10 % zu den (Brutto-)Gesamterträgen einer Investmentbank beitrug, war es weniger zyklisch und kaum durch Overhead-Kosten belastet, sodass es ertragsstärker als z. B. das Brokerage im Retailbereich war. Die anhaltende Profitabilität in den 60er-Jahren und der extreme Anstieg im Underwritingvolumen arbeiteten zum Vorteil der kleineren Häuser, die ihren Weg auf der Syndikatsleiter nach oben nahmen. Ausgangspunkt für ihren Erfolg beim Aufstieg war die Platzierungskraft der jeweiligen Investmentbank.

Zu den erfolgreichsten Häusern bei diesem Aufstieg gehörten Merrill Lynch und Salomon Brothers. Salomon stieg von der 18. Position im Jahre 1960 im Underwriting zur viertgrößten Investmentbank in diesem Geschäftsbereich zehn Jahre später auf. Merrill Lynch stieg nur drei Plätze auf, vom fünften Rang auf den zweiten. Dies war allerdings bedeutsamer, wenn man die bereits erreichte Position an der Spitze der Pyramide berücksichtigt. Andere Firmen verloren an Bedeutung oder verschwanden durch Übernahmen von der Bildfläche.

Phase der Deregulierung ab Mitte der 70er-Jahre
Die dritte Phase der Entwicklung ab den 70er-Jahren, war durch gänzlich andere Faktoren gekennzeichnet. Inflationärer Druck, hohe Back-Office-Kosten und damit verbunden eine Serie von Liquidationen und Mergers führten zu einer Belastung der Branche. Die Freigabe der Brokergebühren 1975 und ein weiterer Druck auf die Underwritingmargen durch höheren Wettbewerb beeinflussten die früher hohe Ertragskraft negativ. Die zunehmende Volatilität der Finanzmärkte, insbesondere angesichts der straffen Geldpolitik ab 1979 erhöhte das Risiko. Der Zusammenhang der Syndikate lockerte sich.

Shelf-Registration
Auf der gesetzgeberischen Seite wurde dieser Trend zum Aufbrechen der Syndikate unterstützt. Neben der Freigabe der Brokerkonditionen hat die SEC verschiedene Maßnahmen zur Erleichterung der Emissionen – implizit damit zum Aufbrechen alter Beziehungen – ergriffen. Erwähnt seien hier die Erleichterungen auf der Seite der Publizität für die Emittenten (Integrated Disclosure) und die sog. Shelf-Registration (Rule 415 aus dem Jahre 1983), die es den Unternehmen erlaubte, verschiedene Blocks von Wertpapieren zum Verkauf zu registrieren, die eigentlichen Konditionen aber erst später festzulegen und dann auch den Verkauf durchzuführen.

Die Shelf-Registration intensivierte den Wettbewerb zwischen Investmentbanken um Mandate für Unternehmensanleihen über das sog. »Competitive Bidding«. Eine weitere erwähnenswerte Erleichterung erfolgte mit der Rule 144A im Jahre 1990 bezüglich der Regelungen für Private-Placements. Diese neue Regelung reduzierte die Anforderungen bei der Emission einerseits und erleichterte die schnelle Weiterveräußerung der Papiere mit dem Effekt der Erhöhung der Marktliquidität andererseits.

Tochtergesellschaften nach »Section 20«
All dies waren rechtliche Weiterentwicklungen, die allerdings die Funktionstrennung zwischen Einlage-/Kreditinstituten (Commercial Banks) und Investmentban-

ken nicht antasteten. Die letzte große Änderung in der Branche brachten die sog. »Section 20 Subsidiaries«. Die Regelungen waren praktisch die Vorstufe zur Aufhebung des Glass-Steagall-Acts. Commercial Banks waren jetzt berechtigt, Holding Companies zu gründen und über diese zunächst 10 %, später 20 % ihrer Erträge aus Underwriting und Wertpapierhandel zu generieren. Die erste Bank, die eine derartige Genehmigung nach Section 20 erhielt, war J. P. Morgan, die damit nach der Trennung ihrer Geschäftsaktivitäten vom Mutterhaus 1933 und der Spezialisierung auf das Commercial Banking schrittweise wieder in ihr ursprüngliches Geschäft zurückkehrte. Praktisch alle bedeutsamen internationalen und auch deutschen Banken sind mittlerweile in der Form von Section 20 Subsidiaries organisiert oder bereiten diese vor.

5.5 Die jüngsten Entwicklungen: Gramm-Leach-Bliley-Act von 1999

Die Entwicklung in der US-Finanzindustrie, insbesondere die Globalisierung und vertikale Integration führten zu einer »schleichenden« Aufweichung der Glass-Steagall-Vorschriften. Diese Aufweichung erfolgte durch erweiterte Auslegung der Vorschriften durch die zuständige US-Behörde, den Federal Reserve Board (FED). Es wurden mehrfach Versuche unternommen, Glass-Steagall aufzuheben, die indessen alle in den verschiedenen Gremien des US-Kongresses scheiterten.

Banken und Versicherungen
Während die gesetzgeberischen Versuche zur Aufhebung von Glass-Steagall von der Einsicht in die Notwendigkeit eines neuen rechtlichen Rahmens für die US-amerikanischen Banken getragen waren, scheiterte die Aufhebung immer wieder an divergierenden Interessen der Lobbygruppen für Banken und Versicherungen. Denn die Trennung von Commercial Banks und Investmentbanken war ein wichtiger, aber nur ein Aspekt des Glass-Steagall-Acts. Der andere Aspekt lag in der strikten Trennung der Geschäftsaktivitäten von Banken und Versicherungen.

Erst der beabsichtigte Merger von Citibank und der Versicherungsgruppe Travelers brachte den entsprechenden Druck und erhöhte das Momentum zur Gesetzesänderung. Wie so häufig bestimmten nicht nur die rechtlichen Rahmenbedingungen den geschäftlichen Spielraum, vielmehr führen auch die geschäftlichen Notwendigkeiten zur Veränderung des rechtlichen Rahmens. Citigroup/Travelers haben das Ende von Glass-Steagall eingeläutet, neue Universalbankstrukturen wie J.P. Morgan Chase sind die Folge.

Der Gramm-Leach-Bliley-Act
Formal gesehen wurde der Glass-Steagall-Act von 1933 erst durch den Gramm-Leach-Bliley-Act vom Oktober 1999 de facto aufgehoben und damit das Trennbankensystem in den USA beendet. Die wesentlichen Neuerungen sind:
- Bank-Holding-Companies können den umfassenderen Status einer Financial-Holding-Company erlangen. Dieser Status berechtigt zur Durchführung einer Vielzahl neuer oder erweiterter Finanzdienstleistungen und anderer Aktivitäten.

- Erlaubte Geschäfte sind insbesondere:
  - *Versicherungsbroker:* Market-Maker oder Broker für verschiedenste Versicherungsprodukte
  - *Adivisory Business:* Anbieten von Investment- und Wirtschaftsberatung, auch für Investmentfonds und Investmentgesellschaften
  - *Investment Banking:* Übernahme von Underwriting, Handel oder Market-Maker-Funktion für Wertpapiere ohne quantitative Begrenzung (Aufhebung des 20 %-Limits)
  - *Erwerb von Beteiligungen* über die alte 5 % Grenze hinaus
  - *Gegenseitige Beteiligung* von Banken und Versicherungen über die Financial-Holding-Company

Durch die neue Gesetzgebung wird es Financial-Holding-Companies auch erlaubt, Gesellschaften zu kaufen, die die oben genannten Tätigkeiten ausführen. Neu ist dabei die Regelung, dass ein Erwerb von Unternehmen entsprechend den oben genannten Kriterien durch eine bereits existierende Financial-Holding-Company ohne vorherige Genehmigung der FED möglich ist.

Voraussetzungen für Financial-Holding-Companies
Um den Status einer Financial-Holding-Company zu erlangen, muss eine Bank
- gut gemanagt,
- ausreichend kapitalisiert sein sowie
- ein befriedigendes Rating

aufweisen. Während das Kriterium »gut kapitalisiert« mit einer Kernkapitalquote von 6 % hinreichend exakt beschrieben ist (es lehnt sich an die Vorschriften des Baseler Abkommens an), ist das Kriterium »gut gemanagt« schwieriger zu greifen und erlaubt einen großen Interpretationsspielraum. Nach den Vorschriften der FED (§ 225.81 Regulation Y) ist eine Financial-Holding-Company immer dann gut gemanagt, wenn sie bei der letzten Inspektion der zuständigen staatlichen Aufsichtsbehörde mindestens ein befriedigendes Gesamtrating und mindestens ein befriedigendes Teilrating für die Geschäftsführung erhalten hat. Diese Regelung gilt für die Muttergesellschaft wie auch für alle der US-Aufsicht unterliegenden wesentlichen Beteiligungen. In der Tendenz zeigt sich heute durch die wenig präzise Definition und die praktische Anwendung dieser Regelungen eine gewisse Diskriminierung ausländischer gegenüber US Banken.

5.6 Ausblick

Die Beschäftigung mit der Geschichte des Investment Banking ist kein Selbstzweck, sondern ermöglicht es, durch die entstandene Distanz Zusammenhänge zu sehen und Ursachen für Entwicklung im Bereich des Investment Banking zu entdecken.

Nachdem die USA in der Entwicklung des Investment Banking lange ein Nachzügler gegenüber Europa waren, haben sie mit der zunehmenden Bedeutung des Kapitalmarktes ab Ende des 19. Jahrhunderts die Vorreiterrolle übernommen. Im

Zuge der Etablierung des Trennbanksystems in den USA ist der Begriff Investment Banking in den Sprachgebrauch eingegangen und trotz der Aufhebung der Abgrenzung von kommerziellem und Investment Banking nicht mehr wegzudenken.

Universalbanking reüssiert. Im Zuge der Aufhebung der Funktionstrennung ist in den USA – wie bereits früher in Europa – der Trend zu Universalbankstrukturen erkennbar geworden. Während europäische Banken, die früher in erster Linie als kommerzielle Banken tätig waren, sich über Akquisitionen oder Eigenaufbau im Investment Banking neu positioniert haben, erweitern amerikanische Investmentbanken ihr Leistungsspektrum hin zu kommerziellen Aktivitäten oder gründen eigene Tochtergesellschaften für das mit dem Investment Banking verbundene Einlagen- und Kreditgeschäft. Die in Europa seit langem übliche Betreuung aus einer Hand hat damit ihren Eingang auch in den US-amerikanischen Markt gefunden.

Allfinanz noch offen. Die Separierung von Banken und Versicherungen wurde zwar ebenfalls aufgehoben. Mit Ausnahme der Verbindung von Citibank und Travellers Insurance haben allerdings keine weiteren wesentlichen Erweiterungen zwischen diesen beiden Branchen in den USA mehr stattgefunden. Durch den Verkauf von Teilen der Versicherungsaktivitäten wurde diese Allfinanzstruktur sogar wieder reduziert.

Literatur

Baehring, B. (1985): Börsen-Zeiten, Frankfurt/M.

Banks, E. (1999): The Rise and Fall of the Merchant Banks, London.

Bundesverband deutscher Banken (Hrsg.) (1999): Neues US-Finanzdienstleistungsgesetz (Gramm-Leach-Bliley-Act), Berlin.

Carosso, V. P. (1970): Investment-Banking in America, Cambridge MA.

Forsyth, D. J./Verdien, D. (2003): The origins of national financial systems, London u. a.

Hayes, S. H./Spence, M./Marks, D. (1988): Investment-Banking Competition: An Historical Sketch, in: Williamson, J. P. (ed.), The Investment-Banking Handbook, New York.

Kiehling, H. (1991): Kursstürze am Aktienmarkt, München.

o.V. (2001): Das Thema Allfinanz ist in den USA kalter Kaffee, in: Börsen-Zeitung vom 28.12.2001.

o.V. (2001): The New Battle for the Bulge, in: Institutional Investor, August, S. 35–43.

Redlich, F. (1951): The Molding of American Banks: Men and Ideas, part II, New York.

Steiner, M. (2003): Entwicklungslinien des US-Bankensystems und der Gramm-Leach-Bliley-Act.

Thießen, F. (1995): Die Finanzgeschäfte der Templer, in: Zeitschrift für Wirtschaftspolitik, Heft 2, S. 157–184.

6 Markteffizienz*

> **LERNZIELE**
> - Sie können den Begriff Markteffizienz definieren und vier Kriterien nennen, anhand derer man Effizienz messen kann.
> - Sie können Allokationseffizienz in Neoklassischen Kapitalmarktmodellen mit und ohne Unsicherheit beschreiben und die Grenzen des Konzeptes der Allokationseffizienz zur Beurteilung realer Kapitalmärkte erläutern.
> - Sie können die Informationseffizienz nach Fama mit ihren drei Ausprägungen erläutern und Implikationen für Strategien an Kapitalmärkten darstellen.

6.1 Grundlagen

Anbieter streben danach, wertvollere Leistungen zu erbringen. Nachfrager versuchen, attraktivere Produkte zu erwerben. Regulierungsinstanzen wollen sicherere Finanzsysteme schaffen. Alle tragen durch ihr Streben dazu bei, dass Wertpapiermärkte besser und effizienter werden. Was aber ist Effizienz genau, wenn alle etwas anderes wollen? Und was muss getan werden, um Märkte effizienter zu machen? Und was passiert, wenn die Märkte effizient sind?

> **DEFINITION**
> **Markteffizienz ist der Grad, mit dem Wertpapiermärkte ihre Funktionen erfüllen.**

Funktionen der Wertpapiermärkte sind wie oben dargestellt die
- Treffpunktfunktion,
- Marktausgleichsfunktion und
- Allokationsfunktion.

Es fallen auf Anhieb viele Kriterien ein, mit denen die Markteffizienz gemessen werden könnte (Rudolph (1999), S. 1109 f.). Denkbare Kriterien wären z. B.
- Höhe der Transaktionskosten,
- Zahl von Wahlmöglichkeiten,
- Volatilität der Preise,
- Schnelligkeit der Reaktion auf Anfragen und
- Fairnisgrad der Behandlung von Marktteilnehmern.

Viele dieser Kriterien haben leider dichotomischen Charakter, d. h. eine Verbesserung bei einem Kriterium kann nur unter Inkaufnahme einer Verschlechterung eines anderen Kriteriums gelingen. So könnten mehr Wahlmöglichkeiten durch unterschiedliche Produkte zu höheren operativen Kosten führen oder billigere

---
* Autoren: Alexander G. Aulibauer, Friedrich Thießen

Börsenhandelssysteme zwar die Kosten senken, aber den Preisbildungsprozess weniger fair werden lassen. Das Oberkriterium, das alle andere Kriterien einschließt, ist der Nutzen eines Wirtschaftssubjekts auf einzelwirtschaftlicher Ebene und die Wohlfahrt einer Volkswirtschaft auf gesamtwirtschaftlicher Ebene. Mit letzterer befasst sich die Allokationseffizienz.

6.2 Allokationseffizienz

Allokationseffizienz ist die übergeordnete Anforderung an alle Transaktionen an den Kapitalmärkten und lässt sich direkt aus der Nicht-Sättigungsannahme ableiten. Die Allokationseffizienz kann gemessen werden in der Wohlfahrtswirkung, welche die Existenz der Kapitalmärkte ausübt. Der höchste Effizienzgrad ist erreicht, wenn der maximale Beitrag zur Wohlfahrt einer Gesellschaft geleistet wird. Das ist sehr allgemein formuliert. Und vor allem ist es undefiniert, denn eine konkret akzeptierte Wohlfahrtsfunktion hat noch keiner aufgestellt. Nur unter bestimmten Umständen kann man konkreter werden:

- *Neoklassisches Kapitalmarktmodell ohne Unsicherheit:* In diesem Modell liegt Allokationseffizienz ganz konkret dann vor, wenn die verfügbaren Finanzmittel in die Verwendungen gelenkt werden, die die höchsten Renditen abwerfen (Neus (1999), S. 422). Der Effizienzgrad könnte an der Rendite der finanzierten Projekte gemessen werden. Aber denken Sie einen Moment über dieses Resultat nach: Effizienz einzig und allein aus der Rendite abzuleiten, ist bei all der Vielfalt an Eigenschaften, die Wertpapiere besitzen, schon heroisch. Jedoch: die Märkte der Neoklassischen Modelle sind annahmegemäß in jeder Hinsicht »vollkommen«, sodass die Rendite als letztes Auswahlkriterium, quasi als Zünglein an der Waage, den Ausschlag gibt.
- *Capital-Asset-Pricing-Modell:* In diesem neoklassischen Kapitalmarktmodell mit Unsicherheit, liegt Allokationseffizienz dann vor, wenn die Rendite-Risiko-Kombinationen aller Wertpapiere auf der Wertpapierlinie liegen. Auch hier gilt wieder: Rendite und Risiko können nur dann ausreichende Entscheidungskriterien sein, wenn bei allen anderen Kriterien, die für den Wohlfahrtsgrad wichtig sind, »Vollkommenheit« vorausgesetzt werden kann. Das ist im CAPM annahmegemäß der Fall.

Da in beiden Modellen Transaktionskosten nicht existieren und außerökonomische Motive nicht modelliert wurden, kann man reale Märkte nach diesen Kriterien nicht beurteilen. Wie aber soll man dann Allokationseffizienz messen? Es ist bis heute leider nicht gelungen, die Allokationseffizienz angemessen zu operationalisieren. Sie spielt daher für die Beurteilung und Verbesserung der realen Kapitalmärkte in der Praxis keine Rolle.

6.3 Weitere Kriterien der Markteffizienz

Die Effizienz von Kapitalmärkten wird ersatzweise deshalb meist mit folgenden Konzepten gemessen:
- Operative Effizienz,
- Informationseffizienz,
- Bewertungseffizienz und
- Marktliquidität.

Beziehungen zwischen Effizienzkategorien nach Bienert

Operative Effizienz
└─► Informationseffizienz
   └─► Bewertungseffizienz
      └─► Allokationseffizienz

Erläuterung: Die Erreichbarkeit des höchsten Effizenzgrades einer bestimmten Effizienzkategorie hängt davon ab, ob bei einer anderen Effizienzkategorie ein Effizienzgrad in der höchsten Stufe erreicht worden ist. *Quelle:* In Anlehnung an Bienert (1996), S. 32.

6.3.1 Operative Effizienz

Die operative Effizienz betrifft die Transaktionskosten, die die Benutzung von Märkten verursacht. Ideal ist der *friktionslose* Markt, der jede Leistung kostenfrei ermöglicht. Der Effizienzgrad realer Märkte könnte leicht an der Höhe der Transaktionskosten gemessen werden. Die Entwicklung der Transaktionskosten im Zeitablauf gilt als guter Indikator, für die Entwicklung des Effizienzgrades von Märkten. Problematisch ist die Ceteris-Paribus-Bedingung. Wenn sich die Qualität von Märkten im selben Zeitraum verändert – z.B. weil neue Produkte und Techniken angewendet werden –, ist die Höhe der Transaktionskosten natürlich kein ausreichender Indikator für die Effizienzentwicklung der Märkte.

6.3.2 Informationseffizienz

Das Kriterium Informationseffizienz bezieht sich auf die Informationsmenge, die ein Markt zur Verfügung hat, wenn sich ein Marktpreis bildet. Nach Rubinstein (1975) und Latham (1985) gilt:

> **DEFINITION**
> Ein Markt ist informationseffizient, wenn
> keine Information mehr eine Transaktion,
> i. e. eine Portfolioumschichtung, verursacht.

Fama (1971) schlug vor, zwischen drei Effizienzstufen zu unterscheiden:
- *Strenge Informationseffizienz:* Berücksichtigen die Preise jederzeit unmittelbar und vollständig sämtliche irgendwo auf der Welt überhaupt verfügbaren Informationen, dann spricht man von strenger Informationseffizienz.
- *Mittelstrenge Informationseffizienz:* Daneben gibt es die mittelstrenge Informationseffizienz: alle öffentlich zugänglichen Informationen sind in den Preisen berücksichtigt.
- *Schwache Informationseffizienz:* Schließlich nennt Fama die schwache Informationseffizienz: alle Informationen, die aus den vergangenen Preisen gezogen werden können, sind berücksichtigt.

Das Kriterium Informationseffizienz hat überragende Bedeutung an den Wertpapiermärkten, weil viele wichtige Fragen zur Ausgestaltung von Anlagestrategien, z. B. ob eine bestimmte Anlage- und Spekulationsstrategie lohnt oder nicht, ob man eher einzelne Aktien oder einen Index kaufen soll, ob Broker, Market Maker oder Rating-Agenturen als Intermediäre überleben können, davon abhängen, welche Stufe der Informationseffizienz erfüllt ist.

Im Folgenden wird genauer untersucht, welche Eigenschaften Märkte haben, die einen bestimmten Effizienzgrad aufweisen.

Strenge Informationseffizienz erfüllt
Die Preise berücksichtigen jederzeit jegliches verfügbare Wissen – sogar das der Insider. Informationen, die Überrenditen ermöglichen, sind also nicht beschaffbar. Notwendige Bedingung für strenge Informationseffizienz sind: keine Informations- und Transaktionskosten sowie übereinstimmende Schlussfolgerungen aller Marktteilnehmer aus Informationen. (Übereinstimmende Schlussfolgerung aus Informationen wird »*homogene*« Erwartung genannt).

An solchen Märkten lohnen keinerlei Spekulationsstrategien und keinerlei mit Spekulation zusammenhängende Informationsaktivitäten. Jede beliebige Kapitalanlage erbringt immer und für jedermann die marktgerechte Verzinsung. Kapitalanlage erfolgt daher in Portfolios, die in Abhängigkeit von der Risikoneigung aus einer Mischung von Marktportefeuille und sicherer Geldanlage diversifiziert sind. Tendenzportfolios gibt es nicht. Die zur Entscheidung notwendigen Informationen über Rendite/Risiko-Eigenschaften der Wertpapiere zur Portfoliobildung sind allen bekannt. Market-Makern, Ratingagenturen und anderen Institutionen, die davon leben, Informationen zu verbreiten oder besser als andere auszuwerten, ist es unmöglich zu überleben.

Mittelstrenge Informationseffizienz erfüllt, strenge nicht
Es wird zwischen öffentlich und nur Insidern verfügbaren Informationen unterschieden. Die öffentlichen sind in den Preisen berücksichtigt, Insiderinformationen jedoch nicht. Konsequenz: Vorsicht! Der Handelspartner könnte jemand sein, der mehr weiß als man selbst. Denkbare Strategien: Wer Insiderinformationen beschaffen kann, sollte das tun; er kann damit Geld verdienen. Wer dagegen nur die öffentlich verfügbaren Informationen hat, der muss vorsichtig sein und ein möglichst

breit gestreutes Portfolio halten. Damit gelingt es ihm, die durchschnittliche Marktrendite zu erzielen. Er wird so am wenigsten von den Preisänderungen betroffen, die die Aktionen der Insider auslösen.

In Märkten mit mittelstrenger Informationseffizienz ist es für die jeweilige Preisentwicklung ganz entscheidend, wer aus welchem Motiv heraus gerade handelt. Man unterscheidet nach den Motiven folgende Marktteilnehmer:

- *Informed Trader:* Ein Händler, der agiert, weil er eine neue, d. h. dem Markt nach unbekannte Information gewinnbringend umsetzen möchte. Dies wird im eigentlichen Sinne als »Spekulation« bezeichnet.
- *Liquidity Trader:* Jemand, der ohne spekulieren zu wollen, Kapitalanlagen auflöst, weil er z. B. konsumieren möchte oder der liquide Mittel, die er nicht für den Erwerb von Realgütern benötigt, am Kapitalmarkt anlegt.
- *Insurance Trader:* Jemand, der sein Finanzvermögen aus Risikogesichtspunkten (z. B. weil sich seine Risikoneigung geändert hat) umschichtet und deshalb Kapitalanlagen erwirbt und abstößt.

Die Welt der mittelstrengen Informationseffizienz
Hier gibt es intensiven Wettbewerb um Informationen. Es gibt Ratingagenturen, Spezialgazetten, Market-Maker und Dealer, die aus Nachrichten, die nur Insidern zugänglich sind, die also noch nicht öffentliche Informationen sind, Gewinn ziehen wollen. Eine Vielzahl von Journalen versucht, Insiderinformationen zu ergattern und sie ihrem Leserkreis bekannt zu machen. Aus Insiderwissen wird so öffentlich verfügbare Information. Fundamentalanalyse und quantitative Analyse sind wichtige Instrumente zur Informationsauswertung.
Strategisches Verhalten. Immer dann, wenn man einen Informed Trader auf der Gegenseite vermutet, ist Vorsicht geboten, denn er könnte deshalb handeln, weil er einen neuen Gleichgewichtspreis kennt. Viele hängen sich deshalb an Aktionen von vermuteten Informed Tradern an *(Parallel Running)* oder – noch erfolgreicher – versuchen, im Vorhinein zu handeln *(Front Running)*. Durch dieses Dranhängen und Mitlaufen können auf Märkten mit mittelstrenger Informationseffizienz die Aktionen von Marktteilnehmern, von denen andere einen überdurchschnittlich guten Informationsstand vermuten, erhebliche Preiswirkungen auslösen.
Der kleine Investor. Für den »kleinen« Investor ist an Märkten, an denen die mittelstrenge Informationseffizienz erfüllt ist, Vorsicht geboten. Grundsätzlich könnte man zwar mit Informationen gewinnbringend spekulieren, aber nicht mit öffentlichen. Öffentliche Informationen sind bereits in den Preisen berücksichtigt. Aber ab wann ist eine Information eigentlich eine öffentliche? Rein formal gilt sie dann als öffentlich, wenn sie in den Preisen berücksichtigt ist. Für den kleinen Investor ist eine druckfrische Zeitung morgens um 4.00 Uhr am Werkstor noch kein ausreichendes Kriterium für Neuigkeit, denn seit der Entstehung der abgedruckten Nachrichten sind diese durch so viele Hände gegangen, dass sie i.d.R. bereits vor dem Erscheinen des Journals den Charakter einer öffentlichen und damit wertlosen Information haben. Vielleicht sind die vielen Gerüchtebörsen im Internet ein Versuch der Informationsanbieter, eigentlich öffentliche und damit wertlose Informationen als werthaltige Insiderinformationen zu verkaufen (Zweitverwertung).

Schwache Informationseffizienz erfüllt, strenge und mittelstrenge nicht

Überspitzt formuliert kann hier bereits aufmerksames Zeitungslesen lohnen, um spekulative Gewinne zu erzielen. Denn bei schwacher Informationseffizienz sind ganz abgesehen von Insiderinformationen nicht einmal alle öffentlich zugänglichen Informationen im Preis berücksichtigt. Selbst Privatanleger können sich spekulativ betätigten. Informationen werden mittels *Fundamentalanalyse* ausgewertet. Es gibt Institutionen, die sich auf Informationsbeschaffung und -auswertung spezialisieren.

Schwache Informationseffizienz nicht erfüllt

Hier kommt die *Technische Analyse* ins Spiel. Wenn die Märkte nicht (einmal) die Informationen ausgewertet haben, die in den vergangenen Preisen stecken, dann natürlich lohnt deren Analyse und Auswertung. Die Methoden müssen allerdings ständig weiterentwickelt werden. Wird nämlich eine Anomalie am Markt aufgedeckt, dann schließt sich diese erfahrungsgemäß schnell wieder, weil viele Marktteilnehmer versuchen, daraus Gewinne zu ziehen. Es müssen neue Anomalien gesucht werden. Die Methoden müssen dann verändert und angepasst werden. Deshalb werden ständig neue Ideen entwickelt und neue Verfahren getestet, mit denen man Preisdaten gewinnbringend auswerten kann.

Messung der Informationseffizienz

Der Grad der Informationseffizienz auf einem Kapitalmarkt wird in der Regel anhand statistischer Eigenschaften der Renditezeitreihen der auf ihm gehandelten Assets beurteilt. Es gibt drei Modelle, mit denen man die statistischen Eigenschaften beurteilen kann:
- Fair-Game-Modell,
- Martingal oder Submartingal und
- Random-Walk.

Fair Game. Das Fair Game beruht auf Annahmen über das Verhalten durchschnittlicher Renditen. Ein Fair Game herrscht auf einem Markt genau dann, wenn gilt:

$$E\left(\varepsilon_{j,t+1}\right) = E\left[r_{j,t+1} - E\left(r_{j,t+1}|\eta_t\right)\right] = 0$$

Dabei bedeuten:

$$\varepsilon_{j,t+1} = \frac{P_{j,t+1} - P_{j,t}}{P_{j,t}} - \frac{E\left(P_{j,t+1}|\eta_t\right) - P_{j,t}}{P_{j,t}} = \frac{P_{j,t+1} - E\left(P_{j,t+1}|\eta_t\right)}{P_{j,t}}$$

mit $P_{j,t+1}$ = beobachteter Preis des Assets j Ende der nächsten Periode t+1,
$E(P_{j,t+1}|\eta_t$ = bei gegebener Informationsstruktur η_t erwarteter Preis $P_{j,t+1}$,
$\varepsilon_{j,t+1}$ = Differenz zwischen erwarteter und beobachteter Rendite.

Die Rendite wird folgendermaßen berechnet: $r_{j,t+1} = \dfrac{P_{j,t+1} - P_{j,t}}{P_{j,t}}$, sodass sich ergibt:

$$\varepsilon_{j,t+1} = r_{j,t+1} - E(r_{j,t+1}|\eta_t)$$

Beim Fair Game ist im Durchschnitt über viele Perioden die beobachtete Rendite gleich der erwarteten Rendite eines Assets. Ein Fair Game wäre also auch das Glücksspiel in Monaco, wo die Spielbank im Schnitt 10 % der Einsätze verdient, die erwartete Rendite der Spieler über viele Spiele hinweg also minus 10 % beträgt. Die Fair-Game-Eigenschaft trifft keine Aussage über die Höhe der Rendite, die man an einem Markt verdienen kann. Sie besagt lediglich, dass die Renditeerwartungen der Anleger im allg. nicht verzerrt sind.

Martingal/Submartingal. Jedes Fair Game ist ein Martingal, aber nicht umgekehrt. Ein Martingal am Kapitalmarkt ist dadurch gekennzeichnet, dass der für die Periode t+1 erwartete Preis gleich dem aktuellen Preis ist:

$$E(P_{j,t+1}) = P_{j,t}$$

Die erwartete Rendite auf einem Markt, dessen Preisbildung sich mit einem Martingal beschreiben lässt, ist dementsprechend Null:

$$E(r_{j,t+1}|\eta_t) = \frac{E(P_{j,t+1}|\eta_t) - P_{j,t}}{P_{j,t}} = 0$$

Demgegenüber impliziert ein Submartingal ein Fair Game, bei dem der erwartete künftige Preis höher als der aktuelle Preis ist:

$$E(P_{j,t+1}) > P_{j,t} \text{ und für die Rendite: } E(r_{j,t+1}|\eta_t) = \frac{E(P_{j,t+1}|\eta_t) - P_{j,t}}{P_{j,t}} > 0$$

Die Gültigkeit des Submartingals hat folgende empirische Bedeutung: Wenn Preiserhöhungen, also positive Renditen als »Normalzustand« der Kapitalmärkte anzunehmen sind, dann kann man die Leistung von Fondsmanagern folgendermaßen beurteilen: Man misst die Rendite des verwalteten Portfolios und zieht davon die Rendite eines hinsichtlich der Erstausstattung identisch strukturierten Portfolios (Benchmark) davon ab. Wenn der Markt ein effizientes Submartingal darstellt, müssen beide Renditen übereinstimmen.

Random-Walk. Die Random-Walk-Theorie bezieht sich im Gegensatz zum Fair Game und zu den Martingalen nicht auf die durchschnittliche Rendite, sondern auf die Renditeverteilung. Sie besagt, dass die durch die gegebene Informationsstruktur konditionierte Renditeverteilung der unkonditionierten Renditeverteilung entspricht. Es ergibt sich:

$$f(r_{1,t+1},...,r_{n,t+1}) = f(r_{1,t+1},...,r_{n,t+1}|\eta_t)$$

Der Random-Walk ist eine wesentlich strengere Bedingung an einen Markt als das Fair Game oder die verschiedenen Martingale, da er sich auf die gesamte Renditeverteilung bezieht, also auf sämtliche Parameter wie z. B.
- Mittelwert,
- Varianz,
- Schiefe und
- Kurtosis.

Damit ein Random-Walk vorliegt, müssen die Renditen im Zeitverlauf unabhängig von einander und von der selben Verteilungsart sein. Ein Random-Walk stellt eine Serie mit konstanter erwarteter Veränderung pro Periode und konstanter Varianz der Periodenveränderung dar.
Mit anderen Worten: Die Preisbewegungen folgen keinem Muster. Eine grundsätzlich positive Rendite beschreibt man als Random-Walk mit Drift.

PRAXISBEISPIEL

Kann man den Kapitalmarkt mit dem Computer schlagen?
Tests der schwächeren Fair-Game-Eigenschaft eines Marktes haben für das Investment-Geschäft eine ganz konkrete Bedeutung: Weist ein Markt nämlich diese Eigenschaft auf, so sind automatische Handelssysteme, die auf einfachen Filterregeln basieren, nicht erfolgreicher als die Buy and Hold-Strategie. Der Erfolg jeglicher Filterregel ist von der Existenz bestimmter Muster bzw. Autokorrelationen der Kursentwicklung abhängig.
Beispiel: Eine einfache Filterregel lautet: Kauf der Aktie, wenn ihr Kurs um mindestens x% gestiegen ist. Halten des Papiers, bis sein Kurs um mindestens x% gesunken ist. Verkauf des Papiers und Halten der Short-Position bis der Kurs wieder um mindestens x% steigt. Dann wieder Eingehen der Long-Position.
Ergebnisse: Vor dem Abzug von Transaktionskosten erzielten Filter über 1,5 % im Vergleich mit der Buy and Hold-Strategie keine Überrendite. Filter unter 1,5 % erreichten nur sehr geringe Gewinne, was auf eher kurzfristige serielle Abhängigkeiten schließen lässt. Nach Abzug der Transaktionskosten verschwanden auch diese Profite. Demnach sind Kapitalmärkte zumindest in der schwachen Form allokationseffizient. Auf technischer Analyse basierender Handel macht mit derart einfachen Regel-Systemen keinen Sinn.

Informationsparadoxon:
Informationskosten und Informationseffizienzthese

Eines der gravierendsten logischen Defizite der Informationseffizienzthese ist die Tatsache, dass auf informationseffizienten Märkten, auf denen kein Individuum durch Informationsbeschaffung und -verarbeitung Überrenditen erzielen kann, auch keine Anreize für irgendeine Informationstätigkeit existiert. Warum sollte jemand teure Informationen kaufen oder produzieren, wenn sie ihm nichts bringen? Wenn aber jeder so dächte, wie können dann die Marktpreise Informationen reflektieren? Wie kann man die Existenz weltumspannender Analyseabteilungen mit vielen Mitarbeitern in den Investmentbanken erklären?

Das Informationsparadoxon
Verschiedene Autoren [darunter wichtig: Grossmann/Stiglitz (1976, 1982) sowie Cornell/Roll (1981)] versuchten, diesen paradoxen Zustand zu lösen, indem sie in

ihren Modellen positive Informationskosten berücksichtigten. Die Idee war, dadurch Marktungleichgewichte zu schaffen, die Arbitragegewinne für Besserinformierte ermöglichen. Aber die Modelle zeigten etwas anderes: Man kam durch die Einführung von Informationskosten nur vom Regen in die Traufe. Denn nun gab es nicht nur einen, sondern zwei paradoxe Zustände: Wenn niemand Informationen kauft, dann ist der Preis nicht informationseffizient und der Informationskauf lohnt sich. Wenn alle Marktteilnehmer Informationen kaufen, wird der Preis augenblicklich informationseffizient, weil alle ihre Informationen in ihre Gebote einfließen lassen. Der Kauf der Informationen hat sich dann aber nicht gelohnt: man hätte zum fairen Kurs auch ohne Informationserwerb handeln können. Wenn nun einige Informationen kaufen, andere nicht, dann ist es trotzdem so, als ob alle Informationen gekauft hätten, denn – und das ist der Kern – den Nichtinformierten verrät sich der Informationsgehalt im Laufe der Zeit auch ohne Kauf der Informationen dadurch, dass sie das »Verhältnis« (stochastische Verteilung) von gegenwärtigem und späterem Marktpreis beobachten und erlernen. Wenn sie es erlernt haben, können sie aus dem gegenwärtigen Marktpreis, zu dem auch die Gebote der Informierten beigetragen haben, auf den zukünftigen Preis schließen. Sie verfügen damit über den Gehalt der Informationen auch ohne deren Kauf. Eine Mitte gibt es nicht: das Modell von Stiglitz und Grossmann kippt von einem zum anderen Extrem. Dieser gleichgewichtslose Zustand wird Informationsparadoxon genannt.

Lösung des Informationsparadoxons
Zu einem stabilen definierten Gleichgewicht gelangt man erst, wenn man weitere Variablen in die Modelle aufnimmt. Es reichen
- der Faktor Noise und
- unterschiedliche Informationsbeschaffungskosten.

Liegt beides vor, dann passiert Folgendes: der Teil der Marktteilnehmer mit relativ niedrigen Informationskosten beschafft sich Informationen. Der andere Teil bleibt uninformiert, erspart sich die Ausgaben und nimmt ein höheres Risiko in Kauf. Wegen des Faktors Noise kann der uninformierte Teil nicht einfach aus dem Marktpreis, der sich gebildet hat, auf die Informationen der Informierten schließen. Er kann insbesondere nicht zuordnen, welcher Teil einer Preisbewegung auf Noise, d.h. Zufallseinflüsse, und welcher aus Informationstätigkeit stammt. Es kommt zu einem stabilen Gleichgewicht, bei dem die Nettorendite der Informierten (risikoadjustierte Rendite nach Informationskosten) der risikoadjustierten Rendite der Nichtinformierten gleichen.

In jedem Fall ist in einer Welt mit Informationskosten die ökonomisch optimale Informationsmenge für ein Individuum immer kleiner als die vollständige Information. Märkte mit höheren Informationskosten verfügen deshalb über weniger informationseffiziente Preise als Märkte mit niedrigeren Informationskosten. Es besteht ein Anreiz, Informationsverfahren zu entwickeln, die eine gegebene Informationsmenge zu geringeren Kosten und/oder zu einem früheren Zeitpunkt bereitstellen.

Der Wert der Information

Wie groß ist eigentlich der Wert einer Information? Immerhin müssen Kosten aufgewandt werden, um sie zu bekommen. Und für diese Kosten erhält man meistens keinen goldenen Geheimtipp, sondern nur mehr oder weniger vage Aussagen über die Zukunft. Was kann da eine Information eigentlich wert sein?

Formal definiert man Information folgendermaßen.

> **DEFINITION**
> Eine Information ist eine Nachricht über die Wahrscheinlichkeit, mit der ein Ereignis eintreten kann.

In dieser Definition sind Nachricht und Information dasselbe. Oftmals wird aber ein Unterschied gemacht und Information als die *bewertungsrelevante Implikation* einer Nachricht bezeichnet.

BEISPIEL

Information als bewertungsrelevante Implikation einer Nachricht
Die Nachricht, dass die Tarifverhandlungen zwischen einer Gewerkschaft und den Arbeitgebern gescheitert sind, liefert eine Wahrscheinlichkeitsverteilung für den Eintritt eines Streiks innerhalb der nächsten 3 Tage. In dem Moment, in dem ein Entscheidungsträger anfängt, darüber nachzudenken, ob die Nachricht einen Wert für ihn hat, i.e. bewertungsrelevante Implikationen besitzt, wird aus der Nachricht für ihn eine Information. Für verschiedene Menschen kann die Nachricht unterschiedlichen Wert haben, je nachdem ob sie Aktionen unternehmen können, die auf dieser Nachricht basieren (z.B. Verlagerung der Produktion in ein streikfreies Land oder Anlegen von Vorräten). Für die meisten wird diese Nachricht jedoch keinen Wert haben, da sie für ihren Aktionsradius irrelevant ist.

Formal wird der Wert einer Information η_m folgendermaßen ausgedrückt:

$$V(\eta) = \sum_m q(m) \max_a \sum_e p(e|m) U(a,e) - V(\eta_0)$$

mit $q(m)$ = Grenzwahrscheinlichkeit des Erhalts der Information m
 $p(e|m)$ = bedingte Wahrscheinlichkeit eines Ereignisses, m gegeben
 $U(a, e)$ = Nutzenfunktion einer Aktion a, wenn Ereignis e eintritt
 $V(\eta_0)$ = erwarteter Nutzen einer Entscheidung ohne Information

Ein Individuum wird gemäß Gleichung seinen Nutzen dadurch maximieren, dass es eine der Information entsprechende Aktion auswählt – nur dadurch erhalten Nachrichten Wert. Ohne eine Vorstellung über das, was man mit der Information machen wird und was für ein Nutzen daraus resultiert, kann man einen Informationswert nicht errechnen

Hinweis: Es ist klar, dass zum Zeitpunkt des Informationskaufes die nutzenmaximale Aktion a_{max} noch nicht definitiv ausgeführt zu werden braucht. Man muss sie nur bereits zu diesem Zeitpunkt kennen, um den Wert der Information berechnen zu können. Je nachdem, wie dann die Information ausfällt, die man nach dem Kauf erhält, wird man die ex post beste Aktion durchführen.

Perfekte und imperfekte Information

Man unterscheidet perfekte und unvollkommene Informationen. Der Grad der Perfektion einer Information entspricht ihrer Prognosekraft, mit der sie einen zukünftigen Umweltzustand voraussagt. Perfekte Informationen sagen die Zukunft sicher voraus, geben also nur jeweils einem Umweltzustand m 100 % Eintrittswahrscheinlichkeit. Die Prognosekraft wird mit der *Markow-Matrix* dargestellt.

Informationsart	Informationsstruktur								
	perfekt (η_2)			keine (η_0)			Imperfekt (η_1)		
	m_1	m_2	m_3	m_1	m_2	m_3	m_1	m_2	m_3
e_1	1.0	0	0	1/3	1/3	1/3	0.6	0.3	0.1
e_2	0	1.0	0	1/3	1/3	1/3	0.2	0.5	0.3
e_3	0	0	1.0	1/3	1/3	1/3	0.2	0.2	0.6

Die Markow-Matrizen der perfekten Information η_2, der nicht existierenden Information η_0 (als Extremfälle) und einer »verrauschten« (noisy) Information η_1 zeigt die Tabelle.

Kein positiver Informationswert bei Markteffizienz

Die Gleichung des Informationswertes kann genutzt werden, um Informationsstrukturen zu analysieren. Sie lässt sich z. B. verwenden, um die Implikationen der Markteffizienz nach FAMA (1976) zu zeigen: Auf einem informationseffizienten Markt ist die bedingte Wahrscheinlichkeitsverteilung der Wertpapierkurse $f_m(P_{1t}, P_{2t}, ..., P_{nt}|\eta^m_{t-1})$ unter der Bedingung der vom Markt genutzten Informationsmenge η^m_{t-1} identisch mit der bedingten Wahrscheinlichkeitsverteilung der Wertpapierkurse, die existieren würden, wenn alle relevanten Informationen, die im Zeitpunkt t-1 verfügbar waren, verarbeitet würden.

$$f_m(P_{1t}, P_{2t}, ..., P_{nt}|\eta^m_{t-1}) = f_m(P_{1t}, P_{2t}, ..., P_{nt}|\eta_{t-1})$$

Auf effizienten Märkten werden demnach stets alle relevanten Informationen unverzüglich und vollständig in den Wertpapierkursen verarbeitet. Vor dem Hintergrund der Theorie der Information bedeutet dies, dass – nach allen Kosten – der individuelle Nutzen einer Informationsbeschaffung auf diesen Märkten gleich null sein muss. Es gilt:

$$V(\eta_i) - V(\eta_o) \equiv 0$$

Es ist dann nicht möglich, sich auf Basis jedweder Information Handelsstrategien auszudenken und damit »den Markt zu schlagen«, d. h. eine Überrendite zu erzielen.

Informationswert, Kapitalmarkttheorie und der Schönheitswettbewerb

Die Theorie der Information nimmt für sich in Anspruch, den Wert von Informationen anhand der Wirkung von Aktionen, die von den Informationen beeinflusst werden, bestimmen zu können. Das setzt allerdings voraus, dass man die Einflussfaktoren auf den künftigen Wert von Wertpapieren und ihr Zusammenspiel kennt. Nur dann können Informationen über die möglichen Ausprägungen der Einflussfaktoren relevante Informationen sein. Die Marktteilnehmer müssen über eine hinreichend schlüssige Theorie der Wertbildung auf Kapitalmärkten verfügen. Aber nicht nur das, sie müssen insbesondere auch berücksichtigen, welche Theorien alle anderen Marktteilnehmer verwenden. Und diese letzte Forderung ist ein Problem. Denn leider herrscht auf dem Gebiet der Werttheorie keinesfalls Einmütigkeit unter den Marktteilnehmern.

Keynes Beauty Contest. Keynes (1936, S. 156) äußerte sich zu dieser Debatte mit seiner berühmten Analogie eines Schönheitswettbewerbs einer Klatschzeitschrift:

»Professional investment may be linked to those newspaper competitions in which the competitors have to pick out the six prettiest faces from a hundred photographs, the prize being awarded to the competitor whose choise most nearly corresponds on the average preferences of the competitors as a whole; so that each competitor has to pick, not those face which he himself finds the prettiest, but those which he thinks likeliest to catch the fancy of the other competitors, all of whom are looking at the problem from the same point of view. It is not a case of choosing those which, to the best of one's judgement, are really the prettiest, nor even those which the average opinion genuinely thinks the prettiest. We have reached the third degree where we devote our intelligences to anticipating what average opinion expects the average opinion to be. And there are some, I believe, who practice the fourth, fifth and higher degrees.«

Konsequenzen. Man kann darüber diskutieren, was Keynes mit dieser Analogie wirklich meinte. Für den Wert von Informationen ist klar: Je vielfältiger die Theorien sind, mit denen Marktteilnehmer zukünftige Wertpapierpreise prognostizieren, desto weniger wertvoll werden Informationen über die vom individuellen Entscheider nach seiner Theorie eigentlich für relevant erachteten Fundamentaldaten, desto wertvoller werden für ihn Informationen über das Denken und Handeln der anderen Marktteilnehmer und deren Einflussfaktoren. Er versucht, ihr Verhalten zu erahnen und zu antizipieren, was diese wiederum erahnen und antizipieren, und so fort. In der Summe könnten Anlageentscheidung weniger auf die künftigen Zahlungsströme aus den Unternehmen – also Fundamentaldaten – die den Wertpapieren zugrunde liegen, gestützt werden als auf das, was »average opinion expects the average opinion to be«.

Gedankenexperiment. Eine Möglichkeit, sich zu veranschaulichen, wie nach dieser Theorie Kurse von Wertpapieren an Kapitalmärkten zustande kommen, ist ein Spiel, bei dem derjenige gewinnt, der die beste Schätzung einer Zahl abgibt, die in einem Intervall zwischen 1 und 100 zwei Drittel des Durchschnitts aller geschätzten Zahlen darstellt.

Dieses Spiel wurde tatsächlich Ende des Jahres 2000 in der Zeitschrift »Die Zeit« gespielt mit folgendem Resultat:

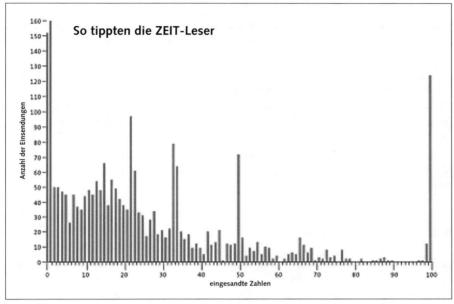

Abb. 6.1: Irrationales Verhalten – ein Experiment

Bei diesem Börsenspiel war nur eines sicher: die Gewinnzahl konnte nicht höher als 66,7, das Ergebnis, wenn alle Teilnehmer die Höchstzahl 100 tippten, sein. Höher tippten nur Spaßvögel, Dummköpfe oder bewusste Störenfriede. Mit all diesen Typen muss der Entscheider also trotz der rationalen Grenze von 66,7 rechnen. Wenn sich alle rational verhielten, dürfte demnach die Zahl nicht größer als 44,4 (zwei Drittel von 66,7) sein. Doch auch darüber herrschte bald antizipative Übereinstimmung bei der Mehrheit, und so konnte die Gewinnzahl nicht höher als 44,4, sondern mußte bei 29,6 liegen, usw. usf. ... Die Gedankenspirale drehte sich weiter und weiter wie bei Keynes' Schönheitswettbewerb; am Ende musste logisch die Null als Gewinnzahl folgen. Müßte!!! War es aber nicht, eben wegen o.g. Spaßvögel, Dummköpfe und Störenfriede. Die Siegerzahl war 17,72. Die logische Lösung wäre irrational. Ein cleverer Entscheider folgte einer psychologischen Vernunft, die das Wesen des Systems (des Spieles bzw. des Marktes) erkennt.

6.3.3 Bewertungseffizienz

Die Kategorie Bewertungseffizienz bezieht sich auf die Preise von Wertpapieren. Bewertungseffizienz ist ein Teilziel auf dem Wege zur Allokationseffizienz, das speziell für den Beitrag der Sekundärmärkte, insbesondere der Börsen formuliert wurde.

> **DEFINITION**
> Ein Markt ist bewertungseffizient, wenn
> Finanztitel so bewertet sind, dass deren Preise
> den fundamentalen Werten entsprechen.

Weichen Preise eines Marktes von den fundamentalen Werten ab, ist der Markt nicht bewertungseffizient. Halten solche Abweichungen längere Zeit an, spricht man von *Preisblasen*.

Die Beziehung der Bewertungseffizienz zur Informationseffizienz ist einfach: Die Bewertungseffizienz geht vom Ergebnis, dem Marktpreis aus, während die Informationseffizienz einen Inputfaktor für das Ergebnis, nämlich die verfügbaren Informationsmengen betrachtet. Liegen alle relevanten Informationen vor (Informationseffizienz) und sind sonst noch einige Bedingungen erfüllt (keine Transaktionskosten (operative Effizienz), rational handelnde Marktteilnehmer), dann ist der Marktpreis bewertungseffizient (siehe im Folgenden die strenge Informationseffizienz von Fama).

6.3.4 Marktliquidität

Ein weiterer und sehr wichtiger Faktor, der oft zur Effizienzbeurteilung der Märkte herangezogen wird, ist die *Marktliquidität*. Das Konzept der Marktliquidität ähnelt der operativen Effizienz, indem sie auf die Kosten abstellt, die Handeln an Märkten verursacht.

> **DEFINITION**
> Vollkommene Marktliquidität liegt vor, wenn
> die auf einem Markt gehandelten Objekte ohne
> jegliche Transaktionskosten im weitesten Sinne
> in liquide Mittel getauscht werden können.

Welche Transaktionskosten spielen eine Rolle? Im Vergleich zur operativen Effizienz werden mehr Kostenarten einbezogen. Die Transaktionskosten werden in explizite Kosten und implizite Kosten unterteilt.
- *Explizite Transaktionskosten* sind die üblichen Transaktionskosten wie Löhne und Gehälter, Sachmittel, Broker- und Börsengebühren oder Steuern.
- *Implizite Transaktionskosten* sind die Kosten, die dadurch entstehen, dass ein Auftrag nicht sofort ausgeführt wird – *Wartekosten* – oder, wenn er ausgeführt wird, dass er nur zu einem schlechteren Kurs als dem fairen fundamentalen Wert ausgeführt werden kann – *Sofortigkeitskosten*.

Oftmals wird die Frage der Liquidität von Märkten auf die impliziten Kosten verengt. Solange alle relevanten Vergleichsmärkte gleiche explizite Kosten aufweisen, ist das vertretbar.
- *Wartekosten* bestehen aus Zinskosten und Risikokosten. *Zinskosten* können darin bestehen, dass – dies ist nur eines von vielen denkbaren Beispielen – bereitgestellte finanzielle Mittel unverzinslich vorgehalten werden müssen, bis Wert-

> **Marktliquidität**
>
> - Vollkommene Liquidität: Transaktionen lösen keine Transaktionskosten aus
> - Transaktionskosten können sein:
> - Explizite Kosten: Löhne und Gehälter, Sachmittelausgaben, Provisionen an Dritte, Steuern etc.
> - Implizite Kosten: Wartekosten, Sofortigkeitskosten
> - Wartekosten können sein:
> - Unsicherheitskosten (Unsicherheit hinsichtlich Ausführungskurs, -zeit und -menge), Zinskosten
> - Sofortigkeitskosten können sein:
> - Kursnachteile, die in Kauf genommen werden müssen, wenn sofortige Ausführung eines Auftrages verlangt wird.

papierkaufaufträge ausgeführt wurden. Als *Risikokosten* bezeichnet man die Nachteile, die aus der Unsicherheit darüber bestehen, dass nach Abgabe einer Order, die nicht sofort ausgeführt werden kann, i) der Zeitpunkt, ii) die Kurshöhe und/oder iii) die handelbare Menge unsicher bleiben.

- *Sofortigkeitskosten* bestehen aus den Kursnachteilen, die jemand in Kauf nehmen muss, wenn er unmittelbare Ausführung verlangt im Vergleich zu dem Kurs, den er realisieren könnte, wenn er zuwartet – unveränderte Informationslage unterstellt.

Die impliziten Transaktionskosten

Für den Wertpapierhandel sind die Transaktionskosten naturgemäß von entscheidender Bedeutung. Dies gilt aber nicht für alle Kostenarten gleichermaßen. Die expliziten Transaktionskosten betragen im Wholesale-Handel nur wenige Basispunkte – sie sind fast schon vernachlässigbar gering. Die impliziten dagegen können um 10er- und 100er-Faktoren darüber liegen – sie sind daher von entscheidender Wichtigkeit. Auf Basis von vier Konzepten werden diese Kosten heute gemessen (Hirth, 1999, S. 1291 ff.):

- Markttiefe (Depth),
- Marktbreite (Breadth),
- Marktenge (Tightness),
- Erneuerungskraft (Resiliency).

Markttiefe. Mit Markttiefe wird die Existenz von latentem Angebot in der Nähe des Marktpreises bezeichnet. Latentes Angebot sind limitierte Kauf- und Verkaufaufträge, die noch keine Gegenpartei gefunden haben. Auf einem tiefen Markt gibt es also ganz nahe am letzten zustande gekommenen Preis limitierte Orders. Ein Markt gilt dann als »tiefer«, wenn das latente Angebot »näher« am letzten zustande gekommenen Preis liegt.

Folge von Markttiefe: kommt auf einem tiefen Markt ein zusätzlicher (unlimitierter) Auftrag an diesen Markt, kann er durch das latente Angebot abgedeckt werden, ohne eine (große) Kursbewegungen auszulösen. Bei einem weniger tiefen Markt stößt dagegen eine zusätzliche Order erst in weiterer Entfernung vom letzten

Preis auf das latente Angebot und löst eine entsprechend große Preisbewegung relativ zum letzten zustande gekommenen Preis aus. Beobachten kann man das latente Angebot bei elektronischen Börsen im Orderbuch. Am Telefonmarkt könnte man es in der Quoteliste eines Maklers erkennen. An Parkettbörsen ist es im Skontro des Kursmaklers sichtbar.

> **Der Fluch offener Orderbücher**
>
> Das Handelsblatt meldete am 6.8.2001, dass die Berliner Börse plane, das ohnehin nur teilweise offene Orderbuch weiter zu schließen. Für Werte ohne oder nur mit geringem Umsatz wolle die Börse kein offenes Orderbuch mehr zeigen. Was ist der Hintergrund? Grundsätzlich sind zwar mehr Informationen besser als weniger: der Kunde könnte bei offenem Orderbuch besser abschätzen, wie er eine Order platzieren muss (z. B. unlimitiert oder limitiert; zeitlich gestreckt oder im Block). Es hatte sich aber 2000/2001 gezeigt, dass fehlende Liquidität zu einem negativen Markenzeichen für Märkte geworden war. Märkte, die häufig »leere« oder mit wenig Breite und Tiefe versehene Orderbücher aufwiesen, gerieten in Misskredit, was bei ohnehin zurückgehenden Aktienkursen das Misstrauen von Anlegern in die betroffenen Märkte bzw. Marktsegmente weiter vergrößerte. So zog die Berliner Börse den Schluss: weniger (Information) ist mehr.

Achtung Missverständnis: Tiefe sagt nichts aus über das Volumen des latenten Angebotes, sondern nur etwas über dessen Existenz an sich – schlimmstenfalls also nur über 1 Stück – und dessen Preislimit.

Marktbreite. Das Kriterium Marktbreite zielt auf das Volumen latenten Angebotes, das vorhanden ist. Ein Markt ist dann »breiter«, wenn die Menge latenten Angebotes »größer« ist. Folge: Auf einem breiten Markt können auch große Mengen zusätzlicher Marktnachfrage sofort befriedigt werden. Nicht ausgeschlossen ist allerdings, dass es zu deutlichen Kursbewegungen kommt, wenn sich etwa die Masse des latenten Angebotes weit weg vom letzten Kurs befindet. Darüber sagt das Kriterium Breite nichts aus.

Gelegentlich wird jeder Markt, der umsatzstark ist, als breiter Markt bezeichnet. Die These lautet, dass dann, wenn schon viele Gebote zum aktuellen Preis existieren, noch weit mehr Gebote jenseits davon existieren müssten, denn zu einem günstigeren Preis müsste es mehr Interesse geben als zu einem ungünstigeren.

Marktenge. Die Marktenge wird anhand der Geld-Brief-Spanne des (eines) Market-Makers gemessen. Hinter dem Kriterium Marktenge steckt folgende Idee: Wenn ein Markt breit und tief ist, kommt es nicht zu großen Kurssprüngen, weil große und kleine zusätzliche Aufträge durch das latente Angebot in der Nähe des aktuellen Kurses abgefangen werden. Ein Market-Maker hat auf einem solchen Markt also wenig Risiko und müsste relativ enge Spannen quotieren. Die Enge der Spanne des Market-Makers wäre dann ein indirekter Indikator der Breite und Tiefe des Marktes.

Erneuerungskraft. Unter Erneuerungskraft wird die Zeitdauer verstanden, in der sich ein Markt nach einem *uninformativen Schock* (also einem zusätzlichen Auftrag bei unveränderter Informationslage) erholt. Die Idee hier ist folgende: Bei wenig breitem Markt befindet sich nahe am aktuellen Kurs nur geringes latentes Angebot. Will ein zusätzlicher Auftraggeber mit einer großen Order schlechte Kurse vermeiden, dann muss er den Auftrag limitiert ins Orderbuch stellten – z. B. zum Kurs der günstigsten Order des Orderbuches. Diese Order wird dann abgegriffen; danach muss so lange gewartet werden, bis wieder eine Order zu diesem Kurs ins Orderbuch gestellt wird (Liquidity-Trader). Die Geschwindigkeit, mit der neue Orders eingehen, bis schließlich der gesamte Auftrag abgearbeitet ist, ist die Erneuerungskraft. Folge: Bei geringer Erneuerungskraft tragen die Marktteilnehmer hohe Unsicherheitskosten. Sie müssen damit rechnen, dass plötzlich neue Informationen an den Markt kommen und den Marktpreis verändern.

Wovon hängt die Liquidität ab?

Eine umfassende Theorie der Liquidität gibt es bisher nicht. Im neoklassischen Kapitalmarktmodell gibt es keine Liquiditätsprobleme: zum fundamentalen Wert gibt es jederzeit ausreichend Angebot und Nachfrage. Dies folgt aus dem Rationalitätspostulat, der Nicht-Sättigungsannahme und der Abwesenheit von Transaktionskosten: Sobald ein Preis marginal vom fundamentalen Wert abwiche, wären Überrenditen erzielbar.
Mangels Theorie bleibt nur übrig, empirisch zu untersuchen, von welchen Faktoren der Liquiditätsgrad eines Marktes abhängt. Roll u. a. haben den US-Aktienmarkt (NYSE) getestet (Journal of Finance, 4, 2001). Dies sind ihre Ergebnisse:
- Spreads von Quotes, Markttiefe und Handelsaktivität reagieren auf kurzfristige Zinsbewegungen, Aktienmarktrenditen und jüngste Marktvolatilitäten.
- Markttiefe reagiert auf Markttrends.
- Der effektive Spread, d. h. die Differenz des Ausführungspreises einer Order zum vorherrschenden Mittel aus Bid- und Ask-Quote, reagiert stark auf Markttrends, Marktrenditen und Marktvolatilität.
- Spreads reagieren asymmetrisch auf Trends: Sie steigen stärker in fallenden Märkten als sie in steigenden Märkten sinken (Achtung: die Untersuchung betraf die Jahre 1988 bis 1998, in denen die Aktienkurse im Durchschnitt stark stiegen).
- Freitags fallen und Dienstags steigen Liquidität und Handelsaktivität.
- Tiefe und Handelsaktivität sinken um Feiertage herum.
- Tiefe und Handelsaktivität steigen vor der Veröffentlichung von GDP und Arbeitslosenzahlen (Anmerkung: ein amerikanische Besonderheit). Die Veröffentlichung von Inflationszahlen beeinflusst die Liquidität nicht.

Insgesamt finden Roll und andere eine Vielzahl von Variablen, die signifikanten Einfluss auf Liquiditätsparameter ausüben. Das deutet auf komplexe, bisher nicht genau bekannte Marktabläufe hin.

Liquidität, Volatilität und Informationseffizienz

Kosten, wie gesagt, möchte jeder vermeiden. Deshalb gehört die Marktliquidität zu den am meisten beachteten Qualitätsmerkmalen von Wertpapiermärkten überhaupt. Allerdings sind andere Merkmale wie Volatilität oder Informationseffizienz auch wichtig. Es wurde deshalb untersucht, in welchem Verhältnis diese wichtigen Aspekte zueinander stehen. Dahinter stand die Hoffnung, Wertpapiermärkte kreieren zu können, die bei *allen* wichtigen Faktoren hohe vorteilhafte Werte erreichen.

Es wurde im Verlauf der Zeit aber deutlich, dass Liquidität und andere – positive – Qualitätsmerkmale oftmals dichotomischen Charakter haben:

Liquidität und Volatilität. Liquidität ist grundsätzlich negativ mit *Marktvolalität* und *Marktrisiko* verbunden. Wenn ein Markt liquide ist, d. h. Tiefe und Breite hat, dann lösen zufällige Nachfrageschocks keine großen Kursschwankungen aus. Der Markt ist dann wenig volatil. Die Risikoprämie ist niedrig. Aber Achtung: Unter Umständen kann ein liquiderer Markt auch volatiler sein. Beispiel: Markt A hat tägliche Auktionen, B hat fortlaufenden Handel. A hat demzufolge institutionell bedingt eine Erneuerungskraft von 24 Stunden, bei B sollte sie kürzer sein. Die Kursschwankungen in B können gleichwohl größer sein als bei A, wenn sich die Orders, die im Zeitverlauf eintreffen, nicht immer zum gleichen Kurs ausgleichen und die Marktteilnehmer nicht warten wollen. Der liquidere Markt weist dann eine größere Volatilität auf.

Liquidität und Informationseffizienz. Es werden mehrere Thesen vertreten:
- Eine These I vertritt die folgende Ansicht: Mehr Liquidität und höhere Informationseffizienz fallen zusammen. Diese These versucht zu ergründen, warum Märkte überhaupt liquide sind. Ursache hoher Liquidität sei eine robuste Vorstellung der Marktteilnehmer vom Gleichgewichtspreis. Wenn sich der Gleichgewichtspreis auf absehbare Zeit nicht verändern wird, dann ist es rational zu versuchen, selbst kleine Differenzen zum aktuellen Preis auszunutzen. Das gelingt, indem man latente Orders dicht an den aktuellen (genauer, den letzten gehandelten) Preis legt. Dies erklärt, warum Märkte breit und tief zugleich sind.
- Eine These II verficht die gegenteilige Ansicht: Illiquidere Märkte sind c.p. informationseffizienter. Grund: Ein zusätzlicher Auftrag führt zu einer stärkeren Kursbewegung. Dies erregt mehr Aufmerksamkeit, und die zusätzliche Information, die der Auftrag beinhaltet, wird schneller verbreitet.

These I impliziert also, dass sich die Marktteilnehmer durch eine zusätzliche Order nicht von ihren Erwartungen abbringen lassen, während sie nach These II genau umgekehrt einer zusätzlichen Order einen Informationsgehalt beimessen – beides kann an einem Markt nicht gleichzeitig gelten.

Aufgaben zur Lernkontrolle
1. Nehmen Sie eine Charakteristik des Modells des »vollkommenen Kapitalmarktes« vor, und leiten Sie darauf aufbauend die unterschiedlichen Effizienzarten ab.
2. In welche Unterformen gliedert FAMA die Informationseffizienz? Grenzen Sie diese kurz voneinander ab. Welche Beziehungen bestehen zwischen den einzelnen Effizienzstufen?
3. Hat der Grad der Informationseffizienz eines Marktes Einfluss auf das Verhalten der Teilnehmer? Wenn ja, warum?
4. Wann haben Informationen einen ökonomischen Wert, und wie kann man Informationen von Nachrichten abgrenzen?
5. Wie wirkt sich der Grad der Perfektion einer Information auf das Entscheidungsverhalten der Marktteilnehmer aus?

6. Erläutern Sie die Testmethoden der Informationseffizienz, und leiten Sie aus den möglichen Ergebnissen Konsequenzen für den Anlageerfolg ab.
7. Zeigen Sie eine mögliche Schwachstelle der Theorie der Informationseffizienz. Wie versuchte man, diese zu umgehen – mit welchem Resultat?
8. Nehmen Sie an, Sie wüssten mit Sicherheit, dass der Regenschirmhersteller Claudy Heaven für alle Zeiten jeden Januar eine Dividende von 10 € pro Aktie zahlt. Der risikofreie (kontinuierliche) Zinssatz sei – ebenfalls für ewig – 5 %. Zeichnen Sie den Graph der Kursentwicklung. Stellt dieses Beispiel einen Random-Walk, ein Martingal oder ein Submartingal dar? Begründen Sie!
9. Die Markteffizienzthese behauptet, Überrenditen auf Kapitalmärkten sind im Erwartungswert null. Damit Märkte effizient sein können, müssen Arbitrageure die Preise ständig wieder ins Gleichgewicht bringen. Ist es mit der Markteffizienzthese vereinbar, wenn sie dabei Gewinne erwirtschaften?
10. Bei einem Pokerspiel mit 6 Spielern gewinnt man im Schnitt nur in 17 % aller Fälle. Wie kann es sich trotzdem bei diesem Prozess um ein Martingal handeln?
11. Wenn Kapitalmärkte effizient arbeiten, wie hoch kann dann der Nettobarwert einer Investition in Wertpapiere sein, Risikoprämien unberücksichtigt?
12. Im Optionsmarkt verfallen im zeitlichen Durchschnitt 80 % aller Kaufoptionen, ohne ausgeübt zu werden. In diesen Fällen verlieren die Investoren ihren gesamten Einsatz. Impliziert dieser Umstand, dass Optionsmärkte kein Fair Game darstellen? ... kein Martingal? ... kein Submartingal?
13. Betrachten Sie die folgenden Situationen und beurteilen Sie, ob die mittelstrenge Markteffizienzthese verletzt ist oder nicht: Es wird erwartet, dass Anleger am Aktienmarkt in diesem Jahr im Schnitt eine positive Rendite erzielen werden. Einige Anleger werden wesentlich mehr verdienen als andere. Durch die Einführung eines komplexen Computerprogramms zur Analyse vergangener Aktienkursveränderungen ist ein Broker in der Lage, Kursentwicklungen genau genug zu prognostizieren, um einen risikoadjustierten Handelsgewinn zu erzielen, der 3 % über dem marktüblichen Gewinn liegt. Die Securities and Exchange Commission (SEC) ermittelte 1965 gegen die Texas Gulf Sulphur Company, nachdem Angestellte der Firma ungewöhnlich hohe Gewinne dadurch erzielt hatten, daß sie nach Bohrversuchen in Ontario 1959 Aktien des Unternehmens kauften und 1964 nach dem Bekanntgeben der Entdeckung großer Minerallagerstätten der Aktienkurs drastisch in die Höhe schnellte.

Literatur

Bienert, H. (1996): Der Marktprozeß an Aktienbörsen – Bewertungseffizienz und Umverteilung, Wiesbaden.

Chordia, T./Roll, R./Subrahmayam, A. (2001): Market liquidity and trading activity, in: Journal of Finance, April 2001, S. 501–530.

Cornell, B./Roll, R. (1981): Strategies for Pairwise Competition in Markets and Organizations, in: Bell Journal of Economics, Spring 1981, S. 201–213.

Fama, E. F. (1965): The Behavior of Stock Market Prices, in: Journal of Business, 38, S. 34–105.

Fama, E. F. (1970): Efficient Capital Markets: A Review of Theory and Empirical Work, in: Journal of Finance, 25, S. 383–417.

Fama, E. F. (1976): Foundations of Finance, New York.

Fama, E. F. (1991): Efficient Capital Markets II, in: Journal of Finance, 46, S. 1575–1617.

Forsythe, R./Palfrey, T./Plott, C. R. (1982): Asset Valuation in an Experimental Market, in: Econometrica, May 1982, S. 537–567.

Gomber, P./Schweickert, U. (2002): Der Market Impact: Liquiditätsmaß im elektronischen Wertpapierhandel, in: Die Bank, Heft 7, S. 485–489.

Grossman, S. J./Stiglitz, J. (1976): On the Effciency of Competitive Stock Markets Where Traders Have Diverse Information, in: Journal of Finance, May 1976, S. 573–586.

Hirth, H. (1999): Marktliquidität, in: Enzyklopädisches Lexikon des Geld-, Bank- und Börsenwesens, Frankfurt.

Keynes, J. M. (1936): The General Theory of Employment, Interest and Money, London, Reprint 1946.

Latham, M. (1985): Defining Capital Market Efficiency, Finance Working Paper 150, Institute for Business and Economic Research, University of California, Berkeley.

Neus, W. (1999): Effizienter Markt, in: Enzyklopädisches Lexikon des Geld-, Bank- und Börsenwesens, Frankfurt.

Reuter, H. (1980): Aktienmarkt und Aktieninformationsmarkt, Göttingen.

Rubinstein, M. (1975): Securities Market Efficiency in an Arrow-Debreu Economy, in: American Economic Review, 65, S. 812–824.

Wessling, E. (1991): Individuum und Information, Tübingen.

7 Investment Banking und die Stabilität des Finanzsystems*

> **LERNZIELE**
> - Sie können mit drei Argumenten begründen, warum die Finanzmarktstabilität diskutiert wird.
> - Sie können das Wesen von Universalbank-, Spezialbank-, marktorientierten und bankorientierten Finanzsystemen mit je einem Satz treffend charakterisieren.
> - Sie können die Vor- und Nachteile der genannten Systeme diskutieren, wobei sie Kriterien ökonomischer Effizienz (Economies of Scope, Risikodiversifikation, asymmetrische Information) und sozialpolitische Kriterien verwenden.

Überblick

Sind moderne Finanzsysteme ein Quell von Destabilität oder sind sie eher ein stabilisierendes Element im Wirtschaftsleben? Dies ist eine viel diskutierte allgemeine Frage. Eine speziellere Frage lautet, ob eher das Investment Banking oder eher das Einlage- und Kreditgeschäft destabilisierend wirke. Beim Investment Banking resultieren Risiken aus der geringen Diversifikation der Investmentbanken, also der Konzentration auf das traditionell sehr zyklische Wertpapiergeschäft. Bei Einlage- und Kreditbanken wird die Gefährdung der Einlagen durch leichtfertige Kreditvergabe kritisch gesehen. Angesicht der Unterschiedlichkeit des Einlage- und Kreditgeschäftes auf der einen und des Investment Banking auf der anderen Seite, hätte man vermuten können, dass eine der beiden Geschäftspraktiken eindeutige Vorteile für die Finanzintermediation aufweist. Eine solche Eindeutigkeit wurde aber nicht gefunden. Die Frage, ob das Investment Banking die Stabilität von Finanzsystemen relativ zum Einlage- und Kreditgeschäft positiv beeinflusst, ist daher offen.

7.1 Einführung

> **DEFINITION**
> Als Finanzsystem bezeichnet man die Gesamtheit aller einzelnen Finanzmärkte, ihrer rechtlichen Rahmenbedingungen und die Institutionen zu ihrer Regulierung.

Es wurde die Frage aufgeworfen, ob das Finanzsystem eher stabil oder eher instabil ist, und wie man die Systemelemente so verändern muss, damit eine größtmögliche

---

* Autoren: Alexander G. Aulibauer, Friedrich Thießen

> **Finanzmarktkrisen und ihre Kosten**
>
> - *Savings & Loans Debakel USA:* 300 Mrd. US-Dollar Verluste der US-Sparbanken durch falsche Fristentransformation nach Zinsliberalisierung, 80er-Jahre.
> - *Immobilienkreditkrisen:* diverse Länder weltweit, Ende 80er-/Anfang 90er-Jahre, u. a. UK und US.
> - *Skandinavische Bankenkrise:* Anfang der 90er-Jahre, Schweden, Norwegen.
> - *Mexiko-Krise:* Vertrauenskrise in die Zahlungsfähigkeit des Landes führt zu Währungsverfall, Zusammenbruch der Aktienmärkte und Rezession, 1994/95.
> - *Schweizer Immobilienkrise:* 40 Mrd. CHF Bankenverluste; Grundstückspreisbaisse nach Boom; 1995/98.
> - *Jamaika:* Zusammenbruch des Bankensystems Ende 1996, danach 3 Jahre Schrumpfung des Bruttoinlandsprodukts, Bankensanierung erfordert 37 % des BIP.
> - *Emerging-Markets-Krise:* diverse Länder Südostasiens, z. B. Indonesien 90 % Wertverlust am Aktienmarkt und 32 % des BIP notleidende Bankenkredite, Thailand 25 % etc., 1997/99.
> - *Chaebol-Krise Korea:* 20 % des BIP notleidende Bankenkredite überwiegend an Konglomerate; 1999/01.
> - *Wiedervereinigungskrise:* Deutschland. Krisenursache: die im Zuge der Wiedervereinigung entstandenen Kreditausfälle insbes. bei der Immobilienfinanzierung und im Firmenkundengeschäft. Folge: Vertrauensverlust in deutsches Bankensystem.

Stabilität des Systems erreicht werden kann. Diese Fragen sind intensiv diskutiert worden,
- weil es in der Vergangenheit immer wieder zu großen Finanzmarktkrisen gekommen ist (siehe Kasten),
- weil Finanzmarktkrisen die gesamtwirtschaftliche Aktivität vermindern (negative Allokationswirkungen),
- vor allem soll aber ein solcher wirtschaftlicher Zusammenbruch verhindert werden, wie er Anfang der dreißiger Jahre des 20. Jahrhunderts die Welt erschütterte (Weltwirtschaftskrise).

Die Debatte um die Stabilität des Finanzsystems hat zwei Ausprägungen gefunden:
- Universal- versus Spezialbankensysteme
- Marktorientierte versus bankorientierte Systeme.

7.2 Universal- versus Spezialbankensysteme

7.2.1 Begriffe

Durch die Beobachtung der Finanzsysteme vieler Länder stellte man fest, dass sie sich zwei archetypischen Varianten zuordnen lassen: Universal- und Spezialbankensystemen. Es wurde die Frage aufgeworfen, welches dieser Archetypen als Muster für ein Finanzsystem der Zukunft gelten könnte. Dass eine Antwort schwierig werden würde, war klar, denn in der Vergangenheit sind beide Varianten von heftigen Krisen betroffen gewesen.

Zunächst zu den Begriffen:
Universalbank. Eine Universalbank i. w. S. ist ein Finanzdienstleister, der universell tätig ist, der also jegliches Finanzgeschäft an jeglichem Ort jederzeit betreibt. Eine Universalbank i. e. S. ist ein Finanzdienstleister, der sowohl das Wertpapiergeschäft als auch das Einlage- und Kreditgeschäft betreibt.
Spezialbank. Das Gegenstück zur Universalbank ist die Spezialbank. Eine Spezialbank i. w. S. ist ein Finanzdienstleister, der nur eine einzige Finanzgeschäftsart an einem einzigen Ort betreibt. Als Spezialbank i. e. S. wird ein Finanzdienstleister bezeichnet, der von den zwei Geschäftsarten Wertpapiergeschäft sowie Einlage- und Kreditgeschäft nur eines betreibt.
Universal-/Spezialbankensystem. Von einem Universalbanksystem spricht man, wenn unter den Institutionen eines Kapitalmarktes Universalbanken dominieren. In einem Spezialbanksystem dominieren Spezialbanken.

7.2.2 Kriterien und Argumente zur Messung der Leistungsfähigkeit

Sind nun Universalbank- oder Spezialbanksysteme überlegen? Die Frage ist bis heute nicht abschließend beantwortet worden. Es gibt nicht einmal Übereinstimmung darüber, nach welchen Kriterien die Überlegenheit eines Systems zu messen sei. Folgende Kriterien werden diskutiert:

Leistungsqualität
Nach diesem Kriterium ist dasjenige System überlegen, das mit gegebenen Ressourcen die höherwertigen Leistungen erbringt. Mitarbeiter in Universalbanken können Interessenkonflikten ausgesetzt sein, sodass es nicht zu einer optimalen Beratung der Kunden kommt. Es werden entweder das Einlage-/Kredit- oder das Wertpapiergeschäft bevorzugt – eine optimale Beratung gibt es quasi nicht. Das führt zu einer Fehlallokation von Kapital.

> **Neues Bankenmodell: »Große Universalbank«**
>
> Mit dem Rückgang der Aktienkurse seit März 2000 nahm die Universalbank-/Spezialbank-Debatte eine neue Wendung. Es zeigte sich, dass Investmentbanken und Diskountbroker erheblich betroffen waren (Umsatz- und Ertragseinbrüche), während Kreditbanken sogar noch verdienten: Bei zurückgehenden Zinsen und positiver Fristentransformation wurde die Refinanzierung sofort billiger, während das Kreditrisiko (zunächst) nicht anstieg. Dies hatte weitreichende Auswirkungen: Kreditbanken sahen ihr Kreditgeschäft weniger kritisch als noch zuvor und begannen, die Kombination von Investment- und Commercial Banking als attraktives Produktportfolio zu betrachten. Reine Investmentbanken erkannten in ihrer Monokultur eine Schwäche. In den USA kam es zu Fusionen von Investment und Commercial Banks. Der integrierte Konzern mit Investmentbank- und Commercial-Bank-Aktivitäten galt als neue optimale Lösung. In Deutschland wurde dies als »*große Universalbank*« bezeichnet.

Asymmetrische Information
Dasjenige System ist überlegen, das die geringsten Agentenkosten aus asymmetrischer Information aufweist. Einlagen- und Kreditinstituten wird vorgeworfen, sie benutzten das Kapital der Einlagen für (über-)riskante Investments, da sie dafür nicht haften müssten. Auf der Wertpapierseite stellt man fest, dass Investmentbanken an Wertpapieremissionen unabhängig von der Qualität (und Ehrlichkeit) der Emittenten verdienen.

Economies of Scope
Dasjenige System ist überlegen, das eine gegebene Menge an Leistungen mit weniger Ressourcen erzeugt. Universalbanken können Economies of Scope erzielen, was Spezialbanken nicht können. Das notwendige Volumen an Finanzdienstleistungen kann daher in Universalbanksystemen preisgünstiger erzeugt werden. Die Allokationseffizienz von Universalbanksystemen ist höher.

> **Economies of Scope beim integrierten Allfinanzkonzern Allianz/Dresdner Bank**
>
> Nach der Übernahme der Dresdner Bank durch die Allianz Versicherung spielte man verschiedene Varianten der Zerschlagung der Dresdner Bank durch. Letzlich wurde davon nichts realisiert. Man erkannte, dass es vielfache Abhängigkeiten (Economies of Scope) zwischen Geschäftsbereichen gab:
> Investment Banking und Kreditgeschäft wurde schließlich nach dem Vorbild der Deutschen Bank zusammengelegt, um den Firmenkunden ein umfassendes Produktportfolio bieten zu können.
> Ausgliederung und Verkauf des Investment Banking wurde auch deshalb abgelehnt, weil man Kleinworth Wasserstein – die Investmentbank der Dresdner Bank – alleine für kaum überlebensfähig ansah, da die Geschäfte des Investment Banking beflügelt werden, wenn eine kreditvergabefähige, kapitalstarke Mutter im Hintergrund steht, die bei Emissionen helfen kann.
> Das gesamte Firmenkundengeschäft (Kreditgeschäft plus Investment Banking) auf- bzw. abzugeben, hätte eine »operativ amputierte« Dresdner Bank mit hohen Folgekosten hinterlassen, weil die integrierten IT-Systeme nicht so einfach hätten getrennt werden können.
> Angesichts derartig deutlicher Economies of Scope wurde entschieden, auf Zerschlagung und Ausschlachtung zu verzichten. Der Typus der Universalbank mit Versicherungsgeschäft wird *»integrierter Allfinanzkonzern«* genannt.

Diversifikation
Dasjenige System ist überlegen, das die größtmöglichen Vorteile aus der Diversifikation von Risiken zieht. Um eine möglichst hohe Stabilität zu sichern, sollten Zusammenbrüche im Realgüterbereich im Finanzsystem abgefedert werden. Auf keinen Fall darf das Finanzsystem selbst zum Quell von Destabilisierungen werden. Diese Forderung kann durch Universalbankensysteme besser erfüllt werden, weil bei Universalbanken nicht alle Geschäftsarten, insbes. das Einlage-/Kredit- und das Wertpapiergeschäft vollständig positiv korreliert sind, sodass sich Gewinne und Verluste ausgleichen. Spezialbanken haben demgegenüber eine viel volatilere Gewinn- und Verlustentwicklung, was die Märkte verunsichern könnte.

Einlegerschutz

Nach diesem Kriterium ist dasjenige System überlegen, das den Bestand der Einlagen am meisten gewährleistet. Es wird zunächst die These aufgestellt, dass Einlagen ein besonders schutzwürdiges Gut seien. In einem Universalbankensystem können Risiken des Wertpapiergeschäftes leicht die Einlagen von Sparern gefährden. In einem Spezialbankensystem bleiben sie auf den Wertpapiersektor beschränkt. Das Wertpapiergeschäft und das Einlage- und Kreditgeschäft sollten also getrennt werden, damit eine Einlagegefährdung ausgeschlossen sei. In Systemen mit starker Wertpapierorientierung der Sparer können allerdings Herdenverhalten und andere irrationale Verhaltensweisen die Einlagen gefährden. Es kann zu lang anhaltenden Rezessions- oder Stagnationsphasen nach Kursübertreibungen kommen.

Macht der Banken

Die Ausübung ökonomisch nicht gerechtfertigter Macht muss vermieden werden. Man findet Spuren davon in beiden Systemen.
- *Universalbanksystem:* Das riesige Filialnetz großer Einlage- und Kreditbanken erschwert Newcomern den Marktzugang und mindert die Konkurrenz. Über Beteiligungen und Unternehmenskredite, in Beiräten und mittels Aufsichtsratsmandaten üben Einlage- und Kreditinstitute Macht aus. Das Depotstimmrecht verschafft den Banken zusätzliche Einflussmöglichkeiten.
- *Spezialbanksysteme:* Historisch gesehen haben nicht nur Universalbanken, sondern auch reine Wertpapierhäuser Macht ausgeübt. Anfang des 20. Jahrhunderts spielten die großen Wertpapierhäuser in den USA eine dominierende Rolle am Kapitalmarkt. Über Direktorenpositionen waren sie direkt in der Geschäftsleitung ihrer Kunden involviert und konnten so den Absatz von Emissionen befördern.

Vermögensbildung

Nach diesem Kriterium ist das System überlegen, das zur gesamtwirtschaftlichen Ersparnisbildung am meisten beiträgt. Des Weiteren sollten Systeme Lösungen für sozialpolitisch wichtige Finanzierungsprobleme, wie z. B. Baufinanzierung, Altersvorsorge und die Anschaffung langlebiger Konsumgüter, entwickelt haben. Bei der Altersvorsorge sprechen die höheren Renditen von Wertpapieren gegenüber Einlagen für wertpapierorientierte Systeme. Konsum- und Baufinanzierung scheinen dagegen aus Transaktionskostengründen eher Einlage- und Kreditbanken zu erfordern. Gibt es Economies of Scope, müssten sich demnach zwangsläufig Universalbanksysteme entwickeln.

7.3 Markt- versus bankorientierte Systeme

7.3.1 Begriffe

Ein marktorientiertes Finanzsystem ist dadurch gekennzeichnet, dass die Leistungen der Finanzintermediäre überwiegend »am Markt« abgesetzt und nicht »In House« weitergereicht werden. In marktorientierten Systemen gibt es eine Vielzahl von Anbietern, die jeweils wenige, hochspezialisierte Dienstleistungen erbringen. In bankorientierten Systemen werden dagegen nur wenige Leistungen am Markt gehandelt; die meisten werden »In House« erzeugt und weiterverwendet. Es gibt wenige Anbieter, die eine begrenzte Palette an Endprodukten an die Kunden verkaufen.

Die Debatte um bank- und marktorientierte Systeme spielt sich vor dem Hintergrund der amerikanisch/kontinentaleuropäischen Systemunterschiede ab. In den USA gibt es einen starken Wertpapiersektor. Dieser verdankt seine Existenz vor allem einer Regulierung, die das Wertpapiergeschäft vom Einlagegeschäft separierte und das Entstehen effizienter Einlage- und Kreditbanken behinderte (u. a. Regulation Q, Interstate-Banking-Verbot).

In Kontinentaleuropa gab es dagegen keine trennende Gesetzgebung. Es entwickelte sich in den meisten Ländern der Typus der Universalbank als dominierendes Element der nationalen Finanzsysteme heraus. Dadurch entstand der Eindruck, als ob bankorientierte Systeme natürlicherweise überlegen seien. Dann wurden aber in den 70er-Jahren die Wertpapiermärkte in Großbritannien und in den USA von einigen hemmenden Regulierungen (insbesondere im Brokerage) befreit. Die Folge war eine große, von niemandem für möglich gehaltene Innovationskraft des Wertpapiersektors, denen die Einlage- und Kreditbanken nichts vergleichbares entgegensetzten. Im Gegenteil, Ende der 90er-Jahre begannen Einlage- und Kreditbanken damit, das Wertpapiergeschäft auszubauen und den Kundenberater, der bis dahin typischerweise Einlage- und Kreditspezialist war, zu einen kombinierten Einlage-, Kredit- und Wertpapierberater zu machen. Seitdem wird die Frage wieder heftig diskutiert, ob marktorientierte oder bankorientierte Systeme überlegen seien.

BEISPIEL

Bank- bzw. Marktorientierte Leistungserbringung
Bankorientierte Leistungserbringung: Eine Bank nimmt nach Kundenberatung Einlagen entgegen und leiht das eingenommene Geld nach einer Kreditwürdigkeitsprüfung an Kreditnehmer aus.
Marktorientierte Leistungserbringung: Ein unabhängiger Anlageberater berät einen anlagewilligen Kunden. Der erwirbt dann bei einem Broker Wertpapiere, die dieser an einer Börse kauft. Der Risikograd der Wertpapiere wurde von einer Ratingagentur ermittelt. Die Wertpapiere wurden mit Hilfe eines anderen Brokers durch eine geldsuchende Unternehmung emittiert.

7.3.2 Kriterien und Argumente

Wie in der Universalbank-Spezialbank-Debatte gibt es keine Übereinstimmung, nach welchen Kriterien die Überlegenheit eines Systems zu messen sei.

Folgende Kriterien und Argumente werden diskutiert:
- *Empirische Evidenz:* Existiert eine liberale Finanzmarktregulierung, dann bilden sich bankorientierte Systeme mit bedeutendem Einlage- und Kreditgeschäft heraus. Innovationen des Wertpapiersektors konnten oft auf Regulierungen, die umgangen werden sollten, zurückgeführt werden (z. B. steuerlicher Art). Dies spricht nicht dafür, dass marktorientierte Systeme generell überlegen wären.

- *Transformationsleistungen*: Man glaubte zeitweilig, Einlage- und Kreditbanken könnten Transformationsleistungen besser erbringen als Bankensysteme, in denen der Wertpapiersektor dominiert. Lösgrößen-, Fristen- und Risikotransformation erfordere also zwingend den Weg über die Universalbank. Neuerdings weiß man aber, dass auch Systeme mit einem dominierenden Wertpapiersektor, wie sie typisch für marktorientierte Systeme sind, Transformationsleistungen erbringen können.
- *Stabilität und Diversifikation*: Große universelle Finanzinstitute mit vielen Sparten haben mehr Diversifikationsmöglichkeiten als spezialisierte Institute. Von Problemen und Ausfällen erfahren die Kunden wenig. In marktorientierten Systemen kann sich andererseits die Vielzahl der Anbieter systemstabilisierend bemerkbar machen. Die Krisen, die entstehen, wenn ein großer Anbieter ausfällt, existieren nicht. Es ist nicht notwendig, eine Too-Big-To-Fail-Doktrin zu entwickeln.
- *Stabilität und Bank Run*: Das Bank-Run-Phänomen lässt sich für Einlage- und Kreditbanken nachweisen, nicht aber für Dienstleister des Wertpapiersektors. Da Bank Runs immer wieder zu großen Turbulenzen geführt haben, sind marktorientierte Systeme c.p. überlegen. Das Pendant zu Bank Runs auf der Wertpapierseite sind die Herdenphänomene, die wie Bank Runs zu eigentlich vermeidbaren Vermögensverlusten führen können.
- *Stabilität und Moral Hazard des Managements:* Manager neigen dazu Ausfälle zu vertuschen, bis das gesamte Institut in Schwierigkeiten kommt. In Systemen mit großen Universalbanken kann sich dies katastrophal auswirken. Gibt es dagegen viele kleine spezialisierte Einheiten, löst der Ausfall einer einzelnen Einheit keine schwer wiegenden Folgen aus.
- *Sozialpolitische Ziele (Macht der Banken und Vermögensbildung):* Missbräuchliche Machtausübung in bedenklichem Umfang findet man sowohl bei markt- wie auch bei bankorientierten Systemen. Für diesen Aspekt wie auch für Aspekte der Vermögensbildung gelten die gleichen Argumente wie in der Universalbank-/Spezialbankdebatte (s. o.).

Zusammenfassend lässt sich feststellen: Die Debatte der markt- versus bankorientierten Leistungserstellung krankt an der fehlenden Operationalisierbarkeit der Begriffe. In der Verengung auf die Frage, ob Finanzintermediation über Bankeinlagen oder über Wertpapierdepots abläuft, erkennt man Strukturen einer Debatte, in der Länder versuchen, ihre traditionellen Intermediationswege und Intermediäre zu schützen. Eindeutige empirische Evidenz, welcher Zustand (markt- oder bankorientierte Finanzintermediation) überlegen ist, gibt es bis heute nicht.

Aufgaben zur Lernkontrolle
1. Nennen Sie mögliche Kriterien und deren Ausprägungen zur Unterscheidung von Finanzsystemen.
2. Worin bestehen aus Sicht eines Kleinanlegers die Vorteile eines Universalbankensystems?
3. Beurteilen Sie ein marktorientiertes Finanzsystem hinsichtlich seiner ökonomischen Effizienz.

Literatur

Börner, Ch. (1999): Universalbank- und Universalbanksysteme, in: Enzyklopädisches Lexikon des Geld-, Bank- und Börsenwesens, Frankfurt.

Hellwig, M. (1997): Unternehmensfinanzierung, Unternehmenskontrolle und Ressourcenallokation: Was leistet das Finanzsystem, in: Gahlen, B. (Hrsg.) Finanzmärkte, Tübingen, S. 211–243.

Kaiser, D. (1994): Finanzintermediäre am Markt für Unternehmenskontrolle, Wiesbaden.

Pfingsten, A. (Hrsg.) (2005): Spezialisten und Universalisten als Wettbewerber im Finanzdienstleistungssektor, Frankfurt/M.

Weber, A. (2005): Finanzsysteme im Wettbewerb, Frankfurt/M.

II Grundlagen

8 Portfoliotheorie*

> **LERNZIELE**
> - Sie können den Erwartungswert, die Varianz, die Kovarianzen und Korrelationskoeffizienten von einzelnen Wertpapieren und Portfolios berechnen und interpretieren.
> - Sie kennen die Einflüsse der Diversifikation auf den Ertrag und das Risiko von Vermögensportfolios und die Bedingungen dieser Einflüsse.
> - Sie können systematisches von unsystematischem Risiko unterscheiden.
> - Sie können aus Kapitalmarktdaten die Effizienzlinie, das Marktportfolio und das varianzminimale Portfolio ableiten und grafisch darstellen.
> - Sie können unter Berücksichtigung der Risikoaversion eines Anlegers das für ihn optimale Portfolio für mehrere Wertpapiere berechnen.
> - Sie sind in der Lage, Probleme der klassischen Portfoliooptimierung aufzuzeigen.

8.1 Überblick

Die Portfoliotheorie von Harry Markowitz gibt Handlungsempfehlungen für die Vermögensdisposition eines individuellen Investors, ist also eine Theorie mit normativen Elementen. Vor- und Nachteile einer Wertpapieranlage werden in dem ausschließlich durch die erwartete Rendite und die Varianz der Rendite verengten Entscheidungsraum untersucht. Andere Eigenschaften werden ausgeblendet. Die grundlegende Erkenntnis der Portfoliotheorie ist, dass durch Portfoliobildung eine Reduktion des Risikos möglich wird. Ein Teil des Risikos, das sogenannte *unsystematische Risiko*, kann durch Diversifizierung der Vermögensanlage vollständig eliminiert werden kann.

8.2 Gestaltungsmöglichkeiten von Portfolios

Die Gestaltung von Portfolios gehört zu den Kernbereichen des Investment Banking. Während im traditionellen Einlage- und Kreditgeschäft der Banken Vermögen nur auf die wenigen Einlagearten verteilt werden musste, was wegen der Gleichartigkeit der Einlagetypen kein großes Entscheidungsproblem darstellte, steht dem Anleger, der in Wertpapiere investiert, eine überwältigende Vielzahl an Titeln mit ganz unterschiedlichen Eigenschaften zur Auswahl.

---

* Autoren: Alexander G. Aulibauer, Gunther Hahn, Friedrich Thießen, Volker Weber

72 Grundlagen

Klar ist, dass jeder einzelne Titel gut ausgewählt sein muss. Was aber ist, wenn mehrere Wertpapiere gemeinsam in einem Portfolio gehalten werden? Soll man etwa in verschiedene Typen von Wertpapieren investieren? Oder soll man nur eine Art halten? Die Portfoliotheorie gibt die Antwort auf diese Fragen.

8.3 Diversifikation nach Markowitz

8.3.1 Zahlungsstrom eines Wertpapiers mit sicheren Zahlungen

Finanzmathematisch gesehen sind Wertpapiere Ansprüche auf zukünftige Zahlungen und von daher dem Wert nach unsichere Vermögensbestandteile. Abbildung 8.1 zeigt einen stilisierten Zahlungsstrom-Vektor eines Wertpapiers von 15 Perioden Laufzeit. Der Wert des Zahlungsstroms kann durch die Barwertformel ermittelt werden.

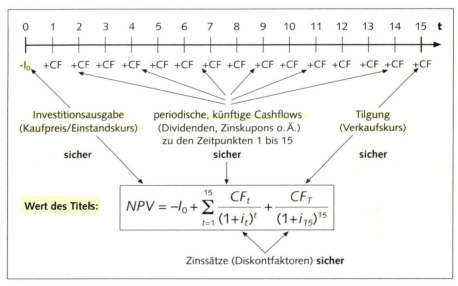

Abb. 8.1: Cashflow-Struktur eines Wertpapiers

8.3.2 Zahlungsströme mit unsicheren Zahlungen

Wenn die zukünftigen Zahlungen unsicher sind, gibt Abbildung 8.1 nicht den gesamten Entscheidungsraum wieder. Jetzt muss berücksichtigt werden, dass es zu den zukünftigen Zeitpunkten verschiedene Umweltzustände geben mag, die zu unterschiedlichen Zahlungen aus dem Wertpapier führen können. Abbildung 8.2 zeigt beispielhaft für einen zukünftigen Zeitpunkt t_1, welche möglichen Zahlungen aus Sicht des Betrachtungszeitpunktes t_0 erwartet werden.

Portfoliotheorie

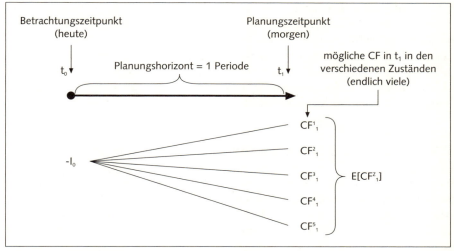

Abb. 8.2: Einperiodiger Planungshorizont

Bei Sicherheit über die CF (vgl. Abbildung 8.1) kann der Wert eines Zahlungsstromes durch den Barwert (PV: Present Value) aller CF ermittelt werden. Besteht Unsicherheit über die CF wie in Abbildung 8.2 angedeutet, dann kann man den Barwert nicht einfach als Entscheidungskriterium verwenden.

In der Portfoliotheorie werden Wertpapiere j nach den beiden Kennziffern
- erwartete Rendite $E[r_j]$ (Ertrag)
- erwartete Varianz der Rendite $E[Var(r_j)]$ (Risiko)

beurteilt. Die Rendite r_j ergibt sich aus dem CF_j durch die Beziehung

$$r_j = \frac{CF_j}{I_j} - 1$$

Andere Zielgrößen außer Rendite und Risiko werden nicht betrachtet. Die Kennziffern können folgendermaßen ausgedrückt werden:

$$E[r_j] = \sum_{n=1}^{N} q_n \cdot r_{jn}$$

$$Var[r_j] = \sum_{n=1}^{N} (r_{jn} - E[r_j])^2 \cdot q_n = \sigma$$

$$Var[r_j] = E\left[(r_{jn} - E[r_j])^2\right]$$

r_{jn} = Rendite des j-en Wertpapiers im n-ten Umweltzustand
N = Anzahl möglicher künftiger Umweltzustände
q_n = Wahrscheinlichkeit des n-ten Zustandes, $\Sigma q_n = 1$

Es fällt auf, dass in den Formeln für Rendite und Varianz die Zeit nicht vorkommt. Dies liegt daran, dass die wichtigsten Erkenntnisse der Portfoliotheorie am einfachsten im Zwei-Zeitpunkt-Modell dargestellt werden können. Durch die Verwendung der Rendite (Interner Zinsfuß) als Erfolgsmaß ist die Übertragung der Ergebnisse auf Mehr-Perioden-Modelle nicht einfach. Solche Modelle existieren aber und haben die Erkenntnisse aus den Zwei-Zeitpunkt-Modellen weitgehend bestätigt, sodass die Darstellung hier unterbleibt.

8.3.3 Risiko und Ertrag einer Gruppe von Wertpapieren

Wenn an einem Kapitalmarkt mehrere unsichere Titel gehandelt werden, so stellt sich die Frage, mit welcher erwarteten Rendite $E[r_{PF}]$ und mit welcher Varianz $Var[r_{PF}]$ der Rendite man rechnen kann, wenn – wie auch bei den meisten Investoren empirisch beobachtbar – man sein Vermögen auf mehrere dieser Titel verteilt, m. a. W. ein Portfolio (PF) von Vermögenstiteln bildet.

Hinweis: Es ist zu beachten, dass quasi jeder, der nicht vom Sozialamt lebt, mit jeder Investition sein persönliches Vermögensportfolio ergänzt, das aus den unterschiedlichsten Vermögensgegenständen bestehen mag (Immobilien, Briefmarken, Oldtimer, Antiquitäten, Bargeld usw.) Insofern ist die Portfoliotheorie für »jedermann« wichtig.

Modellannahmen
- Der Planungshorizont der Anleger beträgt eine Periode.
- Es liegt risikoscheues Verhalten der Anleger vor, d.h. konkave Risikonutzenfunktion bei normalverteilten Renditen oder quadratische Risikonutzenfunktion bei beliebiger Renditeverteilung.
- Es herrschen homogene Erwartungen bei zustandsabhängigen Renditen.
- Es existiert kein sicherer Zins.

Berechnung der erwarteten Portfoliorendite und der Portfoliovarianz
In einem Portfolio PF sei der j-te Titel mit einem prozentualen Anteil von ω_j enthalten. Verspricht dieser Titel eine zustandsabhängige Rendite von r_j, so lässt sich die erwartete Rendite des Portfolios nach den Regeln der Statistik als eine Linearkombination darstellen, wobei ω_j das Gewicht des j-en Wertpapiers im Portfolio in t_0 angibt:

$$r_{PF} = \sum_{j=1}^{J} \omega_j \cdot r_j \quad \text{und} \quad E[r_{PF}] = \sum_{j=1}^{J} \omega_j \cdot E[r_j]$$

$$\text{mit} \quad \sum_{j=1}^{J} \omega_j = 1.$$

Demgegenüber kann die Portfoliovarianz σ^2_{PF} nicht als Linearkombination der Einzelvarianzen abgeleitet werden. Für diese gilt:

$$\text{Var}[r_{PF}] = \sigma_{PF}^2 = \sum_{i=1}^{J}\sum_{j=1}^{J} \omega_i \cdot \omega_j \cdot \sigma_{ij}$$

mit $\quad \sigma_{ij} = \text{COV}[r_i, r_j] = \sum_{n=1}^{N}(r_{ni} - E[r_i]) \cdot (r_{nj} - E[r_j]) \cdot p_n$

oder als Standardabweichung geschrieben mit: $\quad \sigma_{PF} = \sqrt{\sigma_{PF}^2}$.

Die in der o.g. Formel benutzte Kovarianz cov[r_i, r_j] (zwischen je zwei Wertpapierrenditen) kann jedoch nicht ohne weiteres interpretiert werden, da sie auf kein festes Intervall normiert ist. Oft wird deshalb auf die Beziehung

$$\rho_{i,j} = \frac{\text{COV}[r_i, r_j]}{\sigma[r_i] \cdot \sigma[r_j]}$$

zurückgegriffen und der *Korrelationskoeffizient* $\rho_{i,j}$ als auf das Intervall [−1, +1] normierte Größe verwendet. Dadurch können 3 Varianten der Korrelation unterschieden werden:

a) $\rho_{i,j} = +1$ perfekte positive Korrelation,
b) $+1 > \rho_{i,j} > -1$ unvollständige Korrelation,
c) $\rho_{i,j} = -1$ perfekte negative Korrelation.

Abbildung 8.3 veranschaulicht die drei verschiedenen Korrelationstypen.

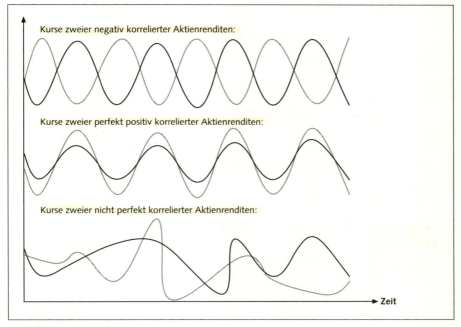

Abb. 8.3: Verschiedene Korrelationstypen

Der Zwei-Wertpapier-Fall

Im einfachsten Fall besteht ein Portfolio nur aus zwei riskanten Vermögensgegenständen: hier Finanztitel → J = 2. Der Erwartungswert der Portfoliorendite errechnet sich dann

$$E[r_{PF}] = \omega_1 E[r_1] + \omega_2 E[r_2]$$

während man für die Varianz der Portfoliorendite

$$Var[r_{PF}] = \omega_1 \omega_1 cov[r_1, r_1]$$
$$+ \omega_1 \omega_2 cov[r_1, r_2]$$
$$+ \omega_2 \omega_1 cov[r_2, r_1]$$
$$+ \omega_2 \omega_2 cov[r_2, r_2]$$

erhält. Beachtet man die Tatsache, dass cov[a, b] = cov[b, a] und cov[a, a] = var[a], so kann mit $\omega_2 = (1 - \omega_1)$ auch schreiben

$$Var[r_{PF}] = \omega_1^2 \cdot Var[r_1] + (1 - \omega_1)^2 \cdot Var[r_2] + 2\omega_1(1 - \omega_1) cov[r_1, r_2]$$

bzw. mit Hilfe des Korrelationskoeffizienten

$$Var[r_{PF}] = \omega_1^2 \cdot Var[r_1] + (1 - \omega_1)^2 \cdot Var[r_2] + 2\omega_1(1 - \omega_1)\rho_{1,2}\sigma_1\sigma_2 \,.$$

Für die o.g. drei idealtypischen Fälle der Korrelationsvarianten kann man die Formel etwas vereinfachen:

für $\rho_{1,2} = +1$:

$$Var[r_{PF}] = \omega_1^2 \cdot Var[r_1] + (1 - \omega_1)^2 \cdot Var[r_2] + 2\omega_1(1 - \omega_1)\sigma_1\sigma_2$$

$$= (\omega_1 \cdot \sigma_1 + (1 - \omega_1) \cdot \sigma_2)^2$$

für $\rho_{1,2} = 0$:

$$Var[r_{PF}] = \omega_1^2 \cdot Var[r_1] + (1 - \omega_1)^2 \cdot Var[r_2]$$

für $\rho_{1,2} = -1$:

$$Var[r_{PF}] = \omega_1^2 \cdot Var[r_1] + (1 - \omega_1)^2 \cdot Var[r_2] - 2\omega_1(1 - \omega_1)\sigma_1\sigma_2$$

$$= (\omega_1 \cdot \sigma_1 - (1 - \omega_1) \cdot \sigma_2)^2 \,.$$

Das Portfoliorisiko ist damit von drei Variablen abhängig:
- *Einzelrisiko:* Einzelrisiken der Wertpapiere (den Varianzen),
- *Gewichtung:* Anteil der Wertpapiere am Portfolio,
- *Ertragskorrelation:* Korrelation der Wertpapierrenditen.

Portfoliotheorie

BEISPIEL 1

Risiko und Ertrag zweier Wertpapiere

Auf einem Kapitalmarkt gebe es zwei Aktien 1 und 2 und ausschließlich drei mögliche zukünftige Umweltzustände [z_1, z_2, z_3] mit den geschätzten Eintrittswahrscheinlichkeiten [q_1, q_2, q_3]. Für die beiden Aktien gelten weiter folgende Daten:

	P_{0j}	zustandsabhängige Rückflüsse:	z_1	z_2	z_3
		Eintrittswahrscheinlichkeit:	q_1: 0,3	q_2: 0,5	q_3: 0,2
1. Aktie	50		65	45	70
2. Aktie	100		95	105	120

Das zu investierende Anfangsvermögen betrage $V_0 = 100.000$ €. Zunächst können die in den jeweiligen Zuständen prognostizierten

zustandsabhängige Renditen $\quad R_{ij} = \dfrac{X_{ij} - P_{0j}}{P_{0j}} = \dfrac{X_{ij}}{P_{0j}} - 1 \quad$ wobei X_{ij} = Rückfluss der Aktie j bei Eintritt des Zustandes i

berechnet werden:

R_{11} = (65–50)/50 = 30 %
R_{12} = –10 %,
R_{13} = 40 %,
R_{21} = – 5 %,
R_{22} = 5 %,
R_{23} = 20 %

Die *erwarteten Renditen* $\quad \overline{R}_j = E[R_j] = \sum_{i=1}^{i} R_{ij} \cdot q_i$

ergeben sich dann zu:

$E[R_1]$ = 0,3 · 0,3 + 0,5 · (–0,1) + 0,2 · 0,4 = 0,12
$E[R_2]$ = 0,3 · (–0,05) + 0,5 · 0,05 + 0,2 · 0,2 = 0,05,

die *Varianzen* zu
$$\text{Var}(X) = E\left[(X - E[X])^2\right]$$
$$\text{Var}(X) = E[X^2] - E[X]^2$$
$$\text{Var}(X) = \sum_{i=1}^{i} (R_{ij} - \overline{R}_j)^2 \cdot q_i$$

$\text{Var}(R_1)$ = σ_1^2 = 0,0496
$\quad\quad\quad\quad\sigma_1$ = 0,2227
$\text{Var}(R_2)$ = σ_2^2 = 0,0075
$\quad\quad\quad\quad\sigma_2$ = 0,0866

Mit diesen Werten lassen sich die beiden erreichbaren Punkte im Rendite-Risiko-Diagramm (Abbildung 8.4) für $\omega_1 = 100\%$ und $\omega_2 = 100\%$ eintragen. Wie aber sieht es nun mit Kombinationen von Wertpapieren aus, bei denen ω_1 und ω_2 andere Werte annehmen? Das ist die Frage der Portfoliotheorie.

Die durch die (nicht eingezeichnete) Verbindungsgerade zwischen den Punkten 1 und 2 gekennzeichneten Rendite-Risikokombinationen ergäben sich durch die Variation der Gewichte ω_1 und ω_2 der Wertpapiere 1 und 2 im Portfolio allerdings nur bei einer perfekt positiven Korrelation ihrer Renditen.

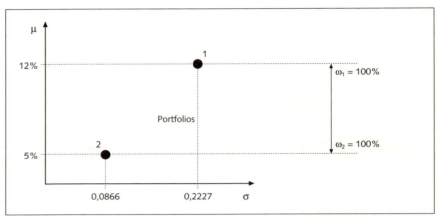

Abb. 8.4: Rendite-Risiko-Kombinationen

8.3.4 Korrelation von Renditen im Portfolio

Es gibt drei idealtypische Korrelationsformen. Die möglichen Rendite-Risiko-Positionen eines Portfolios aus zwei Wertpapieren zeigt Abbildung 8.5. Die Korrelation der Vermögensrenditen wirkt sich auf die erreichbaren Rendite-Risikopositionen des Gesamtportfolios aus. Bei perfekt positiver Korrelation ist keine Risikovernichtung durch Portfoliomischung möglich. Die dünne durchgezogene Linie a zeigt, dass das geringste Risiko nur mit der alleinigen Investition in Wertpapier 1, also ohne jede Diversifikation erreicht werden kann. Bei perfekt negativer Korrelation lässt sich das Risiko durch Variation der Portfolioanteile von WP_1 und WP_2 gänzlich vernichten (gestrichelte Linie c). Bei unvollständiger Korrelation kann durch Mischung zumindest eine partielle Risikovernichtung erfolgen (dicke Linie b).

In 99,9 % aller Fälle wird man natürlich auf dem Kapitalmarkt die Variante der nicht-perfekten Korrelation antreffen, der für uns relevante Graph im Rendite-Risiko-Diagramm ist also die gekrümmte »Eierschale«. Die Menge der optimalen Portfolios ergibt sich dann aus einer simplen Überlegung: wenn alle Anleger ungesättigt und mehr oder weniger risikoavers sind, dann dominiert eine Investition i eine Investition ii, entweder wenn sie bei gleicher erwarteter Rendite ein geringeres Risiko aufweist oder bei gleichem Risiko eine höhere erwartete Rendite verspricht. Diese Eigenschaft trifft für alle Portfolios auf dem nördlichen Teil des Graphs zu (Abbildung 8.6, links), welcher daher »effizienter Rand« genannt wird. Er ist der geometrischer Ort aller dominanten Rendite-Risikopositionen, bei denen es nicht möglich ist, durch Portfoliomischung eine höhere Rendite bei gleichem Risiko zu erreichen.

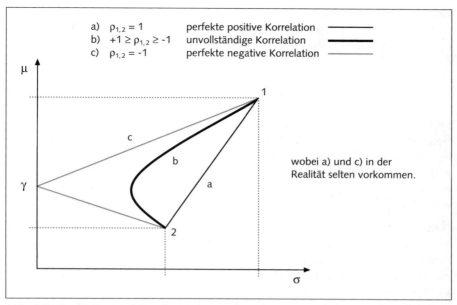

Abb. 8.5: Korrelation und Rendite-Risikopositionen

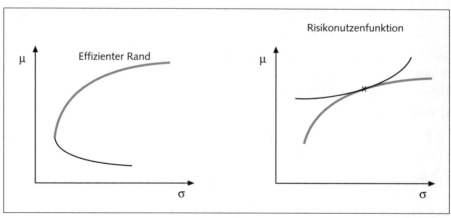

Abb. 8.6: Effiziente Portfolios

Für einen individuellen Investor sind nicht alle Portfolios auf dem effizienten Rand gleich nützlich. Am nützlichsten ist der Punkt auf dem effizienten Rand, der seiner Risikonutzenfunktion, genauer der Gestalt seiner Risiko-Rendite-Indifferenzkurven (Abbildung 8.6, rechts) entspricht. Sehr risikoscheue Investoren werden eher eine Position am westlichen Ende des effizienten Randes (weniger Rendite, weniger Risiko), weniger scheue Anleger eher eine Position am östlichen Ende einnehmen (mehr Rendite, mehr Risiko).

Exkurs: Risikonutzenfunktion
Durch die Form der Risikonutzenfunktion eines Individuums soll dessen Einstellung zum Risiko gemessen werden.
Definition Risiko. Risiko bedeutet in der Finanzwirtschaft i. d. R. die Möglichkeit, dass der Wert einer Zielgröße (z. B. der Endwert eines Vermögens) um einen Erwartungswert µ streuen kann. »Streuen« ist ein weiter Begriff; was meint er konkret? Als Maß für die Streubreite werden die sogenannten Verteilungsparameter der Zielgröße verwendet. Meist wird die Varianz σ^2 oder die Standardabweichung σ genommen. Weitere Momente werden nur selten verwendet. Die Portfoliotheorie blendet sie aus. Als weitere Momente kommen vor:
- Schiefe (3. Moment – Maß für Asymmetrie),
- Kurtosis (4. Moment – Maß für Stauchung) und
- Percentile (Value-at-Risk).

Formen der Risikoneigung. Dadurch, dass der Varianz-bezogene Risikobegriff sowohl die Gefahr des Verlustes als auch die Chance des Gewinnes beinhaltet, kann man nicht von der Annahme der »Nicht-Sättigung« eines Anlegers (»Mehr ist immer besser als weniger!«) auf seine Risikoneigung schließen. Nur bei sog. Downside-Risk-Maßen wie z. B. dem Value-at-Risk ist bei Nicht-Sättigung auch die Risikoaversion impliziert. Grundsätzlich sind drei Einstellungen zum Varianz-bezogenen Risiko in seiner obigen Definition denkbar:
- Risikoaversion (-scheu), (konvex),
- Risikoindifferenz (-neutralität), (linear) und
- Risikoaffinität (-freude), (konkav).

Die drei Einstellungen sind folgendermaßen definiert: Zunächst wird die risikoindifferente Einstellung abgegrenzt. Es wird postuliert: wer an fairen Spielen (Lotterien) teilnimmt, ist risikoneutral.

Definition: Faires Spiel

$$L = [x_1, x_2, ..., x_S : q_1, q_2, ..., q_S]$$

$$\text{mit} \quad \Pi(L) = E[x] = \sum_{s=1}^{S} x_s q_s$$

Eine Lotterie L mit den möglichen Ereignissen $[x_1, x_2, ..., x_S]$ und deren Eintrittswahrscheinlichkeiten $[q_1, q_2, ..., q_S]$ ist dann ein faires Spiel, wenn der Preis für die Teilnahme $\Pi(L)$ dem Erwartungswert ihres Gewinnes $E[x]$ entspricht. Der Nutzen beider Zahlungsströme ist für den Anleger gleich groß:

Risikoneutralität

$$U(\Pi) = E[U(x)] \quad \text{bzw.} \quad U(E[x]) = E[U(x)]$$

Risikoneutrale Menschen haben eine lineare, risikoscheue eine konvexe und risikofreudige eine konkave Risikonutzenfunktion.

In Abgrenzung zur Risikoneutralität, wo $U(E[x]) = E[U(x)]$ war, betrachten wir nun den Fall der Risikoaversion graphisch unter Zuhilfenahme einer Lotterie L = $[x_1, x_2; 0.5, 0.5]$. Ihr Erwartungswert liegt also genau mittig zwischen den Werten x_1 und x_2.

Der Nutzen des Erwartungswertes der Lotterie ist gleich dem Erwartungswert des Nutzens. Diese Überlegungen lassen sich in einem Diagramm veranschaulichen, in dem Ereignisse x (Zahlungsströme, Güter o.Ä.) mit ihrem Nutzen U(x) bewertet werden. Es werden die drei denkbaren Risikoeinstellungen in Form von idealtypischen Nutzenfunktionen dargestellt. Bei Risikoscheu (konvexe Nutzenfunktion) ist demnach $U(E[x]) > E[u(x)]$. Im Umkehrschluss gilt dann bei Risikofreude (konkave Nutzenfunktion) $U(E[x]) < E[u(x)]$.

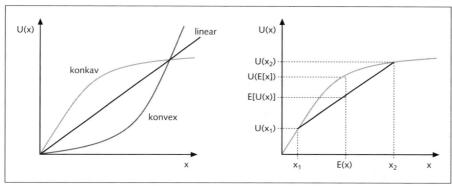

Abb. 8.7: Risikonutzenfunktion

Zusammenfassung			
U(x)	U'(x)	U''(x)	implizite Risikoeinstellung
konkav	positiv	negativ	Risikoscheu
linear	positiv	null	Risikoneutralität
konvex	positiv	positiv	Risikofreude

Mehr als zwei riskante Wertpapiere

Von weitaus größerer praktischer Bedeutung ist selbstverständlich der Fall, in dem man es mit Portfolios aus mehr als zwei riskanten Wertpapierarten zu tun hat. Die vom Investor erreichbaren Rendite-Risiko-Positionen bilden dann eine Fläche, die einer Eierschale ähnlich sieht (Abbildung 8.8).

Jeder Punkt der »Eierschale« stellt eine bestimmte Ausprägung des Anteilsvektors $[\omega_1, \omega_2, ..., \omega_n]$ dar. Jeder Zacken der rechten Kante stellt die Rendite-Risiko-Position eines der ursprünglichen Wertpapiere dar. Auch innerhalb der Fläche können sich solche Positionen befinden, nicht jedoch am effizienten, nördlichen Rand.

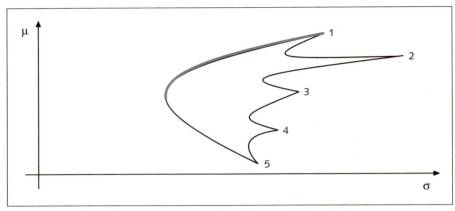

Abb. 8.8: Rendite-Risikopositionen mit vielen riskanten Wertpapieren

BEISPIEL 2

Drei Wertpapiere

Am Kapitalmarkt gebe es drei riskante Wertpapiere A, B und C mit folgenden Daten:

WP_A	WP_B	WP_C
$E[r_A] = 0{,}25$	$E[r_B] = 0{,}05$	$E[r_C] = 0{,}10$
$Var[r_A] = 0{,}4$	$Var[r_B] = 0{,}02$	$Var[r_C] = 0{,}1$

Die Korrelationskoeffizienten in Bezug auf die Rendite lauten:

ρ_{AB}	ρ_{AC}	ρ_{BC}
0	0,4	-0,4

Wie wäre nun die Rendite eines Portfolios, das zu gleichen Teilen aus den drei Wertpapieren besteht? Der Erwartungswert berechnet sich dann mit:

$$E[r_{PF}] = \omega_A E[r_A] + \omega_B E[r_B] + \omega_C E[r_C]$$
$$E[r_{PF}] = \tfrac{1}{3} \cdot 0{,}25 + \tfrac{1}{3} \cdot 0{,}05 + \tfrac{1}{3} \cdot 0{,}1 = 0{,}1333$$

während die Portfoliovarianz $\sigma^2 = 0{,}0716$ beträgt.

$$Var[r_{PF}] = \omega_A^2 \, var[r_A] + \omega_B^2 \, var[r_B] + \omega_C^2 \, var[r_C]$$
$$+ 2\omega_A \omega_B \, cov[r_A, r_B] + 2\omega_A \omega_C \, cov[r_A, r_C] + 2\omega_C \omega_B \, cov[r_C, r_B]$$

Als erstes müssen wir aus den Korrelationskoeffizienten die Kovarianzen berechnen,

$$cov_{XY} = \sigma_X \cdot \sigma_Y \cdot \rho_{XY}$$
$$cov_{AB} = \sqrt{0{,}4} \cdot \sqrt{0{,}02} \cdot 0 = 0$$
$$cov_{AC} = \sqrt{0{,}4} \cdot \sqrt{0{,}1} \cdot 0{,}4 = 0{,}08$$
$$cov_{CB} = \sqrt{0{,}1} \cdot \sqrt{0{,}02} \cdot (-0{,}4) = -0{,}0179$$

um anschließend direkt in die Varianzformel einsetzen zu können:

$$\text{Var}[r_{PF}] = \frac{1}{3}^2 \cdot 0{,}4 + \frac{1}{3}^2 \cdot 0{,}02 + \frac{1}{3}^2 \cdot 0{,}1$$
$$+ 2 \cdot \frac{1}{3} \cdot \frac{1}{3} \cdot 0 + 2 \cdot \frac{1}{3} \cdot \frac{1}{3} \cdot 0{,}08 + 2 \cdot \frac{1}{3} \cdot \frac{1}{3} \cdot (-0{,}0179) = 0{,}0716$$

Der Vergleich des Beispieles für zwei mit dem für drei Wertpapiere veranschaulicht, welchen Zuwachs an Rechenaufwand die Annäherung an reale Verhältnisse mit sich bringt. Vermögensportfolios bestehen in der Regel aus weit mehr als drei Vermögensformen.

BEISPIEL 3

Varianzminimales Portfolio (Minimum-Varianzportfolio)

Wie bei der Herleitung der Formel für die Portfoliovarianz erwähnt, wird das Risiko eines Portfolios u. a. durch die Anteile der einzelnen Wertpapiere beeinflusst. Anhand der beiden Wertpapiere A und C aus Beispiel 2 wollen wir nun berechnen, welche Struktur ein Portfolio aus diesen beiden Papieren haben muss, damit ein stark risikoaverser Anleger darin investieren kann. Gesucht ist das *varianzminimale Portfolio*. Wenn man

$$\omega_C = 1 - \omega_A$$

setzt, vereinfacht sich die Frage auf: welchen Anteil $\omega_A{}^*$ muss Wertpapier A am Portfolio haben, damit die Varianz des Portfolios minimal wird? Dazu bilden wir die erste Ableitung der Varianzfunktion nach dem Anteil ω_A.

$$\frac{d(\sigma_{PF}{}^2)}{d(\omega_A)} = 2\omega_A \sigma_A{}^2 + 2(1-\omega_A)(-1)\sigma_A{}^2 + 2(1-\omega_A)\sigma_A \sigma_C \rho_{AC} + 2\omega_A \sigma_A \sigma_C \rho_{AC}(-1) = 0$$

Umformen ergibt:

$$\omega_A^* = \frac{\sigma_C{}^2 - \sigma_A \sigma_C \rho_{AC}}{\sigma_A{}^2 + \sigma_C{}^2 - 2\sigma_A \sigma_C \rho_{AC}}$$

$$\omega_A^* = \frac{0{,}1 - 0{,}08}{0{,}4 + 0{,}1 - 2 \cdot 0{,}08} = 0{,}0588$$

$$\omega_C^* = 1 - 0{,}0588 = 0{,}9412$$

Damit die Minimumbedingung erfüllt ist, muss für die zweite Ableitung gelten:

$$\frac{d^2(\sigma_{PF}{}^2)}{d(\omega_A)^2} = \sigma_A{}^2 + \sigma_C{}^2 - 2\sigma_A \sigma_C \rho_{AC} > 0$$

was bei $+1 > \rho_{AC} \geq -1$ stets erfüllt ist. Bei $\rho_{AC} = +1$ ist generell keine Minimierung des Portfoliorisikos möglich. Einsetzen von ω_A^* bzw. ω_C^* in die entsprechenden Gleichungen ergibt nun die Rendite

$$E[r_{PF}] = \omega_A E[r_A] + \omega_C E[r_C]$$
$$E[r_{PF}] = 0{,}0588 \cdot 0{,}25 + 0{,}9412 \cdot 0{,}1 = 0{,}10882$$

und Varianz des Minimum-Varianzportfolios:

$$\text{Var}[r_{PF}] = \omega_A^2 \text{ var}[r_A] + \omega_C^2 \text{ var}[r_C] + 2\omega_A \omega_C \text{ cov}[r_A, r_C]$$

$$\text{Var}[r_{PF}] = 0{,}0588^2 \cdot 0{,}4 + 0{,}9412^2 \cdot 0{,}1 + 2 \cdot 0{,}0588 \cdot 0{,}9412 \cdot (0{,}08)$$
$$\text{Var}[r_{PF}] = 0{,}098824$$

Hinweis: Da in der Regel wenig Einigkeit darüber herrscht, wie hoch genau der risikolose Zinssatz an einem Segment des Kapitalmarktes ist, wird für die Bewertung von riskanten Vermögenspositionen (bzw. Investitionen) mit dem CAPM (siehe folgender Abschnitt) meist auf das leicht zu berechnende Äquivalent des varianzminimalen Portfolios zurückgegriffen, um diesen Zins zu approximieren.

8.4 Naive Diversifikation

Die bisher gemachten Erläuterungen zeigen, an welche praktischen Grenzen ein an der Portfoliotheorie von Markowitz orientiertes Verhalten stoßen muss. Werfen wir einen Blick auf die für die Portfoliobildung benötigten Informationen. Für ein Portefeuille aus n Wertpapieren benötigen wir:

$E[r_j] \rightarrow j = 1, \ldots, n$

$\text{Var}[r_j] \rightarrow 1, \ldots, n$

$\text{cov}[r_j, r_k] \rightarrow \frac{n^2 - n}{2}$

oder mit konkreten Zahlenbeispielen:

Anzahl Anlagetitel	Zahl nötiger Parameter
2	5
10	65
100	5150

Es ist deshalb sinnvoll zu untersuchen, welche Diversifikationseffekte (Eliminierung unsystematischen Risikos) man schon durch sogenannte *naive Diversifikation* erreichen kann. Naive Diversifikation ist dadurch gekennzeichnet, dass

$\omega_i = 1/n \; \forall \; i$.

Damit vereinfacht sich die Varianzformel wie folgt, wodurch sich auch der Informationsbedarf auf ein realistisches Maß verringert. Die allgemeine Ausgangsformel für die Varianz der Rendite eines Portfolios aus n Wertpapieren lautet:

$$\text{Var}[r_{PF}] = \sigma_{PF}^2 = \sum_{i=1}^{n} \sum_{j=1}^{n} \omega_i \cdot \omega_j \cdot \sigma_{ij}$$

was sich auch alternativ schreiben lässt als:

$$\text{Var}[r_{PF}] = \sigma_{PF}^2 = \sum_{i=1}^{n} \omega_i^2 \cdot \text{var}[r_i] + \sum_{i=1}^{n} \sum_{j=1}^{n} \omega_i \cdot \omega_j \cdot \sigma_{ij} \qquad j \neq i$$

Setzt man nun für die individuellen Varianzen eine durchschnittliche Varianz $\text{var}[r_i] = \overline{\text{var}}$ und für die individuellen Kovarianzen eine durchschnittliche Kovarianz $\text{cov}[r_i r_j] = \overline{\text{cov}}$ und geht davon aus, dass in jedem Fall $\overline{\text{var}} > \overline{\text{cov}}$, so vereinfacht sich die Formel auf:

$$\text{Var}[r_{PF}] = n \cdot \left(\tfrac{1}{n}\right)^2 \cdot \overline{\text{var}} + n(n-1) \cdot \tfrac{1}{n^2} \cdot \overline{\text{cov}}$$
$$\text{Var}[r_{PF}] = \tfrac{1}{n} \cdot \overline{\text{var}} + \tfrac{1-n}{n} \cdot \overline{\text{cov}}$$
$$\text{Var}[r_{PF}] = \overline{\text{cov}} + \tfrac{1}{n} \cdot \left(\overline{\text{var}} - \overline{\text{cov}}\right)$$

Für n = 1 gilt dann $\text{var}[r_{PF}] = \overline{\text{var}}$, während für n = ∞ alsbald $\text{var}[r_{PF}] = \overline{\text{cov}}$ steht. Grafisch lässt sich die Reduzierung des Varianzrisikos und die Resistenz des Kovarianzrisikos durch folgende Abbildung 8.9 veranschaulichen:

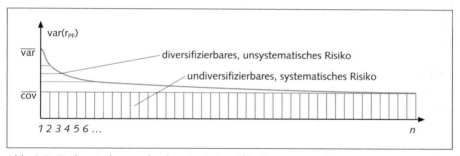

Abb. 8.9: Risikominderung durch naive Diversifikation

Man geht davon aus, dass bei Verwendung von imperfekt korrelierten Vermögensformen (was der Normalfall sein dürfte), ein Portfolio von ca. 10 Titeln ausreicht, um einen befriedigenden Risiko-Diversifikationseffekt zu erzielen.

Naive Diversifikation ist also immer dann zu empfehlen, wenn keine konkreten Vorstellungen über die Wahrscheinlichkeitsverteilungen (und deren Parameter) von Wertpapierrenditen vorliegen oder hohe Unsicherheit über deren zukünftige Geltung herrscht bzw. wenn es an ausreichender Informationsverarbeitungskapazität fehlt.

8.5 Probleme und Weiterentwicklungen

Die Portfoliotheorie ist ein wunderbares Konzept, das allerdings in der Umsetzung viele Probleme bereitet. Markowitz selber konnte seine Theorie in den 50er-Jahren nicht umsetzen, weil die Computer die notwendigen Berechnungen nicht bewältigen konnten. Auch heute ist das Datenproblem noch gravierend. Darüber hinaus

gibt es weitere praktische und theoretische Probleme, auf die im Folgenden hingewiesen werden soll und für die zumindest teilweise Lösungen präsentiert werden. Im Einzelnen geht es dabei um folgende Punkte:
- Datenbeschaffung, -umfang, -unsicherheit und -verarbeitung,
- Optimierung über lange Anlagezeiträume,
- Einbeziehung höherer Momente der Renditeverteilung sowie
- Verletzung des Dominanzprinzips und Downsiderisk-Optimierung.

8.5.1 Beschaffung, Umfang, Verarbeitung und Unsicherheit der Daten

8.5.1.1 Abgrenzung Assetuniversum und Parameterbestimmung

Bevor mit der Optimierung begonnen werden kann, ist die Grundgesamtheit der für die Portfoliobildung in Frage kommenden Wertpapiere zu bestimmen. Hier taucht das erste Problem auf: Mit Standardprogrammen wie Excel lassen sich nur wenige Hundert Assets berechnen. Einige Tausend können mit Spezialprogrammen bewältigt werden. Tatsächlich gibt es an den Finanzmärkten aber Hunderttausende von Assets. Es ist also auf jeden Fall erforderlich, eine mehr oder weniger willkürliche Vorabauswahl zu tätigen. Diese kann sich u. a. aus der Art der Assets/Wertpapiere (z. B. Aktien, Anleihen, Rohstoffe, Immobilien usw.), deren geografischer Herkunft (weltweit, international, national, regional) und Branchenzugehörigkeit (alle, wenige, eine) ergeben. Welche Kriterien gewählt werden, hängt von konkreten Vorgaben/Restriktionen des Investors ab.

Nachdem die einzubeziehenden Assets festgelegt wurden, sind deren Parameter (Mittelwerte und (Ko-)Varianzen der Renditen) für die Portfoliooptimierung zu bestimmen. Da die eigentlich benötigten zukünftigen Werte unbekannt sind, muss man sich mit Schätzwerten »begnügen«. Für die Schätzungen gibt es drei Möglichkeiten:

1. Experten (Analysten) ermitteln die benötigten Parameter auf Grundlage fundamentaler Analysen. In der Vergangenheit fielen solche Schätzungen aber oft zu optimistisch aus.
2. Der allgemeine Kapitalmarkt dient als Datenquelle. D.h. es werden aus den Preisen aller Assets (= Grundgesamtheit) die implizit erwarteten Renditen und deren Varianz ermittelt, die bei gegebener Mü-Sigma-Präferenz eines repräsentativen Investors das Marktportfolio bilden. Dieses Verfahren der »Umkehroptimierung« geht von homogenen Erwartungen aller Investoren und einem Marktgleichgewicht aus und ist für praktische Fragen der Wertpapierauswahl nur wenig geeignet.
3. Es wird angenommen, dass historische Renditen repräsentativ für zukünftige sind. Dann können durch Analyse historischer Daten (Renditezeitreihen) mittels mathematisch-statistischer Verfahren die Parameter geschätzt werden. Die Güte der Schätzung wird im Wesentlichen von der Länge der Zeitreihe bestimmt. Durch Einbeziehung langer Zeitreihen verbessert sich nach dem Gesetz der großen Zahlen die Approximationsgüte der Schätzer. Allerdings stellt sich dann die Frage, ob die weit zurückliegenden Zeiträume überhaupt noch (öko-

nomisch) repräsentativ für die Zukunft sind. In der Literatur werden Historien von 30 bis 40 Monatswerten empfohlen. Monatswerte haben noch einen anderen Vorteil: die Monatsrenditen zeigten sich am ehesten normalverteilt.

8.5.1.2 Weitere Restriktionen

Sind die Parameter geschätzt, müssen ggf. noch über die Auswahl der Grundgesamtheit hinausgehende Anlagerestriktionen als Optimierungsnebenbedingungen formuliert werden. Dazu zählen z. B. gesetzlich motivierte Restriktionen wie Leerverkaufsbeschränkungen und Maximalanteile aber auch Vorgaben wie ein kontinuierlicher Entnahmestrom (bei Optimierung über längere Perioden), Maximalabweichungen der Gewichte ggü. einer Benchmark oder technisch motivierte Vorgaben wie Ganzzahligkeit der Anteile oder Mindestordervolumina. Je nach Ausprägung und Formulierung dieser Nebenbedingungen kann das Optimierungsproblem so komplex werden, dass keine eindeutige Lösung bzw. kein globales Optimum ermittelt werden kann. In diesen Fällen müssen dann numerische und/oder heuristische Lösungsverfahren, wie sie beispielsweise aus dem Operations Research bekannt sind, eingesetzt werden.

8.5.1.3 Robustheit

Ist das Verarbeitungsproblem gelöst und das optimale Portfolio ermittelt, stellt sich die Frage nach der Robustheit der Lösung. Es geht also darum, ob die gewählte ex ante Allokation sich auch ex post bzw. bei geänderten Marktdaten als sinnvoll erweist. Die Portfoliooptimierung in der vorgestellten Form leidet unter dem Problem, bei extremen Ausgangsparametern zu sog. »Ecklösungen«, also extremen Einzelgewichtungen weniger Assets im Portfolio, zu tendieren, wobei sich Fehler beim Schätzen der erwarteten Renditen viel stärker auswirken als Fehler beim Schätzen der Varianzen.

Extreme Portfoliogewichtungen führen ex post oft zu starken Abweichungen vom erwarteten Rendite-Risiko-Verhältnis des Portfolios. Aus diesem Grund sollten auch bei Nichtexistenz einer rechtlich vorgeschriebenen Mindestdiversifikation absolute oder relative Höchstgrenzen für die Anteile einzelner Assets als Nebenbedingung vorgegeben werden.

Die Abbildung 8.10 gibt in stilisierter Form die Ex-ante- und Ex-post-Rendite-Risikokombinationen verschiedener Portfoliozusammensetzungen wieder, wie sie typisch sind für ein Universum von 30 Aktien. Die Rendite-Risikokombinationen werden folgendermaßen errechnet: Zunächst ermittelt man auf Basis einer Stützperiode (hier Renditen von 36 vergangenen Monaten, d. h. »Ex-ante«-Daten) Rendite-Risiko-Kombination verschiedener Portfolios. Dann investiert man in diese Portfolios und hält sie für weitere 36 Monate. Man erhält auf diese Weise »Ex-post«-Zeitreihen von 36 Monatsrenditen, woraus Durchschnittsrenditen (μ) und deren Standardabweichungen (σ) berechnet werden. Auf diese Weise kann man überprüfen, welche Rendite-Risiko-Kombination man mit einem bestimmten Portfolio tatsächlich erreicht hätte. Die durchgezogenen Linien entsprechen Portfolios, die sich auf Basis von Ex-ante-Daten ergeben. Die gestrichelt gezeichneten Linien stellen die dazugehörenden Ex-post-Rendite-Risikokombinationen dar.

88 Grundlagen

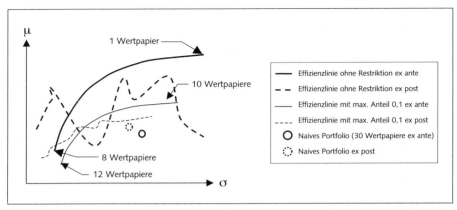

Abb. 8.10: Vergleich Ex-ante- und Ex-Post-Effizienzlinien

Die größten Abweichungen zwischen Ex-ante- und Ex-post-Rendite-Risikokombinationen findet man bei den Portfolios auf der klassischen Markowitzschen Effizienzlinie: Ein Zusammenhang zwischen ex ante und ex post ist kaum zu erkennen. Diese große Abweichung hat systematischen Charakter! Sie liegt daran, dass die Markowitzsche Optimierung, wie erläutert, zu Extremlösungen neigt: Sie wertet die historischen »Ex-ante«-Daten, vereinfacht gesprochen, »am besten« aus. Dies führt nun ungünstigerweise dazu, dass sich aus dem Universum von Titeln in den Portfolios auf der Effizienzlinie nur sehr wenige Titel, eben die »besten«, befinden. Hier im Beispiel sind es von den 30 Aktien nur zwischen 1 und 8 Titeln (s. Abbildung 8.10). In der Realität weisen aber Titel, die in der Stützperiode hohe Erträge aufwiesen, diese in den folgenden Perioden oft nicht mehr auf. So stellt sich das Markowitzsche Portfolio ex post meist als ungünstig heraus.

Einen etwas deutlicheren Zusammenhang zwischen Ex-ante- und Ex-post-Daten findet man, wenn man zusätzliche Anlagerestriktionen (hier eine Anteilsbegrenzung auf max. 10%) einführt (dann liegt die Anzahl der Titel nie unter 10). Sie erkennen in der Grafik, dass sich mit dieser Restriktion die Anzahl der Wertpapiere in den effizienten Portfolien erhöht, die Effizienzlinie selbst aber nach rechts unten verschiebt. Das heißt, dass die erlaubten Portfolios nicht mehr optimal auf die ex ante angenommenen historischen Daten zugeschnitten sind. Allerdings entspricht das Bild der Ex-post-Effizienzlinie zumindest annäherungsweise dem der Ex-ante-Effizienzlinie. Das bedeutet, dass das Risiko der »Ex-post-Enttäuschung« geringer geworden ist.

Wählt man das naiv diversifizierte Portfolio (Gleichgewichtung aller 30 Titel), bewegt man sich im Rendite-Risiko-Raum noch weiter nach rechts unten, allerdings gleichen sich die Ex-ante- und Ex-post-Renditen aufgrund der größeren Diversifizierung im Mittel eher an. Da man nur ungern auf attraktive Risiko-Ertrags-Positionen verzichtet und eine gewisse Prognose meist möglich ist, wählen die Marktteilnehmer meist das Naive doch nicht.

> **PRAXISBEISPIEL**
>
> **Markowitz und moderne Finanzmärkte: Finger weg von Markowitz**
> So, wie der Markowitzansatz der Portfoliooptimierung üblicherweise angewandt wird, führt er oft zu Portfolios, die ex post enttäuschende Ergebnisse erbringen. Dies ist nicht nur gelegentlich, sondern »häufig«, wenn nicht sogar »meist« der Fall. Die Ursache ist folgende: Die Markowitz-Optimierung beginnt meist mit einer Auswertung historischer Renditezeitreihen, aus welchen die für die Optimierung benötigten Daten ($\mu_i, \sigma_i, \rho_{ij}$) gewonnen werden. Das Problem sind die ausgeprägten Trends, welche die Renditeentwicklung an modernen Finanzmärkten bestimmen. Einzelne oder ganze Gruppen von Wertpapieren entwickeln sich oft entgegen dem historischen Mittel über längere Zeitspannen deutlich aufwärts oder abwärts. Wertet man nun Renditezeitreihen einer nicht zu langen historischen Periode aus, um die effizienten Portfolios nach Markowitz zu berechnen, dann erwischt man genau diese Trends. Einzelne Wertpapiere des betrachteten Universums legen in dem erfassten Zeitraum ordentliche »Rallyes« hin und dominieren die anderen Titel in der Renditeentwicklung. Dabei sind auch noch die Korrelationen der Renditen zum Rest des Universums gering. Dies führt dazu, dass die vom Markowitz-Algorithmus als effizient erkannten Portfolios durch diese Wertpapiere dominiert werden. Sie enthalten üblicherweise nur sehr wenige Titel mit überdurchschnittlich hohen Renditen. Mit solchen Portfolios hat der Investor nun aber oft keine Freude, denn die Trends halten nicht ewig an. Die Portfolios entpuppen sich ex post gesehen als falsch. Oder anders formuliert: Die Markowitzoptimierung auf Basis einer historischer Zeitreihenauswertung führt oft zu prozyklischen Investments, die bei längeren Haltedauern systematisch ungünstige Resultate erbringen können. Prozyklische Investments kann man auch mit anderen Algorithmen erreichen – dazu braucht man Markowitz nicht.

Es gibt eine Möglichkeit, die stabilisierende Wirkung der Diversifikation zu nutzen, ohne gleich auf die eigentliche Portfoliooptimierung zu verzichten. Diese besteht darin, die Punktschätzungen für die Renditemittelwerte (μ) durch Intervallschätzungen zu ersetzen und in den Nebenbedingungen des zu lösenden Optimierungsproblems, neben der gegebenen Standardabweichung, die Wahrscheinlichkeit für das Nichtunterschreiten der zu berechnenden Portfoliorendite aufzunehmen. Als Ergebnis wird eine Portfoliozusammensetzung ermittelt, welche mit der vorgegebenen Wahrscheinlichkeit die Zielrendite nicht unterschreitet. Die Effizienzlinie wird dann durch Portfolien gebildet, deren Zusammensetzungen ausgeglichener sind, also weniger Extremgewichte aufweisen und deren Ex-post-Abweichungen geringer ausfallen als bei der Optimierung auf Basis von Punktschätzungen. Allerdings wird die erhöhte Robustheit durch ein höheres Portfoliorisiko »erkauft« (Verschiebung der Ex-ante-Effizienzlinie nach rechts unten).

Weiterhin kann man versuchen das Ex-post-Ergebnis zu verbessern, indem man beispielsweise die erwarteten Renditen aus Analystenschätzungen entnimmt und nur die Varianzen mittels Zeitreihenanalyse schätzt.

8.5.2 Portfoliooptimierung bei langem Anlagehorizont

Die dargestellte Portfoliooptimierung bezieht sich auf eine (zukünftige) Periode, bei Verwendung von Schätzern für die Monatsrendite also einen (zukünftigen) Monat. Der Anlagehorizont wird gewöhnlich aber einen deutlich längeren Zeitraum umfassen. Dies macht eine wiederholte (revolvierende) Portfoliooptimierung und –umschichtung erforderlich. Aber selbst bei Verwendung von Schätzern für längere Perioden ist von Änderungen bei der Grundgesamtheit der Assets, den Anlagerestriktionen oder den Renditeparametern (aufgrund neuer Fundamentaldaten) auszugehen, die eine erneute Optimierung erfordern.

Es stellt sich daher die Frage, ob eine revolvierende Realisierung μ-σ-effizienter Portfolios auch zu einem maximalen Vermögensendwert bzw. maximaler durchschnittlicher Wachstumsrate (höchstes geometrisches Mittel der um eins erhöhten Periodenrenditen) des Anlagevermögens führt. Man kann nun zeigen, dass eine wiederholte μ-σ-Optimierung über sehr lange Zeiträume nicht zu wachstumsoptimalen Portfolios, sondern sogar zu Vermögensverlusten führen kann. Weiterhin ist festzustellen, dass wachstumsmaximale Portfolios nicht μ-σ-effizient sein müssen. Die Umsetzung einperiodig orientierter Anlageentscheidungen im mehrperiodigen Kontext ist also kritisch zu beurteilen.

Diesem Dilemma kann der Investor nur durch eine Buy-and-Hold-Strategie entkommen, indem er sein auf Einperiodenrenditen optimiertes Portfolio längere Zeit unverändert lässt. In diesem Fall lässt sich keine Überlegenheit des Ansatzes der Portfoliooptimierung auf Basis der Maximierung der Wachstumsraten nachweisen. Aber nur wenn der Investor über eine in seinem Endvermögen logarithmische Risiko-Nutzenfunktion ($U(x) = \ln(x)$) verfügt, ist dieser Ansatz eindeutig zu empfehlen.

8.5.3 Einbeziehung höherer Momente der Renditeverteilung

Normalverteilte Renditen lassen sich exakt durch die ersten beiden Verteilungsmomente μ und σ beschreiben. Sind die Renditen nicht normalverteilt, wie z. B. bei Hedgefonds, dann gilt dies nur noch approximativ. Zur exakten Beschreibung müssen weitere Momente wie Schiefe und Wölbung (Kurtosis) hinzugezogen werden.

Die Portfoliooptimierung auf Basis von drei oder vier Parametern ist kein triviales Unterfangen. Zusätzlich zu Erwartungswerten und Kovarianzen sind noch Koschiefen und Kowölbungen zu bestimmen. Dies führt bei zunehmender Anzahl von Wertpapieren zu stark ausuferndem Datenbedarf. Werden beispielsweise 100 Wertpapiere in die Optimierung einbezogen, benötigt man bei Berücksichtigung der ersten vier Momente bereits

$$4 \cdot n + 3 \cdot n \cdot (n-1) + \frac{2 \cdot n \cdot (n-1) \cdot (n-2)}{3} + \frac{n \cdot (n-1) \cdot (n-2) \cdot (n-3)}{24} = 4.598.125 \text{ Parameter}.$$

Weiterhin ist die verwendete Nutzenfunktion des Anlegers anzupassen. Die Schiefe geht dabei positiv, die Wölbung negativ in die Präferenzen ein. Eine analytische Lösung des Optimierungsproblems ist derzeit noch nicht bekannt. Es bleibt nur der Weg, über numerische Näherungsverfahren die optimalen Portfoliogewichte zu ermitteln. Dabei kann nicht ausgeschlossen werden, dass die gefundene Lösung lediglich ein lokales Optimum darstellt. Im Ergebnis ist die praktische Portfoliooptimierung auf Basis der ersten vier Momente derzeit (noch) nicht realisierbar.

Der Investor muss deshalb entweder so tun, als ob für ihn die weiteren Momente nicht wichtig sind. Andernfalls muss er sich die Verteilung vergegenwärtigen und sie durch eigene analytische Bewertungen in seiner Anlage berücksichtigen.

8.5.4 Verletzung des Dominanzprinzips und Downsiderisk-Optimierung

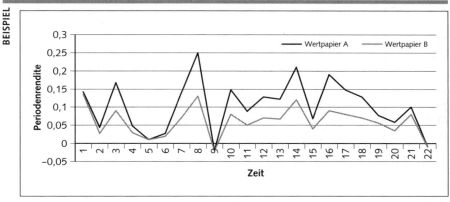

Abb. 8.11: Renditeverlauf zweier Wertpapiere

Im Beispiel ist der Renditeverlauf zweier Wertpapiere dargestellt. Wertpapier A hat in jedem Zeitpunkt eine Rendite, die größer oder gleich der Rendite von Wertpapier B ist (Parameter der Wertpapiere: $\mu_A = 10{,}3\,\%$, $\mu_B = 6{,}0\,\%$; $\sigma_A = 7{,}1\,\%$, $\sigma_B = 4{,}1\,\%$; Normalverteilung kann nach Jarque-Bera-Test nicht abgelehnt werden). Wertpapier A dominiert also Wertpapier B. Bei der Portfoliobildung nach Markowitz würde sich das Tangentialportfolio bei einem sicheren Zins von 2 % p.a. aus 45,5 % Wertpapier A und 55,5 % Wertpapier B zusammensetzen. Damit wird das Kriterium der statistischen Dominanz verletzt. Diese Verletzung wird durch die hohen Abweichungen der Renditen von Wertpapier A nach oben hervorgerufen, welche die Standardabweichung und damit das (gemessene) Risiko von Wertpapier A erhöhen.

Fügt man jedoch bei der Portfolioauswahl ein Wertpapier C (Parameter: $\mu_C = 5{,}6\,\%$, $\sigma_C = 2{,}8\,\%$) hinzu, welches weder mit Wertpapier A noch mit Wertpapier B korreliert ist, dann lässt sich feststellen, dass das Tangentialportfolio Wertpapier B nicht enthält, sondern sich nur aus Wertpapier A (22,9 %) und Wertpapier C (77,1 %) zusammensetzt.

Wählen wir dagegen für Wertpapier C die Parameter $\mu_C = 4{,}3\,\%$ und $\sigma_C = 5{,}1\,\%$, also eine Konstellation, bei der Wertpapier B das Wertpapier C in den Parametern dominiert, so setzt sich das Tangentialportfolio wie folgt zusammen: Wert-

BEISPIEL

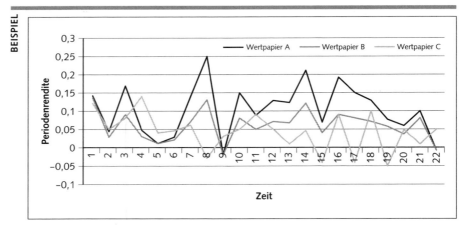

Abb. 8.12: Renditeverlauf dreier Wertpapiere

papier A 43,9 %, Wertpapier B 14,5 % und Wertpapier C 41,7 %. Insofern hängt die praktische Relevanz des anhand der Beispiele dargestellten Einwands gegen die Markowitzsche Portfoliooptimierung von den konkreten Parameterkonstellationen ab.

Das Problem der Verletzung der statistischen Dominanz kann vermieden werden, wenn anstatt der Standardabweichung Risikomaße in die Portfoliooptimierung einfließen, welche hohe Aufwärtsabweichungen nicht sanktionieren. Solche Maße werden als Ausfall- oder Downsiderisikomaße bzw. Lower Partial Moments (LPM) bezeichnet. Sie entsprechen dem üblichen Verständnis von Risiko, Unterschreitung eines Zielwertes, besser als die Standardabweichung der Renditen. Das (empirische) Ausfallrisikomaß eines Wertpapiers bei Risikoaversionsstufe 2, welches das Pendant zur Varianz darstellt, ist folgendermaßen definiert:

$$AR = \frac{1}{T} \cdot \sum_{t=1}^{N} \left[\text{Max}\{0, (z - r_t)\} \right]^2$$

wobei AR = Ausfallrisikomaß, r_t = Wertpapierrendite im Zeitpunkt t, N = Anzahl der Beobachtungen (Perioden) und z = Zielrendite.

Optimierungen auf Basis des Ausfallrisikomaßes liefern insbesondere bei (links)schiefen Verteilungen der Wertpapierrenditen bessere Portfolioallokationen im Sinne der Ex-post erreichten Rendite-Risiko-Verhältnisse.

8.6 Portfolios aus sicheren und riskanten Finanztiteln

8.6.1 Vorüberlegungen

Zunächst wenden wir uns der Frage zu, welche Rendite-Risiko-Positionen jemand erreichen kann, der einen Teil seines Vermögens riskant und den anderen Teil sicher anlegt. Nach diesen Vorüberlegungen fragen wir uns, ob es bestimmte Mischungen aus riskanten und sicheren Kapitalanlagen gibt, die für risikoscheue Investoren besonders attraktiv sind, und zwar unabhängig von der Intensität ihrer Risikoaversion. Das führt zu der sogenannten *Kapitalmarktlinie*, die wichtige Implikationen für die optimale Gestaltung von Portfolios hat. Diese Überlegungen sind so wichtig und zentral, dass man in einem weiteren Schritt sogar faire Gleichgewichtspreise von Assets ableiten kann. Das ist Thema des CAPM (Capital-Asset-Pricing-Modell), das im darauf folgenden Kapitel behandelt wird.

8.6.2 Die sichere Verzinsung

Bisher haben wir Wertpapiermischungen betrachtet, die ausschließlich riskante Finanztitel enthielten. Im Grunde ist jedes Asset mehr oder weniger mit Risiken behaftet. Bei einigen (z. B. Staatswertpapiere wie Bundesobligationen o. ä.) geht man davon aus, dass Ausfallrisiken nahezu vernachlässigbar sind. Die absolute Höhe und die Zeitpunkte der künftigen Cashflows sind daher sicher. Die Rendite dieser Titel nennt man die *sichere Verzinsung*.

Jetzt gehen wir dazu über, diese risikolose Kapitalanlage in unsere Überlegungen mit einzubeziehen. Wir konstruieren ein Portfolio PF dergestalt, dass es eine riskante Position (i.e. ein riskanter Titel oder ein riskantes Portfolio) mit dem Anteil ω und eine sichere Position mit dem Anteil $1-\omega$ enthält. Den sicheren Zinssatz bezeichnen wir mit r_f.

sichere Position:

$$E[r_f] = r_f \quad Var[r_f] = 0 \quad cov[r_f, ..] = 0$$

Jede Kovarianz mit r_f muss Null ergeben, da seine Standardabweichung (SD) Null und die Kovarianz folgendermaßen definiert ist:

$$cov[r_f, ..] = \rho_{r_f, ..} SD[r_f] SD[..].$$

Die riskante Position soll eine Rendite in Höhe von r_p versprechen. Dann ist die erwartete Rendite unseres Gesamtportfolios definiert als:

$$E[r_{PF}] = \omega \cdot E[r_P] + (1-\omega) r_f$$

bzw.

$$E[r_{PF}] = r_f + (E[r_P] - r_f) \cdot \omega.$$

Entsprechend kann die Varianz der Rendite des Portfolios bestimmt werden:

$$\text{Var}[r_{PF}] = \omega^2 \text{var}[r_P] + 2\omega(1-\omega)\text{cov}[r_P, r_f] + (1-\omega)^2 \text{var}[r_f]$$

Aufgrund der Tatsache, dass es sich bei r_f um eine sichere Verzinsung handelt, bei der

$$\text{Var}[r_f] = 0 \quad \text{und} \quad \text{cov}[r_f, ..] = 0$$

gelten, kann die Varianzformel zu

$$\text{Var}[r_{PF}] = \omega^2 \text{var}[r_P]$$

gekürzt werden. Die Auflösung nach ω ergibt:

$$\omega = \frac{SD[r_{PF}]}{SD[r_P]}$$

Einsetzen in die Gleichung der erwarteten Portfoliorendite führt zu:

$$E[r_{PF}] = r_f + \frac{E[r_P] - r_f}{SD[r_P]} \cdot SD[r_{PF}]$$

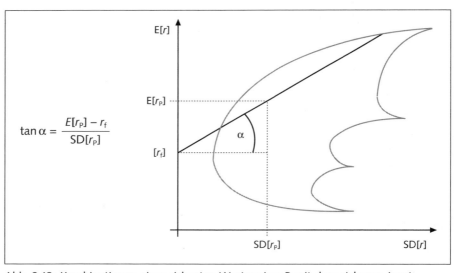

Abb. 8.13: Kombinationen eines riskanten Wertpapiers P mit dem sicheren Asset

Das ist ein interessantes Ergebnis: wenn jemand einen Teil seines Vermögens sicher und den Rest riskant anlegt, so herrscht zwischen der zu erwartenden Rendite $E[r_{PF}]$ und dem übernommenen Risiko eine strikt lineare Beziehung, sofern man das Risiko über die Standardabweichung der Portfoliorendite $SD[r_{PF}]$ bestimmt. Die Abbildung 8.13 veranschaulicht diesen Zusammenhang.

8.6.3 Die Kapitalmarktlinie

Betrachten wir nun die folgende Abbildung 8.14, in der der effiziente Rand der »Eierschale« und zwei Rendite-Risiko-Geraden verdeutlicht sind. Die Positionen auf den Geraden kann man erreichen, indem man riskante Positionen mit der sicheren mischt. Vergleichen wir nun die Positionen der gestrichelten Geraden mit denen der durchgezogenen.

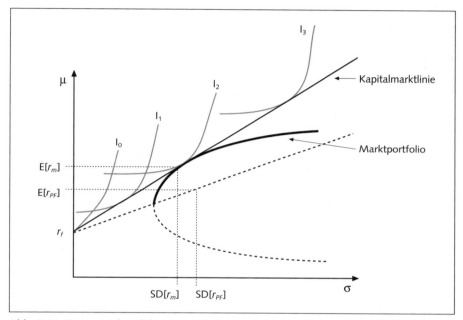

Abb. 8.14: Die Kapitalmarktlinie als Ort effizienter Ertrags-Risikokombinationen

Jede Rendite-Risiko-Position auf der durchgezogenen Geraden ist für einen Investor günstiger als irgendeine Position auf der gestrichelten Linie. Die Positionen der durchgezogenen dominieren die Positionen der gestrichelten Geraden eindeutig, da bei vorgegebenem Risiko $SD[r]$ alle Portfolios der durchgezogenen Geraden einen höheren Ertrag $E[r]$ erwarten lassen. Daher wird jeder rationale Investor versuchen, eine Position auf der durchgezogenen Geraden zu erreichen.

Da qua Annahme alle Marktteilnehmer homogene Erwartungen über die künftigen Rückflüsse der gehandelten Titel haben, sieht der effiziente Rand der »Eierschale« für alle Investoren gleich aus. Wenn darüber hinaus auch annahmegemäß der risikolose Zinssatz für alle Investoren gleich hoch ist, werden alle Marktteilnehmer eine Rendite-Risikoposition auf derselben Tangente (die durchgezogene Gerade aus Abbildung 8.14) an den effizienten Rand anstreben. Welche Position auf dieser Tangente für einen individuellen Investor optimal ist, hängt vom Ausmaß seiner persönlichen Risikoneigung ab. Die Indifferenzkurven der Investoren I_0, I_1, I_2 und I_3 aus Abbildung 8.14 sollen dies veranschaulichen.

- I_0 ist sehr risikoscheu. Er investiert ausschließlich in die sichere Position r_f.
- I_1 ist mäßig risikoscheu. Er mischt seine Vermögensanlage mit der sicheren und der riskanten Position r_m.
- I_2 ist eher risikoneutral. Er investiert sein gesamtes Vermögen in die riskante Position r_m.
- I_3 ist dagegen risikoaffin. Er investiert mehr als sein gesamtes Vermögen in die riskante Position r_m. Die Differenz zwischen seinem Vermögen und seiner gewünschten Investitionshöhe finanziert er mit einem Kredit zu r_f (*leverage*).

Sämtliche Optima liegen aber nichtsdestotrotz auf ein und derselben Tangente, die wir als *Kapitalmarktlinie* bezeichnen. Die Kapitalmarktlinie für den europäischen Markt sah Ende 2000 etwa folgendermaßen aus:

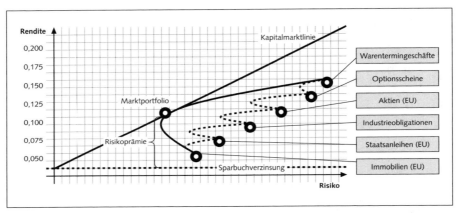

Abb. 8.15: Kapitalmarktlinie des europäischen Kapitalmarktes Ende 2000 aus Sicht eines deutschen Investors

Ergebnis

Wie in Abbildung 8.15 zu sehen ist, haben Ende 2000 Portfolios, die auf der Kapitalmarktlinie liegen, alle anderen Portfolios dominiert. Wie aber realisiert man solche Portfolios? Es gibt drei Bereiche:

- Ganz risikoscheue Investoren halten den äußerst linken Punkt der Geraden und investieren ausschließlich in das risikolose Asset (Sparbuch).
- Investoren, deren Nutzenfunktion die Kapitalmarktgerade zwischen dem linken Rand und dem Marktportfolio tangiert, realisieren Mischungen aus sicheren Assets und Marktportfolio.
- Investoren, deren Nutzenfunktion die Kapitalmarktgerade rechts vom linken Rand tangiert, realisieren Portefeuilles, die aus einer Verschuldung im sicheren Asset und Anlage sämtlicher Mittel im Marktportfolio bestehen.

Hinweis: Das Modell unterstellt, dass sich jeder zum sicheren Zins verschulden kann. Wer kann aber schon einen Kredit zum Sparbuchzins aufnehmen? Insofern ist das Modell unrealistisch. Hilfsweise kann man eine Gerade vom individuellen

Kreditzins tangential an der Efficient Frontier entlang führen. Man sähe dann in der Abbildung, dass oberhalb eines Kreditzinses von etwa 9 % die Kapitalmarktlinie nicht mehr der Ort aller effizienten Portefeuilles ist. Stattdessen wird es dann vorteilhafter direkt – d.h. ohne Verschuldung – in die Portefeuilles auf der Efficient Frontier zu investieren.

Unter den gemachten Modellannahmen lassen sich weitere interessante Aussagen ableiten:

- Unter stochastischen Bedingungen (μ, σ-Kriterium) sind Investitions- und Konsumentscheidungen trennbar. Wie wir gesehen haben, sollten (normativ!) alle Investoren bei Abstraktion von Transaktionskosten ihre riskanten Assets soweit diversifizieren, bis sie das Marktportfolio dupliziert haben unabhängig davon, was sie mit dem Vermögen später anfangen wollen (Konsum, Thesaurierung).
  Hinweis: Realitätsnah sind Transaktionskosten von null nicht. Existieren Transaktionskosten, dann bleibt von Markowitz die Erkenntnis, dass Diversifikation bei positiver Korrelation von Erträgen sinnvoll ist. Der optimale Diversifikationsgrad ergibt sich dann aber unter Einbezug der Transaktionskosten und muss individuell ausgerechnet werden. Er kann je nach Konsumwünschen unterschiedlich sein, denn ein Anleger, der auf Jahre hinaus nicht konsumieren will, wird wegen der Transaktionskosten anders investieren als jemand, der regelmäßige Entnahmen plant.
- Die Zusammensetzung des optimalen Portfolios *(Marktportfolio)* ist im Markowitzmodell *unabhängig von individueller Risikoneigung* und vom Marktpreis des Risikos. Investoren mit unterschiedlicher Risikoneigung halten unabhängig von der Höhe ihres Anlagevermögens das Marktportfolio, allerdings zu unterschiedlichen Anteilen ihres Gesamtvermögens. Die Risikoneigung wird lediglich bei der Aufteilung des Gesamtvermögens auf das Marktportfolio und die risikolose Anlage i berücksichtigt. Diese Trennung von Investitions- und Finanzierungsentscheidungen nennt man nach ihrem Entdecker die *Tobin-Separation*.

Das Separationstheorem von Tobin liefert die theoretische Begründung für die *Delegierbarkeit von Portfolioentscheidungen* und legitimiert die präferenzunabhängige Entscheidungen von Managern über riskante Investitionen. Das heißt, unter den Bedingungen (annähernd) vollkommener Kapitalmärkte können Manager stellvertretend für viele Aktionäre mit unterschiedlichen Risiko- und Zeitpräferenzen Investitionsentscheidungen treffen, die den Nutzen alle mehren, ohne Interessenkonflikte beachten zu müssen, wenn sie den Forderungen der Portfoliotheorie folgen.

Aufgaben zur Lernkontrolle

1. Welche Zielgrößen dienen in der Portfoliotheorie zur Beurteilung von Wertpapieren und wie werden sie berechnet?
2. Erläutern Sie den Begriff der Korrelation und nennen Sie die drei idealtypischen Formen. Wie wirken sich diese im Zwei-Wertpapier-Fall auf mögliche Rendite-Risiko-Kombinationen aus?

3. Gegeben seien zwei Wertpapiere A und B mit folgenden zustandsabhängigen Preisen:

	A	B	Eintritts-wahrscheinlichkeit
aktuell	50	20	
Zustand 1	65	25	0,3
Zustand 2	55	30	0,35
Zustand 3	50	20	0,2
Zustand 4	45	15	0,15
Anteil am Portfolio	0,5	0,5	

Berechnen Sie Erwartungswert, Varianz, Standardabweichung, Kovarianz und Korrelationskoeffizient der Renditen der Einzelwerte, sowie Erwartungswert und Standardabweichung des Portfolios.
Bei welcher Anteilsgewichtung von A und B ergibt sich das varianzminimale Portfolio?

4. Zeichnen Sie in ein Rendite-Risiko-Diagramm den effizienten Rand aller möglichen Risiko-Ertragskombinationen aus Wertpapieren, das Minimum-Varianz-Portfolio, die Kapitalmarktlinie, das Marktportfolio sowie die Indifferenzkurve der persönlichen Risikoneigung eines risikoneutralen Investors ein.

8.7 Portfoliooptimierung mit dem Black-Litterman-Modell*

8.7.1 Problematik der Anwendbarkeit von Markowitz und dem CAPM in der Praxis

Das Problem der Anwendbarkeit der Portfoliooptimierung nach Markowitz in der Praxis liegt in der Schätzung der erwarteten Renditen der einzelnen Assetklassen. In der Regel werden die benötigten Renditen aus historischen Zeitreihen gewonnen, oder es werden Expertenmeinungen zugrunde gelegt. Beides führt häufig zu negativen Gewichten einzelner Assetklassen im berechneten »optimalen« Portfolio. Derartige Ergebnisse werden von den Investoren meist nicht akzeptiert: sie lehnen größere Short-Positionen ab. Oftmals reagieren die Portfoliomanager darauf durch Einführung von Nebenbedingungen bei der Optimierung. Das führt dazu, dass die betroffenen Assetklassen ein Gewicht von Null erhalten, was aus anderen Gründen nicht zufrieden stellt: denn diese sog. »Corner Portfolios« beinhalten nicht alle investierbaren Assetklassen und sind deshalb nicht hinreichend diversifiziert.

---

* Autor: Gunther Hahn

Ein anderes Problem wurde oben bereits angesprochen: Ist es möglich, auf Basis historischer Daten überhaupt (für eine zukünftige Periode) effiziente Portfolios zu berechnen, oder ergeben sich nur fragwürdige Lösungen, welche allein auf einen bestimmten Datensatz und die formulierten Nebenbedingungen bezogen sind, sich aber zukünftig gar nicht bewähren?

In diesem Zusammenhang wurde die Forderung aufgestellt, Optimierungsmodelle zu finden, deren Lösungen
- robust hinsichtlich der Datenqualität sind und
- die keine Portfolios mit großen negativen Assetbeständen (Short-Positionen) oder
- zu geringe Diversifikationsgrade

implizieren. Diese Forderungen erfüllt das Black-Litterman-Modell. Die Lösungen des Black-Litterman-Modells sind robuster in Bezug auf die Eingangsdaten als die klassische Portfoliooptimierung, und sie vermeiden Short-Positionen oder Null-Positionen (Corner-Lösungen) ohne praxisferne Nebenbedingungen setzen zu müssen.

8.7.2 Der Aufbau des Modells

Das Black-Litterman-Modell berechnet optimale Portfolios in drei Schritten.
- *Berechnung impliziter Renditen für ein Ausgangsportfolio.* Im ersten Schritt wird die Gleichung des CAPM umgekehrt angewendet. Begonnen wird nicht wie beim CAPM bei den Mü's und Sigma's des Anlageuniversums, um ein Portfolio zu berechnen, sondern mit einem Portfolio (»Ausgangsportfolio«), um daraus – quasi rückwärts – auf Renditen zurückzuschließen. Ein solcher Startpunkt der Überlegungen resultiert aus Erfahrungen in der Praxis: Viele Anleger orientieren sich stark an Indizes und fühlen sich unwohl, wenn Portfolios allzu weit davon abweichen. Typische Aufgabenstellungen lauten deshalb, eine Benchmark zu übertreffen, z. B. eine Outperformance gegenüber dem EURO STOXX 50 durch eine bessere Sektorallokation zu erzielen. Investoren, die nach Black Litterman optimieren, wählen oft ein Ausgangsportfolio, dessen Gewichtung einem Index entspricht, sich aus Marktkapitalisierung ableiten lässt oder das aktuelle Ist-Portfolio darstellt. Es wird unter Verwendung der Assetgewichte des Ausgangsportfolios sowie der (historischen) Kovarianzmatrix der Assets des Ausgangsportfolios ein Renditevektor berechnet, der dieses Portfolio zu einem »effizienten« Portfolio macht. D.h., es wird der Renditevektor gesucht, der bei gegebener Kovarianzmatrix und gegebenen Gewichten dazu führt, dass dieses Portfolio eine Sharpe Ratio besitzt, die größer ist als die Sharpe Ratio aller anderen Portfoliozusammensetzungen. Die Renditen dieses Vektors werden »implizite« Renditen genannt. Die impliziten Renditen besitzen die Eigenschaft, dass eine Optimierung im Sinne des CAPM gerade das ursprünglich angenommene Portfolio als optimales (Markt-) Portfolio ergibt. Der Sinn des ersten Schritts ist folgender: Indem Black und Litterman ihre Portfoliooptimierung mit einem Ausgangsportfolio

- *Hinzufügen eigener Renditemeinungen.* Das Ausgangsportfolio mit den berechneten impliziten Renditen dient im zweiten Schritt als Startpunkt eigener Renditeschätzung. Oftmals entsprechen die impliziten Renditen ganz und gar nicht den Zukunftserwartungen. Es müssen Renditemeinungen zu den Assets formuliert werden. Anschließend erfolgt die »Mischung« der Renditemeinungen mit den impliziten Renditen unter Berücksichtigung der Korrelationen zwischen den Assetklassen. Die sich ergebenden sog. »Black-Litterman-Renditen« repräsentieren sowohl die eigenen Renditemeinungen als auch die impliziten Renditen des Ausgangsportfolios. Bei der Formulierung der Renditemeinungen werden oft die erwarteten Renditen aus einem Faktormodell verwendet – das Black-Litterman-Modell verlangt also nicht, »freihändig« Prognosen erstellen zu müssen. Die Varianz des Fehlerterms des Faktormodells kann zur Formulierung der Unsicherheit bezüglich der Renditemeinung angewandt werden. Alternativ kann auch eine erfolgreiche Long/Short-Equity-Strategie zur Formulierung der Renditemeinungen herangezogen werden. Die historische Varianz der Long/Short-Strategie kann zur Formulierung der Unsicherheit eingesetzt werden.
- *Berechnung der optimalen Assetgewichtung.* Im dritten Schritt wird ein optimales (im Sinne einer maximalen Sharpe Ratio) Portfolio basierend auf der ursprünglichen Kovarianzmatrix und den Black-Litterman-Renditen berechnet. Im Ergebnis entsteht ein Portfolio, welches gemäß den Renditemeinungen eine abweichende Gewichtung zum Ausgangsportfolio besitzt. Stellt sich am Ende der Anlageperiode die Renditemeinung als richtig heraus, so ist das berechnete Portfolio effizienter als das Ausgangsportfolio. Insgesamt liefert das Black-Litterman-Modell für einen in der Praxis arbeitenden Portfoliomanager eine realistische Asset Allocation, die ausreichend diversifiziert ist.

Zusammenfassend liefert das Black-Litterman-Modell einen Investment-Prozess, bei dem ein Ausgangsportfolio gemäß einer vorhandenen Renditemeinung umgeschichtet wird. Stellt sich die Renditemeinung im Nachhinein als richtig heraus, dann entsteht durch die Umschichtung ein renditestärkeres Portfolio, das gleichwohl gut diversifiziert gewesen ist.

Das bedeutet, dass der Investor, der das Black-Litterman-Modell verwendet, auch ein Renditeprognosemodell benötigt. Liefert das Prognosemodell schlechte Vorhersagen, dann werden die vorgenommenen Umschichtungen in die falsche Richtung führen. Aus diesem Grund ist es besser, nur wenige Meinungen mit hoher Sicherheit zu formulieren, als viele unsichere Meinungen. Letztendlich führen die korrekten Prognosen und nicht die Anwendung des Black-Litterman-Modells zu einer besseren Wertentwicklung. Das Black-Litterman-Modell sorgt für eine ausreichend (begründete) Diversifizierung.

8.7.3 Modelldarstellung

Im Folgenden werden die drei genannten Schritte, nämlich:
1. Berechnung der impliziten Renditen aus dem Ausgangsportfolio und der Kovarianzmatrix,
2. Mischung der formulierten Renditemeinungen mit den impliziten Renditen zu den Black-Litterman-Renditen,
3. Durchführung einer Portfoliooptimierung mittels der Black-Litterman-Renditen,

in den folgenden Abschnitten einzeln dargestellt und anschließend anhand eines leicht nachvollziehbaren Beispiels weiter verdeutlicht.

Berechnung der impliziten Renditen
Die impliziten Renditen besitzen die Eigenschaft, dass eine durchgeführte Portfoliooptimierung mit den impliziten Renditen das Ausgangsportfolio als optimal erachtet. Das bedeutet, dass die erwarteten Renditen den impliziten Renditen entsprechen. Ausgehend von der Lambda-Form des CAPM gilt:

$$E\left[r_j\right] = r_f + \lambda \cdot \text{cov}\left[r_m, r_j\right]$$

wobei der Faktor Lambda den Marktpreis des Risikos repräsentiert. Auflösen des Kovarianzterms liefert:

$$E\left[r_j\right] = r_f + \lambda \cdot \sum_{k=1}^{J} \omega_k \cdot \text{cov}\left[r_k, r_j\right]$$

Diese Gleichung gilt für alle Assetklassen j und stellt somit ein Gleichungssystem dar! Aus Übersichtlichkeitsgründen wird die Formel in Matrixnotation dargestellt, um den Charakter des Gleichungssystems zu verdeutlichen. Die obige Formel lautet in Matrixnotation:

$$R = r_f + \lambda \cdot V\omega$$

Dabei wurde folgende Notation verwendet:

R	$J \times 1$	Vektor der impliziten Renditen.
r_f	$J \times 1$	Vektor, bei dem jede Komponente dem risikolosen Zins entspricht.
V	$J \times J$	Kovarianzmatrix der Assetklassen. Auf der Diagonalen stehen die Varianzen und auf der Nebendiagonalen die Kovarianzen.
ω	$J \times 1$	Vektor der Gewichte des optimalen Portfolios (maximale Sharpe Ratio).
λ	1×1	Zahl, die dem Marktpreis des Risikos entspricht.

Diese Gleichung repräsentiert die Formel für die impliziten Renditen (R). Aus einer gegebenen Kovarianzstruktur (V) und Portfoliogewichtung (ω) können die impliziten Renditen bestimmt werden. Allerdings ist die Zuordnung nicht eindeutig, weil der Faktor Lambda (λ) frei wählbar ist. Mathematisch bedeutet dies, dass zwar die Proportionen der impliziten Renditen zwischen den Assetklassen bekannt sind, aber nicht ihre eindeutige Größe. Inhaltlich repräsentiert der Skalierungsfaktor Lambda den Marktpreis des Risikos:

$$\lambda = \frac{E[r_m] - r_f}{Var[r_m]}$$

Es gibt mehrere Möglichkeiten zur Schätzung des Skalierungsfaktors Lambda. Zum ersten kann Lambda aus historischen Daten geschätzt werden. Dazu wird die historische Überrendite und Varianz des Ausgangsportfolios gemessen. Der Quotient bestimmt den Lambdafaktor. Zum zweiten kann der Zähler (Risikoprämie) vom Portfoliomanager vorgegeben werden und der Nenner (Varianz) wird aus historischen Daten geschätzt. Zuletzt kann der Skalierungsfaktor auch direkt vom Portfoliomanager vorgegeben werden. In der Regel liegt Lambda wertmäßig zwischen 2 und 4. Mit der Bestimmung der impliziten Renditen ist der erste Schritt abgeschlossen und es folgt die Formulierung der Renditemeinungen.

Formulierung der Renditemeinungen und Berechnung der Black-Litterman-Renditen

Die Optimierung des Portfolios mit den impliziten Renditen liefert genau die Gewichte (ω) des Ausgangsportfolios. Insofern müssen die impliziten Renditen modifiziert werden, um ein neues Portfolio zu erhalten. Diese Modifikation geschieht im zweiten Schritt, bei dem die impliziten Renditen mit den eigenen Renditemeinungen gemischt werden. Bei der Mischung werden die Korrelationen zwischen den Assetklassen berücksichtigt. Die Formulierung der eigenen Renditemeinungen lautet in Matrixnotation:

$$q = P \cdot \mu + \varepsilon \qquad \text{mit } \varepsilon \sim N(0, D)$$

Dabei gilt:

q	N×1	Vektor der Renditemeinungen.
P	N×J	Matrix der Linearkombinationen bezüglich der Renditemeinungen.
μ	J×1	Vektor der Black-Litterman-Renditen.
ε	N×1	Vektor, der den Abstand zwischen den Black-Litterman-Renditen und den Renditemeinungen misst.
D	N×N	Kovarianzmatrix des Fehlerterms. Da die Fehler nicht korreliert sind, sind nur die Diagonalelemente der Matrix besetzt. Alle übrigen Einträge entsprechen Null.

Der Vektor q repräsentiert die Renditemeinung und der Vektor μ die unbekannten Black-Litterman-Renditen. Eine Kombination von Assetklassen bei der Renditemeinung kann über die Matrix P formuliert werden. Der Vektor ε repräsentiert die Fehlertolleranzgrenze. Das bedeutet, dass die Black-Litterman-Renditen nicht exakt den Renditemeinungen entsprechen müssen, sondern in einer »Epsilon Umgebung« um die Renditemeinungen liegen dürfen. Deshalb ist der Fehlerterm ε normalverteilt mit der Streuungsmatrix D. Die Streuungsmatrix ist eine Diagonalmatrix, bei der die Diagonaleinträge den Streuungen der einzelnen Renditemeinungen entsprechen. Alle Nebendiagonalelemente sind Null, weil die Korrelationen

zwischen den Abweichungen der Renditemeinungen annahmegemäß Null betragen. Angenommen der Portfoliomanager hat zwei Renditemeinungen:
1. Assetklasse 1 performt mit 5 %.
2. Assetklasse 3 performt mit 3 % besser als Assetklasse 2.

Dann lauten diese Renditemeinungen in Matrixnotation wie folgt:

$$\begin{bmatrix} 5\% \\ 3\% \end{bmatrix} = \begin{bmatrix} 1 & 0 & 0 \\ 0 & -1 & 1 \end{bmatrix} \cdot \begin{bmatrix} \mu_1 \\ \mu_3 \\ \mu_3 \end{bmatrix} + \begin{bmatrix} \varepsilon_1 \\ \varepsilon_2 \end{bmatrix}$$

Es bleibt übrig die Streuungsmatrix der Fehlerterme zu bestimmen. Angenommen der Portfoliomanager glaubt, dass mit 68 %iger Wahrscheinlichkeit die erste Renditemeinung mit ±1 % Genauigkeit angegeben ist und mit der gleichen Wahrscheinlichkeit die zweite Renditemeinung eine Genauigkeit von ±2 % besitzt. Bei unterstellter Normalverteilung folgt eine Varianz von 1 %² (= 0,01 %) für die erste und 2 %² (= 0,04 %) für die zweite Renditemeinung. Das bedeutet, dass die Struktur der Fehlerkovarianzmatrix D wie folgt lautet:

$$D = \begin{bmatrix} 0{,}01\% & 0 \\ 0 & 0{,}04\% \end{bmatrix}$$

Damit sind die Renditemeinungen und deren Unsicherheit spezifiziert. Im folgenden Schritt werden die Renditemeinungen und impliziten Renditen gemischt. Die folgende Formel zeigt, wie die resultierenden Black-Litterman-Renditen zu mischen sind:

$$\mu = [(\tau V)^{-1} + P'D^{-1}P]^{-1} \cdot [(\tau V)^{-1}R + P'D^{-1}q]$$

Diese – auf den ersten Blick kompliziert anmutende – Formel bildet das Herzstück des Black-Litterman-Modells. Der Grund für die Verwendung einer komplizierten Formel liegt in der Berücksichtigung der Korrelation zwischen den Assetklassen bei der Mischung der Renditen. Wird eine Renditemeinung bezüglich einer Assetklasse formuliert, so hat dies aufgrund der Korrelationen zwischen den Assetklassen Auswirkungen auf die Renditen anderer Assetklassen. Diese Auswirkungen werden bei der Mischung berücksichtigt. Zur Verdeutlichung der Formel wird von folgendem Gleichungssystem ausgegangen:

(1): $R = \mu + z$ mit $z \sim N(0, V)$

(2): $q = P \cdot \mu + \varepsilon$ mit $\varepsilon \sim N(0, D)$

Gleichung (1) repräsentiert den Fehler (z) zwischen den Black-Litterman-Renditen (μ) und den impliziten Renditen (R). Gleichung (2) repräsentiert den Fehler (ε) zwischen den formulierten Renditemeinungen (q) und den Black-Litterman-Renditen (μ). Insgesamt wird die standardisierte Fehlerquadratsumme aus beiden Gleichungen minimiert. Mathematisch bedeutet dies:

Min: $1/\tau \cdot z'V^{-1}z + \varepsilon'D^{-1}\varepsilon$

Die Terme $z'V^{-1}z$ und $\varepsilon'D^{-1}\varepsilon$ stehen für die multivariate Formulierung der standardisierten Fehlerquadratsumme aus Gleichung I und II. Obwohl bei der Formulierung Vektoren und Matrizen benutzt werden, ist das Ergebnis eine Zahl und kein Vektor. Der Faktor $1/\tau$ steht für die Gewichtung zwischen den konkurrierenden Zielkriterien. Ist τ klein, dann wird die Fehlerquadratsumme aus Gleichung I stärker gewichtet als die Fehlerquadratsumme aus Gleichung II. Bei einem großen Wert von τ wird Gleichung II stärker gewichtet. Dies impliziert, dass bei unsicheren Renditemeinungen der Parameter τ wertmäßig klein gewählt werden sollte, damit bei der Mischung der Fehlerterm aus Gleichung I stärker gewichtet wird. Bei sicheren Renditemeinungen verhält es sich umgekehrt.

Werden die Gleichungen (1) und (2) in das Zielkriterium eingesetzt, ergibt sich:

Min: $(R-\mu)'(\tau V)^{-1}(R-\mu) + (q-P\mu)'D^{-1}(q-P\mu)$

Das Minimum des Zielkriteriums wird mittels der ersten Ableitung ermittelt. Ableiten nach dem Vektor μ und Nullsetzen liefert:

$$\underbrace{(-1)}_{\text{innere Ableitung}} \cdot \underbrace{2 \cdot (\tau V)^{-1}(R-\mu)}_{\text{äußere Ableitung}} + \underbrace{(-P')}_{\text{innere Ableitung}} \cdot \underbrace{2 \cdot D^{-1}(q-P\mu)}_{\text{äußere Ableitung}} = 0$$

$$(\tau V)^{-1} \cdot (R-\mu) + P' \cdot D^{-1} \cdot (q-P\mu) = 0$$

$$(\tau V)^{-1} \cdot R - (\tau V)^{-1} \cdot \mu + P'D^{-1} \cdot q - P'D^{-1}P \cdot \mu = 0$$

$$(\tau V)^{-1} \cdot \mu + P'D^{-1}P \cdot \mu = (\tau V)^{-1} \cdot R + P'D^{-1} \cdot q$$

$$[(\tau V)^{-1} + P'D^{-1}P] \cdot \mu = (\tau V)^{-1} \cdot R + P'D^{-1} \cdot q$$

$$\mu = [(\tau V)^{-1} + P'D^{-1}P]^{-1} \cdot [(\tau V)^{-1}R + P'D^{-1}q]$$

Damit ist die Formel für die Black-Litterman-Renditen gezeigt. Mit diesen Renditen wird die folgende Portfoliooptimierung durchgeführt.

Portfoliooptimierung mit den Black-Litterman-Renditen

Nachdem die Black-Litterman-Renditen bestimmt sind, kann mit diesen Renditen die Optimierung durchgeführt werden. Ausgehend von der Lambda-Form des CAPM in Matrixnotation mit den Black-Litterman-Renditen gilt:

$\mu = r_f + \lambda \cdot V\omega$

Dieses Gleichungssystem wird mittels Matrixinversion nach den optimalen Gewichten (ω) aufgelöst.

$\omega = 1/\lambda \cdot V^{-1}(\mu - r_f)$

Der Faktor $1/\lambda$ entspricht einer Normierungskonstante, die dafür sorgt, dass die Summe der Gewichte Eins ergibt. Da die Normierungskonstante $1/\lambda$ nicht bekannt ist (der Marktpreis des Risikos des optimalen Portfolios ist unbekannt, weil das optimale Portfolio nicht bekannt ist), wird zuerst das Gleichungssystem $V^{-1} \cdot (\mu - r_f)$ gelöst und anschließend die Summe der Komponenten des Gewichtsvektors gebildet. Diese Summe entspricht dem Marktpreis des Risikos λ und die Division der zuvor ermittelten Gewichte durch den Faktor λ liefert Gewichte, die in Summe Eins ergeben.

8.7.4 Anwendungsbeispiel

Zur Verdeutlichung wird das Black-Litterman-Modell anhand eines Beispiels vorgestellt. Die verwendeten Daten sind nicht real, da sie nur zu Illustrationszwecken dienen. Aus Übersichtlichkeitsgründen wird von vier Assetklassen ausgegangen. Die folgende Tabelle zeigt die Daten:

Assetklasse	Erwartete Rendite	Volatilität	Sharpe Ratio	Gewichtung des Ist-Portfolios
Risikoloser Zinssatz	4%	–	–	–
Assetklasse 1	12%	16,64%	0,48	10%
Assetklasse 2	7%	11,18%	0,27	30%
Assetklasse 3	5%	7,62%	0,13	55%
Assetklasse 4	9%	10,20%	0,49	5%
Total Portfolio	**6,5%**	**6,82%**	**0,37**	**100%**

Aus historischen Daten ist folgende Korrelations- bzw. Kovarianzmatrix bekannt. Die Korrelationen sind in Klammern und Kursivschrift angegeben.

	Asset-Klasse 1	Asset-Klasse 2	Asset-Klasse 3	Asset-Klasse 4
Assetklasse 1	2,77% *(1)*	0,70% *(0,38)*	0,42% *(0,33)*	0,28% *(0,16)*
Assetklasse 2	0,70% *(0,38)*	1,25% *(1)*	0,15% *(0,18)*	0,10% *(0,09)*
Assetklasse 3	0,42% *(0,33)*	0,15% *(0,18)*	0,58% *(1)*	0,06% *(0,09)*
Assetklasse 4	0,28% *(0,16)*	0,10% *(0,09)*	0,06% *(0,09)*	1,04% *(1)*

Zunächst wird das optimale Portfolio basierend auf der Kovarianzmatrix und der erwarteten Rendite berechnet. Die Lösung des Gleichungssystems $\omega = 1/\lambda \cdot V^{-1} (\mu - r_f)$ liefert:

	Gewichtung des optimalen Portfolios	Gewichtung des Ist-Portfolios	Umschichtung
Assetklasse 1	35,24%	10%	25,24%
Assetklasse 2	12,33%	30%	-17,67%
Assetklasse 3	-9,31%	55%	-64,31%
Assetklasse 4	61,75%	5%	56,75%
Rendite	**10,18%**	**6,50%**	
Standardabweichung	**9,61%**	**6,82%**	

Die optimale Lösung suggeriert, das Assetklasse 3, die zuvor am stärksten gewichtet war, untergewichtet werden sollte und Assetklasse 4, die zuvor am geringsten gewichtet war, am stärksten gewichtet werden sollte. Der Umschichtungsvektor zeigt, dass insgesamt 163 % des Portfolios umgeschichtet werden müssten. Unabhängig davon ist die Lösung schwer zu implementieren, weil Assetklasse 3 ein negatives Gewicht besitzt. Deshalb wird jetzt versucht, ein realistischeres Ergebnis mit dem Black-Litterman-Model zu erzielen. Zuerst werden aus den Gewichtungen des Ist-Portfolios die impliziten Renditen ausgerechnet.

Die Formel lautet:

$$R = r_f + \lambda \cdot V\omega$$

In Zahlen ausgedrückt:

$$\begin{bmatrix} R_1 \\ R_2 \\ R_3 \\ R_4 \end{bmatrix} = \begin{bmatrix} 4\% \\ 4\% \\ 4\% \\ 4\% \end{bmatrix} + \lambda \cdot \begin{bmatrix} 2{,}77\% & 0{,}70\% & 0{,}42\% & 0{,}28\% \\ 0{,}70\% & 1{,}25\% & 0{,}15\% & 0{,}10\% \\ 0{,}42\% & 0{,}15\% & 0{,}58\% & 0{,}06\% \\ 0{,}28\% & 0{,}10\% & 0{,}06\% & 1{,}04\% \end{bmatrix} \cdot \begin{bmatrix} 10\% \\ 30\% \\ 55\% \\ 5\% \end{bmatrix} = \begin{bmatrix} 4\% + \lambda \cdot 0{,}73\% \\ 4\% + \lambda \cdot 0{,}53\% \\ 4\% + \lambda \cdot 0{,}41\% \\ 4\% + \lambda \cdot 0{,}14\% \end{bmatrix}$$

Für die Prognose des Marktpreises des Risikos werden die Renditen und Standardabweichungen des Ist-Portfolios gewählt:

$$\lambda = \frac{6{,}5\% - 4\%}{6{,}82\%^2} = 5{,}38$$

Insgesamt ergibt sich für die impliziten Renditen der Assetklassen:

$$\begin{bmatrix} R_1 \\ R_2 \\ R_3 \\ R_4 \end{bmatrix} = \begin{bmatrix} 7{,}94\% \\ 6{,}86\% \\ 6{,}20\% \\ 4{,}77\% \end{bmatrix}$$

Als nächstes werden die Renditemeinungen bezüglich der Assetklassen ermittelt. Es wird davon ausgegangen, dass die Renditemeinungen den erwarteten Renditen entsprechen. In Matrixnotation ergibt sich:

$$q = P \cdot \mu + \varepsilon$$

Oder in Zahlen ausgedrückt:

$$\begin{bmatrix} 12\% \\ 7\% \\ 5\% \\ 9\% \end{bmatrix} = \begin{bmatrix} 1 & 0 & 0 & 0 \\ 0 & 1 & 0 & 0 \\ 0 & 0 & 1 & 0 \\ 0 & 0 & 0 & 1 \end{bmatrix} \cdot \begin{bmatrix} \mu_1 \\ \mu_2 \\ \mu_3 \\ \mu_4 \end{bmatrix} + \begin{bmatrix} \varepsilon_1 \\ \varepsilon_2 \\ \varepsilon_3 \\ \varepsilon_4 \end{bmatrix}$$

Dies bedeutet, dass die Matrix P der Einheitsmatrix entspricht. Schließlich muss die Kovarianzmatrix des Fehlerterms ε bestimmt werden. Beispielhaft wird davon ausgegangen, dass die Unsicherheit der jeweiligen Renditemeinung der Hälfte der

Volatilität der Assetklasse entspricht. Das impliziert für die erste Assetklasse eine - Standardabweichung von 8,32 % (= 16,64 %/2) und eine Varianz von 0,69 % (= 8,32 %²).

Insgesamt gilt:

$$\varepsilon \approx N\left(0, \begin{bmatrix} 0{,}69\% & 0 & 0 & 0 \\ 0 & 0{,}31\% & 0 & 0 \\ 0 & 0 & 0{,}15\% & 0 \\ 0 & 0 & 0 & 0{,}26\% \end{bmatrix}\right)$$

Es bleibt übrig den Gewichtungsparameter τ festzulegen. Es wird $\tau = 0{,}5$ gewählt. Daraus resultiert folgende Gewichtung für die impliziten Renditen und Meinungen:

Gewicht implizite Rendite: $1/\tau = 2$ → 66,67 %

Gewicht Renditemeinung: 1 → 33,33 %

Das bedeutet, dass bei der Mischung der Renditen die impliziten Renditen ein stärkeres Gewicht als die Renditemeinungen erhalten. Mit diesen Informationen können die Black-Litterman-Renditen bestimmt werden. Das Auswerten der »Mischungsformel« liefert die Black-Litterman-Renditen.

$$\mu = [(\tau V)^{-1} + P'D^{-1}P]^{-1} \cdot [(\tau V)^{-1}R + P'D^{-1}q]$$

Die folgende Tabelle fasst die Ergebnisse zusammen:

Assetklasse	Rendite-meinung	Implizite Rendite	Black-Litterman-Rendite	Sharpe Ratio
Assetklasse 1	12,0 %	7,94 %	10,54 %	0,39
Assetklasse 2	7,0 %	6,86 %	7,19 %	0,29
Assetklasse 3	5,0 %	6,20 %	5,58 %	0,21
Assetklasse 4	9,0 %	4,77 %	7,64 %	0,36

Die Ergebnistabelle zeigt, dass die Black-Litterman-Renditen keine lineare Mischung darstellen. Zum Beispiel liegt bei Assetklasse 2 die Black-Litterman-Rendite nicht zwischen der impliziten Rendite und der Renditemeinung, sondern ist größer als beide Renditen. Letztendlich sorgt die Berücksichtigung der Korrelation für dieses Ergebnis. Im letzten Schritt wird mit den Black-Litterman-Renditen das optimale Portfolio bestimmt. Zuerst wird der nicht normierte Gewichtsvektor bestimmt:

$$\omega = 1/\lambda \cdot V^{-1}(\mu - r_f)$$

$$\begin{bmatrix} \omega_1 \\ \omega_2 \\ \omega_3 \\ \omega_4 \end{bmatrix} = \frac{1}{\lambda}\begin{bmatrix} 2{,}77\% & 0{,}70\% & 0{,}42\% & 0{,}28\% \\ 0{,}70\% & 1{,}25\% & 0{,}15\% & 0{,}10\% \\ 0{,}42\% & 0{,}15\% & 0{,}58\% & 0{,}06\% \\ 0{,}28\% & 0{,}10\% & 0{,}06\% & 1{,}04\% \end{bmatrix}^{-1} \cdot \begin{bmatrix} 10{,}54\% - 4\% \\ 7{,}19\% - 4\% \\ 5{,}58\% - 4\% \\ 7{,}64\% - 4\% \end{bmatrix} = \frac{1}{\lambda}\begin{bmatrix} 1{,}59 \\ 1{,}31 \\ 0{,}93 \\ 2{,}89 \end{bmatrix}$$

Die Summe der Komponenten entspricht dem Marktpreis des Risikos (λ) und dient der Normierung des Gewichtsvektors. In dem Beispiel ergibt sich 6,74 als Summe und es gilt:

$$\begin{bmatrix} \omega_1 \\ \omega_2 \\ \omega_3 \\ \omega_4 \end{bmatrix} = \frac{1}{6,74} \begin{bmatrix} 1,59 \\ 1,31 \\ 0,93 \\ 2,89 \end{bmatrix} = \begin{bmatrix} 23,66\% \\ 19,50\% \\ 13,96\% \\ 42,88\% \end{bmatrix}$$

Die folgende Tabelle fasst die Ergebnisse der Portfoliooptimierung zusammen:

Assetklasse	Ursprüngliche Optimierung	Ist-Portfolio	BL optimiertes Portfolio	Sharpe Ratio
Assetklasse 1	35,24 %	10,00 %	23,66 %	0,39
Assetklasse 2	12,33 %	30,00 %	19,50 %	0,29
Assetklasse 3	− 9,31 %	55,00 %	13,96 %	0,21
Assetklasse 4	61,75 %	5,00 %	42,88 %	0,36
Portfolio-Rendite	8,80 %	6,66 %	7,95 %	
Standardabweichung	9,61 %	6,82 %	7,66 %	
Sharpe Ratio	0,50	0,39	0,52	

Die Lösung zeigt, dass die Optimierung auf Basis der Black-Litterman-Renditen ein wesentlich realistischeres Ergebnis liefert. Bei der Umschichtung wird das Übergewicht der Assetklassen 2 und 3 abgebaut und Assetklassen 1 und 4 werden übergewichtet. Diese Umschichtung ist sinnvoll, weil die Assetklassen mit einer geringen Sharpe Ratio untergewichtet werden und in Assetklassen mit einer höheren Sharpe Ratio investiert wird. Die folgende Abbildung verdeutlicht die Ergebnisse.

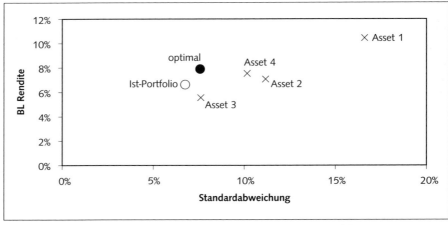

Abb. 8.16: Rendite-Risiko-Positionen nach dem Black-Litterman-Verfahren

Die Abbildung zeigt, dass durch die Optimierung ein renditestärkeres Portfolio entstanden ist. Allerdings ist auch das Risiko des optimierten Portfolios größer als das Risiko des Ist-Portfolios. Das größere Risiko des optimierten Portfolios kann durch Beimischung des risikolosen Assets auf das Niveau des Ist-Portfolios reduziert werden. Wird 89 % des Vermögens in das optimierte Portfolio investiert und 11 % risikolos, dann sind die Risikoniveaus identisch. Das gemischte Portfolio erzielt eine Rendite von 7,52 % gegenüber einer Rendite von 6,66 % des Ist-Portfolios. Im Ergebnis zeigt sich eine erwartete risikoadjustierte Outperformance von 0,86 %.

Literatur: Portfoliotheorie und -praxis

Brealey, R. A./Myers, S. C. (2006): Corporate Finance, 8. Aufl., New York et al.

Breuer, W./Gürtler, M./Schuhmacher, F. (2004): Portfoliomanagement I, 2. Aufl., Wiesbaden.

Breuer, W./Gürtler, M./Schuhmacher, F. (2006): Portfoliomanagement II, Wiesbaden.

Copeland, T. E./Weston, J. F. (1988): Financial Theory and Corporate Policy, 3. Aufl., Mass.

Cumova, D. (2005): Asset allocation based on shortfall risk, Chemnitz.

Drukarczyk, J. (1993): Theorie und Politik der Finanzierung, 2. Aufl., München.

Elton, E. J./Gruber, M. J. (1995): Modern Portfolio Theory and Investment Analysis, 5. Aufl., New York.

Hirsch, M./Kleeberg, J. M. (2006): Robuste Asset Allocation in der Praxis, in: Die Bank, Heft 4, S. 20–24.

Markowitz, H. M. (1952): Portfolio Selection, in: The Journal of Finance, No. 1, S. 77–91.

Markowitz, H. M. (1959): Portfolio Selection. Efficient Diversification of Investments, New York.

Markowitz, H. M. (2000): Mean-Variance Analysis in Portfolio Choice and Capital Markets, New Hope/Pennsylvania.

Memmel, C. (2004): Schätzrisiken in der Portfoliotheorie, Lohmar.

Mertens, D. (2004): Portfolio-Optimierung nach Markowitz, Frankfurt/M.

Perridon, L./Steiner, M. (1995): Finanzwirtschaft der Unternehmung, 8. Aufl., München.

Ross, S. A./Westerfield, R. W./Jaffe, J. F. (1996): Corporate Finance, 4. Aufl., Homewood.

Schneider, D. (1992): Investition, Finanzierung und Besteuerung, 7. Aufl., Wiesbaden.

Steiner, M./Bruns, C. (2000): Wertpapiermanagement, 7. Aufl., Stuttgart.

Literatur: Black-Littermann-Modell

Black, F./Litterman, R. (1992): Global Portfolio Optimization, in: Financial Analysts Journal, S. 28–43.

Drobetz, W./Oertmann, P./Zimmermann, H. (2003): Global Asset Allocation, Wiley, S. 261–286.

Fabozzi, F./Focardi, S./Kolm, P., (2006): Financial Modeling of the Equity Market, Wiley, S. 267–319.

Litterman, R. (2003): Modern Investment Management, Wiley, S. 76–88.

Satchel, S./Scowcroft, A. (2000): A Demystification of the Black-Litterman Model: Managing Quantitative and Traditional Portfolio Construction, in: Journal of Asset Management, S. 138–150.

9 Capital-Asset-Pricing-Model (CAPM)*

> **LERNZIELE**
> - Sie können das CAPM aus der Portfoliotheorie ableiten.
> - Sie beherrschen die Grundaussagen des CAPM und seine Annahmen.
> - Sie können varianzminimale und Zero-Beta-Portfolios berechnen und kennen deren Bedeutung.
> - Sie kennen den Unterschied zwischen der Kapitalmarkt- und der Wertpapierlinie.
> - Sie können die gleichgewichtige Rendite von Finanztiteln berechnen und Über- bzw. Unterbewertungen feststellen.
> - Sie können jegliche Investitionen mit dem CAPM bewerten.

9.1 Überblick

In der Finanzwirtschaft geht es immer um die Frage, wie man Real- oder Finanzinvestitionen, die in der Zukunft unsichere Rückflüsse versprechen, bewerten kann. In der Regel geht man dabei von den Preisen anderer Finanztitel aus und nimmt eine *relative Bewertung* vor. Man spricht von *marktorientierter Bewertung*. Im Zentrum der Überlegungen dieses Kapitels steht deshalb die Frage, ob bestimmte Finanztitel in Relation zu anderen am Kapitalmarkt gehandelten Titeln ökonomisch »sinnvoll« bewertet sind. Mit anderen Worten: Wie kann man die Preise für alle unsicheren Rückflüsse, die am Kapitalmarkt gehandelt werden, erklären. Das bekannteste Gleichgewichtsmodell mit dieser Zwecksetzung ist das »Capital-Asset-Pricing-Model« (CAPM), das in den 1960er-Jahren von John *Lintner*, Jan *Mossin* und William F. *Sharpe* entwickelt wurde (Vgl. Lintner (1965), Mossin (1966) und Sharpe (1964).

Die für das CAPM entscheidende Grundlage war die in den 1950er-Jahren entwickelte Portfoliotheorie von Harry M. Markowitz (siehe vorangehendes Kapitel). Sharpe (1964) hatte in einem grundlegenden Artikel das CAPM aus der Portfoliotheorie abgeleitet. Es gibt – wie von Mossin (1966) zeigt – aber auch andere Fundierungen.

9.2 Ziele und Absichten

Das CAPM beruht wie alle sozialwissenschaftlichen Modelle auf bestimmten, die Komplexität der realen Welt reduzierenden Annahmen, die man bei der Anwendung der Modelle unbedingt beachten muss.

---
* Autoren: Alexander G. Aulibauer, Friedrich Thießen

Annahmen des Modells

- Der Markt für Finanztitel ist ein vollständiger und vollkommener Kapitalmarkt (Arbitragefreiheit, keine Transaktionskosten, keine Zugangsbeschränkungen, alle Marktteilnehmer sind Mengenanpasser).
- Es existiert ein sicherer Zins und eine positive Zeitpräferenz (heute ist besser als morgen) bei allen Marktteilnehmern.
- Die Marktteilnehmer sind rational handelnde Wirtschaftssubjekte im Sinne der Bernoulli-Axiome.
- Die Marktteilnehmer sind risikoscheu und haben einen Planungshorizont von einer Periode (es existiert nur heute und morgen).
- Es herrschen homogene Erwartungen, d.h., die Entscheider stimmen überein, welche zukünftigen Zustände prinzipiell möglich sind und welche Rückflüsse beim Eintritt der möglichen zukünftigen Zustände eintreten. Sie divergieren lediglich in der Einschätzung der Wahrscheinlichkeiten der verschiedenen möglichen zukünftigen Zustände.

9.3 Praxisrelevanz des Modells

Trotz der recht einschränkenden Annahmen wird das CAPM – wenn auch nicht allein und ausschließlich – von nahezu allen Marktteilnehmern zur Bewertung von riskanten Assets verwendet. Anfänglich konnte es sich dagegen nur schwer durchsetzen. So kann es kommen, dass auch Modelle mit zunächst sehr kleiner Akzeptanz mit zunehmender Verwendung in der Praxis immer mehr Relevanz bekommen.

Es ist nicht ausgeschlossen, dass sich das Kapitalmarktverhalten der Funktionsweise des Modells anpasst. In diesem Sinne ist es im Investment Banking unabdingbar, die Begriffe und Gleichungen des CAPM zu beherrschen.

9.4 Modelldarstellung

Das Marktportfolio

Wie die Portfoliotheorie gezeigt hat, besteht die nutzenmaximale Kombination von Assets für alle Wirtschaftssubjekte aus risikobehafteten Assets und sicheren Wertpapieren. Die Zusammensetzung der risikobehafteten Assets, welche man mit der sicheren Anlage kombinieren muss, ist für alle Wirtschaftssubjekte gleich. Diesem Teil des Portfolios hat man daher einen Namen gegeben. Man nennt ihn das »Marktportfolio«. Rendite und Risiko des Marktportfolios m lauten: $E[r_m]$ und $SD[r_m]$.

Aus den Eigenschaften der Rendite des Marktportfolios und der sicheren Verzinsung kann man nun den Marktpreis des Risikos:

$$\frac{E[r_m] - r_f}{Var[r_m]}$$

ermitteln. Er gibt an, wie viel der durchschnittliche Marktteilnehmer in dem betrachteten Augenblick für die Abwälzung einer Einheit systematischen Risikos

$$\text{cov}[r_m, r_j]$$

zu bezahlen bereit ist bzw. für deren Übernahme bekommen möchte. Kennt man den Marktpreis des Risikos, so muss man nur noch die Menge des Risikos messen, die mit einem Asset verbunden ist, um seinen Preis (risikofreie Verzinsung plus Risikoprämie) ermitteln zu können. Das Instrument dazu ist die Wertpapierlinie.

Die Wertpapierlinie

Um die Positionen der Kapitalmarktgeraden zu erreichen, müssen die Investoren wie beschrieben ihre Vermögensanlagen derart mischen, dass die Steigung der Rendite-Risiko-Geraden maximiert wird:

$$\max \tan \alpha = \frac{E[r_P] - r_f}{SD[r_P]} \equiv \Lambda(\omega)$$

Bezeichnen wir die Anteile der riskanten Titel am riskanten Marktportfolio mit $\omega_1, ..., \omega_J$, wobei $\sum_{j=1}^{J} \omega_j = 1$ gilt, so entsteht:

$$\max \Lambda(\omega) = \frac{E\left[\sum_{j=1}^{J} \omega_j r_j\right] - r_f}{\sqrt{\sum_{j=1}^{J} \sum_{k=1}^{K} \omega_j \omega_k \text{cov}[r_j, r_k]}}$$

Die partiellen Ableitungen der Funktion $\Lambda(\omega)$ nach den Anteilen ω_j werden null gesetzt:

$$\frac{\partial \Lambda(\omega)}{\partial \omega_j} = 0 \quad \forall j=1, ..., J$$

und die Struktur des Marktportfolios aus dem Lösungsvektor des o.g. Gleichungssystems der Ableitungen abgeleitet. Wer an der formalen Ableitung des Marktportfolios kein Interesse hat, möge die folgenden Seiten überspringen und beim Ergebnis fortfahren.

> **Das CAPM mit Zero-Beta-Portfolio**
>
> Wenn kein risikofreier Zins verfügbar oder ermittelbar ist, kann man trotzdem im CAPM mit der Mischung des Marktportfolios und einer Zero-Beta-Position (mit einer $\text{cov}[r_z, r_m] = 0$) eine Wertpapierlinie konstruieren. In diesem Falle lautet die CAPM-Renditegleichung:
>
> $$E[r_j] = E[r_z] + \frac{E[r_m] - E[r_z]}{\text{Var}[r_m]} \text{cov}[r_j, r_m]$$

Die exakte Ableitung des Marktportfolios

Zum Zwecke der rigorosen Ableitung schreiben wir das Problem zunächst in der Form

$$\max_{\omega_1,\ldots,\omega_J} \Lambda(\omega) = \max_{\omega_1,\ldots,\omega_J} \frac{Z(\omega)}{N(\omega)}$$

und definieren den Zähler als

$$Z(\omega) = E[r_{PF}] - r_f = \sum_{j=1}^{J} \omega_j \left(E[r_j] - r_f\right)$$

sowie den Nenner als

$$N(\omega) = SD[r_{PF}] = \sqrt{Var[r_{PF}]} = \sqrt{\sum_{j=1}^{J}\sum_{k=1}^{J} \omega_j \omega_k \, cov[r_j, r_k]}$$

Nun leiten wir Zähler und Nenner getrennt nach der Variablen ω_j ab. Das ergibt für den Zähler

$$\frac{\partial Z(\omega)}{\partial \omega_j} = E[r_j] - r_f$$

und für den Nenner

$$\frac{\partial N(\omega)}{\partial \omega_j} = 0{,}5\left(Var[r_{PF}]\right)^{-0{,}5} \cdot 2\sum_{k=1}^{J} \omega_k \, cov[r_k, r_j] = \frac{1}{SD[r_{PF}]} \sum_{k=1}^{J} \omega_k \, cov[r_k, r_j].$$

Der zweite Term auf der rechten Seite wird hiernach noch etwas umgeformt:

$$\begin{aligned}
\sum_{k=1}^{J} \omega_k \, cov[r_k, r_j] &= \omega_1 \, cov[r_1, r_j] + \ldots + \omega_J \, cov[r_J, r_j] \\
&= \omega_1 E\left[(r_1 - E[r_1])(r_j - E[r_j])\right] + \ldots + \omega_J E\left[(r_J - E[r_J])(r_j - E[r_j])\right] \\
&= E\left[\omega_1 (r_1 - E[r_1])(r_j - E[r_j]) + \ldots + \omega_J (r_J - E[r_J])(r_j - E[r_j])\right] \\
&= E\left[(r_j - E[r_j])\left(\sum_{k=1}^{J} \omega_k r_k - \sum_{k=1}^{J} \omega_k E[r_k]\right)\right] \\
&= E\left[(r_j - E[r_j])(r_{PF} - E[r_{PF}])\right] \\
&= cov[r_j, r_{PF}]
\end{aligned}$$

Der Term

$$\sum_{k=1}^{J} \omega_k \, \mathrm{cov}\left[r_k, r_j\right]$$

ist also nichts anderes als die Kovarianz der Rendite des j-ten Finanztitels mit der Rendite des Gesamtportfolios. Wir können nun die erste Ableitung des Nenners $N(\omega)$ auch als:

$$\frac{\partial N(\omega)}{\partial \omega_j} = \frac{1}{SD[r_{PF}]} \mathrm{cov}\left[r_j, r_{PF}\right]$$

schreiben. Mit Hilfe der Quotientenregel lautet schlussendlich die partielle Ableitung des Gesamtausdrucks:

$$\frac{\partial \Lambda(\omega)}{\partial \omega_j} = \left(N(\omega) \frac{\partial Z(\omega)}{\partial \omega_j} - Z(\omega) \frac{\partial N(\omega)}{\partial \omega_j} \right) \bigg/ N^2(\omega)$$

oder

$$\frac{\partial \Lambda(\omega)}{\partial \omega_j} = \frac{SD[r_{PF}]\left(E[r_j] - r_f\right) - \left(E[r_{PF}] - r_f\right)\frac{1}{SD[r_{PF}]}\mathrm{cov}\left[r_j, r_{PF}\right]}{\mathrm{var}[r_{PF}]}$$

Nullsetzen und einige Umformungen führen dann zur Form der CAPM-Grundgleichung:

$$E[r_j] = r_f + \frac{E[r_{PF}] - r_f}{\mathrm{Var}[r_{PF}]} \mathrm{cov}\left[r_j, r_{PF}\right].$$

Kehrt man schließlich zu der Bezeichnung des Porfolios PF als Marktportfolio m zurück, erhält man die Grundform der CAPM-Renditegleichung.
Ergebnis:

$$E[r_j] = r_f + \frac{E[r_m] - r_f}{\mathrm{var}[r_m]} \cdot \mathrm{cov}[r_j, r_m]$$

Dies ist die Gleichung der Wertpapierlinie. Sie ist ein Instrument, individuelle Wertpapiere auf Unter- bzw. Überbewertung zu prüfen. Etwas anders kann man die Gleichung auch in der Form:

$$E[r_j] = r_f + \left[E[r_m] - r_f\right] \cdot \frac{\rho_{j,m}}{SD[r_m]} \cdot SD[r_j]$$

mit $\quad \rho_{m,j} = \dfrac{\mathrm{cov}[m,j]}{SD[r_m] \cdot SD[r_j]}$

schreiben. Macht man sich klar, dass, wenn die zu bewertende Position j ein volldiversifiziertes Portfolio ist, diese Position dann auch vollständig mit dem Gesamtmarkt korreliert ist,

$$\rho_{m,j} = 1,$$

dann kann man aus der Wertpapierlinie nun auch formal die *Kapitalmarktlinie* mit folgender Form ableiten:

$$E[r_j] = r_f + \frac{[E[r_m] - r_f]}{SD[r_m]} \cdot SD[r_j]$$

Dies ist nun die Linie aus unserer Abbildung aus dem Kapitel Portfoliotheorie, die nur aus Mischungen der risikofreien Verzinsung mit einem volldiversifizierten Marktportfolio entsteht. Jedes unsystematische Risiko ist hier eliminiert.

9.5 Preisbestimmung riskanter Cashflows mit dem CAPM

Die obige Grundgleichung des CAPM bestimmt die Gleichgewichtsrendite, die man für ein riskantes Asset im Marktgleichgewicht erwarten kann. In vielen Fällen will man jedoch den Preis für künftige Cashflows wissen. Den Zusammenhang zwischen der Rendite nach dem CAPM und dem Preis der Cashflows, aus denen sich ja jede Rendite berechnet, wollen wir jetzt beleuchten. Wir kehren zunächst zur Ausgangsgleichung zurück:

$$E[r_j] = r_f + \frac{E[r_m] - r_f}{Var[r_m]} \cdot \underbrace{cov[r_j, r_m]}_{\text{Risikoprämie}}$$

Die erwartete Rendite des j-ten Titels setzt sich aus dem risikolosen Zins r_f und einer Risikoprämie zusammen. Diese wiederum besteht aus zwei Bestandteilen:

$$\underbrace{\frac{E[r_m] - r_f}{Var[r_m]}}_{\substack{\text{Marktpreis} \\ \text{des Risikos}}} \cdot \underbrace{cov[r_m, r_j]}_{\text{Risikomenge}}$$

Der Marktpreis des Risikos λ ist für alle riskanten Assets gleich groß. Die Kovarianz $cov[r_m, r_j]$ ist die Menge Risiko, die ein volldiversifizierter Anleger übernehmen muss, wenn er in den Titel j investiert. Benutzt man den Ausdruck λ für den Marktpreis des Risikos, kann man die CAPM-Grundgleichung in ihrer Lambda-Form schreiben:

Lambda-Form:

$$E[r_j] = r_f + \lambda \cdot \text{cov}[r_m, r_j]$$

Eine analoge Form der Renditegleichung ist die

Beta-Form:

$$E[r_j] = r_f + \left(E[r_m] - r_f\right) \cdot \beta_j \,,$$

wobei $\quad \beta_j = \dfrac{\text{cov}[r_m, r_j]}{\text{Var}[r_m]}$

die Reaktion von r_j auf Veränderungen von $E[r_m]$, m.a.W. das Marktrisiko misst. Ein Beta von 0,7 bringt beispielsweise zum Ausdruck, dass die Rendite des j-ten Titels um 0,7 % steigt (sinkt), wenn die erwartete Marktrendite um 1 % steigt (sinkt). Den Ausdruck

$$\left(E[r_m] - r_f\right)$$

bezeichnet man auch als *Überrendite* (Excess Return). Der Betafaktor hat eine Eigenschaft, die bei der Portfoliobildung mit riskanten Titeln sehr nützlich ist:

$$\beta_{PF} = \sum_{j=1}^{J} \omega_j \beta_j$$

Das Portfolio-Beta ist stets eine mit den relativen Portfolioanteilen gewichtete Linearkombination der Wertpapier-Betas.

Die CAPM-Preisgleichungen

Wir rufen uns zunächst den allgemeinen Zusammenhang zwischen dem Preis und der Rendite eines Assets für einperiodige Betrachtungen in Erinnerung:

$$r = \frac{\text{Rückflüsse in } t_1}{\text{Preis in } t_0} - 1$$

oder als Erwartungswertrelation

$$E[r_j] = \frac{E[X_j]}{p(X_j)} - 1$$

Aus der CAPM-Renditegleichung ist zu entnehmen, dass die erwartete Rendite eines Assets mit der Zunahme des systematischen Risikos steigt; aus dem allgemeinen Zusammenhang zwischen Preis und Rendite lesen wir ab, dass der Preis in diesem Falle sinken muss.

Risikoadjustierung des Zinssatzes

Setzt man den nach p(X_j) umgestellten Preis-Rendite-Zusammenhang in die CAPM-Renditegleichung ein, kann man nach einigen Umformungen die **erste Version der CAPM-Preisgleichung** formulieren:

$$p(X_j) = \frac{E[X_j]}{1 + r_f + \lambda \operatorname{cov}[r_m, r_j]}$$

Man erhält demnach den gleichgewichtigen Preis eines riskanten Assets, wenn man den Erwartungswert seiner Rückflüsse mit dem risikoadjustierten Zinssatz diskontiert. Risikoadjustierung heißt in diesem Falle, dass man den risikofreien Zinssatz um eine Risikoprämie erhöht, die sich – wie oben gesehen – aus dem Produkt des Marktpreises des Risikos λ mit der Kovarianz zwischen der Rendite des betrachteten Assets und der Marktrendite ergibt.

Es handelt sich bei dieser ersten Version einer CAPM-Preisgleichung allerdings nur um eine approximative Formel, um eine sogenannte Daumenregel. Um nämlich den Gleichgewichtspreis eines Assets mit dieser Gleichung zu ermitteln, muss man den Kovarianzterm mit Hilfe der Rendite r_j berechnen. Diese kann man allerdings erst dann kalkulieren, wenn man den Gleichgewichtspreis kennt. Somit ist die approximative Preisgleichung genau genommen indeterminiert, und man muss den Gleichgewichtspreis zunächst schätzen, um sie einsetzen zu können.

Hinweis: Noch aus anderem Grund ist die Gleichung schlecht: sie gilt nur für einperiodige Modelle. Bei Mehrperiodizität müsste die Abhängigkeit der Rückflüsse voneinander berücksichtigt werden.

Risikoadjustierung der Cashflows

Wenn jedoch die Risikoanpassung des Diskontierungsfaktors auf logische Schwierigkeiten stößt, bleibt nur der zweite Weg der Berücksichtigung des Risikos: der Risikoadjustierung der Cashflows. Wir brauchen eine Formel, die das Risiko einer Investition so genau wie möglich abschätzt. Dies ist das Ziel der folgenden Ableitung. Ausgangspunkt einer exakten CAPM-Preisgleichung ist die Berechnung der Kovarianz der Rendite des j-ten Titels mit der Marktrendite in der Schreibweise mit Preisen und Rückflüssen:

$$\operatorname{cov}[r_j, r_m] = E\left[\left(\frac{X_j}{p(X_j)} - 1 - \frac{E[X_j]}{p(X_j)} + 1\right) \cdot (r_m - E[r_m])\right]$$

$$\operatorname{cov}[r_j, r_m] = E\left[\left(\frac{X_j - E[X_j]}{p(X_j)}\right) \cdot (r_m - E[r_m])\right]$$

$$\operatorname{cov}[r_j, r_m] = \frac{1}{p(X_j)} E\left[\left(X_j - E[X_j]\right) \cdot (r_m - E[r_m])\right]$$

$$\text{cov}[r_j, r_m] = \frac{1}{p(X_j)} \text{cov}\left[X_j, r_m\right]$$

Einsetzen:

$$\frac{E[X_j]}{p(X_j)} = 1 + r_f + \lambda \cdot \frac{1}{p(X_j)} \text{cov}\left[X_j, r_m\right]$$

Multiplikation mit $p(X_j)$ etc. ergibt:

$$p(X_j) = \frac{\overbrace{E[X_j] - \lambda \text{cov}[X_j, r_m]}^{\text{risikoadjustierte Rückflüsse} \atop (= \text{Sicherheitsäquivalent})}}{1 + r_f}$$

Um den Gleichgewichtspreis einer Investition zu ermitteln, nimmt man also zunächst eine Risikoadjustierung der künftigen Cashflows vor, indem man diese um das Produkt aus dem Marktpreis des Risikos λ und der Kovarianz der Rendite der Investition j mit der Marktrendite r_m vermindert. Das Ergebnis – das Sicherheitsäquivalent der riskanten Cashflows – wird dann mit dem – fristenadäquaten – risikofreien Zinssatz diskontiert.

BEISPIEL 1

Bewertung einer Realinvestition mit dem CAPM

Sie wollen eine Realinvestition mit einem Investitionsvolumen von 100 Mio. Euro daraufhin überprüfen, ob diese vor dem Hintergrund des Kapitalmarktes zu diesem Preis gerechtfertigt ist. In der Zukunft werden drei Szenarien mit unterschiedlichen Wahrscheinlichkeiten für möglich gehalten. Folgende Daten liegen Ihnen zur Bewertung vor:

Kapitalmarktdaten [in Mio. €]

	Zustand A	Zustand B	Zustand C
Wahrscheinlichkeiten	60 %	30 %	10 %
Titel 1, erwarteter Rückfluss in t_1	105	120	110
Titel 2, erwarteter Rückfluss in t_1	130	100	105
Realinvestition ($I_0 = 100$)	125	122	118

Der riskolose Zinssatz betrage $r_f = 10\%$. Das Marktportfolio bestehe aus den Titeln 1 und 2 mit den Anteilen: $\omega_1 = 0{,}67$ und $\omega_2 = 0{,}33$.

a) Berechnen Sie die erwartete Rendite des Marktportfolios sowie deren Varianz.
b) Wie hoch sind die erwarteten Cashflows und die erwartete Rendite des Investitionsprojektes?
c) Wie hoch ist das β des Projektes?
d) Wie hoch ist die risikoadjustierte Rendite des Projektes? Beurteilen Sie das Projekt ökonomisch!

Lösung:

ad a)   Zunächst rechnet man die Cashflows in erwartete Renditen um.

$$E[r_1] = 0,6 \cdot \frac{105-100}{100} + 0,3 \cdot \frac{120-100}{100} + 0,1 \cdot \frac{110-100}{100}$$

$$E[r_1] = 0,1$$

$$E[r_2] = 0,6 \cdot \frac{130-100}{100} + 0,3 \cdot \frac{100-100}{100} + 0,1 \cdot \frac{105-100}{100}$$

$$E[r_2] = 0,185$$

Die erwartete Marktrendite beträgt dann:

$$E[r_m] = 0,67 \cdot 0,1 + 0,33 \cdot 0,185 = \underline{0,12805},$$

während sich ihre Varianz wie folgt berechnet:

$$\text{Var}[r_1] = 0,6 \cdot (0,05-0,1)^2 + 0,3 \cdot (0,2-0,1)^2 + 0,1 \cdot (0,1-0,1)^2$$

$$\text{Var}[r_1] = 0,0045 \quad \rightarrow \quad SD(r_1) = 0,067$$

$$\text{Var}[r_2] = 0,6 \cdot (0,3-0,185)^2 + 0,1 \cdot (0,05-0,185)^2$$

$$\text{Var}[r_2] = 0,020$$

$$\text{Var}[r_2] = 0,020 \quad \rightarrow \quad SD(r_2) = 0,1415$$

Kovarianz:

$$\begin{aligned} \text{cov}[r_1, r_2] &= 0,6 \cdot (0,3-0,185) \cdot (0,05-0,1) + 0,3 \cdot (0-0,185) \cdot (0,2-0,1) \\ &\quad + 0,1 \cdot (0,05-0,185) \cdot (0,1-0,1) \\ &= -0,009 \end{aligned}$$

Varianz der Marktrendite:

$$\text{Var}[r_m] = \omega_1^2 \text{var}[r_1] + \omega_2^2 \text{var}[r_2] + 2\omega_1 \omega_2 \text{cov}[r_1, r_2]$$

$$\text{Var}[r_m] = 0,00021825$$

ad b)   Anschließend berechnen wir den erwarteten Cashflow der Realinvestition:

$$E[X] = 0,6 \cdot 125 + 0,3 \cdot 122 + 0,1 \cdot 118 = 123,4$$

$$E[R] = \frac{E[X] - I_0}{I_0} = \frac{123,4 - 100}{100} = 0,234$$

Die Berechnung der gleichgewichtigen Rendite (der Marktbewertung) unter Verwendung des (noch unbekannten) Barwertes der künftigen Cashflows $P_0(X)$.

$$E[r] = \frac{E[X] - P_0}{P_0} = \frac{E[X]}{P_0} - 1 = ???$$

Hierauf kommen wir nach einigen Vorbereitungen in der Teilaufgabe d) zurück.

ad c)

$$\beta = \frac{\text{cov}[R,r_m]}{\text{var}[r_m]} = \frac{\text{cov}[R,r_m]}{0{,}00021825}$$

$$\begin{aligned}\text{cov}[R,r_m] &= 0{,}6 \cdot (0{,}25-0{,}234)\cdot(0{,}67\cdot 0{,}05+0{,}33\cdot 0{,}3-0{,}12805)\\&\quad +0{,}3\cdot(0{,}22-0{,}234)\cdot(0{,}67\cdot 0{,}2+0{,}33\cdot 0-0{,}12805)\\&\quad +0{,}1\cdot(0{,}18-0{,}234)\cdot(0{,}67\cdot 0{,}1+0{,}33\cdot 0{,}05-0{,}12805)\\&= 0{,}00027\end{aligned}$$

Einsetzen: $\quad \beta = \dfrac{\text{cov}[R,r_m]}{\text{var}[r_m]} = \dfrac{0{,}0002583}{0{,}00021825} = 1{,}1835$

ad d) Im Zuge der Berechnung der risikoadjustierten (gleichgewichtigen) Rendite setzen wir nun die bis hier berechneten Daten in die Gleichung der Wertpapierlinie ein:

$$E[r] \approx r_f + \frac{E[r_m]-r_f}{\text{var}[r_m]}\text{cov}[R,r_m] \approx 0{,}1 + \frac{0{,}12805-0{,}1}{0{,}00021825}\,0{,}0002583 \approx 0{,}1332$$

aus $\quad E[r] = \dfrac{E[X]}{P_0} - 1$

folgt nun der Barwert $\quad P_0 = \dfrac{123{,}4}{1+0{,}1332} = 108{,}9$

Wir sehen, dass die gleichgewichtige Rendite des erwarteten Cashflows aus der Realinvestition niedriger als die tatsächliche Rendite ist. Der Barwert liegt mit 108,9 Euro demnach über dem Kaufpreis der (dadurch lohnenden) Investition.

BEISPIEL 2

Anwendung der beiden CAPM-Preisgleichungen

Wir betrachten die Kapitalmarktdaten der ersten CAPM-Aufgabe. Entscheiden Sie anhand der beiden Methoden der risikoadjustierten Barwertbestimmung, ob das Investitionsprojekt durchgeführt werden soll. Warum führt nur eine (welche?) Methode zum exakten Barwert?
Zeichnen Sie die Wertpapierlinie. Tragen Sie das Marktportfolio und das Projekt ein. Warum muss die Anschaffungsausgabe, d. h. der Preis, für Investitionsprojekte, die mit ihrer Rendite/Beta-Kombination oberhalb der Wertpapierlinie liegen, steigen?

Lösung:
Methode risikoadjustierter Zins

$$P_0 = p(X_j) = \frac{E[X_j]}{1+r_f+\lambda\,\text{cov}[r_m,r_j]}$$

$E[X] = 123{,}4 \qquad E[r] = 0{,}1332$

$$P_0 = \frac{E[X]}{1+E[r]} = \frac{123{,}4}{1{,}1332} = 108{,}9$$

Die approximative Methode ist dann sinnvoll anwendbar, wenn auf »perfekten Kapitalmärkten« nahezu $P_0 = I_0$ herrscht.

Methode risikoadjustierte Rückflüsse

$$p(X_j) = \frac{E[X_j] - \lambda \operatorname{cov}[X_j, r_m]}{1 + r_f}$$

$$P_0 = \frac{123{,}4 - \frac{0{,}12805 - 0{,}1}{0{,}00021825} \cdot 0{,}02583}{1{,}1} = 109{,}16$$

Ergebnis: Beide Resultate weichen voneinander ab, führen jedoch zu der gleichen Entscheidung: Investition durchführen!

Berechnung erwartete Projektrendite (Marktpreisvariante)

$$E[r] = 0{,}6 \cdot \frac{125 - 109{,}16}{109{,}16} + 0{,}3 \cdot \frac{122 - 109{,}16}{109{,}16} + 0{,}1 \cdot \frac{118 - 109{,}16}{109{,}16} = 0{,}1305$$

Berechnung Projekt-β (Marktpreisvariante)

$$\begin{aligned}
\operatorname{cov}[R, r_m] &= 0{,}6 \cdot (0{,}1451 - 0{,}1305) \cdot (0{,}67 \cdot 0{,}05 + 0{,}33 \cdot 0{,}3 - 0{,}12805) \\
&\quad + 0{,}3 \cdot (0{,}1176 - 0{,}1305) \cdot (0{,}67 \cdot 0{,}2 + 0{,}33 \cdot 0 - 0{,}12805) \\
&\quad + 0{,}1 \cdot (0{,}0810 - 0{,}1305) \cdot (0{,}67 \cdot 0{,}1 + 0{,}33 \cdot 0{,}05 - 0{,}12805) \\
&= 0{,}000236478
\end{aligned}$$

$$\operatorname{var}[r_m] = 0{,}00021825 \quad \rightarrow \quad \beta = \frac{\operatorname{cov}[R, r_m]}{\operatorname{var}[r_m]} = \frac{0{,}000236478}{0{,}00021825} = 1{,}08$$

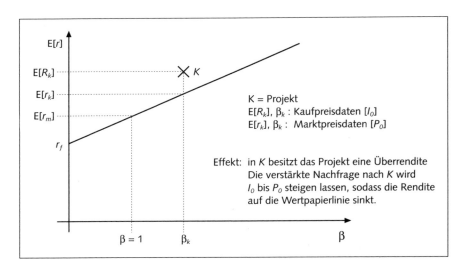

K = Projekt
$E[R_k], \beta_k$: Kaufpreisdaten $[I_0]$
$E[r_k], \beta_k$: Marktpreisdaten $[P_0]$

Effekt: in K besitzt das Projekt eine Überrendite. Die verstärkte Nachfrage nach K wird I_0 bis P_0 steigen lassen, sodass die Rendite auf die Wertpapierlinie sinkt.

9.6 Das CAPM und Steuern

Eine Implikation der rigiden Annahmen des CAPM in seiner Grundform ist die Abwesenheit jeglicher Transaktionskosten und damit von Steuern. Die Folge einer derartigen Modellvereinfachung ist, dass es den Investoren vollkommen gleichgültig ist, ob sie ihr Einkommen in Form von Dividenden, Zinsen oder (realisierten) Kursgewinnen erhalten. In der Realität werden aber in den meisten Ländern Kursgewinne anders besteuert als Zinsen oder Gewinnausschüttungen. Dies wird nun allerdings nicht ohne Auswirkung auf den Gleichgewichtspreis von Finanztiteln bleiben; und rationale Marktteilnehmer werden nicht ihr Einkommen vor, sondern nach Steuern im Auge haben.

Unter Berücksichtigung von Steuern existiert keine Wertpapierlinie mehr, da die zu erwartende Rendite eines Titels nicht mehr nur von seinem β, sondern auch von der Dividendenpolitik des in ihm verbrieften Unternehmens abhängt. Manche Firmen werden ihren Aktionären die erzielten Gewinne in Form von Dividendenausschüttungen, andere in Form von Kursgewinnen zukommen lassen. Die gravierende Konsequenz: nicht mehr alle Marktteilnehmer halten dasselbe Portfolio riskanter Finanztitel; die Tobin-Separation bricht unter Berücksichtigung von Steuern zusammen.

Wenn man z. B. ein Steuersystem wie das deutsche betrachtet, in dem Kursgewinne (nach der Spekulationsfrist von einem Jahr) sehr viel milder (wenn überhaupt) als Zins- und Dividendeneinkünfte besteuert werden und in dem eine Einkommensteuerprogression existiert, kommt ein Gleichgewicht nur dann zustande, wenn Investoren mit relativ niedrigem Steuersatz Wertpapiere halten, die hohe Dividenden versprechen, und Investoren mit verhältnismäßig hohem persönlichen Steuersatz Aktien von Firmen erwerben, die ihre Gewinne in Form von Kursgewinnen »ausschütten«.

9.7 Allgemeine Überprüfbarkeit des CAPM

1977 veröffentlichte Richard Roll seine Kritik an der Überprüfbarkeit kapitalmarkttheoretischer Preisbildungsmodelle, die bis heute zwar unwidersprochen ist, jedoch nicht zu einem Abrücken von Modellen wie dem CAPM führte. Das Marktportfolio im CAPM beinhaltet theoretisch alle riskanten Assets einer Volkswirtschaft, z. B. Immobilien, Edelmetalle, Wertpapiere, Antiquitäten, Kunstwerke etc. Ein solches Portfolio empirisch zu bestimmen ist derart aufwändig, dass es sich praktisch verbietet. Statt dessen bedient man sich bestimmter Stellvertreter, in der Regel Aktienindizes. Dann aber gibt es vier verschiedene Kombination der Interpretation von Testergebnissen, die eine eindeutige empirische Beurteilung unmöglich machen:

	Marktportfolio effizient	Marktportfolio ineffizient
Stellvertreter effizient	CAPM gültig, Test positiv	CAPM ungültig, Test positiv
Stellvertreter ineffizient	CAPM gültig, Test negativ	CAPM ungültig, Test negativ

Das CAPM kann also gültig sein, obwohl ein Test negativ ausfällt et vice versa. Rolls Kritik bedeutet also nicht, dass das CAPM ungültig ist. Sie entwertet nur die vielen Tests, die hunderte von Wissenschaftlern beschäftigt haben und noch heute beschäftigen.

9.8 Mehrfaktormodelle: Die Arbitrage-Pricing-Theory (APT)

Ziel der Arbitrage-Pricing-Theory ist es, arbitragefreie Preise von Wertpapieren zu berechnen. Von Arbitragefreiheit spricht man, wenn Preise so gestaltet sind, dass keine risikolosen Gewinne aus Arbitragetätigkeit erzielt werden können. Die APT beruht wie das CAPM auf der Grundlage Pricing-by-Duplication. Mit dieser Methode kann man das relative Preisgefüge untersuchen; es lassen sich Aussagen darüber machen, ob – vereinfacht – ein Preis relativ zu anderen Preisen »korrekt« bzw. »fair« ist. Über die Richtigkeit des absoluten Preisniveaus kann die APT wie das CAPM keine Aussagen machen.

Die 1976 von Stephen Ross entwickelte APT ist im Gegensatz zum CAPM ein Mehrfaktormodell. D.h. zur Erklärung des bewertungsrelevanten Risikos einer Finanzinvestition wird mehr als ein Faktor – im CAPM gab es nur einen Faktor, den Beta-Faktor – Aussagekraft zugemessen. Sie nimmt feste lineare Beziehungen zwischen makroökonomischen Variablen X und der Rendite einer Anlage r_i an:

$$r_i = b_{0i} + b_{1i}X + \varepsilon_i$$

mit b_{0i} = $E[r_i]$
b_{1i} = Sensitivität von i auf X
ε_i = unsystematisches Risiko, $E[\varepsilon_i]= 0$ (noise)

Wie im CAPM gibt es eine sichere (0, mit $b_{00} = E[r_0] = r_0$ und $b_{10} = 0$) und unsichere Anlagen. Die Zahl der unsicheren Anlagen muss größer als die Zahl der unsicheren makroökonomischen Variablen, m.a.W. jeder Zustand muss absicherbar sein! Die modelltheoretische Basis der APT ist die Portfoliotheorie – die Anlagen i werden in einem Portfolio PF zusammengefasst mit x_i als Anteil von i.

Beispiel: Ein Portfolio aus zwei unsicheren Anlagen hat folgende Rendite

$$E[r_{PF}] = x_1 E[r_1] + x_2 E[r_2] = x_1 b_{01} + x_2 b_{02} + (x_1 b_{11} + x_2 b_{12})\, X$$

Wenn $x_1 b_{11} + x_2 b_{12} = 0$, dann ist das Portfolio eine sichere Anlage.

Das Prinzip Pricing-by-Duplication beruht auf der simplen Annahme, dass gleiche Dinge gleiche Preise kosten müssen. Das sichere Portefeuille muss also die gleiche Rendite r_{PF} wie die sichere Anlage 0 mit r_0 besitzen, sonst können Arbitragegewinne realisiert werden. Wenn also das PF so gestaltet wird, dass

$$x_1 b_{11} + x_2 b_{12} = 0$$

dann gilt:

$$x_1 b_{01} + (1 - x_1) b_{02} = b_{00}$$

Dies ist ein lineares Gleichungssystem mit *zwei* Gleichungen sowie *einer* Unbekannten und damit nur dann eindeutig lösbar, wenn die Gleichungen linear abhängig sind. Daraus folgt

$b_{0i} - b_{00} = c_1 b_{1i}$

bzw.

$E[r_i] = r_0 + c_1 b_{1i}$

mit c_1 als Konstante. Mit mehreren makroökonomischen Variablen ergibt sich analog:

$E[r_i] = r_0 + c_1 b_{1i} + c_2 b_{2i} + \ldots$

risikolose Rendite   Risikoprämie

Schlussfolgerungen
- Ein diversifiziertes Portfolio, das auf sämtliche Einflussfaktoren mit der Sensitivität »0« reagiert, muss die risikofreie Rendite erbringen, sonst existieren Arbitragemöglichkeiten.
- Ein Portfolio A, das doppelt so sensitiv auf alle Faktoren reagiert wie Portfolio B, muss die doppelte Risikoprämie erbringen. Ein Portfolio mit je 50 % aus A und der sicheren Anlage muss die gleiche Risikoprämie wie B erbringen, sonst existieren Arbitragemöglichkeiten.

Vergleich CAPM/APT
- Wenn Portfolios die Einflussfaktoren repräsentieren, deren erwartete Risikoprämie proportional zum β dieser Portfolios ist, dann kommen CAPM und APT zu gleichen Ergebnissen.
- Das Problem der Identifikation und Messung eines Marktportfolios entfällt in der APT.
- Die APT sagt nicht, welche Einflussfaktoren der Rendite relevant sind.

Bewertungsansätze
Es sind folgende Voraussetzungen gegeben:
- Identifikation der relevanten makroökonomischen Faktoren,
- Messung der erwarteten Risikoprämien auf diese Faktoren,
- Bestimmung der Faktorsensitivitäten der Investition.

Relevante Faktoren nach Elton/Gruber/Mei (1994):
a) Zinsstruktur
b) Zinssatz
c) Wechselkurs
d) Reales BSP
e) Inflation

Relevante Faktoren nach dem Drei-Faktor-Modell von Fama/French (1997):
a) Marktfaktor (Beta)
b) Unternehmensgröße

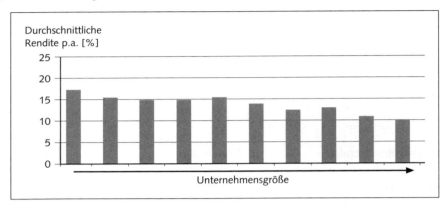

Abb. 9.1: Rendite in Abhängigkeit von der Unternehmensgröße

c) das Verhältnis Buch- zu Marktwert

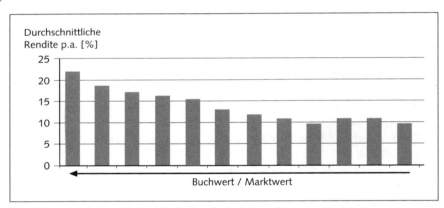

Abb. 9.2: Rendite in Abhängigkeit des Verhältnisses Buch- zu Marktwert

Nach dem Drei-Faktor-Modell reduziert sich die allgemeine APT-Gleichung auf:

$$r - r_f = c_{market}(r_{market\text{-}factor}) + c_{size}(r_{size\text{-}factor}) + c_{book\text{-}to\text{-}market}(r_{book\text{-}to\text{-}market\text{-}factor})$$

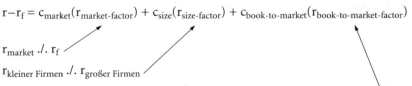

r_{market} ./. r_f

$r_{kleiner\ Firmen}$ ./. $r_{großer\ Firmen}$

$r_{Titel\ mit\ hohem\ Buch\text{-}Marktwert\text{-}Verhältnis}$ ./. $r_{Titel\ mit\ niedrigem\ Buch\text{-}Marktwert\text{-}Verhältnis}$

FALLBEISPIEL

Portfoliooptimierung mit APT

Herr Christoph Damm, Manager eines in letzter Zeit sehr erfolgreichen Frauenfußballvereins interessiert sich sowohl privat als auch vor dem Hintergrund einer möglichen Börseneinführung seines Klubs für den deutschen Aktienmarkt. Die Stürmerin seiner Mannschaft, Monika Moneta, ist nebenberuflich als Redakteurin einer Frauenfinanzseite im Internet tätig. Bei der letzten Siegesfeier befragte Herr Damm Frau Moneta hinsichtlich der Bewertungsunterschiede zwischen verschiedenen Aktien. Nach Frau Monetas Ansicht wirken auf die Kurse der deutschen Aktien nur zwei systematische Risikofaktoren ein: die unerwarteten Änderungen des US-Dollar-Kurses und die Binnenkonjunktur, die durch einen gebräuchlichen Konjunkturklimaindex gemessen wird. Die Vergangenheitswerte dieser zwei systematischen Risikofaktoren lassen sich aus Tabelle 9.1 ermitteln. Die erwarteten Kurse des US-Dollar sollen annahmegemäß im 1-Monats-Terminkurs zum Ausdruck kommen. Die erwarteten Ausprägungen des Konjunkturklimaindex wurden mit Hilfe eines zeitreihenanalytischen Verfahrens bestimmt. In inzwischen recht angeheitertem Zustand flüstert Frau Moneta Herrn Damm ins Ohr, dass die Aktie D krass unterbewertet sei. Nach einem Blick auf die im abgelaufenen Börsenjahr realisierten Monatsrenditen (siehe Tabelle 9.2) gesteht auch Herr Damm der Aktie D einen gewissen Nachholbedarf im Vergleich zum Gesamtmarkt zu. Herr Damm erwägt neben dem Kauf der Aktie D die Ergänzung seines breit diversifizierten Portfolios um drei andere Werte (die Aktien A, B und C), die er seit einiger Zeit beobachtet hat. Tabelle 9.3 enthält die von Analysten für das Ende des nächsten Börsenjahres erwarteten Kurse und die künftigen Sensitivitäten der Aktien gegenüber den systematischen Risikofaktoren. Von Dividendenzahlungen oder Kapitalerhöhungen im betreffenden Zeitraum soll abgesehen werden.

Monatsultimo	Kassakurs [€/$]	1-Monats-Terminkurs [€/$]	Stand des Konjunkturindex	Für den nächsten Monatsultimo erwarteter Indexstand
Dez. 2000	1,6874	1,7155	4,342	4,324
Jan. 2001	1,7025	1,7248	4,115	4,771
Feb. 2001	1,6903	1,7494	4,834	4,725
Mär. 2001	1,8003	1,7937	4,766	5,574
Apr. 2001	1,7911	1,6757	5,677	4,209
Mai 2001	1,6718	1,7161	4,232	5,192
Jun. 2001	1,6996	1,6442	5,247	5,436
Jul. 2001	1,6377	1,6500	5,349	4,246
Aug. 2001	1,6380	1,6743	4,106	5,841
Sep. 2001	1,6879	1,7376	5,781	5,812
Okt. 2001	1,7286	1,6436	6,006	5,901
Nov. 2001	1,6641	1,6903	5,741	4,738
Dez. 2001	1,7028	1,7042	4,915	4,926

Tab. 9.1: Makroökonomische Daten zur Ermittlung der Risikofaktoren

Monat	Rendite von Aktie D (% pro Monat)	Monat	Rendite von Aktie D (% pro Monat)
Jan	15,41	Juli	15,47
Feb	−2,56	Aug	−5,32
März	4,29	Sept	1,45
April	−1,58	Okt	−11,45
Mai	12,32	Nov	2,76
Juni	2,59	Dez	7,52

Tab. 9.2: Realisierte Monatsrenditen von Aktie D im Jahr 2001

Aktie	Kassakurs am 30.12.00	erwarteter Kassakurs für den 30.12.01	Sensitivität zum »US-Dollar-Faktor«	Sensitivität zum »Konjunkturklima-Faktor«
A	70,40	83,00	1,89	1,28
B	421,10	435,00	0,39	−0,47
C	322,00	350,00	0,62	0,41
D	149,20	168,00	?	?

Tab. 9.3: Aktienkurse und Faktorsensitivitäten

Aufgaben

1. Ermitteln Sie die Faktorrisikoprämien sowie die Rendite des risikolosen Wertpapiers unter der Annahme, dass die mittels der beiden Risikofaktoren spezifizierte APT-Bewertungshypothese gilt und die Aktien A, B und C gegenwärtig fair bewertet sind.
2. Welche Rendite lässt ein den Faktor »US-Dollar« nachspielendes Portfolio erwarten? Wie kann es bei Vernachlässigung des unsystematischen Risikos aus den Papieren A, B und C gebildet werden?
3. Verdeutlichen Sie den Zusammenhang zwischen erwarteter Rendite und Faktorsensitivitäten anhand einer geeigneten Grafik. Kennzeichnen Sie jeweils die Lage des risikolosen Wertpapiers, des den Faktor »US-Dollar« nachspielenden Portefeuilles und der Aktie A.
4. Weisen Sie nach, dass die Aktie D bei Gültigkeit der APT tatsächlich unterbewertet ist, und zeigen Sie auf, wie Herr Damm durch Zusammenstellung eines Arbitrageportefeuilles aus allen vier Aktien einen risikolosen Gewinn (Free Lunch) erzielen kann.
5. Zerlegen Sie unter Zugrundelegung der APT-Faktorenmodellannahme die im Monat März 2001 realisierte Rendite der Aktie D in ihre Komponenten. Welchen Wert nimmt dabei der titelspezifische Störterm an?

Lösungsansatz

1. APT-Gleichung: $E[r_j] = r_f + c_{j1} \cdot (r_1 - r_f) + c_{j2} \cdot (r_2 - r_f)$

    $E[r_A] = r_f + 1{,}89 \cdot (r_1 - r_f) + 1{,}28 \cdot (r_2 - r_f) = (83{,}00/70{,}40) - 1 = 17{,}90\,\%$

    $E[r_B] = r_f + 0{,}39 \cdot (r_1 - r_f) + (-0{,}47) \cdot (r_2 - r_f) = (435{,}00/421{,}10) - 1 = 3{,}30\,\%$

    $E[r_C] = r_f + 0{,}62 \cdot (r_1 - r_f) + 0{,}41 \cdot (r_2 - r_f) = (350{,}00/322{,}00) - 1 = 8{,}70\,\%$

    → $r_f = 4{,}2848\,\%$ $(r_1 - r_f) = 3{,}7035\,\%$ $(r_2 - r_f) = 5{,}1684\,\%$

    → APT-Gleichung: $E[r_j] = 4{,}2848\,\% + c_{j1} \cdot 3{,}7035\,\% + c_{j2} \cdot 5{,}1684\,\%$

2. Gleichung für das »mimicking-PF«:
$E[r_{PF}] = r_f + 1 \cdot (r_1-r_f) + 0 \cdot (r_2-r_f) = 4{,}2848\,\% + 1 \cdot 3{,}7035\,\% = 7{,}9883\,\%$

Konstruktionsbedingungen:
$$\begin{aligned}\omega_A + \omega_B + \omega_C &= 1\\ \omega_A \cdot 1{,}89 + \omega_B \cdot 0{,}39 + \omega_C \cdot 0{,}62 &= 1\\ \omega_A \cdot 1{,}28 + \omega_B \cdot (-0{,}47) + \omega_C \cdot 0{,}41 &= 0\end{aligned}$$

$\to \omega_A = 46{,}7248\,\%$ $\omega_B = 92{,}7847\,\%$ $\omega_C = -39{,}5095\,\%$

3.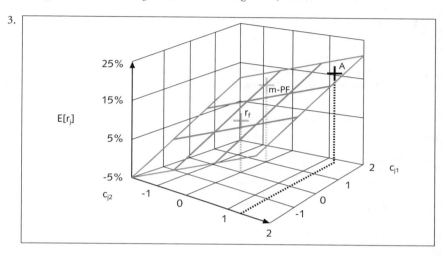

Schätzung der Faktorsensitivitäten

Auf die Aktienrendite können nur unerwartete Änderungen der Einflussfaktoren eine Wirkung haben, da alle erwarteten Ausprägungen schon jeweils in den Kursen reflektiert sind.

Unerwartete Änderungen des »US-Dollar«-Faktors f_{1t}:
= zu Ultimo eingetretener Kurs – zu Ultimo erwarteter Kurs

Unerwartete Änderungen des »Konjunktur«-Faktors f_{2t}:
= zu Ultimo eingetretener Index – zu Ultimo erwarteter Index

Monat	t	f_{1t}	f_{2t}
Jan.	1	−0,0130	−0,209
Feb.	2	−0,0345	0,063
Mär.	3	0,0509	0,041
Apr.	4	−0,0026	0,103
Mai	5	−0,0039	0,023
Jun.	6	−0,0165	0,055
Jul.	7	−0,0065	−0,087
Aug.	8	−0,0120	−0,140
Sept.	9	0,0136	−0,060
Okt.	10	−0,0090	0,194
Nov.	11	0,0205	−0,160
Dez.	12	0,0125	0,177

Falls die Risikofaktoren – gemäß Modellannahme – unkorreliert sind, gilt:

$c_{Dj} = \text{cov}[r_D; f_j] : \text{var}[f_j]$ (... ähnlich β)
$E[r_D] = 3,4083\%$
$\text{var}[f_1] = 0,04794\%$ $\text{cov}[r_D; f_1] = 0,02346\%$
$\text{var}[f_2] = 1,71662\%$ $\text{cov}[r_D; f_2] = -0,45118\%$
$c_{D1} = 0,4893$ $c_{D2} = -0,2628$

4. APT-Bewertung von D: $E[r_D] = 4,2848\% + 3,7035\% \cdot 0,4893 + 5,1684\% \cdot (-0,2628) = 4,7386\%$

Monika Moneta sagte aber einen Kurs von 168,00 für Ende 2001 und damit eine Rendite von 12,60% voraus. Bei Gültigkeit der APT ist D damit stark unterbewertet (faire Bewertung wäre 160,40 statt 149,20). D liegt somit nicht auf der APT-Ebene, sondern darüber.

Gewinnung des »free lunch« durch Herrn Damm:

Konstruktionsbedingungen des Arbitrageportefeuilles:

$\omega_A + \omega_B + \omega_C + \omega_D = 0$
$\omega_A \cdot 1,89 + \omega_B \cdot 0,39 + \omega_C \cdot 0,6 + \omega_D \cdot 0,4893 = 0$
$\omega_A \cdot 1,28 + \omega_B \cdot (-0,47) + \omega_C \cdot 0,41 + \omega_D \cdot (-0,2628) = 0$

Dies ist ein indeterminiertes Gleichungssystem und weist unendlich viele Arbitragemöglichkeiten nach.

Es gelte (willkürlich): $\omega_D = 1$

$\omega_A + \omega_B + \omega_C = -1$
$\omega_A \cdot 1,89 + \omega_B \cdot 0,39 + \omega_C \cdot 0,62 = -0,4893$
$\omega_A \cdot 1,28 + \omega_B \cdot (-0,47) + \omega_C \cdot 0,41 = 0,2628$

$\omega_A = -4,3324\%$ $\omega_B = -80,7410\%$ $\omega_C = -14,9266\%$ $\omega_D = 100\%$
(= Anteile am Bruttotransaktionsvolumen)

... : 200%

$\omega_A = -2,1662\%$ $\omega_B = -40,3705\%$ $\omega_C = -7,4633\%$ $\omega_D = 50\%$
(= Anteile am Gesamtportefeuille)

Beispiel:
Bruttotransaktionsvolumen = 10.000 → Arbitragegewinn: 393,07 €

5. $r_D = \underbrace{E[r_D]}_{\text{erwartet}} + \underbrace{\underbrace{\sum_{j=1}^{2} c_{Dj} \cdot f_j}_{\text{systematisch}} + \underbrace{\varepsilon_D}_{\text{unsystematisch}}}_{\text{unerwartet}}$

$4,29\% = 4,7386\% : 12 + 0,4893 \cdot 0,509 + (-0,2628) \cdot 0,041 + \varepsilon_D$
$= 0,3949\% \quad +1,4131\% \quad\quad\quad\quad\quad\quad\quad +\varepsilon_D$
$\varepsilon_D = 2,4820\%$

Literatur

Lintner, J. (1965): The Valuation of Risky Assets and the Selection of Risky Investments in Stock Portfolios and Capital Budgets, in: Review of Economics and Statistics, 47, S. 13–37.

Mossin, J. (1966): Equilibrium in an Capital Asset Market, in: Econometrica, 34, S. 768–783.

Roll, R. (1977): A Critique of the Asset Pricing Theory's Tests, Part I: On Past and Potential Testability of the Theory, in: Journal of Financial Economics, 4, S. 129–176.

Schmidt, R./Terberger, E. (1997): Grundzüge der Investitions- und Finanzierungstheorie, 4. Aufl., Wiesbaden.

Sharpe, W. (1964): Capital Asset Prices: A Theory of Market Equilibrium under Conditions of Risk, in: Journal of Finance, 19, S. 425–442.

Steiner, M./Bruns, C. (2000): Wertpapiermanagement, 7. Aufl., Stuttgart.

10 Verhaltenswissenschaftliche Ansätze der Kapitalmarkttheorie, Behavioral Finance*

> **LERNZIELE**
> - Die theoretische Betrachtung eines Marktes aus der Perspektive der traditionellen neoklassischen Modelle und aus der des verhaltenswissenschaftlichen Ansatzes.
> - Mikrostrukturtheorie vom verhaltenswissenschaftlichen Ansatz der Kapitalmarkttheorie abgrenzen.
> - Der »repräsentative Marktteilnehmer« der Neoklassik und die Argumente, warum davon abweichendes Verhalten auf der Marktebene keine Rolle spielen soll.
> - Kursanomalien.
> - Psychologische Erklärungen von Kursanomalien auf der Individualebene.
> - Sie wissen, wie auf Grundlage dieser Kenntnisse erfolgreiche Handelsstrategien aufgebaut werden können.

10.1 Überblick

Die traditionelle Kapitalmarkttheorie, insbesondere also
- die State-Preference-Theorie,
- die Portfoliotheorie,
- das Capital-Asset-Pricing-Modell und die Arbitrage-Pricing-Theorie sowie
- die Theorie effizienter Märkte,

versucht, Gleichgewichtsbedingungen an den Wertpapiermärkten zu errechnen, die so beschaffen sind, dass sie mit dem gesamtwirtschaftlichen Optimum vereinbar sind.

> **Was ist das gesamtwirtschaftliche Optimum?**
>
> Das gesamtwirtschaftliche Optimum kann beschrieben werden als die optimale, d. h. wohlfahrtsmaximale Aufteilung der verfügbaren Ressourcen auf die Verwendungsmöglichkeiten. Dabei spielen die Wertpapiermärkte eine wichtige Rolle, denn Emission und Erwerb von Wertpapieren ist nichts anderes als Verteilung finanzieller Ressourcen auf die Investitions-, also Verwendungsmöglichkeiten.

Problem an der traditionellen Kapitalmarkttheorie sind die Modelle, aus denen die Aussagen abgeleitet werden. Es handelt sich um neoklassische Gleichgewichtsmodelle. Grundannahme ist, dass die Allokationsbedingungen der Gütermärkte

---

* Autoren: Alexander G. Aulibauer, Friedrich Thießen

die Preise der Wertpapiermärkte bestimmen. Um das gesamtwirtschaftliche Optimum zu erreichen, müssen
- genügend viele rational handelnde Marktteilnehmer,
- Informationen über alle verfügbaren Realinvestitionsmöglichkeiten – d. h. über die Grenzleistungsfähigkeit der Ressourcen – sammeln und
- ihre finanziellen Ressourcen gemäß den Erkenntnissen der Kapitalmarkttheorie auf diese aufteilen.

Aber es gibt noch mehr Annahmen:
- *Alle Informationen:* Den Marktteilnehmern stehen alle notwendigen Informationen über die Rendite/Risiko-Eigenschaften der Investitionsmöglichkeiten an den Gütermärkten zur Verfügung.
- *Rationale Informationsauswertung:* Die Marktteilnehmer lassen sich ausschließlich von diesen Informationen leiten.
- *Rationales Risikonutzenverhalten:* Die Marktteilnehmer gehen rational mit Risiko um, d. h. sie entscheiden gemäß den Annahmen der Risikonutzentheorie von John von Neumann und Oskar Morgenstern basierend auf der Erwartungsnutzentheorie von Daniel Bernoulli.

An diesen Annahmen kann man Zweifel ausdrücken. Handeln wirklich alle Marktteilnehmer rational und vernünftig? Orientieren sie sich ausschließlich an den Informationen über Rendite und Risiko von Investitionen? Sammeln sie wirklich systematisch all die Informationen, die sie für eine sachgerechte Entscheidung benötigen?

10.2 Behavioral Finance: verhaltenswissenschaftlicher Ansatz der Kapitalmarkttheorie

Von der erwähnten Annahme vollständiger Rationalität aller Marktteilnehmer nimmt die Forschungsrichtung des *Behavioral Finance* Abstand. Diese Forschungsrichtung wird *verhaltenswissenschaftlicher Ansatz der Kapitalmarkttheorie* genannt. Der Ansatz entwickelt Modelle mit Wirtschaftssubjekten, die begrenzt rational handeln, die im Vergleich mit rationalen Wirtschaftssubjekten systematische andere Verhaltensweisen zeigen. Solche abweichenden Verhaltensweisen werden Verhaltensanomalien genannt.

> **DEFINITION**
> Ziel des verhaltenswissenschaftlichen Ansatzes ist es, den Marktbeobachter durch realistischere Annahmen über das Individualverhalten der Kapitalmarktteilnehmer zu einer genaueren Prognose künftiger und zu einer besseren Erklärung beobachteter Kurse zu befähigen.

10.2.1 Geschichte

Die Geburtsstunde der verhaltenswissenschaftlichen Ansätze war die Entdeckung von Kurszeitreihen, deren Eigenschaften nicht mit den Prognosen bzw. Erklärungen der neoklassischen Kapitalmarkttheorie harmonierten. Solche Kursverläufe werden *anomale Kursverläufe* genannt. Beispiele sind:

- *Exzessive Volatilität (Excess-Volatiliy):* Wertpapierkurse schwanken mit größerer Amplitude und mit kürzerer Longitude, als dies durch fundamentale Daten, also insbesondere die beobachteten Dividenden- bzw. Gewinnschwankungen der zugrundeliegenden Unternehmen gerechtfertigt ist.
- *Eigenkapital-Prämien-Rätsel (Equity-Premium-Puzzle):* Die Differenz zwischen der erwarteten Rendite einer Aktienanlage und der Rendite risikoloser (Staats-)Anleihen wird als Risikoprämie (Equity-Premium) bezeichnet. Amerikanische Forscher gingen bereits Mitte der achtziger Jahre der Frage nach, wie hoch die Risikoprämie theoretisch sein müsste, und verglichen diese mit der historisch beobachteten Prämie. Das verblüffende Resultat, dass die historische Renditedifferenz zwischen Aktien und Anleihen mit der ökonomischen Standardtheorie nicht erklärt werden konnte, wurde unter dem Terminus das Equity-Premium-Puzzle bekannt.
- *Kalendereffekte:* An verschiedenen Kalendertagen im Jahr wurden in historischen Zeitreihen anomal hohe oder niedrige Renditen beobachtet. Die Ergebnisse sind statistisch signifikant.

PRAXISBEISPIEL

Winner-Loser-Portfolio-Strategien

Das Winner-Loser-Phänomen ist eine Marktanomalie, die Renditen von besonders erfolgreichen und besonders wenig erfolgreichen Wertpapieren betrifft. Man hat empirisch beobachtet, dass Wertpapiere, die zeitweilig Überrenditen produzieren, danach Unterrenditen aufweisen und vice versa. Diese Erkenntnis kann zu folgender Strategie genutzt werden:

Formationsperiode: Über einen »geeigneten« historischen Zeitraum hinweg werden die Renditen der Wertpapiere eines Marktes analysiert.

Portefeuillebildung: Aus einer »geeigneten« Anzahl der renditestärksten Aktien der Formationsperiode wird das sog. *Winner-Portefeuille*, aus den renditeschwächsten das *Loser-Portefeuille* gebildet.

Testperiode: Über einen folgenden »geeigneten« Zeitraum werden die Renditen der beiden Portefeuilles analysiert, um die Wertpapierzuordnung zu bestätigen bzw. zu revidieren (Testperiode).

Nach der Testperiode kann dann eine der folgenden Handelsstrategien zum Einsatz kommen:

Strategie	Fristigkeit	Haltedauer	Transaktion Winner-Portefeuille	Transaktion Loser-Portefeuille	Zyklik
Formations-strategie	sehr kurz	0–1 Monat	Leerverkauf	Kauf	anti-zyklisch
Relative Strength	mittelfristig	3–12 Monate	Kauf	Leerverkauf	zyklisch
Contrarian Strategy	langfristig	3–5 Jahre	Leerverkauf	Kauf	anti-zyklisch

Wie sehen die Ergebnisse aus? Für den deutschen Markt findet z. B. Stock (1990) einen signifikanten Erfolg langfristiger Strategien. Schiereck und Weber (1995) sowie Bromann, Schiereck und Weber (1997) untersuchten den deutschen und den amerikanischen Markt unter Berücksichtigung von Transaktionskosten (vgl. Tabelle unten). Nach diesen Untersuchungen führen besonders Kombinationen von mittel- und langfristigen Test- und Formationsperioden zu signifikant überdurchschnittlichen Renditen.

Überrenditen von Winner-Loser-Strategien		Testperioden			
		3 Monate	6 Monate	9 Monate	12 Monate
Formations-perioden	3 Monate	G: –0,01 US: 0,32	G: 0,26 US: 0,58	G: 0,29 US: 0,60	G: 0,45 US: 0,69
	6 Monate	G: 0,03 US: 0,84	G: 0,72 US: 0,95	G: 0,75 US: 1,02	G: 0,73 US: 0,86
	12 Monate	G: 0,37 US: 1,31	G: 0,90 US: 1,14	G: 0,55 US: 0,93	G: 0,46 US: 0,68

Vergleich der durchschnittlichen monatlichen Überrenditen von 1965–1989 für den deutschen (G) und US-amerikanischen Aktienmarkt bei verschiedenen Test- und Formationsperioden.
Quelle: Schiereck/Weber (1995), S. 16

Die Anomalien der gezeigten Art wurden sofort mit irrationalem Verhalten der Marktteilnehmer in Verbindung gebracht, und es wurde versucht, die Faktoren genauer zu bestimmen, welche die Anomalien verursachen. Dabei stieß man aber auf einen interessanten Punkt: Ursächlich für anomale Kursverläufe müssen nicht unbedingt irrationale Verhaltensweisen der Marktteilnehmer sein. Ursächlich können auch institutionelle Regelungen sein, die den Wirtschaftssubjekten keine andere Wahl lassen. Dazu gehören Regelungen in Kapitalmarkt- und Steuergesetzen, Börsenvorschriften u.v.m.

Warum war man bis dahin nicht auf diese Dinge gestoßen? Die Erklärung ist einfach: Erkenntnisse über »normale« Kursverläufe waren bis dahin aus neoklassischen Modellen gewonnen worden, die nur aggregierte Märkte betrachten, Friktionslosigkeit unterstellen und institutionellen Details keine Beachtung schenken. Überspitzt formuliert, war man bei Adam Smith stehen geblieben, und hatte die institutionellen Details als »unsichtbare Hand« angesehen. Jetzt merkte man, dass man diesen Dingen mehr Beachtung schenken musste.

BEISPIEL Mikrostrukturelle und psychologische Einflüsse

Marktmikrostruktur:
Organisatorische Regelungen wie typische Anleihefälligkeiten lösen Verhaltensweisen aus, die den gesamten Markt berühren, die nicht irrational genannt werden können (Wiederanlage der Zinsen).

Marktpsychologie:
Fundamentale Ereignisse der Vergangenheit bewirken in der Erwartungsbildung der Marktteilnehmer selektive und/oder verzerrte Wahrnehmungen, die dann zu sich selbsterfüllenden Prophezeihungen werden können.

Marktpsychologie

Zittern oder hoffen?

Noch glauben viele Volkswirte, die konjunkturelle Talsohle sei praktisch durchschritten - und Investoren hoffen, dass die gebeutelten Aktienmärkte wieder zulegen. Doch der Dax hat seit Anfang August erneut rund zehn Prozent verloren. Zudem sehen Frankfurter Broker noch keine Trendwende an der Börse. Im Spätsommer und Herbst steigen die Kurse nur selten. So war es fast immer in den vergangenen Jahren. Beispiel September: Seit 1990 fiel der Dax in diesem Monat neunmal. Oft ging es kräftig nach unten, 2000 minus 6 Prozent, 1998 minus 7 Prozent und 1990 minus 18 Prozent. Die Gründe: Es gibt keine saisonal bedingten Geldzuflüsse, wie etwa im Januar, wenn Anleger ihre frisch eingenommenen Anleihezinsen in die Fonds stecken. Und die Psychologie steuert das Verhalten im September und vor allem Oktober: Die Russland-Krise (1998) und der Crash nach der LTCM-Pleite (1998) fielen in jüngster Zeit in diese Monate. Auch der schlimmste Crash aller Zeiten war in einem Oktober: der Schwarze Freitag am 25. Oktober 1929 an der Wall Street.

Konsequenz:
- Einerseits war die Erkenntnis, dass anomale Preisverläufe nicht immer etwas mit Irrationalität der Marktteilnehmer zu tun haben müsse, ein Rückschlag für die verhaltenswissenschaftliche Forschungsrichtung. Es entwickelte sich eine neue Forschungsrichtung, die sich den institutionellen Details der Wertpapiermärkte zuwandte, die *Marktmikrostrukturtheorie*.
- Andererseits wurde die Anomalienforschung verstärkt und eine Vielzahl weiterer bis heute nicht eindeutig geklärter Phänomene entdeckt.

Traditionelle Kapitalmarkttheorie und irrationales Verhalten

Irrationales Verhalten gibt es. In der traditionellen neoklassischen Kapitalmarkttheorie kommt es nicht vor. Muss man daher diese Theorie »wegschmeißen«? Das wäre katastrophal, denn immerhin sind so wichtige Ansätze wie die Portfoliotheorie und das CAPM darunter!

Zum Glück kann man auch in die traditionelle Kapitalmarkttheorie Marktteilnehmer mit irrationalen Verhaltensweisen integrieren. Das gelingt folgendermaßen: Die Kapitalmarkttheorie behandelt nur volkswirtschaftliche Aggregate, insbesondere Märkte, die nur durch die insgesamt gehandelten Mengen und Preise gekennzeichnet werden. Die funktionalen Beziehungen werden aus den gedachten Verhaltensweisen eines rational handelnden Individuums abgeleitet, das stellvertretend für alle anderen Individuen steht. Welches Wirtschaftssubjekt im Einzelnen welche Mengen kauft oder verkauft, spielt in den Modellen keine Rolle. Wenn man annimmt, dass irrationale Verhaltensweisen einzelner Individuen das Aggregat, also Marktmenge und Marktpreis, nicht beeinflussen, dann kann man die traditionelle Kapitalmarkttheorie »retten«.

Aber warum sollten irrationale Entscheidungen einzelner Individuen das Aggregat nicht beeinflussen? Ist das nicht unsinnig? Dazu wurden drei Hypothesen geprägt:

- *Neutralisierungshypothese:* Von der »Norm« abweichende Verhaltensweisen neutralisieren sich. Die Norm stellt die »Mitte« dar, um die die Abweichungen streuen. Mit anderen Worten: abweichende Verhaltensmuster treten nicht systematisch auf.
- *Auslesehypothese:* Von der Norm, der Rationalität, abweichende Akteure werden auf längere Sicht aus dem Markt ausscheiden müssen. Durch ihr irrationales Handeln verlieren sie ständig Ressourcen bzw. erzielen nur unterdurchschnittliche Renditen.
- *Dominanzhypothese:* Soweit Individuen Lernfähigkeit besitzen, kann davon ausgegangen werden, dass die »irrationalen« Akteure noch vor ihrem Marktausscheiden ihr Verhalten an das »rationale« anpassen.

Insgesamt muss auf jeden Fall gelten: Abweichungen von der Rationalität dürfen auf der Ebene des Aggregates, d. h. des Gesamtmarktes keine Rolle spielen. Die Preise an den Kapitalmärkten verhalten sich demnach, *als ob* alle Marktteilnehmer rational handelten.

10.2.2 Normale und anomale Kursverläufe

Wie genau sieht ein anomaler Kursverlauf aus? Oben sagten wir, dass Kurszeitreihen, deren Eigenschaften nicht mit den Bedingungen der neoklassischen Kapitalmarkttheorie harmonieren, anomal sind. Aus den typischen Annahmen der neoklassischen Theorie, nämlich Friktionslosigkeit und Rationalverhalten ergibt sich Folgendes:

- *Alle Informationen:* Die Marktteilnehmer, und zwar alle ohne Ausnahme, müssen jederzeit über alle relevanten, insbesondere neue Informationen informiert sein.
- *Sofortige Reaktion:* Der Kurs jedes Wertpapiers springt mit jeder fundamentalen Datenänderung auf ein neues Gleichgewichtsniveau und verharrt dort bis zur nächsten Datenänderung.
- *Vollständige Anpassung:* Die Fundamentaldatenänderungen werden im Moment ihres Eintritts vollständig und abschließend von den Finanzmärkten in der Kursbewegung verarbeitet.

Die Abbildung 10.1 zeigt als fett gezeichnete Linie den »normalen« Kursverlauf. Für diesen Kursverlauf gilt der bekannte Satz: »... efficient markets have no memory« (Brealey/Myers (2000), S. 368).

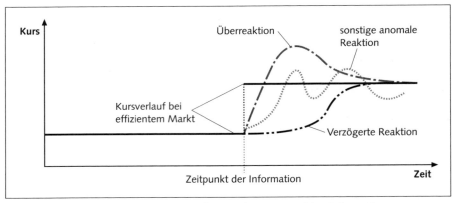

Abb. 10.1: Mögliche Kursreaktionen auf preisrelevante, positive Information

Tatsächlich stößt man an Märkten aber z. B. auf Phänomene der Überreaktion und der verzögerten Reaktion. Derartige Kursverläufe sind nicht mit den Annahmen von Friktionslosigkeit und Rationalverhalten vereinbar und werden als anomal bezeichnet. Anomale Kursverläufe können, wie zu sehen ist, folgende Eigenschaften haben:

- *Trend:* Es gibt Kurstrends (bei verzögerter und Überreaktion).
- *Trendumkehr:* Es gibt eine Tendenz zur Kurskorrektur (bei Überreaktion).
- *Verteilungsparameter:* Die Verteilung von Renditen im Zeitablauf ändert ihre Struktur, was an vielen Momenten ablesbar ist (Varianz, Kurtosis).

Jede Kursanomalie kann also entweder aus a) einer Formabweichung oder b) einer Intensitätsabweichung vom effizienten Kursverlauf bestehen.

10.2.3 Verhaltensanomalien

Im Folgenden werden die wichtigsten bisher aufgedeckten Verhaltensanomalien dargestellt, die sich vor allem bei kurzfristigen Tradingentscheidungen auswirken.

Herden- und Imitationsverhalten
Dass Aktienmärkte nicht nur von Fundamentaldaten, sondern von Stimmungen und psychologischen Phänomenen beherrscht werden, ist verbreitete Vorstellung. Marktteilnehmer, die sich von theoretisch unfundierten Marktstimmungen leiten lassen, werden Noise Trader genannt. Man unterscheidet verschiedene Arten von Noise Tradern:

- *Herder:* Ein Herder ist ein Marktteilnehmer, der Signale von anderen Akteuren beobachtet, ohne auf sogenannte Fundamentaldaten der Wertpapiere zu achten. Der Herder richtet sich in seinem Entscheidungskalkül an der Masse aus und versucht, die Anlageentscheidungen anderer Anleger zu antizipieren und zu imitieren. Er verzichtet auf eigene Beschaffung von Fundamentaldaten.

- *Fad:* Untergruppe der Herder. Herder, die sich an dem Verhalten anderer Marktteilnehmer orientieren, sind anfällig für Anlegermoden. Solche auf modische Marktstimmungen reagierende Herder werden Fads genannt.
- *Feedback-Trader:* Eine andere Untergruppe der Herder sind Feedback-Trader, die steigende Kurse für Kauf- und fallende Kurse für Verkaufsignale halten.
- *Bluffer:* Der Bluffer ist das logische Pendant zum Herder. Er baut strategisch auf das Verhalten der Herder auf, manipuliert Preise und verursacht z. B. bewusst Kursschwankungen ohne fundamentalen Hintergrund. Er suggeriert den Herdern, er besäße für den künftigen Preis relevante Informationen, und bewegt damit die Preise in eine von ihm gewünschte Richtung und profitiert, wenn er im steigenden Markt verkaufen respektive im fallenden Markt kaufen kann, noch bevor bekannt wird, dass eine relevante Information nicht existiert oder falsch interpretiert wurde.

Ist Herdenverhalten immer irrational? Herding kann etwas mit irrationalem Verhalten zu tun haben, muss aber nicht: Das blinde Vertrauen in Trendfolgestrategien im Rahmen von Chart- und Technischer Analyse ist auf jeden Fall irrational. Folgende Gründe gehören dagegen eher in den rationalen Bereich:

- *Ruf und Image:* Für den Ruf von Investmentfondsmanagern gilt es als besser, konventionell zu scheitern als unkonventionell zu reüssieren.
- *Relative Erfolgsmessung:* Eine Erfolgsbeurteilung an relativen Maßstäben, z. B. einer Benchmark, begünstigt Herding. Denn auch dann, wenn sich die Benchmark von den Fundamentaldaten im negativen Sinne entfernt, lohnt es sich noch, der Benchmark zu folgen.

Bluffing ist ein Anlageverhalten, dass in jedem Fall rational erscheint. Es ist typisch für große Investoren, die große Kapitalbeträge einsetzen, viele Transaktionen durchführen und Preise beeinflussen können. Es baut darauf, dass andere Marktteilnehmer nicht unterscheiden können, welche Transaktionen auf relevanten Informationen beruhen und welche nicht.

Home-Bias

Die finanzwirtschaftliche Forschung hat theoretisch wie auch empirisch belegt, dass die überlegene Form der Vermögensanlage in Aktien eine breite internationale Streuung einschließt. Im Gegensatz zu dieser Erkenntnis zeigen die Portefeuilles privater wie auch professioneller institutioneller Investoren eine starke Übergewichtung heimischer Aktien. Man spricht in diesem Zusammenhang vom Home-Bias. Zahlreiche Ansätze, diesen Bias über typische institutionelle Marktfriktionen zu erklären, scheiterten.

Überkonfidenz

Informationen, die mit einer Erwartungsenttäuschung beim Investor verbunden sind, z. B. sog. Gewinnwarnungen, werden als vorübergehende Phänomene gedeutet. Der Anleger hält an seinen bisherigen Einschätzungen fest, er beharrt auf der Güte früher gebildeter Erwartungen und überschätzt tendenziell sein Wissen. Eine verzögerte Anpassungsreaktion ist die Folge. Kurse werden auf enttäuschende Informationen unterreagieren, da sie nur zögerlich ausgewertet werden.

Verzerrte Erfolgsattribution
Es wurde eine Tendenz zu asymmetrischer Erfolgsattribution der Investoren gefunden. Vergangene Erfolge werden den eigenen Fähigkeiten, Misserfolge jedoch der Situation, dem Markt, dem Zufall zugerechnet. Anleger gewinnen dadurch den Eindruck, sie könnten eine riskante Situation steuern (Kontrollillusion).

Repräsentativitätsheuristik
Entscheider neigen dazu, einzelne Ereignisse (aktuelle Informationen) als repräsentativ (typisch) für eine bestimmte Kategorie oder Entwicklung einzuschätzen, ohne deren Auftretenswahrscheinlichkeit geprüft zu haben. Die letzte Information wird bspw. als repräsentativ für die vergangenen Informationen empfunden. Innerhalb der Repräsentativitätsheuristik werden fünf Ausprägungen unterschieden:

> **Ausprägungen von Repräsentativitätsheuristiken**
>
> Die Base-Rate-Fallacy oder Basisratenvernachlässigung beschreibt das Phänomen, dass Entscheider, welche individuelle Informationen über ein Objekt (z. B. Wertpapier) haben, nicht mehr in der Lage sind, dieses Objekt unverzerrt in einen Gesamtkontext (z. B. Marktkapitalisierung) einzuordnen. Sie vernachlässigen die Relationen bzw. die Basisrate.
> Das Gesetz der kleinen Zahl beschreibt den Umstand, bei welchem von einigen wenigen Objekten auf Eigenschaften von vielen geschlossen wird, die dieser Gruppe angehören.
> Verzerrte Vorstellungen über den Zufall können z. B. beinhalten, dass bestimmte Abwechslungen eher als repräsentativ für einen Zufallsprozess gehalten werden als Wiederholungen von Ereignissen (monotone Passagen), ohne dies jedoch mit Eigenschaften der Grundgesamtheit begründen zu können. Es wird erwartet, dass sich Merkmale eines unendlichen Zufallsprozesses auch in kurzen, endlichen Sequenzen zeigen. Monotone Passagen gelten als nicht repräsentativ für Zufallsfolgen, daher werden sie nach der Heuristik der Repräsentativität als unwahrscheinlich eingestuft. Man meint, die endliche lokale Stichprobe müsse repräsentativ für die Gesamtheit sein. Tatsächlich sind aber sowohl abwechselnde als auch monotone Passagen gleich wahrscheinlich, wenn die Ereignisse unabhängig voneinander sind.
> Die Vernachlässigung der Regression zur Mitte beschreibt die Vorstellung, Trends könnten »ewig« anhalten, obwohl die Erfahrung anderes lehrt. Extreme Ausgänge eines Zufallsprozesses werden hinsichtlich ihrer Validität und damit ihrer Wahrscheinlichkeit überschätzt.
> Bei der Conjunction-Fallacy (Konjunktionstäuschung) hält man die Konjunktion von Ereignissen für wahrscheinlicher als den Eintritt eines der in die Konjunktion eingehenden Ereignisse. Dies steht nicht in Übereinstimmung mit den Axiomen der Wahrscheinlichkeitstheorie.

Gamblers-Fallacy
Bei Entwicklungen, die aus Sicht des Entscheiders schon überdurchschnittlich lange andauern, wird angenommen, dass eine Trendumkehr wahrscheinlicher als eine Trendfortsetzung ist, obwohl nach dem Random-Walk-Ansatz die Wahrscheinlich-

keit für beide Alternativen ja 50 % beträgt. Eine ähnliche Erwartungsbildung ist vom Roulette-Spiel bekannt: Spieler glauben, dass nach fünf mal Rot wahrscheinlicher Schwarz kommen müsste. Zeigen jedoch unterhalb der durchschnittlichen Trenddauer Informationen in die gleiche Richtung, so werden diese schnell als neuer Trend identifiziert und in die Zukunft extrapoliert (siehe Repräsentativitätsheuristik). Marktpreise werden dann auf die neuen Informationen überreagieren.

Verfügbarkeitsheuristik
Entscheider neigen offensichtlich dazu, mental verfügbare gegenüber nicht mehr im Gedächtnis präsenten Informationen überproportional zu gewichten. Durch aktuelle und medial aufbereitete Informationen kann das Phänomen der Überreaktion verstärkt werden. Die subjektive Wahrscheinlichkeit eines Ereignisses ist umso größer, je leichter man in der Lage ist, sich Beispiele für das Ereignis vorzustellen oder in Erinnerung zu rufen (z. B. Börsencrashs aus der jüngeren Vergangenheit). Es werden drei Ausprägungen des Einflusses eines Ereignisses unterschieden: die Lebhaftigkeit der Darstellung, seine mentale Präsenz und die Existenz von Ereigniskombinationen. Im Gegensatz zur Repräsentativitätsheuristik geht es hier nicht um einen Muster-Abgleich, sondern um mentale Präsenz.

Mean-Reversion
Bei stärkeren (Kurs-) Entwicklungen nach oben oder unten wird oft vernachlässigt, dass diese Trends mit größerer Wahrscheinlichkeit mittelfristig wieder zum Mittelwert der Renditeentwicklung umkehren. Forschungsergebnisse bestätigen die Vermutung – in der Literatur als *Mean-Reversion* diskutierter – positiver Autokorrelationen in den mittelfristigen (3–12 Monate) und negativer in den kurzfristigen (1 Woche – 1 Monat) sowie den langfristigen Zeitreihen (3–5 Jahre). Ursache (oder Folge) des Phänomens sind zyklische Komponenten der Kursentwicklungen durch verzögerte oder übersteigerte Reaktionen von Marktteilnehmern auf preisrelevante Informationen.

Loss-Aversion
Betragsmäßig höhere Renditen von Loser- gegenüber Winner-Portefeuilles lassen sich dadurch erklären, dass Inhaber von Loser-Werten aufgrund einer Verlustaversion länger in diesen Papieren investiert bleiben, als dies ökonomisch sinnvoll wäre, um die Buchverluste nicht realisieren zu müssen. Dieses »Verluste aussitzen« nennt man auch Dispositionseffekt.

Status-Quo-Bias
Es wird von den Entscheidern als leichter empfunden, bei einer früher getroffenen Entscheidung zu bleiben, als eine neue Entscheidung zu treffen (vgl. Kahneman/Knetsch/Thaler (1991), S. 197).

10.3 Prospekttheorie

Im folgenden Kapitel wollen wir die Prospekttheorie kennen lernen. Die Grundideen dieser Theorie stammen von Kahnemann und Tversky (1979) und Richard Thaler (1985). Die Theorie gilt derzeit als die geschlossenste Theorie innerhalb der Gruppe von Theorien, die ökonomisches nichtrationales Verhalten von Marktteilnehmern (also Verhalten, das von der Bayes-Regel, dem μ-σ-Prinzip oder dem Bernoulli-Prinzip nicht erfasst wird) beschreiben wollen. Die Prospekttheorie ist vor allem eine *Bewertungstheorie*. »Prospect« bedeutet »Aussicht«. Die Prospekttheorie behandelt die Frage, wie Entscheider sichere und unsichere »Aussichten« auf die Zukunft bewerten und entsprechend ihre Entscheidungen fällen.

10.3.1 Mentale Kontenbildung

Als erstes Element der Prospekttheorie sei die *Mentale Kontenbildung* genannt. Die Idee dazu stammt von Richard Thaler (1985) und gilt heute als fester Bestandteil der Prospekttheorie, die sie zunächst nur ergänzen wollte.

Mentale Kontenbildung bedeutet Folgendes: Man nimmt an, dass Entscheider dann, wenn sie ein Problem zu lösen haben, nicht ihr gesamtes Gedächtnis auswerten, sondern nur auf einzelne Teile davon zurückgreifen. Man spricht von »mentalen Konten«. Man nimmt an, im Gedächtnis existieren verschiedene »Kästen« oder auch »Konten«, die nach und nach mit solchen Informationen (Eigene Erfahrungen, Gelesenes, Beobachtetes etc.) gefüllt werden (bzw. auf den Konten »gebucht« werden), die in einem sachlichen Zusammenhang zum Thema des jeweiligen Kastens bzw. Kontos stehen. Muss nun ein Problem gelöst werden, dann wird auf das oder die jeweiligen Konten zugegriffen und vorrangig die Informationen ausgewertet, die in den jeweiligen Konten enthalten sind. Oder anders formuliert: Steht ein Entscheider vor einem Problem und versucht, auf Informationen in seinem Gedächtnis zurückzugreifen, um es zu lösen, dann stehen ihm im Moment der Entscheidung nicht alle Informationen zur Verfügung, sondern vorwiegend nur diejenigen, die in dem oder den Konten gespeichert sind, die dem Entscheider im Zusammenhang mit dem Entscheidungsproblem mental verfügbar werden – so diese theoretische Annahme.

Die Kontenbildung kann dazu führen, dass gleiche Sachverhalte unterschiedlich bewertet werden, je nachdem, auf welches Konto das Gehirn in einem bestimmten Moment zugreift. Ein Beispiel: Menschen, die mit ihrem Haushaltsgeld sparsam umgehen müssen, neigen dazu, verschiedene Töpfe zu bilden, die etwa laufenden Ausgaben, Notfällen oder als Eiserne Reserve dienen. Kommt es nun zum Wunsch, eine Anschaffung vorzunehmen, dann wird der Nutzen der Anschaffung höher bewertet, wenn das Geld dafür aus dem Topf laufende Ausgaben genommen werden kann, als wenn der Topf Notfälle dafür gebraucht werden müsste, selbst wenn die verfügbaren Mittel insgesamt ausreichen, alle üblichen zukünftigen Ausgaben und auch zukünftig zu erwartende Notfälle abzudecken.

10.3.2 Referenzpunktorientierung

Die »Referenzpunktorientierung« stellt das zweite wesentliche Element der Prospekttheorie dar. Sie gehört darüber hinaus zu den wichtigsten theoretischen Modellen der Verhaltensanomalienforschung. Grundannahme der Referenzpunktorientierung ist die Vermutung, dass das Gehirn beim Lösen von Problemen nicht »absolut«, sondern »relativ« vorgeht. Beispiel: Ein Geräusch einer bestimmten Lautstärke wird in einer leisen Umgebung stärker wahrgenommen als dasselbe Geräusch in lauterer Umgebung. Das bedeutet, die gleiche physikalische Schalldruckeinheit wird unterschiedlich bewertet, je nachdem in welcher Umgebung sich der Bewertende aufhält. Basis der Bewertung ist also nicht der Schalldruck an sich, sondern der Schalldruck relativ zu einem Umgebungsschalldruck.

Eine solche relative Bewertung nehmen nun die Wissenschaftler Kahnemann und Tversky (1979), welche die Prospekttheorie entwickelt haben, auch für ökonomische Bewertungsprobleme an. Sie unterstellen, es gebe Referenzpunkte – sogenannte »mentale Anker« –, die für die Bewertung von Tatbeständen wichtig seien. Geld und Vermögen werden entsprechend dieser Annahme nicht absolut wahrgenommen und bewertet (wie dies die Entscheidungstheorie von Bernoulli annimmt, genauso wie die Portfoliotheorie von Markowitz), sondern relativ zu einem Referenzpunkt.

BEISPIEL
Nach Bernoulli wird Einkommen immer im Zusammenhang mit dem Gesamtvermögen betrachtet. Nach der Referenzpunktannahme kann es sein, dass über Einkommen auch relativ zu anderen Größen disponiert wird. Der eine Entscheider mag Entscheidungen über Einkommen relativ zu seinem letzten Einkommen (als Anker) treffen. Ein anderer mag über sein Einkommen relativ zum Einkommen seines Nachbarn (als Anker) entscheiden. Ein Vorstandsmitglied eines großen Schweizer Pharmakonzerns sagte einmal, dass er es als ungerecht empfinden würde, wenn er als Leiter des 7.-größten Pharmaunternehmens der Welt nicht das 7.-höchste Einkommen aller Vorstandsmitglieder im Pharmasektor hätte. In allen Fällen orientieren sich die Entscheider an Ankern, die in der klassischen Entscheidungstheorie keine Rolle spielen. Als wichtiger Anker in der Finanzwirtschaft gilt der Einstiegskurs einer Position. Wie das Beispiel des Pharmakonzerns zeigt, gibt es aber viele weitere.

10.3.3 Bewertungsfunktion der Prospekttheorie

Die Bewertungsfunktion ist das dritte wesentliche Element der Prospekttheorie. Die Abbildung 10.2 veranschaulicht die Bewertungsfunktion. Die Funktion weist die im Folgenden aufgeführten Eigenschaften auf.

Abnehmende Sensitivitäten

Die Abbildung 10.2 zeigt, dass die Bewertungsfunktion sowohl im Gewinnbereich wie im Verlustbereich gekrümmt ist. Dies bedeutet, dass Preisänderungen in der Nähe des Referenzwertes stärker bewertet werden als weit vom Referenzwert ent-

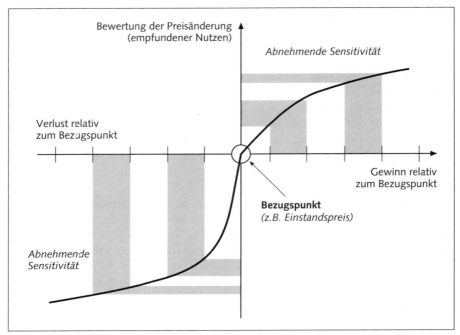

Abb. 10.2: Bewertungsfunktion

fernte Preisänderungen. Diese Eigenschaft ähnelt dem Gesetz des abnehmenden Grenznutzens, das Ihnen bekannt ist.

Allerdings wirkt sich die Existenz eines Referenzpunktes stark abweichend aus. Denn durch ihn ergibt sich eine Asymmetrie der Bewertung von Gewinnen und Verlusten. Gewinne werden annähernd so bewertet, wie nach dem Gesetz vom abnehmenden Grenznutzen zu erwarten: je höher der Gewinn steigt, desto weniger zusätzlichen Nutzen stiftet er. Eine Zunahme von Verlusten wird demgegenüber, wie die Abbildung zeigt, als umso weniger schlimm beurteilt, je weiter vom Referenzpunkt entfernt die Zunahme auftritt. Während die ersten kleinen Verluste stark negativ bewertet werden, steigt der negative Nutzen mit weiter sich vergrößernden Verlusten immer weniger an. Bei einigen mag es vielleicht sogar ganz links einen Kurvenabschnitt geben, der waagerecht verläuft. Diesen würde es dann bei sehr großen Verlusten völlig egal sein, ob die Verluste sich noch vergrößern oder gestoppt werden.

Mit einer derartigen Verlustbewertungsfunktion lässt sich erklären, warum nicht wenige Investoren, ihre Anlagen in Verlustphasen ruhen lassen und keine Schritte unternehmen, sie zu verringern oder weitere Verluste zu verhindern.

Zum Vergleich sei der Unterschied zur klassischen, rationalen Entscheidungsprinzipien dargestellt: Klassisch (z.B. bei der Entscheidungslehre nach Bernoulli) wird nicht relativ zu einem willkürlichen Referenzpunkt bewertet. Vielmehr wird das gesamte Vermögen einbezogen und eine Bewertung hinsichtlich der Ziele des Entscheiders durchgeführt, die bei rational handelnden Individuen praktisch nur in einer Lebenszeitnutzenmaximierung oder ersatzweise Endvermögensmaximierung liegen können. Verluste werden von diesem Endvermögen abgezogen. Hat die Bewertungsfunktion des Endvermögens einen degressiven Verlauf (»abnehmender Grenznutzen«), dann machen sich Verluste mit zunehmender Höhe immer stärker nutzenmindernd bemerkbar. Das Wirtschaftssubjekt würde bei kleinen Verlusten nicht reagieren, aber bei größer werdenden Verlusten unbedingt einschreiten.

Verlustaversion
Ausgehend von einem Referenzpunkt verläuft die Funktion im Verlustbereich steiler als im Gewinnbereich (vgl. Abbildung 10.2). Durch diese Asymmetrie der Funktion werden Verluste stärker bewertet als Gewinne in gleicher Höhe. Die Funktion drückt die Hypothese aus, dass man einen Verlust einer bestimmten Höhe als bedeutsamer im negativen Sinne empfindet als einen gleich hohen Gewinn im positiven. Dies ist kompatibel mit dem traditionellen risikoaversen Verhalten, das für die meisten Kapitalmarktteilnehmer unterstellt werden kann.

Pride-Effekt und Dissonanz-Effekt
Weitere Bewertungseffekte ergeben sich, wenn man die Bewertungsfunktion aus der Abbildung 10.2 nach oben oder unten im Referenzpunkt dreht. Zu solchen Drehungen kommt es wegen des sog. *Pride-Effektes* und des *Dissonanz-Effektes*.

Das bedeutete Folgendes: Gewinne und Verluste werden entsprechend der Theorie der kognitiven Dissonanz stärker oder schwächer bewertet, je nachdem wie involviert das handelnde Wirtschaftssubjekt bei der Erzielung der Gewinne oder Verluste gewesen ist. Ist ein Wirtschaftssubjekt stärker selbst an der Entstehung von Gewinnen beteiligt (i.e. hohes *Commitment*), dann wird der erzielte Gewinn wertvoller. Das Wirtschaftssubjekt fühlt sich bestätigt, ist stolz auf sich und bewertet die Leistung vergleichsweise hoch (Pride-Effekt, Drehung des rechten Astes in Abbildung 10.2 nach oben). Ist der Handelnde an der Entstehung von Verlusten selbst aktiv beteiligt, kommt es parallel ebenfalls zu einer stärkeren Bewertung als bei unbeteiligt entstehenden Verlusten (Drehung des linken Astes in Abbildung 10.2 vom Referenzpunkt ausgehend nach unten). Das Wirtschaftssubjekt befindet sich in einer Dissonanzsituation. Sein Bestreben, alles unter Kontrolle zu haben, wurde verletzt (*Kontrollmotiv*). Je stärker das Wirtschaftssubjekt selbst involviert war, desto größer wird die gefühlte Dissonanz und desto höher die Bewertung der Verluste.

Regret-Aversion
Die Prospekttheorie kann auch auf Gewinne und Verluste angewendet werden, die als Opportunitäten wahrgenommen werden. Es geht hier um Gewinne und Verluste, die man hätte erzielen können, wenn man gehandelt hätte.

Es gibt Situationen, in denen Wirtschaftssubjekte keine Gewinne erzielten, weil sie es versäumt haben, rechtzeitig zu handeln. Man bekommt vielleicht einen Tipp von einem Berater, der sich im Nachhinein als richtig herausstellt, hat aber nicht gehandelt. Dann kommt es zu einer Dissonanz, d. h. zu einer Situation des Bedauerns. Den Referenzpunkt nimmt nun der Gewinn ein, der erzielt worden wäre, hätte man den Tipp umgesetzt. Relativ zu diesem Punkt liegt das tatsächliche Vermögen niedriger, da man nicht gehandelt hat. Dieser entgangene Gewinn wird negativ bewertet entsprechend des linken Astes der Funktion der Abbildung. Die negative Bewertung führt zu einer kognitiven Dissonanz. Der Entscheider versucht, beim nächsten Mal dieses negative Gefühl zu vermeiden (*Regret Aversion*).

BEISPIEL 1 Bei steigenden Kursen erhält ein Anleger einen Tipp, Aktien zu kaufen. Er kauft nicht, verfolgt aber täglich die Kursentwicklung und stellt fest, dass jeden Tag die Aktien steigen und er jeden Tag relativ zum möglichen Gewinn mehr verliert. Es baut sich eine steigende Dissonanz auf. Irgendwann hält er die Dissonanz nicht mehr aus und kauft – möglicherweise am Ende der Rallye.

BEISPIEL 2 Bei Befragungen von professionellen Aktienhändlern hat sich gezeigt, dass diese den Umgang mit Gerüchten als sehr heikel empfinden. Einerseits sträuben sie sich aus moralischen Gründen dagegen, auf Gerüchte zu setzen oder Gerüchte ihren Kunden weiterzumelden. Andererseits empfinden sie großes Bedauern, wenn sie frühzeitig von einem Gerücht erfahren haben und trotzdem nicht reagierten. Sie versuchen, Letzteres zu vermeiden (Regret Aversion), und setzen sich über ihre moralischen Bedenken hinweg.

Verhalten bei Risiko

Aus der Prospekttheorie lässt sich ein Risikoverhalten ableiten, welches dem meist angenommenen teilweise entspricht (Risikoaversion bei Gewinnen), teilweise auch widerspricht (Risikofreude bei Verlusten). Dies liegt an der S-förmigen Struktur der Bewertungsfunktion. Nach der Prospekttheorie verhalten sich Marktteilnehmer bei Gewinnen (relativ zu ihrem jeweiligen Referenzpunkt) risikoavers. Bei Verlusten dagegen agieren sie risikofreudig.

Dies kann folgendermaßen leicht gezeigt werden: Hat ein Entscheider die Wahl zwischen einer sicheren Anlage und einer Anlage mit mehr Chancen und mehr Risiken, dann muss er berücksichtigen, dass ihm die Chancen bei der gekrümmten Bewertungsfunktion im Gewinnbereich (rechts vom Referenzpunkt) mit zunehmender Höhe nur unterproportional mehr Nutzen einbringen. Der Anleger agiert also risikoscheu – was die Gewinne anbelangt. Bei den Verlusten sieht es anders aus: denn durch den degressiven Verlauf der Bewertungsfunktion links vom Referenzpunkt führen selbst hohe mögliche Verluste nur zu einem degressiv steigenden Nutzenentgang. Je größer die Verluste werden, desto weniger groß ist der Nutzenentgang durch einen zusätzlichen Verlust. Selbst riesige mögliche Verluste wären durch relativ geringe zusätzliche sichere Gewinne aufzuwiegen. Entscheider agieren also, was Verluste anbetrifft risikofreudig.

Ein Schwachpunkt der S-förmigen Bewertungsfunktion ist das flach auslaufende linke Ende im Verlustbereich links vom Referenzpunkt. Ein flach auslaufendes linke Ende würde nämlich bedeuten, dass extrem hohe Verluste von den Entscheidungsträgern relativ zu mittleren oder geringen Verlusten quasi mit einem Achselzucken bedacht werden. Das ist aber offenbar in der Realität nicht der Fall. Die meisten Menschen schützen sich ganz bewusst und durchdacht gerade gegen sehr hohe Verluste. Das in allen Industrieländern existierende und beliebte System von Haus-, Haftpflicht-, Kranken- und Rentenversicherungen – bei einigen Versicherungen mit hohen Selbstbeteiligungen – ist darauf ausgerichtet, gerade die ärgsten Verluste auszuschließen. Es muss also am extrem linken Rand noch einen Teil der Bewertungsfunktion geben, der stark nach unten gerichtet ist, der aber bisher nicht erforscht wurde.

Fassen wir zusammen: entsprechend der Prospekttheorie handeln Wirtschaftssubjekte
- bei Gewinnen relativ zum Referenzpunkt: risikoscheu
- bei Verlusten relativ zum Referenzpunkt: risikofreudig

Framing

Unter *Framing* wird das Phänomen verstanden, dass Entscheider Fakten anders bewerten, wenn sie ihnen in anderen Umfeldern präsentiert werden. Der klassischen Entscheidungstheorie zufolge (Bayes-Regel, μ-σ-Prinzip, Bernoulli) werden Fakten immer objektiv wahrgenommen und bewertet, völlig unabhängig davon, wie die Fakten den Entscheidern präsentiert werden. Die Prospekttheorie nimmt an, dass die Art der Präsentation Einfluss darauf hat, wie Fakten wahrgenommen werden. Dies wird als Framing bezeichnet. Man kann sich vorstellen, dass eine bestimmte Art der Präsentation dazu führt, dass dem Entscheider bestimmte mentale Konten verfügbar werden (und andere nicht), was seine Entscheidungen entsprechend lenkt. Framing kann eine Ursache für die Wahl eines Referenzpunktes sein.

> **PRAXISBEISPIEL**
>
> **»Gewinnpositionen auflösen, Verlustpositionen laufen lassen«**
>
> Einer bekannten Verhaltensweise von Privatanlegern an Finanzmärkten zufolge lösen Marktteilnehmer Positionen, die im Gewinn liegen, frühzeitig auf, während sie Positionen, die im Verlustbereich liegen, laufen lassen. Diese Verhaltensweise stimmt nicht mit Regeln überein, die sich Profis setzen. Profis achten darauf, dass sich Verluste nicht kumulieren. Sie lösen Verlustpositionen nach Erreichen von Limiten schnell auf. Das Setzen und Beachten von Limiten wird in den ergänzenden Vorschriften zum Kreditwesengesetz sogar gesetzlich vorgeschrieben.
>
> Warum verhalten sich Privatanleger häufig auf die geschilderte Weise? Dies kann anhand der Bewertungsfunktion der Prospekttheorie erläutert werden.
>
> Die Abbildung 10.3 zeigt beispielhaft einen Gewinn A, einen Verlust B sowie einen Referenzpunkt (s. Kreise auf der Gewinn-Verlust-Achse). Wenn nun ein Entscheider, der eine Position besitzt, über das weitere Vorgehen entscheiden muss, dann hängt seine Entscheidung davon ab, wie er die weitere Kursentwicklung einschätzt, d.h. erst prognostiziert und dann *bewertet*, denn die Entscheidung über die Beibehaltung oder Auflösung der Positionen richtet sich auf zukünftige Gewinne oder Verluste. Wir nehmen nun an, er hat im ersten Schritt als Referenzkurs den Einstandskurs gewählt und behält für die weiteren Überlegungen diesen Bezugspunkt bei. Der Entscheider orientiere sich also an seinem historischen Einstandspreis.
>
> Nun betrachten wir zwei Fälle. Zuerst nehmen wir an, seit dem ursprünglichen Kauf der Position habe sich ein Gewinn (A) eingestellt. Der Entscheider muss nun beurteilen, ob ihm ein möglicher weiterer Kursanstieg von A (nach rechts) mehr Wert ist als ein möglicher Kursrückgang (von A nach links). Wie zu sehen ist, wird im Gewinnfall (A) ein *weiterer* Gewinn aufgrund des degressiven Kurvenverlaufs weniger positiv bewertet als ein Kursrückgang negativ bewertet würde. Das bedeutet, dass die Position aufgelöst werden

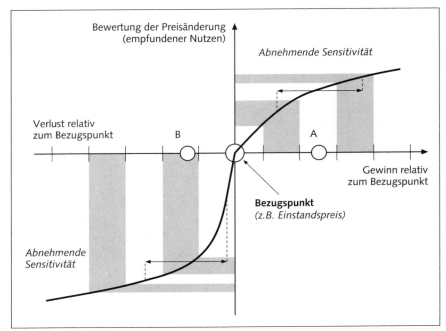

Abb. 10.3: Bewertungsfunktion der Prospekttheorie und die Neigung, Verluste laufen zu lassen

sollte, wenn der Entscheider nicht extrem bullish ist, d.h. weitere Kurssteigerungen mit sehr hoher Wahrscheinlichkeit erwartet.

Als nächstes nehmen wir an, dass seit dem ursprünglichen Kauf der Position sich ein Verlust (B) eingestellt habe. Im Fall eines erzielten Verlustes (B) macht sich die oben angesprochene Risikofreude bemerkbar. Bedingt durch die sich abflachende Steilheit der Bewertungsfunktion werden weitere Verluste (von B aus nach links) selbst großen Ausmaßes nicht stark zusätzlich negativ bewertet, während ein möglicher Rückgang der bereits eingetretenen Verluste (von B aus nach rechts) sich stark vorteilhaft bemerkbar macht. Der Entscheider wird die Position also beibehalten, es sei denn, er ist extrem pessimistisch eingestellt, rechnet also mit hoher Wahrscheinlichkeit mit weiteren Kursrückgängen.

Man erkennt an dieser Situation, wie falsch es ist, einen historischen Bezugspunkt beizubehalten. Es ist nicht rational, je nachdem, ob man seit dem Einstand Verluste oder Gewinne erzielt hat, risikofreudig oder risikoscheu zu agieren. Denn zum Entscheidungszeitpunkt über das weitere Vorgehen ist der Verlust B oder der Gewinn A bereits eingetreten: es handelt sich um »sunk cost«, die bekanntlich Entscheidungen nicht beeinflussen dürfen. Der Entscheider hätte nun seinen Referenzkurs anpassen müssen und den jeweiligen Marktwert (also B oder A) zum neuen Referenzkurs nehmen müssen. Wie leicht zu sehen ist, würde der Entscheider nach Anpassung des Referenzkurses sowohl im Gewinn- als auch im Verlustfall die Position bei unklarer Markteinschätzung auflösen – er würde sich also konsistent verhalten.

10.3.4 Der Umgang mit Wahrscheinlichkeiten: Wahrscheinlichkeitsgewichtefunktion

Wir wollen jetzt etwas aufgreifen, was vielen Menschen schwer fällt: das Rechnen mit Wahrscheinlichkeiten. Der deutsche Nobelpreisträger Reinhard Selten ist der festen Überzeugung, dass Menschen nicht so mit Wahrscheinlichkeiten rechnen können, wie es die Entscheidungstheorie vorschlägt. Er glaubt, dass Menschen in unsicheren Situationen überhaupt nicht »mathematisch« (entsprechend der Bayes-Regel, dem μ-σ-Prinzip oder dem Bernoulli-Prinzip) vorgehen, sondern ganz andere Kalküle zur Bewältigung der Unsicherheit verwenden. Auch die amerikanischen Wissenschaftler Kahnemann und Tversky vermuteten auf Basis ihrer psychologischen Forschungsergebnisse, dass Menschen mit Wahrscheinlichkeiten nicht mathematisch korrekt umgehen. Kahnemann und Tversky verwarfen aber das Rechnen mit Wahrscheinlichkeiten nicht völlig. Sie ergänzten vielmehr die Wahrscheinlichkeiten um sog. *Wahrscheinlichkeitsgewichte*. Dieses Verfahren hat den Vorteil, dass man nach wie vor mit den bekannten Formeln rechnen kann: man muss nur die objektiven Wahrscheinlichkeiten einer Entscheidungssituation durch die Wahrscheinlichkeitsgewichte ersetzen.

Die *Wahrscheinlichkeitsgewichtefunktion* stellt das vierte wesentliche Element der Prospekttheorie dar. Die Abbildung 10.4 zeigt auf der X-Achse (waagrechte) *tatsächliche, objektive* Wahrscheinlichkeiten und auf der Y-Achse *wahrgenommene* Wahrscheinlichkeiten. Ersteres sind die tatsächlich objektiv vorhandenen Wahrscheinlichkeiten von Ereignissen. Die objektive, tatsächliche Wahrscheinlichkeit eines Würfelwurfes für eine Zahl des Würfels beträgt 1/6 und bei einem Münzwurf 50 % für eine Seite, wenn man davon absieht, dass die Münze auch auf der Kante landen könnte.

Ein rational handelndes Individuum würde mit den genannten (objektiven) Wahrscheinlichkeiten rechnen. Bei ihm entsprechen also die wahrgenommenen Wahrscheinlichkeiten genau den objektiven Wahrscheinlichkeiten. Dies ist in der Abbildung 10.4 durch die gestrichelte Diagonale ausgedrückt, die genau die Winkelhalbierende darstellen soll. Wenn die tatsächliche Wahrscheinlichkeit eines Ereignisses *a* 50 % beträgt, dann beträgt auch die wahrgenommene Wahrscheinlichkeit des Ereignisses *p(a)* 50 %.

Nun zeigt die psychologische Forschung, dass Menschen offenbar in Situationen der Unsicherheit oft nicht mit den objektiven, tatsächlichen Wahrscheinlichkeiten rechnen, sondern Wahrscheinlichkeiten verzerrt wahrnehmen und bewerten. Dies gilt insbesondere für sehr kleine Wahrscheinlichkeiten in der Nähe von Null und sehr große Wahrscheinlichkeiten in der Nähe von 1 (d. h. knapp unter 100 %).

So zeigt sich, dass Menschen ein sicheres Ereignis einem unsicheren auch dann vorziehen, selbst wenn die Wahrscheinlichkeit, dass etwas Schlechtes passiert, sehr klein ist. Menschen machen einen sehr großen Unterschied zwischen absolut sicheren Alternativen und unsicheren, selbst wenn der Grad an Unsicherheit sehr, sehr gering ist. Die sichere Alternative wird bevorzugt. Im Bereich mittlerer Wahrscheinlichkeiten gibt es eine solch unterschiedliche Bewertung zwischen der etwas sichereren und der etwas weniger sicheren Alternative nicht.

BEISPIEL Ein Wirtschaftssubjekt nimmt einen großen Unterschied wahr, je nachdem ob ein Ereignis sicher ist oder ob mit 1 % Wahrscheinlichkeit etwas Ungünstiges passieren könnte. Dasselbe Wirtschaftssubjekt ist fast indifferent, ob ein ungünstiges Ereignis mit 36 % oder 35 % Wahrscheinlichkeit eintritt.

Dies bedeutet, Menschen kalkulieren ihre Handlungen offenbar nicht auf Basis der objektiven, tatsächlichen Wahrscheinlichkeiten, sondern auf Basis wahrgenommener Wahrscheinlichkeiten, die sich von den tatsächlichen unterscheiden. Abbildung 10.4 zeigt, wie die tatsächlichen und wahrgenommenen Wahrscheinlichkeiten zusammenhängen (Wahrscheinlichkeitsgewichtefunktion).

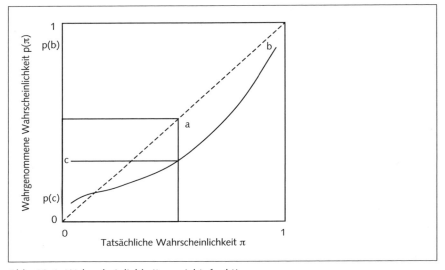

Abb. 10.4: Wahrscheinlichkeitsgewichtefunktion

An einem Beispiel wollen wir demonstrieren, wie die Wahrscheinlichkeitsgewichtefunktion aus Abbildung 10.4 angewendet werden kann. Es geht darum zu erklären, warum Menschen sich mit relativ teuren Versicherungen gegen Risiken absichern, die nur mit ganz geringer Wahrscheinlichkeit jemals auftreten. Bei Haftpflicht- oder Hausratsversicherungen ist immer wieder zu beobachten, dass Menschen außer den üblichen Schadensfällen, die mit einer gewissen Wahrscheinlichkeit durchaus vorkommen, auch Fälle einschließen lassen, die höchst unwahrscheinlich sind, wofür sie dann relativ hohe Aufschläge auf die Grundpreise bezahlen. Sie bewerten das niedrige Risiko entsprechend Abbildung 10.4 über und sind deshalb bereit, einen (zu) hohen Preis zu bezahlen, um das Risiko abzusichern.

10.3.5 Grenzen der Prospekttheorie

Mit der Prospekttheorie sind Verhaltensweisen vereinbar, die gegen Dominanzprinzipien verstoßen. Das wurde der Theorie vorgeworfen. Das Argument gilt aber auch für die Portfoliotheorie von Markowitz und hat deren Verbreitung keinen Abbruch getan.

Schlimmer ist, dass die Prospekttheorie Elemente der Beliebigkeit aufweist. Dass sich eine Theorie dazu eignet, beobachtete Verhaltensweisen ex post zu erklären, muss nicht daran liegen, dass die in der Theorie angenommenen Zusammenhänge die Realität korrekt deuten. Es kann auch daran liegen, dass die Theorie gar keinen real möglichen Fall ausschließt. Betrachten Sie noch einmal die Bewertungsfunktion der Prospekttheorie. Die Funktion ermöglicht aufgrund ihrer S-Förmigkeit und des variablen Referenzpunktes nahezu alle Kombinationen von stark und schwach zu- oder abnehmender Bedeutung von Vermögensveränderungen, die überhaupt denkbar sind. Dadurch, dass die Lage des Referenzpunktes von der Prospekttheorie nicht festgelegt wurde (die Prospekttheorie postuliert nur, *dass* von einem Referenzpunkt aus bewertet wird, kann aber nicht sagen, *wo* dieser liegt), kann nahezu kein real möglicher Fall ausgeschlossen werden. Jemand, der mit der Theorie beobachtete Verhaltensweisen am Kapitalmarkt erklären will, hat deshalb große Freiheiten. Er kann die Bewertungsfunktion nahezu beliebig strecken oder stauchen, durch Veränderungen des Referenzpunktes nach links oder rechts verschieben und durch Annahmen über das Commitment nach oben und unten verlagern. Dies kann er durch Annahmen über mentale Kontenzuordnung für jeden irgendwie abgrenzbaren Cashflow getrennt (mentale Verbuchung auf *verschiedenen* Konten) oder für eigentlich getrennte Cashflows zusammen (mentale Verbuchung auf *einem* Konto) vornehmen. Es leuchtet ein, dass man auf diese Weise, nahezu jede Verhaltensweise ex post erklären kann. Man staucht, streckt, verschiebt, teilt oder fasst zusammen so lange, bis diejenige Funktion resultiert, die zum beobachteten Verhalten passt – dann hat man das Verhalten »erklärt«.

Popper zeigte in den 20er-Jahren des 20. Jahrhunderts, dass es ein Wesenselement vieler pseudowissenschaftlicher Erklärungsansätze sei, dass sie alles mögliche zu erklären in der Lage seien. Ihm fiel auf, dass diese Theorien so weit gefasst sind, dass jeder denkbare Fall eingeschlossen ist. Das führte ihn zu der Forderung an wissenschaftliche Theorien, so formuliert zu sein, dass mindestens ein Fall definitiv ausgeschlossen sein muss. Popper hielt übrigens u. a. den Marxismus und die Psychoanalyse für derartige Pseudowissenschaften.

Ein weiterer Punkt sei angemerkt: Die Prospekttheorie wird heute überwiegend dazu verwendet, tatsächlich beobachtete Verhaltensweisen ex post zu *erklären*, also zu deuten. Versuche, mit der Funktion Verhalten von Marktteilnehmern systematisch zu *prognostizieren*, sind selten (u. a. versuchen Fondsanbieter Portfolios so zu managen, dass Ergebnisse resultieren, die aufgrund der S-förmigen Bewertungsfunktion der Prospekttheorie und der Orientierung an einem Referenzpunkt zu einem großem Nutzenzuwachs der Anleger führen müssten – es ist nicht bekannt, ob Anleger solche Portfolios wirklich schätzen). Der Wissenschaftstheoretiker Thomas Kuhn fordert die *Vorhersagefähigkeit* als Leistung wissenschaftlicher Theorien.

Mit diesen kritischen Äußerungen soll nicht behauptet werden, dass die Prospekttheorie *generell* nicht wissenschaftlich fundierbar sei, sondern nur, dass ihre wichtigsten Elemente *noch* nicht ausreichend festgelegt wurden. Es mag eines Tages gelingen, dies zu erreichen. Bis dahin ist bei der praktischen Umsetzung Vorsicht geboten, denn in der Prognose hat die Theorie bisher noch wenig Beweise Ihrer Schlüssigkeit gezeigt und in der Deutung ist sie beliebig.

Aufgaben zur Lernkontrolle
1. Stellen Sie die Annahmen, die den Modellen der traditionellen Kapitalmarkttheorie zugrunde liegen, den Erkenntnissen des Behavioral Finance (insbesondere den Verhaltensanomalien) gegenüber.
2. Nennen Sie die Kennzeichen anomaler Kursverläufe und erläutern Sie drei bekannte Beispiele.
3. Womit beschäftigt sich die Marktmikrostrukturtheorie?
4. Warum kann irrationales Verhalten in neoklassischen Kapitalmarktmodellen vernachlässigt werden?

Literatur

Barberis, N./Shleifer, A./Vishny, R. (1998): A Model of Investor Sentiment, in: Journal of Financial Economics 49, S. 307–343.

Baytas, A./Cakici, N. (1998): Do Markets Overreact: International Evidence, in: Journal of Banking and Finance 23, S. 1121–1144.

Behavioral Finance Group (1999): Behavioral Finance – Idee und Überblick, in: Sparkasse 11, S. 497–504.

Black, F. (1986): Noise, in: Journal of Finance 41, S. 529–543.

Black, F. (1991): Trading in Equilibrium with Bluffing, Debits, and Credits, in: Goldman, Sachs & Co. Working Paper, April 1991, New York.

Brealey, R. A./Myers, S. C. (2000): Principles of Corporate Finance, 6. Aufl., London et al.

Bromann, O./Schiereck, D./Weber, M. (1987): Reichtum durch (anti-)zyklische Handelsstrategien am deutschen Aktienmarkt?, in: Zeitschrift für betriebswirtschaftliche Forschung 49, S. 603–616.

Daniel, K./Hirshleifer, D./Subramanyam, A. (1997): A Theory of Overconfidence, Self-Atribution, and Security-Market Under- and Over-Reactions, Working Paper, University of Michigan.

DeBondt, W. F. M./Thaler, R. H. (1985): Does the Stock Market Overreact, in: Journal of Finance 40, S. 793–805.

DeBondt, W. F. M./Thaler, R. H. (1987): Further Evidence on Investor Overreaction and Stock Market Seasonality, in: Journal of Finance 42, S. 557–581.

Dissanaike, G. (1998): Do Stockmarket »Losers« win more than »Winners« lose?, in: Applied Economics Letters 5, S. 143–146.

Fama, E. F. (1998): Market Efficiency, Longterm Returns, and Behavioral Finance, in: Journal of Financial Economics 49, S. 283–306.

Hong, H./Stein, J. C. (1999): A Unified Theory of Underreaction, Momentum Trading, and Overreaction in Asset Markets, in: Journal of Finance 54, S. 2143–2184.

Kahneman, D./Knetsch, J. L./Thaler, R. H. (1991): The Endowment Effect, Loss-Aversion and Status Quo Bias, in: Journal of Economic Perspectives 5, S. 193–206.

Malkiel, B. G. (1991): A Random Walk Down Wall Street, New York/London.

von Nitzsch, R./Friedrich, Ch. (2000): Erkenntnisse der verhaltenswissenschaftlichen Kapitalmarktforschung – Behavioral Finance, in: FinanzBetrieb Band 5, S. 311–318.

Oehler, A. (1992): »Anomalien«, »Irrationalitäten« oder »Biases« der Erwartungsnutzentheorie und ihre Relevanz für Finanzmärkte, in: Zeitschrift für Bankrecht und Bankwirtschaft 4, S. 9–124.

Oehler, A. (1994): Verhaltensmuster individueller Anleger – Eine experimentelle Studie, in: Zeitschrift für betriebswirtschaftliche Forschung 46, S. 939–958.

Oehler, A. (1995): Die Erklärung des Verhaltens privater Anleger. Theoretischer Ansatz und empirische Analysen, Stuttgart.

Oehler, A. (2000a): Behavioral Finance: Mode oder mehr?, in: Die Bank Heft 10, S. 718–724.

Olsen, R. A. (1998): Behavioral Finance and Its Implications for Stock – Price Volatility, in: Financial Analysts Journal 2, S. 10–17.

Schiereck, D./Weber, M. (1995): Zyklische und antizyklische Handelsstrategien am deutschen Aktienmarkt, in: Zeitschrift für betriebswirtschaftliche Forschung 47, S. 3–24.

Shiller, R. J. (1984): Stock Prices and Social Dynamics, in: Brookings Papers on Economic Activity, S. 457–498.

Shiller, R. J. (1989): Market Volatility, Cambridge Mass.

Stock, D. (1990): Winner and Loser Anomalies in the German Stock Market, in: Journal of Institutional and Theoretical Economics 146, S. 518–529.

Thaler, R. H. (1999): The End of Behavioral Finance, in: Financial Analysts Journal 55, Nr. 6, S. 12–17.

11 Mathematische Grundlagen des Investment Banking*

> **LERNZIELE**
> - Die wichtigsten Grundbegriffe und Formeln der Finanzmathematik.
> - Preis und Rendite von Anleihen.
> - Zinsstrukturkurven mit Spot-Rates und Forward-Rates.
> - Barwert eines Cashflows in Abhängigkeit von Marktzins- und Laufzeitänderungen.
> - Risikokennzahlen der Anleihebewertung.
> - Kennzahlen zur Portfoliosteuerung.
> - Bewertung von Optionen.
> - Risikokennzahlen der Optionsbewertung.

11.1 Überblick

Wer Finanzprodukte bewerten, Rendite- und Risikokennzahlen berechnen und Portfolios steuern will, der muss Kenntnisse der grundlegenden Begriffe und Zusammenhänge der Finanzmathematik haben. Diese werden im folgenden Kapitel überblicksartig vermittelt.

11.2 Arten der Verzinsung

Auch die Finanzmathematik kommt nicht ohne Theorie aus. Folgende Grundprinzipien sind zu beachten:
- Ein Kapital am Markt unterliegt stets einer Verzinsung.
- Der Wert einer Zahlung ist abhängig vom Zeitpunkt ihrer Fälligkeit.
- *Äquivalenzprinzip:* Beide Seiten einer finanziellen Vereinbarung müssen sich zu jedem Zeitpunkt im Gleichgewicht befinden. Beim Zeitpunkt $t = 0$ spricht man insbesondere vom Barwertvergleich.

Grundlage aller finanzmathematischen Betrachtungen bildet somit die Verzinsung von Kapital. Und mit der Verzinsung fangen die Probleme schon an, denn es gibt eine Fülle verschiedener Verzinsungsarten.
- *Vertragliche Vereinbarung:* Da Vertragsfreiheit herrscht, können Kapitalgeber und Kapitalnehmer jede beliebige Verzinsungsart festlegen. Man muss wissen, welche es gibt und welche Konsequenzen sich ergeben. Dann kann man die jeweils geeignetste auswählen.

---
* Autor: Bernd Luderer

- *Bestandteile von komplexen Modellen:* In einigen Fällen sind ganz bestimmte Verzinsungsarten fester Bestandteil komplexer mathematischer Modelle (z. B. von Optionspreisformeln). Sie können oftmals nicht herausgelöst und durch andere ersetzt werden. Entspricht die implementierte Verzinsungsart nicht der Realität, dann berechnen die komplexen Modelle entsprechend fehlerhafte Ergebnisse, die im nachträglichen Schätzverfahren korrigiert werden müssen.

11.2.1 Lineare und geometrische Verzinsung

Für die Zinsberechnungen werden folgende Symbole verwendet.

Symbole	Bedeutung
K_0	Kapital zum Zeitpunkt Null, Preis, Barwert
K_t	Kapital zum Zeitpunkt t, Zeitwert
P	Zinssatz, Kupon (in Prozent)
i	Zinsrate, Rendite
t	Zeitpunkt, Zeitraum, (Rest-) Laufzeit

Innerhalb einer Zinsperiode (Jahr, Halbjahr, Monat …) wird oftmals lineare Verzinsung angewandt.

Lineare Verzinsung

Zeitwert: $\quad K_t = K_0 \cdot (1 + i \cdot t)$

Barwert: $\quad K_0 = \dfrac{K_t}{1 + i \cdot t}$

In der Praxis findet diese Art der Verzinsung vor allem am Geldmarkt, teilweise aber auch innerhalb gebrochener Zinsperioden Verwendung. Erfolgt die Verzinsung über mehrere Zinsperioden hinweg (typisch für Kapitalmärkte), ist die geometrische Verzinsung (Zinseszins) sachgemäß.

Geometrische Verzinsung

Zeitwert: $\quad K_t = K_0 \cdot (1 + i)^t$

Barwert: $\quad K_0 = \dfrac{K_t}{(1 + i)^t}$

11.2.2 Unterjährige und stetige Verzinsung

Zinssätze bzw. Renditen beziehen sich meist auf ein Jahr, mitunter allerdings auch auf andere Zinsperioden. Die tatsächliche Zinszahlung kann jedoch von dieser Grundperiode abweichen und in kürzeren Zeitabständen erfolgen. In diesem Fall spricht man von unterjähriger Verzinsung.

Die ursprüngliche Zinsperiode (der Länge 1) soll in m kürzere Zinsperioden der Länge $\frac{1}{m}$ unterteilt werden. Die sich auf die ursprüngliche Periode beziehende Zinsrate sei i. Entsprechend den Regeln der einfachen Verzinsung sind bei zu verzinsendem Kapital K_0 dem kürzeren Zeitraum Zinsen in Höhe von

$$K_0 \cdot i \cdot \frac{1}{m}$$

zuzuordnen, was auch als Verzinsung mit der relativen unterjährigen Zinsrate $\frac{i}{m}$ aufgefasst werden kann. Nach Ablauf einer vollen Zinsperiode ergibt sich bei m-maliger Zinszahlung nach den Regeln der geometrischen Verzinsung der Endwert

$$K_0 \left(1 + \frac{i}{m}\right)^m,$$

der einer einmaligen Verzinsung mit der effektiven Zinsrate

$$i_{eff} = \left(1 + \frac{i}{m}\right)^m - 1$$

entspricht.

Betrachtet man den Grenzwert

$$m \to \infty \quad \text{bzw.} \quad \frac{1}{m} \to 0,$$

d. h., unterstellt man immer mehr, dafür aber immer kürzere Perioden der Zinszahlung, kommt man zur stetigen (kontinuierlichen) Verzinsung, die nach einer Zinsperiode auf den Endwert

$$K_1 = \lim_{m \to \infty} K_0 \cdot \left(1 + \frac{i}{m}\right)^m = K_0 e^i$$

bzw. bei beliebiger Laufzeit t auf den Zeitwert $K_t = K_0 e^{it}$ führt.

Stetige Verzinsung wird in zahlreichen finanzmathematischen Berechnungen und Modellen angewendet. Der mit der Nominalzinsrate i erzielte Endwert ist dabei größer als der bei einmaliger Verzinsung. Will man hingegen den gleichen Endwert erreichen, hat man gemäß dem Äquivalenzprinzip aus dem Ansatz

$$K_t = K_0(1+i)^t = K_0 e^{\delta t},$$

in dem die entsprechenden Zeitwerte miteinander verglichen werden, die zur nominellen Zinsrate i äquivalente Zinsintensität δ zu bestimmen: $\delta = \ln(1+i)$. Umgekehrt entspricht einer gegebenen Zinsintensität δ die (annualisierte) nominelle Zinsrate $i = e^\delta - 1$.

Damit ergeben sich die folgenden Zusammenhänge:

Stetige Verzinsung	
Zeitwert:	$K_t = K_0 e^{it}$
Barwert:	$K_0 = K_t e^{-it}$
Äquivalente Zinsintensität:	$\delta = \ln(1+i)$
Äquivalente Zinsrate:	$i = e^\delta - 1$

11.3 Barwerte und Renditen bei flachen Zinsstrukturen

Neben der Rendite als wichtige Kennzahl einer Geldanlage oder Geldaufnahme spielt der Barwert (Preis, Kurs, Present Value) von Finanzprodukten eine bedeutende Rolle. Dieser bildet oftmals die Grundlage der Bewertung und damit von Kauf- oder Verkaufsentscheidungen.

11.3.1 Barwert eines Zahlungsstroms

Gegeben sei der folgende allgemeine Zahlungsstrom (Cashflow):

```
    Z₁  Z₂   ...    Zₙ
 ├───┼───┼────────────►
 0   1   2    ...    n
```

In diesem Abschnitt wird eine flache Zinsstruktur angenommen, d.h., es wird mit einer von der Laufzeit unabhängigen (Durchschnitts-) Rendite i gearbeitet (bezüglich einer nicht-flachen Zinsstruktur siehe Abschnitt 11.4).

Bei bekannter (Markt-) Rendite i lässt sich der Barwert des Zahlungsstroms durch Abzinsen der Einzelzahlungen ermitteln (Discounted-Cashflow-Method, DCF-Methode):

$$P = \frac{Z_1}{1+i} + \frac{Z_2}{(1+i)^2} + \ldots + \frac{Z_n}{(1+i)^n} = \sum_{k=1}^{n} \frac{Z_k}{(1+i)^k}.$$

Die zunächst für ganze Zinsperioden gültige Formel wird häufig auch auf allgemeinere Modelle mit beliebigen Zahlungszeitpunkten übertragen:

Unter Anwendung der geometrischen Verzinsung ergibt sich dann der Barwert

$$P = \sum_{k=1}^{n} \frac{Z_k}{(1+i)^{t_k}},$$

während man bei stetiger Verzinsung

$$P = \sum_{k=1}^{n} Z_k e^{-it_k}$$

erhält. Bei Geldmarktpapieren hingegen wird wegen ihrer Unterjährigkeit meist auf die lineare Verzinsung zurückgegriffen.

Die nachstehenden Barwertformeln bilden auch den Ausgangspunkt für die Berechnung von Renditen, wenn nämlich der Barwert als Preis (Kurs) gegeben ist. Aus mathematischer Sicht ist in diesem Fall in aller Regel eine Polynomgleichung höheren Grades mittels numerischer Näherungsverfahren zu lösen, sofern nicht im Einzelfall eine explizite Auflösung nach i möglich ist.

Barwertformeln

Zahlungen am Ende der Zinsperioden (geometrische Verzinsung)

$$P = \sum_{k=1}^{n} \frac{Z_k}{(1+i)^k}$$

Zahlungen zu beliebigen Zeitpunkten (geometrische Verzinsung)

$$P = \sum_{k=1}^{n} \frac{Z_k}{(1+i)^{t_k}}$$

Zahlungen zu beliebigen Zeitpunkten (stetige Verzinsung)

$$P = \sum_{k=1}^{n} Z_k e^{-it_k}$$

Zahlungen zu beliebigen Zeitpunkten (lineare Verzinsung)

$$P = \sum_{k=1}^{n} \frac{Z_k}{1+i \cdot t_k}$$

11.3.2 Barwerte und Renditen konkreter Produkte

Jedes real existierende Finanzprodukt lässt sich als Zahlungsstrom wie im vorigen Punkt beschrieben darstellen. Damit ist man auch in der Lage, den fairen Preis, d. h. den Barwert, wie er sich für eine gegebene Marktrendite ergibt, zu berechnen (um sie dann gegebenenfalls mit den realen Marktkursen zu vergleichen). Neben der Darstellung des Barwerts mit Hilfe der allgemeinen Summe abgezinster Einzelzahlungen ist man oftmals an einer geschlossenen Formel interessiert, die dann für weitere Rechnungen, etwa für die Bestimmung von Ableitungen, zur Verfügung steht.

Da sich komplizierte, strukturierte Produkte oftmals bausteinartig aus einfachen Produkten zusammensetzen, sind als Ausgangspunkt nachfolgend die Barwerte der wichtigsten einfachen festverzinslichen Geld- und Kapitalmarktinstrumente angegeben (bezüglich ihrer mathematischen Fundierung wird auf weiterführende Literatur verwiesen). Als Nominalwert wird jeweils 100 unterstellt, während i die gegebene Marktrendite beschreibt. Wo explizit möglich, ist auch angegeben, wie (bei bekanntem Kurs) die Rendite des jeweiligen konkreten Produkts berechnet werden kann.

Man beachte, dass Kupon und Rendite hier grundsätzlich verschiedene Größen sind, die in aller Regel nicht durch die Beziehung $i = \frac{p}{100}$ miteinander verknüpft sind (welche in der klassischen Finanzmathematik üblich ist; in den dort behandelten Fällen weicht allerdings auch der Nominalzinssatz nicht vom Effektivzinssatz = Rendite ab).

Folgende Symbole werden verwendet.

Symbole	Bedeutung
$t, t_1 \in [0,1]$	Zeitpunkte
T	(Rest-) Laufzeit
S	Stückzinsen
P	Preis, Kurs
R	Rückzahlung
p	Kupon, Zinssatz (in Prozent)

Geldmarktpapiere

Diskontpapier (Zerobond, Treasury-Bill, Commercial Paper) = endfälliges Wertpapier ohne laufende Zinszahlung:

$$P = \frac{R}{1+it}, \quad i = \frac{R-P}{P \cdot t}$$

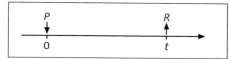

Papier mit einmaliger Zinszahlung bei Fälligkeit:

$$i = \frac{100 - P + p(t - t_1)}{(P + pt_1)(t - t_1)},$$

$$P = \frac{100 + p(t - t_1) - pt_1 i(t - t_1)}{1 + i(t - t_1)},$$

Kapitalmarktpapiere
Zerobond (zum Zeitpunkt Null wird der Preis P bezahlt, zum Zeitpunkt T erfolgt die Rückzahlung R):

$$P = \frac{R}{(1+i)^T}, \quad i = \sqrt[T]{\frac{R}{P}} - 1$$

Nachschüssige Zeitrente (mit n Zahlungen jeweils am Periodenende):

$$P = Z \cdot \frac{(1+i)^n - 1}{(1+i)^n i},$$

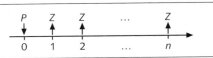

Berechnung von i mittels numerischer Verfahren

Ewige Rente (nachschüssig):

$$P = \frac{Z}{i}, \quad i = \frac{Z}{P}$$

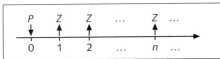

Endfällige Anleihe (Straight-Bond; Plain-Vanilla-Bond), ganzzahlige Laufzeit:

$$P = \frac{1}{(1+i)^n}\left(p \cdot \frac{(1+i)^n - 1}{i} + R\right),$$

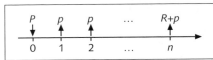

numerische Berechnung von i

Endfällige Anleihe, gebrochene Laufzeit $n + \tau$ (n – Anzahl ganzer Perioden, τ – gebrochener Anteil in Perioden), wobei $n + 1$ Kuponzahlungen erfolgen.

$$P = \frac{1}{(1+i)^{n+\tau}}\left[p \cdot \frac{(1+i)^{n+1}-1}{i} + R\right],$$

Berechnung von i mittels numerischer Methoden; falls $\tau = 0$, so setze $n := n - 1$, $\tau = 1$. Die oben beschriebenen Ergebnisse sind unten übersichtlich zusammengefasst:

Barwerte und Renditen von Zinsinstrumenten		
Diskontpapier	$P = \dfrac{R}{1+it}$	$i = \dfrac{R-P}{P \cdot t}$
Geldmarktpapier mit einmaliger Zinszahlung	$P = \dfrac{100 + p(t-t_1) - pt_1 i(t-t_1)}{1 + i(t-t_1)}$	$i = \dfrac{100 - P + p(t-t_1)}{(P + pt_1)(t-t_1)}$
Zerobond	$P = \dfrac{R}{(1+i)^T}$	$i = \sqrt[T]{\dfrac{R}{P}} - 1$
Nachschüssige Zeitrente	$P = Z \cdot \dfrac{(1+i)^n - 1}{(1+i)^n i}$	Rendite numerisch ermitteln
Ewige Rente	$P = \dfrac{Z}{i}$	$i = \dfrac{Z}{p}$
Endfällige Anleihe, ganzzahlige Laufzeit	$P = \dfrac{1}{(1+i)^n}\left(p \cdot \dfrac{(1+i)^n - 1}{i} + R\right)$	Rendite numerisch ermitteln
Endfällige Anleihe, gebrochene Laufzeit	$P = \dfrac{1}{(1+i)^{n+\tau}}\left[p \cdot \dfrac{(1+i)^{n+1} - 1}{i} + R\right]$	Rendite numerisch ermitteln

11.4 Die Zinsstrukturkurve

Während in vielen finanzmathematischen Berechnungen aus Vereinfachungsgründen ein einheitlicher, durchschnittlicher Zinssatz (Rendite) Verwendung findet, ist es marktgerechter, zu Zwecken einer sachgerechten Bewertung von Finanzprodukten von der tatsächlich am Markt vorliegenden Zinsstruktur auszugehen, denn Zinssätze sind normalerweise stark laufzeitabhängig. Bei normaler Struktur sind kurzfristige Zinssätze niedriger als langfristige, bei inverser Zinsstruktur ist es umgekehrt.

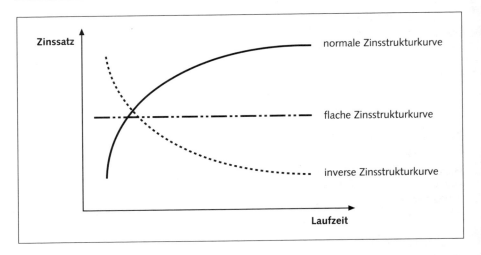

11.4.1 Spot-Rates und Forward-Rates

Die dem Zeitraum von heute (t = 0) bis a entsprechende Zinsrate werde mit s_a bezeichnet; sie wird Spot-Rate oder Zerozinssatz genannt. Die risikolos zu erzielende Zinsrate $f_{a,b}$ für den in der Zukunft bei a beginnenden und bei b endenden Zeitraum heißt Forward-Rate.

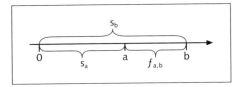

Mitunter werden auch die (spezielleren) Größen $f_{k,k+1}$ (k ganzzahlig) als Forward-Rates bezeichnet. Zur Beschreibung der Beziehungen zwischen Spot-Rates und Forward-Rates sind auch die Diskontfaktoren von Nutzen. In Abhängigkeit von den verwendeten (Geldmarkt- oder Kapitalmarkt-) Usancen lauten diese

$$d_t = \frac{1}{1+s_t \cdot t} \quad \text{oder} \quad d_t = \frac{1}{(1+s_t)^t};$$

bei Verwendung kontinuierlicher Spot-Rates gilt $d_t = e^{-s_t \cdot t}$.

Allgemeine Beziehung zwischen Diskontfaktoren

$$d_a \cdot d_{a,b} = d_b$$

Hierbei sind auch Mischformen zwischen Geld- und Kapitalmarktverzinsung (also lineare bzw. geometrische Verzinsung) sowie die Verwendung stetiger Diskontfaktoren möglich.

Kapitalmarkt. Aus dem Ansatz $(1+s_a)^a \cdot (1+f_{a,b})^{b-a} = (1+s_b)^b$ ergibt sich die Beziehung

$$f_{a,b} = \sqrt[b-a]{\frac{(1+s_b)^b}{(1+s_a)^a}} - 1 = \sqrt[b-a]{\frac{d_a}{d_b}} - 1$$

bzw. speziell für ganzzahlige Laufzeiten

$$f_{k,k+1} = \frac{(1+s_{k+1})^{k+1}}{(1+s_k)^k} - 1, \quad f_{0,1} = s_1.$$

Geldmarkt. Aus dem Ansatz $(1+s_a a)(1+f_{a,b}(b-a)) = 1+s_b b$ ergibt sich die Beziehung

$$f_{a,b} = \left(\frac{1+s_b b}{1+s_a a} - 1\right) \cdot \frac{1}{b-a} = \left(\frac{d_a}{d_b} - 1\right) \cdot \frac{1}{b-a}.$$

11.4.2 Ermittlung von Spot-Rates (Konstruktion der Zerozinskurve)

Um zunächst Spot-Rates s_k für ganzzahlige Laufzeiten zu ermitteln, gibt es mehrere Möglichkeiten. Spot-Rates für gebrochene Laufzeiten lassen sich aus den Größen s_k durch lineare Interpolation der Zerosätze oder der Diskontfaktoren ermitteln; auch eine Forward-basierte Interpolation der Spot-Rates ist gebräuchlich. Detaillierter siehe Grundmann/Luderer (2001).

Zerobonds mit der Laufzeit k

$$s_k = \sqrt[k]{\frac{R}{P}} - 1$$

Mit der genannten Formel können Spot-Rates aus den Preisen von Zerobonds ermittelt werden. Diese Möglichkeit ist eher theoretischer Natur, da am Markt nicht genügend verschiedene Zerobonds bereitstehen.

Anleihen der Laufzeiten 1,...,n

Statt aus Zerobonds kann man Spot-Rates auch aus einer gestaffelten Kette von Anleihen der Laufzeiten 1 bis n errechnen. Gegeben seien n Anleihen unterschiedlicher Laufzeit mit den Cashflows $Z_{k1}, \ldots, Z_{kk}$ und den Preisen $P_1, \ldots, P_n$, $k = 1, \ldots, n$.

Man löst nun das lineare Gleichungssystem

$$\begin{aligned} Z_{11}d_1 + &&&& = P_1 \\ Z_{21}d_1 + Z_{22}d_2 &&&& = P_2 \\ \vdots \quad \vdots \quad \vdots &&&& \vdots \quad \vdots \\ Z_{n1}d_1 + Z_{n2}d_2 + \ldots + Z_{nn}d_n && = P_n \end{aligned}$$

und berechnet anschließend die Größen

$$s_k = \sqrt[k]{\frac{1}{d_k}} - 1.$$

Dieser Zugang kann ausgedehnt werden auf beliebig viele Anleihen beliebiger Laufzeit, indem für einen vorgegebenen Cashflow, der möglichst billig abgesichert werden soll, eine geeignete lineare Optimierungsaufgabe gelöst wird. Die optimalen Lösungen der dualen Aufgabe sind die Diskontfaktoren, aus denen dann die Spot-Rates bestimmt werden können.

Swap-Rates

Auch aus Swap-Rates kann man Spot-Rates ermitteln. Gegeben seien n Kupon-Swaps der Laufzeiten $1, \ldots, n$ mit der Festzinsrate (Par Rate, Swapsatz) r_k, $k = 1, \ldots, n$. Hierbei stellt r_k den Kupon einer zu 100 notierenden Anleihe mit der Rückzahlung 1 und der Laufzeit k dar. Die Zerosätze s_k werden iterativ nach folgender Vorschrift berechnet (Bootstrapping):

$$s_1 = r_1 \quad ; \quad s_k = \sqrt[k]{\frac{1 + r_k}{1 - r_k \cdot \sum_{j=1}^{k-1} \frac{1}{(1+s_j)^j}}} \quad , \quad k = 2, \ldots, n.$$

Für Laufzeiten bis zu einem Jahr werden in der Regel Depotzinssätze, d.h. Zinssätze im Interbankenmarkt, als Zerozinssätze (Spot-Rates) verwendet.

Für Laufzeiten zwischen drei Monaten und zwei Jahren werden oftmals auch Forward-Rates (die beispielsweise aus 3-Monats-Futures gewonnen werden können) zur Berechnung der Spot-Rates genutzt. Dazu wird bei gegebenen Größen s_a und $f_{a,b}$ vom Ansatz

$$(1 + s_a a)(1 + f_{a,b}(b-a)) = 1 + s_b b$$

ausgegangen und daraus

$$s_b = \frac{1}{b}\left[(1 + s_a a)(1 + f_{a,b}(b-a)) - 1\right]$$

berechnet.

11.5 Risikokennzahlen

Der Barwert eines allgemeinen Zahlungsstroms und natürlich auch der Barwert jedes konkreten Finanzinstrumentes hängen von verschiedenen Einflussfaktoren ab, deren wichtigster zweifellos die Marktrendite ist. Daneben soll in diesem Abschnitt die Zeit als Einflussgröße berücksichtigt werden. Bei Optionen und anderen Derivaten (vgl. Abschnitt 11.7) spielen weitere Faktoren eine Rolle. Das Ziel der weiteren Darlegungen besteht darin, den Barwert als Funktion dieser Einflussgrößen darzustellen und mit Hilfe der ersten (und gegebenenfalls auch zweiten) Ableitung die Veränderung des Barwertes (= Sensitivität, Risiko) abzuschätzen. Wichtige Hilfsgrößen dafür stellen die nachfolgenden Risikokennzahlen dar.

11.5.1 Approximation der Barwertfunktion

Für eine beliebige Funktion $y = f(x)$ lässt sich der (exakte) Funktionswertzuwachs

$$\Delta y = f(x_0 + \Delta x) - f(x_0)$$

durch das Differential

$$dy = f'(x_0) \cdot \Delta x$$

abschätzen. Eine noch genauere Approximation erhält man, wenn man die Funktion f im Punkt x_0 in eine Taylorreihe entwickelt, die nicht schon beim linearen, sondern erst beim quadratischen Glied abgebrochen wird:

$$\Delta y \approx f'(x_0)\Delta x + \frac{1}{2}f''(x_0)(\Delta x)^2.$$

Im Weiteren werden für die unabhängige Variable die Größen i (Marktrendite) bzw. T (Restlaufzeit) eingesetzt. Eine noch genauere Approximation ergibt sich, wenn beide Inputs gleichzeitig betrachtet werden, wie es im sogenannten Delta-Plus-Ansatz geschieht:

$$\Delta P \approx \frac{\partial P}{\partial i}\Delta i + \frac{1}{2}\cdot\frac{\partial^2 P}{\partial i^2}(\Delta i)^2 + \frac{\partial P}{\partial T}\Delta T.$$

Dieses allgemein beschriebene Vorgehen des Ersetzens einer Funktion in einem festen Punkt durch ihre Tangente oder eine geeignete Parabel, die diese Funktion in einer (kleinen) Umgebung des betrachteten Punktes näherungsweise beschreiben, wird nun auf die Barwertfunktion eines beliebigen Zahlungsstroms angewendet.

Barwert als Funktion der Rendite

Der Barwert als Funktion der Rendite wurde oben abgeleitet und kann wie folgt berechnet werden:

$$P = P(i) = \sum_{k=1}^{n} \frac{Z_k}{(1+i)^k}.$$

Für die erste und zweite Ableitung gilt:

$$P'(i) = -\frac{1}{1+i} \sum_{k=1}^{n} \frac{kZ_k}{(1+i)^k}, \quad P''(i) = \frac{1}{(1+i)^2} \sum_{k=1}^{n} \frac{k(k+1)Z_k}{(1+i)^k}.$$

Damit erhält man die folgende Approximation für die Barwertfunktion (Taylorentwicklung im Punkt i mit Abbruch nach dem quadratischen Glied):

$$\Delta P \approx \frac{-1}{1+i} \sum_{k=1}^{n} \frac{kZ_k}{(1+i)^k} + \frac{1}{2(1+i)^2} \sum_{k=1}^{n} \frac{k(k+1)Z_k}{(1+i)^k}.$$

Barwert als Funktion der Zeit

Zunächst betrachten wir einen Zerobond der Laufzeit T und untersuchen seinen Barwert in Abhängigkeit von T:

$$P = P(T) = \frac{R}{(1+i)^T} = R \cdot (1+i)^{-T}.$$

Die erste Ableitung dieser Funktion lautet

$$P'(T) = -R(1+i)^{-T} \ln(1+i) = -P\ln(1+i).$$

Damit gilt die Näherung

$$\Delta P \approx -P\ln(1+i) \cdot \Delta T.$$

Überlegt man sich nun, dass eine Anleihe als Summe von Zerobonds (die den Kuponzahlungen bzw. der Schlussrückzahlung entsprechen) aufgefasst werden kann (vgl. folgenden Abschnitt 11.6) und für jeden einzelnen Zerobond die obige Formel gilt, so wird klar, dass diese Formel auch für eine beliebige Anleihe (allgemeiner: für einen beliebigen Zahlungsstrom) Gültigkeit besitzt.

11.5.2 Risikokennzahlen zur Beschreibung der Barwertänderung bei flacher Zinsstruktur

In der Praxis wird eine Reihe von Kenngrößen zur Beschreibung der Barwertänderung verwendet, die eng mit den im vorigen Punkt beschriebenen Approximationen in Zusammenhang stehen und oftmals eine anschauliche Interpretation besitzen. Diese werden für den allgemeinen Zahlungsstrom (siehe Abschnitt 11.3.1) beschrieben, lassen sich aber natürlich auch für konkrete Finanzprodukte entsprechend präzisieren. Es sei bemerkt, dass einige dieser Kennzahlen eigentlich ein negatives Vorzeichen aufweisen; in der Praxis wird jedoch meist nur mit dem Absolutbetrag der entsprechenden Zahl gearbeitet, da ohnehin klar ist, in welche Richtung die Veränderung erfolgt (höhere Rendite bedingt niedrigeren Barwert und umgekehrt). Im Weiteren sind Basispunktwert und Elastizität als negative Größen, Duration und Modifizierte Duration hingegen als positive Größen definiert (in der Literatur wird dies nicht einheitlich gehandhabt). Die Konvexität ist automatisch positiv.

Ein Basispunkt entspricht der Änderung um 0,01 % (absolut), also um $\frac{1}{10000}$. Alle Aussagen über Änderungen des Barwertes gelten nur näherungsweise (im Sinne der Näherung einer Kurve durch ihre Tangente in einem festen Punkt).

Renditeabhängige Risikokennzahlen eines allgemeinen Zahlungsstroms

$$W = \frac{-1}{1+i} \sum_{k=1}^{n} \frac{kZ_k}{(1+i)^k} \cdot \frac{1}{10000}$$

Basispunktwert; absolute Barwertänderung bei Renditeänderung um einen Basispunkt

$$D = \frac{1}{P} \sum_{k=1}^{n} \frac{kZ_k}{(1+i)^k} = \sum_{k=1}^{n} \frac{kZ_k}{(1+i)^k} \bigg/ \sum_{k=1}^{n} \frac{Z_k}{(1+i)^k}$$

Duration (nach Macaulay); besitzt eine Reihe von interessanten Interpretationen und Eigenschaften

$$D_{mod} = \frac{1}{P(1+i)} \sum_{k=1}^{n} \frac{kZ_k}{(1+i)^k} = \frac{D}{1+i}$$

Modifizierte (Modified) Duration; prozentuale Barwertänderung bei Renditeänderung um 100 Basispunkte (= 1 % absolut)

$$\varepsilon = P'(i) \cdot \frac{i}{P} = -\frac{i}{1+i} D = -iD_{mod}$$

Elastizität; prozentuale Barwertänderung bei relativer Renditeänderung um 1 %

$$K = \frac{1}{P(1+i)^2} \sum_{k=1}^{n} \frac{k(k+1)Z_k}{(1+i)^k}$$

Konvexität (Convexity); Krümmungsmaß für die Preis-Rendite-Kurve; je größer K, desto stärker ist die Kurve gekrümmt

Die Größe $DD = D_{mod} \cdot P$ wird mitunter als Dollar-Duration bezeichnet; hierbei ist unter P der Dirty Price (also Preis inklusive Stückzinsen) zu verstehen.

Laufzeitabhängige Risikokennzahl eines allgemeinen Zahlungsstroms

$$\Theta = \frac{P}{360} \cdot \ln(1+i) \approx P \cdot \left[(1+i)^{1/360} - 1\right] \approx \frac{P \cdot i}{360}$$

Theta; absolute Änderung des Barwertes bei Restlaufzeitverkürzung um einen Tag

Mit den beschriebenen Kennzahlen lassen sich nun absolute und relative Änderungen des Barwertes (näherungsweise) effektiv beschreiben: Das Symbol Δi bezeichnet die Renditeänderung als absolute, δi als relative Größe, $\overline{\Delta i}$ hingegen die in Basispunkten ausgedrückte Veränderung; ΔT beschreibt die Änderung der Restlaufzeit:

$$\Delta T = -\tfrac{1}{360}$$

entspricht einer Restlaufzeitverkürzung um einen Tag.

Absolute Barwertänderung

$$\Delta P \approx W \cdot \overline{\Delta i} = -D_{mod} \cdot P \cdot \Delta i$$
$$= -\frac{D \cdot P}{1+i} \cdot \Delta i = \varepsilon \cdot P \cdot \delta i$$

renditeabhängige Änderung

$$\Delta P \approx -360 \cdot \Theta \cdot \Delta T$$

laufzeitabhängige Änderung

$$\Delta P \approx W \cdot \overline{\Delta i} + \frac{1}{2} \cdot K \cdot P \cdot (\Delta i)^2 - 360 \cdot \Theta \cdot \Delta T$$

Delta-Plus-Ansatz; rendite- und laufzeitabhängige Änderung

Prozentuale Barwertänderung

$$\frac{\Delta P}{P} \approx -D_{mod} \cdot \Delta i = \frac{-D}{1+i} \cdot \Delta i$$

renditeabhängige Änderung

11.5.3 Risikokennzahlen bei nicht-flacher Zinsstrukturkurve

Ist die Zinskurve nicht flach, so sind die im vorigen Punkt beschriebenen Risikokennzahlen derart zu modifizieren, dass in den jeweiligen Summen die Rendite i durch die Spot-Rates

$i_k, k = 1, \ldots, n,$

zu ersetzen sind. Eine Ausnahme bildet die laufzeitabhängige Kennzahl Theta; diese ändert sich zu

$$\Theta = \sum_{k=1}^{n} \frac{Z}{(1+i_k)^k} \ln(1+i_k).$$

11.6 Kennzahlen von Portfolios

Portfoliomanager haben eine Vielzahl von Einzeltiteln (festverzinsliche Wertpapiere, evtl. auch Aktien, Optionen, ...) zu verwalten und gezielt zu steuern. Aus diesem Grund müssen sie in der Lage sein, Barwert, Rendite und Risikokennzahlen des Portfolios berechnen zu können, gegebenenfalls nur näherungsweise, dafür aber einfacher und schneller. Während sich der Barwert eines Portfolios als Summe der Barwerte der Einzeltitel leicht ermitteln lässt, liegen die Zusammenhänge bei den Risikokennzahlen und insbesondere bei der Rendite etwas komplizierter.

11.6.1 Risikokennzahlen eines Portfolios bei flacher Zinsstruktur

Zunächst wird eine flache Zinsstruktur (und damit eine laufzeitunabhängige Rendite i) vorausgesetzt. Das Portfolio enthalte N Einzelpositionen (Anleihen) mit den Barwerten

P_s, s = 1, ..., N.

Der Index P (bzw. s) bedeute, dass sich die jeweilige Kennzahl auf das Portfolio (bzw. die s-te Anleihe) bezieht.

Die Größe

$$w_s = \frac{P_s}{P_P}$$

bezeichne das Gewicht (Anteil am Barwert des Portfolios) der s-ten Einzelposition, s = 1, ..., N.

Schließlich möge die s-te Anleihe den nebenstehenden Zahlungsstrom aufweisen:

Der Barwert und der Basispunktwert eines Portfolios ergeben sich jeweils aus der Summe der entsprechenden Einzelgrößen, während modifizierte Duration, Duration, Konvexität und Theta des Portfolios die barwertgewichtete Summe der Einzelkennzahlen darstellen.

Risikokennzahlen eines Portfolios

$$P_P = \sum_{s=1}^{N} P_s \qquad \text{Barwert des Portfolios}$$

$$W_P = \sum_{s=1}^{N} W_s \qquad \text{Basispunktwert des Portfolios}$$

$$D_{mod,P} = \sum_{s=1}^{N} w_s D_{mod,P} \qquad \text{Modifizierte Duration des Portfolios}$$

$$D_P = \sum_{s=1}^{N} w_s D_s = \frac{1}{P_P} \sum_{s=1}^{N} \sum_{k=1}^{n_s} \frac{kZ_k}{(1+i)^k} \qquad \text{Duration des Portfolios}$$

$$K_P = \sum_{s=1}^{N} w_s K_s \qquad \text{Konvexität des Portfolios}$$

$$\Theta_P = \sum_{s=1}^{N} w_s \Theta_s \qquad \text{Theta des Portfolios}$$

Kennzahlen für refinanzierte Portfolios

Gilt $P_P = 0$ bzw. $P_P \approx 0$ (refinanziertes Portfolio), so sind die obigen Formeln für die (modifizierte) Duration, Konvexität und Theta nicht direkt anwendbar. Praktisch geht man dann so vor, dass man die Kennzahlen aller Positionen der Aktivseite und aller Positionen der Passivseite gemäß obiger Formeln ermittelt und sie anschließend (unter Beachtung des Vorzeichens) addiert.

11.6.2 Risikokennzahlen eines Portfolios bei nicht-flacher Zinsstruktur

Will man eine gegebene Zinsstrukturkurve berücksichtigen, geht man wie folgt vor: Alle Positionen des Portfolios innerhalb von Laufzeitklassen (Time-Buckets; z. B. ≤ 1 Woche, 1 Woche ... 1 Monat, 1 Monat ... 1 Jahr, 1–2 Jahre, 2–5 Jahre, ...) werden zu sogenannten Macro-Cashflows zusammengefasst (gegebenenfalls nach Aufzinsen bzw. Abzinsen auf Klassenmitte). Für diese werden die zugehörigen Spot-Rates zum Diskontieren verwendet (Key-Rate-Kennzahlen).

11.6.3 Rendite eines Portfolios

Die exakte Rendite i_P eines Portfolios lässt sich aus der Beziehung

$$P_P = \sum_{s=1}^{N} \sum_{k=1}^{n_s} \frac{Z_{sk}}{(1+i)^k}$$

mittels numerischer Näherungsverfahren ermitteln. Oftmals ist man jedoch an einer einfacheren Berechnung interessiert, die auf die bekannten Renditen und Risikokennzahlen der Einzeltitel Bezug nimmt.

Näherungswerte für die Portfoliorendite

$$i_P \approx \sum_{s=1}^{N} P_s D_s i_s \Big/ \sum_{s=1}^{N} D_s P_s \qquad \text{durationsgewichtete Portfoliorendite}$$

$$i_P \approx \sum_{s=1}^{N} DD_s i_s \Big/ \sum_{s=1}^{N} DD_s \qquad \text{mittels Dollarduration gewichtete Portfoliorendite}$$

$$i_P \approx \sum_{s=1}^{N} w_s i_s \qquad \text{barwertgewichtete Portfoliorendite}$$

Im Allgemeinen stellt die durationsgewichtete Portfoliorendite eine bessere Näherung dar als die barwertgewichtete Summe der Einzelrenditen. Die mittels der Dollarduration gewichtete Portfoliorendite liefert sogar die in gewissem Sinne optimale Näherung.

11.7 Finanzinnovationen

11.7.1 Swaps

Gegeben seien die Zeitpunkte k = 1,..., m bzw. t_j, j = 1,...,M, zu denen Zinszahlungen erfolgen. Ferner sei eine Zinsstrukturkurve mit Diskontfaktoren d_k bzw. d_{t_j} bekannt.

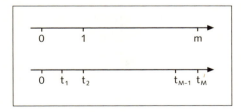

Ein *Zinsswap* (Interest Rate Swap, IRS) ist ein Zinsinstrument, bei dem der Tausch zukünftiger Zinszahlungen zwischen zwei Partnern vereinbart wird. Ein Swap ist fair, wenn die Barwerte der zukünftigen Zinszahlungen bei Vertragsabschluss gleich sind. Die Konstruktion fairer Swaps nennt man *Pricing*. Dieses kann durch das Ermitteln eines Festzinssatzes (Swapsatz = Kupon einer zu 100 notierenden Anleihe mit Laufzeit m), von Auf- oder Abschlägen (Spreads) oder einer zusätzlichen Vorauszahlung (Up-Front-Payment) erfolgen.

Bei dem allgemeinen *Währungsswap* (Cross-Currency-Swap) werden feste (variable) Zinsen in einer Währung gegen feste (variable) Zinsen in einer anderen Währung getauscht. Zusätzlich werden zu Beginn und bei Fälligkeit des Swaps die zugrunde liegenden Nominalbeträge getauscht.

Symbole	Bedeutung
d_k, d_{t_j}	zu den Zeitpunkten k = 1,..., m bzw. t_j, j = 1,..., M, gehörige Diskontfaktoren
N_k	in der Periode [k–1,k] zu tauschender Nominalbetrag
z_k	in der Periode [k–1,k] vereinbarte Zinsrate
r	Swapsatz (bezogen auf die Vertragslaufzeit des Swaps)
s	Spread, über die Laufzeit konstanter Auf- oder Abschlag zum Referenzzinssatz
τ_{t_j}	Länge der Periode $[t_{j-1}, t_j]$ auf der variablen Seite
f_{t_j}	Forwardrate der Periode $[t_{j-1}, t_j]$

Im Allgemeinen wird die Festsatzseite eines Swaps nach Kapitalmarktusancen abgerechnet, die variable Seite dagegen nach Geldmarktusancen.

11.7.2 Pricing von Zinsswaps und ausgewählten Spezialswaps

Kuponswap (Straight-Swap, Plain-Vanilla-Swap)
Ein fester Zinssatz r (Swapsatz) wird gegen einen variablen Referenzzinssatz (z. B. 6-Monats-LIBOR, 3-Monats-EURIBOR) bei konstantem Nominalbetrag getauscht:

$$r = \frac{1 - d_m}{\sum_{k=1}^{m} d_k}$$

Step-up-Swap (unterschiedliche Nominalbeträge)
Für die jährlich variierenden Nominalbeträge N_k, k = 1,..., m, wird der feste Zinssatz r (Swapsatz) gegen einen variablen Referenzzinssatz getauscht:

$$r = \frac{\sum_{k=1}^{m} N_k (d_{k-1} - d_k)}{\sum_{k=1}^{m} N_k d_k}$$

Step-up-Swap (unterschiedliche Zinsbeträge)
Bei konstantem Nominalbetrag erhält der Partner auf der Festsatzseite neben den vereinbarten Zinsraten z_k, $k = 1,\ldots,m$, den Spread s:

$$s = \frac{\sum_{k=1}^{m} z_k d_k - 1 + d_m}{\sum_{j=1}^{M} \tau_{tj} d_{tj}}$$

Up-Front-Payment
Bei konstanter Zinsrate z und konstantem Nominalbetrag N erhält der Partner auf der Festsatzseite eine Vorauszahlung von V (ist V < 0, so muss er |V| zahlen):

$$V = N \left[z \sum_{k=1}^{m} d_k - \sum_{j=1}^{M} f_{tj} d_{tj} \tau_{tj} \right]$$

Forward-Swap
Bei konstantem Nominalbetrag wird heute für den in der Zukunft liegenden Zeitraum von a bis a + n der Tausch eines Festzinssatzes r gegen einen Referenzzinssatz vereinbart:

$$r = \frac{d_a - d_{a+n}}{\sum_{k=a+1}^{a+n} d_k}$$

Weitere Arten von Swaps und Formeln für deren Pricing findet man in Grundmann/Luderer (2003).

11.7.3 Risikokennzahlen von Swaps

Ein Kuponswap kann als Portfolio aus einer gekauften Anleihe und eines emittierten Floaters betrachtet werden, ein Basisswap als Portfolio aus zwei Floatern. Damit ergeben sich die Risikokennzahlen als Kennzahlen der entsprechenden Portfolios, d. h. als Differenz der Kennzahlen beider Bestandteile.

Ein Forward-Swap stellt ein Portfolio aus einem Forward-Bond und einem Forward-Floater dar. Da Letzterer kein Risiko aufweist (sodass die Kennzahlen gleich null sind), hat man nur die Kennzahlen des Forward-Bonds zu berechnen.

Bei Step-up-Swaps muss auf die allgemeinen Definitionen der Risikokennzahlen zurückgegriffen werden.

11.7.4 Forward Rate Agreements (FRA)

Ein *Forward Rate Agreement (FRA)* schreibt einen zukünftigen (Geldmarkt-) Referenzzinssatz i_τ zwischen zwei Partnern (ohne Tausch der Nominalbeträge N) fest. Zum Starttermin a des FRA wird der Ausgleichsbetrag A an den Verkäufer gezahlt (ist A < 0, erhält der Käufer |A|):

$$A = \frac{N \cdot \tau \cdot (f_{a,b} - i_\tau)}{1 + \tau \cdot i_\tau},$$

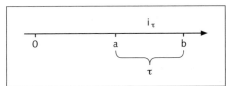

wobei

$$f_{a,b} = \left(\frac{1 + b \cdot s_b}{1 + a \cdot s_a} - 1 \right) \cdot \frac{1}{\tau}$$

Da ein FRA als Geldanlage über die kurze Laufzeit a und Geldaufnahme über die lange Laufzeit b betrachtet werden kann, ergeben sich die Risikokennzahlen eines FRA als Differenz der Kennzahlen der beiden Bestandteile.

11.8 Bewertung von Optionen

11.8.1 Aktienoptionen

Grundlagen

Optionen sind bedingte Termingeschäfte, bei denen bei Vertragsabschluss die zu einem künftigen Zeitpunkt zu erfüllenden Bedingungen festgelegt werden. Der Käufer einer Option hat das Recht (aber nicht die Pflicht), zum Verfallstermin (bei Europäischen Optionen; diese werden im Weiteren fast ausschließlich betrachtet) oder jederzeit innerhalb der Laufzeit (bei Amerikanischen Optionen) dieselbe auszuüben. Der Verkäufer, auch Stillhalter genannt, muss die Entscheidung des Käufers akzeptieren und das im Optionsvertrag benannte Wirtschaftsgut, hier also Aktien, zum im Optionsvertrag vereinbarten Preis liefern. Man unterscheidet Kaufoptionen (Calls) und Verkaufsoptionen (Puts). Der Käufer eines Calls (Puts) auf eine Aktie erwirbt für den Preis P_{Call} (bzw. P_{Put}) das Recht, nach Ablauf der Laufzeit T die Aktie zum Basispreis (Strike Price) S zu kaufen (verkaufen).

Symbole	Bedeutung
P_{Call}, P_{Put}	Preis einer Call-Option bzw. Put-Option
P_{Aktie}, P_T	Kurs der Aktie in t = 0 und in t = T
S	Basispreis, Strike Price
i	risikolose Zinsrate, kontinuierlich verzinst

Mathematische Grundlagen des Investment Banking

T   Restlaufzeit der Option

σ^2 Varianz der Aktienrendite pro Periode (kontinuierlich verzinst)

$\sigma = \sqrt{\sigma^2}$ Standardabweichung der Aktienrendite; Volatilität

Φ, φ Verteilungsfunktion und Dichtefunktion der standardisierten Normalverteilung

In den meisten Modellen zur Bewertung von Aktienoptionen wird die Varianz der Aktienrendite als während der Laufzeit konstant angenommen. Nachstehend wird in allen Modellen kontinuierliche Verzinsung (zum Diskontieren) verwendet; in anderen Modellen wird mitunter auch die geometrische Verzinsung genutzt.

Preisbestandteile Innerer Wert und Zeitwert
Der Preis eines Calls bzw. eines Puts setzt sich aus dem inneren Wert und dem Zeitwert (Gewinnchancen in der Restlaufzeit) zusammen. Der Zeitwert als Differenz zwischen dem Preis der Option und ihrem inneren Wert stellt gewissermaßen einen Unsicherheitsaufschlag dar, der wesentlich von der Restlaufzeit und der Volatilität des Aktienkurses abhängig ist.

In-the-Money, At-the-Money, Out-of-the-Money
Setzt man

$$W = P_{Aktie} - S,$$

so ist der Call im Geld (In-the-Money), falls $W > 0$, am Geld (At-the-Money), falls $W \approx 0$, und aus dem Geld (Out-of-the-Money), falls $W < 0$. Analog wird der Put für $W < 0$ im Geld, für $W \approx 0$ am Geld und für $W > 0$ aus dem Geld genannt.

Kenngrößen eines Calls

$\max\{0; P_T - S\} - P_{Call}$	Gewinn des Käufers am Verfallstag
$P_{Call} + \min\{0; S - P_T\}$	Gewinn des Verkäufers am Verfallstag
$\max\{0; P_{Aktie} - S\}$ bzw. $\max\{0; P_{Aktie} - Se^{-iT}\}$	innerer Wert des Calls
$P_{Call} + S - P_{Aktie}$	Optionsprämie; Kostendifferenz zwischen Aktienerwerb mittels Call und direktem Erwerb; Zeitwert, falls $W > 0$

Kenngrößen eines Puts

$\max\{0; S - P_T\} - P_{Put}$ Gewinn des Käufers am Verfallstag

$P_{Put} + \min\{0; P_T - S\}$ Gewinn des Verkäufers am Verfallstag

$\max\{0; S - P_{Aktie}\}$ innerer Wert des Puts

$S - P_{Put} - P_{Aktie}$ Optionsprämie; Differenz des Verkaufserlöses über Put und direkten Verkauf

Logische Schranken des Optionswertes

Sowohl aus Plausibilitätsbetrachtungen als auch aus mathematischen Herleitungen heraus lassen sich die nachstehenden Schranken für den Wert eines Calls bzw. Puts angeben:
- der Preis eines Calls ist nicht-negativ,
- der Preis eines Calls ist höchstens so groß wie der Kurs der zugrunde liegenden Aktie,
- der Preis einer amerikanischen Call-Option ist mindestens so groß wie die Differenz aus Aktienkurs und Basispreis,
- der Preis einer Call-Option ist mindestens so groß wie die Differenz aus Aktienkurs und dem mit der risikolosen Zinsrate diskontierten Basispreis.

Analoge Aussagen treffen auf Put-Optionen zu. In der folgenden Übersicht sind diese Beziehungen nochmals zusammengefasst.

Schranken für den Preis eines Calls und Puts (ohne Dividendenzahlung)

$0 \leq P_{Call} \leq P_{Aktie}$, $P_{Call,amer.} \geq P_{Aktie} - S$, $P_{Call} \geq P_{Aktie} - S \cdot e^{-iT}$

$0 \leq P_{Put} \leq P_{Aktie}$, $P_{Put,amer.} \geq S - P_{Aktie}$, $P_{Put} \geq S \cdot e^{-iT} - P_{Aktie}$

Lange Zeit konnte der Wert von Optionen nicht genauer als durch Benennung der genannten Schranken berechnet werden.

Erwartungswertmethode

Nach der Erwartungswertmethode geht man folgendermaßen vor: Man schätzt (subjektiv) zukünftige Umweltzustände und deren Eintrittswahrscheinlichkeiten. Dann ermittelt man für jeden Umweltzustand den Barwert der Option. Anschließend berechnet man den Erwartungswert. Die Bewertung basiert also letztlich auf subjektiven Schätzungen und Nutzenzuweisungen. Man spricht von *präferenzgebundener Bewertung*.

Problematisch ist die Höhe des Diskontierungszinssatzes, insbes. des Risikoaufschlages; näherungsweise verwendet man den sicheren Zins. Genauere Aussagen kann man z. B. für das Modell der State-Preference-Theorie machen: es müssen die Abzinsungsfaktoren für die Cashflows der »Pure Securities« verwendet werden.

Optionspreismodelle

Nachteil der Erwartungswertmethode ist, dass subjektiv Umweltzustände und Eintrittswahrscheinlichkeiten geschätzt werden müssen. Dazu fühlen sich die wenigsten Marktteilnehmer in der Lage. Man kommt auch nicht zu einem einheitlichen Preis, weil verschiedene Marktteilnehmer i.d.R. unterschiedliche Erwartungen äußern. Es wurde deshalb nach Formeln gesucht, die das subjektive Abschätzen und Bewerten von Zukunftsdaten ersparen. Man spricht von einer *präferenzfreien Bewertung*.

Unter bestimmten Umständen kann man tatsächlich auf subjektive Schätzungen und Bewertungen verzichten: man muss allerdings Annahmen über den stochastischen Verlauf von Aktienkursen und einige andere Eigenschaften der Finanzmärkte treffen. Soweit diese Annahmen in der Realität erfüllt sind, geben die Formeln den Optionswert dann (näherungsweise) richtig wieder. Es gibt verschiedene Modellansätze, die auf unterschiedlichen Annahmen beruhen. Die wichtigsten sind das Binomialmodell nach Cox, Ross, Rubinstein und das Black-Scholes-Modell.

Dem Black-Scholes-Modell liegen die folgenden Annahmen zugrunde:
- Es handelt sich um europäische Optionen ohne Dividendenzahlungen während der Optionslaufzeit.
- Es fallen keine Transaktions- und Informationskosten oder Steuern an.
- Wertpapiere sind beliebig teilbar; Käufe und Leerverkäufe sind unbeschränkt möglich.
- Die Aktienkurse folgen einem kontinuierlichen Random-Walk und sind lognormalverteilt mit konstanter Varianz.
- Der risikolose Zinssatz ist bekannt und konstant während der Laufzeit, wobei Sollzins und Habenzins gleich sind.
- Aktien und Optionen werden kontinuierlich an einem vollkommenen Markt gehandelt.
- Die Investoren handeln rational.

Bewertung nach Black-Scholes

$$P_{Call} = P_{Aktie} \cdot \Phi(d_1) - S \cdot e^{-iT} \cdot \Phi(d_2) \qquad \text{Preis einer Call-Option}$$

$$P_{Put} = S \cdot e^{-iT} \cdot \Phi(-d_2) - P_{Aktie} \cdot \Phi(-d_1) \qquad \text{Preis einer Put-Option}$$

$$d_1 = \frac{1}{\sigma\sqrt{T}} \left[\ln \frac{P_{Aktie}}{S} + T \left(i + \frac{\sigma^2}{2} \right) \right], \quad d_2 = d_1 - \sigma\sqrt{T}$$

Die Black-Scholes-Formel ergibt sich entweder als kontinuierlicher Grenzfall aus einem Binomialmodell oder als Lösung der Black-Scholes-Merton-Differentialgleichung.

Put-Call-Parität

Die Preise eines Calls und eines Puts mit denselben Parametern stehen miteinander in enger Verbindung, sodass man den einen Preis aus dem anderen leicht berechnen kann. Diesem Zusammenhang, genannt Put-Call-Parität, liegt die Konstruktion zweier äquivalenter Portfolios zugrunde, die zu jedem Zeitpunkt die gleichen Auszahlungen aufweisen.

$$P_{Put} + P_{Aktie} = P_{Call} + e^{-iT}S \qquad \text{Put-Call-Parität}$$

Das erste Portfolio enthält dabei eine Aktie und eine Put-Option, während das zweite Portfolio aus einer Call-Option und einer sicheren Anlage besteht, deren Wert am Laufzeitende dem Basispreis entspricht. Der Wert der Portfolios ist dann unabhängig vom zukünftigen realisierten Aktienkurs. Um risikolose Gewinnmöglichkeiten auszuschließen, müssen die Portfoliowerte im Zeitpunkt Null ebenfalls gleich sein.

Risikokennzahlen: Die »Greeks«

Wie auch bei der Betrachtung festverzinslicher Wertpapiere kann man den Preis einer Option als Funktion verschiedener Enflussfaktoren auffassen. Waren das bei festverzinslichen Papieren nur die Marktrendite und die Restlaufzeit, so gibt es bei Optionen neben diesen beiden Größen weitere: der Aktienkurs oder allgemeiner, der Preis des zugrunde liegenden Basisinstruments (Underlying), seine Volatilität, die risikolose Zinsrate und (zumindest aus theoretischer Sicht) der Basispreis. Die Risikokennzahlen, die den Einfluss dieser Größen auf den Optionspreis (näherungsweise im Sinne linearer Approximationen) beschreiben, werden meist mit griechischen Buchstaben bezeichnet und heißen deshalb oftmals die »Greeks«. Sie lassen sich aus der Black-Scholes-Formel durch Berechnung von partiellen Ableitungen berechnen, wobei mitunter längere Zwischenrechnungen vonnöten sind.

Risikokennzahlen von Aktiencalls

$$\Delta = \frac{\partial P_{Call}}{\partial P_{Aktie}} = \Phi(d_1) > 0$$

Delta; Sensitivität des Optionspreises in Bezug auf den Aktienpreis

$$\Gamma = \frac{\partial^2 P_{Call}}{\partial P^2_{Aktie}} = \frac{\varphi(d_1)}{P_{Aktie} \cdot \sigma \cdot \sqrt{T}} > 0$$

Gamma; Veränderung von Delta; zweite partielle Ableitung des Callpreises nach dem Aktienkurs; gibt an, wie schnell sich Delta ändert

$$\Theta = \frac{\partial P_{Call}}{\partial T} = \frac{P_{Aktie}\sigma\varphi(d_1)}{2\sqrt{T}} + iSe^{-iT}\Phi(d_2) > 0$$

Theta; misst die Sensitivität des Callpreises in Bezug auf die Restlaufzeit;

$$\Lambda = \frac{\partial P_{Call}}{\partial \sigma} = \varphi(d_1) P_{Aktie} \sqrt{T} > 0$$

Lambda (Vega); Preisänderung bez. (kleiner) Änderung der Volatilität

$$\frac{\partial^2 P_{Call}}{\partial \sigma^2} = e^{-iT} \varphi(d_1) P_{Aktie} \sqrt{T} \frac{d_1 d_2}{\sigma}$$

Vomma; Änderung des Lambda

$$\frac{\partial P_{Call}}{\partial S} = -e^{-iT} \cdot \Phi(d_2) < 0$$

Preisänderung bei Änderung des Basispreises S

$$\frac{\partial P_{Call}}{\partial i} = e^{-iT} ST \Phi(d_2) > 0$$

Rho; Preisänderung des Calls bei Änderung der risikolosen Zinsrate

$$\Omega = \frac{\partial P_{Call}}{\partial P_{Aktie}} \cdot \frac{P_{Aktie}}{P_{Call}} = \Phi(d_1) \cdot \frac{P_{Aktie}}{P_{Call}}$$

Omega; Elastizität des Callpreises in Bezug auf den Aktienkurs

Folgende Anmerkungen seien gemacht:

- *Delta:* Das Delta eines Calls liegt immer zwischen Null und Eins. Liegt die Option weit aus dem Geld, so ist Delta klein und damit die Preisbeeinflussung durch eine Veränderung des Aktienkurses gering, während sich bei weit im Geld befindlichen Kaufoptionen Delta der Zahl Eins nähert; dazwischen steigt es monoton an. Die Größe Delta kann zum Aufbau eines Hedge-Portfolios genutzt werden.
- *Gamma:* Die Größe Gamma ist stets positiv und strebt für sehr niedrige oder sehr hohe Aktienkurse gegen Null; am größten ist es für Optionen, die am Geld sind. Wegen $\Gamma = \frac{\partial^2 P_{Call}}{\partial P_{Aktie}^2} > 0$ ist der Optionswert eine konvexe Funktion des Aktienkurses.
- *Omega:* Als einfacher zu berechnende Ersatzgröße für die Elastizität (Risikokennzahl Omega) wird mitunter der sogenannte Hebel (Leverage-Faktor) $L = \frac{P_{Aktie}}{P_{Call}}$ benutzt; dieser beschreibt näherungsweise, um wie viel Prozent sich der Callpreis ändert, wenn sich P_{Aktie} um 1 % erhöht.

Analysiert man die obigen Risikokennzahlen oder stellt man Plausibilitätsbetrachtungen an, so ergibt sich, dass bei Erhöhung der Einflussgrößen Aktienkurs, Restlaufzeit, Volatilität und risikolose Zinsrate sich der Preis des Calls ebenfalls erhöht, während er sich bei Erhöhung des Basispreises verringert.

Risikokennzahlen von Aktienputs

$$\Delta = \frac{\partial P_{Put}}{\partial P_{Aktie}} = \Phi(d_1) - 1 > 0$$

Delta: Sensitivität der Put-Option in Bezug auf den Aktienpreis

$$\Theta = \frac{\partial P_{Put}}{\partial T} = \frac{P_{Aktie}\sigma\varphi(d_1)}{2\sqrt{T}} - iSe^{-iT}\Phi(-d_2) > 0$$

Theta: misst die Sensitivität der Put-Option in Bezug auf die Restlaufzeit;

$$\frac{\partial P_{Put}}{\partial S} = e^{-iT} \cdot \Phi(-d_2) > 0$$

Preisänderung bei Änderung des Basispreises S

$$\frac{\partial P_{Put}}{\partial i} = -e^{-iT} ST\Phi(-d_2) < 0$$

Rho: Preisänderung des Puts bei Änderung der risikolosen Zinsrate

Folgende Bemerkungen seien angefügt:
- Das Delta eines Puts liegt immer zwischen minus Eins und Null.
- Wegen $\frac{\partial^2 P_{Put}}{\partial P^2_{Aktie}} > 0$ ist der Wert einer Put-Option eine konvexe Funktion des Aktienkurses.
- Es gilt $\Gamma_{Put} = \Gamma_{Call}$ sowie $\Lambda_{Put} = \Lambda_{Call}$.

11.8.2 Devisenoptionen

Bei der Bewertung von Devisenoptionen ergaben sich zunächst die gleichen Probleme wie bei Aktienoptionen: Bewertet man mittels Erwartungswertmethode, dann muss man zukünftige Umweltzustände und Wahrscheinlichkeiten subjektiv schätzen und bewerten. Nachdem aber für Aktien die Bewertungsmodelle von Black/Scholes u. a. entwickelt worden waren, konnte versucht werden, die Idee auf die Devisenoptionen zu übertragen. Dies gelang. Das meist verwendete Modell heute ist das Garman-Kohlhagen-Modell. Wie bei Aktienoptionen müssen Annahmen über stochastische Preisverläufe und andere Finanzmarkteigenschaften gemacht werden.

Dem Garman-Kohlhagen-Modell liegen die folgenden Annahmen zugrunde:
- Die Kassakurse der Devisen unterliegen einem stochastischen Prozess
- Der Refinanzierungszinssatz ist für die Dauer der Optionslaufzeit konstant
- Die Volatilität der Devisenkurse ist für die Dauer der Optionslaufzeit konstant (wobei eine prognostische Schätzung auf Basis von Vergangenheitswerten und aktuellen Kursen vorgenommen wird)
- Die weiteren Voraussetzungen des Black-Scholes-Modells gelten sinngemäß, insbesondere werden Europäische Optionen betrachtet.

Nur wenn diese Bedingungen in der Realität erfüllt sind, »stimmen« die ausgerechneten Optionspreise.

Symbole	Bedeutung
i_I, i_A	risikolose Zinsrate Inland bzw. Ausland (kontinuierlich verzinst)
E, E_T	Kassakurs und Terminkurs der Devise, bezogen auf den Zeitpunkt T der Optionsfälligkeit
σ^2	Annualisierte Varianz der logarithmierten relativen Wechselkursänderungen

Zwischen dem Kassakurs und dem Terminkurs der Devise besteht bei Arbitragefreiheit der folgende Zusammenhang: $E_T = E \cdot e^{(i_I - i_A)T}$. Unter Ausnutzung dieser Beziehung lassen sich zwei äquivalente Modelle formulieren.

Garman-Kohlhagen-Modell

$$P_{Call} = E \cdot e^{-i_A T} \Phi(d_1) - S \cdot e^{-i_I T} \cdot \Phi(d_2) \qquad \text{Preis einer Call-Option}$$

$$P_{Put} = S \cdot e^{-i_I T} \Phi(-d_2) - E \cdot e^{-i_A T} \cdot \Phi(-d_1) \qquad \text{Preis einer Put-Option}$$

$$d_1 = \frac{1}{\sigma\sqrt{T}} \left[\ln \frac{E}{S} + (i_I - i_A)T + \frac{\sigma^2}{2} T \right], \quad d_2 = d_1 - \sigma\sqrt{T}$$

Black-Modell

$$P_{Call} = e^{-i_I T} [E_T \cdot \Phi(d_1) - S \cdot \Phi(d_2)] \qquad \text{Preis einer Call-Option}$$

$$P_{Put} = e^{-i_I T} [S \cdot \Phi(-d_2) - E_T \cdot \Phi(-d_1)] \qquad \text{Preis einer Put-Option}$$

$$d_1 = \frac{1}{\sigma\sqrt{T}} \left[\ln \frac{E_T}{S} + \frac{\sigma^2}{2} T \right], \quad d_2 = d_1 - \sigma\sqrt{T}$$

Auch für Devisenoptionen lassen sich Risikokennzahlen angeben, die den Einfluss gewisser Modell-Inputs auf den Optionspreis näherungsweise beschreiben, indem die partiellen Ableitungen des Optionspreises nach diesen Einflussgrößen betrachtet werden. Exemplarisch seien die folgenden drei Risikokennzahlen für eine Call-Option angegeben.

Risikokennzahlen von Devisen-Call-Optionen

$$\Delta = \frac{\partial P_{Call}}{\partial E} = e^{-i_A T} \cdot \Phi(d_1) > 0$$

Delta; Sensitivität der Option in Bezug auf den Devisenkassakurs

$$\Theta = \frac{\partial P_{Call}}{\partial T}$$

$$= \frac{e^{-i_A T} E \sigma \varphi(d_1)}{2\sqrt{T}} + i_1 S e^{-i_1 T} \Phi(d_2) - i_A e^{-i_A T} E \Phi(d_1)$$

Theta; Preissensitivität der Option bezüglich der Restlaufzeit

$$\Lambda = \frac{\partial P_{Call}}{\partial \sigma} = e^{-i_A T} E \varphi(d_1) \sqrt{T} > 0$$

Lambda (Vega); Wertveränderung der Option bei Änderung der Volatilität

11.8.3 Zinsoptionen

Zinsoptionen dienen der Absicherung zukünftiger Zinssätze. Dies kann mittelbar über den Terminkurs einer Anleihe oder unmittelbar mittels Caps und Floors geschehen.

Schwierigkeiten in der Optionsbewertung entstehen dadurch, dass
- kurz- und langfristige sowie Forward-Zinssätze untereinander abhängig sind,
- sowohl die Zinssätze als auch die Zinsstrukturkurve Änderungen unterworfen sind,
- Zinssätze nicht lognormalverteilt sind, sondern eher einem Mean-Reversion-Prozess folgen,
- die Lebensdauer von Zinsinstrumenten begrenzt ist, sodass die Volatilität der Anleihepreise mit sinkender Restlaufzeit gegen null geht (also nicht konstant ist).

Das nachstehende Modell für Optionen auf einen Anleihe-Terminkurs entsteht aus dem oben betrachteten BLACK-Modell für Devisenoptionen, indem der Devisen-Terminkurs E_T durch den Terminkurs $P_{T,Anl}$ der Anleihe ersetzt wird. Die Varianz der Terminkurse wird dabei während der Optionslaufzeit als konstant angenommen.

Symbole (weitere siehe oben)	**Bedeutung**
$P_{T,Anl}$	Terminkurs der Anleihe, bezogen auf die Optionsfrist T
i_T	kontinuierliche risikolose Zinsrate, bezogen auf T
σ_T^2	Varianz der Terminkurse

Black-Modell

$$P_{Call} = e^{-i_T T}[P_{T,Anl} \cdot \Phi(d_1) - S \cdot \Phi(d_2)] \qquad \text{Preis einer Call-Option}$$

$$P_{Put} = e^{-i_T T}[S \cdot \Phi(-d_2) - P_{T,Anl} \cdot \Phi(-d_1)] \qquad \text{Preis einer Put-Option}$$

$$d_1 = \frac{1}{\sigma_T \sqrt{T}}\left[\ln\frac{P_T}{S} + \frac{\sigma_T^2}{2}T\right], \quad d_2 = d_1 - \sigma_T \sqrt{T}$$

Dem Black-Modell liegen die folgenden Annahmen zugrunde:
- Der Terminkurs des zugrunde liegenden Instruments per Fälligkeitszeitpunkt der Option ist eine stochastische Variable mit lognormaler Verteilung und einem Erwartungswert, der gleich dem Terminkurs (Forward-Price) bezogen auf die Optionslaufzeit ist
- Die Volatilitäten der Terminkurse sind konstant während der Optionslaufzeit
- Die weiteren Voraussetzungen des BLACK-SCHOLES-Modells gelten sinngemäß, insbesondere werden Europäische Optionen betrachtet.

Caps und Floors

Ein Cap (bzw. Floor) ist ein Portfolio aus mehreren Caplets (bzw. Floorlets), wobei ein Caplet (bzw. Floorlet) eine Zinsobergrenze (Zinsuntergrenze), bezogen auf einen Referenzzinssatz wie beispielsweise den LIBOR darstellt. Ein Caplet kann als Call-Option auf einen Kredit und ein Floorlet als Put-Option auf eine Geldanlage angesehen werden.

Symbole (weitere siehe oben)	**Bedeutung**
$\tau \in (0,1)$	Laufzeit des Caplets (Floorlets)
i_T	kontinuierliche risikolose Zinsrate, bezogen auf die Optionsfrist T
i_f	Forward-Zinsrate, bezogen auf die Laufzeit des Caplets (Floorlets)
i_S	Strike, Caplet- (bzw. Floorlet-) Zinsrate
N	Nominalbetrag des Caplets (Floorlets)
A	Auszahlung (Payoff) zum Zeitpunkt T
Z	Nominalbetrag der Option, bezogen auf T
σ_f^2	Varianz der Forward-Zinsrate

Der Nominalbetrag Z der Option, bezogen auf die Optionsfrist, beläuft sich auf

$$Z = \frac{N \cdot \tau}{1 + i_f \tau} \, .$$

Zum Zeitpunkt T erhält der Käufer eines Caplets (Floorlets) die Auszahlung A_C bzw. A_F (innerer Wert der Option), wobei hier i_f gleich dem aktuellen LIBOR gesetzt wird.

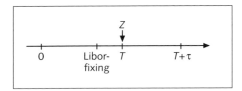

Auszahlung (Payoff)

$$A_C = \begin{cases} \dfrac{N\tau(i_f - i_S)}{1 + i_f \cdot \tau}, & i_f > i_S \\ 0, & i_f \leq i_S \end{cases} \qquad A_F = \begin{cases} \dfrac{N\tau(i_S - i_f)}{1 + i_f \cdot \tau}, & i_f < i_S \\ 0, & i_f \geq i_S \end{cases}$$

Im nachstehenden Modell wird die Varianz der Forward-Zinsrate als konstant während der Optionslaufzeit angenommen.

Bewertung mittels Black-Modell

$$P_{Caplet} = e^{-i_T T} Z \left[i_f \Phi(d_1) - i_S \Phi(d_2) \right] \qquad \text{Preis eines Caplets}$$

$$P_{Floorlet} = e^{-i_T T} Z \left[i_S \Phi(-d_2) - i_f \Phi(-d_1) \right] \qquad \text{Preis eines Floorlets}$$

$$d_1 = \frac{1}{\sigma_f \sqrt{T}} \left[\ln \frac{i_f}{i_S} + \frac{\sigma_f^2}{2} T \right], \quad d_2 = d_1 - \sigma_f \sqrt{T}$$

Ähnlich wie bei Aktienoptionen lässt sich auch für die Preise von Caplets und Floorlets ein enger Zusammenhang beschreiben.

$$P_{Floorlet} + e^{-i_T T} Z i_f = P_{Caplet} + e^{-i_T T} Z i_S \qquad \text{Floorlet-Caplet-Parität}$$

Auch für Caplets und Floorlets können Risikokennzahlen angegeben werden, die denen für Aktienoptionen entsprechen und die Reaktion von Veränderungen der Eingangsgrößen des Black-Modells auf den Preis eines Caplets bzw. Floorlets mit Hilfe partieller Ableitungen beschreiben; vgl. z. B. Grundmann/Luderer (2001), Biermann (1999).

11.8.4 Modellannahmen vs. tatsächliche Gegebenheiten (Aktien-/Devisenoptionen)

Wie oben aufgeführt sind die Lognormalverteilung der Kursänderungen bei im Zeitablauf konstanter Volatilität zwei wichtige Prämissen der dargestellten Optionspreismodelle.

Es lassen sich aber in der Praxis Fälle beobachten, wo diese Annahmen nicht erfüllt sind, und daher die Bewertung der entsprechenden Optionen nicht korrekt ist.

Exemplarisch seien einige Fälle genannt.

Leptokurtische Kursverteilung und Volatilitäts-Smile

Diese Verteilung ist besonders bei Devisenkursveränderungen auffällig. Gegenüber der Lognormalverteilung zeichnet sie sich durch dickere Enden (sog. Fat-Tails) und einen höheren Gipfel (High Peak) aus.

Die ökonomische Erklärung liegt in dem an den Devisenmärkten auftretenden Wechsel zwischen turbulenteren Phasen mit großen und ruhigen Phasen mit vergleichsweise geringen Devisenkursschwankungen. Ruhige Phasen sind häufiger. Des Weiteren tendieren Wechselkurse zu relativ starken Sprüngen beim Bekanntwerden wichtiger Informationen, was die größere Häufigkeit hoher Schwankungen erklärt.

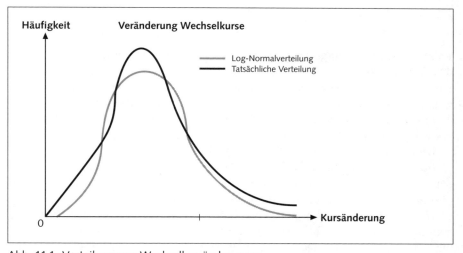

Abb. 11.1: Verteilung von Wechselkursänderungen

Die Optionspreisformeln führen daher bei Optionen, wo der aktuelle Kurs des Underlying (Devise) weit vom Basispreis entfernt ist (aus dem Geld bzw. im Geld), zu einer Unterbewertung.

Wenn für diese Optionen bereits Marktpreise vorliegen (z. B. wegen Börsenhandel), können im Umkehrschluss daraus Volatilitäten extrahiert werden. Dabei zeigt sich, dass diese impliziten Volatilitäten höher ausfallen, als die von Optionen, deren

Basiswerte in der Nähe des Basispreises notieren (sog. Am-Geld-Optionen). Diese Auffälligkeit wird auch als »Volatility-Smile« bezeichnet.

In der Praxis werden die berechneten impliziten Volatilitäten zum Bewerten nicht börsengehandelter Optionen verwendet.

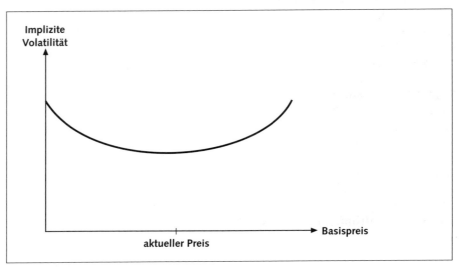

Abb. 11.2: Volatility-Smile

Volatilitätsschwankungen bei Aktien aufgrund der Hebelwirkung des Eigenkapitals

Die Stärke von Aktienkursschwankungen nimmt bei Kursrückgängen i.d.R. zu, während Kursanstiege mit abnehmender Schwankungsintensität einhergehen.

Ein Kursrückgang bedeutet, dass der Marktwert des Eigenkapitals sinkt und der Wert der Schulden steigt. Damit wird das Eigenkapital riskanter, sprich: volatiler.

Bei Kursanstiegen verhält es sich umgekehrt.

Im Ergebnis liegt die tatsächliche Verteilung der Kursveränderungen bei sinkendem Aktienkurs oberhalb und bei steigendem Aktienkurs unterhalb der vom Optionspreismodell angenommen Verteilung.

Die angenommene konstante Volatilität führt daher zu einer Überbewertung von Aus-dem-Geld-Kaufoptionen und Im-Geld-Verkaufsoptionen und umgekehrt. Ob eine Aus-dem-Geld-Option einen Wert besitzt, hängt davon ab, wie wahrscheinlich größere Kursveränderungen sind. Diese kann man dem rechten Ende der Verteilungsfunktion entnehmen. Liegt die tatsächliche Verteilung oberhalb der im Modell angenommenen Verteilung, dann unterschätzt das Modell den Wert. Liegt sie unterhalb, kommt es zu einer Überschätzung.

Weitere Modellannahmen wie identischer Soll- und Habenzins und das Nichtvorhandensein von Transaktionskosten führen nicht zu deutlichen Fehlbewertungen.

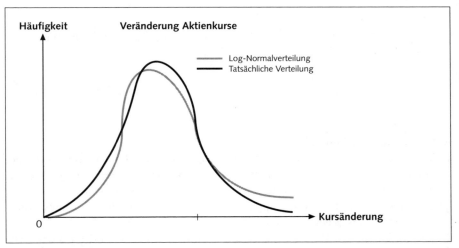

Abb. 11.3: Verteilung von Aktienkursänderungen

11.8.5 Ermittlung von Volatilitäten

Die *Volatilität* σ von Basisgrößen (Aktienkurs, Zinssatz, ...) ist insbesondere in der Bewertung von Optionen sehr wichtig (siehe oben). Eine quantitative Erfassung erfolgt oftmals mittels der Standardabweichung der relativen Preisdifferenzen, umgerechnet auf ein Jahr.

Implizite Volatilität (implied volatility)

Aus den Optionspreisformeln wird unter Ausnutzung der am Markt beobachteten Preise gehandelter Optionen die Größe σ berechnet. Die erhaltene *implizite Volatilität* kann als Erwartungswert der Volatilität für die entsprechende Laufzeit zur Berechnung des fairen Preises einer Option genutzt werden.

Historische Volatilität

Aus historischen Varianzen, die z. B. aus Schlusskursen an der Börse gewonnen werden, wird auf die zukünftige Volatilität geschlossen.

N	Zahl der beobachteten Perioden
z	Zahl der Perioden pro Jahr (Woche: z = 52, Tag: z ≈ 250)
$x_k = \ln \dfrac{P_k}{P_{k-1}} \approx \dfrac{P_k - P_{k-1}}{P_{k-1}}$	relative Änderung der Basisgröße

$$s^2 = \frac{1}{n-1} \cdot \sum_{k=1}^{n}\left(x_k - \frac{1}{n} \cdot \sum_{k=1}^{n} x_k\right)^2 \qquad \text{empirische Varianz für eine Periode}$$

$$\hat{\sigma} = \sqrt{s^2 \cdot z} \qquad \text{geschätzte annualisierte Volatilität}$$

Aufgaben zur Lernkontrolle
1. Wie hoch ist der Zeitwert einer Kapitalanlage von 1.000 € nach zwei Jahren bei einem Zinssatz von 5% und linearer bzw. geometrischer Verzinsung? Wie ändert sich der Zeitwert bei vierteljährlicher bzw. stetiger Verzinsung?
2. Ermitteln Sie mittels Bootstrapping die laufzeitspezifischen Spot-Rates, wenn folgende Par-Rates gegeben sind: r_1=4%, r_2=4,6%, r_3=5%, r_4=5,3%.
3. Berechnen Sie den Barwert einer Anleihe mit 5 Jahren Restlaufzeit und einem jährlichen Kupon von 4,5% bei einem Marktzins von 5%. Wie hoch wäre der Kurs, wenn keine Kuponzahlungen erfolgten? Welche Duration hat die Anleihe mit Kuponzahlungen und wie verändert sich der Preis, wenn der Marktzins uno acto auf 6% steigt? Welcher Wertänderung unterliegt die Anleihe, wenn sich der Marktzins um einen Basispunkt verändert?
4. Nennen und diskutieren Sie die dem Optionspreismodell von Black/Scholes für Aktienoptionen zugrunde liegenden Annahmen.
5. Was versteht man unter Put-Call-Parität?
6. Welche Einflussfaktoren wirken wie auf den Preis einer Aktienoption? Durch welche Risikokennziffern werden sie abgebildet?
7. Berechnen Sie den Wert für einen europäischen Aktien-Call mit Basispreis 100, Laufzeit 2 Jahre, aktueller Aktienkurs 80, Aktienkursvolatilität 20%, laufzeitspezifischer risikoloser Zinssatz 5%.

Literatur
Biermann, B. (2002): Die Mathematik von Zinsinstrumenten, 2. Aufl., München.
Grundmann, W./Luderer, B. (2003): Formelsammlung Finanzmathematik, Versicherungsmathematik, Wertpapieranalyse, 2. Aufl., Wiesbaden.
Hausmann, W./Diener, K./Käsler, J. (2002): Derivate, Arbitrage und Portfolio-Selection, Wiesbaden.
Hull, J. C. (2005): Optionen, Futures und andere Derivate, 6. Aufl., München.
Hull, J. C. (2006): Lösungsbuch Optionen, Futures und andere Derivate, München.
Reitz, S./Schwarz, W./Martin, M. R. W. (2004): Zinsderivate, Wiesbaden.

12 Wertpapiere im Investment Banking*

> **LERNZIELE**
> - Sie können den Begriff Wertpapier definieren und einordnen. Sie können den Wertpapierbegriff der USA erläutern.
> - Sie können acht große Gruppen von Wertpapierarten nennen und ihren Aufbau darlegen.
> - Sie können zu den acht Gruppen gebräuchliche Unterformen nennen und ihre wichtigsten Eigenschaften erläutern.

12.1 Einführung

Das deutsche Recht kennt keine Legaldefinition des Begriffs »Wertpapier«. Der Begriff erscheint vielmehr in einer Vielzahl von Gesetzesbestimmungen und wird teilweise sehr unterschiedlich gebraucht.

> **DEFINITION**
> Allgemein betrachtet ist ein Wertpapier eine Urkunde, die ein Vermögensrecht in der Weise verbrieft, dass das Recht ohne die Urkunde weder geltend gemacht noch übertragen werden kann.

Nach der Art des verbrieften Rechts können unterschieden werden:
- *Sachenrechtliche Wertpapiere.* Verbrieft sind dinglich gesicherte Ansprüche auf Geldzahlungen – bei Hypotheken-, Grundschuld-, Rentenbriefen – oder Ansprüche auf Herausgabe von Sachen.
- *Schuldrechtliche Wertpapiere.* Verbrieft sind auf Geld lautende Ansprüche ohne dingliche Sicherung: Wechsel, Scheck, Inhaberschuldverschreibung.
- *Mitgliedschaftspapiere.* Verbrieft sind Mitgliedschaftsrechte: Aktien.
- *Mischformen.* Verbrieft sind Kombinationen aus den genannten Ansprüchen: Wandelschuldverschreibung, Optionsanleihen.

Sind Wertpapiere vertretbar (fungibel) – werden Ansprüche also nur nach Maß, Zahl oder Gewicht definiert – dann werden sie als *Effekten* bezeichnet. Solche Wertpapiere sind börsenfähig, können also an Börsen und anderen multilateralen Handelssystemen gehandelt werden. Die Behandlung der Effekten am Kapitalmarkt richtet sich heute nur noch in geringem Umfang nach den wertpapierrechtlichen Grundsätzen, sondern ganz überwiegend nach – engeren – bankrechtlichen Regelungen.

---

* Autor ist Sven Zeller unter Mitwirkung von Mareile Runge.

Auch in anderen Ländern wird der Begriff des Wertpapiers nicht einheitlich, vor allem wenig eindeutig abgrenzbar verwendet. In den USA werden unter den Begriff der »*Securities*« folgende Vertragsarten subsumiert:
- Verträge über Vermögensanlagen (*investment contracts*),
- Finanzinstrumente, die gewöhnlich als Wertpapiere angesehen werden (*instruments commonly known as securities*),
- Wechsel, Anleihen, Zertifikate, etc. (*notes, bonds, collateral trust certificates and others*).

Die Bestimmung »*instruments commonly known as securities*« erscheint zwar inhaltlich wenig aussagekräftig, dennoch ist diese Kategorie nützlich, weil eine große Anzahl von Papieren und Vereinbarungen aus ihrem staatlichen und internationalen Kontext heraus per se als Wertpapiere angesehen werden können. Stammaktien, Anleihen, Obligationen und Zertifikate von Unternehmen, die an nationalen oder internationalen Börsen gehandelt werden, sind Beispiele für solche »*Wertpapiere dem Ansehen nach*«.

Ein vollständiger Überblick über alle Wertpapierarten im internationalen Investment Banking ist nicht möglich. Deshalb werden im Weiteren die folgenden Gruppen näher beleuchtet, die im Zentrum des Investment Banking stehen:
- Residualbestimmte Wertpapiere (Aktien),
- Fixed-Income-Wertpapiere (Anleihen),
- Wertpapiere mit Gläubigerrechten und residualbestimmten Cashflow-Ansprüchen (Genussscheine),
- Speziell besicherte Wertpapiere (Asset Backed Securities),
- Zertifikate,
- Optionsscheine,
- Investmentanteilsscheine und
- Real-Estate-Investment-Trust-Anteile (REITs).

12.2 Residualbestimmte Wertpapiere (Aktien)

Die Aktie ist ein Anteils- oder Teilhaberpapier, welches ein Mitgliedschaftsrecht des Aktionärs an einer Aktiengesellschaft (AG) verbrieft. Sie stellt ein börsenfähiges Wertpapier dar. Sie verbrieft das Mitgliedschaftsrecht als Wertpapier im engeren Sinne. Der Aktionär ist Miteigentümer der Aktiengesellschaft. Anders als bei einem verzinslichen Wertpapier ist er also kein Gläubiger. Das von den Aktionären aufgebrachte Grundkapital steht der AG auf Dauer als Finanzierungsmittel und als Haftungsmasse zur Verfügung, während der Aktionär seine Aktie jederzeit über die Börse verkaufen und so seine Anlage in Liquidität zurückverwandeln kann.

Aktien werden nach Inhaberaktien, Namensaktien und vinkulierten Inhaberaktien unterschieden. *Inhaberaktien* sind Inhaberpapiere und werden nach den §§ 793 ff. BGB analog behandelt und nach den §§ 929 ff. BGB durch Einigung und Übergabe übertragen. *Namensaktien* werden grundsätzlich auf den Namen des Aktionärs in das Aktienregister der Gesellschaft eingetragen, § 67 Abs. 1 AktG. Durch die Eintragung behält der Vorstand der AG den Überblick über den Aktionärskreis. Namensaktien sind anders als ihre Bezeichnung vermuten lässt keine Namens- (bzw. Rekta)papiere, sondern ein Orderpapier. Als solche werden Namensaktien durch Übereignung der Urkunde und Indossament (schriftlicher Übertragungsvermerk) übertragen, § 68 Abs. 1 AktG. Bei der Übertragung an *vinkulierten* (gebundenen) Namensaktien ist zudem die Zustimmung des Vorstands nach § 68 Abs. 2 AktG erforderlich. Dadurch kann der Vorstand zusätzlich aktiv Einfluss auf die Zusammensetzung der Aktionäre nehmen. Namensaktien sind international weit verbreitet, insbesondere für den U. S. amerikanischen Kapitalmarkt. An der New Yorker Stock Exchange werden nur sie zum Handel zugelassen.

Nach dem Kriterium des Stimmrechts unterscheidet man Stamm- und Vorzugsaktien: *Stammaktien* verbriefen das volle Stimmrecht auf der Hauptversammlung. Bei *Vorzugsaktien* ist das Stimmrecht nach §§ 12 Abs. 1 Satz 2, 139–141 AktG ausgeschlossen. Sie dienen der Beschaffung von Eigenmitteln, ohne dass sich die Stimmrechtsverhältnisse in der Hauptversammlung verschieben. Vorzugsaktien sind jedoch mit Vorrechten ausgestattet, vor allem hinsichtlich der Verteilung des Gewinns oder des Liquidationserlöses im Einzelfall. Als Gesellschafter der AG stehen den Anlegern vor allem Vermögens- und Verwaltungsrechte zu. Die Ausübung der Gesellschafterrolle ist für viele Anleger jedoch zweitrangig. Im Vordergrund steht die Bedeutung der Aktie als gewinnbringende Kapitalanlage, die sich durch die Dividende und Kurssteigerungen verzinsen soll. Der Anspruch auf die Verwendung des Bilanzgewinns ist in § 58 Abs. 4 AktG geregelt.

In den USA gibt es zwei Hauptarten von Wertpapieren, die Mitgliedschaftsrechte verbriefen: Common Stocks und Preferred Stocks.

- *Common Stock* (Stammaktie) repräsentiert die Inhaberschaft von Anteilsrechten an einem Unternehmen. Die Aktionäre haben ein Stimmrecht. Common Stocks verbriefen ein Recht der Aktionäre auf lediglich eine Restforderung der Einkünfte und der Vermögenswerte, nachdem alle vorherigen Ansprüche von Schuldnern erfüllt sind.
- *Preferred Stock* (Vorzugsaktie) ist rechtlich gesehen ein Aktien-Wertpapier, jedoch hat es in finanzieller Hinsicht die Eigenschaften eines festverzinslichen Wertpapiers. Es hat einen bevorrechtigten Anspruch gegenüber *Common Stock* auf Dividendenausschüttungen. Dagegen ist üblicherweise ein Stimmrecht ausgeschlossen, und es hat außer anteiliger Befriedigung aus dem Liquidationserlös keinerlei festen Anspruch auf die Restmasse. In vielerlei Hinsicht sind Vorzugsaktien den ewigen Anleihen *(Perpetual Bonds)* ähnlich, da sie, solange es das Unternehmen gibt, einen Anspruch auf eine festgelegte Dividendenzahlung verkörpern. Vorzugsaktionäre haben einen Anspruch auf ihre Vorzugsdividenden jedoch nur, wenn der *Board of Directors* (von den Aktionären gewählte höchste Aufsichts- und Verwaltungsinstanz) die Dividenden festgesetzt hat. Ein Zahlungsversäumnis ist kein Konkursvergehen. Jedoch sind Vorzugsdividenden in der Regel kumulative Dividenden, so dass für ein oder mehrere vorhergehende Jahre nicht ausgeschüttete Dividenden angesammelt werden und gänzlich ausgeschüttet werden müssen, bevor an die übrigen, nicht bevorzugten Aktionäre irgendeine Dividende gezahlt wird.

12.3 Fixed-Income-Wertpapiere (Anleihen)

Bond oder *Anleihe* ist die Sammelbezeichnung für *Schuldverschreibungen*, die ein Gläubigerrecht auf eine Geldsumme und auf Zinsen verbriefen. Schuldner des Leistungsversprechens ist der Emittent des Papiers. Die Schuldverschreibung lautet in der Regel auf den Inhaber und findet ihre Rechtsgrundlage in den §§ 793 ff. BGB. Die Ausstattungsmerkmale einer Anleihe sind in den Anleihebedingungen im Detail aufgeführt: Diese dokumentieren alle für die Anleihe und die Rechtsbeziehungen zwischen Emittenten und Anleger wichtigen Einzelheiten. Die wichtigsten Merkmale sind die Laufzeit, Tilgung, Verzinsung, Währung, Rang im Insolvenzfall oder bei Liquidation des Schuldners.

- *Schuldverschreibungen der öffentlichen Hand* werden vom Bund (die Bundesrepublik Deutschland) und seinen Sondervermögen sowie von den Gebietskörperschaften (Bundesländern, Städte und Gemeinden) begeben. Unter *Bundesanleihen* werden die langfristigen, börsengehandelten Schuldverschreibungen des Bundes verstanden (Laufzeit 10 bis 30 Jahre); mit *Bundesobligationen* wird ihre mittelfristige Variante bezeichnet (Laufzeit 5 Jahre). Beide Anleiheformen sind mit einem festen Nominalzins ausgestattet, die Ausgabepreise sind variabel. Bundesschatzbriefe sind mittelfristige Schuldverschreibungen des Bundes. Sie sind mit einem Festzins ausgestattet, der im Verlauf der Anlagezeit steigt.
- Unter *Bankschuldverschreibungen* werden alle Schuldverschreibungen zusammengefasst, die von Kreditinstituten begeben werden. Eine Untergruppe sind *Pfandbriefe* und *Kommunalschuldverschreibungen*, bei denen es sich um speziell besicherte Anleihen (Grundstückshypotheken oder Forderungen gegen die öffentliche Hand) handelt. Rechtsgrundlage sind das Pfandbriefgesetz und das Gesetz über die Pfandbriefe und verwandte Schuldverschreibungen öffentlich-rechtlicher Kreditanstalten (ÖPfG).
- Schuldverschreibungen der Wirtschaft werden als *Unternehmensanleihen* oder *Industrieobligationen* oder *Corporate Bonds* bezeichnet. Emittenten sind Unternehmen aus Industrie und Handel.

Hinsichtlich ihrer *Laufzeit* lassen sich unterscheiden
- kurzfristige Anleihen: bis zu 4 Jahren z. B. *Commercial Paper* (CP), Emittent sind Nichtbanken, und *Certificates of Deposit* (CD), Emittent sind Banken,
- mittelfristige Anleihen: zwischen 4 und 8 Jahren Laufzeit z. B. *Medium Term Notes* (MTN) und
- langfristige Anleihen: mehr als 8 Jahre.

Vor allem variieren Anleihen in ihrer *Zinsgestaltung*:
- Festverzinsliche Anleihen *Straight-Bonds* haben für die gesamte Laufzeit eine gleich bleibende Verzinsung. Zinsscheine (*Kupons*) verbriefen den Zinsanspruch, § 803 BGB.
- Anleihen mit variablen Zinssätzen *Floating-Rate-Notes* (kurz Floater) bieten einen variablen Zinsertrag. Der Zinssatz wird jeweils vorab für festgelegte Zinsperioden, in der Regel drei bis sechs Monate, an einen Referenzzinssatz wie den Euribor und Libor angepasst. Für den Anleger bieten Floater den Vorteil, dass

sie stets eine der aktuellen Kapitalmarktsituation angemessene Verzinsung erhalten.
- *Nullkupon-Anleihen (Zero-Bonds)* beinhalten keine laufende Verzinsung, sondern werden erheblich unter ihrem Nennwert emittiert, um dann am Ende der Laufzeit zurückgezahlt zu werden.
- *Kombizins-Anleihen* und *Step-up-Anleihen* bieten dem Anleger zwar keine über die gesamte Laufzeit gleich bleibende feste Verzinsung, die Höhe der Zinserträge steht aber im Voraus fest und ist nicht von der Entwicklung am Kapitalmarkt abhängig.
- *Zinsphasen-Anleihen* sind eine Mischform zwischen fest- und variabel verzinslichen Anleihen. Sie haben i. d. R. eine Laufzeit von 10 Jahren und sind in den ersten Jahren mit einem festen Kupon ausgestattet. Danach folgt eine Phase von mehreren Jahren mit einer variablen Verzinsung, die sich an den Geldmarktkonditionen orientiert.

Wandelanleihen (Convertibles) können innerhalb einer bestimmten Frist in Aktien umgetauscht werden. Fällt der Kurs der Aktie, die der Anleihe zugrunde liegt, kann der Anleger auf sein Umtauschrecht verzichten (nicht bei Pflichtwandelanleihen). Er erhält dann weiter Zinsen und kann sich die Anleihe am Ende der Laufzeit zu 100 Prozent zurückzahlen lassen. Steigt hingegen der Aktienkurs, kann der Anleger die Wandelanleihe vorzeitig am Markt verkaufen. In diesem Fall würde er einen Kursgewinn realisieren.

Optionsanleihen unterscheiden sich von normalen Anleihen durch die Zugabe von Optionsscheinen. Diese berechtigen den Inhaber, Aktien des Emittenten – i. d. R. nach einer bestimmten Frist, zu einem festgelegten Kurs zu beziehen. Mit Beginn der Optionsfrist kann der Anleger über die Optionsscheine getrennt verfügen und diese an der Börse verkaufen. Die Anleihen notieren anschließend mit dem Kurszusatz »ex«. Emittenten profitieren von den relativ günstigen Fremdkapitalzinsen, die sie bei einer Optionsanleihe zahlen. Zusätzlich erhalten sie Eigenkapital zu einem vergleichsweise hohen Ausgabekurs, falls die Option ausgeübt wird. Anleger profitieren neben den festen Zinszahlungen von Kurssteigerungen der Aktie.

Strukturierte Anleihen sind so genannte *hybride Wertpapiere*. Sie bilden eine Kombination aus Anleihe- und Aktienprofilen. Je nach Ausgestaltung führen sie zu unterschiedlichen Rendite-Risiko-Strukturen.
- Bei *Aktienanleihen* wird die Verzinsung unabhängig von der Kursentwicklung des unterliegenden Basiswertes bezahlt. Die Rückzahlung erfolgt am Fälligkeitstag nach Wahl des Emittenten entweder durch Zahlung des jeweiligen Nennbetrages oder bei Aktienanleihen (*Reverse Convertibles, Equity-linked-Bond*) durch Lieferung der genannten Anzahl von Aktien der jeweiligen Gesellschaft je Teilschuldverschreibung. Die Anleihe wird am Fälligkeitstag i. d. R. zum Nennbetrag zurückgezahlt, falls der Börsenkurs der zugrundeliegenden Aktie oder des Index am Ausübungstag über dem jeweiligen rechnerischen Basiskurs (Nennbetrag geteilt durch die Anzahl der zu liefernden Aktien bzw. bei Indexanleihen Nennbetrag geteilt durch die Bezugsmenge) notiert. Andernfalls wird der Emit-

tent bei Aktienanleihen voraussichtlich die genannte Anzahl von Aktien der Gesellschaft je Teilschuldverschreibung liefern.
- Bei *Indexanleihen* erhält der Anleger je Teilschuldverschreibung den in Euro ausgedrückten Indexstand (unter Berücksichtigung der Bezugsmenge) gemäß den Emissionsbedingungen.

Die wichtigsten Schuldverschreibungen in den USA, die von der Bundesbehörde (Federal Government) ausgegeben werden, sind:
- *Sparanleihen* sind Namenspapiere mit Laufzeiten von fünf oder zehn Jahren, die bei bestimmten Postämtern in kleinen Abschnitten gekauft werden können. Ein Handel in diesen Titeln findet nicht statt.
- *Notes* weisen Laufzeiten von einem bis sieben Jahren auf.
- *Bonds* sind mit Laufzeiten von fünf bis zehn Jahren ausgestattet. Begeben werden diese Obligationen im Allgemeinen im Versteigerungsverfahren.
- *Treasury Notes* (auch *T-Bonds* genannt) sind Schuldverschreibungen des Bundes mit halbjährlichen Zinszahlungen, die zu einem Nennwert von 1.000 $ oder mehr ausgegeben werden.
- *Treasury Bills* sind kurzfristige und sehr liquide Wertpapiere, die vom Staat diskontiert ausgegeben werden und eine Laufzeit von drei Monaten bis zu einem Jahr haben. Die Mindestanlage sind 1.000 $. Die Zinsen auf diese Papiere unterliegen den Bundessteuern (Federal Taxes), aber keiner Besteuerung der Einzelstaaten (State Taxes).

Anleihen von staatlichen Körperschaften unterhalb der Bundesebene werden *State Bonds*, *Local* oder *Municipal Bonds* bezeichnet. Kommunalanleihen weisen große Qualitätsunterschiede auf, weil es keine automatische Schuldübernahme für insolvente Gemeinden durch übergeordnete Körperschaften gibt.

12.4 Genussscheine

Genussscheine stellen die verbriefte Form eines Genussrechts dar. Es handelt sich um ein gesetzlich nicht geregeltes Wertpapier. Genussscheine stellen ökonomisch gesehen (d. h. was den Zahlungsstrom anbetrifft) eine Anlageform zwischen Aktie und Anleihe dar. Sie verbriefen schuld- und eigentumsrechtliche Ansprüche verschiedener Art, insbesondere den Anspruch auf Rückzahlung des Nominalwertes, meistens auch das Recht, am Reingewinn oder Liquiditätserlös einer Gesellschaft Teil zu haben. In der Regel handelt es sich bei den Gesellschaften um AG's oder GmbH's. Das Stimmrecht ist jedoch ausgeschlossen. Die Erfolgsbeteiligung der Genussscheine liegt dafür in der Regel über der Rendite festverzinslicher Wertpapiere. Bei sämtlichen Genussscheinen ist eine Nachrangigkeit des Genussscheinkapitals gegenüber Forderungen anderer Gläubiger gegeben: Im Insolvenz- bzw. Liquidationsfall können Rückzahlungsansprüche des Genussscheininhabers erst nach der vollständigen Befriedigung aller anderen Gläubiger geltend gemacht werden.

Genussscheine kommen als Inhaber-, aber auch als Namenspapiere vor und haben eine begrenzte Laufzeit, die mit Kündigung und Rückzahlung oder mit Fristablauf endet. Kreditinstitute können das durch die Emission von Genussscheinen erhaltene Kapital unter bestimmten Voraussetzungen dem haftenden Eigenkapital hinzurechnen.

Im Handel und in der Abwicklung werden Genussscheine meist nicht dem Aktien-, sondern dem Anleihebereich zugeordnet.

12.5 Speziell besicherte Wertpapiere (Asset Backed Securities)

Bei Asset-Backed-Wertpapieren (Asset Backed Securities, ABS) handelt es sich wörtlich übersetzt um »durch eine Vermögensmasse gesicherte« Wertpapiere oder Schuldscheine. Eine ABS-Struktur benötigt drei Parteien: Das Anstoßunternehmen (Originator), eine neu gegründete Zweckgesellschaft (Special Purpose Vehicle: SPV) und den Anleger. Der Originator überträgt bei der ABS-Struktur (meist) nicht liquide Forderungen (nicht handelbare Wertpapiere, Forderungen gegen Dritte) auf die neu gegründete Zweckgesellschaft SPV. Dieses zahlt für die Forderungen einen Kaufpreis den sie durch Ausgabe von Wertpapieren (dies sind die ABS) refinanziert, die am Kapitalmarkt platziert und meist von institutionellen Anlegern erworben werden. Für den Erfolg einer solchen Transaktion besonders wichtig ist die Bewertung der Wertpapiere durch Ratingagenturen (Bonitätsbewertung). Rechtliche Vorteile bestehen für die Anleger darin, dass für die Forderungen Sicherheiten bestellt werden und im Falle einer Insolvenz der Zweckgesellschaft SPV die Forderungen der Anleger insolvenzfest sind, d. h. den Anlegern steht auch in der Insolvenz das Forderungsvermögen als Deckungsstock bevorrechtigt zur Verfügung.

Eine ABS-Struktur wird dann als *Collateralized-Debt-Obligations* (CDO) bezeichnet, wenn es sich bei dem Forderungsbestand des SPV um Kredite oder sonstige Schuldinstrumente (»Debt«) handelt (also: Firmen bzw. Industriekredite, High Yield Bonds, Emerging Market Debt oder verwandte Zinsinstrumente). Forderungspools, die ausschließlich aus Krediten (»Loans«) bestehen, werden als *Collateralized-Loan-Obligations* (CLO) bezeichnet. Besteht der Forderungspool nur aus längerfristigen Anleihen, dann lautet die Bezeichnung *Collateralized-Bond-Obligations* (CBO). In *Collateralized-Fund-Obligations* (CFO) sind sowohl schuldrechtliche als auch gesellschaftsrechtliche Elemente enthalten. Hier investiert der Anleger in von einer Zweckgesellschaft ausgegebene Eigen- oder Fremdkapitalinstrumente.

12.6 Zertifikate

Zu der Gruppe der strukturierten Wertpapiere zählen die Zertifikate. Strukturierte Wertpapiere sind Produkte, die von Emittenten aus verschiedenen Instrumenten zusammengesetzt wurden und neue, gezielt erzeugte Eigenschaften aufweisen. Bei Zertifikaten handelt es sich
- rechtlich gesehen um Inhaberschuldverschreibungen gem. § 793 BGB,

- aus ökonomischer Sicht meist um derivative Finanzprodukte, die dem Inhaber die Partizipation an der Kursentwicklung eines dem Zertifikat zugrundeliegenden Underlying ermöglichen.

Als Underlying bzw. Basiswert kommen z. B. Einzelaktien, ein Index (DAX, MDAX u. TecDAX), ein Aktienkorb (Basket-Zertifikate) oder eine bestimmte Menge Rohstoffe (Rohstoffzertifikate, Commodities) in Betracht. Ausführlich hierzu siehe Kapitel 23.

12.7 Optionsscheine

Optionsscheine gehören zu den ältesten derivativen Wertpapieren. Ihr Ursprung liegt im Bezugsrecht auf Aktien bei einer Kapitalerhöhung. Optionsscheine können auf zwei Wegen entstehen: dem älteren Weg zufolge emittiert eine Aktiengesellschaft eine Optionsanleihe, wobei das Optionsrecht in einem bestimmten Abschnitt des Bogens verbrieft ist. Dieser Abschnitt wird *Optionsschein* oder *Warrant* genannt. Der zweite Weg ist die eigenständige Emission einer Schuldverschreibung, die ein (oder mehrere) Optionsrechte verbrieft. Verfügt der Emittent solcher Schuldverschreibungen über die veroptionierten Aktien (in einem speziellen Deckungsbestand), spricht man von *Covered Warrant*, ansonsten von *Naked Warrant*. Einer anderen Interpretation zufolge bezeichnet der Begriff Naked Warrant die Tatsache, dass Optionsrechte ohne (also »nackt«) die klassische Optionsanleihe emittiert werden.

Standard-Optionsscheine (*Plain-Vanilla-Warrants*) beurkunden eigenständig ein Wertpapier, das dem Inhaber das Recht verbrieft

- einen bestimmten Basiswert (z. B. eine Aktie oder einen Index), während einer bestimmten Frist (Ausübungsfrist »American Style«) oder zu einem bestimmten Termin (Ausübungstag »European Style«), in einem bestimmten Verhältnis (Bezugsverhältnis/Bezugsmenge), zu einem bestimmten Preis (Basiskurs/Basispreis)
- zu kaufen (bei Kaufoptionsscheinen/*Calls*) bzw. zu verkaufen (bei Verkaufsoptionsscheinen/*Puts*).

Als Basiswerte bzw. Underlying kommen vor allem in Frage: Aktien, Anleihen, Währungen, Rohstoffe und Indizes. Der Basispreis ist der im Voraus festgelegte Preis, zu dem der Anleger bei Ausübung seines Optionsrechts den Basiswert kaufen bzw. verkaufen kann. Bei einem Barausgleich dient der Basispreis zur Berechnung des Differenzbetrages, der gegebenenfalls an den Optionsscheininhaber auszuzahlen ist.

Verkaufsoptionsscheine bieten neben der Spekulation auf fallende Kurse auch die Möglichkeit, ein Wertpapierdepot gegen starke Verluste abzusichern (Hedging).

Allen Optionsscheinen gemeinsam ist die in den Emissionsbedingungen fixierte Laufzeit: Im Gegensatz zu Aktien ist die »Lebensdauer« von Optionsscheinen beschränkt, nach Ende der Laufzeit verfallen sie wertlos, sofern sich kein Differenzbetrag errechnet. Da der Optionsschein nur Rechte, nicht aber Pflichten verbrieft, kann der Optionsscheininhaber sein Optionsrecht ausüben, muss aber nicht. Das maximale Verlustrisiko beschränkt sich auf den Kaufpreis für die Optionsscheine. Die Ausübung ist nicht die einzige Möglichkeit zur Realisierung von Optionsscheingewinnen: Da Optionsscheine eigenständig verbriefte Rechte sind, können sie während der Laufzeit jederzeit, meist sogar über Börsen, veräußert werden.

Der Begriff »*Exotisch*« am Optionsscheinmarkt ist nicht als Bezeichnung für Optionsscheine aus fernen Ländern zu verstehen und auch nicht mit einer Einstufung als »besonders risikoreich« gleichsetzen. Er beschreibt Optionsscheine, deren Konstruktionsmerkmale sich deutlich von Standard-Optionsscheinen abheben. Während einfache Calls und Puts dem Anleger lediglich ermöglichen, an einseitig gerichteten Bewegungen des jeweiligen Basiswertes zu partizipieren, sind exotische Konstruktionen darauf gerichtet, komplexen Markterwartungen gerecht zu werden, um so z. B. auch von stagnierenden oder stark schwankenden Kursen eines Basiswertes zu profitieren. Zu der Gruppe der exotischen Optionsscheine zählen *Power-, Barrier-, Digital-, Ladder-, Range-, Asiatische-, Lookback-, Basket-, Rainbow-, Quanto-* und *Compound*-Optionsscheine. Eine abschließende Aufzählung ist wegen der Vielzahl von Ausgestaltungs- und Kombinationsvarianten nicht möglich.

12.8 Investmentanteilsscheine

Investmentanteilsscheine sind Anteile an Vermögensmassen, die aus Gründen der gemeinschaftlichen Kapitalanlage gebildet wurden. Zwei Investitionsformen sind verbreitet:
- Fondslösung,
- Investmentaktiengesellschaft.

Bei Letzterer wird eine Aktiengesellschaft nach dem Investmentgesetz (InvG) gegründet, die Aktien emittiert, welche die Anteile am gemeinsamen Vermögen verbriefen. Im Unterschied zu Aktiengesellschaften nach Aktiengesetz gibt es insbesondere Erleichterungen bei der Kapitalherabsetzung, weil den Anteilseignern die Rückgabe ihrer Anteile erleichtert werden soll. Dafür ist die Fremdkapitalaufnahme erschwert.

Bei der Fondslösung wird ein *Investmentfonds* als selbstständige Vermögensmasse gebildet, die durch eine davon unabhängige Kapitalanlagegesellschaft verwaltet wird. Der Begriff des Investmentfonds steht für die Gesamtheit der von den Anlegern eingezahlten Gelder und der hierfür angeschafften Vermögenswerte. In Deutschland werden sie nach dem Investmentgesetz (InvG) als Sondervermögen bezeichnet, § 2 Abs. 2 InvG (Fondslösung). Die Anteile am Sondervermögen werden in *Anteilsscheinen* verbrieft. Sie können wie Aktien auf den Inhaber oder auf den Namen lauten.

Der Anwendungsbereich des Investmentgesetzes umfasst die Regulierung inländischer Investmentvermögen, die Aufsicht über inländische Verwaltungsgesellschaften und über den öffentlichen Vertrieb von ausländischen Investmentanteilen.

Es unterscheidet zwischen »richtlinienkonformen Sondervermögen« und »nichtrichtlinienkonformen Sondervermögen«. Zu Letzteren gehören z. B. Immobilien- und Altersvorsorge-Sondervermögen, Gemischte Sondervermögen oder Sondervermögen mit zusätzlichen Risiken. Mit dem Investmentgesetz wurden die Änderungsrichtlinien 2001/107/EG und 2001/108/EG zur EU-Investmentrichtlinie 85/611/EWG (OGAW-Richtlinie, auch UCITS-Richtlinie) in nationales Recht umgesetzt. Dementsprechend werden die Fondskategorien auch als EU-Fonds/Nicht EU-Fonds, UCITs und Non-UCITs bezeichnet.

Die korrekte Bezeichnung eines Investmentvermögens richtet sich nach der Fondsnamensrichtlinie, die jeweilige Bezeichnung darf den Anleger nicht in die Irre führen. Weiterhin bestehen unterschiedliche Regelungen für Publikums-Sondervermögen und Spezial-Sondervermögen (Spezialfonds). Anteile an Publikumsfonds werden öffentlich angeboten und können von jedermann erworben werden. Spezialfonds dagegen sind nur für maximal 30 nicht natürliche Personen (institutionelle Anleger wie z. B. Versicherungsunternehmen) zugänglich.

Für *Publikumsfonds* ergeben sich fast unbegrenzte Gestaltungsmöglichkeiten. Wertpapier-Publikumsfonds wie Aktienfonds, Rentenfonds, Gemischte Fonds, Spezialitäten-Fonds können ihr Sondervermögen zum Beispiel in einem bestimmten Land (Länderfonds) oder in einer bestimmten Region (Regionen-Hemisphärenfonds) oder auch weltweit (internationaler Fonds) anlegen. Er kann dabei mit fester oder unbegrenzter Laufzeit ausgestattet sein, dem Anleger entweder keine Garantie oder aber eine Garantie auf die Ausschüttung oder aber auf die Wertentwicklung gewähren (Garantiefonds). Er kann Erträge ausschütten oder wieder Anlegen (thesaurierende Fonds). Der Preis seiner Anteile kann in Euro oder in Fremdwährung festgesetzt werden.

12.9 Real-Estate-Investment-Trust-Anteile

Bei Real Estate Investment Trusts (REITs) handelt es sich um eine besondere Ausprägungsform der Investmentaktiengesellschaft. Sie steht Anlegern in mehr als 20 Ländern, darunter den USA, Australien, Japan, Frankreich und den Niederlanden seit geraumer Zeit als Anlageinstrument in Immobilen zur Verfügung. In den USA sind REITs 1960 durch den Real Estate Investment Trust Act geschaffen worden. REITs haben sich zum internationalen Standardprodukt für die indirekte Immobilienanlage entwickelt. Die Einführung von REITs erfolgte in Deutschland zeitgleich mit Großbritannien zum 1. Januar 2007. REITs werden spezialgesetzlich in dem »Gesetz über deutsche Immobilien-Aktiengesellschaften mit börsennotierten Anteilen« (REIT-Gesetz – REITG) geregelt, parallel dazu gelten insbesondere die Regelungen des Aktiengesetzes (AktG), des Handelsgesetzbuches (HGB) und verschiedener Steuergesetze.

Bis heute stellen in Deutschland Investmentfonds (sog. *Offene Immobilienfonds*) die wichtigste Form der indirekten Immobilienanlage dar. Die bereits existierende Anlageform der Investmentaktiengesellschaft (*Immobilien-AG*) spielt keine große Rolle bei der indirekten Immobilienanlage.

Wesentliche Merkmale der REITs-Struktur (nach dem Gesetzentwurf von Ende 2006) sind:
- Sonderrechtsform der Aktiengesellschaft, Börsennotierung,
- Anlage des Vermögens zu mind. 75% in Immobilien,
- Befreiung von der Körperschafts- und Gewerbesteuer auf Gesellschaftsebene,
- Ausschüttung von mindestens 90% der Erträge.

Durch den jetzt vorgelegten Gesetzesentwurf ist der Erwerb von Bestandsmietwohnimmobilien ausgeschlossen. Als Bestandsmietwohnimmobilien werden solche Immobilien definiert, die überwiegend – mehr als 50% – Wohnzwecken dienen, sofern diese Immobilien vor dem 1. Januar 2007 erbaut worden sind.

Aufgaben zur Lernkontrolle
1. Auf welche Weise können Inhaberaktien übertragen werden? Wie werden im Unterschied dazu Namensaktien übertragen?
2. Welche Rechtswirkung entfaltet der Besitz einer Schuldverschreibungsurkunde? Wann kann der Schuldner die in der Urkunde verbriefte Leistung verweigern? Welche Möglichkeiten des Erlöschens einer in einer Inhaberschuldverschreibung verkörperten Forderung können Sie nennen?
3. Welche Eigenschaften haben REITs?
4. Kennt das US-amerikanische Recht eine Definition des Wertpapierbegriffs? Wie sind Wertpapiere in den USA gesetzlich geregelt? Welche Kapitalmarktpapiere in den USA kennen Sie und wie unterscheiden sich diese voneinander?

Literatur
Claussen, C. (2003): Bank- und Börsenrecht, 3. Aufl., München.
Hehn, E. (Hrsg.) (2000): Innovative Kapitalanlagekonzepte, Wiesbaden.
Kümpel, S. (2004): Bank- und Kapitalmarktrecht, 3. Aufl., Köln.
Lenenbach, M. (2002); Kapitalmarkt- und Börsenrecht, Köln.
Spremann, K./Gantenbein, P. (2005): Kapitalmärkte, Stuttgart.
Gursky, K.-H. (1996): Wertpapierrecht, 2. Aufl., Heidelberg.
Jennings, R. W./Marsh, H./Coffee, J. C./Seligman, J. (2000): Securities Regulation, NY.
Jones-Less, A./Lynaks, A./Lowe, J. (2000): Keys to understanding securities, 2nd ed., NY.

III Beratungs- und Finanzierungsgeschäfte

13 Das M & A-Geschäft*

> **LERNZIELE**
> - Der Markt für M & A-Transaktionen.
> - Asset-Deal und Share-Deal.
> - Arten von Mandaten im M & A-Geschäft.
> - Transaktionsablauf bei Kauf- und Verkaufmandaten.
> - Kenntnis der Besonderheiten bei der Übernahme börsennotierter Aktiengesellschaften.
> - Grundverständnis für den Übernahmekodex der Börsensachverständigenkommission.
> - Ablaufschema eines öffentlichen Übernahmeangebotes.
> - Überblick über Abwehrstrategien bei feindlichen Übernahmen.
> - Einordnung der Unternehmensbewertung in den M & A-Prozess.
> - Grundverständnis für ausgewählte Bewertungsmethoden.
> - Vor- und Nachteile verschiedener Bewertungsmethoden.

13.1 Begriffsbestimmung

Der Begriff Mergers & Acquisition (M & A) ist weder im deutschen noch im internationalen Sprachgebrauch eindeutig definiert.

- *Nichtbanken:* Bei Nichtbanken wird M & A als strategisches Instrument der Konzernsteuerung durch An- und Verkauf von Unternehmen und Unternehmensteilen angesehen.
- *Einlage- und Kreditbank:* Aus Sicht der Einlage- und Kreditbank gehört M & A in den Bereich der Unternehmensfinanzierung. Die Einlage- und Kreditbank interessiert sich für die mit Unternehmenskäufen verbundenen Finanzierungserfordernisse.
- *Investmentbank:* Aus Sicht der Investmentbank ist M & A eine Gruppe von Dienstleistungen im Zusammenhang mit dem Kauf und Verkauf von Unternehmen und Unternehmensteilen. Diese Dienstleistungen können nur enumerativ aufgezählt werden. Sie betreffen:
  - Partner- und Objektsuche,
  - Unternehmensbewertung,
  - Dealstrukturierung,
  - Strategie und Taktik des Verhandlungsprozesses und
  - Entwicklung von Finanzierungskonzepten.

Die eigentliche Finanzierung ist nicht Bestandteil im M & A-Geschäft von Investmentbanken.

---
* Autor: Gerrit Raupach

13.2 Ursprung der Nachfrage nach M & A-Transaktionen

Die Merger-Welle der Jahrtausendwende, die auf die Konzentration auf das Kerngeschäft der Unternehmen zielte, ist im Kontext einer langjährigen wirtschaftlichen Entwicklung zu sehen. Ihre Anfänge gehen zurück bis Ende des 19. Jahrhunderts, als eine erste große Welle von Zusammenschlüssen in der Schwerindustrie stattfand (Stahl, Eisenbahn). Danach erfolgten Übernahmewellen im Energiesektor und in der industriellen Massenproduktion, bei der weltweite Konglomerate entstanden. Bei der Mergerwelle, die bis ca. 1985 dauerte, ging es um die Nutzung von Synergien im Technologiebereich. Im ausgehenden 20. Jahrhundert spielten die wirtschaftliche Globalisierung und damit zusammenhängende wettbewerbliche und technologische Veränderungen eine Rolle.

Bei Transaktionen mit deutscher Beteiligung ist das Transaktionsvolumen Ende der 90er-Jahre regelrecht explodiert. 1999/2000 verging kaum ein Monat, im dem nicht über »Big Deals«, oder »Mega-Mergers« berichtet wurde. Beispiele hierfür sind Vodafone/Mannesmann oder Daimler/Chrysler. Zwei Jahre später war der Markt fast zusammengebrochen. Seit dem Jahr 2005 ist allerdings wieder ein wachsendes Transaktionsvolumen zu beobachten.

Es sind nicht nur die großen international agierenden börsennotierten Gesellschaften, die sich mit Hilfe von M & A-Transaktionen den verändernden Markterfordernissen anpassen, sondern auch kleine und mittelständische Unternehmen, die nicht börsennotiert sind.

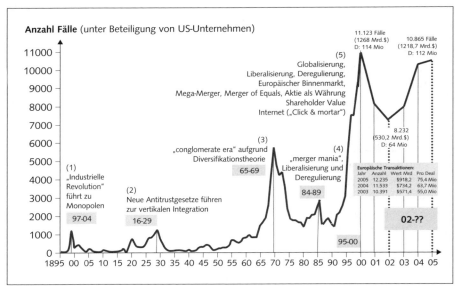

Abb. 13.1: M & A-Transaktionen im Zeitablauf (M & A-Wellen)
Quellen: 1895–1920: Nelson (1959); 1921–1939: Thorp/Crowder (1941); 1940–1962: FTC (1971, 1972); 1963–2005: MergerStatReview

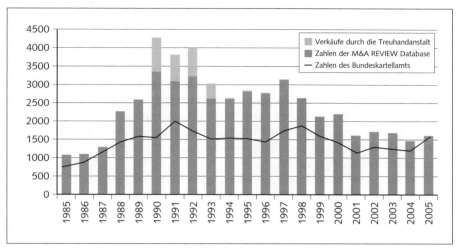

Abb. 13.2: M & A-Transaktionen in Deutschland

Was sind nun die Kräfte, die den Markt für Unternehmenskäufe speisen, also die Quellen von Angebot von Unternehmen und Nachfrage nach Unternehmen?

Angebot von Unternehmen kommt aus folgenden Quellen:
- *Venture-Capital-Gesellschafter,* die ihre Beteiligungen nach kurzer Haltedauer wieder abstoßen wollen, gewinnen im M & A-Geschäft an Bedeutung. Wenn eine Platzierung an der Börse aussichtslos erscheint und auch das eigene Management als Käufer nicht in Frage kommt, dann wird oft versucht, externe strategische Investoren zu finden, die die Venture-Unternehmen aufkaufen.
- *Mischkonzerne* verkaufen Nicht-Kernaktivitäten. Ein Angebot aus dieser Quelle ist so lange zu erwarten wie Fokussierungsstrategien in Mode sind.
- *Mittelstand*: Im deutschen Mittelstand gibt es Nachfolgeprobleme. Aufbaugenerationen treten ab. Unternehmen werden von ihren Eigentümern mangels Nachfolger am Markt angeboten.
- *Investitionsfinanzierung:* Der Kapitalbedarf in investitionsintensiven Branchen übersteigt oft das finanzierbare Maß für einen Mittelständler. Auswege sind Übertragungen der Unternehmen an größere Konzerne oder Fusionen mit anderen Mittelständlern.

Nachfrage nach Unternehmen hat folgende Ursachen:
- *Osteuropageschäft:* Unternehmen in Deutschland und Österreich gelten als Sprungbretter für Osteuropa, was expansionswillige Unternehmen aus der ganzen Welt dazu bewegt, Unternehmen mit Standort in diesen Ländern aufzukaufen, um sich den Aufbau eines eigenen Vertriebes zu ersparen.
- *Multinationale Unternehmen* und solche, die es werden wollen, expandieren nach Deutschland, oder von Deutschland aus in andere Länder, was durch Unternehmenskauf schneller und risikofreier zu bewerkstelligen ist, als durch Aufbau neuer Strukturen.

- *Kapitalmarktorientierung:* Der Druck, Shareholder-Value produzieren zu müssen, lässt viele Unternehmen Strategien entwickeln, mittels Käufen von Unternehmen, Synergien zu realisieren oder Monopolstellungen zu erringen.

Für Deutschland wird für die nächsten Jahre mit einem weiter steigenden Transaktionsvolumen mit deutscher Beteiligung gerechnet. Gründe sind hierfür die Steuerreform für den Mittelstand (halber Steuersatz auf den Veräußerungsgewinn) und ab 2002 für Kapitalgesellschaften (steuerfreie Veräußerung von Beteiligungen) sowie die Tatsache, dass in den nächsten 5 Jahren ca. 380.000 Firmenübergaben stattfinden werden. Es zeichnet sich ab, dass nicht einmal die Hälfte der Unternehmen familienintern übergeben werden.

Es ist zu beobachten, dass sich mit zunehmender Erfahrung der Märkte mit M&A-Transaktionen immer komplexere Transaktionsstrukturen bewältigen lassen. Eine wichtige Rolle spielen die M&A-Berater (siehe Abbildung 13.3), die mit ihren Kenntnissen wesentlich zum Gelingen der Transaktionen beitragen.

Rang		Bank	Volumen in Mrd. $
1	(2)	Deutsche Bank	151,45
2	(5)	Citigroup	128,20
3	(6)	JP Morgan	124,44
4	(3)	Merrill Lynch	102,65
5	(54)	BNP Paribas	98,74
6	(7)	Lehman Brothers	94,83
7	(4)	Morgan Stanley	83,73
8	(13)	Credit Suisse	79,19
9	(1)	Goldman Sachs	78,74
10	(46)	HSBC Holdings	72,40
Gesamt			316,47

Abb. 13.3: Fusionen und Übernahmen in Deutschland. Führende Banken im Gesamtjahr 2006
Stand: 19.12.2006, Angaben gerundet. In Klammern Rang des Vorjahreszeitraums, bei einzelnen Banken gilt Volumen der Gesamttransaktion, Doppelzählungen,
Quelle: Thomson Financial

13.3 Arten des Unternehmenserwerbs

Was ist beim Erwerb eines ganzen Unternehmens anders als beim Kauf einer einzelnen Aktie? Der Hauptunterschied sind die vielen verschiedenen Möglichkeiten, Unternehmen zu erwerben und deren gravierend unterschiedliche Konsequenzen.

Man unterscheidet zwei Grundtypen von Erwerbsarten:
- Share-Deal,
- Asset-Deal.

Share-Deal
Bei dieser Art des Unternehmenserwerbs werden die Geschäftsanteile übertragen. Die Anteile können sowohl von Personengesellschaften als auch von Kapitalgesellschaften erworben werden. Die Konsolidierung der Aktiva und Passiva des verkauften Unternehmens mit denen des übernehmenden Unternehmens ist nicht notwendig, da beim Anteilserwerb weder eine Änderung der Gesellschaft noch eine Änderung der Rechtsnachfolge stattfindet. Einzig und allein die Eigentumsstrukturen ändern sich.
Größere Bedeutung hat der Share-Deal vor allem beim Anteilserwerb bei Kapitalgesellschaften (GmbH, AG) hinsichtlich der steuerlichen und finanzierungstechnischen Aspekte. Aus steuerlicher Sicht ist das Ziel des Erwerbs die Überführung des Kaufpreises in zukünftiges Abschreibungsvolumen und Absetzbarkeit der Finanzierungskosten.

Asset-Deal
Der Asset-Deal entspricht mehr dem Verständnis des M&A-Geschäftes. Beim Asset-Deal erwirbt das kaufende Unternehmen Wirtschaftsgüter, immaterielle Vermögenswerte sowie Verbindlichkeiten des gekauften Unternehmens *einzeln*. Dazu werden riesige Listen angefertigt, die die Wirtschaftsgüter aufzählen. Die gekauften Güter gehen direkt in die Bilanz des erwerbenden Unternehmens ein. Der leere Unternehmensmantel bleibt übrig. Ganz leer ist er nicht: der Verkaufserlös für die Wirtschaftsgüter befindet sich in der Kasse. Sollte der Kaufpreis die Differenz zwischen Aktiva und Verbindlichkeiten übersteigen, entsteht beim Käufer ein auszuweisender Goodwill, der je nach Landesvorschrift über die Jahre abzuschreiben ist.

Wichtige Einflussfaktoren auf die jeweils optimale Erwerbsart sind:
- Rechtsform des Ziel- und des Übernahmeunternehmens,
- Gesellschafterstruktur,
- Größe des Unternehmens und
- Größe der Branche bzw. des Branchensegmentes.

Für Einzel- und Personengesellschaften z. B. kommt nur ein Asset-Deal in Frage. Beim Kauf von Unternehmensanteilen über die Börse sowie bei einem öffentlichen Übernahmeangebot scheidet er dagegen grundsätzlich aus (s. u.).

13.4 Freundliche und feindliche Unternehmenskäufe

Nach den Beziehungen, die zwischen den Beteiligten an Unternehmenskäufen herrschen, kann man unterscheiden:
- freundliche Übernahmen und
- feindliche Übernahmen.

Von freundlichen Übernahmen spricht man, wenn das Management der verkauften Gesellschaft mit dem Wechsel der Eigentümer einverstanden ist. Feindliche Übernahmen liegen dementsprechend dann vor, wenn das Management dem neuen Eigentümer ablehnend gegenübersteht.

Die Internationalisierung der Geschäftstätigkeit, die Deregulierung und Privatisierungen ganzer Branchen haben viele Unternehmen in Zugzwang gebracht. Dabei scheuen sich die Unternehmen nicht mehr, ohne Zustimmung des Managements des Zielunternehmens, dieses zu übernehmen. In Amerika sind solche sogenannten »Hostile Takeover« schon seit vielen Jahren aus dem M & A-Geschäft nicht mehr wegzudenken. Ein wesentlicher Grund ist die große Anzahl börsennotierter Unternehmen, die sich als Kandidat einer feindlichen Übernahme besser eignen als nicht notierte Unternehmen, sowie die stärker investororientierte Unternehmenspublizität (Shareholder-Value), die zu aggressiverem Verhalten beiträgt.

In Deutschland waren feindliche M & A-Transaktionen bis vor einigen Jahren nahezu unbekannt – nicht zuletzt auch wegen der stärker mittelständischen und eigentümerorientierten Struktur der Unternehmen. Seit der erfolgreichen Übernahme der Hoesch AG durch die Krupp AG 1991 und der geplanten Übernahme der Thyssen AG durch die Krupp AG 1997 ist diese Erwerbsmöglichkeit auch auf dem deutschen M & A-Markt stärker ins Bewusstsein gedrungen. Spektakulär war die Übernahme von Mannesmann durch Vodafone.

Wie es auch Mannesmann – jedoch erfolglos – versucht hat, kann man sich gegen feindliche Übernahmen schützen, indem man sich verschiedener Abwehrstrategien bedient:

- *Gegenangebot* an die freien Aktionäre des feindlichen Übernehmers
- *White Knight:* Suche eines angenehmen Käufers, eines sog. »weißen Ritters«
- *Satzung*: Abwehrmaßnahmen in den Satzungen (z. B. Kapitalerhöhung)
- *Poison Pills:* Verkauf der »Juwelen« an Mitbewerber des feindlichen Übernehmers und andere Maßnahmen, die den Wert des Targets für den feindlichen Erwerber senken.

In Deutschland sind die Abwehrmöglichkeiten eher begrenzt. Neben dem deutschen Aktienrecht sehen das Wertpapierhandelsgesetz sowie seit 2002 das Wertpapiererwerbs- und Übernahmegesetz (WpÜG) bestimmte Regelungen vor. Deshalb lassen sich auch die oben erwähnten Abwehrstrategien in der Regel nicht vollständig in Deutschland anwenden.

13.5 M & A-Dienstleistungen aus Sicht des Investment Banking

Im Vordergrund stehen Dienstleistungen im Zusammenhang mit dem Kauf/Verkauf privater, nicht börsennotierter Unternehmen oder Teile davon. Sonderformen wie die Übernahme börsennotierter Gesellschaften und die Durchführung von Privatisierungen öffentlicher Auftraggeber gewinnen aber zunehmend an Bedeutung.

Da es sich bei einer Transaktion um einen sehr komplexen Prozess handelt, bietet es sich in vielerlei Hinsicht an, den gesamten durchzuführenden M & A-Prozess auf einen Berater zu delegieren. Dieser betreibt das M & A-Geschäft als Tagesgeschäft und kann somit auf eine langjährige praktische Erfahrung mit gleichartigen Projekten zurückgreifen. Weiterhin ergeben sich durch den Einsatz professioneller Instrumente und den Aufbau einer attraktiven Verhandlungsposition spielentscheidende Vorteile im Gegensatz zu einer eigenhändigen Durchführung des Kauf-/Verkaufsprozesses.

Im Folgenden werden die einzelnen M&A-Dienstleistungen in ihren wesentlichen Punkten beschrieben.

13.5.1 Kaufmandat

Erhält eine Investmentbank von einem Mandanten ein Kaufmandat, dann wird der Mandant i.d.R. während des gesamten Prozesses des Unternehmenserwerbs begleitet. Der Ablauf eines Kaufmandates gliedert sich im Regelfall in 5 Phasen.

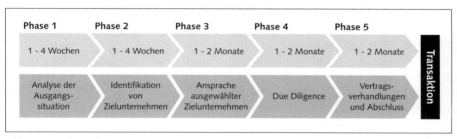

Abb. 13.4: Ablauf eines Kaufmandates

Phase 1 – Mandantenanalyse
In der ersten Phase muss eine Analyse des Mandanten erfolgen hinsichtlich seiner Stärken/Schwächen als auch seiner Finanz- und Wettbewerbssituation. Aufbauend auf den Ergebnissen können dann Anforderungen an das Zielunternehmen wie Umsatz/Größe, Produkte, Ertrag, Region etc. definiert werden. Diese Analyse ist ein wesentlicher Baustein, die richtigen Weichen für einen erfolgreichen Akquisitionsprozess zu stellen.

Phase 2 – Long und Short List
Im zweiten Schritt wird das Zielunternehmen (Target) identifiziert, indem über die zur Verfügung stehenden weltweiten Researchmöglichkeiten (Datenbanken, Verbände, Internet, etc.) eine Long List potenzieller Zielunternehmen erstellt wird. In Zusammenarbeit mit dem Mandanten werden die interessanten Targets diskutiert, festgelegt (Short List) und zur Ansprache freigegeben.

Phase 3 – Kontaktaufnahme
Die erste Kontaktaufnahme des Beraters mit ausgewählten Zielunternehmen dient der Sondierung möglicher Kooperations- oder Verkaufsabsichten und ermöglicht es somit dem Mandanten, bei Desinteresse des potenziellen Targets ungenannt zu

bleiben. In diesem Erstgespräch werden auch der gesellschaftliche Hintergrund sowie die wirtschaftlichen Verhältnisse angesprochen und bei Interesse die weitere Vorgehensweise festgelegt. Meistens kommt es danach zu einem Erstgespräch des Mandanten mit dem Zielunternehmen, bei dem eine Unternehmenspräsentation stattfindet sowie die mögliche wirtschaftliche und strategische Einbindung diskutiert werden. Dieses Erstgespräch ist auch ganz wichtig hinsichtlich der »persönlichen Chemie«, die zu einem nicht unwesentlichen Teil über Erfolg oder Misserfolg entscheidet.

Steht die Verkaufsabsicht beim Zielunternehmen schon längere Zeit fest, trifft die Investmentbank in der Regel Berater auf der Verkäuferseite, mit denen die Entscheidung über die Fortsetzung der Gespräche und die nächsten Schritte festgelegt werden. Meist erwartet die Verkäuferseite eine »nicht rechtlich bindende Absichtserklärung« (Non-Binding-Letter-of-Intent) des Käufers. Ein solcher Letter-of-Intent begründet im Falle sachlich nicht gerechtfertigten Abbruchs von Vertragsverhandlungen durch den Käufer einen Schadensersatz des Verkäufers basierend auf §§ 280 Abs. 1, 311 Abs. 2 Nr. 1, 241 Abs. 2 BGB.

Phase 4 – Due Diligence

Einer der wichtigsten und umfassendsten Phasen beim Unternehmenskauf ist die Durchführung der Due Diligence (frei übersetzt: »sorgfältige Unternehmensprüfung«), bei der das Zielunternehmen umfassend analysiert wird. Im sogenannten Data-Room erfolgt die Analyse der zur Einsicht angeforderten Daten. In der gesamten Due-Diligence-Phase muss die richtige und zeitliche Koordination aller involvierter Berater wie, Anwälte, Steuerberater, Wirtschaftsprüfer u.a. gewährleistet sein. Basierend auf den erhaltenen Informationen wird eine detaillierte Unternehmensanalyse durchgeführt, wobei die Geschäftsrisiken der möglichen Akquisition zusammenfassend klassifiziert werden. Danach erfolgt eine Bewertung mittels gängiger Verfahren, an die sich dann ein präzisiertes Kaufangebot anschließt.

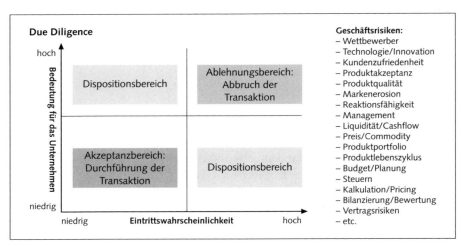

Abb. 13.5: Risikokategorien und Fortbildungsentscheidung

Phase 5 – Verhandlungsabschluss
Mit der Festlegung der Verhandlungsstrategie hinsichtlich möglicher Modifizierung des abgegebenen Angebotes, (Beschäftigungssicherung, Fortführung des Betriebes, Umweltaspekte, etc.) werden die weiteren Vertragsparameter festgelegt und die Verhandlungen bis zum möglichen Abschluss geführt. Eine wesentliche Unterstützung erfährt dabei der Mandant hinsichtlich der Commercial Terms.

13.5.2 Verkaufsmandat

Im Rahmen eines Verkaufsmandates übernimmt der Berater wichtige analytische Funktionen wie Unternehmensdarstellung, Bewertung der Angebote der potenziellen Interessenten sowie die Detailarbeit des gesamten Prozesses. Neben der internen und externen Beratungsfunktion ist er Moderator in Entscheidungsphasen und in den Verhandlungen mit dem Kontrahenten und sollte den Mandanten als Souverän (Pufferfunktion) positionieren.

Die Vorgehensweise beim Unternehmensverkauf umfasst die in der Abbildung 13.6 dargestellten 4 Phasen:

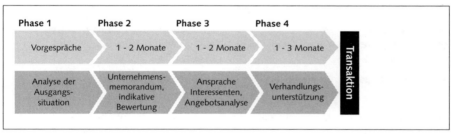

Abb. 13.6: Ablauf eines Verkaufsmandates

Phase 1 – Voranalyse
Im ersten Schritt erfolgt in einem sogenannten Kick-off-Meeting eine Aufnahme des Status Quo. Der Berater prüft mit dem Mandanten, ob eine Unternehmensveräußerung sinnvoll ist. Dabei werden im Rahmen eines ersten Verkaufs- bzw. Kooperationskonzeptes die Vorstellung des Mandanten hinsichtlich seiner Gesellschafterinteressen, Preisvorstellungen und Rahmenbedingungen erörtert sowie die externen Faktoren wie das Markt- und Wettbewerbsumfeld auf die Erfolgsaussichten durchleuchtet.

Phase 2 – Verkaufsprospekt
In der zweiten Phase lernt der M & A-Berater das Unternehmen detailliert kennen, da in enger Abstimmung mit dem Mandanten die notwendigen Unternehmensdaten beschafft und aufbereitet werden müssen. Diese Phase ist ein hochsensibler Part, weil sämtliche auf- und ablauforganisatorischen Bereiche des Unternehmens, das Produkt- und Leistungsprogramm, finanzwirtschaftliche Zahlen und die Pla-

nungsrechnungen gesichtet und dargestellt werden müssen. Mit den zur Verfügung stehenden Daten wird ein Unternehmensmemorandum (Verkaufsprospekt) erstellt. Der qualitative Inhalt entscheidet in hohem Maße über die Qualität der Angebote, die nach dem Verschicken des Memorandums zurückkommen. Anhand der analysierten und aufbereiteten Daten wird eine erste indikative marktorientierte Unternehmensbewertung vorgenommen. Die Erstellung eines anonymisierten Kurzexposees für die künftige Ansprache der potenziellen Interessenten schließt diese Phase ab.

Phase 3 – Käuferselektion
In der folgenden Phase ist die Selektion der Erfolg versprechendsten Interessenten transaktionsentscheidend. Kenntnis über die Beteiligungsphilosophie und -strategie der unterschiedlichen Investorentypen ist dabei unerlässlich. Fragen nach den zukünftigen Strategien der Investoren (Finanzinvestor, strategischer Investor) müssen gestellt werden, weil davon die Art, wie das Unternehmen präsentiert werden muss, und der Verkaufserlös entscheidend beeinflusst werden.

Strategischer Investor	Finanzinvestor
Sortiment	(Cashflow generierendes) Turn-around-Potenzial
Marken	
Vertriebskanäle	(verwertbare) Unternehmenssubstanz
Patente und sonstiges Know-how	Kapitalverzinsung und
Marktanteile	(lukrative) Exit-Strategien

Abb. 13.7: Interessen verschiedener Investorengruppen an einem Target

Bei der Suche nach den »richtigen« Interessenten wird zunächst eine Long List aufgestellt, die meist weltweit (je nach Research-Kapazität) alle grundsätzlich in Frage kommenden Unternehmen enthält. In Abstimmung mit dem Mandanten werden die aussichtsreichsten Interessenten selektiert (Short List) und zur persönlichen Kontaktaufnahme auf Geschäftsführer- und Gesellschafterebene freigegeben.

Die erste Kontaktaufnahme erfolgt dabei meist zwanglos. Über ein erstes Telefongespräch kann ein mögliches Interesse an einer Akquisition erfragt werden. Daraufhin wird das anonymisierte Kurzexposee sowie eine vorbereitete unterschriftsreife Vertraulichkeitserklärung dem Interessenten zugesandt. Wesentliche Inhalte betreffen die Überlassung des Unternehmensmemorandums hinsichtlich Behandlung, Weitergabe und Rückgabe der Informationen sowie Haftungs- und Schadensersatzfragen. Bei Zustimmung wird das Memorandum zur Verfügung gestellt, damit sich der Interessent einen umfassenden Überblick über das zu akquirierende Unternehmen verschaffen kann. Nach Prüfung des Memorandums entscheidet der potenzielle Käufer über Abbruch oder Fortführung des Prozesses. In der Regel ergeben sich aus der Short List und nach Zusendung des Memorandums einige wirklich Interessierte, die ihrerseits dann eine schriftliche Absichtserklärung seitens des Veräußerers erwarten. Dieser Letter of Intent hat jedoch keine rechtsverbindliche Wirkung. Seine wesentlichen Inhalte betreffen die Beschreibung des zu erwerbenden Unternehmens, einen Kaufpreis in Abhängigkeit der noch zu verifizierenden Ertragszahlen im Rahmen der Due-Diligence-Prüfung, Beschreibung des beabsichtigten Procederes und Zeitrahmens der durchzuführenden Prüfungsverhandlungen (Due Diligence) sowie der Angabe der Kontaktpersonen und möglicher Exklusivitätsbestimmungen. In der Regel erfolgt im Anschluss an den Letter of Intent die Koordination der Datenräume. Generell muss das Ziel der Phase 3 die Vorlage mehrerer bindender Kaufpreisangebote sein.

Phase 4 – Verhandlungsphase
Die Verhandlungsphase beginnt mit der Festlegung der individuellen Verhandlungsstrategie. Im nächsten Schritt erfolgt die Begleitung der gesamten Due Diligence durch die Investmentbank. Es handelt sich um eine hochsensible Transaktionsphase, da hier u. U. unmittelbaren Wettbewerbern Einblick in Kosten-/Leistungsdaten sowie Finanzdaten des Unternehmens gewährt wird. Erfahrene Berater können hier sehr hilfreich für den Mandanten wirken. In der Regel sollte der Datenraum parallel oder in kurzen zeitlichen Abständen mehreren Investoren zur Verfügung gestellt werden, um im Rahmen eines späteren Bieterwettbewerbs den bestmöglichen Kaufpreis zu erzielen.

In der gesamten Verhandlungsphase, besonders aber bei den Endverhandlungen mit mehreren Interessenten und deren Wirtschaftsprüfer, Steuerberater, etc. ist der M & A-Berater in starkem Maße gefordert. Bei den Verhandlungen hinsichtlich der Unternehmensbewertung, Kaufpreisermittlung sowie der gesamten Vertragsgestaltung und Transaktionsoptimierung ist neben Ratio auch viel Sensibilität für Emotionen erforderlich.

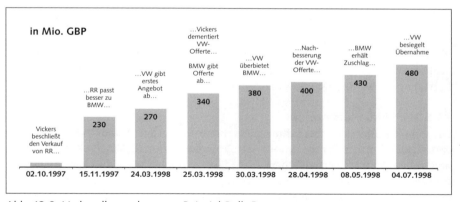

Abb. 13.8: Verhandlungsphase am Beispiel Rolls-Royce

13.6 M & A mit börsennotierten Unternehmen

13.6.1 Herausforderung börsennotierte Unternehmen

Übernahmen börsennotierter Unternehmen stellen im Hinblick auf ihre
- Öffentlichkeitswirkung,
- verschiedene rechtliche Besonderheiten,
- die Vielzahl beteiligter (Alt-)Aktionäre und
- die unsichere Kapitalmarktentwicklung

die beratenden Investmentbanken vor besondere Herausforderungen.

Die nachfolgenden Ausführungen beschränken sich im Wesentlichen auf inländische börsennotierte Zielgesellschaften sowie auf den Grundfall einer freundlichen Übernahme.

13.6.1.1 Öffentlichkeitswirkung

An der Übernahme börsennotierter Gesellschaften, insbesondere solcher Gesellschaften, die bereits vor der Transaktion im Blickpunkt der Wirtschaftspresse stehen, nimmt durch intensive Berichterstattung in den Wirtschaftspublikationen eine breite Öffentlichkeit Anteil. Prominentes Beispiel war die feindliche Übernahme der Mannesmann AG durch die britische Vodafone plc. Im Verlauf der Transaktion entwickelte sich eine schon fast legendäre Übernahmeschlacht, die für die interessierte Öffentlichkeit in wochenlangen Zeitungsanzeigen beider Parteien, die für bzw. gegen die Übernahme werben sollten, nachvollzogen werden konnte.

Aber auch weniger spektakuläre Übernahmen werden in der Regel in der Tagespresse dargestellt bzw. kommentiert. Für die die Transaktion begleitenden Investmentbanken beginnt die eigentliche »Öffentlichkeitsarbeit« in der Regel aber bereits lange vor dem rechtlichen Vollzug der Übernahme. So erfordern diverse Börsenvorschriften, Anlegerschutzbestimmungen und auf europäischen Vorgaben beruhendes Übernahmerecht (siehe unten) bereits eine intensive Informationspolitik im Vorfeld der eigentlichen Übernahme. Der beratenden Investmentbank obliegt in diesem Zusammenhang die Vorbereitung von Pressemitteilungen (Ad-hoc-Publizität), Road-Shows, Analystenkonferenzen, Hauptversammlungen u.v.m.

13.6.1.2 Aktionärsstruktur

Die Komplexität der Übernahme einer börsennotierten Aktiengesellschaft wird entscheidend durch deren Aktionärsstruktur determiniert. Gesellschaften mit einen hohen Anteil freier Aktionäre (Free Float, Streubesitz), sind eher anfällig für eine feindliche Übernahme. Ist der Anteil freier Aktionäre niedrig und der von Großaktionären hoch, dann gibt es andere Probleme: Es ist nicht immer mit einem »berechenbaren« Verhalten zu rechnen, d.h. möglicherweise folgen die Großaktionäre der Empfehlung des Vorstands nicht und bieten ihre Aktien nicht dem potenziellen Erwerber zum Kauf an.

Tendenziell lässt sich sagen, dass es zur Grundstrategie einer jeden Übernahme gehört, bereits vor der (ggf. rechtlich notwendigen) Offenlegung der Übernahmeabsicht, einen möglichst hohen Anteil an Aktien »am Markt vorbei« zu erwerben.

Üblicherweise finden deshalb bereits im Vorfeld der Übernahme einer börsennotierten Gesellschaft intensive Gespräche mit möglichst vielen Großaktionären statt. Denn je höher der bereits im Vorfeld verfügbare Anteil an Aktien ist, desto weniger ist der Investor später auf die Akzeptanz seines Übernahmeangebots durch die freien Aktionäre angewiesen.

Für den strategischen Investor ist die Frage nach der verfügbaren Aktienanzahl auch deshalb von Wichtigkeit, weil wichtige postakquisitorische Strukturmaßnahmen, also Verschmelzungen, Formwechsel, Eingliederungen, nur mit Zustimmung von 75 % (teilweise 90 %) des Grundkapitals getroffen werden können. Teilweise haben auch rechnungslegungsspezifische Vorschriften Auswirkungen auf die mindestens angestrebte Beteiligungsquote.

13.6.1.3 Börsenkurs des Zielunternehmens als Unsicherheitsfaktor

Größter nicht kontrollierbarer Unsicherheitsfaktor – neben dem bereits oben erwähnten Verhalten der Altaktionäre – ist bei der Übernahme börsennotierter Gesellschaften die Kursentwicklung des Zielunternehmens. Kursveränderungen können Übernahmen aus folgenden Gründen gefährden:

- *Absolute Preisveränderungen:* Der Preis übernommener Unternehmen üblicherweise auf der Basis von Durchschnittskursen innerhalb eines bestimmten Zeitraums vor Bekanntgabe der Übernahmeabsicht berechnet, auf den eine Prämie aufgeschlagen wird. Je nach Kursentwicklung kann der so berechnete Übernahmepreis ausgesprochen lukrativ oder uninteressant sein.
- *Relative Preisveränderungen:* Bei Aktientauschvereinbarungen die Marktkapitalisierungsrelationen innerhalb bestimmter Zeiträume häufig über die Anteilsrelation des Erwerbers und der Zielgesellschaft am »neuen« Unternehmen entscheiden.
- *WpÜG:* Steigende Aktienkurse des Zielunternehmens durch Börsen- oder andere Vorschriften insbesondere WpÜG auf die durch den Erwerber darzustellende Angebotshöhe zurückstrahlen.

13.6.1.4 Börsenkurs der Erwerberaktien als Unsicherheitsfaktor

Auch die Kursentwicklung der Erwerberaktien kann Deals gefährden. Bei Transaktionen, die einen Aktientausch (Paper Deal) vorsehen, verliert die eigene Akquisitionswährung bei fallenden Kursen an Wert. Der Verkäufer schützt sich üblicherweise durch:

Rücktrittsrecht

Die sog. Walk-Away-Klausel gestattet es dem jeweils Begünstigten, vom Übernahmeangebot zurückzutreten.

BEISPIEL: Die Übernahme von Voicestream durch die Deutsche Telekom AG war bei einem Kurs der T-Aktie von unter 33 Euro aufgrund der Voicestream eingeräumten Walk-Away-Klausel gefährdet. Am Stichtag lag der Kurs der Telekom AG bei 25 Euro. Gleichwohl haben die Aktionäre von Voicestream das Angebot akzeptiert, weil nicht nur die Telekomaktie, sondern auch die anderer potenzieller Übernehmer gesunken waren.

Wertausgleich

Es kann ein Wertausgleich in Form von mehr Aktien des erwerbenden Unternehmens vereinbart werden. Dadurch verwässert aber der Erwerber seinen eigenen Anteil. Ab einem bestimmten – niedrigen – Bewertungsniveau der eigenen Aktien lohnt die Akquisition für ihn nicht mehr.

Die beratende Investmentbank ist aufgrund der kaum prognostizierbaren Entwicklung der Aktienkurse von Erwerber- und der Zielgesellschaft regelmäßig daran interessiert, Mechanismen zu finden, die die Transaktion gegen schwankende Kursverläufe resistent machen. Hier bieten sich an:

Korridorlösungen

Wert- und Aktientauschrelationen werden als Bandbreite fixiert. Rücktrittsrechte sind ausgeschlossen.

13.6.1.5 Rechtliche Besonderheiten

Wesentliche Rechtsvorschriften, die die Übernahme inländischer börsennotierter Zielgesellschaften aus Erwerbersicht im Einzelfall verkomplizieren können, sind:
- § 93 AktG (Sorgfaltspflicht und Verantwortlichkeit der Vorstandsmitglieder),
- § 15 WpHG (Veröffentlichung und Mitteilung kursbeeinflussender Tatsachen),
- § 21 WpHG (Mitteilungspflichten des Meldepflichtigen) und
- das Übernahmegesetz (WpÜG).

Die Vorschrift des § 93 AktG

Die Vorschrift des § 93 AktG verpflichtet Vorstände, über »Geheimnisse der Gesellschaft, namentlich Betriebs- oder Geschäftsgeheimnisse, die ihnen durch ihre Tätigkeit im Vorstand bekanntgeworden sind, (...) Stillschweigen zu bewahren.« Für den Fall einer feindlichen Übernahme ist es dem Erwerber insofern unmöglich, über den Stand öffentlicher Informationen hinaus, Zugang zu weiteren Daten im Rahmen einer Due Diligence zu erhalten. Demgegenüber kann der Vorstand bei freundlichen Übernahmen einen Vorstandsbeschluss fassen, der die Offenlegung sensibler Geschäftsdaten gegenüber dem Investor ermöglicht.

Die Vorschrift des § 15 WpHG

Regelmäßig ist es Bestreben aller Transaktionsbeteiligter, Informationen über die Transaktion möglichst lange geheim zu halten. In Abhängigkeit vom Fortschritt des Transaktionsprozesses kann diesem verständlichen Wunsch jedoch der § 15 WpHG zuwiderlaufen. Nach dieser Vorschrift hat die (börsennotierte) Zielgesellschaft »unverzüglich eine neue Tatsache (zu) veröffentlichen, die in (ihrem) Tätigkeitsbereich eingetreten und nicht öffentlich bekannt ist, (... und) den Börsenpreis der zugelassenen Wertpapiere (...) erheblich (...) beeinflussen kann«.

Fraglich mag vor diesem Hintergrund nun erscheinen, was eine kursbeeinflussende Tatsache i.S.d. § 15 WpHG ist. Aus der Transaktionspraxis betrachtet, wird die Unterzeichnung einer bilateralen Exklusivitätsvereinbarung in der Regel nicht als meldepflichtiger Tatbestand gesehen. Demgegenüber dürfte die Verpflichtung der Hauptaktionäre, ihre Aktien unter bestimmten Bedingungen an den Erwerber zu übertragen, ein meldepflichtiger Tatbestand sein. An dieser Stelle soll und kann die Thematik jedoch nicht vertieft werden. Letztendlich ist die Problematik durch die beauftragten Rechtsanwälte zu bearbeiten, jedoch sollte sich der Investmentbanker des Themas bewusst sein und proaktiv bei der Transaktionsplanung auf dieses Problem hinweisen.

Die Vorschrift des § 21 WpHG

Schließlich stellt der § 21 WpHG den Erwerber vor ein Problem, der sich unbemerkt über den Markt in die Zielgesellschaft hineinkaufen möchte. Denn bereits ab einer Beteiligung von 5 % der Stimmrechte an der börsennotierten Gesellschaft ist der BaFin und der Zielgesellschaft diese Tatsache unverzüglich schriftlich anzuzeigen.

Die Anwendbarkeit der §§ 15 und 21 WpHG hängt davon ab, in welchem Marktsegment die Unternehmen notiert sind. Die Abbildung 13.9 fasst dies zusammen:

Marktsegment	§ 15 WpHG	§ 21 WpHG
Amtlicher Markt	Ja	Ja
Geregelter Markt	Ja	Ja
Freiverkehr	Nein	Nein

Abb. 13.9: Anwendbarkeit der §§ 15 und 21 WpHG
Quelle: Deutsche Börse, Januar 2007

Übernahmevorschriften

Ein wichtiges Ziel des Gesetzgebers ist der Schutz von Aktionärsinteressen auch bei Übernahmen. Im AktG gibt es Regelungen, die den außenstehenden Aktionär schützen, wenn gesellschaftsrechtliche Maßnahmen bereits vollzogen worden sind. Beispielhaft sei an dieser Stelle der Minderheitenschutz des § 304 AktG (Sicherung außenstehender Aktionäre bei Beherrschungs- und Gewinnabführungsverträgen) genannt. Es fehlt jedoch eine Rechtsvorschrift, die (Minderheits-)Aktionäre bereits vorher schützt. Aus diesem Grund wurde 1995 durch die Börsensachverständigenkommission der Übernahmekodex ins Leben gerufen, der mittlerweile vom Übernahmegesetz abgelöst wurde.

In weiten Teilen hat sich das BMF an den Vorgaben des britischen »City Code on Takeovers and Mergers« ausgerichtet, wenngleich immer noch genügend Freiraum für die Entfaltung einer eigenen deutschen Kapitalmarktpraxis verbleibt.
- Kernideen des Übernahmegesetzes sind vier allgemeine Grundsätze:
- Pflicht zur Gleichbehandlung aller Aktionäre derselben Gattung,
- Pflicht zur ausreichenden und rechtzeitigen Information aller Aktionäre,
- Pflicht des Vorstands und des Aufsichtsrats der Zielgesellschaft, im Interesse der Gesellschaft zu handeln,
- Pflicht zur möglichst zügigen Durchführung des Übernahmeverfahrens sowie zur Verhinderung einer unangemessen lange andauernden Einschränkung der Zielgesellschaft in ihrer Geschäftstätigkeit.

Überblick über das Wertpapiererwerbs- und Übernahmegesetz (WpÜG)*

Seit Inkrafttreten des WpÜG zum 1. Januar 2002 besteht in Deutschland, ähnlich wie in anderen europäischen Ländern, eine gesetzliche Regelung von Übernahmeangeboten. Zudem erhielt die BaFin (damals BaWe) die Aufgabe, Unternehmensübernahmen zu überwachen.

Infolge der EG-Übernahmerichtlinie aus dem Jahr 2004 wurde das WpÜG durch das Übnahmerichtlinie-Umsetzungsgesetz mit Wirkung vom 14. Juli 2006 den europäischen Vorgaben angepasst.

Das WpÜG löst den freiwilligen Übernahmekodex (Übernahmekodex der Börsensachverständigenkommission beim Bundesministerium der Finanzen vom 15. Juli 1995 mit Änderungen zum 1.1.1998) ab. Die Börsensachverständigenkommission als Einrichtung der freiwilligen Selbstkontrolle setzte den Übernahmekodex zum 4. März 2002 außer Kraft, wenngleich dies formell nicht erforderlich war, da dem Kodex als »soft law« keine Rechtsquelleneigenschaft zukam.

Entsprechend der Gesetzesbegründung besteht der *Hauptinhalt* des WpÜG darin, Rahmenbedingungen für Angebote zum Erwerb von Wertpapieren, zu Übernahmeangeboten und Pflichtangeboten zu statuieren und ein geordnetes und faires Verfahren zu gewährleisten.

Das WpÜG regelt sowohl *freiwillige Angebote* zum Erwerb von Wertpapieren als auch *Pflichtangebote* zum Erwerb von Wertpapieren an Zielgesellschaften mit Sitz in Deutschland in Form öffentlicher Kauf- oder Tauschangebote. Erfasst werden *inländische Gesellschaften*, deren Aktien an einer deutschen Börse oder einem organisierten Markt innerhalb des Europäischen Wirtschaftsraumes zum Handel zugelassen sind (*Zielgesellschaft*). Die Vorschriften über die Abgabe von Angeboten sind an den Bieter adressiert. Der Bieter kann eine natürliche oder juristische Person sein, er kann alleine handeln oder gemeinsam mit anderen Personen.

Das WpÜG
- gewährleistet umfassende Transparenz bei Übernahmen,
- sorgt dafür, dass alle Aktionäre der Zielgesellschaft gleich behandelt werden,
- stellt ein rasches Übernahmeverfahren sicher,
- regelt Erwerbs-, Übernahme- und Pflichtangebote,
- regelt die Gegenleistung des Bieters und
- gibt vor, wie sich Vorstand und Aufsichtsrat während des Übernahmeverfahrens verhalten sollen.

Grundlegend für das Verständnis des WpÜG ist dessen systematische *Dreiteilung* (§§ 10 ff. WpÜG) öffentlicher Erwerbsangebote in
- Sonstige oder einfache Angebote,
- Übernahmeangebote und
- Obligatorische Angebote (Pflichtangebote).

Beim »*sonstigen Erwerbsangebot*« will der Bieter entweder Aktien einer Zielgesellschaft erwerben, ohne die Kontrolle über das Unternehmen zu erlangen, oder er hat

---

* Autorin: Cornelia Manger-Nestler

bereits die Kontrolle über das Unternehmen und will seine Beteiligung erhöhen. Kontrolle bedeutet, dass mindestens 30 % der Stimmrechte an der Zielgesellschaft erreicht oder überschritten werden. Unter sonstige Erwerbsangebote fallen nicht öffentliche Angebote zum Rückerwerb eigener Aktien. Das WpÜG schreibt für Erwerbsangebote keine Mindestpreise vor und lässt auch Teilangebote zu.

Strebt der Bieter die Kontrolle über die Zielgesellschaft an, muss er ein »*Übernahmeangebot*« abgeben (§§ 29 ff WpÜG). Er ist dann unter anderem dazu verpflichtet, den Aktionären eine angemessene Gegenleistung anzubieten.

Ein »*Pflichtangebot*« (§§ 35 ff WpÜG) ist abzugeben, wenn der Bieter erstmals, das heißt in anderer Weise als durch ein freiwilliges Übernahmeangebot, die Kontrolle über eine Zielgesellschaft erlangt. Er muss dann allen Aktionären der Zielgesellschaft ein Angebot zur Übernahme ihrer Aktien unterbreiten. Denn bei einem Kontrollwechsel sollen Aktionäre die Möglichkeit haben, ihre Beteiligung zu einem angemessenen Preis aufzugeben.

Der Angebotsprozess nach dem WpÜG

1. Entscheidung zur Abgabe eines Angebots oder Erlangung der Kontrolle
Das Verfahren beginnt mit der Entscheidung des Bieters, ein Übernahmeangebot abzugeben (freiwilliges Angebot, § 10 Abs. 1 S. 1 WpÜG) beziehungsweise mit dem Erreichen der Kontrollschwelle von 30 % (§ 35 Abs. 1 S. 1 WpÜG). In beiden Fällen ist grundsätzlich vier Wochen nach Veröffentlichung die Angebotsunterlage bei der BaFin einzureichen. Anschließend ist die Entscheidung bzw. Kontrollerlangung in einem überregionalen Börsenpflichtblatt oder über ein elektronisch betriebenes Informationsverbreitungssystem zu veröffentlichen. Da ein Zeitrahmen von vier Wochen als recht kurz bemessen erscheint, wird oftmals bereits früher, also noch vor der Veröffentlichung der Entscheidung zur Abgabe eines Angebotes, mit den Arbeiten an der Angebotsunterlage begonnen.

2. Übermittlung der Angebotsunterlage
Der Gesetzgeber regelt in § 11 II WpÜG den Inhalt der Angebotsunterlage. Weitere Bestimmungen über die Gestaltung und die aufzunehmenden Angaben werden durch die zugehörige Rechtsverordnung (WpÜG-Angebotsverordnung) festgelegt. Im Einzelnen sind in die Angebotsunterlage aufzunehmen:
- Angaben zum Bieter und zu mit ihm gemeinsam handelnden Personen,
- zu den Wertpapieren, die Gegenstand des Angebotes sind,
- zur Gegenleistung und
- zur Finanzierung des Angebots.

Auch die Anzahl der bereits gehaltenen Wertpapiere und Stimmrechte ist im Angebot anzugeben. Darüber hinaus ist der Bieter verpflichtet offenzulegen, wie das Angebot finanziert wird. Werden junge Aktien angeboten, muss der Kapitalerhöhungsvorgang offengelegt werden. Für den Fall, dass das Angebot als Gegenleistung die Zahlung einer Geldleistung vorsieht, muss der Bieter sich von einem Wertpapierdienstleistungsunternehmen schriftlich bestätigen lassen, dass er die zur Erfüllung des Angebots notwendigen Mittel zur Verfügung hat. Des Weiteren hat der

Bieter Auskunft darüber zu geben, wie sich die Übernahme auf seine Vermögens-, Finanz- und Ertragslage auswirkt.

Ferner sind Informationen zu liefern, die die Absichten des Bieters in Hinblick auf die künftige Geschäftstätigkeit und Eingriffe in die bestehende Betriebsstruktur offenlegen. Zu den anzugebenden äußeren Rahmenbedingungen gehören ferner die Angaben zum Erfordernis und Stand behördlicher, insbesondere wettbewerbsrechtlicher Verfahren einschließlich der Frage der kartellrechtlichen Zulässigkeit des Unternehmenszusammenschlusses. Weiterhin gehören hierher Angaben über etwaige Vorteile, die Organmitgliedern der Zielgesellschaft gewährt oder in Aussicht gestellt wurden.

Gesetzliche Regelungen über die anzubietende *Gegenleistung* bestehen bei einem einfachen Erwerbsangebot nicht. Etwas anderes gilt jedoch für Übernahme- und Pflichtangebote. Hier unterliegt der Bieter sowohl hinsichtlich der Art der Gegenleistung als auch im Hinblick auf die Höhe der Gegenleistung gesetzlichen Regelungen (§ 31 WpÜG i.V. mit §§ 3 bis 7 WpÜG-AngebotsVO).

3. Prüfung der Angebotsunterlage

Die eingereichte Angebotsunterlage wird durch das Bundesaufsichtsamt entsprechend § 11 Abs. 2 WpÜG geprüft. Die Prüfungsfrist beträgt in der Regel zehn Werktage (§ 14 Abs. 2 WpÜG), danach erfolgt die Veröffentlichung des Angebotes im Internet sowie in einem Börsenpflichtblatt (§ 14 Abs. 2, 3 WpÜG). Zudem hat eine Übermittlung der Angebotsunterlage an den Vorstand der Zielgesellschaft zu erfolgen.

4. Lauf des Angebots

Die Annahmefrist darf nicht weniger als vier Wochen und in der Regel nicht mehr als zehn Wochen betragen (§ 16 I 1 WpÜG). Sie beginnt mit der Veröffentlichung der Angebotsunterlage. Eine Sonderregelung gilt für Übernahmeangebote. Dort können die Aktionäre, die das Angebot (zunächst) nicht angenommen haben, innerhalb von zwei Wochen nach Ablauf der Annahmefrist und Ergebnisbekanntmachung annehmen (sog. »Zaunkönigregelung«, 16 Abs. 2 WpÜG).

Nach Veröffentlichung der Angebotsunterlage ist der Bieter verpflichtet, wöchentlich sowie in der letzten Woche vor Ablauf der Annahmefrist täglich, ferner unverzüglich nach Ablauf der Annahmefrist und unverzüglich nach Ablauf der »Zaunkönigfrist« die Anzahl der erworbenen Anteile zu veröffentlichen (§ 23 Abs. 1 WpÜG). Diese Veröffentlichungspflicht umfasst sämtliche ihm, den mit ihm gemeinsam handelnden Personen und Tochterunternehmen zustehenden Wertpapiere der Zielgesellschaft einschließlich der Höhe der jeweiligen Anteile und der ihm zustehenden und nach § 30 WpÜG zuzurechnenden Stimmrechtsanteile sowie die sich aus den ihm zugegangenen Annahmeerklärungen ergebende Anzahl der Wertpapiere, die Gegenstand des Angebots sind, einschließlich der Höhe der Wertpapier- und Stimmrechtsanteile. Die Veröffentlichung wiederum erfolgt durch Bekanntgabe im Internet und durch Abdruck in einem überregionalen Börsenpflichtblatt.

Mit Ablauf der Angebotsfrist und Erfüllung der abgeschlossenen Verträge endet das Übernahmeverfahren.

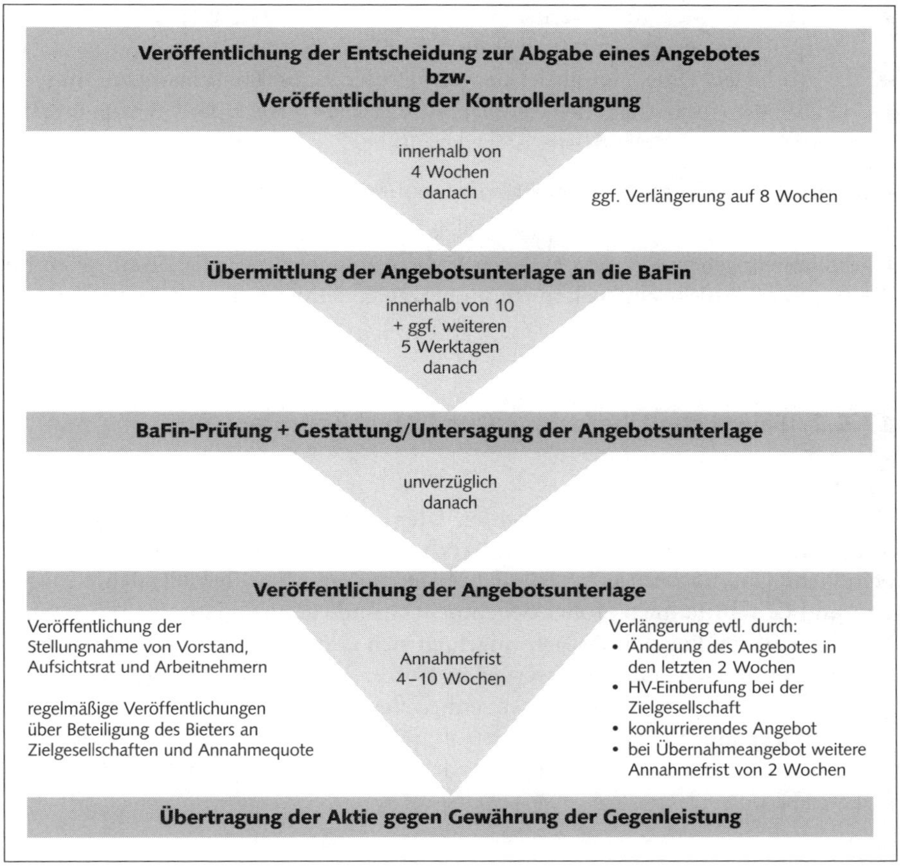

Das M & A-Geschäft

Veröffentlichung der Entscheidung zur Abgabe eines Angebotes bzw. Veröffentlichung der Kontrollerlangung

innerhalb von 4 Wochen danach

ggf. Verlängerung auf 8 Wochen

Übermittlung der Angebotsunterlage an die BaFin

innerhalb von 10 + ggf. weiteren 5 Werktagen danach

BaFin-Prüfung + Gestattung/Untersagung der Angebotsunterlage

unverzüglich danach

Veröffentlichung der Angebotsunterlage

Veröffentlichung der Stellungnahme von Vorstand, Aufsichtsrat und Arbeitnehmern

regelmäßige Veröffentlichungen über Beteiligung des Bieters an Zielgesellschaften und Annahmequote

Annahmefrist 4–10 Wochen

Verlängerung evtl. durch:
- Änderung des Angebotes in den letzten 2 Wochen
- HV-Einberufung bei der Zielgesellschaft
- konkurrierendes Angebot
- bei Übernahmeangebot weitere Annahmefrist von 2 Wochen

Übertragung der Aktie gegen Gewährung der Gegenleistung

Abb. 13.10: Ablauf eines Angebotsverfahrens
Quelle http://www.bafin.de/anbieter/allgemein.htm (Stand: Januar 2007)

Squeeze out

Zeitgleich mit dem WpÜG erhielt der Hauptaktionär erstmals die Möglichkeit, Minderheitsaktionäre gegen Barabfindung aus der Aktiengesellschaft auszuschließen. Gemäß §§ 327 a-f AktG kann der Hauptaktionär, der direkt oder indirekt mindestens 95 % der Anteile am Grundkapital auf sich vereint, von der Aktiengesellschaft verlangen, eine Hauptversammlung einzuberufen, um einen Beschluss zur Übertragung der »übrigen« Aktien auf den Hauptaktionär zu fassen.

Voraussetzungen sind:
- ein ausführlicher Bericht des Hauptaktionärs über die Erfüllung der Voraussetzungen und die Gründe des Ausschlusses bzw. die Angemessenheit der Barabfindung,

- der Bericht eines vom Gericht zu bestellenden Wirtschaftsprüfers über die Überprüfung der Angemessenheit der Barabfindung sowie
- das Vorliegen einer Gewährleistungserklärung eines Kreditinstitutes, das die Barabfindung innerhalb der Gewährleistungsfrist (3 Jahre nach Eintragung des Squeeze out in das Handelsregister) garantiert.

Der Squeeze out ist auch bei nicht börsennotierten Aktiengesellschaften möglich.

Die Abbildung 13.10 gibt einen Überblick über den Zeitablauf eines öffentlichen Übernahmeangebotes, der nicht gegen Vorschriften verstößt. Die Zeitangaben für die einzelnen Projektschritte können im Einzelfall deutlich von der Darstellung abweichen.

13.6.2 Feindliche Übernahmen und Abwehrstrategien

Historie
Unter feindlichen Übernahmen werden Übernahmen verstanden, bei denen das Management der Zielgesellschaft den Wechsel des Eigentümers nicht befürwortet. Feindliche Übernahmen erfreuten sich insbesondere Mitte der 80er-Jahre in den USA und Großbritannien großer Beliebtheit. Gründe dafür waren:
- *Raider-Phase:* Finanzinvestoren machten sich damals Bewertungsdiskrepanzen zwischen Börsen- und Buchwerten zu Nutze: das Ausschlachten (Asset-Disposal) unterbewerteter Konzerne war ein großes Geschäft.
- *Synergienphase:* In den 90er-Jahren waren feindliche Übernahmen stärker durch industrielle Logik und dem Streben nach der Realisierung von Synergieeffekten getrieben.

In Deutschland
Deutsche Gesellschaften waren im Vergleich zu Unternehmen in angelsächsischen Ländern seltener Objekte feindlicher Übernahmen, weil verschiedene institutionelle Regelungen die feindliche Übernahme schwierig machten. Dazu gehören:
- Fehlen verbindlicher Übernahmeregeln.
- Depotstimmrecht der Banken. Es ist schwierig für den Übernehmer, Mehrheitsverhältnisse zu erreichen, die notwendig sind, um Abstimmungen über wichtige Fragen zu gewinnen.
- Unabhängigkeit des Vorstands. Nach deutschem Aktiengesetz ist der Vorstand weitgehend unabhängig, und es bestehen wenig Möglichkeiten, ihm geschäftspolitische Weisungen zu erteilen. Auch nach einer Übernahme der Aktienmehrheit durch einen feindlichen Investor kann der Vorstand noch eine eigene Politik betreiben.
- Austausch des Aufsichtsrates schwierig. Analog Vorstand (siehe dort).
- Stimmrechtsbeschränkungen. Ist die Zahl der Stimmen pro Aktionär beschränkt, wird die feindliche Übernahme schwieriger, weil der Übernehmer mit viel mehr Aktionären einig werden muss.

- Deutschland AG – Konsensansatz der deutschen Wirtschaft. Innerhalb der Deutschland AG hatte sich die Usance herausgebildet, sich nicht feindlich zu übernehmen. Davon ist in größerem Stil nur Krupp abgewichen.
- Mangelnde Transparenz der Bilanzierung. Dem HGB wurde vorgeworfen, zu viele Wahlrechte zu gewähren und die Veröffentlichung zu weniger Unternehmensdaten vorzuschreiben. Das erschwert es externen Analysten, die wahre Lage eines Unternehmens zu erkennen. Ab dem Moment, ab dem der Übernahmeversuch bekannt wird, wird das Management des Übernahmeziels nur noch die zwingend notwendigen Daten veröffentlichen.
- Fehlende Squeeze-out-Regelung für Minderheitsaktionäre.

Mittlerweile hat sich der deutsche Kapitalmarkt mehr dem angelsächsischen Vorbild angepasst, sodass einige der aufgezählten Tatbestände gegenstandslos geworden sind. Zu nennen sind insbesondere:
- *Übernahmegesetz:* Einführung eines Übernahmengesetzes
- *Depotstimmrecht:* Reduzierung des Einflusses des Depotstimmrechtes
- *Stimmrechtsbeschränkungen:* Abschaffung von Stimmrechtsbeschränkungen
- *Transparenz:* Transparentere Unternehmensinformationen.

Abwehrmaßnahmen

Unternehmen sind feindlichen Übernahmen nicht schutzlos ausgeliefert. Es wurden Abwehrmaßnahmen entwickelt. Die wichtigsten sind:
- *Aktienrückkauf:* In Deutschland nach Aktiengesetz bis zu 10 % des Grundkapitals erlaubt. Sinn: der Aktienkurs steigt. Das Objekt wird also teurer. Gleichzeitig sinkt der Kassenbestand bzw. steigt die Verschuldung, sodass der Aufkäufer größere Liquiditätsprobleme hat.
- *Mehrheitsverhältnisse in Satzung:* Bestimmung von Mehrheitsverhältnissen, die für die Zustimmung zu einer Fusion oder Verschmelzung notwendig sind, in der Satzung der Zielgesellschaft. Ziel: Wenn sehr hohe Quoten in der Satzung festgeschrieben werden, muss der Übernehmer für sehr viele Aktionäre attraktive Bedingungen bieten.
- *Sale-of-Crown-Jewels:* Verkauf attraktiver Unternehmens-Teilbereiche. Ziel: Der Verkauf von wichtigen Unternehmensteilen zerstört Synergien, deren Fehlen das Unternehmen unattraktiv macht.
- *Sonderzahlungen:* Garantie von extrem hohen Sonderzahlungen an das Management für den Fall einer feindlichen Übernahme (Golden Parachute). Ziel: Bei Unternehmen, die sich gegen feindliche Übernahmen kaum wehren können, ist dies ein Schutz des Managements. Sind die Sonderzahlungen so hoch, dass sie zu einer wirklichen Belastung des Unternehmens würden, verringert sich das Interesse feindlicher Übernehmer wegen der Kosten.
- *White Squire:* Suche nach einem freundschaftlich gesonnenen Investor, der eine Kapitalerhöhung in der Zielgesellschaft zur Verwässerung des Anteils des feindlichen Übernehmers zeichnet.
- *White Knight:* Suche nach einem freundschaftlich gesonnenen Investor, der die Mehrheit der Zielgesellschaft erwirbt.

- *Poison Pill:* Vorkaufsrechte für bestehende Aktionäre. Nach dem Bekanntwerden eines feindlichen Übernahmeangebotes wird i.d.R. auch die strategische Idee des Übernehmers bekannt. Das Vorkaufsrecht führt dazu, dass andere die Früchte einer Idee ernten können als nur der feindliche Übernehmer, der zuerst darauf gekommen war.
- *Pac Man:* Erwerb eines Anteils an der Erwerbergesellschaft. Dadurch kann Stimmrecht beim feindlichen Übernehmer gewonnen werden.

Nicht alle genannten Abwehrmaßnahmen stehen in der Realität in jedem Fall zur Verfügung.

Das WpÜG legt eine grundsätzliche Neutralitätspflicht des Vorstands fest: Nach Veröffentlichung der Entscheidung zur Abgabe eines Angebots bis zur Veröffentlichung des Ergebnisses (§ 23 Abs. 1 S. 1 Nr. 2 WpÜG) darf der Vorstand einer Zielgesellschaft keine Handlungen vornehmen, durch die der Erfolg verhindert werden könnte (§ 33 Abs. 1 S. 1 WpÜG). Dieser Grundsatz der Neutralität wird jedoch in mehrfacher Hinsicht durchbrochen: Handlungen, die auch ein ordentlicher und gewissenhafter Geschäftsleiter einer nicht von einem Übernahmeangebot betroffenen Gesellschaft vorgenommen hätte, sind ebenso zulässig wie die Suche nach einem konkurrierenden Angebot. Darüber hinaus sind Handlungen zulässig, denen der Aufsichtsrat der Zielgesellschaft zugestimmt hat. Des Weiteren kann die Hauptversammlung den Vorstand auf Vorrat zu Handlungen ermächtigen, die den Erfolg von Übernahmeangeboten verhindern sollen, wobei diese in der Ermächtigung der Art nach zu bestimmen sind und diese Ermächtigung für höchstens 18 Monate erteilt werden darf (§ 33 Abs. 2 WpÜG). Letztlich können auch nach Ankündigung eines Angebots Abwehrbeschlüsse der Hauptversammlung gefasst werden.

Abweichend vom Grundsatz des § 33 WpÜG und als Folge der europäischen Übernahme-Richtlinie enthalten § 33a WpÜG das »Europäische Verhinderungsverbot« und § 33b WpÜG die »Europäische Durchbrechungsregel«.

Festzuhalten bleibt, dass Abwehrstrategien nicht erst dann entwickelt werden sollten, wenn der feindliche Übernehmer bereits erste Anteile an der Zielgesellschaft erworben hat, sondern dass die Entwicklung und Installierung von Abwehrstrategien ein permanenter Prozess sein sollte. Solche Strategien werden in der Regel von Investmentbanken erarbeitet, die kontinuierlich die Wettbewerber ihres Mandanten und den Kapitalmarkt beobachten.

BEISPIEL

Die DaimlerChryser AG verzeichnete im Jahr 2000 überraschend große Verluste. Es kam zu einem drastischen Kursverfall ihrer Aktien. Der Vorstand beauftragte eine namhafte amerikanische Investmentbank mit der Erarbeitung einer Abwehrstrategie gegen einen möglichen feindlichen Übernehmer.

13.7 Unternehmensbewertung*

13.7.1 Bewertungsanlässe

Das Thema »Unternehmensbewertung« ist äußerst vielschichtig und in all seinen Facetten komplex. Investmentbanken sind sowohl bei Kauf- als auch bei Verkaufsmandaten regelmäßig mit Fragen der Unternehmensbewertung beschäftigt. Bewertungen werden z. B. bei folgenden Anlässen gebraucht:

- Kaufmandate erfordern Aussagen zum potenziellen Unternehmenswert des Targets bei Abgabe des Letter-of-Intent bzw. des Final-Offers; die Kaufpreisindikation wird anschließend während einer Due Diligence verifiziert.
- Verkaufsmandate machen ebenfalls eine Unternehmsbewertung erforderlich, um Angebote potenzieller Investoren bewerten zu können und dem Mandanten Hilfestellung bei der Bildung seiner Kaufpreiserwartungen zu geben.
- Unternehmenswerte sind regelmäßig subjektive Werte. Die Ansichten über den ›richtigen‹ Wert verändern sich im Verlauf von M & A-Transaktionen: Der Markt macht den Preis!
- Theorie und Praxis haben zur Unterstützung der Wertfindung, besser gesagt der Preisbildung, verschiedene Methoden entwickelt.
- International übliches Bewertungsverfahren ist das DCF (Discounted-Cashflow)-Modell, das auf die Bewertung der dem Investor zufließenden Zahlungen abstellt.

13.7.2 Einordnung der Unternehmensbewertung in den M & A-Prozess

Abgesehen von der generellen Fragestellung, ob eine Akquisition oder ein Unternehmensverkauf aus Sicht des kaufenden oder verkaufenden Unternehmens überhaupt die richtige Strategie ist, nimmt die Frage nach der angemessenen Kaufpreishöhe in jeder M & A-Transaktion einen hohen Stellenwert ein.

Kaufmandat
Im Rahmen der Begleitung eines Kaufmandates wird die beratende Investmentbank in der Regel eine vorläufige Kaufpreisindikation für das Target auf Basis öffentlich zugänglicher Informationen vornehmen. Sofern Unternehmen in Form sogenannter Auktionsprozesse (Controlled-Auction) veräußert werden, besteht üblicherweise Zugriff auf eine Planungsrechnung des Verkäufers, die im Rahmen eines Informationsmemorandums dargestellt wird. Taktisch macht es dabei durchaus Sinn, zunächst in dem nicht bindenden Letter of Intent einen Preis zu nennen, der den Mandanten in die Lage versetzt, sich weitere Informationen in der späteren Datenraumphase zu verschaffen. Danach liegt es am Geschick der Investmentbank bzw. weiterer Berater, den Preis im Sinne des Mandanten nach unten zu verhandeln.

---
* Autor: Oliver Bach

Verkaufsmandat
Umgekehrt wird die den Verkäufer beratende Bank ihrerseits eine Unternehmensbewertung vornehmen, um sicherzustellen, dass nicht Konkurrenten mit der Abgabe von »Mondangeboten« unerwünschterweise Information im Rahmen der späteren Datenraumphase erhalten wollen.

Mandat für börsennotierte Kapitalgesellschaften
Hier ist es wegen des stets kritischen Blicks der Finanzanalysten immens wichtig, dass die beratende Investmentbank die Auswirkungen der Transaktion auf ausgewählte Schlüsselkennzahlen des Mandanten aufzeigt. So wird man aus Bewertungssicht dem Kapitalmarkt u. U. nur schwerlich eine Akquisition kommunizieren können, bei der bspw. das Ergebnis pro Aktie oder der Cashflow pro Aktie nach Transaktion niedriger ist als vorher. Insofern ist für ein (börsennotiertes) akquirierendes Unternehmen der maximale Kaufpreis in der Regel der Preis, bei dem das Ergebnis pro Aktie (oder sonstige Schlüsselkennzahlen) des fiktiven konsolidierten Unternehmens indifferent auf die Akquisition reagiert. Dass in der Praxis Akquisitionen auch dann durchgeführt werden, wenn sie die Ergebnissituation des Erwerbers nicht verbessern, ist jedoch eher die Regel als die Ausnahme. Ursache sind andere Beweggründen der Akquisitionen, wie bspw. die Beseitigung eines lästigen Wettbewerbers, die erst verzögert mögliche Realisierung von Synergiepotenzialen aber auch eigene operative Defizite, die durch die Akquisition verdeckt werden sollen.

Regelmäßig fallen die Kaufpreisvorstellungen des Käufers und des Verkäufers auseinander, sodass Verhandlungen über den Kaufpreis notwendig werden. Den beratenden Investmentbanken kommen im Zusammenhang mit diesen Verhandlungen folgende Aufgaben zu:

- *Grenzpreis ermitteln:* Grenzpreise für ihre Mandanten ermitteln, die zum Abbruch der Verhandlungen führen.
- *Verhandlungsergebnisse beeinflussen:* In Verhandlungen versuchen, das Verhandlungsergebnis, d. h. den Transaktionspreis günstig zu beeinflussen.
- *Verhandlungen vorantreiben:* In den Verhandlungen im eigenen Interesse Wege und Lösungen aufzeigen, um differierende Preisvorstellungen zwischen Käufer und Verkäufer zu überbrücken, damit die Transaktion nicht scheitert.

13.7.3 Überblick über ausgewählte Bewertungsmethoden

Was ist der Wert eines Unternehmens? Über diese Frage ist jahrzehntelang diskutiert worden. Derzeit besteht wenigstens grundsätzlich Einigkeit:

> **DEFINITION**
> Der Wert eines Unternehmens
> ist der höchste Preis, den ein Käufer
> dafür zu bezahlen bereit ist.

Unternehmenswerte sind letztendlich immer subjektive Werte. Grund: Der Wert von Unternehmen resultiert aus den Vorteilen, die sich aus dem Unternehmen ziehen lassen. Diese liegen in der Zukunft (z. B. Dividenden, Verkaufserlöse). Über die Zukunft aber hat jede Person subjektiv unterschiedliche Vorstellungen.

Es gibt zwei grundsätzlich unterschiedliche Verfahren, Unternehmenswerte zu ermitteln:

- *Autonome Verfahren:* Die in der Zukunft liegenden Vorteile werden in Gegenwartswerte übertragen. Die Leistung der Verfahren liegt darin, die subjektiven Vorstellungen über die Zukunft in einem formal korrekten Verfahren in einen Gegenwartswert zu transformieren. Vorausgesetzt wird, dass der Bewerter Aussagen über die zukünftigen Vorteile machen kann.
- *Vergleichsorientierte Verfahren:* Aus bereits bewerteten Unternehmen wird auf den Wert des zu bewertenden Unternehmens geschlossen. Die Leistung der Verfahren liegt darin, ein formal korrektes Korsett für die Vergleichsbildung zu liefern. Vorausgesetzt wird, dass der Bewerter Aussagen darüber machen kann, welches bereits bewertete Unternehmen sich hinsichtlich der zukünftigen Entwicklung mit dem zu bewertenden Unternehmen vergleichen lässt.

Die Abbildung 12.16 gibt einen Überblick über die drei wichtigsten Methoden der Unternehmensbewertung im Investment Banking. Die erste und zweite Methode arbeitet nach vergleichsorientierten Verfahren, die dritte Methode gehört zu den autonomen Verfahren:

Kapitalmarktvergleich (Markt-Multiples)	Referenztransaktionen (Transaktions-Multiples)	Discounted Cashflow (DCF)
Ermöglicht einen ersten Einblick in die Bewertung vergleichbarer börsennotierter Unternehmen	Erlaubt eine erste indikative Bewertung auf Basis von kürzlich abgeschlossenen Transaktionen im Sektor	Methodisch sinnvoller und transparenter Bewertungsansatz
Voraussetzung ist eine genau definierbare Vergleichsgruppe von Unternehmen, die börsennotiert sind	Berücksichtigt neben den Marktgegebenheiten auch evtl. strategische Prämien	Ermöglicht die Simulation von verschiedenen Szenarien und deren Auswirkungen auf den Unternehmenswert
	Voraussetzung ist eine ausreichende Anzahl von vergleichbaren Unternehmenstransaktionen	Voraussetzung ist die Kenntnis der detaillierten Planungsrechnung des Unternehmens

Abb. 13.11: Methoden der Unternehmensbewertung im Investment Banking

Verfahren mit Markt-Multiples

Unter den vergleichsorientiert arbeitenden Verfahren der Unternehmensbewertung erfreut sich die Methode der Markt-Multiples großer Beliebtheit. Sie gewährleistet einen schnellen Überblick über das durch den Kapitalmarkt reflektierte Bewertungsniveau eines Industriesektors.

Üblich sind in der Praxis insbesondere folgende Multiplikatoren:
- Enterprise Value$_t$/Umsatz$_{t;t-1}$
- Enterprise Value$_t$/EBITDA$_{t;t-1}$
- Enterprise Value$_t$/EBIT$_{t;t-1}$

Der Enterprise Value (Gesamtunternehmenswert) errechnet sich – vereinfacht dargestellt – wie folgt:

$$EV = (\text{Anzahl Aktien} \times \text{Aktienkurs}) + \text{verzinsliches Fremdkapital} - \text{Kasse}$$

EBIT- bzw. EBITDA-Schätzungen lassen sich aus Analystenreports bzw. Börseninformationssystemen, wie z.B. Bloomberg entnehmen. Werden für Zeitreihenvergleiche EBIT- und EBITDA-Zahlen des letzten Geschäftsjahrs verwendet, ist darauf zu achten, dass sie frei von sog. Einmaleffekten sind. Dies können bspw. Restrukturierungsaufwendungen oder außerordentliche Wertberichtigungen etc. sein. Da jedoch die zukunftsbezogenen Zahlen i.d.R. von größerem Interesse sind, sollte man sich wegen der mangelnden Transparenz ihrer Berechnung – sofern möglich – vergewissern, dass es sich bei den Schätzungen um normalisierte, d.h. um in der Zukunft möglicherweise anfallende Einmaleffekte bereinigte Zahlen handelt.

Gesamtkostenverfahren	Umsatzkostenverfahren
Umsatzerlöse	Umsatzerlöse
+/− Bestandsveränderungen	− Herstellungkosten
+ andere aktivierte Eigenleistungen	− Vertriebskosten
+ Sonstige betriebliche Erträge	− Allgemeine Verwaltungskosten
− Materialaufwand	+ Sonstige betriebliche Erträge
− Personalaufwand	− Sonstige betriebliche Aufwendungen
− Abschreibungen	
− Sonstige betriebliche Aufwendungen	
= EBIT	= EBIT
+ Abschreibungen	+ Abschreibungen*
= EBITDA	= EBITDA

* aus dem Anlagenspiegel ersichtlich

Abb. 13.12: Berechnungsschema EBIT/EBITDA

Umsatz, EBITDA und EBIT werden oft nicht nur für das letzte Jahr vor dem Bewertungsstichtag $_{t;t-1}$, sondern auch für das nächste und übernächste Geschäftsjahr $_{t;t+1}$ und $_{t+1;t+2}$ ermittelt. Dies soll die Vorwegnahme zukünftiger Umsatz- und Gewinnerwartungen durch den Kapitalmarkt reflektieren. Die Verwendung von Plandaten wird in der Praxis der Verwendung des letzten Ist-Geschäftsjahres immer dann vorgezogen, wenn das letzte Jahr ein »unübliches« Geschäftsjahr ist und die Ergebnisse der nächsten Geschäftsjahre üblichere Werte erreichen werden. Die Verwendung von Bezugsgrößen aus der Vergangenheit ($_{t-1;\ t-2}$) ist eher unüblich, wird jedoch vereinzelt von Finanzinvestoren praktiziert.

Die Zusammensetzung der Stichprobe, d.h. die Auswahl der Vergleichsunternehmen ist ohne tiefes Branchen- bzw. Sektor-Know-how nur sehr schwer möglich. Das Kernproblem der Auswahl der Peer-Group ist die Frage, ob die ausgewählten (börsennotierten) Vergleichsunternehmen wirklich über ein mit dem eigentlichen Bewertungsobjekt annähernd identisches Geschäftsmodell verfügen. Zur Beant-

Valuation Comparison with Peer Group

Company (1)	RIC (2)	Price ( ) (3)	Sales CAGR (%) 01-03e (4)	EV/Sales 2000 (5)	EV/Sales 2001e (6)	EV/Sales 2002e (7)	EV/Sales 2003e (8)	EBITDA CAGR (%) 01-03e (9)	EV/EBITDA 2000 (10)	EV/EBITDA 2001e (11)	EV/EBITDA 2002e (12)	EV/EBITDA 2003e (13)	EPS CAGR (%) 01-03e (14)	EV/Earnings 2000 (15)	EV/Earnings 2001e (16)	EV/Earnings 2002e (17)	EV/Earnings 2003e (18)
Heyde	HEYG.DE	1,56	22,2	0,6x	0,7x	0,5x	0,4x	n/a	n/a	n/a	6,4x	2,4x	n/a	n/a	n/a	n/a	6,0x
Cenit	CSHG.DE	3,55	19,1					5,3					n/a	n/a			
IDS Scheer	IDRG.DE	13,13	27,8	2,7x	2,1x	1,6x	1,2x	16,1	16,4x	14,5x	9,6x	6,9x	43,8	51,4x	32,3x	21,7x	15,6x
Bechtle	BC8G.DE	7,00	13,0	0,3x	0,2x	0,2x	0,2x	3,9	8,1x	5,9x	4,5x	3,7x	37,8	25,7x	14,8x	9,6x	7,8x
GFT	**GFTG.DE**	**5,00**	**23,8**	**1,0x**	**0,7x**	**0,6x**	**0,3x**	**12,5**	**6,6x**	**6,7x**	**4,2x**	**2,0x**	**83,0**	**42,5x**	**36,3x**	**15,7x**	**10,8x**
realtech	RTCG.DE	7,52	27,4	0,5x	0,3x	0,4x	0,3x	11,0	4,1x	2,8x	3,4x	3,3x	59,1	n/a	39,9x	20,0x	15,8x
IXOS	IXSG.DE	6,27	8,6		0,6x	0,5x	0,4x	11,9		5,2x	2,7x	2,5x	-10,5	n/a	9,0x	4,6x	11,2x
Plenum	PLEG.DE	6,05	37,6	0,8x	0,6x	0,4x	0,3x	10,7	8,3x	7,2x	3,2x	2,1x	88,4	17,1x	23,8x	10,0x	6,7x
itelligence	ILHG.DE	2,80	15,0	0,3x	0,3x	0,3x	0,3x	2,5	18,9x		5,6x	3,4x	n/a	n/a	n/a	12,9x	7,5x
Plaut	PLAU.DE	3,26	12,0	0,4x	0,3x	0,3x	0,3x	6,3	4,7x	7,1x	4,5x	3,7x	n/a	8,6x	n/a	10,0x	6,0x
Novasoft	NOVG.DE	4,95	26,3	1,4x	1,0x	0,7x	0,6x	19,3	6,6x	5,3x	3,9x	2,7x	15,6	25,1x	11,0x	13,7x	8,3x
SAP SI	SSIG.DE	21,50	29,0	3,2x	2,7x	2,0x	1,5x	17,6	20,2x	14,8x	10,7x	7,8x	n/a	n/a	n/a	18,6x	14,2x
syskoplan	SYSG.DE	22,00	31,2	1,9x	1,3x	1,0x	0,8x						27,0	18,3x	16,7x	13,4x	10,3x
Mean			22,5	1,2	0,9	0,7	0,5	10,6	10,5	7,7	5,3	3,7		27,0	23,0	13,7	10,0
Median			23,8	0,8	0,6	0,5	0,3	11,0	8,1	6,7	4,5	3,3		25,1	20,2	13,4	9,3
Standard deviation			8,6	1,0	0,8	0,6	0,4	5,6	6,3	4,2	2,6	1,9		15,0	11,9	5,1	3,6
Min			8,6	0,3	0,2	0,2	0,2	2,5	4,1	2,8	2,7	2,0		8,6	9,0	4,6	6,0
Max			37,6	3,2	2,7	2,0	1,5	19,3	20,2	14,8	10,7	7,8		51,4	39,9	21,7	15,8

Am Beispiel von »GFT« soll die Lesart der Tabelleneinträge verdeutlicht werden:
Die GFT-Aktie (Börsenkürzel für Xetra-Handel in Deutschland: GFTG.DE) wurde zum Auswertungsstichtag mit einem Preis von 5,00 Euro je Aktie bewertet.
Dieser Preis fließt in die Berechnung des Enterprice Value ein.
Die Abkürzung »CAGR« steht für Compound Annual Growth Rate und bezeichnet die jährliche Wachstumsrate der Vergleichsgrößen (Sales, EBITDA, Earnings). Sie dient zum Vergleich der Unternehmen innerhalb der Peer Group und wird zur Schätzung der Multiples 2001 bis 2003 herangezogen.
Die Sales-Multiples (Spalte (5) bis (8)) geben den Enterprice Value von GFT als Vielfaches der Sales an.
Die Spalten (9) bis (18) sind analog zu interpretieren.
Zur Unternehmensbewertung werden Mittelwert bzw. Median als Multiple herangezogen.
Die Bandbreite möglicher Unternehmenswerte kann durch die Verwendung der Minimum- und Maximumwerte als Multiple ermittelt werden.
Alternativ lässt sich die Bandbreite über die Standardabweichung berechnen.

Zur Berechnung des Sales-Multiple der GFT für 2000 im Beispiel:
Die Anzahl der ausstehenden Aktien betrug 19,5 Mio. Stück. Das verzinsliche Fremdkapital belief sich auf 12,5 Mio. Euro, der Kassenbestand auf 27,8 Mio. Euro (Diese Daten werden durch das Research bereitgestellt bzw. entsprechenden Informationssystemen entnommen.)
Daraus ergibt sich ein Enterprise Value von 82,2 Mio Euro.
Bei Umsatzerlösen von 86,5 Mio. Euro resultiert daraus ein Sales-Multiple von 1,0.

Abb. 13.13: Peer Group

wortung dieser Frage ist also nicht nur ein gutes Verständnis des möglichen »Vergleichsuniversums«, sondern auch des Bewertungsobjektes selbst notwendig.

Beispielhaft seien einige Kriterien aufgezählt, die bei der Zusammenstellung der Peer-Group verglichen werden müssen:
- Marktpositionierung
- Geographische Positionierung

- Kundenstruktur
- Vertriebsstruktur
- Eigen- oder Fremdproduktion
- Regionale Marktbesonderheiten (Staatliche Regulierungen).

Die aus den Peer-Group-Daten ermittelten Multiples werden im Fallbeispiel zur Ermittlung möglicher Unternehmenswerte verwendet.

FALLBEISPIEL

Die nicht börsennotierte CIBO-GmbH entwickelt und betreut individuelle Datenbankanwendungen für kleinere und mittlere Unternehmen im Dienstleistungsbereich. Das Unternehmen wird von seinen beiden Gründern und Gesellschaftern geleitet und ist deutschlandweit tätig.

Eine international agierende Software-Firma möchte ihre Produkte und Dienstleistungen auch auf dem deutschen Markt anbieten und sucht nach Möglichkeiten zum Aufbau eines entsprechenden Vertriebsnetzes.

Durch den Kauf der CIBO-GmbH könnte dies sehr schnell realisiert werden. Zudem werden Synergien durch Ergänzung der Produktpalette erwartet.

Die Gesellschafter der CIBO-GmbH stehen einem Verkauf ihrer Gesellschaft offen gegenüber.

Die mit der Vorbereitung des Deals beauftragte Investmentbank möchte den Unternehmenswert anhand der Multiple-Methode ermitteln.

Folgende Zahlen der CIBO-GmbH liegen vor (in Mio. Euro):

	2001e
Sales	54,7
EBITDA	6,1
Earnings	1,9

Als Multiples werden Mittelwert und Median der Vergleichsgruppe (siehe Tabelle 13.13) für 2001 herangezogen:

	Unternehmenswert der CIBO-GmbH (in Mio. €) auf Basis		
	Sales	EBITDA	Earnings
Mean	49,2	47,0	43,7
Median	32,8	40,9	38,4

Auf Grundlage dieser Ergebnisse können nun konkrete Preisverhandlungen geführt werden.

PRAXISFALL

In den Jahren 1999–2000 wurde bei Unternehmen des Neuen Marktes, die sich im Zeitpunkt ihres IPO noch (deutlich) in der Verlustzone befanden, zur Bewertung auf den Umsatzmultiplikator zurückgegriffen. Dies erfolgte in Ermangelung anderer positiver Unternehmenskennzahlen. Ende 2000 hatten sich die Analysten radikal davon abgewandt. Im Vordergrund standen seitdem wieder Bewertungsansätze, die stärker auf Multiples Bezug nahmen, die an gewinnorientierten Größen ausgerichtet waren (Earnings, EBITDA). Die Folge war ein drastischer Kurseinbruch am Neuen Markt.

Die Verwendung von Markt-Multiples stößt durch folgende Sachverhalte relativ schnell an ihre Grenzen:
- *Fehlende Spezifität:* Die Durchschnittsbildung der Stichprobe (Peer-Group) vernachlässigt unternehmensspezifische Besonderheiten. Unterschiedliche Ergebnisqualitäten werden nicht berücksichtigt.
- *Peer-Group-Bestimmung:* Die Ergebnisse der Bewertung können durch gezielte Auswahl der Vergleichsunternehmen, die sich in der Stichprobe befinden, bewusst gesteuert werden.
- *Marktumfeld:* Die Anwendung der Multiplikatoren bei nicht-börsennotierten Unternehmen ist nur eingeschränkt möglich. Die Liquidität von Anteilen und die Transparenz des Unternehmensgeschehens ist geringer, sodass Investoren andere Preise verlangen müssen.

Transaktions-Multiples

Die Methode der Transaktions-Multiples funktioniert grundsätzlich genauso wie die der Markt-Multiples: Durch Bildung von Relationen zu bereits bewerteten Unternehmen wird der Wert des zu bewertenden Unternehmens ermittelt. Der Unterschied: Statt der Börsenpreise (einzelner) Aktien von Vergleichsunternehmen werden Transaktionspreise verwendet. Transaktionspreise sind gezahlte Kaufpreise für ganze Unternehmen. Man sucht eine tatsächlich durchgeführte Transaktion, bei der ein vergleichbares Unternehmen durch einen vergleichbaren Investor gekauft wurde. Dann werden wie bei den Markt-Multiples die entsprechenden Relationen gebildet. Üblicherweise werden als Bezugsbasis auch hier die Größen Umsatz, EBITDA und EBIT verwendet. Da es meist keine vollständig geeigneten Vergleichstransaktionen gibt, werden in der Praxis oft sämtliche Transaktionen eines bestimmten industriellen Sektors eines bestimmten historischen Zeitraums erfasst und dann daraus ein durchschnittliches Bewertungsniveau errechnet.

Warum bewertet man mit Transaktions-Multiples? Der Nachteil der oben beschriebenen Markt-Multiple-Methode liegt darin, dass die Besonderheiten, die beim Kauf ganzer Unternehmen oftmals eine Rolle spielen, nicht richtig in die Bewertung einfließen. Wenn ein Unternehmen z.B. deshalb gekauft wird, weil der Erwerber umstrukturierende Maßnahmen, z.B. zur Realisierung von Synergien oder zur Beseitigung eines Konkurrenten, durchführen will, dann ist der Vergleich mit dem Börsenkurs von Unternehmen, bei denen sich in nächster Zeit nichts ändern wird, irreführend. Richtig wäre vielmehr der Vergleich mit einem Unternehmen, bei dem ein Erwerber genau dieselben Effekte realisiert. Das ist das Ziel der Transaktions-Multiple-Methode.

Problematisch ist bei dieser Methode die Datenbeschaffung.
- *Keine Vergleichstransaktionen:* Meist gibt es wenig bis gar keine vollständig vergleichbare Transaktion.
- *Unveröffentlichte Details:* Durchgeführte Transaktionen bleiben geheim oder die gezahlten Kaufpreise werden nicht bekannt.
- *Unvergleichbarkeit:* Auch erscheint bei Anteilserwerben von weniger als 100%, insbes. unter 50% eine lineare Hochrechnung auf einen fiktiven Kaufpreis für

232 Beratungs- und Finanzierungsgeschäfte

Announced	Target/Acquiror	% bought	Price paid (€ MM)	Equity Value (€ MM)	Net Debt (€ MM)	Firm Value (€ MM)	Multiples L12M Sales (x)	N12M Sales (x)	Employees (€ 000)
11 Mai 2001	Proxucom/Dimension Data	100	391,7	391,7	46,5	345,2	1,5	2,1	287,7
01 Apr. 2001	Systematics/EDS	100	635,0	635,0	104,0	739,0	1,5	0,8	271,7
14 Feb. 2001	Prescient Consulting LLC/SAP SI AG	100	12,8	12,8	NA	12,8	0,9	NA	168,4
12 Feb. 2001	Sema pic/Schlumberger	100	5620,0	5620,0	77,4	5542,6	2,3	2,1	277,1
02 Nov. 2000	Service DS unit/Solution Bereich/Bäurer AG	100	5,8	5,8	NA	5,8	0,4	NA	48,3
05 Okt. 2000	PDV Unternehmensberatung	100	614,1	614,1	NA	614,1	NA	NA	511,7
28 Aug. 2000	Origin/Atos	100	2.600,0	2.600,0	NA	2.600,0	1,5	NA	162,5
15 Mai 2000	Entrada Data/Tieto-Enator	44	291,5	658,0	8,7	649,3	16,2	4,9	896,8
03 Apr. 2000	Admiral/CMG	100	2.345,4	2.345,4	48,1	2.297,2	8,1	5,7	910,9
15 Mrz. 2000	LHS Group/Sema	100	2.635,0	2.635,0	140,0	2.495,0	10,6	5,3	1.570,1
29 Feb. 2000	Ernst & Young Consulting/Cap Gemini	100	11.500,0	11.500,0	NA	11.500,0	3,3	NA	638,9
21 Jun. 1999	DS Telematica/Sema	100	33,6	33,6	NA	33,6	1,4	1,1	83,9
04 Mai 1999	Wang Global/Getronics	100	1.265,3	1.265,3	381,7	1.647,0	0,5	NA	135,1
						Mittelwert	4,2	3,3	473,8
						Median	1,5	3,5	279,7

Abb. 13.14: Beispiele für Transaktions-Multiples

100 % der Anteile nur begrenzt sinnvoll. Dies liegt in der Regel an Paketaufschlägen, die für Anteile von über 50 % vergütet werden.

Discounted-Cashflow-Methode
Die DCF-Methode löst sich von dem Gedanken der Vergleichbarkeit von Unternehmen, die die oben vorgestellten Multiplikator-Methoden implizit unterstellen. Stattdessen wird der Wert aus den zukünftigen positiven und negativen Zahlungsströmen des Bewertungsobjektes abgeleitet. Hierin spiegelt sich der Gedanke, dass allein zukünftige Zahlungsmittelüberschüsse dem Investor Nutzen stiften. Die DCF-Methode operiert deshalb auch folgerichtig auf der Basis der Vollausschüttungshypothese. Da die Zahlungsströme in unterschiedlichen Perioden anfallen, sind sie vergleichbar zu machen, d.h. auf den Bewertungsstichtag zu diskontieren.

Varianten der DCF-Methode
Es gibt eine Vielzahl von Varianten der DCF-Methode. Je nach Situation wäre es ›richtig‹, die eine oder andere einzusetzen. In der Praxis haben sich aber viele davon nicht bewährt. Viele Varianten sind kompliziert und erscheinen dem Laien schwer durchschaubar. Sie stoßen deshalb auf Ablehnung. Der Verhandlungsprozess wird durch sie nicht beflügelt, sondern behindert und der ›Deal‹ gefährdet. Letztes Ziel der Unternehmensbewertung ist aber nicht die Unternehmensbewertung an sich, sondern ihr Beitrag zur Durchführung einer M & A-Transaktion.

Im Folgenden wird das Grundmodell der DCF-Methode vorgestellt, das im M & A-Geschäft weite Verbreitung gefunden hat.

Das Grundmodell (Entity-Methode)
Bei der Ermittlung des Unternehmenswertes werden Zinsen und Tilgungen auf das Fremdkapital zunächst ausgeblendet, d.h. die Ermittlung der zukünftigen Zahlungsströme (Free-Cashflows – siehe unten) basiert zunächst auf einer fiktiven Kapitalstruktur mit 100 % Eigenkapital. Die Anpassung dieser Prämisse an die tatsächliche Kapitalstruktur des Bewertungsobjektes erfolgt durch Diskontierung der errechneten Zahlungsströme mit den gewogenen durchschnittlichen Kapitalkosten

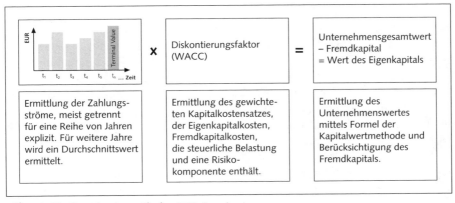

Abb. 13.15: Grundsystematik des DCF-Ansatzes

(WACC), die sowohl die Eigen- als auch die Fremdkapitalkosten reflektieren. Im Anschluss an die Diskontierung wird der ermittelte Gesamtunternehmenswert um das verzinsliche Fremdkapital der Zielgesellschaft vermindert, um zum Wert des Eigenkapitals zu gelangen.

Die Abbildung 13.15 verdeutlicht die Grundsystematik des DCF-Ansatzes.

Planung der Zahlungsströme

Die zukünftigen Zahlungsströme des Unternehmens werden in der Regel über 5 bis 10 Jahre detailliert geplant (Detailplanungszeitraum), wobei die Planungsgenauigkeit naturgemäß bereits nach ca. drei bis fünf Jahren deutlich abnimmt. Mittels Sensitivitätsanalysen (siehe unten) bzw. Szenarioplanungen wird versucht, Bandbreiten wahrscheinlicher Unternehmenswerte zu ermitteln.

Im Rahmen der Entity-Methode werden die zukünftigen Zahlungsmittelüberschüsse (Free Cashflows) einer zu bewertenden inländischen Kapitalgesellschaft wie folgt ermittelt:

Betriebsergebnis (EBIT)
- Gewerbesteuer
= **Ergebnis vor Körperschaftsteuer**

- Körperschaftsteuer (25 %) (a)
= **Ergebnis nach Körperschaftsteuer**

davon 50 % Bemessungsgrundlage (b)
- Einkommensteuer
= **Ergebnis vor Zinsen**

+ Abschreibungen
- Investitionen
+/– Veränderung Nettoumlaufvermögen
+/– Veränderung Rückstellungen
= Free Cashflow

a) seit 1.1.2001 25 % Definitivbelastung
b) seit 1.1.2001 Halbeinkünfteverfahren

Neben der Entity-Methode findet die Equity-Methode Verwendung. Hierbei werden (nur) alle die Cashflows erfasst, die den Eigentümern zufließen. Das bedeutet im Wesentlichen, dass der Free Cashflow um Zinszahlungen, Kreditaufnahmen und Kreditrückzahlungen bereinigt wird. Die Cashflows werden dann mit dem Eigenkapitalkostensatz und nicht mit dem WACC diskontiert. Entity- und Equity-Methode müssen letztlich zum gleichen Unternehmenswert kommen. In der Praxis hat sich die Equity-Methode nicht durchgesetzt, weshalb sie hier nicht vertieft dargestellt wird.

Im Anschluss an den Detailplanungszeitraum müssen die Zahlungsströme aller folgenden Jahre geplant werden. Dazu stehen folgende Verfahren zur Verfügung:
- Meist wird der Free-Cashflow-Wert der letzten Detailplanungsperiode in die sogenannte Ewige Rente überführt, d.h. man unterstellt, dass das Unternehmen

im letzten Jahr des Detailplanungszeitraumes (T) seinen geschäftlichen Endzustand erreicht hat, friert den Cashflow-Wert der letzten Periode (FCF$_T$) »auf ewig« ein und verrentet ihn eventuell unter Hinzufügung einer ewigen Wachstumsrate g.

$$TV = \frac{FCF_T}{(WACC - g)}$$

- Alternativ kann ein Durchschnittswert der Cashflows des Detailplanungszeitraumes in die Ewige Rente überführt werden. Dies wird i.d.R. dann erfolgen, wenn das letzte Jahr der expliziten Periode kein durchschnittliches, sondern ein außerordentlich positives oder negatives Planjahr ist.

$$TV = \frac{\frac{1}{T}\sum_{t=1}^{T} FCF_t}{(WACC - g)}$$

- Alternativ wird in einem eigenen Planungsschritt ein repräsentativer Cashflow für die ferneren Planjahre ermittelt (FCF$_{T+1}$) und dann verrentet.

$$TV = \frac{FCF_{T+1}}{(WACC - g)}$$

Der Planung des Terminal Values kommt hohe Bedeutung zu, denn der überwiegende Teil des Unternehmenswertes wird durch diesen Wert bestimmt.

Aufmerksamkeit ist auf den Term (WACC−g) zu lenken. Aufgrund der immensen Werterhöhung, die ein Unternehmen durch Berücksichtigung des Kapitalkostenabschlags g erfährt, ist Vorsicht anzuraten. So wird man allenfalls bei Unternehmen von Wachstumsmärkten noch mit Wachstumsfaktoren im Terminal Value operieren können. In reifen Branchen würde man dies jedoch in der Regel nicht als sinnvoll erachten, da langfristig die Renditen der Netto-Neuinvestitionen gegen die Kapitalkosten konvergieren, sodass in diesen Fällen g = 0 % wäre. Dies bedeutet jedoch nicht, dass das Unternehmen per se nicht mehr wachsen kann. Es verdeutlicht lediglich die Annahme, dass jedes weitere Wachstum nicht mehr durch eine Steigerung des Unternehmenswertes begleitet wird.

Berechnung der Kapitalkosten

Kapitalkosten werden zur Diskontierung der Cashflows benötigt. In der Praxis werden die Kapitalkosten meist nach dem Capital-Asset-Pricing-Modell (CAPM) ermittelt. Nach diesem theoretischen Konzept gibt es folgende Einflussfaktoren auf die Höhe der Kapitalkosten:

- Eigenkapitalkostensatz,
- Fremdkapitalkostensatz,
- Steuerliche Belastung von Fremd- und Eigenkapital,
- Finanzierungsstruktur (Verhältnis von Eigen- zu Fremdkapital) und
- Risikograd der Cashflows.

Eigenkapitalkosten

Die Eigenkapitalkosten werden folgendermaßen bestimmt:

$$r_{EK} = (r_f + \beta \times (r_m - r_f)) \times (1 - s_i)$$

mit r_f = risikoloser Zins
 r_m = Marktrendite
 β = Betafaktor
 s_i = Investorsteuersatz

Als risikoloser Zins r_f wird in der Regel der Rendite von Bundesanleihen mit 10jähriger Restlaufzeit verwendet.

- Der Term »$\beta * (r_m - r_f)$« ist der Risikoaufschlag, den ein Investor für die Investition in das Unternehmen verlangt. Der Risikoaufschlag lässt sich aufspalten in die allgemeine
- Risikoprämie ($r_m - r_f$), die ein Investor bei einer Investition in das riskante Marktportefeuille im Vergleich zu einer risikofreien Anlage verlangt, und
- in das spezifische Unternehmensrisiko, das durch den Betafaktor (β) abgebildet wird.

Der Betafaktor verkörpert das einzelspezifische Risiko eines Zahlungsstroms im Vergleich zum Marktportefeuille. Ein Beta von größer 1 bedeutet, dass sich der Zahlungsstrom bei unerwarteten Datenänderungen volatiler als der Markt bewegt, ein Beta von unter 1 signalisiert ein weniger titelspezifisches Risiko als der Gesamtmarkt. Negative Betawerte signalisieren konträre Reaktionen.

Woher stammen die Betafaktoren? In der Regel werden sie aus historischen Daten abgeleitet. Meist werden die Aktienkurse börsennotierter Unternehmen genommen und das Beta aus dem Vergleich der Kursvolatilität der Einzelaktie mit dem Index berechnet. Die Daten werden von vielen Börseninformationssystemen fertig angeboten. Bei der Bewertung nicht-börsennotierter Unternehmen muss mit geschätzten Betas oder mit Betas von vergleichbaren börsennotierten Unternehmen gearbeitet werden.

Die Risikoprämie hängt gemäß CAPM nicht von der individuellen Risikoneigung des Investors ab, sondern ist aus Marktdaten ableitbar. Am deutschen Aktienmarkt waren in der Vergangenheit Risikoprämien von ca. 4 % bis 6 %-Punkten zu beobachten.

Steuerliche Aspekte bei den Eigenkapitalkosten

Sollen Steuern in der Unternehmenswertermittlung berücksichtig werden oder nicht? Diese Frage ist lang heftig debattiert worden. Steuern sind Zahlungen, die die Vorteilhaftigkeit einer Investition verändern. Sie müssen deshalb bei der Wertermittlung berücksichtig werden. Die Richtlinien des IDW, an die sich Wirtschaftsprüfer halten, wenn sie Unternehmenswerte berechnen, schreiben eine Nachsteuerbetrachtung mit den individuellen Steuern des Investors vor. Wenn nun ein Unternehmenswert berechnet werden soll für einen unbekannten Investor, dessen Steuersituation nicht bekannt ist, dann schlägt das IDW vor, einen Einkommensteuersatz von 35% zu verwenden. Seitens der Investmentbanken wird in solchen Fällen auch ganz auf eine Nachsteuerbetrachtung verzichtet.

Fremdkapitalkosten

Die Fremdkapitalkosten bestimmen sich wie folgt:

$$r_{FK} = r_i \cdot (1-s_k) \cdot (1-s_g \cdot 50\%) \cdot (1-s_i \cdot 50\%)$$

mit r_i = Verschuldungszinssatz
 s_g: = Gewerbeertragsteuer
 s_k = Körperschaftsteuer
 s_i = Investorsteuersatz

Die Steuerreform 2001 ist in der Formel berücksichtigt. Durch die Definitivbelastung mit Körperschaftsteuer (25%) ist der früher nur für ausländische Anteilseigner relevante Term $(1-s_k)$ nunmehr generell bei der Bewertung zu berücksichtigen. Ebenfalls angepasst werden musste die Berücksichtigung der Investorensteuern nach Halbeinkünfteverfahren. Der individuelle Steuersatz des Investors fließt deshalb nur zu 50% in die Berechnung der Fremdkapitalzinsen (nach Steuern) ein.

Durchschnittlicher Kapitalkostensatz (WACC)

Nachdem der relevante Eigen- und Fremdkapitalkostensatz ermittelt worden ist, lässt sich der Diskontierungsfaktor (WACC) nunmehr wie folgt berechnen:

$$WACC = r_{EK} \cdot \frac{EK}{EK+FK} + r_{FK} \cdot \frac{FK}{EK+FK}$$

mit r_{EK} = Eigenkapitalkosten
 r_{FK} = Fremdkapitalkosten
 EK = Eigenkapital (Marktwert)
 FK = Fremdkapital

Obige Formel macht deutlich, dass bei der WACC-Berechnung ein Zirkularitätsproblem auftritt. Denn in die Formel muss mit der Größe »EK« der Marktwert des Eigenkapitals eingegeben werden, der ja erst ermittelt werden soll. Um den WACC korrekt berechnen zu können, muss also die Größe EK, die man letztlich ermitteln will, bereits bekannt sein. In der Praxis der Investmentbanken behilft man sich in der Regel
- mit der Vorgabe einer Zielkapitalstruktur (Debt-to-Equity-Ratio)
- mit der Schätzung einer voraussichtlichen Kapitalstruktur. Die Problematik liegt dann in der Schätzgenauigkeit der Debt-to-Equity-Ratio, denn je größer die Abweichung der geschätzten Kapitalstruktur von der Realität ist, desto größer wird der auftretende Berechnungsfehler.

In verfeinerten DCF-Modellen wird das Zirkularitätsproblem durch Iteration gelöst, d.h. es wird ausgehend vom Terminal Value rückwärts ein jeweils periodenspezifischer WACC ermittelt.

Enterprise Value
Nachdem alle notwendigen Wertparameter ermittelt worden sind, lässt sich der Enterprise Value des Bewertungsobjektes wie folgt ableiten:

$$EV = \sum_{t=1}^{T} \frac{FCF_t}{(1+WACC)^t} + \frac{FCF_{T+1}}{(WACC-g) \cdot (1+WACC)^T}$$

Vom Enterprise Value EV gelangt man zum Wert des Eigenkapitals, indem man den Buchwert des verzinslichen Fremdkapitals von EV abzieht.

Stärken und Schwächen des DCF-Modells
In der Wissenschaft gehört die DCF-Methode zu den anerkanntesten Bewertungsmethoden, weil nachgewiesen wurde, dass sie mit den wesentlichen Grundlagentheorien finanzwirtschaftlichen Denkens kompatibel ist. Sie ist ein theoretisch konsistentes Instrument der Vorteilhaftigkeitsermittlung von Alternativen. In der Praxis erweist sich die Methode aber durchaus als problematisch. Die wichtigsten Stärken und Schwächen der DCF-Methode im Investment Banking sind:

- *Transparenz:* Im Gegensatz zu den oben beschriebenen Multiplikator-Verfahren zeichnet sich das DCF-Modell durch seine Nachvollziehbarkeit und Transparenz aus: eine Vielzahl von relevanten Daten werden in den Formeln explizit abgebildet. Die Transparenz des Verfahren wird bei Beratungsmandaten, insbesondere im Verhandlungsprozess erfolgreich eingesetzt.

BEISPIEL

Erhitzte Verhandlungen über den Preis eines Unternehmens. Der Verkäufer beharrt auf einem unrealistisch hohen Preis. Sein Unternehmen sei so wertvoll, postuliert er unnachgiebig. Mittels DCF-Methode kann ihm die beratende Investmentbank zeigen, welche Annahmen über Umsätze und Ergebnisse er implizit trifft, wenn sein Preis stimmen soll. Damit hat die Investmentbank die Diskussion auf die Prognose der Marktentwicklung gelenkt, und die beteiligten Fachleute können auf viel sachlicherer Ebene darüber diskutieren.

- *Simulation:* Es lassen sich individuelle Simulationen durchführen, um bestimmte Szenarien abzubilden. So gehört es mittlerweile zum Standard, durch die Variation von WACC und g den Einfluss des Terminal Values auf den Unternehmenswert darzustellen.
- *Prognoseproblem:* Viele empfinden die Parameterschätzung (z. B. Umsätze, Gewinne, Steuersätze weit entfernter Planjahre) als unmöglich und lehnen die Methode daher grundsätzlich ab. Dieses Verhalten ist verbreitet, aber nicht konsistent, denn die gleichen Leute, die sich weigern, Prognosen über das – sagen wir – dritte Planjahr hinaus abgeben zu wollen, akzeptieren Kaufpreise, die sich nur rechtfertigen, wenn auch noch Cashflows aus dem – sagen wir – 30. Planjahr einbezogen werden.
- *Strategieanfälligkeit*: Die vielen Parameter, die im DCF-Modell explizit berücksichtigt werden, verleiten in der Praxis dazu, Unternehmenswerte gezielt durch geeignete Parameterwahl zu steuern. An welcher Schraube kann ich drehen, um den Unternehmenswert nach oben oder unten zu manipulieren, ist bei Unter-

nehmensbewertungen eine oft gestellte Frage. Für Parametermanipulationen ist die DCF-Methode deshalb so anfällig, weil es nicht genügend gute Instrumente gibt, die vielen gewählten Parameterwerte auf Glaubwürdigkeit zu testen.

Um das Manipulationsproblem so klein wie möglich zu halten, legen Investmentbanken die berechneten DCF-Werte in allen Teilen mit allen gewählten Prämissen offen und sorgen zusätzlich durch Variation verschiedener Parameter für Transparenz.

13.7.4 Schlussbemerkung

Die Unternehmensbewertung gehört zu den betriebswirtschaftlich interessantesten Aufgabestellungen. Eine Vielzahl von Parametern ist zu beachten. Einige sind leichter andere schwieriger zu integrieren. Schwierig sind allgemeine Paketaufschläge, Zugang zu Vertriebskanälen, Mitarbeiter-Know-how, Produktspezifika oder die Beseitigung von Wettbewerbern, um nur einige zu nennen. Häufig entziehen sich solche Faktoren einer reinen mathematischen Wertung und liegen im subjektiven Ermessen des Transaktionsverantwortlichen.

Die Diskussion der vorgestellten Bewertungsmethoden machte deutlich, dass es nicht »die« Bewertungsmethode gibt. Vielmehr ist es notwendig, ein generelles Verständnis für die Bewertungsmethoden zu entwickeln und deren Schwachstellen zu kennen. Allein so ist gewährleistet, dass Ergebnisse richtig hinterfragt und interpretiert werden können. Es gibt eine Vielzahl von verfeinerten Produktvarianten, die vielleicht »richtigere« Ergebnisse bringen, aber komplizierter und schwer durchschaubar sind und deshalb auf Ablehnung stoßen. Letztes Ziel ist nicht die Unternehmensbewertung an sich, sondern die Durchführung einer M&A-Transaktion.

Aufgaben zur Lernkontrolle
1. Welche Dienstleistungen erbringen Investmentbanken bei M&A-Geschäften?
2. Nennen Sie die Ursachen für Angebot und Nachfrage nach Unternehmen.
3. Welche Erwerbsarten können bei M&A-Geschäften unterschieden werden, und welchen Einflussfaktoren unterliegen sie?
4. Beschreiben Sie die Phase der Ansprache von Unternehmen als potenzielle Kaufobjekte/Käufer aus Sicht eines Kauf- bzw. Verkaufsberaters. Welche Besonderheiten treten bei Privatisierungen auf?
5. Beschreiben Sie die vier wesentlichen Rechtsvorschriften, die bei Übernahme einer inländischen börsennotierten Gesellschaft beachtet werden müssen. Welche Probleme können daraus entstehen?
6. Erläutern Sie mögliche Maßnahmen zur Abwehr feindlicher Übernahmen.
7. Nach welchen Verfahren werden im Investment Banking Unternehmenswerte ermittelt? Nennen Sie Gemeinsamkeiten und Unterschiede.
8. Zeigen Sie die Grenzen bei einer Unternehmensbewertung mit Multiples auf.
9. Welche Stärken und Schwächen zeichnen die DCF-Methode aus?

Literatur

Born, K. (2003): Unternehmensanalyse und Unternehmensbewertung, Stuttgart.
Copeland, T., u. a. (2002): Unternehmenswert, Frankfurt/New York.
Henselmann, K./Kniest, W. (2002): Unternehmensbewertung: Praxisfälle mit Lösungen, Herne/Berlin.
Hötzel, O./Beckmann, K. (2000): Einfluss der Unternehmenssteuerreform 2001 auf die Unternehmensbewertung, in: WPg, Heft 15.
Picot, G. (Hrsg.) (2005): Handbuch Mergers & Acquisitions, Stuttgart.

14 Private Equity*

> **LERNZIELE**
> - Venture Capital, Private Equity und Public Equity unterscheiden können.
> - Varianten der Beteiligungsfinanzierung erläutern.
> - Die Arbeitsweise von Kapitalbeteiligungsgesellschaften skizzieren.
> - Die Bedeutung des Deal Flow darlegen.
> - Methoden der Projektprüfung erläutern.
> - Bewertung von Projekten und Berechnung der Anteile der Partner durchführen.
> - Die Qualität eines Business-Planes überprüfen.

14.1 Begriffsbestimmungen

Angelockt durch hohe Renditen haben sich in den letzten Jahren mehr und mehr Finanzdienstleister dem Geschäft der Beteiligungsfinanzierung zugewandt.

Die deutschen Beteiligungsfinanzierer haben sich im Bundesverband Deutscher Kapitalbeteiligungsgesellschaften-German Venture Capital Association e.V. zusammengeschlossen (www.bvk-ev.de). An der Definition des BVK orientiert sich die nachfolgende Abgrenzung des Begriffes »Beteiligungsfinanzierung«.

> **DEFINITION**
> Beteiligungsfinanzierung ist die Finanzierung von Unternehmen über Eigenmittel, die von außerhalb des organisierten Kapitalmarktes, also der Börsen, eingebracht werden.
> Die Kapitaleinlage ist mit erheblichen Kontroll-, Informations- und Mitentscheidungsrechten bis hin zur Managementunterstützung verbunden.

Unternehmen, die gewerbsmäßig und ausschließlich die Beteiligungsfinanzierung betreiben, werden Kapitalbeteiligungsgesellschaften (KBG) genannt.

> **DEFINITION**
> Kapitalbeteiligungsgesellschaften sind Unternehmen, die anderen Unternehmen Eigenmittel gegen Gewährung von Anteilsrechten zur Verfügung stellen, um mittelfristig an der Wertentwicklung dieser Gesellschaften zu partizipieren.

---

* Autor: Armin Schuler

242 Beratungs- und Finanzierungsgeschäfte

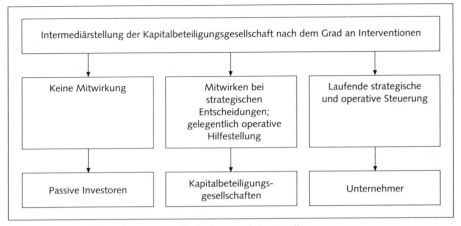

Abb. 14.1: Kapitalbeteiligungsgesellschaften und ihre Stellung

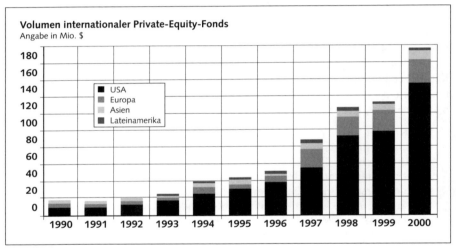

Abb. 14.2: Volumen internationaler Privat-Equity-Fonds
Quelle: EVCA-Datastream

Als Eigenmittel werden Direktbeteiligungen in Form von Anteilen an Gesellschaften (AG-, GmbH- oder Personengesellschaftsanteile, insbes. KG oder GmbH & Co. KG), eigenkapitalähnliche Mittel, sogenannte Mezzanine (wie Stille Gesellschaften) verstanden, soweit sie die genannten Mitbestimmungs- und Mitwirkungsrechte gewähren. Unter Mezzanine versteht man Finanzierungspakete, die sowohl eigenkapitalähnliche Elemente (Mitspracherechte, gewinnabhängige Vergütung) als auch Fremdkapitalelemente (begrenzte Laufzeit, Festvergütung etc.) enthalten.

Synonym für Beteiligungskapital wurden oft die Begriffe »Wagniskapitalfinanzierung«, »Private Equity« und »Venture Capital« verwendet. Derzeit entwickeln sich die Begriffe aber inhaltlich auseinander. Folgende Verwendungen sind anzutreffen:

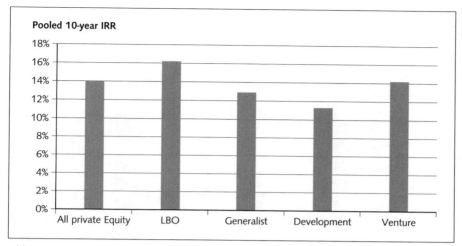

Abb. 14.3: Rendite von Private-Equity-/Venture-Capital-Investitionen nach Projektarten für Anteile, die zwischen 1988 und 1998 erworben wurden. Vor Ende 1998 verkaufte Anteile werden mit dem Verkaufserlös, noch im Bestand befindliche mit dem geschätzten Zeitwert bewertet.
Quelle: EVCA-Datastream

- *Venture Capital* wird zunehmend nur noch für Finanzierungen im Hochtechnologiebereich und im Frühphasenbereich gebraucht.
- *Private Equity* entwickelt sich zum Oberbegriff für alle Arten von Kapitalbeteiligungen an nicht börsennotierten Unternehmen. Der Begriff grenzt sich vom *Public Equity* ab, worunter Anteile (Aktien) an öffentlich gehandelten Unternehmen verstanden werden.

14.2 Varianten der Beteiligungsfinanzierung

Nach *zeitlichen Phasen* der Finanzierung (zur Erklärung der Phasenabgrenzung siehe unten »Mile Stone Financing«) untergliedert man:
- *Seed-Finanzierung.* Finanzierung der Umsetzung einer Idee in verwertbare Resultate bis zum Geschäftskonzept für ein zu gründendes Unternehmen.
- *Start-Up-Finanzierung.* Gründungsfinanzierung.
- *Early Stage.* Summe aus Seed und Start-Up.
- *Expansion (Development Capital).* Wachstumsfinanzierung nach Erreichen des Break-Even-Points. Die Geldmittel werden z. B. zur Finanzierung von zusätzlichen Produktionskapazitäten, für Produktdiversifikation oder zur Marktausweitung und/oder für weiteres Working Capital verwendet.
- *Balanced.* Reifere Frühphasenunternehmen.
- *Venture.* Summe aus Early Stage, Expansion und Balanced
- *Bridge-Finanzierung.* Vorbereitung von Börsengängen. Finanzielle Mittel, die einem Unternehmen im Vorfeld eines Börsengangs zur Verfügung gestellt werden.

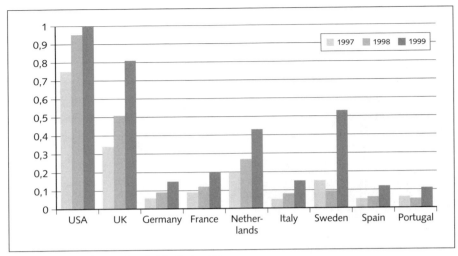

Abb. 14.4: Beteiligungskapital in % des BIP
Quelle: EVCA-Datastream

- *Public-to-Private (Going Private).* »Delisting« von börsennotierten Gesellschaften.
- *Turn Around.* Finanzierung von Unternehmen, die sich zur Überwindung von Schwierigkeiten im Rahmen einer Sanierung wieder aufwärts entwickeln sollen.

Die Phasen Seed und Start-up werden oft zusammenfassend als *Early-Stage-Finanzierung* bezeichnet. Die Early-Stage-Phase ist mit dem Start der Produktion und der Finanzierung des Markteintrittes abgeschlossen. Dann folgt die *Later-Stage-Finanzierung*, die Expansions-, Übernahme- oder Überbrückungsphasen abdeckt.

Nach dem *Empfänger* der Finanzierungsmittel unterscheidet man:
- *Direkte Finanzierung.* Geldfluss direkt an die zu finanzierende Unternehmung. Die Kapitalbeteiligungsgesellschaft (LBG) hält die Gesellschaftsanteile im eigenen Portefeuille.
- *Indirekte Finanzierung.* Geldfluss an eine andere Kapitalbeteiligungsgesellschaft, die ihrerseits das Geld an das eigentlich zu finanzierende Unternehmen weiterleitet (sogenannte Fund-of-Fund-Investitionen).

Nach der *Herkunft* der Unternehmen oder der Käufer und Verkäufer wird unterschieden:
- *Management-buy-out (MBO).* Unternehmensübernahme durch das vorhandene Management.
- *Management-buy-in (MBI).* Unternehmensübernahme durch ein externes Management.
- *Trade-Sale.* Veräußerung von Unternehmensanteilen an einen industriellen oder strategischen Investor.
- *Spin-Off.* Rechtliche Abspaltung von Unternehmens-/Konzernteilen.

- *Secondary Purchase.* Abkauf von Beteiligungen durch eine KBG von einer anderen KBG, z. B. weil die Finanzierungsphase beendet ist, auf die sich die abgebende KBG spezialisiert hat.

14.3 Anbietergruppen von Beteiligungskapital

Die Anbietergruppen unterscheiden sich im Wesentlichen durch die Merkmale ihrer Trägerschaft, d. h. durch ihren Gesellschafterhintergrund.

Captive Funds
Darunter versteht man KBGs, deren Träger Industrieunternehmen oder Banken/Versicherungen sind. KBGs von Industrieunternehmen (Corporate-Ventures) fungieren oft als »Window on Technology« für ihre Muttergesellschaften, um in einzelnen Technologiebereichen frühzeitig neue Trends aufgreifen und für sich nutzen zu können. Captive Funds verfolgen somit neben einer ertragswirtschaftlichen Ausrichtung auch andere Unternehmensziele in einer mehr oder weniger starken Ausprägung.

Öffentliche Kapitalbeteiligungsgesellschaften
Öffentliche KBGs betreiben die Beteiligungsfinanzierung i.d.R. zum Zwecke der Wirtschaftsförderung, um z. B. strukturschwachen Gebieten zur Ansiedlung von jungen Unternehmen zu verhelfen, oder um Hochtechnologieunternehmen in einer Region anzusiedeln; sie haben oft eine regionale, oder branchenspezifische Ausrichtung. Träger sind i.d.R. öffentlich-rechtliche Körperschaften.

Unabhängige Kapitalbeteiligungsgesellschaften (Independent Funds)
Dieses sind KBGs mit »unabhängigen« Gesellschafterteams. Independent Funds sind in der Regel ausschließlich auf Gewinnmaximierung ausgerichtet, was u. a. in der spezifischen Ausgestaltung der Organisation dieser KBGs, wie dem Auswahl-

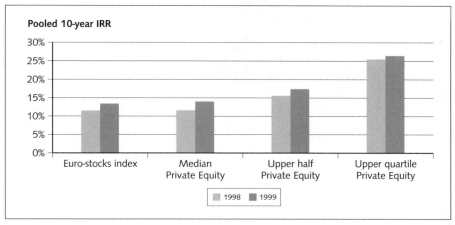

Abb. 14.5: Renditen ausgewählter Kapitalgesellschaften
Quelle: EVCA-Datastream

und Investmententscheidungsprozesses sowie der/dem (Grad der) Beteiligungsbetreuung, -controlling seinen Niederschlag findet. Das Management der Independent Funds wird in der Regel über Leistungsanreize (insbesondere variable und erfolgsabhängige Vergütungsregelungen) gesteuert, während Captive Funds in ihrem Verhältnis zu ihren Investoren – also den Muttergesellschaften – eher durch autoritäre Leitungsmerkmale (Gebote/Verbote) geprägt sind. Aufgrund des Wettbewerbs um qualifiziertes Managementpersonal ist jedoch auch bei Captive Funds eine steigende Bedeutung der erfolgsabhängigen Vergütungs-/Steuerungskomponente zu beobachten.

Die Abbildung 14.5 zeigt, dass die Kapitalbeteiligungsgesellschaften sehr unterschiedlich wirtschaften. Das oberste Viertel erreichte eine Rendite, die um gut 100 % über der des Durchschnitts lag.

14.4 Investoren in Beteiligungskapital

Die Abbildung 14.6 schlüsselt die Investoren nach Anteilen am Gesamtfinanzierungsvolumen auf. In Europa nehmen die Banken unter den Investoren in Beteiligungsfonds die dominierende Position ein. Es wird klar, dass den Pensionskassen mit Blick auf die Umstellung der Alterssicherungssysteme steigende Bedeutung zukommt.

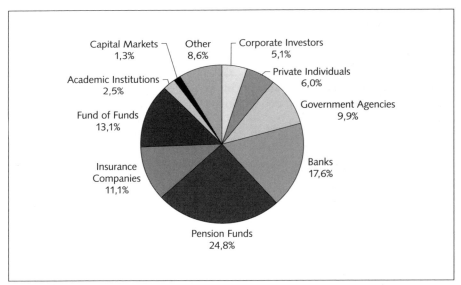

Abb. 14.6: Investoren in Private Equity/Venture Capital im Jahr 2005
Quelle: EVCA/Thomson Financial/PricewaterhouseCoopers

14.5 Organisatorische Aspekte

Es haben sich zwei Formen herausgebildet, die überwiegend angewandt werden.

14.5.1 Trennung von Fonds und Management

Die Regel ist eine Trennung von Fonds- und Managementgesellschaft, d.h. das Beteiligungskapital und dessen Management werden in unterschiedlichen Gesellschaften geführt.
- *Fondsgesellschaft*. Es wird eine Fondsgesellschaft gegründet, in die das verfügbare Beteiligungskapital (»Investorenkapital«) eingebracht wird. Die Fondsgesellschaft erwirbt die gewünschten Beteiligungen.
- *Management-Gesellschaft*. Es wird eine Management-Gesellschaft errichtet, die die Fondsgesellschaft führt. Sie erhält dafür jährlich ca. 2,5 % p.a. Management-Fee des gezeichneten Fondsvolumens und wird am Erfolg des Fonds – bisweilen erst nach Erreichen einer Mindestverzinsung des Investorenkapitals – beteiligt. Die Mindestverzinsung (Hurdle Rate) liegt i.d.R. zwischen 6 und 10 % IRR (Internal Rate of Return). Die Ertragsbeteiligung der Management-Gesellschaft liegt zwischen 15 und 25 % (Carried Interest) des erwirtschafteten Ertrages. Eine Management-Gesellschaft kann mehrere (Folge- oder Themen-) Fonds parallel betreuen.

14.5.2 Tochtergesellschaften

Captive Funds werden demgegenüber meist über Tochtergesellschaften geführt, d.h. Fonds- und Management-Gesellschaft sind identisch. Die Auslagerung des Beteiligungsfinanzierungsgeschäftes in eigenständige Tochtergesellschaften hat u.a. folgende Gründe:
- *Verlustabschottung*. Abschottung des Trägers von Verlusten, die das Beteiligungsfinanzierungsgeschäft vielleicht mit sich bringt.
- *Partneraufnahme*. Erleichterte Aufnahme von Partnern.
- *Profilbildung*. Etablierung eines eigenständigen Profils der KBG unabhängig vom Image und Profil des Trägers.
- *Haftung*. § 32a GmbH-Gesetz. Bei direkter Beteiligungsfinanzierung durch eine Bank besteht ggf. die Problematik, dass, wenn sie dem Beteiligungsunternehmen neben dem Beteiligungs(eigen)kapital Fremdkapital zur Verfügung stellt, diesem im Konkursfall des Beteiligungsunternehmens von den Gerichten »eigenkapitalersetzender« Charakter zugesprochen werden kann. Dies hätte zur Folge, dass die ursprünglich zur Besicherung des Fremdkapitals dienenden Vermögensgegenstände nicht herangezogen werden können, d.h., das durch die Bank zur Verfügung gestellte Fremdkapital würde wie Eigenkapital (das in der Regel »unbesichert« eingebracht wird) gewertet. Über geeignete Maßnahmen wie der Ausrichtung der konzerneigenen KBG nach dem Gesetz über Unternehmensbe-

teiligungsgesellschaften (UBGG) oder der gesellschaftsrechtlichen Einbindung von Partnern, die die Mehrheit an der dann nur noch »konzernnahen« KBG übernehmen, lassen sich diese Risiken vermeiden. Das UBGG eröffnet auch sogenannten »captive« KBGs, d. h. KBGs, deren Anteile mehrheitlich von einer Bank gehalten werden, die Befreiung von den Risiken des § 32a GmbHG.

14.6 Die Rolle der Banken im Kapitalbeteiligungsgeschäft

Mit Blick auf die Herkunft der Mittel lässt sich das Beteiligungsgeschäft der Banken in zwei Arten unterscheiden:
- Investition eigener Mittel,
- Betreuung und Investition von Finanzmitteln fremder Kapitalgeber.

Banknahe KBGs gehörten aufgrund der traditionellen Intermediärsrolle ihrer Muttergesellschaften im Finanzierungsprozess zu den Pionieren der Beteiligungsfinanzierung und stellen nach dem Volumen der bereitgestellten Mittel eine der stärksten Anbietergruppen (siehe oben).

Banken verfolgen im Beteiligungsfinanzierungsgeschäft im Wesentlichen folgende Ziele:
- *Renditeziele.* Durch Eingehen von Beteiligungen können Renditen erzielt werden, die im klassischen Kreditgeschäft nicht erreichbar sind. Nach EVCA-Statistik wurde im Zeitraum 1980 bis 2005 über alle Investitionsklassen hinweg eine Nettorendite von über 10 % erzielt. Laufende Ausschüttungen haben dabei i.d.R. eine untergeordnete Bedeutung. Die Rendite wird im Wesentlichen durch den beim Verkauf der Gesellschaftsanteile erzielten Kapitalzuwachs (Capital-Gain) erreicht.
- *Kundenbindung.* Beteiligungskapital wird von Universalbanken auch als Finanzierungsbaustein einer »integrierten Corporate-Finance«-Strategie angesehen, um durch Abdeckung der Finanzierungsbedürfnisse Kundenbindung zu erzielen.

14.7 Besteuerung von Veräußerungsgewinnen

Die Besteuerung von Veräußerungsgewinnen aus Beteiligungen hängt davon ab, wer die Beteiligung veräußert und an welcher Gesellschaftsrechtsform die Beteiligung bestand:

Veräußerung von Beteiligungen durch eine Kapitalgesellschaft
Veräußert eine Kapitalgesellschaft Beteiligungen an einer Kapitalgesellschaft, sind die Gewinne nach § 8b Abs. II KStG grundsätzlich steuerfrei. Werden dagegen von einer Kapitalgesellschaft Beteiligungen an einer Personengesellschaft veräußert, sind die Gewinne voll steuerpflichtig.

Veräußerung von Beteiligungen durch eine Personengesellschaft
Die Gewinne, die eine Personengesellschaft durch Verkauf von Beteiligungen an Kapitalgesellschaften erzielt, unterliegen dem Halbeinkünfteverfahren. Bestand die veräußerte Beteiligung an einer Personengesellschaft, unterliegt der Veräußerungsgewinn als laufender Ertrag voll der Besteuerung.

Veräußerung von Beteiligungen durch Privatpersonen
Wenn Privatpersonen Beteiligungen halten, liegt der Fall etwas anders. Die Veräußerung von Beteiligungen an Kapitalgesellschaften ist nur dann steuerpflichtig, wenn sie innerhalb der 12-monatigen Spekulationsfrist erfolgt (§ 23 Abs. 1 Nr. 3 EStG i.V.m. § 22 Nr. 2 EStG) oder wenn die Beteiligung innerhalb der letzten 5 Jahre unmittelbar oder mittelbar mindestens 1% war (§ 17 EStG). Die Besteuerung erfolgt in diesen Fällen nach dem Halbeinkünfteverfahren. Bestand die Beteiligung nicht an einer Kapitalgesellschaft, sondern an einer Personengesellschaft, stellt die Veräußerung der Beteiligung steuerlich eine (Teil)Unternehmensveräußerung dar. Auf die dabei erzielten Gewinne kann auf Antrag die sog. 1/5-Regelung angewendet werden (§§ 16 und 34 Abs. 1 EStG).

Hat die veräußernde Person das 55. Lebensjahr vollendet oder ist im sozialversicherungsrechtlichen Sinne dauernd berufsunfähig und überschreitet der Veräußerungsgewinn eine Höchstgrenze nicht (derzeit 5 Mio. EUR), kann der Veräußerungsgewinn auf Antrag alternativ einmalig mit dem halben Steuersatz – jedoch mindestens mit dem Eingangssteuersatz (2005: 15%) – besteuert werden (§§ 16 und 34 Abs. 3 EStG).

Das Damoklesschwert der Gewerbesteuer
Der Staat verändert immer einmal wieder die steuerliche Behandlung von Finanztransaktionen und greift damit erheblich in die Märkte ein. Mit der Umsatzbesteuerung von Goldgeschäften ist von einem Tag zum anderen das Geschäft mit Goldmünzen aus Deutschland vertrieben worden. Jetzt wird die Ausweitung der Gewerbesteuer auf Finanztransaktionen überlegt.

Vermögensverwaltung gilt bisher nicht als gewerbliche Tätigkeit, ist also gewerbesteuerfrei. Damit soll eine Doppelbesteuerung von Vermögenserträgen vermieden werden. Dieser eherne Grundsatz steht zur Disposition: Der deutsche Finanzminister überlegt, das Geschäft von Beteiligungsfonds soweit diese Beteiligungen von mehr als 25% des Gesellschaftskapitals von Unternehmen halten, als gewerbliche Tätigkeit einzuordnen. Auf Veräußerungsgewinne dieser Beteiligungen müsste dann Steuer gezahlt werden. Betroffen wären alle Institutionen, die zur Zeit als vermögensverwaltende Gesellschaften Beteiligungen für private Geldgeber verwalten, Pensionskassen, gemeinnützige Stiftungen u.a. Bei ausländischen institutionellen Anlegern würde eine fiktive Betriebsstätte in Deutschland unterstellt, die gewerbesteuerpflichtig wäre.

Beteiligungen in Bankbilanzen
Wenn man in die Bilanzen von Banken blickt, dann stößt man an verschiedenen Stellen auf Beteiligungen an anderen Unternehmen. Es lassen sich unterteilen:

- *Aktien und andere Beteiligungen des Handelsbestandes.* Zweck: kurzfristige Renditeerzielung durch Trading.
- *Aktien und andere Beteiligungen der Beteiligungsfinanzierung.* Überwiegendes Motiv: Renditeerzielung auf mittlere Sicht nach Weiterentwicklung des Beteiligungsunternehmens. Renditerealisierung durch Verkauf der Beteiligung.
- *Strategische Beteiligungen.* Langfristige unternehmensstrategisch begründete Absichten zur Sicherung von Absatzmärkten, Knowhow etc. Ein Verkauf der Beteiligungen ist nicht beabsichtigt.
- *Tochtergesellschaften.* Ein weltweiter Bankkonzern besteht typischerweise aus einer Vielzahl von Gesellschaften, die formal alle Beteiligungen des Mutterunternehmens sind. Es versteht sich, dass man hier nicht von Beteiligungsunternehmen im Sinne dieses Kapitels sprechen kann.

Nur der zweite Punkt fällt unter die Beteiligungsfinanzierung dieses Kapitels.

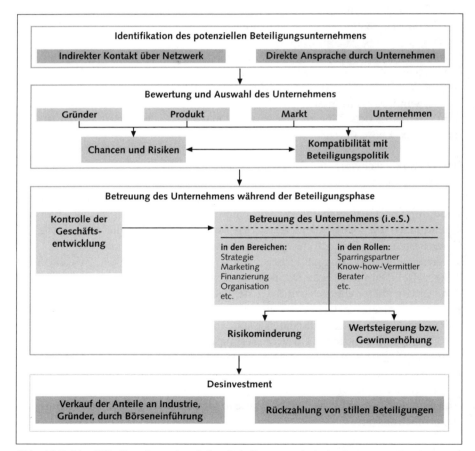

Abb. 14.7: Identifikation des potenziellen Beteiligungsunternehmens

14.8 Die Arbeitsweise von Kapitalbeteiligungsgesellschaften

Die Wertschöpfungskette zeigt den Ablauf der wichtigsten Schritte im Prozess der Beteiligungsfinanzierung auf:

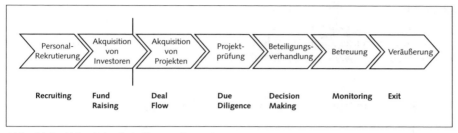

Abb. 14.8: Ablauf der Beteiligungsfinanzierung

14.8.1 Recruiting

Dem Management-Team der KBG kommt für dessen Erfolg entscheidende Bedeutung zu, da es in der Lage sein muss, mit einem überschaubaren Aufwand aus einer Vielzahl von Beteiligungsmöglichkeiten erfolgversprechende Geschäftskonzepte herauszufiltern und im weiteren Verlauf den betreuten Beteiligungsunternehmen Managementunterstützung zu leisten (Added-Value).

Beteiligungsmanager sollten neben finanzwirtschaftlichem Know-how vor allem über branchenspezifische Kenntnisse verfügen, die es ihnen ermöglichen, den erwarteten Added-Value auch wirklich zu leisten. Sie müssen komplexe Situationen aufgrund ihres Erfahrungshintergrundes in effizienter und effektiver Weise verarbeiten. Der Beteiligungsmanager muss darüber hinaus über kommunikative Fähigkeiten verfügen, um in der Lage zu sein, in den Informationsprozess der Beteiligungsunternehmen eingebunden zu werden. Er bewegt sich im Spannungsfeld verschiedener fachlicher Anforderungen und hat die wichtige Rolle eines Mittlers zwischen den »Stakeholdern«. Er sollte daher eher ein Generalist sein, der sich auf Basis seines Grundlagenwissens von Fall zu Fall spezialisieren kann.

Beteiligungsmanager betreuen durchschnittlich 5–8 Unternehmensbeteiligungen, wobei sie die einzelnen Projekte in der Regel bis zum Exit über eine Zeitspanne von 2–5 Jahren begleiten. Sie widmen durchschnittlich zirka 40% ihrer Arbeitszeit der Auswahl und dem Abschluss neuer Projekte; 40% der Betreuung von Beteiligungsunternehmen und ca. 20% sonstigen Aufgaben, wie dem weniger häufigen Beteiligungsverkauf oder KBG-internen Maßnahmen (Marketing etc.).

Added-Value
Added-Value besteht in einem mehr oder weniger stark ausgeprägten Begleitungsumfang des Beteiligungsunternehmens. Die Bandbreite der Unterstützung erstreckt sich hierbei über eher
- passive Begleitungs- und Kontrollmaßnahmen (Hands-off-Support; Anbahnung von Geschäftskontakten, Präsenz in Beiratsgremien) bis zum

- aktiven Eingriff in das »operative« Geschäft des Beteiligungsunternehmens (Hands-on-Support, Eingriff in die bzw. Übernahme der Geschäftsführung).

Der Umfang der Einbringung des Beteiligungsmanagers in die Beteiligungsprojekte ist u. a. von der Strategie der KBG (Spezialisierungs- versus Diversifikationsstrategie) und ihrer phasenspezifischen Ausrichtung (Early Stage vs. Later Stage) abhängig. Frühphasenprojekte sind in der Regel betreuungsintensiver. Breit diversifizierte KBGs können weniger tief gehende Unterstützung leisten. In Krisenzeiten nimmt der Betreuungsaufwand für das Beteiligungsunternehmen erheblich zu.

14.8.2 Akquisition von Investoren/Fund Raising

Die Einwerbung von Investitionsmitteln steht in direktem Zusammenhang mit dem Gesellschafterhintergrund der KBG.
- *Captive Funds* oder Corporate-Ventures werden in der Regel durch ihre Muttergesellschaft teilweise oder ganz finanziert und müssen in einer mehr oder weniger starken Ausprägung neben ertragswirtschaftlichen auch andere Ziele in ihrer Investitionspolitik berücksichtigen.
- Die von der *öffentlichen Hand* finanzierten KBGs erhalten die Finanzmittel durch Zuweisungen aus öffentlichen Haushalten nach haushaltsrechtlichen Gegebenheiten.
- Die *Independent Funds* erhalten ihre Finanzmittel von privaten Investoren. Dies können institutionelle Investoren oder Privatpersonen aus dem In- oder Ausland sein.

Für die Einwerbung von Investoren gibt es dem Grundsatz der Vertragsfreiheit folgend keine besonderen gesetzlichen Regeln. Es hat sich aber am Markt ein mehr oder weniger standardisiertes Verfahren herausgebildet.

Memorandum
Zunächst wird ein Private-Placement-Memorandum erstellt. Dieses Memorandum ist ein Prospekt, das die geplante Investitionspolitik des Fonds, insbesondere die Kriterien, nach denen Investitionsentscheidungen gefällt werden, erläutert. Daneben wird die Struktur des Fonds in rechtlicher und steuerlicher Hinsicht dargestellt. Es gibt keine Prospekthaftung wie bei öffentlichen Angeboten. Investoren haben aber Schadensersatzansprüche, wenn Zusicherungen später nicht eingehalten werden.

Vertrieb
Nach Fertigstellung des Memorandums beginnt die Kundenansprache. Üblich ist die Direktansprache über eigene Kontakte oder die Einschaltung von Vertriebsgesellschaften und spezialisierten »Fundraisern«, sogenannte Placement Agents. KGBs von Großbanken akquirieren Investoren oftmals über das Filialnetz der Mutter, kleinere KBGs in der Regel über Fundraiser. Für die Vermittlung von Investoren wird eine Placement Fee von ca. 2 % des eingeworbenen Fondsvolumens verlangt.

Closing

Hat die Management-Gesellschaft das anvisierte Kapitalvolumen akquiriert, dann erklärt sie das Final-Closing des Fonds. Weitere Investoren werden dann nicht mehr zugelassen. Der Closing-Prozess kann stufenweise erfolgen.

Einzahlung

Die Einzahlung des Fondskapitals durch die Investoren erfolgt meist nicht in einer Summe, sondern in Tranchen (Draw Downs) je nachdem, wie es der Management-Gesellschaft gelingt, Projekte zu finden, in die das Kapital fließen soll. Es ist nicht Ziel der Management-Gesellschaft, liquide Mittel zu verwalten (Verwaltungskosten, geringe Rendite). Außerdem haben die Investoren über das anfängliche Zurückhalten der Mittel die Möglichkeit, die ordnungsgemäße Fondsverwaltung zu kontrollieren. Treten Unregelmäßigkeiten auf, kann beispielsweise der nächste Draw Down verweigert werden.

14.8.3 Akquisition von Projekten/Deal-Flow

Wie kommt nun eine KBG an Projekte heran, die sich zu finanzieren lohnen?
- *Deal-Flow.* Als Deal-Flow bezeichnet man den Strom von Projektvorschlägen, die eine Kapitalbeteiligungsgesellschaft erreichen.
- *Screening.* Screening ist das systematische aktive Eruieren finanzierungswürdiger Projekte.

Der Deal-Flow speist sich im Allgemeinen aus folgenden Quellen:
- *Direkte* Kontaktaufnahme interessierter Unternehmen, initiiert durch die Reputation der KBG. Die KBG bleibt passiv, wenn man von den Maßnahmen zum Reputationsaufbau absieht.
- *Netzwerk.* Indirekte Kontaktaufnahme über das Netzwerk der KBG (Multiplikatoren, andere KBGs, Muttergesellschaft etc.).
- *Auktion.* Teilnahme an »Auktionsverfahren«, in denen Beteiligungsprojekte interessierten KBGs vorgestellt werden und diese (teilweise entsprechend vorgegebener Kriterien; Unternehmensbewertung etc.) Gebote abgeben können.

Der Generierung eines qualitativ hochwertigen Deal-Flows kommt unter den strategischen Erfolgsfaktoren der KBGs erhebliche Bedeutung zu, da sich hierdurch der Aufwand für das Screening (Projektauswahl) und die spätere Prüfung (Due Diligence) beteiligungswürdiger Projekte erheblich reduzieren lässt. Beteiligungsmanager bekommen im Schnitt jährlich mehrere Hundert Beteiligungsanfragen zur Prüfung vorgelegt. KBGs können über Werbung in Fachzeitschriften oder Informationsveranstaltungen ihre grundsätzliche strategische Ausrichtung dem Markt mitteilen und so Signale geben, welche Art von Beteiligungsprojekten für sie interessant sind. In diesem Zusammenhang weist eine (Branchen-)Spezialisierung gegenüber einer breit auf Diversifikation angelegten Beteiligungsstrategie Wettbewerbsvorteile auf, um interessante Projekte zu attrahieren. Daneben hat es sich bewährt, ein Netzwerk sogenannter »Multiplikatoren« (Unternehmensberater,

Wirtschaftsprüfungsgesellschaften, Banken, andere KBGs etc.) aufzubauen, um vom Deal-Flow der Netzwerkteilnehmer zu profitieren.

KBGs versuchen, den direkten Wettbewerb um Beteiligungsprojekte mit anderen Eigenkapitalgebern (KBGs etc.) zu vermeiden, da sich der hierdurch ergebende Verhandlungsdruck in der Regel nachteilig auf die Ausgestaltung der Beteiligungskonditionen (Preis, Mitspracherechte etc.) auswirkt. Daher ist es wichtig, durch ein entsprechendes Signalling (Image, Herausstellen des Added-Value der KBG) frühzeitig vor anderen KBGs in Kontakt mit beteiligungswürdigen Unternehmen zu gelangen.

Durch Vorträge bei Industrie- und Handelskammern oder durch Beteiligung an Business-Plan-Wettbewerben kann versucht werden, den Markt beteiligungswürdiger Projekte systematisch zu eruieren, um möglichst frühzeitig von interessanten Projekten zu erfahren.

14.8.4 Projektprüfung/Due Diligence

Nachdem beteiligungswürdige Projekte gefunden wurden, beginnt die Projektprüfung. Die Projektprüfung gehört mit zu den Herzstücken der Beteiligungsfinanzierung: Gute Projekte, die durch das Raster fallen, bedeuten entgangene Gewinne. Schlechte Projekte, die unzureichend geprüft werden, schmälern die Fondsrendite. Intensive Projektprüfungen haben schließlich erhebliche Kosten zur Folge.

Die Abbildung 14.9 zeigt den typischen Ablauf einer Beteiligungsprüfung. Der Beteiligungsentscheidungsprozess muss jedoch nicht immer streng sequenziell angelegt sein. Einzelne Prüfungsschritte können simultan ablaufen, oder es kann erforderlich sein, den Prozess bei Nichterfüllung einzelner Kriterien revolvierend zu gestalten und einzelne Phasen erneut zu durchlaufen. Von der Kontaktaufnahme bis zum Vertragsabschluss können in Abhängigkeit vom Informationsstand, der eine Beteiligungsentscheidung ermöglicht, mehrere Wochen bis Monate vergehen.

Elemente des Informations- und Entscheidungsprozesses (IEP)					
Prüfung der Beteiligungswürdigkeit			Gestaltung der Beteiligung/ Verhandlung	Auswahl des Beteiligungsnehmers	Vollzug der Beteiligung – Vertragsabschluss	Permanente Überwachung des Engagements
Kontakt	Grob-analyse	Detail-analyse				
Entscheidungsvorbereitung			Entscheidungsfindung	Realisation	Kontrolle
Pre-Investitionsphase				Post-Investitionsphase	
Beurteilungs- und Auswahlfunktion der KBG				Betreuungs-funktion	

Abb. 14.9: Elemente des Beteiligungsentscheidungsprozesses

Grobanalyse

In der Grobanalysephase werden Beteiligungsprojekte zeitnah anhand der die »Beteiligungsstrategie bzw. -politik« der KBG determinierenden Auswahlkriterien hinsichtlich ihrer Beteiligungswürdigkeit geprüft. Hierbei kann bereits die Nichteinhaltung eines Kriteriums (insbesondere Renditeerwartung) zu einer Ablehnung des Projektes führen.

Typische Kriterien bei der Auswahl von Projekten während der Grobanalyse sind:
- Industrie-/branchenspezifische Ausrichtung,
- Regional-/landesspezifische Ausrichtung,
- phasenspezifische Ausrichtung (z. B. Spezialisierung auf Frühphasenprojekte),
- angestrebtes Beteiligungsvolumen (absolut und relativ in % des Gesellschaftskapitals, Minder- oder Mehrheitsbeteiligung),
- Beteiligungsart (Direkte/Stille Beteiligung),
- Renditeerwartung und
- angestrebte Einflussnahme auf die Geschäftsentwicklung.

Detailanalyse

Im Rahmen der Detailanalyse, die bereits mit erheblichen Kosten verbunden sein kann, wird der Beteiligungsnehmer auch unter Hinzuziehung externer Spezialisten in den unterschiedlichsten Segmenten der Unternehmensebene untersucht. In der Regel wird der Due-Diligence-Prozess in folgende Bereiche zerlegt:
- *Legal-Due-Diligence.* Analyse der Unternehmensverträge, Patente, mögliche Haftungs-, Gewährleistungsansprüche.
- *Insurance-Due-Diligence.* Analyse möglicher versicherungstechnischer Risiken.
- *Management-Due-Diligence.* Analyse der Beziehung zwischen Organen des Zielunternehmens.
- *Technical-Due-Diligence.* Untersuchung der technischen Realisierungsfähigkeit der entwickelten Technologie bzw. des entwickelten Produktes.
- *Commercial-Due-Diligence.* Untersuchung des Wettbewerbs-, Marktumfelds.
- *Tax-Due-Diligence.* Analyse der steuerlichen Situation; Steuerbescheide, latente Steuern, Steuerguthaben etc.
- *Financial-Due-Diligence.* Analyse der Jahresabschlüsse, Geschäfts-(plan)-zahlen.

Die Abbildung 14.10 gibt die Selektionsrate im Beteiligungsentscheidungsprozess wieder und macht deutlich, welcher Aufwand bis zum Abschluss eines beteiligungswürdigen Projektes seitens der KBG betrieben werden muss. Hier wird auch die Bedeutung eines qualitativ hochwertigen Deal-Flows ersichtlich, da sich auf diese Weise die Prüfungskosten in erheblichem Maße reduzieren lassen.

Obwohl ausreichend Kapital zur Finanzierung von Beteiligungsprojekten zur Verfügung steht, werden Engagements nur in eingeschränktem Maße vorgenommen. Im Jahr 2005 z. B. war das vom Bundesverband BVK erfasste Fondsvolumen deutscher Kapitalbeteiligungsgesellschaften von 54,2 Mrd. Euro nur zu 40 % investiert. Ein wesentlicher Grund für das zurückhaltende Investitionsverhalten liegt in den Problemen der zukunftsorientierten Risiko- und Erfolgsbewertung von Unternehmen. Die Erfolgsbeurteilung erfordert Prognosen von zahllosen Einflussfakto-

256 Beratungs- und Finanzierungsgeschäfte

Phase	Entscheidungsprozess	Anzahl in %
1. Grobanalyse	Eingegangene Projektanfragen	100%
	Projekte, die innerhalb von zwei Wochen abgelehnt werden	60%
	Projekte, die nach telefonischen Erkundigungen abgelehnt werden	25%
2. Detailanalyse	Projekte, die im Detail analysiert werden	15%
	Projekte, die im Laufe dieser Phase abgelehnt werden	7%
3. Beteiligungsverhandlungen	Projekte, bei denen ernste Beteiligungsverhandlungen geführt werden	8%
	Projekte, bei denen ein Angebot formuliert wird	4%
4. Vertragsabschluss	Projekte, in die letztlich investiert wird	2%

Abb. 14.10: Selektionsrate im Entscheidungsprozess

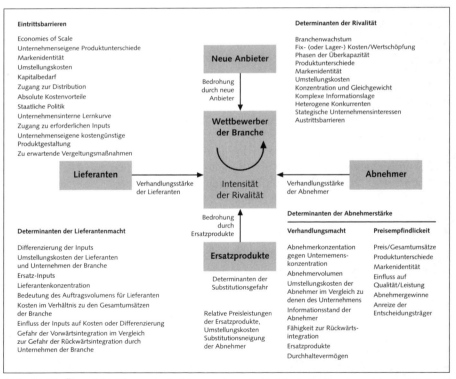

Abb. 14.11: Übersicht über entscheidungsrelevante Erfolgskriterien des wirtschaftlichen Umfeldes des Beteiligungsunternehmens

ren wie beispielsweise dem Innovationsgrad des Produktes, dem Marktrisiko oder dem »Human Factor« mit so hohen Unsicherheitsgraden, dass aufgrund der eingeschränkten Möglichkeiten der Risikoeinschätzung Beteiligungen häufig abgelehnt werden.

Kapazitätsmangel des Beteiligungsmanagers, Voreingenommenheit und Beeinflussbarkeit stellen Begrenzungen des erreichbaren Rationalitätsgrades dar. Subjektiven Faktoren wie Intuition und Erfahrung kommt daher in der Praxis ein hohes Gewicht zu. Da Beteiligungsmanager aber trotz »begrenzter Rationalität« Entscheidungen treffen müssen, versuchen sie, durch die Strukturierung des Auswahlprozesses den vorgenannten Unzulänglichkeiten Rechnung zu tragen.

14.8.5 Geschäftskonzept/Business-Plan

Um sich einen Eindruck von dem Potenzial des Beteiligungsunternehmens zu bilden, wird der Beteiligungsmanager stets einen Geschäftplan (Business-Plan) anfordern. Ein Business-Plan sollte Auskunft zu folgenden Themenbereichen geben:
- Unternehmen (interne Abläufe, Informationssysteme, Controlling),
- Produkt und verwendete Technologie,
- Unternehmer und Management-Team und
- Markt und Wettbewerbssituation.

Neben verbalen Erläuterungen muss der Business-Plan einen Zahlenanhang enthalten, der die Gewinn- und Verlustrechnungen, Bilanzen sowie Cash-Flow-Projektionen für drei bis fünf Planjahre umfasst.

Die Planzahlen des Business-Planes sind die Basis für die Einstiegsbewertung der KBGs. Die Planungsprämissen werden daher von den Beteiligungsmanagern eingehend hinsichtlich ihrer Plausibilität geprüft.

Zur Unternehmenswertermittlung werden u. a. folgende Methoden herangezogen:
- Substanzwert,
- Multiplikatorenmethode
- Etragswertmethode und
- Discounted-Cashflow-Methode.

Diese Methoden werden an anderer Stelle in diesem Buch ausführlich behandelt. Es sei darauf hingewiesen, dass die erwarteten Verkaufserlöse den Wert der Beteiligungsunternehmen erheblich beeinflussen. Die detaillierte Überprüfung der Exitmöglichkeiten ist daher schon in der frühen Bewertungsphase ein unentbehrlicher Analyseschritt.

Um den Unwägbarkeiten der in der Zukunft liegenden Entwicklungsmöglichkeiten Rechnung zu tragen, werden oft
- *verschiedene Bewertungsmethoden* verwendet (meist verschiedene Multiplikatoren plus DCF) und daraus ein mittlerer Wert berechnet,
- *Szenarioanalysen* angefertigt und die zugrunde liegenden Planungsprämissen in »Best-«, »Real-« und »Worst«-Case-Simulationen verändert.

Gestaltung eines Business-Plans	
Executive Summery	Zusammenfassung der wichtigsten Argumente und Finanzdaten
Ist-Daten	Unternehmensgegenstand
	Rechtsform, Standort
	Produkt- und Leistungsangebot
	Schlüsselpersonal, Lebensläufe
Plan-Daten	Unternehmensphilosophie

	Marketing- und Vertriebsplanung incl. Wettbewerbsanalyse
	   Produktgestaltung
	   Kommunikationspolitik
	   Preispolitik
	   Distributionspolitik

	Finanzierungsplanung
	   Investitionsplan, Kapitalbedarfsplan
	   Finanzierungsplan
	   Liquiditätsplan
	   Planbilanzen und Planerfolgsrechnungen

Resümee	Abschließendes Urteil

PRAXISFALL

Preisfindungspolitik im Konjunkturverlauf

Da sich auch am Markt für Beteiligungskapital der Preis des Beteiligungsengagements an Angebot und Nachfrage ausrichtet, kann eine konservative Bewertung in »Übertreibungsphasen« dazu führen, dass KBGs nicht zum Beteiligungsabschluss kommen. In einem durch Kapitalüberhang und »Übertreibungen« geprägten Wettbewerbsumfeld können sich KBGs daher veranlasst sehen, von langjährigen Durchschnittsbewertungsansätzen abzuweichen. Dieses Verhalten birgt, wie bei der seit 2000 zu beobachtenden Konsolidierung an den Technologiebörsen zu sehen, jedoch ein nicht unbeachtliches Risiko, da »überpreiste« Beteiligungsprojekte nach einer Marktberuhigung nur gegen Inkaufnahme niedrigerer Bewertungen Anschlussfinanzierungen und Exitmöglichkeiten finden.

PRAXISFALL

Wertermittlung und Anteilsberechnung (vereinfachte Darstellung)

Wie sieht der Zusammenhang zwischen a) Wertermittlung des Unternehmens, b) der Höhe der Kapitaleinlage durch die KBG und c) der Zahl geforderter Anteile am Unternehmen aus? Dies sei an einem Beispiel erläutert:

- Angenommen eine KBG erwarte eine interne Soll-Rendite von 25 %.
- Ein Beteiligungsunternehmen habe einen Eigenkapitalbedarf von 4 Mio. Euro.
- Das Beteiligungsunternehmen werde Post Money mit 10 Mio. Euro bewertet. Post Money bedeutet, dass der Wert des Unternehmens so berechnet wurde, dass die Kapitalinjektion von 4 Mio. Euro in den Wert eingerechnet wurde.
- Der geplante Veräußerungszeitpunkt sei 5 Jahre später.
- Ausschüttungen werden bis zum Veräußerungsgewinn nicht erwartet.
- Für den Exitzeitpunkt in t_5 wird ein Unternehmenswert von 30,52 Mio. Euro erwartet.

Wie viele Anteile benötigt die Kapitalbeteiligungsgesellschaft nun in t_0 für die Einlage von 4 Mio. Euro?

Bei einer erwarteten internen Rendite von 25 % möchte die KBG in t_5

$\qquad$ 4 Mio. Euro $\cdot 1{,}25^5 = 12{,}21$ Mio. Euro

erlösen. 12,21 Mio. Euro entsprechen bei einem erwarteten Unternehmenswert zum Exitzeitpunkt von 30,52 Mio. Euro einem Anteil von

$\qquad$ 12,21 Mio. Euro/30,52 Mio. Euro = 40 %

Die KBG wird also für die Kapitaleinlage 40 % der Anteile der Gesellschaft fordern. Fordert sie weniger, kann sie ihre Renditezielvorgabe von 25% IRR nicht erreichen.

14.8.6 Beteiligungsverhandlung: Anreizstrukturen

Obwohl die KBG die Möglichkeit hat, das Beteiligungsunternehmen einer eingehenden Prüfung zu unterziehen, ergeben sich u.a. durch die Unsicherheit über das zukünftige Verhalten der Unternehmensführung Unwägbarkeiten, die sich auf die Qualität der bereitgestellten Informationen auswirken können. So besteht beispielsweise für den Unternehmer der Anreiz, sein Unternehmen besser darzustellen als es in Realität ist, bzw. Risiken und Schwächen zu verheimlichen, um einen höheren Kaufpreis zu erzielen. Um diesem Verhalten entgegenzuwirken und damit zumindest subjektiv wahrheitsgemäße Informationen von dem Beteiligungsnehmer zu erhalten, muss die KBG Anreize für ein »faires« Verhalten schaffen. In diesem Zusammenhang kann versucht werden, vertragliche Regelungen zu implementieren, die dazu führen, dass eine absichtliche Benachteiligung der KBG durch den Beteiligungsnehmer letztendlich zu dessen eigenen Lasten geht. Folgende Maßnahmen sind üblich:

Eigenfinanzierung statt Fremdfinanzierung
Gegenüber der Fremdkapitalfinanzierung eröffnen die mit der Bereitstellung von Eigenkapital verbundenen Rechte bessere Möglichkeiten zur Ausgestaltung der Mitsprache- und Kontrollmöglichkeiten.

Performanceabhängige Anteilskorrektur
Hierbei wird festgelegt, dass in Abhängigkeit von der geschäftlichen Entwicklung des Beteiligungsunternehmens eine Anteilskorrektur erfolgt. Übertrifft das Beteiligungsunternehmen die der Unternehmensbewertung der KBG zum Einstiegszeitpunkt zugrunde gelegten Geschäftsplanung, erhält der Unternehmer/Mitgesellschafter von der KBG (bisweilen unentgeltlich) Geschäftsanteile übertragen. Unterschreitet er die Vorgaben, muss er im Gegenzug Anteile an die KBG abgeben. Der Unternehmer wird sich in der Praxis jedoch nur bis zu einem gewissen Schwellenwert auf die Abgabe von Anteilen einlassen. Durch diese Maßnahme besteht für den Unternehmer bereits in der Verhandlungsphase ein Anreiz, möglichst realistisch zu planen, möchte er vermeiden, ex post für zu optimistische Planvorgaben bestraft zu werden. Neben der Motivationskomponente für den Unternehmer eröffnet diese Maßnahme der KBG die Möglichkeit, im Falle einer nachteiligen Unter-

nehmensentwicklung ex post zumindest eine teilweise Kompensation für eine möglicherweise überhöhte Einstiegsbewertung zu erhalten.

Stufenweise Mittelbereitstellung (Milestone-Financing)

KBGs können entsprechend dem Erreichen von Planvorgaben (Milestones) eine stufenweise Freigabe der Beteiligungsmittel vereinbaren, wobei der Betrag mit jeder Finanzierungsrunde steigt. Der gerade investierte Teilbetrag sollte ausreichen, das Beteiligungsunternehmen in den nächsten Entwicklungsschritt zu führen, bevor es erneut Kapital benötigt. Die Mehrperiodenbetrachtung hat zur Folge, dass opportunistischem Verhalten (u. a. unkontrollierte Investition der gesamten Mittel) vorgebeugt wird.

Kombination von Direktbeteiligung und Mezzanine-Kapital

Es kann vereinbart werden, dass die KBG nur einen Teilbetrag direkt in das Kapital des Beteiligungsunternehmens begibt, während die Restsumme als Mezzanine-Kapital zur Verfügung gestellt wird. Als Mezzanine-Kapital werden hybride Finanzierungsmittel bezeichnet, die Fremdkapital- und Eigenkapitalelemente enthalten. Üblich sind Stille Beteiligungen oder Convertible Bonds. Mezzanine-Kapital muss laufend verzinst werden. Es kann mit dem Erreichen vereinbarter »Milestones« in Direktkapital gewandelt werden.

Finanzielles Engagement des Managements

Durch den Einsatz »eigener Mittel« signalisiert der Unternehmer Zuversicht in die Entwicklung seiner Gesellschaft. Eine KBG sollte darauf dringen, dass sich der Unternehmer/das Management substanziell – und das heißt bis zur »subjektiven Schmerzgrenze« – finanziell engagiert. Eine übermäßige Belastung kann jedoch auch kontraproduktiv wirken, da sie eine Tendenz zur Risikovermeidung nach sich ziehen kann.

Monitoring und Einflussnahme auf die geschäftliche Entwicklung

Um die Möglichkeit zu haben, Fehlentwicklungen frühzeitig zu erkennen, sollte eine regelmäßige Berichterstattung zur geschäftlichen Entwicklung des Beteiligungsunternehmens etabliert werden (Monitoring). Darüber hinaus ermöglicht eine Präsenz in den Beiratsgremien des Beteiligungsunternehmens der KBG auf strategische Entwicklungen Einfluss zu nehmen und zeitnah über wichtige geschäftspolitische Entscheidungen informiert zu werden.

14.8.7 Beteiligungsbetreuung: Value Added

Das Beteiligungsfinanzierungskonzept verbindet die Finanzmittelbereitstellung mit der Komponente der Managementunterstützung. Hierdurch setzt sich die Beteiligungskapitalfinanzierung von der klassischen Dienstleistung eines passiven Finanzintermediärs ab.

Nach der Intensität der Betreuungstätigkeit unterscheidet man:
- *Hands-on.* Die KBG unterstützt das gesamte Spektrum unternehmerischer Tätigkeit mit Beratung und Know-how-Transfer in den Bereichen Produktentwicklung, Strategie/Planung, Finanzierung, Marketing, Vertrieb, Personalentwicklung.
- *Hands-off.* Keine Managementunterstützung.
- *Semi-active-Support.* Mittlere Unterstützungsintensität oft nur in einzelnen ausgewählten betriebswirtschaftlichen Funktionen.

Der Intensitätsgrad hängt von den Problemen und dem Unterstützungsbedarf des Beteiligungsunternehmens ab; des Weiteren spielen Kosten-Nutzen-Überlegungen eine Rolle. Übergreifendes Ziel der Betreuung ist es, die Unternehmensentwicklung zu beschleunigen, da Kosten und Dauer der Planungsverwirklichung den Kapitalbedarf und das Risiko maßgeblich bestimmen. Über die Betreuung und Begleitung der Beteiligungsunternehmen versucht die KBG, das Risiko ihrer Beteiligung durch die Einbindung in den Informationsfluss zu reduzieren und zur Wertsteigerung – z. B. über die Anbahnung von Geschäftskontakten – des Beteiligungsunternehmens beizutragen. Der Umfang der Einbindung und der Einflussnahme reicht entsprechend der strategischen Ausrichtung der KBG von der Präsenz in den Beiratsgremien der Gesellschaft bis hin zur aktiven Mitwirkung in der Geschäftsführung des Beteiligungsunternehmens.

14.8.8 Beteiligungsveräußerung/Exit

Für die Rendite im Beteiligungsfinanzierungsgeschäft spielt der Veräußerungserlös der Beteiligung die entscheidende Rolle. Grundsätzlich bestehen folgende Exitvarianten:
- *Going Public.* Durch eine Platzierung des Beteiligungsunternehmens am institutionalisierten Kapitalmarkt wird die Fungibilität der zuvor gering liquiden Beteiligung erhöht. Für die KBG besteht hierbei die Möglichkeit, im Zuge oder in der Folge des Börsengangs ihre Beteiligung ganz oder teilweise abzuschichten.
- *Trade-Sale.* Hier eröffnet sich für die KBG im Zuge des Verkaufs von Teilen oder des gesamten Beteiligungsunternehmens an einen Industrie- oder strategischen Investor die Möglichkeit zur Veräußerung ihrer Beteiligung.
- *Buy-Back.* Hierunter wird der Verkauf der Beteiligung der KBG an die Mitgesellschafter, i.d.R. den Hauptgesellschafter verstanden. Im Vergleich zu den anderen Exitkanälen sind hier aufgrund der in der Regel eingeschränkten Finanzierungsmöglichkeiten der Gesellschafter die relativ niedrigsten Verkaufserlöse zu erwarten.
- *Secondary-Purchase.* Hierunter wird der Verkauf der Beteiligung der KBG an eine andere KBG bzw. an einen Finanzinvestor verstanden. So kann etwa eine auf Early-Stage-Finanzierungen spezialisierte KBG ein Unternehmen an eine auf Later-Stage-Finanzierungen spezialisierte KBG weiterveräußern.

Aufgaben zur Lernkontrolle
1. Welche Gruppen treten als Anbieter von Beteiligungskapital auf und welche Ziele verfolgen sie?
2. Grenzen Sie die zeitlichen Phasen der Beteiligungsfinanzierung voneinander ab.
3. Was versteht man im Rahmen der Beteiligungsfinanzierung unter Value Added.
4. Welchen Anteil am Beteiligungsunternehmen muss eine KBG bei Einlage von 5 Mio. Euro (Unternehmenswert nach Einlage 15 Mio. Euro) fordern, wenn eine interne Rendite von 20 % erreicht werden soll, und das Unternehmen nach 3 Jahren für 24 Mio. Euro veräußert werden kann?

Literatur

Schüppen, M./Ehlermann, C. (2000): Corporate Venture Capital, Köln.
Stadler, W. (Hrsg.) (1999): Beteiligungsfinanzierung, 2. Aufl., Wien.
Weimerskirch, P. (2000): Finanzierungsdesign bei Venture-Capital-Verträgen, 2. Aufl., Wiesbaden.
Weitnauer, W. (Hrsg.) (2007): Handbuch Venture Capital, 3. Aufl., München.

15 Structured Finance*

> **LERNZIELE**
> - Structured Finance definieren.
> - Structured-Finance-Produkte von Standardprodukten abgrenzen.
> - Die Probleme der Filmfinanzierung nennen.
> - Den Filmfonds als Finanzinstrument beschreiben.
> - Vorteile des Filmfonds gegenüber Standardprodukten erläutern.

15.1 Überblick und Einführung

Structured Finance gehört zu den interessanten und lukrativen Geschäftsbereichen der Investmentbanken. Das weckt Interesse, und entsprechend viele Abteilungen in den Investmentbanken bekennen sich zu diesem Gebiet und bezeichnen ihre Produkte als Structured-Finance-Produkte. Darüber, was unter Structured Finance zu verstehen ist, gehen die Meinungen jedoch auseinander.

Die folgenden drei Abgrenzungen sind verbreitet:

> **DEFINITION**
> Structured Finance ist:
> - die Ergänzung von originären Produkten mit Derivaten,
> - jegliche Kombination mehrerer Finanzprodukte zur Lösung eines Finanzierungsproblems,
> - das Lösen von Finanzierungsproblemen durch Kombination von Finanzierungstechniken außerhalb von Standardlösungen

Während die erste Definition als zu eng bezeichnet werden kann, ist die zweite zu weit. Denn nahezu jede Finanzierungsstruktur fällt darunter. Wenn man bis auf die Ebene einzelner Cashflows geht, spricht man von *Financial Engineering*. Die dritte Definition entspricht der Praxis der Investmentbanken am meisten.

> **Was ist Structured Finance?**
>
> Ein Beispiel aus dem Bereich Structured Finance ist die Cashflow-orientierte Akquisitionsfinanzierung (MBO, MBI usw.). Damit verbunden sind meist steuerorientierte Restrukturierungen der Zielgesellschaft. Bis zum Inkrafttreten des Steuerreformgesetzes 2000 war das »Umwandlungsmodell« eine häufig verwendete Gestaltung, mit dem die Zielkapitalgesellschaft (GmbH, AG) steuerneutral in eine GmbH & Co. KG

---
* Autor: Ernst-August Schnieder

> umgewandelt wurde. Dadurch sollten die Anschaffungskosten für die Anteile an der Zielkapitalgesellschaft, die nicht (planmäßig) abgeschrieben werden können, in-Abschreibungsvolumen »umgewandelt« werden. Dies wiederum bewirkte eine Minderung der Steuerbelastung der Zielgesellschaft (Target) und führte damit zu einer Verbesserung des Target-Cashflows. Dies wirkt vorteilhaft auf die Cashflow-orientierte Finanzierung zurück. Die Kombination des Produktes »Kredit« mit einer steuerorientierten Restrukturierung ist also die gegenüber Standardlösungen günstigere Variante einer Akquisitionsfinanzierung. Sie ist ein Structured-Finance-Produkt.

Wenn man die Structured-Finance-Bereiche der Banken betrachtet und versucht, den Kern der Tätigkeit zu isolieren, dann stößt man auf folgendes Phänomen:
- Structured-Finance-Experten beschäftigen sich mit der Entwicklung *neuer* Finanzierungsstrukturen zur Lösung von Finanzierungsproblemen.
- Etablierte Produkte sind eher in Abteilungen angesiedelt, die konkrete Produktbezeichnungen im Namen führen und auch nur diese Produkte produzieren und verkaufen.

Warum ist es nötig, sich in gesonderten Abteilungen mit »neuen« Strukturen zu beschäftigen? Warum bekommt nicht jeder Kunde ohnehin die für ihn beste Kombination von Finanzinstrumenten?

An vielen Stellen in diesem Buch wird deutlich, dass modernes Investment Banking viele standardisierte Abläufe beinhaltet. Dienstleistungen und Finanzinstrumente des Investment Banking sind standardisierte Ware. Standardisierung ist notwendig, um Transaktions- und Risikokosten zu begrenzen. Die Informationsflüsse verbessern sich; alle Beteiligten wissen, worum es geht und was sie zu tun haben. Dort, wo Standardlösungen nicht mehr adäquat sind, setzt Structured Finance an und entwickelt neue Lösungen, die den besonderen Kundenbedarf besser befriedigen als die Standardlösungen.

Diese neuen Lösungen können folgende zwei Konsequenzen mit sich bringen:
- *Unikate:* Lösungen sind individuell auf einen Fall zugeschnitten und lassen sich außer in dem einen Fall nicht mehr verwenden.
- *Neue Standards:* Oftmals können für einen Kunden gefundene Lösungen auch von anderen Kunden genutzt werden. Sie werden mehrfach angewandt. Dabei werden sie von mal zu mal verbessert, standardisierte Elemente werden geschaffen

> **Neu entwickelte Lösungen, die zu Standardprodukten geworden sind**
>
> - *Asset Backed Securities.* Ursprünglich eine neue Methode, illiquide Aktiva zu mobilisieren. Heute bereits ein weltweites Standardprodukt.
> - *Wandelanleihe.* Ursprünglich eine Methode, Vorteile von Aktien- und Rentenfinanzierung mit Optionselementen zu kombinieren. Heute ein Klassiker der Finanzmärkte.
> - *Schuldscheindarlehen.* Ursprünglich eine neue Methode, trotz Emissionssperre für Anleihen im Dritten Reich den Kapitalmarkt in Anspruch nehmen zu können. Heute ein Standardprodukt.
> - *Indexanleihe.* Ursprünglich ein neues Produkt, das kompliziertes Portfoliomanagement mit verschiedenen Einzeltiteln erspare. Heute bereits klassisch.

(z. B. Vertragsmuster), Abläufe schleifen sich ein. Wenn die Nachfrage groß genug und dauerhaft ist, entwickeln sie sich schließlich zu neuen Standardlösungen.

Insofern ist die Abgrenzung dessen, was ein Structured-Finance-Produkt ist und was nicht, schwierig: es geht letztlich um die Frage, was sich bereits zu einem Standardprodukt entwickelt hat und was noch eine »neue« Lösung ist.

In den folgenden Kapiteln stellen wir vier schon fast klassische Felder aus dem Bereich Structured Finance vor:
- Finanzierung mittels geschlossener Fonds,
- Akquisitionsfinanzierung,
- Syndizierte Kredite sowie
- Projektfinanzierung.

15.2 Fallstudie: Filmfinanzierung mittels geschlossenem Fonds

15.2.1 Probleme der Finanzierung von Filmen

Die Finanzierung von Filmen, und zwar insbesondere von Kinofilmen, stößt aus mehreren Gründen auf erhebliche Schwierigkeiten. Durch die weltweite Vermarktbarkeit von Filmen ist das Einnahmepotenzial stark gestiegen. Das hat zu einem explosionsartigen Anstieg der Herstellungskosten beigetragen. Die Gagen für bekannte Schauspieler (neben deren Beteiligung an den Einspielerlösen) sind stark gestiegen. Die Produktion eines sog. Event-Pictures in den USA, d. h. eines in Nordamerika und in allen westeuropäischen Ländern gezeigten Kinofilmes, kostet im Schnitt etwa 50 Mio. US-Dollar. Dabei ist aber der Rückfluss der investierten Mittel und damit der Return-on-Investment sehr unsicher, denn nicht jeder Film kommt beim Publikum an. Das Hauptproblem bei der Finanzierung von Kinofilmen besteht in dem nur schwer kalkulierbaren Filmverwertungsrisiko, also dem Risiko, dass der produzierte Film an den Kinokassen und in den anderen Verwertungsstufen (Video, DVD, Pay TV usw.) zu geringe Erlöse einspielt und sich die Produktionskosten damit als ein Fehlinvestment erweisen.

15.2.2 Lösungen für die Filmfinanzierung

Wie kann man trotz dieses Risikos Geld zur Finanzierung von Filmen auftreiben? Es gibt mehrere Möglichkeiten:
- *Portfoliobildung:* Das Risiko wird durch Portfoliobildung minimiert. In der Praxis diversifizieren Filmstudios ein Portfolio auf sieben bis zehn Filme (sog. Slate), bei deren Verwertung dann im Schnitt eine ausreichende Rendite erwirtschaftet werden kann.
- *Vorabverkäufe:* Das Risiko wird durch den Verkauf des Films vor seiner Produktion vermindert bzw. verteilt. Ein Film wird bereits vor Produktionsbeginn an einen Filmverleiher verkauft, der z. B. die Rechte für den deutschsprachigen Raum (Deutschland, Österreich, Schweiz) erwirbt.

- *Filmfonds:* Zum anderen werden strukturierte Filmfinanzierungen in Form geschlossener Filmproduktionsfonds eingesetzt.

Fondsfinanzierung

Die Finanzierung über geschlossene Fonds bietet eine Fülle von Vorteilen:
- *Risikozerfällung:* Durch die Verteilung des Investitionsgesamtrisikos auf eine Vielzahl von Investoren wird das Risiko für jeden Einzelnen tragbar.
- *Umverteilung:* Durch verschiedene Instrumente kann das Risiko umverteilt werden. Der Filmverleiher – soweit er bereit ist, selbst Risiko zu tragen – kann z. B. den Investoren bestimmte Mindesterlöse aus der Filmverwertung garantieren.
- *Steuervorteile:* Es können Steuervorteile generiert werden. Diese Steuervorteile können einen Teil des Filmverwertungsrisikos kompensieren.

Mit einer Kombination aus Mindestgarantien und Steuervorteilen lässt sich in der Praxis die Finanzierung der meisten Filme organisieren.

Optimale Transaktionsstruktur: Geschlossener Herstellerfonds

Zunächst gründen die Fondsinitiatoren, in der Regel ein Filmstudio und/oder ein Kreditinstitut, eine GmbH & Co. KG. Unbeschränkt haftender und geschäftsführender Gesellschafter (Komplementär) der KG ist eine GmbH, die am Gewinn und am Vermögen der KG nicht beteiligt ist. Gesellschafter dieser GmbH ist der Fondsinitiator. Die Investoren treten der KG als beschränkt haftende Gesellschafter (Kommanditisten) bei und erbringen die Kommanditeinlagen, die zur Finanzierung der Filmproduktion verwendet werden.

Mit den von den Investoren erbrachten Kommanditeinlagen produziert die GmbH & Co. KG (= der Filmfonds) einen Film. Dazu ist einerseits filmspezifisches Know-how und Branchenkenntnis erforderlich. Daher stellt das Filmstudio in der Regel einen Geschäftsführer des Fonds, der über entsprechendes Branchen-Know-how verfügt. Jedoch ist für die Produktion und die Auswertung auch Finanz-Know-how erforderlich. Daher stellt häufig auch das Kreditinstitut einen Geschäftsführer des Fonds, zu dessen Aufgaben das Aushandeln der finanziellen Rahmenbedingungen der verschiedenen Produktionsverträge gehört.

Tätigkeit des Fonds

Die Arbeit des Fonds besteht im Wesentlichen darin, die finanziellen Mittel für die Produktion zur Verfügung zu stellen und das Filmprojekt auszuwählen. Außerdem wird der Fonds die Verträge mit den wichtigsten Produktionspartnern aushandeln und abschließen, nämlich mit dem Filmstudio und mit dem Filmverleiher. Außerdem erwirbt der Fonds die sog. Stoffrechte, also die Verfilmungsrechte am zugrunde liegenden Drehbuch oder Roman. Die Struktur der Filmproduktion und der Filmverwertung wird in der Abbildung 15.1 zusammengefasst.

Die besonderen Vorteile der Fondsfinanzierung sind
- die Mindestgarantien und
- steuerliche Vorteile wie z. B. die Verlustzuweisung.

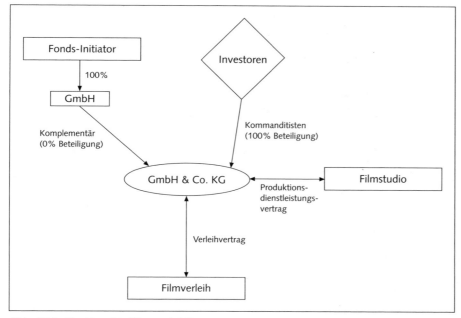

Abb. 15.1: Struktur der Filmproduktion

Mindestgarantien

Das Filmverwertungsrisiko wird in der Praxis dadurch verringert, dass der Filmverleiher dem Fonds Mindestgarantien (sog. Minimum-Guarantees) einräumt. Dies bedeutet, dass der Filmverleiher dem Fonds garantiert, dass ein vom Fonds produzierter und vom Verleiher ausgewerteter Film bestimmte Mindesteinspielerlöse erbringt. Liegen die tatsächlichen Einspielerlöse unter dem garantierten Mindestbetrag, so muss der Verleiher dem Fonds die Differenz aus Eigenmitteln bezahlen.
Häufig wird die Mindestgarantie eines Filmverleihers noch zusätzlich durch die Garantie eines Kreditinstituts unterlegt. Durch die Unterlegung mit einer Bankgarantie erhält die Mindestgarantie des Verleihers in der Regel ein »Investment Grade«. Das ist für viele Investoren Voraussetzung, um Geld zu investieren. Technisch gesehen wird die Verleihgarantie meist durch eine befreiende Schuldübernahme unterlegt, nämlich indem ein Kreditinstitut die Zahlungsverpflichtung des Filmverleihers gegenüber dem Fonds übernimmt. Der Fonds kann dann vom Kreditinstitut Zahlung verlangen.

Verlustzuweisungen

Steuerlich ist die Produktion und Vermarktung von Filmen via Fonds für Investoren sehr interessant. Das Investitionsrisiko kann bei der Fondslösung durch Steuervorteile verringert werden. Der Hintergrund ist der Folgende.
Nach § 248 Abs. 2 Handelsgesetzbuch und nach § 5 Abs. 2 Einkommensteuergesetz dürfen selbstgeschaffene immaterielle Wirtschaftsgüter des Anlagevermögens

Beratungs- und Finanzierungsgeschäfte

Mittelverwendung	TEUR	in % des Gesamt-investitions-volumens	in % der gesamten Mittel-verwendung	Mittel-herkunft	TEUR	in % des Kommandit-kapitals	in % der gesamten Mittel-verwendung
Nettoproduktionskosten	55.800			Kommandit-kapital	71.000	100,00%	95,24%
Produktionsdienstleis-tungsvergütung	8.900						
Produktionskosten	64.700	91,13%	86,79%				
Eigenkapital-vermittlungsgebühr	6.300	8,87%	8,45%				
Gesamtinvestitions-volumen (= garantierte Einzahlung)	71.000	100,00%	95,24%	Kommandit-kapital	71.000	100,00%	95,24%
zusätzliche Eigenkapital-vermittlungsgebühr	700			Agio	3.550	5,00%	4,76%
Anlegerverwaltung	130						
rechtliche und steuerliche Beratung	130						
Fondsberatung	140						
Fondsgeschäftsführung	200						
laufende Steuerberatung	190						
sonstige Kosten	60						
Liquiditätsreserve	2.000						
Summe Kosten und Liquiditätsreserve	3.550	5,00%	4,76%				
Gesamte Mittelverwendung	74.550	105,00%	100,00%	Gesamte Mittel-herkunft	74.550	105,00%	100,00%

Abb. 15.2: Investitions- und Finanzierungsplan

	2001	2002	2003	2004	2005	2006	2007	Summe
Liquidität (vor Steuern) eingezahltes Kommandit-kapital (inkl. Agio)	-38.063							-38.063
Ausschüttung/Entnahmen	0	0	798	9.425	4.350	1.813	39.062	55.447
Liquidität aus der Beteili-gung (vor Steuern)	-38.063	0	798	9.425	4.350	1.813	39.062	17.384
Kumulierte Liquidität (vor Steuern)	-38.063	-38.063	-37.265	-27.840	-23.490	-21.678	17.384	
Betriebsergebnisrechnung steuerliches Ergebnis des Kommanditisten	-37.056	-218	806	10.381	4.699	2.378	36.394	17.384
Einkommensteuerwirkung	18.960	111	-400	-5.148	-2.082	-1.054	-14.825	-4.437
Liquidität (nach Steuer) Liquidität (vor Steuern)	-38.063	0	798	9.425	4.350	1.813	39.062	17.384
Einkommensteuerwirkung	0	18.960	111	-400	-5.148	-2.082	-15.879	-4.437
Liquidität aus der Beteili-gung (nach Steuern)	-38.063	18.960	909	9.025	-798	-270	23.183	12.947
Kumulierte Liquidität (nach Steuern)	-38.063	-19.102	-18.194	-9.169	-9.966	-10.236	12.947	

Abb. 15.3: Liquiditionsrechnung

nicht aktiviert werden. Aufgrund des handelsrechtlichen und steuerlichen Aktivierungsverbotes darf weder in der Handelsbilanz noch in der Steuerbilanz ein Wirtschaftsgut »Filmrechte« angesetzt werden, sondern die Filmherstellungskosten sind Aufwand bzw. müssen vom Fonds als Betriebsausgaben behandelt werden. Nach Beendigung der Filmproduktion hat der Fonds daher einen handelsrechtlichen und steuerlichen Verlust in Höhe der Filmherstellungskosten. Der einkommensteuerliche Verlust wird den Investoren (Kommanditisten) des Fonds zugewiesen, da der Fonds (= GmbH & Co. KG) als steuerliche Mitunternehmerschaft zwar ein Gewinnermittlungssubjekt, aber kein Einkommensteuersubjekt ist. Die Investoren können diese Verluste nun grundsätzlich mit ihren übrigen Einkünften verrechnen.

Die Besonderheit gegenüber anderen Fondsmodellen (z. B. Schiffsfonds oder Flugzeugfonds) liegt darin, dass die Verluste nicht aus der Abschreibung eines Wirtschaftsgutes (z. B. Flugzeug oder Schiff) resultieren, die auf die betriebsgewöhnliche Nutzungsdauer des Wirtschaftsgutes verteilt werden müssen. Die Filmherstellungskosten sind im Jahr der Filmproduktion vollständig als Betriebsausgaben abzugsfähig.

Aufgaben zur Lernkontrolle
1. Worin besteht der Unterschied von Structured Finance gegenüber Financial Engineering?
2. Nennen Sie Vorteile und Gestaltungsformen der Fondsfinanzierung, die der Reduzierung des Investitionsrisikos dienen.

Literatur
Caselli, S. (Hrsg.) (2005): Structured Finance, Berlin et al.
Fabozzi, F. et al. (2006): Introduction to Structured Finance; New York.
Schumacher, T. (2004): Filmfonds als Instrument der internationalen Filmfinanzierung, Baden-Baden.

16 Akquisitionsfinanzierung*

> **LERNZIELE**
> - Unterscheidung der Akquisitionsfinanzierungen nach Anlass und Erwerber.
> - Zielverhältnis der Eigenkapitalgeber und der Fremdkapitalgeber.
> - Unterscheidung der Finanzierungsinstrumente nach rechtlicher Rangigkeit.
> - Bedeutung der Due Diligence und von Finanzmodellen bei der Analyse.

16.1 Grundlagen

16.1.1 Das Problem der Akquisitionsfinanzierung

Mit einer Akquisitionsfinanzierung geht in der Regel eine bedeutende Erhöhung des Verschuldungsgrades des Kreditnehmers einher. Die Ziele der beteiligten Parteien – des Eigenkapitalgebers und des Fremdkapitalgebers – befinden sich in einem Konfliktverhältnis.

Um die persönliche Haftung des Erwerbers zu minimieren, wird in der Regel eine Transaktionsstruktur mit einer Einzweckgesellschaft gewählt, womit die Haftung des Erwerbers auf die Eigenkapitaleinlage in der Einzweckgesellschaft begrenzt werden kann.

Das zieht Konsequenzen nach sich: Da der Schuldendienst der Akquisitionsfinanzierung bei einer Transaktionsstruktur mit einer Einzweckgesellschaft von der erworbenen Gesellschaft erbracht werden muss, fällt der Cashflow-Analyse der erworbenen Gesellschaft eine zentrale Bedeutung zu.

Die Cashflow-Analyse erfolgt im Rahmen von Finanzmodellen, die auf den Ergebnissen der Due Diligence beruhen und in denen verschiedene Szenarien der operativen Sphäre in Projektionen für die zukünftige Bilanz, Gewinn- und Verlustrechnung und Cashflow-Rechnung abgebildet werden.

16.1.2 Anlässe für Akquisitionsfinanzierungen

Im Folgenden werden Anlässe für Akquisitionsfinanzierungen nach dem Impulsgeber für eine Transaktion unterschieden. Impulsgeber sind:
- Alt-Eigentümer,
- Neu-Eigentümer und
- Sonstige.

---

* Autor: Christian Rodde

Initiative beim Alt-Eigentümer

Spin-Off. Unter einem Spin-Off wird die Ausgliederung eines Unternehmensbereichs in eine meist neu gegründete Tochtergesellschaft verstanden. Oftmals erachtet die Muttergesellschaft den Unternehmensgegenstand der ausgegliederten Tochtergesellschaft nicht mehr als Teil ihrer Kernkompetenz. Es kommt dann nach der Ausgliederung häufig zum Verkauf der Tochtergesellschaft.

Generationswechsel in Familienunternehmen. Fehlt in einem Familienunternehmen die Nachfolgegeneration oder entschließt sich die Nachfolgegeneration, das Unternehmen nicht zu übernehmen, kommt es häufig zum Verkauf des Unternehmens.

Initiative beim Neu-Eigentümer

Erstmaliger Erwerb eines Unternehmens. Ein Investor entscheidet sich, ein ganzes Unternehmen (nicht nur einzelne Gesellschaftsanteile) zu kaufen.

Zuerwerb eines Unternehmens (Add-on-Acquisition). Im Gegensatz zum erstmaligen Erwerb steht der Zuerwerb eines Unternehmens, das artverwandt mit einem oder mehreren Unternehmen im Unternehmensportfolio des Erwerbers ist, im Rahmen einer sogenannten Buy-and-Build-Strategie.

Sonstige Finanzierungsanlässe

Da in der Praxis der Akquisitionsfinanzierung der Umgang mit der teils erheblichen Erhöhung des Verschuldungsgrades des Unternehmens im Vordergrund steht, rechnet man auch die folgenden Transaktionen in den Aufgabenbereich einer Abteilung für Akquisitionsfinanzierungen ein:

- *Außerordentlicher Investitionsaufwand:* Ein Unternehmen plant ein Investitionsvorhaben in außerordentlicher Höhe, dessen Finanzierung aus dem bestehenden Kassenbestand nicht bestritten werden kann. Eine mögliche Lösung ist die Fremdfinanzierung über einen Kredit. Wenn der Verschuldungsgrad durch eine solche Transaktion in etwa der gleichen Höhe wie bei der Kreditfinanzierung einer Akquisition steigt, so wird deutlich, warum ein Investitionsvorhaben (in Sachanlagevermögen) mit einem Akquisitionsvorhaben (in Finanzanlagevermögen, wie bei einem Share-Deal) gleichzusetzen ist.

- *Außerordentliche Einmalausschüttung an die Gesellschafter und/oder Ablösung bestehender subordinierter Finanzierungen durch neue Fremdfinanzierungen (Recapitalisation oder Releverage):* Erfolgt eine außerordentliche Einmalausschüttung an die Gesellschafter und/oder die vorzeitige Ablösung von bestehenden (hochverzinslichen) subordinierten Finanzierungen der Gesellschafter (z. B. Gesellschafterdarlehen) oder anderer Investoren (z. B. von Mezzanine-Kapital) durch neue Fremdfinanzierungen, so spricht man bei diesem Passivtausch von einer Rekapitalisierung (Recapitalisation) oder »Wiederverschuldung« (Releverage).

16.1.3 Erwerber von Unternehmen und ihre Ziele

Wer sind die Erwerber, d. h. Käufer ganzer Unternehmen? Es haben sich folgende vier typischen Erwerbergruppen herausgebildet:

- *Internes Management* (Management-Buy-Out, »MBO«). Das bestehende Management eines Unternehmens beabsichtigt, das Unternehmen von den bestehenden Gesellschaftern zu erwerben.
- *Externes Management* (Management-Buy-In, »MBI«). Ein bisher externes Management beabsichtigt, das Unternehmen von den bestehenden Gesellschaftern zu erwerben.
- *Unternehmen aus der gleichen oder einer anderen Branche* (Trade-Buyer). Ein Wettbewerber aus der gleichen Branche oder ein branchenfremdes Unternehmen erwirbt ein Unternehmen. Wenn der Geschäftsgegenstand dieses Erwerbers nicht ausschließlich in dem Erwerb von Beteiligungen an Unternehmen liegt, spricht man von einem Trade-Buyer.
- *Finanzinvestor* (Private-Equity-Investor). Liegt der Geschäftsgegenstand des Erwerbers ausschließlich oder vorrangig in dem Erwerb von Beteiligungen an Unternehmen, spricht man von sogenannten Finanzinvestoren. Anders als Trade-Buyer definieren Finanzinvestoren bereits bei Erwerb ihren angestrebten Verkauf der Beteiligung (Exit) sowohl im Hinblick auf den Zeitpunkt (in der Regel nach 5 bis 7 Jahren) als auch im Hinblick auf die Art (z. B. Weiterverkauf an einen Trade-Buyer oder Börseneinführung). Bei einer Akquisition durch einen Finanzinvestor spricht man gelegentlich auch von einem IBO (Institutional Buy-Out).

16.2 Ziele und Interessen der Kapitalgeber

Es überrascht nicht, dass die Ziele der beiden Hauptparteien bei der Finanzierung einer Akquisition, des Eigenkapitalgebers und des Fremdkapitalgebers, voneinander abweichen, vielmehr sogar ein Zielkonflikt besteht. Die Ziele der beiden Parteien werden im Folgenden beschrieben.

16.2.1 Ziele des Eigenkapitalgebers

Rentabilität
Der Finanzierungsbedarf der Akquisition ist vorgeben.

Der Eigenkapitalgeber verfolgt das Ziel, seinen Anteil an der Finanzierung (MH 1 und evt. Teile von MH 2) möglichst gering zu halten. Er möchte vom betriebswirtschaftlichen Hebeleffekt der Fremdfinanzierung (Leverage-Effekt) profitieren, der besagt, den Fremdfinanzierungsanteil in einem Unternehmen so lange zu erhöhen, wie die Gesamtkapitalrendite über der Fremdkapitalrendite liegt. Je geringer der Eigenkapitaleinsatz im Zeitpunkt der Investition, desto höher die Rendite auf das in-

Mittelverwendung und Mittelherkunft einer Akquisitionsfinanzierung	
Mittelverwendung (MV)	Mittelherkunft (MH)
Kaufpreis für Anteilserwerb (MV 1) Ablösung bestehender Finanzverbindlichkeiten (MV 2)	Eigenkapital (MH 1)
Transaktionskosten (MV 3)	Nachrangiges Fremdkapital (MH 2)
Investitionsmittelfinanzierung (MV 4) Betriebsmittelfinanzierung (MV 5)	Vorrangiges Fremdkapital (MH 3)

vestierte Eigenkapital nach erfolgtem Exit. Beschränkt wird der Fremdfinanzierungsanteil jedoch durch die maximale Schuldendienstfähigkeit des Kreditnehmers (zur Berechnung s. u.). Der Eigenkapitalgeber hat i.d.R. kein Interesse daran, die Erwerbergesellschaft und die Zielgesellschaft über dieses Maß hinaus zu verschulden und ihre Liquiditätssituation und damit sein eigenes Eigenkapital zu gefährden.

Haftungsbeschränkung
Der Eigenkapitalgeber verfolgt das Ziel, die persönliche Haftung ebenfalls möglichst gering zu halten. Er wird versuchen, sein wirtschaftliches Risiko auf das investierte Eigenkapital zu beschränken und die Haftung auf das Akquisitionsobjekt zu begrenzen. Eine haftungsrechtliche Einbindung (Recourse) seiner Person über z. B. eine Garantie wird er versuchen auszuschließen. Der Eigenkapitalgeber wird daher in der Regel die Gründung einer Einzweckgesellschaft (engl. Single-Purpose-Vehicle, »SPV«) zwischen seiner Gesellschaft und dem Akquisitionsobjekt anstreben. Diese SPV hält sämtliche erworbenen Anteile an dem Akquisitionsobjekt, tritt als Kreditnehmer für den Teil der Fremdfinanzierung auf, der zur Finanzierung des Kaufpreises dient, und haftet mit ihrem Vermögen – in der Regel besteht dieses ausschließlich aus der Beteiligung an dem Akquisitionsobjekt – für die Fremdfinanzierung.

Flexibilität
Der Eigenkapitalgeber verfolgt das Ziel, die Finanzierung so zu strukturieren, dass sie ihm einen möglichst hohen Grad an Flexibilität bietet. Diese Flexibilität wird sich insbesondere auf die Gestaltung des Kreditvertrages beziehen und seine Rechte und Pflichten möglichst vorteilhaft für ihn gestalten. Im Einzelnen wird dies umfassen:
- Flexibilität bei der Inanspruchnahme des Krediges (Ziehungsperiode, Mindestbetrag, Währungsoption),
- Minimierung der Pflichten im Rahmen der Ziehungsvoraussetzungen (Conditions Precedent), Zusicherungen und Gewährleistungen (Representations and Warranties) sowie Covenants (incl. Financial-Covenants) und
- Minimierung der zu stellenden Kreditsicherheiten.

Kosten

Der Eigenkapitalgeber verfolgt schließlich das Ziel, die Kosten für die Bereitstellung der Fremdfinanzierung ebenfalls möglichst gering zu halten. Die Kosten setzen sich in der Regel aus einer Einmalprovision und einer laufenden Verzinsung zusammen.

16.2.2 Ziele des Fremdkapitalgebers

Der Fremdkapitalgeber verfolgt die folgenden Ziele.

Niedriger Fremdfinanzierungsanteil

Der Fremdkapitalgeber verfolgt das Ziel, sein Kreditrisiko möglichst gering zu halten, indem er den Fremdfinanzierungsanteil an der Akquisitionsfinanzierung niedrig und den Eigenkapitalanteil hoch hält. Mit steigendem Fremdfinanzierungsanteil an der Akquisitionsfinanzierung steigt bei gegebener Laufzeit und gegebenem Zinssatz des Kredites der aufzubringende Schuldendienst des Kreditnehmers. Auch wenn der Fremdkapitalgeber das betriebswirtschaftliche Rational des Leverage-Effektes anerkennt, so wird er aus Risikogesichtspunkten versuchen, den Fremdfinanzierungsanteil an der Akquisitionsfinanzierung auf ein Maß zu beschränken, bei dem die Rückzahlung im Rahmen der vereinbarten Laufzeit ungefährdet erscheint.

Kreditsicherheiten

Der Fremdkapitalgeber verfolgt das Ziel, sein Kreditrisiko möglichst gering zu halten, indem er sowohl den Umfang an als auch die Zugriffsmöglichkeit auf Kreditsicherheiten versucht zu maximieren. Dies bezieht sich sowohl auf das Akquisitionsobjekt als auch den Eigenkapitalgeber selbst.

Marktfähigkeit des Kredites

Der Fremdkapitalgeber verfolgt das Ziel, sein Kreditrisiko möglichst gering zu halten, indem er Risikodiversifikation über eine Konsortiallösung anstrebt. Die Fremdfinanzierung wird in der Regel im ersten Schritt von nur einer finanzierenden Bank (Underwriter) allein aufgebracht. Diese Bank verfolgt dann das Ziel, Teile der Fremdfinanzierung an andere Banken zu syndizieren, um den eigenen Anteil zu reduzieren. Um eine Syndizierbarkeit zu gewährleisten, muss sich der Underwriter bei Strukturierung der Akquisitionsfinanzierung in die Perspektive potenzieller Konsortialbanken begeben und auf die Vereinbarung marktüblicher Konditionen achten.

Rendite

Der Fremdkapitalgeber verfolgt das Ziel, über die Vereinnahmung der Einmalprovision bei Laufzeitbeginn und der laufenden Verzinsung über die gesamte Laufzeit eine risikoadäquate Verzinsung zu erzielen (i.d.R. gemessen an dem Risk-Adjusted-Return-on-Capital).

Die Ziele der beiden Hauptparteien einer Akquisitionsfinanzierung (Eigenkapitalgeber und Fremdkapitalgeber) befinden sich fast ausschließlich in einem Konfliktverhältnis. Zielharmonie herrscht zwischen den beiden Parteien nur in dem Bestreben, die Erwerbergesellschaft und die Zielgesellschaft während der Kreditlaufzeit nicht durch eine zu hohe Verschuldung in ihrer Liquiditätssituation zu gefährden. Es obliegt den beiden Parteien, die Anteile von Eigenkapital und Fremdkapital an der Akquisitionsfinanzierung und die Umsetzung des Fremdkapitalanteils in ein Kreditvertragsverhältnis frei auszuhandeln.

16.3 Finanzierungsinstrumente

Welche Finanzierungsinstrumente stehen zur Verfügung? Nachfolgend werden sämtliche derzeit möglichen Nicht-Eigenkapital-Instrumente zur Darstellung der Mittelherkunft beschrieben:

Zweitrangige vorrangige Darlehen (Second Lien Debt)

Second Lien Debt geht im Insolvenzfall dem Senior Debt im Rang nach. In welcher Form dieser rechtliche Nachrang vertraglich definiert wird, ist den beteiligten Parteien zur freien Ausverhandlung überlassen. In der Regel bezieht sich der rechtliche Nachrang zumindest auf die Kreditlaufzeit und die Zugriffsmöglichkeit auf die bestellten Kreditsicherheiten im Verwertungsfall. Nicht zu verwechseln ist die vertragliche Nachrangigkeit mit der strukturellen Nachrangigkeit, die immer dann vorliegt, wenn ein Darlehen (vorrangig oder nachrangig) an eine Gesellschaft vergeben wird, die einer anderen Gesellschaft vorgelagert ist (z. B. die Kreditvergabe an die Einzweckgesellschaft im Gegensatz zur direkten Kreditvergabe an die erworbene Gesellschaft).

Mezzanine-Kapital (Mezzanine Debt)

Treten Second Lien Debt und Mezzanine Debt parallel in einer Akquisitionsfinanzierung auf, so wird ebenso wie zwischen dem Senior Debt und dem Second Lien Debt auch hier eine rechtliche Nachrangigkeit gebildet. Die rechtliche Nachrangigkeit des Mezzanine Debt umfasst neben den oben erwähnten Strukturmerkmalen (Kreditlaufzeit und Zugriffsmöglichkeit auf die bestellten Kreditsicherheiten) meist auch den Anspruch auf Rückzahlung, Zinszahlung und die Ausübung von Stimmrechten im Konsortium der Nicht-Eigenkapitalgeber. Das Mezzanine Debt wird in der Regel sowohl mit einem auszuzahlenden als auch mit einem zu kapitalisierenden Zins ausgestattet. Des Weiteren kann die Verzinsung des Mezzanine Debt um ein Optionsrecht auf einen bestimmten Kapitalanteil an dem Akquisitionsobjekt erweitert werden (Equity Kicker), das dem Mezzanine-Geber einen Anteil an dem Wertzuwachs des Unternehmens während oder nach Ablauf der Mezzanine-Laufzeit zusichert. Innerhalb des Mezzanine Debt kann eine unterschiedliche Rangigkeit in Senior Mezzanine Debt (vorrangiges Mezzanine Debt) und Junior Mezzanine Debt (nachrangiges Mezzanine Debt) strukturiert werden.

High Yield Anleihe (High Yield Bond)

Die Begebung einer Anleihe setzt in der Regel die Kapitalmarktfähigkeit des Unternehmens voraus. Dies schließt in der Regel das Rating einer externen Ratingagentur

276 Beratungs- und Finanzierungsgeschäfte

	Senior Debt	Second Lien Debt	Mezzanine Debt	High Yield Bond
Betrag	Keine Beschränkung nach oben oder unten	Stark abhängig von Marktsituation; minimal 20 Mio. €	Maximal 200 Mio. €; keine Beschränkung nach unten	Nach oben höher als bei Mezzanine; minimal 80 Mio. €
Laufzeit	7–9 Jahre	9–10 Jahre	9–10 Jahre	9–10 Jahre
Zinszahlung	Variabel; auszahlungswirksam	Variabel; auszahlungswirksam	Variabel; auszahlungswirksam + kapitalisiert	Fest oder variabel; auszahlungswirksam
Equity Kicker	Nein	Nein	Möglich	Nein
Rückzahlung	Amortisierend für Tranche mit kürzester Laufzeit; endfällig für alle anderen Tranchen	Endfällig in einem Betrag nach Senior Debt; wahlweise Vorfälligkeitsentschädigung in den ersten Laufzeitjahren	Endfällig in einem Betrag nach Senior Debt/Second Lien Debt; grundsätzlich Vorfälligkeitsentschädigung in den ersten Laufzeitjahren	Endfällig in einem Betrag nach Senior Debt/Second Lien Debt/Mezzanine Debt; Vorfälligkeitsentschädigung (make-whole premium) in den ersten Laufzeitjahren (non-call period)
Rangigkeit	Vorrangig	Nachrangig zu Senior Debt, sowohl hinsichtlich Rückzahlung als auch Befriedigung im Insolvenzfall	Nachrangig zu Senior/Second Lien Debt, sowohl hinsichtlich Rückzahlung als auch Befriedigung im Insolvenzfall	Wie Mezzanine; zusätzlich grundsätzlich strukturell nachrangig
Sicherheiten	Ja, vorrangig	Ja, nachrangig zu Senior Debt	Ja, nachrangig zu Senior/Second Lien Debt	Nein
Covenants	Ja, vorrangig	Ja, nachrangig zu Senior Debt	Ja, nachrangig zu Senior/Second Lien Debt	Wie Mezzanine; Test nur zu festgelegten Ereignissen
Rating	Grundsätzlich nicht	Grundsätzlich nicht	Grundsätzlich nicht	Grundsätzlich ja
Underwriting	Voll bei Zusage, daher volle Sicherheit über die endgültigen preislichen Konditionen	Voll bei Zusage, daher volle Sicherheit über die endgültigen preislichen Konditionen	Voll bei Zusage, daher volle Sicherheit über die endgültigen preislichen Konditionen	Grundsätzlich über eine Bridge-Finanzierung für 6–12 Monate vorfinanziert, daher keine Sicherheit über die endgültigen preislichen Konditionen
Berichtspflichten	Geregelt im Kreditvertrag, daher nur beschränkt öffentlich	Geregelt im Kreditvertrag, daher nur beschränkt öffentlich	Geregelt im Kreditvertrag, daher nur beschränkt öffentlich	Öffentlich, aber weniger umfangreich als für Second Lien/Mezzanine

Abb. 16.1: Idealtypische Eigenschaften von verschiedenen Finanzierungsarten

ein. Dabei ist es unerheblich, ob die Anleihe rechtlich vorrangig oder nachrangig strukturiert wird. Im Fall der nachrangigen Strukturierung spricht man wegen der risikoadäquaten höheren Verzinsung von sogenannten High Yield Bonds. Wegen der Eilbedürftigkeit von Akquisitionsfinanzierungen und des in der Regel einen längeren Zeitraum umfassenden Ratingprozesses scheidet die Anleihe als zeitlich primäre Finanzierungsform bei Akquisitionsfinanzierungen aus. Nicht selten wird jedoch eine Zwischenfinanzierung (Bridge-Finanzierung) strukturiert, die durch die Begebung einer Anleihe innerhalb des ersten Laufzeitjahres abgelöst wird. Für die Ausgestaltung der rechtlichen Rangigkeit zwischen mehreren Anleihen oder zwischen Anleihen im Verhältnis zu den anderen Kapitalien gilt das oben Gesagte.

Verkäuferdarlehen (Vendor Loan Debt)
Das Verkäuferdarlehen wird von dem Verkäufer der Zielgesellschaft zur Verfügung gestellt und geht sämtlichen oben aufgeführten Finanzierungsformen (Senior Debt, Second Lien Debt, Mezzanine Debt, High Yield Bond) im Rang nach. Das Verkäuferdarlehen entspricht der Stundung eines Teils des Kaufpreises und ist aus Sicht der Banken eigenkapitalähnlich. Die Verzinsung geschieht laufend kapitalisiert und auf Festsatzbasis.

16.4 Vertragsgestaltung

Haben sich die Parteien über die Finanzierungsstruktur geeinigt, müssen die Verträge formuliert werden.

16.4.1 Kreditvertrag

Der Kreditvertrag regelt für die gesamte Laufzeit des Kredites das Rechtsverhältnis zwischen dem Kreditnehmer und dem Kreditgeber. Für die Erstellung des Kreditvertrages bedient sich der Kreditgeber in der Regel der Hilfe einer externen Anwaltskanzlei.

In dem Kreditvertrag werden eine Reihe von Vereinbarungen getroffen, die dem Kreditnehmer auferlegen, bestimmte Dinge im Zusammenhang mit dem Kredit und bei der Führung seines Unternehmens zu tun oder zu unterlassen. Kommt der Kreditnehmer diesen Vereinbarungen nicht nach, hat der Kreditgeber das Recht, die im Vertrag geregelten Rechtsfolgen in Anspruch zu nehmen. In der Regel wird der Kreditgeber
- die (weitere) Auszahlung des Kredites verweigern,
- einen Nachbesicherungsanspruch geltend machen oder gar
- den Kredit kündigen.

Nachfolgend werden einige der für Fremdfinanzierungen gebräuchlichsten Klauseln dargestellt, deren Aufnahme in den Kreditvertrag und dortige Ausgestaltung jedoch je nach Transaktion unterschiedlich sein können.

- *Ziehungsvoraussetzungen (Conditions Precedent).* Die Ziehungsvoraussetzungen machen die Verpflichtung des Kreditgebers zur Auszahlung des Kredites von Voraussetzungen abhängig. Die Erfüllung der Ziehungsvoraussetzungen sind vor jeder Ziehung nachzuweisen. Sie umfassen u. a. die Verpflichtung zur Vorlage von Dokumenten (z. B. Gründungsdokumente, aktueller Handelsregisterauszug und Nachweis der Zustimmung seitens der Geschäftsführung des Kreditnehmers zum Eintritt der Gesellschaft in den Kreditvertrag). Weiterhin wird der Kreditnehmer im Rahmen der Ziehungsvoraussetzungen verpflichtet, die Korrektheit bzw. die Erfüllung der nachfolgend dargestellten Gewährleistungen und Zusicherungen zu bestätigen.
- *Zusicherungen und Gewährleistungen (Representations, Warranties).* Die Gewährleistungen und Zusicherungen machen die Rechtswirksamkeit des Kreditvertrages – wie die Ziehungsvoraussetzungen – von Voraussetzungen abhängig. So hat der Kreditnehmer u. a. nachzuweisen, dass er von keinen gesetzlichen Bestimmungen weiß, die ihm den Eintritt in den Kreditvertrag untersagen. Des Weiteren darf ihm auch nicht bekannt sein, dass irgendein Bruch von gesetzlichen Bestimmungen im Rahmen seiner Geschäftstätigkeit vorliegt. Er hat ferner zu bestätigen, dass die Zahlungsverpflichtungen aus dem Kreditvertrag keinen Abzügen durch seine nationale Finanzverwaltung unterliegen. Wenn dies der Fall ist, treffen die nachfolgend aufgeführten Covenants entsprechende Vorkehrungen zum Vorteil des Kreditgebers.
- *Covenants.* Aufgrund ihrer Bedeutung werden die Covenants im nächsten Kapitel gesondert behandelt.

16.4.2 Covenants

Covenants sind Klauseln in den Kreditverträgen, die dem Kreditgeber das Recht geben, bei bestimmten Ereignissen, bestimmte Aktionen zu ergreifen. Covenants gehören zu den wirkungsvollsten Instrumenten der Kreditgeber, auf die Kreditnehmer Einfluss zu nehmen. Man unterscheidet folgende Arten von Covenants:
- Positive Covenants, die Verpflichtung, bestimmte Dinge zu tun.
- Negative Covenants, die Verpflichtung, bestimmte Dinge zu unterlassen.

Die gebräuchlichsten Covenants, die in nahezu jedem Kreditvertrag verwendet werden, sind:
- *Pari-Passu-Klausel (Gleichrang-Klausel).* Der Kreditnehmer verpflichtet sich, dass die Rechte des Kreditgebers aus dem Kreditvertrag nicht den Rechten anderer Kreditgeber aus allen bestehenden und zukünftigen Kreditverhältnissen rechtlich im Rang nachgehen.
- *Negativklausel (Negative-Pledge-Klausel).* Der Kreditnehmer verpflichtet sich, allen Kreditgebern aus bestehenden und zukünftigen Kreditverhältnissen keinerlei Sicherheiten zu stellen.

- *Klausel zur Ausschüttung von Dividenden.* Der Kreditnehmer verpflichtet sich, Beschränkungen in seiner Entscheidungsfreiheit bei der Ausschüttung von Dividenden gegen sich gelten zu lassen.
- *Klausel zur Aufnahme weiterer Finanzverbindlichkeiten.* Der Kreditnehmer verpflichtet sich, Beschränkungen in seiner Entscheidungsfreiheit bei der Aufnahme weiterer Finanzverbindlichkeiten gegen sich gelten zu lassen.
- *Klausel zur Investitionstätigkeit.* Der Kreditnehmer verpflichtet sich, Beschränkungen in seiner Entscheidungsfreiheit bei der Investitionstätigkeit gegen sich gelten zu lassen.
- *Klausel zur Veräußerbarkeit von Vermögensgegenständen (Asset-Disposal-Klausel).* Der Kreditnehmer verpflichtet sich, Beschränkungen in seiner Entscheidungsfreiheit bei der Veräußerung von Vermögensgegenständen gegen sich gelten zu lassen.
- *Klausel zur Beibehaltung des Unternehmensgegenstandes (Change-of-Business-Klausel).* Der Kreditnehmer verpflichtet sich, keine von den bei Vertragsabschluss betriebenen Kerngeschäftsfeldern abweichende Geschäftstätigkeit aufzunehmen.
- *Klausel zur Beibehaltung der Gesellschafterstruktur (Change of Ownership-Klausel).* Die Beteiligungshöhe – gemessen an dem Kapital- und/oder Stimmrechtsanteil – eines oder mehrerer Gesellschafter an dem Kreditnehmer darf nicht unterschritten werden. Zumeist bezieht sich die Eigentümer-Klausel auf die mehrheitliche Beteiligung der Eigenkapitalgeber an der Einzweckgesellschaft.
- *Information-Covenants.* Der Kreditnehmer verpflichtet sich, dem Kreditgeber zu festgelegten Terminen Informationen zu seiner wirtschaftlichen und finanziellen Lage zukommen zu lassen. Diese Informationspflicht bezieht sich auf monatliche betriebswirtschaftliche Auswertungen, Quartalsberichte und geprüfte Jahresabschlüsse. Des Weiteren verpflichtet sich der Kreditnehmer, den Kreditgeber rechtzeitig mit dem Geschäftsplan für das kommende Geschäftsjahr zu versorgen. Schließlich umfasst die Informationspflicht den Nachweis für die Einhaltung der nachfolgend beschriebenen Finanz-Covenants.
- *Finanz-Covenants.* Finanz-Covenants beziehen sich auf die wirtschaftliche und finanzielle Situation des Kreditnehmers. Sie stellen Mindestanforderungen an betriebswirtschaftliche Kennzahlen, gemessen in absoluten oder in Verhältnisgrößen. Diese Kennzahlen beziehen sich zumeist auf die Beurteilung der Eigenkapitalausstattung, der Verschuldung, der Ertragslage und der Liquidität des Kreditnehmers. Der Kreditnehmer verpflichtet sich, festgelegte Zielwerte – in der Regel am Ende eines jeden Finanzquartals – einzuhalten bzw. zu erreichen. Dem Kreditgeber dienen diese Kennzahlen als Indikatoren zur Früherkennung von Krisen in der betriebswirtschaftlichen Sphäre des Kreditnehmers. Der Kreditnehmer wiederum hat diese Kennzahlen als Zielgrößen zu verstehen, deren Nichteinhaltung sein Kreditverhältnis zu dem Kreditgeber gefährden kann. Nachfolgend einige der gebräuchlichsten Finanz-Covenants:

Finanz-Covenant	Mindestwert (M), Höchstwert (H)	Definition
Schuldendienstdeckungsgrad	M	$\dfrac{\text{Free Cashflow}}{\text{Schuldendienst}}$
Zinsdeckungsgrad	M	$\dfrac{\text{EBIT(DA)}^*}{\text{(Netto-)Zinsaufwand}}$
Dynamischer Entschuldungsgrad	H	$\dfrac{\text{(Netto-)Finanzverbindlichkeiten}}{\text{EBITDA}}$
Eigenkapitalquote	M	$\dfrac{\text{Eigenkapital}}{\text{Bilanzsumme}}$

* Definiert als Earnings before Interest and Taxes (EBIT); Earnings before Interest, Taxes, Depreciation and Amortisation (EBITDA)

Abb. 16.2: Finanz-Convenants bei Akquisitionsfinanzierungen

- *Definition von Verzugsgründen* (Events-of-Default). Die Verzugsgründe beschreiben Situationen, in denen der Kreditnehmer seinen Verpflichtungen aus dem Kreditvertrag nicht nachgekommen ist. Grundsätzlich liegt dies bei Nichteinhaltung der oben dargestellten Gewährleistungen, Zusicherungen und Covenants vor.

Zusätzlich werden in den Konsortialverträgen gewöhnlich die folgenden Verzugsgründe aufgenommen:
- *Material-Adverse-Change-Klausel.* Die wirtschaftliche und finanzielle Lage des Kreditnehmers darf sich nicht in einem solchen Ausmaß verschlechtern, dass seine Schuldendienstfähigkeit gefährdet ist.
- *Drittverzugs-Klausel* (Cross-Default-Klausel). Gerät der Kreditnehmer bei anderen Kreditverhältnissen in Leistungsverzug, so führt dies automatisch zu einem Verzugsgrund unter dem Kreditverhältnis mit dem Kreditgeber. Für die betragliche Höhe des Leistungsverzuges unter anderen Kreditverhältnissen wird in der Regel ein Mindestbetrag definiert.

16.4.3 Sicherheitenvertrag

Die vertragliche Dokumentation der Kreditsicherheiten geschieht in dem sogenannten Sicherheitenvertrag. In der Regel werden für Akquisitionsfinanzierungen seitens des Kreditnehmers vollumfängliche Sicherheiten in Form von
- (Grund-)Pfandrechten
- Sicherungsübereignungen und
- Forderungsabtretungen

gestellt.

Besondere Probleme ergeben sich bei Einschaltung eines SPV: Bei einer Transaktionsstruktur unter Einschaltung eines SPV als Erwerbergesellschaft und Kreditnehmer haften dem Kreditgeber des SPV in der Regel lediglich die verpfändeten Gesellschaftsanteile an der Zielgesellschaft. Die Kreditgeber des SPV befinden sich damit im strukturellen Nachrang zu den Kreditgebern der Zielgesellschaft, denen für die Betriebsmittelfinanzierung auf Ebene der Zielgesellschaft darüber hinaus sämtliche Vermögenswerte der Zielgesellschaft in Form von (Grund-)Pfandrechten, Sicherungsübereignungen und Forderungsabtretungen eingeräumt werden. Um diesen strukturellen Nachrang zeitlich zu beschränken, sieht der Kreditvertrag – soweit (steuer-)rechtlich möglich – vor, die Zielgesellschaft auf das SPV anwachsen oder die beiden Gesellschaften miteinander verschmelzen zu lassen. Damit kann der strukturelle Nachrang in Bezug auf die Kreditsicherheiten beseitigt werden. Der Kreditgeber des SPV bekommt damit außerdem direkten Zugriff auf die liquiden Mittel der Zielgesellschaft: War er vorher auf Dividendenausschüttungen von der Zielgesellschaft an das SPV angewiesen, so wird der Schuldendienst nach Anwachsung bzw. Verschmelzung direkt von der Zielgesellschaft geleistet. Bei der Verlagerung des Kreditverhältnisses von dem übergeordneten SPV auf die untergeordnete Zielgesellschaft (oder die aus der Anwachsung oder der Verschmelzung hervorgehende Gesellschaft) spricht man von einem sogenannten Debt Push Down.

16.4.4 Konsortialvertrag

Entscheidet sich der Underwriter einer Akquisitionsfinanzierung, den Kredit am Markt zu syndizieren, geschieht die Dokumentation des Konsortialverhältnisses (1) unter den Konsorten als auch (2) zwischen den Konsorten einerseits und der Verwaltungsstelle des Konsortialkredites (Agent) andererseits in dem Konsortialvertrag.

16.4.5 Intercreditor-Agreement

Bestehen neben dem Senior Debt noch andere Fremdkapitalien (s. o.), so geschieht die Dokumentation des Rechtsverhältnisses zwischen den Parteien in der Gläubigervereinbarung.

16.4.6 Kaufvertrag

Nur indirekt zur Vertragsdokumentation gehört der zwischen dem Verkäufer und dem Käufer abgeschlossene Kaufvertrag. Da der Kreditvertrag und der Sicherheitenvertrag aber an verschiedenen Stellen Bezug auf den Kaufvertrag nehmen, soll dieser hier mit erwähnt werden. Das Zusammenspiel der drei Vertragswerke liegt insbesondere in den von dem Verkäufer zu übernehmenden Zusicherungen und Gewährleistungen (Representations and Warranties), die sich auf rechtliche und wirtschaftliche Tatbestände aus dem Zeitraum vor Eigentumsübergang beziehen. So wird der Kreditvertrag beispielsweise vorsehen, dass der Verkäufer in dem Kaufvertrag zusichert, dass die Zielgesellschaft in der Vergangenheit sämtlichen umweltrechtlichen Pflichten nachgekommen ist. Hat der Käufer nach Eigentumsübergang für die Verletzung umweltrechtlicher Pflichten der Zielgesellschaft aufzukommen, die auf den Zeitraum vor Eigentumsübergang zurückgehen, hat der Verkäufer den finanziellen Schaden zu tragen. Der Sicherheitenvertrag wird in diesem Zusammenhang in der Regel bestimmen, dass dem Kreditgeber die entsprechenden Forderungen des Käufers gegenüber dem Verkäufer abgetreten werden.

16.5 Analysen durch den Fremdkapitalgeber

16.5.1 Analyse vor Transaktionsabschluss

Ziel der Analyse ist die Berechnung der Höhe des Fremdkapitalanteils, bis zu welcher der Kapitaldienst während der Kreditlaufzeit und die Marktfähigkeit des Kredites gesichert erscheinen.

Üblich ist das Vorgehen in vier Schritten:

1. In der ersten Stufe legt das Akquisitionsobjekt seinen Business Plan vor (*Management-Case*).
2. Der anschließende Due-Diligence-Prozess überprüft insbesondere die Plausibilität des Management-Case vor der wettbewerblichen Situation des Akquisitionsobjektes.
3. Die Ergebnisse der Due Diligence werden auf Basis eines Finanzmodells in revidierten Fassungen des Business-Plans abgebildet. Ziel ist die Ermittlung eines möglichst wahrscheinlichen Szenarios, das Grundlage für die Finanzierungsstruktur werden soll (*Financing-Case*).
4. Aus dem Financing-Case wird die endgültige Finanzierungsstruktur abgeleitet.

Business-Plan (Management-Case)
Der Business-Plan liegt in der Regel unabhängig von dem anstehenden Verkauf des Unternehmens bereits vor und sollte mindestens die kommenden drei Geschäftsjahre umfassen. Idealerweise umfasst der Business-Plan Daten zur Bilanz, zur Gewinn- und Verlustrechnung und zur Cashflow-Rechnung.

Due Diligence
Im Mittelpunkt der Analysetätigkeiten vor Transaktionsabschluss steht die sogenannte *Due Diligence*, die am ehesten mit dem Begriff der Unternehmensprüfung beschrieben werden kann. Eine Due Diligence im Vorfeld einer Kreditentscheidung ist im Rahmen der Kreditwürdigkeitsprüfung im Kreditgeschäft nicht außergewöhnlich. Außergewöhnlich ist hingegen der Umfang und der Detaillierungsgrad der Due Diligence bei Akquisitionsfinanzierungen. Grund dafür ist das grundsätzlich sehr viel höhere Kreditrisiko, das mit Akquisitionsfinanzierungen im Vergleich zu normalen Unternehmenskrediten einhergeht und seinen Ausdruck in einem überverhältnismäßig hohen Verschuldungsgrad nach Transaktionsabschluss findet. Due Diligence wird sowohl von den Fremdkapitalgebern selbst (interne Due Diligence) als auch von externen Dritten (externe Due Diligence) erstellt.

Die externe Due Diligence wird in der Regel von unabhängigen Dritten im Auftrag des Eigenkapitalgebers durchgeführt. Vorteil der externen Due Diligence ist u. a., dass ihre Ersteller Haftung für die Richtigkeit der Ergebnisse übernehmen, was dem Kreditgeber zusätzliche Sicherheit gewährt. Die Due Diligence bezieht sich auf die folgenden Teilsphären eines Unternehmens:

- Finanzsphäre,
- Marktsphäre,
- Rechtssphäre (inkl. Umwelt- und Versicherungsrecht) und
- Steuersphäre,

für die separate Berichte erstellt werden.

Neben der externen Due Diligence wird auch interne Due Diligence (Unternehmensprüfung) durchgeführt, die immer dann, wenn der Fremdkapitalgeber in der Vergangenheit bereits eine Hausbankfunktion zum Akquisitionsobjekt unterhalten hat, besondere Beachtung findet.

Ableitung des Financing Case auf Basis eines Finanzmodells

Sämtliche operativen Annahmen des Business Plans (Management Case) werden anschließend auf ihre Vereinbarkeit mit den Ergebnissen der Due Diligence überprüft und gegebenenfalls revidiert. Die Abbildung der revidierten Fassungen des Business Plans geschieht in der Regel in EDV-basierten Finanzmodellen, in denen die Bilanz, die Gewinn- und Verlustrechnung und die Cash-Flow-Rechnung integriert abgebildet werden. Im Mittelpunkt steht dabei die Ermittlung des Free-Cash-Flow der für die Auszahlungen für Zinsverpflichtungen und Tilgungsverpflichtungen (liquiditätswirksamer Schuldendienst) unter der Akquisitionsfinanzierung zur Verfügung steht. Die Diskontierung dieses Free-Cash-Flow über die geplante Laufzeit der Akquisitionsfinanzierung ergibt die Schuldendienstkapazität bzw. die Verschuldungskapazität.

Free-Cash-Flow = ordentliches EBIT + AfA − Steuern − Investitionen +/− Zunahme/Abnahme des Working Capital +/− Zunahme/Abnahme Rückstellungen +/− Zunahme/Abnahme anderer Aktiva +/− Abnahme/Zunahme anderer Passiva.

Aufbau der Cash-Flow-Rechnung		
1.		Jahresüberschuss/Jahresfehlbetrag
2.	+/−	Abschreibungen/Zuschreibungen auf Gegenstände des Anlagevermögens
3.	+/−	Zunahme/Abnahme der Rückstellungen
4.	+/−	Sonstige zahlungsunwirksame Aufwendungen/Erträge
5.	−/+	Gewinn/Verlust aus dem Abgang von Gegenständen des Anlagevermögens
6.	−/+	Zunahme/Abnahme der Vorräte, der Forderungen aus Lief. & Leist. sowie anderer Aktiva
7.	+/−	Zunahme/Abnahme der Verbindlichkeiten aus Lief. & Leist. sowie anderer Passiva
8.	=	Cash-Flow aus laufender Geschäftstätigkeit

9.		Einzahlungen aus Abgängen von Gegenständen des Anlagevermögens
10.	–	Auszahlungen für Investitionen in das Anlagevermögen
11.	=	Cash-Flow aus der Investitionstätigkeit
12.		Einzahlungen aus Kapitalerhöhungen und Zuschüssen der Gesellschafter
13.	–	Auszahlungen an Gesellschafter (Dividenden, Kapitalrückzahlungen etc.)
14.	+	Einzahlungen aus der Begebung von Anleihen und aus der Aufnahme von (Finanz-)Krediten
15.	–	Auszahlungen für die Tilgung von Anleihen und (Finanz-)Krediten
16.	=	Cash-Flow aus der Finanzierungstätigkeit
17.		Zahlungswirksame Veränderungen des Finanzmittelbestands (Summe der Zeilen 8, 11 und 16)
18.	+/–	Wechselkursbedingte und sonstige Wertänderungen des Finanzmittelbestands
19.	+	Finanzmittelbestand am Anfang der Periode
20.	=	Finanzmittelbestand am Ende der Periode

Finanzmodelle der Akquisitionsfinanzierung ähneln den Unternehmensbewertungsmodellen auf Basis der Discounted-Cash-Flow-Methode. Beide Modelle schenken den Aufwendungen und Erträgen der Gewinn- und Verlustrechnung weniger Beachtung und rücken dafür die liquiditätswirksamen Ein- und Auszahlungen in den Vordergrund.

Die so abgebildeten Szenarien für die Entwicklung der finanziellen Sphäre des Unternehmens bekommen Namen:

- Der *Management Case* steht für die Annahmen des Managements des Akquisitionsobjektes.
- Der *Worst Case* steht für die schlechteste,
- der *Best Case* für die bestmögliche Entwicklung des Unternehmens.
- Der *Financing Case* schließlich steht für das Szenario, das der potenzielle Kreditgeber als – meist konservative – Grundlage für die Herleitung der Finanzierungsstruktur wählt.

Definition der Finanzierungsstruktur

Ergebnis des Finanzmodells wird die Herleitung einer Finanzierungsstruktur sein, die es den Kreditnehmern der Akquisitionsfinanzierung (Einzweckgesellschaft für die Finanzierung des Kaufpreises für den Anteilserwerb und der Transaktionskosten; Zielgesellschaft für die Finanzierung der Ablösung bestehender Finanzverbindlichkeiten, die Investitionsmittelfinanzierung und die Betriebsmittelfinanzierung) ermöglicht, ihren Pflichten aus dem Kreditvertrag – insbesondere den Zins- und Tilgungsverpflichtungen – nachzukommen, und die es dem Fremdkapitalgeber erlaubt, Teile der Fremdfinanzierung – wenn gewünscht – im Rahmen einer Konsortiallösung am Markt zu syndizieren.

16.5.2 Analysen nach Transaktionsabschluss (Monitoring)

Die laufende Analyse des Kreditrisikos nach Transaktionsabschluss (Monitoring) ist für Akquisitionsfinanzierungen in der Regel unabdingbar. Grund dafür ist das grundsätzlich sehr viel höhere Kreditrisiko, das mit Akquisitionsfinanzierungen im Vergleich zu normalen Unternehmenskrediten einhergeht und seinen Ausdruck auch in den strengen Informationspflichten des Kreditnehmers während der Kreditlaufzeit findet.

Monatliche Berichtspflichten sind bei Akquisitionsfinanzierungen keine Seltenheit. Als Indikatoren für die Entwicklung des Kreditrisikos während der Kreditlaufzeit dienen Finanzkennzahlen. Für einige dieser Finanzkennzahlen (Financial-Covenants; s. o.) werden Mindest- bzw. Höchstwerte festgelegt, die am Ende eines jeden Finanzquartals eingehalten sein müssen. Sowohl die Auswahl und die Definition dieser Financial-Covenants als auch die Festlegung der Zielwerte geschehen transaktionsspezifisch.

Nachfolgend wird ein Fallbeispiel vorgestellt, das auf einer tatsächlich abgeschlossenen Transaktion beruht.

Ausgangssituation
Im Mai 1999 übernimmt der Finanzinvestor Xylophon GmbH, Frankfurt/Main (»Xylophon«) zusammen mit der Roskilde Bremsen A/S, Dänemark (»Roskilde«) zu 100 % die Alpha Bremsen GmbH, Deutschland (»Alpha Bremsen«) von der Alpha AG, Deutschland (»Alpha«).

Akquisitionsanlass
Verkäufer (Alpha): Konzentration auf Kernkompetenzen im Vorfeld des anstehenden Börsengangs. Bremsen gehörten nicht mehr zu den Kernkompetenzen.
Käufer (Roskilde): Erwerb eines Unternehmens in Deutschland zur Schaffung einer Plattform für eine bereits identifizierte weitere Akquisition in Deutschland; Marktführerschaft in Europa.
Käufer (Xylophon): Erwerb eines Unternehmens in Deutschland zur Schaffung einer Plattform für eine bereits identifizierte weitere Akquisition in Deutschland. Mittelfristiger Exit.

Transaktionsspezifische Ziele der beteiligten Parteien
Eigenkapitalgeber (Xylophon und Roskilde): Geringstmöglicher Eigenkapitaleinsatz; so wenig wie möglich Haftung, insbesondere im Hinblick auf Ausschluss der rechtlichen Rückgriffsmöglichkeit auf das Vermögen der beiden Erwerber. Beschränkung der rechtlichen Rückgriffsmöglichkeit auf die Anteile an der Zielgesellschaft bzw. Vermögensgegenstände in der Zielgesellschaft. Hohe Flexibilität, insbesondere im Hinblick auf Möglichkeit der vorzeitigen Ablösung eines Teiles der Akquisitionsfinanzierung durch eine langfristige Immobilienleasingfinanzierung. Inanspruchnahmemöglichkeit eines Teiles der Akquisitionsfinanzierung zur Finanzierung der Umfirmierung der Zielgesellschaft (Anm.: Bestandteil des Kaufvertrages war die Verpflichtung der Alpha Bremsen zur Umfirmierung innerhalb von 2 Jahren, da Alpha wünschte, dass die Firma der Alpha Bremsen keine Beziehung mehr zur Alpha offenbart.) Minimale Kosten.
Fremdkapitalgeber: Maximale Sicherheit in Bezug auf Rückzahlungsfähigkeit. Marktfähigkeit des Krediets, da Konsortiallösung angestrebt wurde.

Ablauf der Finanzierung

Due Diligence: Die Erwerber hatten eine Reihe von Due Diligences bei externen Dritten in Auftrag gegeben, die der finanzierenden Bank zur Verfügung gestellt wurden. Die Ergebnisse der Due Diligence-Berichte waren nicht durchgehend positiv und wurden in der Strukturierung der Transaktion wie folgt berücksichtigt:

Typ der Due Diligence	Negativ-Ergebnis	Konsequenz für die Strukturierung der Transaktion
Finanzsphäre	Ausstehende Bonuszahlungen an das Management	Bildung entsprechender Rückstellungen in der Ausgliederungsbilanz der Zielgesellschaft und damit Berücksichtigung in den Verhandlungen über den (zu finanzierenden) Kaufpreis
	Ausstehende Abfindungszahlung an entlassenen Leiter einer ausländischen Tochtergesellschaft	Betrag wird von dem Verkäufer getragen
	Schlechtes Management-Informationssystem; unzureichende unterjährige Rechnungslegung	Kreditvertrag sieht (unter Einräumung einer Übergangsfrist) monatliche Informationspflichten als Informations-Covenant vor
	Substanzielle Bedeutung der Erzielung niedriger Einkaufspreise	Eine der Ziehungsvoraussetzungen unter dem Kreditvertrag sieht vor, dass Roskilde den Nachweis der von ihm in der Vergangenheit für die gleichen Produkte von den gleichen Herstellern ausgehandelten Preise zu erbringen hat (Nachweis erfolgte durch Vorlage von 1-Jahres-Einkaufsverträgen)
	Stark schwankendes Betriebsmittel-Finanzierungserfordernis zwischen 40 und 70 Mio. WE	Kreditstruktur sieht ausreichend hohe Finanzierungslinie für Betriebsmittel vor; eine der Ziehungsvoraussetzungen ist der Nachweis der neu ausgehandelten und verbesserten Zahlungsbedingungen mit dem Hauptlieferanten (Lieferantendarlehen)
Rechtssphäre	Gefahr der Verpflichtung zur Installation einer Umweltschutzvorrichtung im Rahmen der Kreditlaufzeit	Kaufvertrag wird vorsehen, dass eventuell in der Zukunft dafür entstehende Kosten von dem Verkäufer getragen werden
Versicherungssphäre	Nachweis für betriebsübliche Versicherungen der ausländischen Tochtergesellschaften lag nicht vor	Kaufvertrag wird vorsehen, dass sämtliche auf die Zeit vor Transaktionsabschluss entfallenen Schäden, die nicht versichert waren, vom Verkäufer getragen werden; Kreditvertrag wird vorsehen, dass Nachweis für betriebsübliche Versicherungen vorliegen muss.

Financing-Case: Der von dem Management der Alpha Bremsen eingereichte Geschäftsplan (Management-Case) wurde nach den Eindrücken aus der Due Diligence in seinen Annahmen revidiert, um so zu einem Financing-Case zu gelangen. Für den Financing-Case ergaben sich in der Bilanz, der Gewinn- und Verlustrechnung und der Cashflow-Rechnung die folgenden Werte. Ebenfalls in die Übersicht aufgenommen sind die vier vereinbarten Financial-Covenants mit ihren Zielwerten.

	1999	2000	2001	2002	2003	2004	2005	2006	2007
(1) Operative Sphäre									
Umsatz (Mio. WE)									
Management-Case[1]	651,9	658,5	665,0	671,7					
Financing-Case	645,5	650,3	655,2	660,1	660,1	660,1	660,1	660,1	660,1
EBITDA (Mio. WE)									
Management-Case[1]	39,0	47,5	59,9	59,9					
Financing-Case	34,0	38,3	42,4	47,2	48,5	48,5	48,5	48,5	48,5
EBIT (Mio. WE)									
Management-Case[1]	22,0	30,5	42,9	42,9					
Financing-Case	17,0	21,3	25,4	30,2	31,5	31,5	31,5	31,5	31,5
Free Cashflow (Mio. WE)									
Management-Case[1]	10,0	21,4	21,8	24,3	24,3				
Financing-Case	13,0	20,2	17,6	20,0	21,1	21,3	21,0	20,6	20,2
(2) Schuldendienst[2]									
Netto-(Senior-)Zinsaufwand (Mio. WE)	(3,4)	(5,7)	(5,9)	(5.3)	(4,6)	(4,0)	(3,5)	(2,7)	(1,6)
Rückzahlung (netto) (Mio. WE)		3,2	13,8	(8,3)	(9,5)	(9,5)	(15,8)	(12,0)	(14,5)	(25,0)
(3) Kennzahlen[3]									
Schuldendienstdeckungsgrad									
Financial-Covenant (Min.)	1,05	1,05	1,05	1,05					
Management-Case[1]	20,43	−2,81[4]	1,49	1,59	1,05	1,05	1,05	1,05	1,05
Financing-Case	26,71	−2,62[4]	1,21	1,31	1,45	1,05	1,35	1,20	0,76
(Senior-)Zinsdeckungsgrad									
Financial-Covenant (Min.)	3,00	3,25	3,75	4,75					
Management-Case[1]	6,02	4,92	6,73	7,52	5,75	6,50	6,50	6,50	6,50
Financing-Case	4,66	3,48	4,01	5,23	6,17	7,07	8,87	11,68	19,34
Dyn. Entschuldungsgrad									
Financial-Covenant (Max.)	2,50	2,50	2,00	1,75					
Management-Case[1]	1,81	1,78	1,27	1,11	1,50	1,25	1,00	1,00	1,00
Financing-Case	2,08	2,21	1,80	1,42	1,18	1,06	0,81	0,52	0,00
Eigenkapitalquote									
Financial-Covenant (Min.)	0,20	0,23	0,25	0,28					
Management-Case[1]	0,26	0,26	0,30	0,34	0,30	0,33	0,35	0,35	0,35
Financing-Case	0,25	0,25	0,28	0,31	0,35	0,39	0,43	0,47	0,53

1) Der Business Plan umfasste den Zeitraum von 1999 bis 2002.
2) Grundlage ist die auf Basis des Financing-Case definierte Finanzierungsstruktur (s. u.). Die absoluten Werte für Netto-(Senior-)Zinsaufwand und Rückzahlung sind daher für Management-Case und Financing-Case identisch.
3) Sämtliche hier aufgeführten Kennzahlen wurden gleichzeitig als Financial-Covenants in den Kreditvertrag aufgenommen. Die Werte berücksichtigen sämtlich die Belastung aus dem Schuldendienst der Akquisitionsfinanzierung.
4) Grund für Negativwert ist, dass der Cash-Inflow aus Ziehungen unter der Tranche B in 2000 höher als der Cash-Outflow aus Zins- und Tilgungsdienst ist.

Basierend auf den Ergebnissen des Financing-Case einigte sich die Bank mit dem Eigenkapitalgeber auf folgende Finanzierungsstruktur:

Finanzierungsstruktur			
Mittelverwendung	Mio. WE	Mittelherkunft	Mio. WE
Kaufpreis 100% Anteile an der Alpha Bremsen	90,0	Eigenkapital (Xylophon; Roskilde; Management der Alpha Bremsen)	10,0
Vorzeitige Ablösung bestehender Finanzverbindlichkeiten der Alpha Bremsen	60,0	Gesellschafterdarlehen (Xylophon; Roskilde)	70,0
Transaktionskosten	7,5	Verkäuferdarlehen (Alpha)[1]	10,0
Restrukturierungsaufwand	22,5	Akquisitionsdarlehen (Tranche A) (7 Jahre Laufzeit)[2]	27,5
Umfirmierungsaufwand	10,0	Akquisitionsdarlehen (Tranche B) (7 Jahre Laufzeit)[2]	22,5
Betriebsmittelfinanzierung	60,0	Akquisitionsdarlehen (Tranche C) (8 Jahre Laufzeit)[2, 3]	40,0
		Betriebsmittellinie (7 Jahre Laufzeit)[2]	70,0
TOTAL	250,0	TOTAL	250,0

1) Im rechtlichen Nachrang zu den Akquisitionsdarlehen; wurde von der Alpha unter der Bedingung eingeräumt, dass mit diesen Finanzierungsmitteln die von ihr gewünschte Umfirmierung unter Wegfall des Ausdruckes »Alpha« finanziert werden sollte.
2) Die Höhe der Zinsmarge wurde dynamisch strukturiert, d. h. sie richtete sich nach der Entwicklung des Zinsdeckungsgrades und wurde vierteljährlich angepasst.
3) Wurde bezüglich des Rückzahlungsverlaufs analog einer Immobilienfinanzierung strukturiert.
Hintergrund: Eine Vorab-Bewertung des Immobilienvermögens der Alpha Bremsen ergab, dass auf den ermittelten Wert eine langfristige Immobilienleasingfinanzierung (zur vorzeitigen Ablösung der Tranche C) in Höhe von 40 Mio. WE darstellbar wäre.

Abschluss

Noch im gleichen Jahr übernimmt die Alpha Bremsen die Beta Bremsen GmbH, Deutschland (»Beta Bremsen«). Mit dieser Transaktion entsteht das größte Branchenunternehmen Europas mit einem Umsatzvolumen von über 1 Mrd. WE. Die Finanzierung der Akquisition der Beta Bremsen geschah durch die gleiche Bank, die im Anschluss die Syndizierung der 160 Mio. WE Fremdfinanzierung vornahm. Ein Jahr nach Übernahme der Beta Bremsen wurde die Umfirmierung der Alpha Bremsen in einer aufwändigen Marketingkampagne bekannt gegeben. Die vorzeitige Ablösung der Tranche C durch die Immobilienfinanzierung in Höhe von 40 Mio. WE geschah im zweiten Laufzeitjahr.

Aufgaben zur Lernkontrolle
1. Nennen Sie typische Anlässe und Impulsgeber für Akquisitionen.
2. Stellen Sie die Ziele von Eigen- und Fremdkapitalgebern bei Akquisitionsfinanzierungen gegenüber.
3. Welche Finanzinstrumente stehen für die Akquisitionsfinanzierung zur Verfügung?
4. Welche Kennzahlen dienen dem Kreditgeber als Indikatoren zur Früherkennung betriebswirtschaftlicher Probleme des Kreditnehmers und wie gelangt der Kreditgeber an diese?
5. Erläutern Sie die vier Schritte zur Festlegung des Fremdkapitalanteils.

Literatur
Berens, W./Brauner, H. U. (Hrsg.) (1999): Due Diligence bei Unternehmensakquisitionen, 2. Aufl., Stuttgart.
Diem, A. (2007): Akquisitionsfinanzierungen, München
Picot, G. (Hrsg.) (2005): Handbuch Mergers & Acquisitions, 3. Aufl., Stuttgart.
Reicheneder, T. (1992): Investment Banking, Wiesbaden.

17 Projektfinanzierung*

> **LERNZIELE**
> - Abgrenzung der Projektfinanzierung gegenüber anderen Produkten des Investment Banking vornehmen.
> - Ziele der Projektfinanzierung aufzählen.
> - Fachspezifische Ausdrücke erläutern können.
> - Grundstruktur einer Projektfinanzierung darlegen.
> - Prüfungs- und Umsetzungsabläufe beschreiben.
> - Finanzierungselemente aufzählen.
> - Internationale Standards der Finanzierbarkeit nennen.
> - Leitidee der »Community-of-Interest« und ihrer Implikationen begründen und ableiten.

17.1 Abgrenzung

Bei der Projektfinanzierung handelt es sich um ein sehr weit definiertes und komplexes Produkt des Investment Banking.

> **DEFINITION**
> **Projektfinanzierung ist eine Kombination von Finanzdienstleistungen, die der Realisierung abgegrenzter Projekte dienen.**

Zur Projektfinanzierung gehören Beratungs-, Finanzierungs- und Überwachungsleistungen. Grundlage sind erwartete Zahlungsströme von Projekten. Diese werden
- in einem ersten Schritt analysiert (Höhe, Zeitpunkte, Wahrscheinlichkeiten, Abhängigkeiten),
- in einem zweiten Schritt strukturiert und den verschiedenen Projektbeteiligten zugeordnet (Risikoallokation).

Als Gegenleistung für Anteile an den zukünftigen Zahlungsströmen müssen die Projektbeteiligten ex ante Leistungen erbringen (Geldkapital wie z. B. Kredite, haftendes Eigenkapital; Sachkapital wie z. B. Grundstücke und Arbeitsleistung).

Unsicherheiten bzgl. der Zahlungsströme des Projektes stellen für alle Projektbeteiligten ein Risiko dar, weil u. U. (bei Störungen) das gesamte Projekt zum Stillstand kommen kann. Eine geschickte Vertragsgestaltung, die eine störungsfreie Abwicklung des Projektes begünstigt, ist das gemeinsame Ziel sämtlicher Projektbeteiligten und einer der Kernpunkte der Projektfinanzierung.

---

* Autor: Thomas Bock, Hans Schniewind

Special-Purpose-Companies
Organisatorisch werden Projekte meist durch rechtlich wie wirtschaftlich selbstständige Gesellschaften (Special-Purpose-Companies, SPC) realisiert. Dadurch können die Projekte von anderen wirtschaftlichen Tätigkeiten der Beteiligten abgegrenzt werden.

Sponsor und Sponsor-Commitment
Der Initiator eines Projekts wird Sponsor oder Promoter genannt. Der Sponsor strebt an, dass projektimmanente Risiken über seinen eigenen planmäßigen Beitrag (also Eigenmittel, Gesellschafterdarlehen oder Bürgschaften) keine undefinierten direkten Auswirkungen rechtlich wie wirtschaftlich auf ihn haben. Sein eigener Beitrag wird »Commitment« genannt.

Off-Balance-Sheet
Sofern die Aufnahme der zur Umsetzung des Projektes benötigten Kredite durch die SPC keine Auswirkung auf die Bilanz des Sponsors hat, spricht man von einer »Off-Balance-Sheet«-Finanzierung.

Limited Recourse
In der Regel kommt der Sponsor nicht ganz ohne eine zusätzliche, über das eingebrachte Eigenkapital der SPC hinausgehende, Haftung aus. Ist betragsmäßig und/oder zeitlich begrenzt ein Rückgriff auf den Sponsor/die Sponsoren vorgesehen, spricht man von einer »Limited Recourse«-Finanzierung.

Non Recourse
Haften ausschließlich die Cashflows des Projektes, dann spricht man von einer »Non Recourse«-Finanzierung.

17.2 Interesse und Aufgaben der Investmentbank

Das Interesse einer Investmentbank an dem Produkt Projektfinanzierung liegt darin, den Kunden der Bank spezifische, auf einzelne in sich abgeschlossene Projekte bezogene Finanzierungslösungen anzubieten. Bei der Entwicklung dieser Lösungen können fast alle Produkte des Investment Banking zum Einsatz kommen.

Beratungsleistung (Advisory)
Die Bank analysiert das vom Sponsor initiierte Projekt bzw. dessen Annahmen (Sponsors-Case). Sie zeigt das jeweils am Bankenmarkt erforderliche Anspruchsprofil für die benötigte Finanzierung auf und entwickelt auf dieser Grundlage eine mögliche Finanzierungsstruktur. Dabei nimmt sie die Interessen des Sponsors wahr (Risikominimierung bzw. Ertragsmaximierung für den Sponsor), verfolgt andererseits aber auch das Ziel der Umsetzungsfähigkeit der Struktur am Bankenmarkt (die sogenannte »Bankability«).

Arrangierung (Arranging)
Auf der Grundlage der durch den Adviser entwickelten Struktur arrangiert die Bank die Finanzierung des Projektes. In der Regel nimmt eine Bank entweder die Rolle eines Advisers oder eines Arrangers ein, da im Falle einer Kombination beider Rollen ein Interessenkonflikt auftreten kann. Während der Adviser vorrangig im Interesse des Sponsors handelt, muss der Arranger vorrangig die eigenen Interessen (Risikoverteilung, Ertrag, Laufzeiten) verfolgen. Diesen eigenen Interessen trägt der Arranger mit restriktiven Annahmen Rechnung, die er bei seiner Finanzierungsstruktur (Banking-Case) unterstellt. Der Arranger übernimmt nach Erstellung dieser tatsächlichen Finanzierungsstruktur je nach Finanzierungsvolumen auch die Aufgabe der Einwerbung der benötigten Mittel am Bankenmarkt (Syndizierung).

Verwaltung (Agency)
Aufgrund der zum Teil erheblichen Komplexität der Finanzierungsstrukturen bedürfen Projektfinanzierungen in der Regel einer professionellen Verwaltung. Meistens wird diese durch den Arranger wahrgenommen, da er die tatsächliche Finanzierungsstruktur entwickelt hat. In dieser Rolle wird der Arranger als Agent bezeichnet. Bei sehr komplexen Strukturen kann es jedoch auch zu Aufteilungen z. B. nach den Gebieten Recht, Technik und Finanzierungsmodell kommen.

17.3 Anwendungsbereiche der Projektfinanzierung

Die Anwendungsbereiche der Projektfinanzierung spannen sich in einem weiten Bogen von der Ausbeutung bzw. Förderung von Rohstoffvorkommen (wie Erze, Öl und Gas) und den Bau und Betrieb von Pipelines, über den Kraftwerkssektor (Bau und Betrieb von Kraftwerken), den Auf- und Ausbau neuer Telekommunikationsnetze (Mobilfunk, weltumspannende Kabelnetze, Satelliten), den Bau von Industrieanlagen jeglicher Couleur (petrochemische und sonstige chemische Anlagen, Papier-, Zement- und Stahlwerke, Produktionsstätten von Automobilherstellern) über Infrastrukturprojekte (Straßen, Brücken, Tunnel, Schienenverkehr usw.) bis hin zu Umweltvorhaben (Wasserversorgung, Entsorgung, Recycling). Die Finanzierung von staatlichen Aufgaben durch den Privatsektor (wie z. B. Schulen, Krankenhäuser und Gefängnisse) seit Beginn der 90er-Jahre (vor allem in Großbritannien als »Private Finance Initiative«, PFI, stark forciert) und die Privatisierung von öffentlichen Aufgaben (Hafenbetriebe, Flughäfen) haben der Projektfinanzierung neue Aufgabenfelder eröffnet. Ein weiteres Gebiet ist die private Finanzierung öffentlicher Aufgaben in Kooperation mit der öffentlichen Hand, für das der Begriff »Private Public Partnership« (PPP) geprägt wurde.

Der Immobilienbereich, insbesondere die Freizeit- und Hotelindustrie, wird – obwohl dort sehr ähnliche Kriterien wie bei der Projektfinanzierung gelten – häufig als eine Besonderheit angesehen und sogar von einigen Projektfinanzierern bewusst ausgegrenzt. Gründe hierfür sind möglicherweise die größere Attraktion traditioneller Sicherheiten (Grundpfandrechte) oder die starke konjunkturelle Abhängigkeit, die eine Cashflow-bezogene Finanzierung nur erschweren.

Früher beschränkte sich Projektfinanzierung häufig auf den Neubau von (Industrie-) Anlagen auf der grünen Wiese (»Green Field Projects«); heute werden auch Erweiterungsinvestitionen bestehender Anlagen sowie Unternehmensakquisitionen in Form der Projektfinanzierung realisiert (»Brown Field Projects«). Bei letztgenannter Form gibt es einen fließenden Übergang zu Acquisition Finance, einem anderen Bereich des Investment Banking.

17.4 Projektstruktur: allgemeine Darstellung

17.4.1 Beteiligte

Eine Vielzahl von unterschiedlichen Parteien sind an der Realisierung eines Projektes beteiligt. Inklusive der oft hinzugezogenen externen Berater und technischen Experten kann der Kreis schnell auf über 20 Teilnehmergruppen anwachsen. Die wichtigsten Beteiligten sind:

Sponsoren
Als Projektträger und -initiatoren haben die Sponsoren (oder Promoters) i.d.R. das größte wirtschaftliche Interesse an der erfolgreichen Realisierung. Sponsoren können einzelne oder mehrere private Unternehmen sein, die z. B. rückwärts gerichtet eine unabhängige Versorgung mit Rohstoffen oder vorwärts gerichtet den Absatz ihrer (Vor-) Produkte sichern wollen (wie z. B. Weiterentwicklung der Verarbeitungskette von petrochemischen Produkten). Auch Anlagenbauer selbst treten als Sponsoren auf, um den Verkauf ihrer Technologie zu fördern. Ein staatliches Unternehmen engagiert sich als Sponsor z. B. bei einem Minenprojekt, um einerseits an der profitablen Rohstoffausbeutung zu partizipieren sowie andererseits dem Projekt die aus ausländischer Sicht erforderliche politische Stabilität zu gewährleisten.

Die unterschiedliche Herkunft der Sponsoren hat auf der einen Seite den Vorteil, dass vielfältige Qualifikationen in die Projektrealisierung eingebracht werden, lässt auf der anderen Seite aber auch die divergierenden, manchmal sogar konträren Interessenlagen erahnen. Die kreditgebenden Investmentbanken werden deshalb auf sehr präzise und ausgleichende Regelungen im Gesellschaftsvertrag drängen, um das Projekt nicht durch einen festgefahrenen Interessensstreit zu gefährden. Aus Bankensicht kommt darüber hinaus der Qualität und Kompetenz der Sponsoren sowie deren langfristiger Einbindung eine wesentliche Bedeutung zu.

Anlagenbauer
Der Anlagenbauer ist für die Qualität und die erprobte Technologie der Anlage verantwortlich. Gegenüber der SPC verpflichtet er sich in einem sog. »Engineering-Procurement-Construction-Contract« (»EPC-Contract«), innerhalb einer bestimmten Frist zu einem festgelegten Preis (Lump Sum) die Anlage betriebsbereit (Turnkey) zu übergeben. Betriebsbereit bedeutet, dass die Anlage nicht nur technisch fertiggestellt ist, sondern insbesondere die vereinbarten Leistungsparameter nachhaltig erfüllt, was durch einen exakt definierten Leistungstest (Performance-

Test) zu beweisen ist. Die Fähigkeit des Anlagenbauers, die Anlage termingerecht und betriebsbereit zu übergeben, ist für das Projekt von entscheidender Bedeutung, da nur mit dem Verkauf der produzierten Güter ein positiver Cashflow entstehen kann.

Vom Anlagenbauer zu verantwortende Verzögerungen ziehen konsequenterweise vertraglich geregelte Pönale nach sich, die ggf. durch Bankgarantien abzusichern sind. Sollte der Anlagenbauer gleichzeitig an der SPC beteiligt sein, muss der EPC-Contract wie unter fremden Dritten (»at arm's length«) ausgehandelt worden sein. Damit soll vermieden werden, dass sich einer der Projektbeteiligten zu Lasten der anderen Vorteile verschafft hat. Grundsätzlich erfolgt im Rahmen einer Projektfinanzierung eine Überprüfung der Verträge durch Einschaltung von Sachverständigen (insbesondere Leistungsumfang, Preisvereinbarungen, Zeitrahmen, Haftungs- und Gewährleistungsregelungen). Gleichwohl verbleibt das Risiko von Interessenskonflikten, wenn Anlagenbauer zugleich Zulieferer und Miteigentümer der SPC sind.

Lieferanten

Um das Projekt, z. B. eine Anlage, nach Fertigstellung betreiben zu können, müssen die Produktionsmittel eingekauft werden. Dazu wird die SPC mit den Rohstofflieferanten einen Vertrag abschließen. Vorrangig ist die Sicherstellung der regelmäßigen Belieferung, um Betriebsunterbrechungen und Erlösausfälle zu eliminieren. Die generelle Verfügbarkeit der Rohstoffe (bzw. Vorprodukte) und deren Transport zum Projektstandort müssen ebenfalls sicher gestellt werden und sind Gegenstand der Projektanalyse (Due Diligence) der Investmentbanken.

Wünschenswert wäre auch eine möglichst langfristige Bindung mit festen Preisklauseln. So kann für die SPC das Preisrisiko minimiert werden. Steigende Rohstoffpreise können aber nur bedingt auf die Abnehmerseite abgewälzt werden.

Betreiber/Betriebsführer

Von eminenter Bedeutung ist die fachliche Kompetenz des Betreibers bzw. Betriebsführers. Er steht maßgeblich dafür ein, dass das Projekt effizient und professionell betrieben wird. Er muss nicht nur die Technologie beherrschen, sondern auch die erforderlichen personellen Ressourcen (zumindest für Schlüsselpositionen) stellen.

Der Betreiber trägt das Risiko des Projektes im Sinne einer steuerlichen Zurechenbarkeit des wirtschaftlichen Projektergebnisses. In der Regel sind Betreiber und SPC identisch bzw. gesellschaftsrechtlich mit dem Sponsor verbunden.

Hiervon abzugrenzen ist der Betriebsführer. Er schließt mit der SPC einen sog. Betriebsführungsvertrag (Operation & Maintenance Contract, O & M-Contract) ab, in dem seine Pflichten detailliert geregelt werden, wie Betriebsführung, Wartung und Instandhaltung. Seine Vergütung umfasst in der Regel einen fixen Grundpreis plus einer von der Leistung abhängigen Komponente, aus denen er seine o.g. Verpflichtungen (und seinen Gewinn) finanzieren muss. Ein Bonus-/Malus-System sanktioniert die tatsächliche Leistung. Das wirtschaftliche Risiko, im Sinne einer steuerlichen Zurechenbarkeit, trägt der Betriebsführer jedoch nicht.

Versicherungen

Versicherungen spielen bei der Risikoverteilung und -absicherung eine bedeutende Rolle. Grundsätzlich werden alle versicherungsfähigen Risiken bei Versicherungsunternehmen platziert, sofern deren Prämien ökonomisch akzeptabel für das Projekt sind oder keine bessere Alternative gefunden werden kann. Die Ansprüche der SPC gegen die Versicherungen im Schadensfalle werden an die kreditgebenden Banken abgetreten. Sie können somit wesentlich über die Verwendung der Versicherungsgelder mitentscheiden, d. h. Wiederherstellung des Projektes zur Fortführung des Betriebes oder Rückführung der ausstehenden Kredite. Exportkreditversicherer können zur Absicherung von Risiken, die Rückzahlung des Fremdkapitals betreffend, eingebunden werden. Dabei decken Exportkreditversicherer wie Hermes, die für Rechnung und im Auftrag der Öffentlichen Hand agieren, typischerweise politische Risiken ab, die von rein privatwirtschaftlichen Versicherungen nur schwer übernommen werden können. Den Vorteil einer Versicherung für das Fremdkapital »erkauft« man sich jedoch mit einer eingeschränkten Flexibilität bei der Projektstrukturierung, da die zu versichernden Kreditfazilitäten bestimmte Normen, wie z. B. maximale Laufzeit, Tilgungsbeginn und Tilgungsstruktur, erfüllen müssen.

Consultants

Eine besondere Gruppe von Projektbeteiligten stellen die externen Berater und technischen Experten dar, deren unabhängige Expertise auch von den Banken hinzugezogen wird. So erstellen internationale Rechtsanwälte Gutachten über die Rechtsbeständigkeit und Durchsetzbarkeit der wesentlichen Projektverträge im Hinblick auf internationale Rechtskreise und -systeme (Legal Opinion). Steuerberater müssen aufgrund der immer komplizierter werdenden Steuersysteme für eine optimale Gesellschafts- und Vertragsstruktur ihr Know-how einbringen. Technische Berater überprüfen – wie oben bereits angeführt – bestimmte Aspekte einzelner Verträge, wie z. B. Teile der Geschäftsplanung hinsichtlich Angemessenheit der Annahmen über Investitionsplanung, Termine, Betrieb, Marktverhältnisse. Versicherungsberater definieren die zu versichernden bzw. versicherbaren Risiken und beraten den Sponsor aber auch die finanzierenden Investmentbanken bzgl. eines auf das Projekt abgestimmten Versicherungspaketes.

Investmentbanken

Die Investmentbanken treten als Berater, Arrangierer, Finanzierer und Verwalter (Agent) bei der Umsetzung des Projektes auf. Die kapitalgebenden (internationalen) Banken stellen den größten Anteil des Finanzierungsvolumens zur Verfügung, denn die von den Sponsoren eingebrachten Eigenmittel betragen selten mehr als 20% bis 30% des Investitionsvolumens. Dieser Anteil schwankt je nach Industriesektor, Investitionsland, Risikostruktur usw. und kann zum Teil sogar erheblich niedriger ausfallen. In entsprechendem Maße muss Fremdkapital zur Deckung der erforderlichen Finanzmittel über Banken aufgenommen werden. Vor diesem Hintergrund erklärt sich auch der massive Einfluss der finanzierenden Banken auf die Rahmendaten und die Umsetzung des Projektes. Dieser Einfluss drückt sich nicht nur in den Be- und Versicherungen und den einzuhaltenden wirtschaftlichen Relationen (Covenants) aus, sondern kommt auch bei der Verwaltung der laufenden Finanzierung zum Tragen. So können die Banken ggf. auf Änderungen des Projektablaufes bestehen und diese durchsetzen oder auch verhindern, da sie, obwohl vom Sponsor gewünscht und als wirtschaftlich sinnvoll erachtet, nicht den Risiko- oder Ertragsvorstellungen der finanzierenden Banken entsprechen.

Die Beziehungen der Teilnehmergruppen sind in der Abbildung 17.1 als »Standardstruktur« einer Projektfinanzierung grafisch dargestellt:

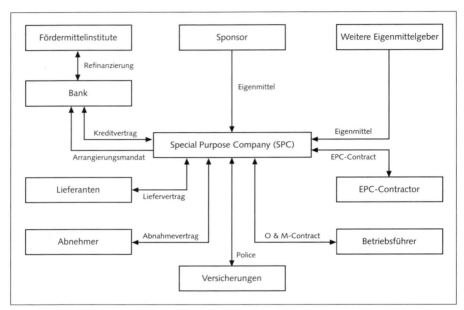

Abb. 17.1: Standardstruktur einer Projektfinanzierung

17.4.2 Aktives und passives Konfliktmanagement

Bei der Vielzahl der Projektbeteiligten und deren zum Teil sehr unterschiedlichen Interessen ergibt sich im Falle einer Störung des Projektablaufs ein erhebliches Konfliktpotenzial zwischen den Interessenprofilen der Beteiligten, sodass die Weiterführung des Projektes erschwert oder gar gefährdet werden kann.

Im Rahmen der Projektplanung können ex ante nicht alle Störpotenziale erfasst werden. Die für die Projektprognose bzw. die erwarteten Cashflows unterstellten Annahmen, also der ökonomische Horizont, können nur für einen wesentlich kürzeren Zeitraum als die Kreditlaufzeit als zuverlässig angesehen werden. Auch kann sich das Interessenprofil einzelner Projektbeteiligter verändern. Die Bank, insbesondere in ihrer Rolle als Agent, kann solchen Risiken auf zwei Wegen begegnen:

- *Reservebildung*: Die Bank kann diesen Umständen durch eine konservative bzw. restriktive Haltung Rechnung tragen, indem sie in ihrer Banking Case große Reserven einplant oder sich einen weitgefassten Rückgriff auf den Sponsor sichert. So ist es ihr möglich, ein weites Feld der potenziellen Risiken abzusichern. Dabei muss sie jedoch die Ziele des Sponsors bzw. der anderen Projektbeteiligten beachten und darf die Umsetzung des Projektes nicht erschweren, da sie ansonsten im internationalen Wettbewerb nicht bestehen wird.
- *Aktives Konfliktmanagement.* Erfolgversprechender ist die Einnahme einer aktiven Rolle der Bank bzw. des Agenten in der Community-of-Interest mit dem Ziel, auftretende Probleme ad hoc zu lösen. Die Community-of-Interest umschreibt den Einklang der Interessen sämtlicher langfristig an der Projektumsetzung beteiligter Parteien, also der Sponsoren, Gesellschafter, EPC-Contractoren, Betriebsführer, Lieferanten und Abnehmer, Banken und Versicherungen über die gesamte Kreditlaufzeit. Die Beteiligten so zusammenzuschweißen, dass sie eine wirkliche Community-of-Interest bilden, ist eines der zentralen Kernstücke einer gelungenen Strukturierung einer Projektfinanzierung. Grundlage sind klar formulierte Vertragswerke, die keine der beteiligten Parteien bevorzugen oder benachteiligen und vor allem keiner Partei im Falle von Störungen Möglichkeiten zur Blockierung des Ganzen geben.

Ergebnis des aktiven Konfliktmanagements ist, dass die Projektbeteiligten auch nach Störungen, die nicht durch Rückgriff auf gebildete Reserven behoben werden können, evtl. unter Inkaufnahme von Projektmodifikationen, aktiv an dem Projekt festhalten und sich nicht aus dem Projekt zurückziehen. Eine Auflösung der Projektgemeinschaft sollte erst dann eintreten, wenn alle Beteiligten das Fehlschlagen des Projektes festgestellt haben, die Verträge abgewickelt und die Sicherheiten verwertet bzw. die Forderungen erfüllt oder verrechnet worden sind.

Damit die Bank eine aktive Rolle innerhalb der Community-of-Interest übernehmen kann, benötigt sie neben ihrer Stellung als Kreditgeber auch ein tiefes Verständnis der mit dem Projekt verbundenen Problemkreise und Interdependenzen, einen Einblick in die Strukturen und Entwicklungen der einzelnen Märkte, in denen sie Projektfinanzierungen begleitet und in denen die Projektbeteiligten tätig sind.

17.4.3 Informationsquellen

Informationsquellen für die Bank sind:
- die vom Sponsor und den Projektbeteiligten im Rahmen der Projektentwicklung zu liefernden Informationen,
- Informationen durch eigene Berater und externe Experten,
- eigene Mitarbeiter mit langjähriger Erfahrung.

Die logische Konsequenz der hohen Anforderungen an detaillierte Kenntnisse der Projektrisiken ist die Ausrichtung der Organisation der Investmentbank nach industriellen Sparten. Diese Ausrichtung nach Sparten nützt im Bereich der Kundenbetreuung, vor allem aber im Bereich der Kreditbewertung. Die Struktur in der Abbildung 17.2 zeigt eine typische Spartengliederung einer in der Projektfinanzierung tätigen Investmentbank.

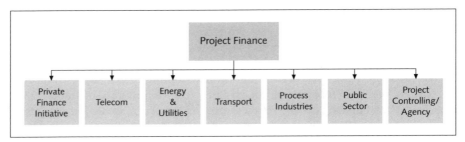

Abb. 17.2: Spartenorganisation bei der Investmentbank

17.5 Risikomanagement

Angesichts der potenziellen Risiken, die ein Projekt gefährden, investieren Banken einen beträchtlichen Teil der Projektarbeit in das Risikomanagement. Es kommt darauf an,

- Risikoarten möglichst vollständig zu erfassen,
- Risiken mit den Projektbeteiligten einvernehmlich zu bewerten,
- Risiken auf die Beteiligten zu verteilen.

Die einvernehmliche Bewertung ist wichtig, denn Risiken werden nur freiwillig übernommen. Sie müssen dem jeweiligen Risikoträger – subjektiv – tragbar *erscheinen*. Es muss aber darüber hinaus auch darauf geachtet werden, dass ein Beteiligter nicht mehr Risiken übernimmt als er – objektiv – tragen kann, damit es nicht durch seinen Ausfall zu einer Störung des gesamten Projektes kommt.

Die Definition der Projektrisiken und deren Verteilung bzw. Zuweisung wird wie folgt umgesetzt.

Risikoidentifizierung, -bewertung und -verteilung

Schritt 1: Das Erkennen der Risiken, denen ein Projekt ausgesetzt ist. Die eigentliche Schwierigkeit liegt darin, einen gemeinsamen, von allen Projektbeteiligten akzeptierten Risikokatalog aufzustellen. Aufgrund der unterschiedlichen Sichtweisen klaffen die Risikoeinschätzungen des Sponsors, des Technikers, des Anlagenbauers, der Finanzabteilung der SPC, des Staates und die der Banken für ein und denselben Tatbestand manchmal weit auseinander. Für einen Projektfinanzierer liegt vielleicht das grundsätzliche Risiko eines Projektes in einem Umstand, der die Möglichkeit eines Verlustes zur Folge haben könnte, wohingegen der Sponsor sein grundsätzliches »Risiko« im Nichterreichen der angestrebten Rendite sieht. Die Hauptrisikogruppen sind neben den finanziellen Risiken (Zinsänderungsrisiko, Währungskursrisiko) und politischen Risiken (staatliche Einwirkungen, Enteignung, Länderbonität, Konvertierungs- und Transferrisiken) oder höhere Gewalt (Naturkatastrophen, Krieg) vor allem das Fertigstellungs- und Betriebsrisiko sowie die Marktrisiken.

Schritt 2: Der nächste Schritt besteht in der Bewertung der Risiken in ihrer Höhe und ihren Auswirkungen.

Schritt 3: Erst dann findet die Risikoverteilung statt, d.h. die Eingrenzung, Verteilung und Absicherung bzw. Vorsorge für die einzelnen Risikoarten. Der Grundgedanke einer Risikoverteilung ist, dass derjenige ein bestimmtes Risiko tragen soll, der es am besten beurteilen, kontrollieren und gestalten kann. Dieser Grundgedanke ist von hoher Wichtigkeit. Es ist keineswegs so, dass die diversen Projektrisiken gleich einem Nullsummenspiel verteilt werden müssen. Je nach dem ob die risikotragende Partei das Risiko kontrollieren und gut gestalten kann, ist die Risikoeintrittswahrscheinlichkeit hoch oder niedrig. Erfolgt eine geschickte Verteilung der Risiken, sind die Kosten der Risikonahme niedriger. Zu den potenziellen Risikoübernehmenden zählen selbstverständlich auch Projektaußenstehende, wie z.B. Versicherungen.

Schritt 4: Die Ergebnisse der Risikoverteilung werden in der Finanzierungsstruktur und dem umfassenden Vertragswerk widergespiegelt.

Bei den Risikoarten in der Projektfinanzierung können folgende grundsätzliche Unterscheidungen getroffen werden:

Fertigstellungsrisiko

Das Fertigstellungsrisiko betrifft die frist-, budget- und spezifikationsgerechte Projekterstellung. Zeitverzögerungen führen sowohl zu höheren Baukosten als auch zusätzlich zu Einnahmeausfall. Die Sponsoren müssen die Fertigstellung des Projektes den anderen Prozessbeteiligten gegenüber garantieren, ggf. durch Bankgarantien materiell unterlegen, wenn sie es nicht im Rahmen des o.g. EPC-Vertrages an den Anlagenbauer weitergereicht haben. Das Design- und Technologierisiko ist vom Anlagenbauer zu tragen; er sichert die Erfüllung vorher eindeutig definierter Leistungsmerkmale der Anlage zu.

Zu deren Nachweis werden umfangreiche Testläufe unter Aufsicht der technischen Berater der Banken durchgeführt. Erst nach deren erfolgreichem Bestehen wird die Anlage abgenommen und die Schlussrate an den Lieferanten gezahlt. Neue, noch unerprobte Technologien werden selten in der Form einer Projektfinanzierung realisiert, da zu einem denkbar ungünstigen Zeitpunkt deren Bewährung getestet wird: wenn die Kredite fast vollständig ausgezahlt sind. Der Anlagenbauer hingegen wird nicht die Haftung für alle, bis zu diesem Zeitpunkt aufgelaufenen Kosten und Aufwendungen übernehmen.

Betriebsrisiko

Das Betriebsrisiko (z.B. bei einem Kraftwerk) ist i.d.R. vom Betreiber bzw. Betriebsführer im Rahmen des O & M-Vertrages zu übernehmen. In der Verantwortung und Einflusssphäre des Betreibers liegt die sachgerechte Betriebsführung, Wartung und Instandhaltung der Anlage. Er wird auch verantwortlich für die Stellung ausreichend qualifizierten Personals bzw. für die fachliche Schulung neuer Mitarbeiter (eine Hauptforderung in unterentwickelten Ländern) sein. Banken werden sich deshalb ein sehr genaues Bild über seine fachliche Qualifikation und Referenzen aus anderen Projekten machen.

Versorgungsrisiko

Das Versorgungsrisiko ist von elementarer Bedeutung bei Rohstoff- und Minenprojekten, aber auch bei Industrieprojekten. Ohne eine gesicherte Versorgung mit den erforderlichen Produktionsmitteln arbeitet keine Anlage. Umfangreiche und aufwändige Studien und Analysen werden zu deren gesichertem Nachweis erstellt. Die Vorhaltung von Reservelagern, um zumindest für einen bestimmten Zeitraum ein Fortführen der Produktion zu gewährleisten, ist eine Form der Risikoabsicherung. Aber auch die Sponsoren können zusätzlich in die Pflicht (z. B. in Form einer Ausfallbürgschaft zu Gunsten der finanzierenden Banken) genommen werden, sollte die Versorgung unterbrochen sein.

Marktrisiko

Es verbleiben die »Marktrisiken«, von denen Preis- und Absatzrisiko die zentralen Projektrisiken darstellen. Dazu zählen im Wesentlichen der Verfall des Verkaufspreises, Sinken des Marktanteils der SPC (z. B. wegen des Auftretens eines neuen, preisgünstigeren Wettbewerbers), oder die Nachfrage nach dem SPC-Produkt lässt nach (z. B. aufgrund der Substitution durch ein neues Produkt). Sofern möglich, werden langfristige Vertragsbindungen mit Abnehmern abgeschlossen. Die Risikoeinschätzung der finanzierenden Banken konzentriert sich in diesem Fall auf die Bonität der Abnehmer sowie die Beurteilung des Absatzmarktes und der Wettbewerbsfähigkeit des Projektes, d. h. nicht allein auf die Tatsache, dass diese Verträge abgeschlossen wurden.

Risikoallokation

Nimmt man die Risikoallokation oder Verteilung als das zentrale Interesse der Projektbeteiligten bei der Projektfinanzierung an, so können in Folge der oben dargestellten Schritte folgende Instrumente zur Optimierung der Risikoallokation/ -verteilung identifiziert werden:

- *Vertragstechnisch.* Über das Vertragswerk werden einzelne Risikopositionen entweder durch geeignete Maßnahmen vermieden oder auf die Projektbeteiligten verteilt, wobei sich die Übernahme an der jeweiligen Einflussmöglichkeit des Haftenden orientiert. Neben der Haftung für Schäden aus Nicht- oder Schlechterfüllung, Fahrlässigkeit etc. hinaus, sehen die Verträge eine Pönalisierung bei Frist- oder Terminüberschreitungen vor, um eine termingerechte Umsetzung des Projektes sicherzustellen.
- *Finanztechnisch.* Durch den Einsatz abgestimmter Zahlungsstrukturen sowie von Hedging-Instrumenten können Zinsänderungs-, Währungs- und Wiederanlagerisiken für die Finanzierung der SPC verteilt werden. Beispielhaft wären hier Swaps, Caps, Floors und Collars zu nennen. Solche Absicherungsinstrumente können aber auch in der Betriebsphase z. B. zur Absicherung von Preis-

änderungsrisiken bei Rohstoffen oder dem Absatz der eigenen Produkte zum Tragen kommen. Zum Risikomanagement der Banken gehören neben den oben aufgeführten Beispielen auch weitere umfangreiche Regelungen, die als Auflagen, Zusicherungen, Abtretungen und Verpfändungen in den Verträgen festgelegt werden. Im Vordergrund steht das Ziel der Banken, dass wichtige auf das Projekt durchschlagende Entscheidungen nicht ohne ihre Zustimmung gefällt werden dürfen. Darüber hinaus ist die Einhaltung bestimmter Kennzahlen zu beachten, wie das Verhältnis von Fremd- und Eigenkapital, Annual Debt Service Cover Ratio, Loan Life Cover Ratios, etc. (Definitionen siehe unten). Werden Gesellschafterveränderungen in der SPC nicht grundsätzlich ausgeschlossen, müssen sich die wichtigsten Sponsoren verpflichten, eine Mindestbeteiligung an der SPC und an deren Geschäftsführung während der Kreditlaufzeit aufrechtzuerhalten. Das Eingehen neuer Verbindlichkeiten (Aufnahme neuer Kredite oder das Eingehen von Bürgschaften oder Garantien) gegenüber Dritten bedarf der grundsätzlichen Zustimmung der Banken. Die Abtretung der Rechte der SPC aus den Projektverträgen (wie Schadensersatzansprüche) sichert den Banken den Zugriff auf diese Mittel.
- *Versicherungstechnisch.* Risiken, die weder vertragstechnisch noch finanztechnisch verteilbar sind, werden, sofern von den Versicherern zu wirtschaftlichen Konditionen angeboten, durch Versicherungspolicen abgesichert.

In der Abbildung 17.3 wird die im internationalen Standard übliche Verteilung der Risikopositionen einer Projektfinanzierung dargestellt. Mehrfachnennungen bzw. Überschneidungen zeigen die Notwendigkeit einer exakten vertraglichen Abgrenzung. Die Risikopositionen der projektbeteiligten Lieferanten und Abnehmer finden sich unter »Wirtschaftlichkeit« bei SPC und Betriebsführer wieder, die Risiken der Eigenmittelgeber werden – zumindest teilweise – unter der Spalte Sponsor subsummiert.

	Sponsor	SPC	General-unternehmer	Betriebs-führer	Versicherung
Planung	X	X	X		
Errichtung			X		X
Herstellungskosten			X		
Fertigstellung			X		X
Kapazität	X	X			
Wirtschaftlichkeit		X		X	
Betriebsstörung					X
Höhere Gewalt	X		X		
Finanzierung		X			
Gesetzesänderung	X	X	X	X	

Abb. 17.3: Risikomatrix Projektfinanzierung (Die Tabelle ist wie folgt zu lesen: Risiken aus der Planung tragen Sponsoren, SPC und Generalunternehmer. Risiken aus der Errichtung tragen ...)

Eine Spalte für die von der finanzierenden Bank zu tragenden Risiken fehlt. Ihr Risikopotenzial drückt sich in der Gesamtheit des sich aus der Matrix ergebenden Risikoprofils aus. Originär wird es sich in der Spalte SPC abbilden, wobei im Falle einer Störung des Projektes zunächst mögliche Forderungen der SPC gegen Dritte (Pönale etc.), dann die Dividenden, das Stammkapital der SPC, Gesellschafterdarlehen zur Befriedigung der Forderungen der Banken herangezogen werden. Bei einem Limited Recourse ist darüber hinaus auch noch die begrenzte Inanspruchnahme des Sponsors über Bürgschaften etc. möglich.

17.6 Mandatstypen für Investmentbanken

Investmentbanken übernehmen Aufgaben bei Projektfinanzierungen in der Regel auf Basis einer Mandatierung. Dabei können drei Arten von Mandaten unterschieden werden:
- Beratungsmandate,
- Arrangierungsmandate und
- Bestandsmanagementmandate (Agency).

17.6.1 Beratungsmandate

Die Rolle des finanztechnischen Beraters – in der Regel ein international tätiges Institut – umfasst folgendes Leistungsspektrum:
- Überprüfung und Verifikation der Annahmen des Sponsor-Case, Erfassung der projektspezifischen Anforderungen und Problemfelder, Einbringung von markt- und länderspezifischen Kenntnissen.
- Aufnahme der zur Verfügung stehenden Finanzierungs- und Zinssicherungselemente in die Projektplanung,
- Entwicklung eines projektspezifischen Finanzierungsmodells unter Einbindung der Finanzierungs- und Zinssicherungselemente mit dem Ziel der Kapitalkostenminimierung bei gegebener Bankability, Begleitung und Unterstützung des Sponsors bei Verhandlungen mit Dritten (z. B. öffentliche Verwaltung), Herstellung von Kontakten zur Umsetzung der Projektfinanzierung unter Einbindung ergänzender Finanzierungsmittel.
- Entwicklung eines Modells zur Verteilung der Risiken unter Einbindung der technischen, rechtlichen und steuerrechtlichen Berater, Entwicklung einer optimalen Risikoallokation.

In der Phase der Beratung ist der Sponsor der wichtigste Beteiligte. Ein Ergebnis der Beratung kann auch der Abbruch des Projektes sein. Zentrale Rolle des Advisers ist es, das Projekt aus den Annahmen des Sponsor-Case in ein am Bankenmarkt umsetzbares Projekt zu überführen.

Das Ergebnis der Beratung ist ein umfassendes Finanzierungsmodell, das meistens aus folgenden Teilen besteht:

- Cashflow-Modell,
- Entwurf für ein Term-Sheet,
- Entwurf für ein Information Memorandum und
- Kennzahlen.

Es sei angemerkt, dass die Inhalte dieser vier Teile stark standardisiert sind. Dies dient einer Reduzierung des Prüfungsaufwandes der Banken, die im Anschluss an die Beratung mit der Arrangierung beauftragt werden sollen. Bei der Vielzahl von Projekten im internationalen Projektfinanzierungsmarkt, die Banken angeboten werden, ist die Möglichkeit einer schnellen Reaktion auf Anfragen unabdingbar.

Cashflow-Modell

Neben der Beschreibung und der Ausgestaltung der Rahmendaten für die Projektfinanzierung kommt gerade bei dem Modelling, also der Erstellung des Cashflow-Modells, der Bank als Adviser die zentrale Rolle zu. Sie verfügt über das Know-how sowie die technischen Möglichkeiten, durch die Kombination von Finanzierungsinstrumenten ein optimal auf den Projekt-Cashflow abgestimmtes Finanzierungsmodell zu entwickeln.

Die Abbildung 17.4 zeigt – stark vereinfachend – den Abgleich der Finanzierungsinstrumente mit den Umsetzungsphasen eines Projektes:

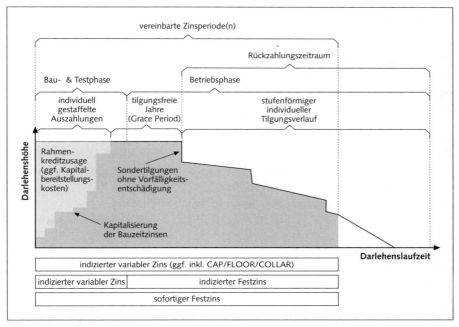

Abb. 17.4: Zahlungsströme des Projektkredites

Term-Sheet

Im Term-Sheet werden die Rahmendaten und Konditionen für die Kreditvergabe beschrieben. Diese Konditionen werden zwischen der Projektgesellschaft bzw. dem Sponsor und dem Arranger vor der Arrangierung ausgehandelt. Der Arranger hat dabei sowohl seine eigenen Interessen, die Interessen der Projektgesellschaft bzw. des Sponsors als auch die Ansprüche des Kapitalmarktes zu beachten. Folgende Punkte beinhaltet ein Term-Sheet typischerweise:

- Kreditnehmer,
- Sponsor,
- Arranger,
- Kreditgebende Banken,
- Agent,
- Finanzierungszweck,
- Finanzierungsart,
- Kredithöhe,
- Auszahlung/Verfügbarkeitszeitraum,
- Anteil und Form der Eigenmittelerbringung,
- Zinsen,
- Marge,
- Provisionen,
- Fälligkeit,
- Covenants.

Projekte mit einem nicht standardgerechten Term-Sheet werden nur schwer platzierbar sein. Aus diesem Grunde muss bereits in der Beratungsphase zwischen dem Advisor und dem Sponsor definiert werden, welche Konditionen für den Sponsor optimal wären und welche er gerade noch akzeptieren kann, sodass der Verhandlungsspielraum bei der Auswahl des Arrangers definiert ist.

Informationsmemorandum

Das vom Arranger erstellte Informationsmemorandum dient den Banken als Grundlage für die Kreditentscheidung. Hier wird die gesamte Transaktion im Kontext dargestellt. Es enthält unter anderem:

- ausführliche Erläuterungen des zugrundeliegenden Projekts,
- Informationen zu den Projektsponsoren, deren Finanzkraft und einschlägige Erfahrungen,
- Überblick über den Markt, in dem das Projekt arbeitet,
- eine vollständige Dokumentation inkl. einer Einschätzung des rechtlichen Rahmens (legal opinion),
- Kalkulationsunterlagen in Form von Ertrags- und Liquiditätsvorausschau,
- Planbilanzen,
- Sensitivitätsanalysen,
- technische Beschreibungen inkl. entsprechender Gutachten,

sodass das Projekt von den eingeladenen Banken durchdrungen und abschließend bewertet werden kann. Das Informationsmemorandum beinhaltet auch das Term-Sheet.

Auch dieses Dokument wird auf der Grundlage der durch den Adviser erfolgten Beratung, erarbeiteten Informationen und Strukturen erstellt. Bei der Auswahl des Arrangers sollten auch hier Sponsor und Adviser klare Verhandlungsziele definiert bzw. einen Entwurf für ein solches Informationsmemorandum erstellt haben.

Kennzahlen
Die prognostizierte Wirtschaftlichkeit des Projektes stellt eine der wesentlichen Entscheidungskriterien für den Arranger bzw. die eingeladenen Banken dar. Daher sind die im Informationsmemorandum enthaltenen Cashflow-Rechnungen bzw. entwickelten Szenarien für die angefragten Banken mit die wichtigsten Bestandteile für ihre Kreditprüfung.

Die wirtschaftliche Robustheit des Projektes im Sinne der Fähigkeit, den Kapitaldienst jederzeit leisten zu können, wird an Kennzahlen (Ratios) gemessen. Folgende Ratios werden im Rahmen einer Projektfinanzierung am häufigsten verwendet:
- *Loan Life Cover Ratio, LLCR (Barwertüberdeckungsrelation):* gibt zu Beginn jeder Periode den jeweiligen Barwert der zukünftigen Cashflows über die verbleibende Kreditlaufzeit dividiert durch den Barwert des noch ausstehenden Fremdkapitaldienstes an.
- *Annual Debt Service Cover Ratio, ADSCR (jährliche Schuldendienstdeckungsrelation):* drückt die Liquiditätssituation innerhalb der jeweiligen Periode aus, indem der periodengerechte Cashflow ins Verhältnis zum periodengerechten Kapitaldienst (Zins und Tilgung) gesetzt wird.

Interpretation und Anwendung. Bilden die Kennzahlen einen Wert größer 1, so sind Zins und Tilgung für die Fremdmittel planmäßig bedienbar. Durch die Festlegung von Mindestwerten bei LLCR und ADSCR kann die wirtschaftliche Robustheit eines Projektes erhöht werden. Werden die Mindestwerte unterschritten, greifen Sanktionsmaßnahmen bis hin zur außerordentlichen Kündigung der Projektkredite.

Durch relativ hohe Mindestwerte können Ausfallrisiken reduziert werden, da sie wirtschaftliche Fehlentwicklungen früh aufzeigen. Andererseits schränken sie die unternehmerische Freiheit der Projektgesellschaft ein und können ggf. auch permanent »Fehlalarm« auslösen. Bei der Festlegung der Covenants spielen daher nicht nur die Besicherungsinteressen der Bank, sondern auch die projektspezifischen Rahmendaten eine wesentliche Rolle.

Neben der reinen Betrachtung der Ratios gilt es auch sicherzustellen, dass der jeweilige Cashflow auch tatsächlich der Bedienung des Fremdkapitaldienstes zur Verfügung steht. Durch die Festlegung der Rangfolge bei der Verteilung der Umsatzerlöse (Cashflow-Waterfall) wird diesem Aspekt Rechnung getragen. Hier tritt der Interessenkonflikt zwischen Adviser und Sponsor einerseits und dem Arranger andererseits offen zu Tage. Während der Arranger tendenziell zu hohen Covenants und Reservekonten neigen wird, wird der Sponsor – und mit ihm der Adviser – eher niedrige Werte und somit höhere unternehmerische Freiheiten anstreben.

17.6.2 Arrangierungsmandate

Nach Erstellung eines Modells für die Projektfinanzierung durch den Adviser, wird die Arrangierung der Projektfinanzierung auf der Grundlage des bestehenden Modells dargestellt.

Diese Trennung ist erforderlich, weil:
- die Beratung keine Kreditzusage durch die beratende Bank umfasst, da bis zur Erstellung des Finanzierungsmodells ja auch keine Entscheidungsgrundlage existiert und
- Projektfinanzierungen in der Regel Kreditvolumina beinhalten, die einzelne Banken alleine nicht tragen können und wollen.

Im angloamerikanisch geprägten Wirtschaftsraum wird zwischen der beratenden und der finanzierenden Funktion sehr streng unterschieden. Es gilt der Grundsatz: »Wer berät, finanziert nicht.« Durch diesen Grundsatz soll eine mögliche Interessenkollision, die mit den unterschiedlichen Tätigkeiten einhergeht, sowohl gegenüber dem Sponsor als auch gegenüber der Bank selbst vermieden werden.

Im europäischen Raum hat sich dagegen die Einbindung einer Bank als Adviser sowie anschließend als Arrangeur einer Finanzierungsleistung durchgesetzt. Teilweise bestehen die Sponsoren auf dieser Kombination, um so frühzeitig sicherzustellen, dass im Anschluss an die Beratung die Finanzierung auch wirklich zustande kommt. Dem Vorbehalt der Interessenkollision wird durch Markttransparenz Rechnung getragen.

Die Arrangierung erfolgt in Teilschritten:

Phase 1
- Due Diligence mit Einschaltung von Beratern,
- Verhandlung des Term-Sheet mit dem Sponsor und
- Festlegung der Cashflow-Szenarien und Erarbeitung des endgültigen Finanzierungsmodells.

Phase 2
- Erstellung des Informationsmemorandums.

Phase 3
- Herbeiführung einer Kreditentscheidung beim Arrangeur,
- Aushandlung des Kreditvertrages,
- Erstellung der Kreditdokumentation,
- Einladung von Banken am Projektfinanzierungsmarkt auf Grundlage des Term-Sheets und des Informationsmemorandums,
- Informationsveranstaltung für die eingeladenen Banken,
- Information und damit Unterstützung der eingeladenen Banken bei ihrer Kreditentscheidung,
- Syndizierung der Kredite am Projektfinanzierungsmarkt und

- Kreditzusage für die benötigten Fremdmittel, Bürgschaften, Zinssicherungsinstrumente, Kreditversicherungen etc. (Commitment und Underwriting).

Ziel der Arrangierung ist eine möglichst breitgefächerte Syndizierung der benötigten Kreditmittel. Die Darstellbarkeit der *Bankability* ist das finanztechnische Ziel der Risiko- und Finanzierungsstrukturierung. Bankability liegt vor, wenn zu den folgenden Punkten Regelungen getroffen und Informationen bereitgestellt wurden, die von potenziellen Finanzkapitalgebern positiv aufgenommen werden. Besonders beachtet werden:
- Projektziel,
- Struktur der Zahlungsströme,
- Vertragswerk,
- Risikoallokation,
- Covenants,
- Gebühren und Margen.

Ist die Bankability hergestellt, werden nach den Kriterien:
- benötigtes Kreditvolumen und
- Reziprozität

Banken aufgefordert, Kredittranchen zu erwerben.

17.6.3 Bestandsmanagementmandate

Nach Valutierung der Kredittranchen bedarf es sowohl während der Bau- und Errichtungsphase als auch in der Betriebsphase einer kredittechnischen Verwaltung, Betreuung und Kontrolle des Projektablaufs (Agency).
- Verwaltung der Projektkonten,
- Kontrolle der Erfüllung der Auszahlungsvoraussetzungen,
- Projektcontrolling durch Überprüfung des Baufortschritts mit dem Projektplan,
- Aktualisierung des Planungsmodells,
- Kontrolle der Einhaltung der Covenants, insbesondere bzgl. der Liquiditätsreservekonten,
- Valutierung und Repartierung auf die Konsorten,
- Verwaltung der Kredite während der Errichtungs- und Betriebsphase,
- termingerechte Abwicklung von Zwischenfinanzierungstranchen und gegebenenfalls einzusetzenden variablen Finanzierungskomponenten/Zinssicherungsinstrumente,
- Überprüfung der termingerechten Vertragsabschlüsse,
- termingerechte Valutierung der Endfinanzierung inkl. Einbindung von Fördermitteldarlehen und verlorenen Zuschüssen.

Kommt es in der Betriebsphase zu Störungen, wird die Bankenseite (d. h. die Finanzierer) zunächst durch den Agent vertreten. Ihm kommt somit eine zentrale Rolle bei der Beseitigung der Störung und der Neuausrichtung des Projektes zu. Diese zum Teil sehr aufwändige Tätigkeit bietet die Chance, erneut gestaltend tätig zu werden und im Erfolgsfalle sich sowohl bei den Konsorten als auch dem Sponsor für weitere Projekte zu empfehlen.

Obwohl die Übernahme der Agency durch den Arrangeur nicht zwingend ist, empfiehlt es sich, diesen mit der Aufgabe der Agency zu betrauen. Meist ist er außerdem Konsortialführer bei der Syndizierung der Finanzierung. In der Regel ergibt sich dann für ein derart umfassend eingebundenes Kreditinstitut der in Abbildung 17.5 dargestellte Ablauf:

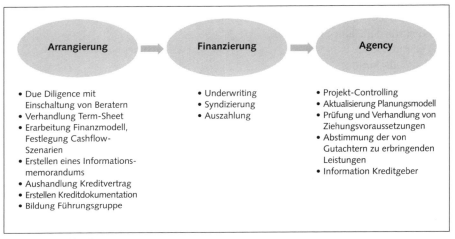

Abb. 17.5: Ablauf

17.7 Erfolgskritische Faktoren

Investmentbanken sind nicht die Initiatoren bei der Projektfinanzierung. Sie können von sich aus keine Projekte kreieren und sind auf die Zusammenarbeit mit Sponsoren angewiesen. Die Beziehung zu Sponsoren ist daher ein entscheidendes Element des Erfolges.

- *Interesse der Sponsoren.* Wichtig ist weiter zu erkennen, ob Sponsoren ernsthaft an den Projekten interessiert sind und einen maximalen Einsatz leisten. Sponsoren bringen durch ihr Know-how einen zusätzlichen Wert in das Projekt ein. Ob sie ein nachhaltiges Interesse an einem Projekt haben und ob sie evtl. Folgeprojekte planen, muss die Investmentbank im Vorwege feststellen.
- *Erfahrung bei Projekten mit ähnlichen Rahmendaten.* Dazu nutzt die Investmentbank allgemeine Erfahrung bei der Umsetzung von Projektfinanzierungen im geographischen als auch politischen Umfeld des Projektes sowie Kenntnis und Verständnis der besonderen Rahmendaten in dem speziellen industriellen Sektor des Sponsors bzw. Projektes. Hier wird wiederum die Notwendigkeit der Orientierung nach Industriesparten deutlich, die sowohl den Zugang zu den Sponsoren als auch zu den anderen Projektbeteiligten wie Betriebsführer, Generalunternehmer etc. erleichtert bzw. erst möglich macht.

- *Track-Record.* Der Erfolg bildet sich in der Liste der realisierten Projekte, dem Track-Record ab. Der Track-Record ist Werbeträger für Banken, die in diesem Bereich tätig sind. In vielen Fällen ist ein umfangreicher Track-Record wesentliche Voraussetzung bei Sponsoren mit guter Bonität in den Bietungsprozess aufgenommen zu werden.
- *Produktinnovation und Zuverlässigkeit.* Die stetige Weiterentwicklung der Finanzierungselemente, eine permanente Marktbeobachtung bei der Entwicklung optimierter Formen der Projektfinanzierung, Verlässlichkeit sowohl im Sinne einer Termintreue als auch bzgl. der gemachten Aus- und Zusagen bei der Umsetzung des Projektes, exaktes Timing bei Prüfung, Modelling und Entscheidungsfindung bzgl. der Finanzierung sind selbstverständlich und werden hier nur der Vollständigkeit halber genannt.
- *Konditionen.* Eine Reduzierung der Gebühren oder Margen gegenüber den Marktkonditionen ist auf Dauer dagegen kein Erfolgsfaktor. Eine Unterschreitung dieser Konditionen kann nur einen kurzfristigen Vorteil bringen.

Aufgaben zur Lernkontrolle
1. Welche Ziele verfolgt die Projektfinanzierung?
2. In welchen Bereichen kann die Projektfinanzierung nicht eingesetzt werden?
3. Wie kann die Projektfinanzierung zur klassischen Unternehmensfinanzierung abgegrenzt werden?
4. Welche Parteien sind in eine Projektfinanzierung eingebunden?
5. Wie können die Rollen der einzelnen Parteien abgegrenzt werden?
6. Welche Rolle übernimmt die Bank bei einer Projektfinanzierung bzgl. der Risikoverteilung?
7. Woran orientiert sich das Modelling der Projektfinanzierung?
8. Welche Aufgaben übernimmt der Adviser?
9. Welche Standards müssen für ein erfolgreiches Arranging beachtet werden?
10. Wie kann eine Bank ihre Position im Sektor Projektfinanzierung ausbauen bzw. sichern?

Literatur

Arnold, G. (2005): Corporate Financial Management, London u. a.
Grosse, P. B. (1990): Projektfinanzierung aus Bankensicht, in: Backhaus, K./Sandrock, O./Schill, J./Uekermann, H. (Hrsg.), Projektfinanzierung, Stuttgart.
Nevitt, P. K./Fabozzi, F. (1995): Project Financing, London.
Prautzsch, W.-A. (1999): Projektfinanzierung, in: Enzyklopädisches Lexikon des Geld-, Bank- und Börsenwesens, Frankfurt.
Tytko, D. (1999): Grundlagen der Projektfinanzierung, Stuttgart.

18 Der syndizierte Kredit*

> **LERNZIELE**
> - Erklären können, inwiefern sich syndizierte Kredite von anderen Möglichkeiten der Fremdmittelbeschaffung unterscheiden.
> - Syndizierungsstrategien aufzählen und darlegen können.
> - Den Markt und dessen Teilnehmer für syndizierte Kredite skizzieren.
> - Ablauf eines syndizierten Kredites schildern.

18.1 Einführung

18.1.1 Abgrenzung und Überblick

Syndizierte Kredite sind eine Finanzierungsalternative für Unternehmen, die sich nicht über den Kapitalmarkt finanzieren wollen. Im Vergleich zu den eher standardisierten Möglichkeiten des Kapitalmarktes bietet der Kreditmarkt ein höheres Maß an Flexibilität. Der syndizierte Kredit wird besonders bei großvolumigen Finanzierungsvorhaben wie Projekt-, Akquisitions- und Außenhandelsfinanzierungen eingesetzt. Darüber hinaus dient er als Liquiditätssicherungslinie für die Begebung von Commercial-Paper-Emissionen. Grundsätzlich sind aber auch kleinere Finanzierungen für Anlage- und Umlaufvermögensinvestitionen oder auch Zwischenfinanzierungen möglich. Volumina liegen zwischen 50 und 1.000 Millionen Euro – bei Akquisitionsfinanzierungen auch deutlich darüber.

> **DEFINITION**
> Der syndizierte Kredit ist ein Kredit,
> der von mindestens zwei Gläubigern einem
> Kreditnehmer zu einheitlichen Bedingungen
> für alle Teilnehmer zur Verfügung gestellt
> wird.

Die Kapitalgeber schließen sich oft zu einem Konsortium zusammen, das von einem oder (meist) mehreren Arrangeuren (Mandated-Lead-Arranger) angeführt wird, der bzw. die Kreditverhandlungen mit dem Schuldner führt bzw. führen. Daran anschließend wird das Kreditvolumen durch Syndizierung bei anderen, dem Arrangeur bekannten und an der Fazilität teilnahmewilligen Banken platziert. Der Wettbewerb unter den arrangierenden Banken sowie die hohe Markttransparenz durch Veröffentlichung der (größeren) Transaktionen und deren Bedingungen garantieren marktgerechte Konditionen.

Aus der Abbildung 18.1 sind die Vorteile eines syndizierten Kredites für den Arrangeur bzw. Kreditnehmer ersichtlich.

---

* Autorin: Kristina Laubrecht, unter Mitwirkung von Sandra Heller

Vorteile für den Arrangeur	Vorteile für den Kreditnehmer
Signifikante Intensivierung der Kundenbeziehung mit dem Kreditnehmer	Erschließung neuer Finanzierungsquellen
Reduzierung des Kreditrisikos durch Syndizierung	Intensivierung bzw. Aufbau von neuen Bankenbeziehungen
Erhöhung der Rentabilität des Kreditgeschäfts durch einen Hebeleffekt in Abhängigkeit vom Syndizierungserfolg	Einsparen von Transaktionskosten (Kosten- und Zeitaufwand)
Publizität (wenn gewünscht)	Flexibilität bezüglich Kreditvolumen, -art und Währung
Portfolio-Effekte: Streuung, Vermeidung von Konzentration	Individuell nach den Bedürfnissen des Kreditnehmers gestaltbarer Kreditvertrag
Bereitstellung eines nur geringen eigenen Kreditanteils	Publizität (wenn gewünscht)

Abb. 18.1: Vorteile eines syndizierten Kredites

18.1.2 Geschichte und aktuelle Entwicklung des internationalen syndizierten Kreditmarktes

Die gemeinschaftliche Finanzierung von Projekten durch mehrere Kapitalgeber reicht bis in die Anfänge der Geschichte der Zivilisation zurück. Konsortien entstanden dem Wunsch der Kapitalgeber entsprechend, das Risiko zu verteilen und für den Einzelnen zu mindern. Meist wurde allerdings Eigenkapital und nicht Kredit gemeinschaftlich investiert. Für das Konsortial(kredit-)geschäft der deutschen Großbanken war das Jahr 1859 das Geburtsjahr. Bis dahin hatten sich nur kleine Privatbankiers zu Konsortien zusammengeschlossen.

- *Boom mit Internationalisierung.* In den 70er-Jahren des 20. Jh. erlebte der syndizierte Kredit einen Boom. Nach den Ölpreisschocks mussten die Einnahmen der Ölexportländer »recycelt« werden, wie man damals sagte. Ca. 70 % des Neufinanzierungsvolumens der internationalen Finanzmärkte wurden durch syndizierte Kredite abgewickelt. Kreditnehmer waren häufig Entwicklungsländer.
- *Verluste.* Die Schuldenkrise in den Entwicklungsländern ab 1982 war der Beginn einer starken Reduzierung dieser Finanzierungsart.
- *Securitization als Konkurrent.* Der Bond-Markt begann zu wachsen. Der Trend zur »Securitization« lockte die kapitalmarktfähigen Schuldner vom Kreditmarkt weg.
- *Neubelebung.* Nach 1987 zeichnete sich wieder ein Anstieg der Nachfrage nach syndizierten Krediten ab, da Fusionswellen der amerikanischen und europäischen Unternehmen und der erhöhte Finanzmittelbedarf der ehemaligen Ostblockländer zu Beginn der neunziger Jahre wieder die Nachfrage nach syndizierten Krediten verstärkten. Gleichzeitig nutzten Staaten der EU das Produkt als Liquiditätslinien.

- *Wettbewerbsdruck*. Eine starke Margenreduktion als Folge des zunehmenden Wettbewerbsdrucks unter den Banken auf den Kreditmärkten machte die Kreditvergaben im Vergleich zur Anleihenfinanzierung wieder attraktiv.

18.1.3 Kreditgeber, Kreditnehmer und Verwendungszwecke

Kreditgeber sind fast ausnahmslos Banken.

Nach der regionalen Verteilung kann man die Kreditnehmer und Kreditgeber folgendermaßen zuordnen:

- *Große Kapitalgeber*: In der Zeit von 2001–2006 stellten Banken aus Großbritannien den höchsten Anteil der Liquidität bereit, gefolgt von Deutschland und Frankreich (Abbildung 18.2).
- *Große Kapitalnehmer*: Im gleichen Zeitraum kamen die größten Kreditnehmer ebenfalls aus Großbritannien, gefolgt von Frankreich und Deutschland (Abbildung 18.3).

Und wer sind die Schuldner? Im Zeitraum 2001–2006 wurde der Markt für Syndizierte Kredite (im Euromarkt) von folgenden Kreditnehmergruppen in Anspruch genommen:

- 71 % Unternehmen,
- 18 % Banken, Finanzinstitutionen sowie
- 11 % Öffentliche Kreditnehmer (staatliche, halbstaatliche, supranationale).

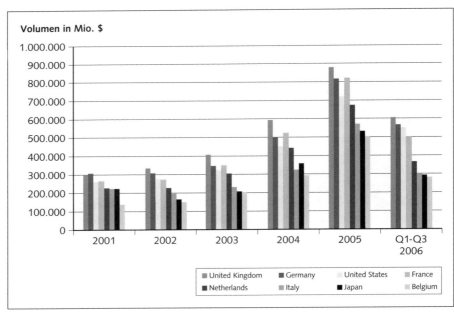

Abb. 18.2: Top Kapitalgeber im Euromarkt (2001 – Q3 2006)

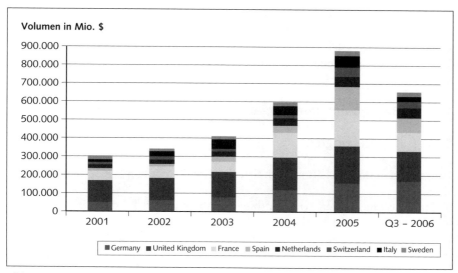

Abb. 18.3: Top Kapitalnehmer im Euromarkt (2001 – Q3 2006)

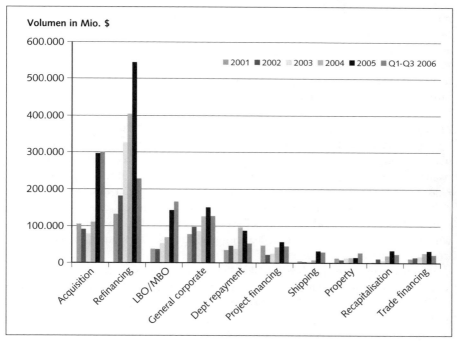

Abb. 18.4: Verwendungszweck (2001 – Q3 2006)

Die Motive, syndizierte Kredite in Anspruch zu nehmen, sind vielfältig. Abbildung 18.4 zeigt, dass sich syndizierte Kredite offensichtlich für die unterschiedlichsten Zwecke eignen.

Die Vielzahl an Verwendungszwecken macht deutlich, warum das eigentliche dealorientierte Investment Banking in den letzten Jahren die Nähe zu eher klassischen Finanzierungsleistungen – wie z. B. dem syndizierten Kredit – gesucht hat: Wer ein Beratungsmandat bekommen will, muss die Finanzierung »mitbringen«.

18.2 Banken und ihre Aufgaben als Finanzierungsmittler

18.2.1 Die Beteiligten

Banken treten im Geschäft mit syndizierten Krediten in drei Eigenschaften auf. Sie sind:
- Finanzierungsmittler/Arranger (bis zum Abschluss des Kreditvertrages),
- Garanten/Underwriter (bis zum Abschluss des Kreditvertrages) und
- Kreditgeber/Participant (nach Abschluss des Kreditvertrages).

Finanzierungsmittler
Als Finanzierungsmittler organisieren sie syndizierte Kredite für die Kreditnehmer. Es haben sich nach dem Grad der Verantwortung drei Gruppen von Beteiligten herausgebildet.
Mandated Lead Arranger. Dies ist die durch die Transaktion führende Bank; verantwortlich für die »Terms and Conditions« der Fazilität, fungiert sie als Mittler zwischen dem Kreditnehmer und den Konsortialbanken. Weltweit gibt es nur eine begrenzte Anzahl von Geschäfts- und Investmentbanken, die syndizierte Kredite in ihrer Gesamtheit strukturieren und während der gesamten Laufzeit verwalten können.
Arranger, Co-Arranger. Dies sind Banken im Rang unter dem Mandated-Lead-Arranger; sie werden von diesem, üblicherweise nach Absprache mit dem Kreditnehmer, eingeladen. Sie übernehmen nach dem Mandated-Lead-Arranger die nächsthöheren Beteiligungsquoten und fungieren oft als Underwriter oder Sub-Underwriter. In dieser Funktion übernehmen sie einen Teil des Syndizierungsrisikos, indem sie Übernahmegarantien für den Fall abgeben, dass eine Syndizierung nicht gelingt (= Underwriting). Typische Arranger-Banken verfügen über hervorragende Kenntnisse vom und Beziehungen zum Kreditnehmer. Aufgaben und Rollen des Arrangeurs sind:
- *Arrangierung*: Sofern mehrere Banken eine Arrangierungsgruppe bilden, teilen sie die folgenden Aufgaben untereinander auf. Grundsätzlich handelt es sich nur um die Banken, die das Mandat zur Arrangierung vom Kreditnehmer erhalten haben.
- *Strukturierung*: Erarbeitung einer Kreditstruktur, Erstellung und Verhandlung eines »Term-Sheets«, das die wichtigsten Vertragsmodalitäten enthält.
- *Informationsmemorandum*: Erstellung eines Informationsmemorandums für die eingeladenen Banken auf Basis der Informationen des Kreditnehmers, mit ausführlichen Angaben über den Kreditnehmer, den Kreditzweck und sonstige Kreditbedingungen.
- *Dokumentation*: Erstellung und Verhandlung des Kreditvertrages.

- *Book Running*: Durchführung der Syndizierung. Erstellung der Liste der einzuladenden Banken (Buch), Regelmäßiger Kontakt zu den eingeladenen Banken und Berichterstattung über den Verlauf der Syndizierung an Kreditnehmer; Entgegennahme von Zu- bzw. Absagen der Banken, Zuteilung der Beteiligungsquoten.
- *Signing*: Organisation und Ausrichtung der Vertragsunterzeichnung unter Teilnahme des Kreditnehmers und des Bankensyndikats, falls nicht eine Unterzeichnung durch Bevollmächtigung des Arrangers vereinbart wird.
- *Übernahme der Funktion der Verwaltungsstelle* (»Agent«) nach Unterzeichnung des Kreditvertrages; wesentlicher Ansprechpartner für Kreditnehmer während der Vertragslaufzeit.
- *Publizität*: Presseveröffentlichungen an Presseagenturen, Fachpublikationen, »Tombstone«.

Garanten

Als Garanten übernehmen die Banken – meist der mandatierte Lead-Arranger – falls erforderlich oder falls vom Kreditnehmer gewünscht, Garantien dafür, dass unabhängig vom Erfolg der Syndizierung dem Kreditnehmer der Kreditbetrag bereitgestellt wird. Man spricht vom Underwriting. Wenn ein Underwriter übernommene Tranchen weiterveräußert, dann liegt Sub-Underwriting vor.

Kreditgeber

Als Kreditgeber übernehmen die Banken Tranchen des gesamten Kreditvolumens. Marktteilnehmer, die keine andere Funktion im Syndikat als die Übernahme einer Kredittranche ausüben, werden »Manager« oder »Participant« genannt. Die Mehrheit der Banken beteiligt sich nur mit einer Quote am Kredit als Kreditgeber, ohne an der Arrangierung selbst beteiligt zu sein. Je nach Beteiligungsquote werden ihnen unterschiedliche Titel zugeordnet (Lead-Manager, Manager, Co-Manager und Participant).

18.2.2 Das Platzierungsrisiko

Es ist wichtig, sich zu vergegenwärtigen, dass der syndizierte Kredit aus Sicht des Schuldners ein gravierendes Risiko beinhaltet: Ob ein Syndikat wirklich zustande kommt, hängt von vielen Gesprächen ab, die auch scheitern können. Scheitert die Syndikatsbildung, kann er seinen Kredit nicht platzieren. Die Behandlung dieses Platzierungsrisikos ist im Grunde ein von der Syndizierungstechnik losgelöstes allgemeineres Problem. Es wird wie im Wertpapiergeschäft durch Underwriting gelöst. Das Platzierungsrisiko wird durch Underwriting und Best Efforts behandelt.

Underwriting

Unter Underwriting wird die Übernahme des Platzierungsrisikos verstanden. Bevor das Syndikat zusammengestellt ist, garantiert der Mandated-Lead-Arranger die Auszahlung des gesamten Kreditbetrages (»Full Underwriting«) oder eines Teils davon (»Partial Underwriting«). Die »Underwriter« übernehmen fest vereinbarte Quoten der Kreditsumme mit der Absicht, die Quote durch eine spätere breite Syndizierung zu reduzieren. Das Risiko der Syndizierung liegt hier vollständig bei den »Underwritern«.

Best Efforts
Eine Kreditsyndizierung auf der Basis »Best Efforts« bedeutet, dass der Mandated-Arranger nur einen Teil des Gesamtkreditbetrages übernehmen wird und die Differenz mit möglichst großem Erfolg bei den Partizipanten zu platzieren versucht, ohne dass eine Übernahmepflicht für den nicht platzierten Teil besteht. Das Risiko, dass der geplante Kreditbetrag nicht in voller Höhe zustande kommt, liegt hier allein beim Kreditnehmer.

18.2.3 Syndizierung und Interessenlage der Banken

Syndizierte Kredite sind Teil des Kreditgeschäftes der Banken und damit von all den Vorteilen und Nachteilen von normalen Krediten betroffen. Darüber hinaus bietet der syndizierte Kredit aber mit der Syndizierung eine Variante, die vielfältige Vorteile hat:

- *Risikoreduktion.* Der Arranger kann ein Kreditgeschäft in Angriff nehmen, für das er alleine das Risiko nicht übernehmen will. Durch Syndizierung im Primärmarkt gelingt ihm die Risikoentlastung.
- *Bilanzentlastung.* Kreditgeschäft ohne Niederschlag von Risikoaktiva in der eigenen Bilanz.
- *Rendite des Kreditgeschäftes.* Erhöhung der Rendite des Kreditgeschäfts durch Verringerung der Eigenkapitalbindung (wenn Tranchen vom Arranger an die Syndikatsmitglieder abgegeben werden, verdient er Provisionen ohne nennenswert seine Bilanz zu belasten).
- *Hebeleffekt.* Steigerung der Rentabilität aus der Transaktion in Abhängigkeit vom Syndizierungserfolg. Der Hebeleffekt entsteht dadurch, dass der Kreditnehmer Einmalprovisionen auf den Gesamtbetrag bezahlt, nur ein Teilbetrag davon wird an andere Banken weitergegeben. Der Mandated-Lead-Arranger erhält einen Teil der Provision (in Relation zur eigenen endgültigen Kreditbeteiligung), berechnet auf das gesamte Kreditvolumen. (Siehe auch unten Fallbeispiel Solide AG.)
- *Kreditportfoliosteuerung.* Der Mandated-Lead-Arranger kann sein Kreditportfolio steuern, in dem er mehr oder weniger Tranchen selbst übernimmt oder indem er den Sekundärmarkt (s. u.) in Anspruch nimmt.

18.2.4 Primärmarkt und Sekundärmarkt

Der Primärmarkt ist dadurch gekennzeichnet, dass Banken sich an einem Konsortialkredit während der Syndizierungsphase beteiligen können, wohingegen der Sekundärmarkt den Handel von Kreditbeteiligungen nach Abschluss der Syndizierung bezeichnet.

Der syndizierte Kredit

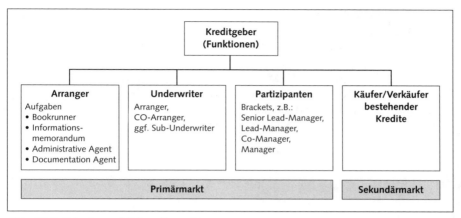

Abb. 18.5: Primär- und Sekundärmarkt

18.3 Phasen eines syndizierten Kredites

Die Entwicklung eines syndizierten Kredites vollzieht sich in drei Phasen:
- Origination,
- Structuring und
- Distribution.

wobei jede Phase unterschiedliche Erfahrungen von verschiedenen Gruppen erfordert. Unterschiedliche externe Stellen werden ebenfalls in den Prozess miteinbezogen.

Origination	Structuring	Distribution
Marketingphase:	Verhandlungsphase und Durchführung:	Platzierung der Transaktion:
Kunden identifizieren		Informationsmemorandum für die Ansprache anderer Banken vorbereiten
Marketingservice	»Terms and Conditions« im Detail verhandeln	
Mandatssicherung		
Angebot erarbeiten und unterbreiten	Rechtsdokumente vorbereiten (meist über spezialisierte Anwaltskanzlei)	Zielbanken einladen
		Koordinierung der Syndizierung
Kreditentscheidung vorbereiten und koordinieren		Unterzeichnen des Vertrages

Abb. 18.6: Phasen des syndizierten Kredites

18.3.1 Geldfluss und Rolle der Agenten

Während bei einem bilateralen Kredit nach Vertragsabschluss die Geldmittel- und Informationsflüsse direkt zwischen dem Kreditnehmer und der Bank stattfinden,

fließen sie bei einem syndizierten Kredit über den »Agent«, der als Verwaltungs- und Zahlstelle fungiert.
- Beabsichtigt der Kreditnehmer eine *Kreditziehung*, dann fordert er die Mittel beim Agent an.
- Dieser fordert seinerseits die Mittel bei den Syndikatsbanken an.
- Bei *Zinsfälligkeit*, Fälligkeit oder vorzeitiger *Rückzahlung* des Kredits zahlt der Kreditnehmer Zinsen und Kapital an den Agent.
- Dieser leitet die Zinsen an die Partizipanten weiter.

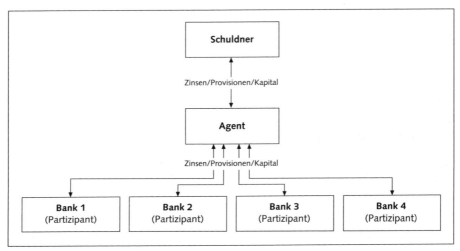

Abb. 18.7: Geldfluss: Schuldner – Agent – Bank

Der Agent steht während der gesamten Laufzeit des syndizierten Kredites als Mittler für die Kommunikation zwischen Kreditnehmer und Partizipanten. Seine Rechte und Pflichten sind im Konsortialkreditvertrag im Einzelnen geregelt.

18.3.2 Syndizierungsstrategien

Wie bildet man ein Syndikat? Wie trommelt man eine Gruppe von Kapitalbesitzern zusammen, die bereit sind, Kredit zu geben? Es gibt folgende Strategien:
- Club-Deal,
- breite Syndizierung.

Club-Deal
Ein Club-Deal zeichnet sich dadurch aus, dass nur eine begrenzte Anzahl von Banken vom Arrangeur eingeladen wird, eine Quote zu übernehmen. Oft gibt es eine Beschränkung auf bestehende und künftige Hausbanken des Schuldners. Die Quoten der Banken sind grundsätzlich identisch. Dasselbe gilt für die Beteiligungsprovisionen.

Vorteile	Nachteile
Zeit- und kosteneffizient, da Kreditnehmer bei eingeladenen Banken bekannt.	Kreditlinien mit wichtigsten Hausbanken aufgrund vorhandener Kreditengagements bereits ausgeschöpft. Begrenztes Wachstum durch Kredit.
Konditionen für Kreditnehmer grundsätzlich günstiger als bei breiter Syndizierung.	Durch begrenzte Anzahl der Banken Gefahr, dass einheitliche Beteiligungsquoten pro Bank zu hoch sind.
Begrenztes Syndizierungsrisiko, wenn sich angesprochene Relationship-Banken am Kredit beteiligen.	Geringere Öffentlichkeitswirkung als bei breiter Syndizierung. Keine Erschließung neuer, internationaler Bankverbindungen.

Abb. 18.8: Club-Deal: Vor- und Nachteile

Die Syndizierung durch einen Club-Deal wird gewählt, wenn sich der Kreditnehmer der Unterstützung seiner bestehenden Hausbanken bei der Darstellung des gewünschten Kreditvolumens zu dem vorgegebenen Preis sicher sein kann. Die Verantwortung des Arrangeurs konzentriert sich hier auf die sach- und fachgerechte Koordination bei der Durchführung des Kredites bis zur Vertragsunterzeichnung. Club-Deals werden daher in der Regel auf der Basis ›Best Efforts‹ syndiziert.

Breite Syndizierung
Hier erhält eine große Anzahl nationaler und internationaler Banken eine Einladung, an einem Syndikat mitzuwirken. Die Banken können zwischen verschiedenen Beteiligungsquoten wählen. Die Erstellung von umfassendem Informationsmaterial ist notwendig als Basis für die Kreditentscheidung der Banken, die mit dem Kreditnehmer nicht vertraut sind.

Die breite Syndizierung ist darauf angelegt, dem Kreditnehmer neue Banken als Kreditgeber zu erschließen. Da der Syndizierungserfolg nicht im Vorhinein absehbar ist, kann der Kreditnehmer ein ›Underwriting‹ des Kreditbetrages durch den Arranger verlangen. Die Syndizierung erfolgt grundsätzlich in mehreren Phasen, wobei in einer ersten Phase zunächst das Underwriting des Arrangeurs durch das

Vorteile	Nachteile
Möglichkeit der Generierung großer Kreditbeträge, ohne bestehendes Kreditengagement der Hausbanken zu stark zu erhöhen.	Unsicherheit im Hinblick auf Syndizierungsergebnis wegen Ansprache neuer Banken.
Erschließung neuer, internationaler Bankverbindungen.	Zeitaufwändiger, da Informationsmaterial für neue Banken aufbereitet werden muss.
Hohe Publizitätswirkung, insbesondere bei Debüt-Transaktion.	Konditionen für Kreditnehmer grundsätzlich höher als bei Club-Deal.
Banken als Portfolioinvestoren beteiligen sich am Kreditvolumen.	

Abb. 18.9: Breite Syndizierung: Vor- und Nachteile

Anbieten von Sub-Underwritings reduziert wird. Die Zahl der zu einem Sub-Underwriting eingeladenen Bank ist begrenzt und richtet sich nach der Höhe des gesuchten Kreditvolumens. In der zweiten Phase, der allgemeinen Syndizierung wird eine große Anzahl von Banken eingeladen. Durch die Beteiligungszusagen dieser Banken sollen sich die Underwriting- bzw. Sub-Underwriting-Beträge auf die von diesen Banken geplanten endgültigen Kreditbeträge reduzieren.

18.3.3 Der »Toolkasten«: die Kreditarten

Revolvierende Kreditfazilität (Revolving-Credit-Facility)
Sie hat eine vergleichbare Struktur wie der inländische Kontokorrentkredit. Von diesem Rahmenkredit kann der Kreditnehmer während einer vorher vereinbarten Laufzeit Beträge bis zu einem Höchstbetrag beliebig in Anspruch nehmen, zurückzahlen und erneut in Anspruch nehmen.

Bereitstellungskredit (Standby-Facility bzw. Backup-Linie)
Dies ist eine Variation der »Revolving-Credit-Facility«. Es wird für eine bestimmte Laufzeit eine Kreditlinie eingeräumt, obwohl Kreditnehmer und -geber davon ausgehen, dass es zu keiner Inanspruchnahme kommt. Hintergrund ist die Liquiditätssicherung.

Barkredit (Term-Loan-Facility)
Dies ist eine weitverbreitete Kreditart bei syndizierten Krediten. Es ist ein Darlehen in einer bestimmten Höhe, das innerhalb einer bestimmten Frist gezogen werden muss oder verfällt.

Die Tilgung erfolgt in Raten innerhalb einer vereinbarten Frist oder am Ende der Laufzeit in einem Betrag (»Bullet-Repayment«).

Grundsätzlich können auch andere, weniger häufig vorkommende Kreditarten, wie z. B. der Avalkredit, konsortial dargestellt werden.

18.3.4 Das Pricing

Die Pricing-Komponenten des syndizierten Kredites sind:
- der Basiszinssatz auf das Kreditvolumen,
- die Zinsmarge,
- die Bereitstellungsprovisionen,
- die Einmalprovisionen,
- laufende Provisionen und
- Kostenerstattungen.

Als Basiszinssatz werden meist EURIBOR oder LIBOR für die gewählte Zinsperiode verwendet. Der Zinssatz ist während der vereinbarten Zinsperiode fest. Grundsätzlich ist die gewählte Zinsperiode im Kreditvertrag festgelegt. Sie kann 1 Monat,

2 Monate, 3 Monate, 6 Monate oder mit Einzelfallgenehmigung der Kreditgeber längstens 12 Monate betragen.

Die Zinsmarge wird vereinbart für die gesamte Laufzeit des Kredites. Sie orientiert sich an der Bonität des Kreditnehmers bei Krediteinräumung, den Markterwartungen der beteiligten Banken zum Zeitpunkt der Verhandlungen über die Finanzierung und der zugrunde liegenden Risikokapitalbindung der Banken. Eine Vereinbarung über eine Anpassung der Zinsmarge nach oben oder nach unten je nach veränderter Bonität des Kreditnehmers anhand messbarer Kriterien (Einhaltung von vereinbarten Finanzrelationen) ist möglich.

Die Provisionen werden unterschieden in *Einmalprovisionen*, die in einer Summe nach Vertragsunterzeichnung oder mit der ersten Ziehung gezahlt werden, und in *Laufende Provisionen*, die in festgelegten Intervallen über die gesamte Laufzeit gezahlt werden.

Provisionstypen	
Management-Fee	Zusammenfassende Bezeichnung aller Einmalprovisionen
Arrangement-Fee (Federführungsprovision)	Vergütung des Arrangeurs
Underwriting-Fee (Übernahmeprovision)	Risikoprovision für Übernahme des Platzierungsrisikos
Participation-Fee (Beteiligungsprovision)	Weiterzugeben an alle beteiligten Banken auf deren zugeteilte Endquote
Commitment-Fee (Bereitstellungsprovision)	Berechnet p.a. auf den nicht in Anspruch genommenen Kreditbetrag, zahlbar vierteljährlich nachschüssig.
Utilization-Fee (Ziehungsprovision)	Berechnet auf den in Anspruch genommenen Betrag, zahlbar vierteljährlich nachschüssig, als zusätzliche Vergütung, wenn Ziehungen ein zuvor vereinbartes Niveau überschreiten.
Facility-Fee (Kreditprovision)	Berechnet auf den zugesagten Kreditbetrag, zahlbar vierteljährlich nachschüssig.
Extension-Fee (Verlängerungsprovision)	Berechnet einmalig bei Verlängerung der Kreditlaufzeit auf den Kreditbetrag, zahlbar bei Verlängerung
Agency-Fee (Verwaltungsprovision)	Vergütung für den Agenten, berechnet gemäß der Anzahl der beteiligten Banken, häufig als Pauschalbetrag, zahlbar jährlich im voraus.
Kostenerstattung	Rechtsberatungskosten und sonstige Kosten des Mandated-Arrangers im Zuge der Durchführung der Transaktion

Nicht alle der genannten Provisionen kommen bei jedem Kredit zur Anwendung. Es gibt eine Vielzahl von Gestaltungsvarianten je nach Art und Verwendungszweck des Kredites.

18.3.5 Sicherheiten

Grundsätzlich werden beim Syndizierten Kredit keine Sicherheiten wie Grundschulden, Abtretungen und Verpfändungen von Vermögensgegenständen und Rechten vereinbart. Es wird unterstellt, dass aufgrund der Bonität des Kreditnehmers Sicherheiten nicht erforderlich sind.

Sofern besondere Finanzierungsformen, wie Projektfinanzierungen und Akquisitionsfinanzierungen mit hohem Leverage durch einen Syndizierten Kredit dargestellt werden, sind umfangreiche Sicherheiten obligatorisch.

18.3.6 Dokumentation

Der Kreditvertrag wird jeweils individuell mit dem Kreditnehmer verhandelt. Der Vertrag unterliegt jedoch einer grundsätzlich im Euromarkt etablierten Normierung, die von einer kreditgebenden Bank als Voraussetzung für ihre Teilnahme in einem Konsortium erwartet wird.

Beispielhafter Aufbau eines Kreditvertrages

Section 1: Definitions and Interpretations

Section 2: The Facility, Purpose, Conditions of Utilisation

Section 3 : Utilisation, Optional Currencies

Section 4: Repayment, Prepayment, Cancellation

Section 5: Costs of Utilisation: Calculation of Interest, Interest Periods, Absence of Quotations, Market Disruption, Break Costs, Fees

Section 6: Additional Payment Obligations: Tax Gross up and Indemnities, Increased Cots, Other Indemnities, Mitigation by the Lenders, Costs and Expenses

Section 7: Guarantee and Indemnity

Section 8: Representations, Undertakings and Events of Default: Representations, Information Covenants, Financial Covenants, General Undertakings such as Negative Pledge, Disposal of Assets, Restrictions on Acquisitions and Mergers, Change of Business, Events of Default including Cross Default

Section 9: Change to Parties: Assignment or Transfer, Change to the Lenders, Change to the Borrower

Section 10: The Finance Parties: Role of the Agent and the Arranger

Section 11: Administration: Payment Mechanics, Set-Off, Notices, Calculations and Certificates, Partial Invalidity, Remedies and Waivers, Amendments and Waivers Counterparts

Section 12: Governing Law and Enforcement

Schedules

The Lenders, Requests, Mandatory Cost Formulae, Form of Transfer Certificate, Form of Compliance Certificate, Existing Security

FALLBEISPIEL

Kreditstruktur für Solide AG

Anhand des folgenden Beispiels soll verdeutlicht werden, welche Probleme bei Mandaten der syndizierten Finanzierung auftreten können.

Ausgangslage

Die Solide AG, zweitgrößtes Unternehmen in Europa für elektronische Bauelemente in der Mess- und Regeltechnik, will ihren Marktanteil in Europa und den USA noch erhöhen. Dazu hat sie verschiedene kleinere und mittlere Spezialfirmen in Frankreich, Italien und den USA erworben. Der Erwerb wurde durch eine Kapitalerhöhung finanziert. Für die gewachsene Gruppe will die Solide AG eine Betriebsmittellinie in Höhe von 300 Mio. Euro installieren. Bisher bestehen bilaterale »Bis-auf-weiteres-Linien« in Höhe von 280 Mio. Euro, davon 120 Mio. Euro bei der C-Bank, die ersetzt werden sollen. Solide AG zahlt ihren Banken bisher Zinsmargen von ca. 0,50 % p.a. Die C-Bank soll und möchte ein Finanzierungskonzept erarbeiten, das die Solide AG – hoffentlich – kauft.

Hinter den Kulissen

Dies ist die Situation. Aber wirklich nur vordergründig. Hinter den Kulissen gibt es viele weitere Aspekte. Der Kreditbetrag von 300 Mio. Euro ist sowohl für eine bilaterale Zusammenarbeit als auch ein kleines Konsortium der aktuell bestehenden drei Hausbanken ungeeignet. Zusätzlich können die bestehenden bilateralen Kreditlinien bei den Hausbanken eine Erweiterung des Engagements begrenzen, wenn diese Kreditlinien auf Dauer von den Hausbanken als sehr hoch angesehen werden und durch die Banken nicht weiter aufgestockt werden können. Deshalb ist Solide AG aufgrund ihrer Expansionspläne und der betrachteten Finanzierung stark daran interessiert, ihr Bankennetz auszubauen, während der Mandated-Lead-Arranger daran interessiert ist, die bestehenden bilateralen Linien von 120 Mio. Euro zu reduzieren. Die Erweiterung des Bankenkreises wirft allerdings das Problem auf, dass alle am Syndikat teilnehmenden Banken erwarten, mit Solide AG eine aktive Geschäftsbeziehung aufbauen zu können. Der Bankenkreis kann nur erweitert werden, wenn die neue Geschäftsverbindung mit entsprechendem Cross-Selling-Potenzial neben dem syndizierten Kredit attraktiv gestaltet wird. Das Eigenkapital der Banken darf nicht zu stark durch die bankenaufsichtsrechtliche Hinterlegung belastet werden. Der Erfolg der Syndizierung ist jedoch nicht im Voraus bekannt. Die strategische Entscheidung und die gewählte Struktur (Anzahl der Arranger, Co-Arranger und Participants sowie deren Anteil am Gesamtvolumen) sind deshalb von großer Bedeutung. Da die Solide AG plant, ihren Marktanteil in einigen Staaten zu erhöhen, ist es von Vorteil, Participants aus diesen Ländern einzuladen, wobei deren Interesse nicht vorher sicher ist.

Finanzierungskonzept der beratenden Bank

Kreditnehmer: Solide AG, Hannover, Garantie der Solide AG für den Fall der Aufnahme des Kredites durch eine Tochtergesellschaft; Bonität der Solide Gruppe: Kein offizielles Rating, C-Bank-internes Rating von 2,5 ergibt parallelisiert mit Moody's/S & P A2/A

Kreditzweck: Betriebsmittelfinanzierung

Betrag: 300 Mio. Euro

Kreditart: Revolvierender Kredit

Arrangeur/Underwriter: C-Bank Aktiengesellschaft

Ziehungen: Revolvierende Inanspruchnahme während der gesamten Laufzeit in festgelegten Mindestbeträgen von 20 Mio. Euro und integralem Vielfachen von 10 Mio. Euro, Zinsperioden von 2, 3 oder 6 Monaten

Währungen: Ziehungen können in verschiedenen Währungen erfolgen

Laufzeit: 5 Jahre

Zinssatz: EURIBOR/LIBOR für die jeweilige Ziehungsperiode zuzüglich Marge von 0,40 % p.a.

Commitment-Fee: 50 % der anwendbaren Zinsmarge, zahlbar auf den nicht gezogenen Kreditbetrag

Management-Fee: 0,45 % einmalig. Darin enthalten sind Arrangierungs- und Underwritingprovisionen sowie an die Konsortialbanken auszuzahlende Beteiligungsprovisionen.

Agency-Fee: 20.000 Euro p.a.

All-in Kosten für Solide AG: EURIBOR/LIBOR +0,49 % p.a. bei voller Inanspruchnahme (ohne Agency-Fee und sonstige Kosten). Zur Ermittlung der All-in Marge siehe Tabelle »Pricingmodell für Solide AG«.

Sonstige Kosten: Der Kreditnehmer übernimmt alle Kosten in Verbindung mit der Erstellung der Vertragsdokumentation, der Erstellung des Informationsmemorandums, der Einladung der Banken sowie Kosten in Zusammenhang mit der Vertragsunterzeichnung und Publizität.

Syndizierungsstrategie: Bei dem Kreditvolumen von 300 Mio. Euro und den bestehenden 3 engen Bankverbindungen ist eine Erweiterung des Bankenkreises ratsam. Zusätzlich zu den bestehenden Hausbanken sollen weitere nationale sowie internationale Banken eingeladen werden. Bevorzugt werden Banken in den Ländern, in denen die neue Solide Gruppe operativ ist. Diese Strategie greift die zunehmende Internationalisierung der Solide-Gruppe auf und erschließt weitere Bankverbindungen für den erhöhten Kreditbedarf. Es bietet sich eine zweistufige Syndizierung an, in der die Hausbanken als Co-Arrangeure und weitere Banken in der allgemeinen Syndizierung eingeladen werden. Eine Überzeichnung in der Syndizierung soll zur Herabstufung der Beteiligungsquoten der Banken führen.

Überlegung

Nimmt die Solide AG den Finanzierungsvorschlag an, dann ergeben sich für sie folgende Vorteile:

- Aufbau neuer Bankbeziehungen durch das Konsortium, wobei bestehende Beziehungen nicht durch überhöhte Kreditlinien überstrapaziert werden
- Verbesserung der Finanzierungsstruktur
- Etablierung des Namens Solide AG am Kreditmarkt
- Abwicklung des Kredites über einen Agenten an Stelle mehrerer Ansprechpartner
- Bereitstellung eines höheren Kreditvolumens, und somit Möglichkeiten, das Projekt generell durchzuführen
- Einsparung von Kosten durch geringere all-in-Kosten (exkl. Sonstige Kosten) als bei bestehenden Krediten (0,50 % p.a.)
- bei Überzeichnung Möglichkeit der Aufnahme einer höheren Summe bei gleicher Marge

Um das Risiko zu minimieren, sollen in einer zweistufigen Strategie mehrere Banken gewonnen werden. Die Hierarchie innerhalb des Konsortiums wird durch den Zeitpunkt der Einladung der Banken bestimmt. In der ersten Syndizierungsstufe werden größere Teile des Kredites angeboten, die höhere Einmalprovisionen, einen höheren Endbehalt (Der Endbehalt ist der Teil des Underwritingvolumens, den der jeweilige Underwriter nicht an Sub-Underwriter weitergibt/weitergeben kann und letztlich selbst übernimmt/übernehmen muss.) und somit auch erhöhtes Risiko tragen. Durch die Gewinnung weiterer Banken in der nächsten Stufe minimiert sich das Risiko und der Endbehalt der Arranger und Co-Arranger.

Erste Syndizierungsstufe
Co-Arranger sollen einen Teil des vom Arranger geleisteten Underwritings übernehmen (»Sub-Underwriting«). Zwei Co-Arranger mit je 75 Mio. Euro Sub-Underwriting sollen gewonnen werden. Dadurch reduziert sich das primäre Underwriting des Arrangers auf 150 Mio. Euro. Die Co-Arranger erhalten die Underwritingprovision von 0,125 % auf das zugeteilte Underwriting und eine Beteiligungsprovision von 0,225 % auf den Endbehalt.

Strategieübersicht für Solide AG			
Ursprüngliches Underwriting	Anzahl der Banken	Underwriting pro Bank (Mio. €)	Gesamt-Underwriting (Mio. €)
Aranger	1	300	300
Co-Arranger	–	–	–
Participants	–	–	–
Insgesamt	1	–	300
1. Syndizierungsstufe	Anzahl der Banken	Underwriting pro Bank (Mio. €)	Gesamt-Underwriting (Mio. €)
Aranger	1	150	150
Co-Arranger	2	75	150
Participants	–	–	300
Insgesamt	3	–	300
2. Syndizierungsstufe	Anzahl der Banken	Angestrebter Endbehalt pro Bank (Mio. €)	Aufgebrachte Mittel (Mio. €)
Aranger	1	30	30
Co-Arranger	2	25	50
Participants	Ca. 11–22	10/20	220
Insgesamt	Ca. 14–25	–	300

Zweite Syndizierungsstufe
In der allgemeinen Syndizierung werden Banken mit unterschiedlichen Beteiligungsquoten eingeladen (Participants). Es soll zwei Gruppen von Participants geben: Lead-Manager mit 20 Mio. Euro übernommenem Kreditvolumen und einer Provision von 0,20 %, sowie Manager mit 10 Mio. Euro und 0,15 % Einmalprovision. Das ermöglicht auch »kleineren« Banken eine Teilnahme. Banken, die noch keine Geschäftverbindung zur Solide AG haben, können hierdurch eine Beziehung etablieren. Kommt es zu einer Überzeichnung, so ist der endgültige Kreditbetrag zwischen Arranger und Solide AG abzustimmen. Die Endquoten der einzelnen Banken werden bei Aufstockung des Kreditbetrages durch die angestrebten Endquoten aller Banken bestimmt, oder im Fall der Beibehaltung des ursprünglichen Kreditbetrages pro-ratarisch entsprechend aller Banken aufgeteilt.

Pricingmodell für Solide AG		
Position	Einheit	
Kreditbetrag	Mio. €	300
Laufzeit	Jahre	5,00
Marge	⌀-Marge über EURIBOR in BP p.a.	40,00
Arrangement-Fee	BP flat	10,00
Underwriting-Fee	BP flat	12,50
ParticipationFee	BP flat	22,50
Arrangierungsvolumen Mandated-Lead-Arranger	Arrangierungsanteil am Kreditbetrag, Mio. €	300,00
Total-Underwriting	Underwriting ggü. Kreditnehmer, Mio. €	300,00
Underwriting Mandated-Lead-Arranger	Mio. €	300,00
Endbehalt Mandated-Lead-Arranger	angestrebt, Mio. €	30,00
Sub-Underwriting	underwriting eines sub-underwriters, Mio. €	75,00
Endbehalt Sub-Underwriter	angestrebt, Mio. €	25,00
Ergebnis All-in-Marge (in BP p.a.)*	In Basispunkten. Angenommen wird ein Endbehalt von 30 Mio. €	
Für Kreditnehmer		49,00
Für Mandated-Lead-Arranger		77,00
Für Participant		44,00
Für Sub-Underwriter		52,00

* Die Addition der Marge mit den auf die Laufzeit umgelegten Einmalprovisionen ergibt die All-in Marge.

Die finanziellen Anreize für den Arranger

Bei Reduzierung des Endbehaltes steigt die All-in-Marge des Mandated-Arrangers aufgrund des Hebeleffektes. Der Hebeleffekt entsteht dadurch, dass der Kreditnehmer Einmalprovisionen auf den Gesamtbetrag (an den Arranger) bezahlt, wovon nur ein Teilbetrag an andere Banken weitergegeben wird. Je mehr der Endbehalt reduziert wird, desto größer ist die All-in-Marge des Mandated-Arrangers, (siehe folgendes Zahlenbeispiel. Der beschriebene Hebeleffekt wirkt sich – in geringerem Maße – auch für die eingeladenen Sub-Underwriter aus.

	bei Endbehalt (in Mio. €)	All-in-Marge (in BP p.a.)	Margenvorteil ggü. Participant (in %)
All in-Marge Mandated-Lead-Arranger	50	64,00	43,82
	30	77,00	73,03
	25	83,50	87,64

Ergebnis der vorgeschlagenen Finanzierungsstruktur für den Mandated-Arranger bei einem Endbehalt von 30 Mio Euro:

Endbehalt Mandated-Lead-Arranger	30 Mio. €	Vorher 60 Mio. €
Unmittelbarer finanzieller Ertrag	0,77 % p.a. (all-in bei voller Inanspruchnahme) inkl. Einmalprovision* von 543 Tsd. €	0,50 % p.a. (bilateral)
	All-in Ertrag des Co-Arrangers: 0,52 % p.a. (= 48 % weniger als Mandated-Arranger)	
	All-in Ertrag des Participant (oberstes Bracket): 0,44 % p.a. (= 75 % weniger als Mandated-Arranger)	
Sonstiger Nutzen	Verbindung deutlich gefestigt	
	Kompetenz als Federführer bewiesen	

* Die Einmalprovision wird umgelegt auf die Laufzeit des syndizierten Kredites.

18.4 Erfolgskritische Faktoren und Controlling

Im Bereich *Origination* sind die wichtigsten Erfolgsfaktoren:
- Bestehende und ausbaufähige Kundenverbindungen zu haben als Basis für die Mandatierung als Arrangeur für syndizierte Kredite
- Preisgestaltung unter Beachtung von Bonitäts- und Marktrisiko: »Fairer« Preis ist akzeptabel für Kunden, rentabel für Arrangeur (durch Vorkalkulation der Rendite), platzierbar am Markt durch Erzielung angestrebter endgültiger Kreditquote des Arrangeurs
- Strukturgestaltung gemäß Kundenbedürfnissen und Marktakzeptanz

Beim Absatz des Syndizierten Kredites, also dem Bereich *Distribution*, ist der entscheidende Aspekt die richtige Einschätzung der Marktnachfrage unter Berücksichtigung der
- Strukturgestaltung (z. B. Kreditzweck, Kreditstruktur, Länderrisiko, Bonität),
- Preisgestaltung (Anlehnung an aktuelle Renditeerwartungen) und von
- Referenzgeschäften im Markt (aktuelle vergleichbare Transaktionen in Primär- und Sekundärmarkt sowie Bondmarkt).

Aus Controllingsicht findet eine Vorkontrolle mit der Preisgestaltung des Kredites bei Beachtung der risikogewichteten Renditeerfordernisse aus der Kundenverbindung unter Definition einer möglichst kapitalschonenden Syndizierungsstrategie statt.

Nach Ablauf der Syndizierung wird der Syndizierungserfolg anhand der erzielten Endquote kontrolliert und die erreichte All-in-Marge überprüft. Weiterhin findet eine laufende Kreditüberwachung (Branche, Bonität, Rating) und eine Nachkalkulation bzgl. der Renditeziele statt.

Aufgaben zur Lernkontrolle
1. Erläutern Sie die Unterschiede zwischen einem bilateralen und einem syndizierten Kredit (Vor- und Nachteile).
2. Machen Sie deutlich, warum die Bank an der Vergabe eines syndizierten Kredites interessiert ist.
3. Erklären Sie die wichtigsten Syndizierungsstrategien.
4. Nennen Sie die wichtigsten Kreditformen und -arten eines syndizierten Kredites.
5. Schildern Sie die einzelnen Schritte eines Syndizierten Kredits.

Literatur
Altunbas, Y. et al. (2006): Syndicated Loans, Houndmills.
Ayasse, L. (1997): Das Kreditkonsortialgeschäft, Frankfurt am Main.
Rhodes, T. (2004): Syndicated Lending, 4. Aufl., London.
Trostdorf, S. (1999): Syndizierter Kredit, in: Enzyklopädisches Lexikon des Geld-, Bank- und Börsenwesens, Frankfurt.

19 ABS-Transaktionen*

> **LERNZIELE**
> - Abgrenzung einer ABS-Transaktion von anderen Maßnahmen zur Liquiditätsbeschaffung.
> - Beantwortung bilanzieller, rechtlicher und steuerlicher Fragen, die mit dem regresslosen Forderungsverkauf verbunden sind.
> - Beschreibung des Ablaufs einer ABS-Transaktion aus Sicht einer Investmentbank.
> - Identifikation geeigneter Vermögensgegenstände für ABS-Transaktionen.
> - Unterscheidung verschiedener Möglichkeiten zur Reduzierung des Ausfallrisikos von ABS.
> - Preise für Vermögenswerte, die ABS-Transaktionen zugrunde liegen, berechnen können.

19.1 Einführung

19.1.1 Abgrenzung und Alternativen

Als ABS-Transaktion bezeichnet man es, wenn Vermögensgegenstände in einen Pool eingebracht und die Einbringung durch Ausgabe von Wertpapieren (Asset Backed Securities, ABS) finanziert wird.

> **DEFINITION**
> Asset Backed Securities sind Schuldtitel einer Zweckgesellschaft, deren einziger Zweck es ist, bestimmte Aktiva zu halten und darüber Schuldtitel auszustellen.

Demnach sind Asset Backed Securities Wertpapiere oder Schuldscheine, die Zahlungsansprüche gegen eine ausschließlich dem Zweck der ABS-Transaktion dienende Zweckgesellschaft zum Gegenstand haben. Die Zahlungsansprüche werden durch den Bestand unverbriefter Forderungen (assets) gedeckt (backed), die auf die Zweckgesellschaft übertragen werden und den Inhabern der ABS (Investoren) als Haftungsgrundlage zur Verfügung stehen.

Asset-Backed-Transaktionen gehören in den Bereich der Securitization. Unter Securitization versteht man die Verbriefung von Vermögenswerten. Die Grundidee der Securitization ist es, über den Verkauf bzw. die Verbriefung von Vermögen Liquidität zu beschaffen.

Aus Sicht der die Vermögensgegenstände abgebenden Gesellschaft steht die Verbriefung mittels ABS in Konkurrenz zu

---
* Autoren: Ines Piossek, Peter Wölfle

- *Factoring.* Verkauf bzw. Abtretung der Vermögensgegenstände/Forderungen an einen traditionellen Dienstleister, z. B. ein Factoring-Unternehmen,
- *Besicherter Kredit* (Asset-Backed-Loan). Darunter wird die klassische Kreditaufnahme mit Besicherung durch die Vermögensgegenstände verstanden.
- *Eigenkapital.* Im weiteren Sinne ist auch eine Finanzierung der Vermögensgegenstände durch eine Aufstockung des Eigenkapitals eine Alternative.
- *Sonstiges Fremdkapital.* Im weiteren Sinne ist jede Art der Fremdfinanzierung Alternative.

19.1.2 Geschichte

Der moderne Markt für ABS entwickelte sich aus dem 1970 in den USA entstandenen Markt für Mortgage-Backed-Securities. 1985 wurde die erste ABS-Transaktion durch Verbriefung von rund 200 Mio. US-Dollar Leasingforderungen durchgeführt. Seitdem erlebt der Markt ein stetiges Wachstum. In Deutschland hat die KKB-Bank 1990 die erste ABS-Emission durchgeführt, bei der Forderungen des Kleinkundenkreditgeschäftes verbrieft wurden. Für die starke Entwicklung in Deutschland sind verschiedene Gründe zu nennen:
- Zum Einen stellen sie Möglichkeiten der Finanzierung dar, ohne zusätzliches Fremdkapital aufnehmen zu müssen.
- Des Weiteren wird beim Forderungsverkäufer auf die Bonität der Buchforderungen abgestellt, nicht auf die des Unternehmens. Das ist insbesondere vor dem Hintergrund der Baseler Richtlinien von Bedeutung, wonach bei der Konditionsfindung sowie den Eigenkapitalvorschriften für Kreditinstitute die Bonität des Schuldners stärker berücksichtigt wird.
- Zum Dritten ist diese Finanzierungsform für Firmenkunden der Banken oft attraktiver als die Kreditvergabe, da bei Letzterer die Kapitalbindung intensiver ist und die Kredite deshalb häufig teurer sind als ABS.

19.1.3 Varianten der ABS-Finanzierung

Die zahlreichen Produktvarianten, die im Verbriefungsmarkt anzutreffen sind, lassen sich auf drei Grundmuster (vgl. Abbildung 19.1) zurückführen:
- *Asset-Backed-Transaktion (ABS)*: Stiller und regressloser Forderungsverkauf (›True Sale‹)
- *Credit-Linked-Note (CLN)*: Risikounterbeteiligung mit Bareinschuss
- *Credit-Default-Swap (CDS)*: Risikounterbeteiligung ohne Bareinschuss

CLN und CDS gehören zu den sogenannten synthetischen Verbriefungen. Hierbei verbleiben die Forderungen in der Bilanz des Sicherungsnehmers; er überträgt lediglich das Ausfallrisiko eines eindeutig bestimmten Portfolios auf den Sicherungsgeber. Diese Formen werden überwiegend von Banken genutzt.

Im Folgenden werden ausschließlich ABS-Transaktionen behandelt, bei denen die Forderungen die Bilanz des Veräußerers tatsächlich verlassen.

Kriterium	Variante		
	ABS	CLN	CDS
Liquiditätsfluss	Ja, da Forderungen von einer Zweckgesellschaft angekauft werden	Ja, in Abhängigkeit vom Umfang der emittierten CLNs	Nein
Bilanzieller Eigentumsübergang/True Sale	Ja	Nein	Nein
Risikoabsicherung	Ja	Ja	Ja
Bilanzverkürzung	Ja; möglich bei Verwendung der gewonnenen Liquidität zur Tilgung von Verbindlichkeiten	Nein	Nein
Rechtliche Dokumentation	Aufwändig	Durchschnittlich	Gering
Refinanzierung des Verkäufers	Wird von ankaufender Zweckgesellschaft übernommen	Bleibt unberührt	Bleibt unberührt
Anforderungen an Computersysteme	Aufwändig	Gering	Gering
Zinsänderungsrisiko	Absicherung erforderlich	Nicht relevant	Nicht relevant

Abb. 19.1: Produktvarianten im Verbriefungsmarkt

19.1.4 Ziele und Motive

Treibende Kraft bei ABS-Transaktionen sind die Besitzer von Vermögenswerten, die sich durch eine Securitization Vorteile erhoffen. Die wichtigsten sind Folgende:
- *Liquiditätsmanagement.* Liquiditätsfreisetzung durch Veräußerung kurzfristigen Umlaufvermögens. Erschließung des Kapitalmarktes als neue Finanzierungsquelle. Erweiterung und Diversifizierung des Finanzierungsspielraumes. Verbreiterung der Investorenbasis.
- *Bilanzstrukturmanagement.* Hilfreich zur Lösung der Eigenkapital/Fremdkapital-Relation. Verbesserung der Eigenkapitalquote. Erhöhung der Kapitalumschlagshäufigkeit. Verkürzung der durchschnittlichen Laufzeit des Forderungsbestandes.
- *Gewerbesteuereffekt* (nur in Deutschland). Verringerung der Gewerbesteuerbelastung durch Rückzahlung langfristiger Verbindlichkeiten mit dem Erlös des Forderungsverkaufs.
- *Kapitalkosteneffekt.* Umsatzwachstum ohne zusätzliche Kapitaleinschüsse. Einsparung von Eigenkapitalkosten. U. U. auch geringere Fremdkapitalkosten.
- *Risikoeffekt.* Verringerung von Liquiditätsrisiken. Begrenzung von Delkredere-Risiken.

- *Sonstiges.* Keine Störung der Geschäftsbeziehung zu Debitoren. Auf Wunsch Wahrung der Anonymität des Forderungsverkäufers. Imageförderung eines innovativen und kostenbewussten Managements.

Die Abbildung 19.2 zeigt stark vereinfacht die Wirkung einer Verbriefung von Forderungen mittels ABS. Die Forderungen werden im ersten (hier nicht gezeigten) Schritt durch Kasse ersetzt. Damit kann im zweiten Schritt die Verschuldung abgebaut werden, was die EK/FK-Relation verbessert (siehe Abbildung). In Abhängigkeit von Vorschriften im Rechnungswesen ergeben sich komplizierte Wirkungen: Forderungen stehen meist zum Nominalwert in der Bilanz, werden aber bei ABS mit einem Abschlag verkauft. Je nach Rechnungslegung wird ein Verlust realisiert, der das Eigenkapital zunächst schmälert (Die EK/FK-Relation verbessert sich trotzdem). In den Folgeperioden wird dieser Verlust wieder ausgeglichen, wenn mit der erhaltenen Liquidität Zinseinkommen generiert oder aufgrund getilgter Schulden Zinsaufwand erspart wird.

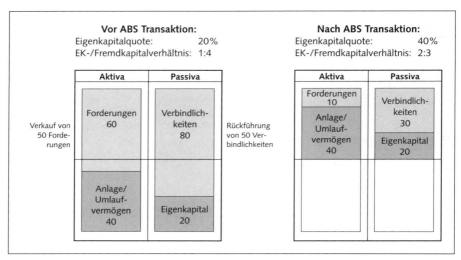

Abb. 19.2: Verbriefung von Forderungen mittels ABS

19.1.5 ABS und Banken

Banken betreiben die ABS-Finanzierung aus folgenden Gründen:
- als Finanzierungsmittler, d.h. Berater für andere, die ihre Aktiva verbriefen wollen (Sponsor) und
- zur Verbriefung eigener Aktiva.

Finanzierungsmittler (Sponsor)
Für den Finanzierungsmittler stellt das Geschäft mit ABS den Absatz technisch-organisatorischer Dienstleistungen dar. Banken arrangieren ABS-Transaktionen,

platzieren das Emissionsvolumen bei Investoren, nehmen bei Ausgabe und Einlösung der ABS die Zahlstellenfunktion wahr und erbringen Dienstleistungen als Verwalter der Vermögensgegenstände während der Laufzeit der ABS.

Verbriefung eigener Aktiva
Bei der Verbriefung eigener Aktiva dominieren folgende Motive:
- *Freisetzung regulatorischen Eigenkapitals.* Möglichkeit, das vorhandene Eigenkapital besser nutzen zu können. Der die Unterlegung einzelner Geschäfte mit Eigenkapital regelnde § 10 KWG – konkretisiert in der Solvabilitätsrichtlinie – ist hier die zentrale Größe. Durch die Veräußerung von Kreditforderungen bzw. von Kreditrisiken erlangt das veräußernde Institut eine Entlastung und kann mit dem freiwerdenden Eigenkapital Zusatzgeschäfte tätigen.
- *Bilanzrisikosteuerung.* ABS eignen sich auch zur Risikosteuerung der Bilanz, indem gezielt Vermögensgegenstände bestimmter Risikostruktur verbrieft werden. So können Länderlimite eingehalten oder Kreditkonzentrationsrisiken i. S. d. § 14 KWG vermieden werden.
- *Markterfahrung.* Für den Verkauf des Produktes ABS an Kunden der Bank ist es vorteilhaft, das Geschäft selbst betrieben zu haben.

19.2 Ablauf einer Transaktion

Der Ablauf einer Transaktion aus Sicht einer (beratenden) Bank gestaltet sich folgendermaßen:
- Mandat
  - Erstellung Term-Sheet (Vertragsentwurf)
  - Verhandlung über Konditionen
  - Mandatserteilung
- Portfolioanalyse
  - Datenanalyse des Forderungspools
  - Kreditvergabepolitik des Verkäufers (Originator)
  - Forderungsverwaltung (Servicer)
- Strukturierung
  - Umsetzung der Ergebnisse der Portfolioanalyse in eine Struktur
  - Analyse der Strukturrisiken und Installation geeigneter Hedgeinstrumente
  - Entscheidung für eine geeignete Refinanzierungsstruktur
- Dokumentation
  - Term-Sheet als Diskussionsgrundlage
  - Vertragsbesprechung
  - Vertragsvollendung
- Due Diligence
  - Prüfung des Portfolios und der Transaktionsstruktur durch eine Ratingagentur und Erteilung des Ratings

- Implementierung der Systeme
  - Systementwicklung zur Unterstützung der Transaktion
  - Test der Systeme
- Emission der Wertpapiere.

19.3 Konstruktionsweisen von ABS

Grundsätzlich unterscheidet man zwei verschiedene Wege, ABS zu konstruieren:
- Volle Ausgliederung (»Pass Through«). Die Vermögensgegenstände verschwinden aus der Bilanz der verkaufenden Gesellschaft und werden rechts- und steuerwirksam auf die Zweckgesellschaft (Special Purpose Vehicle, SPV) übertragen.
- Abtretung von Zahlungsansprüchen (»Pay Through«). Die Vermögensgegenstände verbleiben im Eigentum und in der Bilanz des ursprünglichen Besitzers. Er verpflichtet sich, alle Zahlungen, die aus den Vermögensgegenständen resultieren, an eine Zweckgesellschaft weiterzuleiten.

Der Vorteil von Pass-Through-Konstruktionen ist die Rechtssicherheit. Die eingebrachten Vermögenswerte sind genau bestimmt. Nachteilig sind die hohen Kosten, denn die rechts- und steuerwirksame Übertragung von Vermögenswerten kann die kostenträchtige Mitwirkung vieler Beteiligter erfordern.

Bei der Pay-Through-Konstruktion sind die Kosten niedrig, da die Vermögenswerte nicht übertragen werden, sondern beim ursprünglichen Besitzer verbleiben. Die Zweckgesellschaft erhält nur einen Anspruch auf Herausgabe der Cashflows, die aus den Vermögenswerten folgen. Dies ist eine relativ schwache Rechtsposition: die Vermögensgegenstände könnten z. B. vom Besitzer veruntreut werden. Mit Credit-Enhancements lassen sich aber befriedigende Sicherheitsniveaus erreichen. Der Vorteil der Pay-Through-Konstruktion ist, dass sich aufgrund der niedrigen Kosten die Cashflows verschiedenster Assets auf die Zweckgesellschaft übertragen lassen, die so ein gut strukturiertes Portfolio aufbauen kann, das auch ohne Credit-Enhancements die Bedürfnisse der Investoren trifft.

Bei der Pay-Through-Konstruktion übernimmt der Verkäufer im Regelfall im Rahmen eines Geschäftsbesorgungsvertrages als »Inkassostelle« den Einzug der Forderungen. Dies senkt die Kosten der SPV. Oft wird der Käufer, also das SPV, durch den Verkäufer rechtlich vertreten. Unter Umständen wird das SPV damit zu einer Betriebsstätte am Sitz des Verkäufers.

19.4 Eigenschaften der Zweckgesellschaft

Zweckgesellschaften haben ihren Unternehmenssitz häufig in Niedrigsteuerländern (Grand Cayman, Jersey), da hier i. d. R. geringeres Eigenkapital erforderlich ist. Des Weiteren können Umsatz- und Gewerbeertragsbesteuerung beim Käufer entfallen. Die Zweckgesellschaften werden i. d. R. in der Form einer gemeinnützigen Stiftung gegründet. Sie gehören sich selbst und haben einen Begünstigten.

19.5 Geeignete Assets

Folgende Eigenschaften entscheiden darüber, ob Vermögensgegenstände für eine ABS-Transaktion in Frage kommen:

- *Lösgröße.* Aufgrund der relativ hohen Fixkosten für die Strukturierung, Anwaltskanzleien und Ratingagenturen im Rahmen einer ABS-Konstruktion sollte ein Mindestverkaufsvolumen erreicht werden, um wirtschaftlich sinnvolle Konditionen zu erreichen.
- *Berechenbarer Cashflow.* Die Gesamtheit der Forderungen muss einen berechenbaren Cashflow aufweisen, der die vertragsgemäße Bedienung der ABS außer Zweifel stellt. Eine Einzelprüfung der Werthaltigkeit der Vermögensgegenstände wäre sehr teuer und muss unbedingt vermieden werden.
- *Diversifikation.* Bei gut diversifizierten Vermögensmassen kann mit ausreichender Sicherheit mit durchschnittlichen Ausfall- und Ertragsraten kalkuliert werden.
- *Homogene (gleichartige) Forderungen mit standardisierten Verträgen.* Dies erleichtert die Prüfung der Werthaltigkeit des Vermögensbestandes, da exemplarische Einzelprüfungen auf den Gesamtbestand hochgerechnet werden können.
- *Niedrige historische Rückstands- und Ausfallraten.* Investoren bevorzugen Vermögenswerte, die niedrige Ausfallraten haben.
- *Ökonomische und juristische Bestimmbarkeit.* Dies ist eine absolute Notwendigkeit für den regresslosen Forderungsverkauf (Bestimmbarkeitsgrundsatz).

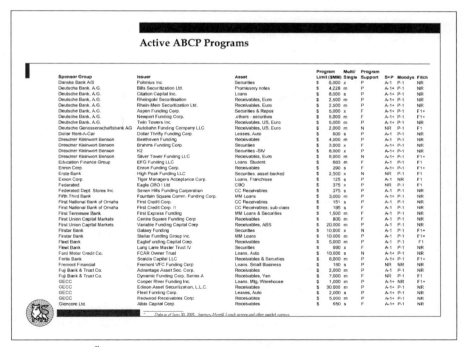

Abb. 19.3: Eine Übersicht von ABS-Programmen mit Ratings von S+P Moodys und Fitch

Hieraus sind insbesondere nachstehende Assets als für ABS-Transaktionen geeignet zu bezeichnen

- Forderungen aus Lieferungen und Leistungen,
- Forderungen aus Leasingvereinbarungen,
- Forderungen aus Franchisevereinbarungen,
- Cashflows aus Immobilien,
- Lizenzeinnahmen,
- Konsumentenkredite,
- Hypothekenkredite und Baufinanzierungskredite und
- Kreditkartenforderungen.

Vergleiche auch die Abbildung 19.3.

Aufgrund der bisherigen Erfahrungen bezüglich Beurteilung von Forderungsportfolios durch Ratingagenturen haben sich bereits standardisierte Bewertungsmodelle und Bewertungskriterien für die verschiedenen Forderungsklassen durchgesetzt.

19.6 Preisberechnung der eingebrachten Vermögenswerte

Die Ermittlung des Kaufpreises der eingebrachten Vermögensgegenstände wird am Beispiel von Handelsforderungen erläutert. Es hat sich ein standardisiertes Vorgehen am Markt etabliert, das der schnellen und leicht kontrollierbaren Wertermittlung dient. Als Kaufpreis wird der Wert verstanden, den die Zweckgesellschaft dem Verkäufer für die Vermögensgegenstände bezahlt. Er wird folgendermaßen berechnet:

$$K_i = Nom_i - Del_i - Ref_i$$

K_i = Kaufpreis der Forderung i
Nom_i = Nominalbetrag der Forderung i
Del_i = Delkredereabschlag (Loss Reserve, Default-Discount)
Ref_i = Refinanzierungsabschlag

Der Delkredereabschlag soll das Bonitätsrisiko abdecken. Der Refinanzierungsabschlag deckt die Kosten der Refinanzierung.

K_i ist nicht der Betrag, der dem Verkäufer einer Forderung tatsächlich ausbezahlt wird. Der ergibt sich erst, wenn noch die Sicherheiten abgezogen wurden, die notwendig sind, um nachträgliche Änderungen der Forderungen durch den Verkäufer/Servicer wie Boni, Skonti, Remissionen etc. abzudecken; es handelt sich hierbei um sogenannte nachträgliche Verwässerungen der Forderungen (»Dilutions«):

$$Bar_i = K_i - Dil_i$$

Bar_i = Ausbezahlter Betrag
K_i = Kaufpreis der Forderung i
Dil_i = Dilution-Discount für Rabatte, die noch nicht vom Forderungsbestand abgezogen wurden (z. B. weil sie umsatzabhängig am Jahresende gewährt werden) sowie ein Gewährleistungsabschlag für Abzüge, die der Debitor wegen Leistungsmängeln vornehmen kann.

Dilution-Discount und Gewährleistungsabschlag sind keine endgültigen Kaufpreisminderungen im oben dargestellten Sinne, sondern Sicherungseinbehalte zur Abdeckung der nicht mit der Bonität zusammenhängenden Risiken (insbes. des Veritätsrisikos). Sie werden an den Verkäufer ausbezahlt, wenn die Forderungen beim Debitor erfolgreich geltend gemacht werden konnten.

Sollte der Dilution-Discount nicht ausreichen, steht dem Käufer gegen den Verkäufer ein Nachschussanspruch zu. Darüber hinaus steht dem Käufer kein Rückgriff gegen den Verkäufer zu, insbesondere nicht aus dem Ausfall der verkauften Forderungen.

19.7 Refinanzierung der Ankaufsgesellschaft

Die Liquidität stammt aus der Begebung von Wertpapieren, den Asset Backed Securities (ABS). Man unterscheidet folgende Strukturen:

19.7.1 Zweckgesellschaft ist Emittent der ABS

Ein Forderungsverkäufer
Bei dieser Form werden Forderungen von *einem* Forderungsverkäufer von der Zweckgesellschaft angekauft, verbrieft und finanziert. Durch die Struktur ist die gesamte Transaktion sehr transparent. Die Zusammensetzung des Forderungsportfolios lässt sich leicht nachvollziehen, vgl. auch die Abbildung 19.4.

Mehrere Forderungsverkäufer (Conduit)
Bei dieser Ausprägung werden Forderungen von mehreren Verkäufern von der Zweckgesellschaft angekauft. Durch unterschiedliche Buchungskreise werden die einzelnen Verkäufer getrennt. Die gebündelten Forderungen werden dann von der

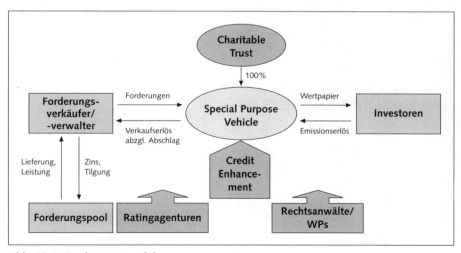

Abb. 19.4: Forderungsportfolio

Zweckgesellschaft verbrieft und finanziert. Für den Investor ist im Gegensatz zu der oben beschriebenen Form keine Transparenz gegeben. Durch die höhere Standardisierung im Rahmen der Conduits können hier auch kleinere Forderungsportfolios kosteneffizient veräußert werden. Conduits stellen damit die häufigste Form der Ankaufgesellschaften dar.

19.7.2 Eine Zweckgesellschaft kauft Assets, eine andere emittiert ABS

Ein Forderungsverkäufer
Hierbei kauft eine Zweckgesellschaft die Forderungen von einem Verkäufer an. Von einer weiteren Gesellschaft werden die Wertpapiere zur Refinanzierung emittiert. Beide Gesellschaften sind i. d. R. Beteiligungen einer Holdingstruktur, unter der sie zusammengeführt werden.

Mehrere Forderungsverkäufer (Conduit)
Anstelle von einem Forderungsverkäufer kauft das Conduit Forderungen von mehreren Verkäufern an, die durch Buchungskreise getrennt sind. Die Emission der Wertpapiere erfolgt wiederum durch eine weitere Gesellschaft. Beide Gesellschaften sind wiederum über eine Holdingstruktur zusammengeführt. Hier werden i. d. R. für jeden Verkäufer Tochtergesellschaften gegründet.

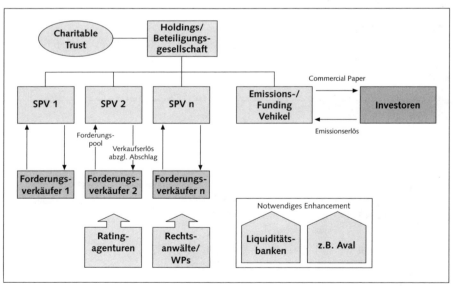

Abb. 19.5: Grundstruktur eines ABCP-Conduits

19.7.3 Häufigkeit des Forderungsankaufs

Einmaliger Ankauf
Beim einmaligen Kauf schmilzt der angekaufte Forderungsbestand im Zeitverlauf entsprechend den Rückzahlungen der zugrunde liegenden Forderungen ab. Es sammelt sich Liquidität an, aus der die ABS sofort oder bei Fälligkeit getilgt werden.

Mehrmaliger Ankauf
Beim revolvierenden Forderungsverkauf werden für die zurückgeführten Forderungen neue Forderungen erworben, womit der Forderungsbestand auf einem konstanten Niveau bleibt. Erst am Ende der revolvierenden Phase schmilzt der Betrag entsprechend den Rückzahlungen der zugrundeliegenden Forderungen ab.

19.8 Wertpapierarten

In Abhängigkeit von der Cashflow-Struktur der gekauften Assets werden kurz-, mittel-, und langfristige Papiere emittiert.

Anleihen (ABS-Bonds)
ABS-Bonds werden von den SPVs begeben, die eine ABS-Transaktion durchführen. Ausschlaggebend für die Platzierung ist das Rating des Portfolios. Die Bedienung der Anleihen erfolgt aus dem Cashflow des Portfolios. Bei ABS-Bonds sind tranchierte Anleihen mit verschiedenen Ratingklassen geläufig (s. u. Credit-Enhancement). Die Papiere zeichnen sich durch die Rückzahlung eines bestimmten Kapitalbetrages und i.d.R. feste Zinsen und Laufzeiten aus, die zu Beginn der Emission festgelegt werden. ABS-Bonds haben langfristige Laufzeiten, dienen damit i.d.R. lang laufenden Forderungen wie Darlehen und Immobilienfinanzierungen.

Commercial Paper (ABCPs)
ABCPs sind kurzfristige Schuldtitel (Inhaberschuldverschreibungen), die von den SPV begeben werden. Die Verzinsung ergibt sich durch einen Abschlag (Disagio) vom Nennwert (Diskontpapiere). Commercial Paper haben kurzfristige Laufzeiten von i.d.R 30–60 Tagen, können jedoch bis zu 270 Tage reichen. Ihr Verkauf erfolgt über Banken und Händler. CPs werden bevorzugt für die Refinanzierung von Portfolios mit Forderungen aus Lieferung und Leistung eingesetzt. Mittels entsprechender Hedge-Geschäfte können hier aber auch langfristige Forderungsportfolios refinanziert werden.

Medium Term Notes (MTNs)
MTNs sind flexible Schuldverschreibungs-Fazilitäten, bei denen Emittenten (SPV) zu unterschiedlichen Zeitpunkten ungesicherte Schuldtitel (Notes) begeben können. Emissionsvolumen, Währung und Laufzeit (Erweiterung der Laufzeit von Commercial Papers auf ein bis zehn Jahre) können dem Finanzmittelbedarf genau angepasst werden. Der Zinssatz der Schuldtitel ist fest oder variabel (an einen Index

gekoppelt). Die Laufzeiten sind mittel- bis langfristig. Für den Absatz sorgen je nach Volumen eine oder mehrere Händlerbanken (Dealer). MTNs sind im Bereich der Securitisation noch eher unüblich.

Schuldscheine
Der Schuldschein ist eine Urkunde, in der der Schuldner (SPV) eine bestimmte Leistung, hier die Zahlung einer Geldsumme, verspricht. Die Angabe des Schuldgrundes ist nicht erforderlich. Der Schuldschein ist kein Wertpapier. Der Besitz der Urkunde ist zur Geltendmachung des Rechts nicht erforderlich. Schuldscheine haben i. d. R. langfristigen Charakter. Schuldscheine sind im Bereich der Securitisation eher unüblich.

19.9 Tranchenbildung

19.9.1 Grundmechanismus

Im Zentrum der ABS-Finanzierung steht die Tranchenbildung der emittierten Wertpapiere. Darunter versteht man Folgendes: Wenn man über den Gesamtbestand der Assets eine einzige Wertpapiergattung emittierte (d. h. nur eine Tranche), dann würde diese eine Tranche das Ertrags-Risiko-Profil des Gesamtbestandes der eingebrachten Assets aufweisen. Wenn man dagegen mehrere Tranchen bildet, die sich dadurch unterscheiden, dass die eine der anderen im Insolvenzfall im Rang vorangeht, dann unterscheiden sich die Ertrags-Risiko-Profile sowohl der Tranchen untereinander als auch der Tranchen vom Ertrags-Risiko-Profil des Assetbestandes. Wenn man über jede Tranche eine eigene Schuldverschreibung emittiert, kann man unterschiedlich risikofreudige oder risikoaverse Käuferschichten ansprechen. Über die Größe der Tranchen (sowie sonstiger Sicherheiten, die man den einzelnen Tranchen beigibt, s. u. Credit Enhancements) lassen sich die Ertrags-Risiko-Profile der emittierten Schuldverschreibungen steuern. Man kann auf diese Weise den jeweiligen Marktbedürfnissen nach eher sicheren oder eher riskanteren Wertpapieren Rechnung tragen.

Man unterscheidet drei Grundtypen von Tranchen:
- *First Loss Piece* (auch *Equity Piece* genannt). Diese Tranche trägt die ersten Verluste. D.h., sollten Verluste im Assetbestand auftreten, dann werden sie zuerst dem First Loss Piece zugeordnet. Das bedeutet, dass die Käufer des First Loss Piece zuerst ihre Verzinsung verlieren und dann ihr Kapital in der Höhe dieser Verluste nicht zurückerhalten, während die nachgeordneten Tranchen noch voll bedient werden. Üblicherweise übernimmt der Originator einer ABS-Transaktion das First Loss Piece selbst (aus Gründen, die weiter unten erläutert werden). Seltener verkauft er es an besonders risikofreudige Investoren.
- *Mezzanine Piece* (auch *Junior Piece* genannt). Übersteigen die Verluste des Assetbestandes das Volumen des First Loss Piece, dann werden sie den nächstrangigen Tranchen zugeordnet.

- *Senior Piece.* Als Senior Piece wird diejenige Tranche bezeichnet, die als letzte Verluste auffangen muss.

Damit sind die drei idealtypischen Tranchen genannt. Bei konkreten Emissionen kann die Zahl der Tranchen durch Auffächerung des Mezzanine Piece (d. h. Bildung weiterer Untergruppen) beliebig erhöht werden.

19.9.2 Preisbildung der Tranchen

Der Preis der Tranchen hängt von zwei Faktoren ab:
- Risiko, das mit einer Tranche verbunden ist und
- Aktueller Marktpreis des Risikos einer Tranche.

Die Risikoquantifizierung, d. h. die Ermittlung der Höhe des bewertungsrelevanten Risikos, übernehmen i. d. R. Ratingagenturen. Als Risiko wird meist der erwartete Ausfall betrachtet. Das Risiko wird in einer Ratingnote (z. B. AAA, AA, A …) ausgedrückt. Die Agenturen versuchen zunächst, eine Verteilungsfunktion der Verluste des jeweiligen Assetbestandes zu ermitteln. Bei einigen Standard-Assetklassen (z. B. Kreditkartenforderungen oder gut diversifizierte Immobilienkredite an Privatpersonen) ist die Verteilungsfunktion bereits näherungsweise bekannt oder kann relativ unproblematisch aus historischen Ausfällen abgeleitet werden. Bei anderen Assetklassen ist die Ermittlung der Verteilungsfunktion problematisch. Die Abbildung 19.6 zeigt beispielhaft eine Verteilungsfunktion von Ausfällen eines Portfolios von Krediten an kleinere Unternehmen.

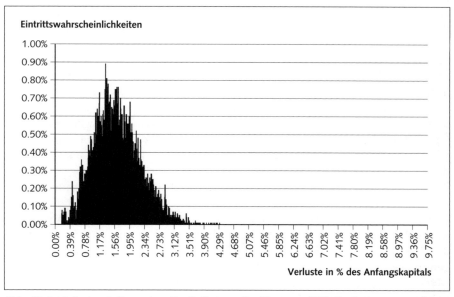

Abb. 19.6: Verlustverteilung eines Portfolios von Krediten an mittelständische Unternehmen
Quelle: Krahnen (2004)

Parallel zur Risikoprüfung durch die Ratingagenturen, bzw. diesem Schritt vorausgehend, entscheidet der Originator, welche Tranchen er überhaupt kreieren will. Ziel der Tranchenbildung kann es beispielsweise sein, in möglichst allen Ratingklassen vertreten zu sein (und damit alle denkbaren Kundengruppen bedienen zu können), oder auch eine Minimierung der Zinskosten zu erreichen.

Wir nehmen beispielhaft an, der Originator habe entschieden, Tranchen in den Ratingklassen AAA, AA, A, BBB, BB+ anzubieten. Die Abbildung 19.7 zeigt – in einem fiktiven Beispiel –, welche Anforderungen an Ausfallwahrscheinlichkeiten Ratingagenturen in diesen Ratingklassen stellen und welche Zinskosten mit Emissionen in diesen Ratingklassen verbunden sind.

Ratingklasse	Erwarteter Ausfall (Wahrscheinlichkeit eines Ausfallereignisses (PD) · Verlust bei Ausfallereignis (LGD)	Marktzins
AAA	0,000 % – 0,001 %	3,40 %
AA	0,001 % – 1 %	4,50 %
A	1 % – 2,5 %	5,90 %
BBB	2,5 % – 4,5 %	7,85 %
BB+	4,5 % – 11 %	16,50 %

Abb. 19.7: Ausfallwahrscheinlichkeiten und Zinskosten nach Ratingklassen
Quelle: Beispielhafte Darstellung

Im nächsten Schritt bestimmt nun der Originator die Größe der Tranchen. Dazu geht er von der ermittelten Verlustverteilung der eingebrachten Assets aus (s. Abbildung 19.6). Er beginnt mit der AAA Tranche. Gemäß Abbildung 19.7 setzt eine AAA Tranche voraus, dass der erwartete Ausfall nicht über 0,001 % liegt. Der Originator muss nun – bildlich gesprochen – vom rechten Rand der Verlustverteilung (in der Abbildung 19.6 sind auf der X-Achse nur die Werte bis 9,75 % dargestellt; der eigentliche rechte Rand liegt natürlich bei 100 %) so lange nach links, bis die erfasste Fläche der Verteilung einen erwarteten Verlust von 0,001 % bezogen auf das zugehörige Kapitalvolumen aufweist. Dies ist im Beispielfall bei einem Wert von 3,54 % der Fall (vgl. Abbildung 19.8). Das bedeutet: Wenn Verluste in Höhe von 3,54 % des gesamten aufzubringenden Kapitals durch vorrangige Tranchen aufgefangen werden, dann entfallen auf die letzte Tranche nur noch zu erwartende Verluste von 0,001 % des von dieser Tranche aufgebrachten Kapitals (100–3,54 = 96,46). Damit ist diese Tranche im Sinne der Anforderungen der Ratingagenturen eine AAA-Tranche.

Zur Bildung der nächsten Tranchen geht man analog vor. Die Bestimmung der letzten Tranche, d. h. des First Loss Piece, ergibt sich als Restgröße. Zunächst muss der Originator entscheiden, welches die letzte geratete Tranche sein soll. In diesem Fall soll es eine BB+ Tranche sein. Das First Loss Piece muss nun so groß gewählt werden, dass es die ersten Verluste so weit auffängt, dass auf die BB+ Tranche ein erwarteter Ausfall von höchstens 11 % zukommt (s. die Anforderungen der Ratingagenturen für BB+ Tranchen in Abbildung 19.7).

Beispielhaft zeigt die Abbildung 19.9 das Ergebnis der Tranchenbildung. Die erwarteten Ausfallraten in Spalte 2 belegen, dass die Forderungen der Ratingagenturen eingehalten wurden: die erwarteten Ausfälle liegen in den von den Agenturen vorgegebenen Bandbreiten. Es ergibt sich ein kapitalgewichteter Durchschnittszins der gerateten Tranchen von 3,47 %.

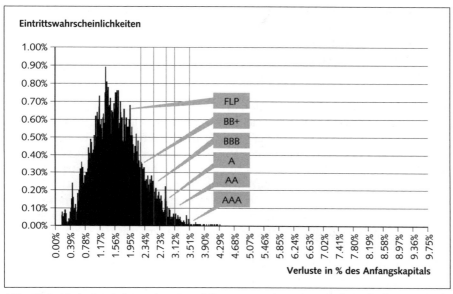

Abb. 19.8: Verlustverteilung eines Portfolios von Krediten an mittelständische Unternehmen und Tranchen einer ABS-Konstruktion
Quelle: Krahnen (2004)

Ratingklasse	Erwarteter Ausfall (= Wahrscheinlichkeit eines Ausfallereignisses (PD) · Verlust bei Ausfallereignis (LGD))	Tranchengröße	Zinskosten p.a.	Kapitalgewichteter Durchschnittszins
AAA	0,001 %	96,46 %	3,40 %	
AA	0,834 %	0,38 %	4,50 %	
A	2,023 %	0,22 %	5,90 %	3,47 %
BBB	4,480 %	0,27 %	7,85 %	
BB+	10,676 %	0,39 %	16,50 %	
First Loss	69,820 %	2,28 %	n.a.	n.a.

Abb. 19.9: Ausfallwahrscheinlichkeiten und Zinskosten nach Ratingklassen
Quelle: Beispielhafte Darstellung

19.9.3 Risikostruktur und Prinzipal-Agenten-Konflikte

Prinzipal-Agenten-Konflikte

Ein Problem bei der Tranchenbildung ist die geringe Genauigkeit, mit der sich die Verlustverteilungen schätzen lassen. Meist wird auf Basis historischer Ausfälle geschätzt. Die Schätzungen reagieren dabei meist sehr empfindlich darauf, ob z. B. ein Jahr mehr oder weniger in die Stützperiode einbezogen wird. In einigen Fällen kann auch das Weglassen oder Hinzunehmen einiger weniger Kredite die Form der Verlustverteilung nennenswert verändern (z. B. indem dadurch Klumpenrisiken beseitigt oder geschaffen werden). Es besteht die Gefahr, dass diese Empfindlichkeit von den Originatoren opportunistisch ausgenutzt wird. Dabei gibt es folgende Handlungsoptionen:

- *Selbstbehalt der FLP*: Ein Originator, der das First Loss Piece selbst behält, wird – in der Darstellung – möglichst viel Risiko auf dieses First Loss Piece verlagern. Für einen gegebenen Assetbestand muss versucht werden, die Verlustverteilung so aussehen zu lassen, dass geringe Verluste mit einer sehr hohen Wahrscheinlichkeit, höhere Verluste aber mit sehr geringen Wahrscheinlichkeiten zu erwarten sind. Das hat zur Konsequenz, dass die nachgeordneten Tranchen relativ sicherer erscheinen, dadurch in bessere Ratingklassen gelangen und mit geringeren Zinsforderungen verbunden werden. Dadurch kann der Originator einen größeren Anteil der Erträge für sich behalten, was das First Loss Piece wertvoller macht.
- *Verkauf des FLP*: Ein Originator, der das First Loss Piece verkaufen will, wird einen anderen Weg wählen. Er muss zunächst herausfinden, in welchen Tranchen sich Verluste am »billigsten«, d. h. mit den geringsten Zinsforderungen, verkaufen lassen. Nehmen wir an, dies seien die Mezzanine-Tranchen. Er muss dann die Verteilung so verändern, dass die auf die Mezzanine Tranchen entfallenden Ausfälle größer und die auf das First Loss Piece (und die AAA-Tranche) entfallenden Ausfälle kleiner werden (in Abbildung 19.8 muss dazu der »Bauch« der Ausfälle etwas nach rechts verschoben werden). Dann erscheint das Risiko des First Loss Piece geringer, und es reichen geringere Ertragsversprechungen aus, diese Tranche zu platzieren.

Als Lösung für die aufgezeigten Prinzipal-Agenten-Konflikte ist die Einschaltung von Ratingagenturen üblich geworden, die ohne direkt Interessenkonflikten ausgesetzt zu sein, den Assetbestand auf sein Risiko hin überprüfen. Die Ratingagenturen rechnen, um dem Schätzrisiko gerecht zu werden, große Sicherheitszuschläge (s. u. Dilution Discount) ein. Die Sicherheitszuschläge werden umso größer, je schlechter schätzbar die Eigenschaften eines Assetbestandes sind. Damit können die Käufer der gerateten Tranchen relativ sicher sein, dass es nicht zu völlig unerwarteten Ausfällen kommt und dass der Originator die Verlustverteilung opportunistisch verzerrt dargestellt hat. Allerdings lässt sich mit diesen Maßnahmen das Risiko nicht vollständig beseitigen: Das Risiko wird nur von den gerateten Tranchen auf das First Loss Piece verlagert. Das gesamte Risiko befindet sich deshalb beim First Loss Piece, das zu den riskantesten (weil unberechenbarsten) Assets im Kapitalmarkt gehört.

Risikostruktur von ABS

Dies führt zum Problem der Risikostruktur von Asset Bacekd Securites. Deren Risiken lassen sich kaum mit dem klassischen Risikomaß der Varianz beschreiben. Dies kann anhand der Abbildung 19.8 gut verdeutlicht werden:

- *Extremwertrisiken bei Senior Tranchen*: Die Senior Tranche belegt den rechten Rand der zu erwartenden Verluste (s. Abbildung 19.8). D.h. kleinere Verluste werden von vorrangigen Tranchen aufgefangen. Die Tranche ist daher nur von großen Verlusten betroffen. Die Ausfallwahrscheinlichkeiten für sehr große Verluste betragen nahezu Null. Nach links hin werden die Ausfallwahrscheinlichkeiten leicht größer. Die Verteilung ist also »schief«. Problem ist, dass die Ausfallwahrscheinlichkeiten nicht gut statistisch schätzbar sind, da den großen Verlusten, denen die Senior Tranche ausgesetzt ist, extrem seltene Ereignisse zu Grunde liegen. Beispiel: Dass in einem gut diversifizierten Portfolio »viele« oder »alle« Kredite gleichzeitig ausfallen, ist möglich, setzt aber extreme Ereignisse wie z. B. eine große Wirtschaftskrise voraus. Derartige extreme Ereignisse sind oft nicht in dem historischen Datenbestand vertreten, aus dem die Ausfallwahrscheinlichkeiten geschätzt wurden. Deshalb werden Verlustverteilungskurven neuerdings oft mit Hilfe von Monte-Carlo-Simulationen ermittelt. Damit verbunden ist allerdings die Gefahr der Fehlspezifikation der Risiko-Szenarien.
- *Schiefe Risikoverteilung bei den Mezzanine Tranchen*: Die mittleren Tranchen befinden sich, wie Abbildung 19.8 zeigt, am steilen rechten Rand der Verlustverteilungsfunktion. Auch diese Tranchen weisen daher eine große Schiefe der zu erwartenden Verluste auf. Die Mezzanine Tranchen sind weniger von den extremen als von den »normalen« Ereignissen betroffen. Folgendes ist noch wichtig: Am rechten Rand der Verlustverteilungsfunktion befinden sich meist die Klumpenrisiken des Kreditportfolios. Sie machen sich in Buckeln der Verlustverteilungsfunktion bemerkbar. Hat der Originator oder die Ratingagentur Klumpungen von Risikofaktoren nicht erkannt und werden diese Risiken während der Laufzeit der ABS schlagend, dann trifft es genau die Besitzer von Mezzanine Tranchen.
- *Normalverteilung beim First Loss Piece*: Das FLP weist von allen Tranchen die »normalste« Verlustverteilung auf (s. Abbildung 19.8). Gleichwohl ist die Rendite des FLP schwer abschätzbar, da sich Schätzfehler der Verlustverteilung beim FLP als Residualelement sammeln.

Forderungsmanagement

Abschließend sei auf folgende Gefahr hingewiesen: Wenn Forderungen vom originären Kreditgeber auf eine Zweckgesellschaft übergehen, dann kann es sein, dass sich die Art und Weise ändert, wie die Forderungen bei Fälligkeit eingetrieben werden (Forderungsmanagement). Gibt sich die Zweckgesellschaft keine Mühe, ausstehende Forderungen einzutreiben, weil das Interesse fehlt (Verluste tragen ja die Anleihekäufer), dann kann dies zu einem Anstieg des Loss Given Default führen: Ein historischer LGD muss nicht repräsentativ für den zukünftigen LGD sein. Es ist deshalb notwendig, den originären Forderungsbesitzer z. B. über Kreditgarantien oder durch Übernahme eines Teils des First Loss Piece an einer effizienten Forderungseintreibung zu interessieren.

19.10 Besicherung (Credit-Enhancement)

Durch die Stellung von Sicherheiten sollen mögliche Ausfälle für ABS-Käufer reduziert werden. Das Ziel ist die stetige Bedienung der Wertpapiere, d.h. die Vermeidung von Ausfällen im Portfolio, die auf die Investoren durchschlagen. Durch die Stellung zusätzlicher Sicherheiten erhöht sich die Qualität der Transaktion. Dadurch kann unabhängig von der Qualität der angekauften Forderungen ein beliebiges Rating erreicht werden, mit dem eine Platzierung der ABS am Kapitalmarkt überhaupt erst möglich wird. Gebräuchlich sind die nachfolgend beschriebenen Besicherungstechniken (Credit-Enhancement):

Übersicherung

Die Übersicherung (Overcollateralization) ist die häufigste Form. Sie findet auch im Factoring breite Anwendung, Abschläge auf den Kaufpreis sind hier gängige Praxis. Vom Nominalwert der angekauften Forderungen wird ein Abschlag einbehalten, der der Zweckgesellschaft zum Auffangen von Ausfällen dient. Der Abschlag orientiert sich an den historischen Ausfallquoten und übersteigt diese meist deutlich (»Stressanalyse«). Das Volumen emittierter Wertpapiere reduziert sich um den Abschlagsbetrag. Am Ende der Transaktion erhält der Verkäufer den nicht verbrauchten Teil dieses Einbehalts zurück.

Bardepot

Das Bardepot oder andere Reservefonds werden zu Beginn oder im Laufe einer Transaktion aus dem Vermögen des Verkäufers/Originators gebildet. Das Bardepot wird von einer der Transaktion entsprechend gerateten Bank verwaltet.

Garantien

Avale bzw. Garantien werden meist durch Banken (Dritte) gestellt. Sie setzen in der Regel auf die Übersicherung und das Bardepot auf, soweit diese zur Portfolioverstärkung nicht ausreichen. Avale und Garantien sind Höchstbetrags- und Ausfallbürgschaften für die Zweckgesellschaft. Kommt es zu Zahlungsverzögerungen, sind die Anleihegläubiger Begünstigte. Das Rating des Garantiegebers fließt in die Bewertung des Forderungspools ein. Wird die Sicherheit innerhalb von Konzerngesellschaften gestellt, besteht aufgrund der Rückgriffsmöglichkeit in den selben Konsolidierungskreis die Gefahr der Verletzung des ›True Sale‹.

Versicherung (Monoliner)

In Amerika haben sich Versicherungsgesellschaften auf die Stellung von Garantien spezialisiert. Diese Gesellschaften sind meist erstklassig geratet (AAA) und engagieren sich nur bei Portfolien, die mit einem gewissen Mindestrating bewertet werden (z.B. BBB).

Warenkreditversicherung

Die Warenkreditversicherung ist eine Risikounterbeteiligung. Vertragspartner sind der Warenkreditversicherer und die Zweckgesellschaft. Die Kreditversicherung wird notwendig, sobald ein Forderungsportfolio Konzentrationen (Forderungen gegen einen Debitor übersteigen z. B. 2 % des gesamten Forderungsportfolios) aufweist (Kriterium der Ratingagenturen). Besteht für das zu strukturierende Portfolio bereits eine Warenkreditversicherung, wird sie in die Gesamtstruktur mit eingebaut.

Nachrangdarlehen
Als weitere Form des Credit-Enhancement gilt das Nachrangdarlehen einer verwandten Gesellschaft. Aufgrund des Rückgriffs auf eine im selben Konsolidierungskreis befindliche Gesellschaft bei einem Ausfall kann das ›True Sale‹-Kriterium verletzt werden. Diese Form ist weniger gebräuchlich.

Liquiditätssichernde Kreditlinien
In den siebziger Jahren kam es aufgrund von Verschiebungen in den Zahlungsströmen bei den Forderungen einerseits und den Commercial Paper andererseits zur Austrocknung des Commercial-Paper-Marktes. Deshalb schreiben die Ratingagenturen bei Ankäufen über Conduits, die eine inkongruente Refinanzierung aufweisen, (unabhängig ob einmalig oder revolvierend) Liquiditätslinien regelmäßig in der Form von Bereitstellungskrediten vor.

19.11 Ratingagenturen

Ratingagenturen sind mit einer »internationalen Kreditabteilung« vergleichbar, die einen Qualitätsstandard liefern, um (Kredit-) Risiken vergleichbarer zu machen. Ratings stellen keine Kaufempfehlung dar, sondern lediglich die Beurteilung der Risiken der Wertpapiere zu einem Zeitpunkt.

Um ABS am Markt platzieren zu können, ist i. d. R. ein Rating des Forderungspools und damit der emittierten Wertpapiere Voraussetzung. Ein Rating stellt die Bonitätsbewertung des Pools inklusive der verhandelten Sicherheiten dar. Nur mit der Wahl einer namhaften Ratingagentur und einem guten Rating stoßen Papiere auf Interesse bei den Investoren.

Die Bedeutung der Ratingagenturen liegt darin, dass es für Externe schwierig bis unmöglich ist, sich ein objektives Bild von den in ABS verbrieften Forderungen zu machen. Die Ratingagenturen schauen bei ihrer Arbeit durch die Brille der Investoren: Es wird insbesondere überprüft, ob die Forderungen rechtlich sauber übertragen werden, die in einem Portfolio steckenden Risiken im Rahmen der Strukturierung richtig berücksichtigt wurden und eine pünktliche Rückzahlung der Wertpapiere gewährleistet werden kann. Der Anreiz, unsolide Forderungen zu verbriefen, ist sehr groß, sodass die genaue Prüfung der Forderungen durch die Ratingagenturen für die Investoren wichtig ist.

Hintergrund und Berechnung des Default-Discount
Die den Ankauf von Forderungen regelnden Verträge (die »Ankaufverträge«) sehen regelmäßig vor, dass der Ankauf von Forderungen nicht zum Nominalwert, sondern u. a. abzüglich eines Risikoabschlages für Ausfälle (sog. Default-Discount) er-

folgt. Dieser Default-Discount wird auf Grundlage der historischen Forderungsausfälle des betreffenden Forderungsportfolios des Forderungsverkäufers ermittelt. Darüber hinaus fordern die Ratingagenturen, dass der auf diese Weise ermittelte Abschlag um ein Vielfaches erhöht wird, um einen Ausfall nahezu auszuschließen. Hierbei wird beispielsweise die höchste monatliche Ausfallrate der vorausgegangenen drei Jahre mit der Laufzeit der Forderungen und einem weiteren am gewünschten Rating orientierten Faktor gewichtet.

Der Forderungskäufer erklärt sich bereit, den Default-Discount nach jeder Abrechnungsperiode an den Verkäufer auszuschütten, sofern und soweit keine Forderungsausfälle eingetreten sind. Damit steht dem Verkäufer von Anfang an ein Zahlungsanspruch gegen den Käufer zu, der lediglich in seiner exakten Höhe noch unbestimmt ist.

Diese möglichen Rückzahlungen kann der Verkäufer noch dadurch beeinflussen, dass er konsequent der ihm im Rahmen eines Geschäftsbesorgungsvertrags vom Käufer in aller Regel anvertrauten Aufgabe des Forderungsinkassos nachkommt; hierbei ist er vertraglich an seine bisherige »Credit and Collection Policy« gebunden. Die Höhe des tatsächlichen Ausfalls ist daher vom Verkäufer selbst in seiner Eigenschaft als »Servicer« – wenn auch in eingeschränktem Maße – beeinflussbar.

Derartige Konstruktionen werden von Ratingagenturen gefordert. Hintergrund ist, dass bei ABS-Transaktionen Assets von Einzweckgesellschaften erworben werden, die nicht über die finanziellen Mittel verfügt, auch nur den geringsten Ausfall zu verkraften. Dieser sog. »Stress-Test« der Ratingagenturen, der zu erfüllen ist, um ein entsprechendes Rating für die durch die ankaufende Gesellschaft begebenen Wertpapiere zu erzielen und damit der Ankaufsgesellschaft eine marktgerechte Refinanzierung zu ermöglichen, führt dazu, dass der »Default-Discount« eine Größenordnung hat, die sich von der tatsächlichen Ausfallwahrscheinlichkeit der betreffenden Forderungen häufig deutlich unterscheidet.

BEISPIEL

Die Ableitung des Default-Discount (auch Delkredere-Abschlag oder Loss-Reserve genannt) nach Standard & Poor's erfolgt wie gezeigt:

$Del_i = Stress\text{-}Factor_i \cdot Loss\text{-}Ratio_i \cdot Loss\text{-}Horizon\text{-}Ratio_i$

Del = Delkredere-Abschlag, bzw. Default-Discount

Stress-Factor = Der Stress-Factor ist abhängig vom Rating, das für eine Transaktion erreicht werden soll. Im Falle eines »AAA« nach Standard & Poor's beträgt er 2,5.

Loss-Ratio = Größter rollierender Dreimonatsdurchschnitt an Verlusten über die letzten 12 Monate.

Loss-Horizon-Ratio = Die Loss-Horizon-Ratio ist eine Komponente, die das laufzeitabhängige Verlustpotential über die Restamortisationszeit eines Forderungsportfolios erfassen soll. Sie berechnet sich nach Standard & Poor's als kumulierter Umsatz über Loss-Horizon/Summe der ankaufbaren Forderungen des aktuellen Monats.

Loss-Horizon = Zahlungsziel des Forderungsbestandes.

Annahmen:

Loss-Horizon = 3 Monate.
Angestrebtes Rating = AAA
Stress-Factor = 2,5

Folgerungen des Beispiels für Betrachtungsmonat Juni 11:
Loss-Ratio = Maximum(Rolling 3 month historic loss ratio Juli 10 bis Juni 11)
Loss-Horizon-Ratio = Summe(Sales April 11 bis Juni 11)/ER(Juni 11)
Required-Default-Discount= 34.200 Euro bzw. 13,68 %.

date	Eligible Receivable (ER) (€)	Sales (€)	Rolling 3 month historic loss ratio (%) (1)	Loss ratio (%) (2)	Loss horizon ratio (%) (3)	Stress factor	Required loss reserve (%) (4)=(1)·(2)·(3)	Required loss reserve (€) (5)=(ER)·(4)
Juni 11	250.000	175.000	1,86	2,28	2,40	2,50	13,68	34200
Mai 11	260.000	195.000	1,87	n.a.	2,48	2,50	n.a.	n.a.
April 11	270.000	230.000	1,92	n.a.	2,41	2,50	n.a.	n.a.
März 11	290.000	220.000	1,86	n.a.	2,10	2,50	n.a.	n.a.
Februar 11	290.000	200.000	1,84	n.a.	n.a.	2,50	n.a.	n.a.
Januar 11	260.000	190.000	1,85	n.a.	n.a.	2,50	n.a.	n.a.
...	...	...	...	...	...	...	...	...
August 10	240.000	170.000	2,28	n.a.	n.a.	2,50	n.a.	n.a.
Juli 10	255.000	190.000	2,16	n.a.	n.a.	2,50	n.a.	n.a.

n.a. = not available

Berechnung des Dilution-Discount

Neben dem Default-Discount wird regelmäßig ein Einbehalt vom Kaufpreis für sonstige Risiken vorgenommen. Dieser sog. »Dilution-Discount« oder »Gewährleistungsabschlag« ist allerdings kein definitiver Abschlag vom Kaufpreis, sondern dient als Sicherungseinbehalt zur Abdeckung der nicht mit der Bonität zusammenhängenden Risiken (insbesondere Veritätsrisiken). Der Dilution-Discount wird aber ebenfalls auf Basis des Nominalwerts errechnet.

Auf Grundlage von historischem Material und der Liefer- und Zahlungsbedingungen lassen sich die Größen für in Anspruch genommene Skonti, Boni und Rabatte ermitteln. Diese werden um periodische Einflüsse bereinigt – Rabatte werden zum Beispiel nur einmal jährlich auf den Jahresumsatz ausgeschüttet, der Dilution-Discount wäre dann in einem Monat wesentlich höher. Dann wird die Größenordnung für Mängel ermittelt.

Die tatsächlichen Risiken werden mit dem Stressfaktor, den die Ratingagenturen zur Erreichung eines bestimmten Ratings vorgeben, multipliziert, sodass der Dilution-Discount schließlich ein Vielfaches des tatsächlichen Risikos ausmacht.

BEISPIEL

Ableitung des Dilution-Discount (in S & P Terminologie Dilution Reserve):

Dil = [(Stress-Factor · ExpectDilu) + (DiluVol)] · DiluHorizRatio

DiluVol = (DiluSpike − ExpectDilu) · DiluSpike/ExpectDilu

Dil = Dilution-Discount/Dilution-Reserve
ExpectDilu = Expected-Dilution. Die Expected-Dilution ermittelt sich nach dem rollierenden 12-Monatsdurchschnitt der Dilution-Ratio (= Dilution/Verkäufe, die Dilution erzeugen). Der 12-Monatsdurchschnitt wird gebildet, um Schwankungen auszugleichen.

DiluVol = Dilution-Volatility

DiluSpike = Dilution-Spike. Diese Größe gibt die größte Abweichung der Dilution für den selben 12 Monatszeitraum wieder. Dilution-Spike ist ein wesentlicher Bestandteil zur Ermittlung des Volatility-Component.

DiluHorizRatio = Dilution-Horizon-Ratio. Der Zweck der DHR ist analog dem der Loss-Horizon-Ratio. Der Faktor soll die laufzeitbezogenen Risiken einfangen.

Stress-Factor = Von Ratingagentur vorgeschriebener Faktor, der von gewünschten Rating abhängt.

Annahmen für das Beispiel:
Dilution-Horizon = 1 Monat
Angestrebtes Rating = AAA
Stress-Factor = 2,5

Date	Expected-Dilution (%) (1)	Dilution-Spike (%) (2)	Deviation (%) (3)=(2)–(1)	Gross-up Factor (4)=(2)/(1)	Volatility-Component (%) (3)·(4)
August	4,78	5,1	0,32	1,07	0,34
Juli	4,9	5,3	0,4	1,08	0,43
Juni	n.a.	n.a	n.a.	n.a.	n.a.

n.a. not available

Date	Eligible Receivibles (ER)	Sales	Expected-Dilution (%)	Dilution-Spike (%)	Dilution-Horizon-Ratio	Stress-Factor	Required Dilution-Reserve (%)
August	235,000	175,000	4,78	5,1	0,74	2,5	9,1
Juli	264,000	198,000	4,9	5,3	0,75	2,5	9,5
Juni	293,000	240,000	n.a.	n.a.	0,82	2,5	n.a.

Am Ende jeder Abrechnungsperiode wird der Dilution-Discount abzüglich der tatsächlich eingetretenen Dilution an den Verkäufer ausgeschüttet. Somit hat der Käufer ab Transaktionsbeginn eine Zahlungspflicht für den nicht verbrauchten Anteil gegenüber dem Verkäufer.

19.12 Reporting und Controlling

Investoren, Wirtschaftsprüfer und Ratingagenturen verlangen zahlreiche Informationen, die der Transaktionsmanager einer ABS-Konstruktion im Rahmen eines regelmäßigen Reportings während der gesamten Transaktionslaufzeit liefern muss. Dazu gehören:

- Forderungsvolumen,
- Ausgezahlte Beträge,
- Reserven,
- Transaktionskosten,
- Kennzahlenberechnung und
- Beurteilung der »Performance« des Portfolios.

Risikokennzahlen

Wichtige Kennzahlen sind einerseits aus den Anforderungen der Ratingagenturen ableitbar, die diese formulieren, um das Risiko der Struktur zu berechnen. Üblich sind:
- *Konzentrationsmaße:* Kundenkonzentrationen, regionale Konzentrationen, Industriekonzentrationen
- *Laufzeiten:* durchschnittliche Laufzeit der Forderungen, maximale Laufzeit einer Einzelforderung
- *Trigger:* bei revolvierenden Strukturen zeigen sie an, wenn sich Portfoliocharakteristika merklich verändern, und führen ggfs. zum Ankaufsstopp.

Allgemeine Kennzahlen

Daneben gibt es Kennzahlen allgemeinerer Natur, die der Beschreibung eines Portfolios dienen. Beispiele:
- Forderungsanzahl,
- Anzahl der Kunden,
- Laufzeiten und
- Branchenmix etc.

Aus der Gegenüberstellung von aktuellen mit Vergangenheitswerten sind Trendaussagen möglich.

Diesen Informationsverpflichtungen kommt der Transaktionsverwalter im Rahmen eines regelmäßigen Reportings nach. Eine Verletzung von Kennzahlen, die eine Terminierung (Beendigung) der Transaktion nach sich zieht, muss dagegen dem Empfängerkreis unmittelbar mitgeteilt werden.

Eine zusätzliche Komponente des Transaktionscontrollings ist die Due Diligence beim Kunden vor Ort. Hierzu zählen Prüfung der Prozesse, Forderungsverwaltung, Mahnverfahren, aber auch eine stichprobenartige Überprüfung des Forderungsbestandes.

Aufgaben zur Lernkontrolle

1. Stellen Sie den Ablauf einer ABS-Transaktion dar.
2. Welche Forderungsarten sind für eine ABS-Transaktion geeignet und warum?
3. Nennen Sie Vorteile für ein Unternehmen aus der ABS-Transaktion.
4. Warum ist die Besicherung des Forderungsportfolios notwendig?
5. Nennen Sie die Kriterien für einen True-Sale!
6. Erklären Sie den Dilution-Discount.

Literatur

Kueppers, W./Brause, C. (1998): Asset-backed Securities Transaktionen: rechtliche, bilanzielle und steuerliche Aspekte, in: Die Aktiengesellschaft, Heft 9, S. 413–420.

Krahnen, J. P. (2004): Ökonomische Analyse von Verbriefungsstrategien, Center for Financial Studies der Universität Frankfurt, Frankfurt.

Lindtner, A. (2001): Asset-Backed-Securities, Sternenfels.

Ohl, H.-P. (1994): Asset-backed securities, Wiesbaden.

Peters, M. (1999): Asset-Backed-Securities, in: Enzyklopädisches Lexikon des Geld-, Bank- und Börsenwesens, Frankfurt.

IV Brokergeschäfte

20 Emissionsgeschäft mit Aktien*

> **LERNZIELE**
> - Aufgaben der Banken im Emissionsgeschäft nennen und erläutern.
> - Methoden zur Bewertung von Börsenkandidaten vergleichen und beurteilen.
> - Emissionspreisermittlung bei IPOs skizzieren.
> - Arten der Kapitalerhöhung unterscheiden.
> - Emissionsalternativen für Kapitalerhöhungen diskutieren.
> - Wandel- und Optionsanleihen voneinander abgrenzen.
> - Berechnung von Wandlungsprämie und Wandlungsverhältnis durchführen können.
> - Motive zur Genussscheinemission diskutieren.
> - Aktienrückkäufe und ihre Voraussetzungen darstellen.

20.1 Einleitung

20.1.1 Grundbegriffe

Die Emission von Eigenkapital dient der Beschaffung finanzieller Mittel, die Eigenkapitalcharakter haben. Eine allgemein akzeptierte Definition von Eigenkapital existiert nicht. Man unterscheidet nach Ansatzpunkten des Interesses:
- bilanzielles Eigenkapital,
- regulatorisches haftendes Eigenkapital nach dem Kreditwesengesetz (KWG) und
- wirtschaftliches Eigen- bzw. Risikokapital.

Bilanzielles Eigenkapital ist das Residualkapital als Differenz zwischen Aktiva und Fremdkapital einer Gesellschaft. Seine Höhe wird durch gesellschaftsrechtliche und bilanzierungsrechtliche Vorschriften bestimmt. Komponenten sind nach HGB das gezeichnete Kapital, die Kapitalrücklage, die Gewinnrücklage und der Bilanzgewinn.

Regulatorisches Eigenkapital ist das »haftende Eigenkapital« nach den Vorschriften des KWG. Das regulatorische Kapital enthält neben dem bilanziellen Eigenkapital auch weitere Kapitalkomponenten – z. B. Genussscheine, stille Reserven, Haftsummenzuschlag –, die bestimmte im KWG definierte Anforderungen erfüllen (Dauerhaftigkeit, Verlustteilnahme).

Wirtschaftliches Eigenkapital ist das risikotragende Kapital einer Unternehmung, das vor dem Fremdkapital für Verluste der Unternehmung einsteht und dem der Residualertrag, d. h. der Überschuss der Erträge über alle fest determinierten Aufwendungen (z. B. Zinsen), zusteht.

---
* Autoren: Andre Carls

Aufgrund der besonderen Risiken, die für Kapitalgeber mit Eigenkapital verbunden sind, und aufgrund der umfangreichen gesetzlichen Regelung ist die Emission von Eigenkapital ein von vielen Rechtsfragen sowie finanzwirtschaftlich-ökonomischen Problemen durchsetztes Gebiet.

Hinweis: Es ist zu beachten, dass im Emissionsgeschäft der Banken Dienstleistungen für *Kapitalgesellschaften* und hier insbesondere für Aktiengesellschaften im Zentrum stehen. *Personengesellschaften* sind grundsätzlich nicht ausgeschlossen. Die Palette standardisierter Produkte ist für Personengesellschaften nicht groß. Es werden häufig Einzelfalllösungen erarbeitet. Im Folgenden wird das Emissionsgeschäft für Aktiengesellschaften behandelt.

In Bezug auf Aktien unterscheidet man nach den Anlässen der Emission von Eigenkapital:
- Erstemission (IPO),
- Kapitalerhöhung.

Darüber hinaus gibt es außer Aktien folgende Finanzinstrumente mit Eigenkapitalcharakter (Equity-Linked-Products):
- Wandelanleihe,
- Umtauschanleihe,
- Optionsanleihe,
- Genussschein.

Nach dem Adressatenkreis einer Emission muss unterschieden werden:
- Eigenkapitalangebote an die breite Öffentlichkeit,
- Eigenkapitalangebote an einen kleinen Kreis von Interessenten.

Eigenkapitalangebote an kleine Kreise von Interessenten werden von den Investmentbanken im Rahmen ihres *Private-Equity-Geschäftes* und im Rahmen von *Merger & Akquisitions-Transaktionen* durchgeführt. Beide Geschäftsarten werden in diesem Buch an anderer Stelle behandelt.

20.1.2 Historische Entwicklung des Eigenkapitalmarktes in Deutschland

Die 70er- und 80er-Jahre waren in Deutschland dominiert durch die Diskussion über die Eigenkapitallücke: Eigenkapital gab es nur für große Unternehmen, die schon lange am Markt waren. Kleine Unternehmen konnten Eigenkapital fast nur durch Freunde und Verwandte oder durch Gewinnthesaurierung beschaffen. Mitte der 90er-Jahre änderte sich dies fast schlagartig. Der Markt für Eigenkapital belebte sich.

Der Neue Markt, der ähnlich der amerikanischen Technologiebörse Nasdaq als eigenständiges Segment für junge und innovative Wachstumsunternehmen konzipiert wurde, führte zu einer deutlichen Belebung des Angebots und der Nachfrage nach Eigenkapital über die Börse. Weitere positive Einflussfaktoren waren der größer werdende angelsächsische Einfluss auf den heimischen Kapitalmarkt sowie das gestiegene Interesse privater Investoren an der Aktie als Anlageform. Von 1997 bis 2000 kam es zu einem Boom an Neuemissionen. Da besonders die Emissionen kleiner, junger und technologieorientierter Unternehmen im Mittelpunkt des Investoreninteresses standen und eine Notierungsaufnahme hohe Unternehmensbewertungen versprach, verzeichnete vor allem der Neue Markt im Vergleich zu anderen Segmenten ein rasantes Wachstum. In der Spitze notierten hier über 300 Unternehmen. Zu diesem Zeitpunkt verfügte Deutschland mit dem Neuen Markt im europäischen Vergleich über eines der kapitalstärksten Börsensegmente für junge Unternehmen.

Parallel zum allgemein negativen Börsenumfeld zu Beginn des neuen Jahrtausends und unterstützt durch diverse Finanzskandale bei notierten Unternehmen sank das Interesse an einer Beteiligung an Neuemissionen bei den Anlegern und an einer Notierung am Neuen Markt bei den Emittenten, sodass der Neue Markt als gesondertes Börsensegment am 5. Juni 2003 abgeschafft wurde. Die Internationalisierung der Kapitalmärkte ging weiter. Die Deutsche Börse AG reagierte mit einer Neuordnung der Handelssegmente und schaffte zwei neue Bereiche: den »*Prime Standard*« und den »*General Standard*«. Zu diesem Zeitpunkt gab es aber weder ein spezielles Handelssegment für Technologiewerte noch eines für junge Unternehmen.

Mit zurückkehrendem Interesse der Marktteilnehmer an Neuemissionen schuf die Deutsche Börse am 25. Oktober 2005 mit dem *Entry Standard* als Teilbereich des Open Market (Freiverkehr) einen neuen Kapitalmarktzugang speziell für junge wachstumsorientierte sowie etablierte mittelständische Unternehmen. Im Unterschied zum Neuen Markt existiert im Entry Standard kein Branchenfokus. Zudem bietet der Entry Standard den notierten Unternehmen ein höheres Maß an Freiheitsgraden verbunden mit einem Minimum an Transparenzanforderungen. Er richtet sich daher unter Risikogesichtspunkten primär an institutionelle Anleger und informierte Privatanleger.

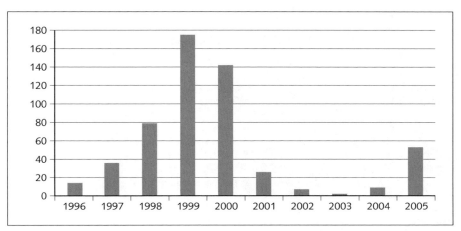

Abb. 20.1: Anzahl der Neuemissionen deutscher Aktiengesellschaften

Nach den ersten sechs Monaten waren in diesem Segment 10 Neuemissionen mit einem Platzierungsvolumen von ca. 108 Mio. Euro durchgeführt. Insgesamt waren zu diesem Zeitpunkt 35 Unternehmen mit einer Marktkapitalisierung von knapp 6 Mrd. Euro notiert.

Marktstruktur in Deutschland

Für Unternehmen, die eine Emission von Eigenkapital an einer deutschen Börse anstreben, eröffnen sich zwei grundlegende Optionen: Erstens über die EU-regulierten Märkte (EU-Regulated Markets) und zweitens über die (nur) von den jeweiligen Börsen regulierten Märkte (Regulated Unofficial Markets).

Das Börsengesetz sieht zwei Marktsegmente vor: den »Amtlichen Markt« und den »Geregelten Markt«. Dies sind damit EU-Regulated Markets. Die Deutsche Börse hat darüber hinaus die drei Segmente »General Standard« und dessen Teilbereich »Prime Standard« geschaffen, sowie den »Entry Standard«, die deshalb Regulated Unofficial Markets sind.

Der General Standard richtet sich primär an Unternehmen, die auf inländische Investoren zielen und ein kostengünstiges Listing anstreben, da hier nur gesetzliche Mindestanforderungen (laut Börsengesetz) erfüllt werden müssen.

Unternehmen im Prime Standard hingegen positionieren sich gegenüber internationalen Investoren. Dementsprechend gelten hier sehr hohe Transparenzanforderungen, die im Wesentlichen bereits für Unternehmen im Neuen Markt galten. Aus diesem Grund wechselten die Unternehmen des Neuen Marktes im Zuge der Neusegmentierung fast ausschließlich in den Prime Standard.

Der Freiverkehr ist ein nicht EU-reguliertes privatrechtliches Handelssegment, das eine Börse in Deutschland unter den Voraussetzungen des § 57 BörsG zulassen kann. Eine Notierungsaufnahme im Freiverkehr an der Frankfurter Wertpapierbörse führt unter bestimmten Voraussetzungen z. B. in den Entry Standard. Der Freiverkehr bietet sich für Unternehmen an, die eine schnelle und kostengünstige Notierungsaufnahme ohne Folgepflichten anstreben.

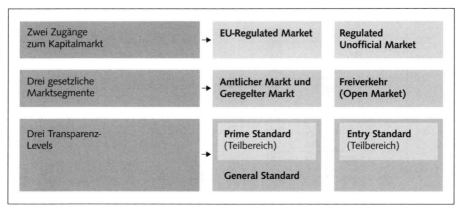

Abb. 20.2: Struktur der Börsensegmente an der Frankfurter Wertpapierbörse (FWB)
Quelle: Deutsche Börse AG

20.2 Initial-Public-Offering (IPO)

Wir beschäftigen uns jetzt mit dem Aktienerstemissionsgeschäft, speziell dem IPO.

DEFINITION
Unter »Initial-Public-Offering« (IPO) wird das erstmalige öffentliche Angebot von Aktien auf dem Primärmarkt und die Einführung dieser Aktien an einer Wertpapierbörse verstanden.

Die Begriffe »IPO«, »Going Public«, »Aktienneuemission« oder »Aktienerstemission« werden häufig synonym verwendet.

20.2.1 Die Leistung der Banken im Emissionsgeschäft bei IPOs

Die Aufgaben der Banken im Rahmen eines IPO sind (siehe Abbildung 20.3):
- Beratung,
- Marketing und Platzierung,
- Abwicklung und
- Risikoübernahme.

Beratung (vor und während der Emission)	Marketing und Platzierung	Abwicklung	Risikoübernahme
Chancen und Risiken des IPO	Bildung des Konsortiums	Beantragung und Abwicklung der Börsenzulassung	Übernahme des Platzierungsrisikos für die Aktien im Rahmen des Underwritings
Emissionsfähigkeit und Unternehmensbewertung	Vermarktung der Emission in der Öffentlichkeit	Lieferung der Aktien und Abrechnung (Settlement)	Prospektmithaftung
Emissionskonzept	Anfertigung und Veröffentlichung von Research-Reports	Zahl- und Hinterlegungsstellendienst	
Gesellschaftsrechtliche Umwandlungen	Preisfestsetzung		
Zeitliche Planung und Publizitätsmaßnahmen	Zuteilung und Platzierung der Aktien bei institutionellen und privaten Anlegern		
Mitarbeiter- und Managementbeteiligungsmodelle (z. B. Stock-Option-Pläne)	Einsatz der eigenen Reputation, um die Aktie erfolgreich zu platzieren (Einbringung des »Emissionskredits« der Bank)		
Dokumentation wie z. B. Prospekt			

Abb. 20.3: Aufgaben der Banken

20.2.2 Konsortialbildung

Viele der dargestellten Aufgaben werden in der Praxis auf mehrere Banken verteilt. Zu diesem Zweck werden Konsortien gebildet.

Ein Konsortium besteht grundsätzlich aus einem Konsortialführer, der die Hauptverantwortung für die Durchführung des Börsenganges trägt und i. d. R. auch als Buchführer/Bookrunner fungiert, sowie weiteren Konsortialbanken, die je nach Ausgestaltung des Emissionskonzeptes Übernahme- und/oder Platzierungsfunktionen erfüllen. Bei großen Emissionen gibt es neben dem Konsortialführer teilweise auch noch einen oder mehrere Mitführer. Aufgrund der Komplexität der Aufgaben des Konsortialführers sollte die Führung der Transaktion einem erfahrenen Emissionshaus übertragen werden.

Typischerweise bestehen Konsortien aus folgenden Mitwirkenden:
- *Konsortialführer/Lead-Manager.* Der für die Gesamtkoordination des Börsengangs Verantwortliche.
- *Joint-Lead-Manager.* Bei größeren Emissionen kann es mehrere Konsortialführer geben. Das sind die sog. Joint Lead-Manager.
- *Bookrunner.* Dasjenige Konsortialmitglied, das alle im Laufe des Verfahrens eingehenden Kaufaufträge interessierter Anleger in einem Orderbuch zusammenfasst. Der Bookrunner ist i. d. R. mit dem Konsortialführer identisch.
- *Regional Managers.* Werden eingesetzt, wenn bei einem Börsengang gebietsmäßige Platzierungsschwerpunkte erkennbar sind.
- *Selling-Agent.* Selling-Agents übernehmen kein Übernahme- oder anderweitiges Risiko, sondern üben nur eine Platzierungsfunktion aus. Sie informieren ihre Kunden über die Emission, nehmen Aufträge zur Zeichnung entgegen und leiten sie an den Bookrunner weiter.

	Globale Koordinatoren und Bookrunner	
Deutsche Bank		**Morgan Stanley**
	Joint Retail Coordinator	
	Deutsche Postbank AG	
	Senior Co-Lead Managers	
Citigroup		Dresdner Kleinwort Wasserstein
JPMorgan		UBS Investment Bank
	Co-Lead Managers	
ABN AMRO Rothschild		Bayerische Landesbank
Commerzbank Securities		Calyon
DZ BANK AG		Fox-Pitt, Kelton
Goldmann Sachs International		HSBC Trinkhaus & Burkhardt
HVB Corporates & Markets		Landesbank Baden-Württemberg
Merrill Lynch International		Sal. Oppenheim jr. & Cie. Kommanditgesellschaft auf Aktien
	WestLB AG	

Abb. 20.4: Konsortium beim Börsengang der Deutsche Postbank AG, 2004

Der Konsortialführer ist die für das Gelingen der Emission entscheidende Institution. Versetzt man sich in den Emittenten, dann sollte er vom Konsortialführer folgende Qualifikationen verlangen:

- Fundierte gesellschaftsrechtliche, steuerrechtliche und börsenrechtliche Kenntnisse
- Umfassende Kenntnisse der nationalen und internationalen Emissionsusancen, nachgewiesen durch erfolgreich durchgeführte Börsengänge
- Starke Privatkundenplatzierungskraft (großes Filialnetz für breite Aktienstreuung vorteilhaft) und Zugang zu institutionellen Investoren im In- und Ausland, wie z. B. Aktienfonds
- Branchenkenntnisse (z. B. Biotechnologie)
- Umfangreiche nationale und internationale Research-Aktivitäten
- Erfahrung bei der Betreuung von Emittenten auch nach dem Börsengang (Aufbau und Pflege eines liquiden Sekundärmarktes, Organisation von Hauptversammlungen etc.)

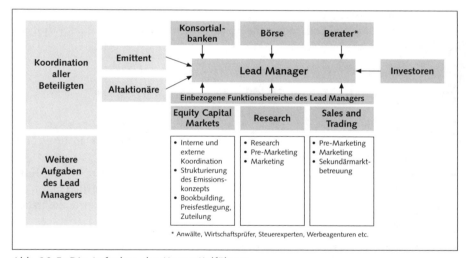

Abb. 20.5: Die Aufgaben des Konsortialführers
Quelle: Commerzbank Securities

Die *Mandatierung* des Konsortialführers erfolgt i. d. R. nach einem *Beauty-Contest*. Verschiedene Banken offerieren dem Unternehmen eine Analyse seiner Ist-Situation und legen ein möglichst überzeugendes Preisfindungs- und Platzierungskonzept vor. Der spätere Emittent entscheidet auf Basis der oben genannten Kriterien. Es spielen aber auch andere Kriterien wie langjährige Kundenbeziehung, Hausbankfunktion und Nebenleistungen (Kredite etc.) eine Rolle.

Im Anschluss an die Mandatierung des Konsortialführers durch den Emittenten stellt die konsortialführende Bank in Absprache mit dem Unternehmen das Konsortium zusammen.

Underwriting und Best Effort

Soweit eine Bank das Absatzrisiko für die zu emittierenden Aktien übernimmt, spricht man von *Underwriting*. Hierbei gibt die Bank gegenüber dem Emittenten eine Absatzgarantie ab. Sofern es der Bank nicht gelingt, Käufer für die Aktien zu finden, tritt die Bank als Käufer ein und übernimmt die Wertpapiere in den eigenen Bestand. Für diese Dienstleistung berechnet die Bank eine Prämie (Underwriting-Fee).

In der oben genannten Liste von Konsortialbeteiligten übernehmen bis auf den Selling-Agent üblicherweise alle Genannten Übernahmegarantien.

Das Risiko des Underwriting ist heute Dank des Bookbuilding-Verfahrens deutlich geringer als früher beim Festpreisverfahren. Der Underwritingvertrag zwischen Emittent und Bankenkonsortium wird – möglichst – am letzten Tag des Bookbuilding (nach dem Closing der Bücher) geschlossen, also dann, wenn die Nachfrage offensichtlich ist und die Aktien schon »sicher« verkauft sind. Im Gegensatz zum früheren Festpreisverfahren ist das finanzielle Risiko der Banken daher wesentlich geringer.

Im Gegensatz zu einer Emission mit Übernahmegarantien handelt es sich bei einem *Best-Effort-Kontrakt* um eine reine Absatzvermittlung, d.h. die Bank verpflichtet sich lediglich, eine erfolgreiche Aktienplatzierung anzustrengen.

20.2.3 Entgeltstruktur im Emissionsgeschäft

Die Provision, die ein Konsorte erhält, ist von folgenden Faktoren abhängig:
- *Platzierungsquote*. Anteil der Aktien an der Gesamtemission, die an Investoren verkauft wurden.
- *Übernahmequote*. Anteil der Aktien an der Gesamtemission, für die der Konsorte eine Platzierungsgarantie gegenüber dem Emittenten abgegeben hat.
- *Beratungs- und Koordinationsleistungen*. Aufgaben, die der Konsorte zusätzlich übernimmt.

Die Gesamtprovision wird anteilig vom Emissionsvolumen bemessen und beträgt je nach Platzierungsvolumen im Durchschnitt zwischen 4–6 %. Bei großen Emissionen kann die Gesamtprovision auch darunter liegen. Folgende Aufteilung der Gesamtprovision bei einem Börsengang sind in der Praxis häufig vorzufinden:

Platzierungsprovision (Selling-Fee)
- Entspricht ca. 60 % der Gesamtprovision.
- Wird unter den Konsortialmitgliedern entsprechend ihrer Platzierungsleistung aufgeteilt.
- Die Bank verdient die Selling-Fee an Investoren, die den Vertriebskanal des jeweiligen Konsortialmitglieds nutzen. Währenddessen geht bei Investoren, die bei den anderen Co-Managern oder den Selling-Agents kaufen möchten, die Selling-Fee für die vorgenannte Bank verloren.

Übernahmeprovision (Underwriting-Fee)
- Entspricht ca. 20 % der Gesamtprovision.
- Wird unter den Konsortialmitgliedern entsprechend ihrer Übernahmequote aufgeteilt.

Führungsprovision (Managing-Fee)
- Entspricht ca. 20 % der Gesamtprovision.
- Steht dem Konsortialführer bzw. den Joint-Lead-Managern zu.

PRAXISBEISPIEL Bei einem Emissionsvolumen von 200 Mio. Euro und einem Provisionssatz von 5 % beträgt die Gesamtprovision 10 Mio. Euro, mithin der Emissionserlös des Emittenten netto 190 Mio. Euro. Die zu zahlende Gesamtprovision von 10 Mio. Euro setzt sich zusammen aus einer Platzierungsprovision in Höhe von 6 Mio. Euro und einer Übernahmeprovision in Höhe von 2 Mio. Euro, die den Konsortialmitgliedern entsprechend ihrer Platzierungsleistung bzw. übernommenen Quoten zusteht. Die Führungsprovision beträgt 2 Mio. Euro.

Gebührenstruktur bei IPOs in den USA

PRAXISFALL Die Frage, welche Faktoren die Gebührenhöhe bei IPOs bestimmen, wird intensiv diskutiert. In den USA hat sich ein Standardpreis von 7 % vom Bruttoemissionserlös für Emissionen bis 80 Mio. US-Dollar herausgebildet (siehe Abbildung 20.6). Dies verwundert, denn im IPO-Geschäft mit seinem hohen Fixkostenanteil müsste der Preis eine monoton fallende Funktion des Emissionsvolumens sein. Vier Erklärungen werden diskutiert:

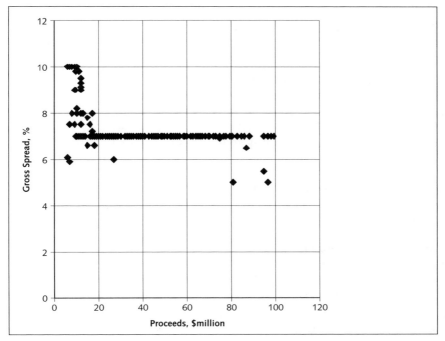

Abb. 20.6: Standardpreis für Emissionen in den USA

- Einige Autoren vermuten Kartellbildung.
- Eine andere Erklärung wendet die Theorie strategischer Preise an und zeigt anhand von Modellen nichtkooperativer dynamischer Spiele, dass Manager auch ohne Bildung eines formalen Kartells zur Erhaltung persönlicher erfolgsabhängiger Einkünfte ein über den Kosten liegendes Marktpreisniveau erhalten.
- Eine dritte Erklärung lautet: Eine wesentlich Aufgabe des Emissionskonsortiums sei die Betreuung *nach* dem IPO im Sekundärmarkt (Preisstabilisierung, Coverage). Verlange ein Konsortium einen zu niedrigen Preis, würde dies dem Emittenten mangelnde Bereitschaft zum angemessenen Engagement im Sekundärmarkt signalisieren.
- Einer vierten Erklärung zufolge sinken die Kosten der Bildung eines Konsortiums, wenn über den Gesamtpreis (und dessen Aufteilung auf die Konsorten) nicht diskutiert zu werden braucht.

Die Frage ist allerdings, ob die empirisch ermittelten 7 % tatsächlich die Gesamterlöse im IPO-Geschäft darstellen. Längst hat sich die Praxis eingebürgert, dass Emissionsbanken außer dem eigentlichen IPO weitere Leistungen erbringen müssen, um ein Mandat zu erhalten, wie etwa Ausreichung von Krediten, die ansonsten nicht gewährt worden wären. Der tatsächliche Nettoerlös des Emissionskonsortiums ist wegen derartiger nicht veröffentlichter und schwer bewertbarer Nebenleistungen schwer festzustellen (vgl. Chen, H./ Ritter, J. (2000), The Seven Percent Solution, in: The Journal of Finance, Nr. 3).

20.2.4 Motive für einen Börsengang aus Sicht des Emittenten

Die Motive des Emittenten für den Börsengang sind vielfältig und variieren von Unternehmen zu Unternehmen. Folgende Beweggründe sind in der Praxis häufig anzutreffen:

Finanzierungsgründe
- Beschaffung von langfristigen Finanzierungsmitteln,
- Verbilligung der Fremdmittelbeschaffung durch höhere Eigenkapitalquote bzw. niedrigeren Verschuldungsgrad,
- Möglichkeit der Akquisitionsfinanzierung durch Ausgabe neuer Aktien.

Unternehmensstrategische Gründe
- Wunsch nach Abtrennung von der Muttergesellschaft (Spin-Off oder Carve-Out),
- Ausstieg einer Venture-Capital-Gesellschaft bei jungen Wachstumsunternehmen (Exit),
- Sicherung der unternehmerischen Nachfolge bei Familiengesellschaften,
- Sicherung der Wettbewerbsfähigkeit und Stärkung der Marktposition in der Branche.

Außerfinanzielle Gründe
- Steigerung des Bekanntheitsgrades des Unternehmens,
- Positive Rückwirkung auf das Produktmarketing des Emittenten,
- Erhöhung der Attraktivität als Arbeitgeber z. B. durch Ausgabe von Aktienoptionen.
- Konsequente Internationalisierung mit Erschlließung neuer Absatzmärkte und Erweiterung der Kundenbasis.

20.2.5 Prozess und Ablauf eines IPO

Der IPO-Prozess lässt sich in drei Phasen unterteilen:
- Vorbereitung und Strukturierung,
- Durchführung,
- Maßnahmen nach dem Going Public.

20.2.5.1 Vorbereitung und Strukturierung

Zunächst wird in intensiven Gesprächen mit dem Emittenten die individuelle Situation des Unternehmens analysiert. Ein Börsengang stellt einen Meilenstein in der gesamten Entwicklungsphase eines Unternehmens dar und muss daher gut überlegt sein.

Die Bank prüft zunächst, inwiefern das Unternehmen bereits für einen Börsengang »reif« ist, d.h. ob sich seine Aktien überhaupt einer breiten Öffentlichkeit anbieten lassen. Je nach Marktverfassung lassen sich Aktien bestimmter Unternehmen leichter oder schwerer verkaufen. Die jeweilige Stimmung des Marktes richtig einzuschätzen, erfordert ein großes Marktwissen. Qualitative und quantitative Kriterien dienen dabei als Richtschnur und Entscheidungsgrundlage und stellen gleichzeitig ein Anforderungsprofil an den Emittenten seitens der Banken dar.

Anforderungen an ein Unternehmen, das eine Notierung im Prime Standard der Deutsche Börse AG beabsichtigt (Stand: 26.05.2006)	
Quantitative Anforderungen	Qualitative Anforderungen
<ul><li>Umsatzgröße grundsätzlich abhängig von der Branche</li><li>überdurchschnittliches Umsatzwachstum</li><li>voraussichtlicher Kurswert der zu platzierenden Aktien mind. 5 Mio. € (die Erfahrung hat gezeigt, dass eine Emission erst ab einem Platzierungsvolumen von 50 Mio. € das Interesse institutioneller Anleger weckt)</li><li>Free Float post IPO sollte in Abhängigkeit des Emissionsvolumens bei mind. 20% liegen.</li></ul>	<ul><li>Vollständiger Business Plan</li><li>Qualifiziertes Management</li><li>Schlüssige Wachstumsstrategie</li><li>Überzeugendes Geschäftsmodell</li><li>Professionelles Controlling-System und Berichtswesen</li><li>Transparente Organisationsstrukturen</li><li>Positiver Umsatz-/Ertragstrend</li></ul>

Wenn Emittent und Bank zu dem Ergebnis kommen, dass ein IPO der richtige Schritt für das Unternehmen ist, können die eigentlichen Vorbereitungsmaßnahmen begonnen werden.
- *Umwandlungskonzept.* Firmiert das Unternehmen noch nicht als AG, dann muss der erste Schritt die Umwandlung in diese Rechtsform sein. Das Konzept für die gesellschaftsrechtliche Umwandlung in eine AG und die steuerrechtlichen Auswirkungen werden von den Rechtsberatern und Wirtschaftsprüfern des Unternehmens gemeinsam mit der Emissionsbank erarbeitet.

- *Emissionskonzept.* Anschließend wird das Emissionskonzept entworfen, das das Kernstück der Beratungsleistung der Emissionsbank darstellt. Das Emissionskonzept enthält:
  - einen Arbeits- und Zeitplan für alle zu veranlassenden und durchzuführenden Maßnahmen
  - das Platzierungs-, Zuteilungs- und Preisfindungskonzept
  - das angestrebte Börsensegment bzw. Börse(n) sowie Transparenzstandards

Elemente des Emissionskonzeptes	Wichtige Inhalte
Platzierungskonzept	Enthält Angaben dazu, »woher« die neuen Aktien kommen sollen. Denkbar ist die Abgabe von Anteilen der Altgesellschafter (Umplatzierung) oder eine Kapitalerhöhung; in der Realität meist eine Kombination aus beidem. Aussagen zu verschiedenen Distributionskanälen für die Platzierung (Filialnetz, Internet-Platzierung, Direktansprache). Aussagen zum Konsortium.
Zuteilungskonzept	Macht Aussagen zur anvisierten Zielgruppe (Privatanleger; Institutionelle Anleger, inl./ausl. Anleger), evtl. Festlegung von zusätzlichen Zeichnungsanreizen (»Early-Order-Rabatte«, Treueaktien). Rahmenbedingungen für ein mögliches Friends & Family-Programm. Rahmenbedingungen für ein mögliches Mitarbeiteroptionsprogramm.
Preisfindungskonzept	Enthält die Bewertung des Unternehmens, die als Grundlage zur späteren Preisfestellung dient.
Angestrebtes Börsensegment	Z.B. Amtlicher Markt, Geregelter Markt, Freiverkehr sowie Transparanzstandards Prime oder General Standard
Angestrebte Börse(n)	Z.B. Frankfurt, Stuttgart, New York

20.2.5.2 Durchführung

Sind die rechtlichen und organisatorischen Fragen geklärt, kann das IPO durchgeführt werden. Das IPO wird in den nachfolgend beschriebenen Schritten durchgeführt.

Vervollständigung des Konsortiums

Der Konsortialführer trifft gemeinsam mit dem Emittenten die Auswahl weiterer Banken (Syndikatsbanken), die in das Konsortium eingeladen werden sollen. Bei einem für den Prime Standard typischen Börsengang bilden neben dem Lead-Manager zwei bis drei weitere Banken als Co-Lead oder Co-Manager das Konsortium.

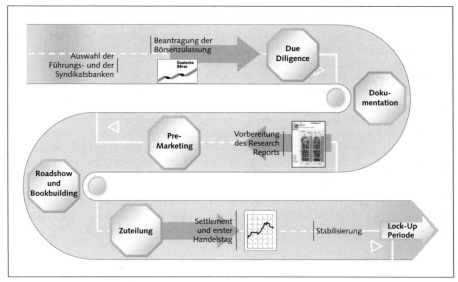

Abb. 20.7: Der IPO-Prozess

Börsenzulassungsantrag

Damit die Aktien nach dem IPO an einer deutschen Börse gehandelt werden können, hat der Emittent bei einer der acht deutschen Börsen die Börsenzulassung zu beantragen. Nach Börsengesetz gibt es drei Börsensegmente (Amtlicher Markt, Geregelter Markt oder Freiverkehr). Der Emittent kann wählen, in welchem der Segmente er zugelassen werden will. Je nach Segment muss das Unternehmen unterschiedliche Voraussetzungen erfüllen, die im Börsengesetz und der Börsenzulassungsverordnung fixiert sind.

Prospekterfordernisse im amtlichen Handel nach WpPG

Bei der Beantragung der Börsenzulassung zum Amtlichen Markt hat der Emittent dem Antrag einen *Prospekt* beizufügen (§ 48 II BörsZulV, § 30 Abs. 3 Nr. 2 BörsG). Dabei liegt die Zuständigkeit der Prospektbilligung nicht bei der Zulassungsstelle der jeweiligen Börse, sondern ausschließlich bei der BaFin. In der Praxis unterstützt der Konsortialführer den Emittenten bei der Erstellung des Prospekts. Der Prospekt muss alle Angaben enthalten, die dem Anlegerpublikum ein zutreffendes Urteil über den Emittenten und die angebotenen Aktien ermöglichen. Die gesetzlich geforderten Inhalte sind detailliert im Wertpapierprospektgesetz (insbes. §§ 5, 7 WpPG) genannt.

Mit der EU-Prospektrichtlinie wurde für Emittenten von Wertpapieren ein europäischer einheitlicher »Pass« geschaffen: Nach dem Prinzip der Einmalzulassung ist ein Prospekt, der nach der Prospektrichtlinie von der zuständigen Behörde eines Staates des Europäischen Wirtschaftsraums gebilligt wurde, im gesamten Gemeinschaftsgebiet gültig. Hierdurch entfällt ein erneuter Prospektbilligungsprozess an einem anderen organisierten Markt.

Prospekthaftung

Diejenigen, die für den Prospekt die Verantwortung übernommen haben sowie diejenigen, von denen der Erlass des Prospekts ausgeht, haften gem. §§ 44 bis 47, 55 BörsG bei unrichtigen/unvollständigen Angaben.

Banken versuchen, die Risiken aus der Prospekthaftung zu minimieren, indem sie speziell ausgebildete Mitarbeiter mit der Bearbeitung und Überprüfung des Prospekts beauftragen. Bei der Durchführung ihrer Prüfungen ziehen die Konsortialbanken zusätzlich einen Wirtschafsprüfer heran, der im sog. »Letter of Comfort« bestätigt, dass die Angaben zu den Jahres- bzw. Zwischenabschlüssen des Emittenten im Prospekt zutreffend wiedergegeben sind und ein den tatsächlichen Verhältnissen entsprechendes Bild der Vermögens-, Finanz- und Ertragslage des Unternehmens vermitteln.

Die gesetzliche Prospekthaftung bezieht sich nur auf das Außenverhältnis, d.h. auf das Verhältnis zwischen Konsortium und den Anlegern. Im Innenverhältnis zwischen Emittent und Konsortium wird in der Regel eine Vereinbarung getroffen, nach welcher der Emittent für unrichtige und unvollständige Angaben verantwortlich ist, wenn nicht vorsätzliches oder grob fahrlässiges Verhalten der Bank nachzuweisen ist.

Aufnahme in besondere Börsenindizes und spezielle Marktsegmente

Einige Börsen haben besondere Indizes und spezielle Marktsegmente geschaffen, um den darin aufgenommenen Unternehmen zu mehr Aufmerksamkeit zu verhelfen und sich von der breiten Masse der Nebenwerte abzuheben. Eine Aufnahme in diese Segmente und Indizes signalisiert dem Investor, dass die Unternehmen bestimmte Eigenschaften haben – z.B. Wachstumsstärke oder Branchenzugehörigkeit. Dieses Wissen kann er bei seiner Portfoliozusammenstellung verwenden. Aktien von Unternehmen aus derartigen Segmenten werden deshalb stärker nachgefragt, und der Emittent erzielt – so die Annahme – einen höheren Emissionserlös.

Der *Entry Standard* ist ein von der Deutschen Börse entwickeltes Handelssegment, das jungen wachstumsorientierten und etablierten mittelständischen Unternehmen (Small- und Midcaps) einen alternativen Kapitalmarktzugang bei geringen formalen Anforderungen ermöglichen soll.

Formale Anforderungen zur Einbeziehung von Aktien in den *Entry Standard*

Die Handelsaufnahme von Aktien im Entry Standard ist einfach und schnell bei geringen formalen Anforderungen:
- Veröffentlichung wesentlicher Unternehmensnachrichten oder Tatsachen, die den Börsenpreis beeinflussen können, auf der Unternehmenswebsite.
- Veröffentlichung des testierten Konzern-Jahresabschlusses samt Konzern-Lagebericht (national GAAP/HGB oder IFRS), spätestens innerhalb von sechs Monaten nach Beendigung des Berichtzeitraums auf der Unternehmenswebsite.
- Veröffentlichung eines jährlich aktualisierten Unternehmensprofils und Unternehmenskalenders auf der Unternehmenswebsite.
- Veröffentlichung des Zwischenberichts zum 1. Halbjahr auf der Unternehmenswebsite (spätestens drei Monate nach Ende des Berichtzeitraums).
- Nachweis über die fortlaufende Mandatierung eines Deutsche Börse Listing Partners.

Da die Regulierungsintensität im Entry Standard deutlich geringer ist als in einem EU-Regulierten Markt, ist er ein ideales Einstiegssegment, das auch eine spätere Notierung im General Standard oder Prime Standard ermöglicht. Gleichzeitig ermöglicht ein All-Share-Index größere Visibilität der Unternehmen am Kapitalmarkt.

Börsen und Börsensegmente in Deutschland		
Börse	Gesetzliche Zulassungs- und Handelssegmente es gelten die im Börsengesetz genannten Anforderungen an Emittenten	Börsenindividuelle privatwirtschaftliche Segmente es gelten von der Börse erlassene Anforderungen an Emittenten
Frankfurt	Amtlicher Markt, Geregelter Markt, Open Market (Freiverkehr)	Entry Standard
Berlin-Bremen	s. o.	
Stuttgart	s. o.	
Düsseldorf	s. o.	
Hannover	s. o.	
Hamburg	s. o.	Premium Capital Port
München	s. o.	M:access

Die Teilnahmebedingungen für die börsenindividuellen Segmente wie z. B. Entry Standard, M:access u. a. sind privatrechtlicher Natur und werden zwischen den Emittenten (oder Handelsteilnehmern) und den Inhabern der jeweiligen Rechte – meist die Träger der Börsen – vereinbart.

Due Diligence
Im Rahmen der Due Diligence, also der »sorgfältigen Unternehmensprüfung«, wird das Unternehmen auf »Herz und Nieren« geprüft. Konkret wird diese Prüfung in mehrere Teilprüfungen unterteilt. In der Praxis haben die *Financial-*, *Business-*, und *Legal-Due-Diligence* eine große Bedeutung. Darüber hinaus spielen je nach Unternehmenstyp die *Technical-*, *Tax-* und *Environment-Due-Diligence* eine Rolle. Im Rahmen der Financial- und Business-Due-Diligence werden – häufig gemeinsam mit einem Wirtschaftsprüfer – die historischen Finanzdaten, die Plausibilität der Finanz- und Unternehmensplanung und die gesamte Unternehmensstrategie analysiert. Die Legal-Due-Diligence konzentriert sich auf die bestehenden Vertragsbeziehungen, die sich daraus ergebenden rechtlichen Risiken und auf die Überprüfung der gesellschaftsrechtlichen Grundlagen.

Dokumentation
Sie umfasst die Erstellung der einzelnen Verträge zwischen Lead-Manager und dem Unternehmen, die Verträge mit den Konsortialbanken, Rechtsanwälten und Wirtschaftsprüfern und vor allem die Unterstützung bei der Erstellung des Prospekts.

Research-Report

Die begleitenden Banken erstellen und veröffentlichen vor Beginn der Marketingmaßnahmen eine Unternehmensstudie (»Research-Report«) über den Emittenten. Die von den Bankanalysten verfasste Studie ist für die erfolgreiche Vermarktung der Equity-Story von großer Bedeutung. Sie enthält die »Investment-Highlights« des Unternehmens, wichtige Finanzdaten, Aussagen zu den Investmentrisiken, zur Unternehmensstrategie, zu den Wettbewerbern und vor allem Informationen zur Unternehmensbewertung. Hier wird unter Verwendung verschiedener Bewertungsverfahren eine Spanne für den fairen Wert des Unternehmens veröffentlicht.

Investment Highlights comdirect

- **MARKET POSITION**
  - comdirect is the joint leader in the German online brokerage market (market share around 30%)
  - focus on Direct Brokerage
- **IMPORTANT PARTNERSHIPS**
  - cooperation with T-Online, Germany's leading internet service provider
  - alliance with Commerzbank -majority shareholder of comdirect- with a significant institutional securities franchise
- **GLOBALISATION**
  - the growth of comdirect and the influence in the market will be supported by the entrance in the UK-, French and Italian market
  - comdirect is already profitable, posting after tax profits of EUR 16.7 mn in 1999

Key financial data (EUR mn)	1999	2000 (e)
Total income	100,4	204,0
Number of accounts	277,146	554,000
Number of trades	3.92	8.77
PBT	20.8	6.3

Abb. 20.8: Ausschnitt aus dem Research-Report der comdirect bank AG, Investment-Highlights

Pre-Marketing. Während des Pre-Marketings werden institutionelle Investoren von der Sales-Force und den Research-Spezialisten der Konsortial-Banken angesprochen, um eine erste Einschätzung des Anlegerinteresses auf Basis der Unternehmensstudien der Bankanalysten zu erhalten. Parallel dazu können Werbekampagnen durchgeführt werden (z. B. Fernsehauftritte, Finanzanzeigen in Zeitungen, Pressemitteilungen, Pressegespräche etc.).

Ziel des Pre-Marketing ist es, von den institutionellen Investoren ihre Bewertung des Unternehmens zu erhalten sowie zu erfahren, ob Interesse besteht, das Management zu treffen und ob voraussichtlich ein Zeichnungsauftrag erteilt werden wird (idealerweise welche Investitionssumme oder wie viele Stück Aktien). Darüber hinaus können hier noch weitere Daten erhoben werden (z. B. Anlagehorizont, Investments in Unternehmen der Peer-Group, Benchmark, etc.).

Am Ende des Pre-Marketings hat der Konsortialführer eine Vorstellung über die Bookbuilding-Preisspanne, die er anschließend in Abstimmung mit dem Emittenten festlegt.

Emissionsgeschäft mit Aktien   371

Abb. 20.9: Typischer Preisfindungsprozess bei einem IPO (Bookbuilding-Verfahren)

Roadshow

Nach Bekanntgabe der Preisspanne auf der Pressekonferenz zum Börsengang und der DVFA-Analystenveranstaltung werden für die institutionellen Investoren Gruppenpräsentationen und Einzelgespräche mit dem Management des Unternehmens in den wichtigsten Finanzzentren durchgeführt (Roadshow). Dabei orientiert sich der Verlauf einer Roadshow auch an dem operativen Schwerpunkt der Gesellschaft. Für europäische IPOs sind Frankfurt, London und i.d.R. Zürich als bedeutende

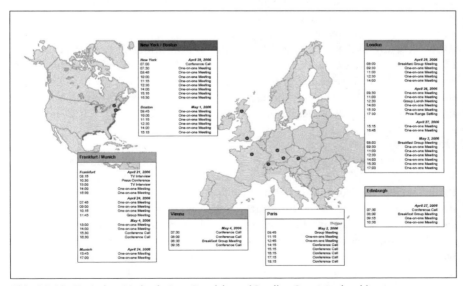

Abb. 20.10: Typischer Verlauf einer Roadshow (Quelle: Commerzbank)

Finanzzentren gesetzt. Als weitere Zentren kommen Skandinavien, Benelux und Italien, ggf. auch weitere deutsche Börsenplätze (Düsseldorf, Hamburg und München) in Frage. Das Management hat die Chance, die institutionellen Investoren im direkten Gespräch von den eigenen Qualitäten und denen des Unternehmens zu überzeugen. Im Rahmen der Roadshow können auch Video-Konferenzen oder Conference Calls stattfinden.

DVFA und Roadshows. Deutsche Vereinigung für Finanzanalyse und Asset Management (DVFA). Diese Vereinigung entwickelt Grundsätze für die Ableitung vergleichbarer Ergebnisse aus den veröffentlichten Jahresüberschüssen der Unternehmen. Ähnliche Grundsätze hatte die Schmalenbach-Gesellschaft entwickelt. Seit 1990 gibt es ein vereinheitlichtes Verfahren, das DVFA/SG-Verfahren genannt wird. Die meisten deutschen Analysten sowie Analysten wichtiger ausländischer Investmentbanken sind Mitglieder der DVFA. Deshalb hat es sich bei IPOs bewährt, über die DVFA die Analysten zu einer Präsentation einzuladen.

Zeichnung. Als Zeichnung wird die Abgabe einer Verpflichtungserklärung nach § 185 AktG verstanden, Aktien übernehmen zu wollen. In rechtlicher Hinsicht ist der Zeichnungsvertrag auf die Aufnahme des Zeichnenden in die Gesellschaft gerichtet. Die Aktiengesellschaft verpflichtet sich, dem Zeichner im Falle der Durchführung einer Kapitalerhöhung Mitgliedsrechte zuzuteilen. Die Praxis der Kapitalerhöhung hat sich von dem der gesetzlichen Regelung zugrunde liegenden Bild zahlreicher Einzelzeichnungen durch die bezugsberechtigten Aktionäre i. S. d. § 186 Abs. 1 AktG oder das Publikum entfernt. Heutzutage werden in der Regel alle Aktien aus einer Kapitalerhöhung von einer Bank bzw. vom Bankenkonsortium mit der Verpflichtung zur Weiterveräußerung an die bisherigen Aktionäre oder ihre Kunden übernommen (sog. Übernahmekonsortium). In diesen Fällen findet § 185 AktG nur auf die Zeichnung der gesamten Emission durch die Bank bzw. durch das Bankenkonsortium Anwendung, sodass die dort genannten Regelungen, die insbesondere Formerfordernisse beinhalten, einzuhalten sind. Davon zu unterscheiden sind die sich dann anschließenden zahlreichen Erwerbsvorgänge, auf die § 185 AktG nicht anwendbar ist. Die Zeichnung durch institutionelle Anleger und Retailkunden erfolgt innerhalb einer bestimmten Frist (Zeichnungsfrist) bei hierzu ermächtigten Banken (meist Konsortialbanken und deren Filialen). Bei Überzeichnung ist ein vorzeitiger Zeichnungsschluss möglich. Die Zeichnung garantiert nicht, dass eine Zuteilung der gewünschten Aktien erfolgt.

Ordertaking

Das Bookbuilding kann 1–2 Wochen dauern (Zeichnungs-/Bookbuilding-Frist). Während dieses Zeitraums können interessierte Anleger Zeichnungsaufträge an die Bank übermitteln. Der Konsortialführer erfasst sämtliche Zeichnungsaufträge in einem elektronisch geführten Orderbuch (Ordertaking). In diesem Fall ist der Konsortialführer auch zugleich Bookrunner. Der Konsortialführer strebt an, durch aktives Marketing eine deutliche Überzeichnung der Emission zu erreichen. Einerseits besteht dadurch eine größere Flexiblität bei der Bestimmung der zukünftigen Aktionärsstruktur, andererseits wird der Kurs der Aktie im After-Market hierdurch positiv beeinflusst, da Investoren, die bei der Zuteilung nicht oder nur partiell berücksichtigt wurden, zusätzliche Nachfrage generieren können. Von einer Überzeichnung wird gesprochen, wenn das Volumen der eingehenden Zeichnungsorders die angebotene Menge an Aktien übersteigt.

Der Zeichnungsauftrag enthält neben der Anzahl der Aktien, die der Zeichner erwerben möchte, die Kaufpreisobergrenze (Kauflimit). Zeichnungsaufträge institutioneller Investoren werden mit einem gesonderten Orderformular erfasst, das neben Preis- und Mengenangaben auch Angaben zur Identität und zum Investorentyp (z. B. Langfristanleger, Trading-orientierter Anleger) festhält. Diese Angaben werden später bei der Zuteilung im Hinblick auf die im Emissionskonzept anvisierte Zielinvestorengruppe herangezogen. Zeichnungsaufträge der Privatkundschaft werden in i. d. R. gesammelt aufgeführt.

Zuteilung
Die Auswahl der Investoren bei der Zuteilung erfolgt anhand von Auswahlkriterien wie
- Qualität der Investoren (z. B. nach Langfristigkeit des Anlagehorizonts, Loyalität dem Management gegenüber),
- gewünschte regionale Gewichtung des Aktionärskreises,
- vorgesehene Aufteilung zwischen privaten und institutionellen Investoren,
- Erfahrungen des Konsortialführer mit den institutionellen Investoren.

In der Regel behält sich der Emittent das Recht vor, einen Teil des Emissionsvolumens (üblich: max. 5%) im Rahmen eines Friends & Family-Programms bevorzugt Geschäftsfreunden und Mitarbeitern zuzuteilen.

Greenshoe. Der Greenshoe ist ein wichtiges und heute bei den meisten Emissionen verwendetes Kursstabilisierungsinstrument (siehe auch Kapitel 21 des Buches). Sofern die Emission überzeichnet ist oder erwartet werden kann, dass der Aktienkurs nach der Emission steigt, lässt sich das Emissionskonsortium die sog. Greenshoe-Option einräumen. Die Emissionsbank verkauft im Rahmen des Greenshoe (meist 10–15% des Emissionsvolumens) zusätzliche Aktien. Diese Wertpapiere werden »leer« verkauft. Anschließend deckt sich die Emissionsbank beim Emittenten mit neuen Aktien ein, sofern nicht innerhalb von 30 Tagen das Bankinstitut die Aktien über die Börse zur Kursstabilisierung zurückkauft. Dem Emittenten bieten sich zwei Alternativen, um die benötigten Aktien zu liefern: 1. Rückgriff auf Aktien von Altaktionären oder 2. Rückgriff auf eine zuvor erteilte Hauptversammlungsermächtigung, das Kapital zu erhöhen.

Festlegung des Emissionspreises
Nach Schließung des Orderbuchs *(Closing)* erfolgt die endgültige Festlegung des Emissionspreises. Hierbei steht nicht nur die Maximierung des Emissionserlöses, sondern auch der langfristige Börsenerfolg der neuen Aktie im Mittelpunkt (z. B. durch die Sicherstellung einer optimalen Investorenstruktur). Der Emissionspreis wird möglichst so festgelegt, dass das maximale Emissionsvolumen und gleichzeitig der optimale Investorenkreis erreicht werden. Der endgültige Emissionspreis ist für alle Investoren gleich und orientiert sich am Kauflimit des »letzten« Investors (Grenzinvestor), der mit seiner Kauforder noch zum Zuge kommen soll.

PRAXISBEISPIEL

Zuteilung und Festlegung des Emissionspreises im Bookbuilding-Verfahren
Die Bookbuilding-Spanne für eine Emission beträgt 23–27 Euro. Sie wurde als Ergebnis des Pre-Marketing und der Unternehmensbewertung mittels Multiplikatormethode (s. u.) festgelegt.

Zu platzieren sind 1,25 Mio. Stück Aktien.

Darüber hinaus steht der Bank eine Mehrzuteilungsoption von 0,15 Mio. Stück Aktien zu.

Das Orderbuch am Ende der Bookbuilding-Phase sieht wie folgt aus:

Nachfrage (Stück)	Preislimit (€)	
1.300.000	ohne Limit	(davon 1,1 Mio. Retail)
1.200.000	26	(davon 0,4 Mio. Retail)
2.500.000	25	(darunter befinden sich die Top-Investoren)
580.000	24	
150.000	23	
Σ 5.730.000		

Ergebnis
Die Emission ist mehr als 4-fach überzeichnet. Es sollen daher 1,4 Mio. Stück Aktien (inkl. Mehrzuteilungsoption) ausgegeben werden. Um die Top-Investoren (z. B. Institutionelle Anleger) mit berücksichtigen zu können, wird der Ausgabekurs auf 25 Euro festgelegt.

Bookbuilding-Verfahren und Probleme bei der Emissionspreisfindung

Eines der Ziele des Bookbuilding-Verfahrens ist es, Aktien zu einem fairen Kurs zu platzieren. Das gelingt besser als mit dem früher üblichen Festpreisverfahren, weil Banken die Übernahme nicht garantieren müssen (kein Underwriting), was sie früher oft nur taten, wenn der Emittent einem sehr niedrigen Emissionskurs zustimmte.
Aber auch das Bookbuilding-Verfahren ist nicht ohne Schwächen. Erstens ist auch dabei regelmäßig ein Underpricing zu beobachten. Zweitens konnte Anfang der 90er-Jahre, in einer Phase stagnierender Aktienkurse, Folgendes bei Kapitalerhöhungen beobachtet werden:
Institutionelle Investoren verkauften im Vorfeld von Emissionen Aktien und übten damit Druck auf den Kurs aus. Damit sank auch der Emissionskurs der neuen Aktien, der sich erfahrungsgemäß am aktuellen Kurs der alten Aktien orientiert hatte oder sogar noch um einen Abschlag darunter lag. Den Institutionellen gelang es dadurch, die Aktien in der Emission »billig« zurückzukaufen, die sie vorher »teuer« verkauft hatten.
Als ab Mitte der 90er-Jahre die Aktienkurse auf breiter Front anzogen, wurde diese Strategie unrentabel, da ein Verkauf von Aktien bei positivem Trend mit Opportunitätsverlusten verbunden ist. Anfang der 2000er-Jahre, als sich die Aktienmärkte weltweit in einem Tief befanden, wurde das Herunterdrücken von Emissionspreisen wiederbelebt. Diesmal gingen die Investoren dazu über, die Aktien »schlecht« zu machen und die Preise »herunterzureden«.

Festpreisverfahren

Alternativ zum Bookbuilding-Verfahren wird zur Preisermittlung auch das Festpreisverfahren angewendet. Etwa seit 1995 ist das Festpreisverfahren allerdings fast vollständig durch das Bookbuilding-Verfahren verdrängt worden. Beim Festpreisverfahren wird die Emission während einer Zeichnungsfrist von wenigen Tagen dem Publikum zu einem vorher festgelegten Preis angeboten. Die Emission wurde vorher meist von einem Konsortium fest übernommen (*Hard Underwriting*). Der Emittent trägt beim Festpreisverfahren insofern weder ein Preis- noch ein Absatzrisiko. Beides übernehmen die Banken. Diese Risikoabwälzung ist der Vorteil für den Emittenten. Nachteile sind:
- In volatilen Marktphasen sind Investmentbanken nur bei sehr niedrigen Emissionskursen oder sehr hohen Gebühren bereit, Preis- und Absatzrisiken zu tragen, was die Emission für den Emittenten verteuert (Underpricing).
- Für den Emittenten ist eine geringe Transparenz bei der Preisfeststellung gegeben.

Beim Bookbuilding-Verfahren dagegen eruieren in der Pre-Marketing-Phase Bank und Emittent gemeinsam die Stimmung der Investoren, was den Preisbildungsvorgang für den Emittenten und den Investor durchschaubar macht.

Accelerated Bookbuilding

Ein Alternative bei der Preisfindung von Aktien bei IPOs ist das *Accelerated Bookbuilding*, das in Deutschland zum ersten Mal im Rahmen des Conergy-IPOs im März 2005 eingesetzt wurde. Im Unterschied zum klassischen Bookbuilding ist die Zeichnungsfrist bei diesem Verfahren auf wenige Tage verkürzt. Zudem wird üblicherweise beim Accelerated-Bookbuilding-Verfahren die Angebotsphase von der Roadshow entkoppelt. Daher wird dieser Preisfindungsansatz auch als *decoupled approach* bezeichnet. Zwar geht das Management wie beim klassischen Bookbuilding auf Roadshow, um die Investoren zu informieren. Allerdings wird keine Bookbuilding-Spanne in der IPO-Pressekonferenz oder im Wertpapierprospekt genannt. Auch Lage und Dauer der Zeichnungsfrist sind im Vorhinein noch nicht festgelegt. Die genannten Parameter werden erst gegen Ende der Roadshow publiziert. Das Marktsentiment kann somit fundierter als bei einem klassischen Bookbuilding mit einer sehr kurzen Pre-Marketing-Phase eingeschätzt und bei der Festlegung der Price-Range berücksichtigt werden.

Lock-up-Periode

Zwischen den Konsortialbanken und dem Emittenten wird häufig vereinbart, dass Altaktionäre für die Dauer einer Sperrfrist nach dem Going Public keine ihrer Aktien verkaufen (*Lock-up-Perioden*). Derartige Sperrfristen sind in Europa unterschiedlich geregelt. In Deutschland wird in der Regel eine Sperrfrist zwischen sechs und zwölf Monaten vereinbart Als Standard-Lock-up haben sich sechs Monate *Hard-Lock-up* sowohl für die Gesellschaft wie auch die Altaktionäre etabliert. Die Aktien der Altaktionäre erhalten hier eine eigene Wertpapier-Kennnummer und können während dieser Zeit nicht gehandelt werden. Darüber gibt es *Soft-Lock-up*-Vereinbarungen (Verkaufsmöglichkeit unter bestimmten Bedingungen) beziehungsweise Hard-Lock-up-Varianten je nach spezifischer Situation. Die Vereinbarung eines Lock-up-Vertrages ist wichtig für das Vertrauen institutioneller Anleger in die positive Entwicklung des Börsenkurses und damit auch für den Erfolg des Börsenganges.

20.2.5.3 Maßnahmen nach dem Going Public

Auch nach dem Börsengang bleibt die Emissionsbank Ansprechpartner und Berater des Emittenten. Folgende Leistungen werden über das IPO hinaus angeboten:

- *Sekundärmarktbetreuung.* Aktive Beteiligung der Emissionsbank am Börsenhandel, um die Liquidität und damit die Attraktivität der Aktie zu erhöhen (Market-Maker-Tätigkeiten).
- *Hauptversammlungsservice.* Unterstützung bei der Organisation und Durchführung von Hauptversammlungen.
- *Research.* Kontinuierliche Betreuung mit professionellem Research (»Covering«). Die Bank verpflichtet sich, regelmäßig über die Aktie Analystenberichte zu erstellen und zu veröffentlichen.
- *Informationspolitik.* Unterstützung bei der Erstellung der gesetzlich oder börsenrechtlich vorgeschriebenen Publikationen (Geschäftsberichte, Zwischenberichte, Ad-hoc-Veröffentlichungen).
- *Investorenkontakte.* Unterstützung bei Investor-Relations-Maßnahmen. Dazu werden Non-Deal-Related-Roadshows und Investoreneinzelgespräche sowie DVFA-Veranstaltungen oder Telefonkonferenzen mit Analysten (Conference-Calls) organisiert.
- *Kapitalmarktberatung.* Beratung bezüglich künftiger Finanzierungsmöglichkeiten.

Nach einem erfolgreichen Börsengang ist zu überlegen, welche weiteren Finanzierungsschritte in der Zukunft erforderlich sein könnten. Je nach Entwicklungsphase des Unternehmens bieten sich unterschiedliche Kapitalmaßnahmen an (siehe Abbildung 20.11).

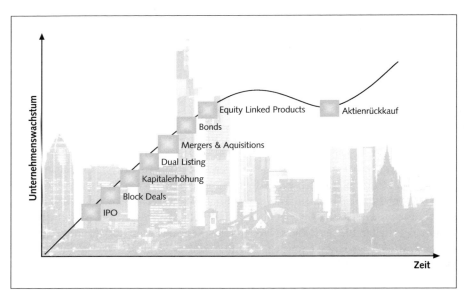

Abb. 20.11: Mögliche Kapitalmaßnahmen nach einem IPO
Quelle: Commerzbank AG

20.2.6 Internetemission

Die wachsende Bedeutung elektronischer Medien hat auch im IPO-Geschäft ihre Spuren hinterlassen. Zum Vertrieb von Aktien aus Neuemissionen setzen viele Banken zusätzlich das Internet ein.

Von Anfang an dabei!
Die Gunst der Stunde nutzen und bereits zu Beginn einer Notierung am Markt engagiert sein.

Informationen — Schritt 1 2

Bezeichnung	Deutsche Postbank AG
Zeichnungs-WKN	800107
Wertpapierart	Aktie
Ausgabeart/-land	Neuemission Inland
Zeichnungsfrist	07.06.2004 bis 22.06.2004
Uhrzeit Zeichnungsende	voraussichtlich 12:00 Uhr
Verfahren	Bookbuilding
Preisspanne	28,00 EUR bis 32,00 EUR
Limitsprung	0,25 EUR
Nominalsprung	1
Mindestzeichnung	20
Gesamtstückzahl	164 Mio. Stück
Bankenkonsortium	Morgan Stanley, Deutsche Bank, Dresdner Bank, Citigroup, JP Morgan, UBS Commerzbank, Goldman Sachs, Merrill Lynch, Fox Pitt Kelton, HSBC, ABN Amro, Crédit Agricole, Landesbank Baden-Württemberg, Westdeutsche Landesbank, DZ-Bank, HypoVereinsbank, Sal. Oppenheim, Postbank
Erstnotiz	voraussichtlich 23.06.2004
Marktsegment	Amtlicher Markt
Geschäftszweig	Finanzdienstleistung

Hinweis: Bitte beachten Sie bei der Disposition Ihres Zeichnungsauftrages, dass wir vor dem Hintergrund eines optimierten Ablaufes der Zeichnungsmodalitäten nur eine Zeichnung pro Emission in Höhe des verfügbaren Guthabens sowie der zugesagten Kreditlinie entgegennehmen können.

Angaben zur Zeichnung

Bezeichnung	Deutsche Postbank AG
Zeichnungs-WKN	800107
Stück/Nominale	[ ]
Limit	○ billigst/bestens ○ Limit [ ]
Telefonnummer für Rückfragen	[ ]

Abbrechen [X]   [◄] Zurück   Weiter [►]

Hinweis: Bitte beachten Sie die allgemeinen Hinweise zu Neuemissionen.

Aus der Übersicht zu den aktuellen und kommenden Neuemissionen wählen Sie einfach die von Ihnen gewünschte aus. Hierdurch werden Ihnen alle Informationen übersichtlich aufbereitet dargestellt. Sofern die Zeichnungsfrist bereits begonnen hat, brauchen Sie nur noch die gewünschte Stückzahl und gegebenenfalls ein Limit einzutragen und Ihren Zeichnungsauftrag durch Eingabe einer TAN zu bestätigen.

Abb. 20.12: Online-Zeichnungsmaske der comdirect bank AG
Quelle: http://www.comdirect.de

Internetangebote ermöglichen:
- *Zeichnen.* Bequemes und kostengünstiges Zeichnen bei Direktbanken und über die Online-Banking-Seiten vieler Geschäftsbanken
- *Informationsbeschaffung.* Die Internet-Nutzer können Informationen über die Emission online abrufen, sich den Emissionsprospekt ansehen und herunterladen sowie die Zeichnungsorder erteilen.

Besondere Aspekte der Internetangebote sind:
- *Koppelung von Werbung und Kapitalbeschaffung.* Für Emittenten aus internetnahen Branchen ist die Internet-Emission besonders vorteilhaft, weil sie gleichzeitig auch zur Kundenbindung und -gewinnung eingesetzt werden kann.
- *Erschließung zusätzlicher Investorenkreise.* Über den Distributionsweg der Onlinebroker können zusätzliche Investorenkreise erschlossen werden, die über die üblichen Wege möglicherweise nicht erreichbar sind.

20.3 Kapitalerhöhung

Eine Kapitalerhöhung ist die Anhebung des Grundkapitals von Unternehmen. Für Investmentbanken ist das Kapitalerhöhungsgeschäft ein Folgegeschäft des IPO-Geschäftes und deshalb fast ausschließlich auf Aktiengesellschaften konzentriert.

20.3.1 Kapitalerhöhungsarten

Bei Aktiengesellschaften lassen sich folgende Arten von Kapitalerhöhungen unterscheiden:

Nach dem Einbringungsobjekt
- Kapitalerhöhung gegen Bareinlagen,
- Kapitalerhöhung gegen Sacheinlagen,
- Kapitalerhöhung aus Gesellschaftsmitteln.

Nach dem formalen Ablauf
- Ordentliche Kapitalerhöhung,
- Genehmigtes Kapital,
- Bedingtes Kapital.

Eine Kombination aus verschiedenen Kapitalerhöhungsarten, z. B. eine Kapitalerhöhung gegen Bareinlagen mit gleichzeitiger Kapitalerhöhung gegen Sacheinlagen, ist durchaus üblich.

Der Beschluss zu einer Kapitalerhöhung kann grundsätzlich nur mit einer 3/4-Mehrheit des auf der Hauptversammlung vertretenen Grundkapitals gefasst werden. Der Vorstand ist daher ohne die Zustimmung der Aktionäre nicht in der Lage, flexibel auf einen möglichen Eigenkapitalbedarf zu reagieren. Dies ist ein Nachteil gegenüber der Fremdfinanzierung.

> **Arten der Kapitalerhöhung bei Aktiengesellschafen nach der Einbringung**
>
> **Kapitalerhöhung gegen Bareinlagen (§ 182, §§ 184-191 AktG)**
> Der Emissionserlös fließt dem Unternehmen in Form von Bareinzahlungen zu. Die Altaktionäre haben grundsätzlich ein Bezugsrecht, das allerdings unter bestimmten Voraussetzungen ausgeschlossen werden kann (siehe unten).
>
> **Kapitalerhöhung gegen Sacheinlagen (§ 183 AktG)**
> Der Gegenwert der Aktien wird durch Hingabe von Sacheinlagen oder Übertragung von Rechten durch Dritte erbracht. Die Bewertung der einzubringenden Gegenstände erfolgt durch einen Wirtschaftsprüfer.
>
> **Kapitalerhöhung aus Gesellschaftsmitteln (§§ 207-220 AktG)**
> Das Grundkapital wird durch Umwandlung von Rücklagen erhöht. Es handelt sich dabei um eine rein buchmäßige Kapitalerhöhung. Ein Finanzierungseffekt tritt nicht ein. Der gewandelte Betrag wird auf sogenannte Berichtigungsaktien (auch: Gratisaktien) verteilt und diese anschließend kostenlos an die Aktionäre im Verhältnis ihrer bisherigen Anteile ausgegeben.

- *Genehmigtes Kapital.* Um diesen Nachteil zu vermeiden, kann die Hauptversammlung dem Vorstand eine Ermächtigung (»Vorratsbeschluss«) erteilen, innerhalb eines Zeitraums von maximal fünf Jahren das Grundkapital bis zu einem bestimmten Betrag ohne erneuten Hauptversammlungsbeschluss zu erhöhen (»Genehmigtes Kapital«). Das Genehmigte Kapital darf die Hälfte des zum Zeitpunkt der Beschlussfassung vorhandenen Grundkapitals nicht überschreiten.
- *Bedingtes Kapital.* Eine ähnliche Wirkung hat das sog. »Bedingte Kapital«, einer möglichen Kapitalerhöhung, die aus der Emission von Wandel- und Optionsanleihen resultiert. Zeitpunkt und Höhe dieser Kapitalerhöhung hängen jedoch davon ab, ob die Käufer der Wandel-/Optionsschuldverschreibungen von ihrem Recht zum Bezug neuer Aktien Gebrauch machen. Auch das Bedingte Kapital erfordert die Zustimmung der Hauptversammlung und darf die Hälfte des zum Zeitpunkt der Beschlussfassung vorhandenen Grundkapitals nicht überschreiten.

20.3.2 Das Bezugsrecht

Einführung

Das Bezugsrecht ist ein Recht, das im Kapitalerhöhungsgeschäft der Investmentbanken eine wichtige Rolle spielt, da es Strategien zur Platzierung und Vermarktung junger Aktien entscheidend beeinflusst (s. u. Bezugsrechtsausschluss).

Nach § 186 AktG ist im Fall einer Kapitalerhöhung gegen Einlagen den bisherigen Aktionären der Gesellschaft grundsätzlich ein Recht zum Bezug der neuen (jungen) Aktien einzuräumen und zwar zu den im Bezugsangebot angegebenen Bedingungen. Entsprechendes gilt grundsätzlich bei der Schaffung eines Genehmigten Kapitals (§ 203 Abs. 1 S. 1 AktG) und bei der Ausgabe von Wandel-, Options- und Gewinnschuldverschreibungen und Genussrechten (§ 221 Abs. 4 AktG).

Durch das Recht auf Bezug von neuen Aktien wird den Altaktionären die Möglichkeit gegeben, eine Kapital-, Gewinn- und Stimmrechtsverwässerung zu ihren Lasten zu verhindern – wenn sie ihr Bezugsrecht ausüben.

Grundsätzlich gewährt jede alte Aktie ein Bezugsrecht. Welche Rechte mit einem Bezugsrecht verbunden sind, ergibt sich detailliert aus dem Bezugsangebot. Das Bezugsverhältnis drückt aus, wie viele Bezugsrechte man für den Bezug einer neuen Aktie benötigt. Es ergibt sich aus dem Verhältnis des Grundkapitals vor der Kapitalerhöhung zum Kapitalerhöhungsbetrag.

Der Wert des Bezugsrechts

Werden die neuen Aktien zu einem Bezugspreis angeboten, der unter dem aktuellen Preis – im Fall einer börsennotierten Aktiengesellschaft unter dem aktuellen Börsenkurs – liegt, so hat das Bezugsrecht einen rechnerischen (inneren) Wert, der in der Praxis nach folgender Formel bestimmt wird:

$$Br = \frac{K^{alt} - K^{neu} - DN^{neu}}{\frac{a}{n} + 1}$$

Br = rechnerischer Bezugsrechtswert
K^{alt} = Börsenkurs der alten Aktie
K^{neu} = Ausgabekurs der neuen Aktie
a/n = Bezugsverhältnis
DN^{neu} = Dividendennachteil der neuen Aktien

Sind die jungen Aktien nicht voll dividendenberechtigt (Dividendennachteil), ist eine gesonderte Notierung für die jungen Aktien (zusätzliche Wertpapierkennnummer) so lange erforderlich wie dieser Nachteil gegenüber den Altaktien besteht.

Der Dividendennachteil der neuen Aktien (DN^{neu}) wird folgendermaßen berechnet:

$$DN^{neu} = \text{voraussichtliche Dividende} \cdot (1 - \frac{\text{Zeitraum Dividendenberechtigung junge Aktie}}{\text{Zeitraum Dividendenberechtigung alte Aktie}})$$

BEISPIEL

Eine AG erhöht ihr Grundkapital durch eine Kapitalerhöhung gegen Bareinlagen von 100 Mio. Euro auf 150 Mio. Euro. Der Bezugskurs der neuen Aktien soll 40 Euro betragen, der Börsenkurs der alten Aktien beträgt 50 Euro. Für das Geschäftsjahr wird eine Dividende von 1,5 Euro erwartet. Die neuen Aktien sind lediglich für die letzten 4 Monate des Geschäftsjahres dividendenberechtigt.

Das Bezugsverhältnis ergibt sich aus:

$$\frac{\text{Grundkapital vor der Kapitalerhöhung}}{\text{Kapitalerhöhungsbetrag}} = \frac{100}{50} = 2:1$$

Der Wert des Dividendennachteils errechnet sich wie folgt:

$$DN^{neu} = 1,5 \text{ Euro} \cdot (1 - \frac{4}{12}) = 1 \text{ Euro}$$

Der rechnerische Wert des Bezugsrechtes beträgt:

$$Br = \frac{50 \text{ Euro} - 40 \text{ Euro} - 1 \text{ Euro}}{\frac{2}{1} + 1} = 3 \text{ Euro}$$

Die alten Aktien werden mit Beginn des Bezugsrechtshandels »ex Bezugsrecht« (Börsenzusatz »ex BR«) gehandelt. Der Börsenkurs der alten Aktien ermäßigt sich an diesem Tag (zumindest theoretisch) um den rechnerischen Wert des Bezugsrechts. Mit Aufnahme des Bezugsrechtshandels verändert sich daher auch der Nenner der obigen Formel von a/n+1 zu a/n.

Die Formel lautet dann: $[K^{alt}_{ex\ BR} - K^{neu} - DN^{neu}]/a/n$.

Der Bezugsrechtshandel
Während der Bezugsfrist kann der Aktionär seine Bezugsrechte über die Börse verkaufen oder aber eventuell noch fehlende Bezugsrechte (zum Bezug weiterer junger) Aktien hinzukaufen. Folgende Punkte sind mit Blick auf den Bezugsrechtshandel von Bedeutung:
- Für die Ausübung des Bezugsrechts muss vom Emittenten eine Frist von mindestens zwei Wochen (Bezugsfrist) bestimmt werden. Die letzten zwei Tage der Bezugsfrist, an denen keine Bezugsrechte mehr gehandelt werden können, werden in der Praxis dazu genutzt, um das Bezugsgeschäft abzuwickeln.
- Bei Nichtausübung verfällt das Bezugsrecht am Ende der Bezugsfrist und wird wertlos.
- In der Praxis verkauft jedoch die depotführende Bank das Bezugsrecht ihres Kunden am letzten Tag des Bezugsrechtshandels »bestens«, sofern der Kunde das Bezugsrecht bis dahin nicht ausgeübt oder bereits verkauft hat.

Da Bezugsrechte selbstständig an der Börse handelbar sind, unterliegt ihre Bewertung den Einflüssen von Angebot und Nachfrage. Ihr tatsächlicher Börsenkurs (Marktwert) kann sich daher von ihrem rechnerischen Wert entfernen. Am Ende des Bezugsrechtshandels kommt es oftmals zu einem erhöhten Verkaufsdruck und zu einem Preisverfall des Bezugsrechts, da die Banken die Bezugsrechte ihrer Depotkunden verkaufen.

Bezugsrechtsausschluss
Das Bezugsrecht der Altaktionäre kann in bestimmten Fällen von der Hauptversammlung (HV) im Kapitalerhöhungsbeschluss mit Dreiviertelmehrheit ganz oder zum Teil ausgeschlossen werden:
- im Fall einer Sachkapitalerhöhung, da hier an den Eigentümer der Sacheinlage Aktien ausgegeben werden
- für den Spitzenbetrag einer Barkapitalerhöhung zur Darstellung eines praktikablen Bezugsverhältnisses

- für die Ausgabe von Belegschaftsaktien
- unter den Voraussetzungen des § 186 Abs. 3 S. 4 AktG.

Der Vorstand muss der HV einen Bericht vorlegen, in dem die Gründe für den Ausschluss dargelegt sind. Als Bezugsrechtsausschluss ist es dabei nicht anzusehen, wenn die neuen Aktien von einem Kreditinstitut o. ä. mit der Verpflichtung übernommen werden sollen, sie den Aktionären zum Bezug anzubieten (§ 186 Abs. 5 Satz 1 AktG).

Von den verschiedenen Möglichkeiten des Bezugsrechtsausschlusses ist die des § 186 Abs. 3 S. 4 AktG aus Sicht des Emittenten interessant. Die klassische Barkapitalerhöhung mit Bezugsrecht hat für Emittenten zwei wesentliche Nachteile:

- *Gezieltes Marketing erschwert.* Zum einen ist es bei Gewährung eines Bezugsrechts an Altaktionäre schwieriger, gezielt neue Aktionärskreise anzusprechen.
- *Preisabschlag der jungen Aktien.* Zum anderen werden bei Kapitalerhöhungen mit Bezugsrecht die neuen Aktien im Allgemeinen – als Zeichnungsanreiz für die Altaktionäre – mit einem Abschlag vom Börsenkurs der alten Aktien angeboten, der durchschnittlich zwischen 10 und 20% beträgt. In Einzelfällen kann der Abschlag aber auch deutlich höher liegen. Dadurch verringert sich der Mittelzufluss an das Unternehmen.

Eine Barkapitalerhöhung unter (vereinfachtem) Bezugsrechtsausschluss ist nach § 186 Abs. 3 S. 4 AktG dann zulässig, wenn der Kapitalerhöhungsbetrag nicht mehr als 10% des Grundkapitals ausmacht und der Ausgabepreis »nicht wesentlich« unter dem Börsenkurs liegt. Dies wurde inzwischen von der Rechtsprechung dahingehend präzisiert, dass der Abschlag grundsätzlich nicht mehr als 3% und maximal 5% vom Börsenkurs betragen sollte.

Ein Bezugsrechtsausschluss, der die genannte 10%-Grenze überschreitet, muss nach der Rechtsprechung durch sachliche Gründe im Interesse der Gesellschaft gerechtfertigt sein und die Konsequenzen für die Aktionäre berücksichtigen.

20.3.3 Typische Emissionsverfahren

Kapitalerhöhungen können als Bezugsrechtsemissionen, als Verfahren mit Bezugsrechtsausschluss oder als Mischverfahren durchgeführt werden.

Bezugsrechtsemissionen

Bei Bezugsrechtsemissionen kommen in der Praxis regelmäßig Festpreisverfahren zum Einsatz. Die Aktien werden den Altaktionären zu einem vordefinierten Preis (Bezugspreis) angeboten. Dieser liegt in der Regel unter dem aktuellen Börsenkurs. Der Abschlag (ca. 10–20%) soll verhindern, dass der Börsenkurs der alten Aktien zu irgendeinem Zeitpunkt innerhalb der zweiwöchigen Bezugsfrist unter den Bezugspreis fällt. In diesem Fall würde die Zeichnung für die Altaktionäre uninteressant und die Kapitalerhöhung würde scheitern. Aktien, die von den Altaktionären nicht bezogen wurden, werden vom Bankenkonsortium interessierten Investoren zum Bezugskurs oder (möglichst) zu einem darüber liegenden Wert angeboten. Ein sich hieraus ergebender Mehrerlös steht dem Emittenten zu.

Deutsche Telekom AG

Bonn

- Wertpapier-Kenn-Nummer 555 700 -
- ISIN Code DE 000 555 700 3 -
- Common Code 6990142 -

Bezugsangebot für Aktien aus der Kapitalerhöhung Juni 1999

Aufgrund der Ermächtigung gemäß § 5 Abs. 2 unserer Satzung hat der Vorstand mit Zustimmung des Aufsichtsrats beschlossen, das Grundkapital von bis zu Euro 640.000.000,- auf bis zu Euro 7.663.872.000,- durch Ausgabe von bis zu 250.000.000 neuen, auf den Inhaber lautenden Stückaktien (die „Neuen T-Aktien") zu erhöhen. Die Neuen T-Aktien sind mit voller Gewinnberechtigung ab dem Geschäftsjahr 1999 ausgestattet.

Ein Bankenkonsortium unter gemeinsamer Führung von Deutsche Bank AG, Dresdner Bank AG und Goldman, Sachs & Co. oHG wird die Neuen T-Aktien mit der Verpflichtung übernehmen, sie den Aktionären unserer Gesellschaft vorbehaltlich der nachstehenden unter Abschnitt „Wichtige Hinweise" genannten Bedingungen im Verhältnis 9,8 : 1 zum Bezug anzubieten. Die Eintragung der Durchführung der Kapitalerhöhung in das Handelsregister des Amtsgerichts Bonn ist am 25. Juni 1999 vorgesehen.

Wir bitten unsere Aktionäre, ihr Bezugsrecht auf die Neuen T-Aktien zur Vermeidung des Ausschlusses in der Zeit

vom 10. Juni 1999 bis einschließlich 23. Juni 1999

bei einer Bezugsstelle während der üblichen Schalterstunden auszuüben.

In der Bundesrepublik Deutschland:

Hauptbezugsstelle:
Dresdner Bank AG

Bezugsstellen:
Deutsche Bank AG
Bayerische Hypo- und Vereinsbank AG
Bayerische Landesbank Girozentrale
Westdeutsche Landesbank Girozentrale

in den USA:
Citibank, N.A.

Entsprechend dem Bezugsverhältnis von 9,8:1 kann auf jeweils 9,8 T-Aktien eine Neue T-Aktie zum Bezugspreis bezogen werden.

Bezugspreis
Der Bezugspreis beträgt maximal Euro 45,- je Neue T-Aktie. Dieser Betrag ermäßigt sich, sofern einer der beiden nachfolgend genannten Beträge niedriger ist, auf den niedrigeren dieser beiden Beträge:

- Schlußauktionspreis für die Aktie der Deutsche Telekom AG im XETRA-System der Deutsche Börse AG am 25. Juni 1999;
- Plazierungspreis für die nicht bezogenen Neuen T-Aktien aus der Kapitalerhöhung, die im Rahmen eines Bookbuilding-Verfahrens plaziert werden.

Zusätzlich erhalten die Bezieher von Neuen T-Aktien einen Preisnachlaß von 2,- Euro je Aktie.

Der sich danach ergebende Betrag ist der zu zahlende Preis je bezogener T-Aktie, der am 26./27. Juni 1999 ermittelt und anschließend unverzüglich bekanntgemacht wird.

Der zu zahlende Preis je bezogener T-Aktie ist voraussichtlich am 30. Juni 1999 zu entrichten.

Treueaktien für private Anleger
Private Anleger mit einem Depot bei einer der Banken, die an dem paneuropäischen Angebot für Privatanleger teilnehmen, erhalten für je zehn bezogene Neue T-Aktien, die sie ohne Unterbrechung bis zum 31. August 2000 halten, eine von der Bundesrepublik Deutschland zur Verfügung gestellte T-Aktie als Treueaktie. Bruchteile von Treueaktien werden nicht gewährt.

Bezugsrechtshandel
Die Bezugsrechte (Wertpapier-Kenn-Nummer 555 708) werden in der Zeit vom 10. Juni 1999 bis einschließlich 21. Juni 1999 an der Frankfurter Wertpapierbörse gehandelt und amtlich notiert.

Die Bezugsstellen in Deutschland sind bereit, den börsenmäßigen An- und Verkauf von Bezugsrechten bzw. von Bruchteilen von Bezugsrechten nach Möglichkeit zu vermitteln. Vom 10. Juni 1999 an werden die Aktien der Deutsche Telekom AG an allen deutschen Wertpapierbörsen „ex Bezugsrecht" gehandelt und amtlich notiert.

Wichtige Hinweise:
Die Deutsche Telekom AG und die Konsortialführer behalten sich vor, die Durchführung der Kapitalerhöhung unter bestimmten Umständen abzubrechen oder um bis zu eine Woche zu verschieben. Zu diesen Umständen zählen neben Turbulenzen an den internationalen Kapitalmärkten, bestimmten Fällen höherer Gewalt und der Nichteintragung der Durchführung der Kapitalerhöhung in das Handelsregister bis 25. Juni 1999 auch eine nicht ausreichende Nachfrage nach den zum Bezug sowie zum Verkauf vorgesehenen Aktien.

Bei Abbruch der Kapitalerhöhung vor Eintragung der Durchführung der Kapitalerhöhung in das Handelsregister entfällt das Bezugsrecht. Eine Rückabwicklung von Bezugsrechtshandelsgeschäften durch die die Bezugsrechtsgeschäfte vermittelnden Stellen würde in einem solchen Fall nicht stattfinden. Solche Anleger, die Bezugsrechte über die Börse erworben haben, würden dementsprechend in diesem Fall einen Verlust erleiden.

Sofern die Deutsche Telekom AG oder die Konsortialführer nach Eintragung der Kapitalerhöhung in das Handelsregister von ihrem Rücktrittsrecht Gebrauch machen, können die Aktionäre, die ihr Bezugsrecht ausgeübt haben, die Neuen T-Aktien erhalten.

Verbriefung der Neuen T-Aktien
Die Neuen T-Aktien werden den Aktionären aufgrund einer oder mehrerer bei der Deutsche Börse Clearing AG hinterlegten Globalurkunden im Girosammelverkehr voraussichtlich am 30. Juni 1999 zur Verfügung gestellt. Ansprüche auf Auslieferung von Einzelurkunden können nicht geltend gemacht werden.

Provision
Für den Bezug wird die banktübliche Provision berechnet.

Börsenhandel der Neuen T-Aktien
Die Zulassung der Neuen T-Aktien zum Börsenhandel mit amtlicher Notierung an den Wertpapierbörsen zu Frankfurt am Main, Berlin, Bremen, Düsseldorf, Hamburg, Hannover, München und Stuttgart erfolgt voraussichtlich am 25. Juni 1999; es ist vorgesehen, die Börsennotierung am 28. Juni 1999 aufzunehmen. An den Wertpapierbörsen New York und Tokio erfolgt die Börseneinführung der Neuen T-Aktien nach den jeweiligen örtlichen Usancen.

Plazierung von nicht bezogenen Aktien
Die Bundesrepublik Deutschland und die Kreditanstalt für Wiederaufbau sind zusammen mit ca. 72 % am Grundkapital der Deutsche Telekom AG beteiligt. Sie haben gegenüber dem Vorstand der Deutsche Telekom AG erklärt, ihre Bezugsrechte nicht auszuüben.

Die auf diese Bezugsrechte entfallenden Neuen T-Aktien sowie weitere nicht bezogene Neue T-Aktien werden im Rahmen eines paneuropäischen öffentlichen Angebots in den elf Euro-Teilnehmerstaaten, in den USA und in Japan sowie im Rahmen einer Privatplazierung in weiteren Ländern in der Zeit vom 7. Juni 1999 bis 25. Juni 1999 bzw. für Privatanleger in der Zeit vom 7. Juni 1999 bis 24. Juni 1999 angeboten. Die weiteren Einzelheiten dieser Aktienplazierung sind dem gesonderten Verkaufsangebot vom 5. Juni 1999 sowie dem unvollständigen Verkaufsprospekt vom 28. Mai 1999 einschließlich des Nachtrages Nr. 1 vom 5. Juni 1999 zu entnehmen. Der Plazierungspreis wird voraussichtlich am 26./27. Juni 1999 festgelegt.

Gedruckte Exemplare des unvollständigen Verkaufsprospekts vom 28. Mai 1999 sowie des Nachtrages Nr. 1 vom 5. Juni 1999 werden in Deutschland u. a. bei den vorgenannten Bezugsstellen sowie bei der Frankfurter Wertpapierbörse, Zulassungsstelle, 60284 Frankfurt am Main (Fax-Nr. 0 69/21 01-39 92), der Baden-Württembergischen Wertpapierbörse zu Stuttgart, Zulassungsstelle, 70173 Stuttgart (Fax-Nr. 07 11/2 26 81 19), der Bayerischen Börse, Zulassungsstelle, 80333 München (Fax-Nr. 0 89/54 90 45-32), der Berliner Wertpapierbörse, Zulassungsstelle, 10623 Berlin (Fax-Nr. 0 30/31 10 91 79), der Bremer Wertpapierbörse, Zulassungsstelle, 28195 Bremen (Fax-Nr. 04 21/32 31 23), der Hanseatischen Wertpapierbörse Hamburg, Zulassungsstelle, 20095 Hamburg (Fax-Nr. 0 40/36 13 02 23), der Niedersächsischen Börse zu Hannover, Zulassungsstelle, 30159 Hannover (Fax-Nr. 05 11/32 49 15) und der Rheinisch-Westfälischen Börse, Zulassungsstelle, 40212 Düsseldorf (Fax-Nr. 02 11/13 32 87) zur kostenlosen Ausgabe bereitgehalten.

Bonn, im Juni 1999
Der Vorstand

Deutsche Telekom T ･ ･ ･

Abb. 20.13: Bezugsangebot Deutsche Telekom (DT II), Juni 1999,
Quelle: Handelsblatt

Verfahren mit Bezugsrechtsausschluss

Bei einer Kapitalerhöhung mit komplettem Bezugsrechtsausschluss werden die jungen Aktien »frei« am Kapitalmarkt platziert. Im Gegensatz zu einer Emission mit Bezugsrecht wird der Emissionspreis erst unmittelbar vor der Platzierung festgesetzt: Damit wird ein Kursänderungsrisiko vermieden. Der Preis für die jungen Aktien liegt sehr nahe am aktuellen Börsenkurs der alten Aktien (Abschlag von 3–5 %), was dem Unternehmen im Vergleich zur Bezugsrechtsemission einen höheren Mittelzufluss sichert. Bei der Preisfindung kommt i. d. R. das Bookbuilding-Verfahren zur Anwendung. Beim »Accelerated Bookbuilding« – als Alternative zum »normalen« Bookbuilding – dauert die Bookbuilding-Phase nur wenige Tage, beim »Lightning Bookbuilding« werden die jungen Aktien sogar innerhalb von wenigen Stunden platziert.

Mischverfahren

In der Praxis findet man häufig Kapitalerhöhungen, bei denen ein gewisser Teil des Emissionsvolumens frei am Markt platziert wird (häufig bis zu 10 % des Grundkapitals) und der verbleibende Teil den Aktionären zum Bezug angeboten wird. In der Vergangenheit hat man bei dieser Form der Kapitalerhöhung interessante und innovative Pricing-Verfahren am Markt gesehen. So wurde beispielsweise bei der Kapitalerhöhung der Deutschen Telekom im Jahr 1999 der Bezugspreis in Abhängigkeit vom Platzierungspreis der bezugsrechtsfreien Tranche bestimmt. Altaktionäre, die Aktien beziehen wollten, erhielten einen Rabatt von zwei Euro auf den im Bookbuilding festgestellten Platzierungspreis. Vorteile dieser Emissionsvariante für die Gesellschaft liegen einerseits in einem höheren Emissionserlös, andererseits in einem geringeren Marktrisiko durch falsches Pricing.

20.4 Equity-Linked-Products

Equity-Linked-Products sind Finanzierungsinstrumente, die eine Mischform aus Anleihe und Aktie darstellen und daher auch als hybride Wertpapiere bezeichnet werden. Zu den Equity-Linked-Products können gezählt werden:
- Wandel- und Umtauschanleihe (Convertible Bond),
- Umtauschanleihe (Exchangeable Bond),
- Optionsanleihe (Bond with Warrant),
- Genussschein (Profit Sharing Certificate).

20.4.1 Convertible Bonds

Als Mischform aus Anleihe und Aktie beinhalten Convertible Bonds eine Anleihe- und eine Wandlungskomponente. Der Inhaber dieses Instruments erhält solange die zugesagten Zinszahlung und den Nominalwert am Ende der Laufzeit, sofern der Convertible Bond nicht gewandelt wird. Durch Ausübung des Wandlungsrecht geht der Convertible Bond und damit der Anspruch auf zukünftige Zins- und Tilgungsleistungen unter (vgl. Heidorn/Gerhold (2004), S. 5). Einem Convertible Bond können sowohl die Aktie des Anleihen-Emittenten oder eines Dritten, aber auch Genussscheine, Anleihen, Gold, Währungen oder Indizes als Wandlungsobjekt zugrunde liegen (vgl. Schäfer (2002), S. 517).

Convertibles lassen sich dabei nach der Herkunft der zugrunde liegende Aktien weiter in klassische Convertibles (*Wandelanleihen*) und Umtauschanleihen (*Exchangeables*) sowie synthetische Anleihen untergliedern. Die letztgenannten Instrumente werden in der Regel von Investmentbanken begeben und können in existierende Aktien eines anderen Unternehmens getauscht werden. Im Unterschied zu klassischen Wandelanleihen und Exchangeables besteht bei synthetischen Anleihen keine unmittelbare Kapitalbeziehung zwischen Emittent und Basiswert.

- *Wandelanleihen (Klassische Convertibles)* sind Schuldtitel (Schuldverschreibungen) von Aktiengesellschaften, die den Inhaber berechtigen, jedoch nicht verpflichten, die Teilschuldverschreibungen in eine bestimmte Anzahl von Aktien der emittierenden Aktiengesellschaft zu tauschen. Sofern der Anleger von seinem Wandlungsrecht Gebrauch macht, erlischt der Zins- und Rückzahlungsanspruch aus den Teilschuldverschreibungen. Erfolgt keine Wandlung in Aktien, wird die Anleihe am Ende der Laufzeit zum Nennbetrag zurückgezahlt.
- *Umtauschanleihen (Exchangeables)* sind eine besondere »Spielart« der Wandelanleihe. Der Emittent verpflichtet sich, die Anleihe in existierende Aktien eines Tochterunternehmens oder einer Beteiligung des Emittenten zu tauschen. Da sich somit bei Wandlung weder das Eigenkapital des Emittenten noch des Beteiligungsunternehmens ändert, sind Umtauschanleihen kein Mittel zur Eigenkapitalbeschaffung. In der Praxis werden Umtauschanleihen gerne benutzt, um Beteiligungsquoten zu reduzieren bzw. um Beteiligungen zu verkaufen
- *Synthetische Anleihen* werden in der Regel von Investmentbanken begeben und können in existierende Aktien eines anderen Unternehmens getauscht werden. Im Unterschied zu Umtauschanleihen muss das Underlying nach Bedarf am Markt gekauft werden. Zudem besteht keine unmittelbare kapitalmäßige Beziehung zwischen Emittent und Zielgesellschaft. Für die Kapitalaufnahme eines Unternehmens hat diese Spielart somit keine Relevanz.

Marktübersicht

Nach Schaffung des gemeinsamen Währungsraums erlebte der europäische Markt für Wandelanleihen in den neunziger Jahren ein starkes Wachstum. Schwierige Aktienmarktbedingungen forcierten den weiter verstärkten Einsatz von wandelbaren Schuldverschreibungen und verhalfen der Emissionstätigkeit im Jahr 2001 zu einem Rekordvolumen von etwa 42 Mrd. Euro. Aufgrund freundlicherer Aktienmärkte und eines sinkenden Zinsniveaus ließ die Emissionstätigkeit in der Folge nach und erreichte im Jahr 2005 nur noch etwa 10 Mrd. Euro – den niedrigsten Stand seit 1998.

Mit einem Emissionsvolumen von 5 Mrd. Euro gilt die Umtauschanleihe der Kreditanstalt für Wiederaufbau KfW (Umtausch in Aktien der Deutsche Telekom) aus dem Jahr 2003 als weltgrößte Emission. Eine Zusammenstellung der in Deutschland notierten Wandel- bzw. Umtauschanleihen bietet die »Börsen-Zeitung«.

Der Markt für Wandelanleihen in Deutschland

Deutsche Wandelanleiheemissionen 2006 (bis 30.05.)

Datum	Emittent	Währung	Laufzeit in Jahren	Betrag in Mio.	Rendite
Mrz 06	Bayer	EUR	3	2300,0	6,625
Apr 06	IWKA	EUR	5,5	69,0	3,75
Mai 06	EM.TV	EUR	5	87,8	5,25
Mai 06	Qiagen	USD	20	300,0	3,25

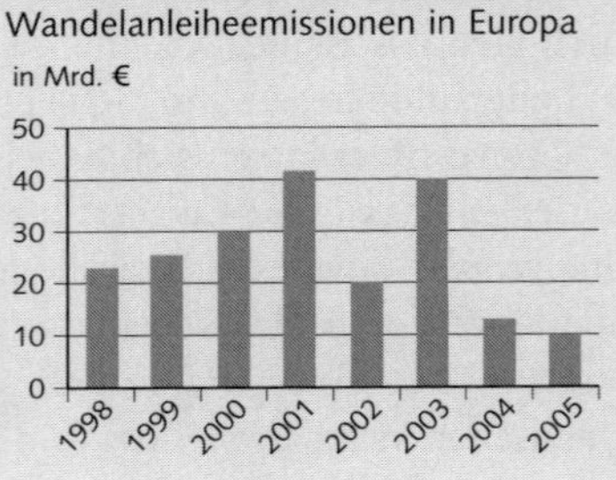

Wandelanleiheemissionen in Europa in Mrd. €

Abb. 20.14: Der Markt für Wandelanleihen in Europa

Traditionell werden Wandelanleihen von den sogenannten »Blue Chips« emittiert. In den letzten Jahren ist jedoch ein Trend der Wandelanleihen als alternative Finanzierungsform bei kleinen und mittleren börsennotierten Adressen, sogenannten »Small- und Midcaps«, zu verzeichnen. Käufer von Wandel- und Umtauschanleihen sind in erster Linie institutionelle Investoren wie z. B. spezialisierte Wandelanleihefonds, Renten- und Aktienfonds oder Hedge-Fonds.

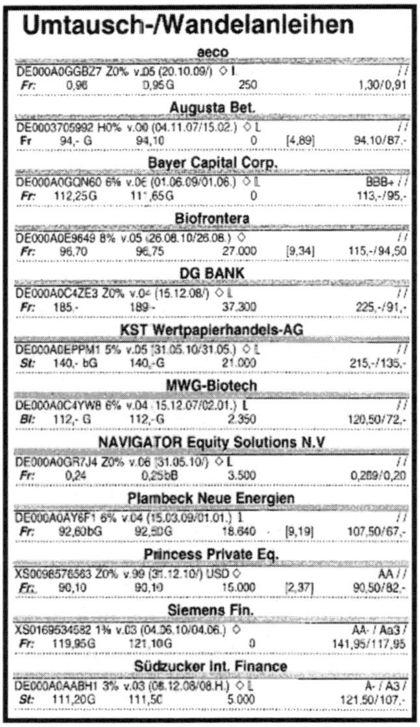

Abb. 20.15: Notierung von Umtausch-/Wandelanleihen
Quelle: Börsenzeitung vom 22. Juli 2006

Ausstattungsmerkmale
Für Wandelanleihen sind die folgenden Ausstattungsmerkmale typisch.
- *Laufzeit.* Am Wandelanleihenmarkt sind Laufzeiten von 3–7 Jahren üblich.
- *Kündigungsrecht durch Emittenten.* Der Emittent kann sich das Recht vorbehalten, die Wandelanleihe vorzeitig zurückzuzahlen, d. h. zu kündigen. Die Wandelanleihebedingungen sehen oftmals vor, dass die Kündigung erst nach Ablauf einer gewissen Mindestlaufzeit ausgesprochen werden kann und dann auch nur für den Fall, dass der Börsenkurs der Aktie während einer gewissen Anzahl von Tagen den Wandlungspreis um einen bestimmten Prozentsatz (häufig: 30 %) übersteigt. Aus Sicht des Emittenten macht das Kündigungsrecht Sinn: Bei erheblichen Kurssteigerungen der zugrunde liegenden Aktie erweist sich eine Wandelanleiheemission gegenüber einer Kapitalerhöhung immer mehr als nachteilig, da der Emittent seine Aktien zu »billig« (Wandlungspreis liegt unter Börsenkurs) anbietet. Das Kündigungsrecht ermöglicht es dem Unternehmen, die Wandlung der Anleihe bei Ein-

tritt der genannten Bedingungen zu forcieren. Da die Kündigung einige Tage vorher angekündigt und veröffentlicht werden muss, werden die Investoren regelmäßig vorher wandeln und die Aktien »günstig« beziehen. Investoren, die nach der ausgesprochenen Kündigung nicht wandeln, wird die Anleihe zum Kündigungstermin zurückgezahlt.

- *Nominalzins.* Der Nominalzins liegt gewöhnlich unter dem einer vergleichbaren Festzinsanleihe. Der geringe Nominalzins ist der Ausgleich für den Vorteil des Wandlungsrechts. Die Höhe des Nominalzins bestimmt sich aufgrund finanzmathematischer Berechnungen (für das Wandlungsrecht) und andererseits aufgrund einer Einschätzung der aktuellen Marktlage und der Stellung des Unternehmens (z. B. Rating).
- *Wandlungsfrist.* Sie definiert den ersten und den letztmöglichen Wandlungszeitpunkt.
- *Wandlungsverhältnis.* Das Wandlungsverhältnis gibt an, wie viele neue Aktien der Investor gegen Rückgabe einer Teilschuldverschreibung erhält.
- *Wandlungspreis.* Der Wandlungspreis ist der Preis, zu dem der Investor eine Aktie (durch Umtausch der Anleihe) erwirbt. Der Wandlungspreis errechnet sich, indem man den Kurswert der Anleihe durch die Anzahl der Umtauschaktien teilt.
- *Wandlungsprämie.* Die Wandlungsprämie entspricht der Differenz zwischen Wandlungspreis und aktuellem Börsenkurs und wird in Prozent vom Börsenkurs ausgedrückt. Sie kann negativ oder positiv sein. Zum Emissionszeitpunkt liegt der Wandlungspreis üblicherweise über dem aktuellen Aktienkurs, sodass die anfängliche Wandlungsprämie positiv ist.

Aus Sicht des Emittenten entspricht die Wandlungsprämie anfänglich dem prozentualen Aufgeld, das die Gesellschaft im Vergleich zu einer Kapitalerhöhung zum aktuellen Börsenkurs vereinnahmen kann. Die Durchsetzbarkeit einer bestimmten Wandlungsprämie hängt vom Unternehmen selbst und der Börsensituation ab (marktüblich: 10–30 %). Aus Sicht des Investors entspricht die Wandlungsprämie dem Aufschlag, um den der aktuelle Aktienkurs steigen muss, damit für ihn eine Wandlung vorteilhaft ist.

Voraussetzung für die Begebung einer Wandelanleihe ist die Ermächtigung durch einen HV-Beschluss für eine bedingte Kapitalerhöhung.

FALLBEISPIEL

Basisstruktur einer Wandelanleihe bei Emission

Aktueller Börsenkurs	80 Euro
Nominalbetrag der Wandelanleihe	1000 Euro
Emissionskurs	100 %
Aktien pro Teilschuldverschreibung	10 Stück
Wandlungspreis	100 Euro
Wandlungsprämie	$\frac{100-80}{80} \cdot 100 = 25\%$

Kupon 3 % p.a.
(30 Euro p.a.)

Für ein Investment in Höhe von 1.000 Euro könnte ein Investor entweder
eine Wandelteilschuldverschreibung oder
12,5 Aktien direkt an der Börse kaufen.
Wenn er die Wandelteilschuldverschreibung kauft
erhält er einen festen Zins in Höhe von 3 % (bei Kauf der Aktie würde er eine bestimmte Dividendenrendite erzielen) und
einen Rückzahlungsanspruch bei Fälligkeit der Anleihe.

Wandelanleihen bieten über das einfache Grundmuster hinaus zahlreiche Gestaltungsmöglichkeiten, die je nach Marktlage zum Zuge kommen. Sie werden in den Anleihebedingungen festgeschrieben. Folgende Varianten kommen vor:
- *Barzahlungsoption*. Der Emittent hat die Option, anstelle einer Aktienlieferung eine festgelegte Barzahlung zu leisten.
- *Währungsoption*. Der Emittent begibt die Anleihe in einer anderen Währung als die der zugrunde liegenden Aktie.
- *Hard Call*. Der Emittent behält sich ein Kündigungsrecht ohne Angaben von Gründen vor.
- *Mandatory-Convertible*. Für die Investoren gibt es eine Wandlungspflicht am Ende der Laufzeit. Solche Mandatory-Convertibles haben den Charakter eines verzinslichen Aktientermingeschäfts.
- *Zerobond-Wandelanleihen*. Der Emittent begibt eine Wandelanleihe ohne Kupon (Zerobond, Nullkuponanleihe). Die Wandelanleihe wird dann mit einem beträchtlichen Abschlag unter dem Nominalwert emittiert. Diese Wandelanleihen werden auch als LYONs (Liquid Yield Option Notes) bezeichnet.

Bewertung von Wandelanleihen

Um den theoretischen Marktwert (»Fair Value«) einer Wandelanleihe zu ermitteln, ist ein finanzmathematisches Modell erforderlich (z. B. Cox/Ross/Rubinstein-Ansatz zur Optionsbewertung). Vereinfacht dargestellt ist die Wandelanleihe nichts anderes als eine Kaufoption auf Aktien eingebettet in einen Anleihemantel. In die Bewertung fließen u. a. folgende Größen ein:
- Anleihestruktur und ev. Kündigungsrechte,
- Laufzeit,
- Erwartete Dividendenrendite,
- Kupon,
- Wandlungsprämie,
- Erwartete Volatilität der Aktie.

Aus Sicht des Emittenten ist die Ermittlung des Fair Value von Interesse: Er vergleicht den Emissionspreis mit diesem theoretischen »fairen« Wert. Oftmals liegt der Fair Value von Wandelanleihen über dem Kurs, zu dem die Wandelanleihe anschließend begeben wird. Dem Unternehmen entstehen dann Opportunitätskosten. Für die Investoren sind das Opportunitätsgewinne. Derartige Abschläge dienen als Zeichnungsanreiz für potenzielle Investoren und sind marktüblich. Warum stimmt der Emittent einem solchen Abschlag zu? Es hat sich gezeigt, dass ohne Preisanreiz für Investoren der Absatzerfolg von Wandelanleihen gefährdet sein kann.

Aspekte aus Sicht des Emittenten
- *Eigenkapitalbeschaffung.* Wandelschuldverschreibungen sind im Wesentlichen Finanzierungsalternativen zu anderen Eigenkapitalmaßnahmen. Sie ermöglichen die mittelfristige Emission von Eigenkapital mit einer Prämie auf den aktuellen Börsenkurs.
- *Beteiligungsveräußerung.* Vergleichbar dazu bieten Umtauschanleihen die Möglichkeit, nicht strategische Unternehmensanteile mit einer Prämie auf den derzeitigen Börsenkurs zu veräußern.
- *Kupon.* Im Vergleich zu Corporate-Bonds bieten sie aufgrund des Eigenkapitalbezugs in der Regel eine geringere Zinsbelastung. Ein Emittentenrating ist nicht zwingend erforderlich.
- *Investorenkreis.* Ferner eröffnet der Markt für Wandelanleihen einen erweiterten Kreis potentieller Investoren, wodurch der Druck auf bestehende Kapitalquellen vermindert wird. In den Jahren 2000/2001 verzeichneten Equity-Linked-Fonds große Nachfrage seitens der Investoren. Diese Nachfrage war die treibende Kraft hinter der wachsenden Zahl von Neuemissionen von Wandelanleihen.

Aspekte aus Sicht des Investors
- *Spekulation.* Der Investor nimmt am Kurspotenzial der zugrunde liegenden Aktie (Underlying) teil.

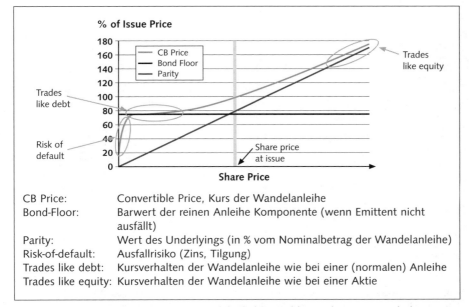

Abb. 20.16: Kursentwicklung einer Wandelanleihe in Abhängigkeit vom Underlying

- *Absicherung.* Der Wert der Anleihekomponente bildet eine untere Grenze (Bond-Floor), da ein möglicher Kursrückgang der Anleihe durch das vom allgemeinen Kapitalmarktzins bestimmte Kursniveau vergleichbarer Anleihen begrenzt wird. Dies bietet dem Anleger im Gegensatz zu einer reinen Aktienoption einen Kapitalschutz. Der Bond-Floor schützt den Anleger jedoch nicht vor einem Wertverlust, der sich z. B. dann ergibt, wenn das Unternehmen zahlungsfähig wird und Zins- und Tilgungsleistungen nicht erbringen kann (Risk-of-Default).

20.4.2 Optionsanleihe

Begriffsbestimmung

Optionsanleihen sind Schuldtitel (Schuldverschreibungen) von Aktiengesellschaften, die neben dem Anspruch auf Verzinsung und Tilgung der ausgegebenen Teilschuldverschreibungen ein *Bezugsrecht* auf Aktien der ausgebenden Gesellschaft verbriefen. Das Bezugsrecht wird in der Regel ab einem bestimmten Zeitpunkt nach der Emission getrennt gehandelt und notiert. Man spricht dann vom Optionsschein bzw. vom Warrant.

Der Anleiheteil der Optionsanleihe bleibt unabhängig von der Ausübung des Optionsrechts während der Laufzeit bis zur Tilgung der Anleihe bei Endfälligkeit bestehen. Sofern die Anleihegläubiger über die Optionsscheinausübung auch Aktionäre werden, fließt dem Emittenten Eigenkapital zu. Die Fremdkapitalposition bleibt allerdings bestehen und muss am Ende der Laufzeit der Optionsanleihe vom Emittenten zurückgezahlt werden.

Emittentin	Allianz Finance II B.V.
Garantin	Allianz AG
Typ	Nachrangige Anleihe
Währung	Euro
Rating	Moody's: A2 S&P: A
Gesamtnennbetrag	1,4 Milliarden Euro
Nennbetrag je Teilschuldverschreibung	1.000 Euro
Ausgabetag	17. Februar 2005
Laufzeit/Fälligkeit	Unbegrenzt
Kupon	4,375% p.a. in den ersten 12 Jahren, danach 3-Monats EURIBOR +1,73%
Zinszahlungstermine	Festzinsperiode: jährlich nachträglich ab dem 17. Februar 2006 Variable Zinsperiode: quartalsweise nachträglich ab dem 17. Februar 2017 (17. Februar, 17. Mai, 17. August, 17. November)
Vorzeitige Rückzahlung	Kündbar durch die Emittentin, wenn der zurückzuzahlende Nennbetrag durch Einzahlung anderer, zumindest gleichwertiger aufsichtsrechtlicher Eigenmittel ersetzt wird
Börsennotiz	Börse Luxemburg
WKN	A0D X0V
ISIN Nummmer	XS 021 163 783 9
Common Code	021163783

Der Vorstand der Gesellschaft hat am 25. Januar 2005 mit Zustimmung des Aufsichtsrats vom gleichen Tag beschlossen, 4,375 % Guaranteed Undated Subordinated Fixed to Floating Rate Callable Bonds im Gesamtnennbetrag von EUR 1.400.000.000 über die Allianz Finance II B.V. zu begeben, denen insgesamt 11.200.000 Optionsscheine mit Optionsrechten auf 11.200.000 neue, auf den Namen lautenden Stückaktien mit einem anteiligen Betrag des Grundkapitals von EUR 2,56 je Aktie der Allianz Aktiengesellschaft (nachfolgend auch die „Neuen Aktien" genannt) beigefügt worden sind. Die Neuen Aktien nehmen vom Beginn des Geschäftsjahres der Gesellschaft, in dem sie durch Ausübung des Optionsrechts entstehen, am Gewinn teil. Das Bezugsrecht der Aktionäre auf die Schuldverschreibungen wurde ausgeschlossen.

Das Optionsrecht kann von den Optionsscheingläubigern vom 30. März 2005 bis einschließlich 15. Februar 2008 entsprechend den Optionsbedingungen ausgeübt werden. Der Ausübungspreis je Aktie beträgt EUR 92 und unterliegt gegebenenfalls Anpassungen. Die Optionsrechte sind in einer Globalurkunde verbrieft, die bei Clearstream Banking S.A., Luxemburg, verwahrt wird. Die Optionsscheine sind derzeit nicht börsennotiert.

Die bis zu 11.200.000 Neuen Aktien sind am 24. März 2005 zum amtlichen Markt an den Wertpapierbörsen zu München, Berlin-Bremen, Düsseldorf Frankfurt am Main, Hamburg, Hannover und Stuttgart sowie zum Teilbereich des amtlichen Marktes mit weiteren Zulassungsfolgepflichten (Prime Standard) der Frankfurter Wertpapierbörse zugelassen worden. Die Zulassung der Neuen Aktien an den Wertpapierbörsen in London, New York, Paris und der Schweizer Börse erfolgt nach den dortigen Usancen. Die Neuen Aktien sind in einer Globalaktienurkunde verbrieft, die bei Clearstream Banking AG, Frankfurt am Main, hinterlegt wurde. Ein Anspruch der Aktionäre auf Verbriefung ihrer Anteile ist satzungsgemäß ausgeschlossen.

Abb. 20.17: Ausstattungsmerkmale der Allianz Optionsanleihe von 2005
Quelle: Allianz AG, elektronischer Bundesanzeiger vom 29.03.2005

Marktübersicht

Optionsanleihen sind ein Modeprodukt, das zeitweilig vom Markt begeistert nachgefragt wird, zeitweise auch auf Desinteresse und Ablehnung stößt. Per Anfang Juli 2006 waren Optionsanleihen aufgrund steuerlicher und bilanzrechtlicher Bedingungen sowie des allgemeinen Marktumfelds von geringem Interesse. Das notierte Volumen am deutschen Markt betrug etwa 1,6 Mrd. Euro, von dem der Löwenanteil auf die Optionsanleihe der Allianz Finance II B. V. mit 1,4 Mrd. Euro entfiel.

Ausstattungsmerkmale

Bei der Ausgabe von Optionsanleihen sind insbesondere folgende Größen vom Emittenten und der Bank festzulegen:

- *Anzahl* der Optionsscheine, die einer Teilschuldverschreibung beigefügt werden.
- *Optionsverhältnis*, d. h. die Anzahl der zum Bezug einer Aktie erforderlichen Optionsscheine.
- *Optionsfrist*, d. h. die Frist, innerhalb derer Aktien über die Optionsscheinausübung bezogen werden können.
- *Bezugskurs* der Aktien, d. h. Preis der zu beziehenden Aktien.
- *Emissionskurs* der Teilschuldverschreibungen in %. Dieser Preis wird oftmals auch Platzierungspreis genannt.
- *Kupon*, d. h. die Höhe der jährlichen Zinszahlungen.
- *Laufzeit* der Anleihe.

Notierung

Durch die Möglichkeit eines getrennten Handels der an die Optionsanleihe gebundenen Optionsscheine ergeben sich drei Möglichkeiten einer Kursnotierung an der Börse:

- Optionsanleihe mit Optionsschein (»m.O.«; »cum«). Hierbei wird die Optionsanleihe inklusive des zugehörigen Warrants notiert, wodurch sowohl die Aktienkursentwicklung als auch der Kapitalmarktzins im Pricing Berücksichtigung finden. Der Käufer einer Optionsanleihe »m.O.« ist somit sowohl einem Zins- als auch einem Aktienkursänderungsrisiko ausgesetzt.
- Optionsanleihe ohne Optionsschein (»o.O.«; »ex«). Der Kurs der Anleihe orientiert sich einzig am jeweiligen Kapitalmarktzins. Da die Optionsanleihe im Allgemeinen über einen im Vergleich zum Marktzins niedrigeren Kupon verfügt, wird der Kurs nach Trennung des Optionsscheins fallen, da nun allein der Zinseffekt auf den Kurs der Anleihe einwirkt.
- Optionsschein alleine. Der Optionsschein alleine entspricht einer Call-Option auf Aktien. Die Preisbildung erfolgt analog.

Optionsanleihen

Allianz Fin.II					
XS0211637839 V4⅜ v.05 (/17.02.) ◇					A / A2 / A
Dü:	92,81 G	92,48 G	10.000		100,89/90,95
Deutsche Bank, London Branch					
DE000DB0UCT7 Z0% v.05 (22.09.10/) L					//
Fr:	110,01 G	110,95 G	620		115,25/106,32
Fortune Management					
DE000A0E7MA0 6% v.05 (20.07.07/20.H.) ◇ L					//
Bl:	117,- -T	117,--T	0		135,-/103,-
Franz Haniel					
DE0003659108 V8¾ v.91 (31.03.11/30.H.) DEM ◇ L					//
Dü:	145,- G	145,-G	0		146,-/136,80
DE0003659116 V8¾ v.91 (31.03.11/30.H.) DEM ◇ L					//
Fr:	116,50-T	116,50-T	0		120,25/111,50
Kötitzer Leder					
DE0003501995 5¼ v.97 (12.05.08/12.05.) DEM L					//
Bl:	100,- -T	100,--T	0	[5,22]	100,-/100,-
T.N.G. Capital Invest AG					
DE000A0JP991 7% v.06 (21.04.11/21.04.) ◇					//
Fr:	85,- B	85,-B	0	[12,1]	98,-/59,-
DE000A0JQAB3 7% v.06 (21.04.11/21.04.) ◇ L					//
Fr:	102,-	104,-B	3.000	[6,23]	116,-/95,-

Abb. 20.18: Notierung von Optionsanleihen
Quelle: Börsenzeitung vom 12.07.2006

Going-Public-Optionsanleihe

Eine besondere Art der Optionsanleihe ist die »Going-Public-Optionsanleihe«. Es handelt sich um Anleihen, denen sog. »Optionskupons« beigefügt sind, die den Investor berechtigen, jedoch nicht verpflichten, bei einem Börsengang des Unternehmens während einer festgesetzten Zeichnungsfrist einen Umtausch der Optionskupons in Optionsscheine durchzuführen. Der erworbene Optionsschein berechtigt innerhalb eines vorgegebenen Zeitraums, Aktien des Emittenten zum Platzierungspreis beim IPO oder zu einem anderen festgelegten Preis zu beziehen. Wird das IPO nicht durchgeführt, verfällt das Optionsrecht. Die Optionsanleihe wird am Ende der Laufzeit inklusive des verbrieften Zinsanspruchs zurückgezahlt.

- *Geeignet für*: Going-Public-Optionsanleihen eignen sich für solche Unternehmen, die Kapital benötigen, aber für die ein IPO z. B. aufgrund einer unerwarteten Verschlechterung des Börsenumfelds für Erstemissionen kurzfristig nicht sinnvoll erscheint.
- *Genutzt von*: Going-Public-Optionsanleihen sind in der Vergangenheit vor allem von Schweizer Gesellschaften genutzt worden. Die Praxis zeigt, dass sich dieses Finanzierungsinstrument bisher am Kapitalmarkt nicht durchsetzen konnte, da sich ein Großteil der Schuldner von Going-Public-Optionsanleihen letztlich als nicht kapitalmarktfähig erwiesen hat.
- *Anreiz für Emittent*: Es besteht ein Anreiz für Emittenten, mit der Inaussichtstellung eines IPO die Phantasie der Investoren anzuregen und eine Anleihe mit einem vergleichsweise niedrigen Kupon zu emittieren.

20.4.3 Genussscheine

Der Genussschein verbrieft ein Vermögensrecht an einem Unternehmen, ohne ein Mitgliedsrecht (z. B. Stimmrecht) zur gewähren. Genusskapital hat folgende zwei wichtige Eigenschaften:

- *In wirtschaftlicher Hinsicht* ähnelt das Genussrechtskapital dem Eigenkapital. Nach § 10 KWG wird es als Eigenkapital der Kreditinstitute anerkannt, sofern die Haftungsqualität dem Eigenkapital ähnelt. Dazu muss die Ausschüttung erfolgsabhängig sein und volle Verlustteilnahme erfolgen.
- *In steuerlicher Hinsicht* werden Ausschüttungen auf Genussrechtskapital unter bestimmten Voraussetzungen als Fremdkapital gewertet und mindern als Betriebsausgaben den zu versteuernden Gewinn des Emittenten. Dazu muss eine Anteilnahme am Liquidationserlös des Unternehmens ausgeschlossen sein.

Marktübersicht

Zwischen Mitte der 80er-Jahre bis Ende der 90er-Jahre hat das Volumen börsennotierter Genussscheine in Deutschland stark zugenommen. Seit dem Jahr 2000 ist dieser Trend jedoch rückläufig. Zurückzuführen ist dies auf die Fälligkeit ausstehender Genussscheine und die geringe Zahl von Neuemissionen. Gab es im Jahr 2000 noch 277 Emissionen von ca. 100 Emittenten mit einem Nominalwert von rund 17 Mrd. Euro, so waren es im April 2006 noch 237 Emissionen von 67 Emit-

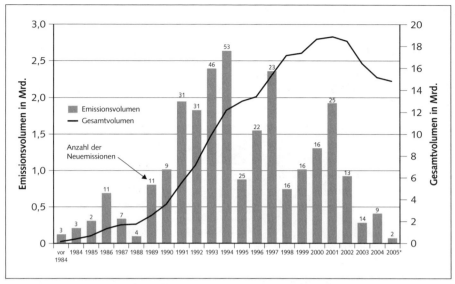

Abb. 20.19: Neuemissionen bei börsennotierten Genussscheinen. Stand: September 2005
Quelle: Commerzbank AG, Broschüre Genussscheine, 2000

tenten mit einem Nominalwert von 14,8 Mrd. Euro. Ca. 95 % des Anfang 2006 börsennotierten Genussscheinvolumens wurde von Kreditinstituten emittiert, die sich mit diesem Instrument Eigenkapital beschaffen.

Die Notierung der meisten Genussscheine erfolgt in Prozent, nur wenige haben eine Stücknotiz. Dabei sind die Stückzinsen im Kurs bereits enthalten (»Flat«-Notierung). Die überwiegende Anzahl der Genussscheine wird im Amtlichen Handel oder im Geregelten Markt notiert.

Ausstattungsmerkmale
Da die Ausgestaltung von Genussrechten an keine gesetzlichen Bestimmungen gebunden ist, ist eine vielseitige Zweckbestimmung und flexible Gestaltung durch den Emittenten möglich. Die Ausstattungsmerkmale variieren hinsichtlich der Ausschüttung, der Laufzeit, der Kündigungs- und Rückzahlungsmodalitäten sowie der Verlustteilnahme und Haftung. Bezogen auf die Ausschüttungsmerkmale lassen sich aktienähnliche und rentenähnliche Genussscheine unterscheiden:
- *Rentenähnliche Genussscheine.* Der Emittent zahlt einen jährlichen konstanten Prozentsatz auf das Grundkapital, sofern der Bilanzgewinn dazu ausreicht, oder er zahlt eine jährliche vom Bilanzgewinn unabhängige Mindestverzinsung zuzüglich einer gewinnabhängigen Verzinsung.
- *Aktienähnliche Genussscheine.* Der Emittent gewährt jährliche vom jeweiligen Bilanzgewinn (Jahresüberschuss) abhängige oder nach der Eigen- oder Gesamtkapitalrendite bemessene Ausschüttungen.

Rentenähnliche Genussscheine dominieren den Markt (ca. 99 % des gesamten Genussscheinvolumens). So lässt sich beispielsweise festhalten, dass von den Neuemissiones des Jahres 2004 keine Einzige aktienähnliche Merkmale aufweist. Gleichzeitig fällt auf, dass aufgrund des Zinsumfeldes keine der neuen Emissionen voll variabel verzinst ist.

FALLBEISPIEL

Die SIXT AG emittierte 2004 einen Genussschein, der eine jährliche Verzinsung von 9,05 % bietet. Mit einem Volumen von 100 Mio. Euro war die Emission eine der größten im Jahr 2004.

Abb. 20.20: Genussscheine der Sixt AG
Quelle: Elektronischer Bundesanzeiger

Darüber hinaus werden in der Praxis auch Genussscheine emittiert, die neben einer bestimmten Verzinsung zusätzliche Rechte wie z. B. Wandel- oder Optionsrechte verbriefen. Es handelt sich dabei um Wandel- oder Optionsgenussscheine.

Emissionsgründe
Genussscheine werden ausgegeben, um
- dem Unternehmen neues Kapital mit Eigenkapitalcharakter zu beschaffen, ohne die bestehenden Stimmrechtsverhältnisse zu verändern.
- Mitarbeiter am Gewinn zu beteiligen.
- Aktionäre im Rahmen von Sanierungen oder Umwandlungen abzufinden.

Für die einzelnen Unternehmensgruppen gibt es nachfolgend aufgeführte Motive.
Nicht-Aktiengesellschaften. Die Emission von Genussscheinen ist nicht an eine bestimmte Rechtsform gebunden. Aus diesem Grund kann der Genussschein im Gegensatz zur Aktie auch von Nicht-Aktiengesellschaften zur Eigenkapitalbeschaffung verwendet werden.
Kreditinstitute: Für Kreditinstitute liegt ein besonderer Reiz des Genussscheins darin, dass das zufließende Kapital unter bestimmten Voraussetzungen zur »Auffüllung« des haftenden Eigenkapitals verwendet werden kann (sog. Ergänzungskapital). Kapital, das gegen Gewährung von Genussrechten eingezahlt ist (Genussrechtsverbindlichkeiten), ist dem haftenden Eigenkapital zuzurechnen, wenn
1. es bis zur vollen Höhe am *Verlust teilnimmt* und das Institut verpflichtet ist, im Falle eines Verlustes *Zinszahlungen aufzuschieben*,
2. vereinbart ist, dass es im Falle des Insolvenzverfahrens über das Vermögen des Instituts oder der Liquidation des Instituts erst nach Befriedigung aller nicht nachrangigen Gläubiger zurückgezahlt wird (*Nachrangigkeit*),
3. es dem Institut für mindestens *fünf Jahre Laufzeit* zur Verfügung gestellt worden ist,
4. der Rückzahlungsanspruch nicht in weniger als *zwei Jahren Restlaufzeit* fällig wird oder auf Grund des Vertrags fällig werden kann,
5. der Vertrag über die Einlage *keine Besserungsabreden* enthält, nach denen der durch Verluste während der Laufzeit der Einlage ermäßigte Rückzahlungsanspruch durch Gewinne, die nach mehr als vier Jahren nach der Fälligkeit des Rückzahlungsanspruchs entstehen, wieder aufgefüllt wird, und
6. das Institut bei Abschluss des Vertrags auf die in den Sätzen 3 und 4 genannten Rechtsfolgen ausdrücklich und schriftlich hingewiesen hat.

Die Emission von Genussscheinen trägt unter diesen Voraussetzungen sowohl zur potenziellen Ausweitung der Aktivgeschäfte, als auch zur Erreichung der von den verschiedenen Bankenrichtlinien vorgeschriebenen Eigenkapitalquote bei, ohne das formal aufwändige Verfahren einer Kapitalerhöhung durchführen zu müssen.

20.4.4 Aktienrückkauf

Mit der Einführung des KonTraG (Gesetz über Kontrolle und Transparenz im Unternehmensbereich vom 01.05.1998) und dessen Ziel, die Attraktivität des deutschen Finanzplatzes zu erhöhen, erfolgte eine generelle Erlaubnis für den Rückkauf eigener Aktien durch die Gesellschaften bis zu einer Höhe von 10 % des Grundkapitals (§ 71 Abs. 1 Nr. 8 AktG).

> d) Der Vorstand wird ermächtigt, Aktien der Gesellschaft, die aufgrund dieser Ermächtigung erworben werden, zu allen gesetzlich zulässigen Zwecken, insbesondere auch zu den Folgenden zu verwenden:
> (1) Sie können gegen Sachleistung veräußert werden, insbesondere als (Teil-)Gegenleistung im Rahmen von Unternehmenszusammenschlüssen oder zum Erwerb von Unternehmen, Beteiligungen an Unternehmen oder Unternehmensteilen verwendet werden. Das Bezugsrecht der Aktionäre wird insoweit ausgeschlossen.
> (2) Sie können zur Erfüllung von Wandlungs- oder Optionsrechten, die von der Gesellschaft oder einer Konzerngesellschaft bei der Ausgabe von Schuldverschreibungen eingeräumt wurden, oder zur Erfüllung von Pflichten zur Wandlungs- oder Optionsausübung aus von der Gesellschaft ausgegebenen Schuldverschreibungen verwendet werden. Für diese Fälle und in diesem Umfang wird das Bezugsrecht der Aktionäre ausgeschlossen.

Abb. 20.21: Beispiel für eine Ermächtigung zum Aktienrückkauf
Quelle: Deutsche Börse AG, HV-Einladung 2006

Voraussetzung für einen Rückerwerb eigener Aktien sind: Ein Hauptversammlungsbeschluss, der für maximal 18 Monate gültig ist. Hierbei müssen der höchste und der niedrigste Rückkaufspreis sowie der Anteil am Grundkapital, der zurückgekauft werden soll, festgelegt werden. Weitere Angaben wie Zweck des Rückkaufs und Erwerbsart der eigenen Anteile können optional angegeben werden. Zum Zweck des Handels in eigenen Aktien dürfen Aktien nicht zurückgekauft werden.

Motive des Aktienrückkaufes
- *Kapitalstruktursteuerung.* Durch den Aktienrückkauf besteht für das Unternehmen die Möglichkeit, überschüssige Liquidität an seine Aktionäre auszuschütten. Ferner kann eine Senkung der durchschnittlichen Kapitalkosten (WACC) erreicht werden, falls beispielsweise bei kreditfinanziertem Rückkauf eigener Anteile »teures« Eigenkapital durch »günstiges« Fremdkapital ersetzt wird.
- *Kurspflege.* Das Management der Gesellschaft kommuniziert durch die Ankündigung eines Aktienrückkaufs Vertrauen in das eigene Unternehmen und hat hierdurch die Möglichkeit, stabilisierend auf den Aktienkurs einzuwirken. Voraussetzung für diese Signalwirkung auf den Kapitalmarkt ist die Glaubwürdigkeit der kommunizierten Maßnahme. Generell steigt diese mit der Rückkaufquote und der angebotenen Prämie auf den aktuellen Börsenkurs. Hierbei kommt dem angewandten Rückkaufverfahren eine Schlüsselstellung im Rahmen der Signalwirkung zu.

- *Veränderung der Aktionärsstruktur.* Durch die Eliminierung von im Streubesitz befindlichen Aktienbeständen können Betreuungskosten für Kleinaktionäre reduziert werden und eine Trennung von unerwünschten Aktionärsgruppen erreicht werden.
- *Finanzierung von Akquisitionen.* Eigene Aktien stellen eine beliebte Akquisitionswährung zur Finanzierung von Unternehmenskäufen dar.
- *Bedienung von Mitarbeiter- und Managementbeteiligungsprogrammen.* Die zurück gekauften eigenen Aktien können als Grundlage für Aktienoptionsprogramme verwendet werden.

Rückkaufverfahren

Die Wahl der Rückkaufmethode wird hauptsächlich von der spezifischen Zielsetzung und der individuellen Situation des Unternehmens bestimmt. Die unterschiedlichen Rückkaufverfahren unterscheiden sich hinsichtlich
- ihrer Signalwirkung auf den Kapitalmarkt,
- den Kosten, insbes. der zu zahlenden Prämie,
- sowie des realisierbaren Volumens der zurückzukaufenden Aktien.

Grundsätzlich kann zwischen folgenden Erwerbsmethoden unterschieden werden:

Open-Market-Repurchase
- Aufkauf von Aktien direkt über die Börse oder am Telefonmarkt
- Kann langfristig angelegt sein
- Kann offiziell angekündigt oder »still« durchgeführt werden
- Ist äußerst flexibel einsetzbar
- Kostengünstigste Rückkaufsvariante
- Geringe Signalwirkung auf den Kapitalmarkt

Self-Tender-Offer
- Öffentliches Rückkaufangebot an Aktionäre
- Kein Rückkauf über die Börse
- Hohe Signalwirkung auf den Kapitalmarkt
- Das Angebot gilt zeitlich befristet
- Entweder festes Preisangebot (Fixed-Price-Tender-Offer) oder Preisspannen-Vorgabe
- Individuelle Ansprache und Auswahl der Aktionäre möglich (Reverse-Bookbuilding)
- Erfolgt keine individuelle Auswahl und Ansprache der Aktionäre wird von Dutch-Auction gesprochen.

Bilanztechnische Betrachtungen

Es bestehen für das Unternehmen zwei Möglichkeiten der Verwendung eigener Aktien:

Aktivierung im Umlaufvermögen
- Bewertung nach Niederstwertprinzip auf der Aktivseite der Bilanz.
- Bildung einer Rücklage für eigene Aktien in gleicher Höhe auf der Passivseite der Bilanz.

- Bei Rückkauf mit liquiden Mitteln erfolgt ein Aktivtausch. Die liquiden Mittel nehmen ab, während die Position Eigene Aktien zunimmt.

Einzug der Aktien
- Sofern die Aktien eingezogen werden, dürfen sie nicht aktiviert werden.
- Der Nennwert der zurückgekauften Aktien ist vom Grundkapital abzusetzen.
- Der den Nennwert übersteigende Kaufpreis ist mit den Gewinnrücklagen zu verrechnen.
- Es erfolgt eine Bilanzverkürzung.

20.5 Unternehmensbewertung und Preisfindung

20.5.1 Überblick

Die Preisfindung zählt zu den schwierigsten und gleichzeitig bedeutendsten Aufgaben bei einem IPO. Bei einer falschen Bewertung muss der Börsengang im ungünstigsten Fall abgesagt oder aber verschoben werden, was mit einem erheblichen finanziellen Schaden und einem Imageverlust für den Emittenten und die begleitenden Banken verbunden ist. Aus diesem Grund stellt sich die Preisfindung nicht als ein einmaliger Vorgang, sondern als ein mehrstufiger Prozess dar, der schon sehr früh eingeleitet wird.

Es existiert eine Vielzahl von Verfahren, die zur Bestimmung des Unternehmenswerts verwendet werden. Die in der Praxis gebräuchlichsten Verfahren lassen sich grob in zwei Hauptgruppen unterscheiden:
- Multiplikatorverfahren und
- Diskontierungsverfahren (Discounted-Cashflow-Methode).

Oftmals werden die verschiedenen Verfahren parallel angewendet, um so eine größere Plausibilität des (Durchschnitts-) Ergebnisses zu erreichen. Im Zuge der Marktkonsolidierung zu Beginn des neuen Jahrtausends hat sich die Sichtweise der Marktakteure verstärkt zurück auf die Fundamentaldaten gerichtet. Dies wird in der Zukunft möglicherweise dazu führen, dass Unternehmen zusätzliche Pre-IPO-Finanzierungsrunden durchführen, bis z. B. der Break-Even des EBIT (Ergebnis vor Zinsen und Steuern) sichergestellt ist.

Ziel der Unternehmensbewertung sollte es sein, die Ertragskraft des Unternehmens in seinem relevanten Marktumfeld abzubilden. Deshalb sollten die zur Bewertung verwendeten Größen und Kennziffern möglichst frei von bilanzpolitischer Einflussnahme und zyklischen Verzerrungen sein. Ökonomische Merkmale und Besonderheiten des betrachteten Unternehmens sind bei der Wahl des Bewertungsmodells zu beachten. Beispielsweise zeichnen sich New-Economy-Unternehmen dadurch aus, dass sie in den ersten Jahren ihres Bestehens häufig keine Gewinne erzielen und ihr zukünftiger wirtschaftlicher Erfolg kaum aus historischen Daten erschlossen werden kann, sondern in hohem Maße von der Reaktionsfähigkeit des Managements und der Mitarbeiter (»Peoples Business Companies«) auf Ereignisse und Probleme beeinflusst wird.

Bewertungskennziffern, die auf dem prognostizierten Gewinn der nahen Zukunft aufbauen (z. B. KGV oder EBITDA-Multiplikatoren), würden dem Wert eines New-Economy-Unternehmens nicht gerecht werden. In der Praxis wendet man daher Verfahren an, die die Gewinndynamik über den Einbezug eines längeren Planungszeitraums berücksichtigen (z. B. Discounted-Cashflow-Methoden). Ein anderer viel diskutierter Ansatz ist die Bewertung von New-Economy-Unternehmen mittels Realoptionen. Bei Unternehmen, die seit mehreren Jahren am Markt agieren und bereits ein relativ stabiles Ertragsniveau erreicht haben, wird dagegen eine KGV- oder EBITDA-Bewertung unter Beachtung bestimmter »Spielregeln« verwendet (siehe im Folgenden).

- *Business-Plan.* Als wichtige Informationsgrundlage zur Bewertung dient den Analysten der Bank der Business-Plan des Unternehmens. Er enthält Aussagen über das Geschäftsmodell, die Planzahlen des Unternehmens in den nächsten 5 Jahren nach dem Börsengang sowie pauschale Annahmen zur weiteren Entwicklung.
- *Bewertungsmodell.* Der Business-Plan des Unternehmens fließt in das Bewertungsmodell des Analysten ein. Die Einschätzung der Analysten z. B. hinsichtlich der künftigen Entwicklung des Branchen- und Marktumfeldes des Börsenkandidaten und dessen Positionierung im relevanten Markt fließen in die Bewertung mit ein. Ist der Analyst z. B. der Meinung, dass die vom Unternehmen im Business-Plan angegebene »ewige« Wachstumsrate des Cashflows zu ehrgeizig ist, wird er diese in seinem Bewertungsmodell entsprechend anpassen. Ziel des Bewertungsmodells ist es, den Equity-Value, d. h. den Wert des Eigenkapitals zu errechnen.
- *Fair Value per Share.* Aus der Division des Equity-Value durch die Anzahl der Aktien resultiert der »gerechte« Preis pro Aktie (Fair Market Value per Share).

> **Post-Money-Plan versus Pre-Money-Plan:**
> **Wertfindung unter Einbezug des Emissionserlöses (Post Money) oder ohne ihn (Pre Money)**
>
> Besondere Aufmerksamkeit ist der Frage zu widmen, in welcher Form und in welcher Höhe der Mittelzufluss aus dem geplanten IPO in die Planungen der Gesellschaft einbezogen worden ist (z. B. geplante Rückzahlung von Schulden, Umsatzsteigerung durch Investitionen).
>
> **Pre-Money-Plan.** Bewertungen ohne Berücksichtigung des voraussichtlichen Emissionserlöses kommen im IPO-Geschäft praktisch selten vor. Schließlich werden die neuen Aktionäre Anteile eines Unternehmens erwerben, dem der Emissionserlös zugeflossen sein wird.
>
> **Post-Money-Plan.** Bewertungen unter Einschluss des Emissionserlöses sind der Standard. Wie hoch ist eigentlich der in die Planung einzurechnende Mittelzufluss? Es ist zu beachten, dass das Unternehmen nur effektiv den Teil des Emissionserlöses verplanen kann, der aus der Kapitalerhöhung zufließt. Werden Gesellschafteranteile im Rahmen des Börsengangs umplatziert, fließen dem Unternehmen keine zusätzlichen Mittel zu. Dies ist im Business-Plan und bei der anschließenden Bewertung zu beachten. Für den Fall, dass die Anfertigung einer Unternehmensplanung unter Einschluss des Emissionserlöses schwierig sein sollte, kann hilfsweise der Mittelzufluss über einen fiktiven ewigen Zinsertrag in der Bewertung berücksichtigt werden.

Häufig werden Erstemissionen mit einem IPO-Abschlag begeben, der je nach Börsenstimmung zwischen 10 % und 30 % des Fair Value betragen kann. Dieser Abschlag dient als Zeichnungsanreiz für neue Investoren und soll den nachhaltigen Erfolg der Emission über die Erstplatzierung hinaus gewährleisten.

Im Folgenden werden zwei klassische Bewertungsmethoden erläutert.

20.5.2 Bewertung mittels Multiplikator-Methoden

20.5.2.1 Idee der Multiplikatormethode

Multiplikator-Methoden (auch: Peer-Group-Vergleichsverfahren, Kennzahlenverfahren) leiten den Wert eines Unternehmens bzw. seiner Aktien anhand eines Kennzahlenvergleichs von Werten vergleichbarer Unternehmen (Peer-Group) ab.

Entspricht z. B. das Verhältnis »Kurs der Aktie/Gewinn pro Aktie« eines Vergleichsunternehmens dem Wert 20 – diese Zahl wird Multiplikator oder Multiple genannt – und weist das zu bewertende Unternehmen einen Gewinn pro Aktie von 1,3 Euro auf, dann wäre die Aktie dieses Unternehmens nach der Multiplikatormethode mit 26 Euro zu bewerten (1,3 × 20).

BEISPIEL

Unternehmensbewertung mit Multiplikatormethode

Vergleichsunternehmen	Zu bewertendes Unternehmen
Gewinn pro Aktie: 2 Euro (bekannt)	Gewinn pro Aktie: 1 Euro (bekannt)
Marktwert der Aktie: 10 Euro (bekannt)	Geschätzter Wert der Aktie: 1 Euro · 5 = 5 Euro
Multiplikator: 10 Euro/2 Euro = 5 (bekannt)	

Multiplikator-Verfahren werden auch als marktorientierte Bewertungsverfahren bezeichnet, weil die Marktbewertung vergleichbarer Unternehmen das Bewertungsergebnis maßgeblich beeinflusst.

Folgende Inputgrößen sind zur Unternehmensbewertung mit Multiplikator-Methoden von Bedeutung.

20.5.2.2 Identifizierung der Peer-Group

Als Peer-Group wird die Gruppe der Vergleichsunternehmen bezeichnet. Die Zusammensetzung der Peer-Group ist von zentraler Bedeutung für die Wertermittlung, denn je nachdem, welche Unternehmen man einbezieht oder nicht, kann man den Wert des zu bewertenden Unternehmens nach oben oder unten beeinflussen.

Gemäß dem Ansatz der Methode müsste einbezogen werden: das (oder die) Unternehmen, das (oder die) in Bezug auf die Entwicklung der zukünftigen Cashflows, die den Investoren zufließen, mit dem zu bewertenden Unternehmen genau übereinstimmt (übereinstimmen).

Da sich das ideale Vergleichsunternehmen im Regelfall nicht finden lässt, sucht man eine Gruppe von möglichst ähnlichen Unternehmen. Man unterstellt, dass diese Gruppe *im Durchschnitt* dem idealen Vergleichsunternehmen nahe kommt, und bildet Mittelwerte. Gelegentlich wird auch mit individuellen Auf- oder Abschlägen korrigiert. Folgende Maßnahmen finden Verwendung:

Key-Value-Drivers
Die Vergleichsunternehmen werden so ausgewählt, dass sie in Bezug auf Schlüsseldeterminanten (Key-Value-Drivers) wie z. B. dem Geschäftsmodell, der Ertragsstärke, der Wachstumsdynamik und dem Risikoprofil dem zu bewertenden Unternehmen ähnlich sind.

Zuschlagsmethode
Lassen sich keine geeigneten Vergleichsunternehmen auszumachen, die hinsichtlich der oben genannten Auswahlkriterien mit denen des Emittenten wirklich übereinstimmen, wird diesem Umstand häufig durch individuelle Auf- oder Abschläge auf den Multiplikator Rechnung getragen. Ein Bewertungsaufschlag wäre z. B. gerechtfertigt, wenn das betrachtete Unternehmen im Vergleich zur Peer-Group über ein Top-Management oder einen starken Markennamen verfügt.

Verdichtungsverfahren
Die Verhältniszahlen der Peer-Group verdichtet man i. d. R. nach folgenden Methoden:
- Durchschnitt,
- Median,
- Freihändige Bestimmung durch begründetes Nichtberücksichtigen von Vergleichsunternehmen. Für den verbleibenden Rest wird das Durchschnittsverfahren benutzt.
- Regressionsanalyse.

Datenverdichtung durch Regressionsanalyse

Die Modelle besitzen grundsätzlich folgende Struktur:

$$Y = b_0 + b_1 X_1 + b_2 X_2 \ldots + b_n X_n + e$$

Y = zu erklärende Variable (z. B. Marktwert, KGV, PE-Ratio);
b_0 = Regressionskonstante;
b_i = Regressionskoeffizienten;
X_i = Erklärungsvariable (z. B. Gewinn, Cashflow, Nettoverschuldung, Wachstum);
e = Residualterm.

Die Regressionsgleichung zur Schätzung eines Multiples, hier z. B. eines KGVs könnte je nach vermuteter Wirkungsbeziehung folgendermaßen lauten:

KGV = b_0 + b_1 (Cashflow-Wachstumsrate) + b_2 (Personalaufwand) + e

Die Daten zur Schätzung der Regressionskoeffizienten werden der Peer-Group entnommen.

Das Verfahren ist in der Praxis ungebräuchlich, da mit dem Aufstellen der Regressionsgleichung eine Wirkungsbeziehung unterstellt werden muss, die naturgemäß Elemente der Willkür enthält. Standardisierte Regressionsgleichungen haben sich nicht entwickelt.

20.5.2.3 Multiplikatoren

Es muss die Frage aufgeworfen werden, welche Multiplikatoren zu verwenden sind. Dazu soll zunächst geklärt werden, welche Multiplikatoren verwendet werden *sollten*. Multiplikatoren sind – wie oben erläutert – nichts anderes als Verhältniszahlen aus einer Finanzkennzahl und dem Unternehmenswert bzw. Marktwert des Eigenkapitals. Ideal wären nun solche Multiplikatoren, die für möglichst jedes Unternehmen ein immer gleiches Verhältnis von Finanzkennzahl und Unternehmenswert einnehmen. Dann könnte man in der Praxis ohne zusätzliche Prüfungen alle denkbaren Bewertungsprobleme lösen. Leider gibt es dies aber nicht. Man hat die Erfahrung gemacht, dass je nach Situation unterschiedliche Kennzahlen sinnvolle Ergebnisse bringen.

In der Praxis verwendet man vor allem Ertrags-, Umsatz-, und Cashflow-Multiples. Die wichtigsten sind:

- Aktienkurs/Gewinn pro Aktie (KGV-Methode oder P/E Ratio),
- Aktienkurs/Cashflow (KCF-Methode),
- Enterprise-Value/Umsatz,
- Enterprise-Value/EBIT,
- Enterprise-Value/EBITDA.

Bestandteile von Multiplikatoren

- *EBIT* (Earnings before Interest and Tax) ist das Ergebnis vor Zinsen und Steuern.
- *EBITDA* (Earnings before Interest, Tax, Depreciation and Amortization) ist das Ergebnis vor Zinsen, Steuern, Abschreibung auf Sachanlagen und Abschreibungen auf den Firmenwert.
- *Gewinn pro Aktie* (Earnings per Share) ist das Ergebnis der Division aus Jahresüberschuss und Anzahl der ausgegebenen Aktien.
- *Cashflow* ist der Nettozufluss an liquiden Mitteln. Nach der direkten Methode berechnet als Summe der betrieblichen Ein- (+) und Auszahlungen (–), der Ersatz- (–) und Erweiterungsinvestitionen (–), der Steuern (+–) sowie der Zinszahlungen (–). Nach der indirekten Methode berechnet aus dem Jahresüberschuss, der um nicht zahlungswirksame Vorgänge der GuV (Abschreibungen, Rückstellungen) und zahlungswirksame Vorgänge der Bilanz (Investitionsaufwendungen, Änderungen des Working Capital) bereinigt wird (Berechnungsschema siehe unten).
- *Aktienkurs* ist der Preis einer Aktie am Markt. Achtung: Werden verschiedene Aktienkategorien am Markt gehandelt, muss geprüft werden, welche davon bewertet werden sollen (z. B. Stammaktie, Vorzugsaktie). Die übrigen werden in den Bewertungsrechnungen wie Fremdkapital behandelt.
- *Enterprise-Value* (Unternehmenswert) ist der Wert des Gesamtkapitals, d. h. Summe aus Marktwert des Eigenkapitals und Marktwert der Nettoverschuldung.
- *Equity-Value* (Marktwert des Eigenkapitals) entspricht dem Enterprise-Value abzüglich Nettoverschuldung (Net Debt).

- *Nettoverschuldung.* Finanzielle Verbindlichkeiten abzüglich liquide Mittel. Die Nettoverschuldung müsste richtigerweise mit dem Marktwert einfließen. Mangels Daten wird meist der Buchwert verwendet.

Der Wert des Eigenkapitals ergibt sich bei Anwendung der KGV- oder KCF-Methode unmittelbar aus der Multiplikation der ermittelten Kennzahlen mit dem Gewinn pro Aktie bzw. dem Cashflow des zu bewertenden Unternehmens. Bei Anwendung der sog. Enterprise-Multiples wie EBIT-, EBITDA- oder Umsatz-Multiples resultiert aus der Multiplikation zunächst der Unternehmenswert (Enterprise-Value). Dieser ist noch um die Nettoverschuldung des Unternehmens zu kürzen, um schließlich den Equity-Value, d. h. den Wert der Aktien, zu erhalten.

Überlegungen zur Auswahl von Multiplikatoren
Das *Kurs/Gewinn-Verhältnis* (oder synonym *P/E Ratio*) ist in der Bewertungspraxis aufgrund seiner einfachen Berechnung und transparenten Gestaltung ein beliebter und häufig verwendeter Multiplikator. Für die Bezugsgröße »Gewinn pro Aktie« gibt es klare Berechnungsschemata. Meist wird auf das DVFA/SG-Ergebnis zurückgegriffen.

Bei Anwendung der Kennzahl ist allerdings Vorsicht geboten. Zu beachten ist beispielsweise, dass ein internationaler P/E-Vergleich aufgrund der unterschiedlichen Kapitalstrukturen und Steuer- und Bilanzierungsgrundsätze nur eingeschränkte Aussagekraft besitzt.

Hier bieten *EBIT-Multiples* eine bessere Alternative. Jedoch können durch unterschiedliche Abschreibungsmethoden auch die EBIT-Multiples ein verzerrtes Bild wiedergeben und ein Ausweichen auf EBITDA-Multiples nötig machen.

Im Gegensatz dazu geben *Umsatzmultiples* ein von Bilanzierungs- und Abschreibungsmethoden unabhängiges Unternehmensbild. Allerdings honorieren diese Multiples die unterschiedliche Rentabilität der zu vergleichenden Unternehmen nur unzureichend und können daher nur als grober Indikator dienen.

20.5.3 Discounted-Cashflow-Methode

Diskontierungsverfahren werden in der Praxis als Ergänzung zu den Multiplikatormethoden und zur Plausibilitätsprüfung eingesetzt. Die Discounted-Cashflow-Methode (DCF-Methode) ist die gebräuchlichste Diskontierungsmethode. Sie spielt vor allem bei der Anlageentscheidung institutioneller Investoren eine wichtige Rolle.

Discounted-Cashflow-Modelle basieren auf der Annahme, dass der Wert des EK aus den Zahlungsströmen, die den EK-Gebern zukünftig zustehen, abgeleitet werden kann. Da ein Geldzufluss in späteren Perioden weniger wert ist als in vorangegangenen Perioden, müssen die zukünftig erwarteten Überschüsse des Unternehmens auf den Entscheidungszeitpunkt abgezinst werden.

Folgende Modellansätze werden unterschieden:
- Entity-Methode
  - WACC (Weighted Average Cost of Capital)-Methode
  - APV (Adjusted Present Value)-Ansatz
- Equity-Methode

WACC-Methode
Bei der in der Praxis häufig verwendeten WACC-Methode werden zunächst die Zahlungsüberschüsse berechnet, die sowohl den Fremd- als auch den Eigenkapitalgebern zustehen. Anschließend werden die Überschüsse mit den durchschnittlichen Kapitalkosten (WACC) abgezinst. Das Ergebnis ist der Unternehmenswert (Enterprise-Value).

APV-Methode
Bei der APV-Methode werden zur Abzinsung der Überschüsse die Eigenkapitalkosten (Unterstellung einer 100 %-igen Eigenkapitalfinanzierung) verwendet und der Barwert anschließend um die (finanziellen) Vor- und Nachteile der realisierten Kapitalstruktur erhöht bzw. reduziert. Die Summe der Barwerte repräsentiert den Enterprise-Value zum Emissionszeitpunkt.

Equity-Methode
Alternativ lässt sich der Wert des Eigenkapitals im Rahmen der Equity-Methode unmittelbar durch Abzinsung der ausschließlich den Eigenkapitalgebern zustehenden Zahlungsüberschüsse errechnen. Als Abzinsungsfaktor dient der Eigenkapitalkostensatz des Unternehmens.

Die Varianten des Discounted Cashflow-Verfahrens im Überblick
Nettomethode (Equity-Ansatz). Bewertet werden die entnehmbaren den Eigenkapitalgebern zustehenden Cashflows. Dabei sind Zinszahlungen und Kredittilgungen bereits abgezogen. Ergebnis der Rechnung ist unmittelbar der Wert des Eigenkapitals (Equity).

Bruttomethode (Entity-Ansatz). Bewertet werden die entnehmbaren Cashflow-Überschüsse eines Unternehmens (Entity) vor Zinszahlungen und Kapitalveränderungen. Der Wert des Eigenkapitals errechnet sich erst nach Abzug des Marktwertes des Fremdkapitals.

Bei der Bruttomethode haben sich zwei Vorgehensweisen herausgebildet:
- *WACC-Methode (Weighted Average Cost of Capital-Methode).* Die Cashflows werden mit einem Kapitalkostensatz abgezinst, der dem gewichteten Durchschnitt aus Eigen- und Fremdkapitalkostensatz entspricht. Dieser Satz wird gewöhnlich für alle Planjahre konstant gelassen. Das impliziert, dass das Unternehmen eine unternehmenswertorientierte Verschuldungspolitik betreiben muss: der Verschuldungsgrad bleibt über alle Planjahre unverändert. Achtung: Eigen- und Fremdkapitalwerte sind Markt- und keine Buchwerte. Soll sich die Kapitalstruktur von Jahr zu Jahr ändern, muss für jedes Jahr eine neuer gewichteter Kapitalkostensatz berechnet werden.

- *APV-Methode (Adjusted-Present-Value-Methode).* Die Cashflows werden zunächst so geplant, als ob das Unternehmen unverschuldet sei. Sie werden dann mit dem fiktiven Eigenkapitalkostensatz für ein unverschuldetes Unternehmen diskontiert. Es ergibt sich der »Present Value« des unverschuldeten Unternehmens. Dann werden durch gesonderte Barwertterme die Cashflow-Effekte bereinigt (»adjusted«), die dadurch entstehen, dass ein Teil des Kapitals in Wirklichkeit nicht EK, sondern FK ist. Im Wesentlichen sind das die Auswirkungen von Körperschaft-, Gewerbe- und Einkommensteuer (steuerliche Abzugsfähigkeit des Zinsaufwandes und dessen Folgen). Daraus resultiert der Wert des Gesamtkapitals incl. Berücksichtigung der steuerlichen Effekte einer Mischfinanzierung. Schließlich muss, um zum Wert des Eigenkapitals zu gelangen, der Barwert der Schulden am Bewertungsstichtag abgezogen werden. Mit der APV-Methode können von Periode zu Periode wechselnde Kapitalstrukturen in der Bewertung berücksichtigt werden. Achtung: die steuerlichen Effekte aus der Fremdfinanzierung gelten als sicher und werden mit dem risikolosen Zins diskontiert. Die Ermittlung der fiktiven Eigenkapitalkosten für das unverschuldete Unternehmen erfordert die Neuschätzung des Betafaktors, da das Ist-Beta des i. d. R. verschuldeten Unternehmens neben der leistungsabhängigen auch eine finanzierungsstrukturbedingte Komponente enthält. Letztere ändert sich, wenn sich der Verschuldungsgrad ändert. Folgende Formeln werden verwendet:

1. Anpassung des Beta-Faktors an einen anderen Verschuldungsgrad:

    $\beta^{FK/EK} = \beta^{VG0} \cdot (1 + FK/EK)$

    mit: β^{VG0} = Beta des unverschuldeten Unternehmens
    $\beta^{FK/EK}$ = Beta beim Verschuldungsgrad FK/EK

2. Eigenkapitalkosten des unverschuldeten Unternehmens nach Steuern ($k_{EKs,VG0}$) nach CAPM:

    $k_{Eks,VG0} = i(1-s_{ESt}) + [r_{Ms} - i(1-s_{ESt})] \cdot \beta^{VG0}$

    mit: r_{Ms} = $0{,}5 \cdot r_M (1-0{,}5 s_{ESt}) + 0{,}5\, r_M$
    (r_{Ms} ist die Marktrendite nach Steuern für einen Investor, für den unterstellt wird, dass 50 % der Marktrendite vor Steuern (r_M) aus zu versteuernden Dividenden, die im Halbeinkünfteverfahren versteuert werden müssen, und 50 % aus steuerfreien Kapitalgewinnen stammen. Andere Ertragsteuerarten werden nicht berücksichtigt.)
    i = risikoloser Zinssatz
    r_M = Marktrendite vor Steuern
    β^{VG0} = Betafaktor des unverschuldeten Unternehmens
    s_{Est} = Einkommensteuersatz des Investors

Bewertung von Unternehmen: Dilemmata
Bewertung versus Preis. Man muss sich von der Vorstellung lösen, dass mit der Berechnung eines Unternehmenswertes bereits der *Preis* des Unternehmens feststehen würde. Dieser Preis ergibt sich erst in Verhandlungen, in denen außer der erstellten Unternehmensbewertung eine Vielzahl weiterer Einflussfaktoren eine Rolle spielt

(z. B. geschicktes Marketing). »Complexity is a killer in deal making« ist eine bekannte Weisheit im Investment Banking; die Einhaltung des KISS-Prinzips (»Keep it simple, stupid«) befördert die Erfolgschancen von Projekten (Kuhn (1990), S. 158 f.). Allgemein verständliche einfache Vorgehensweisen (insbes. Formeln) haben bessere Chancen, in den Verhandlungen akzeptiert zu werden und sich durchzusetzen, als ausgeklügelte Bewertungsverfahren, die den Verhandlungspartnern kompliziert und unverständlich erscheinende Elemente enthalten und Misstrauen hervorrufen.
Auswirkungen auf die Unternehmensbewertung. In der Unternehmensbewertung wirkt sich der Zwang zur Komplexitätsreduktion so aus:

- *Realitätsabweichung.* Einfache Formeln finden auch dann Verwendung, wenn sie den konkreten Bewertungsfall eigentlich nicht genau beschreiben. Was heißt das? Für jede Formel können die Annahmen definiert werden, unter denen die Ergebnisse zutreffend sind. Im Idealfall stimmen diese impliziten Annahmen mit den Umständen des realen Bewertungsfalls überein. Oftmals werden Formeln aber auch dann verwendet, wenn die impliziten Annahmen nicht genau auf den konkreten Bewertungsfall zutreffen. Ein solches Vorgehen findet man oft dann, wenn die richtigeren Formeln komplex und unübersichtlich erscheinen.
- *Inkonsistenz von Formeln.* Bei Bewertungen werden meist verschiedene Formeln verwendet. Oftmals wird nicht darauf geachtet, dass diese Formeln konsistent zueinander sein müssen. Das trifft oft zu, wenn mit stark vereinfachenden Formeln gearbeitet wird. Das heißt: bei der Suche nach möglichst einfachen Vorgehensweisen kann es vorkommen, dass Bewertungen aus Elementen zusammengesetzt werden, die streng genommen mit ihren impliziten Annahmen nicht zusammen passen. Beispiel: Das Schema zur Free-Cashflow-Berechnung, die Formel für die Berechnung der Eigenkapitalkosten und die Formel zur Berechnung der Rendite des Marktportfolios enthalten unterschiedliche implizite Annahmen.

In diesem Kapitel werden die im Markt gebräuchlichen Formeln vorgestellt. Die impliziten Annahmen oder Fragen der Konsistenz der Formeln zueinander werden nicht diskutiert.

Unternehmensbewertung und Steuern: ein ewiges Dilemma

Steuern sind bewertungsrelevant. Steuerzahlungen sind Cashflows, die die verbleibenden Cashflows der Unternehmenseigner vermindern (oder bei Steuerrückzahlungen erhöhen) und daher den Wert eines Unternehmens für die Unternehmenseigner senken (oder bei Steuerrückzahlungen steigern). An diesem Zusammenhang zwischen Steuern und Wert ist nicht zu rütteln, weshalb Steuereffekte eigentlich ohne wenn und aber in der Unternehmensbewertung berücksichtigt werden müssten. Es hat eine zwei Jahrzehnte währende Diskussion um diese Frage gegeben, die mittlerweile entschieden wurde: Steuern sind zu berücksichtigen.

Das Steuerdilemma. Mit dieser Einsicht ist aber das Dilemma der Unternehmensbewertung nicht kleiner geworden. Im Kern liegt das Problem darin, dass aufgrund der vielen Fälle des Steuerrechtes für nahezu jeden Investor eine andere Steuersituation vorliegt und daher individuelle Bewertungen durchgeführt werden müssten.

Dies ist für den Finanzintermediär, den Investmentbanker, dessen Standardgeschäft möglichst allgemeingültiges Prozedere verlangt, problematisch. Allgemeine Bewertungsformeln, die jeden nur denkbaren Fall berücksichtigen, gibt es nicht. Selbst Formeln, die nur einige wenige Fälle berücksichtigen, sind bereits so unhandlich, dass sie sich im Geschäft des Investment Banking nicht bewähren.
Das Verfahren in der Praxis. Die Praxis ist deshalb dazu übergegangen, im laufenden Geschäft mit vereinfachten Formeln zu arbeiten, die einige wenige, für verschiedene Marktteilnehmer wichtige Steuereffekte auf mehr oder weniger pauschale Weise berücksichtigen. Einheitliches Vorgehen ist nicht zu beobachten: Jede Bank verwendet im Standardgeschäft anderer Formeln bei der Unternehmensbewertung.

Inputgrößen im Einzelnen
Wichtige Inputgrößen des Discounted-Cashflow-Modells (hier WACC-Modell) sind:
- Free-Cashflows,
- Eigenkapitalkosten,
- Fremdkapitalkosten,
- Terminal Value,
- Kapitalstruktur.

Free-Cashflow (FCF). Der Free-Cashflow ist eine Nachsteuer-Größe und repräsentiert den Finanzmittelüberschuss, der zur Zahlung von Dividenden und Fremdkapitalzinsen sowie zur Tilgung von Finanzverbindlichkeiten zur Verfügung steht. Der Free-Cashflow wird oft aus dem EBIT abgeleitet.

Free-Cashflow
Finanzwirtschaftlicher Überschuss – also Nettozahlungsmittelzufluss – des Unternehmens, der zur »freien« Verfügung der Gesellschafter steht (d. h. nicht für operative Zwecke gebunden ist) und für Dividendenzahlungen, Kapitalherabsetzungen, Fremdkapitaltilgungen oder die Zunahme der liquiden Mittel verwendet werden kann.
Ein gebräuchliches Berechnungsschema lautet:

+	EBIT
−	Steuern auf EBIT
=	Net Operating Profit Less Adjusted Taxes (NOPLAT)
+/−	Abschreibungen (Zuschreibungen)
+/−	Erhöhung (Verminderung) der langfristigen Rückstellungen
−/+	Investitionen (Desinvestitionen)
−/+	Erhöhung (Verminderung) des Nettoumlaufvermögens
=	Free-Cashflow

Üblicherweise werden die zukünftigen Cashflows mit zwei verschiedenen Verfahren geschätzt:
- *Cashflow-Schätzung nahe Zukunft.* Zunächst werden die zu erwartenden Free-Cashflows (FCF) für einen Zeitraum von fünf bis zehn Jahren für jedes Jahr individuell prognostiziert. Ermittelt wird der Erwartungswert der Cashflows. Unter-

schiedliche Abhängigkeiten der Cashflows verschiedener Jahre werden nicht berücksichtigt.
- *Cashflow-Schätzung ferne Zukunft.* Um die Unternehmensentwicklung nach dem Detailplanungszeitraum (T+1) bei der Bewertung zu berücksichtigen, wird ein typischer, um Sonderfaktoren bereinigter, Free-Cash-Flow (»Ewige Rente«) ermittelt und dieser durch den um die Wachstumsrate g reduzierten WACC dividiert. Für die Schätzung der ewigen Rente werden nicht mehr jährlich individuelle, sondern pauschale Annahmen zum weiteren Wachstum des Unternehmens getroffen.

$$\text{Terminal Value} = \frac{FCF_{T+1}}{WACC - g}$$

Da der Terminal Value, insbesondere bei Wachstumsunternehmen, einen erheblichen Einfluss auf den Unternehmenswert hat (oftmals mehr als 70%), wird die vom Unternehmen unterstellte ewige Rente bzw. deren Wachstumsrate von den Analysten besonders kritisch hinterfragt.

Eigenkapitalkosten (r_{EK}). Die Eigenkapitalkosten werden zumeist mit Hilfe des Capital-Asset-Pricing-Modells (CAPM) berechnet. Der Eigenkapitalkostensatz des Unternehmens ergibt sich dabei als Summe aus risikolosem Zins und dem – mit dem unternehmensspezifischen Beta multiplizierten – Risikoaufschlag des Marktportfolios.

$$r_{EK} = r_f + (r_m - r_f)\beta$$

r_f = Risikoloser Zinssatz
r_m = Erwartete durchschnittliche Gesamtmarktrendite
$r_m - r_f$ = Risikoprämie des Gesamtmarkts
β = Betafaktor (unternehmensspezifischer Risikofaktor)

Fremdkapitalkostensatz (r_{FK}). Der Fremdkapitalkostensatz wird aus dem Kreditzinssatz abgeleitet, zu dem das Unternehmen langfristig Fremdkapital aufgenommen hat. Sofern dieser nicht bekannt ist, muss dieser Wert aufgrund der vorliegenden Daten geschätzt werden. Als Orientierung dient den Analysten die Rendite langfristiger Anleihen. Es wird gewöhnlich auf den von einem erstklassigen Schuldner (wie dem Staat) zu zahlenden Zinssatz ein individueller Risikoaufschlag für das betreffende Unternehmen vorgenommen.

Kapitalkosten insgesamt. Die Kapitalkosten ergeben sich aus dem Durchschnitt der Fremdkapital- und Eigenkapitalkosten, jeweils gewichtet mit ihren Anteilen am Gesamtkapital des Unternehmens zu Marktpreisen. Die steuerliche Abzugsfähigkeit von Fremdkapitalzinsen (sog. Tax Shield, *s*) wird im Abzinsungsfaktor WACC berücksichtigt. Folgende Formeln sind bei der WACC-Methode anzutreffen:

$$(1) \quad \text{Equity-Value} = \sum_{t=1}^{T} \frac{FCF_t}{(1+WACC)^t} + \frac{FCF_{T+1}}{(WACC-g)\cdot(1+WACC)^T} - D$$

(2) $\text{WACC} = r_{EK} \cdot \dfrac{EK}{EK+FK} + (1-s)r_{FK} \cdot \dfrac{FK}{EK+FK}$

FCF = Free-Cashflow
WACC = gewogene durchschnittliche Kapitalkosten
(Weighted Average Cost of Capital)
D = Nettoverschuldung (Net Debt)
T = Zeithorizont des Detailplanungszeitraumes
G = Wachstumsrate des Cashflow nach Ende des Detailplanungszeitraums
FK = Marktwert des Fremdkapitals
EK = Marktwert des Eigenkapitals
r_{FK} = Kosten des Fremdkapitals (%)
r_{EK} = Kosten des Eigenkapitals (%)
s = Ertragsteuersatz des Unternehmens (%)

Kapitalstruktur (EK/FK). Die Eigen- und Fremdkapitalkosten werden entsprechend der Kapitalstruktur, d.h. mit ihren jeweiligen Marktwertanteilen am Gesamtkapital, gewichtet. Da bei der Berechnung der Kapitalstruktur ein Zirkularitätsproblem auftritt (Marktwert des Eigenkapitals hängt vom WACC ab, in dessen Definition aber der Marktwert des Eigenkapitals enthalten ist), ist ein iteratives Vorgehen erforderlich. Aus Vereinfachungsgründen kann eine Ziel-Kapitalstruktur festgelegt werden, die z.B. aus der Kapitalstruktur von vergleichbaren Unternehmen abgeleitet wird. Die vorgegebene Zielkapitalstruktur sollte allerdings in der Planung des Unternehmens, die der DCF-Rechnung zugrunde liegt, bald erreicht werden, da sonst die Abweichung vom fairen Wert des Eigenkapitals sehr groß werden kann.

Würdigung

Im Vergleich mit den Multiplikatormethoden liegt der Vorteil der DCF-Methode darin, dass der individuellen Entwicklung des Unternehmens in der Zukunft Rechnung getragen wird. Anders als bei den Multiplikatormethoden, die auf aktuellen Börsenpreisen der Vergleichsunternehmen basieren, werden bei der DCF-Methode die Ergebnisse weit weniger durch kurzfristige Marktschwankungen beeinflusst. Als problematisch erweist sich in der Praxis jedoch die Prognose der zukünftigen Free-Cashflows sowie die Bestimmung der benötigten Parameter wie z.B. des gewogenen Kapitalkostensatzes oder der Wachstumsrate für die Ewige Rente. Dabei ist zu beachten, dass bereits kleinere Veränderungen dieser Parameter zu einem deutlichen Unterschied in den Unternehmenswerten führen. In dem folgenden Beispiel würde die Annahme eines um 0,2 verminderten Betas (1,1) für die NewCo AG zu einem um 15,4 Mio. Euro höheren Unternehmenswert führen; bei einer Wachstumsrate von 4% für die ewige Rente wäre die NewCo AG 35,0 Mio. Euro höher zu bewerten.

Der grundsätzliche Tradeoff zwischen Genauigkeit und angemessenem Rechenaufwand bei den einzelnen Bewertungsmodellen wird in der Praxis oft zugunsten einer Komplexitätsreduktion gelöst. Dies ist bei der anschließenden Deutung und Verwendung der Ergebnisse stets zu berücksichtigen.

FALLBEISPIEL

Anhand der NewCo AG, einem Anbieter von Logistikdienstleistungen auf dem deutschen Markt, werden zwei klassische Bewertungsmodelle erläutert.
Die GuV-Planung der NewCo AG für die nächsten 5 Jahre stellt sich laut Business-Plan wie folgt dar:

Gewinn- und Verlustrechnung						
						Ewige Rente
alle Angaben in Tsd. €	2005	2006e	2007e	2008e	2009e	2010e
Umsatzerlöse	100.000	120.000	140.000	150.000	160.000	170.000
Kosten (zahlungswirksam)	−80.000	−98.000	−115.000	−124.000	−132.000	−141.000
Abschreibungen	−10.000	−10.000	−11.000	−11.000	−12.000	−12.000
EBIT (Betriebsergebnis)	10.000	12.000	14.000	15.000	16.000	17.000
Zinsergebnis	−850	500	500	200	200	200
Ergebnis vor Steuern	9.150	12.500	14.500	15.200	16.200	17.200
Ertragssteuerquote	38,65 %	38,65 %	38,65 %	38,65 %	38,65 %	38,65 %
Ertragssteuern	−3.537	−4.832	−5.605	−5.875	−6.262	−6.648
Jahresüberschuss	5.613	7.668	8.895	9.325	9.938	10.552

Ewige Wachstumsrate. Die ewige Wachstumsrate für den FCF ab dem Jahr 2010 beziffert die NewCo AG mit 4 %. Der Analyst hält diese Annahme aufgrund seiner Markteinschätzung für zu ambitioniert und setzt sie in seinem Bewertungsmodell mit 2–3 % an. (Achtung: solange der Diskontierungszins ein »Nominalzins« ist, müssen Cashflows ebenfalls nominal gerechnet sein.) Eine Wachstumsrate von 2–3 % bedeutet also bei einer prognostizierten Inflationsrate von 2 % ein Realwachstum von 0–1 % p.a.

EBIT-Marge. Die von der NewCo AG unterstellte EBIT-Marge von 10 % hält er aufgrund eines Vergleichs mit dem Branchendurchschnitt für gerechtfertigt.

Investitionen und Umlaufvermögen. Das Unternehmen plant Investitionen in Sachanlagen und Working Capital in Höhe von 13 Mio. Euro jährlich.

Verschuldung. Die Nettoverschuldung des Unternehmens beträgt zum Bewertungsstichtag 20 Mio. Euro.

Steuern. Die Ertragsteuerquote beläuft sich auf durchschnittlich 38,65 %. (Gewerbesteuer 16,67 %, Körperschaftsteuer 25 %, Solidaritätszuschlag 5,5 %)

Den Fair Value der NewCo zum Stichtag 01.01.2006 berechnet der Analyst mit Hilfe zweier Multiples (KGV und EBITDA). Parallel führt er eine Discounted-Cashflow-Bewertung durch. Die Anwendung der Multiplikator-Methode führt ihn zu einer Spanne in Höhe von 12,4 Euro bis 16,5 Euro pro Aktie. Das Ergebnis seiner Discounted-Cashflow-Bewertung ist eine Preisspanne von 9,28 Euro bis 10,75 Euro. Die endgültige Preisspanne setzt er mit 10,8 Euro bis 13,6 Euro fest, was dem Durchschnitt der beiden Ergebnisse entspricht.

Bewertung der NewCo AG aufgrund von Multiples

Für die Multiple-Bewertung der NewCo AG hat der Analyst drei börsennotierte Unternehmen auf dem deutschen Logistikmarkt identifizieren können, die hinsichtlich ihres Geschäftsmodells, ihrer Wachstumsdynamik und Ertragsstärke sowie ihrer Risikostruktur mit der NewCo AG vergleichbar sind. Ein individueller Auf- oder Abschlag ist aus seiner Sicht nicht erforderlich. Für die Vergleichsunternehmen ermittelt er anschließend die durchschnittlichen PE-Ratios und die EBITDA-Multiples für die Jahre 2007 und 2008. Durch den Einbezug der Planzahlen 2007 und 2008 stellt er sicher, dass sich die erwartete Unternehmensentwicklung der nächsten zwei Jahre in der Bewertung widerspiegelt. Die Multiplikation dieser Werte mit den jeweiligen Plangrößen der NewCo führt ihn bei einer Aktienanzahl von 10 Mio. (nach IPO) zu einer Preisrange von 12,4 Euro bis 16,5 Euro.

Peer Comparison				
Peer Group	PE-Ratio 2007e	PE-Ratio 2008e	EV/EBITDA 2007e	EV/EBITDA 2008e
ListedCoA	17,0	15,0	6,3	5,2
ListedCoB	22,0	21,0	4,0	3,8
ListedCoC	18,0	16,0	7,3	7,2
Total Average	**19,0**	**17,3**	**5,9**	**5,4**
NewCo Earnings (Tsd. €)	8.895	9.325		
NewCo EBITDA (Tsd. €)			25.000	26.000
Enterprise Value NewCo (Tsd. €)			147.500	140.400
Net Debt (Tsd. €)			−20.000	−20.000
Equity Value NewCo (Tsd. €)	169.012	161.320	127.500	120.400
Anzahl der Aktien (Tsd.)	10.000	10.000	10.000	10.000
Fair Value pro Aktie (€)	16,9	16,1	12,8	12,0
Preis-Range basierend auf Peer Group Vergleich		16,5		12,4

Abb. 20.22: Bewertung der NewCo AG anhand von Multiples

Bewertung der NewCo AG mittels DCF-Verfahren

Die Kapitalkosten der NewCo berechnet der Analyst mit Hilfe der WACC-Methode. Sie betragen 9,23 %. Folgende Annahmen führten ihn zu diesem Ergebnis:

Risikoloser Zinssatz. Für die Berechnung des risikolosen Zinssatzes zieht er die Rendite einer Bundesanleihe mit zehnjähriger Laufzeit auf dem deutschen Markt heran. (hier 4,0 % p.a.)

Risikoaufschlag. Bei der Schätzung der Risikoprämie vergleicht der Analyst die Aktienrenditen mit langfristigen festverzinslichen Wertpapieren. Die Höhe der Risikoprämie ist von Land zu Land unterschiedlich. Für Deutschland liegen dem Analysten Studien vor, die für die letzten 10 Jahre im geometrischen Mittel eine Risikoprämie von 5,15 % errechnet haben.

Beta. Für die Ermittlung des Beta werden die Aktienkurse des zu bewertenden Unternehmens mit Hilfe einer Korrelationsanalyse mit einem Referenzindex wie z. B. mit dem DAX in Zusammenhang gebracht. Bei der Bewertung der NewCo AG sind diese Kurse allerdings nicht verfügbar, da das Unternehmen noch nicht an einer Börse notiert ist. Aus diesem Grund bildet der Analyst eine Peer Group und ermittelt daraus ein durchschnittliches Beta. Bei Unternehmen, die einen hohen Verschuldungsgrad aufweisen, muss dieses Beta zunächst auf das sogenannte »unlevered« Beta (Beta bei unterstellter reiner Eigenkapitalfinanzierung) adjustiert werden. Das durchschnittliche unlevered Beta beträgt nach Berechnungen des Analysten 1,1. Im nächsten Schritt ist das unlevered Beta an den Zielverschuldungsgrad der NewCo AG anzupassen. Ein verschuldetes Unternehmen trägt ein höheres Finanzierungsrisiko als ein ausschließlich mit Eigenmitteln finanziertes Unternehmen. Der Betafaktor der NewCo AG muss daher größer als 1,1 sein. Die Anpassung des Vergleichsbetas an den Zielverschuldungsgrad führt zu einem »relevered« Beta der NewCo AG in Höhe von 1,3. Dies führt nun zu Eigenkapitalkosten in Höhe von $4{,}0\% + 1{,}3 \cdot 5{,}156\% = 10{,}70\%$.

Fremdkapitalzins. Die Fremdkapitalkosten betragen nach Auskunft des Unternehmens 5,5 %.

Steuern. Steuern hat der Analyst an zwei Stellen des Modells zu beachten. Zum einen sind zur Berechnung der Free Cashflows die Steuern auf EBIT zu berechnen. Die durchschnittliche Ertragsteuerquote kann der Plan-GuV des Unternehmens entnommen werden. Nach Abzug der Steuern vom EBIT verbleibt das NOPLAT (Net Operating Profits Less Adjusted Taxes). Da durch diese Rechnung die steuerliche Abzugsfähigkeit der Zinsen vernachlässigt wurde (Steuern auf das Ergebnis vor Zinsen (EBIT)), wird nun zum anderen der durchschnittliche Ertragsteuersatz bei der Berechnung des WACC beachtet (sogenanntes Tax-Shield). Das Tax-Shield führt zu einer Verminderung der Fremdkapitalkosten auf $(1-0{,}3865) \cdot 6\% = 3{,}37\%$.

Zielverschuldungsgrad. Nach Angaben des Unternehmens ist für die Zukunft eine gleichbleibende Verschuldungsquote von 25 % (FK/EK) eingeplant. Aus diesem Wert resultiert der Fremdkapitalanteil am Gesamtkapital in Höhe von 20 % und ein Eigenkapitalanteil in Höhe von 80 % am Gesamtkapital.

Der *WACC* lässt sich aufgrund dieser Angaben nun wie folgt berechnen:

$$WACC = 0{,}20 \cdot 3{,}37\% + 0{,}80 \cdot 10{,}70\% = 9{,}23\%$$

Insgesamt stellt sich das DCF-Bewertungsmodell aufgrund der gemachten Annahmen wie folgt dar:

Marktdaten	
Risikoloser Zinssatz	4,0 %
Aktienmarktperformance	9,15 %
Risikoprämie	5,15 %
Betafaktor (unlevered)	1,1

Daten der NewCo AG	
Bewertungsstichtag	01.01.2006
Ziel-Kapitalstruktur (FK/EK) für den Planungszeitraum	25 %
Ertragsteuerquote	38,65 %
Fremdkapitalzins	5,5 %
Betafaktor (levered)	1,3
Wachstumsrate	2 %
Anzahl der Aktien nach IPO	10.000.000

Lösung: Discounted-Cashflow-Modell

Alle Angaben in Tsd. €	2006e	2007e	2008e	2009e	2010ff.e
Umsatz	120.000	140.000	150.000	160.000	170.000
EBIT	12.000	14.000	15.000	16.000	17.000
– Ertragssteuer auf EBIT 38,65%	4.638	5.411	5.798	6.184	6.571
NOPLAT	7.362	8.589	9.202	9.816	10.430
+ Abschreibungen / – Zuschreibungen	10.000	11.000	11.000	12.000	12.000
– Investitionen / + Desinvestitionen in Sachanlagen und Nettoumlaufvermögen	13.000	13.000	13.000	13.000	13.000
Free Cashflow	4.362	6.589	7.202	8.816	9.430
Fortführungswert (Terminal Value)					130.407
Abzinsungsfaktoren	0,92	0,84	0,77	0,70	0,70
Barwerte der Free Cashflows	3.993	5.522	5.526	6.193	
Barwerte des Terminal Value					91.605
Summe der Barwerte (Enterprise Value)	112.840				
Nettoverschuldung	–20.000				
Marktwert des Eigenkapitals nach IPO	92.840				
Anzahl der Aktien nach IPO (in Tsd. Stück)	10.000				
Fair Value pro Aktie (€)	9,28				

Kapitalkosten (2006e – 2010ff.e)	
Eigenkapitalkostensatz	10,70%
Fremdkapitalkostensatz	3,37%
FK/EK+FK	20%
EK/EK+FK	80%
WACC	9,23%
Wachstumsrate des FCF in T+1	2%

Alternativ berechnet der Analyst ein Szenario mit einer Wachstumsrate in Höhe von 3%, was ihn zu einem Fair Value in Höhe von 10,75 Euro führt.

Aufgaben zur Lernkontrolle

1. Welche Zielgrößen sind bei der Festlegung des Emissionspreises bei einem IPO zu berücksichtigen?
2. Stellen Sie die Besonderheiten von Wandelanleihen aus Emittenten- und Investorensicht dar.
3. Welche Leistungen erbringt eine Emissionsbank bei einem IPO über den Börsengang hinaus und welche organisatorischen Einheiten sind dabei involviert?

Literatur

Bogner, S. (1999): Finanzanalyse, in: KNAPPS Enzyklopädisches Lexikon des Geld-, Bank- und Börsenwesens, Frankfurt/M., S. 617–621.

Heidorn, T./Gerhold, M. (2004): Investitionen und Emissionen von Convertible Bonds (Wandelanleihen), Frankfurt/M, Arbeitsberichte/Hochschule für Bankwirtschaft.

Henselmann, K./Kniest, W. (2004): Unternehmensbewertung: Praxisfälle mit Lösungen, Berlin.

Hielscher, U. (2000): Investmentanalyse, München, Wien.

Kuhn, R. L. (1990): Investment Banking. The Art and Science of High-Stakes Dealmaking, New York.

Schäfer, H. (2002): Renaissance der Wandelanleihen – Neuere Kontraktstrukturen und deren Kapitalmarktrelevanz, in: Finanz Betrieb, S. 514–524.

Uhlir, H./Steiner, P. (2001): Wertpapieranalyse, Heidelberg.

21 Aftermarket-Aktivitäten von Investmentbanken*

> **LERNZIELE**
> - Sie können die Probleme des Sekundärmarktes unmittelbar nach Neuemissionen (Aftermarket) darlegen.
> - Sie können drei Instrumente nennen und beschreiben, deren sich Investmentbanken bedienen, um die Aftermarket-Probleme zu beherrschen.
> - Sie können Strategien vorschlagen, die Investmentbanken bei voraussichtlich geringem und bei voraussichtlich großem Interesse im Sekundärmarkt verfolgen sollten.

21.1 Einführung

Die Aktivitäten der Investmentbanken für einen Emittenten sind mit der Platzierung der Emission nicht beendet. Auch am Sekundärmarkt sind Investmentbanken tätig. Man unterscheidet:
- Primärmarkt und
- Sekundärmarkt.

> **DEFINITION**
> Als Primärmarkt wird der erstmalige Verkauf von Emittenten an Investoren – auch wenn eine Bank oder ein Konsortium dazwischen geschaltet ist – bezeichnet

> **DEFINITION**
> Als Sekundärmarkt wird der Handel von Wertpapieren nach dem erstmaligen Verkauf einer Emission durch den Emittenten an Investoren bezeichnet.

Der Sekundärmarkt zerfällt in drei Phasen:
- Aftermarket,
- Markt am Ende von Lock-up-Fristen und
- Sekundärmarkt i.e.S.

Im Folgenden behandeln wir zunächst den Aftermarket und anschließend den Markt am Ende von Lock-up-Fristen (s.u. Abschnitt 21.3). Der Sekundärmarkt i.e.S. wird im Kapitel »Handel und Sales« betrachtet. Als *Aftermarket* wird der Markt unmittelbar im Anschluss an die Emission bezeichnet. Der Aftermarket hat je nach Emission eine Dauer von wenigen bis max. 30 bis 45 Tagen. Danach schließt sich der *Sekundärmarkthandel i.e.S.* an. Der Übergang vom Aftermarket zum Se-

---
* Autor: Friedrich Thießen

kundärmarkt i.e.S. hängt davon ab, wann die Emissionsbanken die »besonderen« Preisstabilisierungsmaßnahmen (s. u.) einstellen und zum »normalen« Market-Making, das Kennzeichen des Sekundärmarkthandels i.e.S. ist, übergehen. Dieser Übergang ist fließend und kaum exakt bestimmbar.

Der Aftermarket ist eine heikle Marktphase. Die Umsätze sind ungewöhnlich hoch. Die Unsicherheit der Investoren über den wahren Wert der Emission ist groß. Kurzfristig orientierte Spekulanten (sog. Flipper) verunsichern die übrigen Marktteilnehmer und können hektische Preisbewegungen verursachen. Empirisch sind Renditeanomalien nachgewiesen:

- *Short-Run-Underpricing (Zeichnungsgewinne).* Hohe Renditen am ersten Handelstag sind ein signifikantes Phänomen. Für US-IPOs betrug die durchschnittliche Zeichnungsrendite 16,22 % in den 90er-Jahren und rund 15 % zwischen 1960 und 1992. Derselbe Wert wurde in Deutschland für IPOs der Jahre 1960 bis 1995 ermittelt. Gemessen wird die Zeichnungsrendite aus der Differenz zwischen Emissionspreis und Schlusskurs des ersten Handelstages, gelegentlich zwischen Emissionspreis und erstem Börsenkurs.
- *Long-Run-Overpricing.* Auf mittlere Sicht geraten die Preise neu emittierter Wertpapiere unter Druck und führen zu einer unterdurchschnittlichen Rendite, die sich erst allmählich abbaut.

Insbesondere das Phänomen des Long-Run-Overpricing lässt die Interessenten an einer Emission vorsichtig und wachsam sein und bewirkt die nervöse Stimmung im Aftermarket.

Aufgrund der beschriebenen Unsicherheiten werden die Aftermarket-Aktivitäten der Investmentbanken von den Regulierungsinstanzen kritisch verfolgt. In Deutschland wurde in einem Fall von einem Gericht die Anwendung der seit vielen Jahren eingeführten sog. Greenshoe-Option untersagt. Das zeigt, wie heikel der Aftermarket auch aus rechtlicher Sicht ist.

21.2 Die Aftermarket-Aktivitäten der Investmentbanken

21.2.1 Ziele der Investmentbanken

Wie agieren nun Investmentbanken im Aftermarket? Investmentbanken engagieren sich im Aftermarket aus mehreren Gründen:

- *Sicherung des Emissionskredits.* Starker Preisverfall im Aftermarket verärgert Investoren und Emittenten und senkt die Chance der Investmentbanken, in Zukunft attraktive Mandate im Emissionsgeschäft zu erhalten. Preisstabilisierungsmaßnahmen im Aftermarket sind deshalb eine wichtige Aufgabe. Ziel der Investoren ist es, a) mindestens die erwartete Rendite zu erzielen und b) bei unvorhergesehenem Liquiditätsbedarf ohne Verlust verkaufen zu können. Dazu wünschen sie sich im Sekundärmarkt einen wenig volatilen (mindestens leicht) über dem Emissionspreis liegenden Preis (b), der langfristig ansteigt (a).
- *Ertragsgenerierung.* Investmentbanken können im Aftermarket Provisionseinkünfte und Handelsgewinne erzielen und damit die Ertragskraft des Emissions-

geschäftes stärken. Dies gelingt sowohl bei – aus Investorensicht – erfolgreichen als auch bei wenig erfolgreichen Emissionen.

Wie weiter unten deutlich wird, stehen die Ziele der Preisstabilisierung und Ertragsgenerierung nicht im Widerspruch zueinander – die Investmentbanken haben entsprechende Instrumente entwickelt. Es ist deshalb nicht übertrieben, die Aftermarket-Aktivitäten auf die *Preisstabilisierungsfunktion* zu reduzieren.

Nicht zu den Aufgaben der Investmentbanken im Aftermarket gehört es, aktuelle Informationen über den Emittenten zu publizieren. Im Gegenteil, im Aftermarket werden keine neuen Informationen außerhalb derjenigen, die bereits bei der Emission bekannt waren, beschafft und verbreitet (siehe Quiet-Period). Dies ist erst die Aufgabe der Investmentbanken im Sekundärmarkt i.e.S. Die Versorgung der Investoren mit Informationen im Sekundärmarkt wird als Coverage bezeichnet

Quiet Period

In den USA gab es eine von der SEC vorgeschriebene »Quiet-Period« von 25 Tagen, in denen von den an einer Emission Beteiligten keine neuen Ertragsschätzungen und Bewertungen vorgenommen werden dürfen. In dieser Zeit stehen den Investoren also nur der Emissionsprospekt und andere vom Kapitalmarktrecht geregelte Informationen zur Verfügung. Diese Informationen unterliegen den strengen gesetzlichen Anforderungen, weisen also eine gewisse Mindestqualität und Objektivität auf, und schützen insofern die Interessenten, während darüber hinaus gehende, nicht gesetzlich geregelte Informationen interessegeleitet sein könnten.
Diese Regel hat die SEC im Jahr 2005 etwas gelockert, um den Informationsfluss zu den Anlegern nicht unnötig zu stören. Im Wesentlichen dürfen nun solche Informationen veröffentlicht werden, die *üblicherweise* veröffentlicht werden (z. B. Quartalsberichte etc.), siehe www.sec.gov.

21.2.2 Instrumente der Aftermarket-Aktivitäten

Es können die folgenden drei Instrumente im Aftermarket zur Preisstabilisierung eingesetzt werden:
- Aufbau eigener Positionen,
- Short-Selling/Short-Coverage und
- Sanktionierung von Flippern.

21.2.3 Aufbau eigener Positionen

Investmentbanken können die nach der Emission am Markt angebotenen Wertpapiere ins eigene Portefeuille kaufen. Diese Käufe wirken tendenziell preisstabilisierend oder sogar preissteigernd.

Wenn die Investmentbanken die Titel aber nicht auf Dauer im eigenen Bestand halten wollen, müssen sie irgendwann damit wieder an den Markt gehen. Bei negativ gekrümmter Nachfragekurve ergibt sich dann eine Preisminderung. Durch Aufbau eigener Positionen im unmittelbaren Aftermarket kann der Preis also nur vorübergehend stabilisiert werden. Trotzdem wird Preisstabilisierung durch Kauf ins eigene Portefeuille betrieben.

Preisstabilisierung im Aftermarket ist ein altes Phänomen. Am 18.03.1940 hat eine Aufsichtsbehörde, die SEC in den USA, ihren Unwillen darüber zum Ausdruck gebracht. Preisstabilisierung durch Mitglieder von Emissionskonsortien könne eine Form der Preismanipulation sein. Es gibt zwei Argumente pro und contra Stabilisierung:

- *Manipulation.* Die Gefahr, die durch Preisstabilisierung ausgeht, wird darin gesehen, dass die stabilisierten – vielleicht sogar über den Emissionskurs gesteigerten – Preise potenziellen Investoren einen falschen Eindruck von der wahren Lage geben und sie zum Kauf der scheinbar vorteilhaften Wertpapiere anregen. Solche Handlungen widersprechen dem § 20a Abs. 1 WpHG, der die Einwirkung auf Börsen- und Marktpreise mittels täuschender Handlungen verbietet. Die Einhaltung des Verbotes wird durch die BaFin überwacht.
- *Beruhigung.* Andererseits wird auch gesehen, dass Preisstabilisierung helfen kann, den turbulenten Aftermarket zu beruhigen und dadurch dazu beiträgt, dass sich Effekten überhaupt erst am Markt absetzen lassen (z. B. von einem Übernahmekonsortium, das auf eigenes Risiko die übernommene Emission nach und nach platzieren muss).

In Abwägung der Vor- und Nachteile hat die SEC den Aufbau eigener Positionen zur Preisstabilisierung nicht verboten, aber an Bedingungen geknüpft. So dürfen die Preise bei Stabilisierungskäufen den Emissionskurs nicht übersteigen und die Käufe selbst müssen bekanntgemacht werden. Dieses umgehen die Investmentbanken teilweise dadurch, dass sie die Emissionskonsortien noch vor dem Beginn des ersten Handelstages auflösen. Damit gilt eine Emission als beendet und eine Kenntlichmachung von Stabilisierungsoperationen ist nicht erforderlich.

21.2.4 Short-Selling/Short-Coverage

Eine Maßnahme, die der Preisstabilisierung dient, aber nicht unter die Veröffentlichungspflichten der SEC fällt, ist das sogenannte Short-Selling mit anschließendem Short-Coverage. Was ist damit gemeint?

Bei einer typischen Emission wird am Tag vor dem Handelsbeginn vom Konsortium zusammen mit dem Emittenten Emissionspreis und Emissionsmenge festgelegt. Zusätzlich baut das Konsortium (in der Regel der Lead-Manager) zu diesem Zeitpunkt üblicherweise eine Short-Position auf. Diese Short-Position entsteht dadurch, dass mehr als 100 % der festgelegten Emissionsmenge zugeteilt werden. Das Konsortium hat dann bis zum Liefertermin der effektiven Stücke Zeit, die Short-Position abzubauen (Short-Coverage). Das durchschnittliche Zuteilungsvolumen betrug in den USA in den 90er-Jahren 117,08 % der festgelegten Emissionsmenge. D. h. die Emissionskonsortien hatten bei Handelsbeginn eine Short-Position von durchschnittlich 17,08 % des Emissionsvolumens (Aggarwal (2000), S. 1085).

Für den Abbau der Short-Position stehen zwei Verfahren zur Verfügung:
- Freihändiger Rückkauf und
- Greenshoe-Option.

Freihändiger Rückkauf
Lead-Manager können ihre Short-Position dadurch glattstellen, dass sie auf dem freien Sekundärmarkt Aktien kaufen. Sie werden dies insbesondere dann tun, wenn der Aktienkurs unter den Emissionskurs fällt. Die Differenz aus Emissionskurs und Rückkaufskurs ist ihr Verdienst (Kursgewinn).

Neben der Erzielung von Kursgewinnen gibt es weitere Motive für Short-Selling mit freihändigem Rückkauf:
- *Direkte Kursstabilisierung.* Die Rückkäufe stabilisieren den Kursverlauf im Aftermarket.
- *Signaleffekt.* Der Rückkauf durch das Konsortium signalisiert dem Markt, dass die Emission – aus Sicht des Konsortiums – nicht überpreist ist. Das festigt Vertrauen in die Emission und mögliche Kaufabsichten.
- *Klienteleeffekt.* Es können bevorzugte Investoren (z. B. Freunde, Kunden) in der Zuteilung berücksichtigt werden, die ansonsten hätten ausgespart werden müssen. Das sind insbesondere kurzfristorientierte Investoren, die nur den Zeichnungsgewinn verdienen wollen (sog. Flipper). Der Preisdruck, den diese Investoren auslösen, ist unangenehm. Hat die Investmentbank eine Short-Position, kann sie die auf den Markt drängenden Aktien der Flipper aufkaufen, ohne sie in den eigenen Bestand nehmen zu müssen.

Greenshoe-Option
Der freihändige Rückkauf ist aber nicht ohne Risiko. Er ist immer dann gefährlich für die Investmentbank, wenn der Kurs der Aktie nach der Emission steigt. Sie kann ihre Short-Position dann nur zu Kursen oberhalb des Emissionskurses schließen, was ihr Verluste beschert.

Es wurde deshalb nach Möglichkeiten gesucht, dieses Risiko zu vermindern, und im Laufe der Jahre die sogenannte Greenshoe-Option entwickelt, die dem Konsortium das Risiko vollständig abnimmt. Die Option wurde erstmals 1963 beim IPO der »Green Shoe Manufacturing Company« angewendet. Bis heute hat sie sich zu einem festen Bestandteil nahezu jeder Emission von Aktien entwickelt.

Die Greenshoe-Option gewährt dem Konsortium das Recht, vom Emittenten zusätzlich zum vereinbarten Emissionsvolumen weitere Aktien beziehen zu können. Aufgrund einer SEC-Richtlinie ist dieses Recht auf max. 15% des Emissionsvolumens beschränkt worden. Diese 15% haben sich zu einem (weltweiten) Marktstandard entwickelt. In Deutschland hat im Jahr 2002 allerdings das Berliner Kammergericht die Anwendung des Greenshoe bei der Kapitalerhöhung der Senator Entertainment für unrechtmäßig erklärt. Es handelt sich bei diesem Entscheid aber nicht um eine generelle neue Rechtsprechung, sondern um einen Einzelfall.

Mit der Greenshoe-Option kann nun das Konsortium ohne Risiko eine Short-Position in Höhe von bis zu 15% der Emission aufbauen. Sollte der Aktienkurs nach der Emission steigen, dann wird es die Option ziehen, i.e. die zum Abbau der Short-Position benötigten Aktien zum Emissionskurs vom Emittenten kaufen. Danach wird das Konsortium die Aktien zur Belieferung der über die 100% hinaus gehenden Zuteilung verwenden. Die Emittenten beschaffen sich die Aktien entweder aus dem Bestand von Altaktionären oder aus einer zuvor erfolgten bedingten Kapitalerhöhung, die bei Ziehung des Greenshoe durch die Banken durchgeführt wird.

In der Ertragsrechnung des Konsortiums wirkt sich die Greenshoe-Option folgendermaßen aus:
- *Keine Kursgewinne.* Kursgewinne erzielt das Konsortium nicht, denn die Aktien wurden zum Emissionszeitpunkt leer zum Emissionskurs verkauft und müssen über die Greenshoe-Option zum Emissionskurs vom Emittenten (zurück-)gekauft werden.
- *Provisionseinkünfte.* Andererseits verdient das Konsortium an den vom Emittenten bezogenen Aktien die Emissionsprovision, die bei 4 bis 7% vom Emissionswert liegt. Wegen dieser Provision kommt es auch vor, dass die Option gezogen wird, selbst wenn der Kurs im Aftermarket (leicht) unter dem Emissionskurs liegt.

Für die Emittenten ergibt sich aus der Greenshoe-Option eine Stillhalterposition, was für sich genommen negativ ist. Trotzdem empfinden die Emittenten die Option i. d. R. als vorteilhaft, weil
- sie den Altaktionären die Möglichkeit gibt, weitere Aktien aus ihrem Bestand platzieren können, und
- sich ein höherer Emissionskurs erreichen lässt.

Die Greenshoe-Option ist damit ein schönes Beispiel für die Fähigkeiten der Finanzmärkte Kontrakte zu entwickeln, die die Interessen unterschiedlicher Parteien zum Ausgleich bringen.

21.2.5 Sanktionierung von Flippern

Als Flipper werden diejenigen Marktteilnehmer bezeichnet, die eine Emission zeichnen, die zugeteilten Titel aber möglichst schnell im Aftermarket wieder verkaufen wollen, um den Zeichnungsgewinn zu realisieren. Im Durchschnitt werden am ersten Handelstag einer Neuemission 60 bis 70% der platzierten Aktien gehandelt, was die Größe des Problems des Flipperns beleuchtet.

Flippern wird von den Investmentbanken nicht grundsätzlich negativ gesehen. Es gibt folgende Argumente:
- Bei *starker Nachfrage* im Aftermarket können die zurückfließenden Titel neu verkauft werden, und die Investmentbanken erzielen Umsatzprovisionen.
- Bei *schwacher Nachfrage* übt Flippern dagegen einen Preisdruck aus und die Investmentbanken können sich veranlasst sehen, unerwünschte Positionen auf die eigenen Bücher nehmen zu müssen.

Der Emittent hat die Möglichkeit, Strafen für Flippern bzw. Anreize zum Nicht-Flippern zu gewähren:
- Eine Zuteilung kann an Mindesthaltedauern gebunden werden.
- Es können Bonusaktien für Mindeshaltedauern versprochen werden.
- Auch Vereinbarungen von Strafzahlungen (Penalties) kommen vor.
- Üblich sind Strafen für Mitglieder des Emissionskonsortiums, deren Kunden übermäßig stark flippern.

Ein Problem war die Identifizierung von Flippern. Mittlerweile gibt es IPO-Tracking-Systeme, die bei Wertpapierverwahrern (Custodians) installiert werden und für eine gewisse Zeit (z. B. 30 Tage) den Weg von Wertpapieren verfolgen.

Management im Aftermarket

Investmentbanken versuchen, durch geschickte Kombination der dargestellten Instrumente, den Aftermarket bestmöglich zu stabilisieren. Dies kann folgendermaßen ablaufen:

Spätestens am Tag der Zuteilung muss entschieden werden, ob das Bankenkonsortium eine Short-Position aufbauen will und wie groß diese ausfallen soll. Außerdem muss bestimmt werden, welche Penalties es für Flippern geben soll. Für beides ist eine Prognose des Marktinteresses an der Emission notwendig. Es stehen folgende Strategien zur Verfügung:
- Bei Emissionen mit voraussichtlich *geringem Marktinteresse* wird eine hohe Short-Position oberhalb der Greenshoe-Option (sog. Naked Short-Position) aufgebaut. Es werden Penalties für Flipper vereinbart. Beides dient dazu, den Markt zu stabilisieren, ohne eigene Positionen aufbauen zu müssen, was in einem Markt mit geringem Interesse für das Konsortium gefährlich wäre. Im Aftermarket tritt dann Folgendes ein: Die zurückfließenden Aktien werden im Aftermarket aufgekauft und vermindern die eigene Short-Position. Die Greenshoe-Option wird meist nicht gezogen. Der Aktienkurs wird unter dem Emissionskurs gehalten. Das Konsortium erzielt Kursgewinne, die umso größer sind, je größer die ursprüngliche Short-Position war.
- Bei Emissionen mit voraussichtlich *hohem Marktinteresse* wird die max. mögliche Greenshoe-Option mit dem Emittenten vereinbart (15 %). Es wird keine darüber hinausgehende Short-Position eingenommen. Auf Penalties für Flipper wird verzichtet. Im Aftermarket tritt dann Folgendes ein: Die starke Marktnachfrage kompensiert den Verkaufsdruck, der vom Flippern ausgeht, und die Kurse steigen. Es wird die Greenshoe-Option gezogen. Damit kann sich das Konsortium Aktien zum Emissionskurs beschaffen und seine Short-Position verlustfrei abbauen. Das Konsortium erzielt die Emissionsprovision aus dem Greenshoe und Umsatzprovisionen aus dem Handel.

Im Durchschnitt haben in den 90er-Jahren in den USA Konsortien bei Emissionen mit geringem Marktinteresse Short-Positionen in Höhe von 20 % vom Emissionswert eingenommen und bei Emissionen mit hohem Marktinteresse 13 % (vgl. Aggarwal (2000), S. 1086). Diese – signifikanten – Zahlen belegen, dass Investmentbanken im Durchschnitt das Marktinteresse an einer Emission richtig prognostizieren und sich darauf einstellen können.

21.3 Sekundärmarkt am Ende von Lock-up-Perioden

Aus mehreren Gründen kommt es bei IPOs immer wieder dazu, dass Aktionäre für eine gewisse Zeit ihre Aktien nicht verkaufen können. Man spricht von Lock-up-Perioden. Die zwei wichtigsten Gründe für Lock-up-Perioden sind:

- *Steuerliche Lock-ups.* In verschiedenen Ländern gibt es Regeln, denen zufolge Kapitalgewinne steuerfrei sind, wenn Assets eine gewisse Zeit im Bestand gehalten wurden.
- *Vertragliche Lock-ups.* Bei vielen IPOs verpflichten sich Altaktionäre dazu, ihre Aktien eine gewisse Zeit nach dem IPO zu halten. Sie wollen damit ihr Vertrauen in die Zukunft des Unternehmens signalisieren. Es haben sich Fristen von 6, 12 oder 18 Monaten eingebürgert.

Der Sekundärmarkt am Ende von Lock-up-Perioden ist heikel, weil nicht bekannt ist, ob die Aktionäre nun das Ende der Lock-up-Frist nutzen, um ihre Aktien so schnell wie möglich abzustoßen oder ob sie die Aktien halten werden. Immerhin könnte es in der Zwischenzeit negative Unternehmensentwicklungen gegeben haben, die dem allgemeinen Markt nicht bekannt sind, die zu einem massiven Abstoßen der Aktien »sobald wie möglich«, d.h mit dem Ablauf der Lock-up-Frist führen.

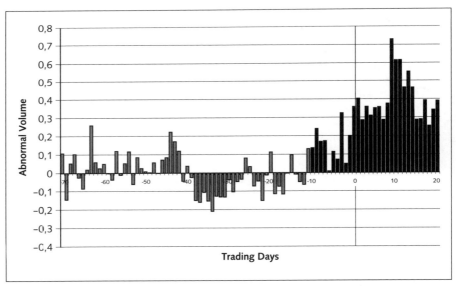

Abb. 21.1: Umsätze vor und nach dem Ablauf von Lock-up-Fristen bei IPOs in Deutschland 1997 bis 2002
Quelle: Bessler, Universität Gießen

Die Abbildung 21.1 zeigt, wie tatsächlich die Umsätze von Aktien am Ende von Lock-up-Perioden (sogar schon vorher) in die Höhe schnellen und dort auf hohem Niveau mehrere Wochen verbleiben.

Für Investmentbanken gibt es im Zusammenhang mit Lock-up-Perioden folgende Geschäftsfelder:
- *Stabilisierung* des Sekundärmarktes vor und nach dem Ablauf der Lock-up-Frist zur Aufrechterhaltung eines geregelten Sekundärmarktes, um unerwünschte Marktirritationen zu verhindern.
- *Schaffung eines attraktiven Marktumfeldes*, in welchem die betroffenen (Alt)Aktionäre ihre Aktien bei Ablauf der Lock-up-Frist zu möglichst günstigen Preisen verkaufen können.

Investmentbanken agieren beim zweiten Punkt im Interesse der Altaktionäre: Ein IPO ist nicht bereits dann beendet, wenn ein Teil der Aktien erstmals platziert ist, sondern dann, wenn die (Alt)Aktionäre *alle* Aktien verkauft haben, die sie verkaufen wollten. Dies kann wegen der Lock-up-Fristen auch Monate nach der Erstplatzierung sein.

Instrumente, denen sich die Investmentbanken bedienen, damit sich das Marktumfeld freundlich im Sinne der (Alt)Aktionäre entwickelt, sind:
- *Direkte Kursbeeinflussung*. Direkte Beeinflussung der Kurse am Sekundärmarkt durch Käufe und Verkäufe von Aktien.
- *Research*. Versorgung des Marktes mit geeigneten Ergebnissen aus der Kapitalmarktanalyse (Research).
- *Hot Issues*. Schaffung einer euphorischen Marktstimmung in Bezug auf die Aktien der betroffenen Unternehmen, die unbewusste Gefühle und Stimmungen anspricht und auf diese Weise die Kaufbereitschaft des allgemeinen Publikums erhöht.

Die Abbildung 21.2 verdeutlicht die Wirkungen. Durch die Schaffung euphorischer Marktstimmungen (Hot Issues) werden die Kurse nach dem IPO noch ungefähr 240

Abb. 21.2: Überdurchschnittliche Renditen von Buy-and-hold-Strategien mit Aktien aus IPOs in Deutschland 1997 bis 2002 (oben: Hot Issues, unten: Cold Issues); 1997 bis 2002. Quelle: Bessler, Universität Gießen.

Arbeitstage gesteigert. Dann läuft die 12-Monats-Lock-up-Frist für die Altaktionäre ab und sie können auf dem vorbereiteten attraktiven Kursniveau verkaufen. Danach beenden die Investmentbanken ihre unterstützenden Aktivitäten. Die Kurse bilden sich zurück. Zum Vergleich ist der Renditeverlauf bei Cold Issues (keine besonderen Aktivitäten) hinzugefügt, was die unterschiedliche Marktreaktion gut verdeutlicht.

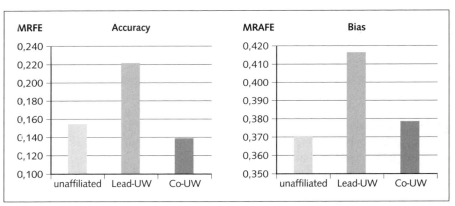

Abb. 21.3: Die Rolle der Analysten bei der Betreuung der Altaktionäre
Quelle: Bessler, Universität Gießen

Die Abbildung 21.3 verdeutlicht die Rolle der Analysten bei der Betreuung der Altaktionäre mit zwei Teilabbildungen. Beide Teilabbildungen stellen die Genauigkeit der Analystenvorhersagen (über die Vorteilhaftigkeit von Investments in IPOs) dar. Die mittlere Säule gilt den Analysten des Lead Underwriters eines IPO, die rechte den Co-Underwritern und die linke den Analysten, die mit einem IPO nicht verbunden sind. Die linke Teilabbildung repräsentiert die *Höhe* der Vorhersagefehler, während die rechte Teilabbildung die *Systematik* der Vorhersagefehler zeigt: je systematischer positive Renditen überschätzt werden, desto größer sind die Säulen. Deutlich zu sehen ist, dass die Analysten des Lead-Underwriters eines IPO sowohl die schlechtesten Vorhersagen (linke Teilabbildung) liefern, als auch die größten systematischen Fehler in ihren Vorhersagen haben (rechte Teilabbildung).

Weitere Untersuchungen zeigen, dass die Vorhersagefehler überdies bis zum Ablauf von Lock-up-Fristen hoch sind und dann in den folgenden Monaten auf die für Analysten üblichen Werte absinken.

Damit ist beleuchtet, wie sich Investmentbanken für die Interessen der Altaktionäre einsetzen.

Aufgaben zur Lernkontrolle

1. Erläutern Sie typische Probleme des Aftermarkets und denkbare Ursachen.
2. Erklären Sie einem emissionswilligen Unternehmen, was Sie als Investmentbank im Aftermarket für ihn (den Emittenten) tun werden.
3. Angenommen, Sie als Investmentbank stellen kurz vor Ende der Bookbuilding-Phase fest, dass die Emission des Unternehmens auf wenig Resonanz stößt. Sie wollen die Emission aber nicht platzen lassen. Sie denken an Ihre Einnahmen. Was unternehmen Sie?

Literatur

Aggarwal, R. (2000): Stabilization Activities by Underwriters after Initital Public Offerings, in: The Journal of Finance, Nr. 3, S. 1075–1105.

Bessler, W./Thies, S. (2007): The Long-Run Performance of IPOs in Germany, in: Managerial Finance, forthcoming.

Bessler, W./Kurth, A. (2006): Agency Problems and the Performance of IPOs in Germany: Venture Capital, Lock-up Periods and Bank Ownership, in: European Journal of Finance, forthcoming.

Ellis, K./Michaely, R./O'Hara, M. (2000): When the Underwriter Is the Market Maker: An Examination of Trading in the IPO Aftermarket, in: The Journal of Finance, Nr. 3, S. 1039–1074.

Gerke, W./Fleischer, J. (2001): Die Performance der Börsengänge am Neuen Markt, in: zfbf, 53, Dezember, S. 827–839.

Grinblatt, M./Hwang, C.-Y. (1989): Signalling and the Pricing of New Issues, in: The Journal of Finance, Vol. 44, S. 393–420.

Williamson, P. (1988): The Investment Banking Handbook, New York u. a.

22 Fixed-Income-Geschäft*

> **LERNZIELE**
> - Sie können aktuelle Tendenzen bei der Steuerung von Fixed-Income-Portfolios nennen und sie auf Ursachen zurückführen.
> - Sie können einem unerfahrenen Marktteilnehmer einen umfassenden Überblick über das Rating von Anleihen geben.
> - Sie können die Toolbox erläutern, die im Fixed-Income-Geschäft zur Verfügung steht.
> - Sie können acht verschiedene Konzepte zur Berechnung von Indizes nennen.
> - Sie können die Eignung der verschiedenen Indexkonzepte für das Assetmanagement abwägen.
> - Sie können die drei wichtigsten Bestandteile von Performanceindizes nennen und ihren Einfluss auf den Indexverlauf skizzieren.
> - Sie können einen Index konstruieren (Composite-Index), der auf individuelle Anlegerpräferenzen zugeschnitten ist.

22.1 Begriffsbestimmung

Noch vor wenigen Jahren wurde das Wertpapiergeschäft der Banken in das Aktiengeschäft und das Anleihegeschäft eingeteilt.
- Das *Aktiengeschäft* betraf alle Geschäfte mit Aktien nach AktG,
- das *Anleihegeschäft* dasjenige mit Schuldverschreibungen, wobei einige wenige Grundformen an Schuldverschreibungen allen Marktteilnehmern bekannt waren. Damit war das Anleihegeschäft ausreichend abgegrenzt.

Beginnend mit den 80er-Jahren hat sich eine Fülle von Finanzinnovationen über die Märkte ergossen, sodass es zunehmend schwieriger wurde, das Anleihegeschäft exakt zu klassifizieren.

Aufgrund dieser Schwierigkeiten ist der Begriff »Anleihegeschäft« mittlerweile aus dem Sprachgebrauch der Praxis verschwunden. Verursacht durch den schnellen Wandel der Produkte wandte man sich von produktorientierten Abgrenzungen ab und ging zu Abgrenzungen über, die die Cashflow-Eigenschaften aufgriffen: das traditionelle Anleihegeschäft wurde durch das *Fixed-Income-Geschäft* ersetzt.

Was ist Fixed Income? Fixed Income lässt sich frei übersetzen als »determinierte Zahlung« bezeichnen und grenzt sich von den nicht determinierten, residualbestimmten Zahlungen des Equity-Geschäftes ab.

---

* Autor: Martin Hellmich unter Mitwirkung von Joachim Heppe, Ulrich Hoeck, Rolf Crux

Allerdings konnte auch durch diese Begriffswandlung keine völlige Eindeutigkeit erzielt werden, denn an der Nahtstelle zwischen Produkten mit determinierten und nicht determinierten Zahlungen, also zwischen Aktien und Anleihen, gibt es genügend Finanzprodukte, die sich schwer eindeutig zuordnen lassen, die vielmehr bewusst Elemente aus dem jeweils anderen Bereich aufgreifen, um dem klassischen Kunden des jeweiligen Segments interessante Portfoliovarianten zu ermöglichen.

22.2 Allgemeine Markttrends

Durch die Einführung des Euro, sowie fortschreitender Globalisierung hat sich – bei gesunkenen Transaktionskosten – ein integrierter Kapitalmarkt in Europa entwickelt. Der große europäische Markt ohne Wechselkursrisiko erlaubt vielfältigere Portfoliodiversifikationen als bisher. Als Investoren treten neben Assetmanagern vor allem Banken auf.

Hohe Markttransparenz
Die Markttransparenz im Fixed-Income-Bereich ist höher als jemals zuvor. Durch Entwicklungen im Bereich der Informationsverarbeitung und Kommunikationstechnik verfügen die Investoren über detaillierte Marktinformationen und sind somit wesentlich besser über Markttrends informiert.

Veränderung des Angebots
Der Markt für Finanzdienstleister wandelt sich vom klassischen Kreditgeschäft/Firmenkundengeschäft zum Investment Banking. Der Finanzierungsbedarf der Unternehmen kann nicht mehr nur noch durch den klassischen Kredit gedeckt werden, sodass andere Formen der Fremdkapitalbeschaffung am Kapitalmarkt zunehmend an Bedeutung gewinnen.

Niedriges Marktzinsniveau
Das niedrige Marktzinsniveau, das seit einigen Jahren zu beobachten ist, hat weit reichende Folgen. Es wirkt sich ungünstig auf die Rendite an den Anleihemärkten aus. Viele Fondsmanager weichen in höherverzinsliche Anleihen aus, die aber neben mehr Rendite auch mehr Risiken bringen. Die klassische Unternehmensanleihe, die einen »Schnaps« mehr Rendite bringt als Staats- und Bankenanleihen, erlebt eine Renaissance genauso wie die hoch riskanten High-Yield-Bonds (im Non-Investment-Grade). Viele dieser Titel werden von Altersvorsorgevermögen gekauft. Manche sprechen des erhöhten Risikos wegen von einer »Pension Time Bomb«.

Hybride Instrumente
Die Bedeutung von Finanzprodukten, die Eigen- und Fremdkapitalkomponenten beinhalten, nimmt deutlich zu; dies ist offensichtlich bei Options-, Wandel- und Aktienanleihen sowie High-Yield-Bonds.

Benchmark

Portfoliomanagement im Fixed-Income-Bereich ist sehr stark benchmarkorientiert. Ziel der Portfoliosteuerung ist nicht ein angestrebter absoluter Ertrag, sondern die Benchmarkrendite zu schlagen. Da Zinsprognosen nicht immer von Erfolg gekrönt sind, orientieren sich viele Portfoliomanager am Credit-Spread (Risikoaufschlag) von Anlageobjekten zu den Benchmarkprodukten. Konsequenterweise werden auch zunehmend Produkte direkt auf Spreads angeboten, die seit Einführung des Euro in dem größeren europäischen Kapitalmarkt darstellbar sind.

Portable-Alpha-Strategien

Seit etwa 2004 sind sog. *Portable-Alpha-Strategien* populär. Ziel dieser Strategien ist es, folgende zwei Bedingungen zu verbinden:
- Benchmark(risiko)orientierung sowie
- Verbesserung des als zu niedrig empfundenen Renditeniveaus (der Benchmark).

Bank und Kunde vereinbaren, dass der Vermögensmanager das Risiko einer vom Kunden gewünschten Benchmark einhalten, dabei aber eine höhere Rendite als die der Benchmark erreichen soll. Von der Rendite/Risiko-Kombination der Benchmark darf mit einem bestimmten Tracking Error abgewichen werden.

BEISPIEL

Benchmark sei der Rentenindex REX. Der Vermögensmanager geht üblicherweise folgendermaßen vor: er erwirbt zunächst Futures auf die Benchmark, um die abgesprochene Rendite/Risikokombination einhalten zu können. Dafür benötigt er nur einen kleinen Teil des zur Anlage bestimmten Geldes (Marginzahlung an Börse) Den Rest des Geldes investiert er dort, wo er Überrenditen erwartet, z. B. in Immobilien. Da das Risiko derartiger zusätzlicher Positionen nicht mit dem Risiko der Benchmark übereinstimmt, muss es durch Terminprodukte gehedgt werden. Im Beispiel würde der Vermögensmanager also einen Terminkontrakt auf einen Immobilienindex Short gehen. Damit hat er das systematische Immobilienrisiko eliminiert. Übrig bleiben Restrisiken, die den erlaubten Tracking Error nicht übersteigen dürfen, sowie die Überrendite seiner Immobilieninvestments über die Rendite des Immobilienindex.

Portable-Alpha-Strategien bestehen deshalb aus mindestens drei Komponenten:
- Longpositionen in Termin- oder Kassaprodukten, welche die Einhaltung der Benchmark sichern,
- aktiv gemanagte Anlagen in Assets mit Aussicht auf Überrenditen und
- Shortpositionen in Terminprodukten, welche das systematische Risiko dieser Assets hedgen.

Volatilität

Die Credit-Spreads haben sich in der Vergangenheit als immer volatiler erwiesen, was einzelne Anleger schmerzlich erfahren mussten. Es wird vom sogenannten »Event-Risk« der Anleihemärkte gesprochen.

BEISPIEL

Event-Risk

Als Unilever bekannt gab, Bestfoods akquirieren zu wollen und dazu Anleihen über 7 Mrd. US-Dollar emittieren zu müssen, rutschte in Erwartung dieses Angebotsschubs das Rating von AAA auf A und der Spread existierender Altanleihen stieg raketenartig an, d. h. die Anleihepreise fielen.

Im Jahr 2000 wurden in mehreren Ländern Lizenzen zur Nutzung der sog. UMTS-Technologie versteigert. Im Verlauf der Versteigerungen der Lizenzen wurde deutlich, welch gewaltige Kosten (dreistellige Milliardenbeträge) von den Ersteigerern zu bewältigen sein würden. Dies führte zu einem deutlichen Anziehen der Spreads fast aller Unternehmen der Telekommunikationsbranche

Aktives Portfoliomanagement

Die Konsequenzen volatiler Spreads sind relativ weit reichend: Die Renditen von Renten verändern sich häufiger. Der Anlegerfokus liegt zunehmend im kurzfristigeren Bereich. Die Informationspolitik an den Rentenmärkten nähert sich derjenigen der Aktienmärkte an. Es reicht heute bei Fixed-Income-Produkten nicht mehr aus, gelegentlich allgemeine Prognosen des Marktzinsniveaus zu treffen. Portfolios werden heute fast wie Aktienportfolios gemanagt, und ein Informationsmanagement – ähnlich wie an den Aktienmärkten –, das über Marktänderungen informiert, ist erforderlich. Zu den relevanten Faktoren gehört zunehmend auch die individuelle Situation der Schuldner. Der Rentenmarkt steht bedingt durch die Suche nach höheren Renditen heute auch Schuldnern mit geringerer als der höchsten Bonität offen. Dafür müssen die Schuldner ausführlich über sich und ihre Pro-

---

Corporate-Bonds im Fixed-Income-Geschäft: wie man sie verkauft

Corporate-Bonds sind Anleihen, die in bestimmten Marktphasen auf Interesse stoßen, in anderen Phasen dagegen schwer absetzbar sind. Richtiges Timing und Marketing sind für den Absatz der Bonds wichtig.

Die *Zeit* pries am 23.08.2001 Corporate-Bonds (CB) mit der Überschrift an: »Den schlechten Ruf zu Geld machen«. Gemeint ist folgendes: CBs sind immer dann gefragt, wenn das Zinsniveau niedrig und die Konjunktur schlecht ist. Der Risikoaufschlag macht sich dann stark bemerkbar und die Rendite wirkt attraktiv. Je schlechter die Bonität des Emittenten, desto attraktiver erscheint die Rendite im Verhältnis zum Referenzsatz (z. B. Rendite von Bundesanleihen).

Haben CBs ein Rating, das zwischen AAA und BBB liegt, spricht man von Investment-Grade. CBs mit darunter liegendem Rating werden als Junk-Bonds bezeichnet. Ihr sehr hoher Risikoaufschlag lockt insbesondere in Niedrigzinsphasen Anleger an. In Hochzinsphasen sind sie nahezu unverkäuflich.

Die Kursentwicklung von riskanten Corporate-Bonds hängt aber nicht nur vom Zinsniveau, sondern auch von der Börsenentwicklung ab: Einerseits suchen Investoren in Zeiten zurückgehender Aktienmärkte nach Alternativen, wobei die hochverzinslichen Corporate-Bonds attraktiv sind. Verschlechtern sich aber die wirtschaftlichen Aussichten, dann brechen die Preise derartiger Anleihen ein, weil das Bonitätsrisiko steigt. Corporate-Bonds werden unverkäuflich.

Traditionelles Marketingargument ist ein niedriger Verschuldungsgrad der Emittenten. Als die Telekomunternehmen zur Finanzierung der UMTS-Lizenzen massenhaft Anleihen platzierten und die Schuldenlast plötzlich stieg, ließen sich die Titel nur zu deutlich erhöhten Zinsen am Markt absetzen.

»*Ein stabiles Börsenklima, niedrige Platzierungsvolumina und ein niedriges Renditeniveau öffentlicher Anleihen*« sind der Boden, auf dem Corporate-Bonds gedeihen, fasst die GZ-Bank in Frankfurt den Markt zusammen.

jekte informieren. Der »*Equity Story*« an den Aktienmärkten hat sich die »*Issuer's Credit Story*« oder »*Selling Story*« der Anleihemärkte hinzugesellt.

22.3 Rating

Begriff
Unter einem Rating versteht man die Beurteilung der relativen Ausfallwahrscheinlichkeit eines erwarteten Zahlungsstroms. Grundlage des Ratings sind Bonitätsbeurteilungen. Grundsätzlich unterscheidet sich die Arbeitsweise bei der Erstellung der Bonitätsbeurteilungen für ein Rating nicht von der bei der traditionellen Kreditwürdigkeitsprüfung. Das Ziel, eine Aussage über die Ausfallwahrscheinlichkeit, ist in beiden Fällen dasselbe.

Rating versus Ranking
Rating wird von Ranking abgegrenzt. Unter Ranking werden Aussagen über ordinale Rangfolgen (»besser als«) verstanden, während ein Rating eine quantitative Aussage beinhaltet (»so viel besser als«). Aktien werden typischerweise von den Agenturen (nur) gerankt.

Der Nutzen der Ratings
Ratings erfüllen mehrere wichtige Funktionen an den Finanzmärkten:
- *Kostensenkung.* Soweit Ratings von zentralen Ratingagenturen erstellt werden, ersparen sie es den einzelnen Marktteilnehmern, eigene Beurteilungen anfertigen zu müssen. Das erspart Doppelarbeit und ermöglicht Economies of Scale.
- *Lösung des Free-Rider-Problems.* Für große Investmentbanken war in der Vergangenheit das Free-Rider-Verhalten kleinerer Banken ein Problem. An ein auf aufwändigen Recherchen basierendes Urteil einer großen Bank hängten sich kleinere ohne eigene Recherchen und Kosten an. Der Nutzen der Informationsrecherche konnte nicht vollständig internalisiert werden. Durch Verlagerung der Recherchen auf externe Ratingagenturen und der Kosten auf den Emittenten wird dieses Problem gelöst.
- *Markttransparenz und Markthomogenität.* Soweit Ratings veröffentlicht werden, schaffen sie Transparenz im Markt. Dies ist dann besonders nützlich, wenn die Ratings allgemeine Akzeptanz finden – es entsteht Markthomogenität. Ansonsten ist ein Rating einer Agentur nicht mehr als eine Meinung unter möglicherweise vielen.
- *Objektivität und Preisfairnis.* Die standardisierte Vorgehensweise der Ratingagenturen bei der Erstellung ihrer Ratings entpuppt sich im Verkauf als nützlich: Die Bonitätseinschätzung erhält dadurch einen objektiven Charakter und der Spread einer Emission ist Investoren leicht vermittelbar. Ein Spread (Risikoaufschlag) gilt als fair, wenn der Spread eines anderen Produktes mit gleichem Rating gleich hoch ist.

Kapitalmarkt und Rating

Kategorie	Rating	Charakterisierung des Emittenten	Kapitalmarktkondition für Emittent	Investorenverhalten
Investment Grade	AAA	Extremely strong capacity to meet the financial commitments.	Leichter Kapitalmarktzugang; Funding Flexibility	Standardabläufe im Portfoliomanagement. Einzelentscheidung durch Portfoliomanager.
	AA	Very strong ...	Leicht verschlechterte Konditionen; u. U. Covenants; meist starke Anstrengungen des Schuldners, das Rating zu halten.	Entscheidungen auf »case by case«-Basis. Gremientscheidungen.
	A	Strong ...		
	BBB	Adequate ...		
Non-Investment-Grade	BB	Less vulnerable in the near-term than other lower-rated obligers.	Stark erhöhte Spreads; Kapitalmarktzugang schwierig, zeitweilig unmöglich. Richtiges Timing wichtig.	Entscheidungen nur nach formaler Risikoanalyse und Genehmigung.
	B	More vulnerable ...		
	CCC	Currently vulnerable ...		
	CC	Currently highly vulnerable ...	Kein Kapitalmarktzugang mehr.	
	D	In default.		

Wer erstellt Ratings?

Grundsätzlich können Ratings durch jedermann erstellt werden. Man unterscheidet
- Externe Ratings und
- Interne Ratings.

Interne Ratings werden im Kreditbereich erstellt. Große Banken arbeiten seit Jahren an der Standardisierung ihrer Kreditwürdigkeitsprüfungen und fassen die Ergebnisse in Ratings zusammen. Dies ermöglicht die Aggregation der Einzelrisiken, und gibt einen Einblick in die (Ausfall-)Risikostruktur des gesamten Kreditportefeuilles. Mit dem Inkrafttreten von »Basel II« wird das Pricing von Krediten maßgeblich vom Rating eines Unternehmens abhängig sein. Die Vorgehensweise beim Erstellen interner Ratings wird dem Bundesaufsichtsamt für das Kreditwesen erläutert werden müssen.

Der Kapitalmarkt orientiert sich nicht an internen Ratings, sondern an externen, von unabhängigen Ratingagenturen erstellten Ratings. Die wichtigsten Ratingagenturen sind:
- Standard & Poor's,
- Moody's und
- Fitch IBCA.

Warum und auf welche Initiative hin werden Ratings erstellt?

Der Großteil der Ratings von externen Ratingagenturen wird auf Grundlage eines Auftrages durch den Emittenten von Finanzinstrumenten erstellt. Der Emittent erhofft sich Zugang zum Kapitalmarkt und damit sinkende Fremdfinanzierungskosten.

Ein weiterer Teil von Ratings wird ohne Auftrag durch die Ratingagenturen erstellt. Ziel kann es sein, einen bestimmten Markt vollständig abzubilden. Die Agenturen verkaufen dann ihre Ergebnisse an Marktteilnehmer, die sich einen Marktüberblick verschaffen wollen.

Verlässlichkeit von Ratings

Die Verlässlichkeit, d. h. die Prognosekraft von Ratings wird immer wieder angezweifelt, da die Analysen der Ratingagenturen stark standardisiert sind, überwiegend Vergangenheitsdaten auswerten und oftmals unter Zeit- und Kostendruck erstellt werden. Wie können da überlegene und treffsichere Prognosen entstehen?

Eine Methode, die Qualität der Ratings der Ratingagenturen zu überprüfen, ist es, das Rating mit dem Marktspread zu vergleichen. Sollte das Urteil einer Agentur mit der Marktmeinung übereinstimmen, müssten ihre Ratings und die Spreads der gerateten Finanzprodukte hoch korreliert sein. Tatsächlich ist das der Fall. Aber die Kausalität ist nicht immer eindeutig. Oftmals korrigieren die Agenturen ihre Ratings erst, nachdem sich ein Spread anhaltend verändert hat.

Nach einer anderen Methode werden frühere Ratings mit den späteren tatsächlichen Ausfällen in Beziehung gebracht. Die tatsächlichen Ausfallquoten müssten sich mit den in den Ratings zum Ausdruck kommenden prognostizierten Ausfallwahrscheinlichkeiten decken. Dies ist grosso modo der Fall.

Ratingarten

Es gibt vier wichtige Ratingarten:
- Rating eines Emittenten,
- Rating eines Finanzinstrumentes,
- Kurzfristiges Rating und
- Langfristiges Rating.

Emittentenrating. Geratet wird ein Schuldner von Finanzinstrumenten. Das Rating beurteilt die Wahrscheinlichkeit, mit der der Schuldner allen zukünftigen Zahlungsverpflichtungen nachkommen wird.
Emissionsrating. Das Rating bezieht sich auf einzelne Finanzierungstitel eines Schuldners. Das Rating kann besser sein als das Emittentenrating. Entscheidend ist die Ausstattung der Titel. Das Rating wird insbesondere durch den Rang im Konkursfall, Nebenabreden, Financial Covenants, zusätzliche Sicherheiten beeinflusst.
Kurzfristiges Rating. Dieses Rating bezieht sich auf Finanzinstrumente mit Laufzeiten bis zu einem Jahr. Die wichtigsten sind Commercial Paper von Nichtbanken und Einlagenzertifikate von Banken. Wichtige Beurteilungskriterien sind die allgemeine Finanzkraft, Liquiditätssituation, Kreditlinien renommierter Banken und kurzfristige Ertragserwartungen. Andere Beurteilungskriterien treten beim kurzfristigen Rating in den Hintergrund.

Langfristiges Rating. Bezieht sich auf Finanzinstrumente mit Laufzeiten ab einem Jahr oder auf den Emittenten. Grundlage sind umfassende Bonitätsbeurteilungen, in die eine Vielzahl von Kriterien eingehen.

Die Agenturen veröffentlichen grobe Raster, aber keine ins Einzelne gehende Details ihrer Beurteilungstätigkeit. Folgende Kriterien spielen immer eine Rolle:
- Land: Wirtschaftliche Stärke, politische Stabilität, finanzielle Lage.
- Branche: Marktstruktur, Wettbewerb, regulatorisches Umfeld und
- Emittent: Geschäftsstruktur, Finanzstruktur.

Rating von Investmentfonds

Ratingagenturen bewerten seit wenigen Jahren neben Emittenten und Emissionen auch Investmentfonds. Es werden analytische Kriterien verwendet, die auf die Qualität des Fondsmanagements zielen, sowie deskriptive, die auf die Performance der Vergangenheit relativ zu Mitbewerbern gerichtet sind.
- *Standard & Poors* (USA) bewertet Fonds, die seit mind. 3 Jahren am Markt sind. Untersucht wird die Qualität des Fondsmanagements, die Wirtschaftlichkeit, der Entscheidungsprozess und die Wertentwicklung des Fondsvermögens relativ zu vergleichbaren Portfolien.
- *Feri Trust* (Bad Homburg) testet Fonds nach den Kriterien historische Wertentwicklung und Risiko.
- *Morningstar* (USA) beurteilt Fonds anhand der relativen Entwicklung des Fondsvermögens zu Fonds mit ähnlichem Anlageschwerpunkt und ähnlichem »Investment Style«.

22.4 Die Toolbox: Debt-Capital-Products und ihre Charakteristika

Der Kapitalmarkt bietet mit all den Finanzinnovationen der letzten Jahre eine Vielzahl von Finanzierungsinstrumenten, welche von den potenziellen Emittenten in Anspruch genommen werden können. Man spricht von der »Toolbox«, aus der die jeweils passenden Instrumente zu nehmen sind, um ein konkretes Finanzierungsproblem zu lösen. Im Folgenden werden die wichtigsten aktuellen Instrumente der Toolbox beschrieben.

Originäre Produkte mit determinierten Zahlungen
Langfristige Anleihe. Schuldverschreibungen werden auch Anleihen genannt. Sie sind mit festem, variablem (Kuponanleihen) oder ohne laufenden Zins (Nullkuponanleihe) ausgestattet und haben eine vorgegebene Laufzeit und Tilgungsform. Anleiheschuldner sind i. d. R. die öffentliche Hand, Kreditinstitute, Industrieunternehmen sowie supranationale Einrichtungen.

Die Laufzeit von Anleihen lässt sich in drei Klassen einteilen. Kurzfristige Anleihen (bis 4 Jahre Laufzeit), mittelfristige Anleihen (4 bis 8 Jahre Laufzeit) und langfristige Anleihen (über 8 Jahre Laufzeit).

Medium-Term-Note. Medium-Term-Notes sind Schuldverschreibungen, die im Rahmen von Medium-Term-Notes-Programmen emittiert und platziert werden. Die Laufzeiten der Programme liegen bei 3 bis 5 Jahren, die der einzelnen Notes darunter. Laufzeit und Ausstattung sind von den Usancen im jeweiligen Markt abhängig. Während in den USA Medium-Term-Notes im unteren Laufzeitbereich mit 270 Tagen durchaus nicht unüblich sind, müssen EUR-Medium-Term-Notes eine Mindestlaufzeit von zwei Jahren aufweisen.

Vorrangige Tranchen von ABS. Schuldverschreibungen, die im Rahmen von Asset-Backed-Transaktionen entstehen. Für die Schuldverschreibungen haften definierte Assets. Ausführlich siehe Kapitel Asset Backed Securities.

Commercial Paper. Geldmarktpapiere, deren Emittenten erstklassige Industrieadressen sind. Die Schuldverschreibungen sind oft als Inhaberpapiere ausgestattet und den Certificates of Deposit (CD) vergleichbar. Im Gegensatz zu den CD's sind die Laufzeiten (zwischen 30 und 270 Tagen) nicht standardisiert, sondern können auf individuelle Bedürfnisse der Anleger abgestellt werden. Commercial Paper werden im Gegensatz zu den CD's abgezinst gehandelt.

Certificate of Deposit (von Banken). Von Banken emittierte Geldmarktpapiere in Form von Inhaberpapieren. Sie werden deshalb auch als verbriefte Bankeinlagen bezeichnet. Ihre Laufzeiten sind standardisiert und bewegen sich zwischen 30 Tagen und 5 Jahren, wobei der Schwerpunkt im Laufzeitbereich von 30 bis 180 Tagen liegt. Sie können sowohl mit einem Festzinssatz als auch mit einem variablen Zinssatz (Floating Rate Notes) ausgestattet sein.

Schuldscheindarlehen. Schuldscheindarlehen sind traditionelle Instrumente der mittel- bis langfristigen Kapitalanlage- oder Kreditfinanzierungspolitik, die bei bestimmten Kapitalsammelstellen wie Versicherungen als Investoren einen Markt gefunden haben. Für die Darlehensnehmer sind Schuldscheindarlehen individuell und flexibel gestaltbare Großkredite mit anleiheähnlichen Ausstattungsmerkmalen. Die Gewährung erfolgt gegen Schuldschein oder Schuldurkunde gem. § 607 BGB, § 344 HGB. Der Schuldschein ist lediglich Beweisurkunde.

Originäre Produkte mit teilweise residualbestimmten Zahlungen

Genussschein. Der Genussschein verbrieft i. d. R. Ansprüche auf Anteil am Reingewinn, am Liquidationserlös oder auf den Bezug neuer Genussscheine und ggf. Aktien. Sie werden als Inhaber- oder Namenspapiere emittiert, wobei die Inhaberpapiere dominieren

High-Yield-Bond. Hochverzinsliche Schuldverschreibungen mit Ratings im Non-Investment-Grade. Umgangssprachlich heißen sie Junk-Bonds. Ein Markt für solche Emissionen besteht vor allem in den USA.

Nachrangige Tranchen von ABS. Siehe Kapitel Asset Backed Securities

Strukturierte Produkte

Wandelanleihe. Die Wandelanleihe verschafft ihrem Inhaber alle Gläubigeransprüche aus einer Anleihe und räumt ihm darüber hinaus das Recht ein, die Anleihe innerhalb einer bestimmten Frist in einem bestimmten Verhältnis – eventuell unter Zuzahlung eines festgelegten Geldbetrages – in Aktien (des Emittenten der Anleihe) umzutauschen (zu wandeln). Mit dem Umtausch erlöschen die Rechte (Recht auf Zins und Rückzahlung) aus der Anleihe. Eine moderne Abart der Wandelanleihe ist die Aktienanleihe, bei der der Emittent das Recht hat, die Anleihe durch eine bestimmte Anzahl von Aktien zu tilgen.

Optionsanleihe. Eine Optionsanleihe verschafft ihrem Inhaber neben den regulären Gläubigeransprüchen (wie Zins und Tilgung) das Recht, innerhalb einer bestimmten Frist Aktien oder andere vertretbare (handelbare) Vermögenswerte vom Anleiheschuldner zu einem festgelegten Ausübungspreis zu erwerben.

Umtauschanleihe. Anleihen, die zu festgelegten Bedingungen in Aktien eines anderen Unternehmens getauscht werden können. Es kommt zu keiner Emission neuer Aktien.

Project-Finance-Bond. Anleihen, die im Zusammenhang mit Projektfinanzierungen entstehen. Siehe Kapitel Projektfinanzierung.

Individuell strukturierte Anleihe. Anleihen, die individuell auf die Wünsche von Emittenten oder Investoren hin ausgestattet werden.

Derivative Produkte

Zinsswap. Beim Zinsswap werden Zinszahlungsverpflichtungen aus gleicher Währung und Laufzeit, jedoch mit unterschiedlicher Zinsbindungsfrist getauscht. Die Swappartner tauschen lediglich wechselseitig Zinszahlungsverpflichtungen, sodass für beide Partner die ursprünglichen Rückzahlungs- und Zinszahlungsverpflichtungen gegenüber ihren Gläubigern bestehen bleiben.

Währungsswap. Transaktion, mit der zwei Partner die aus Kreditaufnahmen stammenden Beträge in zwei verschiedenen Währungen sowie die während der Kreditlaufzeit zu leistenden Zins- und Amortisationsbeträge untereinander austauschen. Der Entstehungsgrund liegt in komparativen Zinsvorteilen, die eine oder auch beide Parteien in der jeweils von dem Partner gesuchten Währung haben. Sowohl der Austausch der Währungsbeträge als auch der Rücktausch erfolgt zu einem fest vereinbarten Wechselkurs, der i. d. R. dem zum Zeitpunkt des Vertragsabschlusses geltenden Wechselkurs entspricht.

Zinsfuture. Vertragliche Vereinbarung, ein standardisiertes Zinsinstrument in der Zukunft zu einem vorab vereinbarten Preis zu kaufen oder zu verkaufen.

Zinsoption. Recht, aber nicht Verpflichtung des Optionsinhabers, einen bestimmten Zinstitel zu einem vereinbarten Preis (Basispreis) innerhalb einer bestimmten Frist (amerikanische Option) oder an einem bestimmten Termin (europäische Option) zu kaufen (Calloption) bzw. zu verkaufen (Putoption). Als Äquivalent für das Wahlrecht hat der Optionsinhaber an den Stillhalter eine Prämie (Optionspreis) zu zahlen.

Kreditderivate. Kreditderivate sind Finanzinstrumente, die dem Transfer von Kreditrisiken dienen. Wie bei den bekannteren Derivatverwandten auf Zinsen, Währungen oder Aktien, hängt das Auszahlungsprofil eines Kreditderivats von der Entwicklung eines unterliegenden Referenzobjektes (Underlying) ab. Je nach Ausgestaltung des Kontrakts kann die Zahlung an den Preis von Wertpapieren oder Krediten, an sog. »Credit-Events« (z. B. Zahlungsunfähigkeit), Credit-Spreads oder Credit-Ratings als Bezugsgröße gekoppelt werden.

Sonstige

Wertpapierleihe. Die Wertpapierleihe stellt die zeitweilige, entgeltliche Überlassung von Wertpapieren an Dritte dar. Die Übertragung erfolgt mit der Verpflichtung, Wertpapiere gleicher Art, Güte und Menge nach Ablauf einer vereinbarten Frist wieder an den Verleiher zurückzuliefern. Der Verleiher erhält eine Leihgebühr, die individuell zwischen den Vertragspartnern vereinbart wird.

Abgrenzung Treasury/Fixed Income	
Die Instrumente des kurzfristigen Geschäftes (Tagesgeld, Festgeld, Pensionsgeschäft) werden oftmals nicht dem Fixed-Income-Geschäft zugeordnet. Grund: Die Produkte sind »einfach« und standardisiert. Weniger die Dienstleistung um diese Produkte herum als vie mehr deren Handel stehen im Vordergrund. Sie sind deshalb oftmals organisatorisch im Treasury angesiedelt	
Tagesgeld	Einlage über Nacht (von einem auf den nächsten Tag), bis auf weiteres (ohne im Vorhinein vereinbarten Rückzahlungstermin) oder von »morgen bis übermorgen« (tomorrow against next day: tom/next).
Festgeld	Befristete Einlage auf eine ex ante festgelegte Laufzeit (Mindestlaufzeit 30 Tage bzw. 1 Monat).
Pensionsgeschäft	Pensionsgeschäfte sind Verträge, durch die ein Kreditinstitut oder ein Kunde eines Kreditinstituts (Pensionsgeber) ihm gehörende Vermögensgegenstände einem anderen Kreditinstitut oder einem seiner Kunden (Pensionsnehmer) gegen Zahlung eines Betrags überträgt und in denen gleichzeitig vereinbart wird, dass die Vermögensgegenstände später gegen Entrichtung des empfangenen oder eines im Voraus vereinbarten anderen Betrags an den Pensionsgeber zurückübertragen werden müssen (echtes Pensionsgeschäft) oder können (unechtes Pensionsgeschäft). Pensionsgeschäfte sind überwiegend Interbankengeschäfte, werden aber auch durch die Kreditinstitute mit Nichtbanken betrieben. Als Vermögenswerte sind in erster Linie Wertpapiere und Schuldscheine von Bedeutung.

22.5 Die Dienstleistungen der Banken im Fixed-Income-Geschäft

Die Dienstleistungen oder »Services« der Investmentbanken im Fixed-Income-Geschäft lassen sich in drei Gruppen gliedern:
- *Rating-Advisory.* Beratung und Mitwirkung bei der optimalen Positionierung eines Emittenten am Kapitalmarkt.
- *Emissionsberatung/Primärmarktbetreuung.* Markteinführung von Finanzinstrumenten.
- *Sekundärmarktbetreuung.* Insbesondere Market-Maker-Tätigkeit.

Die Dienstleistungen sind Gegenstand verschiedener Kapitel in diesem Buch.

22.5.1 Rating-Advisory

Rating-Advisory stellt ein typisches Nebengeschäft einer Anleiheemission dar. Banken beraten und unterstützen Emittenten im Rahmen der Bewertung durch eine unabhängige Ratingagentur in Form von Zusammenstellung und Vorbereitung ratingrelevanter Dokumente und schulen das Management für Gespräche mit Ratingagenturen.

Zielsetzung von Rating-Advisory ist eine umfassende Vorbereitung des Klienten auf die Zusammenarbeit mit der Ratingagentur. Nebeneffekt ist die Festigung der Beziehung zur Investmentbank, die mit der Hoffnung der Investmentbank verbunden ist, später weitere Beratungs- und Emissionsmandate zu erhalten.

Die Beratung kann sich auf das Unternehmen insgesamt und/oder auf dessen Kapitalstrukturierung beziehen.

- *Company-Structuring.* An die Emittenten von Anleihen stellen Investoren besondere Ansprüche bezüglich des Vorliegens einer kapitalmarktadäquaten Rechtsform des Emittenten, branchenspezifischer und unternehmerischer Risiken.
- *Capital-Structuring.* Im Zusammenhang mit der Rating-Advisory-Tätigkeit erstellen Banken Peergruppenvergleiche und ermitteln durch Simulationen das Rating beeinflussende Indikatoren.

22.5.2 Emittentenbeurteilung

In ihrem Bemühen um Rationalisierung und Kostensenkung werden von vielen Marktteilnehmern standardisierte Beurteilungsverfahren verwendet. Es hat sich gezeigt, dass die folgenden Finanzkennziffern (Financial-Ratios) am stärksten Beachtung finden. Die Ausprägungen, die als »gut« oder »schlecht« interpretiert werden, ändern sich von Zeit zu Zeit, sodass hier darüber keine Aussagen gemacht werden können.

Ratios, die Analysten und Investoren beachten:
- Coverage-Ratio
- Total Debt/EBITDA
- (EBITDA – Capex)/Net Interest Expense
- Net Debt/EBITDA
- Sales Growth
- Net Margin/Gross Margin

Ratios, die Ratingagenturen beachten:
- Profitability-Ratios
  - Return on Equity: net-income/owner's equity
  - Return on Assets: net-income/total assets
  - Operating Efficiency: EBIT/total assets
  - Gross Margin: gross profit/total sales

- Net Margin: net income/total sales
- Operating income/operating assets (ohne Investitionen)
- Sales/total assets
■ Leverage-Ratios
- Gearing (Verschuldungsgrad): total liabilities/owner's equity
- Debt/cashflow: total liabilities/funds from operations
- Debt Service Coverage Ratio: EBIT/interest expense
■ Liquidity-Ratios
- Working capital/total assets
- Current Ratio: current assets/current liabilities
- Net-working-assets/sales
- Cash, marketable securities plus receivables/current liabilities

Ratios, die in Deutschland Tradition haben:
■ Eigenkapitalanteil an der Bilanz
■ Anlagedeckung
■ Liquidität 1. und 2. Ordnung
■ Bruttocashflow/Betriebsleistung
■ Eigenkapitalrentabilität
■ Gesamtkapitalrentabilität

22.6 Konstruktion von Rentenindizes

22.6.1 Einführung

Immer mehr Indexkonzepte am Rentenmarkt führen zu immer weniger Übersichtlichkeit und einem immer schwierigeren Auswahlprozess für eine geeignete Benchmark. Zudem tragen die permanenten Veränderungen am Weltrentenmarkt zur stetigen Entwicklung von neuen Indizes und Indexkonzepten bei. Die Einführung des Euros hat z. B. zu einer Vielzahl neuer Indizes geführt. Im Euroraum gibt es etwa 30.000 Anleihen.

Investoren können Indizes heranziehen, um ihre Anlage nach rationalen Gesichtspunkten zu diversifizieren und um die Wertsteigerung ihrer Anlage mit jener des Marktes vergleichen zu können. Dabei stellt sich natürlich die Frage, welche Indizes als Vergleichsmaßstab am besten in Frage kommen.

Zunächst werden die Risiko-/Ertragswünsche des Investors definiert und ein passender Index gesucht. Gibt es keinen, der Wünsche des Investors befriedigend abbildet, dann muss ein synthetischer Index konstruiert werden.

Allerdings sind Risiko-/Ertragsgesichtspunkte nicht die einzigen Gesichtspunkte, nach denen ein Index beurteilt werden sollte. Weitere sind: Transparenz, Nachbildbarkeit, Liquidität etc.

22.6.2 Indexkonzepte am Rentenmarkt

Für eine Grobklassifikation unterscheiden wir zunächst zwischen:
- *Kursindizes* (bilden aktuelle Rentenpreise ab) und
- *Performanceindizes* (kumulieren alle Renditekomponenten)
- *Marktsegment-Indizes* (bilden einzelne Marktsegmente ab und bestehen aus wenigen realen oder synthetischen Anleihen) und
- *Broad-Market-Indizes* (setzen sich aus mehreren Hundert realen Anleihen zusammen, um einen gesamten Markt abzubilden)
- *Reale Indizes* (betrachten tatsächlich vorhandene Anleihen) und
- *Synthetische Indizes* (betrachten fiktive Anleihen mit ganz bestimmten Laufzeiten und Kupons)
- *Originäre Indizes* (sind die ursprünglichen Indizes) und
- *Composite-Indizes* (sind Zusammensetzungen aus mehreren originären Indizes)

Ein *Kursindex* bildet die Kursentwicklung des zu Grunde liegenden Rentenmarktes ab. Die Preise der Anleihen des zu Grunde liegenden Indexportfolios werden zu einem gewichteten Durchschnittskurs zusammengefasst.

Berechnung von Kursindizes

Die European Federation of Financial Analyst Societies (EFFAS) empfiehlt, Kursindizes nach der folgenden Formel zu berechnen:

$$KI_{aktuell} = KI_{Vortag} \cdot \frac{\sum_{i=1}^{n} K_{aktuell,i} \cdot N_{Vortag,i}}{\sum_{i=1}^{n} K_{Vortag,i} \cdot N_{Vortag,i}}$$

mit $KI_{aktuell}$ bzw. KI_{Vortag} = Kursindex aktuell bzw. des Vortages
$K_{aktuell,i}$ bzw. $K_{Vortag,i}$ = Kurs der Anleihe i aktuell bzw. des Vortages
N_{Vortag} = Nominalvolumen des Vortages
n = Anzahl der Anleihen

Hinweis: Es ist zu berücksichtigen, dass die Gewichtung sowohl im Zähler als auch im Nenner zum Anlagevolumen des Vortages erfolgt, da der Index lediglich die relativen Kursänderungen nicht jedoch Änderungen der Nominalvolumina erfassen soll.

Berechnung von Performanceindizes

Ein *Performanceindex* misst und kumuliert die gesamte Wertentwicklung an einem Rentenmarkt. Neben den Kursveränderungen werden die Zinseinnahmen sowie weitere Performancequellen in den Index eingerechnet. Aus folgenden Beiträgen setzt sich die Performance zusammen:
- Kursveränderungen: Alle Kursveränderungen werden gewichtet addiert. Dieser Teil der Performance alleine wird auch im Kursindex erfasst. Zur Kursänderung tragen bei:
  - Veränderung der gesamten Zinsstruktur,
  - Roll Down zum Par-Wert,

- Änderungen im Rating,
- Spreadbewegungen,
- Gegebenenfalls Liquiditätsänderungen.

- Zinseinnahmen: Diese setzen sich aus den Stückzinsen bzw. den Kuponeinnahmen zusammen. Da diese reinvestiert werden, gewinnt der Zinseszinseffekt über den Zeitlauf eine immer größere Bedeutung.
- Wechselkursbewegungen: Bei einer Anlage in Fremdwährung leisten auch die Wechselkursbewegungen einen Beitrag zur Gesamtperformance.

Performanceindex

Die European Federation of Financial Analyst Societies (EFFAS) empfiehlt, Performanceindizes nach der folgenden Formel zu berechnen:

$$PI_{aktuell} = PI_{Vortag} \cdot \frac{\sum_{i=1}^{n}(K_{aktuell,i} + C_{aktuell,i} + Z_{aktuell,i}) \cdot N_{Vortag,i}}{\sum_{i=1}^{n}(K_{Vortag,i} + Z_{Vortag,i}) \cdot N_{Vortag,i}}$$

Dabei ist
- $KI_{aktuell}$ bzw. KI_{Vortag} = Kursindex aktuell bzw. des Vortages
- $K_{aktuell,i}$ bzw. $K_{Vortag,i}$ = Kurs der Anleihe i aktuell bzw. des Vortages
- $Z_{aktuell,i}$ bzw. $Z_{Vortag,i}$ = aufgelaufene Stückzinsen der Anleihe i aktuell bzw. des Vortages
- $C_{aktuell}$ = Kupon, falls vorhanden
- N_{Vortag} = Nominalvolumen des Vortages
- n = Anzahl der Anleihen

Hinweis: Bei der Berechnung des Performanceindex ist zu beachten, dass sowohl der anteilige Stückzins als auch der Kupon im Zähler der Indexformel geführt wird. Dies ist allerdings eine »Entweder/Oder«-Position. Bis zum Kupontermin wird der tägliche Stückzinsertrag in der Indexberechnung über die Veränderung der aufgelaufenen Stückzinsansprüche erfasst. Am Kupontermin entspricht dieser Wert dem Verhältnis zwischen Kuponzahlung und dem bis zum Vortag aufgelaufenen Stückzinsanspruch für die Anleihe. Am Tag nach der Kuponzahlung beginnt das Spiel von neuem über den erneut aufgelaufenen Stückzinsanspruch für die neue Kuponperiode, der im Zähler der Indexberechnung erfasst wird.

22.6.3 Determinanten der Wertentwicklung von Indizes

Bei der Messung der Wertentwicklung eines Index stellen sich eine ganze Reihe von grundsätzlichen Fragen.

- *Bid-, Ask-, Mid-Preise.* So ist z. B. bei den in die Indexberechnung einfließenden Kursdaten von Bedeutung, ob hier Bid-, Ask- oder Midkurse verwendet werden.
- *In-house-Preise oder Marktpreise.* Es ist relevant, ob der Index auf In-house-Preisen des Indexanbieters oder Marktpreisen basiert.
- *Liquidität.* Die Qualität der Preisdaten hängt insbesondere auch vom Liquiditätsgrad der Underlyings ab. In diesem Zusammenhang ist es auch entscheidend, bis zu welcher Tiefe der Index das relevante Segment darstellen möchte,

d. h., welche Liquiditätsanforderungen an die in den Index aufzunehmenden Anleihen gestellt werden. Typische Liquiditätsindikatoren sind Emissionsvolumina, Bid-Offer-Spreads oder die Häufigkeit geänderter Preisstellungen.
- *Kuponreinvestitionsannahme.* Werden die Kupons lediglich in den entsprechenden den Kupon tragenden Bond reinvestiert, so verändern sich im Laufe der Zeit die Gewichte der einzelnen Bonds im Gesamtindex. Anleihen mit Kupons, welche über dem Marktdurchschnitt liegen, werden schließlich eine Indexgewichtung erhalten, welche überproportional im Verhältnis zu ihrer Marktkapitalisierung ist, während die Niedrigkuponanleihen eine relative Untergewichtung erfahren werden. Insofern ist ein Reinvestment der Kupons in das Gesamtportfolio zu präferieren, was dann die Zinseszinswirksamkeit der Kupons in Höhe des durchschnittlichen Portfolioertrages impliziert.
- *Zeitpunkt der Reinvestition.* Viele Indexanbieter rechnen mit einer Reinvestition unmittelbar nach der Fälligkeit des Kupons, während ein Portfoliomanager meist die Kuponerträge bis zur jährlichen Indexanpassung auf einem Geldmarktkonto parkt, um dann durationsneutral zu reinvestieren. Diese Vorgehensweise ist trotz Zinseszinsverlust von einigen Basispunkten während des Übergangszeitraums aus Transaktionskostengesichtspunkten meist sinnvoll, auch wenn dies eine zusätzliche Hürde für das Schlagen der Benchmark bedeutet.

22.6.4 Broad-Market- und Composite-Indizes

Die typischen Marktsegmente für Indizes sind Länder, Währungen, Produkte, Laufzeiten, Ratingklassen. Soll der Gesamtmarkt abgebildet werden, so spricht man von sogenannten *Broad-Market-Indizes*. Diese Indizes zeichnen sich durch eine sehr hohe Anzahl von enthaltenen Anleihen aus. So enthält z. B. der von Merrill Lynch angebotene EMU Broad-Market-Index für den Euro-Rentenmarkt ca. 4500 Anleihen, die entsprechenden Analoga von Lehman (Euro Aggregate Index) bzw. Salomon Smith Barney (Euro Broad Investment-Grade Index) ca. 3800 bzw. 1200 Anleihen. Da sich die Anleihenauswahl auf Investment-Grade-Bonds mit bestimmten Liquiditätsmindestanforderungen konzentriert, sind diese Indizes im Wesentlichen erweiterte Staatsanleihenindizes (ca. 60–70 % Staatsanleihen). Dies entspricht der Tatsache, dass der Euro-Rentenmarkt im Wesentlichen immer noch ein Anleihemarkt von sich im oberen Investment-Grade-Bereich befindlichen öffentlichen Gebietskörperschaften ist und korrespondiert mit den Anlegerpräferenzen, wie nachstehende Abbildung 22.1 zeigt.

Gegen Broad-Market-Indizes sprechen folgende Gründe:
- *Transaktionskosten.* Die Indexnachbildung verursacht sehr hohe Transaktionskosten. Im Fall eines passiven Mandats mit einem der genannten Broad-Market-Indizes als Benchmark muss deshalb auf sogenannte *Indextrackingmethoden* (siehe später) gesetzt werden, um den Index mit einer wesentlich geringeren Anzahl von Anleihen zu replizieren. Dadurch muss der Tracking-Error in Kauf genommen werden.

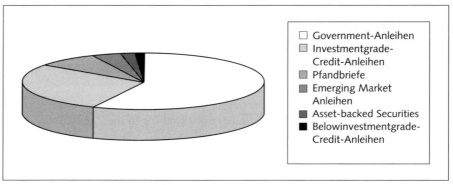

Abb. 22.1: Verteilung Handelsvolumen nach Anleiheart großer Investoren aus Europa
Quelle: Datastream

- *Präferenznachbildung und Subindizes.* Als Benchmarknutzer hat man im Allgemeinen das Interesse, seine individuelle Anlagestrategie in einer geeigneten Benchmark abzubilden. Dazu müssen dann auch die einzelnen Segmentklassen (z. B. Währungsräume oder Produktsegmente wie Staatsanleihen, Corporate- oder Pfandbriefsegment) gemäß den individuellen Präferenzen in der Benchmark gewichtet werden. Diese Anforderungen vermag ein bloßer Broad-Market-Index in dieser Form nicht zu leisten. Hier empfiehlt sich ein modulares Indexkonzept, was bedeutet, dass man den Index, welcher als Benchmark dienen soll, aus verschiedenen Segment- und Subindizes, im Idealfall auch von verschiedenen Anbietern nach Risiko-/Ertragsgesichtspunkten zusammensetzen können sollte (*Composite-Index*). Insofern ist ein entscheidender Gesichtspunkt bei der Beurteilung eines Indexkonzepts die Frage, welche Subindizes z. B. nach Emittenten (z. B. Staatsanleihen, Supras, Jumbo Pfandbriefe, Industrieanleihen, usw.), nach Ländern oder nach Laufzeitbändern publiziert werden.

Composite-Kursindex

Die Berechnung eines Composite-Kursindex »PI(comp)« erfolgt entsprechend der Empfehlungen der European Federation of Financial Analyst Societies (EFFAS) mit der nachstehenden Formel:

$$PI(comp)_{aktuell} = PI(comp)_{vortag} \cdot \frac{\sum_i W_{i,aktuell} \cdot P_{i,akt}/P_{i,vortag}}{\sum_i W_{i,aktuell}}$$

W = Marktkapitalisierung der Untergruppe i
P = Preisindex der Untergruppe i

22.6.5 Reale und synthetische Indizes

Neben der Differenzierung zwischen Kurs- und Performanceindizes ist ein weiteres fundamentales Unterscheidungskriterium bei Rentenindizes die Frage, ob in deren Indexportfolio reale, am Markt gehandelte Indizes oder Wertpapiere enthalten sind oder ob es sich um fiktive, synthetische Basisportfolios handelt, welche aus einer definierten Anzahl nicht realer Anleihen mit einer bestimmten Kupon- und Laufzeitenstruktur besteht.

Reale Indizes

Als Beispiel realer Indizes kann die iBoxx-Familie dargestellt werden (vgl. Abbildung 22.2). Die Familie besteht aus Indizes für folgende Gruppen von festverzinslichen Wertpapieren:

- *Sovereigns*: Anleihen der höchsten staatlichen Ebene eines Landes,
- *Subsovereigns*: Anleihen von nachgeordneten staatlichen Ebenen oder Einrichtungen,
- *Collateralized*: Anleihen nichtstaatlicher Emittenten, die gesondert besichert sind und
- *Corporates*: Anleihen nicht staatlicher Emittenten ohne gesonderte Besicherung.

Es gibt weitere Subindizes, wie Abbildung 22.2 zeigt.

iBoxx € Index Family overall and maturity indices (1-3, 3-5, 5-7, 7-10 and 10+ years)				
iBoxx € Overall overall and maturity indices				
iBoxx € Sovereigns overall and maturity indices	iBoxx € Non-Sovereigns overall and maturity indices			
	iBoxx € Non-Sovereigns Rating Indices overall and maturity indices			
iBoxx € Eurozone iBoxx € Germany iBoxx € France iBoxx € Italy each with overall and maturity indices iBoxx € Austria iBoxx € Belgium iBoxx € Finland iBoxx € Greece iBoxx € Ireland iBoxx € Netherlands iBoxx € Portugal iBoxx € Spain each with overall indices	iBoxx € Sub-Sovereigns overall and maturity indices iBoxx € Sub-Sovereigns Rating Indices each with overall indices iBoxx € Supranationals each with overall and maturity indices iBoxx € Agencies iBoxx € Public Banks iBoxx € Regions iBoxx € Other Sovereigns iBoxx € Other Sub-Sovereigns each with overall indices	iBoxx € Collateralized overall and maturity indices iBoxx € Collateralized Rating Indices each with overall indices iBoxx € Covered each with overall and maturity indices iBoxx € Covered Sub-Indices iBoxx € Germany Covered Sub-Indices iBoxx € Securitized iBoxx € Other Collateralized each with overall indices	iBoxx € Corporates overall and maturity indices iBoxx € Corporates Rating Indices iBoxx € Corporates Sector Indices each with overall and maturity indices iBoxx € Financials Rating Indices iBoxx € Non-Financials Rating Indices iBoxx € Financials Sub-Indices iBoxx € Corporates Market Sector Indices each with overall indices	

Abb. 22.2: Indexfamilie von iBoxx; Quelle: iBoxx Euro-Benchmark Index Family, Index Guide Version 4.2 Sept. 2006 Deutsche Börse AG, Frankfurt

Verantwortlich für die iBoxx Indexfamilie ist die International Index Company, die als Joint Venture zwischen führenden internationalen Investmentbanken und Deutsche Börse AG 2001 gegründet wurde. Die iBoxx Indexfamilie wird von der Deutsche Börse AG auf der Basis von Echtzeit-Preisen berechnet, die direkt aus den Handelsräumen von ABN AMRO, Barclays Capital, BNP Paribas, Deutsche Bank, Dresdner Kleinwort, HSCB, JP Morgan, Morgan Stanley, The Royal Bank of Scotland und UBS Investment Bank geliefert werden. Die Deutsche Börse konsolidiert die Preise und berechnet sowie verteilt die Indizes und garantiert somit eine bankenunabhängige Abwicklung.

Einbezogen in die Indizes werden:
- auf Euro lautende Kapitalmarktwertpapiere, »deren Cashflows ex ante bekannt sind« (dies ist eine Umschreibung festverzinslicher Wertpapiere),
- die ein Investment Grade Rating einer anerkannten Agentur aufweisen (mindestens BBB-, Baa3),
- die eine Restlaufzeit von mindestens 1 Jahr besitzen und
- die ein ausstehendes Kapitalvolumen von mind. 500 Mio. Euro (teilweise auch bis zu mindestens 2 Mrd. Euro) besitzen,

Monatlich wird die Indexzusammensetzung den Marktgegebenheiten angepasst. Anleihen werden mit dem ausstehenden Kapitalvolumen gewichtet.

Die Indexberechnung erfolgt minütlich zwischen 9.00 und 17.15 Uhr CET auf Basis der Bid-Ask-Quotes der beteiligten Banken. Quotes, die eine Spanne von mehr als 500 bp haben und älter als 60 Minuten sind, sowie sonstige Ausreißer werden eliminiert. Aus den verbliebenen werden Durchschnitte berechnet. Die Indizes (Kurs-, sowie Performanceindizes) werden dann nach den Durchschnitten der Bid-Quotes anhand der weiter oben in diesem Kapitel genannten Formeln berechnet.

Für Analysezwecke werden aus den verfügbaren Daten weitere Kennziffern errechnet:
- *Bond Analytics* für die einzelnen Anleihen: Rendite, Duration, Modified Duration, Convexity, Benchmark-Spread, Sonstige.
- *Index Analytics* für die Indizes: Gross Price-Indexbewegung (Gross Price = Dirty Price = Clean Price plus Stückzinsen = »ausmachender« Betrag, d. h. der Betrag, der beim Kauf einer Anleihe zu bezahlen ist), Income-Indexbewegung (Bewegung des Gesamtindexes, die sich aus Veränderungen der Kuponzahlungen ergibt), Average Yield (durchschnittliche Rendite aller Bonds), Average Duration, Average Modified Duration, Average Convexity, Average Coupon, Average Time to Maturity, Index Benchmark Spread (Spread von Non-Sovereign Indizes zu Sovereigns), längerfristige Indexrenditen.

Mit den Angaben zu Analysezwecken stellt der Indexanbieter sämtliche Angaben zur Verfügung, die zum Risikomanagement mit festverzinslichen Wertpapieren üblicherweise verwendet werden. Indem diese Angaben (wie z. B. Duration etc.) nicht nur für die einzelnen Bonds, sondern auch für die Indizes berechnet werden, können Fondsmanager Indizes wie Bonds handhaben und Portfolios auf diese Indizes (oder auch Derivate auf die Indizes) leicht steuern.

Da reale Indizes auf real handelbaren Wertpapieren und auf real verfügbaren Preisen basieren, können sie im Portfoliomanagement tatsächlich nachgebildet werden. Sie können deshalb als wirklich erreichbare Benchmark fungieren, was bei synthetischen Indizes nicht möglich ist, da die synthetischen Anleihen nicht real erwerbbar sind. Fondsmanager lassen sich nicht gerne an einer Messlatte beurteilen, die gar nicht real handelbar ist.

Synthetische Indizes

Der REX ist ein synthetischer Index. Sein Wertpapierportfolio besteht aus 30 fiktiven Bundesanleihen der Laufzeitenklassen ein bis zehn Jahre mit Kupons von neun, siebeneinhalb und sechs Prozent. Die Gewichtungsmatrix gibt die Gewichte an, mit denen die einzelnen Anleihen im Gesamtportfolio enthalten sein sollen:

	Laufzeitklassen	1,00	2,00	3,00	4,00	5,00	6,00	7,00	8,00	9,00	10,00
Kuponklassen		0,07	0,09	0,10	0,12	0,12	0,11	0,12	0,11	0,10	0,06
0,090	0,35	0,35	0,33	0,31	0,31	0,33	0,38	0,41	0,38	0,35	0,28
0,075	0,27	0,23	0,27	0,29	0,29	0,26	0,25	0,26	0,30	0,27	0,23
0,060	0,39	0,42	0,40	0,40	0,40	0,40	0,36	0,33	0,32	0,38	0,49

Abb. 22.3: Gewichtungsmatrix des Rex: Anteile der fiktiven Anleihen am Portfolio in %

Die Berechnung synthetischer Indizes lässt sich in vier Schritte unterteilen:
- Bestimmung der Anleiherenditen des zugrunde liegenden Marktsegmentes.
- Berechnung einer Diskontfunktion (Marktzinskurve) auf Grundlage der im ersten Schritt ermittelten Werte.
- Preisermittlung der Anleihen des synthetischen Wertpapierportfolios auf Grundlage der im zweiten Schritt ermittelten Diskontierungsfaktoren.
- Zusammenfassung der Performancebeiträge der synthetischen Anleihen.

Berechnung des REX

Schritt 1: Aus den Kassapreisen aller realen Anleihen, Obligationen und Schatzanweisungen des Bundes, des Fonds »Deutsche Einheit« sowie der Treuhandanstalt mit Restlaufzeiten von einem halben Jahr bis zehneinhalb Jahren werden die Renditen nach der ISMA-Methode und der 30/360-Tagekonvention errechnet.

Schritt 2: Zur Ermittlung der Zinsstruktur wird eine Regression der Rendite r gegen die Restlaufzeit m und den Kupon C nach folgender Funktion durchgeführt:

$$r = b_1 + b_2 \cdot m + b_3 \cdot m^2 + b_4 \cdot m^3 + b_5 \cdot LN(m) + b_6 \cdot C + b_7 \cdot C^2$$

Dabei werden nach dem Houshoulder-Verfahren in der Regression die quadrierten Abweichungen minimiert. Die Variablen $b_1 \ldots b_7$ sind die Regressionskonstanten.

In der Abbildung 22.4 stellt die Kurve die mit diesem Verfahren an die Marktrenditen der Anleihen (schwarze Punkte) angepasste Renditestrukturkurve dar.

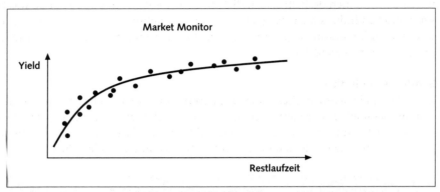

Abb. 22.4: Renditestrukturkurve berechnet nach Kleinste-Quadrate-Methode

Schritt 3: Mit der so gewonnenen Renditestrukturkurve werden die Preise der einzelnen Anleihen im Indexportfolio berechnet.

Schritt 4: Der REX-Kursindex ergibt sich nun wie folgt aus der mit Q_{jk} gewichteten Addition der einzelnen Anleihepreis P_{jk} jedes Laufzeitbandes und der drei Kupontypen:

$$\text{REX}_t = \sum_{j=1}^{10} \sum_{k=1}^{3} P_{jk} \cdot Q_{jk}$$

Für die Berechnung des Performanceindex REXP werden die aktuellen Veränderungen mit dem Vortageswert verkettet. Dabei werden zum Kursindex heute die täglichen Stückzinsen $C_j/360$ multipliziert mit der Anzahl der Tage seit der letzten Berechnung ΔD_t addiert:

$$\text{REXP}_t = \text{REXP}_{t-1} \cdot \frac{\text{REX}_t + \left(\dfrac{C_j \cdot \Delta D_t}{360}\right)}{\text{REX}_{t-1}}$$

FALLSTUDIE

Benchmarkdefinition im Fixed-Income-Bereich

Betrachten wir den Fall eines Investors, der grundsätzlich »sicher«, d.h. im Fixed-Income-Bereich investieren möchte, der aber gleichzeitig von den hohen Renditen der Corporate-Bonds angetan ist und davon profitieren möchte. Er vereinbart mit der Investmentbank eine Anlage in Geldmarktinstrumenten (Risk-Free-Return) sowie Unternehmensanleihen (Risky Assets). Zugleich setzt er die Restriktion, dass eine Mindestrendite (Threshold) von 2 % erwirtschaftet werden muss.

Für die Investmentbank stellt sich zunächst das Problem, Assetklassen zu finden, welche durch geeignete Musterportfolios bzw. Indizes repräsentiert sind, was das spätere Portfoliomanagement erleichtert. Dann muss die Investmentbank eine praktikable Lösung für die Mindestrendite von 2 % finden. Dann erst kann die Benchmark definiert werden.

Grobstrukturierung der Assetklassen

Wir denken uns den Investmentanteil in Unternehmensanleihen durch einen geeigneten Corporate-Bond-Index mit bekannten Risiko-/Ertragscharakteristika repräsentiert. Die Geldmarktinstrumente werden durch Geldmarktfonds repräsentiert.

Um ein übersichtliches Marktprofil für eine Anlagekombination dieser Art zu erstellen, ist es notwendig, die Risk-/Return-Kombinationen sämtlicher möglicher Mischungen dieser beiden Assetklassen zu kennen. In der Abbildung 22.5 ist der erwartete Return in Abhängigkeit vom prozentualen Anteil der Unternehmensanleihen am Gesamtportfolio dargestellt. Das zunehmende Risiko wird durch die breiter werdende Verteilung des Returns bei wachsendem Gewicht der Corporate-Bonds deutlich. Die gestrichelte Linie stellt für alle möglichen Kombinationen den Value-at-Risk zum Konfidenzniveau von 95 % und einem Zeithorizont von einem Jahr dar, d. h. jenen Mindestreturn, welcher für einen Anlagehorizont von einem Jahr lediglich mit einer Wahrscheinlichkeit von 5 % unterschritten wird.

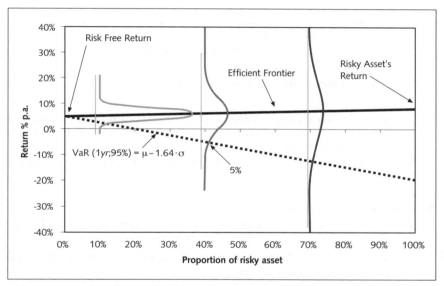

Abb. 22.5: Risikoprofile verschiedener Portfolios

Lösung für die geforderte Mindestrendite

Im nächsten Schritt folgt nun die Zusammenführung des Marktprofils mit den Anlegerinteressen zur Benchmark. Hier ist insbesondere die Restriktion zu beachten, dass der Anleger einen Mindestreturn von 2 % verdienen möchte. Dies lässt sich dadurch berücksichtigen, dass man das Portfolio derart strukturiert, dass der Value-at-Risk des Portfolios gerade bei 2 % liegt. Dies impliziert, dass die vom Anleger geforderte Mindestrendite mit einer Wahrscheinlichkeit von mindestens 95 % auch realisiert wird. Insgesamt erhalten wir dann das Resultat, dass eine Portfoliostruktur, welche zu knapp 15 % aus Corporate-Bonds besteht und zum Rest aus Geldmarktinstrumenten eine angemessene Benchmark für die Bedürfnisse des Anlegers ist.

Der Value-at-Risk spielt hier die Rolle des Extremszenarios, welches nur mit einer gewissen Restwahrscheinlichkeit (hier 5 %) eintritt. Der Investor muss darüber aufgeklärt wer-

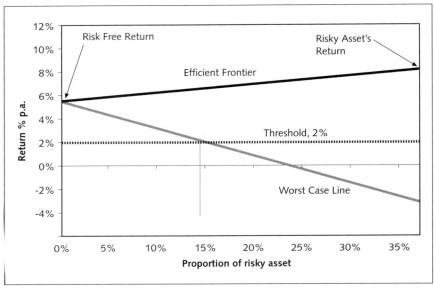

Abb. 22.6: Bestimmung des optimalen Portefeuilles

den, dass bei dem vorgeschlagenen Benchmark-Portfolio keine absolute Garantie vorliegt, sondern eine Garantie, die auf Basis historischer Daten mit 95 % Wahrscheinlichkeit eine Mindestrendite von 2 % erwarten lässt.

Die Abbildung 22.6 fasst die gerade eben durchgeführten Betrachtungen zusammen.

Aufgaben zur Lernkontrolle

1. Besteht zwischen dem Anleiherating und der Performance von Anleihen ein Zusammenhang?
2. Nennen Sie Elemente der Toolbox im Fixed-Income-Geschäft und beschreiben Sie deren wichtigste Eigenschaften.
3. Nennen Sie Dienstleistungen der Investmentbanken im Fixed-Income-Geschäft.
4. Grenzen Sie Anleihe von Aktie ab.
5. Wie lauten wichtige viel beachtete Financial-Ratios?
6. In welche Richtung hat sich das moderne Portfoliomanagement mit Fixed-Income-Produkten in den letzten Jahren entwickelt?
7. Was ist der Unterschied der folgenden Indextypen: Kursindex, Performanceindex, Marktsegmentindex, Broad-Market-Index, Realer Index, Synthetischer Index, Originärer Index, Composite-Index?
8. Welche Bestandteile gehen in einen Performance-Index ein?
9. Stellen Sie einen Zusammenhang her zwischen Indizes und Benchmarks im Management von Fixed-Income-Portfolios!
10. Erläutern Sie das Vorgehen in dem Fall, in dem ein Investor derart individuelle Vorgaben für die Vermögensverwaltung macht, dass sich unter den vorhandenen Indizes kein passender Index finden lässt!

Literatur

Amenc, N. u. a. (2003): Portable Alpha and Portable Beta Strategies in the Eurozone, Working Paper, Risk and Asset Management Research Center, EDHEC Business School, Lille-Nizza.

Deutsche Börse AG (2002): Leitfaden »Deutscher Rentenindex REX«, Frankfurt.

Deutsche Börse AG (2002): Leitfaden »Deutscher Pfandbriefindex PEX und PEXP«, Frankfurt.

Kielkopf, K. (1995): Performance von Anleiheportefeuilles, Wiesbaden.

23 Indexzertifikate*

> **LERNZIELE**
> - Indexzertifikate, Indexfonds und Indexaktien beschreiben und unterscheiden.
> - Ausgestaltungsformen von Standard-Indexzertifikaten darlegen.
> - Gestaltungsprinzipien exotischer Indexzertifikate nennen.
> - Discountzertifikate in Bestandteile zerlegen.
> - Zertifikate auf Performanceindizes bewerten.
> - Wertermittlungsprobleme bei Zertifikaten auf Kursindizes nennen.
> - Risiken aus verkauften Zertifikaten hedgen.
> - Abläufe an Primär- und Sekundärmärkten für Indexzertifikate skizzieren.

23.1 Abgrenzung

Indexzertifikate sind Wertpapiere mit den folgenden Eigenschaften:
- *Schuldverschreibung.* Rechtlich betrachtet sind Indexzertifikate Inhaberschuldverschreibungen, das heißt, ein Käufer eines Indexzertifikates ist ein Gläubiger, der dem Emittenten, dem Schuldner, Geld leiht.
- *Partizipationsbedingungen.* Wie der Rückzahlungsbetrag mit dem Indexstand verkoppelt ist, bestimmen die Partizipationsbedingungen. Man bezeichnet Zertifikate auch als Partizipationsscheine (oder »Participations«).
- *Laufzeit.* Ursprünglich hatten alle Indexzertifikate eine begrenzte Laufzeit; inzwischen begeben aber die meisten Banken Zertifikate mit unbegrenzter Laufzeit (z. B. Commerzbank: Unlimited-Zertifikat; ABN-Amro: Open End-Zertifikat).
- *Stücknotierung.* Die Rückzahlung des Zertifikates richtet sich nach dem Stand eines Index. Man sagt auch: Der Index ist der Basiswert (Underlying) für ein bestimmtes Zertifikat.
- *Nominalbetrag statt Prozent.* Im Unterschied zu herkömmlichen Schuldverschreibungen lauten Zertifikate nicht auf einen Nominalbetrag und notieren nicht in Prozent. Stattdessen leitet sich der Wert eines Zertifikats entsprechend dem festgelegten Bezugsverhältnis vom zugrunde liegenden Index ab: Jeder Indexpunkt entspricht einer Währungseinheit. Notiert werden Indexzertifikate mit dem nominellen Ausgabewert. Lautet der Emissionskurs einer traditionellen Anleihe z. B. »100 %« (vom Nominalwert), so lautet der eines Indexzertifikates z. B. »5.000 Euro« (pro Stück).
- *Keine Kupons.* Die Anleger erhalten i.d.R. keine zwischenzeitlichen Auszahlungen (Kupons), so wie etwa beim Kauf einer Bundesanleihe oder -obligation. Ih-

---

* Autoren: Thomas Timmermann, Volker Weber, Mathias Knoblich

nen steht nur eine einmalige Rückzahlung am Ende der Laufzeit zu. Man sieht, dass es eine große Ähnlichkeit zu Nullkuponanleihen gibt. Jedoch steht für den Anleger nicht von Vornherein fest, wie hoch die Rückzahlung bei Fälligkeit sein wird.
- *Steuern und Gebühren*. Beim Handeln mit Indexzertifikaten fallen, wie bei Aktien, je nach Bank unterschiedliche Transaktionskosten und Depotführungskosten an. Außerhalb der Spekulationsfrist von 12 Monaten werden bei Indexzertifikaten keine Steuern auf Kursgewinne erhoben.

BEISPIEL

Unlimited Indexzertifikat der Commerzbank (WKN 702979)
Die Commerzbank hat ein auf Euro lautendes *Unlimited Indexzertifikat* mit theoretisch unendlicher Laufzeit begeben. Die Rückzahlung ist an den Deutschen Aktienindex (DAX) gekoppelt. Die Partizipationsrate ist 1 : 1, das Bezugsverhältnis beträgt 1 : 100. Das bedeutet, dass der Anleger zum Kaufzeitpunkt für ein Zertifikat ein Hundertstel des jeweiligen Indexstandes in Euro bezahlen muss. Der Anleger kann anschließend zu einem beliebigen Zeitpunkt das Zertifikat an der Börse verkaufen. Da sich der Verkaufspreis am Indexstand orientiert, ergibt sich für den Anleger je nach Entwicklung des Index ein Gewinn oder Verlust. Notiert der DAX am Verkaufstag unter dem Kaufniveau, erleidet der Anleger einen Verlust. Steht der Index höher als am Kauftag, verbucht der Anleger einen Gewinn. Zusätzlich gibt es vierteljährlich am Ende des Monats sogenannte Einlösungstermine. An diesen kann der Anleger sein Zertifikat beim Emittenten, also der Commerzbank, einlösen und erhält dafür ein Hundertstel des Referenzindex DAX in Euro.

23.2 Historische Entwicklung

Die ersten Indexzertifikate kamen etwa 1990 auf deutschen Markt. Basiswerte sind meist der DAX, MDAX, TECDAX, SDAX, aber auch von den Emittenten selbst zusammengestellte Indizes sowie Branchenindizes.

Daneben gibt es auch Zertifikate auf internationale Indizes, z. B. den DJ STOXX 50, DJ EURO STOXX 50, S & P 500, Nasdaq 100, CAC 40 und FTSE 100. Wichtige Emittenten sind u. a. Commerzbank, Deutsche Bank, Dresdner Bank, ABN Amro, UBS, Goldman Sachs, Trinkaus & Burkhardt, HypoVereinsbank, DG Bank und Sal. Oppenheim.

Einen guten Überblick über in Deutschland notierte Indexzertifikate erhält man in verschiedenen Fachzeitschriften wie z. B. »Börse Online« oder im Internet.

In Deutschland waren 2000 ca. 15 Milliarden Euro in Indexzertifikaten investiert. 2006 könnte die 100-Milliarden-Schallgrenze überschritten worden sein. Die Tendenz ist steigend.

23.3 Basiswerte und Indexberechnung

Basiswerte der Indexzertifikate sind zumeist Aktienindizes. Ein Aktienindex soll die »Wertentwicklung« eines bestimmten Aktienmarktes durch eine einzige Zahl widerspiegeln (*Kommer* (2000); S. 88). Man verwendet sie, weil es für Investoren zu

Indexzertifikate und ihre Ausstattungsmerkmale			
Auf Gesamtindex			
WKN	Index	Bezugsverhältnis	Laufzeit
702979	DAX 30	100:1	Unendlich
703681	FTSE 100	100:1	Unendlich
702976	Nikkei 225 (währungsgesichert)	1000:1	Unendlich
628018	DJIA	100:1	Unendlich
Auf Teilbranche eines Index			
WKN	Index	Bezugsverhältnis	Laufzeit
703695	DJ Euro Stoxx Technologie	10:1	Unendlich
703696	DJ Euro Stoxx Telekommunikation	10:1	Unendlich

aufwändig wäre, jede einzelne Aktie zu betrachten, um den Markt einzuschätzen (*Beike* (1999); S. 64). Ein Aktienindex berechnet sich als der gewichtete Durchschnitt von Kursen einer bestimmten Anzahl von Aktien.

Bekannte Indizes sind die von der deutschen Börse berechneten Indizes wie DAX, MDAX, SDAX und TECDAX. Internationale Beachtung finden zudem die Indizes des Dow Jones Verlagshauses (u. a. Dow Jones Industrial Average, DJ STOXX, DJ EUROSTOXX) sowie die Indizes von Morgan Stanley Capital International (MSCI), von Financial Times & London Stock Exchange (FTSE) und von Standard & Poors (S & P), sowie Goldman Sachs (GS).

Aktienindizes lassen sich nach verschiedenen Kriterien gliedern:
- Ertragsbestandteile,
- Marktbreite und
- regionale Ausrichtung.

23.3.1 Aktienindizes nach Ertragsbestandteilen

Nach der Art der Ertragsbestandteile unterscheidet man zwei Arten von Indizes:
- Kursindizes und
- Performanceindizes.

Kursindizes berücksichtigen nur Kursveränderungen (Anstiege bzw. Abnahmen). Andere Ertragsbestandteile wie z. B. Dividenden bleiben unberücksichtigt (Anmerkung: Zum Ausgleich ist der Preis um die unberücksichtigt bleibenden erwarteten Dividenden niedriger). Bei *Performanceindizes* werden Dividenden mit berücksichtigt. Das ist der Grund, warum der Stand eines Performanceindex immer gleich oder größer ist als der des entsprechenden Kursindex (siehe Abbildung 23.1).

Für den Käufer eines Zertifikates ist entscheidend, ob der zugrunde liegende Index ein Kurs- oder Performance-Index ist. Denn: Bei einem Zertifikat auf einen Kursindex muss er in der Regel auf die ausgeschütteten Dividenden verzichten. In-

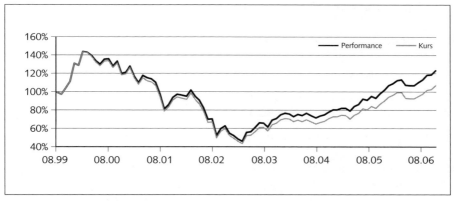

Abb. 23.1: DAX-30-Performance- vs. Kursindex

vestiert er dagegen in ein Zertifikat auf einen Performance-Index, vereinnahmt er über dessen Wertentwicklung auch die Dividenden, die von den Unternehmen ausgeschüttet werden. Damit kommt ein Performance-Index-Zertifikat einem Direktengagement in die entsprechenden Aktien am nächsten.

Aus steuerlicher Sicht bietet das Indexzertifikat gegenüber dem Direktengagement in Aktien unter der Voraussetzung, dass der Freibetrag schon ausgenutzt ist und die Unternehmen tatsächlich Dividenden ausschütten, den Vorteil, dass keine Kapitalertragsteuer auf Dividenden anfällt, weil die Wertsteigerung des Zertifikates für Privatanleger steuerfrei ist. Aber Achtung: die Wertsteigerung des Zertifikates hängt nicht direkt von den Dividenden der Unternehmen ab, sondern von den Bedingungen, mit denen diese Dividenden im Performanceindex abgebildet werden. Bei einigen Indizes wird die Bruttodividende, bei anderen die Nettodividende in den Index eingerechnet.

Anders verhält es sich bei Indexfonds oder auch Indexaktien (s. u.). Ausgeschüttete Dividenden werden hier als sogenannte Zwischengewinne ausgewiesen. Diese Zwischengewinne stellen einen steuerpflichtigen Ertrag dar – unabhängig davon, ob der Fonds Zwischengewinne thesauriert oder ausschüttet. Hinsichtlich der steuerlichen Behandlung von Dividenden sind Zertifikate auf Performance-Indizes gegenüber Indexfonds auf den ersten Blick im Vorteil.

Wieder anders verhält es sich bei Kursindizes. Weil Kursindizes die Dividenden der enthaltenen Aktien nicht in den Index reinvestieren, erhöhen die Dividenden nicht den Indexstand und somit auch nicht den Wert des jeweiligen Zertifikates. Bei Zertifikaten auf Kursindizes mit Laufzeitbegrenzung ist es daher üblich, die geschätzten Dividenden an den Anleger in Form eines Abschlags weiterzugeben. Auf diese Weise können auch hier, nach Ablauf einer zwölfmonatigen Haltefrist, ausgeschüttete Dividenden indirekt steuerfrei vereinnahmt werden. Wird bei Indexzertifikaten auf einen Kursindex kein Abschlag gewährt, gehen die Dividenden allerdings verloren.

23.3.2 Aktienindizes nach der Marktbreite

Nach der Marktbreite kann man Indizes unterteilen in:
- Gesamtmarktindizes und
- Branchenindizes.

Beim Gesamtmarktindex bezieht man Aktien aller Branchen ein, während bei Branchenindizes nur bestimmte Branchen abgebildet werden.

Was sind die Vorteile von Gesamtmarkt- und Branchenindizes?

Vorteile des Gesamtmarktindexes
Bei einem Indexzertifikat auf einen Gesamtmarkt kann der Anleger auf die Entwicklung eines gesamten Marktes setzen. Ohne mehrere oder gar alle Aktien des Index erwerben zu müssen, kann er sein Portfolio mit nur einem Investment breit diversifizieren. Dies führt zu einer effizienten Streuung, die im Vergleich zu einer einzelnen Aktie in einer deutlichen Verminderung des Risikos resultiert.

Vorteile des Branchenindexes
Hier ist es dem Anleger möglich, gezielt auf aussichtsreiche Chancen einzelner Wirtschaftszweige zu setzen. Die Selektion ist noch stärker mit Branchenindizes möglich, die sich zusätzlich auf ein Land beschränken (z. B. Branchenindex »Deutsche Automobilaktien«). Die individuelle Branchenselektion erhöht gegenüber einem Investment in den Hauptindex aber nicht nur die Gewinnchancen, sondern auch die Verlustrisiken, weil der Anleger nicht mehr voll diversifiziert ist.

23.3.3 Aktienindizes nach der regionalen Ausrichtung

Nach der regionalen Ausrichtung werden Indizes unterteilt in
- Nationale Indizes (deutsche, ausländische),
- Transnationale Indizes und
- Subnationale Indizes.

Deutsche und ausländische Indizes gehören zur Gruppe der nationalen Indizes, die die Wertentwicklung einer Gruppe von Aktien eines Landes spiegeln. DAX, MDAX oder TECDAX bilden Segmente deutscher Aktien ab, während ausländische Indizes wie z. B. der S & P 500 oder der Nikkei 225 die Aktienmärkte in den USA bzw. in Japan abbilden. Darüber hinaus gibt es länderübergreifende Indizes, die Aktien von transnationalen Regionen repräsentieren. Ein Vertreter dieser Indizes ist z. B. der Dow Jones EURO STOXX 50 Index, der die größten Aktien aus dem Euroraum repräsentiert oder der Dow Jones STOXX 50 Index, der Aktien aus ganz Europa enthält.

Indexzertifikat 455

Region	Titel-anzahl	Art der enthaltenen Titel	Kurs-/Performance-index (K/P)	Basis	Basiszeitpunkt bzw. Zeitpunkt der erstmaligen Berechnung	Art der Gewichtung
Transnationale Indizes						
Dow Jones STOXX 50	Europa	50	Blue Chips	K/P	1000	31.12.1991	Anzahl der Aktien multipliziert mit einem Free-Float-Faktor
Dow Jones Euro STOXX 50	»Euroland«	50	Blue Chips	K/P	1000	31.12.1991	Anzahl der Aktien multipliziert mit einem Free-Float-Faktor
Nationale Indizes						
Dow Jones Industrial Average	USA	30	Blue Chips	K	keine	26.05.1896	implizite Preisgewichtung
Standard & Poors 500 (S & P 500)	USA	500	an der NYSE notierte Werte	K	10	01.03.1957	Anzahl der Aktien
Nikkei 225	Japan	225	an der Tokioter Börse in der 1. Sektion (amtl. Handel) notierte Aktien	K	keine	16.05.1949	Anzahl Aktien mal Free-Float-Faktor
Deutscher Aktienindex (DAX)	Deutschland	30	Blue Chips	P	1000	31.12.1987	Anzahl der zugelassenen und für lieferbar erklärten Aktien
Financial Times & London Stock Exchange 100 (FTSE 100)	Vereinigtes Königreich	100	Blue Chips	K	1000	31.12.1983	anteilige Börsenkapitalisierung der Unternehmen an der Gesamtkapitalisierung der Indexgesellschaften multipliziert mit einem Faktor, der sich aus dem Free Float (Streubesitz) errechnet

Abb. 23.2: Indizes nach regionaler Ausrichtung

Subnationale Indizes repräsentieren dagegen Regionen, die Teilgebiete von Nationalstaaten umfassen. Dazu gehört z. B. der BABAX, ein von Merrill Lynch geführter Index, der die Kursentwicklung von Aktien aus Baden-Württemberg aufzeichnet.

Wenn ein Index Aktien aus einer Fremdwährungsregion repräsentiert, hat nicht nur die Kursentwicklung der Aktien, sondern auch die entsprechende Wechselkursentwicklung ebenfalls maßgeblichen Einfluss auf die Wertentwicklung des betroffenen Zertifikates.

Indizes nach regionaler Ausrichtung sind in der Abbildung 23.2 dargestellt.

23.3.4 Neue Indizes

Früher wurde die Indexlandschaft von wenigen Hauptindizes dominiert. In der jüngsten Vergangenheit jedoch wurden vielfältige neue Indizes zur Abbildung spezieller Branchen und Regionen entwickelt. Generell sind Banken aus Marketinggesichtspunkten bestrebt, Zertifikate auf Indizes zu emittieren, die in der breiten Öffentlichkeit bereits einen hohen Bekanntheitsgrad besitzen, auch wenn diese Indizes von fremden Anbietern kreiert wurden und gepflegt werden. Dennoch berechnen die Emittenten auch eigene Indizes, auf die Zertifikate ausgestellt werden. Dies hat zwei Ursachen:

- *Themenzertifikate.* sogenannte Themenzertifikate bieten die Möglichkeit, auf die Wünsche des Marktes bedarfs- und zeitgerecht einzugehen. So können Aktien zu bestimmten aktuellen Themen wie Internet, Biotechnologie, Rohstoffe oder auch Venture-Capital schnell zu einem Index zusammengefasst werden. Der Kunde hat dadurch die Möglichkeit, durch darauf begebene Zertifikate an der Entwicklung einer Branche zu partizipieren, ohne sich mühsam selbst Portefeuilles aus Einzeltiteln zusammenstellen zu müssen.
- *Verdienstmöglichkeiten.* Eine Einnahmequelle der Bank mit Zertifikaten auf eigene Indizes können Aktiendividenden und sonstige Ausschüttungen (bei Kursindizes) darstellen, die nicht in den zugrunde liegenden Index reinvestiert werden.

23.3.5 Korrekturen

Technische Korrekturen an Indexständen

Bei Dividendenzahlungen, Kapitalveränderungen und Fluktuationen werden technische Korrekturen von Aktienindizes notwendig, da Aktienindizes nur die aus dem Marktgeschehen resultierenden Kursveränderungen widerspiegeln sollen.

Wird ein Index um Dividendenzahlungen korrigiert, spricht man von einem Performanceindex. Indizes, die nicht um Dividendenzahlungen bereinigt werden, heißen Kursindizes. Kapitalveränderungen und Fluktuationen (i.e. Änderungen der Indexzusammensetzungen) werden bei allen Indizes korrigiert.

Kursindizes werden aus den unbereinigten Wertpapierkursen berechnet und hier zunächst einmal nur um Veränderungen infolge von Bezugsrechten bei Kapitalerhöhungen korrigiert. Damit wird gewährleistet, dass der Index die tatsächliche Wertentwicklung der Anteile der einbezogenen Gesellschaften widerspiegelt.

Korrekturen bei Kapitalerhöhungen
Theoretisch sinkt der Kurs einer alten Aktie K_a im Zuge einer Kapitalerhöhung um den rechnerischen Wert des Bezugsrechts BR. Der Korrekturfaktor c_{Bit} bei Bezugsrechtsbereinigung wird dann wie folgt ermittelt:

$$c_{Bit} = \frac{K_a}{K_a - BR} \quad (1)$$

Durch Einsetzen der Formel für den Bezugsrechtswert

$$BR = \frac{K_a - K_n}{\frac{a}{n} + 1} \quad (2)$$

K_a = Kurs der alten Aktie
K_n = Kurs der neuen Aktie
a = Anzahl alter Aktien
n = Anzahl neuer Aktien

in die Formel für den Korrekturfaktor erhält man nach Umformen:

$$c_{Bit} = \frac{K_a \cdot (a+n)}{a \cdot K_a + n \cdot K_n} \quad (3)$$

Der Korrekturfaktor ergibt sich damit aus der Relation des hypothetischen Marktwertes der Gesellschaft zum tatsächlichen Wert im Zeitpunkt der Kapitalerhöhung.

Korrekturen bei Dividendenausschüttungen
Bei einem Performanceindex, der die gesamte Ertragsentwicklung widerspiegeln soll, ist es notwendig, außer Kursveränderungen in den Index auch Ertragsbestandteile einzubauen. Bei Performanceaktienindizes wird im Allgemeinen unterstellt, dass Dividendenzahlungen sofort wieder in Wertpapiere des die Dividende zahlenden Unternehmens investiert werden. Bei einigen Indizes werden Dividenden aber auch gleichmäßig verteilt in alle Indexgesellschaften oder andere Anlageformen reinvestiert. Obwohl ein (einzelner) Dividendenabschlag einen Index kurzfristig kaum beeinflusst, führt die Gesamtheit der Dividendenzahlungen langfristig dazu, dass Kurs- und Performanceindizes auseinanderdriften.

Die Korrektur von Aktienindizes um Dividendenzahlungen erfolgt am Tage der Auszahlung. Werden die Dividenden sofort wieder in die ausschüttende Gesellschaft investiert, muss der Zähler des Index (hier: Laspeyres-Index) um einen Korrekturfaktor c_{Dit} erweitert werden:

$$I_L(t) = \frac{\sum_{i=1}^{n} p_{it} \cdot q_{i0} \cdot c_{Dit}}{\sum_{i=1}^{n} p_{i0} \cdot q_{i0}} \cdot \text{Basis} \quad (4)$$

Multipliziert man den Korrekturfaktor c_{Dit} mit dem rechnerischen Kurs der Aktie i nach der Dividendenzahlung im Zeitpunkt t Kex_{it}, so ergibt sich der letzte Kurs vor der Dividendenzahlung $Kcum_{it}$:

$$Kex_{it} \cdot c_{Dit} = Kcum_{it}. \quad (5)$$

Der rechnerische Kurs Kex_{it} lässt sich aus dem letzten Kurs vor Dividendenzahlung abzüglich der Dividende D ermitteln:

$$Kcum_{it} - D = Kex_{it}. \quad (6)$$

Stellt man Gleichung (5) nach c_{Dit} um und setzt Gleichung (6) ein, ergibt sich:

$$c_{Dit} = \frac{Kcum_{it}}{Kex_{it}} = \frac{Kcum_{it}}{Kcum_{it} - D} \quad (7)$$

Würde die Dividende proportional in alle Indextitel investiert, wäre der Index um einen bei jeder Dividendenzahlung neu zu berechnenden Faktor d_t zu korrigieren, der sich nicht auf einen einzelnen, sondern auf alle Indextitel bezieht:

$$I_L(t) = d_t \cdot \frac{\sum_{i=1}^{n} p_{it} \cdot q_{i0}}{\sum_{i=1}^{n} p_{i0} \cdot q_{i0}} \cdot \text{Basis} \quad (8)$$

Werden in einer bestimmten Periode sowohl Dividenden ausgeschüttet als auch Bezugsrechte ausgegeben, wird der Dividendenkorrekturfaktor c_{Dit} multiplikativ mit dem Bezugsrechtskorrekturfaktor c_{Bit} zu einem einzigen Korrekturfaktor c_{it} verknüpft:

$$c_{it} = c_{Dit} \cdot c_{Bit}$$

Korrekturen bei Änderungen der Indexzusammensetzung
Wird bei der regelmäßigen Überprüfung der Indexzusammensetzung festgestellt, dass Gesellschaften die Auswahlkriterien nicht mehr erfüllen, werden sie im Index durch andere Gesellschaften ersetzt. Darüber hinaus kann sich die Zusammensetzung eines Indexes auch durch Neugewichtung, Fusionen oder Übernahmen ändern. Diese Veränderungen der Indexzusammensetzung werden über einen Verkettungsfaktor berücksichtigt. Der Verkettungsfaktor verhindert einen Indexsprung zwischen dem Schlusskurs des Vortages und dem Eröffnungskurs des Verkettungstermins, der nicht aus der Kursveränderung, sondern aus der Änderung der Zu-

sammensetzung des Index resultiert. Zu den Verkettungsterminen werden die Korrekturfaktoren c_{it} wieder auf 1 zurückgesetzt, da sie in den Verkettungsfaktor übergehen.

Der Verkettungsfaktor wird aus dem Indexwert am Verkettungstermin nach dem alten Gewichtungsschema:

$$I_L(t) = K_T \frac{\sum_{i=1}^{n} p_{it} \cdot q_{i0} \cdot c_{it}}{\sum_{i=1}^{n} p_{i0} \cdot q_{i0}} \cdot \text{Basis}$$

und einem Zwischenwert ermittelt. Der Zwischenwert wird mit der neuen Anzahl der Aktien $q_{i,T+1}$ berechnet. Die Korrekturfaktoren c_{it} werden auf 1 gesetzt.

$$\text{Zwischenwert} = \frac{\sum_{i=1}^{n} p_{it} \cdot q_{i,T+1}}{\sum_{i=1}^{n} p_{i0} \cdot q_{i0}} \cdot \text{Basis}$$

Der neue Verkettungsfaktor K_{T+1} ergibt sich dann aus:

$$K_{T+1} = \frac{I_L(t)}{\text{Zwischenwert}}$$

Nach der Verkettung wird der Index mit dem neuen Verkettungsfaktor berechnet.

PRAXISFALL

Wechsel der Indexzusammensetzung und Marktpreisreaktionen
Indizes sollen einen Überblick über Marktsegmente liefern. Verändern sich die Märkte, muss der Index angepasst werden. Dies berührt Interessen. Es ist nicht immer klar, ob sich die »Indexidee« oder die Interessen durchsetzen. Interessant war der Fall der MLP-Vorzugsaktien. Bei mehreren Runden der Anpassung der DAX-Zusammensetzung war immer wieder darauf spekuliert worden, dass MLP in den DAX aufgenommen werden würde. Immer wieder wurde die Aufnahme verschoben.
Am 23.07.2001 wurde MLP dann aufgenommen. Es kam zu einer ganz unerwarteten heftigen Kursbewegung der Aktie: Sie stürzte ab (siehe Abbildung). Der Hintergrund wurde nicht restlos geklärt. Vermutet wurde Folgendes: Institutionelle Investoren hatten die Aktie zu niedrigem Preis vor der Aufnahme in den DAX in der Erwartung gekauft, dass die übliche vermehrte Nachfrage nach DAX-Titeln nach dem Aufnahmeentscheid den Preis steigen lassen würde. Diese vermehrte Nachfrage blieb jedoch aus, da aufgrund der langjährigen MLP-Diskussion jeder informiert gewesen war und sich spekulativ ex ante eingedeckt hatte. Dies hatte die Aktie vor der Aufnahme gestützt. Als dann MLP tatsächlich in den DAX aufgenommen wurde, fielen derart motivierte Käufe schlagartig weg und der Kurs fiel.
Einer anderen Erklärung zufolge, werden Kurse von Aktien vor ihrer Aufnahme in einen Index systematisch hochgepusht, weil sie mit der Aufnahme der Aktie in den Index aus

den eigenen Beständen in die Bestände von Fonds, die indexorientiert anlegen, umgebucht werden können. Da bei MLP die Indexaufnahme absehbar war, war eine derartige Spekulation relativ risikolos.

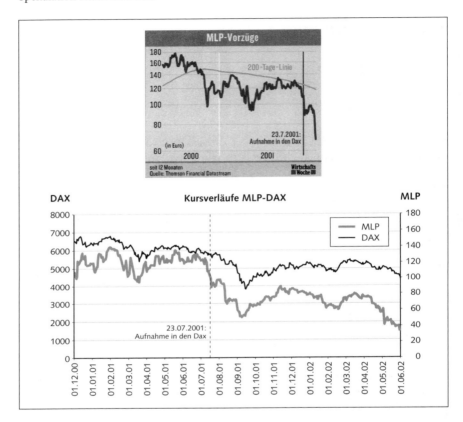

23.4 Emittentenverdienste mit Indexzertifikaten

Die Möglichkeiten, mit Indexzertifikaten Geld zu verdienen, gestalten sich unterschiedlich. Grundsätzlich müssen die Kosten und die Zusammensetzung des Zertifikats den Kunden im maßgeblichen Verkaufsprospekt offen gelegt werden. Es gibt drei wesentliche Einnahmequellen:

- *Management-Fee.* Üblicherweise werden regelmäßig erhobene Verwaltungsgebühren, die sogenannte Management-Fee, veranschlagt.
- *Emissionsgebühren.* Zusätzlich kann eine einmalige Gebühr bei Emission berechnet werden. Dies gleicht dem Ausgabeaufschlag eines Fonds.
- *Indexerträge.* Schließlich gibt es die Verdienste mit eigenen Indizes (siehe Abschnitt »Neue Indizes«)

23.5 Zertifikatstypen: Systematisierung

Mittlerweile gibt es eine Fülle von Varianten von Zertifikaten. Diese können nach folgenden Kriterien systematisiert werden:
- Kapitalerhalt,
- Gewinnbegrenzung,
- Gewinnpartizipation,
- Richtungsabhängigkeit (long, short),
- Kurspfadabhängigkeit,
- Schwellenwerte,
- Laufzeit,
- Anzahl und Wahlrechte bezüglich Basiswerten sowie
- Wechselkurssicherung

Kapitalerhalt und Gewinnbegrenzung
Es ergeben sich die in der Abbildung 23.3 wiedergegebenen Varianten:

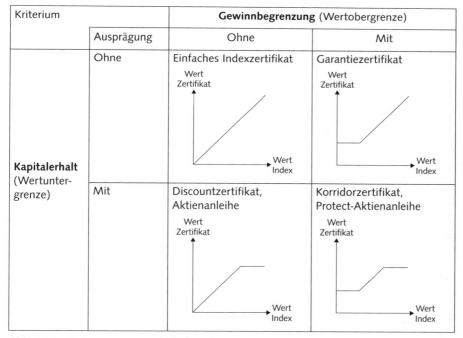

Abb. 23.3: Varianten – Kapitalerhalt und Gewinnbegrenzung

Gewinnpartizipation
Ein wichtiges Kriterium ist die Partizipation an der Wertentwicklung des bzw. der Basiswerte. Im Normalfall partizipiert ein Zertifikat proportional am Wertverlauf des Basiswertes (z. B. Index, Aktie). Das Zertifikat kann aber auch über- bzw. unterproportional partizipieren.

Kriterium	Ausprägung	Beispiel	
Partizipation am Wertverlauf des Basiswertes	Proportional	Einfaches Indexzertifikat	
	Überproportional	Sprint-, Express- oder Outperformancezertifikat	
	Unterproportional	Garantiezertifikat mit hohem Kapitalerhalt	

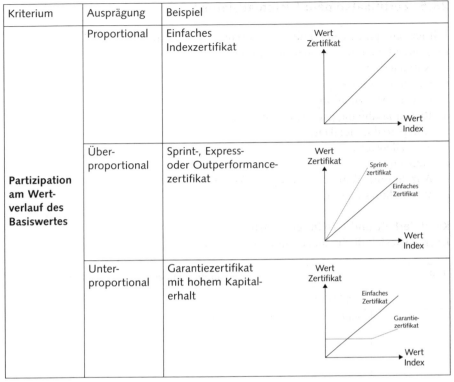

Abb. 23.4: Varianten – Gewinnpartizipation

Richtungsabhängigkeit

Alle o. g. Zertifikate sind als *Long-* oder *Short-Zertifikate* ausgestaltbar. Der Wert eines Long-Zertifikates entwickelt sich in die gleiche Richtung wie der Wert des Basiswertes. Der Wert eines Short-Zertifikates entwickelt sich in die entgegengesetzte Richtung. Der Wertverlauf eines Short-Zertifikates entspricht der horizontalen Spiegelung des Wertverlaufes eines entsprechenden Long-Zertifikates.

Daneben gibt es noch Zertifikate, deren Wert sowohl bei Auf- als auch Abwärtsentwicklung des Basiswertes steigt. Diese werden als *Twin-Win-Zertifikate* bezeichnet und bilden die aus dem Optionshandel bekannte Straddle-Strategie ab.

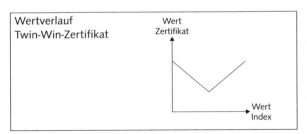

Twin-Win-Zertifikate können zudem kurspfadabhängig ausgestaltet sein.

Kurspfadabhängigkeit

Zertifikate lassen sich danach unterscheiden, ob ihr Wert vom Kursverlauf des Basiswertes abhängt. Einfache Zertifikate sind kurspfadunabhängig. Kurspfadabhängige Zertifikate sind dadurch charakterisiert, dass das Erreichen von Kursschwellen beim Basiswert während der Laufzeit, sog. Knock-in- bzw. Knock-out-Schwellen, zu veränderten Auszahlungen und/oder Laufzeiten des Produktes führt. Beispiele sind *Bonus-Discountzertifikate*, *Turbozertifikate* und *Lock-In-Zertifikate*. Bonuszertifikate verbriefen die Zahlung des Maximalbetrages (Wertobergrenze, Cap) unter der Voraussetzung, dass eine bestimmte Kursschwelle beim Basiswert nie erreicht oder unterschritten wird. Wird die Kursschwelle erreicht, verwandelt sich das Bonus-Discountzertifikat in ein »normales« Discountzertifikat. Da das Bonus-Discountzertifikat nie eine geringere Auszahlung als ein normales Discountzertifikat generiert, hat es einen höheren (anfänglichen) Preis.

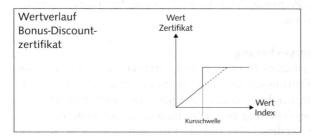

Turbozertifikate sind dadurch gekennzeichnet, dass sie die absolute Wertänderung des Basiswertes (z. B. DAX) gegenüber einem Referenzwert (z. B. 6000 Punkte) abbilden. Zusätzlich ist ein Schwellwert definiert, bei dessen Erreichen die Laufzeit des Zertifikates endet. Entspricht der Schwellwert dem Referenzwert, beträgt der Wert des Zertifikates bei vorzeitiger Fälligkeit Null. Liegt der Schwellwert oberhalb (Long-Turbozertifikat)/unterhalb (Short-Turbozertifikat) des Referenzwertes, entspricht der Wert des Zertifikates der absoluten Differenz zwischen Referenz- und Schwellwert.

Lock-In-Zertifikate (z. B. *Knock-In-Aktienanleihen*) zeichnen sich dadurch aus, dass beim Erreichen einer Kursschwelle während der Laufzeit eine Mindest- oder Zusatzzahlung gewährleistet wird. Sind mehrere Kursschwellen definiert, bei deren Erreichen Mindest- oder Zusatzzahlungen gewährt werden, spricht man auch von *Ladder-*(Leiter-)*Zertifikat*.

Kurspfadabhängige Twin-Win-Zertifikate wandeln sich beim Erreichen einer definierten Schwelle in einfache Zertifikate.

Referenz- und Schwellwerte

Der Referenzwert (Basiswert) und/oder die Kursschwelle können sowohl fest als auch veränderlich sein. Letzteres trifft für die sog. *Mini-Future-Zertifikate* oder *Rolling-Zertifikate* zu. Bei diesen Produkten werden Referenz- und/oder Schwellwerte periodisch angepasst.

Laufzeit

Zertifikate sind danach zu unterscheiden, ob sie eine genau festgelegte Laufzeit besitzen, oder als sog. *Open-End-Zertifikate* emittiert werden. Open-End-Zertifikate weisen eine unbestimmte Laufzeit auf, sind i. d. R. aber mit einem Sonderkündigungsrecht des Emittenten ausgestattet. U.a. werden einfache Indexzertifikate und Turbozertifikate als Open-End-Zertifikate begeben.

Wahlrechte bezüglich des Basiswertes

Der bzw. die Basiswerte, auf den bzw. die sich das Zertifikat bezieht, ist/sind im einfachen Fall genau spezifiziert. Es gibt nun auch Zertifikate, bei denen die Möglichkeit besteht, dass während und/oder am Ende der Laufzeit aus einer vordefinierten Menge von Basiswerten die zur Bewertung relevante Menge erst anhand bestimmter Kriterien (z. B. Wertentwicklung) ausgewählt wird. Derartige Zertifikate sind unter den Namen *Chooser-Zertifikat*, *Two-Asset-Aktienanleihe*, *Basket-Zertifikat* oder *Rainbow-Zertifikat* bekannt.

Währungsrisiko, Wechselkurssicherung

Bei Zertifikaten die sich auf einen in Fremdwährung notierten Basiswert beziehen, besteht grundsätzlich ein Währungsrisiko, es sei denn, das Währungsrisiko wird gesondert gesichert. Die Commerzbank nennt Zertifikate mit Währungssicherung *Quanto-Zertifikate*. Währungssicherung ist nicht einfach, da die Sicherung auch den Ertrag umfassen müsste. Da dieser aber zumeist nicht genau feststeht (auch ein Verlust, d.h. ein negativer Ertrag ist ja denkbar), ist der Betrag, auf den sich die Währungssicherung beziehen müsste, gar nicht bekannt. Lösung sind dynamische Währungssicherungsstrategien.

Namensgebung

All die hier aufgeführten Namen sind rechtlich völlig unverbindlich. Teilweise haben sich in der Branche für bestimmte Produkte gleiche oder ähnliche Namen quasi als Standard etabliert. Teilweise wählen verschiedene Emittenten aber für die gleichen Produkte unterschiedliche Namen, um sich von der Konkurrenz abzusetzen.

23.6 Standard-Zertifikat

Ein Standard-Zertifikat zeichnet sich durch die Verpflichtung des Emittenten aus, bei Fälligkeit eine an den Indexstand gekoppelte Rückzahlung zu leisten. Dabei gibt es weder eine Begrenzung nach oben noch nach unten (theoretisch bis zum unwahrscheinlichen Totalverlust des Indexes). Die Rückzahlung wird einzig und allein durch zwei Größen determiniert:
- Indexstand und
- Bezugsverhältnis.

Der faire Preis eines Standard-Zertifikates ist wie folgt zu berechnen.

- *Performance-Index als Underlying*: Ist das Underlying ein Performance-Index, in den Dividenden mit einfließen, entspricht der mit dem Bezugsverhältnis multiplizierte Indexstand dem fairen Wert. Ein DAX-Performance-Zertifikat, z. B. mit einem Bezugsverhältnis von 1:1, hat bei einem Indexstand von 6500 Punkten einen fairen Wert von 6500,00 Euro. Hat das Zertifikat ein Bezugsverhältnis von 1:10, ist der faire Wert 650,00 Euro.
- *Kursindex als Underlying*: Ist das Underlying ein Kursindex, wird die Wertberechnung problematischer. In diesem Fall müssen fairer Weise zusätzlich die Dividenden berücksichtigt werden. Da diese dem Anleger während der Haltedauer des Zertifikates entgehen, mindern sie den Wert des Zertifikates relativ zum Halten der Aktien. Um den fairen Wert zu berechnen, müssen die erwarteten Dividendenzahlungen eines Index – unter Beachtung des Zinssatzes risikogleicher Kapitalanlagen – zum Kaufzeitpunkt diskontiert werden.

FALLBEISPIEL

Annahme

Der Kursindex des DAX stehe bei 6300 Punkten ($P_{(Index, aktuell)}$), die erwartete Dividendenrendite (d) betrage 1,8 % p.a. Dividenden werden am Ende jeder Periode ausgeschüttet. Der Marktzinssatz für risikogleiche Kapitalanlagen (r) sei 5,7 % p.a. Die Laufzeit eines Zertifikates betrage 2 Jahre. Das Bezugsverhältnis (B) sei 1 : 10.

Berechnung

Der faire Preis des Zertifikates ($P_{(Zertifikat)}$) berechnet sich dann:

$$P_{(Index, bereinigt)} = P_{(Index, aktuell)} \cdot (1 - \sum_t \frac{d}{(1+r)^t}) =$$
$$= 6300(1 - \frac{0,018}{(1+0,057)^1} - \frac{0,018}{(1+0,057)^2}) = \underline{\underline{6091,47}}$$
$$P_{(Zertifikat)} = P_{(Index, bereinigt)} \cdot B = \frac{6091,47}{10} = \underline{\underline{609,15}} \text{ Euro}$$

Bei bestimmten vereinfachenden Annahmen ergibt sich der »Fair Value« eines Zertifikates mit der Laufzeit T wie folgt:

$$P_{(Zertifikat)} = P_{(Index, aktuell)} \cdot \frac{(1+r-d)^T}{(1+r)^T} \cdot B$$
$$= 6300 \cdot \frac{(1+0,057-0,018)^2}{(1+0,057)^2} = \underline{\underline{6087,26}}$$
$$P_{(Zertifikat)} = P_{(Index, bereinigt)} \cdot B = \underline{\underline{608,73}} \text{ Euro}$$

Erläuterung

Die zahlreichen im Index enthaltenen Aktien schütten zu unterschiedlichen Zeitpunkten ihre Dividenden aus, sodass sich ein nahezu kontinuierlicher Dividendenstrom ergibt. Die erste Formel lässt sich deshalb bei Annahme einer flachen Renditestrukturkurve vereinfachen.

23.7 Exotische Indexzertifikate

Exotische Zertifikate besitzen derivative Komponenten. Diese Komponenten verändern die Rückzahlungsstruktur eines Zertifikates, sodass es sich in seiner Wertentwicklung nicht mehr zwangsläufig parallel zum Underlying bewegen muss.

Komponenten von Indexzertifikatstypen

Standard-Indexzertifikat	Index	Bezugsverhältnis		Zertifikatswert
Exotisches Indexzertifikat		Derivative Komponenten	Bezugsverhältnis	

Was die Ausgestaltung solcher exotischen Zertifikate angeht, so hat der Emittent viele Möglichkeiten, herkömmliche Zertifikate mit Derivaten zu kombinieren. Aus diesem Grund sollen hier nur die zur Zeit bedeutendsten Formen solcher Produkte vorgestellt werden.

- *Bear-Zertifikate.* Diese entwickeln sich genau entgegengesetzt zum Underlying. Mit solchen Produkten hat der Anleger die Möglichkeit, negative Erwartungen, die er bezüglich eines Index hat, umzusetzen und von fallenden Kursen zu profitieren. Bear-Zertifikate werden auch Reverse-Zertifikate genannt.
- *Floor- und Cap-Zertifikate.* Eine andere Form sind Zertifikate, die eine künstliche Rückzahlungsbegrenzung besitzen. Dabei besteht die Möglichkeit einer garantierten Mindestrückzahlung (sog. Floor-Zertifikate) oder einer Beschränkung der Höchstrückzahlung (sog. Cap-Zertifikate). Da Cap-Zertifikate mit Abstand den größten Anteil an diesen Zertifikaten mit Rückzahlungsbegrenzung haben, sollen diese hier exemplarisch betrachtet werden. Im Gegensatz zu unstrukturierten Zertifikaten profitiert der Anleger bei Cap-Zertifikaten von Anstiegen des Index nur bis zu einer vorher festgelegten Höchstgrenze, dem Cap. Fällt der Index dagegen, nimmt der Anleger über das Zertifikat daran gänzlich teil.

Da der Kunde bereit ist, seinen Gewinn nach oben zu beschränken, erhält er beim Kauf eines solchen Zertifikates einen Abschlag auf den Kurs. Damit ist das Zertifikat billiger als ein entsprechendes Plain-Vanilla-Zertifikat. Aufgrund dieses Abschlages werden Cap-Zertifikate in der Praxis meist als Discountzertifikate bezeichnet. Hat ein Anleger bezüglich eines Index die Erwartung, er würde während der Laufzeit nicht über den Höchstbetrag hinaus steigen, so kann er durch den verbilligten Kauf des Zertifikates seine Rendite in diesem Bereich erhöhen und hat für den Fall, dass der Index fällt, einen Verlustpuffer in Höhe des zum Kaufzeitpunkt gewährten Discounts.

FALLBEISPIEL

Discountzertifikat: Wertermittlung und Zerlegung

Am Beispiel eines Discountzertifikates kann man sich die grundsätzliche Funktionsweise exotischer Zertifikate veranschaulichen. Im Gegensatz zu Standard-Zertifikaten verfügen sie über derivative Komponenten. Man kann sich dies verdeutlichen, indem man die Auszahlungsstruktur eines Discountzertifikates betrachtet.

Die unterschiedlichen Gewinnmöglichkeiten eines Discount- und eines Plain-Vanilla-Zertifikates sind beispielhaft in der Tabelle dargestellt. Die maximale Rendite des Discountzertifikats ist auf 22,22 % begrenzt. Allerdings wird sie durch den um 10 % verbilligten Einstieg schon früher erreicht und der Index müsste noch weiter auf den »Cap« von 5500 Punkten steigen, damit ein herkömmliches Zertifikat die gleiche Rendite erzielte. Ebenfalls erkennt man die Funktion des Verlustpuffers, der in einem Discountzertifikat steckt. Fällt der Index um 1000 Punkte, erleidet der Anleger mit einem Standard-Zertifikat einen Verlust von 20 %, bei einem Discountzertifikat jedoch nur 11,11 %.

	Discountzertifikat			Zertifikat ohne Wertbegrenzung		
Indexstand bei Emission	500 Punkte			500 Punkte		
Zertifikatskurs	4.500 € (10 % Discount)			5.000 € (kein Discount)		
Indexstand am Laufzeitende	4000 Punkte	5500 Punkte	7000 Punkte	4000 Punkte	5500 Punkte	7000 Punkte
Zertifikatskurs am Laufzeitende	4.000 €	5.500 €	5.500 €	4.000 €	5.500 €	7.000 €
Performance	−11,11 %	22,22 %	22,22 %	−20,00 %	10,00 %	40,00 %

Die Rückzahlung des Discountzertifikates im obigen Beispiel kann man in zwei Teile zerlegen. Im ersten Bereich, der bis zum »Cap« bei 5500 Punkten reicht, verhält sich das Zertifikat genau wie das Zertifikat ohne Begrenzung. Im zweiten Bereich, über dem »Cap«, steigt es jedoch nicht mehr. Das kann erreicht werden, indem eine europäische Call Option mit dem entsprechenden Basispreis in Höhe des »Cap« und einer Laufzeit bis zum Verfallstag des Zertifikates verkauft wird.

Solange der Index unter dem Basispreis notiert, ist die Option für den Käufer wertlos. Notiert die Option am Verfallstag jedoch über dem Basispreis, wird der Käufer die Option ausüben und den Differenzbetrag zwischen Indexstand und Basispreis vereinnahmen.

Beim Emittenten, der das Discountzertifikat über den Kauf eines Plain-Vanilla-Zertifikates sowie den Verkauf einer Option mit Basispreis bei 5500 Punkten nachgebildet hat, werden also alle Gewinne des Zertifikates über einem Niveau von 5500 Punkten durch seine Zahlungsverpflichtung gegenüber dem Optionskäufer aufgezehrt.

Allerdings erhält er auch vom Käufer der Option zum Emissionszeitpunkt die Optionsprämie. Der Preis eines Discountzertifikates ergibt sich also, indem man vom Preis für ein entsprechendes Standard-Zertifikat die Prämie abzieht, die man für die verkaufte Option erhält.

Die Abbildung 23.5 verdeutlicht die oben beschriebene Zerlegung.

Diese Zerlegung stellt nur eine Möglichkeit dar und sollte beispielhaft das Vorgehen zeigen, wie exotische Produkte in ihre Einzelteile zerlegt werden können.

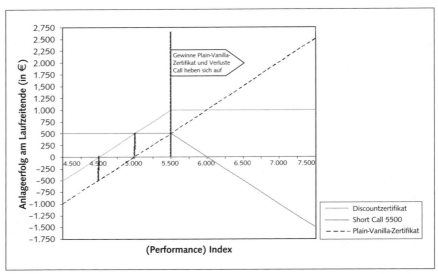

Abb. 23.5: Zerlegung eines Diskount-Zertifikates

Rechenbeispiel
Der DAX steht bei Emission bei 5000 Punkten, das entsprechende Discountzertifikat weist 1 Jahr Laufzeit und einen Cap von 5500 Punkten auf. Am Markt kostet eine Call-Option mit Basis 5500 Euro 500,– Euro. Bei einem Bezugsverhältnis von 1:100 ergibt sich für das entsprechende Zertifikat ein Preis von:

$$\frac{5000\ € - 500\ €}{100} = 45\ €$$

23.8 Zertifikate auf Rohstoffe

Rohstoffe stehen bei den Anlegern nicht kontinuierlich, sondern nur von Zeit zu Zeit im Fokus des Interesses. Zuletzt führten Rohstoffe – eigentlich seit mehr als zwei Jahrzehnten – bei der Kapitalanlage ein Nischendasein. Insgesamt war die Wertentwicklung der sogenannten »Commodities« enttäuschend. Seit Beginn der 80er Jahre gaben die Kurse vieler Rohstoffe kontinuierlich nach. Dies änderte sich am Beginn des neuen Jahrtausends mit dem Boom v. a. in China. Da gleichzeitig Aktien stark an Wert verloren und auch Renten aufgrund niedriger Zinsen unerfreuliche Ergebnisse erzielten, ergab sich ein ganz neues Interesse an Rohstoffen.

Wie aber investiert man in Rohstoffe? Vor allem Privatanleger haben Schwierigkeiten, diesen Markt kostengünstig zu erschließen. Traditionell dominierten aus Kostengründen Goldmünzen und Goldbarren. Erst die Auflegung von Rohstoff-Zertifikaten hat für einen großen Teil der Investoren die Möglichkeit eröffnet, mit denkbar geringem Aufwand in die neue »alte« Anlageklasse zu investieren.

Die von Banken angebotenen Rohstoffzertifikate basieren auf folgenden Überlegungen:

- *Terminmärkte als Basis.* Bei den meisten Rohstoffen sind die Terminbörsen die maßgeblichen Handelsplätze. Aus diesem Grund sind auch die Basiswerte der Rohstoff-Zertifikate meistens Terminkontrakte. Grundsätzlich wäre es auch denkbar, die Preisentwicklung von Rohstoffen aus anderen Märkten als Terminmärkten abzuleiten, was aber als Grundlage für Finanzprodukte unüblich ist.
- *Futures als Handelsobjekte.* Handelsobjekte der Terminbörsen sind Futures. Ein Future ist ein standardisierter Vertrag, der regelt, zu welchem Zeitpunkt, zu welchem Preis, in welcher Menge und in welcher Qualität der entsprechende Rohstoff geliefert werden muss. Der Verkäufer ist zu dem vereinbarten Zeitpunkt verpflichtet, die Ware zu den vereinbarten Konditionen zu liefern. Der Käufer muss sie im Gegenzug abnehmen und den vereinbarten Preis bezahlen. Sowohl die begrenzte Laufzeit der Futures als auch Abnahme- bzw. Lieferpflicht von physischer Waren sind für Zertifikate ungünstig. Deshalb lauten Rohstoffzertifikate meist nicht unmittelbar auf Futures, wie weiter unten deutlich wird (s. Laufzeit), sondern auf Rohstoff*indizes*, die aus Futurespreisen abgeleitet werden.
- *Physische Lieferung ausschließen.* Bei Rohstoffzertifikaten soll eine Lieferung unbedingt vermieden werden. Finanzinvestoren sind – wegen der Transaktionskosten – nicht an physischer Ware interessiert. Insbesondere deshalb wäre es für Anleger ungünstig, direkt in Futures zu investieren. Sie benötigen Produkte, die einerseits physische Lieferungen ausschließen andererseits aber eine Partizipation an der Wertentwicklung der Rohstoffe ermöglichen.
- *Laufzeit nach Anlegerwünschen.* Gleichzeitig will man sich, was die Laufzeit der Zertifikate anbetrifft, nach den Anlagewünschen der Investoren und nicht nach den typischen Laufzeiten der Futures richten. Dazu koppelt man die Laufzeit der Zertifikate von den einzelnen Futureskontrakten der Börsen ab.
- *Indexbildung aus Futures.* Deshalb lauten Zertifikate meist auf Rohstoffindizes, welche die Preisentwicklung von Rohstoffen kontinuierlich messen. Der Käufer eines Zertifikats partizipiert damit an der Wertentwicklung der Rohstoffe. Verpflichtet ist der Emittent des Zertifikats. Auch der Emittent möchte sich nicht mit physischer Ware herumschlagen. Er benötigt aber eine Hedgeposition für seine Pflichten aus dem verkauften Zertifikat. Dazu bieten sich (nur) die Futures der Terminbörsen an. Er muss daher die verkauften Zertifikate so konstruieren, dass die Preisentwicklung der Rohstoffe, an denen der Käufer partizipieren soll, aus den Futurespreisen abgeleitet werden kann. Da die Futures meist eine kürzere Laufzeit haben als die emittierten Zertifikate, kreiert man Preisindizes, bei denen auslaufende Futures nach festgesetzten Regeln laufend durch neue ersetzt werden. Auf diese Weise entsteht eine kontinuierliche Preisreihe, die das Herzstück der Zertifikate auf Rohstoffe darstellt. Auf diese Preisreihen kann dann die gesamte Welt der entwickelten Zertifikatsformen angewandt werden. Beispielhaft für die Vielfalt der entwickelten Produkte sei die Produktpalette der Commerzbank genannt, die von Einzelrohstoffen über diverse Baskets bis zu Gesamtmarktprodukten sowie von Turbozertifikaten bis hin zu konservativen Garantiestrukturen reicht.

- *Handelbarkeit zwecks Hedging.* Aus Sicht der Emittenten von Zertifikaten ist wichtig, dass die dem Preisindex zugrunde liegenden Futureskontrakte tatsächlich handelbar sind und der Wechsel von einem zum nächsten Future wirklich möglich ist. Ist dies gewährleistet, dann kann sich der Emittent eines Zertifikates an den Terminmärkten einen perfekten Hedge aufbauen. Die Emission von Zertifikaten wird damit zu einem risikoloses Margengeschäft.

Während für den Investor die voraussichtliche Preisentwicklung seines Zertifikats im Vordergrund des Interesses steht, ist aus Sicht des Emittenten die Risikoabsicherung der entscheidende Punkt.

23.9 Preisermittlung und Wechselkurse

Ist das Underlying ein Index, der nicht in Euro notiert, muss man zur Wertfindung in Euro den oben berechneten Zertifikatspreis mit dem relevanten Wechselkurs in Euro umrechnen.

Problematisch ist, dass bei Fremdwährungsindizes nicht allein der Index den Wert des Zertifikates in der eigenen Währung bestimmt, sondern auch der Wechselkurs. Dadurch kann das in Euro notierte Zertifikat bei Wechselkursveränderungen nicht mehr genau die Bewegungen des Index abbilden.

Der Anleger könnte versucht sein, das Wechselkursrisiko mit Währungstermingeschäften abzusichern. Dazu müsste er das Indexzertifikat per Termin verkaufen und den Verkaufserlös per Termin in heimische Währung umtauschen. Nun lässt sich aber der Indexstand am Terminverkaufstag nicht exakt prognostizieren, sodass der Verkaufserlös im Voraus nicht genau bekannt ist; damit kann auch die Kurssicherung nur unvollkommen durchgeführt werden.

Der Anleger kann seine Erwartungen bezüglich eines auf ausländische Währung lautenden Index also nur ungefähr über das Zertifikat umsetzen, da die Erträge höher oder niedriger ausfallen können als erwartet. Verschiedene Auszahlungsszenarien in Abhängigkeit von Indexstand und Wechselkurs sind am Beispiel des S&P 500 in der Abbildung 23.6 dargestellt:

S & P 500 (Stand am Laufzeitende)					
	1.000 Punkte	1.100 Punkte	1.200 Punkte	1.300 Punkte	1.400 Punkte
0,75 $/€	1.333,33 €	1.466,67 €	1.600,00 €	1.733,33 €	1.866,66 €
0,85 $/€	1.176,47 €	1.294,12 €	1.411,76 €	1.529,41 €	1.647,06 €
0,95 $/€	1.052,63 €	1.157,89 €	1.263,16 €	1.368,42 €	1473,68 €

Abb. 23.6: Rückzahlungsszenarien eines S&P-Zertifikats (Punkte entsprechen $)

Soll der Indexstand 1:1 in Euro ausgedrückt werden, ist ein statischer Hedge mittels Währungstermingeschäften also nicht möglich, da die Entwicklung des Index selbst nicht vorhersehbar ist. Deshalb wählen Anbieter solcher Zertifikate dynamische

Hedgestrategien, bei denen das Absicherungsvolumen ständig in Abhängigkeit von der aktuellen Marktlage geändert wird.

Exkurs: Dynamische Hedgestrategien zur Wechselkurssicherung

Zunächst wird eine Annahme über mögliche zukünftige Entwicklungen, sowohl für den Index als auch für den Wechselkurs gemacht, bei der man mit Hilfe mathematischer Modelle und auf der Grundlage von Arbitragefreiheit ein bestimmtes Verhalten für den Kurs unterstellt. Damit wird die für den Hedge notwendige Anzahl von Devisenfutures berechnet. In regelmäßigen Abständen werden die Berechnungen erneuert und die Anzahl der Futures angepasst.

Dynamische Kurssicherungsstrategien liegen den sogenannten Quanto-Zertifikaten zugrunde. Das sind währungsgesicherte Zertifikate. Bei ihnen entfällt das Wechselkursrisiko, da der Index in Euro ausgedrückt und auch in Euro zurückgezahlt wird. Nur die Veränderungsraten werden dem ausländischen Originalindex entnommen. Der folgende Chart zeigt die Verläufe des Nikkei 225 Index, eines Nikkei 225 Quanto-Zertifikates der Commerzbank und des Wechselkurses:

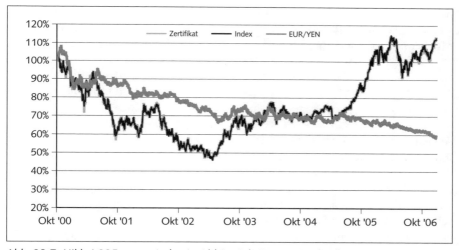

Abb. 23.7: Nikkei 225 gegen Index in Abhängigkeit vom Wechselkurs

Aus obiger Abbildung erkennt man: Obwohl der Wechselkurs starken Schwankungen unterliegt, hat dies keinen Einfluss auf den Zertifikatskurs. Dieser wird ausschließlich durch den Verlauf des Index bestimmt. Der Vorteil von Quanto-Zertifikaten besteht für den Anleger darin, dass er kein Wechselkursrisiko trägt.

Da der Emittent das Wechselkursrisiko absichern muss, ist es für den Anleger schwer, eine Berechnung des fairen Preises vorzunehmen.

23.10 Emission, Handel und Market-Making

23.10.1 Hedging des Emittenten

Der Emittent eines Indexzertifikates trägt ein erhebliches Risiko: Seine Rückzahlungsverpflichtung gegenüber dem Gläubiger hängt von der Entwicklung des Index ab. Fällt der Index bis zur Fälligkeit, braucht der Emittent nur wenig zurückzuzahlen. Steigt er dagegen stark an, kann es passieren, dass der Emittent erhebliche Geldsummen bezahlen muss. Da den meisten Emittenten dieses Rückzahlungsrisiko zu groß ist, spekulieren sie nicht auf den zukünftigen Indexstand, sondern versuchen, das Risiko abzusichern. Dies gelingt, indem sie das Geld, das sie bei Emission vom Anleger bekommen, so anlegen, dass sie die Rückzahlung am Laufzeitende ohne Verlust leisten können. Dazu gibt es verschiedene Möglichkeiten.

Portfolionachbildung
Der Emittent kann das Portfolio, das er über das Zertifikat an den Anleger verkauft hat, selbst nachbilden, indem er die im Index enthaltenen Aktien gemäß ihrer Gewichtung selbst kauft und bei Rückgabe von Zertifikaten wieder verkauft. Diese Möglichkeit ist jedoch umständlich, da viele Transaktionen durchgeführt werden müssen und die damit verbundenen Kosten hoch sind. Will man auf diese Weise z. B. den S & P 500 abbilden, so muss man dafür ständig die darin enthaltenen 500 Aktien halten, nach Dividendenzahlungen zukaufen und nach Indexumstellungen austauschen.

Absicherung über Termingeschäfte
Einfacher ist es, den entsprechenden Index über Termingeschäfte abzubilden. Kauft der Emittent eines DAX-Zertifikates z. B. Futures auf den DAX, dann hat er eine Long- und eine Short-Position auf den Dax. Über den Future nimmt er an den Bewegungen des DAX teil, sodass dadurch seine Rückzahlungsverpflichtung am Laufzeitende gewährleistet ist. Der Vorteil gegenüber der Absicherung durch Aktien liegt hier auf der Hand. Anstelle von 30 Transaktionen genügt der Kauf einer bestimmten Anzahl von Futures. Im Falle von exotischen Zertifikaten müssen zusätzlich zu den entsprechenden Indexfutures weitere derivative Komponenten gekauft bzw. verkauft werden.

Absicherung über Kundengeschäfte
Bei größeren Emissionshäusern besteht die Möglichkeit, nicht jeden einzelnen Verkauf eines Zertifikates abzusichern, sondern die Gesamtposition zu sichern. Dadurch können sich gegenläufige Risiken aufheben. Einfachstes Beispiel ist die gleichzeitige Emission eines Standard-Zertifikates auf den DAX und eines Reverse-Zertifikates auf den DAX. Haben beide Zertifikate die gleiche Laufzeit und das gleiche Bezugsverhältnis, so heben sich die Risiken aufgrund der entgegengesetzten Auszahlungsprofile fast genau auf, und der Emittent muss keine Absicherungsmaß-

nahmen treffen. Ebenso können sich bei Emissionen von exotischen Zertifikaten die darin enthaltenen Optionen gegenseitig aufheben, wenn Optionen mit den gleichen Ausstattungsmerkmalen bei einem Produkt gekauft und bei einem anderen gleichzeitig verkauft werden.

23.10.2 Primärmarkt für Indexzertifikate

Zertifikate auf Indizes werden mittels verschiedener Verfahren verkauft.

Verkauf mit Zeichnung
Hierbei fordert die Bank Kunden auf, vor der Emission Verpflichtungserklärungen zur Übernahme der Zertifikate abzugeben. Die Banken versuchen i. d. R., nachdem sie das Produkt konzipiert haben, die Titel so schnell wie möglich zu platzieren. Es hängt von den Marketinganstrengungen ab, ob die vollständige Platzierung in kurzer Zeit gelingt. Oft werden die Kosten für den Vertrieb auf dem Wege eines Ausgabeaufschlags an den Kunden weitergegeben. Bei dieser Art der Platzierung werden nicht nur eigene Nichtbank-Kunden angesprochen, sondern auch fremde Banken auf die Emission aufmerksam gemacht. Nicht verkaufte Zertifikate verbleiben im Bestand der Bank und werden nach und nach an nachfragende Kunden abgegeben.

Auch dann, wenn eine Zeichnungsfrist gewährt wird, wird der Preis des Zertifikats schon zum Emissionszeitpunkt festgelegt. Er könnte nach Marketinggesichtspunkten auf einen »optisch günstigen« Emissionspreis von beispielsweise 100 Euro festgelegt werden. Wie viele Aktien der ausgewählten Unternehmen gemäß der vorgeschriebenen Gewichtung letztendlich in den Zertifikatsindex aufgenommen werden, entscheidet sich allerdings erst am Ende der Zeichnungsfrist zum Emissionszeitpunkt. Der Grund hierfür ist, dass für die Indexanteile die aktuellen Kurse der Einzelaktien kurz vor der Emission entscheidend sind. Das zu hedgende Volumen zum Zeitpunkt der Emission lässt sich auf Grund der feststehenden Anzahl der gezeichneten Zertifikate genau bestimmen, sodass das Risiko zu Anfang genau bestimmbar ist.

Verkauf in den Sekundärmarkt
Bei Zertifikaten auf Standardindizes wird in der Regel anders verfahren. Die Zertifikate werden direkt in den Sekundärmarkt begeben. Da sich die Standardindizes fortlaufend ändern, ist es bei einem festen Bezugsverhältnis von Zertifikat zu Index (z. B. 1:100) nicht möglich, den Wert schon vor dem Emissionstag zu bestimmen. Es lässt sich folglich kein fixer Emissionspreis festlegen. Der Preis des Zertifikats berechnet sich dann in der Folgezeit direkt über das Bezugsverhältnis zum Referenzindex. Der Vorteil für den Anleger liegt in der Transparenz. Grundsätzlich besteht das Risiko der Bank in der Veränderung der ausstehenden Nettoposition der Zertifikate. Ändert sich dieses Volumen muss auch der Hedge angepasst werden

23.10.3 Sekundärmarkt für Indexzertifikate

Was passiert nach der Emission mit Indexzertifikaten? Die Banken haben festgestellt, dass viele Zertifikatskäufer ihre Titel nicht bis zur Endfälligkeit halten, sondern vorher verkaufen wollen. Dies setzt einen Sekundärmarkt voraus. Ohne funktionsfähigen Sekundärmarkt lassen sich Indexzertifikate nur schwer absetzen.

I. d. R. sorgt die emittierende Bank, also die Bank, die Indexzertifikate verkaufen will, dafür, dass ein Sekundärmarkt entsteht. In den meisten Fällen führt die emittierende Bank die Zertifikate auch in den Börsenhandel ein. Zudem gewährleisten Emissionsbanken gewöhnlicherweise einen außerbörslichen Handel für Eigenprodukte. Durch dieses sogenannte Market-Making entsteht ein liquider Sekundärmarkt. So können Zertifikate unter normalen Marktbedingungen börsentäglich ge- und verkauft werden.

Wählt die Bank die Börseneinführung, dann heißt das nicht unbedingt, dass die emittierende Bank keine Pflichten mehr hat. Mit der bloßen Börseneinführung ist nicht automatisch ein liquider Handel der Titel gewährleistet. Der Emittent muss meist selbst die Market-Maker-Funktion übernehmen. Der Market-Maker stellt Preise, zu denen er Zertifikate vom Anleger kauft, und Preise, zu denen er verkauft. Diese Kurse nennt man Geld- bzw. Briefkurs. Zwischen diesen Kursen liegt gewöhnlich eine Spanne.

Wenn ein Market-Maker Kurse stellt, so berechnet er unter Berücksichtigung der relevanten Marktparameter wie Indexstand, Zinsniveau, Wechselkurs oder Volatilität den fairen Wert für das Zertifikat. Dann nimmt er für den Geldkurs einen Abschlag vor und gleichzeitig für den Briefkurs einen Aufschlag. Normalerweise entsprechen Abschlag und Aufschlag jeweils der halben Spanne.

Beträgt beispielsweise der berechnete faire Wert eines Zertifikates 500 Euro und der Market-Maker möchte mit einer Spanne von 2 % handeln, so würde er einen Geldkurs von 495 Euro und einen Briefkurs von 505 Euro stellen.

Für die emittierende Bank ist also die Aufrechterhaltung eines Sekundärmarktes mit oder ohne Börseneinführung mit dem eigenen Market-Making verbunden.

23.11 Abgrenzung zu anderen Indexprodukten

Indexzertifikate sind nicht die einzigen Instrumente, mit denen ein Anleger an einem Index partizipieren kann. Es gibt folgende Alternativen:
- Indexfonds und
- Indexaktie (Exchange Traded Funds).

23.11.1 Indexfonds

Indexfonds gehören in die Kategorie der Investmentfonds. Indexfonds sind im Grunde Investmentfonds deren Management eine sogenannte passive Anlagestrategie fährt. D.h. der Fondsmanager orientiert sich bei der Entscheidung, welche Aktien er mit welcher Gewichtung in seinen Fonds aufnimmt, an einem Index. Ziel ist es, die Performance des ausgesuchten Vergleichsindex mit dem Indexfonds eins zu eins nachzubilden.

Der große Unterschied zwischen Indexzertifikaten und Indexfonds besteht in ihrer rechtlichen Natur. Während Zertifikate rechtlich Schuldverschreibungen sind, bei denen die Rückzahlung an einen Index gekoppelt ist und keine Zinszahlungen fließen, stellt ein Fonds ein Sondervermögen dar. Im Falle eines Konkurses ist der Fonds vorteilhafter, da das Fondsvermögen als Sondervermögen nicht vom Konkurs betroffen ist. Im Konkursfall eines Zertifikats-Emittenten kann es dagegen theoretisch passieren, dass nur ein Bruchteil oder gar nichts des investierten Kapitals zurückbezahlt wird. In der Praxis spielt dieses Bonitätsrisiko, wie der Fall »Bankgesellschaft Berlin« zeigt, in der Tat eine Rolle. Daher sollten Anleger nur Zertifikate von großen, gut gerateten Emittenten wählen.

Ein weiterer Unterschied besteht in der Höhe der Transaktionskosten (siehe Abbildung 23.8) sowie in den Steuern (s. o.).

	Zertifikat	Fonds	Aktie
Kauf	Bankprovision, Briefspanne, Maklercourtage	u. U. Ausgabeaufschlag	Bankprovision, Briefspanne, Maklercourtage
Verwaltungsgebühren	Nein	Verwaltungs- und Managementkosten	Verwaltungs- und Managementkosten
Depotgebühren	Ja	Ja	Ja
Verkauf	Bankprovision Bei Einlösung: Keine	Keine	Bankprovision

Abb. 23.8: Kostenvergleich Indexzertifikate, -fonds und -aktien

23.11.2 Indexaktie (Exchange Traded Funds)

Ein weiteres Produkt, das die Performance eines Index 1:1 abbildet, sind die Exchange Traded Funds (ETF's). Es handelt sich dabei um Investmentfonds, die zum Handel an einer Börse eingeführt sind. Meist werden derartige Fonds passiv gemanagt und orientieren sich an einem Index. Zunehmend kommen aber auch aktiver gemanagte Fonds an den Markt. ETF's auf die großen Indizes (DAX, STOXX) verlangen meist eine Managementgebühr von 0,15 %. Bei ETF's auf weniger bekannte Indizes kann die Managementgebühr auch deutlich darüber liegen (bis zu 1 % kommen vor).

Wie bei Aktien gibt es fortlaufende Kursfeststellungen an der Börse. Da ETF's rechtlich gesehen Investmentfonds sind, erfolgt (zusätzlich zur Bewertung der Fondsanteile im Börsenhandel) einmal täglich eine Preisfeststellung durch die Depotbank. Der Investor hat die Möglichkeit, die Anteile zu diesem Preis an die Gesellschaft zurückzugeben.

Seit April 2000 gibt es für Exchange Traded Funds eine eigene Handelsplattform an der Frankfurter Börse, das XTF-Segment in XETRA. Während Ende September

2000 lediglich zwei börsennotierte Indexfonds gelistet waren (bezogen auf den Dow Jones Eurostoxx 50 und den Dow Jones Stoxx 50), konnten im November 2006 über 150 ETF's über Xetra gehandelt werden.

Creation-Redemption-Prozess
Der Börsenhandel der ETF's wickelt sich meist über Market Maker ab. Market Maker sind notwendig, da es meist nicht jederzeit so viel Angebot und Nachfrage nach Fondsanteilen gibt, dass sich angebotene und nachgefragte Anteile mengenmäßig ausgleichen. Vielmehr übernimmt der Market Maker zumeist größere Netto-Positionen. Das Risiko, das für ihn dadurch entstehen könnte, wälzt er auf die Fondsgesellschaft ab, denn er hat die Möglichkeit, (bei einem Nettoangebot) die von ihm aufgekauften Anteile an die Fondsgesellschaft zurückzugeben, oder (bei einer Nettonachfrage) sich die Anteile von der Fondsgesellschaft neu ausgeben zu lassen. Dieser Prozess wird *Creation-Redemption-Prozess* genannt. Die Fondsanteile werden also letztlich nicht wirklich gehandelt, sondern jeweils neu kreiert (Creation) oder zurückgegeben (Redemption). Für die Gesellschaft folgt daraus die durchaus kostenträchtige Konsequenz, mehr oder weniger häufig neue Anteile ausgeben oder alte einziehen zu müssen mit der weiteren Folge, dass ständig neu investiert werden muss oder getätigte Investitionen aufgelöst werden müssen. Es hat sich als günstig herausgestellt, diese Aufgabe auf den Market Maker zu verlagern, da er die Marktentwicklung besser einschätzen kann. Der Market Maker baut also selbst ein Hedgeportfolio auf (d.h. bildet den Index, auf den der von ihm betreute ETF lautet, selbst nach) und steuert dieses Hedgeportfolio entsprechend der vom ihm erwarteten Nachfrageveränderung. Er kann dann die am Markt angebotenen Fondsanteile ohne Risiko in den eigenen Bestand nehmen oder aus dem eigenen Bestand verkaufen, weil er auf der Gegenseite sein Hedgeportfolio entsprechend vergrößert oder verkleinert. Er kann aber auch – und dies ist das angewandte Verfahren – die Fondsanteile bei der Fondsgesellschaft zeichnen, wobei er nicht in Bar bezahlt, sondern einen entsprechenden Teil seines Hedgeportfolios abgibt. Die Fondsgesellschaft erhält dadurch bei Emission der Fondsanteile bereits ein »richtig« investiertes Vermögen und muss nicht selbst investieren. Umgekehrt wird bei Rückgaben von Zertifikaten verfahren.

Aufgaben und Lösungen zur Lernkontrolle
Aufgabe 1. Ein nicht währungsgesichertes Indexzertifikat auf den S&P 500 mit einer Laufzeit von 2 Jahren und einem Bezugsverhältnis von 1:10 hat bei einem Indexstand von 1500 Punkten einen Preis von 167,30 Euro. Es liegen folgende Marktdaten vor: Der Wechselkurs US-Dollar/Euro beträgt 0,9000, die Zinsen in den USA liegen für ein Jahr Laufzeit bei 5,4% p.a. und für 2 Jahre bei 5,55% p.a. Die Dividendenrendite für den S&P 500 beträgt ca. 1% p.a. (wird sicher am Ende jeder Periode ausgeschüttet).

Was ist der faire Preis für das Zertifikat?
Wie hoch ist die Marge des Anbieters?

Aufgabe 2. Ein Emittent beabsichtigt, ein Discountzertifikat auf den DAX zu begeben. Es soll eine Laufzeit von 1 Jahr haben einen »Cap« bei 5500 Punkten und ein Bezugsverhältnis von 1:100.

Zum Emissionszeitpunkt sind folgende Daten gegeben:
Der DAX steht bei 4400 Punkten, eine Put-Option mit Basis 4400 Punkte kostet 575 Euro, eine Put-Option mit Basis 5500 Punkte kostet 1175 Euro. Eine Call-Option mit Basis 4400 Punkte kostet 800 Euro, mit Basis 5500 Punkte 350 Euro.

Wie hoch ist der Emissionskurs, wenn der Emittent keine Marge einpreist?
Wie hoch ist die maximale Rendite, die der Anleger mit dem Zertifikat erreichen kann?
Bei welchem Punktestand des DAX wird dieselbe Rendite erzielt wie bei einer Direktinvestition (z. B. durch ein Standard-Zertifikat)?

Lösung zu Aufgabe 1. Um zu dem fairen Wert des Zertifikates zu kommen, muss man vom Indexstand zunächst die erwarteten, mit dem jeweils relevanten Zinssatz diskontierten Dividenden abziehen.

$$1500 - \frac{1500 \cdot 0{,}01}{(1+0{,}054)} - \frac{1500 \cdot 0{,}01}{(1+0{,}055)^2} = 1500 - 14{,}23 - 13{,}48 = 1472{,}29$$

Dieser Wert muss noch mit dem aktuellen Wechselkurs in Euro umgerechnet werden.

$$\frac{1472{,}29\ \$}{0{,}9000\ \frac{\$}{\€}} = 1635{,}88\ \€$$

Bei einem Bezugsverhältnis von 1:10 ergibt sich ein fairer Preis für das Zertifikat von 163,59 Euro. Die Marge des Anbieters beträgt:

$$\frac{167{,}30 - 163{,}59}{163{,}59} = 2{,}27\%$$

Lösung zu Aufgabe 2. Der Emissionspreis ergibt sich aus dem Indexstand abzüglich der vereinnahmten Optionsprämie für einen Call mit Basis 5500 Punkte, multipliziert mit dem Bezugsverhältnis.

$$(4.400 - 350) \cdot \frac{1}{100} = 40{,}50\ \€$$

Die maximale Rendite ergibt sich, wenn man die maximale Auszahlung ins Verhältnis zum Kaufkurs setzt.

$$\frac{5500}{4050} - 1 = 35{,}8\%$$

Um die gleiche Rendite durch Direktinvestition zu erreichen, müsste die Kurssteigerung des DAX ebenfalls 35,8 % betragen:

$$35,8\% = \frac{\text{Index}}{4400} - 1 = 5.972,20$$

Bei einem Stand von 5972,20 Punkten wird durch ein Direktengagement die gleiche Rendite erzielt wie mit dem Discountzertifikat.

Literatur
Beike, R. (1999): Indexzertifikate, Stuttgart.
Kommer, G. (2000): Indexfonds und -zertifikate für Einsteiger, Frankfurt/New York.

24 Alternative Investments: Hedgefonds*

> **LERNZIELE**
> - Sie können die Rolle von Alternative Investments im Diversifikationsprozess darstellen.
> - Sie können den Hedgegedanken von Hedgefonds erläutern.
> - Sie können die Unterschiede der verschiedenen Investmentstile bei Hedgefonds erklären.

24.1 Einführung

Im Rahmen des Assetallocation-Prozesses wird üblicherweise auf die traditionellen Assetklassen – Aktien, Renten und Geldmarktprodukte – abgestellt.
- Da der Diversifikationseffekt in einem Portfolio umso größer ist, je geringer sich die Korrelation zu den anderen Assetklassen darstellt, hat sich das Augenmerk aber auch solchen Assetklassen und Anlagestrategien zugewandt, mit denen sich eine besonders *niedrige Korrelation* zu Aktien, Renten und Geldmarktprodukten erreichen lässt.
- Und, angesichts der in vieler Hinsicht »ausgereizten« Märkte, an denen es schwer ist, Überrenditen zu erzielen, hat sich das Augenmerk auch auf Assets und Strategien in *illiquiden und intransparenten Märkten* gerichtet, die im klassischen Portfoliomanagement eher gemieden werden.

Derartige Assets und Strategien verzeichneten großes Interesse. Es hat sich die Praxis eingebürgert, sie mit dem Oberbegriff »Alternative Investments« zu bezeichnen. Unter diesen Anlagen ragen die Hedgefonds heraus. Sie vor allem sind Gegenstand des folgenden Kapitels.

24.2 Definition

Begriffsabgrenzung
Unter dem Begriff »nicht-traditionelle Assets« oder »Alternative Investments« werden all diejenigen Anlagen subsummiert, die
- über eine geringe *Liquidität,*
- eine begrenzte *Informationstransparenz* und
- über eine geringe *Ertragskorrelation* zu den übrigen Assetklassen verfügen.

---

* Autor: Claus Hilpold

Die unter diesen Begriff Alternative Investments fallenden Assetklassen sind nicht beschränkt und auch nicht abschließend definiert. In der Praxis werden üblicherweise
- Hedgefonds,
- Private Equity und
- Venture Capital

darin zusammengefasst, wobei die Abgrenzung zwischen den beiden letzten Assetklassen nicht immer eindeutig und durchaus umstritten ist (siehe Kapitel Private Equity).

Hinweis: Niedrige Ertragskorrelation ist nicht per se vorteilhaft. Zwischen der niedrigen Ertragskorrelation zu anderen Assets, der niedrigen Liquidität und Markttransparenz gibt es Beziehungen. Bei niedriger Liquidität, die durch die geringe Markttransparenz verursacht sein kann, kommt es zu einem anderem Verhalten der Marktteilnehmer als an liquideren Märkte. Dadurch unterscheiden sich die Preisreaktionen und die Korrelation sinkt. Eine derart verursachte niedrige Korrelation ist natürlich kein positiver Investitionsanreiz.

Die Rolle von Investmentbanken

Investmentbanken treten in mehreren Funktionen am Markt für Alternative Investments auf.
- *Origination.* Sie legen Fonds auf und emittieren sie an Investoren.
- *Management.* Sie übernehmen das Management – ggf. über Tochtergesellschaften – von Fonds, deren Investoren Dritte sind.
- *Eigenanlagen in hauseigene Produkte.* Sie investieren eigenes Kapital in Fonds mit Alternative Investments, die sie selbst aufgelegt haben.
- *Eigenanlage in Fremdprodukte.* Sie investieren in Fonds, die andere Investmentbanken aufgelegt haben.

Obwohl klassische Investmentbanken von ihrer Grundausrichtung her eher die ersten beiden Punkte als Geschäft betreiben, ist die Eigenanlage durchaus bedeutsam.
- *Signalwirkung.* Bei der Eigenanlage in eigene Produkte ist die positive Signalwirkung für Investoren wichtig, die dadurch entsteht, dass sich die emittierende Bank bei derartig wenig transparenten Anlageformen selbst beteiligt.
- *Wertschöpfung.* Bei der Eigenanlage in Fremdprodukten ist primäres Ziel die Ertragsgenerierung durch einen späteren Exit zu einem vorteilhaften Preis in Form einer Veräußerung der Beteiligungen, durch einen IPO oder andere ähnlich motivierte Transaktionen.
- *Deal-Flow-Verbesserung.* Der besondere Reiz der Eigenanlage in Private Equity bzw. Venture Capital liegt für eine Investmentbank darin, dass hierbei der Deal-Flow anderer Geschäftsbereiche, z.B. M&A-Mandate oder High-Yield-Anleihen gefördert werden kann.

In dieser Interdependenz verschiedener Geschäftsbereiche dokumentiert sich augenfällig die zunehmende Abkehr vom reinen Transaction-Banking der klassischen Investmentbank hin zu einer Relationship – orientierten Arbeitsweise der modernen Investmentbanken.

24.3 Hedgefonds

24.3.1 Geschichte

Die Auflage des ersten Hedgefonds im Jahre 1949 wird Alfred Winslow Jones zugeschrieben. Jones setzte neben dem traditionellen Kaufen und Verkaufen von Wertpapieren sowohl Leerverkauf (Short Selling) von Wertpapieren als auch Kreditaufnahme (Leverage) in Portfolios ein. Damit wandte er erstmalig die noch heute so definierten Grundregeln von Hedgefonds an.

Durch den Kauf unterbewerteter Wertpapiere und das Short Selling überbewerteter Wertpapiere profitierte er von deren Fehlbewertungen wobei er zugleich Risiken aus der allgemeinen Marktentwicklung neutralisierte. Daneben etablierte er eine performance-orientierte Vergütungsstruktur mit einer Gewinnbeteiligung und tätigte beachtliche eigene Investments in den Fonds. All dies sind Charakteristika, die auch heute noch typisch für Hedgefonds sind.

Das Fondsmodell von Jones wurde in der Folgezeit zwar vereinzelt kopiert, die Zahl der Hedgefonds stieg aber erst Mitte der 60er-Jahre beachtlich an. Die schlechte Performance vieler dieser Hedgefonds in den folgenden Abschwungphasen 1969 und 1973/74 belegte, dass es viele Manager noch an der Disziplin bei der Umsetzung (Neutralisierung der Marktbewegung) fehlen ließen und die Long-Seite der Anlagen überwog.

In den 80er-Jahren kamen Hedgefonds aufgrund ihrer spektakulären Outperformance der gängigen Indizes durch Namen wie George Soros und Julian Robertson (»Tiger Funds«) in den Blickpunkt der Öffentlichkeit. Allerdings ist hier zu berücksichtigen, dass diese Hedgefonds Marktwetten eingingen und die Ursprungsidee der Marktneutralität in ihr Gegenteil verkehrten, und die Spekulation auf signifikante Marktbewegungen ohne entsprechenden Hedge in den Vordergrund rückte. Dennoch und aufgrund ihrer Outperformance wurden diese Fonds nunmehr zum Inbegriff von Hedgefonds in der Öffentlichkeit. Im Zuge des folgenden explosionsartigen Wachstums stieg auch die Anzahl der von Hedgefonds verfolgten Ideen (Investmentkonzepte) an. Mittlerweile ist ein vollständiger Überblick über die Vielzahl an Varianten und deren Vergleichbarkeit kaum noch möglich.

24.3.2 Charakteristika von Hedgefonds

Rechtsform und Organe
Hedgefonds – amerikanischen Rechts – sind i.d.R. Investmentvehikel in der Rechtsform einer Partnership, an der sich Aktionäre oder Partner mit beschränkter Haftung (Limited Partners) beteiligen können. Die Anlageentscheidungen werden nicht durch die Gesellschaft selbst, sondern durch einen externen Investment-Advisor getroffen und ausgeführt, der durch den Board of Directors der Partnership ausgesucht und bestellt wird.

Steuern

Hedgefonds werden in den USA durchweg als Limited Partnerships, also als Personengesellschaft mit Risikobegrenzung, gegründet, um diese selbst steuerfrei zu stellen und die Besteuerung auf die Ebene der Beteiligten zu verlagern (sog. Pass-Through-Entities). Hedgefonds in typischen Offshore-Zentren (z.B. Bermuda, Cayman Islands, Channel Islands, Dublin) werden ebenfalls als steuerbefreite Unternehmen oder auch als Partnerships (Personengesellschaft) gegründet.

Marktaufsicht

Aufgrund ihrer rechtlichen Struktur und der typischerweise begrenzten Zahl der Beteiligten sind Hedgefonds – in den USA – von der Registrierung und Kontrolle durch die Finanzmarktaufsicht ausgenommen; damit sind sie in ihrer Anlagepolitik praktisch frei. Trotzdem sind in den USA domizilierte Hedgefonds oftmals nach dem Investment Advisors Act von 1940, einige auch bei der Commodity-Futures-Trading-Corporation registriert.

Geschlossene und offene Fonds

Obgleich es Beispiele für geschlossene Hedgefonds gibt, sind Hedgefonds gewöhnlich als offene Fonds konzipiert, die regelmäßig neue Anteile ausgeben. Die Rückgabemöglichkeiten werden dagegen nach den Statuten der Fonds stärker limitiert, da die Anlagen in den Hedgefonds weniger liquide sind als klassische Wertpapieranlagen.

Rückgaben sind möglich auf monatlicher Basis, bei manchen Hedgefonds auch nur quartalsweise und gerade in den zurückliegenden Monaten ist ein Trend festzustellen, der die Rückgabemöglichkeiten von Fondsanteilen weiter einschränkt. Entweder wird die Rückgabemöglichkeit generell eingeschränkt oder sogenannte Lock-up-Perioden von 1, 2 oder 3 Jahren definiert, nach denen erst gekündigt werden kann (Hard-Lock-up) oder innerhalb der nur gegen eine Strafgebühr (Redemption Fee/Penalty Fee) gekündigt werden kann (Soft-Lock-up). Die Portfoliobewertung eines Hedgefonds wird i.d.R. auch nicht täglich kommuniziert. Offizielle, d.h. von einem Administrator bewertete finale Nettoinventarberechnungen erfolgen zumeist nur einmal pro Monat – zum Monatsultimo. Die meisten Hedgefonds (ca. 85%) kommunizieren darüber hinaus einmal wöchentlich den Nettoinventarwert des Portfolios. Dieser indikative Wert wird als sogenannte Schätzung veröffentlicht, um den Investoren ein etwas zeitnaheres Bild ihres Investments zu geben.

Gebühren

Bei den Gebühren haben sich drei Komponenten entwickelt:
- *Management-Fee.* Sie beträgt zwischen 1 und 2,5% p.a. vom Marktwert des investierten Kapitals und hängt von der Investment-Strategie und dem Management- und Researchaufwand des Investment-Advisors ab.
- *Performance-Fee.* Der Hauptanreiz für einen Hedgefonds-Manager liegt in der prozentualen Beteiligung an den Gewinnen des Fonds (Performance-Fee). Dies bindet den Manager – anders als bei traditionellen Fondsmanagern – stärker an die Performance des Fonds. Dies kann allerdings auch zu risikoreicheren Trans-

aktionen führen. Typischerweise erhält der Manager 20 bis 25 % der Gewinne. Hierbei finden häufig das »*High-Watermark-Prinzip*« und die »*Hurdle Rate*« Anwendung. High Watermark bedeutet, dass der Fondsmanager nur bei Netto*neu*gewinnen, also bei Erreichen neuer Allzeithochs, eine Vergütung erhält. Die Hurdle Rate hingegen bedeutet, dass eine Performance Fee nur nach Überschreiten einer gewissen Mindestperformance anfällt. Zum gegenwärtigen Zeitpunkt hat ein Großteil (>75 %) der Single-Hedgefonds ein Gebührenmodell von 2 % Management Fee, 20 % Performance Fee nach High Watermark und keine Hurdle Rate.
- *Redemption-Fee*. Schließlich ist es nicht unüblich, auch eine Gebühr bei Rückgabe von Fondsanteilen zu verlangen. Diese verringert sich mit zunehmender Dauer der Investments und kann schließlich ganz entfallen. Ziel ist es hierbei, dem Langfristcharakter der Investments Rechnung zu tragen und die Anleger vom häufigen Wechsel der Fonds abzuhalten.

24.3.3 Quellen von Überrenditen: Added-Value

Die rund 9000 heute angebotenen Hedgefonds verfolgen wie die klassischen Wertpapierfonds eine breite Palette unterschiedlicher Investment-Strategien. Allein aus dem Terminus Hedgefonds kann man noch nicht schließen, was genau der Fonds eigentlich macht. Gemeinsam ist den meisten Fonds, dass sie versuchen, einen Added-Value durch *aktives Management* zu erzielen.

Grundsätzlich lassen sich die Renditen auf folgende vier Komponenten zurückführen:
- *Traditionelles Beta*: darunter wird das Eingehen von systematischen Marktrisiken verstanden.
- *Alternatives Beta*: hierunter wird das Eingehen von weiteren Risiken verstanden, so wie sie nicht direkt über einen Index oder Future zu erwerben sind, wie z. B. Liquiditätsrisiken, Volatilitätsrisiken, Kreditausfallrisiken, etc.
- *Strukturelles Alpha*: dies ist eine marktunabhängige Ertragskomponente, die durch strukturelle Ineffizienzen, Informationsineffizienzen oder regulatorische Beschränkungen entstehen kann.
- *Manager Alpha*: marktunabhängige Ertragskomponente, die durch überlegene Investitionsauswahl des Managers, überlegene Modelle oder überlegenes Markttiming erzeugt werden kann.

Erläuterung
Die genannten Begriffe Traditionelles Beta, Alternatives Beta, Strukturelles Alpha und Manager Alpha lassen sich anhand des Marktmodells von Sharpe und Fama erläutern. Das Marktmodell versucht, die Rendite eines Wertpapiers r_i aus nur drei Faktoren heraus zu erklären:
- einer wertpapierspezifischen Konstante α_i,
- der Gesamtmarktrendite r_m und

- einem Faktor, der den Zusammenhang zwischen Wertpapierrendite und Gesamtmarkt beschreibt β_{im}:

$$r_i = \alpha_i + \beta_{im} r_m \quad (1)$$

Die Koeffizienten in Gleichung (1) werden mit Hilfe eines Regressionsmodells aus historischen Daten empirisch bestimmt, wobei man dann (meist) noch einem wertpapierspezifischen Restterm ϵ_i hinzufügen muss, weil sich die historische Rendite von Wertpapieren entgegen dem Marktmodell doch nicht nur auf die drei Faktoren (zumindest nicht, wenn man annimmt, α_i sei eine über die Zeit stabile Größe) zurückführen lässt. Dies sei hier aber außer Acht gelassen. Interpretiert man das Marktmodell (1) als Prognosemodell, dann schreibt man:

$$r_i = \alpha_i + \beta_{im} R_m \quad (1a)$$

Gleichung (1a) besagt, dass die prognostizierte Rendite nur aus zwei Komponenten stammt: einer vorhergesehenen marktunabhängigen Renditekomponente α_i und einer unerwarteten Renditekomponente $\beta_{im} R_m$ verursacht durch unerwartete Änderungen der Marktrendite (bei als bekannt und konstant angenommenem β_{im}).

Das CAPM kann als eine besondere Form des Marktmodells interpretiert werden. Im CAPM hat Gleichung (1a) die folgende Ausprägung:

$$r_i = r_f + (r_m - r_f)\beta_{im} + \beta_{im} R_m \quad (2)$$

Gemäß Gleichung (2) setzt sich die Rendite eines Wertpapiers i zusammen aus dem sicheren Zins r_f und einer Prämie $(r_m - r_f)\beta_{im}$ für das übernommene Risiko [dies beides entspricht dem Faktor α_i aus Gleichung (1a)] sowie der marktabhängigen Risikokomponente $\beta_{im} R_m$, wobei die unerwartete Entwicklung der Marktrendite (dargestellt als R_m) das eigentliche Risiko darstellt, während $(r_m - r_f)\beta_{im}$ die Prämie ist, die man für die Übernahme des Marktrisikos verdient.

Nun kehren wir zur Gleichung (1a) zurück und erweitern sie zu einem Mehrfaktorenmodell. Dieses hat folgende Ausprägung:

$$r_i = \alpha_i + \beta_{i1} R_1 + \beta_{i1} R_2 + \beta_{i1} R_3 + \ldots + \beta_{in} R_n \quad (3)$$

In (3) wird die Rendite des Wertpapiers *i* nicht nur von einem einzigen Risikofaktor sondern von mehreren abhängig gemacht.

Im vierten Schritt spalten wir den Faktor α_i in mehrere Komponenten: Faktor α_M für das sogenannte *Manager Alpha*, einen Faktor α_S für das sogenannte *Strukturelle Alpha* und einen Faktor $\alpha_{R(1\ldots n)}$ als Faktor, der die Prämien für die übernommenen Risiken enthält:

$$r_i = \alpha_M + \alpha_S + \alpha_{R1\ldots Rn} + \beta_{i1} R_1 + \beta_{i1} R_2 + \beta_{i1} R_3 + \ldots + \beta_{in} R_n \quad (4)$$

Nun können wir mit diesen Gleichungen die oben genannten Begriffe erklären.
- *Traditionelles Beta*: Im Marktmodell (1a) stellt die Entwicklung des Gesamtmarktes das einzige Risiko dar. Der Betafaktor beschreibt die Stärke, mit der eine Geldanlage dem Marktrisiko ausgesetzt ist. Man spricht deshalb auch vom »Beta-Risiko« – ist das gesamte Anlagekapital in den Markt investiert, beträgt

das Beta 1. Konkret äußert sich das Risiko so, dass die ex-post-Rendite nicht der ex ante prognostizierten entspricht. Das Beta-Risiko aus (1a), das sich auf den Gesamtmarkt bezieht, wird als »Traditionelles Beta« bezeichnet.

- *Alternatives Beta*: Hat man in den Gesamtmarkt investiert, z.B. indem man ein Zertifikat auf den DAX oder einen Future auf den DAX gekauft hat, dann stellt man fest, dass das Risiko dieses Zertifikats oder dieses Futures (gemessen z.B. anhand der Preisvolatilität) möglicherweise nicht genau mit dem Risiko des DAX übereinstimmt. Dies kann viele Ursachen haben (Liquiditätsrisiko, Emittentenrisiko von Zertifikaten, Basisrisiko von Futures etc.). Man bezeichnet derartige zusätzliche Risiken als »Alternatives Beta«. Unter Einbeziehung solcher Risikofaktoren könnte die Gesamtrendite von Investments dann so aussehen, wie in Gleichung (4) beschrieben. Man kann sich vorstellen, dass Risikofaktor 1 das traditionelle Marktrisiko darstellt und die weiteren Risikofaktoren die zusätzlichen »alternativen« Risiken repräsentieren.
- *Risikoprämien*: Der Faktor $\alpha_{R1...Rn}$ in Gleichung (4) spiegelt die Risikoprämien wieder, die dadurch erzielt werden, dass der Vermögensverwalter die Risiken R_1 bis R_n übernimmt. Da Risiken üblicherweise abgegolten werden, vereinnahmt er umso mehr Risikoprämien, je mehr Risiken er eingeht. Im CAPM lautet die Prämie für das übernommene Marktrisiko $(r_m - r_f)\beta_{im}$. Der Investor möchte für Renditekomponenten, die nichts weiter als Risikoprämien darstellen, keine Performance-Fees bezahlen, da er derartige Prämien auch durch passives Investment in die entsprechenden Risiken selbst erzielen könnte.
- *Strukturelles Alpha*: Versucht ein Vermögensmanager, eine Überrendite zu erzielen, dann ist das in einzelnen Fällen recht leicht möglich, weil Märkte nicht vollkommen effizient sind. Z.B. gibt es Markteineffizienzen, die allgemein bekannt sind (z.B. Marktsegmentierungen aus steuerlichen oder anderen Gründen etc.). Der Anleger möchte für Renditen aus derartigen bekannten Ineffizienzen keine Performance-Fee bezahlen und schließt diese deshalb wenn möglich aus. Umgekehrt suchen Vermögensverwalter ständig nach solchen »sicheren« Markteineffizienzen, um möglichst einfach Überrenditen zu generieren. Im CAPM ist der Faktor r_f eine strukturelle Renditekomponente, für die der Investor keine Performance-Fee bezahlen möchte.
- *Manager Alpha*: Das Manager Alpha ist die um strukturelle Renditekomponenten und um Risikoprämien bereinigte Rendite. Es ist die »eigentliche« Überrendite. Es ist diejenige Renditekomponente, in der sich das Können des Vermögensverwalters, mithin die »wahre« Managerleistung zeigt, die es rechtfertigt, performanceabhängige Gebühren zu erheben.

24.3.4 Investment-Strategien und -Stile von Hedgefonds

Angesichts der Vielzahl der im Markt befindlichen Hedgefonds soll versucht werden, diese nach ihren Strategien zu systematisieren. Eine Systematisierung kann nach folgenden zwei Kriterien vorgenommen werden:

- zugrunde liegende Finanzinstrumente (festverzinsliche Wertpapiere, Aktien und Rohstoffe) und
- Strategien (Relativ Value oder Direktional).

Relativ-Value-Strategien erwirtschaften eine Rendite losgelöst von der Marktrichtung. Direktionale Strategien weisen eine Abhängigkeit von steigenden oder fallenden Märkten auf. Auf diese Weise lassen sich derzeit sieben Investmentstile und ca. 30 Strategien systematisieren.

- Relative Value Fixed Income,
- Relative Value Equities,
- Relative Value Commodities,
- Directional Fixed Income,
- Directional Equities,
- Directional Commodities sowie
- Directional Multi-Asset Class.

	Fixed Income	Equities	Commodities
Relative Value	**Relative Value Fixed Income Strategies:** 1. Fixed Income Arbitrage 2. MBS Arbitrage 3. Asset Based Lending	**Relative Value Equity Strategies:** 8. Multi-Strategy Relative Value 9. Event Driven Equity 10. Convertible Arbitrage 11. Options Arbitrage 12. Statistical Arbitrage 13. Market Neutral Equity	**Relative Value Commodities Strategies:** 21. Relative Value Energy
Directional	**Directional Fixed Income Strategies:** 4. Directional Sovereign 5. Long/Short Credit 6. Distressed Securities 7. Emerging Markets Debt	**Directional Equity Strategies:** 14. Long/Short Global Equities 15. Long/Short US Equities 16. Long/Short European Equities 17. Long/Short Japanese Equities 18. Long/Short EM Equities 19. Long/Short Sectors 20. Short Biased Equities	**Directional Commodities Strategies:** 22. Metals & Agriculturals 23. Energy Trading 24. Power Trading 25. Weather & Emissions
	Directional Multi-Asset Class Strategies: 26. LT Trend Following CTAs 27. ST Systematic Trading CTAs 28. Currency Trading 29. Global Macro 30. Insurance-Linked		

Abb. 24.1: Stile und Strategien von Hedgefonds

Ende 2005 entfielen etwa 34 % der verwalteten Vermögen von Hedgefonds von insgesamt 1,1 Billionen US-Dollar auf die Kategorie der Long/Short-Equity-Manager. Diese Kategorie war damit die bedeutendste. Im Jahr 1990 war die Strategie Global

Macro noch mit einem Anteil von rund 71 % dominierend. Dies zeigt, wie sich die Verhaltensweisen der Fonds aufgefächert haben (Quelle: HFR Reports, www.hedgefundresearch.com).

Relative Value Fixed Income

1. Fixed Income Arbitrage
Mit dieser Strategie wird versucht, Ineffizienzen bei der Preisfestsetzung zwischen verschiedenen Rentenpapieren und/oder Rentenpapieren und ihren Derivaten auszunutzen, während gleichzeitig das Zinsänderungsrisiko neutralisiert wird, um das Risiko von Veränderungen in der Renditestrukturkurve zu beseitigen oder zu verringern. Die Grunddisziplinen dieser Strategie beinhalten die Renditestrukturkurvenarbitrage, Zinsvolatilitäts-Arbitrage, Spread-Arbitrage zwischen Kommunalobligationen und Staatspapieren sowie Spread-Arbitrage zwischen Kassa- und Terminkontrakten.

2. Mortgage Backed Securities Arbitrage
Mortgage Backed Securities sind Wertpapiere, die von Zweckgesellschaften emittiert werden. Zugrunde liegen überwiegend in den USA gehandelte Hypothekarkredite, die von Kreditgebern gepoolt und in Form verschiedenster Instrumente an Investoren weiterverkauft werden. Dabei wird von Liquiditätsabschlägen und Bewertungsungenauigkeiten, die sich aus der Komplexität der Instrumente ergeben, profitiert.

3. Asset Based Lending
Eine Strategie, bei welcher in Anlehnung an das traditionelle Bankenkreditgeschäft Kredite gegen Besicherung mit Aktiva vergeben werden. Im Unterschied zum normalen Bankkreditgeschäft unterliegen Hedgefonds nicht der strengen Bankenregulierung und können hieraus Vorteile erzielen (z. B. geringere Eigenkapitalunterlegung, was eine stärkere Ausnutzung des Leverage-Effektes ermöglicht). Ferner nehmen Hedgefonds oftmals noch Optionsscheine auf das Unternehmen als zusätzliche Besicherung mit ins Buch (als Short-Position), was die Bankenkreditvergabe generell nicht vorsieht.

Directional Fixed Income

4. Directional Sovereign
Eine direktionale Anlagestrategie, bei der nur kurzfristige Käufe oder Leerverkäufe in Staatsanleihen getätigt werden, um von antizipierten Veränderungen in der Zinsstrukturkurve zu profitieren. Staatsanleihen werden gewählt, weil die Märkte liquide sind und keine Ausfallrisiken beachtet werden müssen.

5. Long Short Credit
Ein Long/Short-Credit-Hedgefonds geht Positionen in Finanzinstrumenten ein, um von einer Ausweitung oder einer Reduktion der Ausfallrisikoprämie (Kreditspread) zu profitieren, die Unternehmensanleihen gegenüber Staatsanleihen aufweisen. Dies kann beispielsweise durch eine Longposition in einer Unternehmens-

anleihe bei gleichzeitiger Absicherung des Zinsänderungsrisikos durch eine Shortposition in Staatsanleihen geschehen, um somit von einer Reduktion der Risikoprämie zu profitieren, ohne einer Veränderung des allgemeinen Zinsniveaus ausgesetzt zu sein.

6. Distressed Securities
Bei dieser Strategie werden Anlagen – und gegebenenfalls Leerverkäufe – in Wertpapieren von solchen Unternehmen getätigt, die sich in einer finanziellen Notlage befinden oder bei denen eine solche zu erwarten ist. Hierzu zählen Reorganisationen, Insolvenzen, Zwangsverkäufe und andere Unternehmensumstrukturierungen. Es kommen Anlagen in Bankverbindlichkeiten, Unternehmensanleihen, Handelsforderungen, Stammaktien, Vorzugsaktien, Optionsscheinen und sonstigen Passiva der betroffenen Unternehmen in Frage.

7. Emerging Markets Debt
Eine direktionale Anlagestrategie, bei der mit Käufen und/oder Leerverkäufen in Märkten von Schwellenländern (Emerging Markets) bei Unternehmensanleihen, Staatsanleihen und sonstigen verbrieften Verbindlichkeiten Opportunitäten ausgenutzt werden.

Relative Value Equity
8. Multi Strategy Relative Value
Bei einem Multi Strategy Relative Value Hedgefonds handelt es sich um einen Fonds, welcher opportunistisch (d.h. je nach vermuteter größter Attraktivität) in nachfolgende drei Substrategien investieren darf, um von sich ändernden Markttrends flexibel zu profitieren.

9. Event Driven Equity
Bei dieser Strategie werden Investitionen in Finanzinstrumente getätigt, die von Unternehmen ausgegeben werden, welche von besonderen Unternehmensereignissen betroffen sind (Fusion, Übernahme, Leveraged-buy-out). So erzielt beispielsweise die Strategie der Fusionsarbitrage Ergebnisse durch den Kauf von Aktien eines zu übernehmenden Unternehmens und in einigen Fällen durch den Leerverkauf von Aktien des übernehmenden Unternehmens. Hedgefonds-Manager, die diese Strategie verfolgen, können Aktienoptionen als Alternative zum direkten Kauf oder Verkauf von Aktien einsetzen. Die meisten Fusionsarbitrage-Fonds sichern sich durch den Kauf von Index-Verkaufsoptionen gegen das Marktrisiko ab.

10. Convertible Arbitrage
Bei dieser Strategie wird versucht, relative Preisineffizienzen zwischen der Wandelanleihe und der Aktie eines Emittenten auszunutzen. Der Wert der einer Wandelanleihe innewohnenden Option wird mit dem Leerverkauf der Aktie, in welche gewandelt werden kann (oder einer entsprechenden Optionsposition auf die Aktie), isoliert. Dies kann den Hegdefonds-Managern ermöglichen, günstige Aktienoptionen zu kreieren.

11. Options Arbitrage
Eine Relative Value Strategie, die sich auf Ineffizienzen von Aktien oder Optionen auf Aktien konzentriert oder von antizipierten Veränderungen in der Volatilität profitiert.

12. Statistical Arbitrage
Hierbei handelt es sich um eine Relative-Value-Strategie, bei der quantitative Modelle mit Zeitreihenanalysen benutzt werden, um sich wiederholende Szenarien und Preisverhaltensmuster zu identifizieren. In letzter Zeit haben sich die Fonds auf ganz kurzfristige Muster in Preisverläufen konzentriert. Derartige Strategien erfordern eine hohe Handelsfrequenz und stark diversifizierte Portfolios. Nicht selten besteht ein derartiges Portfolio aus mehr als 1.000 Akienpositionen, wobei das Portfolio oftmals mehr als 8x pro Jahr komplett umgeschlagen wird.

13. Market Neutral Equity
Bei dieser Strategie wird versucht, Ineffizienzen bei der Preisfestsetzung zwischen Aktienwerten auszunutzen, die in einem fundamentalen Zusammenhang stehen. Durch eine Kombination von Long- und Shortpositionen wird versucht, das Marktrisiko weitestgehend auszuschalten. Ein Beispiel für diese Strategie ist der Aufbau eines Portfolios aus Longpositionen in Aktien von Unternehmen mehrerer Branchen, welche unterbewertet erscheinen, und der gleichzeitige Leerverkauf von Aktien mehrerer Branchen, die für überbewertet gehalten werden. Der entscheidende Aspekt bei dieser Strategie ist eine neutrale Marktposition. Das Gesamtportfolio soll von Bewegungen des gesamten Aktienmarktes oder bestimmter Branchen (je nach Strategie) nicht beeinflusst werden.

Directional Equity
14. Long/Short Global Equities
Sowohl hinsichtlich der Anzahl der Hedgefonds-Manager als auch hinsichtlich der Höhe des Vermögens, das nach einer bestimmten Strategie verwaltet wird, ist die Long/Short-Equity-Strategie die bedeutendste Strategie im Hedgefonds-Universum. Die Investments bestehen aus einem Kernportfolio von aussichtsreichen Aktien, welches teilweise durch Leerverkäufe von Aktien und/oder Aktienindexoptionen abgesichert ist. Konservative Fonds verringern das Marktrisiko dadurch, dass sie das Marktengagement zwischen 0 % und 100 % des verwalteten Vermögens halten. Aggressive Fonds verwenden Fremdkapital zur Steigerung der Erträge und erhöhen das Marktrisiko dadurch, dass ihr Engagement 100 % des verwalteten Vermögens übersteigt oder sie in einigen Fällen auch eine Netto-Shortposition halten.

Eine typische Long/Short-Strategie lautet z. B. Small Caps long und Large Caps short. Damit kann die Mehrrendite von Small Caps gegenüber Large Caps bei reduziertem Aktiengesamtmarktexposure verdient werden. Derartig einfache Strategien lassen sich allerdings mit automatischen Handelssystemen nachbilden (s. u.), was dazu führt, dass sie von Hedgefonds zunehmend weniger verwendet werden.

15. bis 19. Diverse Long/Short-Strategien
Häufig wird die unter Nummer 14 genannte Strategie nicht für den globalen Markt durchgeführt, sondern auf Teilmärkte regionaler Art oder auf einzelne Branchen beschränkt. Dies erspart Analyseaufwand und kann auch die Handelskosten senken.

20. Short Biased Equities
Die Strategiebeschreibung entspricht derjenigen der Long/Short Global Equities, zeichnet sich jedoch dadurch aus, dass die Shortpositionen die Longpositionen deutlich überwiegen, d. h. der Fonds insgesamt über eine Netto-Shortposition am Markt verfügt und bei fallenden Aktienmärkten generell profitieren sollte.

Relative Value Commodities
21. Relative Value Energy
Relative-Value-Transaktionen (Futures, Optionen, Swaps, etc.) an verschiedenen internationalen Rohstoffbörsen in gehandelten Energierohstoffterminkontrakten wie beispielsweise Öl, Gas oder Benzin. Eine mögliche Handelsposition ist der sogenannte Crack-Spread, der die aus dem Raffinerieprozess hergeleitete fundamentale Preisbeziehung zwischen Rohöl und den Raffinerieprodukten Heizöl und Benzin zum Gegenstand hat.

Directional Commodities
22. bis 25. Metals & Agriculturals (22.), Energy Trading (23.), Power Trading (24.), Wheather & Emissions (25.)
Strategien, bei denen versucht wird, von Preisbewegungen physischer Rohstoffe oder darauf bezogener Finanzterminkontrakte wie Futures und Optionen in den Bereichen Metalle, landwirtschaftliche Güter, Energie, Strom, Finanzinstrumente auf Wetterereignisse oder Emissionsausstoß ($CO2$) auf Basis fundamentaler oder statistischer Erkenntnisse zu profitieren.

Directional Multi-Asset Class
26. LT (Long Term) Trend-Following CTAs
Grundlage dieser Strategie sind quantitative Analysen mit verschiedenen technischen Indikatoren. Auf deren Grundlage werden Computermodelle erarbeitet, die dann die Kauf- und Verkaufsentscheidungen treffen. Ein typisches Beispiel sind Trendfolgesysteme. Der Handel verläuft in diesen Fällen nahezu vollständig computergesteuert, d. h. die Entscheidung über den Abschluss eines Geschäfts erfolgt ohne menschlichen Einfluss.

27. ST (Short Term) Systematic Trading CTAs
Im Unterschied zur Strategie Nr. 26 ist die Strategie Nr. 27 auf kurzfristige Trenderkennung ausgerichtet und zeichnet sich dadurch auch durch eine höhere Handelsfrequenz aus. Bei sehr kurzfristigen Strategien kann die Entfernung zur Börse, welche die Order ausführen soll, eine begrenzende Rolle spielen: Da Orders nicht unendlich schnell bei einer Börse ankommen, spielt der Standort des Computers,

der die Order abgibt, eine Rolle. »Schnell« kommen Orders nur dann an, wenn der Computer in unmittelbarer Nähe der Börse steht. Handelsteilnehmer, die weiter ab domizilieren, haben deshalb Handelsnachteile.

28. Currency Trading
Eine Strategie, welche zum Ziel hat, an den weltweiten Devisenmärkten von Preisbewegungen zwischen unterschiedlichen Devisenkursrelationen zu profitieren.

29. Global Macro
Zu globalen Makrostrategien zählen Investitionen in Bezug auf erwartete Kursbewegungen von Aktienmärkten, Zinssätzen, Devisen und physischen Waren, welche oftmals durch den zusätzlichen Einsatz von Fremdkapital gehebelt sind, also überproportionale Gewinnchancen bzw. Verlustrisiken bergen. Makromanager verwenden einen globalen »Top-Down«-Ansatz und legen unter Einsatz einer Vielzahl von Finanzinstrumenten an allen Märkten weltweit an, um an erwarteten Marktbewegungen zu partizipieren. Diese Bewegungen können aus erwarteten Bewegungen der Weltwirtschaft, politischen Veränderungen oder dem weltweiten Angebot an und der entsprechenden Nachfrage nach physischen und finanziellen Ressourcen entstehen. Häufig werden an Börsen und im Freiverkehr gehandelte Derivate eingesetzt, um eine entsprechende Kurspartizipation zu verstärken.

30. Insurance-Linked
Eine Strategie, welche ihre Chancen in den unterschiedlichsten Versicherungsrisiken sucht. Investitionsobjekte sind sogenannte Cat-Bonds, d. h. Katastrophenanleihen, deren Nominalrückzahlung von vordefinierten Naturkatastrophen bestimmt wird, genauso wie der Ankauf und Handel mit Lebensversicherung oder Policen für Eigentum.

24.3.5 Organisationsprinzipien von Hedgefonds

Verschwiegenheit
Losgrößentransformation ist eine wichtige Aufgabe der Finanzmärkte. Hedgefonds selber sind aber wenig geeignet, Fondsanteile in kleinen Stückelungen zu emittieren. Dies hat mehrere Gründe:
- *Wissensvorsprünge.* Hedgefonds leben, wie die 30 Strategien zeigen, von Marktineffizienzen und ausgefeilten Ideen. Marktineffizienzen verschwinden schnell wieder, wenn sie bekannt werden. Hedgefonds arbeiten deshalb typischerweise derart, dass sie ihre Strategien nur grob umreißen und nicht breit publizieren. Sie wenden sich deshalb im Vertrieb der Fondsanteile nur an einen verhältnismäßig kleinen Kreis von Investoren, die individuell angesprochen werden und dafür eher größere Geldbeträge investieren (mehr als 70 % der Fonds erfordern mehr als 100.000 US-Dollar Mindestzeichnungssumme).
- *Illiquidität.* An wenig liquiden Märkten lassen sich nur geringe Beträge investieren, ohne die Preise »kaputt zu machen«, sodass Hedgefonds, die Ineffizienzen

an derartigen Märkten ausnutzen wollen, nur mit kleinen Beträgen operieren können und die Fondssumme deshalb von vornherein begrenzen: sie »schließen« den Fonds, wenn das anvisierte Kapitalvolumen gezeichnet wurde.
- *Strategiewechsel.* Strategien haben typischerweise keine lange Lebenszeit: bleiben Erfolge aus, ziehen Investoren das Kapital schnell wieder ab. Notwendig ist deshalb ein häufiger Strategiewechsel. Aus diesem Grund empfiehlt es sich für die Fondsmanager nicht, Fixkosten aufzubauen. Hedgefonds müssen so flexibel wie möglich arbeiten.

Trennung von strategischer Steuerung und Orderausführung und -abwicklung
Typischerweise haben Hegefonds nur eine kleine Mannschaft, welche den Fonds strategisch steuert. Die Abwicklung der Trades wird Dritten überlassen (Broker, Custodian). Zumeist verfügen Hedgefonds dazu über enge Kontakte zu einen Hauptbroker, der die Orders ausführt, den Fonds mit Kreditlinien für gehebelte Strategien ausstattet und ihm Wertpapiere leiht, falls Shortpositionen eingegangen werden sollen (*Primebroker*). Als derartige Primebroker sind vor allem Investmentbanken tätig. Als Resultat ihrer kleinen Mannschaft können sich Hedgefonds nicht um die Vermarktung ihrer Produkte bei der breiten Masse der Kapitalmarktanleger kümmern.

Dachhedgefonds übernehmen das Marketing
Über Dach-Hedgefonds (*Fund-of-Funds*) erhalten aber auch Investoren mit kleineren Anlagevolumina Zugang zu Hedgefonds-Produkten. Dach-Hedgefonds werden in verschiedensten Rechtsformen organisiert. Sie sind formal meist ähnlich strukturiert wie Hedgefonds selbst. Allerdings tätigen sie keine Investments in originäre Finanzinstrumente, sondern investieren nur in andere Hedgefonds. Auf diese Weise entlasten sich die eigentlichen Hedgefonds von der Losgrößentransformation, die von den Dach-Hedgefonds durchgeführt wird.

Dach-Hedgefonds haben sich mittlerweile zum wichtigsten Investor in Hedgefonds (man spricht von Single-Hedgefonds) entwickelt. Ca. 40 % des in Single-Hedgefonds investierten Kapitals wurde 2005 von Dach-Hedgefonds repräsentiert. Dach-Hedgefonds übernehmen folgende Funktionen:
- *Sales*
  - Vermarktung von Kapitalanlagemöglichkeiten in Hedgefonds bei Anlegern mit kleinen Kapitalbeträgen.
  - Erzielung von Rabatten bei Management- und Performanc-Fees aufgrund von größeren Losgrößen.
- *Analyse*
  - Analyse der Performance von Single-Hedgefonds und der Qualität der Hedgefondsmanager.
  - Zugang zu internen Geschäftsdaten der Single-Hedgefonds, die sonst nicht veröffentlicht werden, was die Analysequalität steigert.
- *Eigene Anlageentscheidungen*
  - Diversifizierung über Stile und Strategien hinweg.
  - Zugang zu bereits geschlossenen Hedgefonds aufgrund von Marktmacht.

Für ihre Leistungen verlangen Dach-Hedgefonds ähnliche Gebühren wie die Hedgefonds selbst, nämlich eine jährliche Management Fee sowie eine Performance Fee. Für Dach-Hedgefonds, die keine eigenen Anlageentscheidungen treffen (z. B. in der Zusammenstellung des Diversifizierungsmix oder dem Zugang zu besonders leistungsstarken Hedgefondsmanagern) ist diese Entlohnung ökonomisch nicht gerechtfertigt, denn ihre Leistung liegt in der Analyse und den Sales-Funktionen, die traditionell nicht mit Performance Fees entlohnt werden. Die Kostenpyramide ist deshalb bei Investitionen in Dach-Hedgefonds ein Problem.

PRAXISFALL

Auswahl von Single-Hedgefonds durch einen Dach-Hedgefonds

Schritt 1: Erstellung einer Beschreibung des gewünschten Mandats.

Schritt 2: Erstellung einer Liste von Hedgefonds, denen die Beschreibung zugeschickt werden soll (Long List).
Beispiel: 500 Hedgefonds.

Schritt 3: Vorauswahl der eingehenden Bewerbungen nach groben quantitativen Kriterien.
Beispiel: 100 Bewerbungen, übrig bleiben 10.

Schritt 4: Aufforderung der übrig gebliebenen zu einer ausführlichen Präsentation.
Beispiel: 10 Präsentationen, davon 5 überzeugend.

Schritt 5: Zusenden eines ausführlichen Fragebogens mit sehr detaillierten Fragen.
Beispiel: 4 Fragebögen kommen zurück, davon 2 überzeugend.

Schritt 6: Besuch der übrig gebliebenen Fonds, um alle relevanten Mitarbeiter persönlich zu sprechen und die verwendeten Systeme vor Ort genau kennen zu lernen.

Schritt 7: Entscheidung.

Synthetic Return Replication Platforms

Nachdem sich Anfang der 2000er Jahre herausgestellt hatte, dass Hedgefonds sehr zurückhaltend mit der Preisgabe von Informationen über ihre Strategien waren (Gründe s. o.), wurde versucht, indirekt auf die Strategien der Fonds zu schließen. Dies gelang teilweise. Die Grundidee ist folgende: Hedgefonds veröffentlichen zwar nicht ihre Strategien, aber Daten zu ihrer Performance. Aus einer Performancezeitreihe lassen sich mit Hilfe von Regressionsanalysen die Erfolgskomponenten ableiten, und daraus lässt sich auf die Strategie schließen. Die Performancezeitreihe »verrät« die Strategie der Fonds – zumindest grob.

BEISPIEL

Bei der Analyse von Performancezeitreihen von Long/Short-Equity-Fonds entdeckte man, dass diese mit den Renditen von Small Caps und Large Caps hoch korreliert waren. Schließlich fand man heraus, dass die einfache Strategie dieser Fonds lautete: Small Caps long und Large Caps short. Damit verdienten diese Fonds ihre Überrendite aus dem Renditevorsprung von Small Caps gegenüber Large Caps bei reduziertem Aktiengesamtmarktexposure.

Aus derartigen Erkenntnissen über die – z. T. simple – Vorgehensweise von Hedgefonds entwickelte sich dann ein ganz neue Idee: Wenn sich Strategien mit einfachen mathematischen Instrumenten per Computer beschreiben lassen, dann lassen sie sich auch per Computer am Markt umsetzen. Man füttert ein Handelssystem mit den Daten einer Strategie und lässt das System völlig automatisch entsprechend der Strategie Orders erstellen, an die jeweiligen Börsen leiten und ausführen. Merrill Lynch und Goldman Sachs haben Ende 2006 die ersten derartigen voll automatisierten Handelssysteme auf den Markt gebracht, die Hedgefonds-Strategien replizieren. Man spricht von »*Return Replication Platforms*«. Es werden Fonds eröffnet, an denen sich Investoren beteiligen können. Herz der Fonds sind automatisch arbeitende Return Replication Algorithmen. Der Vorteil für Investoren ist, dass diese Systeme mit einem Bruchteil der Kosten arbeiten, die »bemannte« Hedgefonds für ihre Leistungen verlangen.

Literatur
Bader, H. (1996): Private Equity als Anlagekategorie, Diss. St. Gallen.
Gerke, W. (2001): Venture Capital, in: Gerke, W./Steiner, M. (Hrsg.): Handwörterbuch des Bank- und Finanzwesens, 3. Aufl., Stuttgart.
Grünbichler, A./Graf, S./Gruber, A. (2001): Der Private Equity Markt in Europa, in: Grünbichler, A./Graf, S./Gruber, A.: Private Equity und Hedge Funds, Frankfurt/M.
Hazen, E. (1988): Venture Capital Financing, in: Williamson, J. P. (ed.): Investment Banking Handbook, New York.
Heri, E. (1998): Hedge Funds und andere Fonds: was Investoren aus einem Debakel lernen können, in: NZZ vom 10.10.1998.
Hilpold, C./Kaiser, D. (2005): Alternative Investment-Strategien – Einblick in die Anlagetechniken der Hedgefonds-Manager, Weinheim.
o.V. (1999): Alternative Investment-Strategies: Hedge Funds, o.O., Commerzbank AG.
Schäfer, K. (2001): Hedge-Fonds, in: Gerke, W./Schneider, M. (Hrsg.): Handwörterbuch des Bank- und Finanzwesens, 3. Aufl., Stuttgart.

25 Rohstoffe*

> **LERNZIELE**
> - Sie können drei Gruppen von Akteuren am Rohstoffmarkt nach ihren Motiven und Verhaltensweisen unterscheiden.
> - Sie können einem interessierten Laien drei Argumente nennen und erläutern, warum Rohstoffanlagen in seinem Wertpapierportfolio nützlich sind.
> - Sie können die Ertragskomponenten von Rohstoffindizes nennen und deren Berechnungsmethode erläutern.
> - Sie können die Vor- und Nachteile der verschiedenen Anlageformen (Rohstoffzertifikate, Rohstofffonds und Exchange Traded Funds auf Rohstoffe) darlegen.

25.1 Einführung

Rohstoffanlagen bieten neben zeitweilig attraktiven Renditen, welche sowohl das Resultat konjunktureller als auch von anhaltenden Wachstumsphänomenen sein können, als Realgüter auch eine natürliche Absicherung gegen Inflation. Darüber hinaus verhalten sich Rohstoffanlagen gegenüber vielen anderen Anlageklassen antizyklisch und sorgen dadurch für einen Risikoausgleich innerhalb traditioneller Wertpapierportfolios. Für manche Marktteilnehmer attraktive, für andere risikoreiche Begleiterscheinung sind die ausgeprägten Preisvolatilitäten, die ihre Ursachen in dem kurzfristig preisunelastischen Angebot und Nachfrage physischer Rohstoffe haben. Alle Eigenschaften zusammen haben Investmentbanken bewogen, sich dem Thema Rohstoffe verstärkt zuzuwenden.

25.2 Akteure an den internationalen Rohstoffmärkten

An den Terminmärkten erfolgt die Unterscheidung der Marktteilnehmer in Hedger, Spekulanten (Trader) und Arbitrageure.
- *Hedger.* Wird eine bestehende bzw. erwartete Kassaposition durch Abschluss eines entgegengesetzten Futures kompensiert, so bezeichnet man den Akteur als *Hedger.* Für den Produzenten einer Ware ergibt sich so ein fester Erlös, für den Verarbeiter der Ware ein fester Einkaufspreis.

> **BEISPIEL**
> Landwirte sehen sich einem wetterbedingt stark stochastisch schwankendem Angebot gegenüber, welches auf eine relativ stabile Nachfrage trifft. Im Gegensatz zu den Unterhaltskosten für die Aufzucht des Viehs oder die Anschaffungskosten des Saatgutes ist der Verkaufspreis in der Regel erst bei Fertigstellung bekannt. Ein Short-Hedge sichert dabei den

---

* Autoren: Roland Füss, Dieter Kaiser

Wert einer bestehenden Long-Position (z. B. eines Schweinebestandes oder einer Weizenernte) gegen sinkende Preise ab. Bei der weiterverarbeiteten Industrie liegt eine gegensätzliche Interessenlage vor. Indem sich die verarbeitende Industrie gegen steigende Rohstoffpreise absichert (Long-Hedge), kauft sie die Short-Positionen der Rohstoffproduzenten auf. Fluggesellschaften treten z. B. regelmäßig als Long-Hedger auf, um sich gegen steigende Kerosinpreise abzusichern.

- *Spekulanten* stellen zahlenmäßig die größte Gruppe an den Terminmärkten dar. Sie übernehmen eine wichtige Funktion, indem sie einerseits für Liquidität am Terminmarkt sorgen und andererseits das Ungleichgewicht zwischen Short- und Long-Hedgern ausgleichen. Anders als die Rohstoffproduzenten oder die abnehmende und weiterverarbeitende Industrie, die ihre Positionen absichern wollen, verfolgen die Spekulanten eine gegensätzliche Absicht. Sie nehmen bewusst eine bestimmte Position auf dem Markt ein und spekulieren auf eine Preisänderung. Faktisch wetten sie auf einen steigenden oder fallenden Preis. Die Gesamtposition des Spekulanten ist risikobehaftet, da der Spekulant keine kompensierende Kassaposition hält. An vielen Rohstoffmärkten wird das Umsatzgeschehen wesentlich durch die Spekulanten bestimmt.
- *Arbitrageure*, welche die zahlenmäßig geringste Gruppe an Marktteilnehmern stellen, versuchen, interlokale Preisdifferenzen zwischen Warenterminmärkten oder zeitlichbezogene Preisdifferenzen zwischen Termin- und Kassamärkten auszunutzen, um auf diese Weise *risikolose* Gewinne zu erzielen. Übersteigen die Preisdifferenzen die interlokalen und intertemporalen Transferkosten wie Fracht-, Zins-, Lager- und Versicherungskosten, so wird im Idealfall ein risikoloser Gewinn realisiert. Im Ergebnis dieser Handlung werden Preisunterschiede auf den Märkten eingeebnet, und der Preiszusammenhang zwischen den Märkten wird wiederhergestellt. Im Fall der *Cash-and-Carry-Arbitrage* wird über den Verkauf eines Rohstoff-Futures (Short), welcher die unbedingte Verpflichtung zum Kauf des Underlying bei Fälligkeit beinhaltet, der Wiederverkaufspreis einer gleichzeitig fremdfinanziert erworbenen Kassaposition (Long) bereits heute festgeschrieben. Bei Fälligkeit des Futures werden die Realgüter gegen den fälligen Short-Future angedient. Übersteigt der aus dem Kassageschäft erzielte Erlös des physischen Rohstoffs den Wert der Andienung des Futures zuzüglich der Fremdfinanzierungskosten, so erzielt der Arbitrageur einen auch als Basis-Trade bezeichneten Arbitrage-Gewinn.

25.3 Die Rohstoffkategorien

Rohstoffe besitzen, anders als Investitionsobjekte, einen (unmittelbaren) Gebrauchsnutzen und werden entweder in der industriellen Fertigung oder für den Konsum verwendet. Das Angebot ist kurzfristig stark limitiert, da in einem gegebenen Zeitraum Rohstoffe nur in begrenztem Umfang gefördert bzw. neu hergestellt (extrahiert, angebaut) werden können. So lässt sich z. B. die Kapazität von Bergwerken sehr schwer und nur langfristig verändern. Nachwachsende Rohstoffe wie Getreide können zwar in großen Mengen produziert werden, die jährliche Ernte um-

fasst jedoch ein limitiertes Volumen und unterliegt einer stark ausgeprägten saisonalen Komponente.
- *Hard Commodities* sind Produkte aus den Bereichen Energie, Industrie- und Edelmetalle oder Holz.
- *Soft Commodities* sind konsumierbare, verderbliche und meist wetterabhängige Rohstoffe aus dem land- und viehwirtschaftlichen Sektor wie Getreide, Sojabohnen bzw. Lebend- und Mastrind.

Des Weiteren sind die Lagerfähigkeit und Erneuerbarkeit von Rohstoffen wichtige Eigenschaften von Rohstoffen:
- *Lagerfähigkeit*. Der Lagerfähigkeit von Rohstoffen kommt bei der Preisbildung eine entscheidende Bedeutung zu. Ein Gut ist in hohem Maße lagerfähig, wenn es nicht verderblich ist und relativ zu seinem Gesamtwert zu niedrigen Kosten eingelagert werden kann. Edelmetalle wie Gold und Silber sind Musterbeispiele für einfach zu lagernde Rohstoffe, da sie beide Kriterien in höchstem Maße erfüllen. Der andere Grenzfall ist Nutzvieh, das nur sehr beschränkt lagerfähig ist, da lebende Tiere weiterhin zu laufenden Kosten unterhalten werden müssen und nur in einer bestimmten Lebensphase am Markt Erlöse erzielen.
- *Erneuerbarkeit*. Rohstoffe wie Silber, Gold, Öl oder Aluminium sind nicht erneuerbar. Das Angebot an nichterneuerbaren Rohstoffen hängt entscheidend von der Fähigkeit der Produzenten, Rohmaterialien in hinreichender Quantität und Qualität abbauen zu können sowie von den verfügbaren Kapazitäten zu deren Weiterverarbeitung ab. Im Falle einiger Metalle (ohne Edelmetalle) und Öl bleibt die Erforschung und Erschließung neuer Rohstoffreserven ein aktuelles Problem. Die Preisbildung nichterneuerbarer Produkte ist stark von der aktuellen Nachfrage der Investoren abhängig, während sich die Preisbildung bei erneuerbaren Rohstoffen mehr an den (geschätzten zukünftigen) Produktionskosten orientiert. Der in Geld ausgedrückte Vorteil, den der physische Besitz eines Rohstoffes im Vergleich zu dem Halten eines Long-Futures auf denselben Basiswert erbringt, wird als Verfügbarkeitsrendite (Convenience Yield) bezeichnet. Die Verfügbarkeitsrendite entspricht den Erwartungen der Marktteilnehmer hinsichtlich einer zukünftig anstehenden Verknappung eines kurzfristig nicht vermehrbaren Rohstoffes.

25.4 Risiko- und Ertragseigenschaften von Commodities

In Marktphasen historisch niedriger Zinsen und reduzierter Wertsteigerungsaussichten klassischer Anlageformen sehen sich Investoren häufig nach alternativen Investitionsmöglichkeiten um. Mit solchen alternativen Investments streben Investoren nach
- höheren Renditen,
- niedrigeren Volatilitäten,
- attraktiven Korrelationsstrukturen (zur Erhöhung des Diversifikationspotentials) und
- sonstigen vorteilhaften Eigenschaften (z. B. Inflationshedge).

Dazu boten sich in den letzten Jahren Hedgefonds, Private-Equity-Anlagen, Immobilien und Commodities an. Anhand der Wertentwicklung des Goldman Sachs Commodity Indexes (GSCI) in Abbildung 25.1 wird die Wertentwicklung von Rohstoffen in Relation zu anderen Anlageformen dargestellt.

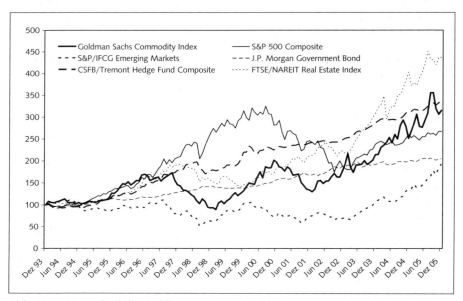

Abb. 25.1: Kursverlauf des Goldman Sachs Rohstoffindexes im Vergleich zu anderen Anlageklassen

Rohstoffanlagen gelten, gemessen an ihrer historischen Performance (Rendite, Risiko und Korrelationsstruktur), im Vergleich zu traditionellen Anlagen als vorteilhaft. Nach einer Studie von Gorton und Rouwenhorst (2006) weist ein gleichgewichteter Commodity-Futures-Index über den Zeitraum Juli 1959 bis März 2004 vergleichbare Renditen mit dem Aktienmarkt auf, bei 20 % geringerer Volatilität. Außerdem können die Autoren zeigen, dass monatliche Rohstoffrenditen eine positive Schiefe aufweisen, während US-Aktienanlagen eine negative Schiefe und dadurch ein erhöhtes Downside-Risiko besitzen. Dies wird in der nachfolgenden Abbildung 25.2 für den Zeitraum Januar 1994 bis Dezember 2005 veranschaulicht.

	GSCI	S & P 500	Emerging Markets	Hedge Fonds	Real Estate	Bonds	T-Bill
Mittelwert	11,61 %	9,32 %	7,75 %	10,51 %	13,21 %	6,15 %	3,89 %
Standardabweichung	20,10 %	14,73 %	20,90 %	7,88 %	13,08 %	4,76 %	0,50 %
Schiefe	0,11	-0,58	-0,75	0,12	-0,64	-0,54	-0,53
Excess Kurtosis	0,10	0,61	1,85	2,29	2,00	1,03	-1,23

Abb. 25.2: Annualisierte (durchschnittliche) Monatsrenditen (Januar 1994 bis Dezember 2005)

Die Korrelationseigenschaften von Commodities sind in Abbildung 25.3 aufgeführt. Commodity Futures sind insgesamt mit der Entwicklung von Aktien und Renten unkorreliert. In bestimmten Phasen steigt die Korrelation allerdings an, so dass sich nicht alle Rohstoffe in jeder Marktphase zu Diversifikationszwecken eignen. Die Korrelationen der einzelnen Rohstoffsektoren untereinander bewegen sich mit Werten zwischen –0,05 und 0,15 ebenfalls auf einem sehr geringen Niveau. Jedoch gerade in Marktverwerfungen verlieren Rohstoffe als Gruppe *nicht* ihre Diversifikationswirkung.

	Commodity	S & P 500	Emerging Markets	Hedge Fond	Real Estate	Bonds	T-Bill
GSCI Commodity Total Return	1						
S & P 500 Composite	0,007	1					
S & P/IFCG Emerging Markets	0,143	0,644**	1				
CS/Tremont Hedge Fund Comp.	0,161	0,483**	0,491**	1			
FTSE/NAREIT Real Estate	0,004	0,308**	0,354**	0,233**	1		
J.P. Morgan Government Bonds	0,093	–0,102	–0,221**	0,112	0,051	1	
US Treasury Bill Rate	–0,051	0,081	–0,199*	0,102	–0,088	0,105	1

**,* für Signifikanz der Korrelationskoeffizienten auf dem 99 % und 95 %-Konfidenzniveau (Betrachtungszeitraum Januar 1994 bis Dezember 2005).

Abb. 25.3: Korrelationsstruktur von Commodities zu anderen Assetklassen

Schließlich gelten Rohstoffanlagen auch aufgrund ihrer Eigenschaft als Inflationshedge unter Investoren als attraktive Anlagealternative. Im Gegensatz zu Nominalvermögen wie Anleihen und Aktien, deren Ertrag negativ durch Inflation beeinflusst wird, bieten Rohstoffe als Realvermögen Schutz davor. Die reale Wertentwicklung von Rohstoffen ist nicht nur in Phasen hoher Inflation, sondern bereits bei einer von niedriger Basis aus ansteigenden Geldentwertung vorteilhafter. Beide Beobachtungen treten deutlicher hervor, wenn anstelle der Gesamtinflation die unerwartete Inflation isoliert betrachtet wird. Allerdings existieren signifikante Unterschiede zwischen den einzelnen Rohstoffsektoren, wobei Energie, Metalle, Lebendvieh und Zucker das beste Hedgingpotenzial aufweisen.

25.5 Möglichkeiten der Partizipation

Grundsätzlich erschließt sich der Zugang zum Rohstoffmarkt über eine Vielzahl unterschiedlicher Finanzinstrumente. Die wichtigsten sind:
- der direkte Erwerb der physischen Ware,
- der Aktienkauf von Unternehmen des Rohstoffsektors (Rohstoffaktien),
- die Beteiligung über Rohstofffonds und
- die Partizipation über Rohstoff-Futures.

Erwerb der physischen Ware

Zunächst liegt es nahe, durch Kauf der physischen Ware am Kassamarkt eine direkte Realinvestition vorzunehmen. Die damit verbundene sofortige bzw. innerhalb von zwei Tagen zu vollziehende Lieferung der Commodities ist hinsichtlich der logistischen und lagerspezifischen Anforderungen allerdings wenig praktikabel und in den meisten Fällen gar nicht gewollt. Eine Ausnahme hiervon stellen Edelmetalle wie z. B. Gold, Platin und Silber dar, da sie weder hohe laufende (Versorgungs-)Kosten noch Lagerkapazität beanspruchen, jedoch für sich gesehen keinesfalls ein ausreichend diversifiziertes Portfolio an Rohstoffen repräsentieren, das ein Investor zu halten wünscht.

Rohstoffaktien

Eine Anlage in Aktien von Unternehmen, die einen wesentlichen Anteil ihrer Erträge durch den Umgang mit physischen Rohstoffen erzielen (*Natural Ressource Companies, Rohstoffaktien*), kann hingegen eine denkbare Alternative darstellen. Der Begriff der Rohstoffaktie lässt sich keinesfalls klar abgrenzen, umfasst jedoch im Allgemeinen Unternehmen, die Rohstoffe explorieren, abbauen, raffinieren, weiterverarbeiten, handeln oder derartigen Unternehmen zuliefern. Eine solche indirekte, verbriefte Investition in Rohstoffe, wie z. B. durch den Kauf von Aktien der Petrochemie, kann aber nur ein unzureichendes Substitut zur Direktanlage sein. Ein Anleger, der in derartige Werte investiert, erhält kein reines Rohstoffexposure aus folgenden Gründen:

- *Unternehmenseigenschaften.* Hinter Rohstoffaktien stehen Unternehmen mit eigenen Charakteristika und Risiken. Am Aktienmarkt fließen u. a. auch die strategische Positionierung des Unternehmens, die Qualität des Managements, die Kapitalstruktur (*Debt/Equity Ratio*) und die sich daraus ableitenden Erwartungen und Einschätzungen über das Unternehmens- bzw. Gewinnwachstum, die Risikoanfälligkeit und insbesondere auch die Informationstransparenz sowie die Glaubwürdigkeit der Informationsvermittlung als wertrelevante Faktoren in den Aktienkurs ein.
- *Operationelle Risiken.* Nicht zuletzt unterliegen Rohstoffunternehmen auch operationellen Risiken, welche infolge menschlichen und technischen Versagens sowie interner Verfahren und externen Ereignissen entstehen können, was bei reinen Rohstoffinvestments entfällt.
- *Informationsverarbeitung am Aktienmarkt.* Auch die schnellere und sensiblere Reaktion des Aktienmarktes auf erwartete wertbeeinflussende Entwicklungen sind Ursachen für eine eigenständige, sich von der reinen Rohstoffanlage separierenden Wertfindung.
- *Enge Aktienmärkte.* Hinzu kommen vorübergehende Marktungleichgewichte, insbesondere bei Aktien mit sehr geringem Streubesitz, bei denen bereits geringe Käufe oder Verkäufe länger anhaltende Verwerfungen der Kurse auslösen können.
- *Hedging.* Ferner ist zu beobachten, dass die Mehrzahl der großen Öl- und Energieunternehmen das Risiko im Zusammenhang mit dem Kauf und Verkauf von Mineralölerzeugnissen absichern, um so ihre Jahresgewinne zu glätten und

starke Schwankungen aufgrund der volatilen Entwicklung des Ölpreises zu vermeiden. Es ist meist wenig bekannt, welche *offenen Positionen* Rohstoffaktien überhaupt in Rohstoffen halten.

Dementsprechend kommen zahlreiche empirische Untersuchungen zu dem Ergebnis, dass die historischen Korrelationen zwischen Rohstoffaktien und Rohstoffen sehr gering, teilweise sogar negativ sind, während eine stärkere Abhängigkeit zum Aktienmarkt deutlich wird. Darüber hinaus liegen die Wertentwicklungen von Rohstoffaktien weit unterhalb derjenigen von direkten Rohstoffanlagen.

Rohstofffonds

Letztendlich bietet sich als Alternative zur Rohstoffaktie eine aktive Anlage in Rohstofffonds an, womit sich ein angemessenes Diversifikationspotenzial bei moderaten Transaktionskosten realisieren lässt. Neben traditionellen Long-Only-Rohstofffonds (in physische Rohstoffe und Rohstoffaktien) existieren mit den sogenannten Commodity Trading Advisors (CTAs) eine weitere Möglichkeit, in aktiv verwaltete Investmentprodukte zu investieren. Heutzutage existieren außerdem bereits 450 Hedgefonds mit energie- und rohstoffbezogenen Handelsstrategien.

Rohstoff-Futures

Aufgrund der beschriebenen Nachteile, sowohl von Direktanlagen am Kassamarkt als auch von Rohstoffaktien, bietet sich als weitere Option ein Engagement am Futures-Markt an. Futures ermöglichen die Durchführung aktiver Handelsstrategien, ohne die logistischen oder lagerspezifischen Anforderungen durch den Kauf und Verkauf des Underlyings erfüllen zu müssen, sofern vor Fälligkeit des Terminkontraktes die Position glattgestellt wird. Die Vorteile von Futures-Investments liegen insbesondere in der hohen Flexibilität. So ist eine Umschichtung der bestehenden Futures-Position jederzeit auch kurzfristig möglich. Dabei kann ein Investor neben steigenden auch von fallenden Märkten profitieren, indem sowohl Long- als auch Short-Positionen eingegangen werden. Des Weiteren zeichnen sich die Futures-Märkte durch einen hohen Liquiditätsgrad bei gleichzeitig niedrigeren Transaktionskosten aus.

Rohstoff-Indizes

Investoren wird heutzutage mit einer steigenden Anzahl investierbarer Commodity-Indizes eine neue Investitionsvariante in Rohstoffe geboten (s. Abbildung 25.4). Hierdurch erlangen Commodities unter den Alternative Investments eine Sonderstellung, denn die meisten alternativen Anlageklassen verfügen über keine investierbaren Indizes, die eine derartige Bandbreite abdecken. So waren z. B. im September 2004 mehr als 25 Milliarden US-Dollar an den GSCI gebunden und weitere 8 bis 10 Milliarden US-Dollar in den Dow Jones-AIG Commodity Index investiert. Nach eigenen Schätzungen von Goldman Sachs weist der GSCI für das Jahr 2006 ein ausstehendes Kapital von etwa 50 Milliarden US-Dollar auf.

	Reuters/Jeffries Commodity Research Bureau (RJ/CRB)	Goldman Sachs Commodity Index (GSCI)	Dow Jones/AIG Commodity Index (DJ-AIGCI)
Markteinführung	2005	1991	1998
Historische Daten ab	1982	1970	1991
Anzahl Rohstoffe	19	24	19
Berechnung der Gewichte	Innerhalb eines in 4 Gruppen gestaffelten Systems, basierend auf Liquidität und ökonomischer Bedeutung	Gleitender 5-Jahres-Durchschnitt der Weltproduktionsmengen	Liquiditätsdaten in Verbindung mit Dollar-gewichteter Produktion der letzten 5 Jahre
Frequenz des Rebalancings	monatlich	jährlich	jährlich
Diversifikationsbeschränkung	keine	keine	33% max. pro Sektor; 2% Marktminimum pro Rohstoff
Futurespreis, auf den sich die Indexberechnung bezieht	nächst fälliger Futures-Kontrakt	nächster Monat mit ausreichender Liquidität	nächst fälliger Futures-Kontrakt
Roll-Periode	4 Tage	5 Tage	5 Tage
Berechnungsmethodik	arithmetisch	arithmetisch	arithmetisch
Indexzusammensetzung (Stand: Januar 2006)			
Energie	39,00%	74,57%	33,00%
Industriemetalle	13,00%	6,92%	18,09%
Edelmetalle	7,00%	1,93%	8,22%
Agrarwirtschaft	34,00%	10,92%	30,25%
Viehwirtschaft	7,00%	5,66%	10,44%

Abb. 25.4: Bedeutende Rohstoffindizes

25.6 Preisbildung an den Rohstoffterminmärkten

Eine der vorrangigen Fragestellungen bei der Betrachtung von Commodity Futures ist diejenige nach der Existenz einer Risikoprämie. In diesem Zusammenhang muss auf die Preisfindung und die damit verbundene Strukturkurve am Warenterminmarkt eingegangen werden. Basis der Überlegungen ist die *Spot-Futures-Arbitragerelation*, derzufolge der im Zeitpunkt t gültige Futurespreis eines Commodity F(t,T) mit Restlaufzeit T dem mit stetigen, risikolosen Zinssatz aufgezinsten Kassakurs S(t) entspricht:

$$F_0 = S_0 \cdot e^{rT} \quad (1)$$

Im Gegensatz zu finanziellen Vermögensgegenständen sind Rohstoffe nun aber nicht nur mit Zinskosten, sondern auch mit Lagerkosten verbunden, sodass Gleichung (1) erweitert werden muss. U_t bezeichnet den Barwert aller Lagerhaltungskosten *(Storage Costs)*, die während der Laufzeit anfallen und die annahmegemäß proportional zum Kurs des Rohstoffs sind. Somit können diese als negative Rendite aufgefasst werden:

$$F_0 = S_0 \cdot e^{(r+U)T} \quad (2)$$

Backwardation und Contango

Nun trifft die in (2) beschriebene Arbitrage-Beziehung bei Rohstoffen nicht zu. Denn in der Realität zeigt sich, dass sich die *Spot-Futures-Parität* deutlich von der *Terminparität* unterscheidet, welche besagt, dass der heute beobachtete Futureskurs eine unverzerrte Prognose des bei Verfall gültigen Kassakurses $E_t[S(T)]$ darstellen sollte. Wird die *Terminkurve* eines bestimmten Rohstoffs betrachtet, welche dessen Futurespreis zu verschiedenen Fälligkeiten des Kontraktes abträgt, so lassen sich zwei unterschiedliche Verläufe beobachten. Bei *Backwardation (Abschlag)* hat die Terminkurve einen negativen Verlauf, d. h. die weiter in der Zukunft liegenden Futurespreise sind niedriger als die aktuell zu erwartenden Spotpreise. Somit liegt die Anlagenrendite im Durchschnitt über dem Forward Premium, d. h. ein Investor kann Gewinne erzielen, indem er Long-Positionen in den entsprechenden Terminkontrakten eingeht. Im Fall von *Contango (Aufschlag)* gilt unter der Annahme rationaler Erwartungen das Gegenteil. In einem Contango-Markt liegt der Futureskurs über dem erwarteten zukünftigen Spot-Kurs. Die Zeitstrukturkurve hat eine positive Steigung.

25.7 Ertragsbestandteile von Rohstoff-Futures-Indizes

Die Erträge aus Investitionen in Rohstoff-Futures lassen sich in drei Gruppen einteilen: Der *Total Return* als Maß für den Gesamtertrag ergibt sich aus dem eigentlichen Futures Return zuzüglich des Zinsertrages auf die Sicherheitshinterlegung (*Collateral*). Im Gegensatz zu einem Investment in einen Future, bei dem eine zu hinterlegende Sicherheit (*Margin*) in einem festen Verhältnis zu dem unterliegenden Kapital fällig wird, wird bei der Berechnung des Total Returns von einem vollständig kollateralisierten Investment ausgegangen, d. h. unterstellt, dass die gesamte Futures-Position mit Kapital unterlegt ist. Der Futures Return selbst setzt sich wiederum aus dem *Spot Return* und dem Roll Return zusammen und wird als *Excess Return* bezeichnet:

Total Return = *Collateral Return* + *Futures Return*
= *Collateral Return* + *Spot Return* + *Roll Return*

Excess Return = *Spot Return* + *Roll Return* = *Futures Return*

Es ergeben sich drei mögliche Indexarten: Spot Return Index, Excess Return Index und Total Return Index.

Ein *Spot Return Index* bildet nicht die Kassapreise am Spotmarkt ab, sondern misst die Preisbewegungen am Futures-Markt. In die Berechnung des Spot Return Indexes geht der jeweils kürzeste Future eines jeden Rohstoffs mit seinem Indexgewicht ein. Kurz vor Fälligkeit des Futures wird die Berechnung auf den nächsten Kontrakt umgestellt, wobei etwaige Wertunterschiede zwischen dem alten (d. h. kürzesten) und dem nächsten Future nicht beachtet werden. Auf diese Weise spiegelt der Verlauf des Spot Return Index den allgemeinen Markttrend wider. Er kann jedoch nicht als Performancemaß dienen. Auch als Underlying für ein langfristiges Finanzinstrument ist der Spot Return Index aufgrund seiner Konstruktion ungeeignet, weil ihm wichtige Kostenkomponenten fehlen. Durch den Wechsel des Futures-Kontraktes (»Rollen«) kommt es je nach Zeitstrukturkurve (Backwardation oder Contango) der zugrunde liegenden Rohstoffe zu einem Wertgewinn oder Verlust. Diesen Effekt misst der *Excess Return Index*. Dabei ist die Rollrendite negativ, wenn der Kurs des neuen Kontraktes höher als der des vorhergehenden Futures ist (Contango). Ist hingegen der Preis des Futures mit zweitkürzester Laufzeit gegenüber demjenigen mit kürzester Laufzeit niedriger, so resultiert eine positive Rendite (Backwardation). Demzufolge reflektiert die Rollrendite zum Teil die Preiserwartungen am Kassamarkt sowie zusätzlich eine Risikoprämie. Die Gesamtperformance des Excess Return Indexes besteht somit einerseits aus der Preis- (Spot-Return) und zum anderen aus der Rollperformance (Preisdivergenz zweier Futures mit unterschiedlichen Laufzeiten). Da ein Investor die zugrunde liegenden Commodity-Futures selbst halten und rollen könnte, ist der Index replizierbar und kann als Grundlage für Finanzprodukte dienen. In der Regel sind die Sektoren Energie und Viehwirtschaft, zu denen die Mehrzahl der schwer oder nicht-lagerfähigen Commodities zählen, in Backwardation. Demgegenüber befindet sich der Edelmetall- und Agrarwirtschaftssektor traditionell in Contango.

Im Gegensatz zu den Excess Return Indizes wird beim *Total Return Index* ein vollständig kollateralisiertes Rohstoff-Investment unterstellt, d. h. die Kontraktwerte sind vollständig mit Cash unterlegt. Da ein Rohstoffindex durch Futures abgebildet wird, muss lediglich ein Teilbetrag, etwa ein Zehntel des Kontraktwertes, zur Erfüllung der Margin hinterlegt werden. Mit dem Rest erwirbt der Index-Betreiber im Regelfall US-Staatsanleihen mit kurzer Laufzeit (Treasury Bills). Dadurch kann langfristig zwischen Total und Excess Return Index ein enormer Renditeunterschied resultieren.

25.8 Produktangebot der Investmentbanken

Indexgebundene Produkte

Ein indexorientiertes Investment stellt für den überwiegenden Teil der Investoren die kostengünstigste Variante dar, Exposure zu Rohstoffen oder einzelnen Rohstoffsegmenten zu erlangen. Ein solches Investment kann mit Hilfe zweier Arten von Finanzprodukten besonders kostengünstig erfolgen:

- Börsennotierte Rohstoffindexfonds (Exchange Traded Funds (ETF)),
- Rohstoff-Index-Zertifikate, die die Wertentwicklung von Rohstoffindizes replizieren.

Indexfonds haben den großen Vorteil, dass sie vergleichsweise einfach zu handeln und günstig sind. Ein Vorteil der Fonds gegenüber den Zertifikaten besteht im nicht existierenden Bonitätsrisiko des Emittenten. Da die ETF Sondervermögen darstellen, sind die Einlagen der Investoren auch dann sicher, wenn die Fondsgesellschaft selbst insolvent ist.

Bei *Zertifikaten* handelt es sich rechtlich gesehen um Schuldverschreibungen, die von Banken ohne aufwendige Zulassungsverfahren in kürzester Zeit emittiert werden können. Das emittierende Institut investiert im Fall von Rohstoffindex-Zertifikaten in Futures-Märkte und übernimmt gegen Gebühr das Rollen der Kontrakte. Die Laufzeit eines Zertifikates ist in der Regel auf einen bestimmten Termin beschränkt (z. B. bei Rainbow-Zertifikaten, die als Basiswerte verschiedene Subindizes oder Anlageklassen als Underlying vorweisen können sowie bei Discount- und Bonus-Zertifikaten), es existieren aber auch Zertifikate mit unbeschränkter Laufzeit (Open-End-Zertifikate). Da die Indizes, wie die Rohstoffe selbst, in US-Dollar notieren, ist der Investor auch einem Währungsrisiko ausgesetzt. Abhilfe schaffen hier Discount-Zertifikate mit einer Währungssicherung, sogenannte Quantozertifikate. Der Nachteil von Index-Zertifikaten besteht in der überwiegenden Verwendung von Excess Return Indizes als Basiswerte, bei denen im Gegensatz zu Total-Return-Produkten nicht alle Ertragskomponenten ausgeschöpft werden, was in Hochzinsphasen zu Ertragseinbußen führen kann. Ein Investment auf einen im Vergleich zum Total Return-Index niedriger abschneidenden Excess Return Index kann dennoch von Vorteil sein, da bei Letzteren geringere oder keine Ausgabeaufschläge und jährliche Verwaltungsgebühren anfallen. Gerade für Investoren mit kurzfristigem Anlagehorizont kann folglich, besonders in Phasen niedriger Zinsen, der Erwerb von Zertifikaten auf den vermeintlich niedriger rentierenden Excess Return Index durchaus vorteilhaft sein.

Ein genereller Nachteil aller indexgebundenen Anlagestrategien resultiert aus dem Rollen der zugrunde liegenden Futures: Rollen bedeutet, dass derjenige, der den Indexverlauf durch Investments in Futures nachbildet, immer dann, wenn die Indexbedingungen den Wechsel von Futureskontrakten (Rollen) vorsehen, den alten Kontrakt verkaufen und den neuen kaufen muss. Dies ist ein berechenbarer Vorgang. Wenn nun viel Kapital in Zertifikate auf einen bestimmten Index investiert ist, dann weiß der gesamte Markt, dass zu Rollzeitpunkten zwangsläufig ein bestimmtes Angebot und eine bestimmte Nachfrage ganz bestimmte Futures betreffend auf den Markt zukommen wird. Dies beeinflusst die Preise der betreffenden Futures zum Nachteil der Investoren, was diese zumeist gar nicht merken: Der Index spiegelt die Preisentwicklung der betreffenden Futures genau wieder; einen Indikator für die »Fairness« der Preisbildung dieser Futures gibt es nicht.

Nicht-Indexgebundene Produkte

Die Nachteile von Anlagen in Produkte auf Rohstoffindizes sind offensichtlich geworden. Es gibt auch indexunabhängige Rohstofffonds, welche die Art und Laufzeit der Produkte, in die sie investieren wollen, frei bestimmen können. Sie sind nicht an bestimmte Futures gebunden, die den Indizes zugrunde liegen. Es besteht auch die Möglichkeit – in Analogie zu den Rainbow-Zertifikaten auf verschiedene Anlageklassen – auch Rohstofffonds, die nicht ausschließlich in Rohstoffindizes, sondern zusätzlich zu einem bestimmten Anteil in Rohstoffaktien investieren, zu erwerben.

Aufgaben zur Lernkontrolle
1. Erläutern Sie die besonderen Risiko-/Ertragseigenschaften von Rohstoffen.
2. Welche Ertragskomponenten weisen Rohstoff-Future-Indizes auf?
3. Welche rohstoffgebundenen Produkte bieten Investmentbanken an und welche Chancen und Risiken sind für Investoren damit verbunden?

Literatur
Erb, C./Harvey, C. R. (2006): Ertragsquellen und zu erwartende Renditen von Rohstoff-Investments, in: M. Busack und D. G. Kaiser (Hrsg.), *Handbuch Alternative Investments*, Band 2, Gabler, Wiesbaden, S. 349–393.

Gorton, G./Rouwenhorst, G. K. (2004): Facts and Fantasies about Commodities Futures, in: *Financial Analysts Journal*, Vol. 62, No. 2, S. 47–68.

Hilpold, C. (2006): Hedgefonds im Rohstoff-Bereich, in: *Absolut|report*, Nr. 31, April, S. 10–19.

Füss, R./Kaiser, D. G./Praß, M. (2006): Renditequellen von Commodity Futures, in: *Zeitschrift für das gesamte Kreditwesen*, 59. Jg., Nr. 22, 15. November, S. 1214–1218.

Markert, V./Oertmann, P. (2006): Konditionierte Anlagestrategien in Rohstoff-Futures, in: *Absolut|report*, Nr. 35, Dezember, S. 44–49.

Mezger, M. (2006): Die Preisbildung an Rohstoff-Terminmärkten, in: U. Bergold und R. Eller (Hrsg.), *Investmentstrategien mit Rohstoffen*, Wiley, Weinheim, S. 255–274.

26 Handel und Sales*

> **LERNZIELE**
> - Was kennzeichnet den Handel an den Devisen-, Aktien- und Anleihemärkten?
> - Wie sind Handel und Sales organisiert?
> - Welche Handelsanreize und -ziele haben die unterschiedlichen Akteure und welche Strategien werden verfolgt?
> - Wie aggregieren Banken Einzelrisiken und verteilen das Restrisiko an den Märkten?
> - Wie wird das Risiko der Bank kontrolliert?
> - Wie befriedigt die Bank die unterschiedlichen Bedürfnisse der kommerziellen und institutionellen Kunden?
> - Wie verändern sich die Kundenbedürfnisse im Zuge der zunehmenden Integration und Technisierung der Handelsbereiche?
> - Was sind die Handelsformen und Produkte der Zukunft?
> - Worin unterscheiden sich Kunden- und Eigenhandelsgeschäfte?

26.1 Überblick

Das folgende Kapitel widmet sich den operativen Kernen des Investment Banking, den Bereichen Handel und Sales. Beide Bereiche sind untrennbar miteinander verbunden. Der Bereich Sales akquiriert Kundenaufträge. Der Bereich Handel führt sie aus. Dass diese einfachste Form des Handelns jedoch bei weitem nicht alles ist, soll in den kommenden Abschnitten deutlich werden. Es wird dabei nicht nur auf die traditionelle Situation eingegangen, sondern auch das sich besonders schnell ändernde Arbeitsumfeld in Handel und Sales skizziert. Hieraus werden die Trends für die kommenden Jahre abgeleitet.

Am Beispiel Devisenhandel können die Aufgaben der Finanzmärkte und die Schwierigkeiten die dabei zu bewältigen sind, besonders gut dargestellt werden, da kein anderes Handelsprodukt derart standardisiert ist und so schnell gehandelt wird. Darüber hinaus ermöglicht die Standardisierung einen schnellen Wandel hin zu technischen Handelssystemen, eine Entwicklung, die auch bei Aktien und Anleihen nicht aufzuhalten ist. Wir werden versuchen, ein Bild zu entwerfen, das es Ihnen ermöglicht zu erkennen, welche Kenntnisse und Fähigkeiten im Handel und Sales der Zukunft von zentraler Bedeutung sind.

---

* Autor: Oliver Stönner-Venkatarama

26.2 Devisenhandel

26.2.1 Devisen-Handelsabteilung im Überblick

Die Abbildung 26.1 zeigt den grundsätzlichen Aufbau einer Handelsabteilung, wie er so oder ähnlich in jeder größeren Bank zu finden ist. Das zentrale Kennzeichen ist die Unterteilung in zwei Bereiche:
- Handel (Trading) und
- Sales.

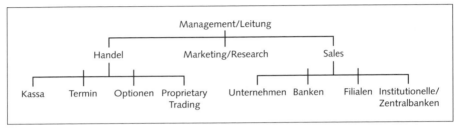

Abb. 26.1: Klassische Organisation einer Handelsabteilung

Zentrale Aufgaben wie Marketing und Research sind beiden Bereichen zugeordnet. Zudem erfolgt eine enge Abstimmung mit dem Management über die Außendarstellung der Abteilung. Die Unterteilung der beiden Kernbereiche Trading und Sales erfolgt nach Produkt- bzw. Kundengruppen. Dieses Organisationsschema ist auf den Aktien- und Anleihehandel übertragbar: Die grundsätzliche Aufteilung in die Bereiche Trading und Sales findet sich in jeder Handelsabteilung.

Die folgenden Abschnitte werden sich an dem gezeigten Schema orientieren und die enge Verknüpfung zwischen Handel, Sales und zentralen Einheiten herausarbeiten. Die Überwachung und strategische Entwicklung der beiden operativen Einheiten sind Aufgaben der Leitung und des Managements einer Devisen-Handelsabteilung. Auf zwei weitere wichtige Aspekte, Risikomanagement und internetbasierter Handel, gehen wir gesondert ein.

26.2.2 Der Devisenmarkt

Der Devisenmarkt ist der Markt, an dem auf unterschiedliche Währungen lautende Bankguthaben gehandelt werden. Er grenzt sich vom Sortenhandel ab, der Münzen und Banknoten erfasst. Das Gros der Devisenhandelsgeschäfte wird im Telefonverkehr abgewickelt. Ein zunehmender Teil der Geschäfte wird über elektronische Handelssysteme (EHS) per Bildschirmkonversation abgewickelt. Ein sehr kleiner Teil wird über Börsen abgewickelt. Für Börsengeschäfte gilt Börsenrecht. EHS-Geschäfte werden nach dem vom Betreiber bestimmten Recht abgewickelt. Im Telefonverkehr gelten die Marktusancen sowie die jeweiligen nationalen Rechte für Kaufverträge.

Das wesentliche Kennzeichen der Entwicklung der Finanzmärkte in den vergangenen Jahren war die zunehmende Verflechtung. Bewegungen der Wechselkurse werden zeitweise stärker von kurzfristigen Ereignissen an den Aktien- oder Anleihemärkten bestimmt als von fundamentalen wirtschaftlichen Faktoren. Hinzu kommt die steigende Bedeutung der Optionsmärkte. Diese »Zukunftsmärkte« haben mittlerweile ein Handelsvolumen erreicht, das groß genug ist, um deutliche Währungsbewegungen herbeizuführen.

26.2.3 Marktteilnehmer

Die Marktteilnehmer sind
- Market-Maker,
- Market-User,
- Broker und
- Zentralbanken

Market-Maker
Market-Maker sind Marktteilnehmer mit folgender Eigenschaft.

> **DEFINITION**
> Market-Maker sind jederzeit bereit,
> An- und Verkaufskurse zu stellen.

Market-Maker üben damit zwei wichtige Funktionen aus:
- Sie geben dem Markt Liquidität.
- Sie stabilisieren die Preise.

Wirklich »jederzeit« An- und Verkaufskurse zu stellen, ist ein Anspruch, den nicht viele Marktteilnehmer erfüllen können. Am ehesten kommen die großen Banken, wie beispielsweise die Commerzbank, diesem Ideal nahe. Die großen Banken unterhalten Handelsbüros in mehreren Zeitzonen, sind ständig handelsbereit und werden von einer Vielzahl von Banken und Nichtbanken mit Handelswünschen kontaktiert, die sie mit marktgerechten Kursen bedienen. Sie bündeln die Devisenhandelsaufträge der Wirtschaftssubjekte und platzieren diese am Markt oder handeln aus ihren eigenen Beständen.

> **Wo sitzt der Market-Maker**
>
> Innerhalb der großen Banken ist die Market-Maker-Tätigkeit der jeweiligen Handelsabteilung zugeordnet. Diese Handelsabteilungen handeln entweder untereinander, um Positionen auszutauschen oder mit den Sales-Abteilungen in den eigenen Häusern. Market-User und Zentralbanken wenden sich also zunächst an die Sales-Abteilung einer Bank, wenn sie Geschäfte abschließen wollen. Sales wickelt das Geschäft ab, und stellt es in die Position der Bank ein. Die Abteilung Handel – also der Market-Maker – steuert die Position und entscheidet, ob das Geschäft glattgestellt wird oder in der Position verbleibt.

Das Halten der Devisenbestände ist aufgrund der unsicheren und zum Teil stark volatilen Preisentwicklung sowohl mit hohen Risiken als auch hohen Ertragschancen verbunden. Die Market-Maker versuchen, die Gewinnmöglichkeiten zu nutzen und betreiben daher ein umfangreiches Eigengeschäft. Das Handelsvolumen in diesem sogenannten Interbankgeschäft ist deutlich höher als im Kundengeschäft. Das Hauptinteresse der Market-Maker ist jedoch die termingerechte Bereitstellung eines bestimmten Devisenbetrages zu einem marktgerechten Preis.

Der Market-Maker-Status wird nicht verliehen, sondern ist eine selbst auferlegte Pflicht. Deshalb gibt es auch keine Sanktionen, wenn Market-Maker ihren Pflichten nicht in gewohnter Weise nachkommen. Sie können z. B. weite Geld-Brief-Spannen stellen. Das alles sind Maßnahmen, die Marktteilnehmer, die grundsätzlich Market-Maker sein wollen, aber doch nicht handeln wollen, sehr selten ergreifen.

Die Vorteile der Market-Maker-Tätigkeit werden weiter unten deutlich. Ziel des Market-Making ist die Erwirtschaftung von Gewinnen.

Market-User
Als Market-User wird eine heterogene Gruppe von Wirtschaftssubjekten bezeichnet, die keine Market-Maker-Funktion ausübt.

Zu den Market-Usern zählen typischerweise:
- kleine und mittlere Banken,
- reine Investmentbanken,
- Fondsgesellschaften,
- institutionelle Anleger,
- private Spekulanten und
- sonstige Nichtbankenunternehmen.

Die Gründe der Market-User, Devisengeschäfte zu tätigen, sind sehr unterschiedlich:
- *Kommerzielles Geschäft.* Nichtbankunternehmen brauchen Devisen, um ihre geschäftlichen Verpflichtungen – z. B. aus Ex- und Importen – erfüllen zu können.
- *Diversifizierte Portfolios.* Bei kleinen und mittleren Banken, Investmentbanken und Fondsgesellschaften bilden häufig Käufe und Verkäufe ausländischer Aktien oder Anleihen zur Portfoliooptimierung die Basis für Devisengeschäfte.
- *Spekulative Positionen.* Eher spekulativ eingestellte institutionelle Investoren – der wohl bekannteste ist George Soros – versuchen, Kurstrends auszunutzen. Das kann außer Devisen auch Aktien und Anleihen betreffen. Soweit Auslandstitel darunter sind, resultieren Devisentransaktionen und/oder spekulative Devisenpositionen.

Warum sind Market-User keine Market-Maker? Teilweise besteht durchaus Interesse, Market-Maker zu werden. Erinnert sei an die berühmte Devisenhandelsabteilung des VW-Konzerns in den 70er- und 80er-Jahren, die wie ein großer Market-Maker agierte, also jederzeit auf Anruf Kurse stellte. Im Durchschnitt sind die gehandelten Volumina der Market-User aber zu klein, als dass sich daraus ein Auftreten als Market-Maker ableiten lassen würde. Einzelne Market-User managen allerdings teilweise riesige Devisenpositionen. Sie könnten ihre Rolle zur Market-Maker-Funktion durchaus erweitern, halten es aber für wichtiger, sich auf ihr Kerngeschäft zu konzentrieren.

Broker

Broker – deutsch übersetzt Makler – sind Marktteilnehmer, die Geschäfte vermitteln. Üblicherweise vermitteln sie nicht zwischen jedermann, sondern nur zwischen Market-Makern. Deshalb ist ihre Existenz bei vielen Marktteilnehmern gar nicht bekannt. Ihre Arbeit lässt sich in drei Schritte gliedern:

- *Sammlung von Orders.* Im ersten Schritt nehmen sie Kauf- und Verkaufswünsche (Orders) von Marktteilnehmern entgegen. Dabei lassen sie sich die Mengen und die Grenzpreise nennen, zu denen die Marktteilnehmer schlechtestenfalls kaufen bzw. verkaufen würden.
- *Mitteilung.* Im zweiten Schritt suchen sie aus diesen Geboten den jeweils höchsten Geld- und niedrigsten Briefkurs heraus und teilen diese beiden Kurse allen Marktteilnehmern mit.
- *Matching und Adressendecouvrierung.* Finden sie einen Marktteilnehmer, der bereit ist, zu einem dieser Kurse zu handeln, dann schließen sie im Namen und für Rechnung der Marktteilnehmer den Vertrag ab (Matching) und decouvrieren die Adressen von Käufer und Verkäufer, damit diese wissen, an wen sie die Devisen bzw. den Gegenwert zu liefern haben.

BEISPIEL Ein Broker sammelt Kauf- und Verkaufswünsche für US-Dollar von drei Market-Makern.

Market-Maker	Geldkurs $/€	Menge	Briefkurs $/€	Menge
A	0,90930	5 Mio.	0,90940	3 Mio.
B	0,90925	6 Mio.	0,90935	6 Mio.
C	0,90930	2 Mio.	0,90945	5 Mio.

Der Broker ermittelt nun den höchsten Geldkurs und den niedrigsten Briefkurs und teilt den Market-Makern diese mit: 0,90930/0,90935. Die Market-Maker können sich nun entscheiden, ob sie zu diesen Kursen handeln möchten und Gebote abgeben. Kommt es zu einem Geschäftsabschluss, erhält der Broker eine (Vermittlungs-)Provision, die vom Geschäftsvolumen abhängt.

Für ihre Vermittlungsleistung erhalten die Broker eine Provision von einer oder (meist) von beiden Seiten. Die Arbeit wird per Telefon erledigt. Aufgrund der Informationsvermittlung per Telefon spricht man auch von Voice-Brokern. Weltweit existieren aufgrund des hohen Konkurrenzdrucks allerdings nur noch vier Voice-Broker-Firmen. Dies ist grundsätzlich nicht unvorteilhaft, denn der Broker erfüllt seine Funktionen, die Transparenzfunktion und die Suchfunktion, prinzipiell dann am besten, wenn er sämtliche Orders (weltweit) kennt, aus denen er dann den jeweils besten Geld- und Briefkurs heraussuchen kann.

Funktionen der Broker:
- Die *Markttransparenzfunktion* besteht darin, die besten aktuellen Geld- und Briefkurse des Marktes an nachfragende Marktteilnehmer weiterzuvermitteln.
- Die *Suchfunktion* besteht darin, die Zeit des Suchens und Findens eines handelswilligen Partners, der bereit ist, eine Position zu übernehmen, zu verkürzen. Ohne Broker würde es länger dauern, bis die Market-Maker eine passende Gegenpartei gefunden haben – entsprechend höher wäre ihr Risiko.

Noch besser als Voice-Broker scheinen bei Standardprodukten jedoch technische Handelsplattformen (»Electronic Broker«) Markttransparenz zu schaffen. Diese verdrängen derzeit die Voice-Broker, weil sie mehr Orders gleichzeitig zu geringeren Kosten zusammenbringen können.

Zentralbanken
Zentralbanken spielen an den Devisenmärkten eine wichtige Rolle.
- *Direkt* intervenieren sie an den Märkten.
- *Indirekt* bestimmen sie über die Zins- und Liquiditätspolitik die Rahmenbedingungen des Devisenhandels.

26.2.4 Geschäfte

Handelsgeschäfte lassen sich am einfachsten nach ihrer terminlichen Erfüllung unterscheiden in:
- Kassageschäfte,
- Termingeschäfte,
    - Outrightgeschäfte,
    - Swapgeschäfte und
    - Optionsgeschäfte.

26.2.4.1 Kassageschäfte
Die wohl bekannteste Transaktionsart ist der Kauf oder Verkauf von Devisen per Kasse. Per Kasse heißt, dass der Handel die Verpflichtung erhält, die Erfüllung bzw. Wertstellung (Valuta) des Geschäfts innerhalb von zwei Werktagen vorzunehmen.

Ein Kassageschäft beginnt damit, dass ein handelswilliger Partner einen anderen anruft (Telefonhandel) und um einen Preis bittet. Die Usance besagt, dass der Anrufer nicht bekannt geben muss, ob er kaufen oder verkaufen will. Der Angerufene muss anschließend, so verlangt es die Usance, wenn er ein Market-Maker ist – was jeder für sich selbst entscheidet –, einen An- und einen Verkaufskurs für das erbetene Währungspaar für eine Standardmenge quotieren. An die quotierten Preise ist der Händler so lange gebunden, bis er »ändert« ruft. Dann gelten die zuletzt genannten Kurse als erloschen.

Die Differenz zwischen Geld- und Briefkurs wird Kursspanne oder Spread genannt. Der Geldkurs ist der Ankaufskurs einer Währung, und der Briefkurs bezeichnet den Verkaufskurs. Jeder Händler hat seine eigenen An- und Verkaufskurse.

Ein Problem gibt es, wenn zwei Händler identische An- und Verkaufskurse haben. Zu welchem Kurs kommt dann ein Geschäft zustande? Die Antwort lautet natürlich: gar nicht. Genereller ist die Frage, wann man zu *eigenen* Kursen handeln kann und wann zu Kursen, die ein anderer Händler bietet?

Zum *eigenen* Ankaufskurs (eigener Geldkurs) kann ein X-Bank-Händler nur dann einen bestimmten Währungsbetrag von einer anderen Bank Y erwerben,
- wenn er angerufen wird,
- dem Anrufer *seine* Kurse nennt und
- der Anrufer daraufhin verkauft (nämlich zum Geldkurs der X-Bank).

Wie viel hat die X-Bank dann verdient? Das hängt davon ab, wie sie die Devisen verwertet. Zum *eigenen* Verkaufskurs kann sie die Devisen nur dann wieder verkaufen,
- wenn sie erneut angerufen wird und
- der Anrufer diesmal Devisen kauft (zum Verkaufs- oder Briefkurs der X-Bank).

In diesem Fall hat die X-Bank die (volle) Kursspanne zwischen ihrem eigenen Geld- und Briefkurs verdient.

Will die X-Bank die Devisen wieder los werden, ohne dass ein Kunde anruft, dann muss sie
- von sich aus andere Banken anrufen und
- zu *deren* Kursen handeln.
- Sie verkauft dann die Devisen zum Ankaufs- oder Geldkurs der fremden Bank.

Der Verdienst der X-Bank ist dann die Differenz aus eigenem Geldkurs und Geldkurs der anderen Bank.

Man sieht, welchen Vorteil es darstellt, wenn eine Bank als guter Market-Maker bekannt ist, der jederzeit marktgerechte Kurse stellt: Eine solche Bank wird dauernd angerufen und kann zu eigenen Kursen kaufen und verkaufen und jeweils die volle Spanne verdienen.

Bestimmungsfaktoren der Geld-Brief-Spanne

Der Verdienst im Devisenhandel bemisst sich also nach der Höhe der Spanne und der Frage, ob man angerufen wird oder ob man selbst anrufen muss. Wovon hängt nun die Höhe der Spanne außerdem ab? Die Höhe der Spanne hängt von folgenden Faktoren ab:
- *Gehälter* für Handel, Controlling und Abwicklung
- *Technikkosten*. Kosten der benutzten Technik
- *Fremde Kosten*. Z. B. beim Handel über Börsen oder bei Inanspruchnahme von Leistungen, die an Dritte ausgegliedert wurden (Outsourcing). Bei Bargeld-Transaktionen sind Transport- und Sicherheitskosten zu berücksichtigen.
- *Marktrisiko*. Eine Risikoprämie für das Wechselkursrisiko. Bei sehr schnellen Wechselkursbewegungen kann es trotz sofortiger Weiterverkaufsabsicht zu einem Verlust kommen, wenn Kauf und Verkauf nicht unmittelbar gleichzeitig getätigt werden. Um das zu vermeiden, wird bei einer erhöhten Volatilität bzw. einer geringen Liquidität des Marktes ein breiterer Spread quotiert.

- *Ordergröße*. Im Allgemeinen gilt, dass die Kursspanne bei kleineren Transaktionen breiter ist, als bei großen Beträgen. Denn die Fixkosten müssen auf ein geringeres Transaktionsvolumen verteilt werden.
- *Marktliquidität*. Die Liquidität des Marktes wird auch als Markttiefe bezeichnet. Nur wenn hinreichend viele Marktteilnehmer aktiv sind, ist das Handelsvolumen am Devisenmarkt groß (tief) genug, um größere Aufträge ohne größere Auswirkungen auf die Wechselkurse abwickeln zu können.
- *Kundenqualität*. Neben den bereits genannten Bestimmungsfaktoren für die Kursspanne wird die Spanne durch folgende Überlegungen bestimmt: Ist der Kunde, der um einen Preis bittet, häufig aktiv, sehr gut informiert oder soll der Kunde erst gewonnen werden, kann bzw. muss der Händler eine sehr viel engere Kursspanne stellen, die dem Kunden eine besonders freundliche Quotierung signalisiert.
- *Handwerkliche Fehler*. Erahnt der Händler frühzeitig die Absicht des Kunden, d.h., ob er kaufen oder verkaufen will, so kann er den Preis, den er nennen muss, in eine für ihn günstige Richtung »einfärben«, i) um das Geschäft sicher zu erhalten oder ii) um eine etwas größere Marge zu realisieren. Die Kursspanne wird dabei auf dem marktüblichen Niveau gelassen, damit der Kunde nicht merkt, dass der Preis verzogen ist.

Insgesamt gilt, dass die modernen Informationssysteme dazu führen, dass professionelle Kunden kaum noch bereit sind, auf Spreads und Preise zu handeln, die nicht vollkommen marktgängig sind. Höhere Margen sind daher für die Geschäftsbanken bei großen Kunden kaum noch zu verdienen. Die Handelsabteilungen der Großbanken reagieren hierauf einerseits mit einem verstärkten Eigenhandel. Andererseits wird der Verkauf von strukturierten Finanzprodukten im Zusammenhang mit einem zunehmenden Beratungsangebot ausgebaut. Denn in diesem Marktsegment können aufgrund der stärkeren Produktdifferenzierung und des Dienstleistungscharakters höhere Margen erzielt werden.

Notierungsarten

Aufgrund der bis heute überragenden Bedeutung des US-Dollar in der Weltwirtschaft hat sich die Technik herausgebildet, den Dollar als Vehikelwährung zu benutzen. Im Interbankenhandel werden alle Währungen fast ausschließlich gegen US-Dollar quotiert. Alle weiteren bilateralen Kurse werden als sogenannte Cross-Rates über den Dollar errechnet. Eine Ausnahme bildet der Euro, für den sich eigenständige Notierungen gegen viele Währungen herausbilden.

An den Devisenmärkten hat sich für den Euro und für das britische Pfund die sogenannte Mengennotierung durchgesetzt. Für alle anderen Währungen ist die Preisnotierung üblich.

Referenzkurse

Wie war eigentlich der Devisenkurs gestern? Diese Frage ist nicht zu beantworten, denn bei einem 24h-rund-um-die-Uhr-Handel gibt es nicht »den« Devisenkurs eines Tages. Es gibt allerdings einen Bedarf nach Referenzkursen z. B. für buchhalteri-

> **Notierungsarten**
>
> **Preisnotierung**
> - Preis einer oder 100 oder 1.000 Einheit(en) Auslandswährung in Inlandswährung
> - Beispiel für Schweizer Franken als Inlandswährung:
>   14,002 CHF/JPY (Japanische Yen per 1000)
>
> **Mengennotierung**
> - gibt die Menge ausländischer Währungseinheiten an, die man für eine Einheit Inlandswährung erhält
> - entspricht dem reziproken Wert der Preisnotierung
> - Beispiele für Euro und Britische Pfund als Inlandswährungen:
>   1,3218 USD/EUR
>   2,4210 CHF/GBP

sche Umrechnungszwecke, Abrechnungen im Auslandszahlungsverkehr und bei Auslandswertpapiertransaktionen.

Großbankensystem. Die Großbanken setzen individuell in einem jeweils eigenen internen Fixing zum gleichen Zeitpunkt (13.00 Uhr MEZ) repräsentative Marktkurse fest. Jede Bank ermittelt die Referenzkurse aus den Salden der Kundenaufträge, die sie zu diesem Zeitpunkt am Devisenmarkt glattstellen muss. Der Referenzkurs ist also der Kurs, zu dem eine Bank einen Saldo der vorliegenden Kauf- und Verkaufsaufträge der Kundschaft am Markt glattstellen kann, derart dass das Umsatzvolumen maximiert wird.

System der Europäischen Zentralbank. Unabhängig von den Geschäftsbanken werden von dem Europäischen System der Zentralbanken um 14.15 Uhr MEZ Devisenkurse ermittelt. Die Chefdevisenhändler der Mitgliedsbanken des ESZB tauschen sich über die Lage an den Devisenmärkten aus und bestimmen in einem »Mittelwertverfahren« für eine Reihe von Währungen Kurse. Es ist nicht sicher, dass zu diesen Kursen tatsächlich ein Handel unter Geschäftsbanken stattgefunden hat. Die Kurse sind also keine echten Marktkurse, sondern »Taxkurse«. Dafür besteht die Gewähr, dass die ermittelten Kurse nicht durch materielle Interessen der Ermittler verzerrt sind.

Elektronische Informations- und Handelssysteme

Ohne Technik funktioniert Handel heute nicht mehr. An den Devisenmärkten werden unterschieden:
- Informationssysteme und
- Handelssysteme.

Informationssysteme. Die wichtigsten stammen von Reuters, Telerate und Bloomberg. Sie bieten zweierlei:
- Hintergrundinformationen über Ereignisse, die für die Preisbildung Relevanz haben, sowie
- Preisinformationen über die aktuellen Geld- und Briefkurse wichtiger Marktteilnehmer.

Sowohl Market-Maker als auch häufig am Devisenmarkt aktive Market-User nutzen Informationssysteme, um über die aktuellen Geschehnisse an den Märkten und alle Faktoren, die die Wechselkurse beeinflussen könnten, informiert zu sein. Es muss jedoch betont werden, dass die eingegebenen Preise letztlich nur eine Information und kein bindendes Angebot darstellen. Manche Spreads werden zu eng und andere zu weit angezeigt. Die eingebenden Institute verfolgen das Ziel, auf sich aufmerksam zu machen.

Handelssysteme. Es gibt unterschiedlich ausgestaltete Systeme:
- *Quotesysteme.* Zeigen Quotes, auf die durch »Anklicken« ein sofortiger Vertragsabschluss zustande kommt. Als Quote bezeichnet man einen verbindlich geäußerten Handelswunsch. Der Quote beinhaltet einen Grenzpreis und die gewünschte Handelsmenge. Klickt man einen passenden Quote an, gilt ein Vertrag als zustande gekommen (Matching). Der Computer zeigt dann die Namen der Handelspartner an und eröffnet eine Maske, in die die Handelspartner die gewünschten Liefermodalitäten eintragen können. Bei einigen Systemen kann man im Vorfeld die Namen von Banken eintragen, mit denen man nicht handeln möchte. Dann verweigert der Computer schon beim Anklicken eines Quotes das Matching.
- *Kommunikationssysteme.* Ermöglichen die bildschirmgestützte Kommunikation zwischen zwei handelswilligen Parteien. Man muss also wie im Telefonverkehr einen Partner anwählen und eine Kommunikation beginnen. Der Vorteil gegenüber dem Telefonhandel ist die Schriftlichkeit. Alle Schritte werden dokumentiert, und Missverständnisse sind ausgeschlossen. Außerdem können die Daten der abgeschlossenen Verträge automatisch in elektronische Abwicklungssysteme übergeleitet werden.

Die Vorteile der Handelssysteme gegenüber dem traditionellen Telefonhandel sind:
- sichere Dokumentation des Verhandlungsverlaufes,
- direkte Übergabemöglichkeit der Daten an Backoffice-Systeme und
- vollständiger Marktüberblick. Bisher hatten nur die Makler den Marktüberblick, und es kam vor, dass sie Marktteilnehmer diskriminierten.

Die über Handelssysteme getätigten Geschäfte fließen direkt über elektronische Schnittstellen in die Positionsführungssysteme des Handels.

Arbitragehandel und Proprietary-Trading
Wie oben gesehen, besteht die Devisenhandelsabteilung aus den zwei großen Bereichen Trading und Sales. Im Bereich Sales werden Orders bei der Kundschaft akquiriert. Im Bereich Trading werden diese Orders dann »weiterbehandelt«. Dabei hat die Trading-Abteilung zwei Möglichkeiten: Sie kann die Position sofort weiterverkaufen (Arbitragehandel), oder sie kann sie in die eigene Position nehmen (Proprietary-Trading).

Der klassische Arbitragehandel ist allerdings etwas anders.

> **DEFINITION**
> Arbitragehandel (klassische Definition) ist das gleichzeitige Kaufen und Verkaufen an zwei verschiedenen Teilmärkten mit dem Ziel, Preisdifferenzen zwischen den Teilmärkten auszunutzen.

Aufgrund der jedermann verfügbaren Informationssysteme sind Preisdifferenzen zwischen beliebigen Teilmärkten des Devisenmarktes nahezu nicht mehr existent, sodass im Kassahandel heutzutage kein traditioneller Arbitragehandel mehr möglich ist. Diese Geschäftsart ist also fast ausgestorben. Der Begriff Arbitragehandel hat sich gleichwohl erhalten. Er bezeichnet heute aber etwas ganz anderes als früher und wird vom Proprietary-Trading unterschieden.

> **DEFINITION**
> Arbitragehandel (moderne Definition) ist ein Interbankenhandel, bei dem eine Bank, die Devisen zum eigenen Geldkurs (von einem Nichtbankkunden oder von einer Bank) erworben hat, versucht, diese bei einer anderen Bank (zu deren Geldkurs) wieder zu verkaufen, derart dass noch eine positive Spanne verbleibt

Zweck des Arbitragehandels ist es, das Halten von Devisenpositionen zu vermeiden, um Risiken zu minimieren und Gewinnchancen zu nutzen.

Neben dem Arbitragehandel spielt das sogenannte Proprietary-Trading die größte Rolle im täglichen Devisengeschäft einer Bank.

> **DEFINITION**
> Proprietary-Trading ist ein Devisenhandel in die eigene Position hinein.

Im Prop-Trading werden Positionen also nicht wieder geschlossen, wie im Arbitragehandel. Vielmehr ist das Halten von Positionen begründender Bestandteil. Da der sogenannte Prop-Händler vor allem längerfristige Gewinnmöglichkeiten sucht und teilweise hochspekulative Positionen hält, gehen wir in einem eigenen Abschnitt (Positionen und Strategien) darauf ein.

BEISPIEL
Ein Händlergeschäft kann folgendermaßen ablaufen: Angenommen ein Unternehmen möchte zur Bezahlung einer Importrechnung 10 Mio. US-Dollar kaufen. Hierzu kontaktiert das Unternehmen den Sales-Partner der Commerzbank und fragt nach einem Preis für 10 US-Dollar gegen Euro. Der Sales-Partner erfragt einen Preis beim Kassahandel (Spotdesk der Trading-Abteilung) und erhält als Antwort z.B. »20/23«. Die sogenannte Big Figure (z.B. 1,07), d.h. das Wechselkursniveau, wird beim Quotieren als bekannt vorausgesetzt. Der Kundenbetreuer quotiert daraufhin dem Kunden einen Preis von 19/24, d.h. der Kunde kann zu 1,0719 US-Dollar/Euro 10 Mio. US-Dollar kaufen. Anschließend erfolgt eine schriftliche Bestätigung. Die 10 Mio. US-Dollar werden bankintern von der Abteilung Trading an die Abteilung Sales »verkauft«. Sales hat demnach 1

Punkt, i.e. 1000 US-Dollar verdient. Trading muss nun entscheiden, die verkauften Dollar aus der Position zu nehmen (Proprietary-Trading) oder bei fremden Banken zurückzukaufen (Arbitragehandel).

26.2.4.2 Termingeschäfte

Das zweite große Marktsegment nach dem Kassamarkt ist der Terminmarkt. Auf dem Terminmarkt werden Devisen gehandelt, die nicht innerhalb von zwei Tagen, sondern erst zu einem späteren Zeitpunkt geliefert und bezahlt werden, für die aber schon heute ein Preis vereinbart wird.

Folgende Geschäftsvarianten sind zu unterscheiden:
- Outright-Geschäfte,
- Swap-Geschäfte und
- Optionsgeschäfte.

Outright-Geschäfte

Ein Outright-Geschäft ist ein Kaufvertrag über Devisen, die zu einem späteren Zeitpunkt geliefert werden. Der Unterschied zum Kassageschäft besteht tatsächlich nur in der späteren Valutierung der Transaktion. Im Interbankenhandel ist diese Form des Termingeschäfts allerdings unüblich. Im Wesentlichen wird es von Unternehmen genutzt, die sich aufgrund ihrer Außenhandelsaktivitäten Wechselkursrisiken gegenüber sehen. Wie mit Hilfe eines Outright-Geschäfts Wechselkursrisiken für ein Unternehmen reduziert werden können, verdeutlicht das folgende Beispiel.

BEISPIEL Eine europäische Exportfirma erwarte, in 3 Monaten einen bestimmten Dollarbetrag von einem Kunden zu erhalten. Die Dollar-Long-Position bedeutet für die Firma aufgrund der Wechselkursunsicherheit ein Risiko. Um dieses auszuschalten, kann die Firma den Dollarbetrag per Termin zu einem fest vereinbarten Kurs verkaufen. Importfirmen sehen sich ebenfalls Preisrisiken gegenüber, denn US-Importe können bei einem Wertzuwachs des Dollar erheblich teurer werden als zunächst geplant. Zur Ausschaltung des Risikos kann der Importeur bereits beim Abschluss des Geschäfts den Dollarbetrag per Termin zu einem festen Kurs kaufen.

Börsenhandel von Outright-Termingeschäften: Futurehandel

Die große Masse der Outright-Termingeschäfte wird wie Kassageschäfte per Telefon gehandelt. Darüber hinaus gibt es den börsengebundenen Handel. Börsengehandelte Outright-Termingeschäfte werden Futures genant. Hierzu folgende Informationen:
- Insgesamt ist das Handelsvolumen über Börsen klein.
- Wichtige Börsenplätze sind Dublin und Chicago.
- Der Futures-Handel beinhaltet Outright-Termingeschäfte mit standardisierten Mengen und festgelegten Stichtagen.
- Demnach bedeutet ein Future-Kontrakt die Verpflichtung, einen bestimmten Währungsbetrag zu einem fest vorgeschriebenen Preis zu kaufen oder zu verkaufen.

- Aufgrund der Standardisierung werden Futures fast ausschließlich zwischen Banken gehandelt und dienen der Steuerung der eigenen Position (Proprietary-Trading).
- Das vorrangige Ziel von Future-Geschäften ist die Absicherung gegen Risiken aufgrund von Preisunsicherheiten.
- In der Regel wird ein Future-Kontrakt noch vor der Fälligkeit wieder glattgestellt.
- Für Kunden außerhalb des Bankensektors sind Futures weniger attraktiv, da sie aufgrund der Standardisierung nicht den spezifischen Bedürfnissen gerecht werden.

Swapgeschäfte

Wird ein Kassageschäft getätigt und ein gegenläufiges Termingeschäft abgeschlossen, oder werden zwei gegenläufige Termingeschäfte kontrahiert, liegt ein Swapgeschäft vor.

> **DEFINITION**
> Ein Swapgeschäft beinhaltet demnach den gleichzeitigen mengengleichen Kauf und Verkauf eines Devisenbetrages, wobei Kauf und Verkauf an unterschiedlichen Terminen valutieren.

Es handelt sich bei Swaps also lediglich um einen Tausch von Fälligkeiten. Eine effektive Devisenbestandsveränderung erfolgt nicht.

Wozu sind Swapgeschäfte nützlich?
- *Im kommerziellen Geschäft.* Export- und Importunternehmen tätigen zur Kurssicherung überwiegend Outrightgeschäfte und keine Swaps. Swaps können aus folgenden Gründen nötig werden: Angenommen, es kommt bei einem Importgeschäft zu einer Verschiebung des Zahlungszeitpunktes um einen Monat. Das Unternehmen kann dann die bereits gesicherte Devisenposition verkaufen und mit einem Auf- oder Abschlag per neuem Termin zurückkaufen. Das ist ein Swap.
- *Im Interbankenhandel zur Kurssicherung.* Im Interbankengeschäft sind Outright-Termingeschäfte selten und Swaps dafür häufig. Swapgeschäfte werden z. B. genutzt, um Positionen aus dem kommerziellen Geschäft glattzustellen. Die Position aus einem Ankauf per Termin von einem kommerziellen Kunden kann – sehr schnell – durch einen Kassaverkauf geschlossen werden. Anschließend wird – in Ruhe – ein Swapgeschäft abgeschlossen, um die gewünschte Fälligkeitsstruktur zu erreichen.
- *Im Interbankenhandel zur Spekulation.* Spekulative Positionen werden von den Banken in der Kasse gehalten und dann von Tag zu Tag weitergeswapt, bis sich der Erfolg oder der Misserfolg eingestellt hat. Würde man spekulative Positionen per Termin halten, dann würde man bei einer Auflösung (d. h. Neutralisierung des Termingeschäftes durch ein konträres Termingeschäft) die Geld-Brief-Spanne verlieren.

Preisbildung bei Termingeschäften

Am Terminmarkt findet im Gegensatz zum Kassahandel keine direkte Preisnotierung statt. Vielmehr werden Swapsätze genannt, die dem Kassakurs hinzugefügt oder abgezogen den Terminkurs ergeben.

DEFINITION
Der Swapsatz drückt die Differenz zwischen
Termin- und Kassakurs aus, die in Swap-Punkten
– auch Swap-Stellen oder »Pips« genannt –
gemessen wird.

BEISPIEL
Ein Kunde fragt nach einem Terminkurs für den Dollar für 30 Tage. Er bekommt die Antwort: »Der Swapsatz beträgt 77 Stellen«. Daraus errechnet sich bei einem Kassakurs des Euro (Geld) von 1,0719 US-Dollar/Euro ein Termin (Outright)-Kurs von 1,0796 US-Dollar/Euro (= 1,0719 + 77).

Der Grund für diese Art der Notierung ist, dass die Swapsätze oft längere Zeit unverändert bleiben, während die Kassakurse ständigen Schwankungen unterliegen. Eine Notierung von Terminkursen wäre somit viel aufwändiger, da diese von den Änderungen der Kassakurse abhängen.

Bestimmungsfaktoren der Swapsätze
Bestimmend für die Höhe der Swapsätze sind die Zinssätze am Geldmarkt, wie folgende Überlegung verdeutlicht: Aufgrund der Zeit zwischen Devisenkauf und -verkauf beim Swapgeschäft, ergeben sich vor allem für die an den Geldmärkten aktiven Geschäftsbanken Handlungsanreize aus den Zinsdifferenzen. Sind bspw. die Geldmarktzinsen in den USA höher als in Euroland, ist es kurzfristig lohnend, ein Euro-Guthaben in den USA anzulegen. Hierzu muss der entsprechende Dollarbetrag per Kasse gekauft und per Termin wieder verkauft werden, sodass das Wechselkursrisiko ausgeschaltet wird. Das Geschäft bringt einen Arbitragegewinn, so lange der Zinsvorteil nicht durch den im Zuge des Terminverkaufs entstehenden Kursabschlag kompensiert wird. Bis dahin besteht demnach ein Handlungsanreiz für Arbitragetransaktionen. Diese führen letztlich dazu, dass die Swapsätze weitgehend mit den Zinsdifferenzen der beiden Währungen identisch sind.

Die häufig verwendete Faustformel für die Berechnung eines Swapsatzes verdeutlich den Einfluss der Zinsdifferenzen am Geldmarkt:

$$\text{Swapsatz} = \frac{\text{Kassakurs} \cdot \text{Zinsdifferenz} \cdot \text{Zeit (in Tagen)}}{100 \cdot \text{Basis}}$$

Swapsatz = Terminkurs – Kassakurs
Zinsdifferenz = Auslandszinssatz – Inlandszinssatz
Zeit = Laufzeit des Geschäfts in Kalendertagen
Basis = Anzahl der Tage pro Jahr (im Allgemeinen 360)

BEISPIEL Gegeben seien: Euro/US-Dollar = 0,9950–55; Euro-Zinsen = 3,35–3,40 %; US-Dollar-Zinsen = 5,85–5,90 %; Laufzeit = 31 Tage (1 Monat).
Die Zinsdifferenz beträgt im Beispiel 2,45 % (= 5,85 % – 3,40 %).

$$\text{Daraus folgt:} \quad \text{Swapsatz} = \frac{0{,}9950 \cdot 2{,}45 \cdot 31}{100 \cdot 360} = 0{,}0021$$

Da: Terminkurs = Swapsatz + Kassakurs, ergibt sich im Beispiel ein Terminkurs von 0,9971–76 (= [0,9950–55] +0,0021).

Entscheidungen auf der Grundlage dieser einfachen, auf der Zinsformel basierenden Gleichung können jedoch falsch sein. Das Problem ist: Es wird unterstellt, dass der Zinsertrag zum Kassakurs konvertiert werden kann. Das muss natürlich nicht der Fall sein, denn die Entwicklung des Kassakurses bis zur Fälligkeit der Zinsen ist höchst ungewiss. Aus diesem Grund werden Swapsätze häufig abgeleitet:

$$\text{Swapsatz} = \frac{\text{Kassakurs}(Z_a - Z_i) \cdot \text{Zeit}}{100 \cdot \text{Basis} + (Z_a \cdot \text{Zeit})}$$

Zeit = Laufzeit des Geschäfts in Kalendertagen
Basis = Anzahl der Tage pro Jahr (im Allgemeinen 360)
Z = Zinssatz für das Ausland a und das Inland i

BEISPIEL Für die Daten des obigen Beispiels ergibt sich dann folgender Swapsatz:

$$\text{Swapsatz} = \frac{0{,}9950 \cdot (5{,}85 - 3{,}40) \cdot 31}{100 \cdot 360 + (5{,}85 \cdot 31)} = 0{,}002089$$

Im Beispiel liegt das Zinsniveau im Ausland über dem Zinsniveau im Inland. Der Swapsatz ist damit positiv und der Terminkurs weist gegenüber dem Kassakurs einen Aufschlag auf. In diesem Falle spricht man von einem Report. Ist das ausländische Zinsniveau jedoch geringer als das inländische, wird der Swapsatz negativ. Der Terminkurs liegt dann unter dem Kassakurs. Diesen Abschlag nennt man Deport.

BEISPIEL Wie unterscheidet sich aber ein Abschlag von einem Aufschlag, der ohne negatives Vorzeichen quotiert wird? Bei einer Kassaquotierung des Euro gegenüber US-Dollar von 1,0500–1,0510 lauten die Swapsätze bei einem Abschlag z. B. 0,0145–0,0135 (bzw. üblicherweise 145–135), d. h. der Swapsatz ist für den Geldkurs höher als für den Briefkurs. Der Terminkurs des Euro per einen Monat ergibt sich hier zu 1.0355–1.0375 (1,0500–0,0145; 1,0510–0,0135). Bei einem Aufschlag ist der Swapsatz für den Briefkurs höher als für den Geldkurs (z. B. 0,0135–0,0145).

Terminkurse werden zwar kurzfristig auch von kommerziellen und spekulativen Handelsaktivitäten beeinflusst, aber (klassische) Arbitragetransaktionen führen letztlich wieder zu einer Übereinstimmung der Swapsätze mit den Zinsdifferenzen.

Swapsätze werden standardmäßig für sogenannte gerade Termine, das sind 1, 2, 3, 6 und 12 Monate, angeboten. Termine zwischen diesen Fälligkeiten werden als gebrochene Termine bezeichnet.

26.2.5 Positionen und Strategien

Handel hat nicht zwingend etwas mit dem Eingehen von Positionen und dem Verfolgen bestimmter spekulativer Strategien zu tun. Der Kassahandel will, wie oben dargestellt, oftmals vor allem Kundenaufträge »durchhandeln« und Arbitragegewinne erzielen. Trotzdem kommt es immer wieder auch zum Eingehen von Positionen, weil sich damit Geld verdienen lässt.
Banken halten zwei ganz unterschiedlich motivierte Arten von Devisenpositionen.
- längerfristige strategische Positionen (Laufzeit mehr als einen Tag) und
- kurzfristige taktische Positionen (Laufzeit bis Tagesschluss).

26.2.5.1 Kurzfristige taktische Positionen
Aufgrund von plötzlich eingetretenen Faktoren, die bei den Kassahändlern zu einer neuen Erwartungshaltung bezüglich der Wechselkursbewegungen führen, baut der Kassahandel sehr kurzfristig Positionen auf.

Die wichtigsten Faktoren, die immer wieder Anlass für geänderte Erwartungshaltungen geben, sind:
- zur Veröffentlichung anstehende wirtschaftliche Indikatoren,
- politische Neuigkeiten,
- Marktgerüchte,
- das Überschreiten kritischer technischer Kursniveaus und
- Spekulationen über Interventionen seitens der Zentralbanken.

Verhalten bei Verlusten
Wichtig ist, dass die Kassaspekulation nicht von langer Dauer ist, denn die Positionen werden im Tagesverlauf wieder geschlossen. Es kann sogar sein, dass eine Position nur wenige Minuten gehalten wird, wenn die Erwartung des Händlers nicht erfüllt wird. Das Schließen der Position wird in diesem Fall durch den Verlust ausgelöst. Gewöhnlich setzen sich die Händler nach dem Aufbau einer Devisenposition selbst enge Verlust-Limits, die noch weit unter den institutionell vorgegebenen Grenzen liegen. Entwickelt sich der Wechselkurs zum Nachteil des Händlers, und es wird ein kritisches Kursniveau oder ein bestimmter Verlust erreicht, so schließt der Händler die Position oder »dreht« sie in eine andere, von der er sich mehr Erfolg verspricht. Das Schließen der Position ist gleichbedeutend mit einer Realisation des Verlustes, während der Wechsel der Position diesen Zeitpunkt hinausschiebt.

26.2.5.2 Längerfristige strategische Positionen
Strategische spekulative Positionen haben eine beliebige Länge angefangen von Overnight-Positionen. Die übliche Dauer übersteigt mehrere Tage nur selten. Sie

stehen im Mittelpunkt des Proprietary-Handels. Dass heute selbst nur wenige Tage gehaltene Positionen als »längerfristig« strategisch bezeichnet werden, hängt mit den modernen Risikoerfassungssystemen zusammen und der abnehmenden Bereitschaft der Geschäftsführung von Banken, temporäre Verluste auszusitzen.

Welche Faktoren bewegen einen sogenannten Prop-Trader zum Eingehen einer längerfristigen spekulativen Devisenposition?
- Fundamentale wirtschaftliche Trends, die für eine bestimmte Wechselkursentwicklung sprechen,
- Unterschiede zwischen der Rendite von Assets und Kreditkosten, soweit verschiedene Währungsgebiete tangiert sind und
- Kapitalflüsse aus Direkt-/Portfolioinvestitionen oder M & A-Aktivitäten

Von einer längerfristigen spekulativen Position wird im schnelllebigen Devisenhandel einer Großbank schon dann gesprochen, wenn die Position (nur) über Nacht gehalten wird; dementsprechend heißen solche Positionen auch Overnight-Positionen. Da sie einem höheren Kursrisiko ausgesetzt sind als eine Tagesposition, unterliegen sie einer besonderen Limitierung.

Längerfristige strategische Positionen mit Optionen

Strategien zur strategischen Spekulation auf längerfristige Wechselkursentwicklungen werden aus Risikogründen hauptsächlich mittels Optionen umgesetzt. Spekulative Strategien können als kombinierte Käufe und Verkäufe von Call- und Put-Optionen, die auf bestimmte Kursverläufe oder Veränderungen der Volatilitäten zielen, interpretiert werden.

Am Markt häufig eingesetzte Verknüpfungen zwischen Erwartungen und eingeschlagenen Strategien lauten wie folgt:
- Erwartung eines steigenden Kurses: Kauf eines Call *(Long Call)*
- Erwartung eines leicht steigenden oder stagnierenden Kurses: Verkauf eines Put *(Short Put)*
- Erwartung eines fallenden Kurses: Kauf eines Put *(Long Put)*
- Erwartung einer steigenden Volatilität: Kauf eines Straddle *(Long Call und Long Put mit gleichen Basispreisen)*

Für die einzelnen Positionen siehe Abschnitt »Strategien mit Optionen« weiter unten.

FALLBEISPIEL

Ein beliebter Anlass für spekulative Positionen sind Marktgerüchte über bevorstehende Interventionen von Zentralbanken an den Devisenmärkten. Insbesondere der starke Wertverlust des Euro hat im letzten Jahr immer wieder zu Gerüchten über Interventionen der Europäischen Zentralbank zugunsten des Euro geführt. Wenn ein Händler wirklich davon überzeugt ist und beispielsweise innerhalb der kommenden 1 bis 2 Tage mit Eurokäufen der EZB rechnet, kauft der Händler einen Call. Der Händler hat dann bei einer Aufwertung des Euro das Recht, Euro zu einem vorher festgelegten (niedrigen) Preis zu kaufen. Wird die Erwartung des Händlers bestätigt, kann der Euro-Betrag zu dem höheren Kassapreis gewinnbringend verkauft werden.

Prolongation einer Devisenposition

Spekulative Positionen werden üblicherweise in die Kasse gekauft und dann so lange prolongiert, bis sich der spekulative Erfolg eingestellt hat oder die Strategie des Spekulanten nicht aufgegangen ist. Die Prolongation einer Devisenposition wird mit Hilfe eines Swapgeschäfts vorgenommen.

> **BEISPIEL**
> Angenommen eine Bank hat Euro per Termin verkauft und möchte die Fälligkeit dieser Position hinausschieben. Ein Swapgeschäft bietet hierzu die Möglichkeit. Die gängigsten Geschäfte in diesem Zusammenhang sind Spot-Next- bzw. Tom-Next- (»Tomorrow Next«) Kontrakte. Bei einer Spot-Next-Transaktion ist die Laufzeit der Kassaseite zweitägig und die der Terminseite dreitägig. Beim Tom-Next-Geschäft sind die Fristen eintägig und zweitägig. Werden entsprechende Swapgeschäfte täglich wiederholt, lassen sich spekulative Positionen über eine längere Zeit aufrecht erhalten. Aufgrund der Differenz zwischen Kassa- und Terminkurs kann es jedoch zu einem Swapgewinn oder Swapverlust kommen. Solange die Position auf alter Basis prolongiert wird, ist der Gewinn bzw. Verlust nicht realisiert. Der Partner, dessen Position im Gewinn ist, hat ein Kontrahentenausfallrisiko.

26.2.6 Das Optionsgeschäft im Devisenhandel

Optionen bilden die wesentliche Alternative zum klassischen (unbedingten) Termingeschäft, da sich aufgrund der größeren Flexibilität Risiken besser absichern und Chancen besser nutzen lassen. Sie spielen deshalb eine immer größer werdende Rolle im Devisengeschäft.

Grundbegriffe von Devisenoptionen

> **DEFINITION**
> Eine Devisenoption ist definiert als ein Vertrag, der dem Käufer das Recht gibt, einen bestimmten Währungsbetrag zu einem im Voraus festgelegten Preis innerhalb einer bestimmten Frist zu kaufen oder zu verkaufen.

Die wichtigsten Grundbegriffe im Überblick:
- *Calloption*. Option, die das Recht bietet, einen Devisenbetrag zu kaufen.
- *Putoption*. Option, die das Recht bietet, einen Devisenbetrag zu verkaufen.
- *Käufer* einer Option. Vertragspartei, die das Recht erwirbt, Devisen zu kaufen oder zu verkaufen.
- *Verkäufer* einer Option (*Stillhalter*): Vertragspartei, die auf Verlangen des Käufers dessen Recht aus der Option erfüllen muss.
- *Strikepreis/Basispreis*. Der Devisenkurs, zu dem der Käufer einer Option die fremde Währung kauft oder verkauft, wenn er die Option ausübt.
- *Optionsprämie*. Der Preis, den der Käufer einer Option dem Verkäufer (Stillhalter) zu zahlen hat. Die Prämie setzt sich aus dem inneren Wert (Intrinsic Value) und dem Zeitwert (Time Value) zusammen.

- *Innerer Wert.* Eine Option hat einen inneren Wert, wenn der Basispreis der Option gegenüber dem aktuellen Kassa- bzw. Terminkurs einen »Vorteil« bietet. Ein innerer Wert existiert, wenn der Basispreis eines Calls unter, der Basispreis eines Puts über dem aktuellen Devisenterminkurs liegt. Optionen mit innerem Wert stehen »im Geld«.

BEISPIELE

»Innerer Wert«
Der EUR/USD-Terminkurs beläuft sich auf 0,9740 USD/Euro.
EUR Call 0,9540:   Innerer Wert beträgt 0,0200 USD
EUR Put 1,0140:   Innerer Wert beträgt 0,0400 USD

»Aus dem Geld« und »Im Geld«
Der EUR/USD-Terminkurs steht bei 0,9740 USD/Euro.
EUR/USD Call   Strike: 1,0100 = aus dem Geld
                 Strike: 0,9740 = am Geld
                 Strike: 0,9300 = im Geld
EUR/USD Put   Strike: 0,9300 = aus dem Geld
                 Strike: 0,9740 = am Geld
                 Strike: 1,0100 = im Geld

- *Zeitwert.* Prämienanteil, den der Käufer an den Verkäufer dafür zu zahlen hat, dass dieser ihm das Recht zu kaufen oder zu verkaufen für einen gewissen Zeitraum (Optionslaufzeit) einräumt. Der Zeitwert ist vergleichbar mit einer Versicherungsprämie. Vereinfacht gilt: Zeitwert = Optionsprämie – innerer Wert.
- *Volatilität.* Wechselkurse unterliegen aufgrund der schnellen Informationsverarbeitung und der teilweise sehr kurzfristig angelegten Geschäfte ständigen Schwankungen. Diese Schwankungen werden im Rahmen der Volatilitätsmessung erfasst. Man unterscheidet zwischen folgenden Arten:
  - Historische Volatilität: Empirisch beobachtete Schwankungen in der Vergangenheit.
  - Implizite Volatilität: Auflösung der Optionspreisformel nach der Volatilität. Die implizite Volatilität spiegelt die Erwartungen der Marktteilnehmer hinsichtlich der zukünftigen Wechselkursschwankungen wider.
- *European Style.* Option kann nur am letzten Tag (Expiry Day) bis 10:00 Uhr NY-Zeit ausgeübt werden.
- *American Style.* Option kann jederzeit während der Optionslaufzeit ausgeübt werden. Spätestens jedoch am Expiry Day um 10:00 Uhr NY-Zeit.
  - Expiry Day (Declaration Day). Tag an dem sich der Käufer einer Option entscheiden muss – bis 10:00 NY Zeit –, ob er die Option ausübt oder verfallen lässt.
  - Value Day. Tag der valutarischen Abrechnung, sofern eine Option ausgeübt wird. Üblich ist der 2. Werktag nach dem Expiry Day.
  - Premium Value Day. Tag der valutarischen Verrechnung der Optionsprämie. Üblich ist der 2. Werktag nach Abschluss des Optionsvertrages.

Der Handel mit Optionen
Der Optionshandel einer Bank ist ganz ähnlich organisiert wie der Kassahandel.
- Es gibt den Sales- und den Trading-Bereich.
- Das Gewinnpotenzial basiert vor allem auf der Differenz zwischen Geld- und Briefkurs einer Option.
- Der Market-Maker – organisatorisch angesiedelt im Trading-Bereich – ist beim Optionshandel jederzeit bereit, einen Geld- bzw. Briefkurs zu stellen.
- Ein Optionshändler – also der Trading-Bereich – reagiert nicht nur auf Kundenaufträge mit Durchhandel (Arbitragehandel), sondern hält ein eigenes Optionsportfolio (Proprietary-Trading).

Das eigene Optionsportfolio ist wichtig aus zwei Gründen:
- *Optionsbuch und Arbitragehandel.* Die Optionsprämien bieten derzeit aufgrund der Konkurrenzsituation kein großes Gewinnpotenzial mehr, sodass Arbitragehandel wenig ertragreich ist. Optionsgeschäft, das nur aus dem Durchhandeln besteht, ist also derzeit nicht möglich.
- *Optionsbuch und Proprietary-Trading.* Eine Bank, die keinen Arbitragehandel betreibt und passiv auf Kundenorders reagiert, baut sehr schnell große Stillhalterpositionen auf, da Kunden üblicherweise mit Kaufaufträgen kommen. Obgleich dies als spezifische Aufgabe des Market-Makers angesehen werden kann, bietet das aktiv gemanagte eigene Optionsportfolio die Möglichkeit, die natürliche Short-Position der Bank aus dem Kundengeschäft zu reduzieren und das resultierende Risiko zu senken, ohne die starre Strategie des permanenten Durchhandelns betreiben zu müssen.

FALLBEISPIEL

Wie kann man mit einem aktiv gemanagten Optionsbuch Ertrag generieren?
Ein begangener Weg ist es, Optionskäufe der Kunden frühzeitig zu antizipieren. Der Händler baut in Antizipation der Kundennachfrage zuerst sein Portfolio auf und profitiert dann von der erwarteten veränderten Nachfrage. Demnach kann der Händler in einer bestimmten Option zunächst prozyklisch long gehen, um anschließend durch die anziehende Nachfrage (und Preise) Wertsteigerungen des eigenen Portfolios zu verbuchen. Der Verkauf zu dem gestiegenen Preis sichert den Gewinn und führt die Bank in die Short-Position zurück. Die zentrale Aussage lautet daher, dass die Strukturierung des Optionsportfolios die Basis für einen profitablen Optionshandel liefert.

Führen des Optionsbuches
Um die Risiken des Optionsbuches zu steuern, werden
- der Value-at-Risk-Ansatz verwendet und
- die klassischen Risikoparameter, die sog. Greeks (Delta, Gamma, Theta, Vega und Rho) beachtet.

Die *Greeks* messen den Einfluss verschiedener Marktparameter auf den Optionswert. Übereinstimmend bei allen verwendeten Optionspreisformeln ergibt sich:
- Delta bezeichnet das Verhältnis von Optionspreisveränderung zu Kassakursänderung.

- Gamma bezeichnet die Rate, mit der sich das Delta ändert, wenn sich der Kassakurs ändert.
- Theta bezeichnet die Veränderung des Optionswertes im Zeitablauf.
- Vega bezeichnet die Veränderung des Optionswertes in Abhängigkeit der Volatilität des Kassakurses.
- Rho bezeichnet den Einfluss des kurzfristigen Zinses auf den Optionswert.

Zur Berechnung der Greeks siehe das Kapitel Mathematik des Investment Banking.

Die Risikoparameter werden für ein Optionsportfolio über alle Optionskäufe und -verkäufe aggregiert gemessen. Diese zusammengefasste Information bildet das Chancen/Risiko-Profil für einen Optionshändler. Die Darstellung aller Optionspositionen und der dazugehörigen Risikoparameter erfolgt im sogenannten Optionsbuch. Das Optionsbuch führt der Market-Maker der jeweiligen Bank, der dadurch permanent über das Chancen-Risiko-Profil seines Portfolios informiert ist.

Delta-Hedging und Delta-Gamma-Hedging. Die klassischen Methoden, ein Optionsportfolio zu sichern, sind das Delta-Hedging und das Delta-Gamma-Hedging. Beim ersteren wird die zusammengefasste Position deltaneutral, beim zweiten delta- und gammaneutral gestellt, indem eine Position mit gegenläufigem Delta bzw. Delta und Gamma gekauft wird. Im Falle der Bank mit einer Short-Position müssen Kaufpositionen eingegangen werden. Das Positionsbuch ist beim Delta-Hedging gegen marginale Änderungen der Kassakurse und beim Delta-Gamma-Hedging gegen jegliche Änderungen der Kassakurse abgesichert. Das nützt zwar etwas, aber nicht so viel, wie man denken würde: Da sich das Delta einer Option bzw. eines Portfolios nicht nur durch Kassakursänderungen, sondern aufgrund von weiteren Parametern im Zeitablauf ändert, muss die Währungsposition grundsätzlich in regelmäßigen Abständen angepasst werden (Rebalancing), um Delta-Neutralität sicherzustellen.

Da damit teilweise erhebliche Kosten verbunden sind, wird das Delta-Hedging heute in der Praxis nur noch unvollständig praktiziert, d. h., es wird keine vollständige Delta-Neutralität mehr angestrebt. Stattdessen werden bewusst nicht neutrale Positionen eingegangen, die dann auf täglicher Basis auf ihre Risiken und ihre strategische Richtung (Long oder Short) hin überprüft werden. Täglich wird dann über die einzuschlagende Hedging-Strategie entschieden.

Vega-Hedging. Bei volatilen Devisenmärkten wird das Vega des Optionsbuches zum wichtigsten Risikofaktor. Prinzipiell kann man Vega-Neutralität erzielen, indem entsprechende Gegenpositionen aufgebaut werden. Allerdings entscheiden heute auch hier die entstehenden Kosten wesentlich mit darüber, ob abgesichert wird oder nicht.

Risikopolitik bei großen Geschäften. Grundsätzlich wird nach Abschluss eines größeren Optionsgeschäfts gleich anschließend über die Hedging-Strategie entschieden. Die Erfahrung zeigt, dass heute der Großteil der Optionsgeschäfte auf Sicht von 3–6 Monaten getätigt wird. Für diesen Zeitraum erscheinen Risiken noch am besten handhabbar. Optionen auf Sicht von über einem Jahr sind eher selten. Die Hedging-Strategie muss für diesen Zeitraum gegebenenfalls wiederholt überdacht werden.

Risikopolitik bei Barrier-Optionen. Die wesentlichen Schwierigkeiten beim Managen der täglichen Optionsrisiken ergeben sich heute aus den häufig verwendeten Barrier-Optionen. Das sind Optionen, deren Existenz beginnt oder endet, wenn bestimmte Kursniveaus erreicht sind. In der Nähe dieser Kursniveaus agieren Optionshändler besonders vorsichtig, da die Risikoparameter die Risiken in Bezug auf das näher rückende kritische Kursniveau nur unzureichend widerspiegeln. In kritischen Situationen kann es dazu kommen, dass der Kassahandel den Optionshandel darin unterstützt, bestimmte Kursniveaus zu schützen, sodass Optionen nicht zum Nachteil der Bank ausgelöst werden. Allerdings ist das Handeln gegen den Markt je nach Größe des Marktteilnehmers und Tiefe des Marktes nur mehr oder weniger kurzfristig erfolgreich.

Die aggregierten Risikoparameter über alle Optionspositionen im Devisenhandel gehen ein in die Value-at-Risk-Berechnungen der gesamten Devisenhandelsabteilung und schließlich der Gesamtbank. Teilweise ist es möglich, dass sich Risikopositionen aus dem Optionshandel durch Positionen im Kassa- oder Prop-Handel vermindern lassen. Die zeitbezogenen Risiken, wie sie durch die Parameter Theta und Vega gemessen werden, lassen sich so jedoch nicht reduzieren. Sie gehen ein in die Risikoposition der Bank.

Strategien mit Optionen

Immer wichtiger im Kundengeschäft werden Strategien mit Optionen. In den kommenden Abschnitten wird zunächst dargestellt, wie Optionen zum Risikomanagement für Unternehmen genutzt werden können. Anschließend wird skizziert, wie die Kenntnisse der Finanzinstrumente zusammen mit dem Research- und Marketingbereich der Handelsabteilung genutzt werden können, um Neukunden zu gewinnen bzw. dauerhafte Kundenbeziehungen aufzufrischen und zu vertiefen.

Angebote für das Risikomanagement mit Hilfe von Optionen richten sich vor allem an die kommerzielle Kundschaft, d. h. mittelständische und große Unternehmen. Optionen und Optionsstrategien werden daher vor allem von der Filialbetreuung (Filial-Desk) und der Unternehmensbetreuung (Corporate-Desk) vertrieben. Im Vordergrund steht dabei jedoch immer das konkrete Problem des Kunden, Währungsrisiken aus kommerziellen Geschäften abzusichern.

Vier Argumente machen den Einsatz von Optionen bei Devisenhandelskunden beliebt:
- *Gewinn.* Gewinnchance durch eine positive Kursbewegung.
- *Risikolosigkeit.* Risiken sind ausgeschlossen (eine gekaufte Option muss nicht erfüllt werden).
- *Flexibilität.* Die Absicherung kann jederzeit »aufgelöst« werden.
- *Kosten.* Die Absicherungskosten können exakt kalkuliert werden.

Basis aller Optionsstrategien bilden letztlich Käufe und Verkäufe einfacher Call- bzw. Putoptionen. Die Abbildungen 26.2 und 26.3 zeigen beispielhaft die Gewinn- und Verlustdiagramme für diese Basistypen.

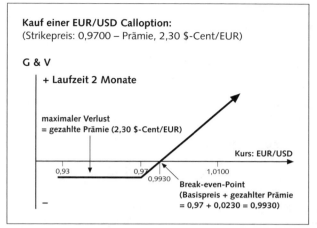

Abb. 26.2: Calloption

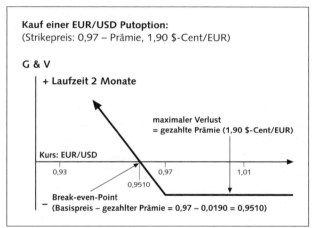

Abb. 26.3: Putoption

Die Verknüpfung von Calls und Puts zusammen mit der passgenauen Einstellung der unterschiedlichen Parameter ergeben die verschiedenen Optionsstrategien, die im Devisenhandel wichtig sind.

Die Grundstrategien lassen sich danach unterscheiden, ob
- eine bestimmte Veränderung der Kassakurse oder
- eine Veränderung der Volatilität der Kurse

erwartet wird:
- Bull-Strategien:
  - Kauf eines Call (Long Call),
  - Verkauf eines Put (Short Put) und
  - Vertical-Bull-Spread.
- Bear-Strategien:
  - Kauf eines Put (Long Put),

- Verkauf eines Call (Short Call) und
- Vertical-Bear-Spread.
- Steigende Volatilität:
  - Kauf eines Straddle und
  - Kauf eines Strangle.
- Sinkende Volatilität:
  - Verkauf eines Straddle und
  - Verkauf eines Strangle.

Long Call. Ist ein Investor besonders »bullish« für eine Währung und möchte er sich die Währung zum aktuellen Preis sichern, bietet der Kauf eines Call Schutz vor dem steigenden Kursniveau. Achtung: Wer überzeugt bullish ist, für den wäre der Devisenkauf in die Kasse eigentlich die beste Strategie. Die meisten Kunden sind aber risikoavers und trauen ihrer eigenen Prognose nicht. Deshalb erwerben sie oftmals auch dann Optionen, wenn eine Kassa- oder fixe Terminposition besser wäre.

Short Call. Ist die Einstellung hingegen weniger bullish und wird eher mit einem stabilen Kursniveau gerechnet, kann der Investor Calls verkaufen und erhält dafür die Optionsprämie. Sein möglicher Verlust kann in diesem Fall jedoch sehr groß werden, wenn der Wechselkurs entgegen seinen Erwartungen deutlich über den vereinbarten Basispreis steigt.

Vertical-Bull-Spread. Die Vertical-Bull-Spread-Strategie beinhaltet den Kauf und Verkauf von Call-Optionen mit unterschiedlichen Basispreisen. Spread-Strategien haben ein begrenztes Gewinn- und Verlustpotenzial. Der wesentliche Bestimmungsfaktor ist die Spanne zwischen den beiden Basispreisen. Dem Vertical-Bull-Spread liegt die Annahme zugrunde, dass der Kurs des Basiswertes begrenzt steigt. Folglich kauft der Investor einen Call mit niedrigem Basispreis und verkauft einen Call mit höherem Basispreis. Der Verkauf senkt den Prämienaufwand für den Kauf des Call mit niedrigem Basispreis. Für die Bear-Strategien müssen die Überlegungen nur jeweils umgekehrt werden. Die Kombination eines Bull- und eines Bear-Spread wird als Butterfly-Spread bezeichnet. Das macht die Vielfalt der Options-

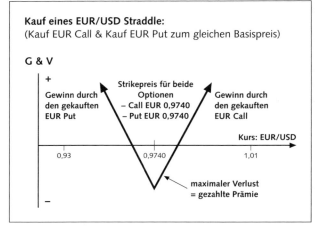

Abb. 26.4: Straddle

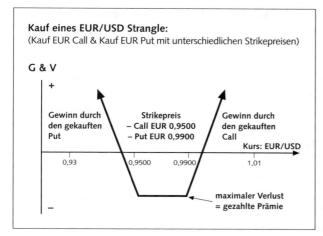

Abb. 26.5: Strangle

produkte deutlich und zeigt, dass nahezu jede Verknüpfung unterschiedlicher Optionen und Optionsstrategien möglich ist und gehandelt wird.

Straddles. Straddles sind Strategien, bei denen keine Erwartungen bezüglich der Richtung der Kursveränderung, sondern bezüglich der zukünftigen Schwankungen des Wechselkurses gebildet werden. Wird beispielsweise mit einem deutlichen Anstieg der Volatilität gerechnet, kann ein Investor einen Straddle kaufen, d. h. der Investor erwirbt einen Call und einen Put mit gleichem Basispreis und gleicher Laufzeit. Der Verlust ist auf die gezahlten Prämien beschränkt.

Strangles. Ein Strangle ist ebenfalls eine Kombination aus dem Kauf eines Call und eines Put. Im Gegensatz zum Straddle sind bei einem Strangle die Basispreise unterschiedlich. Die Abbildung 26.5 verdeutlicht den Unterschied:

Der Kauf eines Strangle ist sinnvoll, wenn ein Investor den Prämienaufwand geringer halten will als beim Kauf eines Straddle. Dies ergibt sich daraus, dass der Basispreis des Call tiefer ist als der Basispreis des Put. Es bedarf daher einer größeren Wechselkursbewegung als beim Straddle, um einen Gewinn zu erzielen.

26.3 Devisensales

Die Umsätze in den Handelsbereichen einer Großbank hängen vor allem davon ab, wie sich Zahl und Geschäft der Kundschaft entwickeln. Devisensales ist die Verbindung der Bank zum Kunden. Der reine Devisenhandel der Devisensales-Abteilung stellt sich relativ einfach dar: Es werden Kundenaufträge akquiriert und dann an die Trading-Abteilung weitergeleitet (weiterverkauft). Der springende Punkt ist die Frage, wie erhält man Kundenaufträge?

Es sei betont, dass ohne eine kontinuierliche Kundenbetreuung Devisengeschäft nicht generiert werden kann. Neben der Grundvoraussetzung konkurrenzfähiger Preise ist eine gute Kundenbeziehung immer noch eine der wichtigsten Voraussetzungen für eine längerfristige Handelsbeziehung. Diese erlangt auch daher eine zunehmende Bedeutung, da die Finanzinstrumente immer komplizierter werden.

Folglich entscheidet eine fachgerechte Beratung immer mehr über die Marktposition der Bank. Hieraus wird auch erkennbar, dass in diesem Bereich wesentlich mehr qualifizierter Nachwuchs benötigt wird als im Handelsbereich, wo der Einsatz von internetbasierten-Handelsplattformen den Personalbedarf tendenziell senkt. Standardisierte Handelsvolumen werden demnächst vermutlich fast vollständig automatisch gehandelt und abgewickelt.

Die Kunden werden zu Gruppen zusammengefasst und segmentspezifisch behandelt:
- Mittelständische Unternehmen,
- Großunternehmen,
- Kleinere Banken,
- Zentralbanken und
- Institutionelle Investoren.

Zu den Letzteren gehören:
- Zurückhaltende Fonds- und Kapitalanlagegesellschaften (bspw. von Versicherungen, Vermögensverwaltungen und Großunternehmen) und
- Spekulative Fondsgesellschaften.

Die Aufgaben der Kundenbetreuer im Devisensales lassen sich den folgenden vier Gebieten zuordnen:
- Informationsmanagement für die Kunden,
- Durchführung von Marketingaktivitäten zur Gewinnung von Neukunden,
- Ausbau und Vertiefung der Handelsbeziehung und
- Beratung beim Einsatz spezieller Finanzinstrumente.

26.3.1 Informationsmanagement

Das Informationsmanagement ist für den Erfolg des Sales von entscheidender Bedeutung. Denn es stellt die Servicekomponente dar, mit der sich ein Devisenhändler von seinen Konkurrenten unterscheiden kann. Es können zwei Schritte unterschieden werden.
- Im ersten Schritt werden die für die verschiedenen Kundengruppen relevanten Informationen beschafft.
- Im zweiten Schritt werden die Informationen an den Kunden herangetragen.

Schritt I: Herausfilterung kundenselektierter Informationen
Der erste Schritt des Informationsmanagements des Kundenbetreuers ist das Herausfiltern der für seine Kundengruppe wichtigen Informationen. Das beginnt mit einer Analyse, welche Informationen welche Kundengruppe überhaupt benötigt. Ganz grob lassen sich
- Marktpreisinformationen,
- Risikoszenarien und
- Strategievorschläge

unterscheiden. Die Abbildung 26.6 zeigt die interessierenden Informationsarten.

Mittelständische und Großunternehmen	Kleinere Banken	Institutionelle Investoren und Zentralbanken
■ Informationen über Konjunktur-, Zins- und Währungsrisiken in wichtigen Export- und Importmärkten ■ Risikoszenarien müssen gut begründet und einfach nachvollziehbar sein. Spekulative Trends interessieren nur am Rande	■ Informationen über Anlage- und Gewinnmöglichkeiten für Aktien, Bonds und Devisen ■ Marktgerüchte, die die Kunden nicht oder nur verspätet durch Zeitungen geliefert bekommen	■ Allgemeine Informationen über Risiken und Anlagemöglichkeiten an den Finanzmärkten ■ Informationen über Themen, die die Händler tatsächlich bewegen ■ Zukünftige Trends und Spekulationen sollen »aufgespürt« werden

Abb. 26.6: Kundengruppen und interessierende Informationsarten

Hierzu sind einige Anmerkungen notwendig:
- *Unternehmen* sind unabhängig von ihrer Größe eher Nutzer gut fundierter Informationen als Informationslieferanten. Die Perspektive von Unternehmen ist in den meisten Fällen mittel- bis langfristig. Die Basis für zuverlässige und konsistente Informationen bilden demnach vor allem volkswirtschaftliche Analysen, die aktuelle Marktgeschehnisse einbeziehen. Einzelinformationen sollten sich zu Risikoszenarien zusammensetzen lassen.
- *Kleinere Banken* suchen im Gegensatz zu Unternehmen auch immer nach Informationen, die ihren Kunden neue bzw. bislang ungenutzte Anlageperspektiven bieten. Das gleiche gilt für *institutionelle Investoren*. Insbesondere spekulative Fonds haben einen sehr großen Informationsbedarf, da sie aufgrund ihrer höheren Risikopräferenz bereit sind, auch auf vage Trends zu setzen. Die Perspektive ist im Vergleich zu Unternehmen allerdings sehr viel kurzfristiger; häufig wird nur auf Tagesbewegungen spekuliert.
- *Zentralbanken* treten zwar nur vergleichsweise selten an den Devisenmärkten als Marktteilnehmer auf, sind aber immer daran interessiert, über Marktereignisse informiert zu werden. Aufgrund ihrer Distanz zu den Märkten versuchen Zentralbanken durch einen kontinuierlichen Kontakt, die Stimmungen und Einschätzungen der Marktteilnehmer an den Devisenmärkten mitzubekommen. Wie wichtig diese Informationen sind, hat die Euro-Entwicklung seit dessen Einführung gezeigt, denn fundamentale Faktoren können den Wertverlust kaum erklären.

Schritt II: Herantragen der Informationen an die Kunden

Sind die Informationsbedürfnisse bekannt und hat der Sales-Kontakt aus der Flut an verfügbaren Informationen wichtige Informationen für seine Kunden herausgefiltert, muss beim zweiten Schritt entschieden werden, wie die Informationen an die Kunden herangetragen werden. Grundsätzlich sind dabei vor allem zwei Strategien möglich.

- *Reaktion auf Kundenanfrage.* Zum einen kann der Salesbetreuer auf Anfragen seitens des Kunden reagieren und in kürzester Zeit maßgeschneiderte Informationen zur Verfügung stellen. Diese Strategie bietet sich vor allem bei Kunden an, die nicht permanent informiert gehalten werden wollen.
- *Aktives Auf-den-Kunden-Zugehen.* Zum anderen können die gefilterten Informationen aktiv genutzt werden, um Kundengespräche von sich aus zu beginnen und Handelsideen mitzuteilen.

Bezüglich der Kundengruppen, wird die erste Strategie häufig bei Unternehmen angewendet, während sich die zweite Strategie vor allem für Banken und institutionelle Investoren eignet. Hieraus und aufgrund der Fristigkeit ergibt sich zudem, dass Informationen für Unternehmen aufwändiger, d. h. werbewirksamer aufbereitet werden können und teilweise sogar müssen.

Schließlich soll nochmals der wohl wichtigste Punkt für das Informationsmanagement betont werden:

Alle Kunden haben eines gemeinsam: sie verlangen Informationen, die sich auf alle Handelsbereiche (Aktien, Bonds und Devisen) beziehen. D.h. unabhängig davon, welcher Handelsabteilung eine Sales-Einheit angehört, müssen die Sales-Betreuer ein Bild über die Entwicklungen auch an den anderen Märkten haben. Idealerweise sollte dies konsistent sein mit dem Bild, das die Gesamtbank in der Öffentlichkeit vertritt.

26.3.2 Neukundengewinnung

Es sind zwei unterschiedliche Arten von Neukunden zu unterscheiden:
- *Cross-Selling-Kunden.* Potenzielle Kunden, die bereits Kontakt zu einem anderen Geschäftsbereich der Bank haben oder die von sich aus auf die Bank zukommen.
- *Totale Neukunden.* Potenzielle Kunden, die bislang überhaupt noch nicht mit der Bank in Berührung gekommen sind, können durch eine differenzierte Analyse der Sektoren erkannt werden, in denen die Kunden tätig sind.

Die erste Kundengruppe ist wesentlich einfacher zu bearbeiten, da sie bereits Affinität zum eigenen Haus besitzt. In diesem Fall muss die Sales-Einheit nur die Möglichkeiten hervorheben, die sich für den Kunden ergeben, wenn er auch in dem jeweils anderen Bereich eine Geschäftsbeziehung aufbaut. Da auf dem Markt für ein derart standardisiertes Handelsprodukt »Devisen« sehr große Konkurrenz herrscht, muss die Handelsabteilung besondere Stärken aufzeigen, die möglichst genau zu den wahrscheinlichen Problemen des potenziellen Kunden passen.

BEISPIEL

Soll ein neuer spekulativer Fondskunde gewonnen werden, konzentriert sich der Sales-Betreuer aus dem Devisenhandel darauf, die Schnelligkeit der Informationsverarbeitung deutlich zu machen. Denn nur durch das Vorwegnehmen neuer Trends kann ein solcher Kunde erfolgreich unterstützt werden.

Soll im Gegensatz dazu ein Großunternehmen mit starken weltweiten Handelsverflechtungen als Kunde gewonnen werden, ist die besondere Beratungskompetenz im Optionsbereich hervorzuheben. Denn nur durch maßgeschneiderte Optionsstrategien kann der Kunde die Absicherungskosten gegen Wechselkursrisiken senken.

Außereuropäischen Kunden, die verstärkt in Euroland investieren möchten, kann die besondere Beratungskompetenz einer europäischen Großbank nähergebracht werden.

Unterstützung durch Spezialisten

Die drei Fälle machen deutlich, dass die Sales-Einheiten der Handelsabteilungen nicht ohne Unterstützung von Spezialisten erfolgreich agieren können. Sales-Einheiten werden daher in allen Handelsbereichen unterstützt von folgenden Fachleuten:

- *Marketing*. Marketingspezialisten haben die Aufgabe, den Auftritt der Handelsabteilung zu optimieren. Dies bezieht sich sowohl auf Treffen beim Kunden als auch auf Einladungen des Kunden in die Bank.
- *Research*. Die Research-Einheiten müssen die Fachkompetenz der Bank bzw. der Handelsabteilung widerspiegeln. Genaue Kenntnis des Marktumfeldes und der Finanzinstrumente sind nachzuweisen, weil nur sie dem Kunden letztlich helfen, erfolgreicher zu wirtschaften.
- *Strategieentwicklung*. Strategieentwicklern kommt die Aufgabe zu, zur Verfügung stehende Finanzinstrumente zu verknüpfen, sodass für den Kunden optimale Strategien entstehen.

Rolle der Preispolitik

Die oben dargestellten Überlegungen verdeutlichen, dass Preise bei der Kundengewinnung kaum eine Rolle spielen. Der Grund hierfür ist, dass die Finanzmärkte im Allgemeinen und der Devisenmarkt im Speziellen derart transparent sind, dass der Kunde kaum große Preisunterschiede hinnehmen muss. Sollten abweichende Preise gestellt werden, kann der Kunde sehr schnell einen anderen Handelspartner wählen. Gleichzeitig erwächst aus dieser Marktsituation die Notwendigkeit, permanent an sogenannten Pricing-Modellen zu arbeiten. Nur auf diese Weise kann man auch bei komplizierten Optionsprodukten konkurrenzfähige Preise stellen.

Totale Neukunden

Nun zur zweiten Strategie, d.h. die Gewinnung von Neukunden, die bislang noch nicht mit der Bank in Kontakt standen. Grundsätzlich muss hierbei in vier Schritten vorgegangen werden:

- *Umfeldanalyse*. Analyse des Umfeldes der bereits akquirierten Kunden, um darin neue potenzielle Kunden zu erkennen.
- *Erstkontaktaufnahme* und regelmäßige Anschlussgespräche, um den Kunden auf die Bank aufmerksam zu machen.
- *Vertiefte Problemdiskussion*. Persönliche Treffen, um die Möglichkeiten für eine Handelsbeziehung vertieft auszuleuchten.
- *Abschluss*. Nach einer Zwischenphase, in der Bedürfnisse und Informationen ausgetauscht werden, beginnt möglicherweise eine längerfristige Zusammenarbeit.

Vorgehensweise bei der Neukundengewinnung	
Umfeldanalyse	Die Phase der Umfeldanalyse beinhaltet eine Aufgabe, die systematisch und kontinuierlich betrieben werden muss. Prinzipiell handelt es sich um eine Aufgabenstellung, die zum strategischen Marketing zählt. Allerdings wird die Beobachtung des Marktumfeldes häufig von den Sales-Einheiten selbst betrieben, da sie ein »Gespür« für neue Kunden entwickelt haben.
Erstkontaktaufnahme	Die zweite Phase besteht aus einer häufig sehr enttäuschenden Tätigkeit, da Kunden, die sehr wahrscheinlich bereits mit anderen Banken handeln, teilweise sehr wenig aufgeschlossen für neue Handelspartner sind. Hinzu kommt, dass diese Tätigkeit für die Sales-Betreuer – je nach der Größe des Sektors – häufig eine Art Call-Center-Funktion bedeutet. Denn vor allem in schnell wachsenden Märkten entstehen mehr potenzielle Kunden als beispielsweise bei den institutionellen Anlegern.
Vertiefte Problemdiskussion	In der dritten Phase kommt die Sales-Einheit eigentlich erst richtig zum Einsatz, da hier nur die erfolgreichen Fälle aus der zweiten Phase weiter verfolgt werden. Das Treffen mit dem Kunden muss genauestens vorbereitet werden. Als erstes müssen dem Kunden die Stärken der Bank nähergebracht werden. Eine Bank könnte sich z. B. als eine europäische Großbank präsentieren, die weltumspannend vor allem europäische Finanzprodukte anbietet. Zudem steht der persönliche Kontakt mit dem Kunden im Mittelpunkt der Handelsbeziehung. Anschließend muss der Sales-Betreuer – meistens in Zusammenarbeit mit einem Spezialisten – deutlich machen, wie die Bank den Kunden noch erfolgreicher machen kann. Dieser Abschnitt entspricht dem Vorgehen in der ersten Strategie zur Kundengewinnung. Allerdings ist bei der Gewinnung eines Neukunden, zu dem vorher keine Geschäftsbeziehung bestand, folgendes besonders wichtig: Der Kunde muss überrascht werden, wie genau die Bank über die Bedürfnisse des Kunden informiert ist, auch wenn bislang keine Geschäftsbeziehung bestand. Dieses Vorgehen ist das für den Kunden eindrucksvollste Signal für die Beratungskompetenz der Bank.
Abschluss	In der vierten Phase müssen die Früchte der dritten Phase geerntet werden. D.h. der Sales-Betreuer muss den Kunden bedarfsgerecht informieren und ihm passende Produkte und Strategien erläutern und anbieten. Nach dem Aufbau einer Vertrauensbasis ist die Wahrscheinlichkeit hoch, dass es zur Aufnahme einer kontinuierlichen Geschäftsbeziehung kommt.

26.3.3 Ausbau der Handelsbeziehungen

Die zweite wichtige Aufgabe der Sales-Einheit neben der Gewinnung von Neukunden ist der Ausbau bereits bestehender Handelsbeziehungen. Ebenso wie bei der Gewinnung von Neukunden müssen die Sales-Betreuer eng mit den Bereichen Handel, Marketing und Research zusammenarbeiten. Welche Aufgaben dabei gemeinsam bewältigt werden müssen, verdeutlicht die Abbildung 26.7.

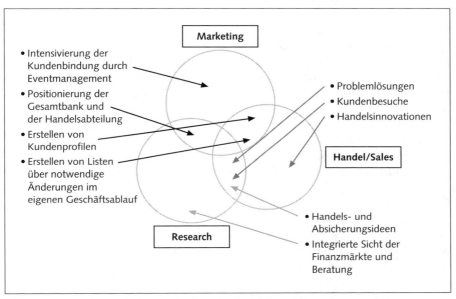

Abb. 26.7: Zusammenarbeit zum Ausbau der Handelsbeziehungen

Bild der Gesamtbank
Als Erstes ist es wichtig, dass das Bild der Gesamtbank in der Öffentlichkeit kontinuierlich gepflegt wird. Kommt es zu Verzerrungen, wie es beispielsweise bei den deutschen Großbanken durch die Fusionsgespräche der Fall war, kann es zum Verlust von Kundenbeziehungen kommen, ohne dass die Handelsabteilung direkt daran beteiligt ist. Ist eine Großbank hingegen als innovativer, kompetenter und zuverlässiger Partner am Markt positioniert, bedeutet dies eine hohe Attraktivität. Die Handelsabteilungen hängen stark vom Bild der Gesamtbank ab und können ihre spezielle Beratungskompetenz nur in diesem Rahmen hervorheben. Folglich ist die Präsentation der Handelsabteilung im Rahmen der Gesamtbank eine strategische Aufgabe der Marketingeinheit im Handel in Kooperation mit der zentralen Marketingabteilung der Bank.

Event-Management
Eine andere wichtige Aufgabe des Handelsmarketing ist das Event-Management. Damit die Beziehungen zu den wichtigsten Kunden intensiviert werden können und sogenannte potenzielle Schlüsselkunden gewonnen werden können, muss die Handelsabteilung in unregelmäßigen Abständen besondere Veranstaltungen organisieren. Hierzu kann ein Sommerfest ebenso zählen, wie ein Vortragsseminar oder der Besuch eines Fußballspiels. Bei Veranstaltungen, die überraschend angeboten werden und nicht einkalkuliert sind, ist die Wirkung am größten.

Kundenprofilerstellung
Zwei Aufgaben, die die Marketing- und Sales-Einheiten kontinuierlich betreiben müssen, betreffen das systematische Erstellen von Kundenprofilen bzw. eine Stärken/Schwächen-Analyse des Geschäftsablaufs im Handelsbereich. Die Kundenprofile können vor allem aus den getätigten Geschäften abgeleitet werden. Eine kontinuierliche und umfassende Fortschreibung der Kundenprofile kann daher nur mit statistischen Verfahren zur Analyse des Kundenverhaltens erfolgen. Hieraus ergibt sich die Möglichkeit, die strategische Entwicklung der jeweiligen Handelsabteilung direkt an den Bedürfnissen des Kunden auszurichten. Zudem wird durch die Analysen deutlich, in welchen Produktbereichen ein besonderes Potenzial liegt.

Eigenanalyse
Eine Stärken/Schwächen-Analyse ist weniger auf den Kunden als auf die eigene Leistungsfähigkeit gerichtet. Das Ziel der Analyse muss sein, ständig darüber informiert zu sein, ob die eigene Handelsabteilung noch den Anforderungen der Kundschaft gewachsen ist. In diesem Zusammenhang sind z. B. folgende Fragen zu diskutieren: Welche Produkt- und Handelsinnovationen können wir dem Kunden anbieten? Sind unsere Handels- und Abwicklungswege optimal strukturiert? Wie viel Umsatz bzw. Gewinn generieren wir mit unserem Beratungsaufwand? Nur die Beantwortung eines Katalogs kritischer Fragen kann letztlich die Handelsabteilung erfolgreicher am Markt agieren lassen. Darüber hinaus macht die Analyse der Kundenprofile im Zusammenhang mit der fortgeschriebenen Stärken/Schwächen-Analyse deutlich, wie schnell die Handelsabteilung auf veränderte Kundenbedürfnisse eingeht.

Produktentwicklung
Die Bereiche Handel und Sales müssen sich für den Ausbau der Handelsbeziehungen vor allem der Produktentwicklung widmen. Das bezieht sich aber nicht nur auf Finanzprodukte, die die Probleme des Kunden besser lösen. Vielmehr müssen auch die Handels- und Kommunikationswege mit dem Kunden entsprechend dem technischen Fortschritt angepasst werden. Als Beispiel, wo Handel und Sales eng zusammenarbeiten müssen, lässt sich daher insbesondere der Aufbau Internet-basierter Handelssysteme nennen. Die Bereiche Handel, Sales und Research müssen eng kooperieren, um kundenoptimale Optionsstrategien als Problemlösungen anbieten zu können. Sales und Research müssen auch für die Durchführung erfolgreicher Kundenbesuche ein Team bilden. Denn Produkt- und Fundamentalresearch

ist aufgrund der standardisierten Handelsprodukte letztlich die einzige Möglichkeit für die Bank, sich von Konkurrenten abheben zu können.

Publikationen
Die Research-Einheit der Handelsabteilung unterstützt die Sales-Einheiten nicht nur bei Kundenbesuchen. Vielmehr werden in regelmäßig erscheinenden Publikationen Handels- und Absicherungsideen veröffentlicht. Diese beziehen sich je nach Handelsabteilung auf das spezifische Handelsprodukt. Gleichwohl ist es die Aufgabe des Research, die Handels- und Absicherungsstrategien in eine integrierte Sicht der Finanzmärkte einzufügen.

26.4 Der Aktienhandel*

26.4.1 Handelsplattformen

Handel in deutschen Aktien findet auf sechs verschiedenen Plattformen statt. Der Begriff »Plattform« ist ein relativ neuer Begriff. Eine Plattform ist im weiteren Sinne ein Markt. Im engeren Sinne wird ein Markt, dessen Geschäfte über ein elektronisches Handelssystem abgewickelt werden, darunter verstanden. Folgende Plattformen (i.w.S.) gibt es:
- *Inlandsbörsen.* Börsengebundener Handel findet im Inland an acht deutschen Börsenplätzen (Frankfurt, Berlin, Bremen, Düsseldorf, Hamburg, Hannover, München und Stuttgart) statt.
- *Auslandsbörsen.* Dazu kommt Handel an Auslandsbörsen mit Aktien solcher Unternehmen, die an Auslandsbörsen notiert sind. Die Londoner Börse LSE und die New York Stock Exchange sind die bedeutendsten.
- *Börsengebundene elektronische Handelssysteme.* Mit der Einführung von IBIS (Inter Banken Informations System) Anfang der 90er-Jahre und dessen Ablösung durch XETRA (Exchange Electronic Trading) im Jahre 1997 verlagerte sich der Inlandshandel mehr und mehr vom Parketthandel auf die elektronische Plattform.

Marktmodell des Xetra-Handels

Der XETRA-Handel findet derzeit von 9.00 h bis 20.00 h statt, es gibt täglich vier Auktionen (Eröffnungsauktion um 9.00 h, zwei Intraday-Auktionen ab 13.00 h und 17.30 h sowie eine Schlussauktion um 20.00 h; die Intraday-Auktionen sind zeitlich nach Marktsektoren gestaffelt, beginnend mit DAX-Werten). Kommt es während des fortlaufenden Handels zu größeren Kursbewegungen, erfolgt eine Volatilitätsunterbrechung. Der Handel wird gestoppt, und es folgt eine Auktion.
Gründe für den Erfolg von XETRA sind die wesentlich schnellere Zugriffsmöglichkeit sowie die höhere Markttransparenz durch offene Orderbücher. Ein Orderbuch ist ein Verzeichnis, in dem limitierte, noch nicht ausgeführte Aufträge eingetragen sind. Aus dem XETRA-Orderbuch sind die zehn besten Geld- und Briefkurse mit den dazugehörigen Ordergrößen für jeden Nutzer zu sehen.

---

* Autoren: Oliver Stönner-Venkatarama

- *Nicht börsengebundene elektronische Handelssysteme.* Das sind private Elektronische Handelssysteme, die mehr und mehr Umsatz übernehmen, der früher im Telefonverkehr abgewickelt wurde. Sie ziehen aber auch Geschäft vom Börsenhandel ab.
  Das Betreiben solcher Handelssysteme ist der zuständigen Börsenaufsichtsbehörde anzuzeigen.
- *OTC-Märkte.* Der Handel findet im Telefonverkehr im sog. Over-the-Counter-Markt statt. Die per Telefon abgeschlossenen Geschäfte werden häufig nachträglich in börsengebundene Abwicklungssysteme eingegeben, um die Abwicklung zu gewährleisten.
- *Internethandel.* Inzwischen arbeiten verschieden Banken daran, eigene dem Privatkunden zugängliche Handelsplattformen zu entwickeln, sodass auch der Internethandel in Zukunft eine zunehmend bedeutendere Rolle spielen wird.

Elektronische Handelssysteme aus regulatorischer Sicht
Elektronische Handelssysteme (EHS) werden danach unterschieden, ob sie als Teil einer regulär zugelassenen Börse betrieben werden, also Börse im Sinne eines nationalen Börsengesetzes sind oder nicht.

In den USA haben EHS grundsätzlich die Wahl, sich entweder als Börse registrieren zu lassen oder die Auflagen der »Regulation ATS« zu erfüllen. Um eine Überregulierung zu vermeiden, hat die SEC bestimmte Schwellen vorgesehen. Solange das EHS nicht mehr als 5 % des Gesamthandelsvolumens in einer bestimmten Aktie erreicht, müssen nur geringe Anforderungen erfüllt werden. Hierzu gehören z. B. das Erstellen von Quartalsmeldungen und die Aufzeichnung von Geschäftsabschlüssen. Wird die 5 %-Schwelle überschritten, dann muss das EHS mit einem registrierten Markt, z. B. NASDAQ, verbunden sein oder sich selbst als Börse registrieren lassen. Entsprechend den Vorgaben muss das EHS dazu in der Lage sein, Aufträge mit den besten Preisen an diesen (öffentlichen) Markt weitergeben zu können. Hinsichtlich der Auftragsausführung unterliegt das EHS den gleichen Bedingungen wie sie in dem registrierten Markt gelten. Kann das EHS ein Handelsvolumen von mindestens 20 % auf sich vereinigen, muss es den Zugang zum System anhand objektiver Standards ohne Diskriminierung Dritter gewährleisten. Ferner muss eine ausreichende Systemkapazität nachgewiesen werden.

In Europa gibt es mit der »*Market in Financial Instruments Direktive*« (MifID) eine ähnliche Regulierung. Es wird zwischen multilateralen und bilateralen Handelssystemen unterschieden. Erstere werden wie Börsen angesehen und müssen ähnliche Regulierungen beachten wie diese. Damit wurde das lange Jahre bestehende regulatorische Gefälle zwischen lizenzierten Börsen und unlizenzierten Elektronischen Handelssystemen geschlossen.

Bilaterale Handelssysteme: Broker-Dealer-Status
Einige Banken betreiben elektronische Handelssysteme, um den Kunden den Geschäftskontakt mit ihnen zu erleichtern. In diesen Fällen fungiert die Bank als Systemanbieter und – in manchen Fällen – auch als Market Maker hinsichtlich der in das System einbezogenen Werte.

Sowohl nach den Vorstellungen der SEC als auch nach der MifID der EU sind derartige Systeme nicht als Börsen einzustufen. Nach der Definition der SEC sind Systeme keine Börsen, die Broker-Dealer-Aufgaben erfüllen. Hierunter fallen Handelssysteme, die von einem einzelnen Market Maker betrieben werden, um seine Kauf- und Verkaufsangebote und die Limit-Orders seiner Kunden anzuzeigen und Aufträge gegen solche auszuführen. Auch die EU steht auf dem Standpunkt, dass eine Börse nur dann vorliegt, wenn das Angebot mehrerer Käufer und Verkäufer zusammengeführt wird. Betreibt die Bank ein eigenes Handelssystem, liegt auch keine Anlagevermittlung vor, da die Bank bereits zum Zeitpunkt des Geschäftsabschlusses über eine Geschäftsverbindung zu ihren Kunden verfügt.

Internalisierung

Banken bieten in ihren Systemen regelmäßig bestimmte Segmente des Marktes an, auf die sie sich als Market Maker spezialisiert haben. Kunden erhalten hierdurch sofort handelbare Preise auch in weniger liquiden Werten. Banken können in ihren eigenen Systemen die Handelszeiten entsprechend den Kundenwünschen flexibel gestalten und bieten insofern einen Mehrwert gegenüber traditionellen Börsen. In Deutschland hat sich der Handel mittels elektronischer Systeme im Retail-Bereich aus dem Optionsscheinhandel heraus entwickelt. Mittlerweile werden sowohl Aktien als auch Renten auf den elektronischen Systemen der Banken gehandelt.

Banken versuchen, die in die Systeme eingegebenen Kundenaufträge gegen den eigenen Bestand zu handeln oder unmittelbar zu verrechnen. Damit sind die Banken in einen direkten Wettbewerb zu den etablierten Börsen eingetreten, da nur der Teil des Geschäftes an die Börse geht, der sich nicht sofort matcht oder von der Bank ins eigene Portefeuille genommen wird. Man spricht von der *Internalisierung* von Orders. Internalisierung verhindert, dass Orders Börsen zugeführt werden. Dadurch kann es zu einer Verschlechterung der Börsenleistungen, insbesondere also der Qualität der Preisbildung und der Marktliquidität, kommen. Preise sind u. U. mehr oder weniger zufälliges Resultat des Saldos nicht internalisierbarer Orders, und die Liquidität ist gering. Die MifID schreibt deshalb vor, dass systematische Internalisierer an einer entsprechenden Börse als Market Maker auftreten müssen, um Preisqualität und Marktliquidität zu gewährleisten.

PRAXISBEISPIEL

Multibank-Plattform TEX
Die Multibank-Plattform TEX ist ein multilaterales Handelssystem, das Nachfrager und Anbieter von Devisen-, Geldmarkt- und bestimmten derivativen Zinsprodukten miteinander verbindet.

1. Systemgrundlagen
Der Einstieg in das Handelsportal TEX erfordert einen Internetzugang. Dies erspart es Kunden, in eigene Hardware zu investieren. Die Handelsmaske enthält Informationen über die aktuellen Kassa- und Terminkurse.

2. Geschäftsanbahnung
Geschäfte werden angebahnt, indem eine Anfrage an diejenigen Banken (Provider List) erfolgt, mit denen eine Handelsbeziehung unterhalten wird. Der Kunde kann dabei aus-

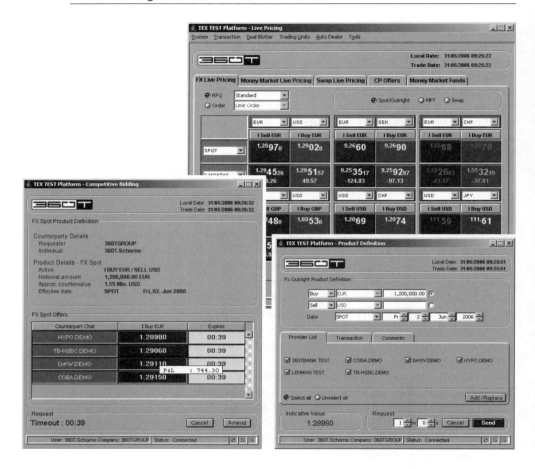

wählen, ob er den gesamten Bankenkorb anfragt oder nur einzelne Banken Preise stellen lässt und ob er immer auf dem besten Preis abschließen will. Dies sichert die Flexibilität, trotz Preisvergleichs einen größeren Teil seiner Geschäfte mit einer präferierten Bank (z. B. Hausbank) abschließen zu können. Für die an der Plattform angeschlossenen Banken bedeutet die Wahlmöglichkeit der Kunden eine neue Herausforderung, denn die Kunden müssen motiviert werden, das entsprechende Häkchen zu setzen, damit die Bank mitbieten kann.

Hieraus ergibt sich die Anforderung an Sales und das Relationship-Management der Banken, bestens über die Kundenbedürfnisse und -probleme informiert zu sein und den Kunden umfassend zu beraten, denn eine gute Kundenbeziehung ist Voraussetzung, um überhaupt am Bieterverfahren teilnehmen zu können.

In diesem Zusammenhang spielen auch immer wieder Cross-Selling-Aspekte eine zentrale Rolle. Denn viele Unternehmen geben nur denjenigen Banken Orders (d. h. lassen ihnen risikolosen Margengeschäfte zukommen), die kredit- oder finanzierungsseitig auch Risiken für das Unternehmen übernehmen.

Gleichwohl achten Kunden auf faire Preise. Die Preistransparenz und damit der Preiswettbewerb zwischen den Banken wird durch die Handelsplattform erhöht. Dies verdeutlicht die gezeigte Maske, welche die Online-Quotierungen von vier Banken, sortiert nach dem besten Preis, ausgibt. Die Angebote sind wie üblich nur eine kurze Zeit gültig und erfordern eine schnelle Entscheidung des Kunden.

3. Vertragsabschluss und Abwicklung

Nach der Annahme eines Quote wird ein Handelsticket mit allen relevanten Abschlussdaten erstellt (s. unten links). Diese Daten werden an interne Treasury-Management-, Buchungs- und Risikomanagementsysteme weitergegeben. Hier zeigt sich, dass beim Telefonhandel auftauchende Missverständnisse oder Fehlbuchungen weitgehend ausgeschlossen sind. Zudem entfallen bisher notwendige, personalintensive Buchungs- und Kontrolltätigkeiten.

4. Market Conformity Check

Abschließend ist noch auf die Verfügbarkeit der Vergleichsquotierungen zum Zeitpunkt des Geschäftsabschlusses hinzuweisen, die im folgenden Bildausschnitt (unten rechts) abgebildet sind.
Dies ist für die sogenannte Marktkonformitätsprüfung der Geschäfte wichtig. Speziell Fondsgesellschaften müssen gegenüber ihren Kunden die sogenannte »Best Price Execution« nachweisen, d. h. Geschäfte müssen immer zum besten Preis getätigt werden.

5. Ergänzende Analysen

Die genaue Abbildung des Marktumfelds bietet aber noch weitere Möglichkeiten. Durch den Systembetreiber kann z. B. das Bieterverhalten einzelner Banken im Marktumfeld während eines bestimmten Zeitraumes analysiert werden. Ebenso können für die preisstellenden Banken Informationen erarbeitet werden, inwieweit ihre Preisquotierungen wettbewerbsfähig sind. Quotiert eine Bank in einzelnen Produktbereichen häufig schlechter als ihre Mitbewerber, d. h. sie kommt oft im sogenannten »Competitive Bidding« nicht zum Zuge, so muss dies zu einer Überprüfung des Preisstellungsmechanismus führen. Dies ist, basierend auf einer Analyse von Plattformdaten und bestimmten Produktbereichen möglich. Mit anderen Worten, die elektronische Handelsplattform erhöht die Markttransparenz und ermöglicht den Banken eine schnellere Anpassung an Änderungen des Marktumfelds und erleichtert nachfragenden Kunden die Analyse »ihrer« Banken.

6. Plattformpolitik

Die Grenzen für den Einsatz einer Plattform liegen bei komplizierten, sogenannten »Tailor-made- Geschäften« (z. B. strukturierte Interest Rate Swaps oder komplizierte Optionsstrukturen).

Die Entwicklung elektronischer Handelsplattformen wurde bislang von einzelnen Banken und mehreren Anbietern von Multibankplattformen parallel vorangetrieben. Nachdem anfänglich Singlebank-Systeme auch von Kunden genutzt wurden, die eine größere Anzahl von Bankverbindungen unterhalten, geht der Trend nun hin zu Multibanksystemen. Dies ergibt sich daraus, dass Kunden eine technische Abhängigkeit von dem System einer Bank vermeiden wollen aber aus Kostengründen nicht mehrere Singlebanksysteme unterhalten können.

Anbieter von Plattformen sind immer weniger die Banken selbst, sondern unabhängige Unternehmen (White-Label-Lösungen). Während Banken vor allem ihre Stärken bei Finanzprodukten entwickeln, können unabhängige Plattform-Anbieter ihre Vorteile bei der technischen Anpassung der Handelssysteme an die Bedürfnisse der Kunden ausbauen. Diese Ausrichtung verschaffte ihnen schon in der Anfangsphase der Entwicklung elektronischer Plattformen einen Vorteil gegenüber bankspezifischen Lösungen.

26.4.2 Struktur des Aktienhandels in der Bank

Der Aktienhandel innerhalb einer Investmentbank unterteilt sich zunächst in die folgenden drei Bereiche, wobei sich der Bereich Trading noch einmal aufsplittet:
- Sales,
- Salestrading und
- Trading
  - Kundenhandel Daxwerte,
  - Kundenhandel Non-Daxwerte,
  - Eigenhandel Daxwerte,
  - Eigenhandel Non-Daxwerte und
  - Designated Sponsoring (»Betreuung«).

Die »drei Säulen des Aktienhandels« (Sales, Salestrading, Trading) arbeiten sowohl national als auch international sehr eng zusammen. An die einzelnen Teams werden die in der Abbildung 26.8 gezeigten Anforderungen gestellt:
- *Aktiensales.* Mitarbeiter im Aktiensales haben die Aufgabe, institutionelle Kunden (Fondsgesellschaften, Versicherungen, Vermögensverwaltungen u. Ä.) mit Hilfe aktueller Studien der Analysten bzw. anderer Informationsquellen wie Presse, Reuters und Bloomberg über interessante Entwicklungen auf den Aktienmärkten zu informieren. Ziel ist es, Ordergeschäft zu generieren.
- *Salestrading.* Durch das Salestrading-Team wird versucht, für eingegangene Orders innerhalb der Kundschaft einen Kontrahenten zu finden, ist dies nicht möglich, werden die Orders an das Kundenhandelsteam zur Ausführung weitergeleitet.
- *Kundenhandel.* Von der Sales-Kundschaft erteilte Orders, für die nicht innerhalb kurzer Zeit ein Kontrahent innerhalb des Kundenkreises der Bank gefunden

Bereiche im Aktienhandel		
Sales	Salestrading	Trading
Institutionelle Kunden	Orderausgleich innerhalb der eigenen Kundschaft	Kundenhandel (Agency-Trading): führt Aufträge der eigenen Kundschaft aus unter Einschaltung von XETRA, anderen Börsen, Maklern oder dem Eigenhandel
		Eigenhandel (Proprietary-Trading): Führung der eigenen Position der Bank
		Betreuung, Sponsoring: Grundsätzlich gleiche Aufgaben wie Eigenhandel (i.e. Führung eigener Positionen und Market-Making) und Kundenhandel (Ausführung von Kundenaufträgen) zusammen, jedoch nur in bestimmten Titeln und Börsensegmenten nach den von der jeweiligen Börse erlassenen Vorschriften für Betreuer, Sponsoren, Market-Maker etc.

Abb. 26.8: Die drei Säulen des Aktienhandels

werden kann (Salestrading), werden dem Kundenhandelsteam zugeleitet. Dieses führt die Order über XETRA oder auf dem Börsenparkett unter Zuhilfenahme von Maklern aus, entweder sofort oder »interessewahrend«, d. h. über einen vorgegebenen Zeitraum. Die Ausführung erfolgt entweder »bestens« bzw. »billigst« oder unter Beachtung eines erteilten Limits. Der Selbsteintritt ist nach Rücksprache mit dem Kunden ebenfalls möglich, dadurch kann also der Aufbau einer Eigenhandelsposition bedingt sein.

- *Eigenhandel.* Die Händler bauen aufgrund von charttechnischen Gegebenheiten oder ihnen vorliegenden fundamentalen Informationen Long- oder Short-Positionen auf, die im günstigsten Fall innerhalb kurzer Zeit unter Gewinnmitnahmen wieder glattgestellt werden können.
- *Designated Sponsor (»Betreuer«).* Die Mitarbeiter des Teams stellen verbindliche Geld- und Briefkurse im XETRA-System und bauen ebenso wie auch das Eigenhandelsteam eigene Positionen auf. Bis auf die Dax-Werte, die ohnehin eine hohe Liquidität aufweisen, können alle anderen Werte durch Designated Sponsors betreut werden. Zusätzlich zur Liquidität erfüllen die Designated Sponsors auch andere Aufgaben. Sie pflegen einen engen Kontakt mit den Finanzvorständen oder anderen Personen der Aktiengesellschaften und informieren sie über Marktentwicklungen.

BEISPIEL

Anforderungen der Deutschen Börse AG an Sponsoren
Die Deutsche Börse AG fordert für die Zulassung einer Aktie am Neuen Markt mindestens zwei Designated Sponsors. Sie legt Richtlinien für die Performance der Designated Sponsors fest, überprüft und veröffentlicht regelmäßig Performanceberichte und klassifiziert die Sponsoren. Kriterien sind:

- Mindestquotierungswert
- Mindestquotierungszeit
- Maximumspreads.

Das Mindestquotierungsvolumen ist die kleinste Stückzahl von Aktien, die zulässig ist, um als gültiger Quote in die Messung der Leistung eines Designated Sponsors einzugehen.

In den Auktionen muss ein Designated Sponsor innerhalb von 60 Sekunden nach Beginn der Aufrufphase einen Quote eingestellt haben und diesen bis zur Preisermittlung halten, damit dieser gültig in die Performancemessung eingeht.

Der Maximumspread ist der größte prozentuale Spread zwischen Brief- und Geld-Limit, der zulässig ist, um als gültiger Quote in die Messung der Leistung eines Designated Sponsors einzugehen. Die Höhe des Maximumspreads differiert zwischen verschiedenen Wertpapiergruppen und hängt von der Liquidität der einzelnen Aktien ab.

Für die »betreuenden« Banken ist es sehr wichtig, das Top Rating »AA« zu bekommen. Dieses Rating ist Voraussetzung dafür, an wichtigen IPOs beteiligt zu werden. AA setzt voraus, dass

- der vorgeschriebene Höchstspread zu maximal 75 % ausgenutzt wird,
- die durchschnittliche Zeit, in der Quotes gestellt werden, mindestens 9,5 von 11 Handelsstunden beträgt,
- die Teilnahme an Auktionen über 80 % liegt und
- die Teilnahme an den Eröffnungsauktionen über 90 % liegt.

Das Designated Sponsoring ist mit größeren Risiken verbunden. Der Sponsor muss auf Kursen stillhalten, auch wenn Märkte extreme Bewegungen durchlaufen und häufige Volatilitätsunterbrechungen (> Auktionen) stattfinden, die zu völlig geänderten Kursniveaus führen können.

26.5 Anleihehandel und Anleihesales

26.5.1 Handels- und Informationsplattformen

Der Anleihemarkt war traditionell zum allergrößten Teil ein OTC-Markt, an dem Geschäfte im Telefonverkehr abgeschlossen wurden. Der grundsätzliche Ablauf des Handels im Telefonverkehr ist im Abschnitt Devisenhandel ausführlich erläutert worden.

Ein börsengebundener Handel von Anleihen hat sich nicht durchgesetzt. Es sind zwar viele Anleihen an Börsen eingeführt und notiert. Dies dient aber weniger dem Ziel, den Handel zu verbessern. Vielmehr geht es um die rein formale Eigenschaft der Börsennotiertheit. Bestimmte Investorengruppen dürfen nur börsennotierte Wertpapiere erwerben.

In jüngster Zeit mehren sich Versuche, den Handel über elektronische Plattformen laufen zu lassen. Elektronische Plattformen können unterteilt werden in

- Handelssysteme und
- Informationssysteme.

Auf den elektronischen Plattformen wird mittlerweile etwa 60–75 % des gehandelten Volumens abgewickelt.

Handelssysteme
Hier werden rechtlich verbindliche Geld- und Briefkurse gestellt, die zu einem direkten Geschäftsabschluss führen. Neben den klassischen, Bloomberg-basierten Handelsplattformen beginnen sich hier internetbasierte Systeme zu etablieren. Die auf Bloomberg aufbauenden Handelsplattformen sind bankenspezifisch verschieden. Jeweils eine Bank/Bankengruppe bietet hier ihre Produktpalette für ausgewählte Kundenkreise an. Ohne Einschaltung von Handel oder Sales können die zugelassenen Kunden Geschäfte direkt zu den angeführten Preisen abschließen.

Bei den internetbasierten Handelsplattformen handelt es sich in der Regel aus Sicht des Anlegers um offenere Systeme, d. h., auf einem virtuellen Marktplatz kann der Kunde zwischen verbindlichen Preisstellungen verschiedener Kontributoren wählen. Internetbasierte Plattformen beschränken sich zurzeit im Wesentlichen auf spezielle, standardisierte Anleiheprodukte. Über EuroMTS werden beispielsweise Staatsanleihen und Jumbopfandbriefe gehandelt. Weitere in Europa existierende Internetplattformen sind z. B. Eurex Bonds und BondClick.

Informationssysteme
Hier werden keine verbindlichen Preise gestellt, sondern lediglich Preisindikationen, die ein Investor als Grundlage für seine Investitionsentscheidung nutzen kann, verbreitet. Zu den bekanntesten Informationsplattformen zählen Reuters und Bloomberg.

26.5.2 Organisatorische Gliederung des Anleihehandels

Auch der Anleihehandel unterteilt sich in Sales- und Handelseinheiten. (Zur generellen Aufgabenbeschreibung siehe das Kapitel Aktienhandel).

Im Gegensatz zur Aktienseite wird auf der Rentenseite aber nicht in Kunden- oder Eigenhandel unterschieden. Der Händler einer Sales-Einheit im Rentenhandel hat also mehr Möglichkeiten als sein Pendant im Aktienbereich. Nach Annahme eines Kauf- oder Verkaufsauftrages des Kunden stehen dem Sales-Händler folgende Strategien offen:
- *Durchhandel*. Der Händler kann, wenn er sofort eine Gegenpartei findet, die Position durchhandeln.
- *Selbsteintritt*. Der Händler tritt selbst als Gegenpartei ein, wenn nicht sofort ein entsprechender Gegenpart gefunden wurde oder er selbst am Erwerb der Position interessiert ist.

Zum Beispiel kann es nach Ermessen des Händlers sinnvoll sein, eine Position zuerst auf das Buch zu nehmen, um eventuell später auftretende Marktvorteile ausnutzen zu können. Dabei entscheidet der Händler, ob er seine Positionen mit später eingehenden Kundenaufträgen auszugleichen versucht oder sie aktiv den Sales-Kollegen zeigt, damit diese ihre Kunden anrufen und fragen, ob sie an der Position Interesse haben. Der Händler kann auch versuchen, größere Volumina aufzubauen, um bessere Preise zu erzielen.

Aufgebaute Positionen werden in der Regel im Tagesverlauf wieder abgebaut. Sollte dies nicht der Fall sein, müssen die offenen Positionen am Tagesende dem Risiko entsprechend bewertet werden. Sowohl für die Bewertung dieser Positionen als auch für ihre Größe gelten unter Heranziehung des gebundenen Eigenkapitals bankinterne Vorschriften und Grenzen.

Die Funktion des Sales kann grob vereinfachend wie folgt zusammengefasst werden:

- *Ideenlieferant.* Zum einen verschafft der Sales den Kunden Zugang zum Markt, indem er entweder dem Kunden aktiv Marktopportunitäten aufzeigt und dem Kunden beratend zur Seite steht oder lediglich passiv zwischen einem konkreten Kundenwunsch und dem Handel vermittelt.
- *Handelsunterstützung.* Zum anderen unterstützt der Sales den Handel, wenn dieser seine offenen Positionen schließen möchte.

Aufgaben zur Lernkontrolle
1. Welche Marktteilnehmer sind an den Devisenmärkten präsent und was zeichnet sie aus?
2. Nennen Sie die Funktionen der elektronischen Handels- und Informationssysteme und erläutern Sie ihre Bedeutung für Devisen-, Aktien- und Rentenhandel.
3. Was versteht man unter Devisenswapgeschäften und wozu werden sie eingesetzt?
4. Was versteht man unter Outright-Geschäften, Designated Sponsoring und Proprietary-Trading?
5. Welche Limite kommen bei der Risikosteuerung der Handelsbereiche zum Einsatz?
6. Nennen Sie Beispiele für das enge Zusammenarbeiten der Bereiche Handel und Sales im Rahmen des Ausbaus von Kundenbeziehungen.

Literatur
Burda, M.C./Wyploz, C., (2003): Makroökonomik: eine europäische Perspektive, 2. Aufl., München.
BIZ (2005): Central Bank Survey of Foreign Exchange and Derivatives Market Activity, Bank für Internationalen Zahlungsausgleich, Basel.
Eilenberger, G. (2004): Währungsrisiken, Währungsmanagement und Devisenkurssicherung von Unternehmungen, 4. Aufl., Frankfurt am Main.
Eilenberger, G. (1996): Lexikon der Finanzinnovationen, München.
Fischer-Erlach, P. (1995): Handel und Kursbildung am Devisenmarkt, Stuttgart.
von Hagen, J./von Stein, J. H. (Hrsg.) (2000): Geld-, Bank- und Börsenwesen. Handbuch des Finanzsystems, Stuttgart.
Hull, J.C., (2006): Optionen, Futures und andere Derivate, 6. Aufl., München.
Isard, P. (1995): Exchange Rate Economics, London u. a.

IWF (2001): International Capital Markets, Internationaler Währungsfonds, Washington.
Jarchow, H.-J./Rühmann, P. (2000): Monetäre Außenwirtschaft, Göttingen.
Ochinsky, W. (2004): Strategien an den Devisenmärkten: eine Einleitung für die Praxis, 5. Aufl., Wiesbaden.
Saczawa (1995): Die Problematik des Wechselkursrisikos von Industrieunternehmen bei Handelsgeschäften, die in ausländischer Währung fakturiert sind, Commerzbank Treasury, Frankfurt.

V Assetmanagement

27 Grundlagen des Assetmanagements*

> **LERNZIELE**
> - Ziele und Rahmenbedingungen des Assetmanagements definieren.
> - Die wichtigsten Produkte und Dienstleistungen nennen und erläutern.
> - Die verschiedenen Anbieter und deren Leistungen voneinander abgrenzen.
> - Die angesprochenen Kundengruppen und deren Wünsche kennen lernen.

27.1 Grundbegriffe

27.1.1 Abgrenzung Assetmanagement

DEFINITION
Assetmanagement ist die Verwaltung von Vermögenswerten Dritter durch spezialisierte Dienstleister im Rahmen von Vollmachtsverträgen.

Die in den letzten Jahren enorm gewachsene Bedeutung des Assetmanagements wird in der steigenden Anzahl von Fonds, steigenden Fondsvolumina und in der Ausgliederung und dem Aufbau selbstständiger Assetmanagement-Unternehmen (ABN Amro Asset Management, AXA Investment Managers, cominvest Asset Management) dokumentiert. In jüngster Vergangenheit ist zudem eine starke Konsolidierung zu beobachten – auch über Ländergrenzen hinweg (activest wurde zu Pioneer Investments, dit zu Allianz Global Investors). Die Produktpalette weitet sich mehr und mehr aus.

Allein in Europa betrug das Volumen der Investmentfonds Mitte 2006 rund 7 Billionen Euro. Die jährliche durchschnittliche Wachstumsrate – gerechnet über die letzten zehn Jahre – lag bei 15,7 %. Mit Nettomittelzuflüssen von 430 Milliarden

European Assets under Management Nach Ländern, Juni 2006 (in Mill. €)		
	Volumen	%
Luxemburg	1.652.126	23,8
Frankreich	1.376.600	19,8
Deutschland	965.686	13,9
UK	689.504	9,9
Irland	633.190	9,1
Gesamt Europa	**6.944.094**	**100,0**

Quelle: Efama

---

* Autorin: Anette Klages

Euro hatte Europa im Jahr 2005 die weltweit höchsten Zuflüsse. Trotz der hohen Dynamik warnt der europäische Fondsverband Efama vor uneinheitlichen gesetzlichen Rahmenbedingungen, welche die weitere Entwicklung der europäischen Assetmanagement-Industrie behindern könnten. Für die USA registrierte man Ende 2005 gut 7,5 Billionen Euro an verwaltetem Vermögen, weltweit dürfte es bei ca. 20 Billionen Euro liegen.

27.1.2 Zielsetzung

DEFINITION
Zielsetzung des Assetmanagements ist
die optimale Vermögensstrukturierung durch
Anlage in Assets einzelner oder mehrerer
Assetklassen unter Beachtung der Präferenzen
der Vermögenseigentümer.

Was heißt das genau? Dies werden wir im Folgenden diskutieren.

27.1.3 Präferenzen

Allgemeine Präferenzstrukturen
Die wichtigsten Rahmenbedingungen im Assetmanagement sind die Präferenzen der Vermögenseigentümer. Die Präferenzen der Vermögenseigentümer können sich auf verschiedene finanzwirtschaftliche Kriterien beziehen. Die wichtigsten sind:
- Rendite (incl. Steuern)
- Liquidität und
- Sicherheit

Daneben gibt es aber viele weitere Präferenzen, die der eine oder andere Investor bei seinen Entscheidungen beachtet (z. B. ethische Zweckbindung von Geldern).

Präferenzen institutioneller Kunden
In Verhandlungen über Vermögensverwaltungsmandate mit institutionellen Kunden steht oft weniger die zu erwartende Rendite, Liquidität oder Anlagesicherheit selbst im Vordergrund der Diskussionen, sondern indirekte Faktoren, die einen Einfluss auf Rendite, Liquidität und Sicherheit haben. Dazu gehört z. B. die Arbeitsweise des Portfoliomanagements: potenzielle Kunden fragen danach, wie das Management organisiert ist und bei Problemen vorgeht. Die folgende Liste enthält häufig diskutierte Aspekte:
- Investment- Managementphilosophie,
- Organisation des Investmentprozesses (er umfasst die Assetallocation, Asset-Selection und das Performance-Controlling),
- Know-how des Assetmanagers,
- Assetklassenstruktur,
- regionale Anlagestruktur,

> **Wann handeln Kunden?**
> **Wann werden Kauf- und wann Verkaufsaufträge erteilt?**
>
> - Was treibt eigentlich Kunden an, an einem bestimmten Tag eine Kauf- oder eine Verkaufsorder aufzugeben? Wenn alles rational und vernünftig zuginge, könnte man das Kundenverhalten aus anerkannten Theorien des Portfoliomanagements ableiten. Zwei Untersuchungen aus dem Jahr 2001 (Journal of Finance) zeigen aber, dass es diverse Verhaltensweisen gibt, die teilweise schwierig zu erklären sind.
> - Hohe vergangene Renditen führen zu vermehrten Kauf- und Verkaufsorders.
> - Je höher die Renditen vergangener Perioden sind, desto wahrscheinlicher ist eine hereinkommende Sell-Order.
> - Niedrige oder negative vergangene Renditen bewirken kaum vermehrte Orders – weder Kauf- noch Verkauforders.
> - Je weniger »institutionell« Anleger sind (private Haushalte, staatliche Stellen, Non-Profit-Organisationen), desto häufiger reagieren sie auf vergangene Kurssteigerungen mit Verkäufen.
> - Steuerliche Überlegungen bewirken Portfolioumschichtungen statistisch nachweisbar in den letzten zwei Wochen des Jahres. Aus steuerlichen Gründen werden auch sonst eher vermiedene Verluste realisiert.
> - Um Feiertage herum werden weniger Orders aufgegeben.
> - Die Veröffentlichung wichtiger Marktdaten löst schon im Vorfeld vermehrte Orderabgaben aus.

- Ertragsvorgaben (Benchmarks),
- Evtl. ethische Zweckbindung der angelegten Gelder und
- Entlohnungsstruktur des Assetmanagers.

27.1.4 Assetklassen

In der oben genannten Definition der Ziele des Assetmanagements fällt der Begriff der Assetklasse auf. Was ist das? Warum wird nicht von einzelnen Assets, sondern von ganzen Klassen gesprochen?

DEFINITION
Ein Asset ist ein Vermögenswert.

DEFINITION
Eine Assetklasse ist eine Gruppe von Assets,
die sich in wichtigen finanzwirtschaftlichen
Eigenschaften von anderen Assets unterscheiden.

In der Praxis haben sich folgende Abgrenzungen herauskristallisiert:
- Assetklassen haben unterschiedliche Risiko-Rendite-Eigenschaften.
- Assets einer Assetklasse weisen untereinander eine hohe Renditekorrelation auf.
- Assets verschiedener Assetklassen weisen niedrige Renditekorrelationen auf, sodass durch Kombination verschiedener Assetklassen ein Diversifizierungseffekt erzielt wird.
- Jedes Asset wird nur einer Assetklasse zugeordnet.

Es gibt allerdings keine »wissenschaftliche« mathematisch-statistisch berechnete Zuordnung von Assets zu Klassen. Das Assetklassen-Konzept hat sich pragmatisch aus Gebräuchen der Praxis heraus entwickelt. Eine wissenschaftliche Untermauerung fehlt.

Man kann zwischen traditionellen und alternativen Assetklassen unterscheiden.
- *Traditionelle Assetklassen* beinhalten Assets, die standardisiert handelbar sind und typischerweise Aktien, Anleihen, Immobilienfonds, Geldmarktinstrumente oder auch Hedgefonds umfassen.
- *Alternative Assetklassen* sind nicht standardisiert handelbar. Dazu gehören z. B. Private Equity, Direktanlage in Immobilien, Kunst, Antiquitäten, etc. Auch Rohstoffe werden in der Praxis dazu gezählt, obwohl es einen standardisierten Handel gibt.

Insgesamt dient die Einteilung des Anlageuniversums, d. h. aller einzelnen Assets in Assetklassen, der Vereinfachung des Assetmanagement-Prozesses. Die Grobstrukturierung der Portfolios wird auf der Ebene der Assetklassen vorgenommen. Die Zahl der zu beachtenden Variablen wird dadurch enorm verringert (Erwartungswerte, Varianzen und Kovarianzen von Renditen sowie weitere je nach Präferenzen der Vermögenseigentümer (s. u.)).

27.1.5 Assetallocation

Assetallocation ist das Herzstück des Assetmanagements, denn mit der Aufteilung des Vermögens auf konkrete einzelne Anlageobjekte (Titel) sind die Parameter der Vermögensentwicklung, also Rendite, Liquidität, Sicherheit, steuerliche Belastungen, etc. festgelegt.

> **DEFINITION**
> Assetallocation ist die Aufteilung
> des Gesamtvermögens auf Assetklassen
> und einzelne Assets.

27.1.6 Investmentstil

Neben der Assetklasse ist der Investmentstil ein weiterer zentraler Begriff im Assetmanagement.

> **DEFINITION**
> Unter Investmentstilen versteht man
> Bündel von Prinzipien und Vorweg-
> annahmen, die den Entscheidungsspielraum
> von Portfoliomanagern einengen.

Statt nach einzelnen Titeln wird bei Investmentstilen nach Marktsegmenten gesucht. Die Idee ist, dass man sich die teure Evaluierung von Einzeltiteln ersparen kann, wenn man die wichtigsten Renditedeterminanten eines Marktsegmentes analysiert hat.

Die bekanntesten Investmentstile sind:
- Beim *Growth-Style* wird in das Segment von Unternehmen investiert, die ein hohes Gewinnwachstum aufweisen.
- Beim *Value-Style* investiert man vorrangig in Titel mit hohen Dividendenrenditen.
- Beim *Small-Cap-Style* wird in kleine Unternehmen investiert.
- Beim *Low-Beta-Style* werden Unternehmen mit niedrigem Betawert zum Index bevorzugt.

Es gibt viele weitere derartige Stile. Ständig wird versucht, neue zu entwickeln.

27.1.7 Formen der Vermögensverwaltung

Die Vielfalt möglicher Assetklassen, Investmentstile und Anlegerpräferenzen genauso wie Kostenüberlegungen der Vermögensverwalter, die zur Standardisierung zwingen, haben zur Herausbildung typischer Formen der Vermögensverwaltung geführt. Folgende Typen von Vermögensverwaltungsmandaten gibt es:
- *Investmentfonds.* Die verbreitetste Form der Vermögensanlage ist die Anlage in Investmentfonds. Sie ist zugleich die standardisierteste. Dabei eröffnet eine Investmentgesellschaft ein Sondervermögen und gibt Anteilsscheine auf das Fondsvermögen an die Anleger, i.e. die Eigentümer des Fondsvermögens, aus.
- *Fondsvermögensverwaltung.* Diese Dienstleistung betrifft Kundenportfolios mit Investmentfonds. Es sind einige wenige Strategietypen definiert, zwischen denen der Kunde wählen kann. Strategien beziehen sich auf die Mischung verschiedener Investmentfonds im Kundenportfolio. Es können Umschichtungen innerhalb des Kundenportfolios in Abhängigkeit von Branchen- und Gesamtmarktentwicklungen vorgenommen werden. Mindestanlagebeträge 10.000 bis 25.000 Euro. Zielgruppe: Privatkunden. Rechtliche Grundlage: Vermögensverwaltungsauftrag.
- *Standardisierte Vermögensverwaltung.* Zur Berücksichtigung spezifischer Präferenzen und Risikoneigungen ist zusätzlich eine direkte Anlage in Einzeltiteln möglich. Daneben steht eine größere Zahl von Strategiealternativen als bei der Fondsvermögensverwaltung zur Auswahl. Anlagebeträge ab 50.000 Euro sind erforderlich. Zielgruppe: Privatkunden. Rechtliche Grundlage: Vermögensverwaltungsauftrag.
- *Individuelle Vermögensverwaltung.* Maßgeschneidertes Angebot, Berücksichtigung der persönlichen Verhältnisse des Kunden (steuerliche Aspekte, Risikoneigung, Liquiditätsplanung, etc.). Erforderliches Anlagevolumen etwa 500.000 Euro. Zielgruppe: vermögende Privatkunden, Institutionen. Rechtliche Grundlage: Vermögensverwaltungsauftrag.

27.1.8 Dienstleistungen im Assetmanagement

Im Zentrum der Vermögensverwaltung, in welcher der vier Formen sie auch immer angeboten wird, stehen zwei Dienstleistungen:
- die Vermögensberatung und
- das Portfoliomanagement, das wiederum aus drei Teilen besteht:
  - Strategische Portfolioausrichtung,
  - Taktische Portfoliosteuerung,
  - Bewertung, Abwicklung und Verwahrung.

Vermögensberatung
Im Rahmen der Vermögensberatung werden die Vermögensverhältnisse, die Lebensumstände und die Präferenzen eines Anlegers erkundet, ein mehr oder weniger genauer Finanzplan entwickelt und Produkte für die Verwirklichung angeboten. Die Vermögensberatung ist eine wichtige Vorleistung für das eigentliche Portfoliomanagement.

Strategische Portfolioausrichtung
Vorgaben für die Aufteilung der Anlagesumme auf die Assetklassen (Assetallocation). Die Strategische Portfolioausrichtung berücksichtigt Anlegerpräferenzen und Kostenaspekte des Vermögensmanagements. Die Assetallocation kann auch schon mit dem Vermögenseigentümer im Rahmen der Vermögensberatung besprochen werden; der Übergang ist fließend.

Taktische Portfoliosteuerung
Dies umfasst die Feinsteuerung des zu verwaltenden Vermögens. Die vorgegebenen Assetklassen müssen nun in einzelne Assets konkretisiert werden. Dividenden, Kupons, fällige Wertpapiere müssen reinvestiert, Entscheidungen über die Ausübung von Options- und Wandlungsrechten gefällt, Aktien und Renten nötigenfalls umgeschichtet werden (z. B. wenn sich die Zusammensetzung eines Indexes ändert). Bei Investmentfonds muss eine ausreichend große Liquiditätsreserve gehalten werden. Ziel ist es insgesamt, die Vorgaben aus der strategischen Portfolioausrichtung bestmöglich einzuhalten.

Bewertung, Abwicklung, Verwahrung
Die Bewertung des Portfolios und die Abwicklung der erteilten Aufträge erfolgt durch die Abteilungen »Backoffice« und »Settlement« in Zusammenarbeit mit dem – meist externen – »Custodian«. Custodian heißt direkt übersetzt Verwahrung. Custodians übernehmen aber auch weitere Dienstleistungen: Abwicklung, Verwahrung, Verwaltung und Berichterstattung von nationalen und grenzüberschreitenden Wertpapiergeschäften. Das Settlement ist eine Abteilung, die die Abwicklung der Aufträge, die im Rahmen der taktischen Vermögenssteuerung anfallen, übernimmt. Das Backoffice führt Schattenkonten und erstellt Daten zur Unterstützung der Entscheidungen des Assetmanagers.

Während Beratung und Strategische Portfoliosteuerung eng miteinander verknüpft und im engsten Sinne Bestandteil eines Vermögensverwaltungsmandates sind, wird die Bewertung, Abwicklung und Verwahrung oftmals von Dritten übernommen.

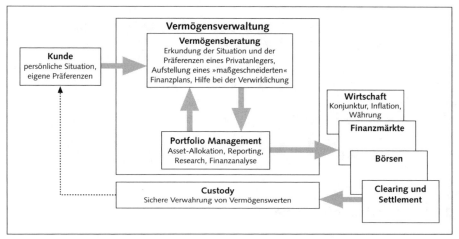

Abb. 27.1: Kernelemente des Assetmanagements (Nach Spremann (1999), S. 14)

27.2 Anbieter von Assetmanagement-Leistungen

Die in der Abbildung 27.1 dargestellten Kernelemente des Assetmanagement – Vermögensberatung und Portfoliomanagement – sowie der Bereich des Custody spiegeln zugleich die drei großen Gruppen von Anbietern von Produkten und Dienstleistungen wider.

Anbieter von Investmentmanagement-Leistungen lassen sich danach unterteilen, ob sie die gesamte Palette an Aufgaben anbieten oder sich spezialisiert haben:
- Vollintegrierte Anbieter
- Spezialisierte Anbieter
  - Portfoliomanager
  - Distributoren
  - Berater/Vermögensverwalter/Investment-Consultants
  - Custodians.

27.2.1 Vollintegrierte Anbieter

Sie erbringen die gesamte Wertschöpfungskette von der Produktentwicklung bis zur Distribution. Anzuführen sind hier alle deutschen Großbanken sowie alle namhaften europäischen Versicherungsgesellschaften. Ein Trend, verschiedene Teilleistungen an externe auszugliedern (Outsourcing), ist jedoch unverkennbar. Insofern ist der vollintegrierte Anbieter, der wirklich alle Leistungen selbst erbringt, sehr selten.

Die zehn größten Vermögensverwalter nach dem insges. verwalteten Vermögen (i.e. alle Vermögensverwaltungsmandatstypen), 1999

Platz	Unternehmen	Land	VuM (Mrd. €)
1	UBS	Schweiz	1.090
2	Fidelity	USA	747
3	Kampo	Japan	668
4	Crédit Suisse	Schweiz	647
5	AXA Group	Frankreich	624
6	Deutsche Bank	Deutschland	618
7	Allianz	Deutschland	616
8	Barclay's	Großbritannien	587
9	State Street	USA	471
10	Merrill Lynch	USA	466

27.2.2 Spezialisierte Anbieter

Portfoliomanager

Ausschließliches Portfoliomanagement wird von sogenannten *Boutiquen* betrieben, die sich auf ein bestimmtes Segment (einen bestimmten Investmentstil) spezialisiert haben und ihre Produkte (Anteile an den von ihnen gemanagten Fonds) über Intermediäre vertreiben. Die Beratung der Endkunden wird nicht von den Boutiquen, sondern von den Intermediären durchgeführt.

Distributoren

Reine Vertriebsorganisationen, die Produkte des Assetmanagements verkaufen. Beispiele sind die Vertriebsorganisationen DVAG, AWD oder OVB. Diese Gesellschaften vertreiben lediglich Produkte, die von anderen Portfoliomanagement-Unternehmen gemanagt werden. Sie managen nicht das Portfoliovermögen, noch führen sie eine Beratung des Kunden durch, die über das Ziel, Produkte zu verkaufen, hinausgeht.

Distributoren im Assetmanagement. Dies können die Folgenden sein:
- *AWD (Allgemeiner Wirtschaftsdienst)* ist nach eigenen Aussagen einer der führenden Finanzdienstleister in Deutschland, Österreich und der Schweiz. Die AWD Holding AG ging am 20. Oktober 2000 an die Börse. AWD verfügt über 240 Servicecenter und mehr als 2000 hauptberufliche Mitarbeiter. Innerhalb von 12 Jahren wurden 1,3 Millionen Kunden akquiriert. AWD vergleicht Leistungen rund ums Geld unabhängig von einzelnen Anbietern. Eigene Produkte werden nicht angeboten.
- *Die DVAG (Deutsche Vermögensberatung Aktiengesellschaft)* wurde 1975 von Dr. Reinfried Pohl in Frankfurt/M. gegründet und entwickelte sich mit 26.000 Vermögensberatern und mehr als 3 Millionen Kunden weltweit zur Nummer 1 un-

ter den branchenübergreifenden Finanzvertrieben. Die DVAG arbeitet mit namhaften Banken, Investmentgesellschaften und Versicherungsunternehmen zusammen.
- *Die OVB (Optimale-Vermögens-Beratung)* wurde 1970 mit der Idee, eine individuelle und kompetente Vermögens- und Finanzberatung für private Kunden anzubieten, gegründet. Im Dezember 2000 wurde die OVB GmbH & Co KG in eine AG umgewandelt und firmiert jetzt unter OVB Vermögensberatung AG. Die OVB vermittelt Produkte verschiedener Partnerunternehmen aus den Bereichen Versicherungen, Kapitalanlagen und Bausparen. Die OVB ist in Deutschland, Österreich, Tschechien, der Slowakei, Polen, Kroatien, Ungarn, Griechenland, der Schweiz und Italien tätig.

Berater/Investment-Consultants
Reine Berater verzeichnen derzeit einen großen Zulauf an Kunden. Es gibt Berater, die ausschließlich Beratungsleistungen erbringen und solche, die für die Kunden Anlageentscheidungen im Rahmen von Vollmachtsverträgen treffen (Vermögensverwalter). Im letzteren Fall haben sie Vollmacht über die Konten der Kunden. Berater arbeiten entweder mit Zeitlohnverträgen oder sie erhalten Provisionen, die vom Anlageerfolg abhängen, oder sie erhalten Provisionen von den Herstellern von Anlageprodukten, die sie verkaufen. Investment-Consultants sind Berater, die gegen Entgelt in einem strukturierten Suchprozess unter Berücksichtigung von Kundenvorgaben die geeignetsten Anbieter auswählen und zur Entscheidung dem Kunden vorstellen.

Vermögensverwalter im Internet. Dies können sein.
- Die Bundesanstalt für Finanzdienstleistungsaufsicht veröffentlicht im Internet eine vierteljährlich aktualisierte Liste aller Finanzportfolioverwalter, die über eine Erlaubnis zur Erbringung dieser Dienstleistung verfügen (www.bafin.de).
- Eine weitere Übersicht über Vermögensverwalter (Finanzportfolioverwalter) bietet z. B. die Mitgliederliste des Verbandes unabhängiger Vermögensverwalter Deutschland e.V. (www.vuv.de).
- Der Verband möchte u. a. dazu beitragen, dass Finanzportfolioverwalter positiv von der Öffentlichkeit wahrgenommen werden. Die Mitglieder dieses Verbandes haben sich deshalb einem Ehrenkodex unterworfen, d. h. sie verpflichten sich im Wesentlichen dazu, eventuelle Vergünstigungen durch die Kundenverbindung offen zu legen und keinen persönlichen Nutzen aus der Orderlage zu ziehen.

Custodians
Custodians sind Dienstleister, die sich aus Wertpapierverwahrern heraus entwickelt haben und heute außer der Verwahrung auch Verwaltungs-, Berichterstattungs- und Analyseleistungen erbringen. Man unterscheidet Global Custodians, die Dienstleistungen weltweit erbringen, und Local Custodians. Die größten Global Custodians sind die Bank of New York, Citibank, Deutsche Bank, BNP Paribas, State Street, JP Morgan Chase. Mehr regionalen Charakter haben die traditionellen Zentralverwahrer in verschiedenen Ländern. In Europa dominieren die europaweit agierenden Custodians Euroclear (Brüssel) und Clearstream (Luxemburg).

27.3 Nachfrager von Assetmanagement-Leistungen

Auf der Nachfrageseite nach Assetmanagement-Dienstleistungen lassen sich in Abhängigkeit von der Rechtsperson zwei Hauptgruppen unterscheiden:
- Institutionelle Investoren
- Private Kunden, darunter:
  - juristische Personen und
  - natürliche Person.

27.3.1 Institutionelle Investoren

Für die institutionellen Anleger handelt der Anbieter als Vermögensverwalter nach Abschluss eines Vollmachtvertrages und trifft Entscheidungen gemäß vorher definierter Anlagerichtlinien.

Institutionelle Investoren können sein:
- Zentralbanken, Supranationale Institutionen,
- Kreditinstitute (Banken, Sparkassen und Genossenschaftsbanken, Bausparkassen, u. a.),
- Versicherungsunternehmen (Lebens-, Kranken-, Unfall-, Rückversicherungen, u. a.),
- Nichtbank-Unternehmen (Produktion, Handel, Dienstleistungen),
- Institutionalisierte Altersversorgung (Pensions- und Unterstützungskassen, berufsständische Versorgungswerke, u. a.),
- Sozialversicherungsträger (Krankenkassen, Berufsgenossenschaften, Landesversicherungsanstalten, u. a.),
- Gewerkschaften,
- Kommunen, kommunale Träger,
- Verbände, Vereine,
- Kirchen, karitative Einrichtungen,
- Stiftungen,
- Sterbekassen.

Wichtige Gründe, warum institutionelle Investoren ihre Vermögensverwaltung einem fremden Assetmanager anvertrauen, sind:
- *Rechenschaft*. Besondere Sorgfalts- oder Rechenschaftspflichten gegenüber den Kapitalgebern.
- *Know-how*. Nutzung von Spezialisierungs-, Kosten- und Servicevorteilen des Assetmanagers.
- *Nicht-Kerngeschäft*. Abstoßung von Nicht-Kerngeschäften aus strategischen Managementmotiven heraus.

Je nach Anlagevolumen investieren juristische Personen in Deutschland in Spezialfonds oder Anlagefonds. Dabei hat sich als wichtigstes Instrument der Spezialfonds herauskristallisiert.

- *Spezialfonds* sind Investmentfonds, die in der Regel für einen, maximal für zehn Anleger aufgelegt werden. Die Fondsstruktur orientiert sich dabei grundsätzlich am individuellen Kundenbedürfnis, wobei gesetzlichen Vorgaben einzelner Anlegergruppen Rechnung getragen werden muss.
- *Anlagefonds* sind Publikumsfonds für institutionelle Anleger, die unter den selben professionellen Gesichtspunkten wie Spezialfonds gemanagt werden, aber ein Kapitalmanagement für solche Investoren ermöglichen, die vom Volumen her keinen eigenen Spezialfonds auflegen können oder möchten.

27.3.2 Private Nachfrager

Die privaten Anleger werden nach der Höhe des Anlagevolumens in drei Segmente eingeteilt: Retail-Kunden, Private-Banking-Kunden und High Net Worth Individuals (HNWI).
- *Retail-Kunden* sind Privatanleger mit einem relativ geringen Anlagevolumen. Für diese Kunden werden einheitlich gestaltete und wenig erklärungsbedürftige Produkte und Dienstleistungen angeboten. Meist wird versucht, die Anlagewünsche in Publikumsfonds zu lenken. Zu Privatanlegern gehören bei den Banken neuerdings außer den Privatleuten auch weniger vermögende selbstständige Gewerbetreibende und kleinere Firmenkunden. Alle drei Gruppen erfahren die gleiche standardisierte Betreuung.
- *Privat-Banking-Kunden* sind vermögende Privatkunden, kleinere, aber vermögende Gewerbetreibende und vermögendere Firmenkunden. In diesem Geschäftsfeld werden mehr Dienstleistungen als im Retail Banking, aber weniger individuelle als für die HNWIs angeboten. Kriterium für die Einordnung eines Kunden als Private-Banking-Kunde ist die Höhe seines freien, investierbaren Geldvermögens, das zwischen dem des Retail-Kunden und dem des idealtypischen HNWI liegt.
- *High Net Worth Individuals* (HNWI) sind sehr vermögende Privatkunden, denen individuelle Vermögensbetreuung angeboten wird. HNWIs verlangen Zusatzleistungen wie auf die persönliche Situation hin steueroptimierte Anlagen, Erbschaftsregelungen, Liquiditätsmanagement und Immobilienverwaltung. Aufgrund des großen Vermögens ist die Möglichkeit zur Diversifizierung beachtlich. Es können weitere Assetklassen einbezogen werden und der Anlagekreis umfasst den gesamten Globus.

Die Grenze zwischen Private-Banking-Kunden und HNWIs verläuft bei deutschen Instituten bei etwa einer halben Million Euro investierbaren Vermögens. Besitzt ein Kunde ein großes Immobilienvermögen, Wertpapiervermögen bei anderen Banken oder zählt er zur Gruppe der interessanten gesellschaftlichen Multiplikatoren (Verbandsvertreter, Werbeträger), wird er auch unterhalb der Einstiegsgrenze als High Net Worth Individual betreut.

Die Grenzen zwischen dem Private Banking und der Betreuung von HNWIs auf der einen und den HNWIs und institutionellen Investoren auf der anderen Seite verwischen zunehmend. Insbesondere große Privatanleger verhalten sich mehr und mehr wie kleinere institutionelle Anleger.

Die Bundesbank ordnet private Investoren dann der Gruppe der »Institutionellen« zu, wenn sie die Vermögensverwaltung nach professionellen Prinzipien organisiert haben.

27.4 Akquisition von Assetmanagement-Mandaten

Wie kommt man nun als Anbieter von Assetmanagement-Leistungen zu einem Mandat? Es gibt folgende Wege:
- *Hausbank*. Betreuung im Rahmen der Hausbankbeziehung durch Universalbanken. Dies ist der klassische Vertriebsweg in Deutschland.
- *Versicherungen*. Im Rahmen von Allfinanzkonzepten bemühen sich Versicherungen um ganzheitliche Vermögensverwaltungsmandate. Der Einstieg war traditionellerweise die Kapitallebensversicherung. Ein Problem ergab sich für Versicherer nach Ablauf der Kapitallebensversicherungen. Viele Kunden ließen sich die Gelder auf ihre Bankkonten auszahlen. Damit waren sie für den Versicherer verloren. Mit dem Kauf der Dresdner Bank hat sich die Allianz-Versicherung vertikal integriert und versucht, die freiwerdenden Versicherungsgelder in die eigene Bank überzuleiten.
- *Vermögensberater*. Unabhängige Vermögensberater gewinnen Mandate durch Weiterempfehlung (Mund-zu-Mund-Propaganda). Daneben betreiben sie Mailing-Aktionen oder klassische Werbung in Printmedien.
- *Direktbanken und Internetanbieter*. Direktbanken gelingt der Einstieg in die Vermögensverwaltung über preiswerte Grundleistungen im Zahlungsverkehr (Kontoführung) und bei Wertpapiertransaktionen.

Investment-Consultants Nach Zahl der Mandate (im 1. Halbjahr 2001)		
Firma	Zahl der Mandate	Volumen betroffener Assets; (Mio. US-$)
William M. Mercer	78	4.111
Watson Wyatt Worldwide	57	6.248
Bacon & Woodrow	39	1.781
Hymans Robertson	34	9.721
Sector Treasury Services	8	273
Aon Consulting	7	496
Towers Perrin	7	262
HSBC Actuaries and Consultants Ltd	7	74
Frank Russel Company	6	736
Ortec Consultants bv	6	209

- *Investment-Consultants* führen ein Screening der Anbieter von Assetmanagement-Leistungen durch und beraten ihre Kunden entsprechend. Für die Anbieter ist es wichtig, von Investment-Consultants empfohlen zu werden.
- *Instividuals*. Im Bereich der betrieblichen Altersvorsorge hat sich eine neue Variante des Auswahlprozesses von Assetmanagern herausgebildet, die besondere Marketinganstrengungen erfordert: Unternehmen, die ihren Mitarbeitern betriebliche Altersvorsorge anbieten, entscheiden sich zunehmend für externes Assetmanagement. Sie schließen Rahmenvereinbarungen mit Assetmanagern ab und lassen ihren Mitarbeitern die Auswahl, für welche konkrete Vorsorgevariante sie sich entscheiden. Der Anbieter von Assetmanagement-Leistungen muss also zuerst den auswählenden Institutionellen, z. B. den Arbeitgeber, von seinen Leistungen überzeugen, sodass er auf die Auswahlliste aufgenommen wird. Anschließend kann der Mitarbeiter aus den verschiedenen vom Arbeitgeber angebotenen Leistungen wählen.

Aufgaben zur Lernkontrolle
1. Welche Anbieter von Assetmanagement-Leistungen kann man nach dem Umfang der erbrachten Dienstleistungen unterscheiden?
2. Nennen Sie Merkmale und Beispiele für verschiedene Assetklassen.
3. Welcher Vertriebswege kann sich eine Fondsgesellschaft zum Absatz ihrer Produkte bedienen?

Literatur
Kurr, V. (Hrsg.) (2006): Praktiker-Handbuch Asset-Management, Stuttgart.
Leser, H. (Hrsg.) (2003): Handbuch institutionelles Asset Management, Wiesbaden.
Spremann, K. (1999): Vermögensverwaltung, München.

28 Der Assetmanagement-Prozess*

> **LERNZIELE**
> - Sie können die Abläufe im Assetmanagement-Prozess darstellen.
> - Beteiligte an Entscheidungen benennen.
> - Sie können darlegen, wie die Technik des Style-Investment entstanden ist und was die Vorteile sind.
> - Sie können die wichtigsten Investmentstile nennen und mit Argumenten begründen.
> - Sie können den Assetmanagement-Prozess aus dem Blickwinkel der Kapitalmarkttheorie kritisch untersuchen.

28.1 Einleitung

Alle Portfolios sind das Ergebnis einer Reihe von Entscheidungen über Anlagechancen und Anlagerisiken. Der Assetmanagement-Prozess ist nichts anderes als der Ablauf dieses Entscheidungsprozesses von den ersten Überlegen bis hin zum Erwerb der einzelnen Assets.

> **DEFINITION**
> Der Assetmanagement-Prozess ist
> die Abfolge der Entscheidungen
> und Maßnahmen zur Bildung eines
> Portfolios.

Warum ist diese Abfolge von Entscheidungen ein Problem, mit dem man sich beschäftigen sollte? Gemäß Portfoliotheorie ist die Entscheidungsfindung einfach: Man prognostiziert für alle Assets Erwartungswerte, Varianzen und Kovarianzen der Renditen und rechnet das optimale Portfolio aus. Das Verfolgen dieser einfachen Regel ist in der Praxis ausgeschlossen. Weder ist die Datenverfügbarkeit gegeben, noch ist die Prognosegenauigkeit ein triviales Problem, noch ist die Reduktion des Entscheidungsproblems auf Erwartungswert und Varianz von Renditen allgemein akzeptiert (zusätzlich gilt z. B. die Liquidität als wichtiges Kriterium).

Die Kunst des Assetmanagements ist es daher, für die Abfolge von Entscheidungen bei der Portfoliobildung das richtige Maß an Standardisierung, an Vereinfachung, an Generalisierung, an Individualisierung und Realitätsadaptation zu finden, mit dem sich befriedigende Ergebnisse und akzeptable Kosten paaren.

Dabei stehen die in Abbildung 28.1 aufgeführten Fragen im Vordergrund.

---

* Autor: Paul Burik

Entscheidungsfindung	Wie ist der Entscheidungsablauf organisiert?
Beteiligte	Wer macht was?
Informationsquellen	Woher stammen die Informationen?
Entscheidungsabfolgen	Wie organisiere ich die Entscheidung?
Style-Investment	Welche generellen Aussagen über Marktsegmente und Methoden kann ich vorab treffen, um den Entscheidungsprozess von vornherein zu vereinfachen?

Abb. 28.1: Fragen zum Assetmanagement-Prozess

28.2 Entscheidungsfindung

Die Abläufe bei der Entscheidungsfindung im Assetmanagement sind in allen Häusern stark standardisiert, aber nicht überall identisch. Nirgendwo eher als im Assetmanagement gilt wahrscheinlich der Satz: Es gibt nichts, was es nicht gibt.

Die Beteiligten am Assetmanagement-Prozess

Die Beteiligten am Assetmanagement-Prozess und ihre Aufgabenschwerpunkte sind:
- *Macro-Economic-Team*. Es ist zuständig für die Entwicklung von makroökonomischen Szenarien (Globale Wachstumsraten, Zinssatzenwicklung, Inflation, Branchenentwicklung).
- *Currency-Analyst*. Er ist der Spezialist, der die Währungsseite überwacht.
- *Strategist*. Er entwickelt konkrete Ideen für die strategische Assetallocation (Duration, Country-Selection, Industry-Selection, Style).
- *Equity-Analyst/Credit-Analyst*. Sie überwachen Einzeltitel und entwickeln Ideen zur Security-Selection und Industry-Selection.
- *Specialist*. Es gibt eine Reihe von Spezialisten, die spezifische Variable überwachen, um ganz bestimmte Strategien durchzuführen, z. B. Arbitrage, Curve-Management, Konvexitätsstrategien.
- *Portfoliomanager*. Er verarbeitet alle Informationen und trifft Anlageentscheidungen.
- *Risk-Manager*. Er berechnet Risikokennziffern und assistiert dem Portfoliomanager.
- *Trader*. Ausführender der Anlageentscheidung ist der Trader. Er ist manchmal identisch mit dem Portfoliomanager, manchmal auch zentralisiert im Trading Desk und übernimmt das »Finetuning« des Handelszeitpunktes.

Die *Entscheidungsfindung* kann nach den Trägern der Entscheidung erfolgen durch
- Star und
- Team.

Der *Entscheidungsstil* kann sein:
- *Diskretion*. Über die Vorgehensweise bei der Entscheidungsfindung darf von Fall zu Fall völlig unabhängig ohne Restriktionen neu entschieden werden. Findet immer im Star-Fall Anwendung, weil dem Star die Entscheidung über die Art des Vorgehens überlassen wird.
- *Delegation*. Es gibt Vorschriften, die den Entscheidungsraum des/der Entscheidungsträgers einengen. Beispiel: Es darf nur über Aktien, Währungen oder Branchen entschieden werden, die in einer Liste stehen. Es müssen bestimmte Prüfroutinen abgearbeitet sein, bevor die Entscheidung getroffen wird.

Assetklassen und Prüfroutinen		
Domestic Bonds	1	Duration
	2	Maturity Distribution
	3	Government/Corporates
	4	High Grade/Low Grade (Bei Corporates)
	5	Security-Selection
Domestic Equity	1	Industry Mix
	2	Security-Selection
European Equitiy	1	Country Mix
	2	Industry Mix
	3	Security-Selection
Security-Selection	1a	Financials (Balance-Sheet, Income-Statement, Cashflow)
	1b	Business Prospects (Competition, Industry Outlook)
	1c	Legal (Covenants, Subordination, Call-Provisions)
	2	Current-Price
	3	Technical Analyses
	4	Kaufauftrag Verkaufauftrag

Abb. 28.2: Typische Entscheidungsabfolgen bei verschiedenen Assetklassen

Die Abbildung 28.2 zeigt für einige Assetklassen im Portfoliomanagement wie der letztendlichen Titelauswahl (Security-Selection) eine Reihe von Entscheidungen vorangehen. Die komplexe Gesamtentscheidung der Zusammenstellung eines Portfolios aus einzelnen Assets wird in Teilschritte zergliedert, die nacheinander abgearbeitet werden. Auf jeder Entscheidungsstufe wird das Anlageuniversum verengt, sodass auf der letzten Stufe, der Auswahl konkreter Wertpapiere (Security-Selection), nur noch wenige Titel zu evaluieren sind. Ist der oder sind die Titel ausgewählt, wird oft der Technische Analyst um eine Kurzfristprognose gebeten. Das Timing der Order wird dann davon abhängig gemacht. »Don't rush« oder »So schnell wie möglich« sind denkbare Antworten.

Der *Entscheidungsablauf* kann sein:
- *Sequentiell*. Alle Teilschritte werden nacheinander abgearbeitet (siehe Abbildung 28.2).
- *Parallel*. Teilschritte werden parallel und durcheinander bearbeitet. Eine Entscheidung wird auf Basis der gerade verfügbaren (nicht aufeinander abgestimmten) Teilinformationen getroffen.

- *Meeting.* Zu regelmäßigen Zeitpunkten werden Informationen der verschiedenen Beteiligten aufeinander abgestimmt (Meetings). Das »Daily Meeting« ist Routine rund um den Globus. Eher wöchentlich treffen sich Branchen- und Länderexperten. In seltenen Abständen werden allgemeine Trends diskutiert.
- *Case.* Fallweises Vorgehen findet man bei großen Transaktionen oder außergewöhnlichen Ereignissen.

Als *Informationsquellen* werden verwendet:
- *In-House*-Research-Abteilungen.
- *Externe* unabhängige Informationsagenturen (Reuters, VWD etc.), Branchenmagazine (Selbstdarstellung der Branche) und Informationen anderer Broker, die versuchen, Kunden, die Handelsumsatz bringen, durch gute Informationstätigkeit an sich zu binden (siehe Sell-Side-Research).
- *Primärinformationen.* Unbearbeitete Information aus originären Quellen.
- *Sekundärinformation.* Primär- und Sekundärinformationen, die von einem Informationsverarbeiter weiter bearbeitet wurden.

PRAXISBEISPIEL

Wie Fondsmanager arbeiten
Es gibt einige Fondsmanager, denen reicht es, »ein wenig« Zeitung zu lesen und mit anderen Fondsmanagern zu parlieren; dann treffen sie ihre Entscheidungen. Andere, wie z. B. die Fonds von Templeton, wurden berühmt durch ihren Ansatz, tiefe individuelle Analysen anzufertigen und dann erst zu investieren. Templeton besuchte z. B. Industriehallen und Lager, führte Managementgespräche und befragte Kunden und Lieferanten nach Zahlungsgewohnheiten, Produktqualitäten, Pünktlichkeit etc. Anschließend wurden die Entscheidungen getroffen. Die meisten Fondsmanager siedeln sich zwischen diesen Extremen an.

PRAXISBEISPIEL

Wie Fondsmanager arbeiten – der Einfluss von Investor Relations der Emittenten
Die Verarbeitung von Informationen unterliegt einem ständigen Wandel. Mittlerweile haben viele Emittenten eine aktive Informationspolitik ergriffen. Unternehmen sind trainiert in Investor Relations und überschütten die Märkte mit gezielter Information. Einige Fondsmanager reagieren auf diese neue Informationsflut damit, nicht mehr den Gehalt der Information (die »Fundamentals«), sondern das »Theater« zu begutachten, mit dem die Informationen präsentiert werden: Wer in seiner Selbstdarstellung den Gepflogenheiten der Finanzmärkte am meisten entgegenkommt, wird besser beurteilt.

28.3 Style Investment

28.3.1 Einführung

Ein Investmentstil (oder synonym eine Investment-Philosophie) ist ein Bündel von Prinzipien bzw. Vorabannahmen, die den Entscheidungsspielraum des Portfoliomanagers auf wenige Marktsegmente einengen. Dieses Bündel von Prinzipien und Vorabannahmen verringert die Zahl der Analyseschritte, die bis zur Anlageentscheidung durchgeführt werden müssen. Die Prinzipien können sich beziehen auf:

- Eigenschaften von Märkten, in die investiert wird.
- Charakteristika von Branchen, in die investiert wird.
- Eigenschaften einzelner Wertpapiere, in die investiert wird.
- Das Risikoniveau, das noch akzeptiert wird.
- Methoden, mit denen Analyseschritte durchgeführt werden.

Wenn Portfoliomanager derartige vorab festgelegte Prinzipien beachten, dann spricht man von »Style Investment«. Welche Vorteile ergeben sich durch das Festhalten an einem Investmentstil?

Sicht des Anlegers
Klassifikation. Anhand des Stils können Anleger ihre Assetmanager einfach klassifizieren. Die Klassifizierung hilft dem Anleger, verschiedene Assetmanager zu vergleichen und zu vermeiden, dass ihr Vermögen auf Assetmanager aufgeteilt wird, die mit einem ähnlichen Arbeitsstil Portfolios gestalten.

Performancesicherung. Der Investmentstil, also die Vorabauswahl von Marktsegmenten, determiniert in hohem Maße die Performance des Portfolios. Das Verständnis eines Stils erleichtert dem Anleger die Analyse, wie ein Anlageerfolg einer vergangenen Periode zustande gekommen ist. Investoren neigen zu der Annahme, dass ein gründliches Verständnis der Arbeitsweise eines Assetmanagers erforderlich ist, um seinen Track Record zu verstehen. Die meisten glauben, dass historischer Erfolg, der auf Intuition oder Ad-hoc-Entscheidungen basiert, weniger wahrscheinlich in Zukunft wieder auftreten wird, als ein Erfolg, der auf logischer, systematischer Analyse und Arbeitsweise beruht. Die Logik der Investmentstile wird von den Investoren verstanden und akzeptiert.

Sicht des Assetmanagers bzw. seines Arbeitgebers
Qualitätssicherung. Die Festlegung des Ablaufes von Arbeitsschritten hilft, die Qualität des Portfoliomanagements zu sichern. Es verringern sich insbesondere Fehler auf der operativen Ebene. Noch mehr trägt aber die Reduktion der Entscheidungsvariablen zur Fehlersenkung bei. Wie unten deutlich wird, ist das Herz des Style Investment die Beschränkung der Assetallocation auf einige wenige Entscheidungsparameter, die – im Idealfall – leicht überwacht werden können und klar zu interpretieren sind.

Kostensenkung. Die Beschränkung auf wenige Entscheidungsparameter senkt die Informationskosten, erleichtert die Überwachung der getroffenen Entscheidungen und ermöglicht die Einstellung weniger gut vorgebildeter Mitarbeiter als Portfoliomanager – senkt zusammenfassend also die operativen Kosten.

Welche Stile gibt es? Investmentstile sind überwiegend nicht detailliert, sondern eher allgemein formuliert. Konsequenterweise werden sie von den Portfoliomanagern auf unterschiedliche Weise implementiert, je nachdem, wie die generellen Regeln interpretiert werden. Das schränkt die beschriebenen Vorteile teilweise ein.

Investmentstil und Assetmanager
Es hat sich herausgestellt, dass der jeweils verfolgte Investmentstil weniger vom Unternehmen, als vielmehr vom jeweiligen Assetmanager abhängt, der einen Stil, der zu seinen spezifischen Fähigkeiten, Erfahrungen und persönlichen Einstellungen passt, typischerweise bevorzugt. Umgekehrt gilt: Wenn sich ein Unternehmen auf einen bestimmten Stil spezialisieren will, dann hängt sein Erfolg davon ab, ob es gelingt, Assetmanager einzustellen, die von ihrer Natur, ihrer Ausbildung und ihrer Erfahrung her mit diesem Stil zurecht kommen.

Investmentstil und Kapitalmarkttheorie
Investmentbanker haben die Erfahrung gemacht, dass es auf lange Sicht nicht einen einzigen Stil gibt, der alle anderen Stile dominiert. Vielmehr scheint es, dass unterschiedliche Stile zu verschiedenen Zeiten und bei verschiedenen Asset-Kategorien gute oder schlechte Performance erbringen.

Diese erfahrungsbasierte Erkenntnis ist eng verwoben mit theoretischen und empirischen Überlegungen zur Kapitalmarkteffizienz.

Bewertungseffizienz. Ein Kapitalmarkt ist bewertungseffizient, wenn Finanztitel so bewertet sind, dass deren Preise den *fundamentalen Werten* entsprechen. Wenn Preise den fundamentalen Werten entsprechen, dann sind sie jederzeit so bewertet, dass eine marktübliche Rendite zu erwarten ist. Dann ist es völlig irrelevant, nach welchem Stil man Wertpapiere auswählt und Portfolios zusammenstellt: bei jeder beliebigen Zusammenstellung ist ex ante eine marktübliche risikoadäquate Rendite zu erwarten.

Empirische Studien ergeben ein uneinheitliches Bild. Während in den 80er-Jahren Studien überwogen, die Effizienz nachwiesen, wurden seitdem viele Studien vorgelegt, die fehlende Effizienz aufzeigten. Die Frage, ob Style Investing überhaupt ein relevantes Problem darstellt oder mehr ein Fetisch ist, ist insofern offen.

Operative Effizienz. Ein Kapitalmarkt ist operativ effizient, wenn er *friktionslos* ist, d.h. wenn jede Leistung kostenfrei ermöglicht wird. Wenn ein Markt operativ effizient ist, dann ist die Auswahl des Investmentstils, soweit sie mit Kostengesichtspunkten begründet wird, irrelevant, denn jeder Stil führt zu den gleichen operativen Kosten von Null.

Operative Effizienz in diesem Sinne gibt es aber in der Realität nicht. Die Transaktionskosten stellen einen wichtigen, wenn nicht entscheidenden Faktor für die langfristige Performance von Portfolios dar. Insofern als unterschiedliche Investmentstile mit unterschiedlichen Kosten für verschiedene Marktteilnehmer verbunden sind, kann es sinnvoll sein, »stilorientiert« vorzugehen.

Was Marktteilnehmer sagen. Investmentstile werden in der Praxis weit seltener mit Kostengesichtspunkten begründet, als vielmehr mit erzielbaren Überrenditen hervorgerufen durch Preisanomalien. Im Vordergrund steht dann nicht die Frage, ob bei Verfolgung eines Stils eine marktübliche Rendite mit weniger Kosten erzielt werden kann, sondern die, ob bei marktüblichen Kosten (des Portfoliomanagements) eine Überrendite durch Erkennen fehlgepreister Assets erreichbar ist. Damit wäre für die Beurteilung von Investmentstilen die Frage der Bewertungseffizienz von Märkten viel wichtiger als die der operativen Effizienz.

Ein noch anderer »Dreh« ergibt sich aus Interessen der Assetmanager heraus, Vermögensverwaltungsmandate zu akquirieren: Anleger scheuen sich erfahrungsgemäß, einem Vermögensverwalter Geld »blind« anzuvertrauen. Der Investmentstil ist in diesem Zusammenhang ein Indikator, wie der Vermögensverwalter vorzugehen gedenkt und woher die anvisierte Überrendite kommen könnte.

28.3.2 Rückblick: die Entwicklung der Style-Investment-Philosophie

In den 70er- und 80er-Jahren haben zahlreiche empirische Untersuchungen in den USA gezeigt, dass für bestimmte Marktsegmente eine risikoadjustierte Überperformance festgestellt werden konnte. Während der 80er-Jahre des 20. Jahrhunderts wurde beobachtet, dass bestimmte Gruppen von Aktien sich systematisch anders entwickelten als der Rest des Marktes. Die bis dahin überwiegend angenommene Gleichentwicklung der Renditen von Aktienmarktsegmenten stimmte nicht. Es wurde daher die These entwickelt, die Märkte seien systematisch segmentiert, und man begann, die Charakteristika der Segmente zu analysieren. Die bekanntesten Beispiele solcher Bewertungsanomalien sind:
- Size-Effekt (auch Large-Cap- und Small-Cap-Effekt genannt),
- Weekend-Effekt,
- Month-of-the-Year-Effekt,
- Verteilungsanomalien,
- Value-/Growth-Effekt.

Size-Effekt
Empirisch wurde festgestellt, dass kleine Unternehmen risikoadjustiert eine höhere Rendite aufweisen als größere. Eine Erklärung ist die, dass kleine Unternehmen von den Analysten vernachlässigt werden. Es stehen ex ante also wenig Informationen zur Verfügung, wodurch Risiko und zu erwartender Ertrag nicht gut abgeschätzt werden können. Daneben kann eine Rolle spielen, dass Aktien kleiner Unternehmen illiquider sind. Der Liquiditätsabschlag im Preis macht sich über die Jahre in einer Mehrrendite bemerkbar.

Weekend-Effekt
Es zeigte sich, dass die Volatilität im Durchschnitt am Montag höher ist als an anderen Wochentagen. Mögliche Erklärung: Da am Wochenende die Handelsplätze geschlossen sind, können die Marktteilnehmer auf kursrelevante Ereignisse nicht sofort, sondern erst am nächsten Handelstag, dem Montag, reagieren.

Month-of-the-Year-Effekt
Empirische Beobachtungen zeigten eine signifikante Überrendite im Monat Januar. Diese liegt deutlich über dem Durchschnitt der übrigen elf Monate. Als Erklärungsfaktor wird herangezogen, dass institutionelle Investoren im Dezember ihre Handelsbücher schließen und erst wieder im Januar an den Märkten vermehrt aktiv sind. Durch die jährliche Performancemessung (von Januar bis Dezember) wird dieser Effekt verstärkt.

Verteilungsanomalien

Approximativ wird häufig unterstellt, dass Aktienkurse einer Log-Normalverteilung folgen. Den theoretischen Hintergrund bildet die These, dass die Logarithmen der Renditen einer Brownschen Bewegung gehorchen. Die Verteilungen der Renditen der Aktien weichen jedoch deutlich davon ab, da starke Kursschwankungen häufiger beobachtet werden, als man dies von der Normalverteilungsannahme her erwarten würde.

Value-/Growth-Effekt

Es wurde beobachtet, dass sogenannte Value-Aktien über längere Phasen eine höhere Rendite aufweisen als Aktien sogenannter Growth-Unternehmen. In anderen Perioden haben Growth-Aktien gegenüber Value-Aktien einen Renditevorteil (siehe Abbildung 28.3 oben). In den Jahren 1999 und 2000 war der Renditevorteil der Growth-Titel sehr hoch. Das Bild wechselte in den darauf folgenden Jahren (siehe Abbildung 28.3 unten).

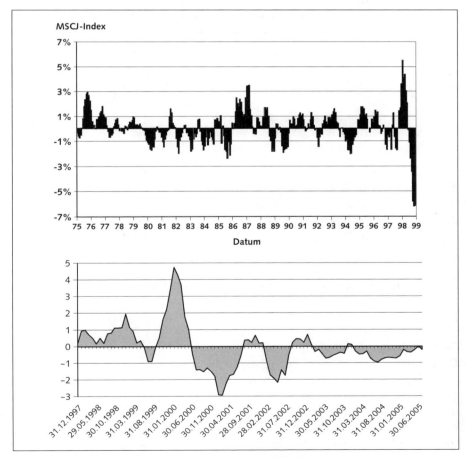

Abb. 28.3: Renditedifferenz (Value/Growth) Deutschland

Aus der Beobachtung dieser und weiterer Anomalien hat sich im Laufe der Zeit die »Style Investment«-Philosophie herausgebildet.

Der Portfoliomanager, der der Style-Investment-Philosophie folgt, unterstellt:
- *Segmente.* Aktienmärkte sind segmentierbar.
- *Überhohe Renditen.* Es gibt Segmente mit anomal hohen Renditen.
- *Prognostizierbarkeit.* Die Renditen sind prognostizierbar.

Dies allein würde ausreichen, intensiv nach Segmenten mit überdurchschnittlich hohen Renditen zu suchen. Darüber hinaus gibt es aber noch weitere Mechanismen, die aus Sicht eines Portfoliomanagers attraktiv sind:
- *Präferenzenverschiebung.* Präferenzen der Anleger verschieben sich erfahrungsgemäß zu einem attraktiven Segment, wenn die Attraktivität erst einmal bekannt geworden ist. Das erleichtert das Marketing: Man muss den Kunden nur leicht »anstoßen«.
- *Umsatzgenerierung und Preissteigerung.* Die resultierende Nachfrage generiert bei der Investmentbank Umsatz und Provisonserträge. Sie lässt außerdem i. d. R. die Preise der Finanztitel des Segmentes steigen, was die Rendite von Altportfolios verbessert und weitere Nachfrage generiert.
- *Einfaches Marketing.* Das Phänomen der Kapitalmarktsegmente ist leicht erklärbar, was Marketing und Vertrieb erleichtert.

Alles in allem ist Style Investment damit für Asset Manager ein sehr attraktives Arbeitstool: Es lassen sich
- Kosten in der Produktion reduzieren, und
- im Vertrieb Erfolge erzielen, indem sich leicht die Aufmerksamkeit des Anlegers wecken lässt u. a. weil Strategien – scheinbar – einfach zu verstehen sind.

Ein nicht unbedeutender Teil der Forschung ist daher der Findung neuer Segmente gewidmet. Das Problem im Style Investment ist, dass die Zuordnung der Assets zu den gebildeten Klassen nicht ohne Willkürentscheidungen möglich ist (s. u.) und die ex post Renditen stark schwanken und von den ex ante Renditen abweichen (vgl. Abbildung 28.3), sodass kein einzelner Stil auf Dauer erfolgreich ist.

28.3.3 Marktsegmentbezogene Investmentstile

Folgende Typen von marktbezogenen Stilen haben sich herauskristallisiert:

Growth/Value
Diese Kategorisierung steht mit am Beginn der Entwicklung des Style Investments überhaupt. Während der 80er-Jahre des 20. Jahrhunderts wurde beobachtet, dass bestimmte Gruppen von Aktien eine ganz andere Entwicklung nahmen als der Rest des Marktes. Die bis dahin überwiegend angenommene Gleichentwicklung der Renditen von Aktienmarktsegmenten war systematisch verletzt. Von 1979 bis 1989 stieg der S & P Consumer Goods-Index um 411 %, während der S & P Capital Goods-Index nur um 140 % stieg. Der S & P 500 Gesamtindex stieg um 230 %. Bei

der Analyse des Phänomens stieß man darauf, dass viele der stark gestiegenen Consumer Goods-Aktien bestimmte Wachstumscharakteristika aufwiesen, die bei den anderen Aktien fehlten. Es wurde daraufhin die These entwickelt, die Märkte seien systematisch segmentiert, und man begann, die Charakteristika der Segmente näher zu erforschen. Unter den Forschern waren auch frühere Anhänger der These (bewertungs-)effizienter Märkte wie William Sharpe (1992), den die Brisanz der neuen Erkenntnisse reizte: die Existenz von Segmenten der genannten Art verträgt sich nicht mit der These bewertungseffizienter Märkte.

Gelegentlich wird die Value/Growth-Unterscheidung auch auf *Benjamin Graham* zurückgeführt, der in den 30er-Jahren des 20. Jahrhunderts in New York lehrte. Er zeigte, dass der Wert von Aktien aus dem Strom zukünftiger Dividenden stammt. Er wendete die Barwertformel an und konnte ableiten, dass die Wachstumsrate der Dividenden den Wert von Aktien entscheidend beeinflusst. Er riet dazu, Wachstumsraten vorsichtig aus historischen Raten heraus abzuleiten. Außerdem vermutete er, dass sich ungewöhnlich hohe Wachstumsraten nicht auf Dauer durchhalten lassen, weshalb man keine Preise für Aktien bezahlen sollte, die sich nur bei anhaltend hohen Wachstumsraten rechtfertigen. Aus diesen Argumenten wurde später konstruiert, Graham sei ein Anhänger des Value Investment Stils gewesen.

Derzeit ergibt sich ein uneinheitliches Bild: Es konnten keine eindeutigen Kriterien zur Identifikation attraktiver Marktsegmente entwickelt werden. Nur die Investoren, die Growth Stocks mit dem Momentum-Kriterium isoliert hatten, erzielten Überrenditen. Die anderen nicht. Heute gibt es deshalb zwei Lager: fundamental orientierte und Momentum orientierte Investoren.

Wer Growth-orientiert vorgehen will, der muss zunächst Kriterien für »Growth Stocks« entwickeln und dann nach diesen Kriterien seine Portfolios führen. Momentum orientierte und fundamentale Kriterien haben die größte Bedeutung erlangt. Die Kriterien ändern ihre Ausprägungen im Zeitablauf, sodass ständiges Nachführen und ständiges Umschichten der Portfolios erforderlich ist. Dasselbe gilt für Value-Stile-Investment: es müssen zuerst Kriterien für »Value Stocks« entwickelt und Portfolios nach diesen Kriterien aus Value Stocks aufgebaut und evtl. umgeschichtet werden.

High Quality/Low Quality

Nachdem die Idee der Marktsegmentierung und des Style Investment einmal geboren war, wurde fieberhaft nach weiteren Segmenten außer Growth und Value gesucht. Eine Untersuchung von Shefrin und Statman brachte ein weiteres Segment ans Tageslicht. Die Autoren analysierten, ob eine relativ »gute« (d.h. überdurchschnittliche) Performance von Aktien auf eine relativ »gute« Qualität der Unternehmen zurückgeführt werden konnte. Es ergab sich, dass – genau umgekehrt – »schlechte« Aktien gute Performance aufweisen und vice versa. Damit war die nächste Stilkategorie geboren.

Es ist aber heute nicht so, dass ausschließlich in »Low Quality«-Aktien investiert wird. Zum einen hat sich der Renditezusammenhang nicht dauerhaft bestätigt. Daneben gibt es Fondsmanager, die grundsätzlich in »High Quality« investieren, um die Vermögensanlage so sicher wie möglich zu machen.

Wie aber wird High und Low Quality abgegrenzt? Wie bei allen Style-Typen ist die Abgrenzung der Segmente die entscheidende und ungelöste Frage und wird völlig uneinheitlich von jedem Fondsmanager anders behandelt. Zum Teil wird in diesem Zusammenhang das Rating von Aktien verwendet. Es werden aber auch solche fundamentalen Kriterien wie Mitarbeiterführung, Pensionspläne, Bilanzrelationen (Verschuldungsgrad), Abschreibungsmethoden u.v.m. der Unternehmen berücksichtigt.

High Beta/Low Beta

Das Beta von Aktien ist der bewertungsrelevante Risikofaktor nach dem CAPM. Aktien mit einem hohen Beta müssten gemäß CAPM eine höhere Rendite aufweisen als Aktien mit niedrigem Beta. In der zweiten Hälfte der 80er-Jahre wurde nun festgestellt, dass amerikanische Aktien mit hohem Beta eine niedrigere Rendite aufwiesen als die anderen. Demzufolge waren riskantere Titel weniger rentabel als sicherere – ein Anachronismus. »Why bother to take risk, when lower beta stocks perform better?« war ein Slogan, der daraufhin geprägt wurde. Low- und High-Beta-Investment wurde in den Kreis der Investmentstile aufgenommen.

Die Erkenntnis hatte allerdings noch weitreichende Folgen in der Wissenschaft: Wenn das Beta nicht mehr der relevante Risikofaktor wäre, der die Rendite von Assets determiniert, dann bräche das CAPM zusammen und damit ein Eckpfeiler in der theoretischen Erklärung der Kapitalmärkte.

Large Stocks/Small Stocks

Mit zu den bestbekannten Marktsegmentierungen gehört die Unterteilung in Large Caps und Small Caps. Eine Vielzahl von Studien hat gezeigt, dass die Performance von Aktien kleiner Unternehmen während langer Phasen über der von Aktien großer Unternehmen liegt. Diese Attraktivität von »kleinen« Aktien hat u. a. dazu geführt, dass es an vielen Börsen mittlerweile Marktsegmente speziell für kleine Unternehmen gibt und Indizes für kleine Unternehmen geführt werden.

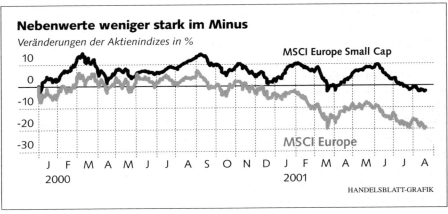

Abb. 28.4: Small Caps im Blickfeld
Quelle: Thomson Financial Datastream

Im Verlauf des Kursrutsches der Börsen nach dem März 2000 wurde nach Marktsegmenten mit unterdurchschnittlichen Verlusten gesucht. Der Small-Cap-Markt wurde dabei entdeckt (siehe Abbildung 28.4). Dies ist kein Zufall. Einer bekannten These zufolge reagieren Small Caps weniger stark auf neue Trends, weil sie von den Marktteilnehmern zunächst »vergessen« werden: die ersten Reaktionen auf neue Trends richten sich auf die großen Standardwerte. Small-Cap-Märkte ziehen dann erst später nach.

Mittlerweile hat sich aber durch viele neue empirische Studien herausgestellt, dass die Beziehung der Renditen von kleinen und großen Aktien nicht stabil ist und in keinem Fall nur in eine Richtung geht. Überzeugende Erklärungen für das Phänomen der Renditedifferenzen gibt es bisher nicht. Die Abgrenzung zwischen großen und kleinen Unternehmen erweist sich als schwierig. Neben Kriterien, die bei den Unternehmen ansetzen (Eigenkapital, Umsatz, Mitarbeiter), sind marktbezogene wie Börsenkapitalisierung oder Aktienumsatz/Börsenkapitalisierung üblich.

Global/Regional

Unternehmen werden zunächst nach ihrem Hauptsitz einer Region zugeordnet (unabhängig davon, wo ihre Geschäftbeziehungen liegen; der Hauptsitz entscheidet). Portfolios werden dann als domestic, regional und global klassifiziert, wenn sie Unternehmen aus einem engeren oder weiteren Umfeld einbeziehen. Es wird die These vertreten, dass »regional« zusammengesetzte Portefeuilles höhere Renditen erbringen als »globale« oder »domestic«. In Summe kann diese Ansicht nicht richtig sein. Evtl. liegt die beobachtete Attraktivität regionaler Fonds an der Wachstumsstärke der betrachteten Regionen.

28.3.4 Managementbezogene Investmentstile

Länder-Zusammensetzung

»What percentage of the portfolio should be invested in each country? To what extent will the country mix be influenced by macroeconomic factors as opposed to industry or individual company conditions? In the popular jargon, to what extent do »top-down« and »bottom-up« analyses influence a portfolio's composition?«

Dies ist trotz Globalisierung immer noch eine heikle Frage, weil die Antworten weniger aus der Ratio heraus, sondern aus der Historie und der Erfahrung heraus gefunden werden: Historisch haben vor allem die europäischen Portfoliomanager bei abgeschotteten Ländern vorwiegend national gearbeitet. Sie hatten wenig Know-how in der (globalen bzw. europaweiten) Top-down-Analyse. Portfolios wurden vielmehr »strictly on the basis of their analyses of individual companies« strukturiert. Nach wie vor liegt hierin die Stärke vieler Portfoliomanager. Die Portfolios sind internationaler geworden, aber nicht aus einer Länderbetrachtung heraus, sondern über die Unternehmens- und Branchenperspektive.

Die Länderallokation ist – zusammenfassend – wesentlich durch das Know-how der Portfoliomanager bestimmt. Eine systematische Analyse gibt es nur selten. Als Home-Bias-Anomalie ist das Phänomen bekannt geworden, dass Investoren Assets räumlich näher gelegener Unternehmen bevorzugen.

Anzahl von Einzeltiteln im Portefeuille
Sehr wichtig ist die Frage, wie viele Titel ein Fonds haben sollte. Man unterscheidet:
- Konzentrierte Portfolios: 20–40 Titel.
- Gestreute Portfolios: über 100 Titel.

Gegen Konzentration spricht der Diversifikationsvorteil (Risikominderung) größere Portefeuilles. Für Konzentration spricht, dass kein Fondsmanager mehr als 20 bis 40 Einzeltitel im Kopf behalten kann (»Why don't you invest just in your 20 best ideas? Forget all the rest. Just follow your ideas«). Aufgrund der sinkenden Übersicht des Fondsmanagers über die Spezifika der Einzeltitel müssen größere Portfolios zwangsläufig eher wie passive Portfolios gemanagt werden. Das heißt, man muss sich am Index orientieren, um keine unzumutbaren Risiken einzugehen. Das Fondsmanagement ändert mit der Anzahl der Titel also seinen Charakter. Diese Nähe zu Indexfonds wollen einige Manager aus Imagegründen vermeiden und investieren daher kategorisch konzentriert.

Größe einer Einzelposition
Als Position Size wird der Anteil eines Einzeltitels am Portefeuille bezeichnet. »Traditionally position size was independent of a company's weight in a benchmark index«. Dies gilt nicht mehr. Mit der zunehmenden Benchmarkorientierung hat sich die Position Size zur zentralen Größe entwickelt. Um sie herum werden Portfolios konstruiert. »The size of a position depends both upon the security's weight in the benchmark index and the strength of the manager's conviction about its prospects.«

Entspricht die Position Size dem Anteil des Titels in der Benchmark, wird von »neutral« gesprochen. Positive Einschätzungen der Manager in einen Titel (z. B. Wachstumsaussichten) oder negative (z. B. mangelnde Liquidität) werden in Abweichungen der Position Size von der Neutral Position umgesetzt.

Untersuchungsmethode: Quantitatives Portfoliomanagement
Mit welcher Analysemethode Entscheidungen vorbereitet werden, hat sich geradezu zu einer Stilfrage entwickelt.

»In some cases, an investment philosophy is implemented almost exclusively using mathematical models of asset price movements and risk. These products are commonly referred to as ›quantitative‹ or ›quant products‹.«

Indexportfolios oder auch passive Portfolios sind die populärsten Typen, die quantitativ gesteuert werden. Es gibt aber auch »active quant portfolios«. Das sind entweder Aktienportfolios oder Balanced-Portfolios, nur selten reine Anleiheportfolios.

»The most common *balanced quant products* pursue ›tactical Assetallocation‹. In these products the manager tries to add value by shifting the asset class allocation to equities and fixed-income relative to a static mix of equity, bonds, and possibly cash. Often, the equity and bond components of the portfolio are index funds. In such cases, there is no attempt to add value through individual Security-Selection, industry selection, duration management or credit risk management using quantitative or any other techniques«.

Von *Enhanced-Index-Funds*, die zeitweilig sehr populär waren, spricht man, wenn ein Aktienindexportfolio mit einem gewissen aktiven Risiko gesteuert werden darf. Dahinter steckt der Wunsch, das beste aus zwei Welten zu verbinden: die Sicherheit quantitativen regelgebundenen Vorgehens sowie die möglichen Überrenditen aus gelegentlichen Inspirationen eines Portfoliomanagers.

Das Ziel von *Portable-Alpha-Strategien*, die seit 2004 populär sind, ist ebenfalls, die Vorteile von Indexstrategien mit den Vorteilen aktiver Strategien zu verbinden. Diese Strategien gehen aber noch einen Schritt weiter als die Strategien der Enhanced-Index-Funds: Mit den Kunden wird vereinbart, dass der Vermögensmanager eine möglichst hohe Rendite unter der Nebenbedingung der Einhaltung von Ertrag und Volatilität einer Benchmark mit einem gewissen Tracking Error zu erreichen hat. Benchmark kann z. B. ein bestimmter Aktienindex sein. Wohin das verfügbare Geld tatsächlich investiert wird, wird nicht festgehalten. Der Vermögensmanager investiert es dort, wo er Überrenditen erwartet. Dies können z. B. Investitionen in besonders aussichtsreich erscheinende Immobilien sein. Risiken aus Positionen, die nicht mit dem Risiko der Benchmark übereinstimmen, werden durch Terminprodukte gehedgt. Im Beispiel würde der Vermögensmanager also einen Immobilienindex Short gehen. Portable Alpha Strategien bestehen deshalb aus mindestens drei Komponenten:

- Longpositionen in Kassa- oder Terminprodukten, welche die Einhaltung der Benchmark sichern,
- aktiv gemanagte Anlagen in Assets mit Aussicht auf Überrenditen und
- Shortpositionen in Terminprodukten, welche die systematischen Risiken aus den aktiv gemanagten Anlagen absichern.

Übrig bleibt ein Restrisiko, das den erlaubten Tracking Error nicht übersteigen darf.

In Deutschland ist quantitatives Portfoliomanagement sehr beliebt. Ein erfahrener Assetmanager schätzt ein: »Ich glaube, das hat etwas Philosophisches. Die Deutschen glauben, es gäbe so etwas wie einen fairen Preis, aber Portfoliomanagement hat mit Menschen zu tun. Da gibt es Limite für quantitative Zusammenhänge«. Als Nachteil quantitativen Vorgehens wird auch der Vergangenheitsbezug der Zahlen und Abhängigkeiten genannt.

Ausschüttungsquote und Zinselastizität

Der Zinssatz ist eine wichtige Komponente der Wertbildung von Aktien. Aktienkurse schwanken mit veränderten Zinssätzen. Es gibt Aktien, die zinssensitiver reagieren als andere. Wer sein Portfolio gegen Zinsänderungen unempfindlicher machen will, der muss weniger zinssensible Aktien halten. Welche sind das aber? In Analogie zu Rentenmärkten werden Aktien mit einer hohen Dividendenrendite (vergleichbar einem hohen Kupon) als zinsunempfindlicher angesehen als andere. Der Investmentstil lautet demnach, in Phasen größerer Zinsunsicherheit in Aktien mit hoher Ausschüttungsquote zu investieren. Es gibt aber auch andere Ansätze zur Zinssensitivität von Aktien, die auf empirischen Beobachtungen (Regressionsanalysen) basieren und hier nicht im Einzelnen behandelt werden sollen.

Liquidität

Liquidität ist ein großes Problem im Assetmanagement. Betroffen sind vor allem die Aktien kleiner Unternehmen, Corporate Bonds (Unternehmensanleihen) und Titel von Emittenten aus Emerging Markets.

Konsequenz niedriger Marktliquidität: Positionen in betroffenen Titeln müssen kleiner sein als sie es ohne Liquiditätsprobleme wären. In einem Small-Cap-Fonds gibt es also zahlenmäßig mehr Positionen als in einem Large-Cap-Fonds.

Besonders betroffen sind z. B. Unternehmen, die überdurchschnittlich erfolgreich sind. Wer diese Firmen kaufen will, wird auf einen leeren Markt stoßen. Niemand will verkaufen. Jede Order verdirbt den Preis. Man muss extrem geduldig sein. Konsequenz: es gibt einen höheren Kassenbestand in solchen Fonds, weil die Mittel nur langsam investiert werden können.

28.4 Schlussbetrachtungen

Assetmanagement ist der Ablauf von Entscheidungen zur Bildung von Portfolios, was komplizierter ist, als es im ersten Moment erscheinen mag. Gründliches Vorgehen erfordert eine Vielzahl aufwändiger und teurer Analyseschritte. Empirische Erkenntnisse zur Kapitalmarkteffizienz lassen an den Chancen aktiver Steuerung zweifeln. Aber auch passive Steuerung erfordert großen Aufwand. Ein Vorgehen analog einfacher portfoliotheoretischer Modelle hat sich nicht bewährt. Investoren sind zeitweilig für bestimmte Stile und Steuerungsideen begeisterungsfähig. Eine Vielzahl von entwickelten Stilen hat die Aufgabe, Kosten zu reduzieren, zeitweilige Marktanomalien auszubeuten, Marktstimmungen und Investorenvorlieben zu befriedigen.

FALLBEISPIEL

Assetmanagement für einen individuellen Investor

Wir betrachten im Folgenden einen Investor, der einer Investmentbank ein Vermögen zur Verwaltung übertragen möchte, und untersuchen, welche Schritte die Investmentbank im Rahmen der strategischen Assetallocation abarbeiten muss.

Vorgaben des Investors

Der Investor macht folgende Vorgaben: Das Vermögen soll in ein gemischtes Renten/Aktienportefeuille aus europäischen Aktien und europäischen Renten investiert werden. Die Investmentbank kann versuchen, »mehr« Ertrag zu erwirtschaften, sie darf dabei aber nicht mehr Risiko eingehen.

Aufgabenstellung der Investmentbank

Aufgabe der Investmentbank ist es nun zunächst, diese unpräzisen Vorgaben des Investors in eine handhabbare, umsetzbare Form zu bringen. Dazu wird die Investmentbank folgende Schritte abarbeiten:

1. Strategische Assetallocation
   a) Bestimmung einer Grobstruktur von Assetklassen
   b) Ermittlung der Efficient Frontier
   c) Definition des Benchmarkportfolios
   d) Abstimmen des erlaubten Tracking Errors
2. Taktische Assetallocation; d. h. Titelauswahl, tägliches Portfoliomanagement

Hintergrund: Strategische und Taktische Assetallocation

Die Aufgabenstellung der Assetallocation lässt sich ganz konkret umschreiben mit dem Ziel, bei einer unüberschaubaren Titelvielfalt an den Kapitalmärkten zu einem annähernd *optimalen Portfolio* für einen *bestimmten Investor* zu gelangen. Mit anderen Worten soll im Rahmen einer zielgerichteten Aufteilung (Allocation) der Anlagemittel auf die Anlagemöglichkeiten (Assets, wie z.B. Aktien, Rentenwerte, Immobilien, liquide Positionen, usw.) ein Portfolio strukturiert werden, welches die speziellen Bedürfnisse des Investors hinsichtlich Risiko und Ertrag in geeigneter Weise reflektiert.

Die Abbildung 28.5 stellt einen sogenannten *Top-down-Ansatz* eines Assetallocation-Prozesses dar. An der Spitze dieser Vorgehensweise steht die sogenannte *Strategische Assetallocation*, welche Ziel und Ausrichtung der Anlagepolitik definieren soll.

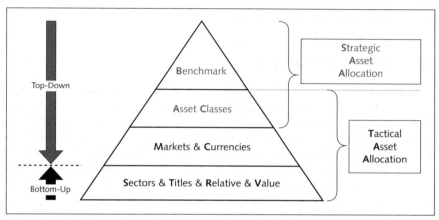

Abb. 28.5: Top-down-Ansatz der Assetallocation

Mit anderen Worten soll im Rahmen der Strategischen Assetallocation eine für die Risikoneigung des Investors angemessene und hinsichtlich der Ertragserwartung effiziente Portfoliostruktur definiert werden. Dazu müssen die Ziele und Bedürfnisse des Investors zunächst geklärt und mit den Risiken und Ertragschancen der Finanzmärkte in Übereinstimmung gebracht werden. Diese Übereinstimmung drückt sich in der Angabe eines Modellportfolios, eines sogenannten *Benchmarkportfolios* aus, welches als Kommunikationsgrundlage zwischen Auftraggeber (Investor) und Beauftragtem (Portfoliomanager) eine zentrale Rolle in nachfolgend genannten Punkten spielt:

- Die Benchmark reflektiert den *grundsätzlichen* Auftrag des Investors.
- Die Benchmark ist die Messlatte für den Anlageerfolg.

Aus diesen Funktionen der Benchmark lassen sich folgende Aussagen unmittelbar ableiten:

- Der Anleger muss die Benchmark und die damit verbunden potenziellen Konsequenzen für die zukünftige Entwicklung seines Vermögens in vollem Umfang akzeptieren.
- Die Benchmark als die Beschreibung des grundsätzlichen Auftrags des Investors lässt sich als ein strategisches Neutralportfolio charakterisieren. Weicht der Portfoliomanager von dieser Neutralposition ab um *Outperformance* gegenüber der Benchmark zu erzielen, so nimmt er ein (zur Benchmark) relatives Risiko in Kauf, welches vom absoluten Portfoliorisiko, gemessen als Volatilität der Renditen, streng zu unterscheiden ist und welches wir im Laufe dieses Beitrags durch den *Tracking Error* quantifizieren werden.

Zusammenfassend lässt sich die Strategische Assetallocation charakterisieren als Klärung des Ziels und der Ausrichtung eines Portfolios verknüpft mit der Definition des neutralen Weges zur Zielerreichung.

Im Rahmen des oben skizzierten Top-down-Ansatzes beschäftigt sich die *Taktische Assetallocation* im Gegensatz dazu mit der effektiven Umsetzung der Anlagepolitik. Dies erfolgt entweder durch bloßes Nachbilden der Benchmark (*Passives Portfoliomanagement*) oder durch bewusstes Abweichen von der Benchmark aufgrund aktueller Marktgegebenheiten und daraus abgeleiteten aktiven Prognosen zum Zweck der Outperformance (*Aktives Portfoliomanagement*).

Strategische und Taktische Assetallocation unterscheiden sich somit in zwei Dimensionen:

- *Zeitliche Dimension*: Während im Mittelpunkt der Strategischen Assetallocation die Festlegung einer für den Investor langfristig angemessenen und nach Risiko- und Ertragsgesichtspunkten möglichst effizienten und ausgewogenen Anlagemischung steht, fließen in die auf Outperformance abzielende Taktische Assetallocation subjektive Markteinschätzungen und Prognosen der Portfoliomanager, deren Zeithorizont sich im Wesentlichen auf Wochen bzw. wenige Monate beschränkt.
- *Portfoliodimension*: Während die Strategische Assetallocation auf eine langfristige Grobgewichtung der einzelnen Assetklassen im Modellportfolio focussiert ist, zielt die Taktische Assetallocation neben der kurz- bis mittelfristigen Abweichung von dieser Gewichtsaufteilung auch auf Länder- und Währungsallokationen sowie auch auf Umstrukturierungen im Rahmen der Sektoren- oder gar Einzeltitelgewichtungen ab.

Man sieht an dieser Stelle, dass Strategische und Taktische Assetallocation die beiden Kernelemente des skizzierten Top-down-Ansatzes sind, in welchem die Entscheidungsebenen von oben nach unten gemäß ihres Aggregationsgrades sukzessive abgearbeitet werden und die übergeordnete Ebene das Entscheidungsfeld für die nachgeordnete Ebene liefert. Insbesondere werden im Rahmen eines derartigen Ansatzes die Entscheidungen über die Gewichtung von Assetklassen, Ländern und Währungen, Branchen sowie einzelner Wertpapiere nacheinander und in dieser Reihenfolge getroffen. Im Gegensatz dazu steht der sogenannte Bottom-up-Ansatz, in welchem sich das Portfolio als Resultat der Selektion von Einzelwerten ergibt, welche, alle für sich, nach fundamentalen Gesichtspunkten ausgewählt werden.

Bestimmung einer Grobstruktur von Assetklassen

Zunächst versucht die Investmentbank, Assetklassen zu finden, welche durch geeignete Musterportfolios bzw. Indizes repräsentiert sind, was das spätere Portfoliomanagement erleichtert. Die Grobstruktur eines hier vorliegenden Investments lässt sich auffassen als Portfolio aus den vier Assetklassen »deutsche Aktien« (Eq-Ger), »nichtdeutsche europäische Aktien« (Eq-ExG), »deutsche Renten« (Bd-Ger), und »nichtdeutsche europäische Renten« (Bd-ExG),

Die Abbildung 28.6 und die Abbildung 28.7 zeigen den sog. Excess Return (Überrendite) bezüglich des Dreimonats-LIBOR und die Renditevolatilität der vier Assetklassen (p.a.). In der weiteren Betrachtung bezeichnen wir den Excess Return verkürzt als Return.

Asset class	Excess return (vs 3MoLIBOR)	Volatility
Eq-Ger	6.6%	19.2%
Eq-ExG	9.7%	16.0%
Bd-Ger	3.0%	3.3%
Bd-ExG	3.7%	3.6%

Abb. 28.6: Überrendite

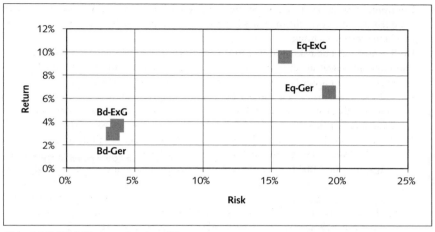

Abb. 28.7: Risk/Return der Assetklassen

Ermittlung der Efficient Frontier

Um nun einen Überblick zu gewinnen über die Risiken und Ertragschancen des Finanzmarktes bezüglich besagter vier Assetklassen, soll nun für diese vier Assetklassen die sog. *Effizienzlinie* berechnet werden, d.h. die Menge aller effizienten Portfolios. Ziel ist es, aus den vier Assetklassen die Mischung zu finden, die für den Investor am vorteilhaftesten ist. Ein Portfolio soll effizient heißen, falls es innerhalb aller Portfolios mit identischem Risikolevel den höchsten Return besitzt, bzw. falls es unter allen Portfolios mit identischem Return, dasjenige mit geringstem Risiko ist. Mathematisch gesehen ist zur Kalkulation der Effizienzlinie im n-Asset-Fall nachstehendes Optimierungsproblem zu lösen:

- $w_1, \ldots, w_n$ seien die Assetgewichte im Portfolio
- μ_i bzw. σ_i seien der erwartete Return bzw. die Volatilität von Asset i, I = 1, ..., n
- $\sigma_{i,j}$ sei die Kovarianz der Returns von Asset i uns Asset j, $1 \leq i, j \leq n$

Die Gewichte $w_1, \ldots, w_n$ sollen derart bestimmt werden, dass der erwartete Portfolioreturn maximiert wird, d.h.

$$\mu_P = \sum_{i=1}^{n} w_i \mu_i \to \max$$

bei vorgegebenem Risikolevel c für das Portfolio

$$\sigma_P = \sqrt{\sum_{i=1}^{n} \sum_{j=1}^{n} w_i w_j \sigma_{ij}} = c$$

sowie den weiteren Nebenbedingungen

$$\sum_{i=1}^{n} w_i = 1,$$

$w_i \geq 0$, (keine Leerverkäufe).

Die Lösung dieses Optimierungsproblems ergibt ein effizientes Portfolio für fest vorgegebenes Risikoniveau c. Löst man das Optimierungsproblem für verschiedene Risikolevels c so bildet die Gesamtheit dieser Lösungen die Effizienzlinie.

Die Abbildungen 28.8 und 28.9 zeigen die Umsetzung dieser Portfoliooptimierung im Rahmen eines Excel-Sheets:

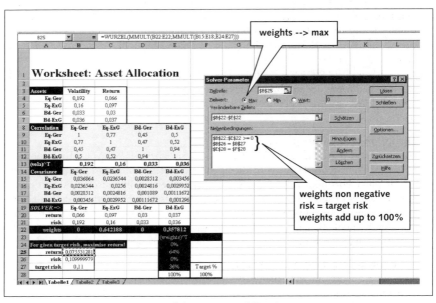

Abb. 28.8: Optimierung von Portfolios mit Excel-Sheets

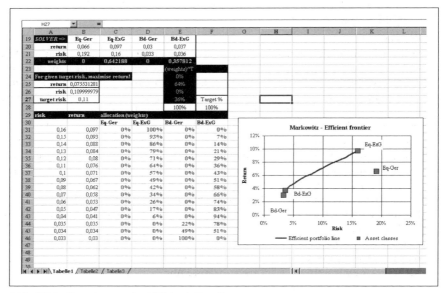

Abb. 28.9: Berechnung der Efficient Frontier

Die gefundene Effizienzlinie kann nun dem Investor zur Konkretisierung seiner Wünsche vorgelegt werden. Er muss seine Risikoakzeptanz vorgeben; dann kann ihm das ertragreichste Portefeuille dazu vorgelegt werden. Oder er gibt einen erwarteten Ertrag vor; dann wird ihm die Investmentbank das Risiko nennen, das er eingehen muss.

Ist der Investor beispielsweise bereit, ein Risikolevel (σ_x) von 10 % zu akzeptieren, so können wir ein entsprechendes Benchmarkportfolio konstruieren, welches sich aus den beiden Indexportfolios Eq-ExG und Bd-ExG, jeweils zu 57 % bzw. 43 % gewichtet, zusammensetzt. Der erwartete Return (E(x)) der Benchmark ergibt sich zu 7,1 %.

Bei Annahme einer Normalverteilung der Renditen kann man davon ausgehen, dass mit einer Wahrscheinlichkeit von 68 % bzw 95 % die Benchmarkrendite im Intervall [−2,9 %, 17,1 %] bzw. [−12,9 %, 27,1 %] liegt. Die Intervallgrenzen entsprechen dem erwarteten Return plus/minus der ein- bzw. zweifachen Standardabweichung des Returns. Die Wahrscheinlichkeit entspricht dem Anteil der Fläche innerhalb des Intervalls an der Gesamtfläche.

Definition des Benchmarkportfolios

Nehmen wir an, der Investor akzeptiert das zu 57 % bzw. 43 % aus Eq-ExG und Bd-ExG bestehende Portfolio. Dann wird dieses zur neutralen Benchmarkposition. Sie besteht also in einer Portfoliostruktur aus 57 % europäischen, nichtdeutschen Aktien und 43 % europäischen, nichtdeutschen Renten. Bildet das tatsächliche Portfolio diese Benchmark perfekt nach, dann geht der Portfoliomanager kein Risiko ein, denn das Portfolio wird sich exakt wie die Benchmark entwickeln, welche vom Anleger als strategische Neutralposition voll akzeptiert ist.

Abstimmen des erlaubten Tracking Errors

Eine Investmentbank wird darauf drängen, in gewissen Grenzen von der Struktur des Benchmarkportfolios abweichen zu dürfen. Dies hat mehrere Gründe:
- *Kosten*. Wenn nicht bei jeder Preisänderung an den Finanzmärkten die Portfoliostruktur nachgezogen werden muss, spart das Verwaltungskosten.
- *Spekulation*. Erkennt die Bank Chancen, dann kann sie durch entsprechende Portfolioanpassung Mehrerträge erzielen.

Beispiel

Stellen wir uns nun die Situation vor, dass der Portfoliomanager einen deutlichen Rückschlag am Aktienmarkt erwartet. Er will diese subjektive Prognose nutzen um die Benchmark zu schlagen und erhöht das Gewicht der europäischen nichtdeutschen Renten auf 74 % und fährt den Aktienanteil auf 26 % zurück. Wir können obigem Excel Sheet entnehmen, dass das *absolute* Risiko des Portfolios gemessen als Volatilität der Renditen aufgrund der geringeren Kursschwankung der Renten deutlich abnimmt und unter der Benchmark liegt. Allerdings tritt an diese Stelle nun ein *relatives* Risiko, welches darin besteht, dass die Wertentwicklung des Portfolios von der Benchmarkentwicklung abweichen wird. War die Prognose des Portfoliomanagers richtig, dann entsteht ein Mehrertrag (Outperformance) gegenüber der Benchmark, im anderen Fall kommt es zu einer sogenannten Underperformance. Um das relative Risiko gegenüber der Benchmark zu quantifizieren, kommt nun der Begriff des Tracking Errors ins Spiel, dessen Berechnung im Folgenden erläutert wird.

Wir gehen in der nachfolgenden Betrachtung von einem Investmentuniversum von n verschiedenen Wertpapieren aus und unterstellen einen Portfoliomanager, der aufgrund seiner subjektiven Einschätzungen bewusst gewisse Abweichungen zur Benchmark eingeht. Die Benchmark wie die Abweichungen davon drücken sich mathematisch durch den Vektor der aktiven Gewichte aus, welcher die unterschiedliche Gewichtung der einzelnen Assets in der Benchmark und im Portfolio enthält.

Es gilt:

- $\vec{r} = (r_1, ..., r_n)$ der Returnvektor der n Wertpapiere

- $\vec{\mu} = (\mu_1, ..., \mu_n)$ mit $\mu_j = E(r_j)$ der Erwartungswertvektor der Returns

- $V = (\sigma_{ij})_{1 \leq i, j \leq n}$ mit $\sigma_{ij} = Cov(r_i, r_j)$ die Kovarianzmatrix von $\vec{r}$

- $\vec{w}_{BM} = (w_{BM,1}, ..., w_{BM,n})$, $\sum_{j=1}^{n} w_{BM,j} = 1$, sei der Vektor der Benchmarkgewichte

- $\vec{w}_P = (w_{P,1}, ..., w_{P,n})$, $\sum_{j=1}^{n} w_{P,j} = 1$, sei der Vektor der Portfoliogewichte

Die Abweichungen der Portfoliostruktur von der Benchmarkstruktur werden aktive Gewichte genannt:

- $\vec{w}_{act,P} = \vec{w}_P - \vec{w}_{BM} = (w_{act,1}, ..., w_{act,n}) = (w_{P,1} - w_{BM,1}, ..., w_{p,n} - w_{BM,n})$, $\sum_{j=1}^{n} w_{act,j} = 0$

Nehmen wir noch einmal Bezug auf unser obiges Beispiel, so ergeben sich bezüglich der vier Assetklassen Eq-Ger, Eq-ExG, Bd-Ger, Bd-ExG, die nachfolgenden Gewichtungen für die drei Fälle: i) der ursprünglichen Benchmark (BM), ii) der neuen Wunschzusammensetzung (P) und iii) der sich für das Wunschportfolio relativ zur Benchmark ergebende Differenz (W_{act}).

$$\vec{w}_{BM} = (0, 0.57, 0, 0.43),$$
$$\vec{w}_P = (0, 0.26, 0, 0.74),$$
$$\vec{w}_{act,P} = (0, -0.31, 0, 0.31)$$

Im Rahmen der standardmäßigen Portfoliooptimierung nach Markowitz bestehen die zentralen Größen aus erwartetem (absoluten) Portfolioreturn μ_P und absolutem Portfoliorisiko gemessen als Standardabweichung σ_P der Portfoliorenditen. Beim benchmarkorientierten aktiven Portfoliomanagement besteht das Ziel, die Benchmark zu schlagen, d.h. eine höhere Rendite als die Benchmark zu erzielen. Die Renditedifferenz zwischen Portfolio und Benchmark nennt man *aktive Rendite (aktiver Return)* des Portfolios ($r_{act,P}$). Abweichungen von der Benchmark implizieren natürlich auch das Risiko der Underperformance, welches mittels der Standardabweichung der aktiven Rendite, dem sogenannten *Tracking Error (TE)* oder auch *aktivem Risiko*, quantifiziert wird. Indem man nun das aus der Markowitzoptimierung bekannte Begriffspaar *Risk/Return* durch ihr relatives Analogon *aktives Risiko/aktiver Return* ersetzt, erhält man ein neues benchmarkbezogenes Optimierungsproblem, nämlich für ein vorgegebenes aktives Risiko den aktiven Return zu optimieren. Löst man dieses Optimierungsproblem für sämtliche möglichen Grade von aktivem Risiko, so erhält man die Linie der effizienten Portfolios. Die neutrale oder risikolose Position (aktives Risiko und aktiver Return jeweils Null) ist die Benchmark:

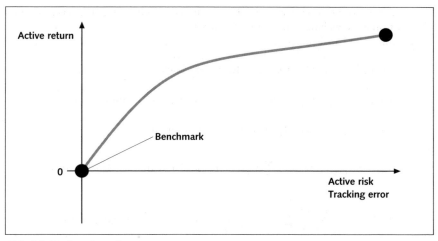

Abb. 28.10: Benchmark

Wir wollen im Folgenden die eingeführten Größen mathematisch beschreiben: Die Rendite des Portfolios bzw. der Benchmark berechnen sich gemäß

$$r = \vec{w}_P^T \cdot \vec{r} = \sum_{j=1}^{n} w_{P,j} \cdot r_j,$$

bzw.

$$r_{BM} = \vec{w}_{BM}^T \cdot \vec{r} = \sum_{j=1}^{n} w_{BM,j} \cdot r_j.$$

Daraus erhalten wir die aktive Rendite als

$$r_{act,P} = r_P - r_{BM} = (\vec{w}_P - \vec{w}_{BM})^T \cdot \vec{r} = \vec{w}_{act,P}^T \cdot \vec{r} = \sum_{j=1}^{n} w_{act,j} \cdot r_j.$$

Das aktive Risiko (TE) berechnet sich dann als Standardabweichung der aktiven Rendite $r_{act,P}$, d.h.

$$TE = StdDev(r_{act,P}) = StdDev\left(\sum_{j=1}^{n} w_{act,j} \cdot r_j\right) = \sqrt{\sum_{i=1}^{n}\sum_{j=1}^{n} w_{act,i} w_{act,j} Cov(r_i, r_j)}$$
$$= \sqrt{\vec{w}_{act,P}^T V \vec{w}_{act,P}} = \sqrt{(\vec{w}_P - \vec{w}_{BM})^T V(\vec{w}_P - \vec{w}_{BM})}.$$

$$MCTE[i] = \frac{\partial}{\partial w_i}\left[\vec{w}_{act,P}^T \cdot V \cdot \vec{w}_{act,P}\right]^{0.5} = \frac{1}{TE} \cdot V[i] \cdot \vec{w}_{act,P}$$

wobei V[i] die i-te Zeile von V ist.

Wir weisen an dieser Stelle darauf hin, dass die eigentliche Schwierigkeit bei der ex-ante-Berechnung des Tracking Errors darin besteht, die Kovarianzmatrix V der Wertpapiere geeignet zu schätzen. Schon bei 50 verschiedenen Papieren steht man bereits vor der

Schwierigkeit (50 · 49)/2 verschiedenene Parameter schätzen zu müssen, was sich oftmals aufgrund zu kurzer Renditehistorien nicht befriedigend lösen lässt. Ein üblicher Weg zur Lösung dieser Problematik besteht in der Modellierung der Renditen durch sog. *Multifaktorenmodelle*, was dazu führt, dass sich das Problem der Kovarianzschätzungen der Renditezeitreihen auf die Schätzung der Kovarianzen der Faktorrenditen zurückführen lässt.

Abschließend beschäftigen wir uns mit der Frage, inwieweit der Tracking Error des Portfolios durch die Gewichtsveränderung eines einzelnen Assets *i* im Portfolio tangiert wird. Diese Frage lässt sich beantworten durch die *Marginal Contribution to Tracking Error* von Asset *i* (MCTE[*i*]), welche nachstehend definiert ist:

$$\text{MCTE}[i] = \frac{\partial}{\partial w_i} \left[\vec{w}_{act,P}^T \cdot V \cdot \vec{w}_{act,P} \right]^{0.5} = \frac{1}{TE} \cdot V[i] \cdot \vec{w}_{act,P}$$

wobei V[i] die i-te Zeile von V ist.

Mit dem Vektor MCTE = (MCTE[1],..., MCTE[n]) gewinnt der Tracking Error die Darstellung als gewichtete Summe der Einzelbeiträge:

$$\text{TETE} = \vec{w}_{act,P}^T \cdot \text{MCTE} = \sum_{i=1}^{n} w_{act,i} \cdot \text{MCTE}[i]$$

Um vom aktiven Portfoliomanagement zu profitieren, entscheidet sich der Anleger für einen Tracking Error von 2%. Dies bedeutet, dass er, wiederum die Normalverteilung unterstellt, von einer Wertentwicklung des Portfolios ausgehen kann, die in 68% bzw. 95% der Fälle nicht mehr als 2% bzw. 4% unter-/oberhalb der Benchmarkentwicklung liegt. Der Portfoliomanager ist nun gefordert, im Rahmen Taktischer Assetallocation das Vermögen des Anlegers entsprechend dieser Vorgaben zu verwalten und zu mehren. In vorgegeben Zeitabständen (monatlich, quartalsweise, jährlich) kann seine tatsächliche Leistung anhand der Vorgaben objektiv beurteilt werden (Performancemessung) und ggf. Grundlage der Vergütung sein.

Literatur

Bernstein, R. (1995): Style Investing – Unique Insight into Equity Management, New York u. a.

Burik, P. (2001): Assetmanagement, unveröff. Manuskript, Commerzbank Frankfurt.

Gresser, U. (2005): Investment Style, Wiesbaden.

Pevny, S. (2006): Investmentphilosophien und -stile im Portfoliomanagement, Saarbrücken.

Sharpe, W. F. (1992): Asset-Allocation: Management Style and Performance Measurement, in: Journal of Portfolio-Management, Vol. 18, 1992.

Shefrin, H./Statman, M. (1993): A Behavioral Framework for Expected Stock Returns, in: Santa Clara University Working Paper.

29 Value/Growth-Portfoliomanagement*

> **LERNZIELE**
> - Ablauf der Titelauswahl für Value-Fonds darstellen können.
> - Bedeutung des qualitativen Screenings begründen.
> - Bewertungskennzahlen für die Einteilung von Aktien in Value- und Growth-Titel kennenlernen.

29.1 Value-Strategie

Eine Value-Strategie zielt auf Aktien, deren Marktpreis relativ zu Faktoren, die den »inneren Wert« eines Finanztitels ausmachen, niedrig ist. Dazu wird der Wert einer Aktie anhand von quantitativen Kennziffern, die lediglich auf den historischen oder den von Finanzanalysten geschätzten Bilanzkennzahlen basieren, analysiert. Qualitative Kriterien, wie z. B. die Qualität des Managements, die Produktpalette und die Positionierung des Unternehmens im Vergleich zu den Mitbewerbern spielen bei der Klassifizierung eines Unternehmens keine Rolle. Eine Einordnung des Unternehmens in Value oder Growth kann lediglich durch einen Vergleich mit anderen Titeln beurteilt werden.

In einem Value-Portfolio dominieren Titel, die gemessen an den quantitativen Kriterien derzeit relativ »billig« erscheinen. Ein Value-Portfolio setzt sich daher aus Titeln zusammen, die u.a. eine hohe Dividendenrendite und ein niedriges Kurs-Gewinn-Verhältnis aufweisen. Den Zusammenhang zwischen Ausprägung eines Kriteriums und Einordnung der Aktie verdeutlicht die Abbildung 29.1.

Kriterium	Value	Growth
Kurs-Buchwert-Verhältnis	niedrig, fallend	hoch, steigend
Kurs-Gewinn-Verhältnis	niedrig, fallend	hoch, steigend
Dividendenrendite	hoch, steigend	niedrig, fallend
Prozentuales Gewinnwachstum	niedrig, fallend	hoch, steigend
Kurs-Cashflow-Verhältnis	niedrig, fallend	hoch, steigend

Abb. 29.1: Kriterien für Value-/Growth-Titel

Die Händler achten nicht nur auf den absoluten Wert der Ausprägung eines Kriteriums (niedrig, hoch), sondern auch auf die Tendenz seiner Entwicklung. Aus einem steigenden oder fallenden Wert wird auf die Wahrscheinlichkeit geschlossen, dass die Aktie in absehbarer Zeit die Kategorie wechselt. So wechselte die Dt. Telekom AG in den Jahren 1999/2000 als Growth-Wert in der nachfolgenden Aktien-

---
* Autor: Klaus Ripper

baisse anhand der relativ hohen Dividendenrendite und einem niedrigen Kurs in das Segment Value, wobei sie im Jahr 2005/2006 von der EUREX wieder dem Segment Growth zugeordnet wurde. Neben den Kennzahlen spielt die Branchenzugehörigkeit (siehe Abbildung 29.2) einer Aktie eine bedeutende Rolle. So gibt es Sektoren, z. B. Versorger und der Finanzsektor, die tendenziell eher dem Value-Segment zugeordnet werden. Es lässt sich in der Gesamtschau eine generelle Branchencharakteristik feststellen. Aus den Sektoren Öl und Gas, Financials, Consumer Goods und Health Care stammen die Value-Titel wohingegen aus den Sektoren Technology typischerweise die Growth-Titel stammen.

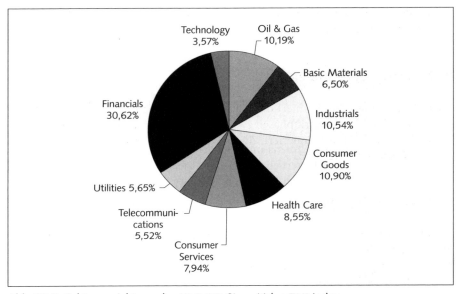

Abb. 29.2: Sektorgewichtung des DJ EURO Stoxx Value TMI Index

Eine Value-Strategie wird oft auch als Contrarian-Strategie bezeichnet und basiert auf der Annahme, dass der Markt zu Übertreibungen in der Bewertung der Aktien neigt und sich damit der Marktpreis von dem fundamentalen Wert einer Aktie entfernt. Nach der Überzeugung des Value-Managers wird die Abweichung vom fundamentalen Wert der Aktie zum Marktpreis im Laufe der Zeit angeglichen, weshalb er bei den in der Abbildung 28.1 genannten »niedrigen« oder sogar bei (noch) fallenden Ausprägungen der Kriterien in die Aktie einsteigt. Dahinter steht die Erwartung, dass der Marktpreis einer Aktie nur temporär vom fundamentalen Wert abweichen kann und daher wieder steigen wird. Da dies bekanntermaßen nicht immer sofort wieder der Fall ist, sind Value-Portfolios tendenziell langfristig orientiert.

29.2 Growth-Strategie

Eine Growth-Strategie konzentriert sich auf die Auswahl von Aktien, die eine überdurchschnittliche Gewinnentwicklung aufweisen. Der Growth-Manager favorisiert Titel mit herausragenden Aussichten auf Gewinnwachstum, auch wenn diese Titel, gemessen an den Kriterien eines Value-Managers zu teuer erscheinen. Seine Hoffnung besteht darin, dass die anderen Marktteilnehmer – z. B. die, die nach der Value-Methode entscheiden – den Wertbeitrag des Gewinnwachstums unterschätzen. Damit müssten die Titel in Zukunft eine überdurchschnittliche Performance aufweisen, wenn sich die Gewinnsteigerungen nach und nach materialisieren. Tendenziell werden in einem Growth-Portfolio die Aktien gehalten, die in der Öffentlichkeit aktuell im Fokus sind.

29.3 Hybrid/Core-Strategie

Der Hybrid-Manager kombiniert die Stilrichtungen Value und Growth, indem er:
- in unterschiedlichen Marktphasen zwischen Growth und Value umschichtet.
- solche Growth-Aktien präferiert, die in Relation zu vergleichbaren Unternehmen günstig bewertet sind.

29.4 Ablauf/Organisation

Der idealtypische Ablauf des Investmentprozesses für Style-Fonds kann in fünf Phasen unterteilt werden:
- Bestimmung des Anlageuniversums,
- Quantitatives Screening,
- Qualitatives Screening,
- Selektion,
- Risikocontrolling.

Bestimmung des Anlageuniversums
In der ersten Phase wird das Anlageuniversum festgelegt. Anhand der Kundenanforderungen oder anhand des Fondsprofils wird die »grobe« Allokation, z. B. Auswahl der Länder oder der Branchen vorgenommen.

Quantitatives Screening
Im zweiten Schritt werden die Titel des Anlageuniversums einem Filterprozess unterzogen. Anhand von Bewertungskennziffern wird zwischen Value und Growth diskriminiert. In der Vergangenheit wurde dabei oft nur eine Bewertungskennziffer für die Unterscheidung von Value- und Growth-Aktien herangezogen. Eine eindimensionale Betrachtung der Unternehmensbewertung, z. B. die alleinige Berücksichtigung der Dividendenrendite, führte jedoch zu unbefriedigenden Ergebnissen:

- Es hat sich gezeigt, dass die Klassifizierung starken zeitlichen Schwankungen unterworfen ist. Verwendet man nur ein Kriterium, rutschen Aktien bald in die eine, bald in die andere Kategorie.
- Anhand einer Kennziffer kann ein Unternehmen nicht hinreichend genau beschrieben werden. Ein Ausfall der Dividende würde bei einer eindimensionalen Betrachtung zu einer Growth-Klassifizierung führen, weil die Dividenden von dem Zeitpunkt an stark wachsen. Die Ursache könnte jedoch in der fehlenden Ertragskraft des Unternehmens liegen und insofern das Gegenteil von Growth anzeigen.

Im Allgemeinen werden daher mehrere Bewertungskennzahlen herangezogen, die, je nach Philosophie des Hauses, unterschiedlich stark gewichtet werden. Bewertungskennziffern können z. B. sein:
- Kurs-Buchwert-Verhältnis,
- Kurs-Gewinn-Verhältnis,
- Dividendenrendite,
- Prozentuales Gewinnwachstum,
- Kurs-Cashflow-Verhältnis.

Die Gewichtung der einzelnen Faktoren kann auch über statistische Verfahren erfolgen. Neben der Diskriminanzanalyse eignen sich vor allem sog. Wahrscheinlichkeitsmodelle (Probitmodelle). Mit Hilfe dieser Modelle wird die Wahrscheinlichkeit angegeben, dass ein Unternehmen einer der beiden Klassen angehört. Neben der automatischen Klassifizierung haben obige Modelle den Vorteil, dass diese die Gewichtung so anpassen, dass die Trennung zwischen Growth und Value optimal (im statistischen Sinne) erfolgt.

Qualitatives Screening

Im Anschluss an das quantitative Screening erfolgt in der Regel ein qualitativer Auswahlprozess. In diesem Auswahlprozess werden Fehlklassifizierungen korrigiert und anhand von qualitativen Kriterien, z. B.
- der Produktpalette,
- der möglichen Marktführerschaft,
- dem durchschnittlichen Alter der Produktpalette,
- dem Grad der Diversifikation der Produktpalette,
- der Qualität des Managements etc.

der Unternehmen ausgewählt, die in der Beurteilung des Analysten das höchste Marktpotenzial besitzen.

Selektion

Aus dieser Liste stellt das Portfoliomanagement im vierten Schritt die Titel für das Kundenportfolio zusammen. Unter Beachtung der Kundenwünsche, aber auch unter Berücksichtigung möglicher steuerlicher Aspekte erfolgt die Titelauswahl. Es werden
- individuelle Kundenwünsche,
- Risiko- und Renditeerwartung,

- absolute bzw. relative Gewichtungen von Einzeltiteln und
- Risikotoleranzen berücksichtigt.

Risikocontrolling
Den Abschluss des Prozesses bildet das Risikocontrolling. Im Allgemeinen ist dies räumlich und personell vom Portfoliomanagement getrennt, da nur so eine effektive Kontrolle gewährleistet ist. Das Controlling soll
- Verletzungen von gesetzlichen Restriktionen und
- Verletzungen der Vertragsbedingungen des jeweiligen Fonds

entdecken und aufzeigen, um dem Portfoliomanagement frühzeitig Hinweise zur Korrektur zu geben.

FALLSTUDIE

Aufbau eines Value-Investmentfonds
Die Fondsgesellschaft Schnelles-Geld möchte einen neuen Aktienfonds auflegen. Wie die Marketing-Abteilung aus umfangreichen Marktanalysen feststellen konnte, seien die Kunden aufgrund der vergangenen Kursentwicklungen gegenüber Technologie-Fonds derzeit sehr kritisch eingestellt.

Die Kunden würden gegenwärtig Aktienfonds präferieren, die in europäische Old-Economy-Titel investieren. Für einen solchen Fonds sieht die Marketing-Abteilung ein hohes Absatzpotenzial.

Der neue Fonds soll von Fondsmanager Hein Fuchs gemanaged werden. Hein Fuchs entscheidet sich angesichts der eher konservativen Zielgruppe des Fonds für ein Value-Management. Bei der Differenzierung zwischen Value- und Growth-Titeln hat Schnelles-Geld in der Vergangenheit gute Erfahrungen mit dem Kurs-Gewinn-Verhältnis (KGV), der Dividendenrendite und dem Kurs-Buchwert-Verhältnis gemacht. Entsprechend werden diese Kennziffern auch diesmal für das quantitative Screening herangezogen. Um als Value-Titel eingestuft zu werden, sollte das KGV höchstens 25 betragen, die Dividendenrendite mindestens 1 % und das Kurs-Buchwert-Verhältnis im unteren einstelligen Bereich liegen. Der Praktikant Andreas Knecht wird beauftragt, die Daten für alle europäischen Aktien, die im MSCI-Europa enthalten sind (über 600 Unternehmen) zusammenzustellen und die Kennziffern zu berechnen. Hein Fuchs bereinigt die Liste um Unternehmen, die hinsichtlich der Produktpalette (Art und Alter der Produkte, Diversifizierung der Produktpalette, Management und Marktanteil) seiner Meinung nach nicht für ein Investment in Frage kommen. Übrig bleiben die Titel aus dem oberen (Value-) Segment der untenstehenden Tabelle.

Unter Berücksichtigung von Rendite- und Risikoerwartungen stellt Hein Fuchs ein Portfolio aus Linde, Finnlines, FAG Kugelfischer, Thyssen Krupp, Bilfinger + Berger und Peugeot zusammen. Hinsichtlich des Risikos überprüfte er u. a. die Korrelation zwischen den Titeln. Sie ist niedrig, da alle Titel aus unterschiedlichen Branchen stammen. Hein Fuchs erwartet auch weiterhin geringe Korrelationen zwischen den einzelnen Sektoren. Andere Titel, die eine zu hohe Korrelation aufgewiesen haben und die ein Übergewicht zugunsten eines einzelnen Sektors verursacht hätten, wurden nicht in das Portfolio aufgenommen.

Da das Portfolio an eine Benchmark angelehnt werden soll, gewichtet er alle Titel im Portfolio ähnlich der Benchmarkzusammensetzung.

Der Risikocontroller von Schnelles-Geld prüft das Fondskonzept von Hein Fuchs und verlangt, dass er mindestens noch weitere 10 Titel aufnehme. Erst dann seien die gesetzlichen Rahmenbedingungen unter Berücksichtigung der Vertragsbedingungen des Fonds eingehalten. Laut §§ 8 ff. KAGG dürfen maximal 5% des Sondervermögens in Papiere eines Ausstellers investiert werden. Eine Erhöhung der Grenze auf 10% ist möglich, wenn dies (wie bei Schnelles-Geld üblich) in den Vertragsbedingungen vorgesehen ist. Die Summe der Werte, die die 5%-Grenze überschreiten, darf jedoch nicht größer als 40% des Sondervermögens sein. Die Mindestanzahl an Titeln eines Fondsportfolios beträgt damit 16. Da Hein Fuchs bisher nur 6 Titel im Portfolio hat, muss er weitere 10 Titel auswählen.

Dann informiert Hein Fuchs die Verkäufer und Kundenberater über den neuen Fonds. Er lässt sich gut verkaufen.

	Name	Industriezweig	Marktkapitalisierung in US $	Kurs zu Gewinnverhältnis Jahr 2001	Kurs zu Buchwertverhältnis Jahr 2001	Dividendenrendite Jahr 2001	Gewinnwachstum Jahr 2001	Kurs zu Cash-flow Jahr 2001	
Value	BRITISH AMERICAN TOBACCO	Getränke & Tabak	18748	9,67	2,79	4,85%	-0,79%	8,80	Large
	PEUGEOT SA	Fahrzeugbau	13695	8,24	1,69	1,62%	6,68%	3,71	
	NORSK HYDRO	Öl & Gas	11506	9,04	1,70	2,48%	15,42%	4,04	
	THYSSEN KRUPP	Stahl & Metall	7093	16,22	0,96	5,26%	-3,71%	3,42	
	HILTON GROUP	Freizeit & Hotel	5254	15,44	1,49	3,70%	2,02%	10,11	
	LINDE	Maschinenbau & Eng.	5206	16,25	1,45	2,36%	6,79%	5,43	
	SULZER	Gesundheit	709	10,03	0,44	6,68%	2,03%	4,17	Small
	DYCKERHOFF VORZUG	Bauzulieferer	682	6,49	0,73	5,31%	9,30%	2,54	
	BILFINGER + BERGER	Bau	627	13,40	1,10	2,18%	-4,09%	5,36	
	FINNLINES	Transport	409	9,47	1,18	5,41%	15,89%	5,06	
	FAG KUGELFISCHER	Maschinenbau & Eng.	406	8,24	0,93	3,52%	20,16%	2,22	
	AUSTRIAN AIRLINES	Transport	356	6,75	0,50	2,58%	20,68%	1,55	
Growth	STONESOFT	Bus. Services & Software	127	50,27	6,48	0,00%	-4,93%	24,52	Small
	D. LOGISTICS	Transport	203	13,67	7,13	0,00%	59,80%	4,36	
	JELMOLI HOLDING NAMEN	Einzelhandel	332	13,62	2,72	2,24%	23,04%	9,17	
	LOGITECH NAMEN	Elektro & Elektronik	1253	23,10	6,98	0,00%	14,28%	17,01	
	BOSS (HUGO) VORZUG	Haushaltswaren & Textilien	1677	15,86	8,61	6,08%	17,26%	12,97	
	AIRTOURS	Bus. Services & Software	1781	14,37	5,14	3,64%	13,19%	6,83	
	SWISSCOM	Telekommunikation	21320	13,50	5,28	2,39%	36,99%	7,41	Large
	PHILIPS ELECTRS (KON.)	Elektro & Elektronik	35412	-52,44	2,71	1,33%	21,54%	18,93	
	BSCH BCO SANTANDER CENTR	Banken	41965	16,20	4,57	2,90%	10,28%	7,21	
	ERICSSON (LM) B	Elektro & Elektronik	42941	-35,44	6,45	1,25%	6,86%	-155,02	
	SIEMENS	Elektro & Elektronik	47858	29,27	3,28	1,93%	9,33%	8,59	
	AXA	Versicherungen	50281	21,03	2,92	2,11%	13,28%	1,88	

Abb. 29.3: Das Anlageuniversum von »Schnelles-Geld«

29.5 Kombinierte Strategien

Neben Value und Growth ist die Unternehmensgröße einer Gesellschaft – gemessen an ihrem Marktwert – ein weiteres Merkmal zur Definition von Marktsegmenten. Schon früh haben empirische Studien aus den USA gezeigt, dass Aktien von kleinen Unternehmen eine deutlich höhere Performance erwirtschaften, die sich nicht allein aus einer unterschiedlichen Risiko-Rendite-Charakteristik erklären lässt. Entsprechend haben sich Portfoliokonzepte entwickelt, die gezielt in spezielle Größensegmente investieren. Diesen Strategien liegen oftmals bekannte Benchmarkindizes, wie z. B. DAX, MDAX und SDAX zugrunde.

In der Praxis werden verschiedene Stile kombiniert. Die Abbildung 29.4 zeigt eine Klassifizierung der genannten Investmentstile.

In der Abbildung 29.3 finden sich europäische Titel mit den berechneten Kennziffern, die für die Value/Growth/Large Cap/Small Cap-Entscheidung häufig herangezogen werden. Obwohl die Abbildung nur einen Ausschnitt aus dem Aktienuniversum Europa zeigt, ist zu erkennen, dass Titel aus dem Neuen Markt tendenziell

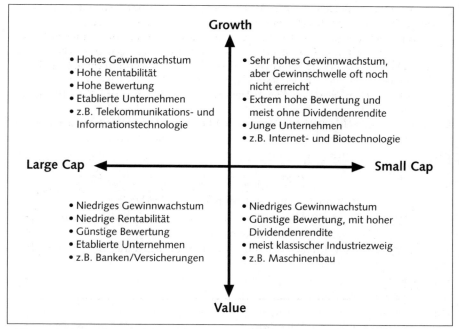

Abb. 29.4: Klassifizierung von Investmentstilen

aus dem Segment Small Cap Growth stammen, wohingegen Banken und Versicherungen häufig dem Segment Large Cap Value angehören. Große mittelständische Unternehmen, die vorwiegend dem MDAX Segment angehören, findet man oft in dem Segment Small Cap Value. Telekommunikationsunternehmen haben europaweit die größte Marktkapitalisierung und auf Grund der Kennzahlen gehören diese dem Segment Large Cap Growth an. Mit der EXCEL-Tabelle können für einige exemplarische Unternehmen die einzelnen Kriterien aufgezeigt werden.

Aufgaben zur Lernkontrolle
1. Was ist quantitatives Screening?
2. Weshalb gibt es qualitatives Screening?
3. Welche Kriterien werden in der Praxis zur Unterscheidung von Value- und Growth-Aktien herangezogen?
4. Stellen Sie einen Small-Cap-Value-Fund zusammen unter Verwendung der Abbildung 29.3.

Literatur
Bourguinon, F./Jong, M. (2003): Value versus Growth, In: Journal of Portfolio Management, S. 71–79.

Chan, L./Lakonishok, J. (2004): Value and Growth Investing, in: Financial Analysts Journal, Vol. 60, S. 71–86.

Christopherson, J. (1995): Equity Style Classification, in: The Journal of Portfolio-Management, S. 32–46.

Fabozzi, F. (1999): Investment Management, N.Y., S. 280–295.

Fama, E./French, K. (1992): The Cross-Section of Expected Stock Returns, in: The Journal of Finance, Vol. XLVII, No. 2, S. 427–463.

Haugen, R./Lakonishok, J. (1988): The Incredible Januar Effect, Dow Jones-Irwin, Homewood, IL.

Levis, M./Liodakis, M. (1999): The Profitability of Style Rotation Strategies in the United Kingdom, in : The Journal of Portfolio-Management, S. 73–87.

Pevny, S. (2006): Investmentphilosophien und -stile im Portfoliomanagement, Saarbrücken.

Röck, B. (2002): Style- und Brancheneffekte am europäischen Aktienmarkt, in: Handbuch Portfoliomanagement, Kronberg, S. 307–331.

Sharpe, W. F. (1992): Asset Allocation: Management Style and Performance Measurement, in: Journal of Portfolio Management, S. 7–19.

Siegel, L./Alexander, J. (2000): The Futures of Value Investing, in: The Journal of Investing, S. 33–45.

Salomon Smith Barney (Hrsg.) (2000): Equity Style Investing and the Salomon Smith Barney World Equity Style Indices, London.

Wallmeier, M. (2000): Determinanten erwarteter Renditen am deutschen Aktienmarkt – eine empirische Untersuchung anhand ausgewählter Kennzahlen, in: zfbf 52, S. 27–57.

30 Balanced Portfoliomanagement*

> **LERNZIELE**
> - Beschreibung von Einflussgrößen auf das Balanced Portfoliomanagement.
> - Entscheidungshilfen zur Auswahl des Risiko-/Rendite-Profils von Balanced Portfolios kennenlernen.
> - Unterscheidung der strategischen und taktischen Managementdimension.
> - Modelle innerhalb der taktischen Assetallocation darstellen.
> - Die Rolle der vereinbarten Benchmark erkennen und beurteilen.

30.1 Überblick

Unter Balanced Portfoliomanagement versteht man Anlagestrategien, die sowohl Aktien als auch festverzinsliche Instrumente beinhalten. Gegenüber »reinen« Aktien- oder Rentenstrategien muss als weitere Entscheidungsebene das Mischverhältnis von Aktien und Renten berücksichtigt werden. Dieses Verhältnis wird bei Balanced Mandaten zum Gegenstand strategischer und taktischer Überlegungen. Mit der Entscheidung für einen langfristigen Aktien-/Rentenmix werden wesentliche Teile der zukünftigen Wertentwicklung eines Portfolios vorherbestimmt. Im Tagesgeschäft gilt es, je nach aktueller Markteinschätzung durch gezieltes Abweichen von der langfristigen Struktur zusätzliche Erträge zu erzielen.

30.2 Ziele und Absichten

Es hat sich gezeigt, dass sich kaum eine andere Entscheidungsebene so gut wie die Steuerung der Aktien-/Rentenquote dazu eignet, die Risiko-Ertrags-Eigenschaften eines Portfolios gezielt zu beeinflussen. Die Aktien-/Rentenquote bietet dem Anleger ein breites Spektrum an realisierbaren Risikoprofilen.

30.2.1 Strategische Assetallocation

Die langfristig orientierte Steuerung einer bestimmten Aktien-/Rentenquote bezeichnet man als strategische Assetallocation des Balanced Managements.
- Aus *langfristigen Risiko-/Renditeeigenschaften* der in Frage kommenden Aktien- und Rentenmärkte werden die strategischen Strukturentscheidungen abgeleitet.
- Es werden *Benchmarkstrukturen* definiert, die dem Vermögensverwalter im Tagesgeschäft als Orientierungshilfe dienen und sicherstellen sollen, dass die

---

* Autor: Michael Becker

langfristigen Ziele und Absichten des Anlegers unverrückbar vor die nachgelagerten, taktischen Entscheidungsprozesse gestellt werden.

30.2.2 Taktische Assetallocation

Taktische Assetallocation ist der Prozess der Auswahl konkreter Anlagetitel.
- Durch die gezielte Abweichung von der langfristigen Neutralstruktur verleiht der Vermögensverwalter im operativen Tagesgeschäft seiner aktuellen Markteinschätzung Ausdruck. Sein Auftrag besteht darin, den Ertrag der Benchmark bei langfristig vergleichbarem Risiko zu übertreffen.
- Er wird daher jeweils diejenige Anlageform gegenüber ihrer Neutralquote übergewichten, von der er sich kurzfristig den relativ höheren Anlageertrag verspricht.
- Dabei greift er auf seine individuellen Ertragsprognosen für die Aktien- und Rentenmärkte zurück.

30.2.3 Erfolgsmessung

Der Erfolg des Handelns kann unmittelbar an der Wertentwicklungsdifferenz zwischen Portfolio und Benchmark abgelesen werden. Die vereinbarte Benchmark diszipliniert den Fondsmanager somit und verhindert, dass er die Risiko-/Ertragsvorstellungen des Anlegers durch das Eingehen extremer Positionierungen aus den Augen verliert.

30.3 Ablauf/Organisation

30.3.1 Rahmenbedingungen

Die Voraussetzungen, unter denen Anleger an die Kapitalmärkte herantreten, sind mitunter sehr unterschiedlich.
- *Vermögen.* Die wirtschaftliche Bedeutung der investierten Mittel und damit der Hebel, mit dem sich deren Wertentwicklung auf das wirtschaftliche Wohl des Anlegers auswirkt, kann sehr unterschiedlich sein.
- *Zahlungsstrom.* Anleger stellen u. U. Anforderungen an die Cashflow-Struktur ihrer Anlagen, um daraus eigene Zahlungsverpflichtungen bedienen zu können.
- *Erfahrung.* Erfahrungen und persönliche Einstellungen der handelnden Personen differieren.
- *Rechtfertigung.* Bei institutionellen Anlegern besteht oftmals ein Rechtfertigungszwang der Entscheidungsträger gegenüber ihren internen Gremien.
- *Rechtliche Restriktionen.* Es müssen gesellschaftsrechtliche oder rechtsformspezifische Anlagerestriktionen eingehalten werden.

30.3.2 Spannungsfeld von Sicherheit und Rendite

Diese und ähnliche Rahmenbedingungen beeinflussen maßgeblich den adäquaten Anlagestil und bestimmen, wo sich der Anleger im Austauschverhältnis zwischen Sicherheit und Risikofreude positioniert.

- *Sicherheit.* Die Bedeutung des Faktors Sicherheit steigt dabei tendenziell mit der wirtschaftlichen Bedeutung der investierten Mittel.
- *Rendite.* Die Bereitschaft, auf hohe Erträge zu verzichten, ist dann besonders groß, wenn die wirtschaftlichen Folgen von Verlusten für den Anleger besonders schwer wiegen.
- *Anlagehorizont.* Ein längerer Anlagehorizont versetzt den Anleger in die Lage, kurzfristige Wertschwankungen »auszusitzen« und steigert somit tendenziell seine Risikotragfähigkeit.

Die strategische Grundausrichtung kann dabei letztlich nur vom Anleger selbst bestimmt werden. Die Investmentbank als professioneller Vermögensverwalter kann hier lediglich aufgrund ihrer Markterfahrung beratend zur Seite stehen.

30.3.3 Konkretisierung in einem Risiko-/Ertragsprofil

Die Idee von Balanced Portfolios ist es, die unterschiedlichen gewünschten Risiko-/Renditeprofile durch unterschiedliche Mischverhältnisse in breit gestreuten Aktien- und breit gestreuten Rentenportfolios abzubilden.

Gesucht wird letztlich eine konkrete Handlungsanweisung an den mit der Kapitalanlage betrauten Vermögensverwalter. Dazu müssen die vom Kunden durch seine Zielformulierung zum Ausdruck gebrachten Erwartungen in ein konkretes und am Markt realisierbares Risiko-/Renditeprofil überführt werden.

Zur Vorbereitung der strategischen Allokationsentscheidung müssen die am Markt verfügbaren Instrumente daher zunächst auf ihre Risiko- und Renditeeigenschaften reduziert werden. Die Abbildung 30.1 zeigt die historischen Risiko-/Ren-

Anteil Aktien	DEUTSCHLAND		USA		JAPAN		WELT	
	Risiko	Rendite	Risiko	Rendite	Risiko	Rendite	Risiko	Rendite
100%	19.81%	16.37%	19.46%	19.65%	24.38%	14.89%	16.66%	16.93%
90%	17.93%	15.51%	18.35%	18.81%	22.71%	14.68%	15.52%	16.29%
80%	16.06%	14.65%	17.30%	17.96%	21.09%	14.46%	14.42%	15.65%
70%	14.21%	13.78%	16.32%	17.12%	19.53%	14.25%	13.36%	15.02%
60%	12.39%	12.92%	15.42%	16.27%	18.06%	14.03%	12.36%	14.38%
50%	10.61%	12.05%	14.62%	15.42%	16.69%	13.82%	11.42%	13.75%
40%	8.90%	11.19%	13.93%	14.58%	15.45%	13.60%	10.56%	13.11%
30%	7.31%	10.33%	13.37%	13.73%	14.37%	13.38%	9.81%	12.47%
20%	5.94%	9.46%	12.96%	12.88%	13.50%	13.17%	9.20%	11.84%
10%	4.97%	8.60%	12.71%	12.04%	12.88%	12.95%	8.74%	11.20%
0%	4.66%	7.74%	12.64%	11.19%	12.54%	12.74%	8.47%	10.56%

Berechnet auf Basis historischer D-Mark Monatsrenditen von MSCI (Aktien) und Salomon Smith Barney (Renten) von Dezember 1979 bis Dezember 2000.

Abb. 30.1: Historische Risiko-/Renditeprofile von Portfolios

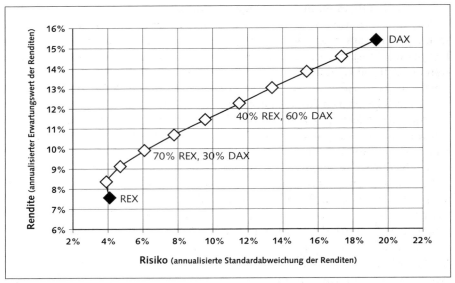

Abb. 30.2: Risiko-/Renditeprofile DAX-30 und REX-P Berechnet auf Basis historischer Monatsrenditen von Januar 1980 bis Oktober 2000

diteprofile von Portfolios, die sich mit unterschiedlichen Mischverhältnissen aus Aktien und Renten zusammensetzen am Beispiel des Morgan Stanley Capital International (MSCI) Deutschland (Aktien) und des Salomon Smith Barney Deutschland (Renten). Es sind die Ergebnisse für unterschiedliche Anlageuniversen.

Wie zu sehen ist, weisen Aktien und Renten stark unterschiedliche Ertrags-/Risikoprofile auf. Durch Mischen kann eine Vielzahl weiterer Kombinationen »synthetisch« konstruiert werden. Die in der Abbildung 30.2 hinterlegten Werte zeigen die historischen Risiko-/Renditeprofile von Aktien und Renten am Beispiel des Deutschen Aktienindex DAX und des Deutschen Rentenindex REX in 10%-Schritten.

Risiko ist die annualisierte Standardabweichung der Renditen.

30.3.4 Die Auswahlentscheidung

Der Anleger kann nun zwischen den realisierbaren Risiko-/Renditeprofilen auswählen. Dabei gibt es keine »richtige« oder »falsche« Entscheidung. Vielmehr ist es sehr stark von der Situation des Investors abhängig, welches Risikoniveau im Einzelfall noch tragbar ist. Folgende Auswahlregeln werden u. a. verwendet.

Schätzung der Nutzenfunktion
Ermittlung von Risiko-/Renditekombinationen, die aus Sicht des Anlegers gleichwertig sind (Nutzenfunktion). Jeder Anleger hat individuelle Vorstellungen darüber, welche »Risikoprämie« ein höheres Anlagerisiko rechtfertigt.

Der Trade-off bestimmt die individuelle Nutzenfunktion des Anlegers. Die Empirie zeigt, dass der typische Anleger risikoscheu ist: unter zwei Anlageformen mit identischer Ertragserwartung bevorzugt er diejenige mit dem geringeren Schwankungsrisiko. Er ist in der Regel nur dann bereit, höhere Risiken in Kauf zu nehmen, wenn er dafür angemessen »entlohnt« wird. Dabei hat jeder Anleger individuelle Vorstellungen darüber, welche »Risikoprämie« ein höheres Anlagerisiko rechtfertigt. Daraus lassen sich Risiko-/Renditekombinationen ableiten, die aus der Sicht des Anlegers gleichwertig sind und ihm den selben Nutzen stiften. Kombinationen mit identischem Anlegernutzen werden durch »Isonutzenkurven« dargestellt. Unterschiedliche Isonutzenkurven (in der Abbildung 30.3: U1 bis U3) repräsentieren unterschiedliche Nutzenniveaus. Für einen risikoaversen Investor steigt das Nutzenniveau von unten rechts nach oben links im Risiko-Rendite-Diagramm: der subjektive Nutzen einer Risiko-/Renditekombination ist umso höher, je höher die Ertragserwartung und/oder je geringer das Risiko. Unter den Risiko-/Renditekombinationen, die durch das Mischen unterschiedlicher Anlageformen generiert werden können, wählt der Anleger diejenige, die ihm den höchsten Nutzen stiftet. Dabei handelt es sich um das Tangentialportfolio der Kurve realisierbarer Risiko-/Renditeprofile mit einer Isonutzenkurve. Wie bereits erwähnt, scheitert diese Handlungsmaxime jedoch in der Praxis regelmäßig am abstrakten Charakter der Entscheidungsregel und an der Identifikation der anlegerspezifischen Nutzenfunktion.

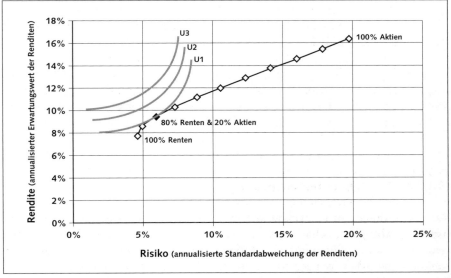

Abb. 30.3: Realisierbare Risiko-/Renditeprofile und Nutzenniveaus. Berechnet auf Basis historischer Monatsrenditen von Dezember 1979 bis Dezember 2000

Konfidenztrichter

Pragmatischere Entscheidungshilfen basieren auf für den Anleger sehr viel besser greifbaren Größen wie simulierten Wertentwicklungsverläufen oder Konfidenztrichtern, die einen wahrscheinlichen Wertentwicklungskorridor auf einem vorgegebenen Konfidenzniveau vorzeichnen. Die historischen Verteilungsparameter der jeweils untersuchten Risiko-/Renditekombinationen werden dazu in die Zukunft fortgeschrieben.

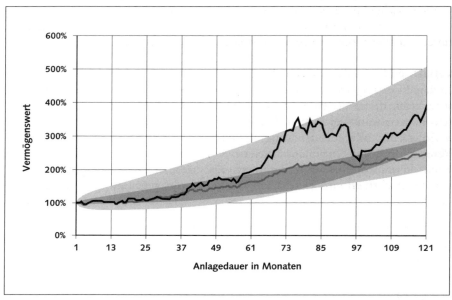

Abb. 30.4: Wertentwicklungskorridor auf 99% Konfidenzniveau auf Basis historischer Verteilungsparameter einer Fondsstruktur von 80% Renten und 20%. Aktien (grau) und von 20% Renten und 80% Aktien (schwarz) zwischen Dezember 1979 und Dezember 1989

Die Abbildung 30.4 zeigt die tatsächliche Kursentwicklung von Aktien und Renten in dem genannten Zeitraum. Aus den Periodenrenditen wurden Mittelwert und Varianz berechnet. Die Umhüllenden zeigen, welche oberen und unteren Kursniveaus mit 99 Wahrscheinlichkeit nicht über- bzw. unterschritten worden wären, wenn die Kursentwicklung einen Zufallsverlauf mit der berechneten Varianz und dem berechneten Mittelwert gehabt hätte. Unter der Annahme, dass Mittelwert und Varianz auch für die zukünftige Renditeverteilung gelten, geben die Umhüllenden Auskunft über die Grenzen der zukünftigen Wertentwicklung von Aktien- und Rentenportfolios. Der Entscheider kann nun die Umhüllenden mit seinen Nutzenvorstellungen vergleichen und die Auswahl treffen.

Dabei könnte ein Anleger z.B. folgende Überlegungen anstellen: Bis zu Anlagedauern von 49 Monaten können Aktienportefeuilles unter den Einstandswert sinken, und bis zu 73 Monaten kann ihr Wert unter dem von Rentenportfolios liegen.

Bei längeren Anlagedauern ist beides mit 99% Wahrscheinlichkeit ausgeschlossen. Ein risikoscheuer Investor könnte also versucht sein, bei kürzeren Anlagedauern in Renten und bei längeren in Aktien zu investieren.

Mit Hilfe derartiger Auswertungen kann unter anderem bestimmt werden, nach welcher Haltedauer der Anleger bei einer bestimmten Portfoliokombination auf dem vorgegebenen Konfidenzniveau kein kumuliert negatives Anlageergebnis zu erwarten hat. Er kann diesen Zeitpunkt dann mit seinem Planungshorizont in Übereinstimmung bringen. Zwar beinhalten derartige Analysen zunächst keine explizite Entscheidungsregel, jedoch vermitteln sie dem Anleger auf anschauliche Art und Weise einen Eindruck von den Risiko-/Renditeeigenschaften einer Fondsstruktur auf Basis historischer Verteilungsparameter.

Verlust- und Ausfallwahrscheinlichkeiten
Andere Konzepte errechnen die maximal mögliche Verlustposition oder die Wahrscheinlichkeit, mit der ein vom Anleger geforderter Mindestertrag mindestens erreicht oder aber unterschritten wird.

Sofern der Anleger eine bestimmte Mindestrendite erwartet, kann auf Basis der historischen Risiko-/Renditeparameter einer Fondsstruktur die Wahrscheinlichkeit ermittelt werden, mit der die geforderte Zielmarke in einem Anlagejahr erreicht oder unterschritten wird. Der Anleger wählt dann diejenige Indexmischung, bei der das Risiko eines Unterschreitens seiner geforderten Mindestrendite minimiert wird.

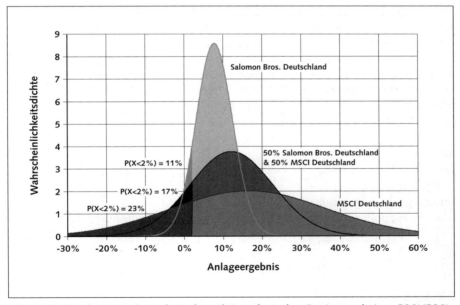

Abb. 30.5: Ergebnisverteilung deutscher Aktien, deutscher Renten und einer 50%/50% Mischung deutscher Aktien und Renten. Berechnet auf Basis historischer Monatsrenditen von Dezember 1979 bis Dezember 2000

Auf Basis historischer Renditeverteilungen errechnet sich für eine Anlage in deutschen Renten eine Wahrscheinlichkeit von rund 11 %, in einem Anlagejahr eine Rendite von beispielsweise 2 % zu unterschreiten. Bei einer Kombination aus 50 % deutschen Aktien und 50 % deutschen Renten steigt die Wahrscheinlichkeit auf rund 17 % und bei einer rein deutschen Aktienanlage gar auf ca. 23 %. Sofern ein Anleger auf die Mindestrendite von 2 % p. a. angewiesen ist, wird er bestrebt sein, das Risiko eines Unterschreitens dieser Zielmarke zu minimieren und das Portfolio strategisch durch die Wahl einer geeigneten Neutralstruktur entsprechend ausrichten.

30.4 Balanced Mandate im externen Vermögensmanagement

30.4.1 Strategische Assetallocation

Mit der Vergabe eines Balanced Mandates überträgt der Anleger die Verantwortung für die taktische Assetklassenallokation bewusst auf den Vermögensverwalter und kann so auch auf dieser Entscheidungsebene von dessen Expertise profitieren. Er verschenkt damit allerdings die Möglichkeit, selbst Spezialwissen verschiedener Vermögensverwalter zu unterschiedlichen Assetklassen zu akquirieren und diese gleichzeitig zu nutzen.

Für das tägliche Management des externen Managers muss zunächst eine Vorgabe definiert werden, an die sich der Manager halten kann und soll. Diese Vorgabe stellt die Portfoliostruktur dar, die ein Anleger wählen würde, wenn er nur einmal eine Anlage tätigen könnte, ohne diese zu einem späteren Zeitpunkt revidieren zu können – z. B. Dax 30 % und Rex 70 %.

Einmal definiert, dient sie dem Vermögensverwalter als Neutralposition, von der er immer dann abweicht, wenn temporäre Markteffizienzen seiner Meinung nach vorübergehend eine abweichende Vermögensstruktur sinnvoll machen. Dabei verlässt er sich auf sein prognostisches Geschick und seine Fähigkeit, Renditeprognosen in eine konkrete Fondsstruktur umzusetzen.

Steuern

Die Behandlung steuerlicher Aspekte ist hochgradig individuell und hängt vom jeweiligen Instrument ebenso ab, wie von der steuerlichen Situation des Anlegers. So unterliegt die Direktanlage beispielsweise grundsätzlich der Spekulationssteuer, was das Portfoliomanagement stark beeinflusst. Im Spezialfondsgeschäft dagegen sind Kursgewinne auf Kassainstrumente auch innerhalb der Spekulationsfrist (zumindest derzeit) bis zur Ausschüttung steuerfrei und schränken die Handelsaktivitäten daher im Allgemeinen nicht ein.

Dividenden

Um aktive Abweichungsrisiken auszuschließen, müsste der Vermögensverwalter streng genommen die Verwendungsannahmen für Dividenden u. Ä. des jeweiligen Indexanbieters nachvollziehen. Während Dividenden im Falle des Deutschen Aktienindex DAX zunächst in diejenige Aktie reinvestiert werden, die die Dividende gezahlt hat, unterstellen die Indizes der Dow Jones Stoxx Indexfamilie eine proportionale Reinvestition von Dividenden in das gesamte Indexportefeuille. Beide Verwendungsannahmen werden jedoch aus Kostengründen in der Praxis außer in passiven oder Indexfonds kaum stringent nachvollzogen.

Monatliche Rebasierung
Aufgrund von Kursbewegungen (relative Wertentwicklung Aktien/Renten) driftet die Aktien-Renten-Struktur des Portfolios im Laufe der Zeit auch ohne aktives Zutun des Fondsmanagers von der langfristigen Zielstruktur ab. Um das ursprüngliche Risikoprofil des Fonds wieder herzustellen, werden die vereinbarten Benchmarkstrukturen daher in der Regel im Rahmen periodischer, i. d. R. monatlicher Anpassungen an ihre ursprüngliche Struktur »rebasiert«. Sofern der Fondsmanager sich dazu entschließt, diese Rebasierung im Portfolio nicht oder nicht in vollem Umfang nachzuvollziehen, geht er damit aktive Abweichungen von der vereinbarten Benchmark ein.

Transaktionskosten und derivative Instrumente
Die Umschichtung zwischen Aktien und Renten kann unter Umständen sehr transaktionskostenintensiv sein. Speziell bei großen Volumina kann es beim Umschichten von marktengen Werten außerdem zu erheblichen Kursverwerfungen kommen. Die operative Steuerung des Aktien-/Rentenmix erfolgt daher in der Praxis oft durch ein »Futures Overlay«. Dabei wird zunächst ein Basisinvestment in Aktien und Renten hergestellt. Die taktische Steuerung des Aktien-/Rentenexposures erfolgt dann über Long- oder Short-Positionen in derivativen Instrumenten. Liquide Futures-Kontrakte sind für viele Aktienmärkte verfügbar. Sie erlauben die schnelle und kostengünstige Umsetzung der taktischen Strukturierungsentscheidung.

30.4.2 Taktische Assetallocation

Während die Entscheidungsprozesse bei der Festlegung einer strategischen Aktien-/Rentenquote weitgehend auf Standardmodelle der Portfoliotheorie zur Konstruktion risiko-/renditeoptimaler Portfolios zurückgreifen, verläuft der Entscheidungsprozess im Rahmen der taktischen Aktien-/Rentengewichtung sehr differenziert.

Basis der taktischen Allokationsentscheidung des externen Vermögensverwalters sind kurz- bis mittelfristige Renditeschätzer des Vermögensverwalters für einzelne Anlageformen. Das Entscheidungsdesign folgt dabei keinem einheitlichen Schema. Vielmehr entscheidet der Vermögensverwalter, welche Kriterien er verwendet und definiert die Prozesse, mit denen er die Rohdaten zu einer Markteinschätzung verdichtet. Obwohl die Vielfalt der möglichen Allokationsmodelle keine umfassende Beschreibung zulässt, haben sich speziell für die Aktien-/Rentenallokation einige Grundtypen von Modellen bewährt.

Bewertungsmodelle

Mit standardisierten Bewertungsmodellen wird versucht, »billige« Marktsegmente von »teuren« zu unterscheiden. Dabei verwendet man weitgehend objektive, in der Regel quantifizierbare Bewertungskriterien, die dann über die Anlageklassen verglichen werden. Ein in der Praxis verbreitetes Beispiel ist das Verhältnis von Gewinnrendite zu Rentenrendite. Die Gewinnrendite (Gewinn-Kurs-Verhältnis) der Aktie und die am Rentenmarkt erzielbare Rendite werden ins Verhältnis gesetzt, um Aussagen zur relativen Attraktivität von Aktien und Renten abzuleiten. Dabei kommt es weniger auf das absolute Niveau des Verhältnisses an als vielmehr auf den Vergleich zum historischen Durchschnitt. Dabei wird unterstellt, dass sich ein stark vom Mittelwert abweichendes Austauschverhältnis tendenziell auf das langfristige Durchschnittsniveau zurück bewegt (»Mean-Reversion«-Annahme).

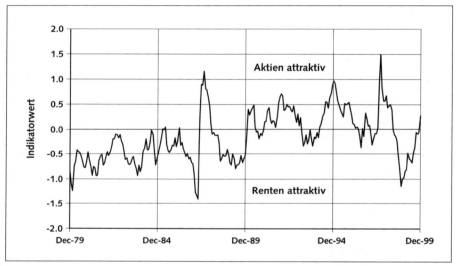

Abb. 30.6: Relative Attraktivität der Aktie (Aktien/Rentenindikator basierend auf mehreren gewichteten Einzelindikatoren, standardisiert)

Im Zuge der Kursanstiege an den internationalen Aktienmärkten im Jahr 1999 war die Gewinnrendite der Aktie deutlich rückläufig. Im Gegenzug stiegen die Rentenrenditen aufgrund positiver Konjunkturprognosen signifikant an. Beides führte dazu, dass die Rentenanlage gegenüber der Aktienanlage an Attraktivität gewann (Indikator rutscht in den negativen Bereich). Die anschließende Korrektur an den Aktienmärkten verbunden mit rückläufigen Rentenrenditen korrigierte diesen Zustand in den folgenden 12 Monaten wieder und führte dazu, dass sich das Verhältnis von Gewinnrendite zu Rentenrendite wieder seinem langfristigen Durchschnitt näherte.

Investmentzyklische Modelle

Sie unterstellen einen strukturstabilen Zusammenhang zwischen der Entwicklung der Aktien- bzw. Rentenmärkte und der konjunkturzyklischen Positionierung einer Volkswirtschaft. Verbindungselemente sind oft der Zins und die Unternehmensgewinne.

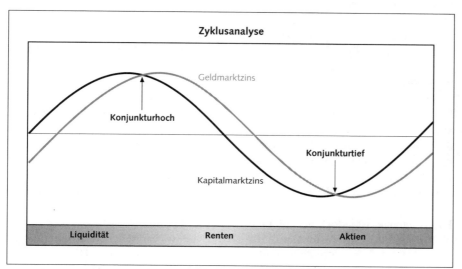

Abb. 30.7: Zyklusanalyse

Geldmarktzins und Kapitalmarktzins treiben die Werte von Renten und Geldmarktprodukten. Aktien sind bedingt zinsempfindlich. Aktienkurse steigen auch ohne Impulse von der Zinsseite in Aussicht auf eine Verbesserung der Konjunktur (und folglich der Unternehmensgewinne) schon recht frühzeitig. Auch zu einem Abschwung am Aktienmarkt kommt es ohne Zinseinflüsse frühzeitig, wenn die Konjunktur noch gut läuft, aber die Konjunkturaussichten schlechter werden (und dadurch zukünftig geringere Unternehmensgewinne zu erwarten sind). Daraus könnte eine zyklische Investitionsstrategie konstruiert werden, bei der vor dem Konjunkturaufschwung in Aktien, am Ende des Konjunkturaufschwungs in Liquidität (die Aktienkurse fallen bereits, die Zinsen steigen aber noch und verursachen sinkende Rentenkurse) und am Höhepunkt der Konjunktur (wenn die Zinsen am höchsten sind) in Renten investiert wird.

Andere Modelle

Sie basieren auf den prognostizierten Gewinnreihen von Unternehmen, auf Liquiditätsströmen oder auf technischen Indikatoren wie der relativen Stärke oder Momentumindikatoren.

Welche Modelle jeweils eingesetzt werden, hängt unter anderem vom zeitlichen Horizont der geplanten taktischen Maßnahmen ab. Um ein verlässliches Signal für eine taktische Über- oder Untergewichtung der Aktie gegenüber der Rente zu erhalten, werden die Aussagen verschiedenartiger Modelle in der Regel miteinander kombiniert.

30.5 Controlling

Die Leistung des Fondsmanagers besteht darin, die Benchmarkperformance zu schlagen, ohne dabei die Risiko-/Renditepräferenzen des Anlegers aus den Augen zu verlieren. Damit bietet sich die Analyse speziell der risikoadjustierten Performancemaße als wirksames Controllinginstrument an.

Einige Sachverhalte lassen sich nicht in mathematische Gesetzmäßigkeiten umformulieren. Das betrifft die beschriebenen »pragmatischen« Auswahlprozesse, die auch bei institutionellen Kunden mitunter hochgradig emotional angewandt werden. Die Frage, in wieweit ein Unterschreiten der Benchmarkperformance geahndet und in welchem Umfang eine Outperformance belohnt wird, hängt maßgeblich vom Handlungsspielraum des Fondsmanagers bzw. dessen Bindung an eine Gesellschaftsstrategie ab und ist daher von Investmenthaus zu Investmenthaus unterschiedlich geregelt. Eine zumindest teilweise performanceabhängige Vergütung der Fondsmanager ist jedoch bei den meisten Häusern üblich.

Risikoadjustierte Performancemaße sind die wichtigsten Controllinginstrumente. Der Anleger zahlt eine Vergütung für aktives Management. Die Ermittlung des Anlageergebnisses erfolgt nach Kosten, wobei neben der Verwaltungsvergütung auch andere Kosten wie Transaktionskosten Berücksichtigung finden.

Im Rahmen der Performance-Attribution werden die Quellen der Out-/Underperformance differenziert betrachtet. So wird die Strukturentscheidung hinsichtlich der Länder-/Branchenausrichtung eines Portfolios oft von anderen Entscheidungsträgern getroffen, als die Auswahl der einzelnen Titel. Entsprechend gilt es, die Performancebeiträge ihren Entstehungsorten zuzuordnen. Die über den Benchmarkertrag hinaus erzielte aktive Zusatzrendite ist häufig wesentlicher Bestimmungsfaktor für die Entlohnung des Fondsmanagers. Beim dauerhaften Unterschreiten der Benchmarkperformance drohen neben der Mandatskündigung durch den Kunden unter Umständen auch persönliche Konsequenzen für den Fondsmanager.

Auch die Höhe des aktiven Abweichungsrisikos und dessen Zusammensetzung sind i. d. R. Gegenstand periodischer Analysen, die gegebenenfalls auch dazu führen können, dass der Fondsmanager die Risikostruktur des Portfolios wieder an die Kundenvorgaben anpassen muss.

Aufgaben zur Lernkontrolle

1. Beschreiben Sie die Aufgabe der strategischen Assetallocation in Balanced Mandaten.
2. Nennen und erläutern Sie Faktoren, die die Risikotragfähigkeit eines Anlegers beeinflussen.
3. Was bedeutet ein längerer Anlagehorizont für die Aktienquote bei der strategischen Allokation? Bitte begründen Sie Ihre Antwort.
4. Welches Ziel verfolgt die taktische Steuerung der Aktien-/Rentenquote und wovon hängt der Erfolg ab?

Literatur

Auckenthaler, C. (1994): Theorie und Praxis des modernen Portfolio-Managements, 2. Aufl., Bern u. a.

Bruns, C./Meyer-Bullerdiek, F. (2003): Professionelles Portfoliomanagement, 3. Aufl., Stuttgart.

Kleeberg, J. M./Rehkugler, H. (2002): Handbuch Portfoliomanagement, 2. Aufl., Bad Soden/Ts.

31 Global Portfoliomanagement*

> **LERNZIELE**
> - Die wichtigsten Vorteile der internationalen Anlagenstreuung kennen lernen.
> - Markante Unterschiede zwischen der globalen Anlage und der national begrenzten Anlage erläutern können.
> - Überblick über die Komplexität internationaler Anlageprozesse erhalten.
> - Instrumente und Methoden der Komplexitätsreduktion im Portfoliomanagement beschreiben.

31.1 Überblick

Globale Mandate zeichnen sich dadurch aus, dass der Vermögensverwalter keinen wesentlichen Beschränkungen bei der regionalen Allokation des Vermögens über die weltweiten Kapitalmärkte unterliegt.

Mit der Einbeziehung von Auslandsmärkten ist es in aller Regel möglich, Portfolios zu konstruieren, die lokal anlegenden Portfolios hinsichtlich ihrer Risiko-/Renditeeigenschaften überlegen sind.

Mit der Möglichkeit zur internationalen Streuung der Vermögenswerte und der damit verbundenen Währungsallokation werden gegenüber dem lokalen Investment zwei neue Entscheidungsebenen eingeführt. Dieser Umstand und die Vielzahl an international verfügbaren Anlageinstrumenten erhöht die Komplexität des Anlageprozesses deutlich.

Dies führt dazu, dass Abläufe und Methoden, die bei lokal begrenzten Investments Anwendung finden, mitunter nicht ohne weiteres auf globale Mandate übertragen werden können.

31.2 Argumente für internationale Portfolios

Für die internationale Ausrichtung von Portfolios sprechen zwei Gründe:
- Internationale Riskodiversifikation und
- Vermeidung enger Märkte.

Internationale Riskodiversifikation
Lokale Faktoren haben nach wie vor einen maßgeblichen Einfluss auf die Wertentwicklung der Aktien- und Rentenmärkte weltweit. Dies führt dazu, dass die Korre-

---
* Autor: Michael Becker

lationen zwischen den internationalen Kapitalmärkten trotz zunehmender Wirtschaftsverflechtungen immer noch vergleichsweise gering sind. Damit eröffnen sich dem global anlegenden Investor Diversifikationspotenziale durch die internationale Streuung seiner Kapitalanlagen.

- Im Zeitraum zwischen Januar 1980 und Oktober 2000 lag die annualisierte Standardabweichung der D-Mark-Renditen des Morgan Stanley Capital International (MSCI) Deutschland Index bei fast 20 % gegenüber nur rund 16 % beim breiter gestreuten MSCI Europa.
- Der Korrelationskoeffizient der Aktien im Deutschen Aktienindex (DAX) lag zwischen Januar 1990 und Oktober 2000 im Durchschnitt bei ca. 0,34. Gleichzeitig lag die durchschnittliche Korrelation der DAX-Werte mit den 30 Werten des amerikanischen Dow Jones Index bei nur ca. 0,18. Das ist ein Beispiel für das mitunter beachtliche Risikodiversifikationspotenzial bei der internationalen Anlagenstreuung.

Hinweis: Generell ist die Ermittlung von Korrelationskoeffizienten in diesem Zusammenhang nicht unproblematisch, da die analysierten Indizes in ihrer Zusammensetzung in der Regel nicht konstant sind und für einzelne Aktien mitunter keine hinreichend lange Kurshistorie vorliegt.

Vermeidung enger Märkte

Der Anteil Deutschlands an der Kapitalisierung der internationalen Rentenmärkte liegt bei etwa 8 %. Bei Aktien stellt Deutschland sogar nur ca. 4 % der weltweiten Marktkapitalisierung. Mit der Internationalisierung des Anlageuniversums eröffnet sich dem Anleger ein deutlich breiteres Spektrum an Anlagealternativen und Instrumenten.

- Während der MSCI Deutschland gerade nur ca. 50 Titel beinhaltet, umfasst der international ausgerichtete MSCI Weltindex rund 1.300 Aktien.
- Der Anleger findet auf den internationalen Kapitalmärkten auch Marktsegmente vor, die ihm auf seinem Heimatmarkt nicht zur Verfügung stehen. So gibt es in Deutschland beispielsweise keine Ölwerte und auch das in Deutschland erst sehr junge Segment der Unternehmensanleihen steht dem international anlegenden Investor in anderen Märkten bereits seit längerem zur Verfügung.
- Gemessen am MSCI Weltindex lag die annualisierte D-Mark-Rendite einer internationalen Aktienanlage im Zeitraum von Januar 1980 bis Oktober 2000 bei 13,1 %. Verglichen damit erwirtschaftete der MSCI Deutschland 12 %. In einzelnen Märkten wie den Niederlanden konnten in dieser Periode annualisierte D-Mark-Renditen von 14,7 % erzielt werden. Zumindest in der Vergangenheit war es demnach möglich, durch die Allokation und aktive Selektion internationaler Anlagemöglichkeiten Zusatzerträge zu generieren.

31.3 Ablauf und Organisation

Globales Portfoliomanagement wird in den folgenden Schritten in Gang gesetzt und durchgeführt:
- Definition des Anlageuniversums,
- Beurteilung der relativen Attraktivität der Anlageklassen
- Ableitung der Benchmark und
- Konkretisierung der Fondsstruktur.

31.3.1 Definition des Anlageuniversums

Mit der Definition des Anlageuniversums wird das »Spielfeld« abgesteckt, auf dem sich der Vermögensverwalter bewegen darf. Gesetzliche oder andere Restriktionen können unter Umständen dafür sprechen, das Anlageuniversum regional oder hinsichtlich bestimmter Instrumente einzuschränken. Beispiele dafür sind:
- *Währungsrisiken.* So kann die Satzung des Anlegers beispielsweise vorsehen, dass Währungsrisiken grundsätzlich auszuschließen sind. Werden dann Fremdwährungsanlagen für das Portfolio getätigt, müssen die damit verbundenen Währungsrisiken abgesichert werden.
- *Developed Markets.* In der Praxis gängige Restriktionen sind auch die Beschränkung des Anlageuniversums auf »Developed Markets« (Anlagen in »Emerging Markets« sind damit ausgeschlossen).
- *Ethische Restriktionen.* Bei kirchlichen Institutionen gibt es ethisch motivierte Ausschlüsse von Rüstungs- und bestimmten Pharmawerten.

31.3.2 Beurteilung der relativen Attraktivität der Anlageklassen

In der Praxis ist die Komplexität der Entscheidungsfindung ein Problem. Meist wird das Entscheidungsproblem aufgebrochen und in Stufen gelöst. Entscheidungsvorbereitend wird das Anlageuniversum zunächst einmal gesichtet und in verschiedene Kategorien aufgebrochen. Üblich ist die Unterteilung in:
- Assetklassen (Aktien, Renten, Geldmarktinstrumente etc.),
- Branchen und
- Laufzeiten.

Man könnte das Aktienuniversum auch nach Size- oder Value-Kriterien systematisieren. Auf der Rentenseite könnte auf Duration- oder Kupon-Klassen etc. allokiert werden. Die Einteilung in Assetklassen, Branchen und Laufzeitklassen ist üblich, aber keineswegs ausschließlich.

Bei global ausgerichteten Mandaten kommen als zusätzliche Kategorien hinzu:
- Länderallokation und
- Währungsallokation.

Für jede Kategorie werden Aussagen zur relativen Attraktivität der Anlageinstrumente abgeleitet (erwartete Erträge und Risikostruktur). Dabei ist nicht immer eine klare Trennung zwischen den Kategorien möglich: In einem globalen Mandat kann es zum Beispiel sinnvoll sein, in einer Region Aktien überzugewichten, während in einer anderen Region festverzinsliche Titel bevorzugt werden. Auf diese Weise verschwimmen die Grenzen zwischen Assetklassen- und Länderallokation. Auch bestimmte Sektoren wie zum Beispiel der Einzelhandel werden derart stark von regionalen Faktoren beeinflusst, dass eine weltweit einheitliche Allokation unter Umständen keinen Sinn macht.

Im globalen Kontext kommt neben der Wertentwicklung der Anlageinstrumente die Währungsentwicklung als weiterer renditebestimmender Faktor hinzu. Sofern sich der Vermögensverwalter nicht dazu entschließt, den Währungseinfluss durch entsprechende Absicherungsgeschäfte zu eliminieren, ist die prognostizierte Währungsentwicklung aktiv mit in die Anlageentscheidung einzubeziehen. Dabei ist die Basiswährung des Anlegers entscheidend. Die Wertentwicklung der Fremdwährungsanlage in der Referenzwährung des Anlegers setzt sich dann aus der Wertentwicklung der Anlage in lokaler Währung und der Wechselkursveränderung zusammen. Aufgrund der vergleichsweise geringen Wertschwankungen bei Rentenanlagen kann der Wechselkurs die Anlageergebnisse gerade im festverzinslichen Bereich stark beeinflussen.

31.3.3 Die Ableitung der Benchmark

Die Ableitung der Benchmark erfolgt bei globalen Mandaten grundsätzlich nach den selben Prinzipien und auf Basis der selben Entscheidungsgrundlagen wie bei regional begrenzten Mandaten. Es wird auf das Kapitel »Balanced Portfoliomanagement« verwiesen.

31.3.4 Konkretisierung der Fondsstruktur

Ziel der Portfoliokonstruktion ist es, die für die einzelnen Kategorien abgeleiteten Renditeprognosen der verschiedenen Assetklassen in eine konkrete Fondsstruktur zu überführen.

Dabei wäre es hilfreich, wenn für jede Assetklasse ein geeignetes Asset, in das man investieren kann, vorhanden wäre. Dies ist aber nicht der Fall. Z.B. gibt es Länder, in denen bestimmte Sektoren stark vertreten sind. Ein Investment in dieses Land bringt dann gleichzeitig eine starke Gewichtung des marktdominierenden Sektors mit sich, obgleich für diesen Sektor womöglich keine oder keine positive Einschätzung vorliegt.

Kategorien, für die keine explizite Einschätzung vorliegen, sollten nach Möglichkeit neutral gestellt werden.

Die saubere Umsetzung der Markteinschätzung in einer Portfoliostruktur erfordert die Berücksichtigung sämtlicher Kategorien mit Ertrags- und Risikodimension und ist daher im komplexen globalen Kontext ohne PC-Unterstützung kaum zu bewältigen. Professionelle Optimierungssoftwareprodukte ermöglichen die Umsetzung vielschichtiger Markteinschätzungen auch in großen, globalen Anlageuniversen und konstruieren auf Basis der geleisteten Inputs risiko-/renditeeffiziente Portfolios.

Die Abbildung 31.1 zeigt einen Ausdruck aus Barra-Aegis, in dem eine Portfoliooptimierung gegenüber einer Benchmark und unter Einhaltung von Turnover-Restriktionen durchgeführt wurde.

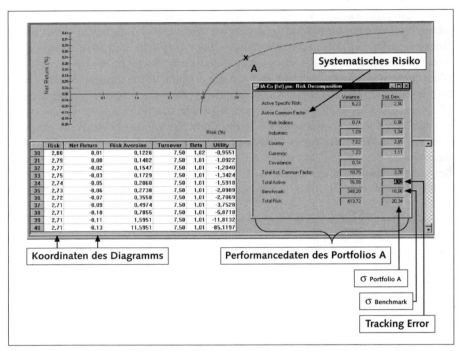

Abb. 31.1: Ausdruck aus Barra-Aegis

31.4 Instrumente und Methoden

Die Komplexität internationaler Mandate erfordert es, Methoden einzusetzen, die von Details abstrahieren. Das einzelne Wertpapier wird auf wenige Eigenschaften reduziert.

- *Top-down-Modelle.* Reduktion der Eigenschaften auf wenige Kerneigenschaften wie: (i) Aktie oder Rente, (ii) Zugehörigkeit zu einem Land, (iii) Zugehörigkeit zu einer Branche, (iv) Value oder Growth usw.
- *Quantitative Selektionsmodelle.* Reduktion auf wenige quantitativ messbare Größen wie: (i) historische Rendite und (ii) Volatilität der Rendite, (iii) Price Earnigs Ratio, (iv) Gewinnmomentum.

31.4.1 Zum Top-down-Modell

Das Top-down-Modell wird oft als Gegenstück zum Bottom-up-Ansatz bezeichnet. Das ist aber nicht ganz richtig.

Beim Bottom-up-Ansatz setzt der Anlageentscheidungsprozess unmittelbar am Einzelwert an. Ausgewertet werden sämtliche Informationen über die Einzelwerte, die verfügbar sind. Die Länder- und Branchenstruktur des Portfolios ergibt sich mehr oder weniger zufällig aus der Aggregation der selektierten Titel.

Die Welt des Top-down-Ansatzes sieht völlig anders aus. Das Anlageuniversum wird in die Kategorien Assetklassen, Branchen, Länder, Währungen, Laufzeiten oder Value-Werte, Growth-Werte, Währungen oder in Kategorien anderer Systematiken eingeteilt. Der einzelne Wert wird einer Kategorie zugeordnet und dann daran gemessen, wie positiv oder negativ die Kategorie eingeschätzt wird, dem er zugeordnet ist. Andere Unternehmensspezifika als die bloße Kategoriezugehörigkeit bleiben unberücksichtigt.

Damit wird die Entscheidungsdichte gegenüber der Bottom-up-Analyse deutlich reduziert: Sind zum Beispiel bei der vollständigen Bottom-up-Abdeckung des europäischen Dow Jones Stoxx Index noch Renditeprognosen zu ca. 600 Einzelwerten erforderlich, begnügt sich ein auf Branchen basierender Top-down-Ansatz mit der Einschätzung von 18 Stoxx-Branchen, sofern der Vermögensverwalter auf eine weitere Differenzierung innerhalb der Branchen verzichtet.

31.4.2 Zum quantitativen Selektionsmodell

Die quantitative Analyse wird oft als Gegenstück zur Fundamentalanalyse verwendet. Auch das ist nicht ganz richtig. Die quantitative Analyse ist ein Teilbereich der Fundamentalanalyse. Sie ist immer dann ausreichende Entscheidungsgrundlage, wenn die Modellannahmen, auf denen die quantitativen Beziehungen fußen, mit der Realität übereinstimmen.

Ziel der Fundamentalanalyse ist die Ermittlung des inneren Wertes einer Aktie unter Zuhilfenahme sämtlicher verfügbarer Informationen und Anwendung des Rationalprinzips. Ein klassisches Instrument der Fundamentalanalyse ist daher die Jahresabschlussanalyse. Ihr hoher Detaillierungsgrad macht die Fundamentalanalyse zu einer vergleichsweise aufwändigen Analysemethode. Die fundamentalanalytische Abdeckung der 30 Unternehmen des DAX ist mit einer überschaubaren Anzahl von Finanzanalysten gerade noch darstellbar. Übertragen auf ein globales Aktienuniversum wie dem MSCI Weltindex mit ca. 1300 Aktien stellt die umfassende Fundamentalanalyse jedoch schier unlösbare Anforderungen an die personellen Kapazitäten des Vermögensverwalters. Bei der Ableitung von Einschätzungen zu Einzelwerten spielen daher in globalen Mandaten quantitative Modelle eine tendenziell größere Rolle.

Quantitative Selektionsmodelle leiten auf Basis großer Mengen objektiv messbarer Daten Einschätzungen für einzelne Anlagetitel ab. Ihr hoher Standardisierungsgrad ermöglicht die Abdeckung auch umfangreicher, internationaler Anlageuniversen.

31.5 Erfolgskritische Faktoren

Globales Portfoliomanagement stößt schnell an Grenzen, wenn die Kosten betrachtet werden. Dabei sind drei Faktoren besonders wichtig:

Titelanzahl
Die Komplexität internationaler Benchmarkindizes macht die Abbildung der kompletten Benchmark in der Regel unmöglich. Je nach Anlagevolumen werden häufig nicht viel mehr als 70 bis 100 Titel im Portfolio gehalten. Bei der Portfoliokonstruktion finden daher Selektionsprozesse statt, die nicht auf Renditeerwartungen basieren, sondern das Ziel verfolgen, die Anzahl der Titel im Portfolio überschaubar zu halten. Dies erleichtert die technische Abwicklung erheblich. Aber: jeder Benchmarkwert, der nicht im Portfolio dotiert ist, birgt ein Abweichungsrisiko.

Losgrößenproblematik
Zur Nutzung der Vorteile der internationalen Diversifikation muss ein Portfolio hinreichend breit gestreut sein. Dies stellt jedoch gewisse Anforderungen an die Größe des Portfolios: Angesichts handelbarer Stückzahlen – sogenannter Roundlots – von in der Regel 100 Aktien setzt selbst die akkurate Abbildung eines recht überschaubaren Indexes wie des Deutschen Aktienindex mit gerade nur 30 Titeln ein Portfoliovolumen von mindestens 2,5 bis 5 Mio. Euro voraus. Soll ein Markt mit kleineren Volumina abgebildet werden, bietet sich gegebenenfalls der Einsatz von Indexzertifikaten oder Futures an.

Informationsselektion
Globale Portfolios bedingen als Voraussetzung rationaler Entscheidungen Informationen prinzipiell über alle Assets in allen Ländern der Welt. Früher war die Beschaffung der Informationen ein Problem. Heute ist es mehr die Selektion und Verarbeitung. Medien wie Internet und andere elektronische Systeme machen Marktinformationen jedermann – auch Privatanlegern – kostengünstig verfügbar. Für den institutionellen Bereich stehen Brokerhäuser mit umfangreichem Research-Material in elektronischer und Papierform zur Verfügung. Eine aktive Bank bekommt täglich ca. 20 bis 30 E-Mails von Brokern mit aktuellen Markteinschätzungen. Wer soll all diese Informationen selektieren und bewerten? Hierin steckt ein Kostenproblem.

Kostengünstig lassen sich überhaupt nur Informationen über historische Renditen und Volatilitäten von börsennotierten Assets beschaffen, was erstens den Kreis der investierbaren Titel einengt und zweitens den Prozess der Auswahlentscheidung determiniert: quantitative Portfoliooptimierung nach Markowitz auf Basis historischer Rendite-/Risikowerte.

Wer nicht über ausreichend genaue quantitative Angaben zu den Assets verfügt, der kann Kosten senken mittels Top-down-Ansatz, mit dem das Entscheidungsproblem fast beliebig simplifiziert werden kann.

Darüber hinausgehende tiefere Einzelanalysen und Prognosen sind zu akzeptablen Kosten nur großen weltweit tätigen Investmentbanken möglich. Diese dominieren auch den Markt für Globale Mandate.

31.6 Controlling

Folgende Maßnahmen haben sich bei der Steuerung von Global Portfolios bewährt:
- Um »Klumpenrisiken« zu identifizieren, werden Portfolios meist regelmäßig hinsichtlich ihrer Länder-/Branchenstruktur analysiert.
- Häufig werden maximal tolerierbare Abweichungen von der Benchmarkstruktur definiert, deren Über- oder Unterschreitung Anpassungstransaktionen auslöst.
- Ein wirksames Controllinginstrument ist auch der Performancevergleich zwischen Portfolio und Benchmark.
- Im Rahmen der Performance-Attribution werden die Ergebnisbeiträge einzelner Entscheidungsebenen isoliert und Stärken und Schwächen des Vermögensverwalters offengelegt.
- Auch die Analyse risikoadjustierter Performancemaße und des Tracking Error eignet sich für Controllingzwecke.

Aufgaben zur Lernkontrolle
1. Welche beiden grundlegenden Vorteile beinhaltet die globale Anlage gegenüber dem national ausgerichteten Investment?
2. Nennen Sie die zwei neuen Entscheidungsebenen beim Global Portfoliomanagement.
3. Auf welche Weise wird bei globalen Mandaten häufig versucht, die Komplexität der Entscheidungsprozesse zu reduzieren?

Literatur

Fuller, R. J./Farral, J. L. (1987): Modern Investments and Security Analysis, New York u. a.

Lottenbach, W. (1996): Der Anlageentscheidungsprozess im internationalen Portfoliomanagement, Aachen.

Zimmermann, H. et al. (2003): Global Asset Allocation, New York.

32 Portfoliomanagement mit Altersvorsorgeprodukten*

> **LERNZIELE**
> - Sie kennen den Unterschied zwischen Umlageverfahren und Kapitalstockverfahren.
> - Sie kennen den Unterschied zwischen Asset-Only-Management und Asset-Liability-Management.
> - Sie können die Asset-Meltdown-These erklären.
> - Sie können die unterschiedliche Wertentwicklung zwischen Vermögen und Humankapital erklären.
> - Sie können eine Liability-Analyse durchführen.
> - Sie können einen stochastischen Sparplan entwickeln.

32.1 Die private Altersvorsorge – Überblick

Die private Altersvorsorge hat sich zu einem wichtigen Umsatz- und Geschäftsträger für Investmentbanken entwickelt. Das deutsche System der Altersversorgung (Alters-, Invaliditäts- und Hinterbliebenenvorsorge), das auf gesetzlicher und betrieblicher Rente basierte, wird mit zunehmender Veralterung der Gesellschaft unbezahlbar. Die private Vorsorge wird als zusätzliche Quelle von Alterseinkünften angesehen. Die Zukunft wird daher durch das sog. *Drei-Säulen-Konzept* bestimmt werden.

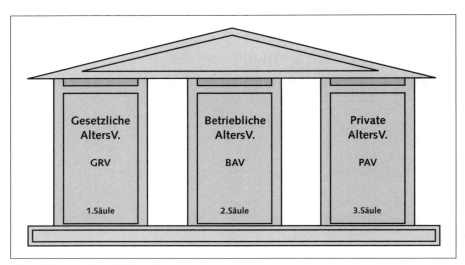

Abb. 32.1: Das Drei-Säulen-System

---

* Autor: Klaus Ripper

Nach dem Drei-Säulen-Konzept soll die gesetzliche Rentenversicherung (1. Säule) die Grundversorgung übernehmen. Ihr folgen die betriebliche Altersvorsorge (2. Säule) und die private Eigenvorsorge (3. Säule). Eine vierte implizite Säule ist die Sozialhilfe, die Notlagen auffangen soll.

Für das Investment Banking sind die zweite und dritte Säule interessant. Während die erste Säule im Umlageverfahren finanziert wird, wird bei der zweiten und dritten Säule das Kapitalstockverfahren angewandt. Da beim Kapitalstockverfahren die Rentenansprüche über den Kapitalmarkt finanziert werden, entsteht ein riesiger Bedarf nach Assetmanagement-Leistungen. Die Investmentbranche rechnet damit, dass sich die Altersvorsorge – ähnlich wie in den angelsächsischen Ländern – als tragende Säule für das Assetmanagement entwickeln wird.

Durch die Veränderung der gesetzlichen Rahmenbedingungen wird erwartet, dass das Wachstum der Altersvorsorgevolumina bis zum Jahr 2010 jährlich 7,5 % betragen wird. Die Bestände werden auf insgesamt mehr als 4 Billionen Euro ansteigen. Dazu kommt, dass über die steigende Lebenserwartung der Menschen in Zukunft ohnehin mehr ältere Menschen existieren werden. Da die Älteren (und nicht die Jungen) über das Kapital verfügen, wird das Altersvorsorgekapital in den nächsten Jahren einen immer größeren Einfluss auf die Kapitalmärkte der Welt nehmen. So stieg die durchschnittliche Lebenserwartung von Männern im Jahr 1950 mit 64,6 Jahren im Jahr 2003 auf 75,9 Jahren und wird im Jahr 2030 auf über 78 Jahren ansteigen. Bei Frauen soll diese im Jahr 2030 sogar bei über 84 Jahren liegen. Auf Grund der Langlebigkeit und der Tatsache, dass sich das Verhältnis der Zahl der Erwerbstätigen zur Zahl der Rentner deutlich verschlechtert, ist zu erwarten, dass sich das Rentenniveau deutlich verringert. Für den Rentenempfänger ist das Nettorentenniveau die Bezugsgröße, da die Nettorente das disponible Einkommen darstellt. Dieses wird von derzeit 70 % auf 52 % im Jahr 2050 sinken, sodass die Vorsorgelücke, d.h. die Differenz zum letzten Nettoeinkommen vor Rentenbeginn, auf 48 % ansteigen wird (vgl. Abbildung 32.2).

Jahrgang	Rentenbeginn	Rentenniveau (Brutto)	Rentenniveau (Netto)
1940	2005	46 %	70 %
1950	2015	43 %	61 %
1960	2025	41 %	56 %
1970	2035	38 %	52 %
1985	2050	38 %	52 %

Abb. 32.2: Reales Rentenniveau (relativ zum letzten Einkommen vor Rentenbeginn) eines Durchschnittseinkommens bei 45 Beitragsjahren
Quelle: Deutsches Institut für Altersvorsorge 2005

Um die Versorgungslücke zu schließen, wird die zweite und dritte Säule der Altersvorsorge zunehmend an Bedeutung gewinnen. Daher konzentriert sich das Assetmanagement der Investmentbanken auf die folgenden Zielgruppen:

- *Unternehmen*: Unternehmen, Versorgungswerke etc. mit Rückdeckung betrieblicher Rentenzusagen durch Geldanlagen am Kapitalmarkt.
- *Privatpersonen*: Private Altersvorsorge mit Fondssparplänen, Altersvorsorge Sondervermögens Fonds (AS-Fonds) und »Riester-Fonds«.

Die gesetzliche Altersvorsorge tangiert das Assetmanagement der Investmentbanken bisher nicht: ein Übergang der ersten Säule vom Umlage- zum Kapitalstockverfahren ist nicht zu erwarten.

Es gibt zwei Grundsysteme, Rentenzahlungen zu finanzieren: das Umlageverfahren und das Kapitalstockverfahren.

32.1.1 Umlageverfahren

Beim Umlageverfahren werden aus den Beiträgen einer Versichertengruppe A einer Periode X die Rentenzahlungen an die Gruppe B der jeweiligen Rentnergeneration in der Periode X finanziert. In Deutschland ist dies das System der gesetzlichen Rentenversicherung. Abgesehen von den Verwaltungskosten wird lediglich ein geringer Anteil der laufenden Einnahmen nicht sofort an die Rentner ausgeschüttet, sondern in eine Liquiditätsreserve zwischengespeichert, um kurzfristige Einnahme-Ausgabe-Differenzen zu decken. Die Rentenansprüche sind im Umlageverfahren nicht absolut, sondern relativ definiert: Das jeweils verfügbare Beitragsvolumen der Versichertengruppe A wird nach einem festgelegten Schlüssel auf die Rentner-

	Kapitalstockverfahren	Umlageverfahren
Verzinsung	■ Mit dem jeweiligen Periodenzins während der Anspar- und Entsparphase	■ Keine Abhängigkeit von Marktzinsen
Risikofaktoren	■ Variable Kapitalmarktzinsen ■ Realer Kapitalverlust bei Inflation ■ Abweichung der erwarteten von den tatsächlichen Renditen, d. h. Kapitalstock ist zu gering ■ Asset-Meltdown-Effekt	■ Empfindlich bei demographischem Wandel, d. h. Überalterung der Bevölkerung ■ Bemessungsgrenzen und prozentuale Abzüge vom Bruttogehalt unterliegen häufig politischen Faktoren
Vorteile	■ Robust gegenüber der demographischen Entwicklung ■ Individuelle Freiräume in der Ansparphase ■ Berücksichtigung der individuellen Vermögenssituation	■ Finanzschwachen Beitragszahlern wird eine »Grundrente« gewährleistet ■ Berücksichtigung von Ausfallzeiten (Ausbildungszeit, Schwangerschaft, etc.)
Nachteile	■ Ausfallzeiten können nicht berücksichtigt werden ■ Keine Gewährleistung einer Grundrente	■ Keine Berücksichtigung der individuellen Vermögenssituation ■ Abhängig von der Entwicklung der demographischen Altersstruktur

Abb. 32.3: Kapitalstockverfahren und Umlageverfahren im Vergleich

gruppe B aufgeteilt. Über die Gestaltung der Schlüssel wird das relative Einkommen der Rentner untereinander und über die Beitragssätze das relative Einkommen der Rentner zu den Beitragszahlern festgelegt. Das Umlageverfahren ist insofern mit einer politisch gesteuerten Einkommensverteilung verbunden.

Hintergrund. Die starke Bedeutung des Umlageverfahrens in Deutschland hat seine Ursachen im zweiten Weltkrieg. Hätte man nach dem Krieg ein Kapitalstockverfahren eingeführt, dann hätten die ersten Rentnergenerationen der 50er- und 60er-Jahre eine unzureichend niedrige Rente gehabt, da die Zeit des Ansparens bei ihnen in die Kriegs- oder Nachkriegsjahre gefallen wäre. Über das Umlageverfahren konnte man sie an den Realeinkommenszuwächsen, die in den 50er- und 60er-Jahre erreicht wurden, beteiligen.

32.1.2 Kapitalstockverfahren

Im angelsächsischen Raum hat sich das Kapitalstockverfahren (auch Kapitaldeckungsverfahren genannt) etabliert. Dabei werden die aktuellen Beiträge der Versicherten im Kapital- und/oder Immobilienmarkt investiert. Bei Erreichung des Rentenalters wird dann der bis dahin angesammelte Kapitalstock zur Auszahlung der Rente bis auf Null abgeschmolzen. Jeder Rentner lebt also von seinen eigenen aufgezinsten früheren Ersparnissen. Die Rentenansprüche sind bei diesem Verfahren weder relativ (zu anderen Sparern) definiert noch absolut, denn eine Renditegarantie gibt es an Kapitalmärkten nicht: Die reale Rente hängt von der individuellen Sparleistung und dem individuellen Sparerfolg (reale Rendite) ab. Die Beitragszahler tragen das Risiko der unsicheren (realen) Kapitalmarktrendite.

Asset-Meltdown-Effekt
Von besonderem Interesse für die weitere Entwicklung der Kapitalmärkte ist die Auswirkung der demographischen Entwicklung und der Sparquote auf die Preise von Assets, d. h. insbesondere die Aktien- und Anleihenkurse. Unter Umständen kann es zu einem Zusammenbruch der Kurse kommen (*Asset-Meltdown-Effekt*). Die Kausalkette dazu lautet folgendermaßen: Die geburtenstarken Jahrgänge scheiden irgendwann aus dem Arbeitsleben aus, hinterlassen selbst aber nur wenige Nachkommen, die das gewohnte Rentenniveau der Älteren im Umlageverfahren nicht sichern können. Dadurch sind die Älteren gezwungen, ihre Ersparnisse anzugreifen. Sie lösen also ihre Aktien- und Rentenbestände auf, um sie in Liquidität und letztlich in Konsumgüter zu tauschen: sie *ent*sparen. Die Jüngeren bauen zwar gleichzeitig Aktien- und Rentenbestände auf: sie sparen. Aber da die Älteren in der »Überzahl« sind, kommt es netto zu einem *Ent*sparprozess. Dies bewirkt den Zusammenbruch der Preise von Aktien und Renten sowie aller sonstigen Assets, die mit beiden positiv korreliert sind. Der Asset-Meltdown-Effekt kann nur gemildert werden, wenn Ältere nicht netto entsparen und/oder wenn es andere Länder gibt, in denen eine überwiegend jüngere Bevölkerung Vermögen aufbaut. Vermögen muss in diesem Fall international diversifiziert sein und der eigene Kapitalmarkt muss internationalen Investoren offen stehen.

32.2 Das Asset-Liability-Problem

Das Management des Sparvermögens für die Altersvorsorge unterscheidet sich in wesentlichen Punkten nicht grundsätzlich vom Management anders motivierter Vermögensmassen. Es ist Aufgabe des Assetmanagements.

Es gibt jedoch eine Besonderheit, die bei der Assetallocation zu beachten ist. Zur Erinnerung: Assetallocation ist die Festlegung der Assetklassen (strategische Assetallocation) und der Einzeltitel (taktische Assetallocation), in die ein Vermögen investiert werden soll. Das Besondere der Assetallocation bei der Altersvorsorge sind die Ansprüche der Vorsorgenden und die Verpflichtungen der Kapitalgeber. Oftmals werden in Altersvorsorgeverträgen versicherungsähnliche Elemente vereinbart, die kapitalmarktfremd sind. Es taucht dadurch ein schwieriges Problem auf: die Abstimmung der Assets mit den Liabilities.

> **DEFINITION**
> Als Liabilities werden die späteren
> Ansprüche auf ein bestimmtes Endvermögen
> oder bestimmte Rentenzahlungen der
> Sparer bezeichnet.

Bei Altersvorsorgeprodukten mit versicherungsähnlichen Elementen reicht es nicht, bei der Vermögensanlage auf eine gute Performance der Assets zu achten. Vielmehr muss die Performance der Assets auf die Entwicklung der Rentenansprüche, i.e. der Liabilities, abgestellt sein. Andernfalls könnte es passieren, dass das Vermögen zu klein ist, um die vom Rentner erwarteten Rentenzahlungen zu gewährleisten. Der Kapitalgeber müsste dann, falls er Garantien übernommen hat, mit eigenem Vermögen einspringen.

Diese Abstimmung der Assets mit den Liabilities wird Asset-Liability-Management genannt und ist das Herzstück der Assetallocation bei Altersvorsorgeprodukten. Sie stellt für die Investmentbanken das besondere Problem der Altersvorsorgeprodukte dar.

> **Begriffsverwirrung**
> Wegen der versicherungsähnlichen Elemente in den Altersvorsorgeverträgen spricht man oft statt von Sparer und Kapitalgeber von Versicherten und Versicherern. Aber auch weitere Begriffspaare wie Rentenempfänger oder Begünstigter und Verpflichteter sind gebräuchlich.

32.2.1 Ziele des Asset-Liability-Managements

> **DEFINITION**
> Das Asset-Liability-Management ist definiert
> als die koordinierte Steuerung von Kapital-
> anlagen (Assets) und Rentenansprüchen
> (Liabilities) aus Rentenanwartschaftsverträgen
> im Kapitaldeckungsverfahren.

Das Grundproblem des ALM liegt beim Rententräger:
- Der Rententräger muss zunächst die Höhe der Rentensparleistungen festlegen, die er oder der spätere Rentenempfänger während der Ansparphase zu leisten hat.
- Als Ergebnis der Ansparleistung kann der Rententräger dem Rentenempfänger eine Rentenzahlung ab einem bestimmten Stichtag versprechen.
- Die erhaltenen Rentenansparleistungen kann der Rententräger bis zu diesem Stichtag verzinslich anlegen.
- Sein Ziel ist es, dass er die Rentenzahlungen aus dem durch Ansparleistungen und Zinserträgen angesammelten Bestand an Assets erfüllen kann, ohne eigenes Kapital zuschießen zu müssen.
- Er muss bei der Anlage der Assets also berücksichtigen, wie die Ansprüche der Versicherten aus den Rentenverträgen ausgestaltet sind und im Zeitablauf wachsen. Er muss das Assetmanagement auf die Liabilities abstellen.

Das Asset-Liability-Management unterscheidet sich vom Asset-Only-Management, bei dem keine Abstimmung der Assets auf Liabilites erfolgt:
- *Asset-Only-Management*: Entscheidungen des Investors basieren gemäß Portfoliotheorie auf Erwartungswerten von Renditen, Risiko und Renditekorrelationen der einzelnen Assets. Andere Aspekte spielen keine Rolle. Es wird vom Asset-Only-Management gesprochen.
- *Asset-Liability-Management*. Investitionsentscheidungen im ALM werden nicht alleine auf Basis von Renditen und Renditekorrelationen verschiedener Anlagealternativen getroffen. Beim ALM muss der Investor für die Anlageentscheidungen seine zukünftigen Zahlungsverpflichtungen (Liabilities), die auf den Rentenansprüchen basieren, im Entscheidungskalkül mitberücksichtigen. Es wird eine Verbindung zwischen den Anlagerenditen des Investments und den zukünftigen Zahlungsverpflichtungen hergestellt.

32.2.2 Risikodefinition im ALM

Im traditionellen Asset-Only-Management wird Risiko als Varianz von Renditen bzw. Endvermögenswerten bezeichnet.

> **DEFINITION**
> Das Risiko beim ALM besteht in der möglicherweise abweichenden Wertentwicklung von Assets und Liabilities.

Das Risiko wird dadurch charakterisiert, dass die Wertentwicklung der Assets mit den erwarteten Verpflichtungen möglicherweise nicht übereinstimmt. Risiko besteht also nicht allein in der Varianz der Renditen der Assets an sich, sondern in der fehlenden Korrelation des Cashflow-Stromes der Assets zum Cashflow-Strom der Liabilities.

Damit ähnelt das Risiko des ALM demjenigen von Assetmanagement-Verträgen, bei denen die Performance an eine Benchmark gekoppelt wird: Nicht die Höhe der absoluten Performance, sondern das Abweichen von einer Benchmark-Performance ist das Risiko.

Die besondere Schwierigkeit im ALM bei Altersvorsorgeprodukten liegt darin, dass die Benchmark, hier also die Wertentwicklung der Liabilities, i.e. die Entwicklung der Rentenansprüche, kein handelbares Finanzprodukt darstellt, sodass nicht gewährleistet ist, dass diese Art von Benchmark überhaupt vom Assetmanagement erreicht werden kann.

Anders formuliert: Es muss sichergestellt sein, dass die Verträge zwischen Versicherungsträger und den Versicherten eine Entwicklung der Rentenanwartschaften derart festschreiben, dass sie aus Sicht der Finanzmärkte überhaupt darstellbar ist. Für Risiken, die Finanzmärkte nicht darstellen können, muss der Rententräger Garantien übernehmen, falls er dem späteren Rentenempfänger diese Risiken abnehmen möchte. Meistens treten als Garanten die Arbeitgeber auf, die ihren Mitarbeitern betriebliche Renten einer bestimmten Höhe versprechen.

Wie sind die Ansprüche der Versicherten definiert? Es gibt folgende Vertragsarten.

Altersvorsorgeverträge von Unternehmen für ihre Mitarbeiter
Bestimmung der Leistungen.
- *Defined Benefit.* Der Arbeitgeber verspricht den Versicherten eine in der Höhe definierte Versorgungsleistung ab einem bestimmten zukünftigen Zeitpunkt. Der Arbeitgeber trägt vom Zeitpunkt der Zusage bis zur Auszahlung das Risiko der ausreichenden Finanzierung des Kapitalstocks, sowie die Verzinsung der Beiträge in Höhe des zugesagten Mindestzinssatzes.
- *Defined Contribution.* Der Arbeitgeber verspricht eine definierte Beitragsleistung in einen Altersvorsorgevertrag. Zumeist handelt es sich um regelmäßige (monatliche) Einzahlungen durch den Arbeitgeber in einen abgeschlossenen Sparplan zugunsten des Arbeitnehmers (s. u.). Der Eigentümer bleibt der Arbeitgeber in der Ansparphase. Der Arbeitgeber hat kein Funding-Risiko. Der Arbeitnehmer kann die Leistungen des Arbeitgebers leicht überwachen und regelmäßig kontrollieren. Er trägt das Risiko unsicherer späterer Versorgungsleistungen, da der Arbeitgeber nicht für die Wertentwicklung des angesammelten Vermögens garantiert.

Trägerschaft der Versorgungsleistungen im betrieblichen Bereich.
- *Interne Trägerschaft.* Wichtigste Form der internen Trägerschaft ist die *Direktzusage* der Arbeitgeber an ihre Mitarbeiter, die über Pensionsrückstellungen finanziert werden. Rund 50 % der betrieblichen Rentenzusagen wurden in der Vergangenheit über Direktzusagen gewährt. Für die Unternehmen ergibt sich daraus in der Ansparphase ein Liquiditätsvor- und in der Rentenzahlungsphase ein Liquiditätsnachteil.
- *Externe Trägerschaft.* Mehr und mehr Unternehmen gehen derzeit von der Direktzusage ab und wählen eine externe Trägerschaft der Versorgungsleistungen. Dazu stehen zur Verfügung: Pensionskasse, Unterstützungskasse, Pensionsfonds und Direktversicherung.
  - *Pensionskassen* sind rechtlich selbstständige Versorgungseinrichtungen in der Rechtsform des Versicherungsvereins auf Gegenseitigkeit (VvaG). Der Ar-

beitnehmer schließt direkt einen Vertrag mit der Kasse, die die Gelder getrennt vom Vermögen der Arbeitgeber verwaltet.
- *Unterstützungskassen* sind rechtlich selbstständige Versorgungsunternehmen in der Rechtsform des eV oder der GmbH. Die Kasse hat keinen Vertrag mit dem Begünstigten, sondern ausschließlich mit dem Arbeitgeber.
- *Pensionsfonds* sind rechtlich selbstständige Einrichtungen, die gegen Zahlung von Beiträgen Altersvorsorgeleistungen erbringen. Die eingebrachten Mittel können – anders als bei Direktversicherungen und Pensionskassen – weitgehend frei am Kapitalmarkt angelegt werden. Da dies neben Chancen auch Risiken birgt, sind die Betriebsrentenansprüche der Beschäftigten für den Fall der Insolvenz des Arbeitgebers bzw. der Trägergesellschaft über den Pensionssicherungsverein geschützt. Für die Versicherung fällt eine Gebühr an.
- Bei der *Direktversicherung* schließt der Arbeitgeber einen Vertrag mit einer Kapitallebensversicherung zugunsten des Arbeitnehmers ab.

Altersvorsorgeverträge im privaten Bereich

Individuelle Sparpläne. Ein Sparplan ist ein Vertrag, bei dem ein Vorsorgewilliger eine einmalige oder regelmäßige Geldleistungen an einen Finanzintermediär tätigt und dieser sich zur Anlage nach bestimmten festgelegten Kriterien und Rückzahlung zu einem definierten Zeitpunkt verpflichtet. Banken bieten häufig Sparpläne ohne Endwertgarantie an. Die Rendite kann sich je nach Kundenwunsch an finanzwirtschaftlichen Benchmarks orientieren (DAX, IBOXX). Für biometrische Risiken, wie z.B. das Langlebigkeitsrisiko, können zusätzlich Versicherungsprodukte in Sparpläne integriert werden, die meist von Versicherungsn angeboten werden.

AS-Fonds. Altersvorsorge Sondervermögen nach dem 3. Finanzmarktförderungsgesetz vom Jahr 1998. AS-Fonds sind Fondssparpläne mit einer besonderen Ausgestaltung. Maximal darf der Aktienanteil des Fondsvermögens 75% nicht übersteigen. Das Minimum der Aktienquote ist 49%. Maximal darf die Liquidität 49% nicht übersteigen. Maximal darf der Immobilienanteil 30% betragen. Der Anteil an Stillen Beteiligungen ist auf max. 10% begrenzt. Die Sparer erwerben keinen Anspruch auf eine bestimmte Rente oder ein bestimmtes Endvermögen. Die Vorschriften zur Fondsausgestaltung sollen eine solide Assetallocation gewährleisten, bei der ein Sparer eine gewisse »ordentliche« Rendite bei Einhaltung eines Mindestsicherheitsniveaus erwarten kann. Mit dem AS-Siegel darf nur geworben werden, wenn die gesetzlichen Vorschriften eingehalten werden.

Riester-Rente. Am 26.01.2001 hat der Bundestag ein Gesetz zur Förderung der Eigenvorsorge erlassen. Grundsätzlich ist die zusätzliche Eigenvorsorge freiwillig. Empfohlen und staatlich gefördert wird in vier Schritten: wer ab 2002 1%, ab 2004 2%, ab 2006 3% und ab 2008 4% seines Bruttoeinkommens bis zur Beitragsbemessungsgrenze für die Eigenvorsorge aufwendet, erhält vom Staat den maximalen Fördersatz. Die maximal geförderte Eigenvorsorge in Höhe von 4% des Bruttoeinkommens (ab dem Jahr 2008) setzt sich zusammen aus einem Eigenanteil plus der Förderung des Staates.

32.2.3 Risikokennziffern

Für den praktischen Umgang mit dem Risiko des ALM wurden folgende Risikokennziffern entwickelt:

Funding Ratio $= V_A / PV_L$

Surplus $= V_A - PV_L$

wobei: $PV_L = \sum_{t=1}^{T} \frac{L_t}{(1+i_t)^t} = \sum_{t=1}^{T} L_t \cdot d_t$

Underfunding: Funding Ratio < 100 % oder Surplus < 0

V_A = Wert der verfügbaren Assets zum Entscheidungszeitpunkt
PV_L = Barwert aller Zahlungsverpflichtungen zum Entscheidungszeitpunkt
L_t = Zahlungsverpflichtung (Liability) zum Zeitpunkt t
i_t = relevanter Diskontierungszins
d_t = Diskontfaktor d für Zahlungen des Zeitpunktes t

Die Funding Ratio gibt an, zu welchem Anteil die Verpflichtungen durch die verfügbaren Assets abgedeckt werden können. Die Funding Ratio sollte über 1 liegen. Bei einer Funding Ratio unter 1 besteht die Gefahr, dass zum späteren Zeitpunkt der Fälligkeit der Verpflichtungen nicht genügend Assets vorhanden sind. Eine Funding Ratio unter 1 zeigt an, dass der Arbeitgeber entweder das Vermögen aufstocken oder das Assetmanagement einen höheren Zinsertrag erwirtschaften sollte.

Der Surplus drückt das Missverhältnis von Assets und Liabilities in absoluten Währungsbeträgen aus.

32.2.4 Ablauf des Asset-Liability-Managements

32.2.4.1 Überblick

Das Management von Altersvorsorgemandaten im Unternehmensbereich kann gedanklich in die folgenden Schritte geteilt werden:

- *Akquisitionsphase.* Die Investmentbank nimmt Kontakt mit potenziellen Kunden (Pensionskassen, Unterstützungskassen, Unternehmen) auf und präsentiert die eigene Leistungsfähigkeit.
- *Pensionsplan.* Definition der Parameter eines Pensionsplans durch den Kunden.
- *Liability-Szenarien.* Szenarien für die denkbaren Entwicklungen der Rentenansprüche aus dem Pensionsplan werden erstellt. In der Praxis wird dies durch das Unternehmen mit der Unterstützung eines Aktuars durchgeführt. Der Aktuar kalkuliert die biometrischen Risiken der Versicherten und die Risiken aus der rechtlichen Ausgestaltung des Pensionsplanes.
- *Asset-Szenarien; Strategische Assetallocation; Benchmark-Definition.* Anhand der vorgegebenen Liability-Szenarien wird die strategische Assetallocation mit dem Kunden festgelegt. Die Investmentbank steuert die Asset-Szenarien bei. Die

Benchmark für das Assetmanagement und die mögliche Anfangsdotierung eines Fonds wird festgelegt.
- *Asset-Liability-Szenarienanalyse.* Während der Lebensdauer einer Geschäftsbeziehung wird durch den Assetmanager laufend überprüft, ob die strategische Assetallocation noch mit der Performancevorgabe aus der definierten Benchmark und den vertraglichen Liabilities des Kunden konsistent ist. Sowohl die Wertentwicklung der Assets als auch die der Liabilities sind im Zeitablauf starken Schwankungen unterworfen. Eine einmalige Abstimmung der Assetallocation mit den Liabilities genügt nicht. Vielmehr sind neuerliche Szenarienanalysen erforderlich, wenn sich wichtige Grunddaten geändert haben. Daher werden in der Praxis, ähnlich wie bei der strategischen Unternehmensplanung, ALM-Studien im ein- oder zweijährigen Rhythmus erstellt.

In der Realität laufen die genannten Schritte teilweise nicht zwingend nacheinander, sondern auch parallel ab, da Interdependenzen vorliegen. Die Abbildung 32.4 zeigt die wichtigsten Beziehungen.

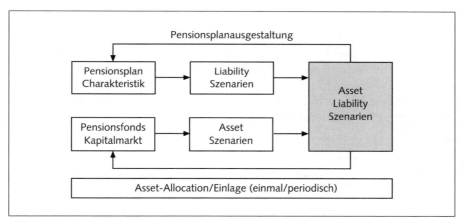

Abb. 32.4: Asset-Liability-Management

32.2.4.2 Akquisitionsphase

Die privaten Altersvorsorgeprodukte werden ähnlich anderen Fondsprodukten direkt dem Kunden über den »Schalter« verkauft. Für die betriebliche Altersvorsorge werden hingegen zwei Absatzkanäle benutzt

- *Bankeninitiative.* Über die Firmenkundenberater der Filialen wird der Kontakt zum Firmenkunden aufgebaut.
- *Kundeninitiative.* Anhand von »Fragebögen« sucht sich der Kunde den »richtigen« Assetmanager aus. Dabei wird meist auf Consultants, die Kunden bei der Auswahl des Assetmanagers beraten, zurückgegriffen, die diese Fragebögen konzipieren.
Der Umfang solcher Fragebögen kann bis zu 30 Seiten umfassen und bezieht sich auf Grundsatzfragen zu Administration, Organisation und mögliche

Durchführungswege. Die Gliederungen solcher Fragebögen sind sehr ähnlich und können daher exemplarisch zusammengefasst werden, wobei sie hier nur auszugsweise dargestellt werden können:

Versorgungswert	In welcher Höhe belaufen sich die Kosten?
Unterkontenführung	Hat jeder Arbeitnehmer ein eigenes Konto?
Berichterstattung	In welcher Form findet die Berichterstattung statt? Welcher Bewertungsstichtag wird bevorzugt?
Arbeitnehmer- und Arbeitgeberberatung	Wie und in welchem Umfang werden beide Parteien beraten?
Datenverwaltung	Wie ist die Ausgestaltung der Datenorganisation?
usw.	

32.2.4.3 Pensionsplandefinition und Liability-Szenarien

Ziel der Liability-Szenarien ist die Prognose der denkbaren bzw. wahrscheinlichen Cashflow-Ströme. Diese Cashflow-Ströme werden in Barwerte umgerechnet. Dann kann festgelegt werden, welche Ansparleistungen zu erbringen sind, um die Liabilities erfüllen zu können. Anschließend kann der Pensionsplan mit allen Rechten und Pflichten der Beteiligten definiert werden.

Die Ansparleistungen werden als *Versorgungsbeitrag* bezeichnet, die erworbenen Rechte als *Versorgungsbaustein*. Ein Aktuar hilft, aus einem Versorgungsbaustein den Versorgungsbeitrag zu berechnen, der notwendig ist, um den Versorgungsbaustein bei Fälligkeit realisieren zu können.

Abb. 32.5: Berechnung der notwendigen Ansparleistung (Versorgungsbeitrag)

Die Liability-Szenarien werden durch firmenspezifische, demographische, makroökonomische und mikroökonomische Faktoren beeinflusst.

- *Firmenspezifische Faktoren:* Altersvorsorge spielt zunehmend in der Personalpolitik eines Unternehmens eine Wettbewerbsrolle. Die Ausgestaltung eines Pensionsplanes (z. B. Leistungsumfang) kann als Motivation für die Mitarbeiter dienen und/oder die Bindung der Mitarbeiter an Unternehmen erhöhen. Oft ist die Ausgestaltung der Pläne an die Betriebszugehörigkeit und/oder die Position des Mitarbeiters (z. B. Führungskräfte) gebunden.
- *Versicherungstechnische und demographische Faktoren:* Diese Faktoren berücksichtigen die Länge der Inanspruchnahme von Zahlungen bzw. die Bestimmung der Wahrscheinlichkeit der Zahlungen. Auskunft geben Sterbetafeln, die Möglichkeit des vorzeitigen Ruhestands und die Entwicklung der Altersgrenze für die Leistungsempfänger.

- *Makroökonomische Faktoren:* Langfristige Entwicklung des Diskontierungszinssatzes. Wie schätzt man über sehr lange Zeiträume den Diskontierungszins? Die wichtigsten Faktoren sind die erwartete gesamtwirtschaftliche Entwicklung und die erwartete Inflationsrate.
- *Mikroökonomische Faktoren:* Entwicklung der Zahl der Leistungsempfänger, die Fluktuationsrate und die Entwicklung der persönlichen Gehälter.

PRAXISFALL

Eckdatenbestimmung eines Pensionsplanes

Ein Arbeitgeber wolle folgenden Pensionsplan seinen Mitarbeitern anbieten: Regelmäßige Beitragszahlungen, Mindestverzinsungsgarantie durch Arbeitgeber und Dynamisierung des jeweils erworbenen Anspruchs. Er fragt die Investmentbank, welche Versprechungen er bei welchen Beitragszahlungen machen könne.

Der Aktuar berechnet die Beziehung zwischen der Beitragszahlung (dem sog. *Versorgungsbeitrag*) und der späteren Rentenzahlung (dem *Versorgungsbaustein*). Den Tabellenfaktor kalkuliert der Aktuar aus den
biometrischen Risiken,
Risiken aus der Dynamisierung der Rentenzahlungen,
dem Kalkulationszins und
den Ansprüchen einer eventuellen Hinterbliebenenrente.

Durch einfache Multiplikation mit dem Faktor aus der versicherungsmathematischen Tabelle ergibt sich der jeweilige Versorgungsbaustein. Die Summe der einzelnen Versorgungsbausteine ergeben die gesamten Ansprüche des Versicherten auf betriebliche Altersversorgungsleistungen.

Für einen 30-jährigen Mitarbeiter ist der versicherungsmathematische Faktor bei einer unterstellten Verzinsung von 3,5% p.a. 3,351. Dieser Mindestbetrag wird vom Arbeitgeber garantiert. Daraus ergibt sich ein garantierter Versorgungsbaustein im Alter von 65 Jahren in Höhe von 3.351 Euro bei einem Versorgungsbeitrag von 1000 Euro.

Die Rückdeckung erfolgt über einen Investmentfonds (z.B. Spezial-, Anlage- oder Publikumsfonds) für den eine langfristige Rendite von 7,5% p.a. unterstellt wird. Das Maxi-

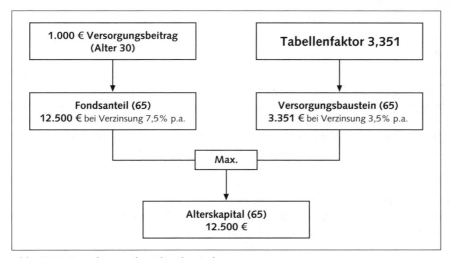

Abb. 32.6: Berechnung des Alterskapitals

mum des Alterskapitals liegt daher bei 12.500 Euro, wenn die durchschnittliche Rendite von 7,5 % erreicht wird. Liegt die Rendite zwischen 3,5 % und 7,5 %, so geht dies zu Lasten des Beitragszahlers. Sollte die Wertentwicklung des Fonds unter 3,5 % sinken, so geht dies zu Lasten des Arbeitgebers. Dieser springt, verpflichtet durch seine Garantie, in die Versorgungslücke ein. Liegt jedoch die erwirtschaftete Rendite des Assetmanagers über 7,5 % so erhöht sich entsprechend das Alterskapital.

Die Dynamisierung der Ansprüche macht gewisse Probleme, da die Inflationsrate ex ante nicht genau prognostizierbar ist. Je nach jährlicher Inflation muss der Arbeitgeber das Fondsvermögen und seine Pensionsrückstellung (Rückstellungen sind für ungewisse Verbindlichkeiten zu bilden. Pensionsrückstellungen sind zu bilden für laufende Pensionen und für Pensionsanwartschaften. Siehe § 249 I HGB) entsprechend anpassen. Denn wenn eine bestimmte Dynamisierung der Ansprüche angestrebt wird, muss im Modell der hierfür erforderliche Betrag durch Beitragssteigerung finanziert werden (Aufstockung des Fonds). Reichen dazu die ordentlichen Erträge des Fonds nicht aus, und gibt es keine stillen Reserven, die realisiert werden können, dann muss der Arbeitgeber nachschießen. Im Beispiel steht die Renditedifferenz zwischen den garantierten 3,5 % und den erwarteten 7,5 % zur Verfügung, das Dynamisierungsversprechen des Arbeitgebers ohne zusätzliche Zuzahlungen zu erfüllen.

32.2.5 Asset-Szenarien, Strategische Assetallocation, Benchmark-Definition

Nach der Festlegung der Liabilities muss die Investmentbank die Politik bestimmen, nach der sie das Vermögen verwalten will. Sie braucht hierzu:
- Vorstellungen über die langfristige Wertentwicklung der Assets (Asset-Szenarien),
- eine Benchmark und
- Regeln für die strategische Assetallocation.

Aus der Analyse von langfristigen Kapitalanlagemöglichkeiten, deren Renditen und Risiken und der geforderte Cashflow-Struktur wird das Anfangsvermögen so dotiert, dass es bei der Fondsauflage nicht zu einer Unterdeckung kommt. Für das Anfangsszenario werden mit dem Kunden zunächst einige Annahmen über die Entwicklung der langfristigen Inflationsrate, die Personalstruktur des Unternehmens, die Lohnentwicklung, die Renditen von einzelnen Anlageformen (Renten, Aktien, Immobilien) getroffen. Diese werden dann mit Hilfe von EDV-Produkten so aufbereitet, dass eine mögliche Unterdeckung des Fonds aufgezeigt werden kann.

Präferenzen beim Altersvorsorgesparen

Die moderne Portfoliotheorie empfiehlt den Investoren, ihr Vermögen entsprechend ihrer Risikopräferenzen auf das sogenannte Marktportfolio und ein risikoloses Anlagemedium aufzuteilen. Die Präferenzen der Wirtschaftssubjekte werden im Rendite-Risiko-Raum abgebildet. Andere Kriterien spielen keine Rolle. Bei Altersvorsorgeprodukten scheinen aber weitere Kriterien wichtig zu sein.

- *Abschätzbares Endvermögen.* Die Versicherten wollen frühzeitig abschätzen können, wie hoch ihre spätere Rente sein wird. Der Wunsch, die Rentenhöhe ganz genau zu kennen, nimmt mit zunehmender Nähe zum Rentenbeginn zu.
- *Schwankende Risikoaversion.* Es scheint so zu sein, dass die Risikobereitschaft der Versicherten mit zunehmender Nähe zum Rentenzahlungsbeginn abnimmt. Junge Sparer legen Wert auf höhere Renditen und nehmen dafür höhere Risiken in Kauf, während ältere Sparer einen erzielten Sparerfolg nicht mehr durch höheres Risiko gefährden wollen.
- *Relative Risikodefinition.* Selbst geringe Renditen und hohe Varianzen schrecken Sparer nicht davor ab, für das Alter vorzusorgen: Das Vorsorgemotiv scheint eine sehr hohe Priorität zu haben. Dies bedeutet, dass Renditen und Varianzen von Assets nicht in ihrer absoluten Höhe für die Anlageentscheidung wichtig sind, wohl aber relativ zu anderen Assets. Damit gewinnen Downside-Risikomaße Bedeutung, die das Über- oder Unterschreiten von Renditen verschiedener Assetklassen messen.

Diese von der klassischen Portfoliotheorie abweichenden Wünsche der Anleger, bedeuten für die Investmentbank, über das klassische Rendite-Risiko-Denken hinauszugehen. Es müssen Assets aus dem Anlageuniversum herausgepickt werden, die mit den Wünschen kompatibel sind.

Das Instrument dafür sind die sog. Asset-Szenarien, die Assets nach ihren wichtigsten Eigenschaften einordnen. Schließlich geht es um sehr langfristige Abschätzungen der Eigenschaften von Assets in Bezug auf verschiedenste Wünsche von An-

Asset-Szenarien – Beispiele		
	Aktien	Renten
Erwartete Rendite	Hoch	Mittelmäßig (zwischen Aktien und Bankeinlagen)
Renditevarianz über kurze Zeiträume	Hoch	Sehr niedrig
Renditevarianz über längere Zeiträume	Hoch. Das Downside Risk relativ zu Renten, also das Risiko, weniger Rendite als bei einer Rentenanlage zu erzielen, ist jedoch über längere Zeiträume gering.	Niedrig. Das Downside Risk relativ zu Aktien ist jedoch sehr hoch.
Realrenditerisiko	Gilt als klein. Dies setzt aber ein ausreichend gestreutes Portfolio voraus, da es Inflationsverlierer und -gewinner gibt.	Das Realwertrisiko muss beachtet werden, weil jeweils ein Teil der Renten eines Fonds eine längere Restlaufzeit hat. Inflation Linked Bonds lönnen kompensierend eingesetzt werden.
Gesamteinschätzung	Gut geeignet für risikofreudige Sparer insbesondere in den ersten Jahren längerlaufender Sparpläne.	Gut geeignet für weniger risikofreudige Sparer insbesondere kurz vor dem Auszahlungszeitpunkt.

legern. Aus den Asset-Szenarien werden die jeweils geeigneten Assets abgeleitet. Dann kann die Benchmark formuliert werden, an der sich das Assetmanagement während der Vertragslebensdauer orientiert.

Die Umschichtung des Finanzvermögens im Zeitablauf: Von Aktien in Renten

Bei vielen Sparplänen wird vorgesehen, die Benchmark im Zeitablauf zu wechseln. Der wichtigste Grund: in den Anfangsjahren wird in Assets mit hohem erwarteten Ertrag und hohem Risiko investiert; mit Annäherung an den Rentenzahlungsbeginn wird in risikoärmere Titel umgeschichtet.

Grund 1: Das Risiko der letzten Jahre

Warum sollte man umschichten und nicht bei den Assets bleiben, die man anfänglich für die besten gehalten hat? Im Rahmen eines Sparplans wächst das Vorsorgekapital durch Einzahlungen stetig an. In den letzten Jahren steht ein wesentlich größeres Vermögen zur Verfügung als am Anfang. Die Rendite der letzten Jahren des Sparplans ist für das Endergebnis weit bedeutsamer als zu Beginn. Während eine unterdurchschnittliche Rendite im ersten Jahr eines Sparplanes nur »ein paar Euro« kostet, führt eine solche im letzten Jahr eines Sparplanes zu einem erheblichen Einnahmeausfall.

Das voraussichtliche Endvermögen ergibt sich nicht einfach durch Hochrechnung der durchschnittlichen Sparleistung mit der mittleren Rendite während der Ansparzeit. Denn die Höhe des Endvermögens wird durch die Renditen in den letzten Jahren der Ansparphase wesentlich stärker geprägt als durch die Renditen in den ersteren. Dies liegt an der zeitlich gestaffelten Ansparleistung. Vereinfacht gesagt: die Renditen der letzten Jahre wirken sich auf die Verzinsung der Ansparleistungen aller Jahre aus, während in den frühen Jahren nur die bis dahin geleisteten Ansparbeiträge verzinst werden. Wird das Vermögen auf Grund starker Kursrückgänge im Aktienmarkt in den letzten Jahren vermindert, so sind alle Sparleistungen sowie die bis dahin erzielten Zinsen betroffen, während eine Vermögensminderung in den ersten Jahren nur wenige Sparbeiträge betrifft, während die weiteren (noch nicht eingezahlten) Sparbeiträge davon unbeeinflusst bleiben. Der geschätzte Endwert eines Altersvorsorgevermögens hängt also wesentlich von den Renditen der letzten Jahre ab. Sind diese unsicher, kann man einem Sparer kaum verlässliche Angaben über sein Endvermögen und damit seine zu erwartende Rente machen: Es gibt bei Sparplänen nur einen geringen Diversifikationseffekt der Marktrenditen ›über die Zeit‹. Viele Altersvorsorgefonds sehen deshalb eine Umschichtung in festverzinsliche Anleihen zum Ende des Sparplans vor, um das Risiko des Endvermögens bei näherrückender Auszahlungsphase gering zu halten.

Grund 2: Relative Entwicklung von Human- und Vorsorgekapital

Angenommen, ein Anleger bezieht zwischen dem 30. und dem 65. Lebensjahr ein monatliches Einkommen von 4000 Euro pro Monat. Aus einem Rentenvertrag mit dem Arbeitgeber und aus der gesetzlichen Rente erwartet er in der Rentenphase Bezüge von 60 % des früheren Nettoverdienstes. Sein Humankapital ist der Barwert

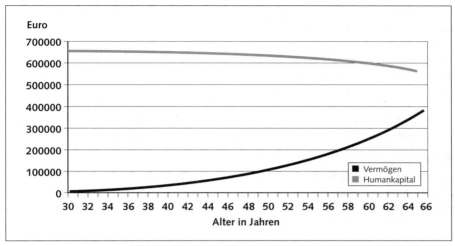

Abb. 32.7: Aufteilung des Humankapitals und des Vermögens

dieser Einkünfte. Das Vorsorgekapital ergebe sich aus einer monatlichen Ansparleistung von 200 Euro. Unterstellt man einen Diskontierungs- und Anlagezins von 7%, so ergibt sich die in der Abbildung 32.7 gezeigte Entwicklung von Human- und Vorsorgekapital.

Zu Beginn der Sparphase stellt das Vorsorgekapital nur einen kleinen Bruchteil des Gesamtvermögens dar. Bis zum Rentenbeginn steigt dies jedoch auf ca. 40% an. Während das Risiko des Gesamtvermögens in den ersten Jahren nur zu einem kleinen Teil vom Risiko der Assets abhängt, wird es in den späteren Jahren ganz wesentlich dadurch bestimmt. Die relative Risikoaversion in Bezug auf Wertschwankungen des Finanzvermögens steigt. Daraus wird von vielen Sparern abgeleitet, dass das Risiko des Finanzvermögens im Lauf der Zeit zu reduzieren sei. In turbulenten Marktphasen könnten kurz vor Rentenbeginn die geforderten Assets eventuell nicht mehr ausreichen, den gewünschten Zahlungsstrom zu leisten.

32.2.6 Altersvorsorge mittels Sparplan

Ein Sparplan ist ein Vertrag, bei dem ein Vorsorgewilliger eine einmalige Geldleistung oder regelmäßige Geldleistungen an einen Finanzintermediär erbringt und dieser sich zur Anlage nach bestimmten festgelegten Kriterien und Rückzahlung zu einem definierten Zeitpunkt verpflichtet. Bei einem Sparplan sind
- die monatlichen Einzahlungen fix,
- die Rendite variabel und
- das Endvermögen variabel.

In Sparplänen werden biometrische Risiken und Hinterbliebenenrisiken nicht berücksichtigt. Das Endvermögen, das der Summe aller aufgezinsten Einzahlungen entspricht, dient der Finanzierung der Rentenzahlungen.

Sparpläne sind Altersvorsorgeprodukte, die von Investmentbanken Privatpersonen angeboten werden. Es gibt keinen Arbeitgeber, der ein evtl. Underfunding durch Zuschüsse ausgleicht – alle finanziellen Risiken muss die Privatperson alleine tragen. Die Leistung der Investmentbanken bei Sparplänen liegt in der

- ordnungsgemäßen Anlage des Vermögens entsprechend den vertraglichen Regeln
- Auswahl einer Benchmark, die den Kundenbedürfnissen genügt.

PRAXISFALL

Endwert- und Risikobestimmung bei Sparplänen mit und ohne Umschichtung von Aktien in Renten

Die Verzinsung der periodisch anfallenden Einzahlungen für einen Sparplan unterliegen den Schwankungen der Kapitalmarktrenditen. Um das Endvermögen und damit den zur Verfügung stehenden Betrag für eine Rente am Ende der Laufzeit zu ermitteln, muss man die Verteilung des Endvermögens simulieren. Für eine Simulation wird im Allgemeinen unterstellt, dass die Renditen einer Brownschen Bewegung folgen mit folgender Gleichung:

$$d \ln S = \left(\mu - \frac{\sigma^2}{2}\right) dt + \sigma dz$$

mit S als Wert der Assets, μ als der mittleren geometrischen Rendite, σ als Standardabweichung der Renditen und dz als normalverteilte Zufallsgröße.

Die Vorgehensweise bei der Umsetzung eines dynamischen Asset-Szenarios unter Berücksichtigung der stochastischen Entwicklung von Assets S und einer dynamischen Umschichtungsstrategie kann an einer Beispielrechnung verdeutlicht werden. Unterstellt man

- eine zufällige Renditeentwicklung der Assets (Aktien) mit einer mittleren Wertentwicklung von $\mu = 12\%$
- eine Schwankungsbreite (Standardabweichung) von $\sigma = 20\%$
- eine laufende Zahlung von 200 Euro pro Jahr
- eine anfängliche Allokation des Vermögens ausschließlich in Aktien
- Umschichtung nach 15 Einzahlungen (14 Perioden) für die verbleibenden 15 Perioden in jeder Periode 6,67 %-Punkte aus dem risikobehafteten Portefeuille in ein risikoloses Portfolio mit der Rendite des sicheren Zinssatzes,

so ergibt sich der in der Tabelle abgedruckte Sparplan.

Die Umschichtung im Verlauf des Sparplanes ist am Markt beliebt. Für den Umschichtungsmechanismus haben verschiedene Assetmanager pragmatisch unterschiedliche »Regeln« entwickelt. Am Markt werden aber auch Produkte ohne Umschichtung vor Laufzeitende vertrieben.

Simulierte Endvermögen		
	Mit Umschichtung (in Tsd. €)	Ohne Umschichtung (in Tsd. €)
95 % Quantil	110	195
Mittlerer Endwert	50	71
5 % Quantil	17	12

Wie man erkennt, wird durch die vorzeitige Umschichtung auf Kosten des Ertrages das Endwertrisiko verkleinert.

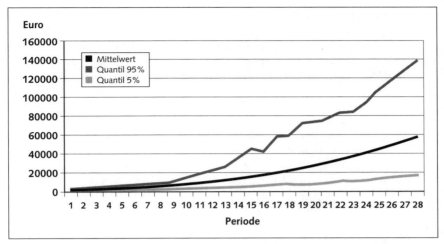

Abb. 32.8: Simulierte Wertentwicklung des Sparplans mit Umschichtung

Simulierte Wertenwicklung eines Sparplanes mit Umschichtung von Aktien in Renten							
Zeit-punkt	Lau-fende Einzah-lung in Euro	Bestand am Perioden-anfang in Euro	Risikobe-hafteter Anteil	Zufällige Rendite	absoluter risiko-behafteter Anteil	Absoluter risikofreier Anteil	Bestand am Perioden-ende
(1)	(2)	(3)	(4)	(5)	(6)	(7)	(8)
0	200,00	1.000,00	100,00%	-10,22%	897,85	0,00	897,85
1	200,00	1.097,85	100,00%	29,02%	1.416,40	0,00	1.416,40
2	200,00	1.616,40	100,00%	-13,46%	1.398,77	0,00	1.398,77
3	200,00	1.598,77	100,00%	12,52%	1.798,98	0,00	1.798,98
4	200,00	1.998,98	100,00%	8,58%	2.170,55	0,00	2.170,55
5	200,00	2.370,55	100,00%	22,10%	2.894,45	0,00	2.894,45
6	200,00	3.094,45	100,00%	-11,28%	2.745,47	0,00	2.745,47
7	200,00	2.945,47	100,00%	16,62%	3.434,91	0,00	3.434,91
8	200,00	3.634,91	100,00%	-10,34%	3.259,07	0,00	3.259,07
9	200,00	3.459,07	100,00%	-0,12%	3.454,94	0,00	3.454,94
10	200,00	3.654,94	100,00%	-7,22%	3.391,18	0,00	3.391,18
11	200,00	3.591,18	100,00%	11,51%	4.004,42	0,00	4.004,42
12	200,00	4.204,42	100,00%	60,26%	6.737,89	0,00	6.737,89
13	200,00	6.937,89	100,00%	13,75%	7.892,17	0,00	7.892,17
14	200,00	8.092,17	100,00%	17,98%	9.547,38	0,00	9.547,38
15	200,00	9.747,38	93,33%	20,13%	10.928,91	695,31	11.624,22
16	200,00	11.824,22	86,67%	6,95%	10.960,32	1.686,92	12.647,25
17	200,00	12.847,25	80,00%	24,35%	12.780,22	2.749,31	15.529,53
18	200,00	15.729,53	73,33%	10,88%	12.790,18	4.488,16	17.278,34
19	200,00	17.478,34	66,67%	44,67%	16.857,11	6.233,94	23.091,05
20	200,00	23.291,05	60,00%	21,96%	17.043,30	9.968,57	27.011,87

Simulierte Wertenwicklung eines Sparplanes mit Umschichtung von Aktien in Renten							
Zeit-punkt	Lau-fende Einzah-lung in Euro	Bestand am Perioden-anfang in Euro	Risikobe-hafteter Anteil	Zufällige Rendite	absoluter risiko-behafteter Anteil	Absoluter risikofreier Anteil	Bestand am Perioden-ende
(1)	(2)	(3)	(4)	(5)	(6)	(7)	(8)
21	200,00	27.211,87	53,33%	3,71%	15.051,16	13.587,79	28.638,95
22	200,00	28.838,95	46,67%	25,28%	16.860,60	16.457,43	33.318,03
23	200,00	33.518,03	40,00%	28,13%	17.178,40	21.518,58	38.696,97
24	200,00	38.896,97	33,33%	39,69%	18.111,26	27.746,51	45.857,77
25	200,00	46.057,77	26,67%	28,34%	15.762,20	36.139,99	51.902,19
26	200,00	52.102,19	20,00%	-9,32%	9.449,35	44.599,48	54.048,82
27	200,00	54.248,82	13,33%	4,55%	7.562,22	50.306,74	57.868,96
28	200,00	58.068,96	6,67%	6,57%	4.125,50	57.991,54	62.117,03
29	200,00	62.317,03	0,00%	10,53%	0,00	66.679,23	66.679,23

Anhand der oben abgebildeten EXCEL-Tabelle kann man den Einfluss von mittlerer Rendite und Volatilität auf das Endvermögen simulieren. Die EXCEL-Tabelle stellt das durchschnittliche Endvermögen und die Schwankungsbreite für die Umschichtungsvariante und die Variante ohne Umschichtung gegenüber.

Aufgaben zur Lernkontrolle
1. Erklären Sie den Unterschied zwischen Kapitalstock- und Umlageverfahren.
2. Was sind die Vor- und Nachteile obiger Verfahren?
3. Was verbirgt sich hinter dem Drei-Säulen-Konzept der Altersvorsorge?
4. Was sind die Ziele des ALM?
5. Was versteht man unter Asset-Only und Asset-Liability-Management?
6. Worin besteht das Risiko im ALM?
7. Welche Risikobegriffe werden im ALM verwendet?
8. Nennen Sie einige Schritte des ALM?
9. Benennen Sie einige Faktoren, die für die Liability-Analyse von Bedeutung sind.
10. Was ist ein AS-Fonds?
11. Erklären Sie den zeitlichen Verlauf des Vermögens und des Humankapitals.

Literatur
Heubeck, K. (1998): Mittel- und langfristige Entwicklung in der betrieblichen Altervorsorge, in: Handbuch zur Altersversorgung, hrsg. von J-E. Cramer, W. Förster und F. Ruland, Frankfurt/Main, S. 995–1010.
Höfer, R. (1998): Neue Chancen für Betriebsrenten, Stuttgart.
Hofmann, B./Thießen, F./Weber, V./Wunderlich, M. (2003): Vermögensaufteilung für die Altersvorsorge: wie fundiert sind langfristige Allokationsregeln? in: ZBB, Zeitschrift für Bankrecht und Bankwirtschaft, 15. Jg., S. 261–276.
Kleeberg, J. (1998): Handbuch Portfoliomanagement, Bad Soden/Ts., S. 241–263.
Kleeberg, J. (2000): Handbuch Spezialfonds, Bad Soden/Ts., S. 213–231.

Löffler, G. (2000): What is at Stake when determining Lifetime Asset-Allocation, unveröff. Manuskript vorgetragen auf der Inquire Conference, Venedig 22.–24. Oktober.

Merton, R. C. (1969): Lifetime Portfolio Selection under uncertainty – The continuous time case, in: Review of Economics and Statistics 51, S. 247–257.

Samuelson, P. (1969): Lifetime Portfolio Selection by Dynamic Stochastic Programming, in: Review of Economics and Statistics 51, S. 239–246.

Spremann, K. (2006): Portfoliomanagement, München, Wien.

Tyrell, M./Schmidt, R. H. (2001): Pensions- und Finanzsysteme in Europa, Frankfurt/Main.

33 Messung und Präsentation der Performance*

> **LERNZIELE**
> - Sie verstehen die Zielsetzungen, die mit der Performancemessung verfolgt werden.
> - Sie verstehen die generelle Problematik bei der Beurteilung der Leistungsfähigkeit von Portfoliomanagern.
> - Sie können die in der Praxis gebräuchlichen Verfahren der Renditemessung anwenden und die damit erzielten Ergebnisse interpretieren.
> - Sie können die wichtigsten risikobereinigten Performancekennziffern berechnen und interpretieren.
> - Sie können die Grundprinzipien der Performanceattribution darlegen.
> - Sie verstehen die Zielsetzung und Grundidee der Performance Presentation Standards.

33.1 Einführung

33.1.1 Begriffe und Ziele

Die wesentlichen Ziele der Performancemessung und -analyse lassen sich wie folgt zusammenfassen:

- *Kontrolle*. Laufende Ergebniskontrolle des Portfoliomanagements sowohl intern als auch gegenüber dem Kunden durch regelmäßiges Reporting.
- *Beurteilung*. Absolute und relative Beurteilung von Portfoliomanagern und der gesamten Vermögensverwaltungsgesellschaft.
- *Entlohnung*. Entwicklung anreizkompatibler Entlohnungsstrukturen sowie performanceabhängiger Gebührenmodelle.
- *Konkurrenzvergleich*. Durchführung von Konkurrenzanalysen durch Gegenüberstellung der Performance mit vergleichbaren Fonds anderer Vermögensverwaltungsgesellschaften.
- *Akquisition und Marketing*. Präsentation im Rahmen der Akquisition von Mandaten und Einsatz als Marketinginstrument.
- *Stärken-/Schwächenanalysen*. Ableitung von Stärken-/Schwächenanalysen im Hinblick auf die verfolgten Investmentstile und Generierung systematischer Anlageentscheidungen.
- *Identifikation* erfolgversprechender Anlagestrategien und Ableitung von Rückschlüssen im Hinblick auf die Ausrichtung des Research.

---

* Autoren: Carsten Wittrock, Ralf Mielke

Die Messung der Performance stellt einen wichtigen Eckpfeiler im modernen Investment Banking dar. Performance wird im Allgemeinen wie folgt definiert:

DEFINITION
Performance ist der in einer Periode erzielte Erfolg.

Was aber ist Erfolg? Das hängt von den Zielkriterien ab, die verfolgt werden. Im Investment Banking werden regelmäßig die beiden Kriterien Risiko und Ertrag beachtet, die zum Teil durch weitere Zielkriterien ergänzt werden. Von Letzteren abgesehen ist Erfolg also die erreichte Kombination eines Ertrages und des zu seiner Erzielung eingegangenen Risikos. Da es sehr viele Kombinationen aus Risiko und Ertrag geben kann, stellt sich die Frage, welche Kombination besser bzw. die beste ist. Daraus ergibt sich die Notwendigkeit, ein Oberkriterium zu entwickeln und die möglichen Kombinationen aus Risiko und Ertrag anhand dieses – eindimensionalen – Oberkriteriums zu bewerten. Performance ist nichts anderes als der Zielerreichungsgrad bezüglich dieses Oberkriteriums.

Ziel der Performancemessung im Investment Banking ist die:
- Ermittlung,
- Analyse und
- Kontrolle

des Anlageerfolges. Letztlich soll die Leistungsfähigkeit des Portfoliomanagements festgestellt werden.

33.1.2 Probleme der Performancemessung

Die wichtigsten Probleme der Performancemessung kreisen um die Problemgruppen Erfolgsmessung, Erfolgsbewertung und Erfolgszuordnung:

Erfolgsmessung
Es gibt keine Einigkeit darüber, wie die Faktoren Risiko und Ertrag konkret zu formulieren und zu messen sind. Auch darüber, welche weiteren Faktoren „Erfolg" sein könnten, herrschen unterschiedliche Ansichten.

Erfolgsbewertung
Die zusammengefasste Bewertung der Faktoren Risiko und Ertrag anhand eines Oberkriteriums (letztlich des Nutzens der Wirtschaftssubjekte) gelingt nicht ohne den Rückgriff auf theoretische Kapitalmarktmodelle. Allerdings wurden verschiedene Modelle entwickelt, die sich im Wesentlichen durch die zugrunde liegenden Annahmen sowie die Modellierung der Renditeerwartungen in Abhängigkeit verschiedener Risiken unterscheiden. Kein Modell stimmt in jedem Aspekt mit der Realität des Portfoliomanagements überein, sodass die Ergebnisse nicht frei von Willkür sind und in der Praxis von den Beurteilten oft angezweifelt werden.

Erfolgszuordnung

Wenn die Performance ermittelt ist, muss sie den Verantwortlichen zugeordnet werden. Dabei ist problematisch, dass die Performance eines Portfolios nicht nur durch die Leistung eines Portfoliomanagers, sondern insbesondere auch durch die Entwicklung der Finanzmärkte und damit durch Zufallseinflüsse determiniert wird. Infolgedessen informiert die Portfolioperformance zwar über das absolute Ergebnis einer Kapitalanlage, ermöglicht jedoch noch keine unmittelbare Beurteilung der Managementleistung. Die Performance als Maß eines Portfoliomanagementerfolges muss also alle vom Manager nicht beeinflussbaren Erfolgselemente bereinigen. Daneben gilt es, der absoluten Performance einen Vergleichsmaßstab gegenüberzustellen. Dazu wird regelmäßig auf alternative Strategien zurückgegriffen, die auch ohne den Portfoliomanager hätten durchgeführt werden können. Performance für die Leistungsbeurteilung bezeichnet insoweit nur den Teil des Gesamterfolges, welcher sich nicht im Rahmen einer Benchmarkstrategie erzielen lässt.

33.1.3 Objekte der Performancemessung

Performancemessung kann sich beziehen auf *Einzelportfolios* oder *Composites*.

> **DEFINITION**
> Ein Composite ist die Zusammenfassung von Portfolios, die mit einem identischen oder ähnlichen Managementstil verwaltet werden.

Ziel der Compositebildung und der Messung der Compositeperformance ist es, eine gesellschaftsübergreifende Beurteilung des Erfolges einer bestimmten Anlagestrategie zu ermöglichen.

33.1.4 Interessenten der Performancemessung

Wer sind die Interessenten einer Performanceanalyse? Grundsätzlich kommen die Portfoliomanager selbst, deren Arbeitgeber, Aufsichtsinstanzen und die Kapitaleigner in Frage. Nach dem Blickwinkel, aus dem die Performancemessung erfolgt, wird unterschieden:

- *Externe Performancemessung.* Die externe Performancemessung erfolgt aus der Sicht von Investoren, deren Ziel es ist, Rückschlüsse über die Qualität der Fondsmanager zu ziehen. Dabei geht es sowohl um die Kontrolle des Anlageerfolges zur Einschätzung über die Berechtigung der für das professionelle Management zu zahlenden Provision als auch um die Beurteilung der Leistungsfähigkeit einer Vermögensverwaltungsgesellschaft im Rahmen des Auswahlverfahrens für die Mandatsvergabe durch institutionelle Investoren. Hier spielt die Präsentation der Performance unter Berücksichtigung von Performance Presentation Standards eine wichtige Rolle. Ihre Anwendung gewährleistet eine transparente Dar-

stellung der Performance unter Offenlegung der wesentlichen entscheidungsrelevanten Informationen und erlaubt den Investoren bessere Vergleiche zwischen den Ergebnissen verschiedener Vermögensverwaltungsgesellschaften.
- *Interne Performancemessung.* Die interne Performancemessung erfolgt dagegen aus der Sicht der Vermögensverwaltungsgesellschaft, womit sowohl die Geschäftsführung als auch die Portfoliomanager angesprochen sind. Aufgrund des in der Regel direkten Kontakts zu den Fondsgesellschaften lassen sich als Adressaten der internen Performanceanalyse auch ein Großteil der institutionellen Anleger zuordnen, deren Vermögen zunehmend über Spezial- und Pensionsfonds verwaltet wird.

Die Bedeutung der Performancemessung wird durch die im Folgenden dargestellte und in Abbildung 33.1 skizzierte Stellung im Assetmanagement-Prozess deutlich.

Performanceanalyse und Assetmanagement-Prozess
Am Beginn des Managementprozesses eines Portfolios steht die Festlegung der langfristigen Anlagepolitik. Für das Erreichen des langfristigen Anlageziels kommt der strategischen Assetallocation eine zentrale Relevanz zu. Dabei sind Restriktionen wie der Anlagezeithorizont, möglicherweise geforderte Mindestrenditen, Obergrenzen für zulässige Ausfallwahrscheinlichkeiten sowie gesetzliche Begrenzungen zu beachten. Die daraus resultierende Sollstrukturierung und -gewichtung des Vermögens auf verschiedene Assetklassen hat zum Ziel, eine den Risikoprä-

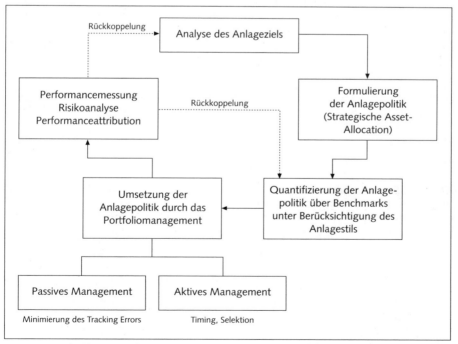

Abb. 33.1: Einordnung der Performancemessung in den Assetmanagement-Prozess

ferenzen entsprechende Absicherung gegenüber ungünstigen Marktentwicklungen bei gleichzeitiger Chance auf eine langfristig hohe Rendite zu erreichen. Eine genauere Spezifizierung der Anlagepolitik innerhalb der einzelnen Assetklassen erfolgt durch den gewählten Managementstil. Die anlagestrategische Zielsetzung wird schließlich durch ihre Transformation in eine Benchmark quantifiziert.

Organisatorische Implikationen im internen Bereich ergeben sich dabei z. B. hinsichtlich der Ausgestaltung des dezentralen Managements. Diese kann sowohl eine Aufteilung des Marktes auf mehrere Manager (*Diversification by Judgement*) oder aber die Differenzierung des Marktes in verschiedene Segmente vorsehen (*Diversification by Style*), die das Management einzelner Teilmärkte Spezialisten überlässt.

Die Benchmark ist ein Anhaltspunkt für den Portfoliomanager, der die konkrete Umsetzung der Anlagepolitik entweder im Rahmen passiven Managements durch Tracking der Benchmark umsetzt oder versucht, in Antizipation erwarteter Kurskorrekturen eine gegenüber der Benchmark überdurchschnittliche Rendite zu erzielen. Die Benchmark stellt gleichzeitig den Vergleichsmaßstab dar, anhand derer die Beurteilung der Management-Leistungen erfolgt. Diese Ebene der Performanceanalyse schließt insbesondere auch personalpolitische Entscheidungen auf der Grundlage der Performance der Manager mit ein.

Eine regelmäßige Performanceanalyse ermöglicht Rückkopplungen auf verschiedene Ebenen des Assetmanagement-Prozesses und trägt somit zu einer systematischen Steuerung und Optimierung von Kapitalanlageentscheidungen bei. Innerhalb der Gesellschaft stellt die Performancemessung im Rahmen des internen Controllings Ausgangspunkt systematischer Anlageentscheidungen dar und gibt Hilfestellung bei der Entwicklung von Prioritäten bei der Informationssuche sowie der Formulierung der Anlagepolitik.

Die hier dargestellten Beziehungen gelten im internen Bereich, lassen sich aber auch aus der Sicht von Anlegern interpretieren. Bei Letzteren erfolgt die Portfoliostrukturierung zum einen durch den Kauf von Investmentzertifikaten sowie ihrer Mischung untereinander und mit anderen Kapitalanlagen. So legt z. B. ein privater Anleger bewusst oder unbewusst die Assetallocation seines Vermögens fest. Institutionelle Anleger dagegen setzen den Assetmanagement-Prozess entweder selbst um oder übertragen die Realisierung der gewünschten Anlagepolitik auf die Vermögensverwaltungsgesellschaft.

Organisatorische Einbindung

Die organisatorische Einbindung der Performancemessung spiegelt sich in der Abbildung 33.2 wider.

- *Reports.* Zur Gewährleistung eines systematischen Controllings werden laufend Reports verschiedenen Adressaten zur Verfügung gestellt: detaillierte Reports einschließlich Performanceattributionsanalysen an das Portfoliomanagement und die Geschäftsführung, regelmäßige, je nach Bedarf mehr oder weniger detaillierte Reports an Kunden, in der Regel zweimal im Jahr Präsentationsunterlagen für Anlageausschusssitzungen, in Einzelfällen spezielle Auswertungen für Kunden oder Portfoliomanager, und schließlich Composite-Präsentationen nach Performance Presentation Standards für das Marketing und den Vertrieb.

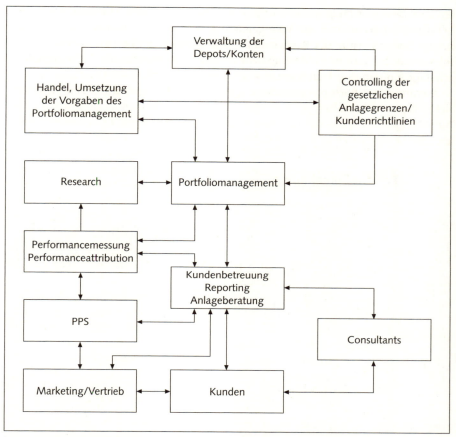

Abb. 33.2: Organisatorische Einbindung der Perfomancemessung im Assetmanagement-Prozess

- *Datenquellen.* Zur Berechnung der Performance wird auf die Daten der Buchhaltung zurückgegriffen. Entsprechend der weiter unten erläuterten Methoden sind zur Performancemessung neben den bewerteten Wertpapierbeständen vor allem die Höhe und Zeitpunkte von Mittelbewegungen und Mittelausschüttungen, Quellensteuern, die Anzahl der Anteilsscheine und weitere Daten für jeden Fonds erforderlich. Daneben werden Wechselkurse von Kurslieferanten sowie Indexdaten verschiedenster Anbieter gepflegt, die zur Berechnung der Benchmarkperformance erforderlich sind. Hinzu kommen die Stammdaten sowohl der Wertpapiere als auch der Portfolios, um einerseits eine Zuordnung der einzelnen Portfoliotitel in bestimmte, in Abhängigkeit des Aufbaus der Attribution gewählte Assetklassen zu ermöglichen und andererseits eine saubere Kategorisierung der Portfolios hinsichtlich ihrer Anlagepolitik sowie ihres Investmentstils zu gewährleisten, die sowohl zur Bildung von Composites als auch zum Aufbau aussagekräftiger Universen erforderlich sind.

- *Berechnungsmethoden.* Die verwendeten Methoden zur Berechnung der Performance variieren mit der Verfügbarkeit von Daten. Im Rahmen der externen Messung stehen in der Regel lediglich die Renditen der Portfolios über eine bestimmte Periode zur Verfügung, was den Kreis anwendbarer Rechenverfahren stark eingrenzt. Im internen Bereich sind auch Methoden einsetzbar, die die Kenntnis der Portfoliostrukturen, -gewichte und -umschichtungen erfordern.

33.2 Instrumente und Methoden

33.2.1 Renditeberechnung

Ausgangspunkt für die Performancemessung ist die Berechnung der Rendite über eine bestimmte Zeitperiode. Die zugrunde liegende Renditedefinition richtet sich nach der jeweiligen Zielsetzung im Rahmen der Erfolgsbeurteilung. Dabei ist insbesondere wichtig, dass nur die Rendite erfasst bzw. berechnet wird, die durch das Management beeinflusst werden kann und somit in dessen Verantwortungsbereich liegt. Es dürfen also solche Kapitalzu- und -abflüsse nicht berücksichtigt werden, auf die der Portfoliomanager keinen Einfluss hat.

Bei der Renditeberechnung sind die Wertgewichtung und die Zeitgewichtung zu unterscheiden.

Wertgewichtung

Diese Methode entspricht dem internen Zinssatz in der Investitionsrechnung. Alle zwischenzeitlichen Ein- und Auszahlungen gehen in die Ertragsermittlung ein, indem sie auf den Ausgangswert abgezinst werden (sog. *Money Weighted Rate of Return*).

Zeitgewichtung

Bei der zeitgewichteten Methode (sog. *Time Weighted Rate of Return*) wird die Gesamtperiode in Teilperioden zerlegt, deren Länge und Anzahl von den auftretenden Mittelzu- und -abflüssen bestimmt werden. Für jede Subperiode wird die Rendite ermittelt. Die Gesamtrendite über alle Subperioden ergibt sich dann über die Bildung des geometrischen Mittels gemäß der Formel

$$r^{time} = \prod_{t=1}^{T}(MWE_t / MWB_t) - 1$$

r^{time} = Time Weighted Rate of Return
MWE_t = Portfoliowert am Ende der Teilperiode t vor anfallenden Cashflows in der Periode
MWB_t = Portfoliowert zu Beginn der Teilperiode t inklusive der Cashflows am Ende der vorangehenden Teilperiode

Die zeitgewichtete Rendite kann als ein mit der Zeit gewichteter Durchschnitt der internen Renditen der Unterperioden interpretiert werden. Die durch Kapitalbewegungen verursachten Effekte auf die Rendite werden bei diesem Verfahren im Gegensatz zur kapitalgewichteten Methode eliminiert. Dies ist dann sinnvoll, wenn die Kapitalbewegungen exogen durch den Investor vorgegeben werden. Dagegen sind durch das Management beeinflusste Cashflows bei der Messung zu berücksichtigen und der Leistung des Managers zuzurechnen. Dies kann z. B. bei einer Beratung von Privatkunden durch Vermögensverwalter der Fall sein, wenn Letztere in einer bestimmten Börsenphase zu einem verstärkten Engagement am Kapitalmarkt raten. In diesem Fall wäre die wertgewichtete Methode der zeitgewichteten vorzuziehen.

PRAXISFALL

Wertgewichtung versus Zeitgewichtung
Die unterschiedlichen Implikationen beider Renditeberechnungsmethoden sind an einem einfachen Beispiel leicht nachzuvollziehen. Angenommen, zwei Portfoliomanager investieren am Jahresanfang 2001 ihr jeweiliges gesamtes Portfoliovermögen in den Marktindex, der im ersten Halbjahr 20 % an Wert gewinnt und anschließend bis zum Jahresende 5 Prozentpunkte des Gewinns wieder einbüßt. Bei Manager A erfolgt nach einem halben Jahr ein Mittelzufluss, während Manager B einen Mittelabfluss hinzunehmen hat. Die Berechnung der wertgewichteten Rendite sieht wie in Abbildung 33.3 dargestellt aus:

Datum	Marktwert A:	Einzahlung A:	Marktwert B:	Auszahlung B:
01.01.2001	1.000,00 €		1.000,00 €	
30.06.2001	1.200,00 €		1.200,00 €	
01.07.2001	1.700,00 €	500,00 €	700,00 €	−500,00 €
21.12.2001	1.629,16 €		670,83 €	

$$A: 0 = -1.000{,}00 + \frac{-500{,}00}{(1+r_A)^{0{,}5}} + \frac{1.629{,}16}{(1+r_A)^1} \rightarrow r_A = 10{,}38\,\%$$

$$B: 0 = -1.000{,}00 + \frac{500{,}00}{(1+r_B)^{0{,}5}} + \frac{670{,}83}{(1+r_B)^1} \rightarrow r_B = 22{,}4\,\%$$

Abb. 33.3: Berechnung der wertgewichteten Rendite

Es wird klar, dass dem Manager B auf der Basis der wertgewichteten Methode ein besseres Ergebnis zugewiesen wird, obwohl beide Manager vollständig in den Marktindex investiert waren und keinerlei Aktivitäten zu beobachten waren.

Demgegenüber werden in der nachfolgenden Berechnung in Abbildung 33.4 beide Manager auf Basis der zeitgewichteten Rendite gleich beurteilt, sowohl nach der ursprünglichen Formel als auch nach der Anteilswertmethode, die der Methode des Bundesverbandes Deutscher Investment-Gesellschaften (BVI-Methode) zugrunde liegt.

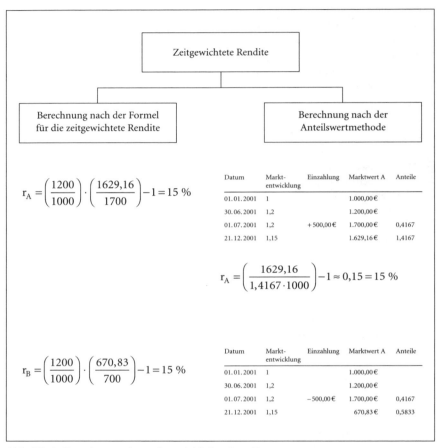

Abb. 33.4: Berechnung der zeitgewichteten Rendite

Für eine exakte Berechnung der zeitgewichteten Rendite ist die Kenntnis der Mittelzu- und -abflüsse, ihrer Zeitpunkte und der Depotwerte zu diesen Zeitpunkten erforderlich. Obwohl diese Daten im Rahmen der internen Performancemessung grundsätzlich verfügbar sind, werden die Portfolios in der Praxis – mit Ausnahme von Publikumsfonds, für die eine tägliche Bewertung vorgeschrieben ist – häufig nicht täglich, sondern nur zu bestimmten Zeitpunkten (z. B. zum Monatsultimo) bewertet. In diesem Fall sind die Portfoliowerte zum Zeitpunkt eines Cashflows nicht verfügbar und es werden anstelle der exakten zeitgewichteten Rendite Näherungsverfahren eingesetzt. Ein gängiges Verfahren dafür stellt die modifizierte Dietz-Methode dar, bei der die Cashflows zeitgewichtet in die Berechnung der Performance einfließen (vgl. Wittrock, Fischer, Lilla 1998, S. 608 ff.).

Modifizierte Dietz-Methode

$$\text{Modifizierte Dietz-Rendite} = \frac{\text{MVE} - \text{MVB} - \text{F}}{\text{MVB} + \text{FW}}$$

- MVE = Marktwert des Portfolios am Ende der Subperiode (Monat)
- MVB = Marktwert am Ende der vorhergehenden Subperiode
- F = Summe der Cashflows innerhalb der Periode, F > 0 positiver CF, F < 0 negativer CF
- FW = Summe des einzelnen Cashflows F_i multipliziert mit dem Gewicht W_i
- W_i = Anteil der Tage, in dem der Cashflow F_i sich in oder außerhalb des Portfolios befunden hat
- W_i = $(T - t_i)/T$ mit T: Anzahl der Tage in der Periode, i: Anzahl der Tage vom Beginn der Periode bis zum Zeitpunkt, in dem der Cashflow F_i angefallen ist

---

PRAXISFALL

Modifizierte Dietz-Methode

Zum 1.5.2001 beträgt der Wert eines Portfolios 100, und am Ende des Monats 154. Zum 20.05.2001 erfolgt eine Einzahlung in das Portfolio in Höhe von 38. Die Rendite, berechnet nach der modifizierten Dietz-Methode, beträgt somit:

$$\text{Mod. Dietz-Rendite} = \frac{154 - 100 - 38}{100 + 38 \cdot ((30 - 20)/30)} = 14{,}20\,\%$$

Die externe Performancemessung erfolgt in der Regel auf der Grundlage der von Publikumsfonds täglich zu veröffentlichenden Fondszertifikatspreise im Rahmen der Anteilsrechnung, die grundsätzlich zu den gleichen Ergebnissen führt wie die zeitgewichtete Renditeberechnung, weil die Mittelzu- und -abflüsse den Inventarwert des einzelnen Fondszertifikates nicht verändern und insofern keinen Einfluss auf die Rendite haben.

33.2.2 Bestimmung der Benchmark

Die Rendite eines Portfolios als solche ist wenig aussagekräftig. Vielmehr muss sie der Rendite eines adäquaten, vorab festgelegten Vergleichsmaßstabs gegenübergestellt werden.

Welche Anforderungen sind im Wesentlichen an die Benchmark zu stellen?
- *Gleiche Restriktionen.* Die Benchmark sollte im Idealfall den gleichen quantitativen und qualitativen Anlagerestriktionen unterliegen wie die Manager.
- *Real erwerbbar.* Sie sollte für die Manager eine real erwerbbare, gut diversifizierte Anlagealternative darstellen.
- *Nicht manipulierbar.* Die Benchmark darf nicht durch den Manager selbst beeinflussbar sein, da er ansonsten die Messlatte zu seinen Gunsten manipulieren könnte.

In der Praxis dienen in der Regel bekannte Börsenindizes als Benchmarks, die für eine aussagekräftige Performancemessung als Performanceindizes konstruiert sein müssen. Diese als naiv diversifizierte, ungemanagte Portfolios anzusehenden

Benchmarks werden zum Teil gemäß der im Rahmen der Assetallocation festgelegten Gewichtung der einzelnen Vermögenskategorien kombiniert oder entsprechend den Zielvorgaben von Kunden konstruiert. Die Auswahl einer Benchmark, mit Hilfe derer sowohl eine Transformation der Risikopräferenzen des Investors erfolgt als auch eine Grundlage zur Beurteilung der Leistungen des aktiven Managements geschaffen wird, ist im Rahmen der internen Performanceanalyse weit weniger problematisch als bei einer externen Perspektive. So wird im Rahmen der internen Performanceanalyse aufgrund der engen Kommunikationsintensität zwischen dem Auftraggeber und der Fondsverwaltung einerseits sowie der Fondsverwaltung und dem Manager andererseits die langfristige Assetallocation durch die explizite Formulierung und Konstruktion der Benchmark vorab festgelegt. Anhand dieser werden die Leistungen der Manager beurteilt. Dadurch ist der institutionelle Anleger, der für die unter seiner Mitwirkung festgelegte strategische Assetallocation selbst verantwortlich ist, grundsätzlich in der Lage, neben einer partiellen Analyse der Leistung einzelner Manager auch seinen Erfolg bei der Umsetzung der langfristigen Anlagestrategie zu beurteilen.

Neben Indizes oder Kombinationen von Indizes werden im Rahmen von Konkurrenzvergleichen auch Gegenüberstellungen mit aktiv gemanagten Portfolios anderer Gesellschaften vorgenommen.

33.2.3 Risikobereinigte Performancemessung

33.2.3.1 Geeignete Risikomaße

Jede Investition wird grundsätzlich durch die Determinanten Ertrag (Rendite) und Risiko bestimmt. Um Portfolios mit unterschiedlichem Risiko sowohl untereinander als auch mit einer ex ante definierten Benchmark vergleichen zu können, muss die Rendite mit dem relevanten Risiko adjustiert werden.

Die dominierenden Maße für die Risikoadjustierung im Rahmen der Performancemessung sind (vgl. Wittrock, C. (2000), S. 76 ff.):

- *Volatilität* als Maß für das Gesamtrisiko,
- *Betafaktor* als Maß für das systematische Risiko,
- *Tracking Error* als Maß für die Risikoabweichung von einer Benchmark und
- diverse *Lower Partial Moments* als Risikomaße für ausschließlich negative Erfolgsbeiträge.

Im Folgenden werden diese Risikomaße sowie die auf ihnen basierenden, gebräuchlichen Performancemaße vorgestellt.

Systematisches Risiko, unsystematisches Risiko und Gesamtrisiko

Renditen werden nicht nur auf das Gesamtrisiko, sondern auch auf Teilrisiken bezogen. Dabei hat die Teilung des Gesamtrisikos in systematisches Risiko und unsystematisches Risiko die größte Bedeutung. Die Zerlegung des Gesamtrisikos in systematisches und unsystematisches Risiko kann aus dem Ein-Index-Modell von Sharpe abgeleitet werden (vgl. Elton, Gruber, 1995, S. 130–135):

$$\sigma_P = \sqrt{\underbrace{\beta_P^2 \cdot \sigma_m^2}_{\substack{\text{Beitrag}\\ \text{systematisches}\\ \text{Risiko}}} + \underbrace{\sigma_{\varepsilon_P}^2}_{\substack{\text{Beitrag}\\ \text{unsystematisches}\\ \text{Risiko}}}}$$

$$\underbrace{}_{\text{Risikobeiträge}}$$

mit: σ_P = Gesamtrisiko des Portfolios
$\beta_P \cdot \sigma_m$ = Systematisches Risiko des Portfolios
σ_{ε_P} = Unsystematisches Risiko des Portfolios
β_P = Portfolio BETA

Der Investor kann eine Rendite erwarten, die eine Entschädigung für das von ihm eingegangene Risiko enthält. Auf dem Kapitalmarkt werden aber theoretisch nur systematische Risiken entschädigt, weil unsystematische Risiken wegdiversifiziert werden können. Der Investor kann also erwarten, dass er mindestens eine Rendite erhält, die dem systematischen Risiko entspricht, das der Porfoliomanager eingegangen ist. Erst der Teil der Rendite, der darüber hinausgeht, kann als echte Performance im engeren Sinne angesehen werden. Die klassischen Performancemaße wie z. B. das Jensen-Alpha oder die Treynor-Ratio basieren auf diesen Überlegungen.

Der Bestimmung des bewertungsrelevanten Risikos kommt entscheidende Bedeutung zu und ist Gegenstand kapitalmarkttheoretischer Modelle wie dem Capital-Asset-Pricing-Model (CAPM) oder der Arbitrage-Pricing-Theory (APT).

Return-to-Risk-Ratio

Die vielleicht einfachste Form der Betrachtung von Renditen in Relation zu Risiko, ist die Ermittlung einer Return-to-Risk-Ratio. Diese Ratio setzt die durchschnittliche historische Rendite (arithmetisches Mittel) ins Verhältnis zur Standardabweichung der erzielten Renditen des jeweiligen Managers/Portfolios.

$$RR_p = \frac{\bar{r}_p}{\sigma_p}$$

mit: $\bar{r}_p$ = Durchschnittliche Rendite des Portfolios P
σ_p = Standardabweichung des Portfolios über den betrachteten Zeitraum

Nachteile dieser Betrachtung sind:
- Es gibt keine theoretische Fundierung dieser Kennziffer, sodass die Aussagekraft gering ist. Verschiedene Kombinationen aus Risiko und Ertrag führen zum gleichen Resultat (RR_P), die im Lichte kapitalmarkttheoretisch fundierter Performancemaße unterschiedliche Wertigkeit hätten.
- Die Rendite wird in Beziehung zum Gesamtrisiko gesetzt. Es wird damit unterstellt, mehr Gesamtrisiko müsse zu mehr Ertrag führen. Dies erscheint grundsätzlich plausibel, lässt aber die Möglichkeit, einen Teil des Gesamtrisikos durch Diversifikation zu eliminieren, außer Acht.
- Es muss unterstellt werden, dass das tatsächlich eingegangene Portfoliorisiko durch die Varianz der Renditen in der betrachteten Periode erfasst und erklärt

wird. Ist es zwischendurch zu Umschichtungen gekommen, ist die Messung des relevanten σ_p schwierig. Die Varianz des Anfangsportfolios, die oft verwendet wird, führt auf jeden Fall in die Irre.
- Es gibt keinen direkten Aufschluss über die Qualität der erzielten Rendite in Bezug zu alternativen Anlagemöglichkeiten, wie etwa die risikolose Anlage am Geldmarkt.

33.2.3.2 Das Jensen-Maß (Jensen-Alpha)
Eine Kennzahl, die im Grundsatz aus dem CAPM abgeleitet wurde, ist das sogenannte Jensen-Alpha.

> **DEFINITION**
> Das Jensen-Alpha misst die Differenz zwischen der realisierten Rendite und der theoretisch bei dem eingegangenen Risiko (Beta) erwarteten Rendite (nach CAPM).

Diese Differenz wird als Alpha bezeichnet. Sie beschreibt den Beitrag eines aktiven Portfoliomanagements, der über jene Rendite hinausgeht, die durch »reine Risikoübernahme« (das systematische Risiko) erzielt wurde. Ein Vergleich von Portfolios aufgrund des Jensen-Alphas ist somit nur sachgerecht, wenn diese ein gleiches Beta besitzen.

Die nach dem Jensen-Alpha gemessene Performance ist nichts anderes als die realisierte Portfoliorendite abzüglich der nach dem CAPM erwarteten Rendite:

$$\alpha_P = r_P - E(\tilde{r}_P)$$
$$\alpha_P = \bar{r}_P - \underbrace{\left(r_{ft} + (\tilde{r}_{Mt} - r_{ft}) \cdot \beta_P\right)}_{\text{CAPM}}$$

mit: $\tilde{r}_{Mt}$ = Rendite des Marktportfolios bzw. in der Praxis Rendite der Benchmark
r_{ft} = Risikolose Verzinsung
β_P = Betafaktor des Portfolios
α_P = Jensen-Alpha des Portfolios

Durch einfache Umformungen gelangt man zu der in der Praxis verwendeten Regressionsgleichung, im Rahmen derer die Überschussrenditen des Portfolios P auf die Überschussrenditen des Marktportfolios bzw. des als Stellvertreter herangezogenen Benchmarkportfolios regressiert werden:

$$\alpha_P = \bar{r}_P - r_{ft} - (\tilde{r}_{Mt} - r_{ft}) \cdot \beta_P$$

$$\bar{r}_P - r_{ft} = \alpha_P + (\tilde{r}_{Mt} - r_{ft}) \cdot \beta_P + \tilde{\delta}_{Pt}$$

mit: $\tilde{\delta}_{Pt}$ = Störvariable $E(\tilde{\delta}_{Pt}) = \text{Cov}(\tilde{\delta}_{Pt}, \tilde{r}_{Mt}) = \text{Cov}(\tilde{\delta}_{Pt}, \tilde{\delta}_{Pt-1}) = 0$

Probleme bei der Messung mit dem Jensen-Maß

Problematisch am Jensen-Maß ist, dass eine Bestimmung des Alphas i. d. R. mittels Regressionsanalyse erfolgt, diese aber sensibel auf Ausreißer reagiert, und somit einzelne extreme Abweichungen die Regressionsparameter erheblich verzerren können.

Da es sich zudem um eine historische Durchschnittsbetrachtung handelt, wird ein über alle Perioden konstantes Beta unterstellt. Betreibt der Manager jedoch Benchmark-Timing, ist das Alpha infolgedessen verzerrt.

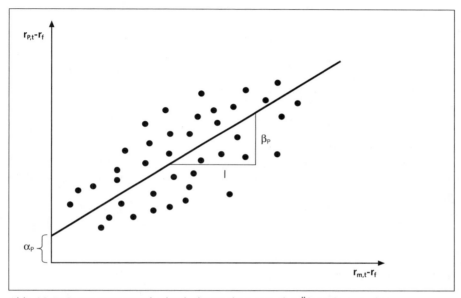

Abb. 33.5: Regressionsgerade durch die Punktepaare der Überschussrenditen rP-rf und rm-rf in den Zeitpunkten t.

Bei der Performancemessung wird die Risikoadjustierung der Erträge wie bei der Treynor-Ratio (TR) über das Beta vorgenommen. Vorteilhaft gegenüber der TR ist jedoch, dass das Jensen-Alpha direkt den Beta-adjustierten Mehrertrag angibt und seine Ermittlung auf einem ökonometrischen Verfahren basiert, welches über einen einfach t-Test auch Aussagen über die (statistische) Zuverlässigkeit des erzielten Mehrertrages zulässt.

33.2.3.3 Das Sharpe-Maß (Sharpe-Ratio)

Neben dem Jensen-Maß wird das Sharpe-Maß, das auch als *Reward-to-Variability-Ratio* oder Sharpe-Ratio bezeichnet wird, wohl am häufigsten verwendet.

DEFINITION
Das Sharpe-Maß misst die Risikoprämie je Einheit Gesamtrisiko, das durch die Standardabweichung der Renditen gemessen wird.

Die Risikoprämie wird dabei aus der Portfoliodurchschnittsrendite abzüglich des risikolosen Zinssatzes ermittelt. Ex-post betrachtet erhält man:

$$SR_p = \frac{\bar{r}_p - r_f}{\sigma_p}$$

mit SR_p = Sharpe-Ratio des Portfolios P
 $\bar{r}_p$ = durchschnittliche Rendite des Portfolios P
 r_f = risikofreier Zins
 σ_p = (Stichproben-)Standardabweichung des Portfolios P

Analog zur Kapitalmarktlinie, die durch die Aufteilung des Vermögens in das Marktportfolio und die risikolose Anlage-/Kreditaufnahmemöglichkeit gegeben ist, gibt die Sharpe-Ratio die Steigung der Geraden an, die durch die Aufteilung des Vermögens in das jeweils betrachtete Portfolio und die risikolose Anlage bestimmt wird. Je größer der Wert dieser Kennzahl ist, desto höher ist das Anlageergebnis zu bewerten, da pro Risikoeinheit ein höherer Ertrag erwirtschaftet worden ist.

Kritik an der Sharpe-Ratio

Durch eine Vernachlässigung der Differenzierung in systematisches und unsystematisches Risiko wird bei Betrachtung des Gesamtrisikos der Diversifikationseffekt prinzipiell vernachlässigt.

- Die Sharpe-Ratio ist also nur relevant, wenn der Investor lediglich einen einzigen Fonds hält und ein Vergleich von Portfolios auf Basis der Sharpe-Ratio ist letztendlich nur dann sachgerecht, wenn Einzelportfolios mit gleichem Anlageschwerpunkt betrachtet werden.
- Eine weitere implizite Prämisse ist die Möglichkeit der unbeschränkten Kreditaufnahme zu einem einheitlichen risikofreien Zins, der dem risikofreien Zins für die Geldanlage entspricht. Unterscheiden sich beispielsweise Haben- und Sollzinssatz, führt dies zu einer »unfairen« Bewertung der Portfolio-Performance und damit auch zu einer geringeren Aussagekraft der Sharpe-Ratio.
- Zusätzlich muss beachtet werden, dass eine Normalverteilung der Renditen unterstellt wird, weshalb auch diese Kennziffer unter Umständen die Zusammenhänge zwischen Risiko und Ertrag nur unzulänglich darstellen kann.
- Die Aussagekraft der Sharpe-Ratio kann bei negativen Werten eingeschränkt sein. Als Beispiel diene ein Portfolio A mit einer Rendite von $r_A = 3\%$ bei einer Standardabweichung von $\sigma_A = 10\%$. Die entsprechenden Werte von Portfolio B seien mit $r_B = 2\%$ und $\sigma_B = 15\%$ gegeben. Bei einem unterstellten risikofreien Zins in Höhe von $r_f = 5\%$ ergeben sich für Portfolio A und B eine Sharpe-Ratio von −0,20. Offensichtlich ist jedoch Portfolio A eindeutig zu präferieren, da es eine höhere Rendite bei geringerer Schwankungsbreite aufweist.

Mit der Sharpe-Ratio können Portfolios sowohl untereinander als auch mit einem Referenzportfolio verglichen werden. Im Gegensatz zum Jensen-Maß erlaubt es eine relative Leistungsmessung, sagt jedoch nichts über die absolute Höhe der Performance aus. Das Sharpe-Maß ist für eine Performancemessung aus der Sicht eines Investors relevant, der sein Vermögen einzig in das zu bewertende Vermögen investieren will bzw. investiert hat, da in diesem Fall nur das Gesamtrisiko ausschlaggebend ist. Stellt das Portfolio dagegen nur einen Teil des insgesamt investierten Vermögens dar, ist das unsystematische Risiko zu vernachlässigen und nur das systematische Risiko bei der Bewertung relevant, da in diesem Fall ein diversifiziertes Portfolio vorliegt. Diesem Umstand wird die sog. Reward-to-Volatility-Ratio von Treynor gerecht, bei der die Überschussrendite statt mit der Standardabweichung mit dem Beta des Portfolios adjustiert wird.

33.2.3.4 Das Treynor-Maß (Treynor-Ratio)

Im Vergleich zur Sharpe-Ratio kommt es bei Rankings auf Grundlage der Treynor-Ratio dann zu falschen Ergebnissen, wenn das betrachtete Portfolio nicht Bestandteil eines umfassenderen, vollständig diversifizierten Portfolios ist. In diesem Fall werden Portfolios mit identischem systematischen Risiko, aber unterschiedlichem Gesamtrisiko, gleich bewertet, obwohl das Portfolio mit der höheren Standardabweichung aufgrund schlechterer Diversifizierung mit größeren unsystematischen Risiken behaftet ist, die jedoch gemäß Theorie auf dem Kapitalmarkt nicht entgolten werden. Demgegenüber – zur Erinnerung – wird der Aspekt der Diversifikation bei der Sharpe-Ratio völlig außer Acht gelassen.

Treynor-Ratio

Den Nachteil einer Vernachlässigung von Diversifikationseffekten bei der Risikoadjustierung vermeidet man bei Betrachtung der Treynor-Ratio. Die Grundlage dieser Kennziffer bildet das Capital-Asset-Pricing-Model (CAPM). Das von dort bekannte Beta stellt ein Maß für das systematische (nicht diversifizierbare) Risiko dar. Die Treynor-Ratio relativiert nun die Überschussrendite, die Differenz aus risikolosem Zins und Portfoliorendite, mit dem Beta des Portfolios und berechnet sich wie folgt:

$$TR_p = \frac{\bar{r}_p - r_f}{\beta_p}$$

mit $\bar{r}_p$ = durchschnittliche Rendite des Portfolios
r_f = Risikofreier Zins
β_p = Beta des Portfolios

Die der Treynor-Ratio unterstellten Prämissen, leiten sich unmittelbar aus dem CAPM ab. Unterstellt wird, dass
- der Anleger ein breit diversifiziertes Portfolio hält,
- das Risiko dadurch möglichst vollständig durch das Beta erklärt wird,
- das unsystematische Risiko vernachlässigt werden kann und
- dass ein risikofreier Zins existiert, zu dem in beliebiger Höhe Geld angelegt und aufgenommen werden kann.

PRAXISFALL

Vergleich der Performancemaße von Sharpe, Treynor und Jensen
In welchem Ausmaß verschiedene Performancemaße zu unterschiedlichen Leistungsbeurteilungen kommen, zeigt die Abbildung 33.6.

	Portfolio A	Portfolio B	Benchmark
Risikoloser Zins (R_f): 5,00 %	10,00 % Rendite 0,5 Beta 27,46 % Volalität	17,00 % Rendite 1,5 Beta 6,0 % Volalität	12,00 % Rendite 1,0 Beta 4,00 % Volalität
Sharpe Ratio	$\dfrac{10\% - 5\%}{27,46\%} = 0,182$	$\dfrac{17\% - 5\%}{6\%} = 2$	$\dfrac{12\% - 5\%}{4\%} = 1,75$
Treynor Ratio	$\dfrac{10\% - 5\%}{0,5} = 10$	$\dfrac{17\% - 5\%}{1,5} = 8$	$\dfrac{12\% - 5\%}{1} = 7$
Jensen-Alpha	$a_{JA} = 10\% -$ $\left[5\% + (12\% - 5\%) \cdot 0,5\right]$ $= 1,5\%$	$a_{JB} = 17\% -$ $\left[5\% + (12\% - 5\%) \cdot 1,5\right]$ $= 1,5\%$	$a_{JA} = 12\% -$ $\left[5\% + (12\% - 5\%) \cdot 1,0\right]$ $= 0\%$

Abb. 33.6: Berechnung von risikoadjustierten Performancezahlen

Das Jensen-Maß zeigt an, dass die beiden Manager der Portfolios A und B eine gegenüber der Benchmark leichte Überrendite in identischer absoluter Höhe erzielen konnten. Die aufgrund der jeweils eingegangenen systematischen Risiken zu erwartenden Renditen nach dem CAPM wurden also übertroffen. Demgegenüber schneidet Portfolio A mit der Treynor-Ratio besser ab als Portfolio B, weil der entsprechende Manager die (geringere) Rendite mit einem weitaus geringeren systematischen Risiko erwirtschaftet hat. Auch gegenüber der Benchmark, die definitionsgemäß ein Beta von Eins aufweist, ist das Portfolio vorteilhafter. Diese Platzierung ist aber nur deshalb möglich geworden, weil der Manager ein hohes unsystematisches Risiko in Kauf genommen hat, was durch die im Vergleich zu Portfolio B und der Benchmark extrem hohe Volalität deutlich wird, mit der das Gesamtrisiko bestehend aus systematischem und unsystematischem Risiko gemessen wird.

Deshalb schneidet Portfolio A bei der Messung der risikobereinigten Performance auf der Basis der Sharpe-Ratio schlechter ab als Portfolio B. An diesem Beispiel wird noch einmal deutlich, dass es auf die Situation des Investors ankommt, welches Maß letztlich zur Beurteilung herangezogen werden sollte. Ein Investor mit einer Vielzahl weiterer Kapitalanlagen im Portfolio kann darauf setzen, dass die hohen unsystematischen Risiken, die Portfolio A kennzeichnen, auf seiner eigenen persönlichen Ebene wegdiversifiziert werden und insofern keine Rolle spielen. Umgekehrt sollte ein Investor, der einzig in einen der beiden Fonds investieren will, eher die Sharpe-Ratio zur Beurteilung heranziehen, weil für ihn das Gesamtrisiko relevant ist. Die Abbildungen 33.7, 33.8, 33.9 zeigen die grafische Darstellung des Sharpe- und Treynor-Ratios sowie des Jensen-Maßes.

Messung und Präsentation der Performance

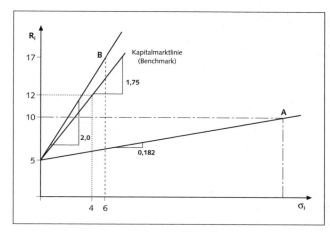

Abb. 33.7: Grafische Darstellung des Sharpe-Maßes

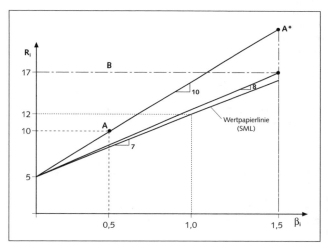

Abb. 33.8: Grafische Darstellung der Treynor-Ratio

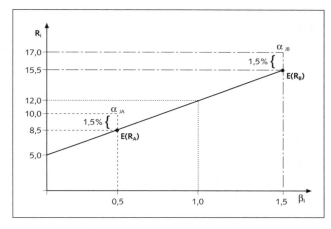

Abb. 33.9: Grafische Darstellung des Jensen-Maßes

33.2.4 Risikobereinigung mit Verlustrisikomaßen

Downside-Riskomaße haben in den letzten Jahren vermehrt Verbreitung gefunden. Ein Downside-Risiko ist die Gefahr einer negativen Abweichung von einem erwarteten Zielwert. Downside-Maße entsprechen dem Risikoempfinden vieler Marktteilnehmer besser als die herkömmlichen, auf Abweichungen in positive und negative Richtungen basierenden Maße wie die Volatilität, Kovarianz oder Beta. Darüber hinaus beruhen die oben erläuterten Maße grundsätzlich auf der Annahme einer Normalverteilung der Renditen, was jedoch in der Realität nicht immer zutrifft. Insbesondere durch den zunehmenden Gebrauch von Optionen im Portfoliomanagement sind die Renditeverteilungen von Portfolios häufig nicht mehr normalverteilt, sondern weisen Schiefen auf, die durch die Volatilität oder das Beta nicht korrekt erfasst werden. Downside-Risikomaße werden oft einfach als *Lower-Partial-Moments* bezeichnet, weil sie sich auf Teile des »unteren Endes« von Renditeverteilungen beziehen.

Als Downside-Riskomaße haben sich vor allem das
- Ausfallrisiko (Shortfall-Risk),
- der erwartete Ausfall (Expected Downside Value) sowie
- die Ausfallvarianz (Downside Varianz)

durchgesetzt, die sich im Vergleich zur Volatilität an einer Mindestrendite ausrichten und sich damit auf den Ertragsbereich beschränken, der auch subjektiv vom Anleger als negativ empfunden wird.

Verwendung
Downside-Risikomaße werden verwendet, wenn dem Entscheider folgende zwei Fragen wichtig sind:
- Inwieweit ist eine negative Abweichung von einem Ertragswert wahrscheinlich?
- Welches Ausmaß kann eine negative Abweichung annehmen?

Berechnung
Alle unter dem Begriff der Lower-Partial-Moments zusammenfassbaren Downside-Risikomaße lassen sich wie folgt berechnen:

$$x_i^m = \begin{cases} (r_{min} - r_i)^m & \text{für } r_i < r_{min} \\ 0 & \text{sonst} \end{cases}$$

$$LPM_m = \frac{1}{n} \cdot \sum_{i=1}^{n} x_i^m$$

mit: n = Anzahl der Renditen
m = Höhe des Moments
r_i = erzielte Rendite der i-ten Priode
r_{min} = geforderte Mindestrendite

Bestimmung des Exponenten m

Durch den Exponenten m kann angegeben werden, wie der Anleger unterschiedlich hohe Abweichungen von der Mindestrendite bewertet. Bei $m = 0$ liefert die Formel das Ausfallrisiko LPM_0. Darunter versteht man die Wahrscheinlichkeit, dass die Performance eines Fonds oder Depots eine vom Anleger festgelegte Mindestrendite unterschreitet. Diese Zahl wird dann ins Verhältnis zur Gesamtzahl der Renditen n gesetzt. Diese Risikodefinition kommt dem Risikoverständnis insofern entgegen, als der Anleger die Mindestrendite selbst vorgeben kann und somit bei der Risikoermittlung das im Vordergrund steht, was subjektiv als »schlechte Performance« empfunden wird.

Um bei der Risikobeurteilung eines Portfolios aber nicht nur die Wahrscheinlichkeit einer Zielverfehlung berücksichtigen zu können, sondern auch deren Ausmaß, muss zusätzlich ermittelt werden, wie weit die Periodenrenditen das Ziel unterschreiten. Hierzu dient die Berechnung des erwarteten Ausfalls LPM_1. Dieser errechnet sich für $m=1$ aus der obigen Gleichung durch Summieren der Differenzen von Mindestrendite und den einzelnen Portfoliorenditen sowie anschließender Division durch die Anzahl der untersuchten Perioden.

Aber auch diese Größe spiegelt nicht immer das Risikoempfinden des Anlegers vollständig wider. Dessen Risikoeinstellung ist nämlich i.d.R. nicht linear, was letztlich nichts anderes bedeutet, als dass hohe negative Zielverfehlungen gefühlsmäßig als viel unangenehmer empfunden werden als niedrige, und zwar unabhängig von der Eintrittswahrscheinlichkeit.

Die sogenannte *Ausfallvarianz* trägt diesem Umstand insofern Rechnung, als dass der Exponent in der Gleichung auf $m=2$ gesetzt wird. Durch die Quadrierung der einzelnen Zielunterschreitungen werden größere Verluste stärker gewichtet als geringe Abweichungen von der Mindestrendite. Insofern wird der Wert der Ausfallvarianz maßgeblich vom Ausmaß der Zielverfehlung beeinflusst.

Dem Vorteil, dass bei der Berechnung dieser Größe die nicht-lineare Risikoeinstellung berücksichtigt wird, steht allerdings der Nachteil einer weniger aussagekräftigen Interpretation gegenüber. Um eine ansatzweise Vergleichbarkeit mit der Standardabweichung zu gewährleisten, ist es ratsam, die Quadratwurzel der Ausfallvarianz als Kennzahl zu verwenden, die auch als »Downside-Standardabweichung« bezeichnet wird.

Der wesentliche Vorteil der Lower-Partial-Moments besteht darin, dass sie sich in Abhängigkeit von alternativen Mindestrenditen, im Gegensatz zu Varianz und Standardabweichung, für beliebige, und somit auch asymmetrische Verteilungsfunktionen, bestimmen lassen.

Sortino-Ratio

Ein auf den Downside-Risikomaßen basierendes Performancemaß, das zugleich der Sharpe-Ratio ähnlich ist, ist die Sortino-Ratio. Sie beschreibt das Verhältnis der erzielten Überschussrendite pro Einheit Downside-Risiko für ein vorgegebenes Rendite-Ziel. Die Sortino-Ratio berechnet sich wie folgt:

$$\text{SoR}_{p,b} = \frac{\bar{r}_p - \bar{r}_f}{\text{LPM}_{P,m}}$$

mit $\bar{r}_p$ = Durchschnittliche Rendite des Portfolios P
$\bar{r}_f$ = Durchschnittliche risikolose Rendite im Betrachtungszeitraum
$\text{LPM}_{P,m}$ = Lower-Partial-Moment (Downside-Risk)

Mit der Sortino-Ratio lassen sich pragmatische Rangfolgen feststellen. Wie auch die Sharpe-Ratio, drücken höhere Sortino-Ratios vorzuziehende Risiko/Return-Relationen aus. Die beste Vergleichbarkeit unterschiedlicher Portfolios ist aufgrund der Konstruktion der Ratio dann gegeben, wenn die Produkte von der Anlage her vergleichbar sind.

Da hier zur Ermittlung das Downside-Risiko als Gesamtrisiko verwendet wird, ist die Sortino-Ratio insbesondere dann sinnvoll anzuwenden, wenn die Verteilung der Renditen asymmetrisch ist. Das Problem der Nichtberücksichtigung diversifizierbarer Risiken liegt aber auch hier vor.

33.2.5 Tracking Error

Der Tracking Error ist ein Performancemaß und zugleich Risikoindikator, der misst, wie stark von einer vorgegebenen Benchmark abgewichen wurde. Die Benchmark ist dabei als ein Portfolio zu verstehen, das in Rendite und Risiko nachzubilden ist.

Hintergrund. Die Notwendigkeit, den Tracking Error als Performancemaß zu etablieren, ergab sich, nachdem immer mehr Fondsmanager aus Kostengründen Marktindizes nicht mehr vollständig, sondern mit vereinfachten Portfolios nachzubilden begannen. Dadurch entstand eine neue Risikokategorie, nämlich die, Rendite und Risiko der Benchmark zu verfehlen. Der Tracking Error soll dieses Risiko messen.

Berechnungsweise. Quantifiziert wird der Tracking Error als Standardabweichung der Differenz zwischen Portfolio- und Benchmarkrendite:

$$\text{TE}_{p,m} = \sqrt{\sigma_{p-m}^2} = \sqrt{\sigma^2(r_p - r_m)} = \sqrt{\sigma_p^2 + \sigma_m^2 - 2 \cdot \sigma_{pm}}$$

mit $\sigma_{pm} = \sigma_m^2 \cdot \beta_p$ folgt

$$\text{TE}_{p,m} = \sqrt{\sigma_p^2 + \sigma_m^2 - 2 \cdot \sigma_m^2 \cdot \beta_p}$$

und mit $\sigma_p^2 = \sigma_m^2 \cdot \beta_p^2 + \sigma_{\varepsilon_p}^2$ folgt schließlich

$$\text{TE}_{p,m} = \sqrt{\sigma_m^2 \cdot \beta_p^2 + \sigma_{\varepsilon_p}^2 + \sigma_m^2 - 2 \cdot \sigma_m^2 \cdot \beta_p}$$

$$\Leftrightarrow \text{TE}_{p,m} = \sqrt{\sigma_m^2 \cdot (\beta_p^2 - 2 \cdot \beta_p + 1) + \sigma_{\varepsilon_p}^2}$$

$$\Leftrightarrow TE_{p,m} = \sqrt{\sigma_m^2 \cdot (\beta_p - 1)^2 + \sigma_{\varepsilon_p}^2}$$

mit: r_p = Rendite des Portfolios
r_m = Rendite des Marktportfolios
σ_m = Standardabweichung der Marktportfoliorendite
σ_p = Standardabweichung der Portfoliorendite
σ_{ε_p} = Standardabweichung der spezifischen Portfoliorendite
β_p = Beta des Portfolios

BEISPIEL Ein Tracking Error von 2% bedeutet bei Annahme normalverteilter Renditen, dass die Wertentwicklung des Portfolios mit ca. zwei Drittel Wahrscheinlichkeit im Bereich ± 2% relativ zum entsprechenden Marktportfolio liegen wird.

Wichtige Einzelaspekte. Der Tracking Error berücksichtigt nicht nur das Gesamtrisiko des Portfolios und des Marktportfolios (der Benchmark), sondern auch die Interdependenzen zwischen den beiden.

Bei Betrachtung eines zweiten Portfolios zusammen mit der Benchmark, ermöglicht der Tracking Error auch Vergleiche zwischen verschiedenen Managern.

Zu beachten ist, dass der Tracking Error sehr stark von der gewählten Vergleichszeitreihe – wie auch das Beta – abhängt.

Die unterstellte Annahme der normalverteilten Renditen kann in der Realität nicht immer als gegeben unterstellt werden und begrenzt die Aussagekraft.

33.2.6 Information-Ratio

Die Information-Ratio setzt die aktive Rendite in Relation zum Tracking Error. Die aktive Rendite errechnet sich aus der Differenz der annualisierten Renditen eines Portfolios und der entsprechenden Benchmark.

Das Ergebnis ist somit die Überschussrendite pro Einheit Tracking Error.

$$IR_{p,b} = \frac{\bar{r}_p - \bar{r}_b}{\sigma_{p-b}} = \frac{\bar{r}_p - \bar{r}_b}{TE_{p,b}}$$

mit: $\bar{r}_p$ = Durchschnittliche Rendite des Portfolios P
$\bar{r}_b$ = Durchschnittliche Rendite der Benchmark b
$TE_{p,b}$ = Tracking Error des Portfolios P zur Benchmark b

Die Information-Ratio kann als Ertrag pro Einheit Risiko verstanden werden, welches man eingeht, wenn man nicht in die Benchmark, sondern in das davon abweichende Portfolio investiert.

Besonders nützlich kann diese Kennziffer für einen Vergleich von Investitionsalternativen sein, denn im Vergleich zur Sharpe-Ratio werden hier die Interdependenzen/Abhängigkeiten der Renditen sowie der Risiken zwischen beiden Portfolios berücksichtigt.

Nachteilig ist jedoch auch bei diesem Maß, dass keine Diversifikationseffekte berücksichtigt werden.

An dieser Stelle sei noch auf die Ähnlichkeit der Information-Ratio zum T-Test, einem statistischen Verfahren zur Ermittlung der Signifikanz von Abweichungen zu einem Mittelwert, hingewiesen:

$$T = \frac{\overline{r}_p - \overline{r}_b}{\frac{TE_{p,b}}{\sqrt{N}}}$$

mit: $\overline{r}_p$ = Durchschnittliche Rendite des Portfolios P
$\overline{r}_b$ = Durchschnittliche Rendite der Benchmark b
$TE_{p,b}$ = Tracking Error Portfolio/Benchmark
$\sqrt{N}$ = Anzahl der Elemente der betrachteten Stichprobe

33.3 Performanceattribution

Der Ertrag aktiv verwalteter Portfolios kommt auf verschiedene Art und Weise zustande. Das Ziel der Performanceattribution ist es, die auf bestimmte Fähigkeiten der Manager zurückzuführenden Bestandteile der Rendite zu identifizieren, um daraus entsprechende Schlussfolgerungen für die zukünftige Allokation von Mitteln ziehen zu können.

Die Erzielung eines überdurchschnittlichen Erfolges lässt sich im Wesentlichen auf zwei Fähigkeiten des Portfoliomanagements zurückführen:
- Selectivity und
- Timing.

33.3.1 Selectivity

Selectivity heißt Selektionsfähigkeit und bezeichnet die Fähigkeit, unter- bzw. überbewertete Wertpapiere zu identifizieren. Im Kontext des CAPM bedeutet dies, Wertpapiere mit einer erwarteten Rendite ober- oder unterhalb der Wertpapierlinie auszumachen.

33.3.2 Timing

Manager mit Timingfähigkeiten sind in der Lage, durch Prognosen der Gesamtmarktentwicklung Überrenditen zu erzielen. Im Rahmen des CAPM bedeutet dies die richtige Antizipation der Entwicklung des Marktportfolios in Verbindung mit einer Erhöhung bzw. Senkung des Portfoliobetas. Das Timing bezieht sich also nicht auf die gezielte Auswahl einzelner Titel, sondern auf die Steuerung des Betas eines Portfolios.

Die Bestandteile der Portfoliorendite lassen sich vereinfacht wie in Abbildung 33.10 darstellen. Dabei ist zu beachten, dass in der Regel, wie auch bei den risikoadjustierten Performancemaßen, von Überschussrenditen ausgegangen wird, d. h. von den realisierten Renditen wird grundsätzlich die als risikolos unterstellte Verzinsung (meistens wird dafür ein einmonatiger oder dreimonatiger Geldmarktsatz herangezogen) subtrahiert.

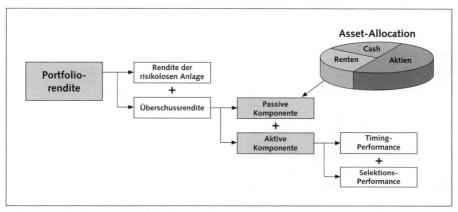

Abb. 33.10: Zerlegung der Portfoliorendite

33.3.3 Berechnung des Selectivity- und Timing-Erfolgsbeitrages

Zur Identifikation von Selektion und Timing wird in der Regel eine Renditezerlegung vorgenommen:
- Dabei gehen die meisten Ansätze von der Rendite aus, die durch die im Rahmen der Anlagepolitik vorab festgelegte Assetallocation passiv erwirtschaftet worden wäre.
- Diese wird durch entsprechend gewichtete, die einzelnen Vermögenskategorien repräsentierende Benchmarkrenditen gemessen. Eine Aufspaltung des Erfolges in Selektion und Timing erfolgt dann durch einfache Differenzenbildung.
- Die Selektionsfähigkeit wird dabei durch die innerhalb einer Vermögenskategorie gemessenen Abweichungen der tatsächlichen von der entsprechenden Benchmarkrendite gemessen, wobei die Renditen mit den durch die Anlagepolitik festgelegten Normalgewichten multipliziert werden.
- Die Timingbeiträge ergeben sich aufgrund der tatsächlichen, vom Portfoliomanager zu verantwortenden Abweichungen von den im Rahmen der Assetallocation bestimmten Normalgewichten zwischen den einzelnen Vermögenskategorien.

Die grundsätzliche Vorgehensweise der Performanceattribution wird in der Abbildung 33.11 deutlich.

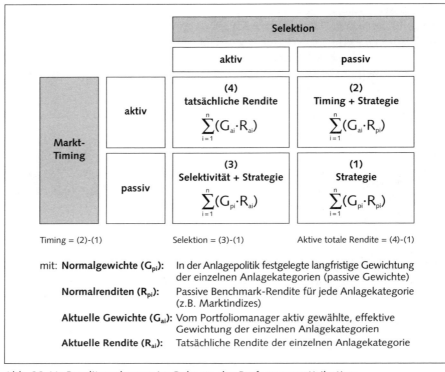

Abb. 33.11: Renditezerlegung im Rahmen der Performanceattribution

PRAXISFALL

Renditezerlegung

Ein Rechenbeispiel zur Renditezerlegung findet sich in den Abbildungen 33.12 bis 33.14. Ausgangspunkt der Analyse bildet zunächst die im Rahmen der Assetallocation-Entscheidung festgelegte strategische Struktur des Portfolios, die durch die Gewichtung verschiedener Asset-Kategorien festgelegt wurde. Die entsprechenden erwarteten Renditen in jeder Asset-Kategorie werden dabei durch die im Analysezeitraum erzielten Durchschnittsrenditen vorab festgelegter, die Entwicklung des jeweiligen Segments repräsentierenden Indizes abgebildet.

Nach Festlegung der Messperiode werden dann – im Beispiel für jedes Quartal – die Normalrenditen, d. h. die tatsächlichen Renditen der Indizes in der jeweiligen Periode, die aktuellen Gewichte der verschiedenen Asset-Kategorien im Portfolio des Managers sowie die tatsächlichen Renditen für jedes Portfoliosegment ermittelt.

Daraus lassen sich entsprechend der in Abbildung 33.13 aufgezeigten Vorgehensweise die auf die Strategie, Timing und Selektion zurückzuführenden Renditen für jedes Quartal berechnen. Ein entsprechendes Beispiel findet sich in der Abbildung 33.14 für das erste Quartal 2001. Die Komponente »Sonstige« beruht auf Interaktionen zwischen Selektion und Timing und kann nicht eindeutig der einen oder der anderen Komponente zugeordnet werden, zum Beispiel wenn ein Markt übergewichtet wird, innerhalb dessen gleichzeitig ein positiver Beitrag aus der Selektion erzielt wurde.

Messung und Präsentation der Performance 663

Asset-Kategorien	Normalrenditen		Normalgewichte
	Benchmarkindex	Durchschnittsrendite* annualisiert	
Deutsche Renten	REX-P	5,92 %	57,5 %
Internationale Renten	Salomon World Government Bond Index	- 0,58 %	12,5 %
Aktien Deutschland	C-DAX	- 2,21 %	22,5 %
Aktien Ausland	Morgan Stanley Capital International Perf. Index	12,46 %	7,5 %

* Renditen fiktiv

Abb. 33.12: Beispiel für eine Renditezerlegung: Ausgangssituation

(Angaben in %)		2000				2001			
		1. Quartal	2. Quartal	3. Quartal	4. Quartal	1. Quartal	2. Quartal	3. Quartal	4. Quartal
Normalrenditen	Deutsche Renten	-0,75	1,26	4,63	2,11	0,46	0,91	3,31	-0,24
	Internat. Renten	-17,67	2,53	15,63	3,37	-0,99	-3,11	7,32	-4,92
	Aktien Deutschland	-24,98	1,40	17,37	0,85	-1,12	-2,16	8,10	1,40
	Aktien Internat.	-1,92	4,47	6,94	4,58	2,17	2,21	5,88	-0,18
Aktuelle Gewichte	Deutsche Renten	57,5	53,7	55,7	52,3	54,5	53,8	52,4	51,76
	Internat. Renten	12,5	26,5	15,8	16,1	15,9	15,7	16,5	15,78
	Aktien Deutschland	22,5	22,1	22,3	23,6	23,5	23,1	23,2	25,03
	Aktien Internat.	7,5	7,7	6,2	8,0	6,1	7,4	7,9	7,43
Aktuelle Rendite	Deutsche Renten	-0,32	0,81	4,31	2,14	1,15	0,78	2,34	0,12
	Internat. Renten	-2,04	4,23	7,31	4,79	1,76	2,36	6,11	-0,27
	Aktien Deutschland	-23,04	2,01	18,16	0,97	0,16	-3,81	10,61	3,11
	Aktien Internat.	-19,43	2,40	19,43	5,01	-2,93	-3,19	7,33	-5,23
Performance Komponenten	Rendite Portf.	-7,08	1,76	8,81	2,52	0,77	-0,33	5,28	0,39
	Strategie	-8,38	1,70	9,05	2,17	0,05	-0,18	5,08	-0,45
	Timing	0,00	0,06	0,31	0,04	-0,09	-0,15	0,20	-0,11
	Selektivität	1,30	-0,07	-0,11	0,26	0,65	-0,17	-0,03	0,78
	Sonstige	0,00	0,08	-0,43	0,05	0,16	0,18	0,02	0,18
Total aktive Rendite		1,30	0,07	-0,24	0,35	0,72	-0,15	0,19	0,84

Abb. 33.13: Beispiel für eine Renditezerlegung: Quartalsrenditen und Identifikation von Selektions- und Timingbeiträgen

Weitergehende Analysen erstrecken sich auf mehrere Zeiträume und erlauben Aussagen zur statistischen Wahrscheinlichkeit, dass die Beiträge systematisch und nicht rein zufällig generiert wurden. Dabei werden die Ergebnisse über entsprechende statistische Tests auf ihre Signifikanz hin untersucht.

$$\left.\begin{array}{l}\text{Tatsächliche Rendite:} \\ (0{,}545 \cdot 1{,}15\,\%) + (0{,}159 \cdot 1{,}76\,\%) + (0{,}235 \cdot 0{,}16\,\%) + (0{,}061 \cdot -2{,}93\,\%) \quad = 0{,}77\,\% \\ \text{Strategie-Rendite:} \\ (0{,}575 \cdot 0{,}46\,\%) + (0{,}125 \cdot -0{,}99\,\%) + (0{,}225 \cdot -1{,}12\,\%) + (0{,}075 \cdot 2{,}17\,\%) \quad = 0{,}05\,\%\end{array}\right\} 0{,}72\,\%$$

$$\text{Timing:}$$
$$(0{,}545-0{,}575) \cdot 0{,}46\,\% + (0{,}159-0{,}125) \cdot -0{,}99\,\% + (0{,}235-0{,}225)$$
$$\cdot -1{,}12\,\% + (0{,}061-0{,}075) \cdot -2{,}17\,\% \quad = -0{,}09\,\%$$

$$\left.\begin{array}{l}\text{Selektivität:} \\ (1{,}15\,\%-0{,}46\,\%) \cdot 0{,}575 + (1{,}76\,\%+0{,}99\,\%) \cdot 0{,}125 + (0{,}16\,\%+1{,}12\,\%) \\ \quad\quad\quad\quad\quad\quad\quad\quad\quad\quad\quad \cdot 0{,}225 + (-2{,}93\,\%-2{,}17\,\%) \cdot 0{,}075 \quad = 0{,}65\,\%\end{array}\right\} 0{,}72\,\%$$

Sonstige:
$$(0{,}545-0{,}575) \cdot (1{,}15\,\%-0{,}46\,\%) + (0{,}159-0{,}125) \cdot (1{,}76\,\%+0{,}99\,\%)$$
$$+(0{,}235-0{,}225) \cdot (0{,}16\,\%+1{,}12\,\%) + (0{,}061-0{,}075) \cdot (-2{,}93\,\%-2{,}17\,\%) \quad = 0{,}16\,\%$$

Abb. 33.14: Ermittlung der Timing- und Selektionsbeiträge im ersten Quartal 2001

33.4 Performance Presentation Standards

Als Bindeglied zwischen interner und externer Performancemessung können die Performance Presentation Standards angesehen werden. Wesentliche Ziele der Standards sind unter anderem:

- *Standardisierung.* Mit den Standards werden den Vermögensverwaltungsgesellschaften Rahmenbedingungen für die Messung und Präsentation der Performance vorgegeben, die zu einer Vereinheitlichung und damit zu einer besseren Vergleichbarkeit der Managementleistung verschiedener Anbieter führen. Warum ist eine Standardisierung nötig? Angesichts der Vielfalt an Verfahren zur Performancemessung sowie der Vielzahl an Parametern, die den Ergebnisausweis beeinflussen, wie beispielsweise die gewählte Messperiode, die Behandlung von Vermögensverwaltungsgebühren und Steuern, die Wahl der Benchmark usw. hätten die Portfolioverantwortlichen ohne die Befolgung von Standards zu große Möglichkeiten, für sie jeweils geeignete Verfahren zu wählen.
- *Messung der Leistungsfähigkeit von Gesellschaften (Composite-Konzept).* Darüber hinaus wird mit den Standards ein zentraler Gesichtspunkt bei Performancevergleichen aufgegriffen: es wird nicht auf die Beurteilung der Leistungsfähigkeit eines einzelnen Managers abgestellt, sondern auf die Leistungsfähigkeit einer Gesellschaft bezüglich einer bestimmten Anlagestrategie bzw. eines bestimmten Managementprozesses. Diese über das Composite-Konzept umgesetzte gesell-

schaftsübergreifende Performancemessung berührt damit auch die Kategorisierungsproblematik, die regelmäßig bei Vergleichen zwischen verschiedenen Portfolios zu lösen ist.

33.4.1 Historie

Ausgangspunkt der Standardisierung der Performance-Präsentation war die Entwicklung in den USA. 1993 wurden erste Überlegungen von der AIMR entwickelt, die in den USA breite Akzeptanz fanden, weil das »Sichübertrumpfen« mit schön gerechneten Performancedaten der Branche der Assetmanager letztlich mehr schadete als nutzte. In Deutschland folgte die DVFA im Jahr 1999. Mittlerweile wird weltweit eine Notwendigkeit für derartige Performance Presentation Standards gesehen. Führend in der Weiterentwicklung ist das CFA Institute in den USA, bei dem der »Investment Performance Council« ansässig ist, der die »Global Investment Performance Standards« (GIPS) erarbeitet. In den meisten Ländern der Welt haben sich berufsständische Gruppierungen gebildet, welche das CFA Institute bei der Formulierung der GIPS unterstützen. In Deutschland sind dies die DVFA zusammen mit dem BVI und der German CFA-Society. Die drei Gesellschaften haben zusammen das German Asset Management Standards Committee (GAMSC) gegründet, dessen Ziel die »gemeinsame Erarbeitung von Stellungnahmen und Standards im Berufsfeld von Assetmanagern« ist. Neue Themen, denen man sich zuwenden will, sind die Übertragung der erarbeiteten Standards auf neue Assetklassen (Venture Capital, Hedgefonds, Commodities u.a.) und neue Fragestellungen (Risikomanagement, Erfolgsattribution, Unternehmensbewertung u.a.).

33.4.2 Wesentliche Prinzipien der Standards

- Ziel der Standards ist, dass die veröffentlichte Performance einer Vermögensanlage so dargestellt wird, dass sie vom Adressaten mit den Ergebnissen von Wettbewerbern verglichen werden kann und ein fruchtbarer Dialog darüber ermöglicht wird, wo die eigentlichen Quellen der erzielten Performance liegen und welche weiteren Investmententscheidungen sachgerecht wären.
- Die Standards sollen einen fairen Wettbewerb der Vermögensverwalter fördern und keine Markteintrittsbarrieren für neu gegründete Asset Management Firms darstellen.
- Die Standards beinhalten »Minimum-Requirements« und »Recommended Requirements«. Letztere führen zum Siegel »Best Practice in Performance Presentation«.
- Die Standards fordern, dass die *Datengrundlage* von Performancemeldungen akkurat und aktuell sein muss. Die *Methodik* der Performanceermittlung muss bestimmten Kriterien entsprechen.
- Das Siegel der GIPS-Konformität bezieht sich auf eine genau abgegrenzte unternehmerische Einheit (»Firm«), die sämtliche verwalteten, »fee paying« Vermögensmassen in die Performancebewertung einbeziehen muss.

Composite »Aktien Deutschland« der XY-KAG (Zahlen sind fiktiv)							
Jahr	Composite-Performance	Benchmark-Performance	Compositestreuung		Anzahl Portfolios	Volumen zum Jahresende in Tsd. €	Anteil am verw. Vermögen
			Unteres Quartil	Oberes Quartil			
1995	11,41 %	7,09 %	7,21 %	18,71 %	6	450.000	6 %
1996	24,35 %	25,61 %	22,62 %	27,80 %	9	800.000	7 %
1997	46,82 %	43,09 %	43,05 %	54,01 %	11	1.950.000	10 %
1998	16,31 %	16,04 %	15,81 %	24,14 %	14	2.500.000	12 %
1999	38,05 %	35,27 %	27,82 %	40,22 %	10	1.897.000	8 %
Kumuliert	226,59 %	202,12 %					
Volatiliert	18,53 %	20,21 %					

Composite: Das Composite beinhaltet sämtliche Portfolios, deren Anlagen sich auf deutsche Aktien konzentrieren.

Benchmark: CDAX

Datum der Konzeption: 1.1.2000

Compositewährung: Das Composite wurde in Euro bewertet. Die Perfomance wird in Euro präsentiert

Erläuterungen: Die Perfomance wird brutto, d.h. vor Abzug von Vermögensverwaltungsgebühren ausgewiesen. Die Ergebnisse wurden mit der modifizierten Dietz-Methode ermittelt.
Futures wurden in lediglich geringem Umfang zu Absicherungszwecken eingesetzt.
Über den Gesamtzeitraum enthielt das Composite im Durchschnitt 8 % in- und ausländische Renten sowie 3 % internationale Aktien außerhalb der Compositebenchmark.

Abb. 33.15: Compositepräsentation nach Performance Presentation Standards

- Firms dürfen Subeinheiten bilden, um z.B. ihre Stärke bei bestimmten Strategien besser darzustellen. In diesem Fall müssen aber alle »fee paying« Vermögensmassen, die nach ähnlichen Strategien gemanagt werden (»similar strategy and investment objective«), in einer Subeinheit enthalten sein (*Composit*). Composits dürfen nicht ex post gebildet werden, wenn bereits feststeht, welche Ergebnisse erzielt worden sind. Die Performance von Composits muss kapitalgewichtet berechnet werden.
- Bei neugegründeten Firms muss eine Performance-Historie von 5 Jahren konstruiert werden. Bei älteren Firms sind 10 Jahre Historie zu veröffentlichen.
- Die erzielte Performance darf mit Benchmarks verglichen werden. Benchmarks dürfen aber nicht willkürlich ex post einer erzielten Performance zugeordnet werden.
- Firms müssen Portfolios neu bewerten, wenn ungewöhnlich große Cashflows erfolgen (ab 2010).

- Fonds, die in nicht börsengehandelte Assets investieren, dürfen nicht mit Verweis auf fehlende Marktpreise die Performanceevaluation unterlassen. Immobilieninvestitionen müssen mindestens vierteljährlich neu bewertet werden (ab 2008).

33.4.3 Compliance-Erklärung

Berücksichtigt eine Gesellschaft sämtliche der verpflichtenden Bestimmungen der GIPS, ist sie berechtigt, ihrer Performancepräsentation eine Compliance-Erklärung hinzuzufügen, die die Adäquanz der Berechnungen und Darstellungen mit den GIPS bzw. anderen Standards nach außen hin dokumentiert. Um dieses Bekenntnis zu einer objektiven Darstellung der Gesellschaft sowie ihrer historischen Performanceergebnisse zu verifizieren, empfehlen die Standards die Bestätigung der Einhaltung der Standards durch einen unabhängigen Prüfer. In regelmäßigen Abständen soll dabei die Übereinstimmung der verwendeten Basisdaten, der in der Performancemessung angewandten Vorgehensweisen sowie der Präsentationsunterlagen der Gesellschaft mit den Anforderungen der PPS verifiziert werden. Die im Rahmen der Verifizierung durchzuführenden Prüfungen sowie die wesentlichen Anforderungen an die als Verifier in Frage kommenden unabhängigen Sachverständigen sind in den Standards aufgeführt.

33.5 Erfolgskritische Faktoren

Der wichtigste Erfolgsfaktor einer aussagekräftigen Performancemessung unabhängig von methodischen Fragen, ist gleichzeitig am schwierigsten zu gewährleisten: die Datenversorgung und Datenverarbeitung durch eine adäquate Software.

33.5.1 Datenversorgung

Ziele einer optimalen Datenversorgung sind:
- *Vollständigkeit*. Zeitgerechte Versorgung mit vollständigen, qualitativ hochwertigen Daten. Gebraucht werden dabei nicht nur Wertpapier- und Devisenkurse. Benötigt werden neben Mittelbewegungen und Ausschüttungen auch die Art und Zeitpunkte von Benchmarkwechseln, mit Kunden vereinbarte Restriktionen u. Ä. Dies stellt vor allem dann eine Herausforderung dar, wenn es darum geht, einen längeren Track Record aufzubauen, wie dies beispielsweise bei der Anwendung der zukunftsweisenden PPS erforderlich ist.
- *Schnelligkeit*. Daneben werden die Anorderungen an den Datenhaushalt in Zukunft noch weiter steigen. So werden die Bewertungsintervalle kürzer werden und anstelle der Valuta- wird zunehmend zur Handelstagbewertung übergegangen.
- *Datenpflege*. Darüber hinaus erfordert das zunehmend in den Blickpunkt rückende Risikomanagement die Pflege historischer Daten, um mit statistisch

orientierten Verfahren arbeiten zu können. Die Notwendigkeit der absoluten Korrektheit der Daten ist dabei nicht nur vor dem Hintergrund »garbage in – garbage out« zu betrachten. Die zunehmend wichtiger werdenden performanceabhängigen Entlohnungssysteme und Verwaltungsgebührenmodelle machen die Bedeutung einer hohen Datenqualität offensichtlich.

33.5.2 Software

Einen weiteren Erfolgsfaktor stellt angesichts der Vielfalt an verschiedenen Finanzinstrumenten einerseits und ständig wachsenden Anforderungen der Kunden andererseits eine leistungsfähige und flexible Software zur Berechung der Kennzahlen und zur Generierung der Reports dar.

Die Auseinandersetzung mit neuen Produkten und ihre Integration in die Performancemessung stellen eine laufende Herausforderung dar. So ist bis heute die Messung der Performance von Portfolios mit Derivaten in den meisten Systemen nicht zufrieden stellend gelöst.

Daneben führen sich verändernde Rahmenbedingungen oder die Etablierung neuer Anlagestile zu weiteren, rasch vorzunehmenden Anpassungsprozessen, wie sie aktuell beispielsweise im Rentenbereich durch die Umorientierung von einem länderorientierten zu einem ratingbasierten Portfoliomanagement zum Ausdruck kommen. Hier gilt es, möglichst schnell die entsprechenden Voraussetzungen für eine den neuen Gegebenheiten angepasste Performanceattribution zu schaffen.

33.6 Controlling

Der Performancemessung kommt eine erhebliche Bedeutung im Fondscontrolling zu. Mit ihr kann auf Fehlentwicklungen frühzeitig hingewiesen und den Ursachen dafür dezidiert nachgegangen werden. Da sie gleichzeitig ein wesentliches unabhängiges Instrument zur Beurteilung der Leistungsfähigkeit des einzelnen Portfoliomanagers darstellt und damit personalpolitische Entscheidungen sowie Entlohnungsstrukturen verbunden sein können, dürfte die größte Gefahr in diesem Bereich in der Verwendung fehlerhafter Daten und in der Manipulation von Ergebnissen liegen. Daher ist zum einen eine rigorose *Datenqualitätskontrolle* erforderlich und zum anderen strikt die *Unabhängigkeit* der Performancemessung insbesondere vom Portfoliomanagement zu gewährleisten.

Weil die Performancemessung darüber hinaus zahlreiche Serviceleistungen sowohl intern als auch extern bietet, kommt der *Schnelligkeit* im Sinne einer zeitgerechten Lieferung der entscheidungsrelevanten Informationen eine entscheidende Bedeutung zu.

Dies sind bei der Vielfalt heute vorherrschender Finanzinstrumente trotz EDV schwierige Aufgaben.

Fragen zur Lernkontrolle
1. Erläutern Sie den Unterschied zwischen der wert- und zeitgewichteten Renditedefinition!
2. In welchen Fällen führt die wertgewichtete Renditedefinition zu aussagekräftigeren Renditen als die zeitgewichtete Rendite?
3. Ermitteln Sie für die in der nachfolgenden Tabelle wiedergegebene Kontostaffel die zeitgewichtete Rendite über den Zeitraum vom 01.01.1998 bis 30.06.1999.

	Mittelbewegung	Inventarwert*
31.12.1998		100
31.01.1999	+20	125
31.03.1999		130
15.05.1999	−10	120
30.06.1999		125

* Inventarwert nach der Mittelbewegung

4. Der DAX hat im Zeitraum vom 01.01.1993 bis 31.12.1998 eine Rendite von 223,77 % erzielt. Ermitteln Sie die annualisierte Rendite.
5. Beschreiben Sie kurz, welche Bedeutung dem Capital-Asset-Pricing-Model bei der risikobereinigten Performancemessung zukommt.
6. Sie haben die Aufgabe, zwei Portfoliomanager zu beurteilen. Deren aktiv verwaltete Portfolios sind durch folgende Daten charakterisiert.
Das Portfolio A besteht aus drei Wertpapieren, deren historische Renditen, Betafaktoren und Anteile am Gesamtportfolio wie folgt angegeben sind:

Wertpapier	Rendite	Betafaktor	Anteil am Portfolio
Siemens	5,5	1,2	0,6
VW	8,0	1,5	0,1
RWE	4,5	0,9	0,3

Die Standardabweichung dieses Portfolios beträgt 15 %.
Das Portfolio B hat eine durchschnittliche Rendite in Höhe von 4 % erwirtschaftet und weist eine Standardabweichung von 10 % auf. Der Korrelationskoeffizient zwischen diesem Portfolio und dem als Marktportfolio verwendeten Index beträgt 0,6.
Der Aktienindex weist eine durchschnittliche (erwartete) Rendite in Höhe 2,43 % und eine Standardabweichung von 4,92 % auf. Der als risikolos anzusehende Zinssatz beträgt 1,5 %.
Berechnen Sie bitte für beide Portfolios die drei klassischen Performancemaße von Sharpe, Treynor und Jensen. Um den Betafaktor für das Portfolio B bestimmen zu können, beachten Sie den Zusammenhang zwischen Betafaktor und Korrelationskoeffizient:

$$\beta_P = \frac{\text{cov}_{P,\text{Ind.}}}{\sigma^2_{\text{Ind.}}} = k_{P,\text{Ind.}} \cdot \frac{\sigma_P}{\sigma_{\text{Ind.}}}$$

mit: β_P = Betafaktor des Portfolios P
$\text{cov}_{P,\text{Ind.}}$ = Kovarianz zw. Portfolio und Indexrenditen
$k_{P,\text{Ind.}}$ = Korrelationskoeffizient zw. Portfolio und Indexrenditen
$\sigma^2_{\text{Ind.}}$ = Varianz der Indexrenditen
$\sigma_{\text{Ind.}}$ = Standardabweichung der Indexrenditen
σ_P = Standardabweichung der Portfoliorenditen

Interpretieren Sie Ihre Ergebnisse und zeigen Sie auf, unter welchen Bedingungen der Einsatz welchen Maßes sinnvoll erscheint!
Welche Probleme sehen Sie bei der Verwendung risikobereinigter Performancemaße?

7. Die Compositeperformance wird auf der Basis der mit dem Volumen der Portfolios gewichteten Portfolioperformance ermittelt. Die Standards empfehlen, auch die gleichgewichtete Compositeperformance auszuweisen. Erläutern Sie, warum!
8. Erläutern Sie den Grundaufbau einer Compositepräsentation gemäß den Performance Presentation Standards. Welche Informationen können Sie ablesen?
9. Ermitteln Sie einen Fondsvergleich auf Basis der Performancemaße nach Treynor, Sharpe und Jensen. Welche Fonds konnten den Index auf risikoadjustierter Basis übertreffen? Wie lassen sich die Ergebnisse interpretieren?

Portfolio	Rendite (% p.a.)	Standardabweichung (% annualisiert)	Alpha	Beta
A	10.37	12.87	0.01	0.93
B	7.1	13.61	−0.29	0.99
C	9.3	13.27	−0.10	0.96
D	15.2	11.48	0.52	0.76
E	11.32	12.47	0.30	0.85
F	8.96	9.85	−0.13	0.65
Benchmark	**10.97**	**13.61**		

Literatur

Dubacher, R./Zimmermann, H. (1989): Risikoanalyse schweizerischer Aktien: Grundkonzepte und Berechnung, in: Finanzmarkt und Portfoliomanagement, 3. Jg., S. 66–85.
Fischer, B. R. (2001): Performanceanalyse in der Praxis, 2. Auflage, München/Wien.
Fischer, B. R./Lilla, J./Wittrock, C. (Hrsg.) (2000): DVFA-Performance Presentation Standards, 2. Auflage, Dreieich.
Hockmann, H. J. (1987): Performance-Messung von Wertpapier-Portfolios, in: Die Bank, o. Jg., S. 132–137.

Wittrock, C./Fischer, B./Lilla, J. (1998): Neue DVFA Performance Presentation Standards (II), in: Die Bank, Nr. 10, S. 606–611.

Wittrock, C. (1998): Moderne Verfahren der Performance-Messung, in: Handbuch Portfoliomanagement, Hrsg. Kleeberg, J./Rehkugler, H., Bad Soden/Ts., S. 933–971.

Wittrock, C. (2000a): Performance Presentation Standards als Instrument des externen Spezialfonds-Controllings, in: Handbuch Spezialfonds, Hrsg. Kleeberg, J./Schlenger, C., Bad Soden, S. 727–771.

Wittrock, C. (2000b): Messung und Analyse der Performance von Wertpapierportfolios – Eine theoretische und empirische Untersuchung, 3. Aufl., Bad Soden.

Wittrock, C. (2000c): Performancepräsentation: GIPS und DVFA-PPS im Vergleich, in: Die Bank, Heft 10/2000, S. 712–717.

Wolff, U. (2003): Erfolgsmessung im Portfoliomanagement, in: Knobloch, A. P. (Hrsg.) (2003): Neuere Finanzprodukte: Anwendung, Bewertung, Bilanzierung, Festschrift zum 65. Geburtstag von Prof. Dr. Wolfgang Eisele, München.

34 Research – Grundlagen*

> **LERNZIELE**
> - Aufgaben des Research erläutern.
> - Die unterschiedlichen Ausprägungen des Research klassifizieren.
> - Organisationsformen für Research mit Vor- und Nachteilen gegenüberstellen.
> - Buy-Side- und Sell-Side-Research unterscheiden.
> - Verhaltensvorschriften für Analysten begründen und Quellen nennen.
> - Aufgaben von Analystenvereinigungen darstellen.
> - Erfolgskritische Faktoren des Research aufzeigen.
> - Controlling im Research beschreiben.

34.1 Einleitung

34.1.1 Ziele und Aufgaben

Wozu wird eigentlich Research betrieben? Das allgemeine Ziel des Research lässt sich wie folgt definieren.

> **DEFINITION**
> Ziel des Research ist, die zukünftigen Entwicklungen sicherer einzuschätzen.

> Erläuterung: Grundlage der Definition ist die derzeit vorherrschende Entscheidungslehre, derzufolge die zukünftigen Umweltzustände einerseits grundsätzlich bekannt sind, ihr Eintritt andererseits – meist – nicht mit Sicherheit vorhergesagt werden kann. Die Entscheider ordnen den Umweltzuständen Wahrscheinlichkeiten zu und treffen dann ihre Entscheidungen anhand des von ihnen verwendeten Entscheidungskriteriums (z. B. Ertragserwartungswert, Mü-Sigma-Kriterium). Umso bessere Informationen ein Entscheider hat, desto sicherer kann er die Zukunft einschätzen – dazu trägt das Research bei. Im Zustand perfekter Information, wenn der Entscheider also die Zukunft sicher voraussagen kann, hat genau ein Umweltzustand 100 % Eintrittswahrscheinlichkeit. Dieses wäre das »Idealziel« des Research.

Aus diesem allgemein formulierten Ziel lassen sich die konkreten Aufgaben ableiten:
- Ermittlung von Fakten- und Erfahrungswissen aus der Vergangenheit,
- Aufstellung von Ursache-Wirkungs-Hypothesen und
- Ableitung von Prognosen für die zukünftige Entwicklung.

---

* Autoren: Ulrike Zimelka, Thomas Effler, Klaus Reimer und Jörn Spillmann

Für diesen dreistufigen Prozess werden zuerst aus einer Vielzahl von Informationen die jeweils für das Analyseobjekt relevanten Einflussfaktoren selektiert, nach ihrer Bedeutung gewichtet und interpretiert. Aufbauend auf dem Erfahrungswissen aus der Vergangenheit werden Ursache-Wirkungs-Hypothesen aufgestellt, die mit Hilfe eines geeigneten methodischen Instrumentariums zu überprüfen sind. Anschließend werden unter den getroffenen Annahmen die zukünftige Entwicklung der Analyseobjekte prognostiziert und Entscheidungsempfehlungen abgeleitet. Für alle Prozessstufen stehen eine Vielzahl quantitativer und qualitativer Methoden sowie ein großes Reservoir an Zeitreihen zur Verfügung.

34.1.2 Einsatzgebiete und Zielgruppen

Zu den Zielgruppen des Research in einer Bank zählen nicht nur die eigenen Kunden. Dies liegt daran, dass sich die Ergebnisse des Research viel weiter verwenden lassen. Aus den drei Einsatzgebieten des Research, nämlich Geschäftsunterstützung, Verkauf an Dritte und Öffentlichkeitsarbeit lassen sich die Zielgruppen ableiten:
- *Geschäftsunterstützung.* Alle Geschäftsfelder respektive deren Kunden zur Unterstützung des eigenen Geschäftes.
- *Verkauf von Leistungen.* Fremde Banken und institutionelle Investoren als Käufer von Research-Leistungen für deren Geschäfte.
- *Öffentlichkeitsarbeit.* Im Rahmen der Öffentlichkeitsarbeit auch Nichtkunden.

34.1.3 Klassifikation von Research-Varianten

Bei einer internationalen Großbank gibt es eine Fülle von unterschiedlichen Varianten des Research. Es lassen sich unterscheiden:
- nach dem Untersuchungsgegenstand
  - Kapitalmarkt-Research
  - Volkswirtschaftliches Research
- nach den Informationsquellen
  - Primär-Research
  - Sekundär-Research
- nach den Abnehmern
  - Buy-Side-Research
  - Sell-Side-Research.

Kapitalmarkt-Research
Die wesentlichen Aufgaben des Kapitalmarkt-Research sind:
- Erstellung von Analysen und Prognosen über die Analyseobjekte – Analyseobjekte sind Zinssätze, Währungen, Wertpapiere (Anleihen, Aktien, Derivate), Kapitalmärkte und Branchen – und die Beurteilung der Eignung der verwandten Methoden für die Prognose.

- Entwicklung von Methoden und Instrumenten zur Strukturierung und Überwachung von Portfolios (Portfolio-Research).
- Analyse verschiedener Anlegerbedürfnisse und Entwicklung geeigneter Produkte (Brückenfunktion zum Marketing).

Volkswirtschaftliches Research

Hier werden in erster Linie fundierte makroökonomische Analysen und Prognosen erstellt, die den Zielen dienen:
- Beurteilung von Länderentwicklungen und -risiken,
- Branchenbeurteilung,
- Bewertung von Kreditrisiken,
- Aktiv-Passiv-Steuerung der Bank und
- Konzernplanung und -entwicklung.

Nach den *Informationsquellen* lässt sich Primär-Research und Sekundär-Research unterscheiden.
- Wenn aus ursprünglichen Informationen eigenständige Analysen erstellt werden, handelt es sich um *Primär-Research*.
- Beim *Sekundär-Research* erfolgt die Meinungsbildung auf der Basis von Analysen Dritter, z. B. Broker, Banken etc.

In Abhängigkeit von *Abnehmern* und den dadurch induzierten Aufgaben lässt sich eine Unterscheidung in Buy-Side-Research und Sell-Side-Research treffen.
- *Buy-Side-Research* arbeitet überwiegend für das eigene Portfoliomanagement, um die *eigenen* Investitionsentscheidungen zu unterstützen, oder – im Ausnahmefall – für ausgewählte Kunden zur Beratung bei deren Investitionsentscheidungen.
- *Sell-Side-Research* bietet seine Leistungen überwiegend externen Abnehmergruppen an, um sie bei deren Investitionsentscheidungen zu beraten und hat letztlich das Ziel, die eigenen Verkaufsabteilungen (Handel) zu unterstützen. Auch das eigene Buy-Side-Research kann Adressat der Leistungen des Sell-Side-Research sein.

> **Tipp: Unterscheidung von Buy- und Sell-Side-Research**
>
> Es ist nicht ganz einfach, Buy- und Sell-Side-Research voneinander zu unterscheiden. Am einfachsten fällt es, wenn man sich folgende Aspekte einprägt:
> *Sell-Side-Research* hat seine *historischen Wurzeln* bei Brokern, die begannen, ihren Kunden Informationen über neueste Markttrends zu vermitteln. Diese Dienstleistung fand Anklang und ist auch heute noch wichtige Leistung von Brokern. Kann ich als Kunde Informationen eines Dritten ungefiltert akzeptieren, oder sollte ich diese eigenständig auswerten und nachbearbeiten?, fragten sich einige Kunden. Nein, ich muss selbst Research betreiben und dann handeln, wenn mein eigenes Research grünes Licht gibt. Damit war das *Buy-Side-Research* geboren.

34.2 Organisation des Research

Eine Bank kann ihr Research unterschiedlich organisieren, wobei im Wesentlichen drei Grundformen möglich sind.
- Zentralisiertes Inhouse-Research.
- Dezentrales integriertes Inhouse-Research.
- In einer selbstständigen Tochtergesellschaft ausgegründetes Research (Outsourcing-Lösung).

Zentrales Inhouse-Research

Eine Konzentration aller Research-Aufgaben in einer zentralen Abteilung ist vor allem unter ökonomischen Aspekten sinnvoll. Allerdings muss das Research viele Abnehmer mit unterschiedlichen Bedürfnissen und Wünschen bedienen. Kann das zentrale Research seine Abnehmer nicht zufrieden stellen, besteht die Gefahr, dass die Abnehmer eigenes Research aufbauen. Überschneidungen und Doppelarbeit können dann die ökonomische Effizienz gefährden.

Dezentrales integriertes Inhouse-Research

Wird die Abdeckung des Aufgabenspektrums der unterschiedlichen bankinternen Abnehmer in den Vordergrund gestellt, erhält jede Zentraleinheit einen eigenen funktionsspezifischen Research-Bereich. Zentral wird nur Basis-Research (volkswirtschaftliche Einschätzungen) für alle anderen Abteilungen bereitgestellt. Dadurch lassen sich Angebot an und Nachfrage nach Research optimal aufeinander abstimmen. Allerdings erschwert die Dezentralisierung der Research-Bereiche eine sinnvolle interne Abstimmung beispielsweise bei der gemeinsamen Nutzung von Datenbanken. Daneben können Abteilungsgrenzen eine enge Zusammenarbeit und einen reibungslosen Informationsaustausch innerhalb des Konzerns behindern.

Outsourcing

Eine ausgegründete rechtlich selbstständige Tochtergesellschaft kann ein von einer unmittelbaren Einflussnahme durch bankgeschäftliche Interessen unabhängiges Research liefern, das auch externen Abnehmern angeboten wird. Damit steht die Wettbewerbs- und Abnehmerorientierung eindeutig im Vordergrund. Neben der schwierigen Aufgabe, adäquate Preise für die Leistungen zu fordern, birgt diese Lösung für bankinterne Nutzer die Gefahr, dass nicht alle Anforderungen von der Research-Tochtergesellschaft bearbeitet werden. Es kann wie bei der zentralen Inhouse-Lösung zum Aufbau doppelter Kapazitäten kommen.

Da alle Organisationsformen Vor- und Nachteile aufweisen, hängt die Frage, wie Research in der Praxis innerhalb einer Bank organisiert wird, von den gewählten Entscheidungskriterien und deren individueller Gewichtung ab.

Kriterien sind:
- Kostenabwägungen
- Qualitätserwägungen, insbesondere
  - die Unabhängigkeit der Researchabteilung,
  - das Ausmaß der Abnehmerorientierung und damit das Eingehen auf wachsende Ansprüche und Wünsche der Zielgruppen.

Während beispielsweise Kostengesichtspunkte und der meist nur geringe Stellenwert einer Research-Abteilung in den 70er-Jahren noch für ein zentralisiertes In-house Research sprachen, führten der Profit-Center-Gedanke und auch die gestiegene Abnehmerorientierung des Research in den 80er- und Anfang der 90er-Jahre verstärkt zu organisatorischen Lösungen in Form der Ausgliederung des Research in selbstständige Tochtergesellschaften. Mit den komplexer werdenden Finanzmärkten wurde zur Qualitäts- und Flexibilitätssteigerung aber auch das dezentrale integrierte Research genutzt.

34.3 Analyst, Analystenvereinigung, Verhaltenskodizes

Die landläufige Bezeichnung für Mitarbeiter im Research ist nicht »Researcher« oder »Forscher«, sondern »Analyst«. In diesem Abschnitt erhalten Sie einen Überblick über die Aufgaben und Pflichten von Analysten.

> **DEFINITION**
> Analysten werten unter Verwendung verschiedenster Methoden systematisch Informationen über mögliche Investitionsobjekte wie zum Beispiel Wertpapiere, Unternehmen oder Börsenindizes aus und ziehen daraus Rückschlüsse auf deren zukünftige Wertentwicklung.

Analystenvereinigungen
Analystenvereinigungen sind berufsständische Organisationen, die dem Informationsaustausch dienen und als Interessensvertretung für Analysten, Anlageberater und Portfoliomanager wirken.
- In Deutschland sind dies beispielsweise:
  - Deutsche Vereinigung für Finanzanalyse und Assetmanagement (DVFA)
  - Vereinigung Technischer Analysten (VTAD)
  - German CFA Society
- in Großbritannien:
  - United Kingdom Society of Investment Professionals (UKSIP)
- in den USA:
  - CFA Institute
- oder überregional:
  - European Federation of Financial Analysts Societies (EFFAS)

- International Council of Investment Associations (ICIA)
- Association of Certified International Investment Analysts (ACIIA) oder
- Asian Securities Analysts Federation (ASAF)
- Global Association of Risk Professionals (GARP).

Aufgaben der Analystenvereinigungen
Zu den Aufgaben der Vereinigungen gehören:
- Interessenvertretung der Analysten gegenüber Politik, Behörden, Verbänden und Unternehmen.
- Zusammenstellung von Berufsgrundsätzen, die für die Mitglieder verbindlich sind, insbes. zur Thematik der Interessenkonflikte.
- Definition von Standards und Sicherung deren Einhaltung (Normen für professionelle Verhaltensweisen), beispielsweise Ermittlung des Ergebnisses je Aktie, Performance Presentation Standards, Reporting Standards, Assetmanagement Standards, Rating Standards.
- Aus- und Weiterbildungsprogramme, beispielsweise die Post-Graduierten-Ausbildungen zum CEFA-Investmentanalyst/DVFA, zum Certified International Investment Analyst (CIIA), die dreistufige Ausbildung im Selbststudium zum Certified Financial Analyst (CFA) oder zum Financial Risk Manager sowie Fortbildungsseminare.
- Organisation von Analystenkonferenzen als neutrale Plattformen für eine effiziente Kapitalmarktkommunikation.
- Organisation von Themenkonferenzen und Foren.
- Veröffentlichungen in Form von Buchreihen oder Zeitschriften, beispielsweise das »Financial Analysts Journal«, und
- überregionale und internationale Koordination und Kommunikation mit anderen Analystenvereinigungen.

Die berufsständischen Vereinigungen von Analysten stehen in einem Dilemma. Einerseits wollen sie die Interessen der Analysten vertreten. Mitgliedschaften sind deshalb in der Regel an eine Person gebunden. Andererseits sind die Analysten abhängig von ihren Häusern und vertreten deren Interessen mehr als ihre persönlichen.

Verhaltensregeln für Analysten
Kursübertreibungen vor allem am Neuen Markt und die danach insbesondere bei Privatanlegern einsetzende Enttäuschung aufgrund der massiven Kursverluste im Verlauf des Jahres 2000 veranlassten das deutsche Bundeswirtschaftsministerium im Januar 2001 zu der Forderung, verbindliche Verhaltensregeln für Kapitalmarktteilnehmer zu entwickeln, um Manipulationen von Aktienkursen durch öffentliche Meinungsäußerungen zu verhindern und dadurch das Vertrauen in die Aktie zu fördern. Auch die EU wurde tätig und beschloss Ende März 2001 in Stockholm die Schaffung einer einheitlichen europäischen Finanzmarkt-Gesetzgebung.

Sowohl auf berufsständischer Basis (z.B. »Standesrichtlinien« der DVFA oder »Code of Ethics« des CFA Institute), als auch auf Basis gesetzlicher Vorschriften [z. B. Wertpapierhandelsgesetz (WpHG) und Börsengesetz (BörsG) in Deutschland, Financial Services and Markets Act in Großbritannien oder diverse »Cases« der Securities and Exchange Commission (SEC) in den USA] existieren bereits Vorschriften und Organe, die das Verhalten von Analysten regeln und überwachen.

Sowohl Gesetze als auch Ehrenkodizes haben Nachteile. Über gesetzliche Regelungen kann immer nur mit einer gewissen Verzögerung auf aktuelle Entwicklungen reagiert werden. Ein hoher Abstraktionsgrad der Gesetzestexte verhindert die Formulierung anwendungsbezogener konkreter Normen. Diese liefern berufsständische Kodizes. Sie gelten jedoch nur auf privatrechtlicher Basis. Wegen ihrer mangelnden Verbindlichkeit und Durchsetzbarkeit sowie der Freiwilligkeit der Mitgliedschaft werden sie zur Gewährleistung eines effektiven Anlegerschutzes und der Funktionsfähigkeit des Kapitalmarktes derzeit als nicht ausreichend angesehen.

In Deutschland wurden deshalb weitere Verhaltensrichtlinien in das Wertpapierhandelsgesetz aufgenommen. Der im Jahr 2002 neu eingefügte und im Jahr 2004 weiter konkretisierte § 34b WpHG verlangt, die Wertpapieranalyse mit der erforderlichen Sachkenntnis, Sorgfalt und Gewissenhaftigkeit zu erbringen. Noch wichtiger ist aus Anlegerschutzgründen die nach § 34b WpHG geforderte Verpflichtung, mögliche Interessenkonflikte offen zu legen. Der Gesetzgeber hält diese für gegeben, wenn das die Analyse erstellende oder ein mit ihm verbundenes Unternehmen eine Beteiligung von mindestens 1 Prozent des Grundkapitals der analysierten Gesellschaft hält oder deren letzte Emission innerhalb 5 Jahren übernahm oder deren Wertpapiere aufgrund Vertrag an der Börse oder am Markt betreut.

Der »Kodex für anlegergerechte Kapitalmarktkommunikation« von Rosen/Gerke

Vorläufer dieser Kodifizierung im § 34b WpHG war ein vom Bundeswirtschaftsministerium angeregter und von Gerke/v. Rosen ausgearbeiteter Kodex für anlegergerechte Kapitalmarktkommunikation. Wegen seiner vollständigen Erfassung aller Interessenskonfliktbereiche wird der Kodex hier auszugsweise wiedergegeben, selbst wenn er am Markt keine unmittelbare Akzeptanz gefunden hat. Er enthält:
- den Geltungsbereich,
- die Pflichten der Unterzeichner des Kodex gegenüber Arbeitgebern bzw. Mitarbeitern,
- Verschwiegenheits- und Informationspflichten der Unterzeichner,
- Sorgfaltspflichten der Unterzeichner,
- beschreibt den Umgang mit Insiderwissen,
- regelt die Überwachung der Einhaltung des Kodex und
- nennt Sanktionen bei Verletzung des Kodex.

Folgendes sind wichtige Einzelregelungen
- Ziel des Kodex ist die exakte Definition des zulässigen Verhaltens für Kapitalmarktkommunikatoren. Sämtliche Einflüsse sollen ausgeschaltet werden, die eine unabhängige und objektive Analyse gefährden.

- Adressaten sind Analysten, Journalisten und andere Personen, die sich vor der Öffentlichkeit wertend zu Finanzinstrumenten äußern oder diesem Personenkreis entsprechende Informationen zuarbeiten.
- Nebenverdienste müssen dem Arbeitgeber angezeigt werden.
- Alle Sachverhalte, die veröffentlichte Analysen beeinflusst haben könnten, werden mit den Analysen zusammen veröffentlicht (z. B. Beteiligungen, Emissionen, Sponsor- oder Market Maker-Tätigkeit, Geschenke).
- Analysen werden sachgerecht erstellt. Presseberichte werden nur als Sekundärquellen verwendet. Der Analyseweg wird nachvollziehbar geschildert.
- Analysen unterscheiden deutlich zwischen Meinung und Fakt.
- Die Risikostrukturen der analysierten Projekte werden genannt.
- Zwischen Analyseentschluss und Veröffentlichung von Analysen wird in den betroffenen Wertpapieren nicht gehandelt.
- Insiderinformationen werden nicht verarbeitet. Die somit nur aus bereits öffentlichen Informationen erstellten Analysen sind keine Insiderinformation.

34.4 Buy-Side-Research

Buy-Side-Research arbeitet exklusiv für hausinterne Portfoliomanagement-Einheiten und erfüllt im Wesentlichen zwei Funktionen:
- Unterstützung der hauseigenen Portfoliomanager bei der Vorbereitung ihrer Anlageentscheidungen und
- Unterstützung der Marketing-Einheiten von hauseigenen Portfoliomanagement-Gesellschaften bei der Akquisition von Kunden und Kundengeldern.

Wichtige Kennzeichen des Buy-Side-Research sind:
- Hohe Unabhängigkeit von den Interessen des eigenen Hauses,
- Ausgeprägte Abnehmerorientierung,
- Exklusive Verfügbarkeit und
- Abnehmer von Ergebnissen des Sell-Side-Research.

Unabhängigkeit

Das Buy-Side-Research sollte idealerweise keinerlei Verpflichtungen gegenüber den möglicherweise überlagernden Interessen anderer Bereiche (z. B. Eigenhandel, Corporate Finance) unterliegen. Es agiert eigenständig, ohne andere im Konzern bestehende Kundenbeziehungen zu berücksichtigen. Die gewährleistete Unabhängigkeit schafft die Voraussetzungen für allein den Interessen des Abnehmers dienende Analysen.

Abnehmerorientierung

Als ausschließlicher Dienstleister für das Portfoliomanagement liefert das Buy-Side-Research nicht nur Daten und Analysen, sondern auch Strukturierungsvorschläge für Kundenportfolios. Alle Leistungen des Research können maßgeschneidert auf die Bedürfnisse der Portfoliomanager zugeschnitten werden. Innovationskraft und Kreativität sind bei der Generierung von Anlageideen permanent gefragt.

Exklusivität

Neue Informationen müssen sofort analysiert und weitergeleitet werden. Analysten sitzen meist räumlich in unmittelbarer Nähe des Portfoliomanagements, sodass deren Analysen auch zu kurzfristig notwendigen Reallokationsentscheidungen genutzt werden können. Darüber hinaus steht der Researcher dem Portfoliomanager für vertiefende Untersuchungen persönlich zur Verfügung.

Beziehungen zum Sell-Side-Research

Im Normalfall ist das Buy-Side-Research ein Abnehmer des hauseigenen oder von Dritten gelieferten Sell-Side-Research. Daraus resultiert sowohl eine gewisse Filter- als auch eine Ergänzungsfunktion von externem Research. Aufgrund der Möglichkeit, über die Vergabe von Wertpapierkauf- und -verkaufsaufträgen Art und Umfang der Dienstleistung des Sell-Side-Research mitbestimmen zu können, ist es schließlich denkbar und nicht ungewöhnlich, dass das Sell-Side-Research im Auftrag des Buy-Side-Research tätig wird. Dies hängt auch damit zusammen, dass Buy-Side-Research tendenziell »breiter« und Sell-Side-Research »tiefer«, d.h. spezialisierter organisiert ist, sodass die Spezialisten, ohne deren Rat kaum auszukommen ist, auf der Sell Side sitzen.

FALLSTUDIE

Organisation des Buy-Side-Research im Portfoliomanagement

Das Portfoliomanagement ist eines der wichtigen Einsatzgebiete des Research. Wie sollte das Research darin organisatorisch eingebettet werden?

Die Abbildung 34.1 zeigt die Wertschöpfungskette des Portfoliomanagements und die Stellung des Research. Das Research stellt die erste von vier Stufen im Portfoliomanagement dar. Es bildet mit seinen Informationen die Grundlage der weiteren Entscheidungen.

Stufe 1 Research	Stufe 2 Assetallocation (Portfoliomanagement i. e. S.)	Stufe 3 Logistik	Stufe 4 Marketing
Research als Grundlage der weiteren Entscheidungen	In der zweiten Stufe erfolgen die Assetallocation und die Security Selection. Hier werden alle Entscheidungen für die Strukturierung der Anlagemedien (Aktien, Renten und Cash) getroffen, die Länderallokation und die Währungsallokation, ebenso die Strukturierung innerhalb der einzelnen Anlagekategorien, d. h. bei Aktienanlagen die Branchenstruktur, bei Rentenanlagen die Laufzeitenstruktur und die Wahl der Schuldnerqualitäten. Schließlich finden die Bestimmung der einzelnen Wertpapiere und das Timing statt.	Handling und Logistik als dritte Stufe beschreiben die dispositive Umsetzung der in der zweiten Stufe getroffenen Entscheidungen und damit im Zusammenhang stehende administrative Komponenten.	In der vierten Stufe erfolgen das Marketing und der Vertrieb, d. h., die Akquisition neuer und die Betreuung bestehender Kunden.

Abb. 34.1: Wertschöpfungskette des Portfoliomanagements

Die nahe Verwandtschaft der Aufgabenstellungen zwischen Research und dem Assetmanagement legt eine enge Zusammenarbeit und damit eine Integration des Research in den Portfoliomanagementprozess nahe. In der Praxis verschwimmen die Grenzen zwischen Research und Assetallocation sogar oftmals: Erfolgreiche Portfoliomanager trauen ihrem eigenen Urteil gelegentlich mehr als dem eines Managers der Research-Abteilung – sie betreiben dann oft Research in eigener Regie. Diesem manchmal durchaus erfolgreichen Verhalten muss die Organisation Rechnung tragen. Die Aufgabenaufteilung zwischen Analyst und Portfoliomanager in den ersten beiden Stufen des Portfoliomanagements kann deshalb unterschiedlich organisiert werden:

Separation: Research und Portfoliomanagement werden auf verschiedene Personen in separaten Einheiten aufgeteilt.

Identität: Beide Aufgaben werden in einer Person vereinigt, etwa wenn ein Portfolio-Manager einen Teil seiner Zeit für Analysen aufwendet.

Integration: Portfoliomanager und Analyst sind unterschiedliche Personen, arbeiten aber in einer organisatorischen Einheit eng zusammen und können so auf persönliche Stärken und Schwächen hin optimierte Arbeitsweisen entwickeln.

34.5 Sell-Side-Research

Sell-Side-Research hat seine Wurzeln bei angelsächsischen Brokern. Die europäischen Universalbanken haben sich diese zweckbezogene Art des Research abgeschaut. Sell-Side-Research ist mittlerweile ein bedeutender Bestandteil des Serviceangebotes geworden und hat sich zu einem äußerst wichtigen Wettbewerbsfaktor entwickelt. Es ist entscheidend für die Gewinnung von Mandaten bei der Platzierung von Aktien und Anleihen sowie Wegbereiter für das Provisionsgeschäft.

34.5.1 Abnehmer des Sell-Side-Research

Abnehmer des Sell-Side-Research können externe und interne Stellen sein:

Externe Abnehmer
- nationale und internationale Kapitalanlagegesellschaften,
- Pensionsfonds,
- Versicherungen und
- andere institutionelle Investoren und breite Öffentlichkeit

Interne Abnehmer
- der Eigenhandel,
- der Derivatebereich,
- die Abteilungen für Privat- oder Firmenkunden sowie
- das Buy-Side-Research.

34.5.2 Wesentliche Aufgaben

Sell-Side-Research analysiert genau wie das Buy-Side-Research das Geschehen an den Kapitalmärkten. Sell-Side-Research
- erstellt Prognosen,
- berät seine Abnehmer bei der Umsetzung der Prognosen in Anlageentscheidungen,
- macht Vorschläge für die Zusammenstellung neuer Portfolios,
- fertigt Bestands- und Veränderungsanalysen von bestehenden Portfolios an.

34.5.3 Abgrenzung zum Buy-Side-Research

Die wichtigsten Unterschiede zum Buy-Side-Research sind – abgesehen von den Abnehmern:
- Öffentlichkeitswirksame Funktion des Research,
- Unterstützung der eigenen Handelsabteilung,
- Bearbeitung ausgewählter Fragestellungen,
- Analyse von Börsenkandidaten – Primary Coverage,
- Größeres Universum zu analysierender Unternehmen,
- Funktion des Research als eine die Kommissionseinkommenserzielung anderer Abteilungen unterstützende Tätigkeit,
- Analyse von Themen von publizitätsträchtiger Wirkung und
- Vermarktung der Empfehlungen.

Öffentlichkeitswirksame Funktion
Im Unterschied zum Buy-Side-Research hat das Sell-Side-Research nicht nur eine kundenspezifische, sondern zusätzlich eine öffentlichkeitswirksame Funktion. Dabei werden regelmäßig auch Kauf- oder Verkaufs-Empfehlungen ausgesprochen. Restriktionen für Research im Zusammenhang mit Emissionen bestehen nach US-Recht und nach banküblicher Praxis. Diese gelten für Konsortialmitglieder. Dies wird durch den sog. Disclaimer am Ende jeder Sell-Side-Analyse deutlich hervorgehoben. Interessenkonflikte können beispielsweise dann auftreten, wenn das Sell-Side-Research die für Emissionen zuständige Abteilung bei der Platzierung von Aktien und Anleihen unterstützt.

Unterstützung der eigenen Handelsabteilung
Im Rahmen der kundenspezifischen Funktion gegenüber der eigenen Handelsabteilung, die ihre Investmententscheidungen im Wesentlichen auf Basis der Ausarbeitungen und Empfehlungen der eigenen Analysten trifft, gibt das Sell-Side-Research sehr wohl direkte Kauf- oder Verkaufsempfehlungen. Für die öffentlichkeitswirksame Funktion werden diese Empfehlungen durch den Disclaimer »entschärft«, d.h., als Handelsmöglichkeit präsentiert.

Coverage

Befassen wir uns im Folgenden mit diesem Begriff.

DEFINITION
Als Coverage wird die Bearbeitung eines bestimmten Marktsegmentes durch das Research bezeichnet.

Nach der Art der Coverage lässt sich Primary und Secondary Coverage unterscheiden.

- Unter *Primary Coverage* ist die Erstellung von IPO-Research zu verstehen, d. h. die Analyse von Unternehmen, die noch nicht an der Börse notiert sind. Der Sell Side-Analyst unterstützt hierbei die Corporate-Finance-Abteilung, indem er das Aktien-Research für den Börsengang des jeweiligen Unternehmens schreibt und später mit vermarktet. Das IPO-Research ist wesentlicher Bestandteil der Bankleistungen im Bereich Equity Capital Markets (ECM).
- Dagegen konzentriert sich das *Secondary Coverage* auf die Erstellung und Vermarktung von Aktienanalysen von bereits an der Börse gelisteten Unternehmen.

Darüber hinaus lassen sich grundsätzlich zwei Herangehensweisen unterscheiden: Den *Sector-Approach* (Branchenorientierung) und den *Country-Approach* (Länderorientierung). Bis vor einigen Jahren war in Europa Research hauptsächlich nach Ländern ausgerichtet. So gab es Research-Teams, die sich z. B. nur mit deutschen Aktien, andere wiederum nur mit französischen Aktien beschäftigten. Ursächlich war, dass es nur vereinzelt Wertpapierhandelshäuser gab, deren Geschäftsgebiet überregional organisiert war. Dies hat sich gewandelt. In den letzten Jahren richteten sich die großen internationalen Wertpapierhandelshäuser alle global aus und bieten ihren Kunden Unternehmensanalysen von allen Unternehmen, die weltweit

Abb. 34.2: Coverage: Die Branchen- und Ländersegmentierung des Research einer Großbank

an einer Börse gelistet sind. Auf der anderen Seite gibt es aber auch Wertpapierhandelshäuser, die ihre Coverage regional konzentrieren oder sich Nischensegmenten zuwenden.

Bearbeitung ausgewählter Fragestellungen
Das Sell-Side-Research bearbeitet Einzelfragen sowohl von externen Kunden als auch von internen Interessenten. Externe Anfragen können sich beispielsweise auf spezifische Informationen, insbesondere marktnahe Daten beziehen, wie Flows, Marktstimmungen oder Risikoeinstellungen der Marktteilnehmer.

Börsenkandidaten
Das Sell-Side-Research erstellt die informatorische – analytische und werbende – Ausgangsbasis für die Platzierung von Aktien und Anleihen.

Universum
Das Sell-Side-Research deckt in der Regel ein größeres Universum zu analysierender Unternehmen ab. Dabei sind die Sell-Side-Analysten stärker spezialisiert. Die sog. »Coverage« eines einzelnen Sell-Side-Analysten ist kleiner als das eines Buy-Side-Analysten.

Verkaufsunterstützende Funktion
Während das Buy-Side-Research den Portfoliomanager bei seinen Anlageentscheidungen unterstützt, dient das Sell-Side-Research der Erzielung von Kommissionseinkommen der Handelsabteilungen, also der Entwicklung und dem Absatz von Produkten.

Publizitätswirkung
Mit kapitalmarktbezogenen Analysen von publizitätswirksamen Themen wird ein zusätzliches Analysespektrum abgedeckt. Dazu gehört regelmäßiges globales Makro-Research (Länderstudien, Zinsen, Währungen, auch Einzeltitel). Daneben gibt es auch Sonderstudien, beispielsweise das Index-Research (Auswirkungen von Veränderungen in der Zusammensetzung von Indizes oder von Veränderungen im Regelwerk von Indexkonzepten auf die Entwicklung von einzelnen Aktien) oder Untersuchungen zu Investmentstilen (Value/Growth etc.). Alle Analyseergebnisse dienen in der öffentlichkeitswirksamen Funktion auch der Außendarstellung des eigenen Hauses und der Akquirierung neuen Geschäfts. Die Aufbereitung der Research-Ergebnisse für öffentlichkeitswirksame Veranstaltungen, Präsentationen oder Seminare bildet daher einen zentralen Bestandteil des Sell-Side-Research.

Vermarktung
Neben der Analyse nimmt für den Sell-Side-Analysten die eigene Vermarktung seiner Empfehlungen weitaus größeren Rang ein. Der Analyst hat dabei selbst zahlreiche direkte Kundenkontakte und übernimmt die Vermarktung seines Research zusätzlich zu und in enger Absprache mit dem Sales auch selbst. Zur Erreichung einer guten Wettbewerbsposition entwickelt der Sell-Side-Analyst auch Kontakte zu po-

tenziellen Kunden ohne konkrete Geschäftsvorgänge. Mit der Teilnahme an medienwirksamen Konferenzen oder der Veröffentlichung von Studien und Publikationen sind bedeutende Kundenbindungs- und Reputationseffekte verbunden.

34.6 Produktkategorien

34.6.1 Quant-Produkte

Begriff
Als Quant-Produkt werden die Ergebnisse des *quantitativ orientierten Research* bezeichnet. Dieses analysiert mit Hilfe mathematisch-statistischer Methoden empirische Zusammenhänge und zeichnet sich dabei durch eine explizit modellgestützte Vorgehensweise aus. Das quantitative Research kommt zum einen immer dann ins Spiel, wenn es (sehr) große Datenmengen zu bewältigen gilt. Ist beispielsweise das Anlageuniversum sehr breit gefasst, so kann es schnell aus mehreren tausend Einzelwerten bestehen. Hieraus systematisch Anlagestrategien zu entwickeln, ist ohne Verwendung quantitativer Techniken häufig nicht mehr möglich. Zudem bieten sich quantitative Techniken immer dann an, wenn die Konsistenz bei der Vorgehensweise sichergestellt werden soll. Schließlich ist das quantitative Research in der Lage, multidimensionale Wechselwirkungen mit formal konsistenter Methodik zu betrachten.

> **BEISPIEL**
> Gegeben sei die folgende Problemstellung. Welche Auswirkungen auf das Portfoliorisiko ergeben sich, wenn ein Portfolio bestehend aus 100 Aktien umgeschichtet wird?
> Um diese Frage adäquat beantworten zu können, müssen die 100 erwarteten Volatilitäten für die Aktienrenditen der Einzelwerte betrachtet werden und zusätzlich weitere 4.950 Kovarianzen der Aktienrenditen (siehe auch Kapitel Portfoliotheorie). Dies zeigt die Notwendigkeit einer formalen, mathematischen Formulierung der Aufgabenstellung und eines Vorhaltens riesiger Datenbestände.

Typische Einsatzgebiete
Die vornehmlichen Anwendungsgebiete für das quantitative Research sind die im Folgenden aufgeführten.
Portfolio- und Risikoanalyse sowie -beratung. Neben der *Bestandsanalyse* (z. B. wie hoch ist das erwartete Portfoliorisiko absolut oder im Vergleich zu einer Benchmark? Welche Faktoren tragen dazu am meisten bei?) geht es dabei auch um *Veränderungsanalysen* (z. B. welche Auswirkung hat die Einführung einer bestimmten Restriktion? Wie kann das Portfoliorisiko am schnellsten verringert werden?) sowie um die Beratung bei der *Strukturierung des Investmentprozesses* (z. B. was ist eine sinnvolle Benchmark für meine Bedürfnisse? Welche Restriktionen müssen beachtet werden?).
Assetallocation und Sektorallokation. Bei der Assetallocation geht es darum, den optimalen Mix zwischen verschiedenen Assetklassen (Bonds, Aktien, Cash in verschiedenen Ländern bzw. Regionen) zu ermitteln. Demgegenüber bezeichnet die Sektorallokation die Aufteilung der Aktienanlage auf die verschiedenen Sektoren (Wie viel sollte in Banken, Autos, Maschinenbau usw. investiert werden?).

Aktienselektion und Style-Investing. Das quantitative Research wird häufig dazu eingesetzt, die Aktien, in welche investiert werden soll, auszuwählen. Dies gilt insbesondere dann, wenn man spezifische Investmentstile verfolgt (z. B. Value- oder Growth-Strategien). Hierbei werden die Aktien aufgrund vorher bestimmter Regeln für Merkmale der Aktien ausgewählt. Diese Regeln können relativ einfach (z. B. Dividendenrendite, Kurs-Gewinn-Verhältnis), aber auch überaus komplex sein.

Indexresearch. Hierbei geht es darum, Veränderungen in der Zusammensetzung von Aktienindizes daraufhin zu analysieren, welche Aktien am meisten profitieren werden (Flow-of-Funds-Analyse). Dabei geht es sowohl um die regelmäßigen als auch um die außerordentlichen Anpassungstermine, z. B. im Zusammenhang mit Fusionen. Ferner werden Veränderungen im Regelwerk der Indexanbieter auf ihre Wirkungen untersucht (z. B. Übergang von einer reinen Marktkapitalisierungsgewichtung zu einer, welche die Höhe des Streubesitzes (Free Float) mit einbezieht).

Der typische quantitative Analyst hat dabei selbst zahlreiche direkte Kundenkontakte, d. h. er übernimmt die Vermarktung seines Research zusätzlich zu und in enger Absprache mit dem Sales auch selbst.

34.6.2 Produkte auf Basis der Fundamentalanalyse

Produkterstellung

Im Mittelpunkt der Fundamentalanalyse stehen die betriebswirtschaftliche »Performance« in der Vergangenheit und die Zukunftsaussichten des analysierten Objektes. Gewinn und Umsatzerwartung, gesamtwirtschaftliche und branchenspezifische Entwicklungen, neue Produkte und Technologien ergeben wichtige Gradmesser für ein Anlageurteil des Analysten. Die Bewertung eines Unternehmens basiert auf Erwartungen in zukünftige Erträge, die vom Analysten geschätzt werden. Mittels formaler Bewertungsmodelle werden die geschätzten Gewinne in Marktpreise umgerechnet. Derzeit stehen die zwei Verfahrensgruppen der Multiples (Multiple Verfahren (P/E, EV/EBIT etc.)) und die Varianten des Discounted-Cashflow-Verfahrens im Vordergrund.

34.7 Produktverbreitung

34.7.1 Entgelt und Kosten

Analysen werden selten gegen Entgelt verkauft. I. d. R. werden sie guten Kunden kostenlos zur Verfügung gestellt. Kommt für die Bank kein attraktives Gegengeschäft mit dem Kunden in Gang, wird die Belieferung mit Informationen auch wieder eingestellt.

Man unterscheidet Push- und Pull-Informationen. Früher mussten die Analyseergebnisse per Telex, Post, Fax oder Telefon an die Kunden herangetragen werden (Push-Information). Heute können Informationen auch per Internet bereitgestellt und vom Kunden selbst abgefragt werden (Pull-Information). Das hat Aktualitäts- und Kostenaspekte.

34.7.2 Rechtliche Aspekte der Produktverbreitung

Die Verbreitung der Ergebnisse insbesondere des fundamentalen Research ist nicht frei von rechtlichen Tücken.
- Laut BaFin können die Insiderregelungen des WpHG greifen, wenn Analysten Informationen veröffentlichen, die aus erster Hand von Unternehmensleitungen stammen, die also noch keine öffentlichen Informationen sind.
- In den USA gilt seit Oktober 2000 (Regulation Fair Disclosure) die gleiche Rechtslage.
- Die Analysen selbst gelten nicht als Insiderinformation – sie sind Verarbeitungen öffentlich bekannter Informationen.
- Allerdings kann das Wissen um eine marktbeeinflussende Analyse eine Insidertatsache sein.

34.7.3 Produktqualität

Der Nutzen des fundamentalen Research wird vor dem Hintergrund der These informationseffizienter Märkte und gelegentlich zu findender Reports ohne wirklichen Neuigkeitswert immer wieder angezweifelt. Sicher ist folgendes:
- Es hat sich erwiesen, dass Research-Reports kurzfristig stark marktbeeinflussend sein können (siehe unten »Praxisfälle«).
- Barber u.a. (Journal of Finance, 4.2001) haben gezeigt, dass Prognosen von Analysten überdurchschnittliche Renditen ermöglichen. Zwischen 1986 und 1996 haben Portfolios mit Aktien, die in allgemeiner Übereinstimmung der Analysten als vorteilhaft angesehen wurden, Überrenditen von bis zu 4,13 % und abgelehnte von bis zu –4,91 % vor Transaktionskosten gebracht. Unterstellt wurde tägliche Portfolioadjustierung und sofortiger Ausstieg, wenn der Konsens der Analysten auseinanderbrach.

PRAXISFÄLLE

Der Einfluss von Analystenstudien auf Aktienkurse
Die folgende Notiz aus der Financial Times vom 11. April 2001 mit der Überschrift »Lehman-Studie setzt Chipkaktien unter Druck« zeigt, welchen Einfluss Analystenstudien haben können. Die Meldung lautete: »Aktien von Chipkartenherstellern haben gestern die Verlierer im asiatischen Geschäft angeführt. Auslöser war eine *Studie von Lehman Brothers*, wonach den Produzenten Umsatzeinbrüche von 18 % bis 20 % in diesem Jahr drohten. ...«

Research und Insiderinformationen
Dass Finanzanalyse schwer ist, ist bekannt. In den USA war es bis zur Einführung der »Regulation Fair Disclosure« durch die SEC im Oktober 2000 den börsennotierten Unternehmen gestattet, wichtige kursrelevante Informationen einem ausgewählten Kreis, insbes. Analysten und Wertpapierhäusern, vor der allgemeinen Öffentlichkeit mitzuteilen. Diese konnten mit den so gewonnenen Insiderinformationen das Interesse an ihren Analysen steigern. Seit Oktober 2000 müssen wichtige Informationen – ähnlich wie in Deutschland bei den Ad-hoc-Mitteilungen – unverzüglich der breiten Öffentlichkeit zugänglich ge-

macht werden. Die Börsenzeitung berichtete am 19.05.2001, dass seitdem die Prognosegenauigkeit der Analysen nachgelassen habe.

Wie Finanzmärkte denken – Die Bedeutung von Multiples bei der Meinungsbildung
Die Meldung: Das Handelsblatt vom 23.08.2001 meldet: (»Pharmazwerge wachsen überdurchschnittlich«), dass den Kapitalmärkten die positive Entwicklung von kleinen US-Pharmaspezialisten in den vergangenen beiden Jahren nicht verborgen geblieben gewesen sei. Die Kurse ihrer Aktien seien daher kräftig gestiegen. Damit müsste es aber jetzt zu Ende sein: Im Durchschnitt würden sie mit dem 7-Fachen des Umsatzes bewertet. Das entspräche dem Multiple etablierter großer Pharmahersteller, womit eine Obergrenze erreicht sei. Es folgen Argumente, warum auch aus anderen Gründen keine weiteren Kurssteigerungen mehr erwartet werden könnten.

Der Hintergrund: In der Meldung aus dem Handelsblatt kann man exemplarisch sehen, wie Finanzmärkte zu Urteilen gelangen. Der in der Meldung behandelte lang anhaltende Aufschwung der Kurse kleiner Pharmaunternehmen wirft die Frage auf, wo das Ende der Rally liege. Statt die zukünftigen Gewinne zu erforschen (DCF-Verfahren), werden Relationen zu einer Peer-Group hergestellt (Multiple-Verfahren) und ein Urteil gebildet. Dann wird das Urteil mit weiteren Argumenten untermauert: Erst die Multiples, dann die anderen Fundamentaldaten – nicht umgekehrt. Die DCF-Methode ist nicht das präferierte Verfahren. Warum Finanzmärkte diese Reihenfolge wählen, ist nicht erforscht. Ein Argument könnten die Kosten der Analyse sein: die für die Multipleberechnung notwendigen Daten sind unschwer zu bekommen.

34.8 Erfolgskritische Faktoren

34.8.1 Grundvoraussetzungen

Damit Research erfolgreich betrieben werden kann, sind einige wesentliche Voraussetzungen notwendig.

Dazu zählen im Einzelnen:
- qualifiziertes Personal,
- umfangreiche Datenbanken
- leistungsfähige Hard- und Software,
- aktuelle und wissenschaftlich anerkannte Methoden (State of the Art),
- transparente und nachvollziehbare Prognoseverfahren,
- intensive Kundenorientierung und
- schnelle Verbreitung von Informationen.

Personal
Nur fachlich sehr gut ausgebildetes Personal ist hinreichend zur Erfüllung der anspruchsvollen Tätigkeiten im Research qualifiziert. Eine Kombination von Universitätsabschluss, berufsbegleitenden Zusatzausbildungen und Berufserfahrung ist ideal.

Datenbanken
Die Durchführung sorgfältiger Analysen setzt den Zugriff auf umfangreiche und saubere Datenbanken voraus. Neben der Fehlerfreiheit und der Vollständigkeit der

Zeitreihen sollten diese über eine ausreichend lange Historie verfügen und gleichzeitig aktuell sein.

Hard- und Software
Mit zunehmender Komplexität der Analysen steigt die Notwendigkeit für den Einsatz mächtiger Hard- und Software. Im Bereich der Hardware zählt dazu die Ausstattung mit leistungsfähigen Computern, Servern und Netzwerken, die mit genügend großen Speicherkapazitäten und schnellen Prozessoren ausgestattet sind. Daneben sind auf der Softwareseite diverse Tools für spezielle statistische Auswertungen und Programmiertätigkeiten vor allem beim Einsatz neuerer Verfahren der quantitativen Analyse unverzichtbar.

State-of-the-Art-Methoden
Bei der Analyse sollten aktuelle und wissenschaftlich anerkannte Methoden korrekt und fehlerfrei eingesetzt werden, wofür ein grundlegendes methodisches und statistisches Verständnis unverzichtbar ist.

Transparenz und Nachvollziehbarkeit
Mit transparenten und nachvollziehbaren Prognoseverfahren wird sowohl eine überprüfbare Vorgehensweise nachgewiesen als auch die Akzeptanz der Research-Ergebnisse erhöht.

Kundenorientierung
Schließlich zählt auch die Kundenorientierung, z. B. das Erfragen von Kundenwünschen und die Bereitstellung der vom Kunden geforderten Analysen zu den wesentlichen erfolgskritischen Faktoren.

Schnelle Verbreitung
Selbstverständlich sollte eine schnelle Verbreitung der Research-Ergebnisse gewährleistet sein. Stand früher der Versand von gedruckten Publikationen im Vordergrund, erfolgt die Weitergabe und Veröffentlichung neuer Analysen heute auch mittels E-Mail, Fax, Videokonferenzen, Data-Warehouse und – speziell für Sell-Side-Research – über Internetseiten (preiswerte Push-Technoloie) oder durch den Vertrieb über Dritte (Reuters, Bloomberg).

34.8.2 Qualitätsindikatoren im Sell-Side-Research

Die Qualität des Sell-Side-Research wird überwiegend an folgenden Kriterien gemessen:
- *Broker-Reviews.* Die großen Investmentgesellschaften und Assetmanager führen in regelmäßigen Abständen sogenannte Broker-Reviews durch (vgl. Abbildung 34.3). Dabei geben die einzelnen Portfoliomanager Bewertungen (sogenannte »Votes«) für die Analysten in den einzelnen Sektoren bzw. Disziplinen

Broker-Review					
	Jahr	Vorjahr		Jahr	Vorjahr
Domestic Equity			**Equity Research**	Dom/Intl	Dom/Intl
– Large Cap Value	2	2	– Basic Industries	2	2
– Small Cap Value	3	4	– Consumer	2	2
– Small Cap Core	3	3	– Financials	3	3
– Large Cap Growth	2	3	– HealthCare	2	4
– Mid Cap/Specialty Growth	3	3	– Technology/Telecom	2	2
			– Strategy	2	2
International Equity			– Quantitative Research	1	1
– International Value	3	3	**Other Groups**		
– International Core	2	2	– Macroeconomics	2	2
– Intl. Small Cap Core	3	4	– Portfolio Analytics	2	2
– European Core	3	3	– Financial Engineering	3	3
– Asia/Pac Core	4	3	– Derivatives Research	3	4
– Emerging Markets Core	4	4	– Currency Research	2	3
– Global Core	3	3	– Trading Research		
– International Growth	3	3	• Domestic Equity	3	4
Fixed Income			• International Equity	4	4
– High Yield	3	4	• Fixed Income	3	3
– Investment Grade	2	3			
– Mortgages	2	2			
– Government	3	3			
– Global	2	3			
– Emerging Markets	3	4			
– Money Markets	2	2			
– Quantitative Research	1	1			

Erläuterung: Die Abbildung zeigt die (interne) Bewertung eines Brokers durch einen Kunden. Der Kunde ordnet allen Brokern, mit denen er zusammenarbeitet, je eine Note für die verschiedenen Teilleistungen zu. Er erkennt daraus Stärken und Schwächen des Brokers. Aus dem Jahresvergleich wird auf die Qualitätsentwicklung des Brokers geschlossen.

Abb. 34.3: Bewertung von Brokern durch Rangfolgenbildung bei Einzelleistungen

ab. Die einzelnen Bewertungen werden addiert und eine Gesamtbewertung ermittelt.

Die Gesamtbewertung entscheidet darüber, ob eine Investmentbank/Broker auf der Brokerliste verbleibt, auf diese aufgenommen oder von dieser gestrichen wird. Im nächsten Schritt werden die Prozentsätze der zu verteilenden Kommissionen für die einzelnen Broker festgelegt.

In sogenannten Review-Meetings teilen die Assetmanager ihren Brokern die Ergebnisse mit. Diese dienen dann den Brokern, um intern Verbesserungsmaßnahmen einzuleiten.

- *Provisionseinnahmen.* Die Höhe der Provisionseinnahmen und deren Entwicklung im Zeitablauf geben Auskunft über die Arbeitsqualität der einzelnen Analysten(teams). Dies kann sich in unmittelbar nach Erscheinen eines Research-

Reports gegebenen Aufträgen für die entsprechende Aktie (z. B. ein Portfoliomanager erteilt nach Erscheinen einer Siemens-Studie mit einer Kaufempfehlung einen Kaufauftrag an das Salesteam derselben Bank) äußern. Oder der Portfoliomanager erteilt im Anschluss an einen Besuch eines Quant-Analysten verschiedene Orders mit dem Hinweis, dass hiermit die quantitative Beratung honoriert werde.

- *Umfrageergebnisse.* Auf der qualitativen Ebene lässt sich die Servicequalität regelmäßig über Umfragen erfassen. Diese können sowohl selbst intern als auch von externen unabhängigen Firmen oder Zeitschriften durchgeführt werden. Reuters Institutional Investor, Thomson Financial oder das Institutional Investor Magazine veröffentlichen regelmäßig Ranglisten über Sell-Side-Analysten auf der Basis von Abnehmerbefragungen. Das Manager Magazin bestimmt die besten Analyseteams aufgrund der Performance ihrer Aktienempfehlungen. Bei der jährlichen Befragung europäischer Finanzexperten (Fondsmanager, Vermögensverwalter, Finanzanalysten, Investmentverantwortliche großer Unternehmen) durch Thomson (Thomson Extel Survey; www.extel-survey.com) werden Ranglisten für die besten europäischen Investmentgesellschaften, bestes Aktienresearch und beste Einzelanalysten ermittelt.

34.8.3 Qualitätsindikatoren im Buy-Side-Research

Über ständige interne Qualitätskontrollen wird versucht, die Research-Qualität zu messen und Bereiche mit unbefriedigender Qualität aufzudecken. Qualitätsmessungen können quantitativ und qualitativ erfolgen.

Auf *quantitativer Basis* lässt sich die Prognosequalität mit Fehlermaßen für Punktprognosen und mit risikoadjustierten Performancekennzahlen für Modell-Portfolios bestimmen.

Qualitative Beurteilung von Research wird ergänzend unter Zuhilfenahme von qualitativen Fehlermaßen und Befragungen durchgeführt (vgl. Abbildung 34.4).

Zu bewertende Research-Leistung	Bewertungsindikatoren	
	Quantitativ	Qualitativ
Modell-Portfolios, Kauf-/Verkaufsempfehlungen, Gewichtungsvorschläge	Rendite, Risiko, Aktive Rendite, Aktives Risiko, Information Ratio	
Prognosen	Relativer Fehler, Absoluter Fehler, Theil'scher Ungleichheitskoeffizient	Trendfehler, Wendepunktfehler
Research insgesamt	Provisionserlöse, Gewinn (bei Outsourcing)	Umfrageergebnisse

Abb. 34.4: Bewertungsindikatoren zur Erfassung der Researchqualität

FALLBEISPIEL

Beurteilung des Research im Assetmanagement
Im Assetmanagement kann die Leistung des Research (unter bestimmten Randbedingungen) indirekt an der Performance der Vermögensanlagen abgelesen werden. Dazu werden in der Praxis regelmäßig die oben genannten Bewertungsindikatoren (oder Teile davon) ausgerechnet und den Entscheidungsträgern vorgelegt. Ein Auszug aus einer Portfoliostatistik eines sehr erfolgreichen Portefeuilles könnte z. B. folgendermaßen aussehen:

	Seit Auflegung	Letzte 12 Monate
Gesamt-Rendite p.a.	21,64 %	12,11 %
Aktive Rendite p.a.	5,56 %	7,23 %
Aktives Risiko p.a.	1,47 %	1,75 %
Information Ratio	3,78	4,13

Berechnungsweisen von Qualitätsindikatoren

Aktive Rendite Sie berechnet sich als Differenz zwischen Portefeuillerendite und Benchmarkrendite und lässt mit einem Blick auf das Vorzeichen erkennen, ob die Performance des Portfolios oberhalb oder unterhalb der Benchmark liegt.

$$r_{Aktiv} = r_{PF} - r_{BM}$$

Aktives Risiko (Tracking-Error) Es berechnet sich als Standardabweichung der aktiven Renditen über einen definierten Zeitraum.

$$\sigma_{Aktiv} = \sqrt{\frac{1}{T} \sum_{t=1}^{T} (r_{t\,Aktiv} - \bar{r}_{Aktiv})^2}$$

Information-Ratio Sie berechnet sich als Quotient aus aktiver Rendite und aktivem Risiko und ist ein in der Praxis gängiges risikoadjustiertes Performancemaß.

$$IR = \frac{r_{Aktiv}}{\sigma_{Aktiv}}$$

Absoluter Fehler Er berechnet sich als Differenz zwischen prognostiziertem und realisiertem Wert.

$$F_{Absolut} = r_{progn.} - r_{real}$$

Relativer Fehler Er berechnet sich als Quotient aus absolutem Fehler und realisiertem Wert.

$$F_{Relativ} = \frac{F_{Absolut}}{r_{real.}}$$

Theil'scher Ungleichheitskoeffizient Der Theil'sche Ungleichheitskoeffizient ist ein kombiniertes Fehlermaß, mit dem quantitative und qualitative Fehler gemeinsam beurteilt werden sollen. Er wird als Verhältnis von prognostizierten Werten und der Veränderung der realisierten Werte über einen gewählten Zeithorizont berechnet.

Trendfehler Mit Hilfe des Trendfehlers wird festgestellt, ob im Zeitablauf der Aufwärts- oder Abwärtstrend richtig eingeschätzt wurde.

Wendepunktfehler Mit Hilfe des Wendepunktfehlers wird festgestellt, ob im Zeitablauf Wendepunkte richtig eingeschätzt wurden.

Provisionseinnahmen Die Höhe der Provisionseinnahmen und deren Entwicklung im Zeitablauf können Auskunft über die Arbeitsqualität geben, sofern Provisionseinnahmen dem Research verursachungsgerecht zugeordnet werden können.

Umfrageergebnisse Auf der qualitativen Ebene lässt sich die Servicequalität regelmäßig über Umfragen erfassen. Diese können sowohl selbst intern als auch von externen unabhängigen Firmen oder Zeitschriften durchgeführt werden. Reuters, Extel oder das Institutional Investor Magazine veröffentlichen beispielsweise regelmäßig Ranglisten über Sell-Side-Analysten auf der Basis von Abnehmerbefragungen, das Manager Magazin bestimmt die besten Analyseteams aufgrund der Performance von Aktienempfehlungen.

Fragen zur Lernkontrolle

1. Beschreiben Sie Aufgaben von Analystenvereinigungen.
2. Nennen Sie Verhaltensregeln für Analysten.
3. Definieren Sie Research und erläutern Sie verschiedene Abgrenzungen für Research.
4. Erläutern Sie unterschiedliche Organisationsformen für Research-Abteilungen und beschreiben Sie deren Vor- und Nachteile.
5. Erläutern Sie die Stellung des Research im Portfoliomanagementprozess.
6. Worin liegen Gemeinsamkeiten und Unterschiede zwischen Buy-Side- und Sell-Side-Research?
7. Worin sehen Sie die erfolgskritischen Faktoren einer Research-Abteilung?
8. Kontrollieren Sie den relativen absoluten Fehler in der folgenden Tabelle

	Stand Juli 00	Erwarteter Wert Januar 01	Realisierter Wert Januar 01	Relativer/ Absoluter Fehler (%)
Deutschland (DAX)	7190,37	7500	6795,14	10,37
Großbritannien (FT100)	6365,26	6800	6297,53	7,98
Frankreich (CAC 40)	6542,49	7000	5998,49	16,70

Lösung für Zeile 1: (7500–6795,14)/6795,14 = 0,10373.

Literatur

Antia, M./Panizalis, C. (2006): Security Analyst Incentives and Quality of Analyst Generated Information, in: Journal of Investing, Vol. 15, Heft 1, S. 50–55.

Barber, B. u.a. (2001): Can Investors Profit from the Profit? Security Analyst Recommendations and Stock Returns, in: Journal of Finance, Heft 2, April.

DVFA (Hrsg.) (2006): Deutsche Grundsätze für Finanz-Research, Dreieich, www.dvfa.de

Hockmann, H.J. (1991): Competing for Global Management Business, in: Investing Worldwide II, Charlottesville Virginia.

o.V. (2001): Analysten halten Vorstoß der Bundesregierung für reinen Populismus, in: Die Welt vom 25.01.01.

o.V. (2001a): Strengere Regeln für Analysten, Handelsblatt vom 24.4.01.

o.V. (2001b): Verschärfte Regeln für Analysten, Handelsblatt vom. 27.6.01.

Ramm, U. (1999): Volkswirtschaftliche Abteilung, in: Enzyklopädisches Lexikon des Geld-, Bank- und Börsenwesens, Band 2, Frankfurt/Main.

Rosen, R. v./Gerke, W. (2001): Kodex für anlegergerechte Kapitalmarktkommunikation, erschienen beim Deutschen Aktieninstitut, Frankfurt.

Wieck, H.A. (1994): Ist das Research der Banken ein geeigneter Outsourcing-Bereich?, in: Zeitschrift für das gesamte Kreditwesen.

35 Research – Methodik*

> **LERNZIELE**
> - Methoden des Research nach unterschiedlichen Kriterien klassifizieren und erläutern.
> - Typische Aufgaben einer Research-Abteilung nennen und ihnen verschiedene Methoden zuordnen können.
> - Erfolgskritische Faktoren bei der Anwendung von Methoden diskutieren können.

35.1 Überblick

In diesem Kapitel erhalten Sie einen Überblick über die in Research-Abteilungen eingesetzte Methodik. Es werden Einsatzgebiete genannt und die grundsätzliche Vorgehensweise beschrieben. Anhand von für Research-Abteilungen typischen Aufgabenbereichen wird ein Einblick in das breite methodische Spektrum gegeben. Schließlich sollen Sie mit der Nennung möglicher Fehlerquellen und erfolgskritischer Faktoren für Probleme sensibilisiert werden.

Folgende *Tendenzen* im Bereich der Methodik können ausgemacht werden:
- Die Bedeutung eines formalisierten methodischen Vorgehens im Research hat in den vergangenen Jahren stetig zugenommen.
- Unterstützt durch die rasante technische Entwicklung der Hardware hat sich besonders der Einsatz von quantitativen Methoden im Laufe des letzten Jahrzehntes immer stärker durchgesetzt.
- Das komplexe Geschehen an den Finanzmärkten erfordert ein hohes Maß an Transparenz in der Anwendung von Methoden, andererseits erzwingt der Wettbewerb ein zunehmend professionelleres Vorgehen. Schließlich will auch der Kunde die Prognosen und zukünftigen Einschätzungen hinterfragen und nachvollziehen.
- Eine systematische und methodische Vorgehensweise bei der Analyse erfüllt somit mehrere Anforderungen gleichzeitig.

Welche Methode soll eingesetzt werden? Der Erfolg von Methoden ist an bestimmte Voraussetzungen geknüpft. Unter anderem spielt die Gültigkeit der Theorie effizienter Märkte eine nicht unerhebliche Rolle. Wären die Märkte in der strengen Form effizient, dann wäre jede kostenverursachende Prognose sinnlos. Bei Gültigkeit der halbstrengen Form würden Prognosen ohne Insiderkenntnisse keinen Nutzen bringen. Wären die Märkte schwach effizient, wäre die Auswertung fundamentaler Daten zwar erfolgreich, sinnlos wäre jedoch die technische Analyse.

---
* Autorin: Ulrike Zimelka unter Mitwirkung von Jörn Spillmann

35.2 Die Methoden und ihre Systematisierung

Methoden des Research können nach einer Vielzahl von Kriterien klassifiziert werden. Einige in der Praxis gängige Einteilungen sind:
- Fundamental/Technisch – in Abhängigkeit von der Art der verwendeten Inputdaten.
- Quantitativ/Qualitativ – in Abhängigkeit von der Art der angewandten statistischen Verfahren.
- Univariat/Multivariat – in Abhängigkeit von der Zahl der einbezogenen erklärenden Variablen.
- Linear/Nichtlinear – in Abhängigkeit vom unterstellten Zusammenhang zwischen endogenen und exogenen Variablen.

Fundamental
Die fundamentale Analyse nutzt zur Erklärung von Entwicklungen die jeweils wertbestimmenden ökonomischen Faktoren. Dies geschieht unter der Annahme von gültigen, logisch einwandfreien Ursache-Wirkungs-Zusammenhängen.

Technisch
Wird als Input allein die Historie der zu erklärenden Kurszeitreihe analysiert, handelt es sich um die technische Analyse, deren Grundaxiom besagt, dass sich in der Marktpreishistorie eines Analyseobjektes (Aktie, Zins, Währung oder Marktindex) als Ergebnis von Angebot und Nachfrage alle relevanten Einflussfaktoren für die weitere Kursentwicklung widerspiegeln.

Quantitativ
Alle Lösungsmethoden, die sich einer objektiv mathematischen Vorgehensweise bedienen und dabei konsistent definierte Regeln anwenden, sind der quantitativen Analyse zuzuordnen.

Qualitativ
Im Gegensatz dazu ist die qualitative Analyse durch subjektive Beurteilungen und Einschätzungen gekennzeichnet, die durch eine intuitive Vorgehensweise zustande kommen können und für einen Dritten nicht zwingend nachvollziehbar sein müssen.

Univariat/Multivariat
Während univariate Verfahren nur eine unabhängige Variable zur Erklärung nutzen, ist die Anzahl der Variablen bei multivariaten Verfahren theoretisch unbegrenzt.

Linear/Nichtlinear
Gemäß des unterstellten Zusammenhangs zwischen der zu erklärenden Größe und den Einflussfaktoren gibt es die Unterteilung in lineare und nichtlineare Verfahren.

Methode	Quantitativ		Qualitativ
	Univariat	Multivariat	
Fundamental	Diskontierungsmodelle (Dividenden, Gewinne, Cashflow)	Multiple Regressionsanalyse, Diskriminanzanalyse, Neuronale Netze	Wirtschaftliche Entwicklungen, Politische Analyse, Sektortrends, Technologische Entwicklungen
Technisch	Indikatorenanalyse, Spektralanalyse, ARIMA, ARCH, GARCH, Modelle der Chaostheorie		Chartanalyse, Intermarket Analyse

Abb. 35.1: Methoden des Research

35.3 Methodeneinsatz

Zur Erstellung einer methodisch fundierten und nachvollziehbaren Prognose sollen im Einzelnen folgende Schritte durchgeführt werden:
- Systematische Analyse von Vergangenheitsdaten,
- Selektion der relevanten Einflussfaktoren und Konzentration auf wesentliche Zusammenhänge,
- Quantifizierung und Gewichtung der Einflüsse,
- Abbildung der Wirkungszusammenhänge in einem Modell,
- Statistische Überprüfung der gefundenen Zusammenhänge,
- Prognose zukünftiger Entwicklungen unter der Annahme der Konstanz erkannter Gesetzmäßigkeiten und Wirkungsweisen,
- Untersuchung alternativer Umweltzustände (Szenario-Technik: »was wäre, wenn...«) und Aufdeckung von Bedingungen für zukünftige Entwicklungen,
- Ergänzung der Ergebnisse durch qualitative Bewertungen nicht quantifizierbarer Einflussfaktoren und
- Backtest der gefundenen Zusammenhänge im Portfoliokontext.

Eine Analyse kann grundsätzlich in zwei Richtungen erfolgen:
- *Top-down-Analyse*. Für eine Top-down-Analyse wird zunächst eine volkswirtschaftlich orientierte Analyse der Märkte, Länder oder Sektoren durchgeführt, um die attraktivsten Märkte auszuwählen. Im Anschluss daran werden aus den so vorbestimmten Märkten, Ländern oder Sektoren Einzeltitel selektiert.
- *Bottom-up-Ansatz*. Beim Bottom-up-Ansatz werden umgekehrt zunächst die erfolgreichsten Unternehmen ausgewählt. Anschließend wird diese Selektion auf Sektoren-, Länder- oder Marktebene zu einer Anlagestrategie aggregiert.

In der Praxis findet sich oft keine stringente Anwendung eines einzelnen Ansatzes, sondern eine Kombination aus beiden Richtungen. Die Analyse der Einzeltitel erfolgt unabhängig von der parallel stattfindenden Untersuchung der Sektoren oder Märkte. Dann werden die Ergebnisse in einem Abstimmungsprozess zusammengefügt.

35.4 Methodenarten und typische Fragestellungen

Bei der Wahl der einzusetzenden Methoden spielt die zu untersuchende Fragestellung eine erhebliche Rolle. Im Folgenden werden an Hand von Beispielen Methoden und Modelle genannt, mit denen in der Praxis gearbeitet wird. Dabei sollen jedoch nur die grundlegenden Ideen erläutert werden. Eine ausführliche und detaillierte Behandlung aller Methoden ist der Spezialliteratur vorbehalten.

Die Instrumente werden anhand von vier Fragestellungen erläutert, die im Investment Banking immer wieder bearbeitet werden müssen:
- *Selection*. Bewertung von Einzelobjekten.
- *Timing*. Trenderkennung und Einstiegszeitpunkte.
- *Markets*. Bewertung von Märkten.
- *Assetallocation*. Entscheidung über Anlagemedien.

Für die Beantwortung der meist komplexen Fragestellungen kommen teilweise mehrere Methoden in Kombination zum Einsatz. Auch lässt sich eine Fragestellung in der Regel mit unterschiedlichen Methoden untersuchen.

35.4.1 Selection: Bewertung von Einzelobjekten

Bei der Bewertung von Einzelobjekten, z. B. einer Aktie, wird nach den unternehmensindividuellen, branchenspezifischen sowie gesamtwirtschaftlichen Faktoren gesucht, welche die aktuelle Ertragskraft und die zukünftige Ertragsentwicklung beeinflussen. Damit rücken Gewinne, gewinnrelevante Faktoren und die Prognose dieser Größen in den Mittelpunkt der Analyse. Im Einzelnen können folgende Ansätze Verwendung finden:
- Barwertansatz,
- Kennzahlenanalyse und
- Qualitative Analyse.

35.4.1.1 Barwertansatz
Ziel dieses Bewertungsansatzes ist die Bestimmung des sogenannten »inneren« Wertes, welcher den »echten« Wert eines Unternehmens widerspiegeln soll. Aus dem Vergleich von aktuellem Marktpreis und ermitteltem inneren Wert werden Anlageempfehlungen zum Kauf oder Verkauf des Wertpapiers abgeleitet. Zentraler Ansatz ist das von der Investitionstheorie entwickelte Barwertkonzept, mit welchem der innere Wert einer Anlage als Barwert aller zukünftigen Zahlungsrückflüsse ermittelt wird. Werden Zahlungsrückflüsse in einer weiten Begriffsbestimmung als abgezinste Vorteile aus einer Investition definiert, kann das Barwertkon-

zept sowohl zur Kursfeststellung bei festverzinslichen Wertpapieren als auch zur Ermittlung des inneren Wertes bei Aktien und Märkten angewendet werden. Im Dividendendiskontierungsmodell (DDM) handelt es sich bei den Zahlungsrückflüssen um Dividenden.

Dividendendiskontierungsmodell
Der innere Wert einer Aktie ergibt sich aus der Abzinsung zukünftiger Dividendenzahlungen und des Verkaufspreises am Ende des Anlagehorizontes.

$$P_0 = D_1/(1+i)^1 + D_2/(1+i)^2 + \ldots + D_n/(1+i)^n + P_n/(1+i)^n$$

mit P_0 = Barwert zu Beginn des Anlagezeitraumes
D_t = Dividende zum Zeitpunkt t, t=1…n
P_n = Verkaufspreis am Ende des geplanten Anlagezeitraumes
i = relevanter risiko- und laufzeitkonformer Diskontierungszinssatz

Unter der Annahme vollkommener Märkte – der Kurs einer Aktienanlage entspricht dann zu jedem Zeitpunkt, auch zum Verkaufszeitpunkt, der abdiskontierten Summe aller zukünftigen Dividendenzahlungen – lässt sich das Modell umformen in:

$$P_0 = \sum_{t=0}^{\infty} \frac{D_t}{(1+i)^t}$$

Zur vereinfachten Bestimmung aller zukünftigen Dividendenzahlungen sind verschiedene Modellvarianten entwickelt worden:
- Zero-Growth-Model mit konstanten Dividenden ($D_t = D_{t+1}$),
- Constant-Growth-Model mit konstanter Dividendenwachstumsrate g ($D_t = D_{t-1} \cdot (1+g)$),
- Variable-Growth-Model mit variablem Dividendenwachstum ($D_t = D_{t-1} \cdot (1+g_t)$), wobei hier oft der Gesamtzeitraum in verschiedene Phasen mit jeweils unterschiedlichen Wachstumsraten von g aufgeteilt wird.

Kritisch sind die Annahmen über das zukünftige Dividendenwachstum und die Bestimmung des Diskontierungszinssatzes (Periodenzins, Risikoaufschlag) zu beurteilen, die das Ergebnis sehr stark beeinflussen. Darüber hinaus erweist sich diese Art von Modellen als problematisch bei der Analyse von Wachstumsunternehmen, bzw. als ungeeignet, falls keine Gewinnausschüttung an Investoren vorgenommen wird.

35.4.1.2 Kennzahlenanalyse
Im Rahmen der Bewertung von Aktien besitzt die Anwendung von Kennzahlen einen hohen Stellenwert. Im Gegensatz zu absoluten Größen liegt die Stärke von Kennzahlen im Vergleich, also der relativen Bewertung von Analyseobjekten.

Da mit der Berechnung von Kennzahlen komplexe Sachverhalte extrem verdichtet werden, ist bei der Interpretation der Ergebnisse Vorsicht angebracht. Auch ist eine Betrachtung mehrerer Kennzahlen zu empfehlen, um Fehleinschätzungen zu vermeiden.

Die folgenden Kennzahlen sind gebräuchlich.

Bilanzgebundene Kennzahlen

Bei der Analyse von Bilanz sowie Gewinn- und Verlustrechnung eines Unternehmens können die Vermögenslage, die Finanzlage und die Ertragslage durch Kennzahlen bewertet werden. Zur Vermögenslage zählen die Vermögensstruktur, die Kapitalstruktur und die Finanzstruktur. Kennzahlen zur Finanzlage betreffen die Liquidität und die Finanzkraft, während Umsatzerfolg und Ertragskraft die Ertragslage beschreiben. Die Abbildung 35.2 enthält einige gebräuchliche Kennzahlen.

BEISPIEL

Die Terrorangriffe auf New York und der Buchwert als Untergrenze des Aktienwertes
Das Handelsblatt meldete am 5. Oktober 2001: »Einige Dax-Firmen kosten nicht einmal ihre Substanz. Nach den Terrorangriffen auf die USA sind einige Schwergewichte im Dax – wie Thyssen-Krupp, Daimler-Chrysler, Lufthansa und Commerzbank – so tief gefallen, dass sie weniger wert sind, als das in der Bilanz aufgeführte Vermögen. ... Für die Anleger kann der Buchwert je Aktie eine wichtige Rolle bei der Einschätzung eines Titels spielen. Weniger als diese Kennzahl sollte eine Aktie nicht wert sein, auch wenn das Unternehmen kurzfristig operative Verluste aufweist. ›Man kann relativ sicher ein, einen Standardwert günstig zu kaufen, wenn er in der Nähe seines Buchwertes notierte‹, erläuterte Will-Laudien vom Bankhaus Reuschel.« Die Buchwert-Debatte, die nach den heftigen Kursrutschen im Gefolge der Terroranschlägen auf die USA am 11. September 2001 begonnen hatte, hatte eine deutlich erkennbare Wirkung auf den deutschen Aktienmarkt: Der Kurs des DAX, der seit März 2000 fast ununterbrochen gefallen war, begann sich langsam und stetig zu erholen. Der Buchwert ist als Untergrenze des Aktienwertes in den Köpfen der Marktteilnehmer verwurzelt, dass die Märkte wieder Vertrauen zur Aktie bekamen und auf der Basis »der Boden ist erreicht« ihre Aktienportefeuilles aufstockten.

Marktpreisbezogene Kennzahlen
Die gebräuchlichsten Kennzahlen können der Abbildung 35.3 entnommen werden.

Kombinierte Kennzahlen
Da die Interpretation einer einzelnen Kennzahl aufgrund ihrer nur punktuellen Aussagekraft wenig sinnvoll ist, wurden Systeme von Kennzahlen entwickelt, die Aussagen aus der Kombination mehrerer Kennzahlen entwickeln.

FALLBEISPIELE

Kennzahlensysteme
Risikoaktien. Aktien von Unternehmen, bei denen aufgrund einer Verschlechterung der relevanten fundamentalen Größen in der Zukunft die Wahrscheinlichkeit eines hohen Verlustes oder einer Existenzgefährdung steigt, können als Risikoaktien definiert werden. Diese können über eine Kombination der Eigenkapitalrendite, der Veränderungsrate der Eigenkapitalquote und der Veränderung des dynamischen Verschuldungsgrades identifiziert werden.
Wachstumsaktien. Unternehmen, deren Ergebnisse pro Aktie von Jahr zu Jahr vergleichsweise stetig wachsen oder deren Ergebniswachstum abhängig oder unabhängig vom Konjunkturzyklus verläuft, können folgendermaßen identifiziert werden. Der prozentuale

Bilanzgebundene Kennzahlen	Beschreibt die
Return-on-Investment = $\dfrac{\text{Gewinn}}{\text{durchschnittlich eingesetztes Kapital}}$	Vermögenslage/ Vermögensstruktur
Eigenkapitalquote = $\dfrac{\text{Eigenkapital}}{\text{Bilanzsumme}}$	Vermögenslage/ Kapitalstruktur
Verschuldungskoeffizient (Gearing) = $\dfrac{\text{Finanzschulden} - \text{Kasse}}{\text{Eigenkapital}}$	Vermögenslage/ Kapitalstruktur
Quick Ratio = $\dfrac{\text{Liquidität} + \text{kurzfristige Forderungen}}{\text{kurzfristige Verbindlichkeiten}}$	Vermögenslage/ Finanzstruktur
Liquidität 1. Grades = $\dfrac{\text{Kasse}}{\text{kurzfristige Verbindlichkeiten}}$	Finanzlage/Liquidität
Dynamischer Verschuldungsgrad = $\dfrac{\text{Cashflow}}{\text{Fremdkapital} - \text{Pensionsrückstellungen} - \text{Kasse}}$	Finanzlage/Finanzkraft
Umsatzwachstum = $\left(\dfrac{\text{Umsatzerlöse Geschäftsjahr}}{\text{Umsatzerlöse Vorjahr}} - 1\right)$	Ertragslage/ Umsatzerfolg
Operating Margin = $\dfrac{\text{EBIT (Earnings before interest and taxes)}}{\text{Umsatz}}$	Ertragslage/ Ertragskraft

Abb. 35.2: Bilanzgebundene Kennzahlen

Marktpreisbezogene Kennzahlen	
Kurs-Gewinn-Verhältnis (KGV) = $\dfrac{\text{Kurs}}{\text{Gewinn je Aktie}}$	Wert relativ zum Gewinn
Kurs-Cashflow-Verhältnis = $\dfrac{\text{Kurs}}{\text{Cashflow je Aktie}}$	Wert relativ zum Cashflow
Dividendenrendite = $\dfrac{\text{Dividende}}{\text{Kurs je Aktie}}$	Wert relativ zurm Kurs
Kurs-Buchwertverhältnis = $\dfrac{\text{Kurs}}{\text{Buchwert je Aktie}}$	Wert relativ zum Buchwert des Eigenkapitals
PEG-Ratio = $\dfrac{\text{KGV}}{\text{Gewinnwachstum je Aktie}}$	Wert relativ zu zukünftigen Gewinnen
Enterprise Value zu EBIT = $\dfrac{\text{Marktkapitalisierung} + \text{Marktwert der Finanzschulden}}{\text{EBIT (Earnings before interest and taxes)}}$	Wert relativ zu EBIT

Abb. 35.3: Marktpreisbezogene Kennzahlen

Gewinnanstieg wird in Verbindung mit dem Steigungsmaß und dem Bestimmtheitsmaß (r^2) einer zuvor berechneten Regressionsgerade berechnet.
Value- und *Growth-Aktien.* Auch bei der Implementierung verschiedener Investmentstile wird auf die Kombination unterschiedlicher Kennzahlen mit bestimmten Ausprägungen zurückgegriffen.

35.4.1.3 Qualitative Analyse

Im Rahmen der qualitativen Analyse erfolgt eine subjektive Beurteilung der politischen, volkswirtschaftlichen und branchenspezifischen Rahmenbedingungen. Bei der Bewertung von konkreten Unternehmen werden unter anderem folgende Punkte beachtet:
- Qualität des Managements,
- zukünftige Pläne und Strategien,
- angebotene Produkte und/oder Dienstleistungen,
- Unternehmensimage,
- Wettbewerbsposition,
- Unternehmenseffizienz,
- Innovationskraft und
- qualitative Bilanzanalyse (Auswertung der verbalen Berichterstattung und der Ausnutzung des bilanzpolitischen Instrumentariums).

35.4.2 Timing: Trenderkennung und Einstiegszeitpunkte

Ziel der technischen Analyse ist das Erkennen von Trends. Hierbei wird vorausgesetzt, dass die Märkte alle Informationen bewerten und Marktpreise sich in Trends bewegen, sich also die festgestellten Entwicklungen in der Zukunft wiederholen. Die Vielzahl der Verfahren lässt sich einteilen in:
- Indikatorenanalyse,
- Chartanalyse und
- Intermarketanalyse.

35.4.2.1 Indikatorenanalyse

Indikatoren werden zur Aufbereitung und Verdeutlichung der in den Kursen enthaltenen Informationen berechnet und grafisch dargestellt. Sie lassen sich in zwei wesentliche Gruppen, nämlich in
- trendfolgende Indikatoren und
- Oszillatoren

unterteilen und basieren nicht nur auf den Kursen der Vergangenheit, sondern können auch Umsätze und Volatilitäten mit einbeziehen.

Trendfolgeindikatoren

Mit Trendfolgeindikatoren sucht man die Richtung, den Trend einer Kursentwicklung. Ein Aufwärtstrend ist durch eine Folge ansteigender Hoch- und Tiefpunkte, ein Abwärtstrend durch eine Folge fallender Hoch- und Tiefpunkte definiert.

> **FALLBEISPIEL**
>
> **MACD (Moving Average Convergence – Divergence)**
>
> Ein typischer Trendfolgeindikator ist der MACD (siehe unten). Am Beispiel des DAX-Index im Zeitraum zwischen Oktober 1999 und Mai 2001 ist erkennbar, dass der deutsche Aktienmarkt in diesem Zeitraum zwei unterschiedliche Trendmärkte durchlief. Im November 1999 lieferte der MACD ein deutliches Kaufsignal (Originärlinie überschreitet den Trigger), woraus sich im Folgenden ein dynamischer Aufwärtstrend entwickelte. Demgegenüber konnte mit dem Verkaufssignal im April 2000 der Beginn eines neuen primären Abwärtstrends angezeigt werden.

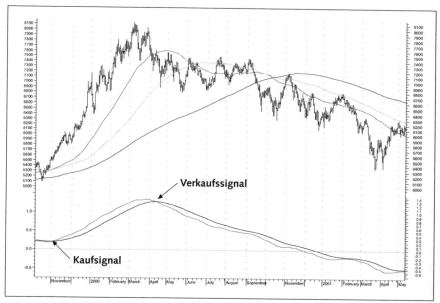

Abb. 35.4: MACD

Oszillatoren

Mit der Hilfe von Oszillatoren sollen kurzfristige Übertreibungen in der Kursentwicklung erkannt werden. Oszillatoren werden insbesondere in seitwärts tendierenden Märkten eingesetzt.

> **FALLBEISPIEL**
>
> **Bollinger-Oszillator**
>
> Ein typischer Vertreter dieser Klasse ist der Bollinger-Oszillator (siehe unten). Im Oktober 1998 erreichte die Kursentwicklung im DAX ein eindeutig überverkauftes Niveau (BO unter Null), welches im Folgenden am Markt korrigiert wurde. Demgegenüber zeigte der BO im Januar 1999 einen deutlich überkauften Markt an (BO über 100), sodass kurzfristige Verkäufe zu erwarten waren.

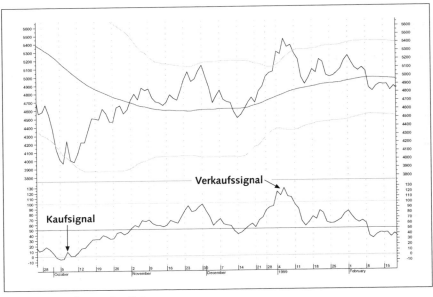

Abb. 35.5: Bollinger-Oszillator

35.4.2.2 Chartanalyse
Eine qualitative Beurteilung von Trends erfolgt mit der Chartanalyse. Zu unterscheiden sind:
- Chartarten (Balken-, Linien-, Kerzen- und Point & Figure Charts),
- Trend-, Widerstands- und Unterstützungslinien und
- Formationen (Dreiecke, Flaggen, Wimpel etc.).

35.4.2.3 Intermarketanalyse
Die Intermarketanalyse betrachtet die Beziehungen zwischen den verschiedenen Finanzmärkten, um die Entwicklungsrichtung einzelner Märkte vorherzusagen. Dabei kann eine Vielzahl möglicher Zeitreihen betrachtet werden.

FALLBEISPIEL

Intermarketanalyse
Ein in der Vergangenheit häufig untersuchter Kreislauf waren die Wechselwirkungen von Dollarkurs, Goldpreis, CRB-Future, Zinsen und Aktien. Danach deutet ein steigender Dollarkurs ein Fallen des Goldpreises an. In der Folge sinken die CRB-Future und die Zinsen. Dadurch steigen die Aktien und der Dollarkurs sinkt wieder.

Ein technisches Analysesystem mehrerer Kennziffern aus der Praxis
Nachfolgend werden zwei auf mehreren Indikatoren basierende Entscheidungssysteme für einen kurzfristigen (ca. 1 bis 4 Wochen) und einen längerfristigen Anlagehorizont (ca. 6 Monate) vorgestellt. Während bei dem kurzfristigen Analysesystem der Schwerpunkt auf Oszillatoren liegt, steht bei dem System für den längerfristigen Anlagehorizont der Trendfolgeansatz im Vordergrund. Die Indikatoren des kurzfristigen Systems und die des

längerfristigen Systems können über ein festgelegtes Regelsystem zusammengefügt werden. Grundsätzlich führt eine gegenseitige Bestätigung der verschiedenen Indikatoren zu einer verbesserten Aussagekraft des Gesamturteils über das derzeitige Chance/Risiko-Verhältnis eines Wertpapiers. Ergänzend können die so gewonnenen Anlageurteile durch chartanalytische Beurteilungen unterstützt werden.

Technische Entscheidungssysteme: Komponenten und Auswertung		
Anwendungs-bereich	Kurzfristiger Anlagehorizont (1–4 Wochen)	Längerfristiger Anlagehorizont (6 Monate)
Komponenten	■ Final Plot ■ Bollinger Bands ■ Money Flow Index (MFI) ■ Directional Movement Indicator (DMI)	■ Moving Average Convergence Divergence Indicator (MACD) ■ Triple Moving Average System ■ Momentum ■ Relative Stärke
Auswertung	Im kurzfristigen System ergibt sich das Gesamtvotum vorwiegend aus dem Final Plot und den Bollinger Bands, vor allem, wenn sie sich in ihren Aussagen gegenseitig bestätigen. Auch der DMI in seiner oszillatorischen Interpretation wird relativ stark gewichtet. In seiner trendfolgenden Interpretation dient der DMI zusammen mit dem MFI eher als Bestätigung der beiden anderen Indikatoren.	Im längerfristigen System liefern der MACD und der Triple Moving Average Indikator die wesentlichen Entscheidungskriterien, wogegen das Momentum für die Feinabstimmung bzw. für die Bestätigung der beiden Indikatoren genutzt wird. Die Ergebnisse der Relativen-Stärke-Betrachtung werden im Gesamtvotum weniger stark gewichtet, da sie lediglich Aussagen über den relativen Verlauf gegenüber dem Gesamtmarkt machen, nicht jedoch über den Kursverlauf der Aktie selbst.
Erläuterungen		
Final Plot	Der Indikator untersucht den Trend auf seine zeitliche Ausdehnung und vergleicht dabei Höchst- und Tiefstkurse im Zeitablauf. Der Beginn eines Aufwärtstrends/Abwärtstrends wird dadurch definiert, dass der gegenwärtige Tageshöchstkurs/Tagestiefstkurs über dem höchsten Hoch/tiefsten Tief der letzten A Tage liegt. Mit dem Final Plot wird die Anzahl der Tage seit dem letzten Aufwärtstrend/Abwärtstrend gezählt. Der Trend ist stabil, wenn das Signal mindestens B Tage andauert. (A und B sind jeweils zu optimierende Parameter.)	
Bollinger Bands (BB)	Mit Hilfe von Bollinger Bands werden die Ausschläge von Kursbewegungen untersucht. Bollinger Bands bilden Kanäle, die in einem bestimmten Verhältnis (Intervall ermittelt mit Hilfe der Standardabweichung der Kursbewegungen) oberhalb und unterhalb eines gleitenden Durchschnitts verlaufen. Befindet sich der Schlusskurs in der Nähe des oberen oder unteren Bandes, ist von nachhaltigen Gegenbewegungen auszugehen.	

Fortsetzung Erläuterungen	
Money Flow Index (MFI)	Der MFI misst die Stärke des Zu- bzw. Abflusses der Kapitalströme in ein Wertpapier oder einen Markt, um kurzfristige Übertreibungen der Kapitalbewegungen aufzudecken. Zuerst wird der durchschnittliche Wert pro Tag aus Höchst-, Tiefst- und Schlusskurs ermittelt, mit dem Wert des Vortages verglichen und mit dem aktuell gehandelten Volumen multipliziert. In einem zweiten Schritt wird aus dem Verhältnis der ermittelten positiven und negativen Money Flows (der aktuelle durchschnittliche Wert liegt über/unter dem Wert des Vortages) der Indikator berechnet.
Directional Movement Indicator (DMI)	Mit Hilfe des DMI kann sowohl der gegenwärtige Trend identifiziert werden (Interpretation als Trendindikator) als auch die Trendintensität quantifiziert werden (Interpretation als Oszillator). Die Berechnung erfolgt ähnlich wie beim MFI aus einem mehrstufigen komplexen Vergleich von Höchst-, Tiefst- und Schlusskursen über die Zeit. Der so ermittelte Indikator wird in Relation zur eigenen Historie betrachtet (Vergleich mit einem Durchschnittswert) und fließt nur in die Bewertung mit ein, wenn er jeweils über einem aus der Historie berechneten Durchschnitt liegt.
Moving Average Convergence-Divergence Indikator (MACD)	Mit dem MACD können Aussagen über die Trendintensität und die Wahrscheinlichkeit eines möglichen Trendwechsels getroffen werden. Er setzt sich aus zwei Linien zusammen. Die erste (Originärlinie) berechnet sich als Differenz zwischen einem kürzerfristig exponentiell geglätteten und einem längerfristig exponentiell geglätteten Durchschnitt einer Kursreihe. Die zweite (Triggerlinie) stellt einen exponentiell geglätteten Durchschnitt der Originärlinie dar. Streben die beiden Linien auseinander (divergieren), verstärkt sich die vorherrschende Trendintensität und der gegenwärtige Trend ist als intakt zu betrachten. Im umgekehrten Fall schwächt sich die Trendintensität ab und die Wahrscheinlichkeit eines möglichen Trendwechsels erhöht sich.
Triple Moving Average System	Aufgabe des Triple Moving Average Systems ist die Identifikation eines Trends und die Erfassung seines Reifegrades. Das System besteht aus drei gleitenden Durchschnitten unterschiedlicher Fristigkeit. Aus dem Vergleich der drei Durchschnittslinien können unterschiedliche aufwärts- und abwärtsgerichtete Trendphasen abgeleitet werden. Liegt beispielsweise der kürzerfristige Durchschnitt unter dem mittelfristigen und dieser unter dem längerfristigen, so befindet sich der Kurs der Aktie in einem klar definierten Abwärtstrend.
Momentum	Das Momentum beschreibt die Schwungkraft der Kursbewegungen und erfasst nicht nur die Stärke, sondern insbesondere auch die Veränderungsrate der Stärke einer Kursbewegung. Zur Berechnung wird der aktuelle Schlusskurs durch den Schlusskurs vor C Tagen dividiert, mit 100 multipliziert und über die jeweils D letzten Tage geglättet. Steigt das Momentum, befindet sich das Wertpapier im Aufwärtstrend. Nähert sich der Kursverlauf seinem Höhepunkt, wird dies durch eine sich abflachende Momentumkurve frühzeitig angezeigt. (C und D sind jeweils zu optimierende Parameter.)

Fortsetzung Erläuterungen

Relative Stärke — Mit diesem Konzept wird die Kursperformance des einzelnen Wertpapiers gegenüber einem Marktindex gemessen, wobei die Relative Stärke als Quotient aus Kurs des Wertpapiers und Kurs des Indexes berechnet wird. Bei einer positiven/negativen Entwicklung der Relativen Stärke wird das Wertpapier entsprechend positiv/negativ eingeschätzt. Um den Trendverlauf genauer analysieren zu können, wird die Relative Stärke wie der Kursverlauf einer Aktie betrachtet und interpretiert. Zu der Relativen Stärke lassen sich wiederum Indikatoren berechnen, von denen der MACD relativ aussagekräftig ist.

PRAXISFALL

Das kurzfristige Analysesystem in der Praxis

Das Zusammenspiel zwischen Final Plot und den Bollinger Bands im Rahmen des kurzfristigen Analysesystems soll anhand des DAX-Index erläutert werden. Ende Oktober 1999 konnte der DAX mit einem dynamischen Trendimpuls eine positive Kursentwicklung beschreiben. Bereits Anfang Dezember 1999 erreichte der Final Plot mit 25 Tagen im ununterbrochenen intakten Aufwärtstrend die durchschnittliche Länge der im vergangenen Jahr etablierten Aufwärtstrends. Hiermit wurde bereits eine erste leichte Übertreibung der Kursbewegung beschrieben. Jedoch befand sich zugleich der Kurs innerhalb der Bollinger Bands, sodass eine kursdynamische Übertreibung noch nicht zu erkennen war. Im weiteren Verlauf erfolgte ein erneuter positiver Trendimpuls, der den äußeren Bereich des Bollinger Bandes überschritt. Noch Ende des Jahres 1999 stellte sich somit sowohl aus der kursdynamischen Sicht als auch aus der zeitlichen Länge des Aufwärtstrends (44 Tage im intakten Aufwärtstrend) eine eindeutig überkaufte Situation dar, welche zu Beginn des neuen Jahres eine Konsolidierungsbewegung erwarten ließ.

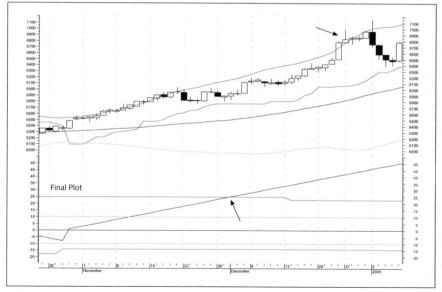

Abb. 35.6: Kurzfristiges Anlagesystem

35.4.3 Markets: Bewertung von Märkten

In einem Top-down-Konzept kommt der Auswahl von Märkten oder Branchen eine wichtige Bedeutung zu. Die Vielzahl möglicher Einflussfaktoren lässt sich kaum in ein einziges Bewertungssystem integrieren. In Abhängigkeit von den untersuchten Märkten (entwickelte Aktienmärkte weltweit, Emerging Markets, Branchen in Euroland oder Rentenmärkte weltweit) variieren sowohl die zu berücksichtigenden Einflussfaktoren als auch die angewendeten Modelle. Am Beispiel einer internationalen Aktienmarktanalyse können mehrere Bewertungssysteme aufgezeigt werden:
- Prognosemodelle (Aktienindizes, Kurs-/Gewinn Verhältnisse (KGV) für Aktienmärkte),
- Indikatorensystem,
- Bewertungsanalysen,
- Dividendendiskontierungsmodell,
- relative-Stärke-Modell und
- qualitative Beurteilungen.

35.4.3.1 Prognosemodelle
Prognosemodelle beantworten die Frage nach der zukünftigen Entwicklung des Marktes unter Verwendung langfristig stabiler Einflussvariablen. Sie ermöglichen:
- die Bestimmung eines langfristigen Marktgleichgewichts,
- die Ermittlung von Punktprognosen für unterschiedliche Anlagehorizonte und
- die Entwicklung von alternativen Szenarien durch Variation der Prognosen für die Input-Variablen.

Lineare Regressionsmodelle werden häufig zur Modellierung von Aktienmarktentwicklungen angewendet. Ökonomische Einflussfaktoren sind in erster Linie die Zinsen und Gewinne sowie die Erwartung der Marktteilnehmer hinsichtlich dieser Größen. Annahmen über die Gewinnentwicklung werden dabei meist aus der aktuellen Einschätzung des Konjunkturzyklusverlaufs abgeleitet. Als Hilfsgrößen für die Konjunkturprognose werden makroökonomische Variablen wie z. B. Industrieproduktion, Geldmenge oder Preise herangezogen.

Methodik der linearen Regressionsanalyse. Die Regressionsanalyse dient der Analyse von Beziehungen zwischen einer abhängigen, endogenen Variablen (Y) und einer oder mehreren unabhängigen, exogenen Variablen (X_i), wobei in der Regel ein linearer Zusammenhang der Form:

$$Y_t = b_0 + \sum_t b_i \cdot x_{it} + u_t$$

[i = 1…k, t = 1…T, b_0 = konstantes Glied, b_i = Regressionskoeffizienten der exogenen Variablen, u_t = Fehlervariable (stochastischer Störterm)]

unterstellt wird.

Zur Durchführung einer Regressionsanalyse sind drei Schritte notwendig:
- Zunächst ist das sachlich zugrunde liegende Ursache-Wirkungs-Modell zu bestimmen. Dabei sollte der zu untersuchende Zusammenhang die vermuteten Ursache-Wirkungs-Beziehungen möglichst vollständig enthalten.
- Im Anschluss daran wird die Regressionsgleichung mit der Methode der kleinsten Quadrate geschätzt. Dabei wird die geschätzte Gerade derart durch den Punkteschwarm der Beobachtungen gelegt, dass die Summe der quadratischen Abweichungen der beobachteten endogenen Variablen von dieser Geraden minimiert wird.
- Anschließend wird die Qualität der Regressionsgleichung mit Fehlermaßen und statistischen Tests überprüft. Dazu zählen:
  - das Bestimmtheitsmaß r^2 (Güte der Schätzung),
  - die Überprüfung der Signifikanz der einzelnen Regressionskoeffizienten anhand des t-Tests
  - der Test auf Autokorrelation der Fehlervariablen (z. B. Durbin-Watson-Test) und
  - Expost-Prognosen, die eine Aussage über die Prognosequalität in der Vergangenheit ermöglichen.

Führen die Tests zu unbefriedigenden Ergebnissen, sollte die Formulierung des Modells überprüft werden, insignifikante Indikatoren eliminiert werden und/oder in einem zusätzlichen Schritt eine zweite Modellgleichung bestimmt werden, die mittels Fehlerkorrektur den Schätzfehler im Zeitablauf abbaut.

35.4.3.2 Indikatorensysteme

In einem Indikatorensystem finden vor allem solche Einflussgrößen Berücksichtigung, die aufgrund ihrer statistischen Instabilität in langfristigen Regressionsmodellen nicht verwendet werden können. Betrachtet werden jedoch nur solche Faktoren, die theoretisch sinnvoll sind und in der Fachwelt über eine ausreichende ökonomische »fundamentale« Fundierung verfügen. Das System erlaubt:
- die strukturierte Diskussion möglichst vieler Faktoren im Gesamtzusammenhang,
- die Beantwortung der Frage: welcher Faktor hat wann welchen Einfluss?
- die Identifizierung »guter« und »schlechter« Faktoren und
- die Ableitung eines Gesamturteils durch Zusammenfügung aller relevanten Faktoren.

Die Indikatoren können nach inhaltlichen Kriterien in mehrere Blöcke aufgeteilt werden:
- Gesamtwirtschaftliche Indikatoren (z. B. Industrieproduktion, Frühindikatoren),
- Monetäre Indikatoren (z. B. Liquidität, Geldmenge, Zinsen),
- Unternehmensgewinne,
- Bewertungskennzahlen (z. B. Dividendenrendite, Kurs-Gewinn-Verhältnis, Kurs-Cashflow-Verhältnis) und
- Technische Indikatoren (z. B. Relative Stärke, MACD).

FALLBEISPIEL

Indikatorensystem

Die Tabelle zeigt am Beispiel der Bewertung eines Aktienmarktes eine aktuelle Zustandsbeschreibung. Nach einem optimierten Muster können die Ergebnisse der einzelnen Indikatoren für jeden Aktienmarkt individuell zusammengeführt werden und erlauben damit eine marktindividuelle Einschätzung des aktuellen Chance-Risiko-Profils. In der Summe führt die gewichtete Betrachtung der Indikatoren in diesem Beispiel zu einem positiven Votum.

Marktindikator	Indikation	
	positiv	negativ
Gesamtwirtschaftliche Indikatoren		
Veränderungsrate Industrieproduktion	+	
Geschäftserwartungen	+	
Monetäre Indikatoren (in %)		
Geldmenge M1	+	
Überschüssige Liquidität	+	
Geldmarktzins Veränderungsrate		−
Rendite 10-jähriger DM-Anleihen	+	
Zinsspread	+	
Unternehmensgewinne		
Steigerungsraten	+	
Revisionen (t_{+1})	+	
Revisionen (t_{+2})	+	
Bewertungskennzahlen Aktienmarkt		
Absolute Bewertungskennzahlen		
Kurs-Gewinn-Verhältnis		−
Dividendenrendite		−
Kurs-Cashflow-Verhältnis	+	
Kurs-Buchwert-Verhältnis	+	
Relative Bewertungskennzahlen		
Gewinnrendite/Rentenrendite	+	
Gewinnrendite/Geldmarktzins	+	
Dividendenrendite/Rentenrendite	+	
Dividendenrendite/Geldmarktzins	+	
Technische Indikatoren/Stimmung		
Relative Stärke	+	
Fondsliquidität	+	
Put-Call-Ratio	+	
Momentum	+	
MACD	+	
MACE		−
Gesamtbewertung*	positiv (82,5 %)	

* Anzahl der positiven Indikatoren blockweise gewichtet

35.4.3.3 Bewertungsanalysen

Mit den Bewertungsanalysen können die Aktienmärkte auf Basis der historischen Bewertung relativ zum Geld- und Rentenmarkt eingeordnet werden. Damit erfolgt
- die Feststellung der relativen Attraktivität eines Marktes zur eigenen Geschichte und
- die Feststellung der relativen Attraktivität der Märkte untereinander.

Auf dieser Basis lässt sich eine Value-Strategie ableiten: ein Investor kann die vermeintlich billigste Investmentalternative im internationalen Vergleich und im Vergleich zu Geld- und Rentenmarkt finden.

FALLBEISPIEL

Bewertungsanalyse

Zur Bewertung der Aktienmärkte wird auf die Gewinnrendite (Kehrwert des Kurs-Gewinn-Verhältnisses), die Dividendenrendite, die Cashflow-Rendite (Kehrwert des Kurs-Cashflow-Verhältnisses) und das Kurs-Buchwert-Verhältnis zurückgegriffen. Es ergeben sich für das Beispiel des deutschen Aktienmarktes die in der Tabelle genannten Bewertungskennzahlen. Die Abbildung 35.7 zeigt den aktuellen Stand der einzelnen Indikatoren und deren Bewertungsbandbreite der letzten 60 Monate. Zur Bestimmung der relativen Attraktivität des Aktienmarktes wird auf dieser Basis ein gewichteter Indikator berechnet.

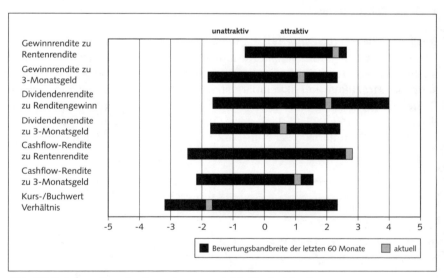

Abb. 35.7: Internationaler Bewertungsvergleich Deutschland

35.4.3.4 Sonstige

Dividendendiskontierungsmodell

Analog zur Bestimmung des inneren Wertes einer einzelnen Aktie kann diese Bewertungsmethode auf Aktienmärkte angewendet werden. Damit lässt sich feststellen, welches Dividenden- oder Gewinnwachstum bereits vom Markt berücksichtigt worden ist.

Relative-Stärke-Modell
Auf Basis der relativen Stärke der Länderindizes gegenüber einem Weltindex kann ein Ansatz zur relativen Einstufung der Aktienmärkte entwickelt werden.

Qualitative Beurteilungen
Zur Abrundung des Bildes und zur Erkennung von Ausnahmesituationen (Strukturbrüche in den Daten, politische Entwicklungen) sind ergänzend »qualitative« Einschätzungen möglich, d.h. eine subjektive Beurteilung der politischen, volkswirtschaftlichen und branchenspezifischen Rahmenbedingungen.

35.4.4 Assetallocation: Entscheidung über Anlagemedien

Assetallocation ist die strategische Entscheidung darüber, wie viele Anteile des verfügbaren Kapitals in die einzelnen Anlagemedien (Aktien, Anleihen, Festgeld, Fonds, Immobilien, Gold usw.) investiert werden sollen. Es werden beispielhaft folgende drei Systeme vorgestellt:
- Bewertungsmodell,
- Konjunkturzyklusmodell und
- Technisches Modell.

35.4.4.1 Bewertungsmodell
Die für die einzelnen Aktienmärkte ermittelten Indikatoren aus dem System der Bewertungsanalysen können zu einem Gesamtindikator zusammengefasst werden. So kann die Attraktivität von Aktienmärkten relativ zu Alternativanlagen am Geld- und Rentenmarkt für Länder und Regionen gemessen werden. In der Abbildung 35.8 ist der Indikator im Zeitablauf dargestellt. Oberhalb der Null-Linie ist eine Anlage in Aktien attraktiv, unterhalb der Null-Linie wird die Anlage in Renten favorisiert.

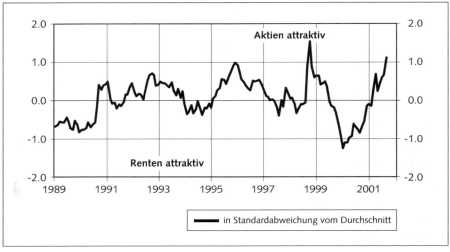

Abb. 35.8: Relative Attraktivität von Märkten

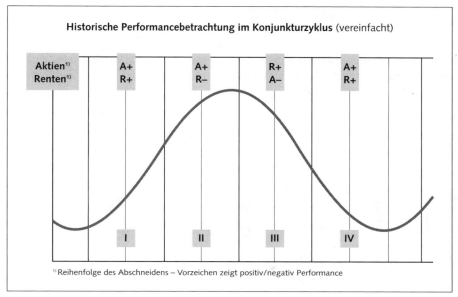

Abb. 35.9: Historische Performancebetrachtung im Konjunkturzyklus

35.4.4.2 Konjunkturzyklusmodell

In unterschiedlichen Konjunkturphasen gibt es typische Verlaufsmuster für die Entwicklung der Aktien- und Rentenmärkte. Gelingt eine Identifizierung des Konjunkturverlaufs, können Rückschlüsse auf die zukünftig zu erwartenden Entwicklungen an den Kapitalmärkten gezogen werden.

Die Abbildung 35.9 zeigt in einer vereinfachten Darstellung die historische Performancebetrachtung der Anlagemedien und damit auch die zugrunde liegende Idee:

- Befindet sich der Konjunkturverlauf in der Erholung (Phase I) oder der Depression (Phase IV) sollte die Aktienquote deutlich, die Rentenquote leicht aufgebaut werden.
- In der Boomphase (Phase II) sollte die Aktienquote leicht aufgebaut, die Rentenquote jedoch abgebaut werden.
- Während der Rezession (Phase III) sollte die Aktienquote verringert, die Rentenquote jedoch erhöht werden.

Die Zeitreihenanalyse bietet hierfür mit der Spektralanalyse ein Verfahren, mit welchem die Zerlegung einer gegebenen Zeitreihe, in dieser Anwendung das Bruttoinlandsprodukt, in charakteristische, zeitlich überlagernde Schwingungen möglich ist.

35.4.4.3 Technisches Modell

Das technische Modell basiert auf einer Zeitreihe, welche die relative Attraktivität von Aktien- und Rentenmarkt bis zum aktuellen Zeitpunkt abbildet. Aus zwei Indikatoren – Trendfolge- und Z-Score-Indikator – werden technische Signale generiert; der Trendfolge-Indikator ist über den Quotienten zweier gleitender Durchschnitte definiert, der Z-Score-Indikator misst die Abweichung des aktuellen Wertes vom historischen Mittelwert in Einheiten der Standardabweichung über diesen Zeitraum. Aus dem aggregierten Gesamtsignal wird schließlich eine Anlageempfehlung abgeleitet. Die Abbildung 35.10 zeigt die beiden Einzelindikatoren und die resultierende Allokation.

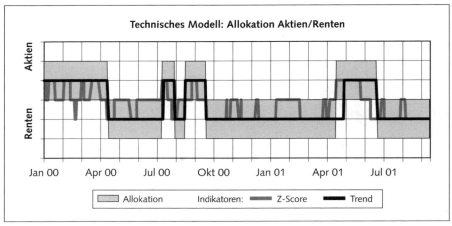

Abb. 35.10: Technisches Modell: Allokation Aktien/Renten

35.5 Erfolgskritische Faktoren und Controlling

Eine erfolgreiche Anwendung von Methoden ist an diverse Voraussetzungen geknüpft. Neben den schon oben erwähnten Faktoren wie qualifiziertes Personal, korrekter Einsatz aktueller und wissenschaftlich anerkannter Methoden (»State of the Art«), umfangreiche Datenbanken und leistungsfähige Hard- und Software zählen dazu außerdem:

Konzeptklarheit

Je klarer das zugrunde liegende Konzept ist, je mehr Expertenwissen genutzt werden kann und je intensiver die theoretische Fundierung einer Modellidee ausgearbeitet wird, desto sinnvoller kann eine Vorauswahl möglicher Einflussfaktoren erfolgen.

Datenqualität

Bei Schätzungen ist kritisch auf die Qualität der Zeitreihen, die Verfügbarkeit in der Vergangenheit und die Frequenz der Zeitreihen zu achten. Daneben sollte eine ausreichend lange Historie der Zeitreihen zur Verfügung stehen. Auch sollte die Frequenz der Zeitreihen mit der Frequenz der zu prognostizierenden Größe korrespondieren. Eine Aktienkursprognose auf täglicher Basis lässt sich beispielsweise nicht mit volkswirtschaftlichen Größen bewerkstelligen. Letztere werden häufig nur auf Quartalsbasis veröffentlicht.

Ausreichende Prognosefähigkeit
Zur Sicherstellung einer ausreichenden Prognosefähigkeit sollten daneben mögliche Fehler vermieden werden:
- *Data Mining.* Die theorie- und hypothesenlose Suche in Datensätzen nach scheinbar guten Zusammenhängen, ohne auf den ökonomischen Sinn, die theoretische Fundierung, die Vorzeichen und die Qualität der Daten zu achten.
- *Data Snooping.* Die Verwendung von Daten und Ergebnissen Dritter (Broker) ohne eigene empirische Überprüfung.
- *Concept Mining.* Die Vermengung unterschiedlicher Konzepte, Annahmen und theoretischer Grundlagen oder Zeithorizonte.
- *Garbage-in-Garbage-out-Problem.* Mit dem besten Modell können keine guten Prognosen gemacht werden, wenn notwendige Inputschätzungen schlecht sind.

Zur Kontrolle der angewendeten Modellsysteme sollten saubere Backtests durchgeführt werden. Ein erster Check gilt den erfolgskritischen Faktoren. Wenn danach die jeweils anwendbaren statistischen Tests die Modellgüte bestätigen, sollten die ermittelten Zusammenhänge mit »Out Of Sample«-Daten (dem Modell bisher unbekannte Daten) überprüft werden. Verschiedene Fehler- und Performancemaße zur Güte der Einschätzungen geben letztendlich beim Einsatz in der Praxis Auskunft über die Qualität der angewendeten Modelle.

Aufgaben zur Lernkontrolle
1. Erläutern Sie die Unterschiede zwischen fundamentaler und technischer Analyse.
2. Beschreiben Sie die Vorgehensweise bei der Anwendung von Methoden.
3. Welche Methoden kommen bei den typischen Aufgaben einer Research-Abteilung zum Einsatz?
4. Nennen und erläutern Sie erfolgskritische Faktoren und mögliche Fehlerquellen bei der Anwendung von Methoden.

Literatur
Jobmann, D. R. (2007): Handbuch der technischen Analyse, München
Murphy, J. (2004): Technische Analyse der Finanzmärkte, 3. Aufl., München.
Murphy, J. (2002): Technische Intermarket-Analyse, 2. Aufl., Frankfurt/M.
Rehkugler, H./Poddig, L. (1998): Bilanzanalyse, 4. Aufl., München.
Steiner, M./Bruns, C. (2002): Wertpapier-Management, 8. Aufl., Stuttgart.

# VI Support und Geschäftssteuerung

36 IT-Support*

> **LERNZIELE**
> - Rechtliche Rahmenbedingungen für den Einsatz der IT im Investment Banking erläutern.
>   - Mindestanforderungen an das Risikomanagement (MaRisk).
>   - Grundsätze ordnungsmäßiger DV-gestützter Buchführungssysteme (GoBS).
> - Bedeutung von Stammdaten erläutern.
> - Ziele und Probleme der Stammdatenverwaltung aufzeigen.

36.1 Einführung

Im Investment Banking wechseln täglich Milliardenwerte den Besitzer. Die effiziente Bearbeitung der Geschäfte stellt höchste Anforderungen an die Leistungsfähigkeit einer Bank und ist ohne Informations-Technologie (IT) nicht mehr denkbar. Die IT muss leistungsfähig, korrekt und verlässlich sein. Der Kostenaspekt spielt eine immer größere Rolle. Anforderungen stellen:
- Geschäftsbereiche der Bank,
- Kunden,
- Staatliche Stellen (z. B. Steuerbehörden),
- Finanzmarktaufsicht und
- Öffentlichkeit.

Zwei wichtige Problemkreise können unterschieden werden:
- Generelle Aspekte die beim Einsatz von IT grundsätzlich zu beachten sind.
- Einzelne Systeme, d. h. Aspekte, die die Gestaltung und Leistungsfähigkeit der verschiedenen Teile des IT-Systems betreffen.

Generelle Aspekte ergeben sich insbesondere aus den Anforderungen, die vom
- Bilanzrecht,
- Bankenaufsichtsrecht und
- Kapitalmarktrecht und -usancen

an die IT herangetragen werden.

Einzelne Systeme werden unter Beachtung der generellen Vorschriften nach den Ansprüchen der Nutzer gestaltet. Grundsätzlich ist »alles« machbar. Wenn man jedoch Kostenaspekte beachtet, dann schränken sich die Möglichkeiten ein. Ansätze zur Kostenreduktion gibt es (z. B. gemeinsam genutzte Datenbanken; normierte Schnitt-

---

* Autoren: Markus Neukirch unter Mitwirkung von Martin Menn

stellen zur Datenübergabe; Datenverarbeitung im Batch-Verfahren statt Realtime, Konsolidierung von Systemüberschneidungen). Es verringern sich dadurch aber oftmals die individuellen Gestaltungsmöglichkeiten.

Eines der großen Probleme der IT in Unternehmen ist die Vielfalt der vorhandenen einzelnen Systeme. Die Vielfalt resultiert aus sich wandelnden Bedürfnissen der Nutzer im Zeitablauf. Nutzer treten immer wieder mit Wünschen nach geänderten oder Zusatzfunktionen an die IT-Abteilungen heran. Nur in seltenen Fällen können aber neue Wünsche zur völligen Neugestaltung aller vorhandenen (Alt-) Systeme führen. So entstehen im Laufe der Zeit komplizierte Gebilde von miteinander vernetzten einzelnen Systemen, die in ihrer Gesamtheit die IT eines Unternehmens darstellen. Das Schaubild 36.1 zeigt beispielhaft die historisch gewachsenen und miteinander verwobenen einzelnen Programmpakete/Systeme/Produkte im Aktien-, Anleihe-, Geld- und Devisenhandel einer Großbank um das Jahr 2006.

> **PRAXISBEISPIEL**
>
> **Historisch gewachsene Systemarchitektur im Handelsbereich**
> Im Investment Banking wird eine große Zahl von Finanzprodukten gehandelt. Jedes von diesen Produkten wird von einer Kette von IT-Systemen unterstützt. Einige sichern eine akkurate und zeitgerechte Durchführung von Transaktionen, andere sichern den ordnungsgemäßen Fluss von Geschäftsdaten durch die diversen bankinternen Buchungs- und Controllingsyteme.

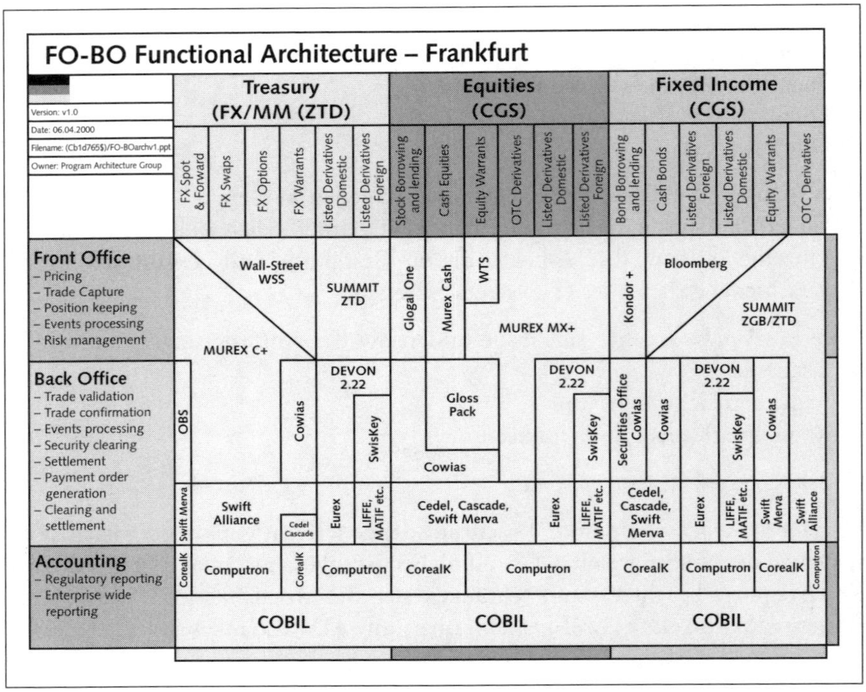

Abb. 36.1: Beispiel für eine historisch gewachsene funktionale Systemarchitektur im Handelsbereich

IT-Support: Grundlagen

Ein Beispiel für die Wanderungen von Geschäften durch die Ketten von IT-Systemen zeigt die Abbildung 36.1. Sie beschränkt sich auf Treasury-Produkte, Equities und Fixed-Income-Produkte und zeigt einige Funktionen im Frontoffice, Backoffice und Accounting, die IT-Systeme für diese Produkte erfüllen. Die Abbildung ist als Matrix zu lesen. In der Waagrechten sind die drei Produktkategorien abgetragen. In der Senkrechten sind die Funktionen aufgeführt. Beispiel: Für das Produkt »Bond Borrowing and Lending« deckt das System »Kondor+« die genannten Frontoffice- und das System Cowias Backoffice-Funktionen ab. Diagonale Linien trennen Systeme, die für dieselben Produkte dieselben Funktionen erfüllen; also z. B. sowohl Wall-Street WSS als auch Murex C+ decken Frontoffice-Funktionen für mehrere Treasury-Produkte ab.

Im Folgenden können nicht alle Facetten der IT im Investment Banking behandelt werden. Wir beschränken uns auf vier wichtige Gebiete:
- Generelle Aspekte: IT-bezogene Buchführungsvorschriften,
- Einzelne Systeme
  – Frontoffice-Systeme,
  – Backoffice-Systeme.

Darüber hinaus seien die Settlementsysteme erwähnt (z. B. SWIFT), die wir hier aber nicht behandeln.

36.2 IT-bezogene Buchführungsvorschriften

Die vor Jahrzehnten begonnene Unterstützung von einzelnen kaufmännischen Tätigkeiten durch Datenverarbeitungsanlagen entwickelte sich im Investment Banking im Laufe der Jahre zu komplexen, untrennbar miteinander verwobenen Systemen bankspezifischer Geschäftsprozesse mit Informationstechnologie. Die Verwebung ursprünglich getrennter Disziplinen erfordert darauf angepasste neue Regularien. Dieser Beitrag gibt einen Überblick über einen wesentlichen Teil der für das Investment Banking verbindlichen Normen.

Diese Normen sind nicht statisch. Analog zum Wandel von Gesellschaft und Technologie ändern sich auch die Rahmenbedingungen für den Einsatz von IT-Systemen im Investment Banking. Eine Vielzahl von staatlichen Stellen, Verbänden und Unternehmen befasst sich aktiv mit der Anpassung, Erstellung und Interpretation gesetzlicher und normativer Regularien. Dies betrifft Themen wie Bankenaufsicht und Rechnungslegung sowohl auf nationaler als auch auf internationaler Ebene. Zwei aktuelle Beispiele hierfür sind »Basel II« und »IAS«.
- »Basel II« trägt den Forderungen nach mehr Flexibilität und einer risikogerechteren Ausrichtung des Bankgeschäftes Rechnung.
- »IAS« (International Accounting Standards) bildet die Grundlage eines neuen Regelwerks von Rechnungslegungsgrundsätzen für börsennotierte Unternehmen in der EU.

Die Pflichten zur ordnungsgemäßen Buchführung gründen sich im Handelsgesetzbuch (HGB §§ 238, 239, 257). Daneben stellt die Abgabenordnung Ansprüche an Informationen über steuerrelevante Transaktionen (AO §§ 145, 146, 147, 154). Bei einigen Unternehmen spielen die International Accounting Standards (IAS) eine Rolle. Börsennotierte Unternehmen müssen die Publizitätsansprüche der jeweiligen Börse beachten. Das KWG fordert Daten über Kunden, Auftraggeber und/oder wirtschaftlich Berechtigte (KWG § 24 c). Man muss unterscheiden:

- *Geschäftsvorfälle.* Das sind Tätigkeiten, die zu einer Änderung der Höhe oder Struktur des Vermögens und/oder Kapitals einer Unternehmung führen. Diese sind aufzeichnungspflichtig.
- *Geschäftsprozesse.* Die Summe aller betriebswirtschaftlichen oder technisch zusammengehörigen Tätigkeiten stellt einen Geschäftsprozess dar. Beinhaltet ein Geschäftsprozess einen Geschäftsvorfall, so ist nicht nur der Geschäftsvorfall, sondern der gesamte Prozess rechnungslegungsrelevant.

Informationen zur Verbuchung von Geschäftsvorfällen	
Der Geschäftsvorfall in der traditionellen Buchhaltung	**Der Geschäftsvorfall im IT-unterstützten Investment Banking**
Für eine ordnungsgemäße Verbuchung eines Geschäftsvorfalls gelten seit langem folgende Informationen als notwendig: ■ Eine fortlaufende Nummer, ■ eine A-Conto Nummer, ■ das Datum, wann das Geschäft gemacht wurde, ■ die Namen der Gläubiger, ■ der Name des Schuldners, ■ der Betrag, ■ die Währung.	Informationen über einen Geschäftsvorfall, die in einem modernen Handelssystem erhoben und verarbeitet werden (Beispiel Buy-Trade): ■ Consecutive Order ID–Number, ■ Trade ID–Number, ■ Trade Date, ■ Amount/Quantity, ■ Currency/Part of Price, ■ Settlement-Bank, ■ Trade-Book (entspricht Kontokorrent), ■ Counterparty Bank, ■ Diverse Nummern für verschiedene Statusmeldungen,

Die *Grundsätze ordnungsmäßiger Buchführung (GoB)* konkretisieren die Anforderungen, die an EDV-Systeme gestellt werden. Die wichtigsten Grundsätze mit Auswirkungen auf EDV-Systeme sind:
- *Klarheit.* Als Ausfluss des Grundsatzes der Klarheit und Übersichtlichkeit (Nachprüfbarkeit) soll die Buchführung so beschaffen sein, dass sie einem sachverständigen Dritten innerhalb angemessener Zeit einen Überblick über die Geschäftsvorfälle, ihre Entstehung und Abwicklung und die Lage des Unternehmens vermitteln kann.
- *Vollständigkeit.* Die Grundsätze der Vollständigkeit sowie formellen und materiellen Richtigkeit verlangen, dass keine Geschäftsvorfälle weggelassen, hinzugefügt oder anders dargestellt werden, als sie sich tatsächlich abgespielt haben.
- *Ursprünglichkeit.* Der ursprüngliche Buchungsinhalt darf nicht unleserlich gemacht, es darf nicht radiert (bzw. »gelöscht«) werden.
- *Automatik.* Bei EDV-Buchführungen müssen Änderungen und Korrekturen automatisch aufgezeichnet werden.

- *Belegprinzip.* Sämtliche Buchungen müssen aufgrund der Belege jederzeit nachprüfbar sein.
- *Zeitnähe.* Der Grundsatz der rechtzeitigen und geordneten Buchung verlangt, dass die Buchungen innerhalb einer angemessenen Frist in ihrer zeitlichen Reihenfolge vorgenommen werden.

> **Geschäftsvorfall oder Geschäftsprozess?**
>
> Die aus dem Steuer- und Handelsrecht begründeten Ordnungsmäßigkeitskriterien sind nicht nur auf Geschäftsvorfälle, sondern auch auf Geschäftsprozesse anzuwenden. In der Praxis bedeutet dies, dass nicht mehr ausschließlich die eigentliche Buchhaltungsabteilung die Kriterien erfüllen muss, sondern alle Bereiche in denen buchführungsrelevante Daten erfasst, erzeugt, bearbeitet und/oder übermittelt werden – i.e. auch IT-Systeme.

Verschiedene Gremien (z.B. die Arbeitsgemeinschaft für wirtschaftliche Verwaltung e.V. (AWV) und der Fachausschuss für Informationstechnologie (FAIT) im Institut der Wirtschaftsprüfer (IDW) arbeiten an Ausführungsbestimmungen, aus denen erkennbar ist, wie allgemein formulierte Grundsätze wie die GoB konkret umzusetzen sind.

Einer dieser Stellungnahmen ist durch das Bundesministerium der Finanzen am 7. November 1995 für verbindlich erklärt worden. Es hat sich die Bezeichnung »*Grundsätze ordnungsmäßiger DV-gestützter Buchführungssysteme (GoBS)*« herausgebildet.

36.2.1 Grundsätze ordnungsmäßiger DV-gestützter Buchführungssysteme (GoBS)

Entsprechend der Abstammung der GoBS von den GoB spielen auch in den GoBS Ordnungsmäßigkeitskriterien eine zentrale Rolle. Allerdings gehen die GoBS über eine einfache Aufzählung von »typischen Buchführungsgrundsätzen« hinaus, indem sie konkrete Anforderungen an die EDV und deren Umfeld beschreiben. Vereinfacht gesagt, beinhalten die GoBS zwei Punkte:
1. Ordnungsmäßigkeitskriterien als zu erfüllende Forderungen und
2. Regelungen zur Sicherstellung der Erfüllung der Ordnungsmäßigkeitskriterien.

Ordnungsmäßigkeitskriterien

Auch wenn heute die Buchführung nicht mehr ausschließlich aus Büchern besteht, sondern zum Teil nur noch als Binärzeichen in der IT existiert, muss sie nachvollziehbar die vollständige, zeitgerechte und formal richtige Erfassung, Verarbeitung und Wiedergabe aller Geschäftsvorfälle belegen.
- Die *Journalfunktion* des DV-gestützten Buchführungssystem stellt die Nachvollziehbarkeit für den einzelnen Geschäftsvorfall sicher. Eine lückenlose Protokollierung ist nötig. Ersatzweise sind geeignete Kontrollen durchzuführen.

- Die *Belegfunktion* ermöglicht den nachvollziehbaren Nachweis, dass der Bücherinhalt die Realität widerspiegelt.
- Die *Kontenfunktion* ermöglicht die nach Sach- und Personenkonten geordnete Darstellung der Geschäftsvorfälle.

Für eine korrekte Buchung in einem DV-gestützten Buchführungssystem sind zwei elementare Punkte zu beachten: 1. Das Verarbeitungsverfahren erfüllt die Belegfunktion (Dauerbeleg), 2. Die ausschließliche Anwendung des Verfahrens wird nachgewiesen. Somit erfordert die IT basierende, GoBS-konforme Abwicklung von Geschäftsvorfällen auch Sicherungs- und Protokollverfahren.

Internes Kontrollsystem IKS

Das Interne Kontrollsystem (IKS) muss Bestandteil des Geschäftsprozessmodells sein, das alle rechnungslegungsrelevanten Geschäftsprozesse beinhaltet. Wichtig sind Regelungen zu:
- Lückenlosigkeit aller Kontrollen,
- Überschneidungsfreie Definition von Zuständigkeiten und
- Dokumentation aller Arbeitsabläufe.

Beispielsweise sind in Programmabläufen auf allen Ebenen (Betriebssystem, betriebsystemnahe Software und Applikation) Plausibilitäts- und Vollständigkeitskontrollen zu implementieren. Gegebenenfalls sind weitere manuelle Kontrollen vorzusehen.

Damit sichergestellt wird, dass die eingesetzten IT-Systeme auch tatsächlich ausschließlich die definierte Funktionalität aufweisen (*Programmidentität*), bedarf es u. a. der Erstellung und Einhaltung von Richtlinien für Programmierung, Programmtests, Programmfreigaben, Programmänderungen und Zugriffs- und Zugangsverfahren.

Um einem sachverständigen Dritten in angemessener Zeit die *Nachvollziehbarkeit* zu ermöglichen, bedarf es u. a. einer *Verfahrensdokumentation*, aus der die Beschaffenheit des Abrechnungssystems vollständig ersichtlich wird. Insbesondere hat eine Beschreibung einschließlich der Einbeziehung in das IKS hinsichtlich zumindest folgender Punkte zu erfolgen:
- *Sachlogische Lösung*
  - generelle Aufgabenstellung,
  - Anwenderoberfläche,
  - Datenbestände,
  - Verarbeitungsregeln,
  - Kontrollen,
  - Fehlermeldungen und sich daraus ergebende Maßnahmen und
  - Schnittstellen zu anderen Systemen.
- *Programmtechnische Lösung*
  - Sicherstellung der Programmidentität,
  - Sicherstellung der Integrität von Daten und
  - Arbeitsanweisungen für den Anwender.

Des Weiteren sind zu dokumentieren:
- die Testläufe,
- das Freigabeverfahren,
- der Zeitpunkt des produktiven Einsatzes und
- der Nachweis der sachgerechten Zugriffsberechtigungen.

Die geforderte jederzeitige Bereitstellungsfähigkeit von Aufzeichnungen kann im Einzelfall einen hohen Aufwand bedeuten. Zum einen müssen Datenträger und gegebenenfalls auch andere Medien regelmäßig und bei Bedarf dupliziert werden und an einem zweiten Standort, in jedem Fall aber vor Verlust und unberechtigter Veränderung oder Kenntnisnahme geschützt aufbewahrt werden. Zum anderen ändert sich der Stand der Technik während der langjährigen Aufbewahrungspflicht. Ist die Erhaltung der EDV-technischen Installationen (Rechnersysteme einschließlich lauffähiger Programme etc.) nicht möglich, so können erhebliche Kosten für Migrationsarbeiten entstehen. In jedem Fall ist in einer Arbeitsanweisung das Verfahren für die Wiedergabe der Unterlagen zu beschreiben.

Neben Eigenentwicklungen setzen Investmentbanken auch sog. »Kauf-Software« ein. Die volle Verantwortung für die GoB/GoBS-Konformität ihrer Buchführung verbleibt jedoch auch bei Verwendung fremderstellter, marktüblicher Informations- und Tradingsysteme beim Buchführungspflichtigen.

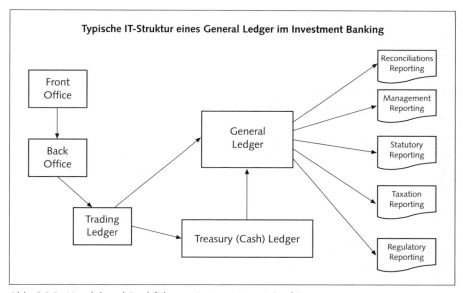

Abb. 36.2: Handel und Buchführung im Investment Banking

Die in der Abbildung 36.2 dargestellte Systemarchitektur zeigt, wie das – elektronisch geführte – Hauptbuch (General Ledger) einer Investmentbank und die Finanzbuchhaltung (Cash Ledger) mit dem Handel und seinen IT-Systemen verbunden sein könnten. Nach dem eigentlichen Handel (s. u. Frontoffice-Systeme) werden die Daten zunächst in zum Handel gehörenden Backoffice-Systemen vorverarbeitet und dann in ein Trading Ledger (Handelsbuch) eingestellt. Von dort werden sie an das Hauptbuch der Investmentbank (General Ledger) weitergereicht.

Neben den GoBS sind die von der Bafin veröffentlichten Mindestanforderungen an das Risikomanagement (MaRisk) eine die IT-Systeme von Investmentbanken wesentlich beeinflussende Vorschrift. Die MaRisk lösten am 20. Dezember 2005 u. a. die Mindestanforderungen an das Betreiben von Handelsgeschäften (MaH) ab, deren erste Fassung am 23. Oktober 1995 veröffentlicht wurde.

Bis zur vollständigen Umsetzung der MaRisk in der IT, ist es für IT-Abteilungen durchaus sinnvoll, sich weiterhin an den abgelösten Mindestanforderungen an Handelsgeschäfte (MaH) bzw. Kreditgeschäfte (MaK) zu orientieren. Auch zum erstmaligen Kennenlernen von Mindestanforderungen sind die MaH gut geeignet, da hier relativ konkrete Regeln formuliert wurden, wohingegen die MaRisk ganz bewusst kaum detaillierte Vorgaben macht, sondern den Unternehmen Gestaltungsspielräume bei der Umsetzung der dort formulierten Prinzipien zugesteht.

BEISPIEL **Prinzipienorientierung der MaRisk**
Abschnitt AT 7.2 Technisch-organisatorische Ausstattung: »Die IT-Systeme (Hardware- und Software-Komponenten) und die zugehörigen IT-Prozesse müssen die Integrität, die Verfügbarkeit, die Authentizität sowie die Vertraulichkeit der Daten sicherstellen. ...«

Es sei darauf hingewiesen, dass die MaRisk unter bestimmten Randbedingungen Erleichterungen wie z. B. durch vereinfachte Verfahren oder Verzicht auf das 4-Augen-Prinzip, erlauben.

36.2.2 Mindestanforderungen an das Betreiben von Handelsgeschäften aus IT-Sicht

Im Folgenden werden die Mindestanforderungen »mit der IT-Brille gefiltert« betrachtet. Man sollte sich beim Studium der Vorschriften immer wieder vergegenwärtigen, dass die Vorschriften mit dem Ziel der Vermeidung von Risiken entstanden sind.

1 Allgemeine Anforderungen
   – Geschäftsleitung
   – Rahmenbedingungen
   – Neue Produkte
   – Mitarbeiter
   – Marktgerechte Bedingungen
   – Geschäftsunterlagen
2 Risikocontrolling und Risikomanagement
   – Systemanforderungen
   – Kreditrisiken
   – Marktpreisrisiken
   – Liquiditätsrisiken

- Rechtliche Risiken
- Betriebsrisiken
3 Organisation der Handelstätigkeit
   - Handel
   - Abwicklung/Kontrolle
   - Rechnungswesen
   - Überwachung
4 Revisionen

Ad 1: Allgemeine Anforderungen
Zunächst orientiert sich der Einsatz der IT im Investment Banking an den von der Geschäftsleitung vorgegebenen Zielen und Rahmenbedingungen. Handelsaktivitäten dürfen nur innerhalb eines von der Geschäftsleitung vorgegebenen Rahmens entfaltet werden. Typischer Weise werden Organisationsrichtlinien erlassen, die Arbeitsanweisungen, Arbeitsablaufbeschreibungen, Stellenbeschreibungen und Kompetenzzuordnungen enthalten.

Aufgabe der Geschäftsleitung ist es auch, die Aufnahme von Tests bei der Einführung neuer Produkte bzw. Geschäften in neuen Märkten zu genehmigen. Hierzu muss ihr ein detailliertes Konzept vorliegen. Erst nach erfolgreichem Test und Abschluss aller organisatorischen, personellen und technischen Vorbereitungen darf der laufende Handel beginnen. Dazu gehört z. B. die Bereitstellung von Arbeitsanweisungen und adäquater technischer Ausstattung, die Einweisung des betroffenen Personals sowie die Erweiterung der Risikokontrollsysteme.

Die Allgemeinen Anforderungen richten sich selbstverständlich auch an den einzelnen Mitarbeiter: Informationen über Anbahnung und Abschluss von Geschäften sind vertraulich zu behandeln. Für den IT-Mitarbeiter bedeutet dies, dass er dafür sorgen muss, dass ausschließlich dazu berechtigte Personen Kenntnis von den sie betreffenden Geschäftsdaten erlangen können. Dies kann sich im Einzelfall bei den sehr komplexen Handels- und Abwicklungssystemen als äusserst diffizil darstellen.

Ähnlich wie bei den bereits zuvor behandelten GoBS, muss jedes Geschäft revisionstechnisch innerhalb eines größeren Zeitraums nachvollzogen werden können. Die Geschäftsunterlagen sind hierzu durch Kontroll- und Überwachungsnachweise zu ergänzen. Jedem IT-Mitarbeiter muss die zentrale Rolle und die Bedeutung der Forderung Nachvollziehbarkeit aller Handelsgeschäfte für einen sachverständigen Dritten in angemessener Zeit klar sein.

Ad 2: Risikocontrolling und Risikomanagement
Die Regelungen des Risikomanagements müssen in die gesamten Maßnahmen der Unternehmenssteuerung integriert werden. Das Risikomanagement umfasst:
- Risikoartenidentifikation,
- Risikoquantifizierung (Messung und Analyse),
- Risikosteuerung (Limitierung) und
- Risikoüberwachung.

Fundamentale Grundsätze eines soliden Risikomanagements sind:
- *Aufsicht.* Angemessene Aufsicht durch das oberste Verwaltungsorgan und die Geschäftsleitung.
- *Risikomanagement.* Adäquates Risikomanagement mit ausreichend dimensionierten Systemen, vorsichtigen Risikolimits, ständiger Risikoüberwachung und häufiger Berichterstattung an die Geschäftsleitung.
- *Prüfungen.* Umfassende interne und externe Prüfungsverfahren. Folgende Prüfungen müssen in geeignet gewählten Intervallen durchgeführt werden:
  - Abstimmung von Datenbeständen,
  - Verfahrensleistungsfähigkeit,
  - Dokumentation und
  - Notfallpläne.
- *Notfallpläne.* Die Notwendigkeit und gleichzeitig die Grenzen von effizient wirkenden Notfallplanungen verdeutlichten die Terroranschläge am 11. September 2001. Die Vorsorgemaßnahmen wie z. B. der Betrieb eines zweiten Rechenzentrums an einem anderen Ort können bei entsprechender Ausgestaltung selbstverständlich auch im Regelbetrieb anfallende Aufgaben mitübernehmen. Beispielsweise können die für den Einsatz in Notfällen vorgesehenen Rechner während des Regelbetriebs als den Produktionsrechnern ähnliche Testsysteme für die Weiterentwicklung von Applikationen dienen. Aber nicht nur der Ausfall von IT-Systemen muss im Notfall abgesichert werden; auch der kurzfristige, vorübergehende Ersatz von mit IT-Systemen ausgestatteten Arbeitsplätzen z. B. aufgrund eines Wasserschadens muss in entsprechende Überlegungen einbezogen werden.

Die adäquate Berücksichtigung von Risiken in der IT muss bereits in der *Konzeptionsphase* erfolgt sein. Dies bedeutet für System- und Applikations-Entwickler, dass sie trotz des im Investment Banking üblichen Termindrucks über die rein fachlich-funktionale Software-Entwicklung die übergeordneten Grundsatzanforderungen zu erfüllen haben.

Die Folgen einer nachlässigen Konzeptionierung eines IT-Systems können gravierend sein: Beispiel sind Doppelzahlungen, Regressansprüche aufgrund verspäteter Zahlungen, unerkannte offene Positionen und daraus folgende Preisrisiken, Raum für betrügerische Manipulationen.

Notwendiger Aufwand, um Risiken zu begegnen

Welcher Aufwand ist nun eigentlich zu betreiben, um DV-Systeme Vorschriftengerecht zu gestalten? Dafür gibt es den folgenden Grundsatz:

»Die Leistungsfähigkeit der DV-Systeme muss Art und Umfang der Handelsaktivitäten entsprechen«.

Der geplante Einsatz bestimmt ganz wesentlich die Ausgestaltung eines IT-Systems. Für ein System, das letztlich nur der Erhöhung der Bequemlichkeit dient, bei dessen Ausfall jedoch kein nennenswerter Schaden entsteht, mag eine einfache PC-Lösung adäquat sein. An die Ausgestaltung eines unternehmenskritischen Handelssystems sind erheblich höhere Ansprüche an die Qualität des IT-Systems zu stellen.

Aspekte sind u. a. Leistungsfähigkeit der Komponenten, Ausfallsicherheit, Wartbarkeit etc. sowie die Einbindung in Organisation und Verfahren wie z. B. Help Desk, System- und Applikations-Administration, 24-Stunden-Monitoring, Problem- und Change-Management oder Archive/Recovery-Verfahren.

Ein ordentlich geführtes Problemmanagement ist hier sehr wichtig. Werden Probleme nicht unter den Teppich gekehrt, sondern systematisch dokumentiert, analysiert und aufgearbeitet, so kann die angemessene Leistungsfähigkeit der DV-Systeme auch glaubhaft gemacht werden.

Ad 3: Organisation der Handelstätigkeit

Von den speziellen Betriebsrisiken noch mal zurück zu ganz einfachen Risikobetrachtungen:

Wie würde wohl das Risiko zu bewerten sein, wenn ein und dieselbe Person morgens im Handel ein äußerst komplexes Geschäft abschließt und nachmittags im Backoffice die Abwicklung übernimmt; dort kennt sich doch keiner mit einem derart komplizierten Vorgang aus? Das wäre doch sinnvoll, schließlich muss sich dann niemand stundenlang neu einarbeiten. ... Leider lehrt die Erfahrung, dass die Mitarbeiter unter solchen Bedingungen allzu leicht in Versuchung gebracht würden. Die Vorschriften tragen dem Rechnung und erheben daher die klare Funktionstrennung zum obersten Grundsatz.

Grundsatz der Funktionstrennung

Grundsatz für den Arbeitsablauf im Bereich der Handelstätigkeit ist die funktionale Trennung von
- Handel,
- Abwicklung und Kontrolle,
- Rechnungswesen sowie
- Überwachung.

Wie tangiert dieser Grundsatz die IT-Abteilung? Eine explizite Bennenung der IT-Abteilungen existiert in den MaH nicht, obwohl diese den gesamten Geschäftsprozess einschließlich der Überwachung unterstützen. Dies mag zunächst verblüffen. Generalisierend lässt sich aber sagen, dass die Vorschriften in Grundsätzen beschreiben »was zu tun ist« nicht aber »wie es zu tun ist«. Somit bleibt den Unternehmen Spielraum zur Ausgestaltung. In Bezug auf die Funktionstrennung lautet »was zu tun ist« folgendermaßen:
- *Zugriffsrechte.* Die Funktionstrennung ist über die Vergabe von Identifikationen (der Personen) und Zuordnung bestimmter zulässiger Tätigkeiten zu regeln.
- *Unvereinbarkeit.* Die Zulassung zu unvereinbaren Funktionen muss ausgeschlossen werden. So darf z. B. ein Händler keine Abwicklungsfunktion, ein Mitarbeiter der Abwicklung nicht gleichzeitig die Befugnis zur Erfassung der Geschäfte und zur Freigabe der Zahlungen oder zur Veranlassung der Buchungen innehaben.
- *Dokumentation und Kontrolle.* Eine »Selbstbedienung« bei der Einrichtung von User-Accounts durch die oben aufgeführten, voneinander zu trennenden Stellen darf nicht stattfinden. Diese dürfen auch nicht in die Lage versetzt werden, Än-

derungen an programmtechnisch festgelegten Abläufen wie z. B. an Rechenalgorithmen, vorgegebenen Systemparametern und Funktionen der IT-Systeme selbst vornehmen zu können.

Probleme durch unzureichendes Risikomanagement

BEISPIELE

Mitarbeiterwechsel. Ein Mitarbeiter aus dem Backoffice wechselt zur Handelsabteilung. Bereits vor dem Einrichten seines User-Accounts mit Handelsfunktionen muss die Unvereinbarkeit mit eventuell noch bestehenden Zugriffsrechten als (ehemaligem) Backoffice-Mitarbeiter auffallen und eine Bereinigung erfolgen.

Spät erkannte Fehler. Das Update eines Programms hat nachweislich mit allen Testdaten einwandfreie Ergebnisse produziert. Es wird daraufhin im laufenden Handel verwendet. Erst am Monats-Ultimo wird festgestellt, dass dieses Update einen neuen Bug aufwies, der Einfluss auf die Bilanzierung haben kann. Zur Entscheidung, welche Schritte einzuleiten sind, wird umgehend der genaue Einsatztermin dieser Programmversion benötigt. Die für Befugte ständig zur Verfügung stehende aussagekräftige Dokumentation der Veränderungen des IT-Systems ermöglicht eine effiziente Schadensbegrenzung.

Ausscheiden. Hatte z. B. ein Chefhändler die Möglichkeit auch außerhalb des Hauses auf im Rechenzentrum bereitgestellte geschäftskritische Informationen zuzugreifen, so muss ihm spätestens mit seinem Ausscheiden aus dem Unternehmen dieser Zugriff unmöglich gemacht worden sein.

Ad 4: Revision

Prüfungen durch abteilungsexterne Stellen können erfolgen durch:
- Interne Revision,
- Wirtschaftsprüfer im Rahmen der Jahresabschlussprüfung,
- Bundesaufsichtsamt für das Kreditwesen.

Die Einhaltung der Vorschriften ist von der Innenrevision in unregelmäßigen, angemessenen Abständen zu prüfen. Hierbei sind im Sinne einer risikoorientierten Prüfung die wesentlichen Felder mindestens jährlich zu prüfen. Jeder Teilbereich der Mindestanforderungen ist zumindest in einem Turnus von drei Jahren zu prüfen. Der Prüfungsturnus ist in einem Prüfungsplan zu dokumentieren.

Als *wesentliche Prüfungsfelder* sind anzusehen:
- Limitsysteme,
- Positions- und Ergebnisermittlung bzw. Abstimmung,
- Veränderungen an den EDV-Systemen,
- Vollständigkeit, Richtigkeit und Zeitnähe des internen Berichtswesens,
- Funktionstrennung,
- Marktgerechtigkeit der Bedingungen und
- Bestätigungen und Gegenbestätigungen.

Der Vollständigkeit halber sei angemerkt, dass sich die Revisionstätigkeit nicht auf die Bundesrepublik Deutschland beschränken muss.

36.3 Stammdatenverwaltung

36.3.1 Begriffe

Es wird zwischen Stammdaten (*Static Data*) und Geschäftsdaten (*Transaction Data*) unterschieden. Letztere beinhalten die bei einem Geschäftsvorfall auftretenden Stromgrößen.

Die meisten Applikationen in den IT-Systemen im Investment Banking benötigen zur Erfüllung der von ihnen erwarteten Leistungen außer den eigentlichen Geschäftsdaten noch Stammdaten. Man unterscheidet:
- *Produktstammdaten* (Instrument Static Data). Daten über z. B. Aktien, Renten, Optionsscheine,
- *Kontraktstammdaten*. Spezifikationen der Kontrakte von Terminbörsen.
- *Kontrahentenstammdaten* (Counterparty Static Data). Daten über Handelspartner.

Die einzelnen Front- und Backoffice-Systeme (genaueres siehe Kapitel 37) besitzen in der Regel eigene Datenbanken, in denen die Stammdaten, die zur weiteren Verarbeitung der eigentlichen Geschäfte benötigt werden, gespeichert und gepflegt werden.

36.3.2 Ziele des Stammdatenmanagements

Beim Management der Stammdaten sind aus IT-Sicht folgende Ziele zu beachten:
- *Aktualität*. Die Daten müssen stets aktuell sein, sodass die Frontoffice-Abteilung immer handlungsfähig ist.
- *Konsistenz*. Die Datenbestände der einzelnen Frontoffice- und Backoffice-Abteilungen müssen konsistent sein, um eine automatische Verarbeitung der Handelsgeschäfte zu ermöglichen (Straight Through Processing).
- *Nachvollziehbarkeit*. Änderungen an den Datenbeständen müssen historisch nachvollziehbar sein (gesetzliche Anforderung).
- *Kosten*. Die Stammdatenbereitstellung soll kostengünstig sein. Z. B. kann die Datenpflegefunktion durch entsprechende Ergonomie die Qualitätssicherung für die Datenbestände unterstützen.

36.3.3 Beschaffung von Stammdaten

Woher stammen die Stammdaten?
- *Counterparty-Stammdaten* müssen selbst beschafft und gepflegt werden.
- Für *Produktstammdaten* gibt es am Markt eine Reihe von Lieferanten (Provider). Deren Dienste sind in der Regel kostenpflichtig und bieten die Möglichkeiten, Stammdaten online über entsprechende Datenterminals abzufragen oder per Transfer von Dateien das jeweils gewünschte Universum von Produkten kom-

plett zu kopieren. Die Online-Variante ist vor allem als Nachschlagewerk gedacht, die Datei-Transfer-Variante eignet sich um eine aktuelle Datenlieferung beispielsweise einmal täglich in eigene Systeme zu übernehmen.
- *Contract Static Data* werden wie Produktstammdaten über elektronische Schnittstellen von Datenprovidern geliefert. Teilweise können sie auch direkt von Börsen bezogen werden.

PRAXISFALL

IT-technische Lösung des Stammdatenproblems bei Front- und Backoffice-Systemen
Verschiedene Frontoffice-(FO) und Backoffice-(BO) Systeme greifen auf die gleichen Stammdaten zu. Hier ist die Definition einer gemeinsam benutzten Stammdatenbank sinnvoll. Dazu könnte man eines der beteiligten Systeme mit seinen Stammdaten zur Master-Datenbank erklären, und dann dafür Sorge tragen, dass alle anderen Systeme mit ihrem Stammdatenbanken synchron laufen. Da aber sowohl Frontoffice- als auch Backoffice-Applikationen die Anforderungen an eine Produkt-Master-Datenbank in der Regel nicht erfüllen, setzt man besser ein speziell für die Produktstammdatenverwaltung gedachtes System ein, an das alle anderen Systeme angeschlossen werden.

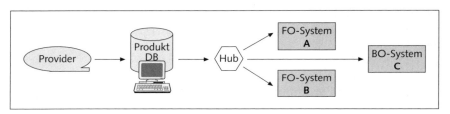

Diese Lösung hat im Hinblick auf die oben genannten Ziele folgende Eigenschaften:
- Die dezentralen Datenbanken sind stets aktuell und konsistent.
- Eine dedizierte Applikation dient zur Datenspeicherung und -historisierung.
- Der Datentransfer-Service des Providers muss nur einmal abonniert werden.
- Terminals für Online-Abfragen beim Provider können gespart werden.
- Unternehmensspezifische Änderungen oder Ergänzungen müssen nur einmal durchgeführt werden.

Aufgaben zur Lernkontrolle
1. Welche Regelungen der MaH beziehen sich direkt oder indirekt auf den Bereich der IT einer Bank?
2. Beschreiben Sie die Bedeutung von Aktualität und Konsistenz als wichtige Ziele des Stammdatenmanagements.

Literatur

Bundesverband Deutscher Banken (2005): Informations-Technologie in Banken, Köln.

Kraemer, P. (2000): Investment-Banking bei der Commerzbank darf nicht ausfallen, in: Computerwoche, Heft 2, S. 43–44.

Kreische, K. (2001): Anforderungen an die Datenverarbeitung aus Sicht der MaH, in: Zeitschrift Interne Revision, Heft 1, S. 23–28.

Milkau, U. (1998): Intranets als Backbone für Investment-Banking, in: Weinhardt, C. u. a. (Hrsg.), Informationssysteme in der Finanzwirtschaft, Berlin u. a., S. 153–165.

Moormann, J./Fischer, T. (Hrsg.) (2004): Handbuch Informationstechnologie in Banken, Wiesbaden

37 Front- und Backoffice-Systeme*

> **LERNZIELE**
> - Funktionsweise und Bedeutung zentraler, handelsunterstützender Informationssysteme darlegen (Frontoffice).
> - Funktionsweise und Bedeutung nachgelagerter, handelsunterstützender Reporting- und Risikocontrollingsysteme verstehen (Backoffice).
> - Wichtige Anforderungen an Risikocontrolling-Systeme aufzählen.
> - Die Vorgehensweise beim Market-Conformity-Check erläutern.

37.1 Frontoffice-Systeme

37.1.1 Einleitung

Frontoffice-Systeme sind IT-Systeme, die dem eigentlichen Handel vorgelagert sind. Sie versorgen den Händler mit solchen Informationen, die die Qualität seiner Entscheidungen im Handel verbessern. Die Grenzen zu nachgelagerten Backoffice-Systemen sind aber fließend, sodass eine eindeutige Abgrenzung von Front- und Backoffice-Systemen kaum möglich ist (vgl. Abbildung 37.1). Immer mehr ist hier auch der Trend der Systemanbieter zu erkennen, ihre Systeme von reinen Frontoffice-Systemen zu sogenannten »Front-to-Back-Systemen« zu erweitern.

Es gibt zwei Hauptgründe dafür, dass im Investment Banking Frontoffice-Systeme unverzichtbar sind.
- *Unterrichtung.* Der erste Grund ist die Notwendigkeit des Händlers, jederzeit über seine Positionen und die damit verbundenen Charakteristika, die Chancen und Risiken informiert zu sein.
- *Kontrolle.* Das zweite Hauptthema bilden die generellen Anforderungen an die Kontrolle und Überwachung des Handels. So muss zum Beispiel zur Verlust-

Frontoffice	Middleoffice	Backoffice
▪ Benchmark, Soll-Ist-Vergleich, Simulationen, Prognosen, Marktanalysen ▪ Performancemessung, -analyse, -attribution ▪ Pre Trade Compliance ▪ Ordermanagement ▪ Risikomanagement	▪ Aktive Marktdatenversorgung ▪ Handelskontrolle, Marktgerechtigkeitsprüfung ▪ Post Trade Compliance ▪ Ordermatching, -weiterleitung ▪ Risikomanagement	▪ Verbuchung in verschiedenen Rechnungssystemen ▪ Transaktions- und Bestandsführung ▪ Gebührenmodelle ▪ Abbildung von Fondsstrukturen

Abb. 37.1: Die Funktionalitäten von Front- und Backoffice-Systemen im Handel

---

* Autoren: Clive Assender, Martin Menn

begrenzung sichergestellt sein, dass ein Händler nicht über seine ihm persönlich gesetzten Handelslimite handeln kann. Jeder einzelne Trade muss nachvollziehbar sein (welcher Händler hat wann welche Menge zu welchem Preis mit wem gehandelt). Diese Anforderungen kommen sowohl aus der Bank selbst als auch von Aufsichtbehörden für den Handel.

37.1.2 Funktionen von Frontoffice-Systemen

Folgende Funktionalitäten sind im Allgemeinen in Frontoffice-Systemen wiederzufinden:
- *Positionsinformation* über Bücher und Einzeltitel.
- *Portfoliostruktur.* Informationen über die Gesamtposition mehrerer Handelsdesks.
- *Portfolioanalyse* mit Positionsbewertung und Angaben zur aktuellen Ertragslage.
- *Simulationsmöglichkeit*, um mögliche Marktbewegungen mit der aktuellen Position bewerten zu können.
- *Interfaces zum Handel*, d.h. zu Börsen und ECN's (Tradeimport).
- *Interfaces zu Real-Time-Datenversorgung.* Marktpreisimport zur aktuellen Bewertung von Positionen.

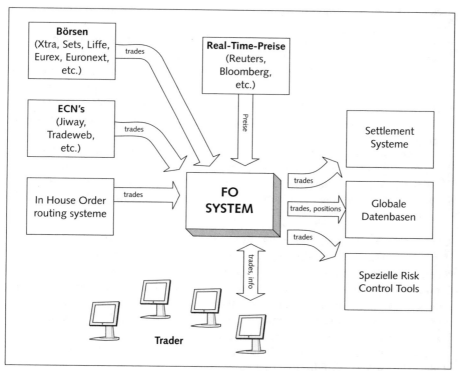

Abb. 37.2: Beispielarchitektur eines Frontoffice-Systems

- *Interfaces zu Backoffice-Systemen.* Tradeexport zum Settlement und Risikocontrolling.
- *Reportgenerator*
- *Preisberechnung.* Programme, die »faire« Preise insbesondere für derivate Instrumente berechnen.

Die in Abbildung 37.2 dargestellte Systemarchitektur zeigt ein Frontoffice-System (FO), das Daten sowohl von den eigentlichen Handelssystemen (linke Seite) als auch von externen Informationslieferanten (oben) und internen Datenbanken (rechte Seite) erhält bzw. an diese liefert. Mit diesen Daten kann der Händler jederzeit seine Position umfassend beurteilen und bewerten. Das FO tauscht darüber hinaus Daten mit Risiko- und Analysetools aus (rechts unten), die handelsrelevante Informationen verarbeiten, die der Händler selbst nicht so schnell oder so gut verarbeiten könnte (Zeitreihenanalyse, Charts, Risikoposition etc.). Schließlich gibt es eine Schnittstelle zu den Abwicklungssystemen, um den Händler von Buchungsaufgaben zu entlasten und die Manipulation von Trade-Daten durch den Händler zu verhindern.

37.1.3 Risiken aus Fehlfunktionen von Frontoffice-Systemen

Welche Risiken in komplexen Frontoffice-System liegen können, zeigen folgende Beispiele:
- *Falscheingabe von Trades.* Die errechnete Position spiegelt dann nicht die Realität wider; hohe Verluste sind möglicherweise nicht sichtbar.
- Die *Schnittstellen zu Börsen*, ECN's oder Inhouse-Order-Routing-Systemen brechen zusammen. Es gelangen dann möglicherweise nicht alle ausgeführten Deals in die globale Datenbasis und die speziellen Tools. Damit ist der Händler nicht über seine aktuelle Position informiert und kann sein aktuelles Risiko nicht einschätzen.
- Die *Schnittstellen zu externen Marktpreisdatenlieferanten* (Reuters; Bloomberg), der sog. *Pricefeed*, ist nicht verfügbar. Die Position kann dann nicht zu den aktuellen Marktpreisen bewertet werden, die Risikoeinschätzung ist nicht aktuell.
- *Totaler Systemausfall.* Das FO-System ist nicht verfügbar: Der Handel ist »blind«.

Üblicherweise führen die oben genannten Fälle bei längeren Ausfällen dazu, dass der Handel eingestellt werden muss, da der Händler nicht in der Lage ist, zu beurteilen, ob er in bestimmten Titeln kaufen oder verkaufen sollte und zu welchem Limit. Noch gefährlicher ist die Tatsache, dass der Händler dann auch nicht in der Lage ist, eine offene Position, die wegen starken Marktbewegungen ins Minus läuft, zu schließen, weil ihm die Information über seine Position fehlt. Das kann zu sehr hohen Verlusten in sehr kurzer Zeit führen.

Aus diesen Gründen werden Handelssysteme redundant ausgelegt, um sicherzustellen, dass solche Ausfallzeiten nicht auftreten.

37.2 Backoffice-Systeme

Als Backoffice-Systeme (BO) werden solche Systeme bezeichnet, die dem eigentlichen Handel nachgelagert sind. Das Backoffice steht zwischen dem Handel und der eigentlichen kaufmännischen Buchführung. Organisatorisch ist das Backoffice bei den meisten Banken nicht in der Buchführung, sondern in den Handelsabteilungen angesiedelt. Die Informationen, die von den Backoffice-Systemen bereitgestellt werden, richten sich aber nicht primär an die Händler.

Typische Funktionen eines Backoffices sind zum Beispiel Handelsabwicklung (Zahlungsverkehr, Kontenabgleich, Stückeverwahrung, …), Handelskontrolle (Risikocontrolling, Marktgerechtigkeitsprüfung, …) oder auch Compliance.

Aus der Vielzahl an BO-Systemen werden im Folgenden zwei vorgestellt:
- Systeme zum Risikocontrolling und Risikomanagement,
- Systeme zur Marktgerechtigkeitsprüfung.

37.2.1 Risikocontrolling und Risikomanagement

37.2.1.1 Grundlagen

Die Grundlage für Risikocontrolling und Risikomanagement bilden die Mindestanforderungen an das Risikomanagement (MaRisk) vom 20.12.2005.

Um die Risiken, die durch die Handelsgeschäfte entstehen, zu begrenzen, ist
- ein System zur Messung und Überwachung der Risikopositionen und zur Analyse des mit ihnen verbundenen Verlustpotenzials *(Risikocontrolling)* und
- ein System zu deren Steuerung *(Risikomanagement)*

einzurichten. Das Risikocontrolling- und -management-System muss
- entsprechend dem Umfang, der *Komplexität* und dem Risikogehalt der betriebenen oder beabsichtigten Handelsgeschäfte ausgestaltet sein.
- Bei seiner Konzeption sind auch die *allgemeine geschäftspolitische Ausrichtung* des Kreditinstituts, die allgemeinen Handelsusancen und die sonstigen Marktgegebenheiten zu berücksichtigen.
- Das System hat insbesondere die mit den Handelsgeschäften verbundenen *Marktpreisrisiken* zu erfassen und zu quantifizieren.
- Es soll in ein möglichst *alle Geschäftsbereiche* der Bank umfassendes Konzept zur Risikoüberwachung und -steuerung eingegliedert sein und dabei auch die Erfassung und Analyse von vergleichbaren Risiken aus Nichthandelsaktivitäten ermöglichen.
- Seine Konzeption muss gewährleisten, dass kurzfristig auf *Veränderungen* in den marktmäßigen und organisatorischen Rahmenbedingungen reagiert werden kann. Die Geschäftsleitung muss so *zeitnah informiert* werden, dass sie die Möglichkeit hat, steuernd in den Handel einzugreifen.

- Die einzelnen Elemente des Systems, seine Methoden und Rechenverfahren zur Risikoquantifizierung und die hierbei verwendeten Parameter sind detailliert zu dokumentieren.
- Regelmäßig – mindestens jährlich – sind die Systeme zu überprüfen und *fortlaufend weiterzuentwickeln*.
- *Marktabhängige Parameter* sind umgehend an veränderte Marktsituationen anzupassen. Die modellmäßig ermittelten Risikowerte sind fortlaufend mit der tatsächlichen Entwicklung zu vergleichen. Bei größeren Abweichungen zwischen Modellergebnissen und tatsächlichen Entwicklungen ist das Modell anzupassen.
- Es ist Aufgabe der Geschäftsleitungen, eine *Limitierung* der Risikopositionen vorzunehmen.
- Eine *vom Handel weisungsunabhängige* Stelle muss mit der Wahrnehmung des Risikocontrollings beauftragt werden, wenn das verantwortliche Vorstandsmitglied nicht persönlich tätig werden kann.
- Die Handelsgeschäfte und die zugehörigen Risikopositionen sind regelmäßig auf die mit ihnen verbundenen *Verlustrisiken* zu untersuchen. Hierbei sind nicht nur mehr oder minder *wahrscheinliche Ereignisse*, sondern auch auf den ›schlimmsten Fall‹ bezogene Szenarien in Betracht zu ziehen. Insbesondere sind außergewöhnliche Marktpreisänderungen, Störungen in der Liquidität der Märkte und Ausfälle großer Marktteilnehmer zu berücksichtigen. Dem Zusammenhang verschiedener einzelner Märkte und der Möglichkeit des Übergreifens von Störungen über Marktsegmente und Märkte hinweg ist besondere Aufmerksamkeit zu widmen

Die aktuellen und vollständigen Mindestanforderungen sind den Veröffentlichungen der BaFin zu entnehmen.

37.2.1.2 IT-technische Umsetzung

Wie könnte nun eine solche Aufgabe IT-technisch umgesetzt werden?
Eine Lösung besteht darin, das Risikomanagement in verschiedene »Services« aufzuteilen, die jeweils für die Lösung einer kleinen Aufgabe zuständig sind. Dabei ist folgende Aufteilung denkbar:

- Input-Storage-Service,
- Business-Mapping-Service,
- Risk-Calculation-Service,
- Market-Data-Service,
- Scenario-Service,
- Aggregation-Service,
- Result-Storage-Service und
- ID, Transparency and Error-Logging-Services.

Input-Storage-Service. Dieser Service speichert die Inputdaten, die für das Risikocontrolling benötigt werden, und gibt die Daten auf Anfrage wieder frei. Die Speicherung erfolgt formatunabhängig von den die Daten nutzenden Anwendungsprogrammen.

Business-Mapping-Service. Dieser Service transformiert Daten, die von Frontoffice-Systemen kommen, in ein einheitliches Format. Das System entscheidet anhand des Datenheaders und der Datenquelle, wie die Datenvorverarbeitung ablaufen soll und liefert die Input-Daten als Datensätze bzw. Datenobjekte für den Risk-Calculation-Service

Risk-Calculation-Service. Diese Applikation berechnet die zentralen Risikokennzahlen. Input-Informationen sind Positions-, Portfolio- und Marktdaten sowie die verwendeten Risikomodelle. Außerdem werden Szenario-Informationen benötigt und verwertet. Output sind Risikokennzahlen pro Geschäft und pro Portfolio, für Letztere auch für die verschiedenen Szenarien einschließlich Stress- und Backtests.

Market-Data-Service. Ziel dieses Services ist es, die gewünschten aktuellen und historischen Marktdaten zu liefern. Anfragen nach Marktdaten können sich beziehen auf den aktuellen Stand oder auf den Stand zu einem bestimmten Zeitpunkt (e.g. Tagesschluss Europa). Der Service greift auf externe Datenbanken zu, die die Marktdaten bereithalten.

Scenario-Service. Dieser Service liefert die Daten, die für die Szenarioanalyse und Stresstests benötigt werden. Im Wesentlichen enthält der Service vordefinierte Strukturen von Szenarien. Anhand der Input-Daten entscheidet der Service, welche Szenarien relevant sind.

Aggregation-Service. Diese Applikation übernimmt die berechneten Risikokennzahlen und aggregiert sie entsprechend den Nutzerbedürfnissen. Aggregation bedeutet Zusammenstellen der für eine Anfrage relevanten Risikokennzahlen. Anfragen können sich beziehen auf organisatorische Einheiten, Produkte, Eigenbestandsarten, Währungen, Laufzeitbänder etc. Ebenso können durch Definition von Filtern die zu aggregierenden Risikokennzahlen bzw. die Ausgabe der Ergebnisse eingeschränkt werden.

Result-Storage-Service. Die Ergebnisse des Aggregation-Service werden mit diesem Service für zukünftige Analysen gespeichert oder offenen Positionen zugeordnet.

ID, Transparency and Error-Logging-Service. Dieser Service liefert Details zu verschiedenen Aspekten der gespeicherten und verarbeiteten Daten (e.g. Verknüpfungen von Original-Input-Daten und Ergebnissen der Risikokalkulation, aufgetretene Fehler bei der Datenverarbeitung).

Ein Beispiel für eine mögliche Architektur eines Risikocontrolling- und -managementsystems wird in der Abbildung 37.3 dargestellt. Die Frontoffice-Systeme exportieren ihre Geschäftsdaten (Transaction Data, siehe Abbildung 37.3 rechts oben) zu einem bestimmten Zeitpunkt (z. B. am Tagesende) in eine Datenbank eines entfernten Computers. Dort wird ein Serviceprogramm aufgerufen, das die Daten identifiziert. Es werden Header-Informationen hinzugefügt. Anschließend werden die Daten an die Warteschlange der verschiedenen Serviceprogramme (Target-Services) weitergereicht. Die Target-Services analysieren die Header-Informationen und führen die entsprechenden Prozesse aus.

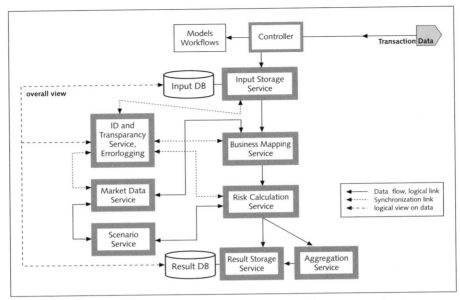

Abb. 37.3: Mögliche Architektur eines Risikocontrolling- und -managementsystems

Wenn die Inputdaten archiviert und/oder für verschiedene Anwendungen evtl. auch nur in Teilen bereitgehalten werden müssen, dann ist es sinnvoll, sie zunächst an einen Datenbankservice (»Input-Storage-Service«, ISS) zu schicken, der sie archiviert und aufbereitet. Von dort gelangen sie zu einem »Business-Mapping-Service«, der für jedes vom ISS kommende Datenpaket erneut startet. Zunächst wird das angesprochene Portfolio, die Position und das Instrument analysiert. Dann wird eine Anfrage an den »Market-Data-Service« gesendet, um Markt- und Scenariodaten zu erhalten. Im nächsten Schritt wird der »Risk-Calculation-Service« aktiv. Er lädt die Daten und führt seine Berechnungen durch. Die berechneten Werte werden zum »Aggregation-Service« transferriert, wo die Daten aggregiert und dem »Final-Result-Storage-Service« zur Archivierung (für den Zugriff anderer Nutzer) übergeben werden.

37.2.1.3 Was ist ein Exposure?

Für die Steuerung des Risikos der Bank ist die Ermittlung und Kenntnis des *Risikovolumens* Voraussetzung. Was aber ist das Risikovolumen? Es gibt zwei Ansätze, es zu bemessen:

- Traditionelles Verfahren: *Exposure*-Verfahren und
- Modernes Verfahren: *Value-at-Risk*-Verfahren.

Das traditionelle Exposure-Verfahren spielt nach wie vor eine große Rolle, da nicht für alle Risikoarten Value-at-Risk-Werte berechnet werden können.

Wie wird das Exposure gemessen und IT-technisch ermittelt?
Stellen Sie sich vor, jemand bietet Ihnen eine Wette an. Ihr Einsatz soll ein Euro sein. Eine faire Münze wird geworfen. Im Falle von Kopf erhalten Sie Ihren Einsatz zurück. Im Falle von Zahl bekommen Sie nichts. Diese Wette ist natürlich nicht sehr vorteilhaft für Sie, da Sie im besten Fall Ihren Einsatz zurückbekommen. Eine Gewinnmöglichkeit besteht nicht. Exponiert sind Sie mit Ihrem Einsatz von einem Euro, der Ihrem gegenwärtigen *Exposure* (Current Exposure) entspricht. Die Wahrscheinlichkeit, dass Sie Gewinner oder Verlierer des Münzwurfs sind, beträgt 50 %. Daher beträgt das Risiko, dem Sie bei dieser Wette ausgesetzt sind, ein Euro · 50 % = 50 Cent. Das ist der *Erwartungswert Ihres Verlustes*. Sowohl das Exposure als auch Verlusterwartungswert werden in Geldeinheiten gemessen. Das Exposure ist immer größer oder gleich dem Verlusterwartungswert, da die Eintrittswahrscheinlichkeit eines jeden Ereignisses kleiner oder gleich 100 % beträgt.

Current Exposure und Potencial Exposure
Bei den Exposuremaßen wird zwischen dem Current Exposure, dem Potencial Exposure und dem Total Exposure unterschieden.
- *Current Exposure.* Das Current Exposure entspricht dem aktuellen Marktwert (= Mark-to-Market) eines Handelsgeschäfts.
- *Potencial Exposure.* Durch das Potencial Exposure werden mögliche Marktwertsteigerungen berücksichtigt. Die Zuschlagsfaktoren werden produktspezifischen Add-on-Tabellen entnommen und sind restlaufzeitabhängig. Sie hängen von der historischen Volatilität der Marktpreise des jew. Produktes ab. Das Potencial Exposure wird immer für ein vorgegebenes Konfidenzniveau berechnet. Für das Limitmanagement wird das sog. Worst-Case-Exposure berechnet. Häufig wird mit dem Konfidenzniveau von 97,5 % gerechnet. Für Kreditrisiken werden aber auch Konfidenzniveaus von 50 % verwendet.
- *Total Exposure.* Die Summe aus dem Current Exposure und dem Potencial Exposure ergibt das Total Exposure. Dabei sind unterschiedliche Ansätze der Aggregation – mit oder ohne Trade-Netting – denkbar. Unter Trade-Netting versteht man, dass ein negatives Current Exposure eines Einzelgeschäfts unmittelbar mit dem Potencial Exposure verrechnet wird. Falls das Ergebnis negativ sein sollte, wird es auf Null gestellt. Bei einer Aggregation ohne Trade-Netting wird ein negatives Current Exposure zuerst auf Null gestellt, um anschließend das Potencial Exposure zu diesem Wert zu addieren. Bei den Aggregationsalternativen »mit oder ohne Trade-Netting« handelt es sich nicht um eine Verrechnung *mehrerer* Geschäfte (Close-out-Netting, s. u.), sondern um die Festlegung der Bedeutung des Potencial Exposures.

Die Abbildung 37.4 stellt ein Beispiel für eine Systemarchitektur eines Exposure-Ermittlungssystems dar. Zur Exposureberechnung werden Daten von verschiedenen Systemen in eine Datenbank eingespeist (unterste Ebene). Aus dieser Datenbank holen sich die Systeme zum Risikocontrolling und zur Exposure-Berechnung diejenigen Daten, die sie benötigen. Die Berechnungsergebnisse werden in regelmäßigen Reports zur Verfügung gestellt. Es können aber auch Aufträge zur Online-Berech-

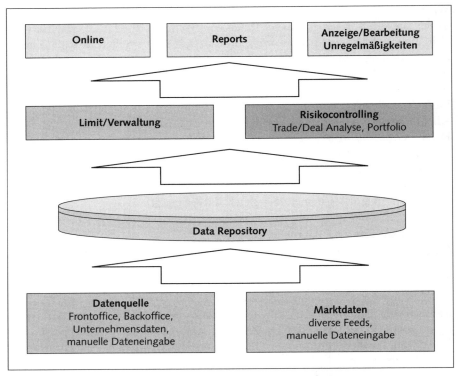

Abb. 37.4: Mögliche Systemarchitektur eines Exposure-Ermittlungssystems

nung gegeben werden. Vom System erkannte Unregelmäßigkeiten werden den zuständigen Stellen zur Bearbeitung zugestellt – z. B. direkt an den Arbeitsplatz über ein Intranet.

37.2.1.4 Netting im Risikomanagement

DEFINITION
Unter dem Begriff des Netting werden Verfahren zur Reduktion des Risikovolumens durch Zusammenfassung von Einzelrisiken im Wege der Saldierung verstanden.

Zur Anwendung kommen drei Arten des Nettings:
- Liquidationsnetting (Close-out-Netting),
- Novationsnetting (Netting by Novation) und
- Zahlungsverkehrsnetting (Payment-Netting oder bei Wertpapieren Settlement-Netting).

Im Folgenden wird das *Liquidationsnetting* erläutert.

Problemursache im Insolvenzrecht

Bei Insolvenz eines Kontrahenten besteht die Gefahr der nur selektiven Erfüllung schwebender OTC-Finanztermingeschäfte durch den Insolvenzverwalter (»Rosinenpicken«). Falls dieser im deutschen Recht nach § 17 KO, § 50 VglO oder § 9 GesO gegenüber einer Vertragspartei die Erfüllung der aus seiner Sicht ungünstigen Geschäfte ablehnen und zugleich die Erfüllung der aus seiner Sicht günstigen Geschäfte verlangen darf, so kann er hierdurch die Kontrahenten der insolventen Partei in u. U. bedrohlicher Weise schädigen. Die solvente Vertragspartei kann sodann einen Schaden, den sie aus der vorzeitigen Beendigung eines Termingeschäfts durch den Konkursverwalter erleidet, nur als Insolvenzgläubiger geltend machen, muss aber der Masse den Vorteil aus den für die Masse günstigen Geschäften überlassen. Die Zulässigkeit des »Cherry Picking« kann u. U. auch über die Solvenz oder Insolvenz der anderen Partei entscheiden.

Zu den wirksamsten Instrumenten, dieses »Cherry Picking« zu verhindern, kann das Liquidationsnetting gezählt werden. Hierbei wird mit dem Vertragspartner vereinbart, dass im Falle der Gesamtvertragsbeendigung (z. B. im Falle des Konkurses) alle gegenseitigen Ansprüche und Verbindlichkeiten beendet, fällig gestellt und saldiert werden (Saldierung durch Glattstellen), sodass nur ein saldierter Netto-Anspruch oder eine saldierte Netto-Verbindlichkeit bestehen bleibt. Aus juristischer Sicht wird dieses Vorgehen als Glattstellen nach Vertragsbeendigung bzw. als eine Gesamtschadensberechnung mit Vorteilsausgleich bezeichnet.

Netting und Risikomanagement

Im Netting-Fall sind alle noch nicht vollständig erfüllten bilateralen Abschlüsse mit ihren aktuellen Marktwerten zu berücksichtigen und gegenseitig zu verrechnen. Dann unterliegt nur ein verbleibendes positives Nettoexposure (positiver Marktwert = *Nettoforderung*) aus der Verrechnung aller noch nicht vollständig erfüllten Geschäfte einer Ausfallgefahr (Presettlement-Risiko). Eine *Nettoverpflichtung* beinhaltet für die Bank kein Adressenausfallrisiko, da hier keine Forderung ausfallgefährdet ist. Die Risikoposition ist also im Fall mit Nettingverträgen aus einer *Nettoforderung* (Nettoanspruch) an eine bestimmte Adresse abzuleiten.

Internationale Aspekte des Netting

Schwebende Finanztermingeschäfte werden bei Insolvenz einer Vertragspartei in Deutschland kraft Gesetzes oder Vertrages beendet und durch einen Ausgleichsanspruch in Höhe des Nettomarktwerts aller dieser Geschäfte ersetzt. Eine solche Vereinbarung (Vertrag) muss mit dem jeweiligen nationalen Konkursrecht in Einklang stehen. Daher sind alle jeweils relevanten Rechtskreise zu beachten. Welches Recht gilt? Welcher Rechtsstand wurde zwischen den Vertragsparteien vereinbart? Diese Fragen sind mit Vertragsabschluss von den jeweiligen Rechtsabteilungen der Kontrahenten zu klären.

37.2.2 Marktgerechtigkeitsprüfung (Market-Conformity-Check)

Die Bundesanstalt für Finanzdienstleistungsaufsicht (BaFin) hat Richtlinien für die Marktgerechtigkeitsprüfung von Handelsgeschäften erlassen, die den Banken entsprechende Prüfungen auferlegen.

> **Marktgerechte Bedingungen**
>
> »Geschäfte zu nicht marktgerechten Bedingungen sind ... grundsätzlich unzulässig. Die internen Kontrollstellen haben zu überwachen, dass die Geschäftsabschlüsse den zum Abschlusszeitpunkt der Geschäfte üblichen Marktbedingungen entsprechen. Differenzen sind mittels nachvollziehbarer Zahlungsvorgänge auszugleichen. Die Abwicklung über separate ›Points Accounts‹ ist nicht gestattet.«
> Auszug aus: Verlautbarung über Mindestanforderungen an das Betreiben von Handelsgeschäften der Kreditinstitute (BaFin, 23.10.1995)

Wie prüft man, ob ein Geschäftsabschluss zu marktgerechten Konditionen abgeschlossen wurde? Folgendes Verfahren sei beispielhaft dargestellt:

- *Toleranzbereich.* Die Varianz definiert – prozentual oder absolut angegeben – den Toleranzbereich um den Vergleichskurs (Details zum Vergleichskurs siehe unten Beispiel Aktien), in dem ein Handelskurs als marktgerecht gewertet wird. Die Zuordnung zu einer Varianzvorlage wird in den Stammdaten konfiguriert. Die Varianzvorlage definiert den Varianzwert in Abhängigkeit von Marktparametern (Volatilität) und Geschäftsparametern (Volumen, Produktart).
- *Abweichungsbetrag.* Die Abweichung des Handels- vom Vergleichskurs wird mit der Stückzahl bzw. dem Nominale multipliziert und ergibt einen ausmachenden Betrag. Im Falle von (Intervall-) High/Low gilt die Überschreitung/Unterschreitung des Höchst-/Tiefstkurses als zu berücksichtigende Abweichung. Bei prozentnotierten Kursen und Derivaten sind andere Berechnungsweisen anzuwenden. Der ausmachende Betrag wird dann von der Handelswährung in eine einheitliche Referenzwährung (z. B. USD) umgerechnet.
- *Statusvergabe.* Nach Durchführung der Prüfungen erhält jedes Geschäft einen Status (OK oder NOK). Sofern mehrere Prüfverfahren durchlaufen werden, entscheiden Konfigurationsregeln über den Status (vgl. Komponente StaticDataEditor).
- *Geringfügigkeit.* Über eine Limitprüfung können alle NOK geprüften Geschäfte, die im ausmachenden Betrag ein definiertes Limit unterschreiten, als OK und alle OK-Geschäfte, die ein definiertes Limit überschreiten, als NOK ausgesteuert werden.

Market-Conformity-Check am Beispiel von Aktientrades

Schritt 1: Datenübernahme. Übernahme von Geschäftsdaten aus vorgelagerten Systemen. Die Abbildung 37.5 enthält »Muss«- und »Kann«-Daten, die aus vorgelagerten Systemen einem Market-Conformity-Check-System zur Marktgerechtigkeitsprüfung übergeben werden:

Feld	Bezeichnung
Trading Date	Ausführungsdatum
Trading Time	Ausführungsuhrzeit
Value Date	Datum der Wertstellung
Instrument	ISIN
Price	Kurs
Currency	Währung für Kurs
Exchange	Handelsbörse des Geschäftes
Purchase/Sold	Kauf/Verkauf
Quantity	Anzahl gehandelter Stücke
Product type	Produktartkennzeichen: »EQ«

Abb. 37.5: »Muss«- und »Kann«-Daten

Schritt 2: Market-Conformity-Check. Für die eigentliche Marktgerechtigkeitsprüfung stehen in dem System verschiedene Verfahren zur Verfügung, die alle berechnet werden: Intervall High/Low, High/Low und Rolling Average.
- *Intervall High/Low.* Dieses Verfahren verwendet als Vergleichskurse den jeweils höchsten und tiefsten Marktkurs (Last) in einem Zeitintervall um die Handelsuhrzeit. Die Intervallgröße (Minuten vor/nach Handelszeit) ist konfigurierbar. Überschreitungen des Höchst- bzw. Unterschreitungen des Tiefstkurses werden als Abweichungen behandelt.
- *High/Low.* Das Verfahren verwendet den Tageshöchst- und Tagestiefst-Kurs als Vergleichskurse. Überschreitungen des Höchst- bzw. Unterschreitungen des Tiefstkurs werden als Abweichungen behandelt.
- *Rolling Average.* Dieses Verfahren ermittelt die Abweichung des Handelskurses von einem berechneten Vergleichskurs. Der Vergleichskurs ergibt sich als (gewichteter) Mittelwert aus n Kursen vor und m Kursen nach dem Handelszeitpunkt. Dabei sind n und m sowie die Gewichtungsfaktoren konfigurierbar. Die Konfigurationsparameter können sich u. a. in Abhängigkeit von der gemessenen Liquidität der Aktie anpassen.

Die genannten Verfahren beziehen sich auf Notierungen an jeweils einem definierten *Vergleichsmarkt*. Für die Bestimmung des Vergleichsmarktes (z. B. Parkett, Xetra, NYSE) gibt es folgende Lösungen:
- einen eindeutiger Marktplatz (z. B. immer Xetra),
- den in der Schnittstelle angeliefert Börsenplatz und
- den für die Aktie jeweils liquideste Marktplatz.

Schritt 3: Ergebnisse. Als Ergebnisse des Market-Conformity-Checks können die in Abbildung 37.6 enthaltenen Daten an die Ausgangsschnittstelle geliefert bzw. in Ergebnisdateien archiviert werden:

Feld	Bezeichnung
Trade statee	Closed/open
MC Code	Reson code: ok, nok oder error
Check market per check method	Herkunft der Marktdaten von Börse xy
Check price	aus Rolling Average Prüfung
Check price, high/low	Bei (Intervall-)High/Low
Data on used market quotes	Zeit, Börse, Vendor für verwendete Marktkurse
Rolling Average, quotes, weights	Einzelwerte aus Rolling Average
Interval pre-/post-time	Bei Intervall-High/Low
MC Deviation	(rel./abs.) Abweichung Vergleichs-/Handelskurs
MC Volume	abs. Abweichung * Quantity (in Referenzwährung)
Exchange rate	Für Umrechnung ausmachender Betrag/Referenzwährung
Variance template	Name, ID der Varianzvorlage
Variance value	abs./rel. Varianzwert
Check method	Regel für Statusvergabe aus Teilstati der einzelnen Prüfverfahren

Abb. 37.6: Ergebnisse des Market-Conformity-Checks

Aufgaben zur Lernkontrolle
1. Welche Funktionenen müssen Frontoffice-Systeme im Investment Banking erfüllen?
2. Beschreiben Sie die drei Schritte der Marktgerechtigkeitsprüfung.

Literatur
Bundesverband Deutscher Banken (2005): Informations-Technologie in Banken, Köln.
Meyer zu Selhausen, H. (2000): Bank-Informationssysteme, Stuttgart.
Möbus, D./Moormann, J. (2000): Workflow-Management im Handelsbereich einer Bank – eine Fallstudie, in: Rebstock, M./Weber, S./Daniel, S. (Hrsg.), Informationstechnologie in Banken, Berlin u. a.
Moormann, J./Fischer, T. (Hrsg.) (2004): Handbuch Informationstechnologie in Banken, Wiesbaden.

38 Strategisches Risikomanagement von Investmentbanken*

> **LERNZIELE**
>
> - Ursachen der Zyklizität im Investment Banking-Geschäft erkennen und diesbezügliche Reaktionen der Investmentbanken verstehen.
> - Mit welchen Strategien begegnen Investmentbanken dem Problem des knappen Eigenkapitals?
> - Sie kennen die unterschiedlichen Risikoarten und die Bedeutung der Aggregation von Risiken.
> - Sie kennen unterschiedliche Modelle zur Berechnung des Value-at-Risk (VaR).
> - Sie kennen die Bedeutung von verschiedenen Risikolimitsystemen.

38.1 Das Grundproblem im Investment Banking

Investmentbanken haben aus einer Reihe von Gründen unterschiedliche strategische Ansätze entwickelt als Einlage- und Kreditinstitute. Im Kern bieten aber Investmentbanken alle oder einen Teil der folgenden Dienstleistungen an:
- Kapitalbeschaffung, Underwriting und Platzierung von Fremd- und Eigenkapital,
- Handel mit festverzinslichen Wertpapieren, Aktien und Derivaten,
- Betreuung institutioneller Kunden mit Wertpapierresearch und Wertpapiersales und
- Beratung bei Mergers & Acquisitions und anderen Restrukturierungen von Unternehmen.

Regulierung und Historie. Unterschiede der Banken sind zum Teil regulatorisch bedingt: So sind Investmentbanken in den USA, Großbritannien und Japan in der Regel börsennotierte unabhängige Unternehmen. Dies beruht auf dem Prinzip des Trennbankensystems, in dem Investment Banking und kommerzielle Bankdienstleistungen getrennt wurden, um Klumpenrisiken in Bankbilanzen zu vermeiden. In den USA wurde dies 1932 im Rahmen des Glass-Steagall Acts festgelegt, der erst 1999 aufgehoben wurde. Investmentbanken in Europa sind gewöhnlich Teil einer Universalbank, da sich hier das Investment Banking erst in den letzten 15 Jahren aktiv entwickelt hat.

Ertragsvolatilität. Eine der wesentlichen Charakteristika von Investmentbanken ist die Volatilität ihrer Erträge. Da das Geschäftsmodell in allen Bereichen fast vollständig auf Kommissions- und Gebührenbasis sowie Eigenhandelsgewinne zuläuft, sind Investmentbanken stark von Konjunktur-, Börsen- und Zinszyklen abhängig –

---
* Autor: Jan P. Weidner

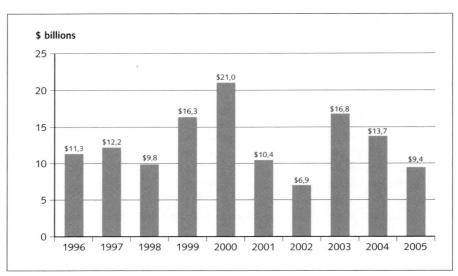

Abb. 38.1: Volatilität der Erträge von Investmentbanken 1996 bis 2005

viel mehr als die klassische Einlage- und Kreditbank. Stetige, planbare Cashflows, wie sie sich aus dem Assetmanagement, dem Retailbanking, oder dem Kredit- und Hypothekengeschäft ergeben, sind im Investment Banking die Ausnahme.

Aktionärsstruktur. Viele Investmentbanken besitzen eine deutlich andere Aktionärsstruktur als die Universalbanken. Wesentliche Aktionäre sind bei den meisten Investmentbanken in großem Maße die eigenen Mitarbeiter (vgl. Abbildung 38.2). Dies macht Investmentbanken weniger abhängig von Kapitalmarktmoden, setzt sie aber einem enormen Ertragsdruck aus. Um die umsatzschwachen Zeiten auszugleichen und einen über den Konjunkturzyklus adäquaten Return on Equity darzustellen, setzen Investmentbanken in den jeweiligen Hochphasen ihre Ressourcen wie Kapital, Personal und Technologie aggressiv ein.

Investmentbank	Aktienanteil von Mitarbeitern (Common Shares plus noch nicht ausgeübte Optionen)
Bear Stearns	40% +
Goldman Sachs	15–20%
Lehman Brothers	30%
Merrill Lynch	30%
Morgan Stanley	n.a.

Abb. 38.2: Aktienanteile von Mitarbeitern bei bedeutenden Investmentbanken

Knappes Eigenkapital. Zusätzlich ist zu beachten, dass Investmentbanken, im Vergleich zu klassischen Geschäftsbanken, historisch mit weniger Eigenkapital ausgestattet sind, sodass der Eintritt von Verlusten aus Risikopositionen unmittelbar an die Substanz geht, d.h. die Geschäftsbasis der Investmentbank angreift.

Risikomanagement. Daher kommt dem Risikomanagement bei Investmentbanken seit jeher eine herausragende Rolle zu. Ein Großteil der inzwischen vom traditionellen Finanzdienstleistungssektor angewandten Risikocontrollingverfahren (Value at Risk, etc.) im Handels-, Kredit- und Bilanzmanagement sind von Investmentbanken entwickelt worden, dies aus purer Notwendigkeit, die Volatilität des Geschäftsmodells zu kontrollieren und einen aktiven Schutz der eingesetzten Ressourcen, insbes. des Eigenkapitals, zu gewährleisten.

PRAXISFALL

How do Investment Banks make money? Die Tücken des »Fee Income«!

Investmentbanken bzw. Banken im Allgemeinen können sich vor den adversen Marktbewegungen, die immer wieder auftreten, eigentlich nur durch zwei Strategien schützen: Zum einen durch die Erlangung hinreichend *großer* Profite in guten Jahren, um unvermeidbare Verluste in schlechten Jahren zu kompensieren. Zum anderen durch hinreichend *stabile* Profite. Einer verbreiteten Vermutung zufolge sollten die Einnahmen aus Kommissionsgeschäften (»Fee Income«) weniger volatil sein als Zinseinnahmen und wurden deshalb lange Zeit angestrebt. Empirisch zeigt sich aber keine Stabilität. Deshalb gingen Investmentbanken dazu über, ihr Tätigkeitsfeld zu erweitern und expandierten ins *Private Wealth Management* und ins *Assetmanagement*. Der Abbau regulatorischer Hemmnisse ermöglichte darüber hinaus auch die Expansion ins Ausland, wodurch sich die Banken eine verringerte Abhängigkeit von einem einzelnen Markt erhoffen.

38.2 Risikoparameter im Investment Banking

Lassen Sie uns nun die wesentlichen Risikoparameter im Finanzdienstleistungssektor betrachten und daraus ableiten, in welchem Maße das Investment Banking für die verschiedenen Risiken anfällig ist. Danach werden wir verschiedene Risikohedgingstrategien, die von Investmentbanken angewandt werden, untersuchen.

Generell unterscheidet man folgende, wesentliche Risikoarten:
- *Marktpreisänderungsrisiken (Market Risk)*
  - Zinsrisiken
  - Aktienkursrisiken
  - Kreditrisiken
  - Wechselkursrisiken
- *Kontrahentenrisiken (Credit Risk)*
  - Kreditausfallrisiken
  - Gegenparteirisiken
  - Länderrisiken
  - Off-Balance-Sheet Risiken
- *Unternehmensrisiken*
  - Liquiditätsrisiken
  - Bilanzstrukturrisiken (Asset-Liability-Risks)
  - Insolvenzrisiken
  - Technologierisiken
  - Operative Risiken
  - Strategisches Geschäftsrisiko (Business Risk)

Die aufgeführten Risikoarten treffen in quasi jeder »Investment Banking Operation« zusammen, allerdings in unterschiedlicher Intensität. Die Abbildung 38.3 gibt in vereinfachter Weise den Risiko/Ertragszusammenhang für eine Investmentbank wieder:

Position der GuV	Risikoposition
Trading Income	Market Risk
Provisions	Credit Risk
Net Interest Income (NII), Securities Gains	A/L Risk (Asset/Liability Risk; Bilanzstrukturrisiko)
Non Interest Expense (NIE) + Extraordinary Items	40% Operational Risk 60% Business Risk
u.s.w.	u.s.w.

Abb. 38.3: Pragmatische Zuordnung von Risikoarten und Ertragsarten

38.2.1 Handels- und Marktpreisrisiken

Das Management der Handels- und Marktpreisrisiken war und ist für Investmentbanken von höchster Bedeutung, da Investmentbanken mit Ihren Handelsoperationen schon historisch immer unmittelbar mit Ihrem Kapital im Markt exponiert sind. Vom ehemaligen Chairman von JPMorgan, Dennis Weatherstone, wird überliefert, dass er täglich eine konsolidierte Gesamtrisikoposition von seinen Mitarbeiten forderte: »At close of business each day tell me what the market risks are across all businesses and locations.«

Aus den bestehenden Risikomanagementinstrumenten war für Investmentbanken die Value-at-Risk-Kennzahl (VaR), die unmittelbar als Gefährdungsmaß für das Eigenkapital interpretiert werden kann, am besten geeignet.

1994 entwickelte J. P. Morgan das »RiskMetrics«-Modell, welches das erste Modell darstellte, das in der Lage war, das Risiko von 14 aktiven Handelsstandorten, Foreign Exchange, Rohstoffe, Derivate, Schwellenländeranleihen, Aktien, eigene Aktiva und Aktien mit einem Volumen von über 50 Milliarden $ gesamthaft abzubilden. Dieses Modell wurde als »Open Architecture« auch Kunden und anderen Banken zur Verfügung gestellt, um das individuelle Risikoexposure besser zu managen und damit in der Summe das Gesamtmarktrisiko besser zu kontrollieren.

Die Übernahmefähigkeit von Risiko entwickelte sich zu einem entscheidenden Faktor des Geschäftserfolges. Investmentbanken haben daher aggressiv in die notwendige Technologie investiert, um die immer komplexer werdenden Risikostrukturen zu kontrollieren. Erst dadurch sind globale Handelsstrategien und ein »24/7« laufender Wertpapier- und Derivatehandel mit ihren enorm hohen Risikopositionen möglich geworden.

In dem Maße, wie Commercial Banks verstärkt ins Investment Banking drängten und sich reine Investmentbanken klassischen Versicherungs- und Bankprodukten annahmen, wurde ein vergleichbares Risikocontrollinginstrument beider Bankengruppen essentiell zur Überwachung globaler Handels- und Marktpreisrisiken. Dies ist mit Basel II realisiert worden. Die VaR-Kennzahl spielt bei der Risikoquantifizierung die entscheidende Rolle.

> **PRAXISFALL**
>
> **Zusammenbruch von LTCM und Entwicklung des multilateralen Krisennettings**
> 1998 brach der Investmentfonds LTCM zusammen, der auf ein kleines Eigenkapital von anfänglich wenigen Milliarden USD Gesamtpositionen (long und short) von nahezu einer Billion USD aufgebaut hatte. Dies stellte die Risikosysteme der Handelspartner von LTCM vor eine schwere Aufgabe. Nur mit großer Anstrengung konnte eine massive Liquiditätskrise einer Vielzahl von Instituten – gleichzeitig gab es die Asien- und Russlandkrise (wobei Letztere den Zusammenbruch von LTCM verursacht hatte) – vermieden werden. In diesem Falle schlossen sich alle involvierten Investmentbanken, die teilweise mit erheblichen Risikobeträgen exponiert waren, zusammen und rechneten ihre jeweiligen Risikopositionen gegeneinander auf (Netting). So wurde vermieden, dass die Positionen von LTCM einzeln über die jeweiligen Börse abgerechnet wurden, was zu massiven Preisveränderungen hätte führen, die Verluste erhöhen und weitere Marktteilnehmer in den Strudel hineinziehen können. Einige sprachen schon von einem möglichen Zusammenbruch des Weltfinanzsystems. Das Nettingverfahren bewährte sich. Sekundäre Marktverwerfungen konnten verhindert werden. Mittlerweile ist ein solches Nettingverfahren der internen wie externen Risikopositionen zum Standardrepertoire der Investmentbanken geworden.

38.2.2 Ausfallrisiko

Das klassische Bonitätsrisiko, wie es im Kreditgeschäft eine große Rolle spielt, hat für Investmentbanken in der Vergangenheit kein Gewicht gehabt, da Investmentbanken bedingt durch den Glass Steagall Act von 1932 traditionell keine direkten Ausleihungen an Kunden vorgenommen haben. Nach Aufhebung des Glass Steagall Actes in den USA 1999 hat sich dies nachhaltig geändert. Teilweise auf Druck ihrer Kunden, aber auch von der *Ineffizienz des Kreditmarktes* angezogen, sind Investmentbanken heute aktive Marktteilnehmer bei der Arrangierung, beim Underwriting und Platzieren von Krediten und Kreditrisiken. Anders als viele Universalbanken achten Investmentbanken darauf, diese Risiken unmittelbar weiter zu platzieren, bzw. sofort abzusichern, um diese Risiken nicht auf der eigenen Bilanz zu halten. Anspruchsvolle Kreditrisikomanagementmodelle wie »KMV Credit Monitor«, »CreditMetrics« oder »Credit Risk +« von Credit Suisse gehören heute zum Standardrepertoire der Investmentbanken.

38.2.3 Gegenparteirisiko

Ein über lange Zeit unterschätztes Risiko bei Investmentbanken war das sog. *Counterparty Risk*. Dieses Risiko misst die Kreditwürdigkeit des Handelspartners bei Handelstransaktionen. Das Gegenparteirisiko besteht in der offenen Zeitspanne zwischen dem Abschluss eines Vertrags und dem Austausch der Leistungen (z. B. Geld gegen Wertpapier). Bei Kassageschäften beträgt diese Zeitspanne in Deutschland zwei Arbeitstage. Bei Termingeschäften hängt sie vom vereinbarten Fälligkeitstag des Kontraktes ab. Es gibt zwei Ausfallursachen: Zum einen kann es bei der Zug-um-Zug-Lieferung Probleme geben, sodass eine Partei vorleistet und dann evtl. gar keinen Gegenwert erhält. Dieses Risiko ist durch intelligente Clearingmechanismen in modernen Handels- und Abwicklungssystemen sehr gering geworden. Zum anderen kann es in der offenen Zeitspanne zu Marktpreisänderungen kommen, sodass der Kontrakt für eine der Parteien am Liefertag »im Geld« liegt. Fällt dann die Gegenpartei aus, ergibt sich ein Verlust in Höhe des nun entgangenen Gewinns, selbst wenn man die eigene Leistung noch zurückhalten kann. Die Gegenparteirisiken sind in das Bewusstsein der Marktteilnehmer gelangt, seitdem die Umsätze im Wertpapierhandel so stark angestiegen sind und zu einem immer größeren Volumen der offenen Positionen geführt haben.

PRAXISFALL

Praxisfall: Gegenparteirisiken für Investmentbanken gut oder böse?
Einerseits sind Gegenparteirisiken unerfreulich. Andererseits wird an den zunehmenden Umsätzen im Wertpapiergeschäft auch gut verdient. Daran sind in jüngster Zeit die Hedgefonds besonders beteiligt, weil sie Long- und Short-Positionen aufbauen und dadurch auf ein kleines Eigenkapital ein großes Bruttopositionsvolumen packen können, das mit entsprechend viel Umsatz für die betreuende Investmentbank verbunden ist. Es wird gesagt, dass Investment- und Geschäftsbanken die Hedgefonds erst groß machten, weil sie für sie – gerne – die Rolle des *Prime Brokers* spielen. Prime Broker geben Hedgefonds Kreditlinien in Geld und in Wertpapieren (Wertpapierleihe). Erst durch diese Kredite wird es Hedgefonds möglich, »große Räder« zu drehen.

Als Lösung wurde insbesondere intensiv an Rating- und Risikomesssystemen gearbeitet, um Ausfälle wie nach dem Zusammenbruch der Investmentbank Drexel/Burnham/Lambert (1989) zu vermeiden.

38.2.4 Liquiditätsrisiko/Bilanzstrukturrisiko (Asset-Liability Risk)

Investmentbanken, benötigen für ihr dealorientiertes Geschäft keine so großen Eigenkapitalbeträge wie Einlage- und Kreditinstitute. Allerdings kommt es immer wieder zur Übernahme temporärer Positionen, die meist kurzfristig refinanziert werden. Die Hauptquellen dafür sind:
- Commercial Paper,
- Bankkredite (Bank Call Loans = täglich kündbares Geld),
- Repurchase Agreements (wertpapiergesicherte kurzfristige Kredite) sowie
- sonstige Short-Positionen in Wertpapieren.

Klassischen Investmentbanken fehlen aufgrund der Volatilität der Erträge die Möglichkeiten, langfristiges Fremdkapital in größerem Maße aufzunehmen. Sie geraten dadurch potenziell in Liquiditätsengpässe, wenn – insbesondere in schwierigen Marktphasen – das Kapital entzogen wird und die Anlagen nicht sofort mobilisiert werden können. In der Vergangenheit haben solche Liquiditätskrisen immer wieder zum Zusammenbruch von Investmentbanken beigetragen, z. B. Drexel/Burnham/ Lambert oder auch Baring Brothers.

Investmentbanken haben daher speziell in den letzten Jahren intensiv an der Verbesserung ihrer Eigenkapitalbasis durch höhere Kapitalrücklagen, Aufbau eines verbesserten Creditratings sowie Arrangierung von Back-up-Finanzierungsstrukturen, die durch Versicherungen und Geschäftsbanken bereitgestellt werden, gearbeitet.

38.2.5 Operatives Risiko

Eine besondere Rolle nimmt bei Investmentbanken das Management der operativen Risiken ein. Eine Definition grenzt diese Risiken negativ ab als alle »Non Financial Risks«. Verbreiteter ist aber der Basel II-Ansatz der alle Risiken »*resulting from the failure of internal processes, people, or systems, or from external events*« einbezieht.

Die wichtigsten Risikoquellen aus Sicht von Investmentbanken lassen sich wie folgt unterteilen:
- *Mitarbeiter-Risiko.* Fluktuation, Schlüsselpersonal, Betrug, individuelle Fehler, Geldwäsche, False Trading, Bruch von Vertraulichkeit.
- *Technologie-Risiko.* Programmfehler, Modellfehler, IT- und Telekommunikations-Zusammenbruch, Ausfall der Systemprovider.
- *Capital-Asset-Risiko.* Feuer, Sicherheitsrisiken etc.
- *Externe-Risiken.* Betrug, Rechts- und Steuerrisiken, Krieg/Terrorismus, Marktzusammenbruch, Reputationsrisiken, Kundenbeziehungen.

Investment Banking ist ein stark personalintensives und personalabhängiges Geschäftsmodell. Die o. g. Volatilität der Erträge und die damit verbundenen Anforderungen an die Mitarbeiter bei der Einschätzung von Risiken, Generierung von Kommissionseinkommen und Arbeitsintensität, führen zu einem erheblichen Wettbewerb um qualifizierte Personalressourcen auf der einen Seite, aber ebenso zu dem Risiko der Verletzung interner und gesetzlicher Auflagen, um diesen Ansprüchen zu genügen. Dies führt dazu, dass ein intensives Recruiting- und ein kontinuierliches Trainingsprogramm im Investment Banking notwendig sind, um sowohl die Personalfluktuation zu kontrollieren, als auch um die hohen professionellen Anforderungen zu erfüllen. Darüber hinaus ist es Pflicht, ein enges und gut kontrolliertes Regelwerk einzurichten, um Verstöße zu vermeiden.

Damit einher gehen auch erhebliche Reputationsrisiken, die das jew. Geschäftsmodell nachhaltig beschädigen.

Operative Risiken und E-Mails
WALL STREET FIRMS SEEM to have found another way to anger securities regulators and risk shaking investor confidence. ...
»E-mails have proven to be significant in so many different cases,« said Barry Berke, a securities lawyer who specializes in white-collar criminal defense at Kramer Levin Naftalis & Frankel LLP. »People still think of e-mails as an informal means of communication.

But in so many criminal and regulatory cases, they provide a true window into what people are thinking,« which may be used by prosecutors and regulators to show the parties‹ intent in particular situations.

E-mails, for instance, which are often written in blunt, colloquial and colorful language, have played a prominent role in at least two recent regulatory cases. The charges of analysts‹ conflicts of interest against Merrill Lynch brought in April by New York State Attorney General Eliot Spitzer were buttressed by numerous e-mails in which Merrill Internet analysts privately *derided stocks they were recommending* in what Mr. Spitzer charged was an attempt to win investment banking business. Some of the e-mails included *words like* »*dog*« or »*crap*« to describe specific stocks. Merrill settled the case without admitting or denying the charges, and paid $100 million.

And in another $100 million settlement, with Credit Suisse First Boston announced in January, the NASD and SEC both included extensive e-mail evidence that described how the securities unit of Credit Suisse Group *illegally charged some clients commissions* based on the amount of their profits on IPOs they received from CFSB.

Quelle: Dow Jones & Company, Inc., 2002, Wall Street Journal August 2002.

38.2.6 Strategisches Geschäftsrisiko

Der verschärfte Wettbewerb von Finanzinstitutionen und die Standardisierung ehemals proprietärer Finanzinstrumente und der damit verbundene Margenverfall hat sich in den vergangenen Jahren beschleunigt. Investmentbanken sind deshalb einem ständigen Druck ausgesetzt, ihre Geschäftsstrategie an aktuelle Entwicklungen anzupassen und neue Geschäftsfelder zu erschließen. Hierin liegt ein erhebliches Risiko.

Das Strategische Geschäftsrisiko wird anhand der Volatilität der Cashflows bzw. der Erträge gemessen, soweit sie nicht von einer der oben genannten Risikoquellen verursacht worden ist. Sie ist in diesem Sinne die *residuale* Cashflow-Volatilität.

Als Maß werden die Kennziffern Cashflow-at-Risk (CaR) und Earnings-at-Risk (EaR) verwendet. Diese Maßzahlen geben eine Indikation über die Fähigkeit des Unternehmens, in einer unsicheren Welt mehr oder weniger sichere Zahlungsströme zu generieren. Die Kennziffern sind deshalb zugleich ein Maß, das Kapitalgeber als Indiz verwenden, Investmentbanken mehr Kredite zu gewähren oder auf die Rückzahlung alter Kredite zu drängen.

Man unterscheidet das Geschäftsrisiko vom Strategischen Risiko i. e. S. nach dem Betrachtungshorizont:

- Das *Geschäftsrisiko* wird gewöhnlich über eine Rechnungsperiode (z. B. Vierteljahr, max. 1 Jahr) gerechnet.
- Das *Strategische Risiko* erfasst die Frage, welche Auswirkungen haben Entscheidungen auf die Ertragsentwicklung der nächsten Jahre ab Ende der laufenden Rechnungsperiode.

38.3 Hedgingstrategien

Wie gehen nun Investmentbanken mit den verschiedenen Risiken um? Der Grundansatz lautet, ein Geschäftsmodell zu finden, bei dem es
- keine besonders gravierenden Einzelrisiken gibt und
- sich zugleich ein Risikoausgleich mehrerer Sparten erzielen lässt.

Dazu werden u. a. folgende Strategien angewandt:
- *Internationale Expansion*, um Abhängigkeiten von einem Standort zu vermeiden. So nehmen bei den internationalen Investmentbanken die Standorte USA, Europa und Asien im Rohertrag einen fast gleichwertigen Anteil ein.
- Fusion zwischen *Retailbanken*, Retailbrokern und *Geschäftsbanken* mit Investmentbanken, um Abhängigkeit von einzelnen Geschäftssparten zu verringern und Synergien zu nutzen. Beispiele: Citigroup/SalomonSchroders; Morgan Stanley/Dean Witter.
- Expansion ins *Assetmanagement*. Beispiel: Merrill Lynch/Black Rock.
- *Private Equity/Hedgefonds* Ansatz zur Erzielung überdurchschnittlicher Erträge auf das eingesetzte Eigenkapital (Private Equity (Goldman Sachs), interner Aufbau/Akquisition von Hedgefonds (Morgan Stanley)).
- Aktive *Marktstabilisierung*. Systematisches Screening von systemischen Marktrisiken und Auflösung derselben innerhalb des Bankensektors mit Hilfe der Regulierungsbehörden, durch Methodenverbesserung, gezielte Exposure- und Adressrisiken, Nettingvereinbarungen, gemeinsame Risikomessverfahren etc.

Investmentbanken sind immer interessiert am Aufbau von *neuen* Geschäftsfeldern, die im Zuge eines konjunkturellen Zyklus den Ausfall oder Rückgang bestimmter Geschäftsbereiche kompensieren können (Portfolioeffekt durch unkorrelierte Geschäftsbereiche). Dies sind zum Beispiel der Handel mit leistungsgestörten Krediten, Beratung bei Insolvenzen, Immobilien-Investmentbanking, Rohstoffhandel, etc.

38.4 Value-at-Risk-Systeme

38.4.1 Definition

> **DEFINITION**
> Der Value-at-Risk bezeichnet den maximalen Wert von Verlusten, der innerhalb einer bestimmten Periode mit einer bestimmten Wahrscheinlichkeit nicht überschritten wird.

Der Vorteil des VaR als Risikomaß besteht vor allem in der flexiblen Handhabung. So kann ein VaR nach unterschiedlichen Methoden berechnet und bei verschiedenen Geschäftsfeldern eingesetzt werden. Es gibt beispielsweise einen Credit-VaR zur Quantifizierung von Kreditrisiken. Aggregiert man diesen Wert mit dem VaR-Wert für Marktrisiken, kann eine wichtige Aussage für das Gesamtrisiko einer Bank getroffen werden. Zusätzlich werden immer wieder Methoden für schwer zu quantifizierende Risiken entwickelt. Im Folgenden wird speziell auf den VaR für Marktrisiken eingegangen.

38.4.2 Berechnung des Value-at-Risk

Es gibt mehrere Methoden zur Berechnung des VaR. Insgesamt werden für die Berechnung des VaR drei verschiedene Methoden verwendet:
- Varianz/Covarianz-Methode,
- Monte-Carlo-Methode und
- historische Simulation.

Die Auswahl der richtigen Methode für eine VaR-Berechnung hängt von der Struktur des zu analysierenden Portfolios und der Datenlage ab. Die Methoden rechnen nämlich nur das aus, was man erwartet – nämlich eine Kennziffer, die etwas über Risiken aussagt –, wenn die Renditeverteilungen der Portfoliobestandteile bestimmte Eigenschaften haben. Für verschiedene Portfolios können deshalb unterschiedliche VaR-Berechnungsweisen angebracht sein. Deshalb ist es notwendig, sich mit allen dreien vertraut zu machen.

Varianz/Covarianz-Ansatz

Bei Portfolios, in denen nur wenige Optionen vorkommen, bietet sich die Berechnung nach dem Varianz/Covarianz-Ansatz an. Vor- und Nachteile des Varianz/Covarianz-Ansatzes sind in der Abbildung 38.4 dargestellt

Annahme	Vorteile	Nachteile
Veränderungen der Risikofaktoren eines Portfolios wirken sich linear auf den Portfoliowert aus. Die Bewertungsfunktion der in dem Portfolio befindlichen Finanzinstrumente ist eine lineare Funktion in den Risikofaktoren. Die aus den Bewertungsdaten resultierenden Risikofaktoren werden durch eine Normalverteilung mit Erwartungswert Null und einer angenommenen oder aus den Daten anzurechnenden Kovarianzstruktur modelliert.	Die Berechnung ist einfach und schnell und die Methode deshalb auch leicht zu implementieren. Es wird eine verhältnismäßig geringe Datenbasis benötigt. Einzelne Ausreißer in den historischen Zeitreihen haben keinen Einfluss auf die VaR-Berechnung.	Es wird davon ausgegangen, dass die Risikofaktoren normal verteilt sind. Es wird die lineare Abhängigkeit des Portfoliowertes von den Risikofaktoren vorausgesetzt. Dies führt zu Problemen bei Portfolien, die in einem größeren Maß nichtlineare Instrumente wie Optionen enthalten.

Abb. 38.4: Vor- und Nachteile des Varianz/Covarianz-Ansatzes

Monte-Carlo-Methode

Für Portfolios mit Optionen und anderen Derivaten eignet sich die Monte-Carlo-Methode. Vor- und Nachteile dieser Methode sind in der Abbildung 38.5 dargestellt.

Annahme	Vorteile	Nachteile
Annahme der Normalverteilung der Risikofaktoren mit Mittelwert Null. Mit Hilfe eines Zufallszahlengenerators werden gemäß dieser Verteilung die potenziellen Veränderungen der Risikofaktoren, auch Szenarien genannt, erzeugt. Die Szenarien simulieren den zukünftigen Marktzustand. In einem zweiten Schritt wird für jedes Szenario das Portfolio für den folgenden Tag neu bewertet. Nach Vorgabe eines Konfidenzniveaus kann man aus der Verteilung der Wertveränderungen den VaR ablesen.	Man verzichtet auf die Annahme linearer Veränderungen des Portfoliowertes. Deshalb ist der Ansatz auch für Portfolien geeignet, die nichtlineare Produkte wie Derivate enthalten.	Die Berechnung ist im Vergleich mit anderen Verfahren wie Varianz-Kovarianz oder der Historischen Simulation sehr aufwändig. Numerische Probleme in einem Vorbereitungsschritt vor der Erzeugung der Szenarien. Das Verfahren reagiert nur langsam auf Veränderungen der Marktbedingungen.

Abb. 38.5: Vor- und Nachteile der Monte-Carlo-Methode

Historische Simulation

Von einem anderen Ansatz geht die historische Simulation aus. Aufgrund der Nachteile der anderen Modelle hat sie sich besonders bei komplexen Portfolios als geeignet erwiesen. Vor und Nachteile der historischen Simulation sind aus der Abbildung 38.6 ersichtlich.

Annahme	Vorteile	Nachteile
Die zukünftigen Werte der Risikofaktoren werden durch die Bewertungsdaten der Vergangenheit modelliert. Die Bausteine der Historischen Simulation lassen sich in 3 Abschnitte aufteilen: Generierung der Historischen Szenarien Neubewertung des Portfolios Aggregation der Bewertungen	Es muss weder eine Normalverteilungsannahme getroffen werden, noch muss vorausgesetzt werden, dass sich der Portfoliowert bei einer Änderung der Risikofaktoren linear verändert. Deshalb kann das Verfahren auch für Portfolios verwendet werden, in denen stark nichtlineare Bewertungsdaten gehandelt werden. Die Marktdaten werden täglich aktualisiert. Aus diesem Grund ist das Verfahren in der Lage, sehr schnell auf Veränderungen der Marktbedingungen zu reagieren. Es werden implizite Korrelationseffekte zwischen den Risikofaktoren berücksichtigt. Im Vergleich zur Monte-Carlo-Simulation benötigt die Historische Simulation vergleichsweise wenig Neubewertungen des Portfolios.	Das Verfahren benötigt eine große Menge von historischen Daten. Es reagiert sehr anfällig auf fehlerhafte Marktdaten.

Abb. 38.6: Vor- und Nachteile der historischen Simulation

Bewertung des Risikos mit der Methode der historischen Simulation. Nachfolgend wird die Methode der historischen Simulation, die in der Bankpraxis von großer Bedeutung ist, vertiefend erläutert. Dargestellt wird dies an einem fiktiven Portfolio, welches aus in- und ausländischen Bonds besteht. Hierbei wird auf die fiktive 1-Tages-Änderung der Zinsen und Wechselkurse abgestellt. Zinsen und Wechselkurse sind die Risikofaktoren.

Allgemein ist zu sagen, dass sich die Historische Simulation realer historischer Marktdaten bedient, die für einen »Stützzeitraum« (meistens ein Jahr) bekannt sein müssen. Der Value-at-Risk wird dann in drei Stufen berechnet:

Erzeugung von Szenarien (z. B. ein Jahr, gleichgewichtet): Aus den täglichen Änderungen aller relevanten *Risikofaktoren* (hier also die Änderungen von Zinssätzen und von Wechselkursen) der letzten 251 Tage werden 250 Marktszenarien erstellt. Als Szenario wird die Veränderung der Risikofaktoren von einem zum anderen Tag bezeichnet. Alle 250 Szenarien werden im Folgenden gleich gewichtet.

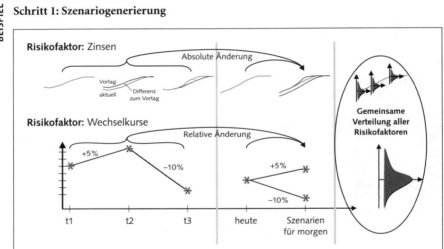

Abb. 38.7: Szenariogenerierung

Mit dem Risikofaktor Zinsen werden Risiken aus Veränderungen der Zinsstrukturkurve erfasst. Die Zinsstrukturkurve wird zu diesem Zweck in Laufzeitbänder eingeteilt (z. B. 3 Monate, 1 Jahr, 5 Jahre o. Ä.). Für jedes Laufzeitband werden die Änderungen der Zinssätze zum Vortag separat ermittelt.

Während in der Graphik für Zinsen und Wechselkurse nur zwei Szenarien dargestellt werden (nämlich die Veränderungen von t_1 auf t_2 und t_3), werden in der Praxis insgesamt 250 verschiedene Szenarien aus historischen Marktdaten entworfen.

Neubewertung des Portfolios. Nach Erzeugung aller Szenarien für die Risikofaktoren wird jede Position des Portfolios »mark-to-model« entsprechend 250 Mal neu bewertet. Anschließend wird die Bewertung zum heutigen Börsenkurs abgezogen. Dies ergibt eine simulierte GuV-Verteilung des Portfolios für den nächsten Tag, welche die erwarteten Marktentwicklungen auf der Grundlage historischer Daten widerspiegelt. Die gleiche

Gruppe von Szenarien kann parallel auf verschiedene Instrumente angewandt werden. Die Historische Simulation kann damit problemlos auf beliebige Finanzinstrumente und Portfolios übertragen werden.

Eine Neubewertung unseres fiktiven Portfolios würde damit wie folgt aussehen:

Schritt 2: Neubewertung des Portfolios

Beurteilung des Risikopotenzials. Der VaR wird aus aus der simulierten GuV-Verteilung ermittelt. Dazu wird ein Konfidenzniveau festgelegt, dem ein bestimmtes Szenario zugeordnet werden kann: so entspricht der P & L-Wert (Gewinn & Verlust-Wert) des sechstschlechtesten Wertes der 250 Szenarien einer Wahrscheinlichkeit von weniger als 6/250 = 2,4 %. Diesen speziellen, simulierten P & L-Wert bezeichnet man als (einseitigen) VaR bei einem Konfidenzniveau von 97,5 %. Der VaR bei einem Konfidenzniveau von 97,5 % gibt in etwa den erwarteten Verlust an, der an sechs bis sieben Tagen innerhalb eines Jahres eintreten könnte!

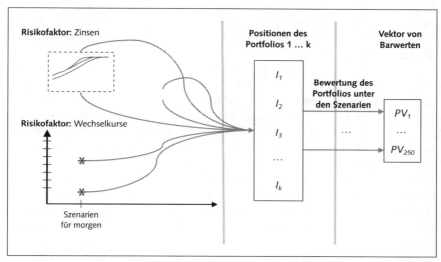

Abb. 38.8: Szenarien und Portfoliobarwert

Schritt 3: Beurteilung des Risikopotenzials

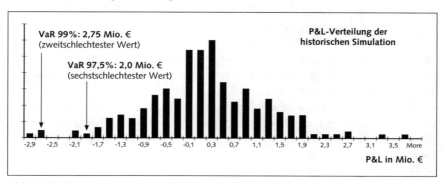

Abb. 38.9: Gewinnverteilung auf Basis historischer Szenarien

Verwendung in der Praxis
In der Regel wird der Value-at-Risk folgendermaßen verwendet:
- Für Zwecke des internen und externen Berichtswesens wird mindestens das 99%-Konfidenzniveau (zweitungünstigster Fall von 250) berechnet und überwacht.
- Wird der VaR zur Berechnung der notwendigen Eigenmittelausstattung nach KWG genutzt, so ist diese gem. Solvabilitätsrichtlinie zu ermitteln. Damit soll sicher gestellt werden, dass das Risikoprofil in einem angemessen Verhältnis zur Eigenkapitalausstattung der Bank steht.
- Zur täglichen Steuerung des Risikos wird häufig ein geringeres Konfidenzniveau (z. B. 97,5% oder 95%) berechnet. Dies hat den Vorteil, dass mehrere »Ausreißer« entstehen und damit die Modellqualität beurteilt werden kann.

Wegen der obigen Annahme, dass die zukünftige Marktentwicklung in einer Verbindung zur historischen steht, wurden keine expliziten Annahmen (Expertenprognosen) zur Gewinn- und Verlust-Verteilung von einem Geschäftstag auf den anderen getroffen.

Letztlich hat sich das Modell zur historischen Simulation in der Praxis gegenüber den anderen Modellen als gut geeignet erwiesen. Zwar wird immer wieder an der historischen Simulation kritisiert, dass die Verwendung von historischen Daten nach »rückwärts« gerichtet sei und zuwenig die aktuellen Marktgeschehnisse berücksichtige. Auf der anderen Seite bietet diese Methode eine Reihe von Vorteilen. Bei verfügbaren Marktdaten lassen sich selbst komplexe Portfoliostrukturen relativ einfach und transparent berechnen. Aufgrund der geringen Anzahl der Neubewertungen kann eine Anpassung regelmäßig erfolgen. Probleme ergeben sich allerdings, wenn Marktdaten nicht, oder in nicht genügendem Umfang verfügbar sind. Hier muss unter Umständen erst eine Datenbank für Marktdaten mit großem Aufwand aufgebaut werden. Probleme können sich auch zusätzlich daraus ergeben, dass ein bestimmter Wert eines Portfolios nur selten gehandelt wird und deshalb nur selten ein Marktwert neu festgesetzt wird. In diesem Fall bietet sich die Heranziehung eines vergleichbaren Wertes an.

38.4.3 Überprüfung der Güte der gewählten Methode und Stresstest-Verfahren

Bei drei zur Auswahl stehenden Methoden und bei der Gefahr, die eine Unterschätzung tatsächlicher Risiken für Banken bedeutet, stellt sich im täglichen Geschäft die Frage: Ist die gewählte Methode (noch) die richtige für »meine« Zwecke? Was passiert, wenn seltene starke Schwankungen eintreten, wie beispielsweise ein Aktiencrash? Ebenso ist es fraglich, wie die Aufsichtsbehörden die Risikobewertung der Bank beurteilen. Derzeit werden besonders zwei Verfahren angewendet, die diese Faktoren berücksichtigen:
- Backtesting-Verfahren und
- Stresstest-Verfahren.

Backtesting-Verfahren

Backtesting-Verfahren eignen sich für die Überprüfung der Güte in »normalen« Marktphasen. Hierzu wird über einen Zeitraum von 1 bis 2 Jahren überwacht, ob die mittels des VaR abgeschätzten, potenziellen Maximalverluste rückwirkend nicht wesentlich häufiger überschritten wurden, als über das angewendete Konfidenzniveau zu erwarten war.

FALLBEISPIEL

Backtesting

Bei einem Konfidenzniveau von 97,5 % und einer Haltedauer von 1 Tag kann erwartet werden, dass die tatsächliche Wertveränderung den jeweils am Vortag ausgewiesenen VaR-Wert nicht öfter als 6–7 Mal in einem Jahr (= 250 Arbeitstage) überschreitet. Dies kann man einfach empirisch ermitteln, indem man für eine vergangene Periode die errechneten VaR-Werte und die tatsächlich eingetretenen Verluste zum Ende der Halteperiode vergleicht.

Das Backtesting ermöglicht eine einfache und wirksame Kontrolle des gewählten Ansatzes. Stellt man fest, dass die gewählte Berechnungsweise des VaR ein zu niedriges oder zu hohes Risiko anzeigt, dann kann man die Parameter zur Berechnung des VaR verändern. Die Abbildung 38.10 zeigt, inwieweit der oben nach der Methode der historischen Simulation festgelegte VaR das tatsächliche Risiko zutreffend abgebildet hat.

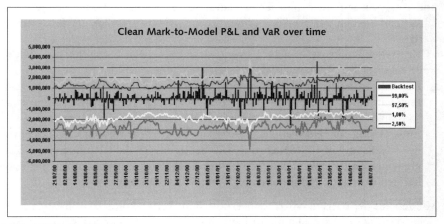

Abb. 38.10: Backtesting

Die Säulen zeigen dabei die tatsächlich eingetreten P & L-Zahlen an. Dagegen zeigen die unteren beiden Linien den jeweils ermittelten VaR auf unterschiedlichen Konfidenzniveaus an. Die beiden oberen Linien haben keine Bedeutung. Durchbrechen die Säulen (Marktwertverluste) die beiden unteren VaR-Linien, so heißt das, dass der tatsächliche Verlust höher als der prognostizierte VaR war. Insgesamt ergibt sich, dass bei einem Konfidenzniveau von 97,5 % (zweitunterste Linie) und einer Haltedauer von 1 Tag in diesem Beispiel die tatsächliche Wertveränderung bei dem jeweils am Vortag ausgewiesenen VaR-Wert nur drei mal und damit nicht öfter als 6–7 Mal (= 2,5 % von 250 Arbeitstagen und entspricht damit dem Konfidenzniveau von 97,5 %) in einem Jahr überschritten wurde.

Die Kontrolle der VaR-Berechnung mittels Backtesting wird den Banken durch das KWG vorgeschrieben: Das KWG gestattet den Banken, die Risikovorsorge alternativ zur Standardmethode durch sogenannte »Interne Modelle« zu berechnen. Wenn Interne Modelle eingesetzt werden, dann müssen sie auf der VaR-Methode basieren. Ihre Güte muss durch Backtesting regelmäßig überprüft werden. Liegt die Zahl der »Ausreißer« über den Vorhersagen, muss ein genaueres Modell zur Risikoquantifizierung benutzt werden.

Dies unterstreicht noch zusätzlich die Bedeutung der Wahl eines zutreffenden Ansatzes zur Berechnung des VaR.

Stresstest-Verfahren

Backtests stützen sich auf historische Daten von üblicherweise den letzten 1 bis 2 Jahren. Damit sind »übliche« Marktschwankungen erfasst. Es kommt an den Märkten aber im Abstand vieler Jahre immer wieder zu Konstellationen, die über übliche Marktschwankungen weit hinaus gehen. Beispiele für extreme Marktschwankungen sind die Asienkrise 1997 und die extremen Schwankungen am Neuen Markt vom Herbst 2000 oder der Neue-Markt-Crash von 2000/2001. Um derartige außergewöhnliche Risiken zu berücksichtigen, werden sog. Stresstests durchgeführt. Dabei wird von Extrem-Szenarien ausgegangen, die auf langfristige Beobachtungen und Analysen aufbauen und jeden Handelsbereich einzeln berücksichtigen. Anschließend werden auf der Basis dieser Szenarien die Portfolios der Bank neu bewertet.

Kritischer Punkt ist: Welche Extremszenarien werden berücksichtigt? Mittlerweile haben sich zwei Standardextremszenarien herausgebildet:

- Parallele (d.h. gleichgerichtete) Verschiebung mehrerer wichtiger Marktparameter in einer außerordentlichen Größenordnung (Beispiel: Crash bei einem Aktienkurs um 30% bei gleichzeitigem Einbruch von Devisenkursen).
- Entwicklung der verschiedenen Marktparameter in die für den Wert des Portfolios jeweils ungünstigste Richtung. Das heißt, dass sich die Parameter unabhängig voneinander extrem bewegen und so den totalen Zusammenbruch aller bisherigen Korrelationen simulieren (Worst-Case-Szenario).

Mit den auf der Basis des Stresstests ermittelten Werten können somit auch potenzielle Verluste für den Fall außerordentlich widriger Marktentwicklungen ermittelt werden.

38.4.4 Limitsysteme

Limite dienen der Risikobegrenzung und der Risikosteuerung. Für Finanzdienstleister wird die Installierung eines Limitsystems für die Gesamtbank in den MaH Abschnitt 2.2. vorgeschrieben.

> **DEFINITION**
> Ein Risikolimit ist eine Zahl, die den maximal zulässigen Umfang einer Risikoposition quantifiziert.

Risikolimite können sich beziehen auf:
- *Wertbezug.* Den Wert von Risikopositionen (z. B. 5 Mio. Euro in Aktien). Der Wert einer Risikoposition wird als Exposure bezeichnet.
- *Anteilsbezug.* Den Anteil, den eine Risikoposition am Gesamtwert eines Portefeuilles hat (z. B. 25 % Aktienanteil).
- *Verlustbezug.* Den maximal zulässigen Verlust, der aus einer Risikoposition entstehen könnte (z. B. 5 Mio. Euro Verlust aus Aktienbeständen, VaR).
- *Sonstiges.* Weitere Faktoren, die eine hohe Korrelation mit Risiken haben.

Im Finanzbereich spielten wertbezogene Limite traditionell die größte Rolle. Ein typisches Limit im Aktienbereich sah z. B. vor, nicht mehr als x Mio Euro in Aktien einer bestimmten Branche zu investieren. Wertbezogene Limite werden derzeit abgelöst durch verlustbezogene. Begründung: Mittels Value-at-Risk-Verfahren kann der mögliche Verlust einer Risikoposition auf überzeugende Weise und mit guter Genauigkeit berechnet werden, was früher nicht möglich war.

Aufstellen von Limiten

Die MaRisk schreiben vor, dass Limitsysteme nicht nur für einzelne, besonders risikobehaftete Geschäftsbereiche, sondern auch für die Gesamtbank erstellt werden müssen. Dies empfiehlt sich aber ohnehin, um ein System zueinander konsistenter Einzellimite zu erhalten, das die Risikotragfähigkeit des Gesamtunternehmens berücksichtigt und im Fall von unerwarteten Ereignissen (z. B. größeren Verlusten) eine sofortige konsistente Reaktion aller Unternehmensbereiche ermöglicht.
- Zunächst wird das zur Verfügung stehende *Risikokapital* des Gesamtunternehmens ermittelt.
- Dann wird die *Risikopolitik der Geschäftsleitung* definiert.
- Diese kann Resultat der *Risikoneigung der Gesellschafter* oder
- Das Resultat von risikobegrenzenden *Vorschriften* (z. B. KWG für Finanzdienstleister) sein.
- Auf der Basis von Risikokapital und Risikopolitik wird eine *Gesamtverlustobergrenze* (Gesamtlimit) für das gesamte Portfolio der Bank festgelegt.
- Dieses Gesamtlimit wird auf die verschiedenen *Geschäftsarten*, Tochtergesellschaften und weiter bis auf Mitarbeitergruppen und einzelne Personen, insbesondere Händler, entsprechend ihrer Aktivitäten verteilt.

PRAXISFALL | **Limitfestlegung auf Konzernebene**
Der Konzernvorstand legt im Rahmen der jährlichen Budgetierung eine bestimmte Obergrenze für konzernweite Limite fest, beispielsweise einen VaR-Limit von 1.000.000,00 Euro. Unter Umständen wird bei der Festlegung der Risiken ein Puffer für schwer quantifizierbare Risiken mit berücksichtigt. Die erste Limitebene ist damit der Konzern, der insgesamt ein VaR von maximal 1.000.000,00 Euro hat. Anschließend wird das Konzernlimit auf die nächst tieferen Ebenen untergliedert. Die zweite Ebene kann beispielsweise aus den einzelnen Unternehmensbereichen bestehen. Aus Vereinfachungsgründen wird hier von vier Unternehmensbereichen ausgegangen, nämlich Private Banking, Corporate Banking, Investment Banking und Assetmanagement. Anschließend wird das Limit von 1.000.000,00 Euro auf die vier einzelnen Unternehmensbereiche verteilt. Dies kann ent-

weder paritätisch oder nach zusätzlichen Kriterien wie nach der Größe des Unternehmensbereiches oder der zukünftigen strategischen Ausrichtung erfolgen. Ebenfalls kann es wünschenswert sein, ein höheres Risiko einzugehen, beispielsweise wenn in einem Bereich ausgezeichnete Ertragsmöglichkeiten bestehen. Da die Kriterien für die Limitzuteilung auf dieser Ebene erhebliche Bedeutung für die Ausrichtung der Geschäftspolitik haben, bietet sich auch auf dieser Ebene eine Entscheidung durch den Konzernvorstand an. Nachfolgend wird hier davon ausgegangen, dass eine Limitzuteilung von jeweils 250.000,00 Euro pro Unternehmensbereich festgelegt wird und eine weitere Untergliederung in den einzelnen Bereichen analog erfolgt. Bei der dritten Ebene (hier beispielsweise der Bereich Investment Banking) erfolgt – in Abstimmung mit dem Unternehmensbereich – eine weitere Aufteilung auf die dem Unternehmensbereich untergeordneten Einheiten wie beispielsweise Geschäftsfelder, Filialen oder Tochtergesellschaften. Bei fünf untergeordneten Einheiten und einer wiederum paritätischen Verteilung würde jede Einheit der dritten Ebene ein Limit von 50.000,00 Euro zugeordnet. Entsprechend dieser Vorgehensweise kann das Limit noch auf weitere Ebenen allokiert werden.

Limitstruktur und Berechnungsmethoden
Nach den Berechnungsmethoden unterscheidet man verschiedene Arten von Limiten. Die Festlegung von unterschiedlichen Limitstrukturen bietet sich insbesondere zur Feinsteuerung der Risikopositionen an. Die wichtigsten sind:

- *VaR-Limite*, die auf Basis der oben dargestellten VaR-Kennziffern festgelegt werden. Sie eignen sich zur Begrenzung des maximalen Verlustes in Zeiten »normaler« Marktbewegungen.
- *Stresstest-Limite*, die auf Basis der oben dargestellten Stresstests berechnet wurden und sich zur Begrenzung des Verlustrisikos aus extremen Marktentwicklungen eignen.
- *Sensitivitätslimite* werden für Risikoarten aus dem Optionsgeschäft genutzt. Die sog. »Greeks«, also die Optionskennziffern Delta, Gamma, Vega u. a., drücken die Sensitivität des Optionspreises auf Datenänderungen aus (siehe Kapitel 11). Durch Begrenzung der maximal zulässigen »Greek«-Werte kann man die Risiken aus Optionsgeschäften steuern.
- *Positionslimite*, die den maximal zulässigen Marktwert von risikobehafteten Positionen angeben. Sie gehören zu den traditionellen Limitarten, die heute mehr und mehr durch VaR-, Stresstest- und Sensitivitätslimite abgelöst werden. Eine Konsequenz von Positionslimiten ist, dass nach Verlusten (die den Wert einer Position mindern) weiter in die Position investiert werden darf, während nach Gewinnen die Position verringert werden muss.
- *Stop-Loss-Limite* beziehen sich nicht auf das Risiko zukünftiger Verluste, sondern auf Verluste, die in der Vergangenheit eingetreten sind. Das Stop-Loss-Limit gibt das zulässige Maximum an unrealisierten Verlusten an. Von unrealisierten Verlusten spricht man, wenn die Mark-to-Market-Bewertung des Portfolios einen Verlust ausweist, der noch nicht durch Glattstellung realisiert wurde. Ist das Stop-Loss-Limit erreicht, muss eine Position glattgestellt, d. h. die Verluste realisiert werden.

Maßnahmen bei Limiterreichung

Was passiert, wenn gesetzte Limite ausgeschöpft wurden? Werden die festgelegten Limite von einem Unternehmensbereich erreicht und droht eine Überschreitung, so gibt es folgende Möglichkeiten:

- Die betroffene Position wird geschlossen.
- Eine übergeordnete Stelle erteilt eine Genehmigung zur Überschreitung des Limits. Dies ist z. B. dann gerechtfertigt, wenn die Limitüberschreitung noch mit der Risikotragfähigkeit der Bank insgesamt zu vereinbaren ist und Erträge erwartet werden, die das Eingehen des Risikos rechtfertigen.

Grundsätzlich haben Limite den Nachteil, dass sie vor dem Beginn eines Geschäftsjahrs für das laufende Geschäftsjahr festgelegt werden und deshalb relativ starr sind, was die unterjährige Entscheidungsfreiheit einengt. Auf der anderen Seite berührt eine Überschreitung von Limiten Grundsätze der Geschäftspolitik und muss deshalb restriktiv gehandhabt werden. Die Überwachung der Einhaltung dieser Limite gehört zu den Kernkompetenzen des Risikocontrollings einer Bank.

Eine flexiblere Handhabung ist häufig geboten und sachgerecht. So können kurzfristige und nichterhebliche Überschreitungen toleriert werden, bzw. von den Entscheidungsträgern genehmigt werden. Handelt es sich dagegen um eine schwerwiegende Limitüberschreitung, die sich über mehrere Tage erstreckt und von erheblichem Ausmaß ist, muss die Geschäftspolitik eine Berichtskette an die Entscheidungsträger sicherstellen. Anschließend müssen die Entscheidungsträger einer Bank unverzüglich einen Aktionsplan beschließen. Oftmals sieht dieser eine sofortige Risikominderung vor. Erfolgt eine Überschreitung auf einer unteren Ebene, so kommt auch eine Übertragung von bisher nicht ausgelasteten Limiten einer anderen Organisationseinheit in Betracht.

Neben diesen kurzfristigen Maßnahmen kann eine grundsätzliche Änderung der Limite innerhalb eines Geschäftsjahres geboten sein. Dies kann beispielsweise der Fall sein, wenn auf einer Limitebene die Limite zu weit gefasst sind. Zeigt es sich sehr schnell, dass auf einer Ebene ein Limit – beispielsweise aufgrund eines negativen Marktumfeldes – nicht ausgelastet wird, so bietet es sich an, das Limit zu kürzen bzw. neu zu verteilen. Auf der anderen Seite kann eine Anpassung der Limite sinnvoll sein, wenn auf einer Ebene die Geschäftsaktivitäten deutlich zunehmen und dies von den Entscheidungsträgern hingenommen wird.

Aufgaben zur Lernkontrolle

1. Welche Risikoarten sind im Investment Banking zu beachten?
2. Begründen Sie die Notwendigkeit des besonderen Risikomanagements in Investmentbanken.
3. Ermitteln Sie mit Hilfe der historischen Simulation den VaR eines Portfolios. Folgende Daten sind gegeben:

Rang der Portfoliowerte	Simulierte Portfoliowerte	Rang der Portfoliowerte	Simulierte Portfoliowerte
250	114.688	240	120.323
249	116.242	239	120.545
248	118.054	238	120.657
247	118.159	237	120.657
246	118.509	236	120.668
245	118.887	235	120.752
244	118.929	...	...
243	119.141	3	133.179
242	120.250	2	134.772
241	120.261	1	134.963

Anzahl simulierter Werte: 250 (= historischer Betrachtungszeitraum)
Konfidenzniveau: 95 %
aktueller Marktwert des Portfolios: 125.500 Euro

4. Beschreiben Sie, wie die Verlässlichkeit von VaR-Modellen überprüft wird.

Literatur

Allen, L./Boudoukh, J./Saunders, A. (2004): Understanding Market, Credit, and Operational Risk: The Value At Risk Approach, NY.

Basel Committee on Banking Supervision (BCBS) (2005): »International Convergence of Capital Measurement and Capital Standards: A Revised Framework,« s. auch http://www.bis.org/publ/bcbs118.htm (November).

Carey, M./Hrycay, M. (2001): »Parameterizing Credit Risk Models with Ratings Data,« Journal of Banking & Finance, Nr. 25, S. 197–270.

Gross, D./Souleles, N. (2002): »An Empirical Analysis of Personal Bankruptcy and Delinquency,« in: Review of Financial Studies, Nr. 15, S. 319–347.

Herring, R./Schuermann, T. (2005): »Capital Regulation for Position Risk in Banks, Securities Firms and Insurance Companies,« in: Scott, H. (ed.), Capital Adequacy Beyond Basel: Banking, Securities, and Insurance, Oxford, UK.

Holton, G. (2004): Value-at-Risk: Theory and Practice, San Diego.

Jendruschewitz, B. (2003): Value at Risk, 3. Aufl., Frankfurt am Main.

Koyluoglu, H. U./Bangia B./Garside, T. (2000): »Devil in the Parameters,« in Credit Risk Special Report, in: Risk, Nr. 13, S. 26-S3.

Ridder, T. (1997): Aktuelle Aspekte der MAH-Umsetzung, in: Bankinformation, Heft 11, S. 57–60.

Saunders, A./Cornett, M. (2006): Financial Institutions Management – A Risk Management Approach (5th Edition), Boston, MA.

Schierenbeck, H. (Hrsg.) (2006): Risk-Controlling in der Praxis, 2. Aufl., Stuttgart.

Stulz, R. (2002): Risk management and derivatives, Cincinnati.

39 Risikoadjustierte Performancemessung* – Konzept und Praxis der Risiko-Ertragssteuerung

> **LERNZIELE**
> - Sie können die traditionelle Risiko-Ertragssteuerung nach dem ROE/Limit-Konzept erläutern.
> - Sie können die grundlegende Intention der modernen risikoadjustierten Performance-Messung (RAPM) erläutern.
> - Sie können die Berechnungsweise von RORAC und RAROC darstellen sowie Vor- und Nachteile der Kennzahlen aufzeigen.
> - Sie können zwei zentrale Anwendungsgebiete des RAPM-Konzeptes nennen und erläutern.
> - Sie können anhand vorgegebener Zahlen einen Performance-Vergleich von Geschäftsbereichen durchführen.

39.1 Überblick

»*RAROC and All That*« (Caouette u. a. 1998) lautet die Überschrift eines Kapitels zur risikoadjustierten Performancemessung (Risk Adjusted Performance Measurement, RAPM) in einem Standardwerk der Risikomanagement-Literatur. Die grundlegende Zielsetzung des RAPM ist die Beurteilung der Performance unterschiedlich riskanter Geschäftsbereiche. Die Entwicklung der Geschäftsbereiche soll durch Zuteilung des Engpassfaktors Kapital ertrags- und risikoeffizient gesteuert werden. Die Methodik dazu wird im Folgenden erläutert.

39.2 Traditionelle Risiko- und Ertragssteuerung

Grundlage der Risiko-Ertragssteuerung – insbesondere im Investment Banking – sind die Risiko- und Ertragskennzahlen. Nach dem traditionellen Steuerungsverfahren wurden getrennte Kennzahlen für den Risikobeitrag und die Ertragskraft eines Geschäftsbereiches verwendet.
- Als *Ertragskennzahl* wurde – absolut – eine der Deckungsbeitragsgrößen und – relativ – der ROE (Return on Equity) verwendet.
- Als Maßzahl für den *Risikobeitrag* wurde das Exposure verwendet, z. B. 100 Mio. Euro offene Position in Aktien, in Renten, in Fremdwährungen etc. Zur begrifflichen Erklärung vgl. Kapitel 37.2.1.3 Was ist ein Exposure?

---

* Autoren: Oliver Schwarzhaupt, Christiane Rennert und Jens Marczinzik

39.2.1 Return on Equity als klassisches Rentabilitätsmaß

Das klassische Maß für die Rentabilität im Bankenbereich stellt auf das bilanzielle Eigenkapital ab und wird durch den ROE dargestellt.

$$ROE = \frac{Return}{Equity} = \frac{Reingewinn}{Eigenkapital}$$

$$ROE = \frac{Ertrag - Aufwand - SRK + Anlagenutzen}{Eigenkapital}$$

Eigenkapital = im jew. Geschäftsbereich gebundenes Eigenkapital
Return = Summe aus Ertrag – Aufwand – SRK + Anlagenutzen des jeweiligen Geschäftsbereichs
Ertrag = vom jew. Geschäftsbereich erzielter Zinsüberschuss + Provisionsüberschuss + Handelsergebnis + Finanzanlageergebnis + sonstige Erträge
Aufwand = vom jew. Geschäftsbereich verursachter Personalaufwand + Sachaufwand + AfA + sonstiger Aufwand (ohne Risikokosten)
SRK = Standardrisikokosten des Geschäftsbereichs
Anlagenutzen = Risikofreier Ertrag auf das gebundene Eigenkapital. Hinweis: In den meisten Banken wird den Geschäftsbereichen das Eigenkapital nur fiktiv zugewiesen. Es verbleibt »physisch« in der zentralen Kasse und wird von dort aus so »angelegt«, wie man Eigenkapital anlegt (»marktgerecht«). Der Ertrag, der dabei von der Zentrale erzielt wird, wird über die Position »Anlagenutzen« rechnerisch den Geschäftsbereichen zugeordnet. Als Konsequenz dieser Zuordnung schließt der von den Geschäftsbereichen zu erwirtschaftende Mindest-ROE auch die »marktgerechte« Verzinsung des zugewiesenen Eigenkapitals ein (in vielen Banken gilt 12% bis 15% p.a. als »marktgerecht«).

Risiko- und Ertragssteuerung nach dem traditionellen Konzept erfolgt folgendermaßen:
- Von der Geschäftsleitung werden zunächst Risikolimite vorgegeben, innerhalb deren die einzelnen Geschäftsbereiche ihr Exposure halten müssen.
- Beurteilungskriterium für die Performance der Geschäftsbereiche ist der ROE. Je höher der ROE, desto besser wird ein Geschäftsbereich beurteilt. Die ROE-Kennziffer berücksichtigt nicht das Risiko, ist also kein echtes Performancemaß. Da aber die Risiken über die Limite bereits begrenzt sind, wird in diesem traditionellen Konzept ein echtes Performancemaß als entbehrlich angesehen.
- Ein Überschreiten der Limite ist grundsätzlich nicht gestattet. Kommt es dennoch dazu, dann erfolgt entweder die nachträgliche Genehmigung oder auch die Beantragung eines dauerhaft höheren Risikolimits oder die Aufforderung zur unmittelbaren Reduktion.

39.2.2 Vor- und Nachteile des traditionellen Verfahrens

Die Vorteile des traditionellen Verfahrens liegen auf der Hand:
- Über die Limite kann man das Risiko der Bank auf einfache Weise begrenzen und somit auch die Risikovolumina der verschiedenen Geschäftsbereiche steuern, und
- über die ROE-Kennziffer kann man den relativen Erfolg der Geschäftsbereiche feststellen.

Man hat mithin ein einfach zu handhabendes System, das Risikosteuerung und Erfolgsbeurteilung ermöglicht.

Die Nachteile des Verfahrens sind gravierend:
- Die Risikobegrenzung hat insofern Lücken, als das Exposure das tatsächliche Risiko nur unter einschränkenden Bedingungen zutreffend wiedergibt.
- Man erreicht nicht, dass – in einer Grenzbetrachtung – der letzte in risikotragende Geschäfte investierte Euro in allen Geschäftsbereichen den gleichen Ertrag erwirtschaftet. Es kann z. B. sein, dass ein Geschäftsbereich, der sein Limit noch nicht ausgeschöpft hat, in ein riskantes Geschäft investiert, das zwar seinen ROE verbessert, aber so viel zusätzliches Risiko bringt, dass es für die Bank unvorteilhaft ist, während ein anderer Geschäftsbereich ein für die Gesamtbank vorteilhaftes Geschäft nicht mehr ausführen kann, weil er sein Limit bereits ausgeschöpft hat.
- Haben Geschäftsbereiche ihre Limite weit unterschritten oder überschritten, dann ist die Beurteilung anhand der ROE-Kennziffern unsinnig, weil sich die Erträge auf unterschiedliche Risikomengen beziehen – eine Risikonormierung wäre zunächst erforderlich. Genau dies leisten die im Folgenden behandelten Steuerungskonzepte.

39.3 Risiko- und Ertragssteuerung mit RAROC

Die modernen Konzepte, die der Risiko-Ertragssteuerung zugrunde liegen, werden üblicherweise unter dem Oberbegriff RAPM subsumiert. Die Entwicklung der Konzepte begann in den späten 70er-Jahren und wurde initiiert von einer Gruppe bei Bankers Trust. Ursprünglich ging es hauptsächlich darum, das Risiko des Kreditportfolios der Bank zu messen und den Eigenkapitalbetrag zu bestimmen, der für eine Unterlegung erforderlich ist. Mittlerweile steht im Vordergrund:
- *Vergleich von Geschäftsbereichen.* Es soll ein fairer Vergleich der Profitabilität verschiedener Geschäftsbereiche vorgenommen werden, wobei das unterschiedliche Risiko, das die Bereiche eingehen, berücksichtigt werden soll.
- *Risikoorientierte Kapitalallokation.* Das knappe Eigenkapital soll risikoorientiert auf die Geschäftsbereiche aufgeteilt werden.

Die am häufigsten verwendeten Kennzahlen sind RORAC (Return On Risk Adjusted Capital) und RAROC (Risk Adjusted Return On Capital).

Risikoadjustierte Performancemaße

$$\text{RORAC} = \frac{\text{Return}}{\text{Ökonomisches Kapital}}$$

$$\text{RORAC} = \frac{\text{Ertrag- Kosten-SRK + Anlagenutzen}}{\text{Ökonomisches Kapital}}$$

$$\text{RAROC} = \frac{\text{Ertrag- Kosten-SRK + Anlagenutzen-Hurdle Rate} \cdot \text{Ökonomisches Kapital}}{\text{Ökonomisches Kapital}}$$

Ökonomisches Kapital = In Abgrenzung zu anderen bilanziellen Kapitalbegriffen wird dieser Risikopuffer, der zur Abfederung unerwarteter Ergebnisschwankungen ökonomisch erforderlich ist, Ökonomisches Kapital oder Economic Capital genannt. Das ökonomische Kapital kann als Aggregat aller quantifizierbaren Risiken bezeichnet werden.

Übrige Positionen = siehe oben 40.2.1

Wie ein Blick auf die Formeln zeigt (s. o.), äußert sich die Risikoadjustierung in der Kennziffer RORAC gegenüber der traditionellen ROE-Kennziffer in der Substitution des Eigenkapitals durch das »Ökonomische Kapital« im Nenner. Das Ökonomische Kapital bezeichnet hierbei den Kapitalbetrag, der auf Basis eines zuvor festgelegten Konfidenzniveaus als Reservepuffer für unerwartete Verluste vorgehalten werden muss (sog. Value-at-Risk). Somit wird also ganz spezifisch der Risikogehalt der eingegangenen Geschäfte berücksichtigt.

Die Banken versuchen heute, folgende Risiken in die Kennziffern mit einzubeziehen:
- Marktpreisrisiken,
- Adressenausfallrisiken,
- Operationelle Risiken,
- andere unerwartete Ergebnisschwankungen wie Provisionsrisiken.

Die Quantifizierung der einzelnen Risikoarten erfolgt wo immer möglich durch statistische Ansätze, insbesondere durch die Value-at-Risk-Methodik.

Die RORAC-Kennzahl bietet den Vorteil, unterschiedliche Geschäftsbereiche innerhalb der Bank in ihrer Performance unter Berücksichtigung des eingegangenen Risikos vergleichbar zu machen. Jedoch reicht ein Vergleich nicht zur Unternehmenssteuerung. Es muss auch eine absolute Untergrenze definiert werden, unter die ein Geschäftsergebnis nicht fallen darf (absolutes Vorteilhaftigkeitskriterium). Es ist deshalb die Vorgabe eines Ziel-RORACs, einer absoluten ›Hurdle Rate‹, erforderlich.

Die Kennziffer RAROC enthält eine solche Hurdle Rate. Sie ergibt sich als Erweiterung des RORAC durch die Risikoadjustierung des Zählers: Vom erzielten Ertrag wird der Ertrag abgezogen, der relativ zum eingegangenen Risiko hätte erzielt werden sollen. Ergebnis ist eine Art »Überschussertrag«. Nur dann, wenn ein positiver Überschussertrag erzielt wird, arbeitet ein Geschäftsbereich mit Erfolg – andernfalls hätte die Geschäftsleitung das knappe Kapital besser in die Projekte investieren sollen, aus denen die Hurdle Rate ermittelt wurde. Dividiert man diesen Überschussertrag mit dem riskierten Kapitaleinsatz – normiert man ihn also mit dem gebundenen Risikokapital – kann man alle Geschäftsbereiche vergleichen (relative Vorteilhaftigkeitsmessung).

Mit Hilfe von RAPM-Kennzahlen wie RAROC können alle Entscheidungen auf sämtlichen Hierarchie- und Geschäftsfeldebenen in Bezug auf ihre Ergebnisbeiträge vergleichbar gemacht werden. Dies betrifft neben einzelnen Unternehmensbereichen auch die Einzelkundenebene sowie Produkte und Produktgruppen. Durch den »gemeinsamen Nenner« Ökonomisches Kapital werden auch bis dato wenig vergleichbare Risiken miteinander vergleichbar gemacht.

Der Vorteil der Vergleichbarkeit ist u. a. entscheidend bei der Zuteilung von Risikokapital. Die risikoeffiziente Kapitalallokation innerhalb der Bank kann dann durch ein zentrales Limitsystem operationalisiert werden, das alle risikoverursachenden Geschäftsfelder beinhaltet. Das zentrale Limitsystem hat sowohl die Risikotragfähigkeit der Bank als auch die aufsichtsrechtlichen Erfordernisse zu erfüllen.

Ableitung von RORAC und RAROC

RORAC ist eng verwandt mit der aus der Performance-Messung bekannten Sharpe-Ratio, welche die Steigung der Kapitalmarktgeraden im μ-σ-Raum misst.

$$\text{Sharpe Ratio} = \frac{r_{PF} - r_f}{\sigma_{PF}}$$

Der RORAC kann aus der Sharpe Ratio abgeleitet werden, wenn man die Prozentgröße im Zähler durch einen absoluten Betrag in Geldeinheiten ersetzt, das sogenannte Nettoergebnis, und als Risikogröße ebenfalls einen Geldbetrag einsetzt, das sogenannte Risikopotenzial. Dabei wird das Nettoergebnis berechnet aus den Erträgen abzüglich Betriebs-, Standardrisiko- und Refinanzierungskosten (Refinanzierungskosten bei Sicherheit). Für das Risikopotenzial setzt man den VaR ein.

$$\text{RORAC} = \frac{\text{Nettoergebnis}}{\text{Risikopotenzial}} = \frac{\text{Nettoergebnis vor Finanzierung} - \text{Refinanzierungskosten}}{\text{Value at Risk}}$$

Aus der Höhe des RORAC allein kann noch nicht abgeleitet werden, ob eine Über- oder Unterrendite bezüglich des übernommenen Risikos erzielt wurde. Dazu wird eine Vergleichszahl, ein Ziel-RORAC, benötigt. Diesen kann man aus einer bekannten Benchmark ableiten, wie z. B. dem Marktportfolio (MPF). Dazu würde man für diese Benchmark den RORAC berechnen:

$$\text{RORAC}_{\text{Benchmark}} = \frac{(\mu_{MPF} - r_f) \cdot \text{Volumen}}{(\mu_{MPF} + [\sigma_{MPF} \cdot Z]) \cdot \text{Volumen}} \text{ , wobei } \mu_{MPF} \text{ bzw } \sigma_{MPF} \text{ der Rendite}$$

bzw. Standardabweichung des Marktportfolios, r_f dem risikolosen Zins und Z dem konfidenzniveauspezifischen Quantil der Standardnormalverteilung entsprechen. Mit der Größe RORAC$_{\text{Benchmark}}$ hat man den gesuchten Zielwert. Es bietet sich jetzt an, eine Ertragsgröße zu definieren, bei der der Zielwert gleich vom erreichten Ertrag subtrahiert ist. Dies ist der RAROC. Er ist definiert als

$$\text{RAROC} = \frac{\text{Nettoergebnis} - \text{Zielrisikoprämie} \cdot \text{Volumen}}{\text{Volumen}}$$

wobei Volumen für das Risikopotenzial steht, und hier üblicherweise der Value-at-Risk eingesetzt wird. Als Zielrisikoprämie wird der aus dem Marktportfolio abgeleitete $\text{RORAC}_{\text{Benchmark}}$ verwendet.

Die Größe im Zähler des RAROC kann nun direkt als Über- bzw. Unterrendite bezüglich des übernommenen Risikopotenzials interpretiert werden. Demnach sind Geschäfte mit einem RAROC > 0 im Vergleich zum Markt vorteilhaft (et vice versa). Beim Vorliegen einer Zielrisikoprämie (Ziel-RORAC) können RAROC und RORAC leicht ineinander überführt werden. Es gilt dann:

$$\text{RAROC} = \frac{\text{Nettoergebnis} - \text{Risikopotenzial} \cdot (\text{Ziel-RORAC})}{\text{Risikopotenzial}}$$

$$\text{RAROC} = \frac{\text{Nettoergebnis}}{\text{Risikopotenzial}} - (\text{Ziel-RORAC})$$

$$\text{RAROC} = \text{RORAC} - (\text{Ziel-RORAC}).$$

Die Grenzen des RAPM-Konzeptes

Die modernen Konzepte der risikoadjustierten Performancemessung dienen insbesondere als Bestandteil einer Gesamtbanksteuerung unter Risk-Return-Gesichtspunkten und lösen die tradierten Steuerungsinstrumente der Banken allmählich ab. Die Nachteile der althergebrachten Maßzahlen, insbesondere die Nichtberücksichtigung von Risikokomponenten und von Portfolioeffekten, die zu falschen Steuerungsimpulsen geführt haben, werden durch das moderne RAPM-Konzept grundsätzlich beseitigt.

Im Einzelnen hat die verfügbare RAPM-Methodik jedoch Nachteile:
- Nicht für alle Risikoarten lässt sich das gebundene Risikokapital zuverlässig berechnen (z. B. operationelle Risiken).
- Die Schwächen des Value at Risk-Konzeptes schlagen durch (z. B. mangelnder Zukunftsbezug), wenn man das Risikokapital – wie es üblicherweise gemacht wird – als VaR berechnet.
- Nachteil des RAPM-Konzeptes ist auch die Fokussierung auf Aspekte des *ökonomischen Risikos*. Es gibt in der Steuerung der Investmentbank andere Aspekte, die von ähnlich großer Relevanz sind wie das ökonomische Risiko und die im RAPM-Konzept keine explizite Berücksichtigung finden. Bei vielen Investmentbanken stehen z. B. in der Vorbereitung der neuen Baseler Eigenkapitalvereinbarung (»Basel II«) Fragen der Minimierung des *aufsichtsrechtlichen Eigenkapitals* im Fokus der Unternehmenssteuerung, nicht mehr des ökonomischen Risikokapitals. Wenn das aufsichtsrechtliche Risikokapital der Engpassfaktor wird, dann wird das RAPM-Konzept obsolet, denn es normiert die Erträge auf das ökonomische Risikokapital.

Ein nicht zu unterschätzender Vorteil im Rahmen des RAPM-Konzeptes ist und bleibt jedoch die Notwendigkeit, sich mit allen Aspekten der Risk-Return-Steuerung inkl. des notwendigen Datenhaushalts auseinander zu setzen. Die mit dem RAPM-Konzept erzielte Transparenz über Produkte/Produktgruppen und Geschäftsfelder hinweg ermöglicht dem Management eine aktive und risikoorientierte Steuerung des Bankgeschäfts.

PRAXISFALL

Anwendungsbeispiel des RAPM-Konzeptes

Zur Veranschaulichung der bisher gemachten Ausführungen wird im Folgenden ein vergleichendes Beispiel zur Steuerung nach ROE, RORAC und RAROC dargestellt, dem die in der nachstehenden Tabelle aufgeführten Angaben zugrunde liegen.

– alle Angaben in Tsd. € –	Gesamtbank	Profit Center A Treasury	Profit Center B
(a) tatsächliches EK	150.000		
(b) durchschn. gebundenes EK	150.000	84.000	66.000
(c) EK-Kosten-/Anlagenutzensatz	6,00 %	6,00 %	6,00 %
(d) Ertrag	115.000	69.000	46.000
(e) Betriebsaufwand	– 80.000	–42.667	–37.333
(f) Standardrisikokosten	– 10.350	– 6.210	– 4.140
(g) EK-Kosten	– 9.000	– 9.000	0
(h) Anlagenutzen	9.000	5.040	3.960
(i) Nettoergebnis	24.650	16.163	8.487
(j) Ökonomisches Kapital	105.000	77.000	28.000

Tabelle: Ausgangsdaten

Im ersten Schritt werden das Eigenkapital und die damit verbundenen Kosten und Erträge der Beispielbank betrachtet. Die Bank ist in zwei Profit Center (»PC«) A und B unterteilt und verfügt über 150 Mio. Euro bilanzielles Eigenkapital (»tatsächliches EK«). Sie bindet ebenfalls 150 Mio. Euro Eigenmittel nach Grundsatz I. Welches Eigenkapital wird nun den Profit Centern zugeordnet? Wir gehen hier davon aus, dass das aufsichtsrechtliche Eigenkapital nach Grundsatz I aufgeteilt werden soll, wovon 84 Mio. Euro auf PC_A und 66 Mio. Euro auf PC_B entfallen.

Das tatsächliche EK der Gesamtbank kann risikofrei angelegt werden, ohne dass diesem Ertrag Kosten entgegenstehen. Deshalb wird die Treasury der Bank (hier PC_A), die für die Anlage des EKs verantwortlich ist, zur Neutralisierung mit kalkulatorischen EK-Kosten in Höhe von 6 % belastet (vgl. Tabelle Zeile (g)). Ebenso wird mit selbstständigen Tochtergesellschaften, die über eigenes EK verfügen, verfahren. Ohne die Belastung mit EK-Kosten wäre ein Vergleich mit anderen PCs, die nicht über tatsächliches EK verfügen, nur eingeschränkt möglich.

Auf der anderen Seite wird den verschiedenen Bereichen der Anlagenutzen (Capital Benefit), also der alternative risikofreie Ertrag aus der Anlage des auf das jeweilige Profit Center entfallenden gebundenen Eigenkapitals, gutgeschrieben (vgl. Tabelle Zeile (h)).

Im zweiten Schritt hat die Ermittlung des Nettoergebnisses zu erfolgen. Wie bereits erläutert, ergibt sich dieses aus dem Ertrag abzüglich Betriebsaufwand, Standardrisikokosten bzw. erwarteter Verlust und EK-Kosten zuzüglich Anlagenutzen. Die Beispieldaten sind der Tabelle zu entnehmen.

Anhand der bisher bekannten Daten lässt sich bereits der ROE der verschiedenen Bereiche ermitteln. Die Gesamtbank weist einen ROE vor Steuern von

$$\text{ROE} = \frac{\text{Nettoergebnis}}{\text{gebundenes EK}} = \frac{24.650 \text{ Tsd. €}}{150.000 \text{ Tsd. €}} = 16{,}43\%$$

auf. Für PC_A ergibt sich ein ROE_A von 19,24 %, für PC_B ein ROE_B von 12,86 %, so dass PC_A im Rahmen einer Gesamtbanksteuerung zu bevorzugen wäre. Als Zielgröße hat die Bank einen ROE von 15 % v.St. gewählt. Damit ist PC_A nicht nur profitabler als PC_B, sondern erreicht als einziges PC den Ziel-ROE. PC_B hat auf Basis der Steuerungsgröße ROE ein Performancedefizit.

Wie fällt im Vergleich dazu der RORAC der verschiedenen Einheiten aus? Da das Nettoergebnis bei dieser Kennzahl nicht ins Verhältnis zum regulatorisch benötigten EK, sondern zu dem aus ökonomischer Sicht eingegangenen Risiko gesetzt wird, wird zur Beantwortung dieser Frage zusätzlich das statistisch ermittelte ökonomische Kapital (Value-at-Risk) als Input-Faktor benötigt. Es ergibt sich das folgende Bild für die Gesamtbank:

$$\text{RORAC} = \frac{\text{Nettoergebnis}}{\text{ökonomisches Kapital}} = \frac{24.650 \text{ Tsd. €}}{105.000 \text{ Tsd. €}} = 23{,}48\%$$

Die Profit Center weisen einen $RORAC_A$ von 20,99 % und einen $RORAC_B$ von 30,31 % auf. Es wird deutlich, dass unter Berücksichtigung der eingegangenen Risiken nicht mehr PC_A, sondern PC_B profitabler gearbeitet hat.

Zur weiteren Analyse wird zusätzlich der Ziel-RORAC in die Betrachtung miteinbezogen. Dieser ergibt sich wie folgt aus dem Ziel-ROE:

$$\text{Ziel-RORAC} = \frac{\text{Ziel-ROE}}{\text{ökonomisches Kapital}} \cdot \text{gebundenes EK}$$

$$= \frac{15\%}{105 \text{ Mio. €}} \cdot 150 \text{ Mio. €} = 21{,}43\%$$

Unter Berücksichtigung des Ziel-RORAC von 21,43 % stellt sich PC_A nicht nur schlechter als PC_B dar, sondern erwirtschaftet auch nicht den erforderlichen Ziel-RORAC.

Dies kann mit Hilfe der Kennziffer RAROC, die das gleiche Steuerungsergebnis wie RORAC liefert, auf einen Blick deutlich gemacht werden.

Während PC_B einen $RAROC_B$ von

$$\text{RAROC}_B = \frac{\text{Nettoergebnis} - (\text{ökonomisches Kapital} \cdot \text{Ziel-RORAC})}{\text{ökonomisches Kapital}}$$

$$= \frac{8.487 \text{ Tsd. €} - (28.000 \text{ Tsd. €} \cdot 0{,}2143)}{28.000 \text{ Tsd. €}} = 8{,}88\%$$

aufweist, beträgt der $RAROC_A$ von PC_A –0,44 %, sodass PC_A sogar Shareholder Value zerstört. Die folgende Tabelle fasst die Ergebnisse zusammen:

	Gesamtbank	Profit Center A	Profit Center B
ROE	16,43 %	19,24 %	12,86 %
RORAC	23,48 %	20,99 %	30,31 %
RAROC	2,05 %	– 0,44 %	8,88 %

Aufgaben zur Lernkontrolle

1. Welche Vorteile bietet die risikoadjustierte Performancemessung gegenüber der traditionellen Risiko-Ertragssteuerung?
2. Worin unterscheiden sich RORAC und RAROC und zu welchen Steuerungsimpulsen führen beide Kennzahlen?
3. Berechnen sie mit Hilfe der nachfolgenden Daten einer Investmentbank RORAC und RAROC der Profit Center und treffen Sie eine Aussage zu deren Performance:

	Bank	Profit Center A	Center B	Center C
Ø gebundenes EK	155	60	45	50
Nettoergebnis	44	20	8	16
VaR	185	75	60	50
Ziel-ROE	15%			

Literatur

Anders, U. (2000): RaRoC – ein Begriff, viel Verwirrung, in: Die Bank, Nr. 5, 2000, S. 314–317.

Caouette, J. u. a. (1998): Managing Credit Risk, New York.

Froot, K. A./Stein, J. C. (1998): Risk Management, Capital Budgeting, and Capital Structure Policy for Financial Institutions: An Integrated Approach, in: Journal of Financial Economics, Vol. 47, S. 55–82.

Lehar, W./Welt, F./Wiesmayr, C./Zechner, J. (1998): Risikoadjustierte Performancemessung in Banken; Konzepte zur Risiko-Ertragssteuerung, in: ÖBA, Heft Dezember, S. 949–955.

Schierenbeck, H. (2006): Risk-Controlling in der Praxis, Zürich.

Schierenbeck, H./Lister, M. (1998): Risikoadjustierte Ergebnismessung und Allokation von Risikokapital, in: Gesamtbankmanagement – Integrierte Risiko-/Ertragssteuerung in Kreditinstituten, hrsg. von Bernd Rolfes und Henner Schierenbeck, Frankfurt am Main, S. 195–268.

Stoughton, N. M./Zechner, J. (1999): Optimal Capital Allocation Using RAROC and EVA, Working Paper, UC Irvine, University of Vienna, January.

40 Investor-Relations*

> **LERNZIELE**
> - Den Begriff Investor-Relations (IR) definieren und abgrenzen.
> - Ziele und Aufgaben des IR-Managers nennen.
> - Die IR-Zielgruppen unterscheiden.
> - Einen Überblick über die Instrumente des IR erhalten.
> - Die organisatorische Eingliederung von IR in Unternehmen kennenlernen.
> - Möglichkeiten zur Erfolgskontrolle und -messung aufzeigen.

40.1 Abgrenzung

Ziel von Investor-Relations (IR) ist die Minimierung der Kapitalkosten. Dieses Ziel soll durch die Verbesserung der Beziehungen zwischen dem Unternehmen und seinen Kapitalgebern erreicht werden. Kapitalgeber können grundsätzlich Eigenkapital und/oder Fremdkapital zur Verfügung stellen. Im Weiteren bezieht sich der Begriff Kapitalgeber bzw. Investoren jedoch nur auf Eigenkapitalgeber. Diese Begrenzung der Investor-Relations auf die Beziehungen zwischen Unternehmen und Eigenkapitalgebern ist zwar theoretisch nicht ganz korrekt, entspricht aber der Praxis in IR-Abteilungen, bei der die kommunikationspolitischen Maßnahmen gegenüber Anteilseignern im Mittelpunkt stehen.

40.2 Begriff

Der Begriff Investor-Relations wird mehrdeutig und nicht immer klar abgegrenzt verwandt. Wir definieren:

> **DEFINITION**
> **Investor-Relations umschreibt die zieladäquate Steuerung der Beziehungen zwischen einem Unternehmen und seinen Anteilseignern.**

Darüber hinaus sind folgende Verwendungen gebräuchlich:
- Die *Beziehungen* zu den Investoren. Dies entspricht der direkten Übersetzung von »Investor-Relations«.
- Die *organisatorische Einheit*, die für die Steuerung der Beziehungen verantwortlich ist (Investor-Relations-Abteilung).
- Die *Aktivitäten*, die die Investor-Relations-Abteilung entfaltet (Investor-Relations-Aktivitäten).

---
* Autorin: Simone Nuxoll

40.3 Ziele der Investor-Relations-Aktivitäten

DEFINITION
IR-Aktivitäten haben zum Ziel, mittels kommunikativer Maßnahmen eine Bewertung des Unternehmens durch den Kapitalmarkt derart zu erreichen, dass die Kapitalkosten minimiert werden.

Die Bedeutung der Investor-Relations als Schnittstelle zwischen dem Unternehmen und den Finanzmärkten ist vor dem Hintergrund des Wettbewerbs um Kapital sowie der zunehmenden Beachtung des Shareholder-Value-Konzepts durch die Finanzanalysten gestiegen. Das Shareholder-Value-Konzept hat zu einem Bewusstseinswandel der Finanzmärkte dahingehend geführt, dass die Bewertung von Unternehmen durch den Kapitalmarkt nicht mehr nur von dem reinen Zahlenwerk abhängt. Faktoren wie eine überzeugende Unternehmensstrategie, Managementqualitäten, konsequentes Wertsteigerungsmanagement und eine glaubwürdige Kommunikationspolitik bestimmen zunehmend das Standing eines Unternehmens und die Entwicklung seiner Aktie.

> **Shareholder-Value: die europäische und die amerikanische Linie**
>
> Shareholder Value ist das Denken an die Interessen der Eigenkapitalgeber.
>
> Wall Street Journal Europe kritisierte am 31. Juli 2001, dass europäische Unternehmen, insbes. deutsche, zu wenig an die Interessen der Aktionäre dächten. Sie würden auch die Interessen anderer Unternehmensbeteiligter, der sog. Stakeholder, beachten. Es sei typisch für europäisches Denken, nach einem Interessensausgleich aller zu streben. Dies gelte sogar für europäische Aktionäre.
>
> Derartiges auf Ausgleich bedachtes Handeln sei gefährlich, weil die sich nicht ausschließlich auf Aktionärsinteressen konzentrierenden Unternehmen eine niedrigere Eigenkapitalrendite und eine niedrigere Marktkapitalisierung hätten. Daraus ergebe sich eine höhere Gefahr, die Beute einer feindlichen Übernahme zu werden.

Die Informationsbasis liefern alle Fachbereiche, insbesondere das Rechnungswesen. Dem IR-Bereich einer Großbank wird zum Beispiel die aktuelle Geschäftsentwicklung in Form der monatlichen Berichterstattung mit Plan-Ist-Vergleichen zur Verfügung gestellt. Es ist denkbar, eine Gegenüberstellung von Ergebnisschätzungen und Berichtszahlen für die Peers, also die direkten Wettbewerber, in den Vergleich einzubeziehen.

Welche Effekte lösen IR-Aktivitäten aus?
- *Eigenkapitalkosten.* Wichtigste Wirkung ist die Einflussnahme auf die Bewertung des Unternehmens durch den Kapitalmarkt. Das hat Auswirkungen auf die Kosten des Eigenkapitals. IR führt entweder zur Minimierung der Eigenkapitalkosten und/oder zur Angleichung der internen und externen Einschätzung des Unternehmenswertes.

- *Fremdkapitalkosten.* Weitreichende Bedeutung erlangen Investor-Relations auch in der Beziehung zum Fremdkapitalmarkt. Die von den internationalen Agenturen vergebenen Ratings sind viel beachtete Kriterien und Multiplikatoren für die Bonitätseinschätzung eines Unternehmens im Markt. Gute Ratings erleichtern und verbilligen die Kapitalaufnahme am Fremdkapitalmarkt. Ein stabiler Aktienkurs hat eine positive Rückwirkung auf die Bewertung der Rating-Agenturen. In ihm drückt sich eine günstige Prognose für die zukünftige Entwicklung des Unternehmens aus, was von den Agenturen nicht unbeachtet bleibt.
- *Rückwirkung auf die Unternehmenspolitik.* Der Informationsaustausch mit dem Kapitalmarkt zeigt seine Wirkung auch in umgekehrter Richtung. Er ermöglicht es dem IR-Bereich, Stimmungen und Meinungen über das Unternehmen am Markt einzufangen und an das Management weiterzuleiten. Investor-Relations können somit zu einer wertorientierten Unternehmensführung und zielgerichteten Entwicklung des Unternehmens im Sinne der Aktionäre – zumindest aus dem Blickwinkel der Kapitalmärkte – beitragen.
- *Unabhängigkeit.* Ein hoher Aktienkurs wird als guter Schutz vor Übernahmen gewertet und sichert dem Management Unabhängigkeit.

40.4 Zielgruppen

Die Zielgruppen der Investor-Relations-Aktivitäten sind:
- Analysten,
- institutionelle Investoren und
- Privatanleger.

40.4.1 Analysten

Ein Schwerpunkt der IR-Aktivitäten liegt in der Kommunikation mit den Analysten, deren Aufgabe es ist, komplexe Unternehmensinformationen schnell zu verarbeiten, um daraus konkrete Empfehlungen abzuleiten. Die Aussagen und Urteile von Analysten beeinflussen auch die übrigen Marktteilnehmer in ihren Anlageentscheidungen, sodass sie eine wichtige Multiplikatorfunktion ausüben. Geänderte Analystenmeinungen können zu deutlichen Kursveränderungen führen.
Zu unterscheiden sind Buy-Side-Analysten und Sell-Side-Analysten.
- *Buy-Side-Analysten* sind Analysten, die für institutionelle Investoren und Kapitalanlagegesellschaften Research mit dem Ziel betreiben, Hinweise zur optimalen Gestaltung der Portfolios dieser Anleger zu geben. Der Empfängerkreis des Buy-Side-Analysten ist vergleichsweise klein, die mögliche Wirkung seiner Empfehlungen auf Aktienkurse jedoch trotzdem beachtlich, da sie gegebenenfalls Umschichtungen großer Volumina nach sich ziehen.
- *Sell-Side-Analysten*: Diese arbeiten für Banken und Wertpapierhandelshäuser und haben die Aufgabe, den Verkauf von Finanzprodukten zu unterstützen. Die Analysen der Sell-Side-Analysten sind verkaufsunterstützendes Informations-

material. Sie richten sich an private und institutionelle Kapitalanleger sowie darüber hinaus an ein möglichst breites Publikum. Aufgrund des breiten Empfängerkreises ihrer Analysen entwickeln sich Sell-Side-Analysten oft zu anerkannten Branchenspezialisten, deren Meinung viel beachtet wird.

40.4.2 Institutionelle Investoren

Institutionelle Investoren sind Wirtschaftssubjekte, die Gelder *anderer* Wirtschaftssubjekte verwalten. Die Bundesbank zählt neben diesen auch Wirtschaftssubjekte dazu, die eigenes Vermögen verwalten, wenn dies entsprechend *professionell* erfolgt.

Die Institutionellen zerfallen in zwei Gruppen. Die eine Gruppe betreibt passive Strategien, bei denen sie keinen Einfluss auf die Geschäftsführung der Unternehmen, in die sie investieren, ausüben. Die andere Gruppe greift aktiv in die Geschäftsführung ein (Investorenaktivismus). Beide Gruppen werden von der Investor-Relations betreut, weil es letztlich die Fondsmanager (und nicht die Eigentümer der Gelder) sind, die Anlageentscheidungen fällen.

Neben Fondsmanagern sind Großaktionäre zu erwähnen. Großaktionäre haben aufgrund von strategischen Absichten oft eine enge Verflechtung mit dem beteiligten Unternehmen, die über das reine Halten von Aktien weit hinaus geht und die geschäftliche Zusammenarbeit auf geografischen Märkten oder bestimmten Geschäftsfeldern umfassen kann. In diesen Fällen spielt der Investor-Relations-Bereich in der Kommunikation der Partner nur eine untergeordnete Rolle, da der Informationsaustausch überwiegend über die Linienverantwortlichen auf Leitungs- und auch Vorstandsebene läuft.

Eine besondere Gruppe sind die Kapitalanleger, die aktiv auf die Unternehmensleitungen zugehen, um sie zum Ergreifen bestimmter Maßnahmen zu bewegen. Teilweise versuchen aktive Investoren, an den Interessen anderer Anteilseigner vorbei ihre eigenen Interessen durchzusetzen, indem sie Druck auf das Management ausüben, sich »gefügig« zu verhalten. In Einzelfällen haben Hedgefonds-Manager mit Minderheitsbeteiligungen ihre Ideen tatsächlich durchgesetzt.

Die beste Prävention, die Entstehung von Konflikten zu vermeiden, ist ein reger und kontinuierlicher Informationsaustausch zwischen der Gesellschaft und den Investoren. Dies lässt sich am effizientesten im Rahmen allgemeiner Roadshows darstellen.

40.4.3 Private Investoren

Privatanleger lassen sich in vier Gruppen einteilen.
- *Anteil gering, Strategie passiv.* Die eine Gruppe besitzt kleine und kleinste Anteile an Unternehmen, verhält sich passiv und übt keinen Einfluss aus (Transaktionskosten, Free-Rider-Problematik).

- *Anteil gering, Strategie aktiv.* Die zweite Gruppe besitzt ebenfalls kleinste Anteile, schließt sich mit anderen Kleinanlegern zusammen und versucht, aktiv Interessen durchzusetzen.
- *Anteil gering, Strategie Drittvertretung.* Die dritte Gruppe besitzt ebenfalls nur kleine Anteile und lässt sich durch Kleinanlegervereinigungen vertreten (z. B. Deutsche Schutzvereinigung für Wertpapierbesitz).
- *Anteil groß, Strategie aktiv oder passiv.* Die vierte Gruppe besitzt größere Anteile an Unternehmen und behält sich aktive und passive Strategien vor.

Private Investoren werden von den IR-Abteilungen grundsätzlich gleichberechtigt mit institutionellen Investoren behandelt. Mittlerweile hat sich als Standard herausgebildet, dass einzelne Mitarbeiter ausschließlich für die Informationsbereitstellung an Privatinvestoren verantwortlich sind. Schriftliche und telefonische Anfragen werden zeitnah beantwortet, jedoch finden Präsenzveranstaltungen – mit Ausnahme von Aktionärsmessen – nicht statt.

Da bei den deutschen Aktiengesellschaften (noch) Inhaberpapiere (d. h. keine Namensaktien) überwiegen, ist eine direkte Ansprache dieser Zielgruppe aufgrund einer zwangsläufig fehlenden Datenbasis nicht möglich.

Aber auch mit der Ausgabe von Namensaktien kann diese Hürde kaum genommen werden, da das zu führende Aktienbuch nicht zwingend jeden einzelnen Anleger ausweist, sondern häufig nur seine jeweilige Depotbank. Nicht unerheblich sind auch die Kosten, die das Führen des Aktienbuchs verursacht. Ist der Aktionär im Aktienbuch eingetragen, kann sein Stimmrecht nicht in Form der sonst häufig angewandten Dauervollmacht durch die Depotbank ausgeübt werden, sondern nur durch eine schriftliche Vertretungsvollmacht unter Benennung des Aktionärs. Die Erfahrung hat gezeigt, dass sich die Namensaktie daher auf die Präsenz bei der Hauptversammlung negativ auswirkt.

Es bedarf daher differenzierter kommunikativer Maßnahmen der Investor-Relations-Abteilung, um die verschiedenen Aktionärsgruppen zu erreichen. Die Banken machen sich hierzu ihr flächendeckendes Filialnetz zu Nutze, denn bei ihnen ist die Zahl der Überlappungen von Kunden und Aktionären sehr hoch. So wird jährlich mit jedem Aktionär schriftlich Kontakt aufgenommen und die Einladung zur Hauptversammlung sowie der aktuelle Geschäftsbericht übersandt. Auch die Möglichkeiten des Internets werden ausgeschöpft. So ist es im Netz möglich, mit der Produktwerbung eines Unternehmens auch Informationen über die eigene Aktie zu verbinden.

40.5 Instrumente

Investor-Relations bedient sich folgender Instrumente, um die Ziele zu erreichen:
- Zielgruppenanalyse,
- Pflichtveröffentlichungen und
- freiwillige Maßnahmen.

40.5.1 Zielgruppenanalyse

Unverzichtbare Voraussetzung für eine zielgruppengerechte Ansprache der Aktionäre ist eine kontinuierliche Analyse der eigenen Aktionärsstruktur. Folgende Instrumente stehen zur Verfügung:

- *Bankenanalysen.* Ein Unternehmen kann eine anonymisierte Aufschlüsselung der Anleger nach soziologischen Merkmalen von seinen Geschäftsbanken erhalten, die diese Informationen aus ihren Kundendatenbanken beziehen.
- *Shareholder-Identification.* Für IR-Zwecke aussagefähiger ist eine professionelle Analyse der institutionellen Aktionärsstruktur, die sogenannte »Shareholder-Identification«, die spezialisierte internationale Agenturen mittels Umfragen durchführen. In diesem Fall werden die Namen der Anleger offengelegt und ermöglichen so dem IR-Bereich die Vervollständigung der Datenbasis, die eine direkte Kontaktaufnahme mit den Anteilseignern gewährleistet und die Kommunikation mit den Ansprechpartnern erheblich erleichtert (vgl. Abbildung 40.1).

40.5.2 Pflichtveröffentlichungen

Pflichtveröffentlichungen sind Informationen, die das Unternehmen auf Grund gesetzlicher, börslicher oder anderer Bestimmungen zu verbreiten hat. Publikationsweg, Veröffentlichungszeitpunkt und wesentliche Inhalte sind vorgeschrieben. Es bestehen gewisse Gestaltungsmöglichkeiten bei der Konkretisierung der Inhalte, die das Investor-Relations nutzen kann.

Art und Umfang von Pflichtveröffentlichungen werden ganz wesentlich durch das jeweilige Gesellschaftsrecht sowie die Börse und das jeweilige Handelssegment der Börse bestimmt, dem die Kapitalmarktpapiere des Unternehmens zuzurechnen sind (siehe Abbildung 40.2).

Börsennotierte Aktiengesellschaften sind zur Veröffentlichung ihres Jahresabschlusses verpflichtet. Dies erfolgt auf der jährlich stattfindenden Bilanzpressekonferenz, bei der auch der neue Geschäftsbericht vorgestellt wird. Dieser Termin bietet dem Unternehmen die Möglichkeit, die Erfolge des abgelaufenen Geschäftsjahres zu präsentieren und die Aufmerksamkeit der Presse sowie der Öffentlichkeit zu erlangen. Des Weiteren gilt für Papiere, die im amtlichen Handel gelistet sind, die Verpflichtung, mindestens einen Zwischenbericht zu publizieren. Im Nachgang zur Bekanntmachung des Jahresabschlusses folgt als weitere Pflichtmaßnahme die Einberufung der ordentlichen Hauptversammlung mit der damit verbundenen Aufstellung einer Tagesordnung für die Beschlussfassung.

Seit Oktober 2004 ist das Anlegerschutzverbesserungsgesetz (AnSVG) in Kraft. Das AnSVG enthält vor allem wesentliche Änderungen des Wertpapierhandelsgesetzes. So werden unter anderem die EU-Richtlinie über Insidergeschäfte und die sogenannte Marktmissbrauchsrichtlinie aus dem Jahr 2003 in deutsches Recht umgesetzt. Insbesondere das Insiderrecht wurde dabei umfangreich verschärft. Zudem haben die Aufsichtsbehörden durch das AnSVG bessere Kontrollmöglichkeiten zur Überwachung des Kapitalmarkts erhalten.

Support und Geschäftssteuerung

Gliederung		Soziologische Schichtung der Aktionäre und Beteiligung am Grundkapital									
		01 bis 100 Stück		02... 101–200 Stück		...09 100.001–200.000 Stück		10 über 200.000 Stück		11 insgesamt	
		Anzahl Aktionäre	Aktienbesitz Stück	Anzahl Aktionäre	Aktienbesitz Stück	Anzahl Aktionäre	Aktienbesitz Stück	Anzahl Aktionäre	Aktienbesitz Stück	Anzahl Aktionäre	Aktienbesitz Stück
Land- und Forstwirtschaft, Tierhaltung und Fischerei	01										
Unternehmen der gewerblichen Wirtschaft	02										
Vermögensverwaltung (Beteiligungsgesellschaften und	03										
Handel	04										
Verkehr und Nachrichtenübermittlung	05										
Investmentgesellschaften	06										
Versicherungsgewerbe (einschl. Pensions- und Sterbe-	07										
Selbständige Rechtsanwälte, Notare, Wirtschaftsprüfer, Steuer-	08										
Selbständige Ärzte	09										
Alle sonstigen Dienstleistungen	10										
Wirtschaftlich selbständige Privatpersonen	11										
Organisationen ohne Erwerbscharakter (z.B. kirchl. Einrichtungen,	12										
Erbengemeinschaften, priv. Vermögensverwalter	13										
Angestellte	14										
Beamte	15										
Lohnempfänger	16										
Rentner und Pensionäre	17										
Hausfrauen	18										
Sonstige unselbständige Privatpersonen u. ohne Berufsangabe	19										
Öffentliche Haushalte (z.B. Gebietskörperschaften,	20										
Insgesamt												

Abb. 40.1: Shareholder-Identification

> **Pflichtpublikationen gemäß Zulassungsbedingungen im Prime Standard der Deutsche Börse AG** (Stand: Juni 2006)
>
> **Welche Berichtspflichten gelten im Prime Standard?**
> - Quartalsbericht nach den Vorgaben der Börsenordnung in deutscher und englischer Sprache
> - Konzernabschluss nach internationalen Rechnungslegungsstandards (IFRS/IAS oder US-GAAP) zusätzlich in englischer Sprache
> - Unternehmenskalender
> - Mindestens eine Analystenkonferenz pro Jahr
> - Ad-Hoc-Mitteilungen zusätzlich in englischer Sprache
> - Veröffentlichung von Pflichtmitteilungen
>
> **Welche Daten müssen Emittenten im Prime Standard an die FWB Frankfurter Wertpapierbörse liefern?**
> Die Börsenordnung verpflichtet Unternehmen im Prime Standard zur elektronischen Lieferung der Jahresabschlüsse, Quartalsberichte und Unternehmenskalender an die FWB Frankfurter Wertpapierbörse.
>
> **Was fällt unter die Ad-hoc-Publizitätspflicht?**
> Emittenten von Wertpapieren im Amtlichen Markt und Geregelten Markt unterliegen der Meldepflicht nach § 15 des WpHG (Wertpapierhandelsgesetz). Sie müssen alle Tatsachen melden, die noch nicht öffentlich bekannt sind und deren Auswirkungen auf die Vermögens- und Finanzlage oder auf den allgemeinen Geschäftsverlauf des Unternehmens geeignet sind, den Börsenpreis der zugelassenen Wertpapiere erheblich zu beeinflussen. Im Freiverkehr besteht keine Ad-hoc-Meldepflicht.

Abb. 40.2: Pflichtpublikationen aus den Zulassungsbedingungen für den Prime Standard der Deutschen Börse (Stand: Juni 2006)
Quelle: Deutsche Börse

40.5.3 Freiwillige Maßnahmen

Mehr Gestaltungsspielraum als die gesetzlich vorgeschriebenen bieten die sogenannten freiwilligen Maßnahmen. Das Spektrum der freiwilligen Maßnahmen ist groß, an dieser Stelle können nur die wichtigsten kurz dargestellt werden.

- *Geschäftsbericht.* Der Geschäftsbericht ist nach wie vor für jeweils ein Jahr das aussagefähigste Nachschlagewerk für den Aktionär. Da der Kenntnisstand der privaten Aktionäre nicht mit dem der professionellen Marktteilnehmer vergleichbar ist, sollte der Sprachgebrauch im Berichtswesen für alle Aktionärsgruppen angemessen sein. Der Informationsgehalt sollte über das gesetzlich vorgegebene Mindestmaß hinausgehen, Kennzahlen sollten konsistent und inhaltlich vergleichbar für mehrere Jahre verfügbar sein.
- *Factbook.* Institutionelle Anleger werden ergänzend durch ein sogenanntes Investorenhandbuch oder Factbook angesprochen, das alle Basisinformationen wie Ergebniszahlen, Segmentberichterstattung, Kursverläufe und Aussagen zur Unternehmensstrategie strukturiert darstellt. Die Investor-Relations-Publikationen werden quartalsweise aktualisiert und selbstverständlich auch interessierten Privatanlegern zur Verfügung gestellt. Sie dienen als ideale Grundlage für

Einzelgespräche mit Analysten und Aktionären, denn der persönliche Austausch ist wesentlicher Kern der IR-Arbeit. Der Investor-Relations-Manager ist das wichtigste Bindeglied zu den Anlegern, er sucht aktiv das Gespräch mit ihnen, bedient die Informationsanforderungen und arrangiert darüber hinaus Gespräche mit dem Vorstand.

- *Conference Calls* mit institutionellen Anlegern und Analysten werden zunehmend eingesetzt, um einem großen und geografisch breit gestreuten Empfängerkreis gezielte Informationen zu einem bestimmten Thema zu übermitteln und anschließend mit ihm in den Dialog zu treten.
- *Foren* für einen persönlichen Kontakt mit dem Vorstand des Unternehmens sind die regelmäßig stattfindenden Unternehmenspräsentationen vor Analysten und institutionellen Anlegern sowie der jährliche Investor's Day, die vor allen Dingen Raum für Fragen und Diskussionen bieten.
- *Roadshows*, die mit einer »Tournee« des Unternehmens vergleichbar sind, bieten die Möglichkeit, eine Vielzahl von Investoren in verschiedenen Finanzzentren zu Einzelgesprächen (sog. One-to-one-Meetings) zu treffen. Diese Veranstaltungen finden häufig mit Vorstandsbeteiligung statt, da sich speziell internationale institutionelle Anleger über das Top-Management ein Bild machen möchten.
- *Internet*. Gute Möglichkeiten, alle Kapitalmarktteilnehmer zu erreichen, bietet das Internet. So überträgt die Commerzbank die Redevorträge anlässlich der Bilanzpressekonferenz sowie der Hauptversammlung im Internet. Darüber hinaus wird eine Vielzahl von Unternehmensinformationen auf den Internetseiten der Bank zur Verfügung gestellt.

40.6 Organisation

Organisatorisch können die Investor-Relations-Aktivitäten auf verschiedene Weise in die Unternehmen eingebunden werden. Als Beispiel sei die Commerzbank genannt.

Die Commerzbank hat eine eigene Abteilung mit den IR-Aktivitäten betraut. Die Abteilung ist im Zentralen Stab Kommunikation innerhalb des Unternehmensbereichs Konzernsteuerung angesiedelt. Diese Struktur gewährleistet ein einheitliches Erscheinungsbild der Bank in ihrer Außenwirkung. Die Zuordnung der zentralen Stäbe Kommunikation und Konzernentwicklung/-controlling zum Verantwortungsbereich des Vorstandssprechers untermauert die Beteiligung dieser Abteilungen an den Entscheidungsprozessen des Unternehmens und stellt sicher, dass für die Erläuterung der aktuellen Geschäftsentwicklung sowie der strategischen Ausrichtung der Bank kompetente und gut informierte Gesprächspartner zur Verfügung stehen.

Es sollte jedoch nicht unerwähnt bleiben, dass grundsätzlich auch andere organisatorische Anbindungen des Investor-Relations-Bereichs denkbar sind. Industrieunternehmen siedeln ihre IR-Abteilungen oft in den Bereichen Finanzen oder Rechnungswesen/Controlling an. Bei kleinen Unternehmen wird auf den Aufbau

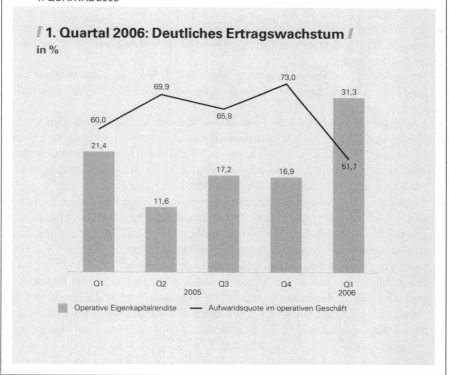

Abb. 40.3: Beispiel einer IR-Publikation
Hinweis: Das Deckblatt der IR-Publikation für das erste Quartal 2006 enthält die operative Eigenkapitalrendite sowie die Aufwandsquote im operativen Geschäft für das erste Quartal 2006 sowie für die vergangenen vier Jahre. Mit dieser Darstellung soll die positive Entwicklung der Ertragskraft des Unternehmens sowie die erfolgreiche Kostenkontrolle im Zeitablauf dokumentiert werden.

einer eigenen Abteilung verzichtet. IR ist dort Aufgabe des Vorstandsvorsitzenden zusammen mit dem Finanzvorstand.

40.7 Erfolgskritische Faktoren

Voraussetzungen für eine erfolgreiche IR-Arbeit sind:
- *Unternehmensintern.* Eine intensive Zusammenarbeit von IR-Verantwortlichen, Entscheidungsträgern und dem Pressebereich der Unternehmen gewährleisten.
- *Unternehmensextern.* Eine einheitliche, abgestimmte Unternehmenskommunikation nach außen durchführen, damit bei den Investoren ein klares Unternehmensbild entsteht.

Wichtige Einzelfaktoren, die einen Beitrag zum Erfolg leisten und die sich messen und nachprüfen lassen, sind:
- *Qualität und Vollständigkeit.* Es dürfen nicht nur Informationen bereitgestellt werden. Die Qualität dieser Informationen muss vorher gründlich durchleuchtet worden sein.
- *Verlässlichkeit.* Informationen müssen verlässlich sein. Sie müssen einer nachträglichen Überprüfung des Anlegers anhand publizierter Details standhalten können.
- *Korrekturen.* Gerüchte, die im Finanzmarkt kursieren, müssen korrigiert werden.
- *Kontinuität.* Der Informationsfluss seitens des Unternehmens muss Kontinuität aufweisen. Er darf nicht abreißen, wenn sich die Nachrichtenlage verschlechtert. Werden nur positive Neuigkeiten verbreitet und die negativen zurückgehalten, wird auch guten Nachrichten über kurz oder lang misstraut.
- *Unverzüglichkeit.* Wichtige Informationen müssen unverzüglich gemeldet werden. Durch die Ad-hoc-Publizität ist dies börsennotierten Unternehmen sogar gesetzlich vorgeschrieben, und ihre umgehende zusätzliche Erläuterung ist für den Anleger vor allem in Krisenzeiten ein wichtiges Merkmal für die Vertrauenswürdigkeit der Informationspolitik eines Unternehmens.
- *Pro-Aktivität.* Ein pro-aktives Handeln des IR-Managers, d. h. gute Beziehungen und regelmäßige Kontakte zu seinen Ansprechpartnern, hält die Financial Community für wichtig. Damit ist gewährleistet, dass die Aktionäre über einen aktuellen Informationsstand verfügen und weitgehend vor negativen Überraschungen gefeit sind.
- *Gleichbehandlung.* Kapitalmarktteilnehmer müssen inhaltlich und zeitlich gleich behandelt werden.

40.8 Controlling

Erfolgskontrolle für die Investor-Relations-Arbeit gestaltet sich schwierig. Häufig ist dem IR-Bereich nicht nur ein einziges Ziel vorgegeben, sondern ein Zielbündel, bestehend aus Einzelzielen wie

- positive Entwicklung des Aktienkurses,
- Verringerung seiner Volatilität,
- Minimierung der Kapitalkosten,
- Image-Verbesserung des Unternehmens und
- Erreichung bestimmter vorher festgelegter Rankings bei nationalen und internationalen IR-Umfragen unter Investoren.

Folgende Probleme bei der Erfolgsmessung treten auf:

Messlatte
Es ist schwierig, die Zielvorgaben und den Zielerreichungsgrad quantitativ zu messen. Die Höhe des Aktienkurses ist dafür nur ein bedingt geeignetes Instrument, denn im Aktienkurs spiegeln sich – von allgemeinen Marktentwicklungen einmal abgesehen – die zukünftige Ertragslage und die strategischen Weichenstellungen des Managements. Der Investor-Relations-Bereich hat darauf keinen direkten Einfluss. Trotzdem ist der Aktienkurs Kriterium zur Beurteilung des Zielerreichungsgrads. Daneben sind folgende quantitative Leistungsindikatoren verbreitet:
- die zahlenmäßige Erfassung der Analystengespräche,
- der abgehaltenen Präsentationen,
- der bearbeiteten Anfragen und
- der erstellten Publikationen,
- die Anzahl der Kaufempfehlungen,
- die Zahl der Umschichtungen zu Kaufempfehlungen oder
- ein zu erreichender Anteil an Privatanlegern.

Die Einbeziehung qualitativer Kriterien ist wichtig, da rein quantitative Zielvorgaben ein IR-Team dazu verleiten können, in der Ausübung der Tätigkeit falsche Schwerpunkte zu setzen. Qualitative Faktoren können in diesem Zusammenhang nicht einzeln benannt werden. Die qualitative Komponente besteht vielmehr darin, bei der Selektion der Maßnahmen die richtige Auswahl zu treffen und diese Maßnahmen qualitativ gut umzusetzen.

Mangelnde Unterstützung durch Unternehmensleitung
Eine weiteres Problem sind Vorgaben, die nur erreicht werden können, wenn die Unternehmensleitung vorab entsprechend Weichen gestellt hat. In wachstumsorientierte Fonds kann man z. B. nur aufgenommen werden, wenn das Unternehmen eine entsprechende Geschäftspolitik verfolgt. Der Einfluss von Investor-Relations auf Analysten und Investoren hängt maßgeblich von einer konformen Unternehmensgesamtpolitik ab. Der IR-Manager ist eben kein Entscheidungsträger, sondern nur das Sprachrohr der Gesellschaft. Unternehmerischer Misserfolg ist damit über kurz oder lang nicht zu kaschieren.

Kommt man zurück zur Kernaufgabe, so ist Investor-Relations ein Beziehungsmanagement zu bestimmten Zielgruppen, die im Unternehmensinteresse aufbereitete Informationen erhalten. Es geht also darum, die Erwartungshaltung des Finanzmarkts dahingehend zu prägen, dass sich diese von der eigenen Unternehmensprognose nicht zu weit entfernt. Einem IR-Manager mit guter Reputation im

Markt ist es möglich, die Schätzungen der Analysten und Marktteilnehmer dem zu erwartenden Zielbereich anzunähern, sodass negative Überraschungseffekte weitgehend vermieden werden können.

Diese Leistung des IR-Managers ist messbar und schafft somit die Basis für eine objektive Bewertung und Honorierung seiner Tätigkeit.

40.9 Investorenaktivismus

40.9.1 Begriffsklärung

Als Investorenaktivismus bezeichnet man nach einer bekannten Definition

> **DEFINITION**
> die Einflussnahme von Anlegern
> auf die Corporate Governance und Führung
> von börsennotierten Unternehmen.

Nach einer anderen Definition bezeichnet man als Investorenaktivismus

> **DEFINITION**
> alle Aktivitäten von Anlegern, die auf
> die Kontrolle der Unternehmensführung
> gerichtet sind.

40.9.2 Ziele und Vorgehensweisen

Ziele und Vorgehensweisen aktiver Investoren lassen sich an Beispielen gut verdeutlichen:
- *Bereinigung falscher Anreizstrukturen.* Der Pensionsfonds kalifornischer Staatsangestellten *Calpers* hat gegen den Willen des Managements des Elektronikkonzerns ITT durchgesetzt, dass die Gehälter des Managements an die Kapitalmarktperformance der Aktie gekoppelt wurden. Dies gilt als eine der ersten erfolgreichen Maßnahmen des modernen Investorenaktivismus überhaupt.
- *Ausnutzen von Managementmoden.* Der britische Investor *Lord Hansen* hat Anfang der 90er-Jahre gegen den Willen des Managements des Chemie-Pharma-Konzerns ICI durchgesetzt, dass sich ICI in ein unabhängiges Chemie- (ICI-Neu) und ein Pharmaunternehmen (Zeneca) aufspaltete. Hansen rechnete damit, dass nach der Spaltung der Chemieteil mit dem typischen Chemie-Gewinnmultiple und der Pharmateil mit dem typischen Pharma-Gewinnmultiple bewertet werden würde. Vor der Spaltung lag der Kurs der ICI-Aktie weit unterhalb des gewichteten durchschnittlichen Gewinnmultiples. Die Spekulation ging auf.
- Der *Hermes UK Focus Fund*, der Pensionsfonds von British Telecom, verfolgt die Strategie, in niedrig bewertete, börsennotierte Gesellschaften zu investieren, bei denen Hermes durch direkte Einflussname auf das Management positive Verän-

derungen erreichen will. Mitte 2006 hatte Hermes in 41 Unternehmen investiert, hatte bei 30 aktiv das Management beeinflusst, davon 10 in kooperativer Weise und 20 mit Konfrontation. Der Einfluss richtete sich auf die Bezahlung des Managements, Investitionspläne, Kapitalmaßnahmen und Restrukturierungen.
Oft werden gerade aktuelle Managementmodeströmungen von den aktiven Investoren benutzt wie z.B. die Diversifizierungsmode der 80er-Jahre, die Mode »Rückzug aufs Kerngeschäft« in den 90er-Jahren (s. o. Lord Hansen), das Zulegen einer Internetsparte Ende der 90er-Jahre, die Bildung von Unternehmen mit hohen Marktanteilen auf ihren jeweiligen Gebieten Anfang 2000er-Jahre, etc.). Unternehmen, die der gerade herrschenden Mode entsprechen, werden vom Kapitalmarkt hoch bewertet.
- *Liquiditätsentzug und Leverage Financing.* 2005 und 2006 waren viele beeinflussende Maßnahmen aktiver Investoren darauf gerichtet, die Ausschüttungsquoten der Unternehmen zu erhöhen. Die Unternehmen hatten in den Jahren zuvor gut verdient. Die Unternehmensleitungen versuchten – wie traditionell üblich – mit den Gewinnen die (offenen und stillen) Reserven aufzufüllen, um für spätere Notlagen gerüstet zu sein. Dies versuchten die aktiven Investoren zu verhindern und sich selbst in den Besitz der Liquidität zu bringen.

Eine Standardstrategie setzt den Financial Leverage ein, um Liquidität für Sonderausschüttungen freizusetzen, ohne dass es zu Wertverlusten kommt: Zunächst erwerben die Investoren so viele Anteile an Unternehmen, dass sie Einfluss auf das Management nehmen können. Dann veranlassen sie die Unternehmen, Dividenden und Sonderdividenden auszuschütten, die, bei fehlender Liquidität, auch mit neuen Krediten finanziert werden. Anschließend erhöhen sie den operativen Perioden-Cash Flow der Unternehmen z.B. dadurch, dass Forschungs- und Vertriebsfördermaßnahmen zurückgefahren, Personal entlassen oder andere Kosten gesenkt werden. Dies hat zur Folge, dass der Wert der Unternehmen trotz gestiegenen Kreditvolumens nicht sinkt, sondern ansteigt, wenn man die Unternehmen, wie derzeit üblich, mit dem EBITDA-Multiple bewertet. Zu diesem Wert versuchen die Investoren die Unternehmen dann wieder zu verkaufen. Derartige Strategien hatte der SPD-Vorsitzende Müntefering gegeißelt und die Metapher von den Heuschrecken geprägt, was zu einem bleibenden Begriff im Private-Equity-Markt geworden ist.

40.9.3 Ansatzpunkte für Investorenaktivismus

Instrumente, um Einfluss auf die Geschäftsführung zu nehmen, sind:
- *Aufsichtsratsmandate.* Der aktive Investor erwirbt so viele Stimmrechte, dass er Anspruch auf Aufsichtsratsmandate hat, und greift über den Aufsichtsrat in die Geschäftsführung ein.
- *Klagen vor Gericht.* Das Management wird durch Klagen vor Gericht dazu gebracht, bestimmte Maßnahmen zu treffen.

- *»The quiet word«.* Der aktive Investor tritt unter Umgehung von Aufsichtsrat und anderen gesetzlich vorgesehenen Organen (z. B. Hauptversammlung) direkt an das Management heran und versucht, dieses »zu überzeugen«, bestimmte Maßnahmen zu ergreifen.

> **BEISPIEL**
>
> Die britische Fondsgesellschaft Threadneedle verkündete: »*Wir treffen uns gerne mit dem Management, wollen unsere Position erklären, damit es gar nicht erst zu einer Konfrontation kommt*« (FAZ v. 07.03.2006, S. 23).
>
> Bekannt geworden sind die Gespräche zwischen britischen Fonds mit dem Vorstandsvorsitzenden der Deutsche Börse AG, Werner Seifert. Die Fonds wollten Seifert dazu bringen, auf die geplante Übernahme der Londoner Aktienbörse zu verzichten, das eigene Research zu reduzieren, dafür mit der Pariser Börse zu fusionieren und mit der verfügbaren Liquidität Sonderausschüttungen an die Fonds vorzunehmen. Oftmals werden solche Forderungen mit subtilen Drohungen unterlegt, das Management bei nächster Gelegenheit von ihren Ämtern zu entfernen.

- *Öffentliche Meinung.* Einige Unternehmen stehen derart im Rampenlicht des öffentlichen Interesses, dass Investoren dazu übergangen sind, die Öffentlichkeit gezielt mit Informationen derart zu versorgen, dass eine breite Stimmung gegen das Management entsteht, wodurch das Management zum Ergreifen bestimmter Maßnahmen gezwungen wird.

> **BEISPIEL**
>
> Als ein Investor, der gezielt die Öffentlichkeit nutzt, um Mehrwert zu erzeugen, gilt die amerikanische Vermögensmanagementgesellschaft *Wyser-Pratte & Co.* Zur Strategie von Guy Wyser-Pratte gehört es (bzw. gehörte es zeitweilig), Anteile an Unternehmen zu erwerben (nicht unbedingt die Mehrheit, denn bei dieser Strategie ist es nicht erforderlich, die Mehrheit zu besitzen, weil der Druck über die Öffentlichkeit aufgebaut wird) und dann durch gezielte Veröffentlichungen die Öffentlichkeit auf das Unternehmen aufmerksam zu machen und Unruhe in den Kreis anderer Aktionäre zu bringen.
>
> Anschließend werden im Trend liegende Managementmaßnahmen gefordert (z. B. Abstoßen von Randgeschäften) und, wenn diese ergriffen wurden, die Unternehmen als nunmehr »restrukturiert« und »auf den Weg gebracht« zu einem höheren Wert veräußert (vgl. Handelsblatt, v. 05.09.2006).

- *Stimmrechtskoppelung.* Investoren, die über zu wenige Anteile verfügen, als dass sie ernsthaft Druck auf das Management ausüben könnten, andererseits aber nicht genügend eigenes Kapital besitzen, ausreichend Anteile zu kaufen, treffen mit anderen Anteilseignern Vereinbarungen, durch die sie sich für einen bestimmten begrenzten Zeitraum (nur) das Stimmrecht von deren Aktien übertragen lassen. Dadurch gelangen sie ohne Kapitaleinsatz zu einem Stimmrechtsvolumen, das ihnen Einflussnahme ermöglicht. Es sind hier Anzeichen erkennbar, dass Stimmrechte eines Tages getrennt vom Rest einer Aktie gehandelt werden könnten.

Aufgaben zur Lernkontrolle
1. Definieren Sie den Begriff Investor-Relations.
2. Was sehen Sie als zentrale Aufgaben von Investor-Relations an?
3. Welchen Nutzen sehen Sie in Investor-Relations für das Unternehmen?
4. Nennen Sie die wichtigsten IR-Zielgruppen und leiten Sie daraus Unterschiede in ihren Informationsbedürfnissen ab.
5. Wie erhält man einen Überblick über die eigene Aktionärsstruktur?
6. Nennen Sie einige wesentliche Pflichtveröffentlichungen für den Prime Standard der Deutsche Börse AG.
7. Welchen Sinn sehen Sie in der Ad-hoc-Publizität?
8. Stellen Sie die Problematik der Erfolgsmessung der IR-Arbeit dar.

Literatur
Diehl, U./Loistl, O./Rehkugler, H. (1998): Effiziente Kapitalmarktkommunikation, Stuttgart.
Faltz, F. (1999): Investor-Relations und Shareholder-Value, Wiesbaden.
Kirchhoff, K. R. (Hrsg.) (2005): Praxishandbuch Investor Relations, Wiesbaden.
Kirchhoff, K. R./Piwinger, M. (Hrsg.) (2001): Die Praxis der Investor-Relations, 2. Aufl., Neuwied u. a.
Porak, V./Fieseler, C. (2005): Investor Relations, Bern u. a.

Stichwortverzeichnis

A

ABS 195, 329, 434
ABS-Bonds 339
Abwehrmaßnahme 223
Abwicklung 558
Accelerated Bookbuilding 384
ACIIA 677
Active Quant Portfolios 578
Active return 587
Active risk 587
Added-Value 251, 483
Add-on-Acquisition 271
Adjusted Present Value 404
Adressendecouvrierung 511
ADSCR 305
Adverse Selection 22
Advisory 291
Aftermarket 415
Agency 292
Agent 315
AIMR 665
Akquisitionsfinanzierung 270
AktG 216
Aktie 190
Aktienanleihe 193, 435
Aktienerstemission 359
Aktiengeschäft 426
Aktienhandel 539, 544
Aktienoption 174
Aktienrückkauf 223, 396
–, Ermächtigung 396
Aktientausch 215
Aktionärsstruktur 214
Aktuar 626
Allfinanz 40
Allfinanzkonzern 64
–, integrierter 64
Allokationseffizienz 42
Allokationsfunktion 9, 41
ALM 623
Alpha
–, Manager 483
–, strukturelles 483
Alternative Investments 479

Altersvorsorge 618
American Style 525
Amtlicher Markt 358
Analyst 778
Analystenvereinigungen 676
Anbieter
–, vollintegrierter 559
Ankaufskurs 513
Anlagefonds 563
Anlageuniversum 591, 612
Anlegerschutzverbesserungsgesetz 781
Anleihe 192, 433
–, endfällige 160
–, strukturierte 193
–, synthetische 385
–, Zinsgestaltung 192
Anleihegeschäft 426
Anleihehandel 546
Annual Debt Service Cover Ratio 305
Anomalienforschung 136
AnSVG 781
Anteilsberechnung 258
Anteilswertmethode 646
AO 721
APT 124
–, -Gleichung 128
APV 404
–, -Methode 404
Arbitragehandel 516
Arbitrage-Pricing-Theory 124
Arbitrageur 496
Arranger 292, 314
Arrangeure 310
Arrangierung 292, 306, 314
Arrangierungsmandate 306
Arranging 292
AS 620
ASAF 677
AS-Fonds 625
Asset 555
–, nicht-traditionelles 479
Asset Backed Securities 195, 264, 329

Asset Based Lending 487
Asset Disposal 222
Assetallocation 556
–, strategische 580, 604
–, taktische 580, 605
Asset-Backed-Loan 330
Asset-Deal 207
Asset-Disposal-Klausel 279
Assetklasse 555
Asset-Liability Risk 752
Asset-Liability-Management 622
Asset-Liability-Problem 622
Assetmanagement 553
–, -Prozess 566
Asset-Meltdown-Effekt 621
Asset-only-Management 623
Asset-Szenario 626, 631
Assetuniversum
–, Abgrenzung 86
Asymmetrische Information 19, 64
At-the-Money 175
Attribution 608
Auktion 253
Ausfall
–, erwarteter 656
Ausfallrisiko 656, 751
Ausfallvarianz 656
Ausfallwahrscheinlichkeit 603
Ausgleichsarbitrage 4
Auslesehypothese 137
Ausschlachten 222
Avale 346
AWV 723

B

Backoffice 558
–, -Systeme 737
Backtesting-Verfahren 761
Backup-Linie 320
Backwardation 503
Balanced Portfoliomanagement 597

Balanced Quant Products 578
Bank Run 67
Bankability 291, 307
Bankensystem 62
Bankensysteme 65
Banking 33
Banking Act 34
Banking-Case 292
Bankstabilität 34
Bardepot 346
Barkredit 320
Barrier-Option 528
Barwert 73, 157
Barwertansatz 698
Barwertformel 158
Barwertüberdeckungsrelation 305
Barzahlungsoption 388
Base-Rate-Fallacy 140
Basispreis 524
Basispunkt 167
Basispunktwert 167, 170
Basiszinssatz 320
Basket-Zertifikat 464
Bear-Zertifikat 466
Beauty Contest 52, 361
Behavioral Finance 132–133
Belegfunktion 724
Benchmark 581, 647
Benchmarkportfolio 581
Berater 561
Beratungsleistung 291
Beratungsmandat 302
Bereitstellungskredit 320, 347
Best Case 284
Bestandsmanagementmandat 307
Best-Effort 316, 362
Bestimmbarkeitsgrundsatz 335
Beta
–, alternatives 483
–, traditionelles 483
Betafaktor 117, 405, 648
Beta-Form 117
Beteiligung
–, strategische 250
Beteiligungsfinanzierung 241
Betreuer 545

Betriebsergebnis 234
Betriebsrisiko 299
Bewertung versus Preis 405
Bewertungseffizienz 53
Bewertungsmodell 399, 712
Bezugsrecht 379
Bezugsrechtsausschluss 381
Bezugsrechtsbereinigung 457
Bezugsrechtsemissionen 382
Bezugsrechtshandel 381
Bilanzpressekonferenz 781
Bilanzrisikosteuerung 333
Bilanzstrukturrisiko 752
BIP 244
Black-Litterman-Modell
–, Modellaufbau 99
Black-Litterman-Rendite
–, Berechnung 102
–, Portfoliooptimierung 104
Black-Modell 181, 183–184
Black-Scholes-Modell 177
Bluffer 139
BO 737
Bollinger Oszillator 703
Bond Analytics 444
Bonds 194
–, Convertible 384
Bonitätsrisiko 336
Bonusaktie 421
Bonus-Discountzertifikat 463
Book Running 315
Bookbuilding 372
–, Accelerated 375
–, -Spanne 374
–, -Verfahren 374, 384
Bookrunner 360, 372
Bootstrapping 164
Börseneinführung 474
Börsengang 364
Börsenversammlung 28
Börsenzulassungsantrag 367
Bottom-up-Ansatz 582, 697
Boutique 36, 560

Brackets 36
Branchenindex 454
Breadth 55
Bridge-Finanzierung 243
Briefkurs 513
Broad-Market-Index 439, 441
Broker 8, 10, 511
Brokerage 10
Broker-Dealer-Status 540
Brown Field Projects 293
Brownsche Bewegung 634
Bulge Bracket 36
Bull-Strategie 529
Bürgschaft 346
Business-Plan 257–258, 282, 399
Buy-Back 261
Buy-Side-Analyst 778
Buy-Side-Research 674, 679
BVI 646
–, -Methode 646
BVK 241

C
Calloption 177, 524
Calls 174
Cap 182–183
Capital-Asset-Pricing-Model (CAPM) 42, 93, 111, 484
–, Kapitalmarktlinie 116
–, Modelldarstellung 112
–, Praxisrelevanz 112
–, Steuern 123
–, Überprüfbarkeit 123
–, Wertpapierkennlinie 113
Capital-Gain 248
Capital-Structuring 437
Caplet 183
Captive Funds 245
Cap-Zertifikat 466
CaR 754
Carried Interest 247
Cash-and-Carry-Arbitrage 496
Cashflow-at-Risk 754
CD 330, 434
CEFA 677
Certificate of Deposit 434
CF 73

CFA 665, 677
Chaebol-Krise Korea 62
Change of Ownership-Klausel 279
Change-of-Business-Klausel 279
Chartanalyse 704
Chooser-Zertifikat 464
CIIA 677
CLN 330
Closing 253, 373
Club-Deal 318
Code of Ethics 677
Collateral Return 503
Collateralized-Bond-Obligations (CBO) 195
Collateralized-Debt-Obligations (CDO) 195
Collateralized-Fund-Obligations (CFO) 195
Collateralized-Loan-Obligations (CLO) 195
Co-Manager 315
Commercial Banks 34
Commercial Paper 159, 339, 434
Commercial-Due-Diligence 255
Commodities 468
–, Risiko- und Ertragseigenschaft 497
Common Stock 191
Community-of-Interest 297
Company-Structure 437
Competitive Bidding 37
Composite 640
–, -Index 439, 441–442
Conditions Precedent 278
Conduit 337
Conference Calls 784
Conjunction-Fallacy 140
Constant-Growth-Model 699
Contango 503
Contrarian-Strategie 590
Controlling 327
Convenience Yield 497
Convertible Arbitrage 488
Convertible Bonds 384
Convertibles 193
Convexity 167
Corporate-Bonds 429

Corporate-Desk 528
Counterparty Risk 751
Covarianz-Ansatz 756
Covenants 278
Coverage 417, 683
–, Primary 683
–, Secondary 683
Covered Warrant 196
Creation-Redemption-Prozess
–, ETFs 476
Credit and Collection Policy 348
Credit-Analyst 567
Credit-Default-Swap 330
Credit-Enhancement 346
Credit-Events 435
Credit-Linked-Note 330
Credit-Spread 428
Cross-Currency-Swap 172
Cross-Default-Klausel 280
Cross-Rates 514
Cross-Selling-Kunde 534
Currency Trading 491
Currency-Analyst 567
Current Exposure 741
Current Ratio 438
Custodian 558, 561
–, Global 561
–, Local 561

D

Darlehen 3
–, zweitrangige vorrangige 275
Data-Room 210
DCF-Methode 233, 403
DCF-Verfahren 411
DDM 699
Deal-Flow 253
Deal-Flow-Verbesserung 480
Debt Service Coverage Ratio 438
Debt-to-Equity-Ratio 237
Default Discount 336, 347–348
Defined Benefit 624
Defined Contribution 624
Delegated-Monitoring 24
Delkredereabschlag 336, 348
Delta 178

Delta-Gamma-Hedging 527
Delta-Hedging 527
Delta-Plus-Ansatz 165, 168
Deport 521
Depth 55
Deregulierung 37
Designated Sponsor 545
Destabilität 61
Detailanalyse 255
Detailplanungszeitraum 234–235, 408
Devisenmarkt 508
Devisenoption 180
DFVA/SG 372
Dietz-Methode 646
–, modifizierte 647
Differenzarbitrage 4
Dilution-Discount 336, 349
Directional Fixed Income 487
Directional Sovereign 487
Direktplatzierung 16
Direktversicherung 625
Direktzusage 624
Dirty Price 167
Discounted-Cashflow-Methode 233, 403
Discountzertifikat 467
Disintermediation 15
Diskontfaktoren 162
Diskontpapier 159
Dispositionseffekt 141
Dispositionsmöglichkeit
–, monetäre 3, 6
Dissonanz-Effekt 145
Distressed Securities 488
Distribution 317, 327
Distributoren 560
Diversifikation 13, 64, 67, 72
–, naive 84
Diversifikationsgrad
–, optimaler 97
Dividendendiskontierungsmodell 699
Dividendenkorrekturfaktor 458
Dividendenrendite 579, 701
DMI 705

Dokumentation 314, 322
Dollar-Duration 167
Dominanzhypothese 137
Dominanzprinzip 91
Downsiderisk-Maße 80
Downsiderisk-Optimierung 91
Downside-Standardabweichung 657
Downside-Varianz 656
Draw Downs 253
Drei-Säulen-Konzept 618
Drittverzugs-Klausel 280
Due Diligence 210, 282, 351, 369
Duration 167, 170
Durchhandel 547
Durchschnittlicher Kapitalkostensatz (WACC) 234, 237
DVFA 665
Dynamischer Entschuldungsgrad 280

E
EaR 754
Early-Stage-Finanzierung 244
Earnings-at-Risk 754
EBIT 228, 402
–, -Multiples 403
EBITDA 228, 402
EBITDA-Multiples 403
ECN 735
Economies of Scale 18, 21
Economies of Scope 18, 21, 64
EFFAS 439, 676
Effekten 189
Efficient Frontier 583
Effizienz
–, operative 43
Effizienzlinien 88
EHS 508
Eigenanalyse 538
Eigenanlagen 480
Eigenbestand 31
Eigengeschäft 510
Eigenkapital 355
–, bilanzielles 355
–, regulatorisches 355
–, wirtschaftliches 355

Eigenkapitalkosten 236, 405, 777
Eigenkapitallücke 356
Eigenkapitalmarkt 7
Eigenkapital-Prämien-Rätsel 134
Eigenkapitalquote 701
Einlegerschutz 65
Eisenbahnbau 32
Elastizität 167
Electronic Broker 512
Emerging Markets Debt 488
Emerging-Markets-Krise 62
Emission 473
Emissionsgebühr 460
Emissionsgeschäft 16, 355
–, Deutschland 356
–, Entgeltstruktur 362
Emissionskonzept 366
Emissionspreisfindung 374
Emissionsrating 432
Emissionsverfahren 382
Emittent 5
Emittentenbeurteilung 437
Emittentenrating 432
Endwertgarantie 625
Enhanced-Index-Funds 579
Enterprise Value 228, 238
Entity-Ansatz 404
Entity-Methode 233, 404
Entry Standard 357–358, 368
EPC-Contract 293
Equity Piece 340
Equity-Analyst 567
Equity-Linked-Bond 193
Equity-Linked-Products 384
Equity-Methode 234, 404
Equity-Premium-Puzzle 134
Equity-Story 370
Erneuerungskraft 56
Ertragskennzahl 767
Ertragskraft 701
Ertragslage 701
Erwartung
–, homogene 44
Erwerbsangebot
–, sonstiges 218

EStG 249
ESZB 515
Euromarkt 6
European Style 525
EV 686
Event Driven Equity 488
Event-Management 538
Event-Risk 428
Events-of-Default 280
Ewige Rente 234, 408
Excess Return 117, 503
Excess-Volatiliy 134
Exchange Traded Funds 475
Exchangeables 385
Exitvarianten 261
Expansion (Development Capital) 243
Expected Downside Value 656
Expiry Day 525
Exposure 740, 763, 767
Extremwertrisiken 345

F
Factbook 783
Factoring 330
Fad 139
Fair Game 46
Fair Value 399, 465
FAIT 723
Faktorsensitivität 129
Fat-Tails 185
FCF 407
FED 38
Feedback-Trader 139
Fehler
–, absoluter 692
–, relativer 692
Fertigstellungsrisiko 299
Festgeld 436
Festpreisverfahren 375
Filial-Desk 528
Filmfinanzierung
–, geschlossener Fonds 265
Filmfonds 266
Filterregel 48
Financial-Due-Diligence 255
Financial-Holding-Companie 39
Financial-Ratios 437

Financing Case 282–283
Finanz-Covenants 279
Finanzdienstleister 8
Finanzdienstleistung 8
Finanzierungsanlässe 271
Finanzierungsmittler 314, 332
Finanzierungsmodell 302
Finanzierungsstruktur 284
Finanzinnovation 171
Finanzintermediär 8
Finanzintermediation 8
Finanzinvestor 212, 272
Finanzkennziffer 437
Finanzlage 701
Finanzmarktstabilität 61
Finanzmathematik 154
Finanzplan 558
Finanzportfolioverwalter 561
Finanzstruktur 700–701
Finanzsystem 61
–, marktorientiertes 65
–, Stabilität des 62
Finanzvertrieb 561
First Loss Piece 340
Fixed Income Arbitrage 487
Fixed-Income-Geschäft 426
Fixed-Income-Wertpapier 192
FK 332
Flache Zinsstruktur 157
Flexibilität 273
Flipper 419–420
Floating Rate Notes 192, 434
Floorlet 183
Floors 182–183
Floor-Zertifikat 466
Flow-of-Funds-Analyse 686
Fonds
–, geschlossene 266
Fondsfinanzierung 266
Fondsgesellschaft 247
Fondsvermögensverwaltung 557
Forderungsmanagement 345
Forward Rate Agreements (FRA) 174

Forward-Rates 162
Forward-Swap 173
Framing 147
Frankfurter Wertpapierbörse
–, Börsensegment 358
Free Cashflow 234, 283, 407
Free Float 214, 686
Free Lunch 128
Free-Rider-Verhalten 24
Fremdkapitalkosten 237, 778
Fremdkapitalkostensatz 408
Fremdkapitalmarkt 7
Fristentransformation 12
Front Running 45
Frontoffice-System 734
Führungsprovision 363
Full Underwriting 315
Fundamentalanalyse 46, 615, 686
Funding Ratio 626
Fund-of-Funds 492
Fundraiser 252
Funktionstrennung 729
Fusion 206
Futures 518
–, -Handel 518
–, Overlay 605
Futures Return 503

G

Gamblers-Fallacy 140
Gamma 178
GAMSC 665
Garanten 315
Garantien 346
Garman-Kohlhagen-Modell 180
Gearing 438, 701
Gegenangebot 208
Gegenparteirisiko 751
Geld-Brief-Spanne 510, 513
Geldkurs 513
Geldmarkt 6
Geldmarktpapier 159
General Standard 357–358
Genussschein 194, 392, 434
Geregelter Markt 358

German Asset Management Standards Committee 665
Gesamtkostenverfahren 228
Gesamtlimit 763
Gesamtmarktindex 454
Gesamtunternehmenswert 228
Gesamtverlustobergrenze 763
Geschäft
–, kommerzielles 510
Geschäftplan 257
Geschäftsbericht 783
Geschäftsdaten 731
Geschäftsprozess 722
Geschäftsrisiko
–, strategisches 754
Geschäftsvorfälle 722
Geschenk 3
Geschlossener Herstellerfonds 266
Gewährleistung 278
Gewährleistungsabschlag 349
Gewerbeertragsteuer 237
Gewinn
–, pro Aktie 402–403
Gewinnrendite 606
GIPS 665
Glass-Steagall-Act 34, 38
Gleichgewichtsmodell
–, neoklassisches 132
Gleichrang-Klausel 278
Global Macro 491
GoB 719, 723
Going Public 261, 359
Going-Public-Optionsanleihe 392
Golden Parachute 223
Gramm-Leach-Bliley-Act 38
Greeks 178, 526
Green Field Projects 293
Greenshoe 373
–, -Option 419
Grobanalyse 255
Gross Margin 437
Großbankensystem 515
Große Universalbank 63
Growth 574
–, -Strategie 591

–, -Style 557
Grundsätze ordnungsmäßiger Buchführung (GoB) 722
Grundsätze ordnungsmäßiger DV-gestützter Buchführungssysteme (GoBS) 723
Güter
–, homogene 20

H
Haftungsbeschränkung 273
Handelsabteilung 508–509
Handelsrisiko 750
Handelssystem 516, 547
–, bilaterales 540
–, elektronisches 539–540
Hands-off-Support 251
Hands-on-Support 252
Hard Call 388
Hard-Lock-up 375, 482
Hauptversammlungsservice 376
Hausbank 26
Hebel 179
Hedge
–, statischer 470
Hedgefonds 481
–, Dach 492
–, Organisationsprinzipien 491
–, Stile 485
Hedger 495
Hedgestrategie
–, dynamische 470
Hedging 300
–, des Emittenten 472
Hedgingstrategie 755
Herdenverhalten 65, 138
Herder 138
Heuschrecken 789
HGB 223
Hidden Action 22
Hidden Information 22
High Beta 576
High Net Worth Individuals 563
High Peak 185
High Quality 575
High Yield Anleihe 275, 427, 434

High Yield Bond 275, 427, 434
High-Watermark-Prinzip 483
HNWI 563
Holding Companies 38
Home-Bias 139
Homogene Erwartungen 74, 112
Hostile Takeover 208
Hurdle Rate 483
Hybrid/Core-Strategie 591

I
IAS 721
IBIS 539
IBO 272
ICIA 677
IDW 723
IKS 724
Immobilien-AG 198
Immobilienkreditkrise 62
Index Analytics 444
Indexaktie 475
Indexanleihe 194, 264
Indexertrag 460
Indexfonds 474
Indexkonzept 439
Indexzertifikat 450
–, Systematisierung 461
Indexzusammensetzung 459
Indikatorenanalyse 702
Indikatorensystem 709
Indizes 454
–, originäre 439
–, reale 439, 443
–, synthetische 439, 445
Information 50
–, asymmetrische 22
Information-Covenants 279
Information-Ratio 659, 692
Informations- und Handelssystem
–, elektronisches 515
Informationseffizienz 43
–, mittelstrenge 44
–, schwache 44
–, strenge 44
Informationsmemorandum 304, 314

Informationsparadoxon 48
Informationsselektion 616
Informationssystem 515, 547
Informations-Technologie (IT) 719
Informationstransparenz 479
Informationswert 50, 52
Informed Trader 45
Inhaberaktie 190
In-House-Banking 15
Inhouse-Research 675
Initial-Public-Offering 16, 359
Insiderinformation 687
Insurance-Due-Diligence 255
Insurance-Linked 491
Insurance-Trader 6, 45
Interbankgeschäft 510
Intercreditor-Agreement 281
Interessenkonflikt 34
Interest Rate Swap 172
Intermarketanalyse 704
Internalisierung 541
Internet 456, 561, 784
Internetemission 377
Internetplattform 547
In-the-Money 175
Investitionsfinanzierung 205
Investment Advisers Act 34
Investment Banking 3
–, Geschichte 28
–, Risikoparameter 749
Investment Company Act 34
Investment Grade 431
Investment Performance Council 665
Investmentanteilsschein 197
Investment-Consultants 561, 565
Investmentfonds 197, 557
Investment-Highlights 370
Investment-Philosophie 569
Investmentstil 486, 556, 569
Investment-Strategie 485

Investor 5
–, institutioneller 533, 562, 779
–, privater 779
–, strategischer 212
Investor Relations 569, 776
Investorenaktivismus 779, 788–789
Investorsteuersatz 237
IPO 16, 359
–, Ablauf 365
–, Preisfestlegung 373
–, Preisfindung 398
IPO-Tracking-System 421
IR 776
IRR 243
IRS 172
Isonutzenkurve 601
Issuer's Credit Story 430
IT 719

J

Jensen-Alpha 650
Journalfunktion 723
Junior Piece 340
Junk-Bond 429
–, -Markt 22

K

Kalendereffekt 134
Kapital 5
–, bedingtes 379
–, genehmigtes 379
–, ökonomisches 770
Kapitalallokation
–, risikoorientierte 769
Kapitalbeteiligungsgesellschaft 241
Kapitaldeckungsverfahren 621
Kapitalerhöhung 378
Kapitalkosten 408
Kapitalmarkt 5–6
–, organisierter 29
Kapitalmarktlinie 93, 95–96
Kapitalmarktpapier 160
Kapitalmarkt-Research 673
Kapitalmarkttheorie 132
–, neoklassische 136
–, verhaltenswissenschaftlicher Ansatz der 133

Kapitalstockverfahren 619
Kapitalstruktur 409, 700
Kapitalstruktursteuerung 396
Kartell 364
Kassageschäft 512
Kaufmandat 225
Kaufvertrag 281
KCF 403
Kennzahl
–, bilanzgebundene 700
Kennzahlenanalyse 699
Kennzahlensystem 700
Key-Value-Drivers 401
KGV 399
Klienteleffekt 419
Klumpenrisiko 617
Knock-in-Aktienanleihe 463
Kodex für anlegergerechte Kapitalmarktkommunikation 678
Kombizins-Anleihe 193
Kommunikationssystem 516
Konfidenztrichter 602
Konfliktmanagement 297
Konglomerat 204
Konjunkturzyklusmodell 713
Konsortialbildung 360
Konsortialführer 360
Konsortialvertrag 281
Kontenbildung
–, mentale 142
Kontenfunktion 724
KonTraG 396
Kontrahentenstammdaten 731
Kontraktstammdaten 731
Kontrollillusion 140
Kontrollsystem
–, internes 724
Konvexität 167, 170
Körperschaftsteuer 237
Korrekturfaktor 458
Korrelation 75
Korrelationskoeffizient 75
Korridorlösung 216
Kovarianz 75
Kredit
–, syndizierter 310
Kreditderivat 435

Kreditfazilität
–, revolvierende 320
Kreditkonzentrationsrisiko 333
Kreditmarkt 6
Kreditnehmer 5
Kreditvertrag 277, 322
Krisennetting 751
KStG 248
Kunden
–, institutionelle 554
Kundenbetreuer 532
Kundengeschäft 510
Kundenprofilerstellung 538
Kuponanleihe 433
Kuponswap 172
Kursanomalie 134, 137
Kurs-Buchwertverhältnis 701
Kurs-Cashflow-Verhältnis 701
Kurs-Gewinn-Verhältnis 403, 701
Kursindex 439, 452
Kurspflege 396
Kurssicherungsstrategie
–, dynamische 471
Kursstabilisierung 419
Kursverlauf
–, anomaler 134, 137
Kursverteilung
–, leptokurtische 185
KWG 355

L

Ladder-Zertifikat 463
Lambda 179
–, -Form 117
Länderallokation 612
Large Stocks 576
Laspeyres-Index 457
Later-Stage-Finanzierung 244
LBO 243
Lead-Manager 315, 360
Legal-Due-Diligence 255
Leistungserbringung
–, bankorientierte 66
–, marktorientierte 66
Letter of Intent 210, 212
Leverage Financing 789
Leverage-Effekt 272

Leverage-Ratio 438
Liability-Szenario 626
Lightning Bookbuilding 384
Limited Recourse 291
Limitsystem 762
Liquid Yield Option Notes 388
Liquidationsnetting 742
Liquidität 57–58, 479, 580, 701
Liquiditätsentzug 789
Liquiditätslinie 347
Liquiditätsrisiko 752
Liquidity Trader 6, 45
Liquidity-Ratio 438
LLCR 305
Loan Life Cover Ratio 305
Loan-Contractors 29
Lock-in-Effekt 25
Lock-in-Zertifikate 463
Lock-up-Periode 375
–, Sekundärmarkt 422
Long Call 523, 530
Long List 209, 212
Long Put 523
Long Short Credit 487
Long- Turbozertifikat 463
Long/Short-Strategie 490
Long-Run-Overpricing 416
Long-Zertifikat 462
Losgrößenproblematik 616
Losgrößentransformation 12, 491
Loss Reserve 336
Loss-Aversion 141
Loss-Horizon-Ratio 348
Loss-Ratio 348
Low Beta 576
Low Quality 575
Low-Beta-Style 557
Lower Partial Moments 648
LPM 657
LSE 539
LTCM 751
LYONs 388

M

M&A 203
M&A-Berater 206
M&A-Geschäft 203
Macht 65
Macht der Banken 65
Macro-Economic-Team 567
Major Bracket 36
Makler 511
Management 480
Management Case 282, 284
Management-Buy-In 244, 272
Management-Buy-Out 244, 272
Management-Due-Diligence 255
Management-Fee 460, 482
Management-Gesellschaft 247
Manager 315
Managing-Fee 363
Mandanted Lead Arranger 314
Mandantenanalyse 209
Mandat 333
–, für börsennotierte Kapitalgesellschaften 226
Mandatierung 361
Mandatory-Convertible 388
Marginal Contribution to Tracking Error 588
MaRisk 719, 726, 737
Market Neutral Equity 489
Marketing 535
Market-Maker 474, 509
Market-User 510
Markowitz 89
Markt
–, Entwicklung 4
–, friktionsloser 43
–, unvollkommener 20
–, vollkommener 19–20
Marktausgleichsfunktion 9, 41
Marktbewegung 481
Marktbreite 56
Markteffizienz 41
Marktenge 56
Marktfähigkeit des Kredites 274
Marktgerechtigkeitsprüfung 744–745

Marktliquidität 54, 57
Marktmikrostruktur 136
Marktmodell
–, Sharpe und Fama 483
Markt-Multiples 227
Mark-to-model 758
Marktportfolio 112
Marktpreisinformation 532
Marktpreisrisiko 750
Marktpsychologie 136
Marktrisiko 58, 300
Marktsegment-Indizes 439
Markttiefe 55
Markttransparenz 20, 427
Markttransparenzfunktion 512
Marktvolatilität 58
Marktwette 481
Martingal 47
Matching 511
Material-Adverse-Change-Klausel 280
MBI 244, 272
MBO 244, 272
Mean-Reversion 141
Medium Term Notes 339, 434
Mengennotierung 514
Mergers & Acquisitions 203
MEZ 515
Mezzanine 242
Mezzanine Debt 275
Mezzanine Piece 340
Mezzanine-Kapital 275
MFI 706
MH 273
Milestone-Financing 243, 260
Minderheitenschutz 217
Mindestanforderungen an das Betreiben von Handelsgeschäften (MaH) 726
Mindestanforderungen an das Risikomanagement (MaRisk) 719, 726, 737
Mindestgarantie 267
Mindesthaltedauer 421
Mindestquotierungsvolumen 546
Mindestrendite 603

Mischverfahren 384
Mittelstand 205
Mitunternehmerschaft 269
Mobilisation 13
Modified Duration 167, 170
Momentum 575
Money Trust 33
Money Weighted Rate of Return 644
Monitoring 24, 285
Monitoring-Cost 24
Monoliner 346
Monte-Carlo-Methode 756
Month-of-the-Year-Effekt 572
Moral Hazard 22
–, des Managements 67
Mortgage-Backed-Securities 330
Mortgage-Backed-Securities-Arbitrage 487
Moving Average Convergence-Divergence 703
MTN 339
Multi Strategy Relative Value 488
Multibank-Plattform TEX 541
Multiple-Methoden 400
Multiples 402, 411
Multiple-Verfahren 688
Multiplikator 227, 253, 402
Multiplikator-Methode 400
Münzvergleich 29
MV 273

N
Naked Short-Position 421
Naked Warrant 196
Namensaktie 190
Negative-Pledge-Klausel 278
Negativklausel 278
Neoklassisches Kapitalmarktmodell ohne Unsicherheit 42
Net Margin 438
Netting 742
Nettoverschuldung 403

Netzwerk 253
Neukunde 534
Neutral Position 578
Neutralisierungshypothese 137
Neutralportfolio 581
Noise 49
Noise Trader 138
Nominalzinsrate 156
Non Recourse 291
Non-Binding-Letter-of-Intent 210
Non-Investment-Grade 431
Notes 194
NPV 72
Nullkuponanleihe 193, 433
NYSE 57

O
O & M-Contract 294
Off-Balance-Sheet 291
Offene Immobilienfonds 198
Offshoremarkt 6
Offshore-Zentrum 482
Oligopol 31
Omega 179
One-to-one Meeting 784
Open End-Zertifikat 450
Open-Market-Repurchase 397
Operating Efficiency 437
Option 174, 524
Options Arbitrage 489
Optionsanleihe 193, 390–391, 435
Optionsbuch 526
Optionsfrist 391
Optionsportfolio 526
Optionspreismodell 177
Optionsschein 196, 390–391
–, exotischer 197
–, Standard 196
Optionsverhältnis 391
Orderbuch 56
Ordertaking 372
Organisationskosten 21
Origination 33, 317, 327, 480
Oszillator 703

OTC-Markt (Over The Counter-Markt) 7, 540
Out-of-the-Money 175
Outperformance 585
Outright-Geschäft 518
Outsourcing 559, 675
Overcollateralization 346

P
P/E 403
P/E-Ratio 403
Pac Man 224
Paper Deal 215
Parallel Running 45
Pari-Passu-Klausel 278
Partial Underwriting 316
Participant 315
Partizipationsbedingung 450
Partnerships 482
Pass Through 334
Pass-Through-Entities 482
Pay Through 334
Peer-Group 228, 231, 400
Penalties 421
Pensionsfonds 625
Pensionsgeschäft 436
Pensionskasse 624
Performance 639, 768
Performance Presentation Standards 664
Performanceattribution 660
Performance-Fee 482
Performanceindex 439, 452
Performancemessung 638
–, externe 640
–, interne 641
PF 124
Pflichtangebot 219
Pflichtpublikation
–, Prime Standard 783
Pflichtveröffentlichung 781
Placement Fee 252
Plain-Vanilla-Bond 160
Plain-Vanilla-Swap 172
Plattform 539
Platzierungskonzept 366
Platzierungsprovision 362
Platzierungsquote 362

Poison Pill 208, 224
Portable-Alpha-Strategie 428, 579
Portfolio 74
–, gestreutes 578
–, konzentriertes 578
–, varianzminimales 83
Portfolioausrichtung
–, strategische 558
Portfoliomanagement 429, 554
–, aktives 582
–, globales 616
–, passives 582
–, quantitatives 578
Portfoliomanager 560, 567
Portfolionachbildung 472
Portfoliooptimierung
–, Black-Litterman-Modell 98
–, langer Anlagehorizont 89
–, Restriktionen 87
–, Robustheit 87
Portfoliorendite 74
Portfolio-Research 674
Portfoliosteuerung
–, taktische 558
Portfoliotheorie 71–72, 566
–, Parameterbestimmung 86
–, Probleme 85
–, Separationstheorem 97
–, Weiterentwicklungen 85
Portfoliovarianz 74
Position
–, strategische 522
–, taktische 522
Position Size 578
Positionen 522
Positionslimit 764
Post-Money-Plan 399
Potencial Exposure 741
Präferenz 554
Preferred Stock 191
Preisblase 54
Preisfindungskonzept 366
Preismanipulation 418
Preisnotierung 514
Preisstabilisierung 417–418

Preisverlauf
–, anormaler 136
Pre-Marketing 370
Premium Value Day 525
Pre-Money-Plan 399
Pricefeed 736
Pricing 320
Pricing-by-Duplication 124
Pride-Effekt 145
Primärmarkt 316
Primärmarkt (Emissionsmarkt) 7, 316, 415
Primärmarktbetreuung 436
Primär-Research 674
Prime Broker 11, 492, 752
Prime Standard 357–358
Prinzipal-Agenten-Konflikte
–, ABS-Finanzierung 344
Privatanleger 779
Privat-Banking-Kunden 563
Private Equity 241–242
Private-Equity-Investor 272
Private-Placement-Memorandum 252
Produkt 8
Produktentwicklung 538
Produktstammdaten 731
Profitability-Ratio 437
Prognosemodell 708
Programmidentität 724
Project-Financed-Bond 435
Projektfinanzierung 290
–, Beteiligte 293
–, Informationsquellen 297
–, Konfliktmanagement 296
–, Mandatstypen 302
–, Risikomanagement 298
–, Standardstruktur 296
Prolongation 13, 524
Proprietary-Trading 517
Prospekterfordernis 367
Prospekthaftung 368
Prospekttheorie 142
–, Bewertungsfunktion 143

–, Grenzen 150
Provision 362
Provisionstyp 321
Public-to-Private (Going Private) 244
Publikumsfonds 198, 563
Pull-Information 686
Push-Information 686
Put-Call-Parität 178
Put-Option 177, 524
Puts 174

Q
Quanto-Zertifikat 464
Quant-Produkte 578, 685
Quick Ratio 701
Quiet-Period 417
Quotes 516, 546
Quotesystem 516

R
Raider-Phase 222
Rainbow-Zertifikat 464
Random-Walk 47
Ranking 430
RAPM 767
RAROC 767, 769
Rating 430–431
–, externe 431
–, interne 431
Rating-Advisory 437
Ratingagentur 26, 347
Ratingart 432
Real-Estate-Investment-Trust 198
Realkapital 5
Rebalancing 527
Recruiting 251
Redemption-Fee 483
Referenzpunktorientierung 143
Refinanzierungsabschlag 336
Regional Manager 360
Regressionsanalyse 445, 484, 708
Regret-Aversion 145
Regulation Fair Disclosure 687
Regulierung 29, 34
REIT 198
Relative Value Energy 490
Relative Value Equity 488

Relative Value Fixed
 Income 487
Rendite 73, 161, 644
–, aktive 586, 692
–, erwartete 73
–, implizite 101
–, Varianz der 73
Rentabilität 272
Rentenindex 438
Rentenmarkt 429
Rentenniveau
–, reales 619
Report 521
Repräsentativitätsheuristik 140
Reputation 25
Reputationsaufbau 25
Reputationsvorteile 25
Research 672
–, volkswirtschaftliches 674
Research-Report 370
Reservebildung 297
Residualkapital 355
Resiliency 55
Retail-Kunde 563
Return on Assets 437
Return on Equity 437, 767
Return on Risk Adjusted
 Capital 767, 769
Return-on-Investment 701
Return-to-Risk-Ratio 649
Reverse Convertibles 193
Reverse-Zertifikat 466
Revision 730
Revolving-Credit-Facility 320
Reward-to-Variability-Ratio 651
Reward-to-Volatility-Ratio 653
REX 445
Rho 179
Riester-Rente 625
Risiko 73, 80
–, aktives 586, 692
–, operatives 753
–, systematisches 649
–, unsystematisches 649
Risikoaffinität 80
Risikoallokation 300
Risikoaversion 80
Risikobeitrag 767

Risikocontrolling 737
Risiko-Ertragssteuerung 769
Risikofaktor 127, 758
Risikoindifferenz 80
Risikokennzahl 351
Risikokosten 55
Risikolimit 762
Risikomanagement 298, 737
–, strategisches 747
Risikomaße 648
Risikoneutralität 80
Risikonutzenfunktion 79–80
Risikoprämie 485, 601
Risikostruktur
–, ABS-Finanzierungen 344
Risikotragfähigkeit 763
Risikotransformation 12
Risikovolumen 740
Risk Adjusted Performance
 Measurement 767
Risk Adjusted Return On
 Capital 769
Risk-Manager 567
Riskodiversifikation
–, internationale 610
Roadshow 371, 784
ROE 768
Rohstoff 495
–, Kategorie 496
–, Produktangebot Investmentbanken 504
–, Zertifikate 468
Rohstoffaktie 500
Rohstofffonds 501
Rohstoff-Futures 501
Rohstoff-Futures-Indizes
–, Ertragsbestandteile 503
Rohstoff-Indizes 501
Rohstoffmarkt
–, Akteure 495
Rohstoffterminmarkt
–, Preisbildung 502
RORAC 767, 769
Roundlots 616
Rückkauf
–, freihändiger 419
Rückkaufverfahren 397
Rücktrittsrecht 215

S
Sale-of-Crown-Jewels 223
Sales 531, 544
Sales und Distribution 33
Sales-Abteilung 509
Salestrading 544
Savings & Loans Debakel 62
Schattenkonto 558
Schuldendienstdeckungsgrad 280
Schuldscheindarlehen 264, 434
Schuldscheine 340
Schuldverschreibung 433
Schweizer Immobilienkrise 62
Screening 253, 592
–, qualitatives 592
–, quantitatives 591
SEC 59
Second Line Debt 275
Secondary Purchase 245, 261
Securities 190
Securities Act 34
Securities and Exchange
 Commission (SEC) 34
Securities Exchange Act 34
Securitization 16, 311, 329
Seed-Finanzierung 243
Sekundärmarkt (Zirkulationsmarkt) 7, 31, 316, 415, 473
Sekundärmarktbetreuung 376, 436
Sekundär-Research 674
Selbsteintritt 547
Selection 698
Selectivity 660
Selektionsmodell
–, quantitatives 614
Self-Tender-Offer 397
Selling-Agent 360
Selling-Fee 362
Sell-Side-Analysten 778
Sell-Side-Research 674, 681
Senior Piece 341
Sensitivitätslimit 764
Servicer 348
Settlement 558
Share-Deal 207

Shareholder-Identification 781
Shareholder-Value 206
–, -Konzept 777
Sharpe-Ratio 651
Shelf-Registration 37
Short Biased Equities 490
Short Call 530
Short List 209, 212
Short Put 523
Short-Coverage 418
Shortfall-Risk 656
Short-Run-Underpricing 416
Short-Selling 418
Short-Zertifikat 462
Sicherheit 26, 322, 346
Sicherheitenvertrag 280
Sicherheitsäquivalent 119
Signal
–, eines Analysten 23
–, eines Emittenten 23
–, eines Kreditnehmers 23
Signalkosten 23
Signalling 23
Signing 315
Simulation
–, historische 757
Size-Effekt 572
Skandinavische Bankenkrise 62
Small Stocks 576
Small-Cap-Style 557
Smile 186
Sofortigkeitskosten 54
Soft-Lock-up 375
Sonderzahlungen 223
Sortino-Ratio 657
Southsea Bubble 29
Sparanleihe 194
Sparplan 633
SPC 273
Special Purpose Companies 291
Special Purpose Vehicle 195
Specialist 567
Spekulant 496
Spezialbank 63
Spezialbankensystem 63
Spezialfonds 563
Spin-off 244, 271
Sponsor 291, 293, 332, 545

Sponsor-Commitment 291
Sponsors-Case 291
Spot Return Index 504
Spot-Futures-Arbitragerelation 502
Spot-Next 524
Spot-Rate 162
Spread 428, 546
Squeeze out 221
SRK 768
Stabilisierung 418
Stabilität 62
Stammaktie 191
Stammdaten 731
Stammdatenverwaltung 731
Standardisierung 566
Standby-Facility 320
Standesrichtlinie 677
Start-up-Finanzierung 243
Statistical Arbitrage 489
Status-Quo-Bias 141
Step-up-Anleihe 193
Step-up-Swap
–, unterschiedliche Nominalbeträge 172
–, unterschiedliche Zinsbeträge 173
Steuerdilemma 406
Steuern 123, 236
Stillhalter 174, 524
Stop-Loss-Limite 764
Straddle 523, 530–531
Straight-Bond 160, 192
Straight-Swap 172
Strangles 530–531
Strategieentwicklung 535
Strategist 567
Stresstest-Limit 764
Stresstest-Verfahren 762
Streubesitz 214
Strikepreis 524
Structured Finance 263
Structuring 317
Strukturierung 314
Stücknotierung 450
Style Investment 569, 574
Submartingal 47
Substitution 13
Sub-Underwriting 315
Suchfunktion 512
Surplus 626

Swapgeschäft 519
Swap-Rates 164
Swaps 171
–, Risikokennzahl 173
Swapsatz 164, 520
Syndikate 30–31, 33
Syndizierter Kredit 310
–, Beteiligte 312
–, Geschichte 311
–, Phasen 317
–, Platzierungsrisiko 315
Syndizierungsstrategien 318
Synergienphase 222
Synthetic Return Replication Platforms 493
System
–, bankorientiertes 66
Systemarchitektur 725
Szenario 758

T

Tagesgeld 436
Target 209
Tatsache
–, kursbeeinflussende 216
Taxkurse 515
TE 586
Technical-Due-Diligence 255
Technische Analyse 46
Teilmärkte 29
Telefonhandel 512, 516
Templer 28
Tendenzportfolio 44
Terminal Value 235, 408
Termingeschäft 472
Terminmarkt 518
Term-Loan-Facility 320
Term-Sheet 304, 333
Themenzertifikat 456
Theta 168, 170, 178
Threshold 446
Tightness 55
Time Value 524
Time Weighted Rate of Return 644
Tobin-Separation 97
Tombstones 35
Tom-Next 524
Toolbox 433
Top-down-Analyse 697
Top-down-Ansatz 581

Top-down-Modell 614
Track Record 309, 570
Tracking Error 581, 585, 648, 658
Trade-Buyer 272
Trader 6, 567
Trade-Sale 244, 261
Trading 544
Tranchen
–, Preisbildung 341
Tranchenbildung
–, ABS-Finanzierung 340
Transaktionskosten 123, 475
–, explizite 54
–, im engeren Sinne 20
–, implizite 54
Transaktions-Multiples 231
Transformationsleistung 8, 11, 67
Treasury 436
Treasury Bills 159, 194
Treasury Notes 194
Treffpunktfunktion 9, 41
Trend 138
Trendfolgeindikator 703
Trendumkehr 138
Treynor-Ratio 653
Trigger 351
True Sale 330
Truth-in-Securities-Law 34
Tulpenzwiebelspekulation 29
Turbozertifikat 463
Turn Around 244
Twin-Win-Zertifikat 462
Two-Asset-Aktienanleihe 464

U
Überhitzung
–, spekulative 29
Überkonfidenz 139
Übernahme 206
–, feindliche 207, 222
–, freundliche 207
Übernahmeangebot 219
Übernahmegesetz 217
Übernahmekonsortium 372
Übernahmeprovision 363

Übernahmequote 362
Übernahmevorschrift 217
Überrendite 117
Überzeichnung 372
Umlageverfahren 619
Umsatzkostenverfahren 228
Umsatzmultiples 403
Umtauschanleihe 385, 435
Underperformance 585
Underwriter 314
Underwriting 33, 315, 362
–, -Fee 363
Universalbank 63
Universalbanking 40
Universalbanksystem 63
Unlimited-Zertifikat 450
Unternehmensbewertung 225, 406
Unternehmenspolitik 778
Unternehmenswert 226
Unterstützungskasse 625
Up-Front-Payment 173

V
Value 574
Value Added 260
Value Day 525
Value-/Growth-Effekt 573
Value-at-Risk 447, 755
Value-Strategie 589
Value-Style 557
Varianz 756
VaR-Limite 764
Vega 179
–, Hedging 527
Vehikelwährung 514
Vendor Loan Debt 277
Venture Capital 242
Veräußerungsgewinn 248
Verbriefung 332
Verdichtungsverfahren 401
Verfügbarkeitsheuristik 141
Vergleichsunternehmen 228
Verhalten
–, irrational 53
Verhaltensanomalie 133, 138
Verkäuferdarlehen 277
Verkaufsmandat 226
Verkaufsprospekt 212

Verkettungsfaktor 458
Verlustaversion 145
Verlustzuweisung 267
Vermittlungsleistung 8, 10, 511
Vermögensberatung 558
Vermögensstruktur 700
Vermögensverwalter 561, 604, 610
Vermögensverwaltung 557
–, individuelle 557
–, standardisierte 557
Vermögensverwaltungsmandat 559
Verschuldungsgrad 405, 429, 438
Verschuldungskoeffizient 701
Versorgungsbaustein 628
Versorgungsbeitrag 628
Versorgungsrisiko 300
Verteilungsanomalie 573
Vertical-Bear-Spread 530
Vertical-Bull-Spread 529–530
Verwaltung 292
Verzinsung 154
–, geometrische 155
–, lineare 155
–, sichere 93
–, stetige 156
–, unterjährige 156
Verzinsungsart 154
Voice-Broker 511
Volatilität 58, 525, 648
–, Ermittlung 187
–, historische 187, 525
–, implizite 187, 525
Volatilitäts-Smile 185
Vollkommener Markt 18
Vomma 179
Vorsorgemotiv 631
Vorteilhaftigkeitskriterium
–, absolutes 770
Vorteilhaftigkeitsmessung
–, relative 771
Vorzugsaktie 191
VTAD 676

W
WACC 234
–, Methode 404

Wagniskapitalfinanzierung 242
Wahrscheinlichkeitsgewichtefunktion 149
Währungsallokation 610, 612
Währungsoption 388
Währungsswap 172, 435
Walk-Away-Klausel 215
Wandelanleihe 193, 264, 385, 434
Wandlungsfrist 387
Wandlungsprämie 387
Wandlungspreis 387
Wandlungsverhältnis 387
Warenkreditversicherung 346
Warrant 196, 390
Warranties 278
Wartekosten 54
WC 286
WE 286
Weekend-Effekt 572
Weighted Average Cost of Capital 404
Wert
–, innerer 525
–, Unternehmen 226
Wertausgleich 216
Wertgewichtung 644
Wertpapiere 5, 189
–, Fixed-Income- 192
–, residualbestimmte 190

–, speziell besicherte 195
Wertpapiererwerbs- und Übernahmegesetz (WpÜG) 218
Wertpapierleihe 436
Wertpapierlinie 115
Wertpapiermarkt 5
White Knight 208, 223
White Squire 223
Wiedervereinigungskrise 62
Winner-Loser-Portfolio-Strategien 134
Wirehouse 36
WKN 452
Wohlfahrt 42
Worst Case 284
WpHG 216

X
Xenomarkt 6

Z
Zaunkönigregelung 220
Zeichnung 372, 473
Zeitgewichtung 644
Zeitwert 525
Zentralbank 512, 533
Zerobond 159–160, 193
–, Wandelanleihen 388
Zero-Growth-Model 699
Zerozinskurve 163
Zerozinssatz 162

Zertifikat 195
–, Rohstoffe 468
–, Systematisierung 461
Zertifikatstyp 461
Ziehungsvoraussetzungen 278
Zielgruppenanalyse 781
Zielkapitalstruktur 237
Zins
–, risikoloser 236
Zinsberechnung 155
Zinsdeckungsgrad 280
Zinselastizität 579
Zinsfuture 435
Zinsinstrument 161
Zinsmarge 321
Zinsoption 182, 435
Zinsphasen-Anleihe 193
Zinsstruktur 157, 161
–, inverse 161
Zinsstrukturkurve 161
Zinsswap 172, 435
–, Pricing 172
Zuschlagsmethode 401
Zusicherung 278
Zuteilung 373
Zuteilungskonzept 366
Zweckbindung
–, ethische 554
Zweckgesellschaft 195, 334
Zyklusanalyse 607